山大史学丛刊

范学辉宋史论集

上

范学辉 / 著

齊魯書社

图书在版编目（CIP）数据

范学辉宋史论集 / 范学辉著. -- 济南：齐鲁书社，2022.4

（山大史学丛刊）

ISBN 978-7-5333-4534-1

Ⅰ. ①范… Ⅱ. ①范… Ⅲ. ①史评－中国－两宋时代－文集 Ⅳ. ①K244.07-53

中国版本图书馆CIP数据核字(2022)第024426号

项目编辑　贺　伟　许允龙
责任编辑　王江源
责任校对　王其宝　赵自环
版式设计　刘羽珂
封面设计　光合时代

范学辉宋史论集
FANXUEHUI SONGSHI LUNJI
范学辉　著

主管单位	山东出版传媒股份有限公司
出版发行	齊魯書社
社　　址	济南市英雄山路189号
邮　　编	250002
网　　址	www.qlss.com.cn
电子邮箱	qilupress@126.com
营销中心	（0531）82098521　82098519　82098517
印　　刷	山东临沂新华印刷物流集团有限责任公司
开　　本	787mm×1092mm　1/16
印　　张	56
插　　页	5
字　　数	914千
版　　次	2022年4月第1版
印　　次	2022年4月第1次印刷
标准书号	ISBN 978-7-5333-4534-1
定　　价	268.00元（上、下册）

目 录 contents

上 册

下　册

上册

北宋三衙的地位、待遇及其政治作用*

一、三衙的待遇

北宋三衙，指的是分统禁军的殿前司和侍卫马军司、侍卫步军司。从总体上看，北宋统治者鉴于唐末五代武夫横行，长枪大剑指挥政治的历史教训，注意树立宰相、枢密使等文臣的权威，以文制武，防范武将，并有意识地引导社会价值观向重文轻武转变，从而使得管军将帅的地位相比于五代而言发生了显而易见的下降，即所谓“祖宗时，武臣莫尊三衙，见大臣必执梃趋庭，肃揖而退，非文具也，以为等威不如是之严，不足以相制”①。

不过，北宋一代，三衙的地位尽管不如五代，但亦不应做过低估计。因为北宋开封四战之地，“国依兵而立”②，又与辽、西夏发生连绵不断的战争，重视将帅势所必然。三衙，作为“总领中外师旅，内以弹压貔虎，外以威服夷夏，

---

* 需要说明的是，本书引用的《续资治通鉴长编》《宋会要辑稿》等标点本古籍，范学辉教授对部分标点并不认同，并进行了重新标点。凡本书标点与引用标点本古籍标点不相符者，均属此种情况。特此说明。

① 〔宋〕汪藻：《浮溪集》卷一《行在越州条具时政》，《文渊阁四库全书》本。

② 〔宋〕张方平：《乐全集》卷二四《论国计事》，《文渊阁四库全书》本。

职任至重”[①]的“武臣极任”[②]，其地位之重不言可知。对此，宋学者章如愚在《群书考索》续集卷四四中即准确地概括说：“是故见宰职而声揖，礼也。至其后则推横仗矣；见两制而联骑通名，至其后则又分道矣。至于熙宁，待遇之礼继于二府，至有寺监召之而不可得者。吁！何其重也。”[③]

一个较为明显的例证就是三衙在北宋享有相当高的待遇，“其任之也重，则其待之也亦不轻”[④]，这是当时北宋朝野上下的共识。如宋太祖朝时就“封父祖，荫妻子；荣名崇品，悉以与之”[⑤]。神宗亦批曰：“殿前、马、步军三帅，朝廷待遇，礼继二府，事体至重。”[⑥]三衙除为北宋“武臣极任”，地位居武将之首外，具体说来还大致有以下各种“待遇”：

1. 俸禄优厚。武臣俸禄之厚本属北宋俸禄制度的特点，如时人张演有云：“宋朝之待武臣也，厚其禄而薄其礼。”[⑦]三衙作为“武臣极任”，当然更为突出，像仁宗朝御史中丞贾昌朝在分析外戚等“恩幸子弟”垂涎三衙职位的原因时就说：“其志不过利转迁之速，俸赐之厚尔。”[⑧]事实也确实如此。（为了更直观地说明这一问题，可参见下表表1。）

从中不难看出，三衙俸禄的整体水平大致与宰执处于同一水平线上，位至节度使的殿前、马、步军都、副指挥使俸禄甚至在宰相之上。

2. 恩荫妻、子。恩荫，又称“任子”“门荫”“世赏”，是指朝廷根据官员职、阶高低而授给其子孙或亲属以官衔或差遣的制度。北宋恩荫之滥是空前的，仅名目就分为郊祀、圣节（皇帝生日）、官员致仕、官员申报遗表和临时性恩典五大类。从真宗朝开始，北宋恩荫制度趋向固定化，规定：文官自待御史知杂事以上，

---

① 〔宋〕苏辙撰，陈宏天等点校：《苏辙集·栾城集》卷四五《乞定差管军臣僚札子》，中华书局1990年版，第800页。

② 〔清〕徐松辑，刘琳、刁忠民等点校：《宋会要辑稿》职官三二，上海古籍出版社2014年版，第3816页。

③ 〔宋〕章如愚：《群书考索》续集卷四四，《文渊阁四库全书》本。

④ 〔宋〕章如愚：《群书考索》续集卷四四，《文渊阁四库全书》本。

⑤ 〔宋〕陈傅良：《历代兵制》卷八，《文渊阁四库全书》本。

⑥ 〔宋〕李焘：《续资治通鉴长编》卷二七四，中华书局2004年版，第6701页。

⑦ 〔宋〕章如愚：《群书考索》后集卷二一，《文渊阁四库全书》本。

⑧ 〔宋〕李焘：《续资治通鉴长编》卷一三八，第3316页。

每年荫补一人；从带职员外郎以上，每三年荫补一人；武臣从横行以上，每年荫补一人；自诸司副使以上，每三年荫补一人。①

表1 三衙与宰执俸禄对照表②

职务		俸钱	衣赐（匹、两/年）				禄粟
		贯/月	绫	绢	绵	罗	石/月
宰执	宰相、枢密使	300	40	60	100	1	100
	参知政事、枢密副使	200	20	30	50	1	100
	知院事、同知院事	200	20	30	50	1	100
	签书枢密院事	150	20	30	50	1	70
三衙	节度使	400	40	200	500	10	150
	节度观察留后	200		20	100		100
	观察使	200		20	100		100
	防御使	200		20	100		100
	团练使	150		20	100		70
	刺史	50		20	100		50

三衙除依例享受上述待遇之外，还有所谓的“初除管军恩例”。以位至节度使的殿前都、副指挥使为例，一是加封母、妻，“母封郡太夫人，妻封郡夫人”③，二是补亲子或孙一人为阁职，如神宗元丰元年十月四日，以左侍禁贾裕为阁门祗候，“先是，贾逵以经画鄜延边事得子祐阁门祗候，后除殿前副指挥使，以例乞除裕阁职，诏止迁一官。至是逵再乞，上批：裕元令与阁职，以遣逵经画边事，特推恩，今逵所乞，乃除殿帅恩例，可依所奏”④。又如高宗绍兴元年十月二十二日，“枢密院言郭仲荀乞初除管军恩例，吏部拟申当得阁职”。阁职，乃当时易于升迁的

① 朱瑞熙：《中国政治制度通史·宋代卷》，人民出版社1996年版，第640页。

② 三衙俸禄基本上按照节度使、节度观察留后、观察使、防御使、团练使、刺史的官阶发放。此表主要依据汪圣铎《两宋财政史》（中华书局1995年版，第780～784页）之《北宋元丰改制前文武官员料钱、衣赐数额表》制定，并参看诸葛忆兵《宋代宰辅制度研究》（中国社会科学出版社2000年版，第158页）。

③ 〔宋〕宋敏求撰，诚刚点校：《春明退朝录》卷中，中华书局1980年版，第21页。

④ 〔清〕徐松辑，刘琳、刁忠民等点校：《宋会要辑稿》职官三二，第3815页。

美职，时人有所谓“宠在阁职”之说，故宋高宗在批准郭氏乞初除三衙恩例后，即有“祖宗待三衙之厚如此”[①]的慨叹。三衙其他管军的恩例要略低于殿前都、副指挥使，但亦相当优厚，故真宗朝冯守信为三衙，“其弟尝欲上其子为守信子，以取高荫”[②]。此外，三衙还有时常于皇帝面前请求亲属恩泽的便利条件，仁宗时不得不下诏，要求“管军臣僚非乾元节及大礼不得非次陈乞亲属恩泽”[③]。

3. 上殿奏事。仁宗朝规定：“诏殿前马步军，今后所奏本司公事，除系常程依旧例转奏外，如有非泛擘划、急速公事，在后殿祗应，便令免杖子，窄衣上殿；若非本司公事，别陈利见，即关报阁门，依例上殿，更不旋取旨。”[④]

4. 回朝赐宴。自真宗朝开始，三衙回朝朝见皇帝例得赐宴，据《续资治通鉴长编》卷八四记载：“镇定路都部署、步军副都指挥使、振武节度使王能来朝。故事，节帅陛见必赐宴，掌兵者则不及，至是，特令用藩臣例。有司言能既赴坐，而殿前马军帅曹璨等皆当侍立，品秩非便。乃诏璨等悉预坐，自是掌兵者率以为例。”[⑤]

5. 揖见宰相。北宋宰相位高权重，仪制煊赫，三衙见宰相，须执礼甚恭，《文献通考》卷五八《职官十二》引沈括《梦溪笔谈》曰：“三衙内中见宰执，皆横杖于文德殿后，立廊阶下唱喏；宰相出，立阶揖之。外遇从官于通衢，皆避焉。此礼久废，惟内中横杖之礼，至今不废。”[⑥]但宰相也要以礼相还，如仁宗朝王曾为相，“殿前副都指挥使、振武节度使杨崇勋尝诣中书白事，属微雨新霁，崇勋穿泥鞾直登阶，曾颔之，不以常礼延坐”[⑦]。杨崇勋虽不得预坐，但从此事可以看出在“常礼”即通常情况下宰相是要给三衙设坐的。

6. 借官马。三衙皆可借官马，罢职后也可继续留用。仁宗庆历以前的制度是“旧制，凡管军皆借马五匹，至罢，犹借留”，庆历八年遂“诏群牧司，自今殿前、

---

① 〔清〕徐松辑，刘琳、刁忠民等点校：《宋会要辑稿》职官三二，第3817页。

② 〔宋〕李焘：《续资治通鉴长编》卷九五，第2199页。

③ 〔宋〕李焘：《续资治通鉴长编》卷一三六，第3270页。

④ 〔宋〕李焘：《续资治通鉴长编》卷一五六，第3787页。

⑤ 〔宋〕李焘：《续资治通鉴长编》卷八四，第1921页。

⑥ 〔元〕马端临：《文献通考》卷五八《职官十二》，中华书局2011年版，第1739页。

⑦ 〔宋〕李焘：《续资治通鉴长编》卷一〇三，第2395页。

马步军都指挥使落管军，各赐所借马三匹，殿前、马步军都虞候，捧日天武、龙神卫四厢都指挥使二匹，军都指挥使一匹”。[①]

7. 得亲兵牙队。宋太祖乾德四年，开始严令殿前、侍卫诸军帅及边防监护使臣不得选军中骁勇者自为牙队。宋夏战争爆发后，这一政策有所松动，神宗朝就具体规定官至三衙，即可由朝廷选派军兵为亲兵牙队。如元丰四年于熙河统兵的宦官李宪要求“乞于宣武、神勇、殿前虎翼差一指挥，为臣亲兵”时，宋神宗即亲笔批复予以驳回，并说明：“所乞亲兵牙队，至管军方许，可札与李宪令知。”[②]

8. 追封三代。三衙凡位至节度使者，经郊祀后可以与现任宰相、枢密院长官一样追封三代祖先为官。如太宗朝刘廷翰为殿前都指挥使，“尝与郊祀恩，当追封三世，廷翰少孤，其大父以上皆不逮事，忘其家讳，上为撰名亲书赐之”[③]。神宗元丰初年，贾逵拜建武军节度使、殿前都指挥使，“请不俟郊赦赠三世官，神宗曰：逵武人，能有念亲之志，其特听之”[④]。

9. 丧仪。北宋对三衙将帅丧仪的制度，包括：皇帝辍朝一日，如仁宗朝“殿前都指挥使、保静节度使蔚昭敏卒，赠侍中。故事，罢朝一日，诏特罢二日”[⑤]。皇帝还时常亲临祭奠，如神宗朝“殿前副（都）指挥使、武泰节度使卢政卒。辍视朝，临奠之，赠开府仪同三司”[⑥]。追赠官职，高者往往可至侍中，如郝质、贾逵皆赠侍中；神宗朝之后，殿前都、副指挥使多得赠开府仪同三司，刘昌祚、苗授、姚麟等皆如此。位至节度使者，又可得谥号，如“马军副都指挥使、武昌节度使彭睿卒……法当得谥”[⑦]；荫补子弟为官，如“龙神卫四厢都指挥使、秦凤等路副总管向宝卒，推恩外又许其家陈乞二人差遣”[⑧]。任步军副都指挥使以上者去世，其家属还可以借官宅操办丧事，如神宗朝规定：“诏任管军步军副都指挥使以上死，

---

① 〔宋〕李焘：《续资治通鉴长编》卷一六五，第3968页。

② 〔宋〕李焘：《续资治通鉴长编》卷三一三，第7590页。

③ 〔元〕脱脱等：《宋史》卷二六〇《刘廷翰传》，中华书局1977年版，第9026页。

④ 〔元〕脱脱等：《宋史》卷三四九《贾逵传》，第11052页。

⑤ 〔宋〕李焘：《续资治通鉴长编》卷一〇二，第2352页。

⑥ 〔宋〕李焘：《续资治通鉴长编》卷三一五，第7626页。

⑦ 〔宋〕李焘：《续资治通鉴长编》卷一〇六，第2461页。

⑧ 〔宋〕李焘：《续资治通鉴长编》卷二九九，第7283页。

许借空闲官宅居止，毋过三十楹，服阕还官。”[①]

二、三衙地位的前后变化

应该着重说明的是，北宋三衙的政治地位前后经历了一个由低趋高的动态变化过程，如欧阳修《归田录》卷一记载：“宝元、康定之间，余自贬所还过京师，见王君贶初作舍人，自契丹使归。余时在坐，见都知、押班、殿前马步军联骑立门外，呈榜子称‘不敢求见’，舍人遣人谢之而去。至庆历三年，余作舍人，此礼已废。然三衙管军臣僚于道路相逢，望见舍人，呵引者即敛马驻立，前呵者传声‘太尉立马’，急遣人谢之，比舍人马过，然后敢行。后予官于外，十年而还，遂入翰林为学士，见三衙呵引甚雄，不复如当时。与学士相逢，分道而过，更无敛避之礼，盖两制渐轻而三衙渐重。”[②]南宋大学者朱熹对此事的解释为“也是积渐致然。是他权重后，自然如此”[③]，堪称一语破的。

大致说来，在陈桥兵变之后至宋太祖“杯酒释兵权”之前，三衙地位显赫，石守信、王审琦等“官爵阶勋并从超等，酬其翊戴之勋也”[④]，为众文臣所不及。但自“杯酒释兵权”之后及太宗、真宗两朝，三衙的地位都呈急剧下降趋势。仁宗朝前期，也就是欧阳修所谈到的“宝元、康定之间”，一方面是“重文轻武”的政策达到顶点，所谓“国家承平之久，文事太胜，士以武弁为羞，而学者以谈兵为耻”[⑤]；另一方面是三衙自身的素质也降至谷底，如有学者已经指出：“长期倍受压制和歧视，在宋仁宗朝造成了武将队伍素质更进一步下降的后果，遂产生了一批怯懦无能、品行低劣的将帅。”[⑥]在两者的综合作用之下，其地位基本上降至北宋一代的最低点。然而，从庆历三年“庆历新政”开始，也就是欧

---

① 〔宋〕李焘：《续资治通鉴长编》卷二六一，第6356页。

② 〔宋〕欧阳修撰，李逸安点校：《欧阳修全集》卷一二六《归田录》卷一，中华书局2001年版，第1912～1913页。

③ 〔宋〕黎靖德编，王星贤点校：《朱子语类》卷一二八《法制》，中华书局1986年版，第3077页。

④ 〔宋〕李焘：《续资治通鉴长编》卷一，第7页。

⑤ 〔宋〕李纲：《梁溪集》卷五九《议战》，《文渊阁四库全书》本。

⑥ 陈峰：《北宋武将群体素质的整体考察》，《文史哲》2001年第1期。

阳修“余作舍人”之时，鉴于宋夏战争中暴露出来的严重问题，北宋“重文轻武”的国策逐渐向“重文但不轻武”转变，而随着狄青等一大批抗击西夏的功臣进入三衙，三衙的素质也略有起色，其地位遂呈上升之势。十余年后的仁宗末、英宗初，即欧阳修任翰林学士及再入为执政时，三衙整体素质业已表现出明显的提高，即所谓“三衙渐重”。

此后，除元祐旧党执政的少数时期，神宗、哲宗、徽宗诸帝皆有志于对外用兵，尊宠将帅在所难免，故三衙的政治地位持续上升。如神宗朝熙宁九年四月，殿前都指挥使郝质等言：“往军器监与权判监刘奉世等会议军器。上批：‘殿前、马、步军三帅，朝廷待遇，礼继二府，事体至重，寺监小官，岂可呼召使赴期会？尊卑倒置，理势不顺，自今止令移文定议。’”[①]宋人评论此事说：“至于熙宁，待遇之礼继于二府，至有寺监召之而不可得者。吁！何其重也。”[②]至徽宗朝，三衙遂达到了“为极品之官”[③]的顶点。如政和四年六月，《宋会要辑稿》记载：“中书舍人陈邦光申：‘管军为武臣极任，今乃不入品序，止以本官为次等，欲望特诏有司参酌厘正，诏送礼制局。本局取到管军臣僚称呼等阶，今定殿前都指挥使在节度使之上，殿前副都指挥使在正任观察留后之上，马军都指挥使、马军副都指挥使在正任观察使之上，殿前都虞候、马军都虞候、步军都虞候在正任防御使之上，捧日天武四厢都指挥使、龙神卫四厢都指挥使在正任团练使之上。’从之。”[④]

三、三衙的政治作用

正如朱瑞熙先生所指出的“三衙将帅，不能参政”[⑤]，限制武将，尤其是以三衙为主的高级武将的参政权，是北宋一以贯之的基本国策。如在宋太祖朝，“一

---

① 〔宋〕李焘：《续资治通鉴长编》卷二七四，第6701页。

② 〔宋〕章如愚：《群书考索》后集卷四〇，《文渊阁四库全书》本。

③ 佚名撰，司义祖整理：《宋大诏令集》卷一〇二《高俅拜太尉制》，中华书局1962年版，第377页。

④ 〔清〕徐松辑，刘琳、刁忠民等点校：《宋会要辑稿》职官三二，第3816页。

⑤ 朱瑞熙：《中国政治制度通史·宋代卷》，第552页。

日，太祖语（石）守信，将用周翰掌诰，守信微露其言，周翰遽上表谢。太祖怒，遂寝其命”①。宋太宗更是明确宣布：“自梁、晋已降，昏君弱主，失控驭之方，朝廷小有机宜，裨将列校，皆得预御坐而参议，其姑息武臣乃如此。朕君临四海，以至公御下，不唯此辈，假使李广复生，亦无姑息之理也。”②因此，从总体上看，三衙在北宋政治生活中发挥的作用不是很大。

当然，限制将帅的参政权，也不能理解成绝对不允许参政。其实，三衙对朝政发表个人意见在北宋也不少见，如仁宗时即规定三衙除本司公事之外，若“别陈利见，即关报阁门，依例上殿”③。真宗朝张耆于殿前都虞候任上，“时建玉清宫，耆奏疏谓殚国财力，非所以承天意”；杨崇勋，“久任军职，当真宗时，每对，辄肆言中外事，喜中伤人，人以是畏之”；仁宗朝的郭承祐，“僭言事，或指切人过失，同列谓之‘武谏官’”。

更为关键的是，在北宋多次皇位更迭的过程当中，三衙往往也比较活跃，发挥了不容忽视的重要作用。典型事例有以下三例：

第一，英宗得立，宰相韩琦为“定策元勋”，但殿前副都指挥使李璋协助宰相韩琦，对稳定英宗即位伊始的政局波动亦功不可没。

李璋是仁宗亲舅李用和之子，仁宗以其为殿前副都指挥使，实寓托孤深意。《宋史·李璋传》记载：“仁宗书‘忠孝李璋’字并秘书赐之。宴近臣群玉殿，酒半，命大盏二，饮韩琦及璋，如有所属。”英宗即位，时局果有不安之势，一则英宗以外藩入继，皇室内部觊觎者不乏其人，如仁宗曹皇后曰：“只是宗室，立了他，后莫有人争？”④北海郡王赵允弼更是自以“最尊属，心不平”，公开扬言“岂有团练使（指英宗）为天子者，何不立尊行？”⑤他比英宗高一辈，所谓“尊行”，就是指他自己。二则军兵贪财希赏，“时禁卫或相告，乾兴故事（仁宗即位），内给食物中有金。既而宫中果赐食，众视食中无有，纷纷以为言”⑥，军心浮动。

---

① 〔元〕脱脱等：《宋史》卷四三九《梁周翰传》，第13003页。

② 〔宋〕李焘：《续资治通鉴长编》卷三七，第815页。

③ 〔宋〕李焘：《续资治通鉴长编》卷一五六，第3787页。

④ 〔宋〕李焘：《续资治通鉴长编》卷一九八，第4793页。

⑤ 〔宋〕朱熹：《三朝名臣言行录》卷一《丞相魏国韩忠献王》，《朱子全书》第12册，上海古籍出版社、安徽教育出版社2002年版，第352页。

⑥ 〔宋〕李焘：《续资治通鉴长编》卷一九八，第4794页。

在这一政治敏感时期，李璋没有辜负仁宗的期望，他的作用表现在下列三个方面：一是在“召殿前、马步军副都指挥使、都虞候及宗室刺史以上至殿前谕旨”时，进一步确立英宗的地位，“戒殿前班兵曰：‘今入殿，候见吾山呼拜时，汝辈方得山呼。’质（实为李璋）扣殿阶白宰相：‘欲上殿看官家。’琦禀后，后许之。时英宗散发被面，覆以帽子。质（璋）徐搢笏拂开发，审观之，降殿山呼拜，殿前班亦山呼拜”[①]。二是否决了执政增加京城防备的拟议，史称：“帝（仁宗）崩，执政欲增京城甲士，璋曰：‘例出累代，不宜辄易。’”[②]三是痛责骄兵，及时地稳定了军心，“殿前副都指挥使李璋呼其长谓曰：‘尔曹平居衣食县官，主上未临政已优赏，尔何功复云云，敢喧者斩！’众乃定”[③]。对此，当时人就有将其与韩琦并列的高度评价：“时朝论称有如此宰相、殿帅，天下岂不晏然。”[④]

第二，殿前副都指挥使燕达与宰相蔡确等人合作，为确保哲宗顺利继承皇位发挥了重要的作用。

神宗、哲宗之际，有所谓高太后“废立之谋”（即以雍王赵颢取代哲宗）及蔡确等拥戴哲宗有“元丰受遗定策殊勋”的政治疑案出现。在日后元祐、绍圣的新、旧党争中，新党皆主此说，旧党则力辨其诬，至有《新录辨诬》、邵伯温《辨诬》之作。由于神宗、哲宗两朝《国史》《实录》已经被双方多次篡改，皆非信史，完全澄清其历史真相十分困难。但可以肯定的是，围绕着哲宗即位，当时政见相左的各派政治力量确实有过激烈的斗争，结果是以哲宗上台但由高太后摄政，双方暂时妥协而告一段落。对此，邓广铭《北宋政治改革家王安石》、漆侠《王安石变法》诸名著中已有初步阐述，笔者拟在其基础之上另文再详细考证，这里仅概述结论，并着重分析一下殿前副都指挥使燕达在其中的作用。

简单地说，高太后反对神宗、王安石等人行新政实由来已久，而雍王赵颢不仅是她的爱子，两人在反对新法方面更完全一致，曾联手向神宗发难，逼其罢免王安石。据《邵氏闻见录》卷三记载：“神宗既退司马温公，一时正人皆引去，独

---

① 嘉祐八年四月李焘注引蔡氏《直笔》，并考证说：“此时殿帅乃李璋，而郝质实为马军帅，《直笔》盖误。”故据之改属李璋事。

② 〔元〕脱脱等：《宋史》卷四六四《李璋传》，第13566页。

③ 〔宋〕李焘：《续资治通鉴长编》卷一九八，第4794页。

④ 〔宋〕李焘：《续资治通鉴长编》卷一九八，第4793页。

用王荆公，尽变更祖宗法度，用兵兴利，天下始纷然矣。帝一日侍太后，同祁王（即赵颢）至太皇太后（即高太后）宫。……太皇太后曰：'吾闻民间甚苦青苗、助役钱，宜因赦罢之。'帝不怿，曰：'以利民，非苦之也。'太皇太后曰：'王安石诚有才学，然怨之者甚众。帝欲爱惜保全，不若暂出之于外，岁余复召用可也。'帝曰：'群臣中惟安石能横身为国家当事耳。'祁王曰：'太皇太后之言，至言也。陛下不可不思。'帝因发怒，曰：'是我败坏天下耶？汝自为之。'祁王泣曰：'何至是也。'皆不乐而罢。"[①]神宗所言"汝自为之"，乃是引用太宗迫太祖子赵德昭自杀之语，可见对其已深有疑忌。待神宗弥留之际，赵颢先是首倡由高太后摄政，"二月，神宗疾甚，辅臣入问，至紫宸殿，雍王颢邀于廊曰：'上疾急，军国事当请皇太后垂帘。'辅臣愕不对"[②]；后在高太后的默许下谋位之心日益膨胀，像"太子未建，中外汹汹。皇弟雍王颢问疾，辄穿帐径至皇太后所语，见宫嫱不避，神宗数怒目视之，颢无复忌惮""又奏乞止宿侍疾，皇后力争，荆王頵亦奏止之，得不宿。既而数留禁中，頵屡牵臂引出"[③]等一类记载虽出于新党之手，但大致上是符合事实的。

在这种形势下，哲宗能否得继父位就成为一个疑问，宋神宗有鉴于此，于是有托孤于蔡确、燕达两人之举，史称："事愈急，会确母得入禁中，皇后使谕确，使外托主兵官燕达等辅立，又因内侍阎守勤谕确协力早定。"蔡确，时任首相，神宗对他的评价是："群臣皆先皇帝遗朕者，如确自小官，朕亲擢至此，必不负朕。然气弱，得人辅之乃可。"[④]故又特意指定殿前副都指挥使燕达为其辅助，用意当然是希望以军力为蔡确后盾。

燕达，时任殿前副都指挥使，是宋神宗亲手提拔起来的亲信将领，"神宗以其忠实可任，每燕见，未尝不从容"[⑤]，对神宗也忠心耿耿。在立储前夕，待蔡确派其弟蔡硕转达神宗、蔡确之意后，其当即表示："愿尽死力，上助相公（指宰相蔡确）。"[⑥]蔡、燕二人一文一武，文武合力，对高太后、赵颢等形成了较大的压力，

---

① 〔宋〕邵伯温撰，李剑雄等点校：《邵氏闻见录》卷三，中华书局1983年版，第25页。

② 〔宋〕李焘：《续资治通鉴长编》卷三五二，第8442页。

③ 〔宋〕李焘：《续资治通鉴长编》卷三五二，第8419、8443页。

④ 〔宋〕李焘：《续资治通鉴长编》卷三五二，第8422页。

⑤ 〔元〕脱脱等：《宋史》卷三四九《燕达传》，第11057页。

⑥ 〔宋〕李焘：《续资治通鉴长编》卷三五二，第8435页。

迫使他们不敢轻举妄动，方接受了立哲宗为太子、由高太后摄政的折中方案。能够争取到这一结果，对神宗为首的变法派来说，在当时不利的条件下，已经是比较好的选择了。

燕达不仅于立哲宗为太子时以武力协助了宰相蔡确，在哲宗登基前后，为防万一，他还不顾忌讳，上奏要求亲自率领全副武装的六十名中下级军官守在皇宫内东门外。史书记载："逮神考升遐，宿卫于内东门。百官朝晡临，由垂拱殿入，皇族亲王由内东门入。（燕）达谓人曰：'天子新即位，我坐甲于此，以备非常，万一有奸人随皇族而入，则事起不测，又岂能人人辩之。'将入上奏，人或止之曰：'皇族之事，非所当言，言之恐被罪。'达曰：'我蒙先帝大恩，拔擢常在众先，言之苟当，虽死何憾！'遂奏上。大臣嘉叹之。"[①]在燕达的请求下，宋廷遂打破常例，特允许燕达领军校日夜于内东门"坐甲合亲诣守"[②]。燕达是举，意在防范由内东门出入的皇族中有可能对哲宗不利者，对哲宗顺利即位显然意义非轻。从这个角度上讲，神宗认为他"忠实可任"确属知人善任。

第三，步军都虞候[③]何灌于徽、钦内禅之际，以武力为后盾，震慑了郓王赵楷的抢位企图。何灌，开封人，以善射著称，以军功于徽宗末年为步军都虞候、管勾步军司事。徽、钦内禅之际，他领兵入卫。当时正是金军南下、北宋国势艰难之时，北宋皇族本应同心协力，共赴国难，但由于徽宗、钦宗父子素有嫌隙，早在宣和末年宋徽宗宠爱三子郓王赵楷时，已萌废立之意，据时人胡寅说："渊圣皇帝在东宫，当宣和季年，王黼欲摇动者屡矣。（耿）南仲为东宫官，计无所出，则归依右丞李邦彦。时邦彦方被宠眷，又阴为他日之计，每因王黼谗谮，颇曾解纷。"[④]待徽宗急于逃避金兵而禅位时，赵楷不顾大局，在宦官们的怂恿下，仍试图抢位，《宋史·何灌传》记载："帝内禅，灌领兵入卫。郓王楷至门欲入，灌曰：

---

① 〔宋〕李焘：《续资治通鉴长编》卷三五二，第8421页。

② 如《续资治通鉴长编》卷三五三元丰八年三月李焘注引《密记》曰："三月五日燕达奏，差殿前指挥使六十人赴内东门坐甲合亲诣守，奉旨依。"并考证说："惟燕达乞守宿内东门外，前此未有也。……应是达创有陈请，非旧例也。"可见是举确实出自燕达一己之议。

③ 宋人王明清《挥麈余话》卷一言何灌时为殿帅，但《宋史》本传无载，又当时有殿前副都指挥使王宗楚，见《建炎以来系年要录》卷一。何氏此时职务据《宋史》本传实为步军都虞候、管勾步军司事，寻迁步军副都指挥使。

④ 〔宋〕李心传：《建炎以来系年要录》卷二七，中华书局1956年版，第535页。

‘大事已定，王何所受命而来？’导者惧而退。”[①]宋人笔记中对此事更有详细描述，如王明清《挥麈余话》卷一曰：“宣和末，祐陵欲内禅，称疾作，令召东宫。先是，钦宗在朱邸，每不平诸幸臣之恣横，至是内侍数十人，拥郓王楷至殿门。时何灌以殿帅守禁卫，仗剑拒之。郓王趋前曰：‘太尉岂不识楷耶？’灌指剑以示曰：‘灌虽识大王，但此物不识耳。’皆皇（惶）恐辟易而退，始亟趋钦宗入立。”[②]何灌的阻止，成为粉碎赵楷等抢位企图的一个关键性因素。

综上所述，三衙在北宋皇位更迭过程中确实发挥了比较重要的作用，这也并不奇怪，因为在古代专制主义政体之下，皇位新旧更迭往往是各种势力竞相角逐的政治敏感时期，北宋尽管重文轻武，武臣不得干政，但三衙管军将帅，尤其是殿前都、副指挥使，作为直接握有京城禁军兵权的强有力人物，他们的地位自然举足轻重。

不过，北宋三衙参与皇位更替也呈现出鲜明的时代特点，即有节、有利。有节，是指其往往在以宰相为首的文臣控制之下发挥作用，不再像唐末五代那样作为一个单独的集团出现，而且时常表现为能主动同宰相等文官执政大臣密切合作。更重要的是，武力虽然是三衙将帅的后盾，但真正使用武力解决问题的案例在北宋几乎一次也没有发生，其主要是作为一种军事威慑力量辅助宰相。有利，指的是三衙将帅对皇位继承的适当干预，多数情况下对稳定政局发挥了不可替代的积极作用。像前面提到的英宗即位时的李璋、哲宗即位时的燕达、钦宗即位时的何灌等，皆是如此。近年来有宋史专家撰文指出：“在宋代的政治生活中，野蛮蒙昧的色彩在消褪，文明理性的色彩在增多，政治运作的文明化、理性化的程度大大提高。”[③]三衙作为手握重兵的武将，能够在皇位更迭中发挥出上述良好作用，应该说正是北宋政治运作趋向文明化、理性化的重要体现之一。

原载《文史哲》2002年第5期

---

① 〔元〕脱脱等：《宋史》卷三五七《何灌传》，第11227页。

② 〔宋〕王明清：《挥麈余话》卷一，《丛书集成初编》本。

③ 王育济：《论“杯酒释兵权”》，《中国史研究》1996年第3期。

北宋三衙除授制度简论

三衙，全名殿前都指挥使司、侍卫亲军马军都指挥使司和侍卫亲军步军都指挥使司，是北宋禁、厢诸军常设之统帅机构。其帅，宋人称作“三帅”“管军臣僚”，或简称“管军”，为武臣之极任。故三衙的除授，乃是北宋朝廷之重事，唯有皇帝和宰相、枢密使、侍从、台谏等朝廷高层方有权参与。

一、从权归枢密到宰相、枢密共议

按照北宋制度，枢密使佐天子执兵政，“委任尤重，本天下之兵柄，代天子之武威，势均中书，号称两府”[①]，除授三衙自然是其职责所在。不过，正如宋太宗朝宰相吕蒙正对宋太宗所言“臣备位宰相，可以进退百官”[②]，北宋宰相“总百官，平庶政，事无不统”[③]，自然亦有权干预三衙的除授。因此，随着宰相、枢密使权力的消长，三衙的除授制度前后也就发生了较为明显的变化，以宋仁宗康定、庆历之际为界，大致可以分为两大阶段。

---

① 〔宋〕李焘：《续资治通鉴长编》卷一二四，第2932页。

② 〔宋〕李焘：《续资治通鉴长编》卷三六，第801页。

③ 〔元〕脱脱等：《宋史》卷一六一《职官志一》，第3773页。

在仁宗朝之前，三衙除授隶于枢密院，宰相在很大程度上难以发挥太大作用。以宋太祖朝为例，赵普于枢密使任上即曾否定了宋太祖以符彦卿为管军的成议，《续资治通鉴长编》卷四记载："上欲使彦卿典兵，枢密使赵普以为彦卿名位已盛，不可复委以兵柄，屡谏，不听。宣已出，普复怀之请见，上迎谓曰：'岂非符彦卿事耶？'对曰：'非也。'因别以事奏，既罢，乃出彦卿宣进之。上曰：'果然，宣何得在卿所？'普曰：'臣托以处分之语有未备者，复留之，惟陛下深思利害，勿复悔。'上曰：'卿苦疑彦卿，何也？朕待彦卿至厚，彦卿岂能负朕耶？'普曰：'陛下何以能负周世宗？'上默然，事遂中止。"[①]当时范质、王溥、魏仁浦等宰相对此事却并未提出异议。个中原因，除赵普是宋太祖最亲信的开国元勋外，也与除授管军本属枢密使职有关。

宋太宗朝也是如此，如在雍熙北伐契丹期间，三衙的选派、军队的调动，"上（指宋太宗）独与枢密院计议，一日至六召，中书不预闻"[②]。对此，曾经有人表示过不满，像知制诰田锡在奏章中即云："岂有议边陲，发师旅，而宰相不与闻！若宰相非才，何不罢免？宰相可任，何不询谋？……伏乞陛下……事事与宰相商量，悔自前独断之明，行今后公共之理，则事无不允当，下无不尽忠矣。"[③]但宋太宗并没有采纳这些意见，淳化元年（990）十二月更进一步将"凡政事送中书，机事送枢密院，财货送三司"[④]著为定制，限制宰相不得参与包括任命管军将校在内的枢密院军政大事（即所谓的"机事"）。

真宗时，宰相开始参与枢密院重要军政的决策，如在澶渊之盟前夕，宋真宗就曾经对宰相毕士安、寇准表示："军旅之事，虽属枢密院，然中书总文武大政，号令所从出……卿等当详阅边奏，共参利害，勿以事干枢密院而有所隐也。"[⑤]不过，直至仁宗朝康定年间，仍然是"以中书制民，枢密主兵。故元昊反，边奏皆不关中书"[⑥]。对三衙的除授，宰相一般也不发表意见。

---

① 〔宋〕李焘：《续资治通鉴长编》卷四，第83～84页。

② 〔宋〕李焘：《续资治通鉴长编》卷二七，第618页。

③ 〔宋〕李焘：《续资治通鉴长编》卷三〇，第676页。

④ 〔宋〕李焘：《续资治通鉴长编》卷三一，第708页。

⑤ 〔宋〕李焘：《续资治通鉴长编》卷五七，第1257页。

⑥ 〔宋〕李焘：《续资治通鉴长编》卷一二六，第2975页。

仁宗康定、庆历之际，随着宋夏战争的爆发，情况出现了重大的变化，宰相逐渐取得了与枢密院共同除授三衙的权力。如在康定元年（1040）二月仁宗即采纳翰林学士丁度、知谏院富弼“今二府分兵民之政，若措置乖异，则天下无适从，非国体也。请军旅重务，二府得通议之”[①]的建议，专门下诏枢密院，规定边事并与宰相张士逊、章得象参议。庆历二年七月，知谏院张方平又将北宋在战争中屡遭败绩归咎于中书、枢密院分持文武二柄，认为“朝廷政令之所出在中书。若枢密院，则古无有也，盖起于后唐权宜之制，而事柄遂与中书均，分军民为二体，别文武为两途。为政多门，自古所患”[②]，“宣（中书）、敕（枢密院）并行，议论难一，事无任责，更相顾望”[③]，强烈请求“特废枢密院”，或“并本院职事于中书”[④]。宋仁宗本人也有意于废枢密院，曾公开说：“军国之务，当悉归中书，枢密非古官。”[⑤]至此，宋廷遂进一步命宰相吕夷简判枢密院事，章得象兼枢密使，枢密使晏殊则同平章事，宰相全面接管了枢密院的权力，三衙的除授权当然也不例外。

宰相兼任枢密使，毕竟属于战时的临时性措施，不符合北宋以枢密使制约宰相军权的基本国策，因而在庆历五年（1045）宋夏双方达成了和议，西线战事趋于平静的时候，当年十月经宰相陈执中、贾昌朝的主动请求，宋廷下诏“罢宰臣兼枢密使”[⑥]。

不过，宰相虽然不再兼任枢密使，但宰相对枢密院军政权力的必要分割从此成为北宋朝野上下的共识，如宋仁宗在批准陈执中、贾昌朝请求的同时，即专门对枢密院下诏，要求：“凡军国机要，依旧同（宰相）商议施行。”[⑦]这其中极为重要的一环，就是宰相正式从制度上分割了枢密院对三衙等中高级军官的任用权。据《续资治通鉴长编》卷一五七“庆历五年十一月”记载：“枢密院请自今进退

---

① 〔宋〕李焘：《续资治通鉴长编》卷一二六，第2975页。

② 〔宋〕李焘：《续资治通鉴长编》卷一三七，第3281页。

③ 〔宋〕张方平：《乐全集》卷二〇《论请通中书枢密院事》，《文渊阁四库全书》本。

④ 〔宋〕李焘：《续资治通鉴长编》卷一三七，第3281页。

⑤ 〔宋〕李焘：《续资治通鉴长编》卷一三七，第3283页。

⑥ 〔宋〕李焘：《续资治通鉴长编》卷一五七，第3805页。

⑦ 〔宋〕李焘：《续资治通鉴长编》卷一五七，第3805页。

管军臣僚、极边长吏、路分兵马钤辖以上，并与宰臣同议，从之。”[①]

正因为如此，自庆历年间开始，三衙除授不妥就顺理成章地成为时人批评宰相的一个问题，而不再仅仅归咎于枢密院。如庆历六年，当许怀德由殿前都虞候超迁马军副都指挥使时，对此心怀不满的殿前副都指挥使李昭亮即“诣两府叙陈”[②]。嘉祐五年（1060），宰相富弼因张茂实擢任马军副都指挥使而遭到弹劾的事例更为典型。张茂实，自幼生长于皇宫，关于他的身世，时人就有其为真宗之子的说法，在仁宗患病之际，以他出任三衙显然是不太适合的。因张茂实早年曾经与富弼共同出使过契丹，两人有一定的交往，所以很多人怀疑这是富弼之意。御史中丞韩绛遂上书弹劾富弼用人不当，史书记其言曰：“孜（张茂实后改名曰孜）不当典兵，而宰相富弼荐引之，请黜弼”[③]，“茂实出自宫中，迹涉可疑。富弼引以为殿帅（实为马军副都指挥使），盖尝同奉使，交结有自”[④]。此事后来虽然被证明纯属误会，“复用管军，乃中书、密院同议，人亦无间言”[⑤]，韩绛也引咎去职，但从此事中不难看出，宰相在三衙除授中发挥相当的作用已经是人所共知的事实了。

在仁宗以后的北宋各朝，三衙除授须经宰相、枢密院共议的制度被继续沿用。《宋史》卷一六二《职官志》云：“枢密院……及除都副承旨、三衙管军、三路沿边帅臣、太仆寺官，文臣换右职，仍同三省取旨。”[⑥]具体的事例如神宗朝熙宁四年（1071）五月，在是否填补龙神卫四厢都指挥使的管军空缺时，即由宰相王安石和枢密使文彦博进行讨论，王安石还专门就管军的除授发表了自己的意见。《续资治通鉴长编》记载：“安石曰：‘都虞候须以防御使为之，止是故事初无义理。臣固尝论奏，以为但缘官阙遂例迁，或无功而以选超授，皆无义理，不足以劝。’”[⑦]次年七月，在宰相、枢密院共议高遵裕欲“带御器械”为日后任职管军做准备时，王安石再次公开表态：“若除管军，自系朝廷拔擢。”[⑧]此处的“朝廷”，是宋代的

---

① 〔宋〕李焘：《续资治通鉴长编》卷一五七，第3805页。

② 〔宋〕李焘：《续资治通鉴长编》卷一五九，第3841页。

③ 〔元〕脱脱等：《宋史》卷三二四《张孜传》，第10476页。

④ 〔宋〕王铚撰，朱杰人点校：《默记》卷上，中华书局1981年版，第15页。

⑤ 〔宋〕李焘：《续资治通鉴长编》卷一九一，第4626页。

⑥ 〔元〕脱脱等：《宋史》卷一六二《职官志二》，第3797～3798页。

⑦ 〔宋〕李焘：《续资治通鉴长编》卷二二三，第5433页。

⑧ 〔宋〕李焘：《续资治通鉴长编》卷二三五，第5705页。

一个专门用语，特指宋代最高国务机构宰相（元丰改制前为中书，改制后为三省）和枢密院，如宋余应求在上书中说："三省、密院，是之谓朝廷，陛下与谋议大事，出命之所也。"文天祥也说："三省、枢密，谓之朝廷，天子所与谋大政，出大令之地也。"[①]又如哲宗朝元祐五年（1090）十一月"三省（神宗元丰年间改中书为三省）、密院共议以张利一、张守约为军帅"[②]；绍圣、元符间长期担任枢密使的曾布也曾多次谈到"管军须三省同除"[③]，"密院事稍大者，三省无不可照管"[④]。

与此同时，这一制度还得到了进一步的发展完善，形成了一整套待三衙有阙后先由枢密院拟定初步人选，经宰相、枢密议定签字，提交皇帝予以审批的严密程序。以徽宗即位伊始补三个三衙之缺为例，据《续资治通鉴长编》卷五二〇记载，先诏"枢密院具曾任管军及堪充管军人姓名"[⑤]，由枢密使曾布负责拟定王愍、苗履、刘安、张存、折可适、姚雄、姚古等七人的大名单，然后经宰相许将、蔡卞会同曾布等人于御前共议，待宰相等"众皆曰然"之后，方从中遴选出王愍、苗履两人为新任三衙。

二、侍从、台谏参与三衙除授

不仅如此，所谓"大事必须集议，盖以朝廷示广大，不欲自狭，谋臣思公共，不敢自专，故举事多臧，众心皆服"[⑥]的原则在北宋深入人心，在三衙的除授过程中，为了更好地集思广益，避免执政大臣徇私舞弊，从仁宗朝开始，包括侍从、台谏等在内的其他高级朝臣也可以发表意见。

侍从官方面，如庆历四年（1044）知制诰张方平就上书仁宗乞择人分总禁卫，认为"今内则禁兵浸骄，极须弹压；外则边患不测，常资防备。（李）昭亮、王元恐未任专干心膂，除郭承祐好进多事，累被弹奏，不堪入典禁军外，乞于以次管

---

① 〔宋〕文天祥：《文山先生全集》卷三《御试策一道》，《四部丛刊》本。

② 〔宋〕李焘：《续资治通鉴长编》卷四五〇，第10807页。

③ 〔宋〕李焘：《续资治通鉴长编》卷四九四，第11740页。

④ 〔宋〕李焘：《续资治通鉴长编》卷五〇一，第11944页。

⑤ 〔宋〕李焘：《续资治通鉴长编》卷五二〇，第12380页。

⑥ 〔宋〕李焘：《续资治通鉴长编》卷一四二，第3403页。

军将校中择取一两人赴阙，分总禁卫”[①]，并具体推荐“济州防御使向传范，资性谨重，和而有守，典藩有政，常居课最；沂州防御使刘永年，绰有武干，理戎严整，数守边郡，颇著风绩。此皆阀阅旧门，地连戚属”[②]，可以出任三衙。哲宗元祐八年（1093），宋廷违背不以枢密官属兼任管军的惯例而命枢密副使曹诵权管马军司，翰林学士范祖禹即上了著名的《论曹诵札子》表示异议，要求“特降指挥改正”[③]。至于在北宋政治生活中极其活跃的御史、谏官等台谏官员，因“轩陛之下，庙堂之上，进退百官，行政教，出号令，明制度，纪赏罚，有不如法者”[④]皆得言之，所以对三衙除授的影响更大，甚至往往发挥着不可替代的作用，尤其是其对认为不合适的人选有提出异议的权力。

以仁宗朝为例，如庆历五年（1045）郭承祐迁殿前都虞候，监察御史包拯即上书反对：“按承祐累任无状，朝野佥知，物议喧然以为不可。”[⑤]庆历六年（1046）七月，宋廷拟许怀德为马军副都指挥使，以御史中丞张方平为代表的言事官们更是“上章论奏者相继”[⑥]。嘉祐五年至六年（1060—1061），先后两任御史中丞韩绛和赵概都对以张茂实任马军副都指挥使表示异议，最终促使其自请解兵权，出为知州。嘉祐六年（1061）九月，知雄州赵滋迁龙神卫四厢都指挥使、捧日天武四厢都指挥使，知谏院司马光连续进言：“论赵滋为人刚愎，不可管军。”[⑦]

三、皇帝行使决策权的多种方式

应该重点强调的是，正如真宗朝枢密使马知节对真宗所言“当今兵柄尽出陛下掌握，至于一命之士，皆由旨授”[⑧]，哲宗朝侍御史孙升也曾指出：“臣窃以管军

---

① 〔宋〕张方平：《乐全集》卷二四《论补军职》，《文渊阁四库全书》本。

② 〔宋〕张方平：《乐全集》卷二四《论除兵官事》，《文渊阁四库全书》本。

③ 〔宋〕范祖禹：《范太史集》卷二六《论曹诵札子》，《文渊阁四库全书》本。

④ 〔宋〕石介撰，陈植锷点校：《徂徕石先生文集》卷一三《上孔中丞书》，中华书局1984年版，第148页。

⑤ 〔宋〕李焘：《续资治通鉴长编》卷一五七，第3811页。

⑥ 〔宋〕李焘：《续资治通鉴长编》卷一五九，第3841页。

⑦ 〔宋〕李焘：《续资治通鉴长编》卷一九五，第4721页。

⑧ 〔宋〕李焘：《续资治通鉴长编》卷六七，第1506页。

之臣，乃人主爪牙，所以自卫，虽推择之议，当参详于执政，然除授之恩，必使归之人主。”[①]皇帝作为国家的最高统治者，也牢牢掌握着三衙除授的最高决策权。这种决策权主要表现在两个方面：

第一，皇帝越过宰相、枢密院的集议程序，直接内降手诏，或者当面任命自己的亲信为三衙，这种情况在整个北宋始终存在。以太祖、真宗、仁宗、英宗、哲宗、徽宗六朝为例：

宋太祖朝张琼被破格提升为殿前都虞候，即出于宋太祖的乾纲独断，“上谓殿前卫士如虎狼者不下万人，非张琼不能统制，乃自内外马步军都头、寿州刺史擢殿前都虞候、领嘉州防御使”[②]。宋真宗宠信亲信夏守赟，遂不经宰相、枢密使，直接“遣中使问守赟曰：‘欲管军乎？为横行使乎？’”[③]

宋仁宗朝的情况相对复杂，迫于大臣、台谏们“乞罢内降诏书”的激烈反对，仁宗虽然不得不数度下诏表示“自今内降指挥与臣僚迁官及差遣者，并令中书、枢密院具条执奏以闻”，“今后内降，无得辄受”，但“内降”仍然是相当频繁。仁宗还时常直接干预专门机构对官员的任免，在三衙除授上，尤其是如此，像李用和、李昭亮、郭承祐等外戚屡受台谏攻讦却能安居殿前副都指挥使等高位，关键显然就在于仁宗本人“用亲”的一己之私意，又如刘平任龙神卫四厢都指挥使，也是出于仁宗之意。《续资治通鉴长编》卷一一五记载：“上（指仁宗）初擢（刘）平主四厢，谓左右曰：‘平，所谓诗书之将也。’”[④]

宋英宗是一个“有性气，要改作”的君主，所谓“每有裁决，皆出群臣意表”，在用人方面就是往往断以己意。如以唐介任御史中丞，据他本人所说就是：“卿在先朝有直声，今出自朕选，非由左右言也。”[⑤]仅因在藩邸时同杨遂有一面之识，英宗于是钦选其为步军都虞候，《续资治通鉴长编》卷二〇五记载：“初，绛州团练使杨遂为新城巡检，救濮王（英宗父）宫火，帝（英宗）识其面目。于是，侍卫司阙帅，帝首出遂姓名，擢登州团练使、步军都虞候。”[⑥]

---

① 〔宋〕李焘：《续资治通鉴长编》卷四五〇，第10814页。

② 〔宋〕李焘：《续资治通鉴长编》卷二，第51页。

③ 〔元〕脱脱等：《宋史》卷二九〇《夏守赟传》，第9716页。

④ 〔宋〕李焘：《续资治通鉴长编》卷一一五，第2692页。

⑤ 〔宋〕李焘：《续资治通鉴长编》卷二〇一，第4884页。

⑥ 〔宋〕李焘：《续资治通鉴长编》卷二〇五，第4968页。

宋哲宗朝，皇帝更时常亲自除授三衙，然后“批付”或面谕宰相、枢密院正式任命。以元符元年（1098）正月决定除张整为龙神卫四厢都指挥使为例，就是宋哲宗本人经当面亲自考察后“批付”二府除其为三衙的，完全撇开了三省宰相。关于其过程，据《续资治通鉴长编》卷四九四记载：

> 先是，泾原乞差近上兵官。曾布为上言：“无人可差。泾原、熙河皆欲得王恩为总管，恩少壮，可驱策，兼颇得边人情，置之于此可惜。张整军政严明，可以管军，但恐以衰病。若召之一见，陛下自视其人才，可进则进，不可则却令归本任，似无所害。”上然之，遂召整。既对，论军政及职事，极有条理，上甚悦。翌日，谕二府曰：“整殊不类武人，语言皆有条理。当时丰稷、韩忠彦皆拒而不受，何也？”整先除镇、定钤辖，二师（为“帅”字之误）皆以为严酷失军情，不纳。布曰：“臣不敢过称道之，然其军政严明，实有过人者。奏对果称旨，然管军须三省同除。”上曰：“不须，待里面指挥。”即日批付二府除四厢。①

对此，正如枢密使曾布所说：“上频收揽威柄，侍从、台谏多出中批或面谕，至整（指除张整为三衙）亦欲从中批出，三省无复差除，右使阙已数月矣。”②这与绍圣前大权归于高太后和旧党执政大臣，哲宗亲政后遂更为注重加强对用人权控制以“频收揽威柄”的大背景有关。

徽宗则好用“御笔行事”，即不经中书省商议，不由中书舍人起草，不交门下省审覆，由皇帝在宫中决断，并亲笔书写，或由宫中人代笔，直接交付有关机构执行。御笔行事，至大观年间最盛，史称：“御笔自此始，违者以大不恭论，繇是权幸争请御笔，而缴驳之任废矣。”③三衙的除授亦如之，像高俅得为殿前副都指挥使，就完全出于徽宗乾纲独断。

第二，皇帝在审批宰相、枢密院提交所拟定的三衙名单时，有时也向大臣提出为自己所属意而名单上未有的人选，供宰相、枢密院再度讨论，从而对大臣们

---

① 〔宋〕李焘：《续资治通鉴长编》卷四九四，第11739～11740页。

② 〔宋〕李焘：《续资治通鉴长编》卷四九四，第11740页。

③ 〔元〕脱脱等：《宋史》卷三五二《吴敏传》，第11123页。

的取舍施加影响。对名单中的不满意者，则直接予以驳回，令其重新拟定。宋哲宗元祐五年（1090）和六年（1091）先后两次除授三衙就是这方面较为典型的事例。

元祐五年，为补三衙之阙，经宰相吕大防、许将等三省、枢密院诸执政大臣共议，“度越资级”，拟定以张守约、张利一两人应选。但在奏请审批时，垂帘听政、代哲宗行使皇权的高太后虽未明确否定大臣们的提议，仍委婉地表示“闻王文郁有边功，好作军职”，“姚兕亦闻忠实可用”[①]。待朝议结束之后，尽管吕大防等人继续坚持原议，另一宰相许将却改为迎合皇太后的意思，不在任命二张的诏书上签字，并上札子请另任王文郁为三衙。此事后来引发了牵涉所有当时、现任宰相和众多台谏官参与的政治事件，许将因此被罢相，而张利一为三衙的动议也最终被搁置。

元祐六年（1091），宰相、枢密院的拟议更是进一步被高太后、哲宗直接否决。该年四月，龙神卫四厢都指挥使有阙，宰相、枢密院进拟以雄州团练使王崇拯担任。在“同进画可”时，这一方案遭到了高太后和哲宗的否定，并驳斥众臣道：“崇拯有何劳能？闻说止是熟事，且须选有功劳之人。”[②]枢密院遂改拟曹诵，但也未获通过。

正是因为三衙的除授权牢牢掌握在皇帝之手，皇帝身边宦官等近臣，偶尔也能对三衙的除授发挥作用。如仁宗朝郭承祐得为龙神卫四厢都指挥使就是得益于宦官的引荐。《续资治通鉴长编》卷一三八记载：“卫州防御使、知澶州郭承祐为龙、神卫四厢都指挥使。尝有中使过澶州，遽延入，问管军阙补何人。使者曰：‘闻朝廷方择才武。’承祐起挽强自炫，左右皆笑，已而果有是命。”[③]显然，中使在其中发挥了重要作用。

原载《河南大学学报（社会科学版）》2004年第2期

---

① 〔宋〕李焘：《续资治通鉴长编》卷四五〇，第10807页。

② 〔宋〕李焘：《续资治通鉴长编》卷四五七，第10941页。

③ 〔宋〕李焘：《续资治通鉴长编》卷一三八，第3314页。

论北宋制衡三衙的相关措施

一、枢密院与三衙

枢密院和禁军将帅关系的失衡，是五代兵制问题的关键所在。

唐玄宗天宝十四载“安史之乱”的爆发，以及随之而来长达百余年愈演愈烈的藩镇割据混战，其具体的政治、经济因素固然很多，但中央与地方藩镇之间兵力对比上的“外重内轻”，是其主要根源，此为古今史家所公认。至五代时期，以枢密院的发展和侍卫亲军司的出现为主要标志，“外重内轻”的格局开始有了根本性的改观，“中央的军力完全压倒了地方，控制了地方”[①]。“晋、汉以来，卫士不下数十万”[②]，但是中央兵力的强大，并未带来政治上的安定。相反，五代“五十三年之间，易五姓十三君，而亡国被弑者八，长者不过十余岁，甚者三四岁而亡”[③]，其动乱的剧烈程度远甚于唐末藩镇割据，而且愈往后，朝代更迭愈速，后汉、后周享国皆不足十年。原因很简单，唐末节度使虽专横跋扈，但毕竟彼此互相牵制，反而不易直接威胁唐室的安全；而五代聚禁军重兵于中央，固然有利于

① 张其凡：《五代禁军初探》，暨南大学出版社1993年版，第93页。

② 〔宋〕李焘：《续资治通鉴长编》卷三，第74页。

③ 〔宋〕欧阳修撰，李逸安点校：《欧阳修全集》卷六〇《论辨九首·本论上》，第862页。

加强中央对地方的控制，但由于缺乏制衡力量，其危险性也随之加大，如若对禁军兵权稍处理不当，兵权落入权臣、大将之手，反而可能成为统治者的腹心之患，经常变起肘腋，一夜之间就可能颠覆政权。后汉、后周的灭亡皆是如此，而其中的关键问题，往往最容易出在枢密使和禁军将帅身上。

概括而言，后汉至后周初年，问题主要在于枢密使的兵权过重。

五代乱世，立国以兵，各朝皆赖枢密院以控御中央禁军，其长官枢密使的地位遂扶摇直上，居其位者，如后梁之敬翔、后唐之郭崇韬、后晋之桑维翰、后汉之郭威、后周之王朴，皆皇帝之腹心重臣，军国大事，每与之计议，其权重于宰相。清代学者赵翼指出：“（五代）枢密之权，等于人主，不待诏敕而可以易置大臣。”[①]尤其在兵权方面，枢密使“本天下之兵柄，代天子之武威”[②]，几乎独揽了对中央禁军的控制大权。如时人史弘肇即言：“领枢密使则可以便宜从事，诸军畏服，号令行矣。”郭威为枢密使，“河北兵甲钱谷，但见郭威文书，立皆禀应”[③]。这种安排，本来是出于加强对禁军控制的考虑，但事与愿违，身为武将的枢密使既然“手握禁旅”，“又得兴发”，正如北宋范祖禹所言，“自唐室衰季以及五代，枢密之权偏重，动为国患”[④]，其本身就成为政治上的不稳定因素。这种情况在后汉和后周初期表现得尤为明显。后周太祖郭威就是以枢密使的身份发动兵变，推翻后汉政权的。后周建国后，继任枢密使的王峻，亦颇有步郭威后尘的雄心。为了巩固柴荣皇储的地位，周太祖被迫将其诛戮。高平之战中几乎导致后周政权垮台的兵溃现象，在某种意义上就是此事的余波。

后周世宗朝，问题则是出在殿前、侍卫二司禁军大将的失控上。

王峻事件之后，周太祖和周世宗削枢密之重权，不再以大将居其位，代以郑仁诲、魏仁浦、吴廷祚和王朴等文臣。不过，四人当中，除王朴“才兼文武”，郑仁诲、魏仁浦、吴廷祚皆出身小吏，为人或“端厚谦损”，或“宽厚”“谨厚寡言”，在军队中尤其缺乏威信，都不具备驾驭殿前、侍卫二司赳赳武夫们的能力和魄力。显然，在王朴之后，枢密院已基本上失去了对殿前、侍卫二司将帅的控制

---

① 〔清〕赵翼著，王树民校证：《廿二史札记校证》卷二二，中华书局1984年版，第471页。

② 〔宋〕李焘：《续资治通鉴长编》卷一二四，第2932页。

③ 〔宋〕司马光：《资治通鉴》卷二八九，中华书局1956年版，第9422页。

④ 〔宋〕范祖禹：《范太史集》卷二六，《文渊阁四库全书》本。

权。与枢密院权力下降形成鲜明对照的，是周世宗朝殿前、侍卫禁军大将地位和权力的骤然上升。像前期的侍卫马步军都指挥使李重进、殿前都点检张永德，皆是皇室近亲，位至极品；后起的侍卫马步军副都指挥使韩通、殿前都点检赵匡胤也不例外，像韩氏即深得世宗宠信，恭帝时“军政多决于韩通”[①]；赵匡胤则功冠全军，兼根基极深，“自殿前都虞候再迁都点检，掌军政凡六年，士卒服其恩威，数从世宗征伐，洊立大功，人望固已归之”[②]，又属世宗藩府旧僚，在政治上得预世宗临终顾命，堪称是“握兵权亦重”。虽然周世宗临终在禁军内部人事调整上费尽了心机，但在失去了枢密院强有力制约的情况下，正所谓“将帅权倾皆易姓，英雄时至适成名”。大将权力膨胀的后果，只能是导致兵变的发生，赵匡胤之黄袍加身也不过是适逢其会、捷足先登罢了。

北宋汲取了后汉、后周的历史教训，双管齐下，注重从制度上防微杜渐，确立了枢密院、三衙互相制衡的枢密院—三衙统兵体制，以力遏其中任何一方兵权独揽，“三衙、枢密于是乎尽屏五代余习矣”[③]。

第一，北宋重新确立了枢密院军政最高决策和复核机关的地位，三衙被定位为枢密院之下的执行机构。宋太祖建国伊始，为改变世宗末枢密院毫无作为、禁军大将几近失控的局面，在“杯酒释兵权”，罢黜功臣宿将，起用二流将领主管殿前、侍卫二司的同时，着重以心腹亲信充实枢密院。如赵普，陈桥兵变后即先任枢密直学士，寻迁枢密副使，建隆三年拜枢密使；李处耘，陈桥兵变后亦出任枢密承旨，同年拜枢密副使；王仁赡，建隆二年为枢密承旨，乾德二年拜枢密副使。三人皆宋太祖幕府中的才智之士，《宋史》各本传称：李处耘“临机决事，谋无不中”；王仁赡“少倜傥”“材可用”；赵普则“性深沉有岸谷”“刚毅果断，未有其比”，是陈桥兵变实际的指挥者，在军队中威信素著。由他们出掌枢密院，正如《宋史》卷四三九曰：“艺祖革命，首用文吏而夺武臣之权。”枢密院显然重新恢复了对殿前、侍卫司禁军大将的控制权。宋太祖以后的北宋各朝，皆奉行宋太祖的既定国策，将禁军军政的决策权和复核权皆划归枢密院，据《宋史》卷一六二《职官志二》记载，北宋枢密院初设兵、吏、户、礼四房，元丰后至兵、吏、礼、

---

① 〔宋〕司马光撰，邓广铭等点校：《涑水记闻》卷一，中华书局1989年版，第4页。

② 〔宋〕李焘：《续资治通鉴长编》卷一，第1页。

③ 〔宋〕章如愚：《群书考索》续集卷四四，《文渊阁四库全书》本。

刑、工、北面、河西、支差、在京、教阅、广西、兵籍、民兵、知杂、支马、小吏、时政记房等十余房，“掌军国机务、兵防、边备、戎马之政令，出纳密命，以佐邦治。凡侍卫诸班直，内外禁兵招募、阅试、迁补、屯戍、赏罚之事，皆掌之”。举凡军校的选任、升迁、军人狱讼、禁军训练等相关政策、法规，皆由枢密院负责制定，然后交由三衙具体实施执行。对三衙的执行情况，枢密院有权加以复核，并纠正三衙在执行中出现的误差。三衙由此被定位为枢密院之下的执行机关，“祖宗时，武臣莫尊三衙，见大臣必执梃趋庭，肃揖而退，非文具也，以为等威不如是之严，不足以相制”①，后周末其权力失控的局面得以根本改观。

第二，北宋利用文武之间的矛盾，于枢密院任用文臣，与三衙武将形成“以文制武”的格局。从五代至北宋，作为统治集团中的两大群体，文臣和武将之间的矛盾一直存在，“文武二途若冰炭之不合”②。五代是武夫横行，欺凌文臣，北宋则是“重文轻武”，情况恰好相反。如仁宗朝欧阳修就谈道：“大凡武臣尝疑朝廷偏厚文臣，假有二人相争，实是武人理曲，然终亦不服，但谓执政尽是文臣，递相党助，轻沮武人。”③文武双方成见之深可见一斑。北宋三衙皆用武将，枢密院虽主军政，却一改五代旧制，以文臣为主，“用文官为枢密院使副，即能获得朝廷舆论的认可，如启用武人，必定会遭到大臣们的反对，任职者也最终不安于位，被迫离职而去”④。这既是北宋“以文制武”基本国策的具体贯彻，用文臣监督和制约武将，又是有意识地利用文武之间的矛盾，甚至有意制造矛盾，防范其像五代那样互相勾结的重要手段。

第三，也是最重要的一点，即北宋将握兵权和调兵权一分为二，三衙、枢密院分掌其一，由皇帝居中控制。

按照北宋制度，禁军归三衙直接统领，但三衙手中无调兵权，“国家以三衙管军，而一兵之出，必待枢密院之符”⑤，调发军队的符印虽在枢密院，但是“枢密惟总符印，而兵则管于三衙四厢”，所谓“今枢密院号为典兵，仓卒之际，要得

---

① 〔宋〕汪藻：《浮溪集》卷一，《文渊阁四库全书》本。

② 〔宋〕李心传：《建炎以来系年要录》卷四二，第773页。

③ 〔宋〕李焘：《续资治通鉴长编》卷一四八，第3590页。

④ 诸葛忆兵：《宋代宰辅制度研究》，中国社会科学出版社2000年版，第197页。

⑤ 〔宋〕汪藻：《浮溪集》卷一，《文渊阁四库全书》本。

一马使也没讨处！”[①]因此，在宋人眼里，由三衙改任枢密，虽属升迁，却被视为解除实际“兵权”，如宋真宗朝张耆由侍卫马军副都指挥使升枢密副使，在宰相王旦看来就是“使解兵柄”之举[②]。而且，枢密院调兵不再像五代那样便宜从事，而是“其有调发，则必需天子之命”，其程序，据南宋朱熹所言，是“枢密要发兵，须用去御前画旨，下殿前司，然后可发”[③]。宋真宗时又对紧急情况下的发兵做了补充规定：“诏殿前、侍卫司，自今非时宣召军士，候见御宝文字乃得发遣，无则画时覆奏。”[④]如果没有皇帝的手令，三衙完全有权拒绝枢密院的发兵之命。如此一来，正为宋人所津津乐道，“祖宗立法，又有深意所寓者。天下之兵，本于枢密，有发兵之权，而无握兵之重；京师之兵总于三帅，有握兵之重，而无发兵之权。彼此相维，不得专制”[⑤]，收到了握兵权和调兵权分掌于三衙和枢密院的效果。

这是使枢密院、三衙彼此制衡的一项最关键的措施，对其作用和意义，宋人评价很高，如北宋范祖禹即云：“祖宗制兵之法，天下之兵本于枢密，有发兵之权而无握兵之重；京师之兵总于三帅，有握兵之重而无发兵之权。上下相维，不得专制。此所以百三十余年无兵变也。”[⑥]南宋何坦亦曰：“本朝兵制之善，谓天下之兵本于枢密，有发兵之权而无握兵之重。京师之兵总于三帅，有握兵之重而无发兵之权，意深矣远矣。历数百年而无兵患，可为法于天下，后世愈久而愈无弊也。”[⑦]林駉则谈道：“三衙之权若重耳，然兵之尺籍虽在三衙，兵之大权实在枢密。故三帅有握兵之重而无发兵之权，枢密有发兵之权而无握兵之重。彼此相制，罔敢异志，内安得而不固乎？”[⑧]宋人的这些议论，难免有溢美的成分，但通过分割握兵权和调兵权，枢密院、三衙相互制衡，兵权遂完全归于居中控制的皇帝。“枢密院和三衙长官都不可能对皇权构成威胁”[⑨]，禁军也由五代时期威胁皇权

---

① 〔宋〕黎靖德编，王星贤点校：《朱子语类》卷一二八《法制》，第3069页。

② 〔宋〕李焘：《续资治通鉴长编》卷八六，第1965页。

③ 〔宋〕黎靖德编，王星贤点校：《朱子语类》卷一二八《法制》，第3069页。

④ 〔宋〕李焘：《续资治通鉴长编》卷八五，第1935～1936页。

⑤ 〔宋〕章如愚：《群书考索》后集卷四〇，《文渊阁四库全书》本。

⑥ 〔宋〕范祖禹：《范太史集》卷二六，《文渊阁四库全书》本。

⑦ 〔宋〕何坦：《西畴老人常言》，《说郛》卷八下《文渊阁四库全书》本。

⑧ 〔宋〕林駉：《古今源流至论》续集卷二，《文渊阁四库全书》本。

⑨ 王曾瑜：《宋朝兵制初探》，中华书局1983年版，第4页。

的“腹心之患”转化为维持北宋统治的最重要支柱。

二、皇城司与三衙

皇城司，本名武德司，宋太祖乾德三年初置，宋太宗太平兴国六年（981）改名皇城司。办事机构设在皇宫“左承天门内北廊”，其长官为皇城使，“以武臣二员并内侍都知二员掌之”，实际上却是完全由担任入内内侍省都知和副都知的宦官主持。综合《宋会要辑稿》和《宋史》的相关记载，其职能主要有两个，一是司皇宫的禁卫，“掌宫城出入之禁令，凡周庐宿卫之事、宫门启闭之节皆隶焉”[①]；二是兼职伺察、探事，“在内中，最为繁剧，祖宗任为耳目之司”[②]，是皇帝的亲信耳目。皇城司对三衙的制约，也就表现在这两个方面。

（一）皇城司与三衙呈内外相制之势

宫城禁卫由皇城司专管，殿前司等三衙不得插手，“旧制，三衙管军，未尝内宿”[③]。如仁宗朝张方平即云：“国初循周朝军制，置诸班直，备爪牙士，属殿前司；又置亲从官，属皇城司，掌启闭扫除之役，守卫扈从之严。其宿卫之法，殿外则相间设庐，更为防制；殿内则专用亲从，最为亲兵也。”[④]皇城司下辖的皇宫亲兵，即所谓“最为亲兵”的亲从官和亲事官，在北宋初年是一支绝对忠于皇帝个人的军事精锐力量，如宋太祖就曾得意地说：“虽京师有警，皇城之内已有精兵数万。”[⑤]数万云云，可能有所夸大，但其兵力相当可观则是事实。宋太祖之后，其兵力虽有较大幅度的下降，但至少也维持在“数千人”的水平。治平元年，宋英宗亲自检阅皇城司亲从官习武，并规定：“自今亲从官，限年三十五以下者充。”[⑥]这些措施都是为了保证皇城司部队的战斗力维持在较高水准。

皇城司下辖的这支部队，专门负责保卫皇宫，既不属于三衙的系统，又不归

---

① 〔元〕脱脱等：《宋史》卷一六六《职官志六》，第3932页。

② 〔清〕徐松辑，刘琳、刁忠民等点校：《宋会要辑稿》职官三四，第3861页。

③ 〔宋〕李心传：《建炎以来系年要录》卷一〇，第236页。

④ 〔宋〕张方平：《乐全集》卷一八，《文渊阁四库全书》本。

⑤ 〔宋〕章如愚：《群书考索》续集卷四四，《文渊阁四库全书》本。

⑥ 〔元〕脱脱等：《宋史》卷一九四《兵志八》，第4830页。

三衙指挥，而是自成体系，由皇帝亲选心腹宦官担任入内内侍省都知和副都知来单独统领，从而与三衙形成内外相制之势。对此，宋人多有议论，如朱熹云："皇城使有亲兵数千人，今八厢貌士之属是也……本朝只此一项，令宦者掌兵……此项又似制殿前都指挥（使）之兵也。"[①]林駉亦曰："国朝有皇城司，有殿前司。皇城始于梁之乾化，国朝因其名，置亲从官数千人，入内内侍省都知与副同主判之。殿前司始于周之显德，国朝循其旧，有马军、步军，独殿前得统之。是故皇城一司，于内庭宿卫无不预者，而独宿直诸班禁卫无所统摄……殿前一司，虽统摄诸班禁卫，而皇城之司亦判然不相关，亦汉南北军相统之意也。而皇城、殿前直相维持，实是周人之遗制。"[②]

（二）皇城司有权暗中监视三衙

皇城司的探事职能，主要针对三衙将帅和禁军军政。如宋神宗曰："此辈（指皇城司）本令专探军中事，若军中但事严告捕之法，亦可以防变。"[③]哲宗朝御史中丞刘挚亦曰："夫皇城司之有探逻也，本欲周知军事之机密，与夫大奸恶之隐匿者。"[④]禁军将士的一举一动，皇城司都有权进行监视，随时上报皇帝。如真宗朝"皇城司奏，察访御龙直班院副指挥使吕遇日暮醉归，马逸不能制，百姓石谦为马践伤。又言常时本班将士无故不出，今不能禁"[⑤]，宋真宗因此对三衙进行了训饬；又如仁宗朝"营卒桑达等醉斗，指斥乘舆，皇城使捕送开封，弃达市"[⑥]。尤其是在仁宗天圣八年以前，皇城司对禁军军政的伺察更是严密，甚至对"诸军班直及诸司库务、坊监"，"每日差入内探及抄札班次姓名"[⑦]。皇城司的这些特务活动，虽然只是涉及禁军中下级军官和士兵，未见有直接针对三衙将帅的事例，但对三衙的牵制是显而易见的。通过皇城司，北宋皇帝对三衙的控制权大为增强。

① 〔宋〕黎靖德编，王星贤点校：《朱子语类》卷一二八，第3076页。
② 〔宋〕林駉：《古今源流至论》续集卷一，《文渊阁四库全书》本。
③ 〔宋〕李焘：《续资治通鉴长编》卷二四〇，第5837页。
④ 〔宋〕李焘：《续资治通鉴长编》卷三七五，第9107页。
⑤ 〔宋〕李焘：《续资治通鉴长编》卷七四，第1693页。
⑥ 〔元〕脱脱等：《宋史》卷三一九《刘敞传》，第10385页。
⑦ 〔清〕徐松辑，刘琳、刁忠民等点校：《宋会要辑稿》职官三四，第3861页。

三、帅臣与三衙

帅臣与三衙，是内外相制的关系。

帅臣，指经略安抚使，如南宋学者李心传云："安抚使，旧号帅臣。"[①]经略安抚使始置于宋真宗咸平四年。仁宗朝宋夏战争爆发后，分陕西缘边为四路，各置经略安抚使、招讨使等，范仲淹、韩琦等人都是以经略安抚使的身份主持对西夏的战事。按照北宋制度，帅臣位高权重，例由一路首州知州兼任，执掌一路之兵民大权，据《宋史》卷一六七《职官志七》记载："经略安抚司：经略安抚使一人，以直秘阁以上充，掌一路兵民之事，皆帅其属而听其狱讼，颁其禁令，定其赏罚，稽其钱谷、甲械出纳之名籍而行以法。若事难专决，则具可否具奏；即干机速、边防及士卒抵罪者，听以便宜裁断。……经略安抚使兼都总管以统制军旅，有属官典领要密文书，奏达机事。"[②]总管、钤辖、都监等地方原设将官亦皆归经略安抚使节制，如沈括《梦溪笔谈》卷一《故事》即云："都总管、副总管、钤辖、都监同签书，而皆受经略使节制。"帅臣的设置，主要是为了在适应战争需要的同时，防止重演唐代藩镇割据的局面。与此同时，随着地方上帅臣的出现，其与中央的三衙也形成了内外相制的关系。

（一）合诸路帅臣之兵，足与三衙相抗衡

宋神宗说："艺祖养兵止二十二万，京师十万余，诸道十万余。使京师之兵足以制诸道，则无外乱；合诸道之兵足以当京师，则无内变。内外相制，无偏重之患，天下承平百余年，盖因于此。"[③]按照宋神宗的说法，似乎在宋太祖朝已形成了三衙与地方驻军内外相制的格局。其实，正如《宝庆四明志》所言："国初收天下劲卒，列营京畿，南征北伐，率从中遣，故惟三司卒称禁军，州郡止有厢军镇守。"所谓的"诸道十万余"，不过是基本丧失了军事职能的厢军而已，根本

① 〔宋〕李心传撰，徐规点校：《建炎以来朝野杂记》甲集卷一一《官制二》，中华书局2000年版，第228页。

② 〔元〕脱脱等：《宋史》卷一六七《职官志七》，第3960页。

③ 〔宋〕李焘：《续资治通鉴长编》卷三二七，第7883页。

无法与三衙相提并论。[①]

兵力上内外相制格局的真正成熟，还是在仁宗朝之后。一方面，由于大量兵力被抽调至前线，三衙直辖兵力逐渐呈削弱的趋势，其定额不过十万左右[②]；另一方面，为了防范西夏、辽国的威胁，陕西、河东、河北各路帅司的兵力大幅度增加，长期维持在较高水平。以仁宗时为例，“鄜延路屯兵六万八千，环庆路五万，泾原路七万，秦凤路二万七千”[③]，英宗时更是“河北战兵三十万一千余人，陕西战兵四十五万九百余人”[④]，各帅司掌握的总兵力已经大大超过了三衙所部，而且在战争环境的锻炼下，以陕西军队为代表的“西军”战斗力也相当强，堪与三衙相抗衡。

（二）以文制武，三衙统兵权被帅臣分割

在宋初三朝，与重兵皆聚京师相适应，“边境有事，命将讨捕，则旋立总管、钤辖、都监之名，使各将其所部以出”，而兵权在手的总管（宋初称都部署，避英宗讳改总管）、钤辖等仍多是由三衙担任。如张齐贤在真宗咸平年间虽为经略使，不过“得自发诸州驻泊兵而已”，当时陕西兵权实在西面行营都部署、侍卫亲军马步军都虞候王超手中，故其幕僚有言曰：“西兵十万，王超既已都部署矣。公徒领一二朝士往临之，超肯从吾指麾乎？吾能以谋付与超，而有不能自将乎？若不得节度诸将，无补也。”[⑤]

仁宗庆历之后，情况有了根本性的改变，陕西、河东、河北三路帅臣皆由高级文官担任，“以直秘阁以上充”，“以知州兼充，太中大夫以上，或曾历侍从乃得

---

① 太祖朝驻兵开封，由三衙直辖的兵力达十二万，地方上只是在一些要害地区分兵把守，亦各不过数千人而已，而且据王安石所言“太祖时，将帅有令儿男乞兵者，乞不得，哭而去，然终无败事”（《续资治通鉴长编》卷二四八），宋太祖是有意识地将禁军主力控制在京城，不轻易派往地方。太宗、真宗两朝也是如此，虽当时战事甚急，开封三衙禁军的兵力始终维持在二十万左右。

② 《续资治通鉴长编》卷二七八云：“京师兵马比元拟留十万，人数已甚减少。”《建炎以来朝野杂记》甲集卷一八《三衙废复》亦曰：“国朝旧制，殿前、侍卫马、步三衙禁旅合十余万人。”

③ 〔宋〕李焘：《续资治通鉴长编》卷一三七，第3303页。

④ 〔宋〕李焘：《续资治通鉴长编》卷二〇八，第5053页。

⑤ 〔宋〕李焘：《续资治通鉴长编》卷五一，第1108页。

之”，地位尊崇，并例兼马步军都总管，得统领辖区内所有驻军，“自祖宗世，陕西、河东、(河)北三路，皆以文臣为经略使，领大兵；武臣为总兵，号将官，受节制”[①]，“若禁军在边上，则文臣为经略使者统之”[②]，三衙显然无权指挥。与此相辅相成，三衙之帅一般不再像宋初三朝那样直接统兵出征，至前线为将的三衙都虞候、四厢都指挥使等，也只是担任副总管，归帅臣节制。至此，便如李纲所言：“枢密掌兵籍、虎符，三衙管诸军，率(帅)臣主兵柄，各有分守，所以维持军政，万世不易之法。”[③]邓广铭先生曾指出：北宋“以不能带领兵马的文臣任正职(例如安抚使)，以真能带领兵马的武将任副职(例如安抚副使)。……这是北宋政权有意识地使高级文官与禁军将帅互相牵制，以收取互相制约的作用”[④]。三衙的统兵权，即所谓“兵柄”就在很大程度上遭到了帅臣的分割。

四、台谏与三衙

台谏与三衙，是监督与被监督的关系。

台，指的是御史台，宋制大致以御史中丞和侍御史知杂事为正、副长官，下设数目略有变化的殿中侍御史和监察御史；谏，指谏院，始置于真宗天禧元年二月，以知谏院或左、右谏议大夫为其长，分设左右司谏和左右正言。由于台、谏职责相近，皆司监察，故合称台谏。

台谏，宋人视为“天子耳目之臣”[⑤]，例由皇帝亲擢，又得“风闻言事”[⑥]，故自宋仁宗朝以来，台谏官成为宋代政治生活中特别活跃的一个群体。对此，苏轼有言：“我国家租赋籍于计省，重兵聚于京师，以古揆今，则似内重。恭惟祖宗所以

---

① 〔宋〕李心传：《建炎以来系年要录》卷一一二，第1814～1815页。

② 〔宋〕李心传撰，徐规点校：《建炎以来朝野杂记》甲集卷一八《兵马》，第403页。

③ 〔元〕脱脱等：《宋史》卷一六二《职官志二》，第3799页。

④ 参见邓广铭：《邓广铭治史丛稿》，北京大学出版社1997年版，第77页。不过，宋徽宗朝对武将出任经略安抚使的限制似有所放松，尤其是宋夏前线的熙河、秦凤、泾原、环庆、鄜延诸路，大量以武将为大帅，如刘仲武、刘法、种师道、姚古、种师中、刘延庆等西边名将皆曾居于经略安抚使之位，这是一个值得注意的现象。

⑤ 〔清〕徐松辑，刘琳、刁忠民等点校：《宋会要辑稿》职官三，第3074页。

⑥ 〔宋〕李焘：《续资治通鉴长编》卷二一〇，第5106页。

深计而预虑，固非小臣所能臆度而周知。然观其委任台谏之一端，则是圣人过防之至计。历观秦、汉以及五代，谏诤而死，盖数百人。而自建隆以来，未尝罪一言者，纵有薄责，旋即超升，许以风闻，而无官长，风采所系，不问尊卑，言及乘舆，则天子改容；事关廊庙，则宰相待罪。故仁宗之世，议者讥宰相但奉行台谏风旨而已。圣人深意，流俗岂知？台谏固未必皆贤，所言亦未必皆是，然须养其锐气而借之重权者，岂徒然哉，将以折奸臣之萌，而救内重之弊也。夫奸臣之始，以台谏折之而有余；及其既成，以干戈取之而不足。"①

台谏的监察范围极广，"就官员而言，上自宰相，下至州县官；就官署而言，从北宋前期的中书门下和枢密院、三司，元丰改制后的三省和枢密院，一直到州、县官署，无不在它的职权范围以内。除此以外，皇帝和皇室实际上也经常处于台谏系统的监督之下"②，三衙当然也不例外。何况，正如前引苏轼所言，宋人视三衙为"内重"——"重兵聚于京师"的主要表现之一，本来就是台谏监察的一个重点所在。具体说来，台谏对三衙的监察体现在以下四个方面：

（一）三衙的选任，台谏可发表意见

三衙的选任，虽主要由枢密院拟议，经宰相、枢密院同意后报皇帝审批，但在拟议的过程中台谏也可参与，尤其是对其认为不合适的人选有提出异议的权力。以仁宗朝为例，如郭承祐迁殿前都虞候，监察御史包拯即上书反对："按承祐累任无状，朝野佥知，物议喧然以为不可。"③拟许怀德为安静军留后时，以御史中丞张方平为代表的言事官们更是"上章论奏者相继"④。嘉祐五年至六年，先后两任御史中丞韩绛和赵概又都对张茂实任马军副都指挥使表示异议，最终促使其自请解兵权，出为知州。嘉祐六年，知雄州赵滋迁龙神卫四厢都指挥使、捧日天武四厢都指挥使，知谏院司马光也连续进言"论赵滋为人刚愎，不可管军"⑤，等等。对宋仁宗动辄以外戚管军的弊政，台谏官更是严厉批评，如欧阳修在谏官任上数

① 〔宋〕苏轼撰，孔凡礼点校：《苏轼文集》卷二五《上神宗皇帝书》，中华书局1986年版，第740页。

② 朱瑞熙：《中国政治制度通史·宋代卷》，第492页。

③ 〔宋〕李焘：《续资治通鉴长编》卷一五七，第3811页。

④ 〔宋〕李焘：《续资治通鉴长编》卷一五九，第3841页。

⑤ 〔宋〕李焘：《续资治通鉴长编》卷一九五，第4721页。

度上书反对以李昭亮、郭承祐等外戚管军，甚至于言辞激烈曰：“李昭亮不材，不堪为将帅，不可委兵柄。此一人，陛下圣心久自知之，执政大臣非不知之，天下之人亦共知之。”[①]当仁宗有意以外戚李璋任三衙之时，时知谏院的钱彦远、侍御史知杂事何郯即“风闻言事”，上书坚决反对。

（二）三衙不称职者，台谏可要求罢免

在仁宗天圣九年（1031）十一月，龙神卫四厢都指挥使孙正“落管军”，即因“御史言正衰老不任事也”[②]。仁宗朝宋夏战争爆发后，知谏院富弼随即上书：“殿前副都指挥使郑守忠、马军副都指挥使高化故亲事官，皆奴才小人，不可用。”[③]庆历二年，御史中丞贾昌朝亦要求罢免不称职的三衙杨崇勋、李昭亮。哲宗朝，殿前副都指挥使苗授也因遭到殿中侍御史孙升的上书攻讦，言其“久艰步履，屡废朝参”，遂被解除了军职，罢为知潞州[④]。流风所及，仁宗朝尸位素餐的殿前都指挥使许怀德颇有自知之明地对仁宗表示：“臣年过矣，倘为御史所弹，且不得善罢。”[⑤]

（三）三衙违法，台谏可加以弹劾

石介曾经谈道：“将有骄悍不顺、恃武肆害、玩兵弃战、暴刑毒民，御史府得以举劾之。”[⑥]弹劾三衙武将的违法行为，是台谏官的职责所在。仁宗朝著名的台谏官，大都有弹劾三衙违法的奏章。如欧阳修即先后弹劾过李昭亮、郭承祐、许怀德等三衙管军的违法行为；侍御史知杂事何郯也弹劾过李昭亮和郭承祐；著名的谏官包拯亦曾连续上奏，猛攻李昭亮、郭承祐、许怀德等三衙将领“上僭不法等事”，“乞朝廷重行降黜”[⑦]。神宗朝步军副都指挥使宋守约也遭到监察御史陈襄的三度弹劾，揭发其“违越不公，陵虐军人，非理鞭配，前后私役军士修盖第宅物业，日不减一二百人”[⑧]等违法行为，神宗尽管特别欣赏他，但还是因此给予

---

① 〔宋〕李焘：《续资治通鉴长编》卷一四四，第3476页。

② 〔宋〕李焘：《续资治通鉴长编》卷一一〇，第2570页。

③ 〔宋〕李焘：《续资治通鉴长编》卷一二六，第2970页。

④ 〔宋〕李焘：《续资治通鉴长编》卷四三〇，第10385页。

⑤ 〔元〕脱脱等：《宋史》卷三二四《许怀德传》，第10477～10478页。

⑥ 〔宋〕石介撰，陈植锷点校：《徂徕石先生文集》卷一三《上孔中丞书》，第148页。

⑦ 〔宋〕包拯：《孝肃包公奏议》卷六，《丛书集成初编》本。

⑧ 〔宋〕陈襄：《古灵集》卷六，《文渊阁四库全书》本。

了他一定的处分。

（四）三衙私交宰相、宦官，台谏可举报

为防范三衙武将势力坐大，北宋对三衙与群臣的交结有着严格的限制，如宋神宗朝即明文规定："在京管军臣僚，外任路分兵官、将副、押队使臣，禁出谒及见宾客，著为令。"[①]其中，尤其忌讳三衙同宰相、宦官之间彼此交结，像神宗时，"辅臣之家，平时不可与中官、军帅交一语"[②]。故凡三衙私自结交宰相、宦官者，台谏皆有检举揭发的权力。以下就是三个典型的事例：一是仁宗朝殿前副都指挥使郭承祐欲讨好宰相，"屡谒宰相陈执中于本厅，坐久不退"，台谏遂上书弹劾，并促成宋廷下诏"中书、枢密非聚议毋得通宾客"[③]。二是神宗朝监察御史陈襄弹劾步军副都指挥使宋守约与宰相、宦官交结，据他在奏章中所云："访闻守约在成都日，尝为枢密使文彦博所荐，致身至此，又与宰相陈升之结托深熟，恃此横恣，无所不为"，"交结中贵，以为内援，阿附近臣，而作威福"[④]。三是哲宗朝殿中侍御史孙升因步军都虞候权管勾步军司事姚麟"交通内臣"，要求予以严惩。他说："姚麟掌握侍卫，出入禁庭，而交通内臣，不遵诏令……若朝廷止令罚金，依旧共职，则何以杜绝奸私，严肃军政？"并再三强调："武夫悍卒屈情驯伏者，畏陛下之法尔。管军之臣徇情挟私，慢令废法，曾无忌惮，止于罚金，则将何所不至也！"[⑤]

应该说明的是，台谏对三衙的弹劾，有的被皇帝采纳，管军将帅受到了处理；也有相当数量的弹劾被搁置。但无论结果如何，台谏加强对三衙的监察，都是防范其权力无序膨胀的重要制约因素。

关于枢密院、帅臣、皇城司、台谏与三衙之间彼此制衡的关系，宋神宗曾云："祖宗以来制军自有意，凡隶在京殿前、马步司所统诸指挥，置军都指挥使、都虞候分领之，凡军中之事，止责分领节制之人，责之既严，则遇之不得不优。至

---

① 〔宋〕李焘：《续资治通鉴长编》卷三〇一，第7338页。

② 〔宋〕李焘：《续资治通鉴长编》卷三五二，第8435页。

③ 〔宋〕李焘：《续资治通鉴长编》卷一六六，第4001页。

④ 〔宋〕陈襄：《古灵集》卷六，《文渊阁四库全书》本。

⑤ 〔宋〕李焘：《续资治通鉴长编》卷四〇一，第9770页。

若诸路，则军校不过各领一营尔，不可比也。”[①]北宋朝廷还有意识地提高在京禁军军都指挥使、都虞候等中级军官的地位，军都指挥使往往亦可位至刺史、团练使[②]，使他们与三衙长官的地位差距不至于太大，以收到其与三衙长官彼此相制的效果。

除此之外，自北宋开国以来，皇帝越过三衙，亲自干预禁军的训练、中下级军官的选拔等三衙的本职工作，一直是个传统。正如北宋神宗朝大臣李清臣所说：“虽有侍卫三帅，非有可专之威，徒主符籍而呼趋指导于陛前耳。天子或御广殿，或猎近郊，节以钲鼓，习以骑射，角拳勇之材，激忠顺之气，或幸壁垒，视其纪律而省其私。……故百万之众，目无旁视，情无他归，詟惮亲爱，皆在一人，不在臣下。”[③]可见，其目的不仅仅在于提高禁军的战斗力，更为关键的是在全军当中明确三衙等将帅不过是皇帝的“爪牙之臣”，“徒主符籍而呼趋指导于陛前耳”，唯有皇帝才是军队的最高主宰者。

原载《史学集刊》2005年第2期

---

① 〔宋〕李焘：《续资治通鉴长编》卷二七三，第6678页。

② 〔宋〕范镇撰，汝沛点校：《东斋记事》卷二，中华书局1980年版，第19页。

③ 〔宋〕李清臣：《议兵策》，《全宋文》卷一七一四，上海辞书出版社、安徽教育出版社2006年版，第390页。

北宋三衙管军素质状况的动态考察

三衙是宋代禁军和厢军的常设指挥机构，管军是宋人对其主将的俗称。北宋以“重文轻武”为国策，“痛抑猛士”，武将的整体素质较汉唐普遍为低，但其也经历了一个由高趋低，然后由低趋高的明显的动态变化过程，以“宋乏良将”“有宋一代，武臣寥寥”，或北宋三衙管军一般“才能平庸”[①]来简单概括，不无以偏概全之嫌，重新加以全面的动态考察很有必要。

一

元代史家袁桷有言：“杯酒释兵柄，此启运立极之基也，然文盛武衰，亦自此始。”[②]宋太祖建隆二年七月之“杯酒释兵权”为北宋三衙管军素质变化的关键性环节，此为古今史家所公认。在“杯酒释兵权”之前，宋初慕容延钊、韩令坤、石守信、王审琦等管军大将与宋太祖一样，都是在五代乱世中锻炼出来的优秀将领，“有谋善战，声振殊俗，与时进退，其名将之贤者欤”[③]，其整体军政素质之高

① 朱瑞熙：《中国政治制度通史·宋代卷》，第552页。

② 〔元〕袁桷：《清容居士集》卷四七，《文渊阁四库全书》本。

③ 〔元〕脱脱等：《宋史》卷二五一“论曰”，第8842页。

是毋庸置疑的。“杯酒释兵权”之后，三衙管军的素质开始急剧地下降：“韩重赟惯于奉命行事，张琼资浅且‘性暴无机’，刘光义后改名廷让，是个平庸之辈，崔彦进则贪财。”[①]殿前都指挥使杨信“暴疾失音”，连军队的训练都主持不了；历任步军、马军都指挥使的党进不识文字，“变诈粗暴”，其行事每每“京师传以为笑”[②]；殿前都虞候李重勋则毫无战功，就更等而下之了。

宋太宗、真宗两朝，皆推行以“藩邸旧人”出任管军的政策。显而易见，这种任人唯亲的狭隘做法，不外乎是给攀龙附凤的庸将大开方便之门，又岂能选拔到才俊之士？何况，宋太宗之得大位，前有“烛影斧声”之疑，后有众将欲立德昭为帝之谋，其猜忌武将到了病态的多疑程度，不惜以阵图、监军等“将从中御”的办法来束缚将领们的手脚。这些做法的一个严重后果正如宋太宗自己所说：“今之牧伯，至于士卒，尽识朕意，苟稍闻愆负，固无矜恕之理，所以人人各务检身也。”[③]不仅扼杀了管军们积极进取的主动精神，更导致明哲保身、谨小慎微、庸碌无能之风大盛。宋真宗诸政多效法其父故智，用将方面亦是如此，管军素质的下降遂不可避免，具体表现在以下几个方面：

一是管军缺乏必要的文化修养。如《宋史》各本传记载：田重进“不事学”，米信“不知书”，高琼“不识字”。在当时的管军当中，与田、米、高三人情况类似的比比皆是，唯有王汉忠“宾礼儒士，慕贾岛、李洞为诗，居常读书，手不释卷”，但“群帅不悦之”[④]，反而被管军们视作另类而遭到排斥。二是管军人格龌龊，贪赃枉法者不乏其人。如曹璨“晚节颇伤吝啬，物议少之”[⑤]，米信更是“专恣不法”，“强市人物，妻死买地营葬，妄发居民冢墓”[⑥]。因米信不属于“藩邸旧人”的“小圈子”，故因此遭到查办。其实，在以“藩邸旧人”出身而致位管军者当中，如张耆、杨崇勋、夏守赟等人，此类问题更加严重，只不过是往往得到包庇而已。三是管军怯懦畏敌，拙于用兵。“将帅不知战守”，“临事而苟且，遇

---

① 张其凡：《五代禁军初探》，第104页。

② 〔宋〕李焘：《续资治通鉴长编》卷一八，第415页。

③ 〔宋〕李焘：《续资治通鉴长编》卷三二，第710页。

④ 〔宋〕李焘：《续资治通鉴长编》卷五二，第1141～1142页。

⑤ 〔宋〕李焘：《续资治通鉴长编》卷九四，第2162页。

⑥ 〔元〕脱脱等：《宋史》卷二六〇《米信传》，第9023页。

敌而进退"[①]，这是真宗时人们对管军才能的代表性评价，事实也确实如此。自太宗太平兴国四年（979）北伐失败，至宋真宗景德年间澶渊之盟的签订，宋辽双方历经了长达二十余年之久的战争。在强敌压境之际，管军作为高级武将，英勇善战本应是其必备的起码素质，但由于太宗、真宗的任人唯亲，管军中偏偏充斥着大批或怯懦畏敌，或拙于用兵的滥竽充数者，他们平时尚可狐假虎威，但在真枪实弹的战场上，便完全暴露出了胆怯、庸碌的本来面目，往往导致战役的失败，傅潜和王超就是这方面两个极为突出的例子。

据《宋史》，傅潜"畏懦无方略"，王超"临军寡谋，拙于战斗"，本来都不适宜担任管军，但由于两人都是宋太宗的藩邸亲信，遂在两朝历任管军要职，太宗末真宗初，竟先后坐镇河北，"缘边诸城，皆受其节度"，被宋廷倚为北方长城。然而，傅潜为将，实畏敌如虎，咸平二年十二月，辽兵进犯河北，缘边城堡悉飞书告急，傅潜拥有大军八万余众，却置朝廷令其出师击敌的诏书于不顾，"畏懦无方略，闭门自守"，将士们"争欲奋击"，其不但不给予鼓励，反而"将校请战者，则丑言骂之"[②]。傅潜此举直接导致了宋军大将康保裔部全军尽没。王超与傅潜同属一丘之貉，他在接替傅潜职务后，也是但求自保，咸平六年宋军王继忠部被围困在望都，王超"畏缩退师，竟不赴援"，坐视辽军歼灭了王继忠部。次年，辽倾国南下攻宋，宋真宗不得不御驾亲征，王超竟依然"按兵不战"，甚至"违诏失期"，拒不增援真宗所驻的澶州，以致时人怀疑他有叛变投敌的嫌疑[③]。傅潜与王超是两个反面典型，但绝非个例，宋真宗时其他管军的素质也大多如此。

应该着重强调的是，宋太宗雍熙北伐失败后，宋军精锐损失殆尽，而此时辽军迭获大捷，又有名将耶律休哥等人统军，其兵锋有不可挡之势，其间宋军数度大败，确属力有不逮，难以苛责将帅。但宋真宗咸平以后，宋辽力量对比有了明显的变化：北宋方面，经过真宗初七八年的休养生息，民间渐苏，统治阶层内部矛盾也趋向缓和，政权呈现稳定状态，北方边防得以大为加强，太宗晚年的危局已有所改观；辽国方面，名将耶律休哥死于咸平元年，代之统军的挞览有勇无谋，

---

① 〔宋〕李焘：《续资治通鉴长编》卷四六，第1005页。

② 〔元〕脱脱等：《宋史》卷二七九《傅潜传》，第9473页。

③ 〔宋〕李焘：《续资治通鉴长编》卷五九，第1312页。

而且连年南下攻宋，难免师老兵疲。景德元年辽以倾国之师南进，看似气势汹汹，却亦属“孤注一掷”之举，待顿兵澶州坚城之下，前进则受阻于宋方阻击，背后又有河北宋军的环伺，可说是已初呈强弩之末的败势。此时，若北宋将帅指挥有方，三军用命，即便不能全歼辽军主力，取得较大战果还是完全可能达到的，但结果是北宋未能将优势转化为胜势，反而签订了屈辱的城下之盟，辽军安然北返，庸将误国，实责无旁贷。当然，任人唯亲，将这些庸将提拔到管军高位的宋太宗和宋真宗更是难辞其咎。

二

宋仁宗朝三衙管军的素质状况，以庆历三年的“庆历新政”为界线，又可分为两个阶段。

宋仁宗初年，三衙管军的素质相比于太宗、真宗朝，有了进一步恶化的趋势。一方面，澶渊之盟签订以后，北宋朝野上下粉饰太平，苟和偷安之风大炽，随之而来的是“重文轻武”蔚然成风，所谓“国家承平之久，文事太胜，士以武弁为羞，而学者以谈兵为耻”[①]。时人还标榜说：“状元登第，虽将兵数十万，恢复幽蓟，逐强敌于穷漠，凯歌劳还，献捷太庙，其荣亦不可及也。”[②]风气所及，军职对社会优秀人才的吸引力业已为零，如陈尧咨欲就节度使职，其母竟“命杖挞之”，并说：“汝策名第一，父子以文章立朝为名臣，汝欲叨窃厚禄，贻羞于阀阅，忍乎？”[③]由此，武将整体素质的沦落自然在所难免。管军虽然是武将中的最高层，但在武将整体素质恶化的状况下，管军保持较高素质不太现实。另一方面，宋仁宗即位之初的管军职位，依然大多被夏守赟、杨崇勋、郑守忠、高化等宋真宗的“藩邸旧人”所占据，而这些人大多是无才无德的“奴才小人”。宋仁宗亲政后又滥用外戚为管军，僵化地“循资格”。三衙由这类人长期把持，优秀将才跃居管军之位几乎是不太可能的。正如范仲淹所说：“今诸军、诸班，必有勇智之人，多被

① 〔宋〕李纲：《梁溪集》卷五九《议战》，《文渊阁四库全书》本。

② 〔宋〕田况：《儒林公议》，《文渊阁四库全书》本。

③ 〔宋〕文莹撰，郑世刚等点校：《湘山野录》卷中，中华书局1984年版，第39页。

管军臣寮人员等递互弹压，不得进用，坐至衰老。”[①]

正因为问题由来已久，当西夏于宝元元年称帝建国，北宋被迫应战之际，当时管军基本满员，北宋却痛感无将可用，“将帅常患少人”，“以至无人可用”。事实上，在时任管军当中，竟无一人在宋夏战争中有所建树，其素质之差不难想见，如欧阳修就痛斥他们：“癃钟跛躄庸懦暗劣之人，皆委之要地，授以兵柄，天下三尺童子，皆为朝廷危之。”[②]待战争打响之后，管军素质低下问题遂不断成为宋军屡遭惨败的致命弱点，以康定、庆历年间的三川口、好水川和定川寨三大战役为例，宋军每战必败，且“一战不如一战”，与步军副都指挥使刘平、马军都虞候任福、殿前都虞候葛怀敏这三位在前线领兵作战的管军，或有勇无谋，或庸碌胆怯，皆不堪为大将直接相关。他们的拙于用兵，不过是此时管军素质普遍低下的缩影而已。对此，宋人已有许多讨论，并不约而同地将战争失败与之相联系。贾昌朝说：“且亲旧、恩幸已任军职者，便当为将，兵谋战法素不知晓，一旦付千万士卒之命，使庸人致之死地。此用亲旧、恩幸之弊也。”[③]鱼周询说：“朝廷用空疏阘茸者为偏裨，募游惰怯懦者备行伍，故大举即大败，小战辄小奔。”[④]欧阳修说：“上下安于无事，武备废而不修，庙堂无谋臣，边鄙无勇将，将愚不识干戈，兵骄不知战陈。”[⑤]透过这些激烈的言辞，不难看出当时管军素质的低下确实已经到了严重威胁北宋国家安全的程度。

直至“庆历新政”以后，三衙管军的素质才开始有了初步的起色。一方面，宋夏战争虽以宋方实际上的失败而告结束，但正如欧阳修所说：“勇夫锐将亦因战陈稍稍而出，数年之间，人谋渐得，武备渐修。”[⑥]经过战火的考验，宋军逐渐涌现出了数量可观的优秀将才，从而扭转了真、仁之际宋廷“几无将可用”的窘境，为管军素质的改善准备了客观条件。更为关键的因素是以范仲淹为核心的改革集

---

① 〔宋〕范仲淹：《上仁宗乞督责管军臣僚举智勇之人》，《宋朝诸臣奏议》卷六四，第712页。

② 〔宋〕李焘：《续资治通鉴长编》卷一三六，第3256页。

③ 〔宋〕李焘：《续资治通鉴长编》卷一三八，第3316页。

④ 〔宋〕李焘：《续资治通鉴长编》卷一六三，第3930～3931页。

⑤ 〔宋〕李焘：《续资治通鉴长编》卷二〇四，第4936页。

⑥ 〔宋〕李焘：《续资治通鉴长编》卷二〇四，第4936～4937页。

团，将官员铨选制度的革新作为重点，提出了“抑侥幸”和“明黜陟”两大口号。三衙管军，作为“循资格”而进的“庸人”和“侥幸”而进的“恩幸”之人充斥的重灾区，当然难逃改革矛头所向，像范仲淹就专门提出了新的选将原则：“专于选将者，委枢密院于閤门祇候使臣以上选人，三班院于使臣中选人，殿前、马步军司于军旅中选人，或有知略，或有材武，堪边上试用者，逐旋进呈。”[①]这些改革意见，虽然没有完全被仁宗采纳，但对管军选任所产生的冲击是不可低估的，正是在“庆历新政”期间，宋夏战争中的有功之将才开始得以陆续晋升管军的行列。这些身经百战、功勋卓著的将领，作为一个群体，他们不仅指挥能力强，治军有方，在军中威信素著，而且往往具有令人称道的个人品行，如范恪“骁勇善射，临难敢前，故数有战功”[②]，在军中与狄青齐名；王凯“治军有纪律，善抚循士卒，平居与均饮食，至临阵援枹鼓，毅然不少假。故士卒畏信，战无不力，前后与敌遇，未尝挫衄”[③]。最为突出的，当然还是狄青。狄青少年从军，在宋夏战争中隶范仲淹等人的麾下，成长为天下知名的大将。“庆历新政”后，狄青历任捧日天武四厢都指挥使，步军、殿前都虞候，步军、马军副都指挥使等管军之职。狄青为将，不但作战勇敢，指挥若定，有名将风范，而且为人正直，勤于读书，具有了相当的文化修养。他能够得到范仲淹等名流的首肯，以及广泛的社会性声誉，甚至于“京城小民闻青骤贵，相与推说，诵咏其材武。青每出入，辄聚观之，至壅路不得行”[④]，与其兼资文武的个人魅力是分不开的。这种魅力，对狄青个人而言，或许是招致猜忌悲剧的根源，但对改变自真宗以来“武臣多鄙”的偏见及改善管军的形象，却是难得的正面典型。

三

宋英宗和神宗朝是管军素质由低趋高的转折点，尤其是宋神宗时期，在王安石变法的推动下，北宋在较大程度上改变了管军选拔中用外戚和“循资格”的痼

① 〔宋〕李焘：《续资治通鉴长编》卷一四九，第3602页。

② 〔元〕脱脱等：《宋史》卷三二三《范恪传》，第10466页。

③ 〔宋〕李焘：《续资治通鉴长编》卷一九四，第4698页。

④ 〔宋〕李焘：《续资治通鉴长编》卷一八三，第4435页。

疾，确立了以“边功卓著”作为选拔管军最主要的标准，并将其上升为“非有边功，不得为三衙”[①]的制度化高度，具有法律效力，从而在制度上保证了管军主要由实战经验丰富和军事才能优秀的将领担任。

宋神宗以后的哲宗、徽宗朝，北宋国是虽然迭经新、旧党争之变，但“非有边功，不得为三衙”的制度仍然得到严格坚持，如哲宗初高太后就曾明确宣布：“管军须是有边功，众人所服方可。”[②]高后女主，能有此等见识，盖当时三衙选任制度本此。宋徽宗拟提拔高俅为管军，也不得不先把他托付给边帅刘仲武，方“竟以边功至殿帅”[③]，至少在形式上符合了“非有边功，不得为三衙”的要求。因此，尽管徽宗朝有高俅一流的小人位居三衙，但从整体上看，从英宗直至徽宗，这一时期管军的素质是相当高的，主要表现在以下方面：

首先是文化修养显著增强，足称“儒将”者不乏其人。英宗朝之后，管军们喜读书蔚然成风，如燕达“起行伍，喜读书，平时手不释卷”[④]；姚兕“力学兵法，老不废书，尤喜颜真卿翰墨”[⑤]。其中的优秀者已经不再局限于“粗通文墨”，像种师道，《宋史》本传称他“少从张载学”，是北宋理学大师张载的及门弟子；苗授则“少从胡翼之学，补国子生”，是北宋理学开山之一胡瑗的学生，“平居侃侃若儒者”[⑥]。

其次是为人正直者众，颇多官声甚佳者。据《宋史》各本传，郝质“平居自奉简俭，食不重肉，笃于信义”；杨遂“故人妻子贫不能活者，一切收养之。人推其义”；和斌“士大夫称之”，宋神宗曾当面称赞他“卿质直如此，乃知两路争卿，为不诬矣”。宋徽宗朝，童贯长期把持军政大权，但除少数人对其阿谀奉承，多数管军能够做到不卑不亢，对其胡乱指挥进行力所能及的抵制。以种师道、赵隆、何灌三人为例：种师道“童贯握兵柄而西，翕张威福，见者皆旅拜，师道长揖而已”；赵隆“童贯与论燕云事，隆极言不可。贯曰：‘君能共此，当有殊拜。’隆

---

① 〔宋〕章颖：《宋朝南渡十将传》卷一《刘锜传》，《碧琳琅馆丛书》本。
② 〔宋〕李焘：《续资治通鉴长编》卷四七〇，第11225页。
③ 〔宋〕章颖：《宋朝南渡十将传》卷一《刘锜传》，《碧琳琅馆丛书》本。
④ 〔宋〕王称：《东都事略》卷八四《燕达传》，《文渊阁四库全书》本。
⑤ 〔元〕脱脱等：《宋史》卷三四九《姚兕传》，第11058页。
⑥ 〔宋〕王称：《东都事略》卷八四《苗授传》，《文渊阁四库全书》本。

曰：‘隆武夫，岂敢干赏以败祖宗二百年之好？异时起衅，万死不足谢责。’贯知不可夺”；何灌“见童贯不拜，贯憾焉”。《宋史》卷三四九、三五〇“论曰”曾概括其时管军群体的品行是“皆恂直忠笃，为一时名将”，“有士君子之行焉，尤武士之所难能也”。应该说，这个评价是比较客观公正的，也是值得重视的。

更为重要的是，这一时期管军的军事才能整体性提高是有目共睹的，涌现出了一大批各有所长、风格各异的合格将才。在他们当中，以治军严明、训练有方著称的就有郝质、宋守约、燕达、张整等人；至于勇猛善战、精于用兵者，更是不胜枚举，例如王文郁以不满千人的骑兵，击破了西夏数万大军对兰州城的围困，“时以文郁方尉迟敬德云”[①]；王恩以擅长指挥骑兵闻名，辽国都尊称他为“王骑将”，“羌围平夏，诸校欲出战，恩曰：‘贼倾国远寇，难以争锋，宜以全制其敝。彼野无所掠，必携，携而遇伏，必败。’乃先行万人设伏，羌既退师，果大获”[②]。刘昌祚则尤为突出，史称“昌祚气貌雄伟，最善骑射，箭出百步之外。夏人得箭以为神，持归事之”，他统兵有方，所部“劲悍出诸军右”[③]，用兵多智谋，擅以少胜多，宋神宗五路伐夏之役中，刘昌祚大破西夏主力三万多人，取得了宋夏战争以来北宋少有的野战大捷，表现出了优秀的战役指挥能力。宋哲宗、徽宗两朝，北宋之所以能够不断在西线对西夏作战中取得相当可观的战果，拥有一批像刘昌祚这样的优秀将领，是一个重要的因素。

不仅如此，此时管军中的优秀人物，在擅长战役指挥的同时，已经初步上升到具有相当战略眼光的高度。这方面，以徽宗朝的种师道最为典型。关于种氏之为人，前文已有所介绍，这里侧重分析他对北宋后期军事斗争几次较为准确的全局性把握。第一次是当宋徽宗等沉溺于西线开边胜利时，种师道却较早地发现了偏重西线的不妥，建议适当收缩：“先为不可胜，来则应之。妄动生事，非计也……臣恐勤远之功未立，而近扰先及矣。”[④]从后来金兵由北方南下，宋军主力偏处陕西救援不及的历史进程来看，宋徽宗后期的西线战事纯属得小利而失大局，本应适可而止，将主力调集北方，种师道的建议是很有远见的。第二次是在北宋

---

① 〔宋〕李焘：《续资治通鉴长编》卷三三三，第8018页。

② 〔元〕脱脱等：《宋史》卷三五〇《王恩传》，第11088页。

③ 〔元〕脱脱等：《宋史》卷三四九《刘昌祚传》，第11055页。

④ 〔元〕脱脱等：《宋史》卷三三五《种师道传》，第10750页。

决定联金伐辽时，种师道虽然受命为都统制，却公开表示异议，劝谏徽宗说：“今日之举，譬如盗入邻家不能救，又乘之而分其室焉，无乃不可乎？”后辽遣使请和，“师道复谏宜许之”[①]。在他看来，新兴的金人势力才是北宋生存最大的威胁，即其所谓的“盗”，应该视辽为友邻，即“邻家”，来共同抗金。相比于“联金灭辽”，种师道的主张无疑是正确的。第三次是在金军大举南下，北宋岌岌可危之际，他先后提出的痛击东路金兵、于开封集结重兵和皇帝撤往陕西等建议，都是有可能挽救危局的战略性谋划。

行文至此，遂产生了一个不得不进行探讨的问题，即长期影响学术界的关于北宋后期三衙管军素质与北宋靖康亡国原因问题，一种较有代表性的意见认为，宋哲宗朝以后至北宋末年，乱政之下又出现童贯之类宦官把持军政、高俅之流掌握禁军的现象，因此管军队伍更为混乱，其群体精神面貌及素质也更为低下，最终出现“靖康耻”的惨剧，实与管军群体的无能有相当大的关系。应该说，这种看法基本上能够成立，因为作为肩负国家安全重任的高级将领，北宋末年的管军中毕竟没有能涌现出挽狂澜于既倒的英雄人物，就此而言，对北宋靖康亡国，他们当然是责无旁贷。不过，据此对北宋哲宗朝以后管军整体素质得出否定性的意见，并不是十分妥当。其一，正如南宋绍兴二年臣僚所言，尽管高俅“以恩得用”，但“崇宁间，旧规犹在”[②]。在英宗以来直至徽宗朝“旧规犹在”，也就是在“非有边功，不得为三衙”成为制度的大环境之下，高俅之流只能是少数，显然不具有代表性，其庸碌无能不应当作为管军整体素质的概括。其二，据前文已经详细谈到的从英宗至徽宗时期管军素质提高的具体情况，不难看出，就纵向比较而言，英宗朝之后包括徽宗朝在内的管军的素质，较此前太宗至仁宗朝，或是“藩邸旧人”，或是“外戚恩幸”居其位者，确实有了显著的改观。即便是横向比较，当时众将虽无法与汉唐诸名将相比肩，但燕达、刘昌祚、种师道等人也无愧于名将之称。其三，北宋亡国固然与管军素质有关，但两者之间并非简单的因果关系，不能因北宋亡国就对其时的管军素质予以全盘否定。其实，北宋亡国的原因相当复杂，除金国勃兴，力量较强，最关键的根源在于北宋统治集团自身的腐

① 〔元〕脱脱等：《宋史》卷三三五《种师道传》，第10751页。

② 〔清〕徐松辑，刘琳、刁忠民等点校：《宋会要辑稿》职官三二，第3817页。

败问题愈演愈烈，终至不可收拾，如王曾瑜先生在《北宋晚期政治简论》一文中就以北宋灭亡为例，阐述了在专制政体下，其从腐败走向灭亡的必然性[①]；张邦炜先生也谈道："落后要挨打，是个带规律性的历史现象；腐败也要挨打，更是一条铁的历史定律。腐败往往导致落后，因腐败而落后以致挨打，近代中国就是如此。北宋晚期腐败尚未导致落后，照样挨打。北宋绝非落后挨打，实因腐败亡国。"[②]北宋亡国直接因素则在于宋钦宗失策之处甚多，尤其是用人和策略方面的失误太多，对于"种师道提出的若干关键性的谋划和决策，却一条也不能用"，遂无可挽回地导致了北宋灭亡的悲剧，至于管军的素质问题倒是其次；反之，宋钦宗如若"按种师道等人的主张，退守关中，继续与金军抗争"[③]，则鹿死谁手，尚有未可知之势。

原载《文史哲》2005年第3期

---

① 王曾瑜：《北宋晚期政治简论》，《中国史研究》1994年第4期。

② 张邦炜：《北宋亡国与权力膨胀》，《天府新论》2000年第1期。

③ 王曾瑜：《宋钦宗和他的四名宰执》，《宋史研究论文集》，宁夏人民出版社1999年版，第25页。

论北宋三衙管军选任标准的前后变化

北宋三衙管军的选任，不仅有着严密的程序，而且也有着极为严格的条件，如仁宗朝张方平说："臣窃观国朝故事，所除军职或以边功，或以劳旧，或以肺腑。"[①]南宋初知枢密院事的富直柔则说："祖宗时，三衙用边功、戚里、班行各一人。"[②]宰相赵鼎也认为："祖宗旧制，三衙用边臣、戚里及军班出身各一人，所以示激劝也。"[③]宋人的这些概述大致正确，但一则过于笼统，未能凸显出北宋各个时期选任标准的变化情况；二则失之于简，尤其是没有提及不宜为三衙管军方面的诸多规定。因此，从这方面入手对北宋三衙管军的选任标准进行动态的细致考察，还是很有必要的。

一

宋太祖开国伊始，所选任的三衙管军皆是功臣宿将，但以建隆二年（961）七月的"杯酒释兵权"为转折点，管军的选任标准发生了根本性的变化。在新任管

① 〔宋〕张方平：《乐全集》卷二四，《文渊阁四库全书》本。
② 〔宋〕李心传：《建炎以来系年要录》卷四八，第867页。
③ 〔宋〕李心传：《建炎以来系年要录》卷九七，第1606页。

军当中，刘光义才智平庸；崔彦进“好聚财货，所至无善政”，“与王全斌征蜀，黩货杀降，以致蜀乱”[①]；张琼“性暴无机，多所凌轹”[②]。他们之所以能够取代王审琦、高怀德等功臣宿将，司马光《涑水记闻》将之归于宋太祖有意识地“更置易制者，使主亲军”，堪称一语破的。此后，宋太祖选任管军，“一直是以才庸无谋、忠实易制为原则的”[③]，“三衙之帅，不用能将、宿将，而用庸将、新将”[④]，如历任殿前都虞候、都指挥使要职的杨义，“暴疾失音”，连军队的训练都主持不了，只因“忠直无他肠”，终宋太祖一朝“上委任之不疑”[⑤]；历任步军、马军都指挥使的党进不过是“鹰犬之材”，而且不识文字，“变诈粗暴”，其行事每每“京师传以为笑”[⑥]，但太祖“谓其忠实，益厚之”[⑦]；殿前都虞候李重勋则毫无战功，仅凭“与太祖同事周祖，谨厚无矫饰，太祖甚重之，故擢委兵柄，始终无易”[⑧]；侍卫步军都虞候刘遇也是“性淳谨”[⑨]，遂得为三衙管军。

宋太宗、真宗两朝，“所命将帅，率多攀附旧臣”[⑩]，三衙管军的选任有一个极为突出的特点，就是大批起用晋邸和襄邸的藩府旧僚，即所谓的“攀附旧臣”。以宋真宗朝的殿前司为例，在全部约14位20任管军当中，出身晋、襄邸旧僚而进者有11位16任，占据绝对的优势。

宋太宗朝的三衙管军，正如《丁晋公谈录》所说：“太宗即位后未数年，旧为朱邸牵拢仆驭者皆位至节帅。”出身太宗藩邸旧僚而至管军者，据《宋史》各本传加以简单统计，主要有以下数人：傅潜“太宗在藩邸，召置左右”，太宗朝为殿前都虞候、副都指挥使，真宗初为侍卫马步军都虞候；王超“太宗尹京，召置麾下”，太宗朝为殿前都虞候、都指挥使，真宗初也位至侍卫马步军都虞候；戴兴

① 〔元〕脱脱等：《宋史》卷二五九“论曰”，第9010页。

② 〔元〕脱脱等：《宋史》卷二五九《张琼传》，第9010页。

③ 张其凡：《五代禁军初探》，第104页。

④ 朱瑞熙：《中国政治制度通史·宋代卷》，第548页。

⑤ 〔宋〕李焘：《续资治通鉴长编》卷七，第168页。

⑥ 〔宋〕李焘：《续资治通鉴长编》卷一八，第415页。

⑦ 〔宋〕李焘：《续资治通鉴长编》卷七，179页。

⑧ 〔宋〕李焘：《续资治通鉴长编》卷一九，第424页。

⑨ 〔元〕脱脱等：《宋史》卷二六〇《刘遇传》，第9021页。

⑩ 〔宋〕李焘：《续资治通鉴长编》卷一三八，第3316页。

“太宗在藩邸，兴诣府求见，奇之，留帐下”，太宗朝历任步军都虞候、都指挥使，殿前副都指挥使、都指挥使等职；高琼“太宗尹京邑，知其材勇，召置帐下”，太宗朝任步军都指挥使，真宗朝至殿前都指挥使；葛霸“始事太宗于藩邸”，太宗时为殿前都虞候，真宗时历任马军、殿前副都指挥使；王汉忠“太宗在藩邸，召见，奇其材力，置左右”，太宗、真宗两朝历任马军、殿前都虞候及殿前副都指挥使；王荣“太宗在藩邸，得隶左右”，太宗末年为马军都虞候；元达“太宗居晋邸时，达求见，得隶帐下”，位至步军都虞候。

宋真宗选任三衙管军，兼用晋邸和襄邸两朝旧人。在太宗的藩府旧僚当中，除傅潜、王超、戴兴、葛霸、王汉忠依然长期居于三衙要职，在太宗朝尚未任管军的一些人也得以晋升，如王能“太宗在晋邸，召置左右”[①]，真宗时用为步军副都指挥使；张凝“太宗在藩邸，闻其名，以隶亲卫”[②]，真宗景德年间遂用为殿前都虞候。至于真宗自己的襄邸旧僚，更是大量充斥于管军的行列，以致其襄邸旧僚人人皆有军职之望，如枢密院在景德二年议补禁军将校时，枢密使王继英就说：“藩邸给事之人尚在外，议者皆聚议腾谤，谓臣蒙蔽不言于上，致其沉滞。”真宗虽然表示“此等不自省循，苟求侥幸，借如因缘际会，傥加升擢，必须有名，方塞舆议”[③]，但他不过是故作姿态，“方塞舆议”罢了。出身真宗藩邸旧僚而至管军者，据《宋史》各本传，比较突出的例子包括：王继忠“真宗在藩邸，得给事左右，以谨厚被亲信”，真宗初为殿前都虞候；刘谦“真宗升储邸，增补宫卫”，在真宗朝历任三衙，位至殿前都指挥使；张耆“年十一，给事真宗藩邸”，历任马军、殿前都虞候，马军副都指挥使；杨崇勋“以父任为东西班承旨，事真宗于东宫”，真宗朝得为马军都虞候；夏守恩“补下班殿侍，给事襄王宫”，真宗末为龙神卫、捧日天武四厢都指挥使，殿前都虞候；蔚昭敏“真宗为襄王，昭敏自东班殿侍选隶襄王府”，真、仁朝遂位至殿前副都指挥使、都指挥使等。

正因为宋太宗、宋真宗以藩邸旧僚为三衙选任的最主要标准，所以不属于两朝旧人这个“小圈子”的其他武将，即便是战功卓著，通常也很难被选为三衙管军。以真宗朝并称“二杨”的杨延昭和杨嗣为例，杨延昭“出入骑从如小校，号

---

① 〔元〕脱脱等：《宋史》卷二七九《王能传》，第9478页。

② 〔元〕脱脱等：《宋史》卷二七九《张凝传》，第9479页。

③ 〔宋〕李焘：《续资治通鉴长编》卷五九，第1307～1308页。

令严明，与士卒同甘苦，遇敌必身先，行阵克捷，推功于下，故人乐为用。在边防二十余年，契丹惮之，目为杨六郎”[①]，杨嗣“以善战闻”，“有战功”[②]，都是被公认为“智勇善战”的名将，在对辽作战中，多次挫败辽军。然而他们始终未至管军高位，个中原因，就在于两人都不是这个“小圈子”里的人。对此，宋真宗本人曾有所表示，他说：“嗣及延朗并出疏外，以忠勇自效，朝中忌嫉者众，朕力为保庇，乃及于此。”[③]即使是偶然得以为管军的，往往也会遭到藩邸旧僚们的排挤，如太宗初宿将范廷召、孔守正凭战功任三衙管军，高琼战功虽远为不及，却对此二人先于己得管军甚表不满，“颇悒悒”，次年太宗遂“制授琼侍卫步军都指挥使、领归义军节度，廷召辈始加观察使，不得与琼比”[④]。又如真宗初，宋廷以曹璨为殿前都虞候，觊觎是职的马军都虞候刘谦“慨叹形于颜色”，真宗遂“擢谦为殿前副都指挥使，徙璨为马军副都指挥使”[⑤]。高琼、刘谦之所以能够如此，不过是依仗自身为太宗、真宗的藩邸旧僚而仗势欺人罢了。

二

宋仁宗朝三衙管军的选任，以下两个特点十分明显：

一个特点是外戚任管军的比例直线上升，即所谓的“用亲”。皇祐元年（1049），时任侍御史知杂事的何郯在其《上仁宗论连姻臣僚更不得除授典掌侍卫及枢要之任》中说：“臣伏闻祖宗典故，宗室姻戚，未尝委之典禁兵及任要官。近年因李昭亮授管干殿前、马步军都指挥使公事，郭承祐相继被用，遂成此例。”[⑥]按，何氏“祖宗典故，宗室姻戚，未尝委之典禁兵”的说法并不准确，如宋太祖即曾以妻弟王继勋和母舅杜审琼权“侍卫步军司事”；李继隆更因为其姐为太宗

① 〔元〕脱脱等：《宋史》卷二七二《杨延昭传》，第9308页。

② 〔元〕脱脱等：《宋史》卷二六〇《杨嗣传》，第9017页。

③ 〔宋〕李焘：《续资治通鉴长编》卷四八，第1056页。

④ 〔元〕脱脱等：《宋史》卷二八九《高琼传》，第9692页。

⑤ 〔宋〕李焘：《续资治通鉴长编》卷六一，第1378页。

⑥ 〔宋〕何郯：《上仁宗论连姻臣僚更不得除授典掌侍卫及枢要之任》，《宋朝诸臣奏议》卷三四，上海古籍出版社1999年版，第331页。

之妃、真宗之母，而在太宗、真宗两朝“特被亲信，每征行，必委以机要”[①]，历任马军都虞候、都指挥使等管军之职，其弟李继和在真宗朝也曾官至殿前都虞候。不过，仁宗以前，外戚任管军数量确实不多，地位也不是太高，如殿前都、副指挥使中就未有外戚。宋廷大量起用外戚管军，甚至达到“非姻旧不委”[②]及外戚基本垄断殿前都、副指挥使高位的程度，的确是始于仁宗朝。以庆历二年（1042）后殿前副都指挥使一职的情况为例：在李用和、李昭亮、许怀德（两任）、郭承祐、李璋五人六任当中，李用和、李昭亮、郭承祐、李璋四人都属于以“恩幸”得位的外戚。

在仁宗朝出任三衙管军的外戚，主要有以下四家：一是李昭亮，李继隆之子，在仁宗朝“以恩泽进”，历任殿前都虞候、步军副都指挥使、殿前副都指挥使等职，时人称其是“恩幸之人”[③]。二是曹琮，因其兄女为仁宗皇后曹氏，遂得为步军、马军副都指挥使，对其得进，富弼在当时就指出不过是因仁宗“任亲”而已。除曹琮之外，曹后之家仁宗朝曾为管军者还有曹仪，历捧日天武四厢都指挥使、步军都虞候。三是郭承祐，娶太宗子华王元偁女，凭此关系郭承祐在仁宗朝虽屡为台谏所攻，连仁宗本人都称其为一介“庸人”，却长期居于管军之位，历任龙神卫四厢都指挥使，马军、殿前副都指挥使等。四是仁宗母舅李用和，仁宗生母李宸妃之弟。仁宗因生母早卒，“不逮养，故外家褒宠特厚”，对李用和“名器听其所欲”[④]，在不到一年的时间内就将其由县兵马都监超迁为殿前都虞候，后更历任步军、马军、殿前副都指挥使；其子李璋在仁宗末也位至殿前副都指挥使。

仁宗朝政治上并无太大动荡，选外戚任三衙管军，并无政治上的多大必要，基本出于仁宗“厚外戚之家”的私心，贾昌朝就谈道：“近岁恩幸子弟，饰厨传，沽名誉，不由勋效，坐取武爵者多矣。其志不过利转迁之速，俸赐之厚尔。”[⑤]故当时即论者纷纷。如当仁宗以李璋为三衙管军时，任知谏院的钱彦远即上书坚决反对，他说：“臣风闻阁（阎）门使李璋欲除军中职名。窃以李璋本由戚属恩泽入

① 〔元〕脱脱等：《宋史》卷二五七《李继隆传》，第8969页。

② 〔宋〕李焘：《续资治通鉴长编》卷一三八，第3317页。

③ 〔宋〕李焘：《续资治通鉴长编》卷一三八，第3316页。

④ 〔宋〕李焘：《续资治通鉴长编》卷一五六，第3779页。

⑤ 〔宋〕李焘：《续资治通鉴长编》卷一三八，第3316页。

官，三五年间，坐跻显仕，未补边防经历事任。加以人才懦弱，别无勋劳，委之师旅，未协公议。安危之本，所系非轻。且诸将有久戍沙漠，早立勋绩者；及外戚贵属，在李璋上者，引李璋为比，乞军中职名，则朝廷何以却之？与之则恩赏失宜，不与之则中心觖望。可否之际，措置颇难。且李璋既主兵马，即须出屯疆埸。素无韬略之蕴，训练之严，万一胡虏小出，斯人何以捍御？本谓爱之，实害之也，或朝廷以李璋戚属，宜加恩礼，不若俟其少有勋劳，擢进官资，则事体两全，名实相副。欲乞出自圣意，特赐寝罢李璋管军旨挥，庶合中外公议。”[①]侍御史知杂事何郯更明确要求仁宗：“伏望诏中书门下、枢密院，稽求列圣故事。自今与宗室连姻臣僚，更不得除授典掌侍卫及枢要之任，仍立为永制，以绝后来非冀之人。”[②]至哲宗朝，范祖禹也曾上书对以外戚任三衙管军进行过严厉批评，他指出：“盖以管军之臣止有三人，而外戚素非将领，又无勋劳，止缘恩泽，遂为统帅，岂得将士心服哉？”[③]甚至于连宋高宗都再三表示“参用戚里，固祖宗法，然窒碍处多，恐不可用”[④]，“戚里未有可以当此任者，然近上戚里既擢用后，或有罪戾，罚之则伤恩，贷之则废法，故不得不慎也”[⑤]。所以说，从宋英宗朝开始，便基本上放弃了仁宗大量以外戚任管军的做法。

另一个特点是“循资格”，即“循次稍进”“皆以资任前后相压”趋向严格。如欧阳修在上书中说：“今国家求将之意虽切，选将之路太狭”，“举将而限以资品，则英豪之士在下位者不可得矣”[⑥]。按照北宋制度，“管军为武臣极任”[⑦]，故对充当三衙管军者在官阶和资序两方面都有着较高的要求。

官阶方面，宋初的情况大致是“都指挥以节度为之，副都指挥使、都虞候以刺史以上充，资序浅则主管本司公事”[⑧]，自宋太宗增设龙神卫、捧日天武四厢都指

---

① 〔宋〕钱彦远：《上仁宗论不可令李璋管军》，《宋朝诸臣奏议》卷三四，第331页。

② 〔宋〕何郯：《上仁宗论连姻臣僚更不得除授典掌侍卫及枢要之任》，《宋朝诸臣奏议》卷三四，第331页。

③ 〔宋〕范祖禹：《范太史集》卷二六，《文渊阁四库全书》本。

④ 〔宋〕李心传：《建炎以来系年要录》卷四八，第867页。

⑤ 〔宋〕李心传：《建炎以来系年要录》卷九七，第1606页。

⑥ 〔宋〕李焘：《续资治通鉴长编》卷一三六，第3255～3256页。

⑦ 〔清〕徐松辑，刘琳、刁忠民等点校：《宋会要辑稿》职官三二，第3816页。

⑧ 〔宋〕章如愚：《群书考索》后集卷四七，《文渊阁四库全书》本。

挥使后，又有所变化，通常四厢都指挥使是以刺史以上充任，都虞候则以防御使以上充任。如《续资治通鉴长编》卷二二三记载：“文彦博以为刺史不可为都虞候，安石曰：‘都虞候须以防御使为之，止是故事，初无义理。’”与之相辅相成的是，副都指挥使一般要由观察使以上充任。

资序方面，按当时惯例，任管军者须“由正将而边守、州钤，由边守、州钤而边帅、路钤，由边帅、路钤而都钤、总管，官至是方选管军”[①]，如神宗时蔡挺谈道：“自总管便作管军。”[②]至管军之后，据洪迈《容斋五笔》卷三《三衙军制》所说，依次是按龙神卫、捧日天武四厢都指挥使，步军都虞候，马军都虞候，殿前都虞候，步军副都指挥使，马军副都指挥使，殿前副都指挥使的顺序升迁，“秩秩有序，若登梯然，不可一级辄废。一或有阙，即以功次递迁”。

制度虽然如此，但在北宋前期，正如张方平所说：“臣窃观国朝故事……有即直除马步军副（都）指挥使、都虞候者，不必自四厢稍迁，其例甚多。”[③]此制度执行起来还是比较灵活的，如宋太祖以张琼管军，就是自内外马步军都头超擢殿前都虞候。仁宗朝，伴随着铨选制度中循资原则的大盛，像景祐时范仲淹制《百官图》，“指其次第，曰：如此为序迁，如此为不次，如此则公，如此则私，不可不察也”[④]。景祐二年（1035）宰相吕夷简主持修成了《中书总例》，吕氏“既而谓人曰：自吾有此《例》，使一庸夫执之，皆可为宰相矣”[⑤]。皇祐五年（1053），宋廷又对其进行了续编。所谓的《中书总例》，从真宗朝寇准为相选人用人[⑥]的事例看，主要内容不外是循资任官的惯例而已。对此，后来神宗朝知制诰苏颂曾有很好的概括，他说：“祖宗之朝或有起孤远而登显要者，盖天下初定，士或弃草莱而不用，故不得不广搜扬之路。自真宗、仁宗以来，虽幽人异行，亦不至超越资品。盖承平之代，事有纪律，故不得不循用选授之法。”[⑦]

---

① 〔宋〕章如愚：《群书考索》续集卷三九，《文渊阁四库全书》本。

② 〔宋〕李焘：《续资治通鉴长编》卷二三五，第5705页。

③ 〔宋〕张方平：《乐全集》卷二四，《文渊阁四库全书》本。

④ 〔宋〕李焘：《续资治通鉴长编》卷一一八，第2783～2784页。

⑤ 〔宋〕李焘：《续资治通鉴长编》卷一一七，第2758页。

⑥ 《宋史》寇准本传载：“除官，同列因吏持例簿以进。准曰：‘宰相所以进贤退不肖也，若用例，一吏职尔。’”

⑦ 〔宋〕李焘：《续资治通鉴长编》卷二一一，第5124～5125页。

这种风气当然也表现在三衙管军的选任方面，即“循次稍进”的趋向僵化，如时人曾谈道：“臣思朝廷所以乏人任用之弊，盖为依常守例，须用依资历级之人，不肯非次拔擢，所以无人可用。”[①]对此，知谏院欧阳修在庆历二年(1042)上书说：“臣愿陛下革去旧弊，奋然精求英豪之士，不须限以下位。”[②]次年他针对葛怀敏迁殿前都虞候和郭承祐迁龙神卫四厢都指挥使两事，对三衙管军选任中的“循次稍进”有着极为详细的描述，值得重视。他说：“朝廷以郭承祐为(龙神卫四厢都指挥使)镇定都部署，臣自闻此除，夙夜思维，国家用兵已五六年，未有纤毫所得，挫尽朝廷威势，困却天下生灵。细思厥由，其失安在？患在朝廷拘守常例，不肯越次择材。心知小人，付以重任，后虽败事，亦终不悔。今每有除拟，人或问于大臣，则曰：‘虽知非材，舍此别无人。’甚者欲塞人言，则必曰：‘尔试别思有谁可用乎？’臣亦常闻此言，每退而叹息。夫所谓别无人者，岂是天下真无人乎？盖不力求之尔！今不肯劳心选择，越次而用，但守常循例，轻用小人，宁误大计，一误不悔，后又复然。至如葛怀敏顷在西边，天下皆知其不可，当时议者但曰：‘舍怀敏，别未有人，难为换易。’及其战败身亡，横尸原野，怀敏既不复生，亦须别求人用。臣谓今日任承祐，亦犹当时用怀敏也。况如承祐者凡庸奴隶之材，不及怀敏远甚，顷在澶州，只令筑城，几至生变，岂可当此一路？臣谓朝廷非不知承祐非才，议者不过曰：‘例当叙进，别无人。’此乃因循之说尔。”[③]同年七月，韩琦亦就此事上书言：“自承平以来，用人以叙迁之法，故遗才甚多。近中书、枢密院求一武臣代郭承祐，聚议累日不能得。谓宜仿祖宗旧例，于文武臣中不次超擢，以试其能。”[④]

证诸史实，可知欧阳修、韩琦所言非虚。除了他们所提到的葛怀敏为殿前都虞候、郭承祐为龙神卫四厢都指挥使纯属宋廷“守常循例”，许怀德历任管军之职是一个更典型的“循次稍进”的事例。许怀德，出身东西班殿侍，被时人蔑称为“无他长”，在与西夏的战争中连吃败仗，其丑事仅《宋史》本传所记就有“夏人破塞门寨，不赴援”“当出讨贼，逗留不进，所部兵夫弃随军刍粮”“贼侵掠属羌，

---

① 〔宋〕李焘：《续资治通鉴长编》卷一四四，第3477页。
② 〔宋〕李焘：《续资治通鉴长编》卷一三六，第3256页。
③ 〔宋〕李焘：《续资治通鉴长编》卷一四二，第3401页。
④ 〔宋〕韩琦：《上仁宗论备御七事》，《宋朝诸臣奏议》卷一三四，第1494页。

亡十余帐”等。难怪张方平说他是“自在边城为将领，素乏劳效，比诸侪辈，尤无材誉”[①]。然而，就是如此一介平庸无能之将，却凭借着所谓资历，“曾无寸劳薄效，不数年径至横行、刺史、防团、廉察”[②]，遂为龙神卫、捧日天武四厢都指挥使，后至殿前都虞候、马军副都指挥使等管军之职。在此期间，他也是“累任别无显效”，但仍然“循次稍进”，竟至殿前都指挥使之极位！《东都事略》其本传评曰：“怀德虽老习军旅之事，然战功所可见者一二，特以遭时承平，故安坐以保宠禄。”《续资治通鉴长编》卷一九五更慨叹道：“怀德无他长，自初擢守边，连以畏懦被谪，已而与功臣并进典军。及坐请托得罪，去而复还。遭时承平，保宠终禄，盖有天幸云。”归于天意，当然无稽，问题就是出在仁宗时“守常循例”的选任制度上。

在这种三衙管军选任标准的影响之下，真正战功卓著的将领反而往往因“资序”不够而难以进入管军行列，如在麟、府保卫战中曾数度击败夏军，取得兔毛川大捷的张岊，以及与其齐名的勇将王吉，虽屡立战功，却“卒皆不至显官”[③]。即便是战功最著的狄青，在晋升为捧日天武四厢都指挥使时，也遭到了众人的嫉妒，甚者扬言“偏裨不服”，因为在他们看来，狄青为管军未经“循次稍进”，乃“蒙恩超擢”“朝廷奖用太过”[④]。有鉴于此，张方平愤而建议“且虚其员”，他说：“近日所补军职，人材器略多无素望，至于累劳，亦无显效，短中取长，苟备员而已。又递迁迅速，曾微事功，如郭逵自诸司使除龙神卫四厢都指挥使，不五年已迁殿前都虞候。旧事：傥未有人，且虚其员，俾之兼权，以待劳能，未为妨阙。”[⑤]欧阳修更是在上书中就严峻的国防形势，认为改革三衙管军的选任标准是当务之急，他大声疾呼道：“方今契丹生心，祸端已兆，中外之士，见国家轻忽外患，弛武北方，人皆献言，愿早为备。忽见如此除改，谁不惊忧？前六符之来，朝廷忍耻就议，盖为河朔无可自恃，难与速争，须至屈意苟和，少宽祸患。今幸得此自纾之计，所宜多方汲汲精选将臣，先为御备，犹恐不及，岂是因循守例任

---

① 〔宋〕李焘：《续资治通鉴长编》卷一五九，第3841页。

② 〔宋〕李焘：《续资治通鉴长编》卷一六三，第3926页。

③ 〔宋〕李焘：《续资治通鉴长编》卷一三三，第3182页。

④ 〔宋〕李焘：《续资治通鉴长编》卷一五〇，第3630、3627页。

⑤ 〔宋〕张方平：《乐全集》卷二四，《文渊阁四库全书》本。

小人之日也”[①]，“伏望陛下特诏两府大臣别议求将之法，尽去循常之格，以来非常之人”[②]。并且，欧阳修还煞费苦心地提出了关于选将的具体方法。

不过，与以外戚任三衙管军在英宗之后基本上被放弃相比，“循次稍进”“皆以资任前后相压”尽管受到不少人的批评，在仁宗朝之后却依然发挥着相当大的影响，始终是北宋选任管军的主要标准之一。典型的事例，如哲宗朝元祐五年（1090）三省、枢密院拟定张利一、张守约二人为管军，军功远在两人之上的王文郁却不得提名，个中原因不外宰相吕大防所说：“若将来更要人，即到文郁，缘今历任久次皆未及二人也。”[③]又，元祐七年（1092）枢密使王岩叟在进拟以姚麟为步军副都指挥使时，理由亦仅是：“今姚麟是殿前都虞候，合升作步军副都指挥使。”当太皇太后训斥“须要择人”时，王岩叟仍然辩解道：“非敢超躐，亦止欲循次稍进耳！”[④]时任御史中丞的苏辙在上书中也强调说：“臣窃以祖宗故事，凡有管军，皆以资任先后相压，未尝轻有移易，自非战守功效尤异，岂可超授”，“臣欲乞指挥，以本朝故事，参近日圣旨，苟非边功尤著，众所推服，罪恶显白，世所共弃，且当循守资格，速加除授”[⑤]。再如哲宗元符年间，当哲宗与枢密使曾布在讨论拟从管军中挑选枢密都承旨的人选时，就不得不重点考虑到管军晋升的资格和次序问题。《续资治通鉴长编》卷四九七记载：“布曰：‘……管军姚麟之次，惟诵而已。若令作承旨，无不可，然在诵则为失职。’上深以为然。且曰：‘不唯诵失职，兼其次便是王恩，未可峻迁。’”

越次选用三衙管军的例子当然也不是绝对没有，但一般如上引苏辙之说，需要特殊的条件，对不依次提拔者，执政大臣还要专门进行说明。以元符年间的三衙选任为例，因王恩越资次在王崇极（王崇拯）、张璨之前为马军都虞候，负责拟定的枢密使曾布遂予以专门解释说：“以崇极管军副帅，而边事之际，乃不与驱策，遂罢知代州。及管军递迁，遂擢王恩于其上。”[⑥]流风所及，即使是魄力之大

① 〔宋〕李焘：《续资治通鉴长编》卷一四二，第3401～3402页。

② 〔宋〕欧阳修：《上仁宗乞别议求将之法》，《宋朝诸臣奏议》卷六四，第713页。

③ 〔宋〕李焘：《续资治通鉴长编》卷四五〇，第10807页。

④ 〔宋〕李焘：《续资治通鉴长编》卷四七〇，第11225页。

⑤ 〔宋〕苏辙撰，陈宏天等点校：《苏辙集》卷四五《乞定差管军臣僚札子》，第799～800页。

⑥ 〔宋〕李焘：《续资治通鉴长编》卷四八五，第11520页。

无出其右的王安石，虽对管军选任的“循次稍进”深表不满[①]，但政敌也以“资序一切不用”[②]作为攻击王安石的口实之一。实际上，“改革派对资序之法有所批评、有所突破，同时亦有所利用”[③]，在北宋“故事要难改”[④]的政治大背景之下，其也只能是徒唤奈何而已。

三

英宗朝，尤其是神宗朝时期，在王安石变法的推动下，北宋对管军选任中用外戚和“循资格”的痼疾，进行了以下三个方面较为明显的调整。

第一，不再滥用外戚任三衙管军。如英宗即位之初殿前都指挥使外戚李璋就外出为知州，代以郝质。哲宗元祐八年（1093）范祖禹在谏止哲宗以曹诵为权马军司事时，就是以此作为他的第二个理由，他明确说：“自英宗以来，不用外戚管军。盖以管军之臣止有三人，而外戚素非将领，又无勋劳，止缘恩泽，遂为统帅，岂得将士心服哉！神宗时曹佾虽为中书令、封郡王，止奉朝请而已。今陛下初听政，而开外戚管军之渐，示人以私，非所以为后法，其不可二也。”[⑤]范氏此语，略有夸大和绝对之处，如英、神、哲三朝之中亦偶有刘永年等外戚为管军者，但仁宗滥用外戚管军的现象自英宗之后确实有了显而易见的改观。反之，在哲宗朝还出现了“马步军都虞候曹诵以立故乞罢军政”的事例。

第二，重申任三衙管军者须“军政严明”。“军政严明”，作为管军者必备的基本素质，在真宗、仁宗两朝却长期得不到应有的重视，像王超（“御下有恩”“人称其恕”）[⑥]、曹璨（“仁敬和厚”“善抚士卒”）[⑦]者在两朝三衙管军中比比

---

① 熙宁四年（1071）王安石对神宗言：“臣固尝论奏，以为但缘官阙遂例迁，或无功而以选超授，皆无义理，不足以劝。”参见〔宋〕李焘：《续资治通鉴长编》卷二二三，第5433页。

② 〔宋〕范祖禹：《范太史集》卷二二，《文渊阁四库全书》本。

③ 邓小南：《北宋的循资原则及其普遍作用》，《北京大学学报（哲学社会科学版）》1986年第2期。

④ 〔宋〕李焘：《续资治通鉴长编》卷二二三，第5433页。

⑤ 〔宋〕范祖禹：《上哲宗论曹诵权马军司有二不可》，《宋朝诸臣奏议》卷六四，第709页。

⑥ 〔元〕脱脱等：《宋史》卷二七八《王超传》，第9466页。

⑦ 〔元〕脱脱等：《宋史》卷二五八《曹璨传》，第8984页。

皆是；治军严整者，如曾任马军副都指挥使的张耆即因“下令太峻，兵惧”[①]，反而被视作不宜继续管军。真宗时枢密使马知节对此颇有微辞，但当他委婉地向真宗表示“太祖朝每命将校，必取刚方有断、士伍畏威者”时，真宗却当即予以驳斥：“此盖彼时所宜尔。”[②]管军的这种选拔标准，与澶渊之盟后北宋军队战斗力的急剧下降是有一定联系的。宋夏战争期间，情况虽略有改观，但战事甫一平息即故态复萌，史称：“将帅多因循，军士纵弛。”[③]直至英宗以后，管军须“军政严明”的原则才又一次得到了重申。

英宗虽然未直接就三衙管军的选任申明这一原则，但他在登极当年就借检阅禁军将校武艺之机，口谕散直都虞候胡从曰：“尔艺虽不中格而治兵齐肃，故以尔为内园使。”[④]此即英宗公开表明了这一倾向。宋神宗在与王安石讨论时，则进一步把是否“军政严明”上升到了评判管军称职与否的高度上，《续资治通鉴长编》卷二六二记载：“上言宋守约（步军副都指挥使）不可得，安石曰：‘自守约死，军制已稍宽弛。’上曰：‘只为贾逵宽弛。’安石曰：‘为逵者逸乐，为守约者忧危，谓如守约宜褒劝，如逵者宜督责。’”至哲宗朝，三衙管军须“军政严明”者为之更成为朝野上下的共识，如哲宗亲命张整为管军，理由据枢密使曾布所说，主要就是“张整军政严明，可以管军”，“其军政严明，实有过人者”[⑤]。在此之前，殿中侍御史孙升还专门就管军治军不严弹劾过殿前副都指挥使苗授等人，他说：“臣访闻管军自苗授相承习为姑息以收恩，而和斌、刘斌缪懦为甚，诸军骄惰自肆，无所忌惮，其渐不可不戒也。伏望圣慈详察，密谕大臣：其管军之官，相承姑息者，则戒饬之；缪懦纵弛者，则更易之。”[⑥]

正是因为强调了这一选拔原则，在英、神、哲三朝任三衙管军当中，治军严整者不乏其人，成为当时相当普遍的现象，典型的有以下数例：郝质，英、神

---

① 〔宋〕李焘：《续资治通鉴长编》卷八六，第1965页。

② 〔宋〕李焘：《续资治通鉴长编》卷六七，第1507～1508页。

③ 〔宋〕李焘：《续资治通鉴长编》卷一五六，第3777页。

④ 〔宋〕李焘：《续资治通鉴长编》卷二〇三，第4911页。

⑤ 〔宋〕李焘：《续资治通鉴长编》卷四九四，第11739～11740页。

⑥ 〔宋〕李焘：《续资治通鉴长编》卷四三〇，第10405页。

两朝任殿前副都指挥使等职，其“御军有纪律，犯者不贷”[①]，据当时人的说法是“如郝质辈治军严肃，作过军人一经徒流，鲜有生者。质所坐卧，寂不闻人喘息声，其严惮如此”[②]。宋守约，英、神两朝为步军副都指挥使，“约束严峻，士始怨终服，或言其持军太急”[③]。《石林燕语》卷一〇记载：“（宋守约）自入夏日，轮军校十数辈捕蝉，不使得闻声。有鸣于前者，皆重笞之，人颇不堪，故言守约恶闻蝉声。神宗一日以问守约，曰：‘然。’上以为过。守约曰：‘臣岂不知此非理？但军中以号令为先。臣承平总兵殿陛，无所信其号令，故寓以捕蝉耳。蝉鸣固难禁，而臣能使必去，若陛下误令守一障，臣庶几或可使人。’上以为然。”姚麟，哲宗朝为殿前副都指挥使，“为将沉毅，持军不少纵舍。宿卫士尝犯法，诏释之，麟杖之于庭而后请拒诏之罪，故所至肃然”[④]。

第三，在“循资格”的基础上，特别突出了“重边功”的原则。在宋夏战争正酣的康定元年（1040），仁宗曾下诏：“步军都虞候、捧日天武四厢都指挥使皆未补人，俟边将有功者除之。”[⑤]后来也确有以狄青为代表的一批边将因战功而晋升三衙管军之职。不过正如前面所反复谈到的，仁宗朝三衙管军的选拔标准主要是用外戚和“循资格”，边功在其中所发挥的作用不是关键性的，如坐致殿前副都指挥使高位的许怀德、郭承祐之流，就何尝有值得一提的边功？英宗、神宗、哲宗三朝则不然，尽管“循资格”之习依然顽固地存在，但至少在朝野上下的观念当中，与“军政严明”一样，边功卓著与否也已上升为选择三衙管军最主要的标准之一，非军功突出者一般不轻授以三衙管军。如徽宗时就有“旧法：非有边功，不得为三衙”[⑥]之说。所谓“旧法”，即指英宗朝后制度而言，像哲宗时任枢密使的曾布“每以元祐未（末）除崇极、张璪为管军不当”[⑦]，原因就在于其二人缺乏边功。为了更好地说明这一问题，下面以宋神宗朝的历任龙神卫四厢都指挥使

---

① 〔元〕脱脱等：《宋史》卷三四九《郝质传》，第11050页。

② 〔宋〕李焘：《续资治通鉴长编》卷四三〇，第10405页。

③ 〔元〕脱脱等：《宋史》卷三四九《宋守约传》，第11064页。

④ 〔元〕脱脱等：《宋史》卷三四九《姚麟传》，第11059页。

⑤ 〔宋〕李焘：《续资治通鉴长编》卷一二九，第3061页。

⑥ 〔宋〕章颖：《宋朝南渡十将传》卷一《刘锜传》，《碧琳琅馆丛书》本。

⑦ 〔宋〕李焘：《续资治通鉴长编》卷四八五，第11520页。

为例，就其情况进行详细考察。

宋神宗朝的龙神卫四厢都指挥使，按照时间顺序，共有张玉、高遵裕、苗授、燕达、向宝、种谔（两任）、曲珍、刘昌祚八人九任。其中，仅高遵裕、向宝属于外戚，但高遵裕仍是凭借开拓熙河的军功，并在宋廷已决定放弃岷州的情况下坚守成功，方“以功进团练使、龙神卫都指挥使”。其余众人，更无一不是“边功卓著”。张玉是名将狄青的部下，迭挫西夏，是一位边功素著的宿将。苗授，于开拓熙河之役中战功居多，后所部又立下“讨生羌于露骨山，斩首万级，获其大酋冷鸡朴，羌族十万七千帐内附，威震洮西”的大功，遂得拜龙神卫四厢都指挥使。燕达得此职，也是赖其“数帅兵深入敌境，九战皆以胜归”“讨破河州羌，遂降木征”[①]之边功。种谔为威震西夏的名将，“敌亦畏其敢战，故所部颇数有功”[②]，他是在收复米脂等五处要地后，方以功两度出任龙神卫四厢都指挥使。曲珍出自边将世家，本人在讨伐安南之役中“功最诸将”，后又“从种谔攻金汤、永平川，斩二千级”，乃得拜其职。刘昌祚为龙神卫四厢都指挥使，更是以其有磨脐隘之役击破西夏数万大军之功。

众所周知，龙神卫四厢都指挥使是管军中地位最低的一级，神宗时对居其位者的边功要求已经是如此之高，地位更高的管军对边功的要求自然也更高。对此，哲宗初摄政的高太后有很好的阐述，她在元祐五年（1090）决定管军人选的御前会议上就表示：“闻王文郁有边功，好作军职。”元祐七年（1092）更明确宣布：“管军须是有边功，众人所服方可。”[③]高后女主，能有此等见识，盖当时三衙选任制度本此。

宋神宗以后的哲宗、徽宗朝，北宋国是虽然迭经新、旧党争之变，但振兴武备、注意将帅，“非有边功，不得为三衙”的制度仍然得到严格坚持，如宋徽宗拟提拔高俅为管军，也不得不先把他托付给边帅刘仲武，方“竟以边功至殿帅”[④]，在形式上符合了“非有边功，不得为三衙”的要求。正因为重边功原则的进一步强化，遂在当时出现了种、姚、二刘四大边将世家以边功迭居三衙管军之职的现

① 〔元〕脱脱等：《宋史》卷三四九《燕达传》，第11056页。

② 〔宋〕李焘：《续资治通鉴长编》卷三三四，第8047页。

③ 〔宋〕李焘：《续资治通鉴长编》卷四七〇，第11225页。

④ 〔宋〕章颖：《宋朝南渡十将传》卷一《刘锜传》，《碧琳琅馆丛书》本。

象。种氏，自仁宗朝“世衡立功青涧，抚循士卒，威动羌、夏，诸子俱有将材，至师道、师中已三世，号山西名将”，种世衡子古、谔、诊“皆有将材，关中号曰‘三种’”[①]，其孙种师道于徽宗朝累迁龙神卫四厢都指挥使、侍卫马军副都指挥使，师中也历任侍卫步军、马军副都指挥使等三衙管军之职。姚氏，与种氏“皆为山西巨室”，姚兕弟姚麟也“有威名”，“关中号二姚”[②]，哲宗朝为龙神卫四厢都指挥使、步军殿前都虞候、步军马军殿前副都指挥使，徽宗即位升殿前都指挥使。姚兕子姚雄、姚古，孙姚平仲亦皆为名将。徽宗朝姚雄历捧日天武四厢都指挥使、步军副都指挥使，姚古“亦以边功，官累熙河经略”[③]，为步军副都指挥使[④]。刘氏，当时有两家：一为刘仲武、刘锜父子，刘仲武徽宗朝至龙神卫四厢都指挥使、步军副都指挥使[⑤]；二为刘延庆、刘光世父子，“世为将家，雄豪有勇”[⑥]，刘延庆徽宗朝积官龙神卫四厢都指挥使、马军副都指挥使，至政和八年迁殿前副都指挥使[⑦]。

四

按照北宋的惯例，对不宜担任三衙管军者的规范，基本上遵循以下六项原则：

第一，皇亲宗室不任三衙管军。“宗室不得参预机政”[⑧]，不予宗室兵权，是宋代为防范“内乱”而确立的政治原则，即所谓的“祖宗之法”。如南宋人张端义就谈道：“本朝故事，宗室不领兵。”[⑨]北宋末年，因国难当头授康王赵构以河北兵马大元帅，即被时人视为其后来得以称帝的“受命之符”，像靖康二年（1127）知

---

① 〔元〕脱脱等：《宋史》卷三三五《种世衡传》，第10744页。

② 〔元〕脱脱等：《宋史》卷三四九《姚兕传》，第11058页。

③ 〔元〕脱脱等：《宋史》卷三四九《姚古传》，第11061页。

④ 佚名撰，司义祖整理：《宋大诏令集》卷一〇二《姚古昭庆军节度使加食邑食封制》，第377页。

⑤ 〔元〕脱脱等：《宋史》卷三五〇《刘仲武传》，第11082页。

⑥ 〔元〕脱脱等：《宋史》卷三五七《刘延庆传》，第11236页。

⑦ 佚名撰，司义祖整理：《宋大诏令集》卷一〇二《刘延庆保信军节度使充殿前副都指挥使制》，第378页。

⑧ 〔清〕徐松辑，刘琳、刁忠民等点校：《宋会要辑稿》职官七三，第5012页。

⑨ 〔宋〕张端义：《贵耳集》卷上，《文渊阁四库全书》本。

淮宁府、宗室赵子崧就致书赵构，称："国家之制，素无亲王在外者，主上特付大王以大元帅之权，此殆天意。"[①]正是本着这一原则，北宋一代，除太祖开国伊始，出于酬其参与指挥"陈桥兵变"的功劳和控制军队的特殊考虑，曾短暂地以皇弟赵光义为殿前都虞候，再未有以宗室为管军者。

第二，年龄未及四十和年老体衰者，通常不选为三衙管军。前者以曹佾事为例，"自右班殿直累进殿前都虞候、安化军留后。言者谓年未四十毋典军，出知澶、青、许三州"[②]。后者执行起来虽不如前者严格，年逾花甲的三衙管军在北宋也不是少数，但在大多数情况下，宋廷还是避免任用老弱，尽量起用年富力强者。如曾布在补管军之缺时即曰："张整军政严明，可以管军，但恐以衰病。"[③]哲宗朝孙升也以此为理由，"臣窃以前殿三帅之任，所以侍卫禁严，统率士旅。维威名足以弹压群众，维勇健足以慑伏悍强，苟非其人，难受兹寄。伏见殿前副都指挥使苗授，久艰步履，屡废朝参，乃即家居，以治军政"[④]，要求解除殿前副都指挥使苗授的职务。

第三，不得用罪人家属即所谓的"刑人之家"担任三衙管军要职。如真宗朝殿前都指挥使夏守赟被罢职，就是因为其兄"守恩坐赃废"[⑤]而受到牵连，"亦以镇海军节度使罢管军，之本镇"。又，哲宗朝的张利一在被提名为管军时，就有人提出反对："利一，张耆之子；而得一、诚一之兄，故不可用。"[⑥]因为得一"庆历中守贝州，妖人王则作乱，不能死，又与之草礼仪，伏诛"[⑦]，属于罪人之列。绍圣元年(1094)张利一虽又被暂拟提升捧日天武四厢都指挥使，但仍因中书舍人吕希纯"言利一系反逆家，不可使宿卫"[⑧]，其任命遂再遭搁置。

第四，三衙管军通常不选任边地异族人。如元符三年(1100)枢密使曾布在选

---

① 〔宋〕李心传：《建炎以来系年要录》卷四，第96页。

② 〔元〕脱脱等：《宋史》卷四六四《曹佾传》，第13572页。

③ 〔宋〕李焘：《续资治通鉴长编》卷四九四，第11739页。

④ 〔宋〕李焘：《续资治通鉴长编》卷四三〇，第10385页。

⑤ 〔元〕脱脱等：《宋史》卷二九〇《夏守赟传》，第9716页。

⑥ 〔宋〕苏辙撰，陈宏天等点校：《苏辙集》卷四五《乞定差管军臣僚札子》，第799页。

⑦ 〔元〕脱脱等：《宋史》卷二九〇《张耆传》，第9711页。

⑧ 〔清〕徐松辑，刘琳、刁忠民等点校：《宋会要辑稿》职官三二，第3816页。

任管军时就说："刘安、张存、折可适等皆边人，不可用。"[1]不过，在北宋初年亦有党进、米信等外族人为管军，徽宗时折可适也为管军，可见此条执行起来不是特别严格。

第五，现任三衙管军的姻亲、直系亲属要予以回避。按照北宋制度，"管军臣僚毋得通婚，如未管军前已为亲属者，自陈"[2]；现任管军的直系亲属一般亦不得同时为三衙管军，如哲宗时姚雄、姚古兄弟虽战功卓著，但仅因有人言及他们皆为时任殿前副都指挥使的姚麟之侄而被淘汰。

第六，现任枢密院官属，不得兼为三衙管军。这是出于维护枢密院与三衙相互制约关系的考虑。对此，当哲宗朝拟以枢密院副都承旨曹诵权管马军司事时，范祖禹就上了有名的《论曹诵札子》予以阐述，他说："祖宗制兵之法，天下之兵本于枢密，有发兵之权而无握兵之重；京师之兵总于三帅，有握兵之重而无发兵之权。上下相维，不得专制。此所以百三十余年无兵变也。自唐室衰季以及五代，枢密之权偏重，动为国患，由手握禁旅又得兴发也。今副都承旨为枢密属官，权任管军，是本兵之地又得握兵，合而为一，非祖宗制兵之意。"[3]在整个宋代，这是一条很严格的制度，即便是枢密院属官的亲属通常也不任用为三衙管军。

原载《河北大学学报（哲学社会科学版）》2006年第2期

---

① 〔宋〕李焘：《续资治通鉴长编》卷五二〇，第12380页。

② 〔宋〕李焘：《续资治通鉴长编》卷二五七，第6279页。

③ 〔宋〕范祖禹：《范太史集》卷二六，《文渊阁四库全书》本。

论北宋三衙管军制度的演变

殿前司、侍卫马军司和侍卫步军司三衙，全称殿前都指挥使司、侍卫亲军马军司和侍卫亲军步军司，是北宋禁、厢诸军常设之统帅机构。所谓“凡天下之兵柄皆在焉”[①]，全国的禁军和厢军皆归三衙掌管。主持三衙的高级将领，因此被宋人恰如其分地称为“管军臣僚”，简称为“管军”。殿前司、侍卫马、步军司并列的北宋三衙制度，从唐末五代以来，经历了一个较长的发展演变过程。如南宋吕中《宋大事记讲义》卷一《制度论》即云：“侍卫起于后唐，而我朝因之；殿前司起于周，而我朝因之。”章如愚在《群书考索》后集卷一二《官制门·三衙类》中对其发展线索更有简明的概括：“三衙，宋朝沿五代之制，有侍卫亲军及殿前两司。盖侍卫亲军起于后唐，殿前始于周世宗显德元年。宋初，侍卫亲军置都指挥使，虽都虞候，亦在殿前都指挥使之上。自王超罢职，无复任者，而侍卫司马军步军遂分为二，并殿前号三衙，而马步二军始居殿前司之下焉。”在同书续集卷四四《兵制门·宋朝三衙四厢等兵》中章氏又曰：仁宗以后“兵则管于三衙四厢”，“惟殿前、马军、步军都副指挥使，三军都虞候，天武捧日、龙卫神卫四厢都指挥使，为管军掌兵之职”。据此，可以将北宋三衙管军制度的演变简单地划分为五代

① 〔宋〕章汝愚：《群书考索》后集卷四〇，《文渊阁四库全书》本。

雏形期、宋初三朝发展期和仁宗之后定型期三个阶段。

一、五代侍卫亲军司和殿前司的出现

北宋三衙中的侍卫马、步军两司，是由五代的侍卫亲军司分化而来的。侍卫亲军司，至迟在后唐明宗时业已初具规模，据《资治通鉴》卷二七八记载：后唐明宗长兴三年（932）十二月“以康义诚为河阳节度使，兼侍卫亲军马步都指挥使”，于其下则并置侍卫步军都指挥使和侍卫马军都指挥使。《新五代史》卷二七《康义诚传》就此追溯了“侍卫亲军”的渊源，认定其始于后唐明宗：

> 呜呼！五代为国，兴亡以兵，而其军制，后世无足称焉。惟侍卫亲军之号，今犹因之而甚重，此五代之遗制也。然原其始起微矣，及其至也，可谓盛哉！当唐之末，方镇之兵多矣，凡一军有指挥使一人，而合一州之诸军，又有马步军都指挥使一人，盖其卒伍之长也。自梁以宣武军建国，因其旧制，有在京马步军都指挥使。后唐因之，至明宗时，始更为侍卫亲军马步军都指挥使。当是时，天子自有六军诸卫之职，六军有统军，诸卫有将军，而又以大臣宗室一人判六军诸卫事，此朝廷大将天子国兵之旧制也。而侍卫亲军者，天子自将之私兵也，推其名号可知矣。天子自为将，则都指挥使乃其卒伍之都长耳。然自汉、周以来，其职益重。汉有侍卫司狱，凡朝廷大事，皆决侍卫狱。是时，史弘肇为都指挥使，与宰相、枢密使并执国政，而弘肇尤专任，以至于亡。语曰：“涓涓不绝，流为江河。荧荧不灭，炎炎奈何？”可不戒哉！然是时，方镇各自有兵，天子亲军，不过京师之兵而已，今方镇名存而实亡，六军诸卫又益以废，朝廷无大将之职，而举天下内外之兵皆侍卫司矣。则为都指挥使者，其权岂不益重哉！亲军之号，始于明宗，其后又有殿前都指挥使，亦亲军也，皆不见其更置之始。今天下之兵，分属此两司矣。

叶梦得于《石林燕语》卷六进一步确认其说云：“都指挥使，本方镇军校之名，自梁起宣武军，乃以其镇兵，因仍旧号，置在京马步军都指挥使，而自将之。盖于唐六军、诸卫之外，别为私兵。至后唐明宗，遂改为侍卫亲军，以康义诚为马步军都指挥使。秦王从荣以河南尹为大元帅，典六军，此侍卫司所从始也。”一般认为，侍卫亲军至此正式整编完成，从将帅到组织均已自成系统，取代了唐代六军诸卫的地位。后晋开国，遂彻底地废除唐六军诸卫之制，为了适应这一变化，当时又分别于天福元年（936）增设侍卫亲军马步军都虞候一职，天福五年（940）又增设侍卫亲军马步军副都指挥使一职，加上沿袭后唐旧制的侍卫亲军马步军都指挥使和侍卫马军都指挥使、侍卫步军都指挥使三职，侍卫亲军司长官的编制遂增加到五员，其机构设置得以更加合理。

殿前司的出现则远较侍卫司为晚，其与周世宗时期“殿前诸班”的发展紧密联系在一起。据《石林燕语》卷六记载：殿前司“起于周世宗，是时太祖为殿前司都虞候，初诏天下选募壮士送京师，命太祖择其武艺精高者为殿前诸班，而置都点检，位都指挥使上。太祖实由此受禅，见于《国史》”。“殿前诸班”，指的是五代时皇帝的贴身近卫军，如后唐庄宗时“选诸军骁勇者为亲军，分置四指挥，号从马直”[①]。他们虽然也是禁军中的一支，但属于皇帝的近卫，带有皇帝私人卫队的性质，并不隶属于侍卫亲军司的统辖。后周太祖郭威靠兵变上台后，尤重殿前诸班，于广顺二年（952）新置殿前都指挥使和殿前都虞候两职，以统领殿前诸班，分别由其最信任的外甥李重进和女婿张永德居其任。郭威临终之际，以殿前都指挥使李重进领武信节度使，侍卫马军都指挥使樊爱能领武定节度使，侍卫步军都指挥使何徽领昭武节度使。元代学者胡三省遂于《资治通鉴》卷二九一注中说：当时是“殿前都指挥使总殿前诸班，马军都指挥使总侍卫司马军，步军都指挥使总侍卫司步军，宋朝三衙之职昉于此”。不过，“殿前诸班”此时仍属于皇帝的私人卫队，兵力当然不会很多，而且唯有殿前都指挥使、都虞候两职，在机构组织上也远未达到与侍卫亲军司并驾齐驱的程度。

周世宗显德元年（954）高平之战后，情况有了明显的变化。鉴于战斗中侍卫亲军司各部的拙劣表现，周世宗遂于高平之战结束后破格提拔赵匡胤为殿前都虞候，领严州刺史。当年十月，又升为“永州防御使，依前殿前都虞候”[②]。责成他在整顿侍卫司的同时，扩大“殿前诸班”的兵力，编练新军：一是把控鹤、散员、

---

① 〔宋〕司马光：《资治通鉴》卷二七四，第8962页。

② 范学辉：《高平之战与赵匡胤的崛起》，《山东大学学报（哲学社会科学版）》2000年第4期。

散指挥使、铁骑、内殿直等大多原本独立成军的部队，都划归“殿前诸班”指挥；二是“召募天下豪杰，不以草泽为阻，在于阙下”，“帝以趫捷勇猛之士，多出于群盗中，故令所在招纳，有应命者，即贷其罪，以禁卫处之，至有朝行杀夺，暮升军籍，仇人遇之，不敢仰视”[①]。也就是说，身强力壮、武艺超群者，即便是落草为寇也可募其入伍；然后由殿前都虞候赵匡胤具体负责，对所有应诏入京的人进行选拔，把其中的优秀者补入殿前军。经过这次选拔，“殿前诸班”的兵力大为充实，虽然兵员数量尚不及侍卫亲军司，但战斗素质要远过于侍卫亲军司诸军。这样，“殿前诸班”就成为一支堪与侍卫亲军司诸军“平起平坐”的正式禁军了，赵匡胤也由此奠定了开创帝业的基础。

在“殿前诸班”迅猛发展的同时，显德三年（956），周世宗在殿前都指挥使之上新设殿前都点检一职，由张永德担任，赵匡胤为殿前都指挥使，“殿前诸班”遂正式独立为与侍卫亲军司分庭抗礼的殿前司。其公署，设在皇宫西掖门附近。显德五年（958），增设殿前副都指挥使一职；显德六年（959）又增设殿前副都点检，殿前司的编制遂亦达到了五员，与侍卫亲军司数目相等，地位完全相当，禁军中殿前、侍卫两司并立的局面就此形成。

应当说明的是，上引欧阳修、叶梦得等宋人的记载，存在着一些表述不太准确的地方，如据王曾瑜《宋朝兵制初探》和张其凡《五代禁军初探》的相关研究，侍卫亲军之称并不始于后唐，早在后梁，已有侍卫亲军都指挥使一职出现，梁太祖时就先后由刘鄩、袁象先等居于其位。殿前军也不应说“起于周世宗”，因为据《宋史》卷四八四《李重进传》“（广顺二年）迁殿前都指挥使”的记载，在周太祖时已有殿前军。不过，侍卫亲军之称虽出现在后梁，但后梁及后唐庄宗的时候，“兵制不立”，依然杂用唐代的六军诸卫制度，侍卫亲军并没有完全独立，其机构直到后唐明宗时才基本完备。又，殿前军成为与侍卫亲军并驾齐驱的禁军主力之一，殿前司也得以与侍卫亲军司分庭抗礼，确实是在周世宗时期。这些史料基本上把殿前、侍卫两司在五代的发展概况做了较详细的描述，尤其是殿前军和侍卫亲军为“天子自将”的“私兵”、宿卫诸将“乃其卒伍之都长”等数语，可以说是切中了关键，揭示了殿前司和侍卫亲军司的发展，管军诸将逐步取

---

① 〔宋〕薛居正等：《旧五代史》卷一一四《世宗纪》，中华书局1976年版，第1511页。

代六军十二卫“国兵”和“朝廷大将”，与三司取代户部、翰林学士取代中书舍人一样，本质都是皇权的不断强化，天子绕过原有的朝廷大臣，以“私人”掌握军队指挥权。

二、宋初三朝三衙管军制度的发展

宋太祖、太宗和真宗宋初三朝，是三衙管军制度的发展期。正如欧阳修所说：“旧制，侍卫亲军与殿前分为两司。自侍卫司不置马步军都指挥使，止置马军指挥使、步军指挥使以来，侍卫一司自分为二，故与殿前司列为三衙也。五代军制已无典法，而今又非其旧制者多矣。”[①]宋太祖“陈桥兵变”、北宋开国之初，仍是殿前、侍卫二司并立，综合《宋会要辑稿》《续资治通鉴长编》《宋史》的相关记载，当时的编制状况为：殿前都点检、副都点检、殿前都指挥使、殿前都虞候，计四员，属殿前司；侍卫亲军马步军都指挥使、副都指挥使、都虞候、侍卫马军都指挥使、侍卫步军都指挥使，计五员，属侍卫司。但情况很快就有了明显的变化，如建隆二年（961）闰三月宋太祖裁撤掉了殿前都点检一职[②]；同年七月“杯酒释兵权”后又废除殿前副都点检一职，所谓殿前司“国初有都点检、副都点检之名，在都指挥使之上，后不复置”[③]，管军缩减到了七员。

应该说明的是，建隆二年“杯酒释兵权”及次年九月“天平节度使、侍卫马步军都指挥使、同平章事石守信表解军职，许之”[④]后，侍卫亲军马步军都、副指挥使及都虞候三职皆不轻授，典型的像“自张令铎罢马步军都虞候，凡二十五年不以除授”[⑤]。但虽无其人，职位仍在（即“多阙”），并没有像殿前都、副点检一样被废除（即“不复置”），应该与“自韩重赟罢殿前都指挥使，凡六年不除授”[⑥]一样被视为空缺。宋人孙逢吉《职官分纪》卷三五《侍卫亲军司》中对此三职

---

① 〔宋〕欧阳修撰，李逸安点校：《欧阳修全集》卷一二六《归田录》卷一，第1913页。

② 〔宋〕李焘：《续资治通鉴长编》卷二，第42页。

③ 〔清〕徐松辑，刘琳、刁忠民等点校：《宋会要辑稿》职官三二，第3813页。

④ 〔宋〕李焘：《续资治通鉴长编》卷三，第71页。

⑤ 〔宋〕李焘：《续资治通鉴长编》卷二七，第620页。

⑥ 〔宋〕李焘：《续资治通鉴长编》卷一四，第308页。

“国朝初并置，自后多阙”的表述是准确的。乾德元年(963)二月，在石守信被解除侍卫马步军都指挥使之后，宋太祖又有意以符彦卿再任侍卫马步军都指挥使；太宗、真宗时又连续以田重进、傅潜、王超为侍卫亲军都虞候，傅潜甚至位至侍卫亲军副都指挥使[①]，原因也就在于此。

侍卫司三帅的职位虽在，但长期缺员，势必造成侍卫马、步军司事实上的独立倾向，如聂崇岐先生在《论宋太祖收兵权》中即云：“侍卫亲军自无兼统之人，马步军遂渐裂为二司。”乾德三年(965)十一月，史籍中第一次出现了“侍卫步军司”的正式称呼。与此相适应，宋太祖在乾德五年(967)平定后蜀之役胜利结束后，即新设了侍卫马军都虞候和侍卫步军都虞候二职，以“龙捷左厢都指挥使张廷翰为侍卫马军都虞候，领彰国节度；虎捷左厢都指挥使李进卿为步军都虞候，领保顺节度。廷翰与进卿先为归州路行营马、步军都指挥使，从光义平蜀，且军政不扰，故赏之”[②]。此前，侍卫马、步军皆仅设都指挥使，其下即为龙捷、虎捷左右厢之都指挥使，如张光翰“自虎捷左厢都指挥使、嘉州防御使为宁江节度使、马军都指挥使”，赵彦徽“自虎捷右厢都指挥使、岳州防御使为武信节度使、步军都指挥使”[③]，党进“以龙捷左右厢都指挥使”，“权侍卫步军司事”[④]，皆是由虎捷左、右厢都指挥使直接晋升马、步军都指挥使，可见当时并无都虞候之职，确属乾德五年新置。侍卫马、步军都虞候的设置，标志着三衙鼎峙的格局已在实际上初步形成。

由此，二司将帅的编制重又恢复到了九员，即殿前都指挥使、都虞候，侍卫亲军马步军都指挥使、副都指挥使、都虞候，侍卫马军都指挥使、都虞候，侍卫步军都指挥使、都虞候。其中侍卫三帅实际空缺，常设实为六员。如太宗即位后赏赐三衙管军众将，就是以下六人，“赐殿前都指挥使杨信、马军都指挥使党进银各六百斤，殿前都虞候李重勋、马军都虞候李汉琼、步军都虞候刘遇、神卫左右

---

① 傅氏曾任侍卫马步军副都指挥使事，仅见《职官分纪》卷三五《侍卫亲军司》：“雍熙以来，田重进、傅潜、王超继为都虞候，潜后迁复副都指挥使。自超罢职，无复任者。”但《续资治通鉴长编》《宋史》无载，待考。

② 〔宋〕李焘：《续资治通鉴长编》卷八，第188页。

③ 〔宋〕李焘：《续资治通鉴长编》卷一，第7页。

④ 〔宋〕李焘：《续资治通鉴长编》卷七，第179页。

厢都指挥使杨美银各三百斤”[①]。

宋太宗在宋太祖朝的基础之上，又对殿前、侍卫二司进行了一定的调整：

一是复置殿前副都指挥使一职，使当时二司编制增加到了十员。据《续资治通鉴长编》卷一九记载：太平兴国三年（978）七月“以振武节度使、殿前都虞候白进超为殿前副都指挥使”。按：太祖朝并无该职，如建隆元年（960）殿前都虞候王审琦“自殿前都虞候、睦州防御使为泰宁节度使、殿前都指挥使”[②]，开宝六年（973）“殿前都虞候杨义为建武节度使、殿前都指挥使”[③]，都是由殿前都虞候直迁殿前都指挥使，足证当时并无其职。太宗新置此职的直接原因，可能是由于白进超缺乏威信，“无灼然战功，徒以小心谨密抚士卒”[④]。不过，终太宗一朝，任殿前副都指挥使者不过三人，即白进超、傅潜、戴兴，可见此职并不常置，而且基本上是作为迁殿前都指挥使的过渡，如戴兴为殿前副都指挥使，“未几，徙高阳关，迁殿前都指挥使”[⑤]。

二是复置捧日天武四厢都指挥使和新设龙神卫四厢都指挥使二职，捧日天武四厢都指挥使属殿前司，龙神卫四厢都指挥使属侍卫司。此二职情况比较复杂，在太宗时它们的地位还没有取得同二司管军将帅并列的地位，但这毕竟是后来北宋三衙四厢制度的开端，值得予以高度重视。《景定建康志》卷二六所载郭倪《侍卫马军司题名记》曰：“端拱元年冬十月甲子，特置马步军龙卫神卫四厢都指挥使，捧日天武于焉并建。”《续资治通鉴长编》卷二九“端拱元年冬十月甲子”条亦记载：“特置马步军龙神卫四厢都指挥使、殿前捧日天武四厢都指挥使，以振州防御使孔守正、澄州防御使范廷召为之。”但李焘在此条下还有注语考证说：“据《孔守正传》云：‘上以守正练习戎旅，特置龙神卫四厢都指挥使以授之。’按：《实录》，龙神卫四厢，盖与捧日天武四厢同置都指挥使，范廷召与守正并命。今附见，更须考详。”

我们认为，李焘断定《实录》“龙神卫四厢，盖与捧日天武四厢同置”的说

---

① 〔宋〕李焘：《续资治通鉴长编》卷一八，第400页。

② 〔宋〕李焘：《续资治通鉴长编》卷一，第6页。

③ 〔宋〕李焘：《续资治通鉴长编》卷一四，第308页。

④ 〔宋〕李焘：《续资治通鉴长编》卷一九，第432页。

⑤ 〔元〕脱脱等：《宋史》卷二七九《戴兴传》，第9476页。

法“更须考详”是正确的，而郭倪“捧日天武于焉并建”的判断是有问题的。实际上，早在宋太宗太平兴国五年（980）八月，据《续资治通鉴长编》卷二一记载：宋太宗责罚近臣戚里多遣亲信市木秦陇间，其中就有“日骑天武四厢都指挥使赵延溥”。又，雍熙三年（986）北伐辽国的时候，傅潜亦任日骑天武四厢都指挥使。《宋史》卷二七九《傅潜传》对傅氏官职记载为：“改捧日右厢都指挥使、领富州团练使，迁日骑、天武左右厢都指挥使，领云州防御使。”按：其中错误甚多，如捧日乃雍熙四年五月后之称，傅氏所任应是日骑右厢都指挥使；又，日骑、天武共四厢，其都指挥使是四厢都指挥使，而非左右厢都指挥使。据《宋会要辑稿》兵八记载曹彬东路军各将帅职务是：“日骑天武四厢都指挥使傅潜为都指挥使、龙卫右厢都指挥使李延斌为马军都指挥使、神卫左厢都指挥使马正为步军都指挥使。”足证当时傅潜官职实为“日骑天武四厢都指挥使”。“日骑”，原名“铁骑”，太平兴国二年（977）正月“诏以美名易禁军旧号，铁骑曰日骑，控鹤曰天武，龙骑曰龙卫，虎捷曰神卫”[①]；雍熙四年（987）五月，再次“改日骑曰捧日”[②]。由此可见，至迟在太宗太平兴国五年（980）八月前，北宋毫无疑问已经有了日骑（捧日）天武四厢都指挥使之职，端拱元年只是将其名称统一而已。真正属于特置的，当仅为侍卫马步军龙神卫四厢都指挥使。

又，据《宋史》卷二七五《孔守正传》，端拱初“太宗以其练习戎旅，特置龙卫、神卫四厢都指挥使以授之”，则其事乃出于太宗本人之意。至于个中原因，除辽宋战事正酣，急于用将之外，从时任侍卫马步军都虞候的田重进与宋太宗的关系入手，也颇有值得考察之处。田重进，幽州人，形质奇伟，有武力，宋太祖在后周为殿前都虞候负责整顿禁军时投奔其帐下，是宋太祖的亲信将领，曾参与陈桥兵变。宋太宗在太祖朝时曾试图与其交结，却碰了大钉子。《太宗实录》卷八〇至道三年（997）三月记载：“重进朴愿，不知书，上在藩邸时日，怜其忠勇，尝令给以酒炙，重进不肯受。使者云：‘晋王以赐汝，汝安敢拒？’重进曰：‘我但知有陛下，不知晋王是何人也！’卒不受。”太宗之为人，据张其凡分析说：“他始终忧心忡忡，猜忌心盛，因此，文过饰非，喜欢自夸，谀言易入，直言难

① 〔宋〕李焘：《续资治通鉴长编》卷一八，第395页。

② 〔宋〕李焘：《续资治通鉴长编》卷二八，第638页。

听，矫情要誉之举屡屡出现。”[①]其他学者也谈道：“借助非常手段即位的宋太宗，因其狭小的气度、平常的才质和阴暗的心理，对带兵武将就更为猜忌。”[②]田重进既拒太宗于门外，又是太祖的心腹，宋太宗因此对他心生疑忌并不奇怪。《宋史》卷二六〇《田重进传》在此事上却说：“上知其忠朴，故终始委遇焉。”这或属史家的虚辞，或属太宗之沽名钓誉，两人的真实关系恐非如此简单。邓广铭先生曾在《宋太祖太宗皇位授受问题辨析》一文中分析此事道：“田重进因拒受太宗的赠物而被太宗认为‘忠朴’，则太宗遣人私相馈送的初心，必欲使重进作一些不忠于太祖的事体，亦即太宗在当时确有某种阴谋可知。”[③]据此，则田氏在太祖时已经被牵涉进皇位继承问题当中，甚至掌握了太宗活动的一些内幕情况，其受到太宗的猜忌是必然的。

我们知道，雍熙三年（986）宋太宗苦心经营的雍熙伐辽之役，以宋军的全面失败而告终，经岐沟关、陈家谷、君子馆三大败仗，北宋损失兵员高达二十余万，开国以来选练的精锐部队，至此损失殆尽。特别是宋太宗亲信将领云集的东路军损失最为惨重，几乎全军覆没。在宋军全线失败当中，田重进的表现却格外引人注目。他作为中路宋军主将，不仅取得了全歼辽军大鹏翼部的重大胜利，更在后来宋军的败退中，基本上做到了全师退至定州。当年底，田氏还曾率部反击不可一世的辽军，“攻下岐沟关，杀守城兵千余及获牛马辎重以还”[④]。其所部可以说是当时宋军中仅存的精锐主力。宋太宗于当年七月“以步军都指挥、静难节度使田重进为马步军都虞候。自张令铎罢马步军都虞候，凡二十五年不以除授，幽州之役，惟重进之师不败，故特命之”[⑤]，既是对其战功的奖赏，又实属带有笼络意味的无奈之举。太宗随后不久召其入朝，“亲授以进退攻击之略，并书《将有五才十过》之说赐之”[⑥]；淳化元年（990）九月则以外戚亲信李继隆取代其定州都部署职，次年更以亲信“藩邸旧人”傅潜取代其侍卫马步军都虞候职，这些都是太宗对田

---

① 张其凡：《宋太宗》，吉林文史出版社1997年版，第313页。

② 陈锋：《北宋武将群体素质的整体考察》，《文史哲》2001年第1期。

③ 邓广铭：《邓广铭治史丛稿》，第494页。

④ 〔元〕脱脱等：《宋史》卷二六〇《田重进传》，第9024页。

⑤ 〔宋〕李焘：《续资治通鉴长编》卷二七，第620页。

⑥ 〔宋〕李焘：《续资治通鉴长编》卷二八，第638页。

氏疑忌的表现。即便是其已解除军职兵权之后，宋太宗还曾对陕西转运使郑文宝表示："重进先朝宿将，宣力于国，卿宜善待之。"[①]这与其说是关心，还不如说是要求加强对其监视，足证太宗对田重进疑忌之深。

由此可见，在田重进任侍卫马步军都虞候时，特置侍卫龙神卫四厢都指挥使，对宋太宗本人来说，可能就带有削弱田重进兵权的强烈现实意义。因为，龙卫、神卫原名龙捷、虎捷，是侍卫司的主力部队，专设一人为都指挥使自然可以对侍卫司统帅田氏形成牵制，甚至架空。故首任龙神卫四厢都指挥使孔守正就是太宗的心腹亲信，史称"一日，侍宴北苑，上入玄武门，守正大醉，与王荣论边功于驾前，忿争失仪，侍臣请以属吏，上弗许。翌日，俱诣殿廷请罪，上曰：'朕亦大醉，漫不复省。'遂释不问"[②]。端拱二年（989）孔守正迁殿前都虞候之后，又有皇甫继明继领龙神卫四厢。反之，当淳化二年由太宗亲信傅潜接替田重进担任侍卫马步军都虞候之后，该职遂长时间空缺。太宗设是职之真实用心，由此不难推知。

南宋郭倪在谈到北宋三衙制度时，高度重视太宗端拱元年设四厢都指挥使之举，认为："端拱元年冬十月甲子，特置马步军龙卫神卫四厢都指挥使，捧日天武于焉并建，与殿前、侍卫马步军都副指挥使及都虞候，凡八员，通号管军，其选顾不重欤。"[③]不过，郭氏所云除"捧日天武于焉并建"不准确外，将捧日天武、龙神卫与三衙副都指挥使、都虞候并列为"管军八位"，其实也是仁宗后才有的制度。宋太宗初置龙神卫四厢都指挥使时，正如前文反复论证的，可能带有较多临时性的性质，当时在地位上尚未能与二司并列，如高琼在谈到太宗朝管军将帅时就仅言及"侍卫都虞候以上"[④]。

宋真宗朝，既是殿前、侍卫马军、步军三衙管军制度正式确立的时期，同时也是由三衙向三衙四厢转变的过渡期。三衙管军将帅由太宗朝的十员成为十一员，即殿前、侍卫马军、步军都指挥使、副都指挥使、都虞候，捧日天武、龙神卫四厢都指挥使，正是同时反映了这两方面的变化。首先，自王超罢去侍卫都虞候之

---

① 〔宋〕李焘：《续资治通鉴长编》卷三四，第748页。

② 〔元〕脱脱等：《宋史》卷二七五《孔守正传》，第9371页。

③ 〔宋〕周应合：《景定建康志》卷二六，《文渊阁四库全书》本。

④ 〔宋〕李焘：《续资治通鉴长编》卷六一，第1377页。

后，侍卫马步军都虞候等侍卫司三帅则相应于景德二年（1005）被正式裁撤，侍卫马、步军司完全独立。章如愚《群书考索》后集卷一二即云："自王超罢职，无复任者，而侍卫司马军步军遂分为二，并殿前号三衙。"其次，侍卫马、步军司的人员设置更为充实，据《续资治通鉴长编》记载：真宗咸平三年（1000）二月，以王汉忠为首任马军副都指挥使；次年三月，又以桑赞为首任步军副都指挥使，马军副都指挥使和步军副都指挥使二职遂成为常设之职。按：终太宗一朝，凡侍卫马、步军都虞候晋升者，几乎毫无例外地直接迁马、步军都指挥使，如李怀忠、田重进、戴兴、米信、李继隆等皆是如此。而从真宗咸平三年之后，凡马、步军都虞候在本司晋升者，则仅能至副都指挥使，如王隐、冯守信就都是由步军都虞候迁步军副都指挥使，再无直接晋升为马、步军都指挥使者。由此可以证明：太宗朝仅是增置殿前副都指挥使而已，当时并无马、步军副都指挥使之职位，至真宗时方又增补此二职。另外，捧日天武和龙神卫四厢都指挥使地位得以提高，初步与三衙都、副指挥使、都虞候并列为管军。如刘谦以捧日天武四厢都指挥使权殿前都虞候，长期代管殿前司事，夏守恩任龙神卫四厢都指挥使，刘后"以守恩领亲兵，倚用之"[①]。刘美于天禧三年（1019）五月初被任命为龙神卫四厢都指挥使时，也被时人认为是"兵柄"在握，所谓"上屡欲授美兵柄，以皇后恳让，故中辍者数四。于时，卒用之"[②]。更能说明问题的是，当宰相寇准欲弹劾刘美，"请赴台勘"时，真宗遂怒曰："管军自前岂有此例，卿要送台，但送下。"[③]可见龙神卫四厢都指挥使当时在地位上已经进入了管军的行列。

三、"管军八位"与三衙管军制度的定型

宋仁宗朝以后，三衙管军制度得以定型，其编制不再像宋初三朝那样增减不定，除殿前和马步军都指挥使"或不常置"以外，实际编制固定为三衙四厢"管军八位"。从真宗朝后期开始，除仁宗即位初王守赟由马军副都指挥使短期任马军都指挥使外，马、步军都指挥使不再除授，基本上等同于废除，仅以马、步军副

① 〔宋〕李焘：《续资治通鉴长编》卷九三，第2145页。

② 〔宋〕李焘：《续资治通鉴长编》卷九三，第2145页。

③ 〔宋〕李焘：《续资治通鉴长编》卷九五，第2198页。

都指挥使为侍卫马、步军司之帅。殿前都指挥使虽时有居其位者，但皆是原任殿前副都指挥使经郊祀、明堂、皇帝即位等“大礼”之后方得升任，时称“加恩升使”。如许怀德是因“祀明堂”，遂由殿前副都指挥使迁殿前都指挥使；郝质、燕达、苗授、姚麟等则是因新君即位，特地加恩而由殿前副都指挥使迁殿前都指挥使。而且殿前都指挥使、副都指挥从未并置过，故仁宗朝以后管军实际编制为八员。如《群书考索》即云：“以殿前、马、步军副都指挥使，三衙都虞候，天武捧日、龙武(卫)神卫四厢都指挥使为管军。”[①]此后，历英、神、哲、徽、钦数朝，其间尽管经历了神宗时规模较大的官制改革，即所谓“元丰改制”，但“管军八位”的制度一直没有较明显的变动。

对此，宋人有许多准确的论述，如苏辙说：“自祖宗以来，以管军八人，总领中外师旅。”[②]南宋洪迈亦云：“以祖宗之制论之，军职之大者，凡八等……曰殿前副都指挥使、马军副都指挥使、步军副都指挥使，曰殿前都虞候、马军都虞候、步军都虞候，曰捧日天武四厢都指挥使、龙神卫四厢都指挥使，秩秩有序，若登梯然。”[③]秦兴宗撰《官制旧典》云：“管军八位，自比政府八公，而武并(弁)军门乃号八披梯。”[④]章如愚则概括说：“官制：管军八位，武弁军门号八桄梯，盖副都指挥使、都虞候、四厢都指挥使为管军”，“惟殿前、马军、步军都副指挥使，三军都虞候，天武捧日、龙卫神卫四厢都指挥使，为管军掌兵之职”[⑤]。

应该着重强调的是，三衙管军的编制虽有八员之众，但按照北宋当时的规定，真正有权主持三衙日常政务的唯有殿前、马、步军副都指挥使，即“三帅”，都虞候、四厢都指挥使基本上不得干预。如仁宗朝尹洙在反对“今诸路都监而上，皆与大将均其所统，虽名器至异，然皆署事而同议”时就引北宋三衙此制为据，他说：“只以国朝殿前、侍卫司军制言之，亦异矣。今殿前、侍卫都虞候，乃都指挥使之贰，较其名品，不甚相远，至于署事，皆不得预。岂非戎事尚一，其下止当

① 〔宋〕章如愚：《群书考索》后集卷二一，《文渊阁四库全书》本。

② 〔宋〕苏辙撰，陈宏天等点校：《苏辙集》卷四五《乞定差管军臣僚札子》，第800页。

③ 〔宋〕洪迈撰，孔凡礼点校：《容斋随笔》五笔卷三《三衙军制》，中华书局2005年版，第864页。

④ 〔宋〕李焘：《续资治通鉴长编》卷一二九，第3061页。

⑤ 〔宋〕章如愚：《群书考索》续集卷四四，《文渊阁四库全书》本。

禀命耶？”[①]孙逢吉亦曰：“若具员（指副都指挥使）在京，则凡公事，都虞候以上递申其长，然后眷奏行下。”[②]故高琼为殿前都指挥使，“典禁军，未尝与副将言及军事”[③]。朱熹有言：“四厢都指挥使，又有甚诸色使，皆是虚名。只有三衙都指挥使真有职事。”[④]孙升将“侍卫禁严，统率士旅”之权仅归于“前殿三帅”[⑤]，范祖禹则言及“管军之臣止有三人”，“京师之兵总于三帅”[⑥]，而不笼统归之于“管军八人”的原因也就在于此。

都虞候和四厢都指挥使通常只能在副都指挥使缺员或在外任职时，方能以“权管勾”或“同管勾”的头衔主管三衙公事。如仁宗朝有“殿前都虞候、陇州防御使、权管勾步军司事王凯”[⑦]，神宗朝有“马军都虞候、金州观察、权管勾侍卫马步军司燕达”[⑧]，哲宗朝有“步军都虞候、信州团练使、定州路副都总管刘斌权同管勾马军司”[⑨]，等等。若没有“权管勾”等一类的头衔，则大致类于有职无事的闲职。所以从仁宗朝开始至神宗朝，管军“差八员，仍逐司常留一二员宿卫”[⑩]逐渐成为惯例，都虞候、四厢都指挥使多授边将，或以管军衔出任边将，待三衙缺人后再抽回京师。

北宋三衙虽有相当的编制，但除了在太宗朝至真宗朝订立澶渊之盟的辽宋战争及仁宗庆历间的宋夏战争期间，因战事紧急，三衙管军大致为满员之外，缺额现象往往长期存在。如宋太祖朝殿前都指挥使一职即曾空缺了六年之久。真宗景德年后，甚至出现了马、步军皆缺帅，而只由殿前都指挥使高琼兼领马、步二司的窘况，高琼对此甚表担忧，向真宗进谏说：“臣衰老，傥又有犬马之疾，则是一将总此三职。臣事先朝时，侍卫都虞候以上，常至十员，职位相亚，易于迁改，

---

① 〔宋〕尹洙：《河南集》卷六，《文渊阁四库全书》本。

② 〔宋〕孙逢吉：《职官分纪》卷三五，《文渊阁四库全书》本。

③ 〔宋〕李焘：《续资治通鉴长编》卷六三，第1411页。

④ 〔宋〕黎靖德编，王星贤点校：《朱子语类》，第3075～3076页。

⑤ 〔宋〕李焘：《续资治通鉴长编》卷四三〇，第10385页。

⑥ 〔宋〕范祖禹：《范太史集》卷二六，《文渊阁四库全书》本。

⑦ 〔宋〕李焘：《续资治通鉴长编》卷一七五，第4235页。

⑧ 〔宋〕李焘：《续资治通鉴长编》卷三〇〇，第7316页。

⑨ 〔宋〕李焘：《续资治通鉴长编》卷四七〇，第11225页。

⑩ 〔宋〕李焘：《续资治通鉴长编》卷三五四，第8474页。

且使军伍熟其名望，边藩缓急，亦可选用。”[①]真宗虽纳其议补刘谦、曹璨等为殿前、马军副都指挥使，但在此以后马、步军都指挥使仍不轻授。这可能与辽宋战争业已基本结束，真宗有意大规模地裁减军队，对高级将领也是尽量压缩有关。

仁宗宋夏战争结束后亦是如此，在庆历四年（1044）张方平就指出：“昨差出许怀德后，马步军皆阙都帅，遂自环庆路抽回殿前都虞候王元，令权勾当步军司公事。其王元又已年老衰病，至于总司军政，亦恐精力不逮。切以殿前、马步军逐司公事不少，非惟统率宿卫，务要众整，亦须谙熟军制，稍通吏用……乞于以次管军将校中择取一两人赴阙，分总禁卫，佐佑扈翼，于体为便。”[②]至和元年（1054）十一月赵忭亦言：“今殿前只许怀德、马军惟范恪外，又复兼管步军，其余都指挥使、虞候，见差出四员。夫禁卫士旅众多，全借忠干有心力帅、副分头部辖，训练精强，以壮朝廷之威。今来在京见阙四员，伏望特赐指挥，抽还供职，或别选差填补。所贵专各管勾军政，免致急阙误事。”[③]神宗末，“管军常多阙员”[④]已是朝廷诏书中公开承认的事情。《神宗正史・职官志》中也是径称：“副都指挥使、都虞候，无定员。”[⑤]尤其是侍卫马、步军司时常缺帅，像燕达即以马军都虞候“权管勾马、步军司”[⑥]；元丰四年（1081）又诏步军副都指挥使刘永年“赴阙供职，主管步军都指挥使兼主管马军司”[⑦]，亦同时兼领二司。

至哲宗朝，三衙管军缺员更是发展到相当严重的程度，除殿前副都指挥使一职一般不空缺之外，马、步军副都指挥使或空缺一员，或两员皆缺，以都虞候、四厢都指挥使权领马步司事是很寻常的事。如元祐五年（1090）九月，就是以龙神卫四厢都指挥使刘斌权管勾步军司，马军都虞候姚麟权管勾马军司，当刘斌外任为秦凤路都总管后，又由姚氏一人兼管勾马、步军司。哲宗一朝，步军副都指挥使一职仅有四任（即苗授、刘昌祚、刘舜卿、姚麟），而马军副都指挥使一职更只

---

① 〔宋〕李焘：《续资治通鉴长编》卷六一，第1377页。

② 〔宋〕张方平：《乐全集》卷二四，《文渊阁四库全书》本。

③ 〔宋〕赵抃：《清献集》卷六，《文渊阁四库全书》本。

④ 〔宋〕李焘：《续资治通鉴长编》卷三六一，第8640页。

⑤ 〔清〕徐松辑，刘琳、刁忠民等点校：《宋会要辑稿》职官三二，第3814页。

⑥ 〔宋〕李焘：《续资治通鉴长编》卷二九八，第7257页。

⑦ 〔宋〕李焘：《续资治通鉴长编》卷三一五，第7627页。

有一任（即姚麟）。正是因为马军副都指挥使基本空缺，故当元祐七年（1092）二月步军副都指挥使刘舜卿卒后，枢密使王岩叟就坚持要增补姚麟为步军副都指挥使，理由是“祖宗以来，三帅不曾阙两人，盖殿帅若阙，难为从下便超补。今姚麟是殿前都虞候，合升作步军副都指挥使，又刘斌本以不才令出，今不得已，却欲召入，令与麟相兼管（马军司事）”。高太后虽然勉强同意了王氏的请求，却仍然表示：“更有阙，皆多时不补，亦不妨否？”[①]在这种思想指导下，三衙管军在元祐年间的大量阙额并不奇怪。

仁宗朝以后，尤其是神宗、哲宗数朝三衙管军阙额问题的加剧，可能主要与以下三个因素有关。一是自英宗朝之后，三衙管军的选任趋向严格，不再轻授，无其人则阙其位。二是自仁宗朝宋夏战争后，北宋军队的部署以西、北二边为主，由于大量兵力被抽调至前线，京城禁军的数量呈逐渐下降的趋势，三衙直辖兵力不足十万。如宋神宗曾忧虑地说：“边有老人亦谓今之边兵过于昔时，其势如倒装浮图，朕亦每以此为念也。”[②]三衙军政事务自然也大有减轻，如哲宗朝枢密使曾布即将在京管军视为闲职，认为以“少壮，可驱策，兼颇得边人情”的王恩在京任马军都虞候“置之于此可惜”[③]。同时在京并置殿前、马、步三帅似更无太大的必要。三是以都虞候、四厢都指挥使权管勾殿前、马、步军司事，亦可保证三衙的有效运转。

直至徽宗即位，情况才有了明显的改观，如其即位伊始，虽“管军今止阙三人”[④]，仍即令枢密院速拟议人选补缺。在徽宗朝，殿前、马、步军副都指挥使、都虞候，捧日天武、龙神卫四厢都指挥使基本上保持满员。

四、北宋三衙演变的基本趋势

纵观北宋三衙的演变，其基本趋势主要有两条：

第一，三衙长官的级别呈递减之势。北宋开国至真宗朝，除侍卫马步军都虞候

---

① 〔宋〕李焘：《续资治通鉴长编》卷四七〇，第11225页。

② 〔宋〕李焘：《续资治通鉴长编》卷二五六，第6249页。

③ 〔宋〕李焘：《续资治通鉴长编》卷四九四，第11739页。

④ 〔宋〕李焘：《续资治通鉴长编》卷五二〇，第12380页。

于宋辽大战期间短期复置外，三衙管军当中沿袭自五代后周的殿前都点检、副都点检、侍卫马步军都指挥使、副都指挥使、都虞候五个位高权重的高级军职先后都被裁撤。自仁宗朝殿前都指挥使、侍卫马军都指挥使、步军都指挥使等，一般亦不轻授，代之以殿前、马、步军副都指挥使为三衙之帅。此后，除殿前副都指挥使通常满员外，马、步军副都指挥使也频繁缺员，往往以地位更低的三衙都虞候或捧日天武、龙神卫四厢都指挥使以“权管勾”等名义主持三衙事务。

按照北宋的制度，殿前都指挥使为从二品，副都指挥使为正四品，而侍卫马、步两司的都指挥使和副都指挥使仅为正五品，三衙的都虞候仅为从五品，四厢都指挥使自然更等而下之，与皆为一品大员的殿前都点检和侍卫亲军都指挥使不可同日而语。如此一来，遂很自然地收到了“降低将领位望”和“贬抑武将的政治地位”的预期效果。正所谓“位低则易使，权轻则易制”，禁军统帅在军队中的号召力及他们对禁军的实际控制力，亦水到渠成地被大打折扣，其对皇权的威胁当然也就随之大大降低。在三衙管军地位不断下降的同时，据宋神宗回忆说：“祖宗以来制军自有意，凡隶在京殿前、马步司所统诸指挥，置军都指挥使、都虞候分领之，凡军中之事，止责分领节制之人，责之既严，则遇之不得不优。至若诸路，则军校不过各领一营尔，不可比也。”[①]北宋还有意识地提高在京禁军军都指挥使、都虞候等中级军官的地位，军都指挥使往往亦可位至刺史、团练使，使他们与三衙管军的地位差距不至于太大，以收到其与三衙长官彼此相制的效果。

第二,三衙鼎峙，互不统属。三衙的地位有高低之分，大致是以真宗朝废侍卫马步军都虞候为界，此前侍卫司略高于殿前司，此后则殿前司高于侍卫马、步军司，侍卫马军司又高于侍卫步军司。三衙间的升迁，通常以步军、马军、殿前为次序，三衙之间绝非上下级的关系，而是互不统属，鼎峙并列。如三衙所分辖各部，彼此不得越司指挥，以真宗朝为例，景德四年（1007）十二月开封河南草场起火，侍卫步军副都指挥使王隐就近“命殿前虎翼都虞候高鸾以近便营兵救扑之”。事后，殿前司遂上言弹劾王隐和高鸾两人，理由就是“鸾等非本属，当俟诏旨”，宋真宗虽“以救焚之急，隐得便宜从事，因命释鸾等罪”，但仍强调“自

---

① 〔宋〕李焘：《续资治通鉴长编》卷二七三，第6678页。

今各遵往制”[①]。又，哲宗元祐二年（1087）五月，主管侍卫步军司事的步军都虞候姚麟被朝廷“罚铜八斤”，原因也是擅自调动殿前司的部队，史载：“以殿前司言，步军司擅勾抽捧日指挥人救父故也。”[②]三衙的事务，除特命兼职外，彼此间亦不得相互干涉，否则将被视为“侵官”。这方面的典型事例是哲宗元符二年（1099）七月，宋廷有意从殿前司中下级军官中选拔将领，于是命中使、殿前和侍卫马、步军三帅共同主持，但经殿前副都指挥使姚麟上言指明“二帅（指马、步军二帅）同拣为侵官”[③]，并深表“愧耻”之后，朝廷遂令侍卫马、步二帅不得再参与其事。

北宋在三衙管军制度上如此安排，其思路和作用是一目了然的，如南宋人郭倪说：“汉京师有南北军，卫尉掌宫门屯卫兵，中垒校尉掌北军营垒之事，后又增置八校及羽林、期门之属，徼巡藩，护兵威，隐然为后世立军不易之制。国家并列三衙，虽曰沿袭五代，然实本西都遗意。”[④]吕中也说：“殿前为一司，侍卫马步各为一司，则有南北相制之意。”[⑤]聂崇岐先生更准确地指出：“马步军遂渐裂为二司，为分其势也。”[⑥]显然，其中所蕴深意不外乎是使三衙彼此相制，防范其势力坐大罢了。

原载《东岳论丛》2006年第5期

① 〔宋〕李焘：《续资治通鉴长编》卷六七，第1511页。

② 〔宋〕李焘：《续资治通鉴长编》卷四〇一，第9770页。

③ 〔宋〕李焘：《续资治通鉴长编》卷五一三，第12201页。

④ 〔宋〕周应合：《景定建康志》卷二六，《文渊阁四库全书》本。

⑤ 〔宋〕吕中：《宋大事记讲义》卷一，《文渊阁四库全书》本。

⑥ 聂崇岐：《宋史丛考》，中华书局1980年版，第271页。

北宋三衙职能问题试探

殿前司、侍卫步军司和侍卫马军司三衙，是北宋禁、厢诸军常设的统帅机构，所谓“凡天下之兵柄皆在焉”[①]。主持三衙的高级将领，因此被宋人恰如其分地称为“管军臣僚”，或简称为“管军”“三帅”，是当时武将的最高军职。三衙在宋代军政体制当中具有特别重要的地位，然而学术界目前的相关研究较为薄弱，对其职能状况也大多语焉不详。

一、掌管全国的禁军和厢军

五代后晋和后汉以来，中央禁军已大部隶属于侍卫、殿前二司。北宋开国之初亦是如此，所谓“祖宗以来，内外诸军，惟厢、禁二色而已，禁军皆隶三衙”[②]，“殿前司领骑兵之额三十七、步兵之额二十六，侍卫司领骑兵之额三十五、步兵之额八十三，至军头仅四，皇城仅二，骐骥仅特骑兵之二额焉，大抵尽属于殿前、侍卫之司”[③]。不久，宋太祖又采纳赵普“稍夺其权，制其钱谷，收其精

① 〔宋〕章如愚：《群书考索》后集卷四〇，《文渊阁四库全书》本。

② 〔宋〕李心传撰，徐规点校：《建炎以来朝野杂记》甲集卷一八《御前诸军》，第403页。

③ 〔宋〕林駉：《古今源流至论》续集卷一，《文渊阁四库全书》本。

兵”的建议，将节度使所部精兵锐卒彻底收归中央，“以马军为骁雄，步军为雄武，并属侍卫司”[①]，“取太原兵以为龙卫，取幽州兵以为神武，左右员寮本藩镇厅头也，左射拱圣，本诸州骑兵也”[②]。地方上保留的老弱之兵，随即被改编为厢军，同样隶属于侍卫司。随着对南方诸国的平定，诸国军队中的“精兵”也同样被抽调到京城。如平定后蜀，蜀兵中的精锐即被改编为禁军中的“奉义”“怀恩”“怀勇”“怀爱”等军，归侍卫司。宋太祖还特意从这批士兵中挑选出“材貌魁伟，便习骑射”者共120名，组成“川班内殿直”，隶殿前司。消灭南汉后，其原有军队的精兵也被抽调至京编为“广德军”，隶属殿前司。南唐降兵中的精锐则被改编为“归政”“新立归化”等军，隶侍卫司。至此，北宋统治下所有地区的精兵强卒都被抽调到中央禁军之中，统归三衙统领，“惟三司卒称禁军”[③]，“三衙的统兵权由中央扩大到全国，以使藩镇之兵和三衙之兵统统成为天子之兵。禁兵原意是指天子亲兵，随着三衙统兵范围的扩大，事实上已成为北宋的正规军”[④]。唐末五代藩镇的职称，如节度使、观察使、防御使、团练使、刺史之类，逐渐成为武将的虚衔，自中唐以来地方拥兵自重、节度使跋扈称雄的情形从根本上得以改观。

宋太祖以后的北宋统治者皆奉行此制，凡地方上新招募和编练的部队，皆隶属于三衙。如神宗朝“诏环庆寨户、强人、弓手，如禁军法上兵籍，隶于马军司”[⑤]，徽宗朝“御笔……除见今兵额外，帅府别屯兵二千人，望郡一千人，常管在营，比诸军加数教阅，每二年令更互出戍，帅府五百料钱，以威捷为名……帅府望郡三百料钱，以全捷为名，并充步军，隶殿前司管辖”[⑥]。故南宋高宗有云：“祖宗故事，军马未有不隶三衙。”[⑦]

---

① 〔宋〕李焘：《续资治通鉴长编》卷六，第403页。

② 〔宋〕章如愚：《群书考索》续集卷四四，《文渊阁四库全书》本。

③ 〔宋〕胡榘修，〔宋〕方万里、罗濬纂：《宝庆四明志》卷七《禁军厢军》，中华书局1990年版，第5070页。

④ 王曾瑜：《宋朝兵制初探》，第7～8页。

⑤ 〔宋〕李焘：《续资治通鉴长编》卷二七九，第6846页。

⑥ 〔宋〕梁克家纂修：《淳熙三山志》卷一八《兵防》，中华书局1990年版，第7929～7930页。

⑦ 〔宋〕章如愚：《群书考索》后集卷四一，《文渊阁四库全书》本。

二、干预所部将校的任命和升迁

北宋军队将校的任免权归皇帝，具体则归枢密院，但三衙也发挥着重要作用。如仁宗初年刘后临朝摄政，有求内降补军吏者，时任步军副都指挥使的王德用即表示："补吏，军政也，敢挟此以干军政，不可与。"太后固欲与之，终因王氏"卒不奉诏，乃止"[①]。

军校的升迁亦是如此。北宋军校升迁的主要途径是三年一次的例行"转员"，其权在制度上归枢密院，皇帝也时常亲自干预，"国初以来，皆面问其所欲，察相人才，或换官，或迁将校，或再任，此则威福在人主"[②]，而实际运作往往是先由三衙拟定名单，申报枢密院，由皇帝届时宣布而已。如仁宗天圣六年（1028）"枢密院言诸军将校中，颇有因循不能禁戢军士者，欲召殿前、马步军副指挥使杨崇勋、夏守赟等，密令体量，具名以闻，别取进止，时将转员故也"[③]；又，嘉祐五年（1060）"诏殿前、马、步军司，每三岁将校转员，其病老不任事者，先密具名以闻"[④]。

北宋中期以后，随着中书、枢密院二府趋同的走势日益明显，枢密院的职能愈来愈趋向于执政方面，军政方面的琐细政务实际上陆续移交三衙，如神宗熙宁四年即诏："军员老病当降军分，送殿前、马步军司指定职名，并申院降宣。"[⑤]三衙在军校任命、升迁中的作用遂更加重要。至哲宗元祐年间，按曾布的说法，军校升迁的情形已经是"（殿前、马、步军）三司、军头司先指试定，但对御引呈，依拍定等第推恩"[⑥]。三衙在相当大的程度上实际发挥着决定性的作用，如三路众将校的晋升就是"诏侍卫马、步军司，自今开具合转补职名"，然后行文枢密院，"申枢密院降宣"。

---

① 〔宋〕李焘：《续资治通鉴长编》卷一一二，第2614页。
② 〔元〕脱脱等：《宋史》卷一九六《兵志十》，第4886页。
③ 〔宋〕李焘：《续资治通鉴长编》卷一〇六，第2481页。
④ 〔宋〕李焘：《续资治通鉴长编》卷一九一，第4613页。
⑤ 〔宋〕李焘：《续资治通鉴长编》卷二一九，第5330页。
⑥ 〔元〕脱脱等：《宋史》卷一九六《兵志十》，第4887页。

按照北宋的制度，三衙还拥有对所部军校改任他职的荐举权，如仁宗康定元年（1040）六月诏："殿前、马步军司择禁军将校武勇而愿效命者以名闻。"[①]范仲淹在当年九月也上书建议督促三衙管军举荐军事人才："伏望圣慈专督管军臣寮等，于诸班中搜罗智勇之人，各举一名，不以将校、长行，或试以武艺，或观其胆略，出众便可迁转于边上任使。如将来颇立战功，则明赏举主，或屡败军事，亦当连坐。"[②]庆历二年（1042）三月宋廷遂正式下诏："殿前副都指挥使高化、马军副都指挥使李用和、步军副都指挥使曹琮，举诸军指挥使以上，有胆勇方略堪任将领者，各二人。"[③]此项职能专属于三衙，其他各部门皆不得插手，禁军军校改任他职也不得由其他官员荐举。以神宗朝殿前司龙猛军级"经章惇出头，乞于懿、洽效用"事为例，当时神宗即"怪禁军不由军帅，擅经章惇投状"。吴充也认为："军当听于一。今如此，即不一，不如不差往。"王安石虽多番解释"若令彼经殿前司投状，即殿前司必不许"，并说"且欲防变，即专固人情，使听于三帅，不得自伸于余处，亦不可无虑"。但宋神宗强调"三帅防禁严密"，并终欲治其罪。至于个中原因，不外是防范群臣"结连"禁军罢了[④]。

三、战时领兵出征，平时主管在京禁军的训练

此是三衙的本职所在，责无旁贷。以宋太祖朝几次大的战事为例，建隆元年（960）平定李筠、李重进二役，侍卫亲军副都指挥使石守信、殿前副都点检高怀德、殿前都指挥使王审琦等三衙将帅实总其任。乾德二年（964）四月，侍卫马军都指挥使刘光义先是"领兵赴潞州，备北汉也"[⑤]，寻于当年十一月南下为伐蜀归州路主帅。是役，侍卫步军都指挥使崔彦进也同时领兵出征，任凤州路宋军副帅。

---

① 〔宋〕李焘：《续资治通鉴长编》卷一二七，第3020页。

② 〔宋〕范仲淹：《上仁宗乞督责管军臣僚举智勇之人》，《宋朝诸臣奏议》卷六四，第712页。

③ 〔宋〕李焘：《续资治通鉴长编》卷一三五，第3227页。

④ 〔宋〕李焘：《续资治通鉴长编》卷二四六，第5979页。

⑤ 〔宋〕李焘：《续资治通鉴长编》卷五，第126页。

开宝二年（969），宋太祖亲征北汉，事先即“命宣徽南院使曹彬，侍卫步军都指挥使党进等，各领兵先赴太原”[①]。开宝七年（974）宋伐南唐，侍卫马军都虞候李汉琼、步军都虞候刘遇则分别担任先锋。开宝九年八月再伐北汉，也是以侍卫马军都指挥使党进为主帅，宿将潘美亦位居其下。宋太宗、真宗两朝也是如此，如真宗景德年间辽宋大战，除殿前都指挥使高琼扈卫真宗亲征之外，其余三衙管军将帅皆在前线统兵御敌。仁宗之后各朝，沿边例设经略安抚司，由安抚使即帅臣统兵，情况方有了一定的变化，除地位较低的三衙都虞候、四厢都指挥使往往外任为边将，归帅臣节制外，三衙长官或实际主持三衙者，一般不再直接领兵出征，但也并不是绝对的。

按照北宋制度，禁军“月奉五百以上，皆日习武技”[②]，神宗熙丰强军，一度增为“早晚两教”。在京禁军的训练，皆由三衙具体负责，如宋太祖乾德四年（966）“命殿前、侍卫将校大阅戎事于军中”[③]，真宗朝“募近京强壮补禁卫，诏殿前都指挥使高琼阅习阵势”[④]，英宗“命殿前副都指挥使郝质戒诸军勤习武艺”[⑤]。三衙在主持训练时有权随时处理不达标的士兵，所谓“事艺不应法，即管军行遣”[⑥]。以哲宗朝为例，训练中“捧日被决责者多，闻举营皆哭。及闻长日祗候以喝箭满被决，莫不震恐，马射稍不如法，便拽下”[⑦]。外地驻军的训练也要参照三衙之法，如真宗朝“环庆张继勋言：本路军士阅习与京师不同，望令赴殿前司观教之法”[⑧]。正因为训练禁军是其职责所在，故当禁军训练水准提高时，皇帝往往会归功于三衙管军将帅，前引燕达就因训练得力被“与一子阁门祗候”。又如真宗亦曾表彰殿前都指挥使王超说：“士众严整，戎行练习，卿之力也。”[⑨]

---

① 〔宋〕李焘：《续资治通鉴长编》卷一〇，第216页。
② 〔元〕脱脱等：《宋史》卷一九五《兵志九》，第4853页。
③ 〔宋〕李焘：《续资治通鉴长编》卷七，第177页。
④ 〔宋〕李焘：《续资治通鉴长编》卷五五，第1213页。
⑤ 〔宋〕李焘：《续资治通鉴长编》卷二〇三，第4911页。
⑥ 〔宋〕李焘：《续资治通鉴长编》卷五〇三，第11985页。
⑦ 〔宋〕李焘：《续资治通鉴长编》卷五〇三，第11985页。
⑧ 〔宋〕章如愚：《群书考索》后集卷四二，《文渊阁四库全书》本。
⑨ 〔宋〕李焘：《续资治通鉴长编》卷四五，第961页。

四、以军法辖治所部，掌所部军人狱讼

北宋治军，崇尚严刑峻法，如宋太祖有云："朕今抚养士卒，固不吝惜爵赏，若犯吾法，惟有剑耳。"[①]殿前司、侍卫马军司和侍卫步军司"凡军事皆行以法"[②]。为了防范官兵之间结成团伙，管军"姑息以收恩"，达到"御将士常使恩归人主，威令在管军"[③]"故朝廷抚养此曹（指士兵），易于怀悦，绝骄惰无厌之心，是以威行于下，而恩归于上"[④]的效果，北宋朝廷往往鼓励甚至督促三衙从严治军，否则即被视为"缪懦"不称职。故北宋三衙中治军严整者比比皆是，如仁宗朝李昭亮为殿前副都指挥使，"万胜、龙猛军蒱博争胜，撤屋椽相击，市人惶骇，昭亮捕斩之，杖其军主连州刺史宋绪，诸军股栗"[⑤]；姚麟于哲宗、徽宗朝为殿前副都指挥使，"为将沉毅，持军不少纵舍。宿卫士尝犯法，诏释之，麟杖之于庭而后请拒诏之罪，故所至肃然"[⑥]。宋守约的事例则更为突出，他在神宗朝任殿前都虞候时，"卫兵以给粟陈哗噪，执政将付有司治，守约曰：'御军安用文法！'遣一牙校语之曰：'天子太仓粟，不请何为？我不贷汝。'众惧而听命"。其因是功晋升步军副都指挥使后，更是"持军太急，帝密戒之，对曰：'臣为陛下明纪律，不忍使恩出于臣，而怨归陛下。'帝善之，欲擢置枢府"[⑦]。

五代武夫横行，军人狱讼例归其将专断，有司不得插手，如后晋时规定："（在）京及诸道马步诸军，若长行违犯，便委副将据罪处理；如副将、十将违犯，即委本指挥使科断；指挥有罪，若不出军，即委都指挥使具录申奏；若行营在外，即委行营统领依军法施行。"[⑧]后汉时侍卫司设有"侍卫司狱"，"凡入军狱者，使之随意锻炼，无不自诬……弘肇掌部禁兵，巡逻京城，得罪人，不

---

① 〔宋〕李焘：《续资治通鉴长编》卷一二，第275页。

② 〔元〕脱脱等：《宋史》卷一六六《职官志六》，第3928页。

③ 〔宋〕李焘：《续资治通鉴长编》卷五〇三，第11985页。

④ 〔宋〕李焘：《续资治通鉴长编》卷四三〇，第10405页。

⑤ 〔宋〕李焘：《续资治通鉴长编》卷一五六，第3777页。

⑥ 〔元〕脱脱等：《宋史》卷三四九《姚麟传》，第11059页。

⑦ 〔元〕脱脱等：《宋史》卷三四九《宋守约传》，第11064页。

⑧ 〔宋〕王溥：《五代会要》卷一二《杂录》，《文渊阁四库全书》本。

问轻重，于法何如，皆专杀不请"[1]。北宋时情况较五代有了明显的变化，如《续资治通鉴长编》《宋会要辑稿》等记载："殿前、侍卫司上言：'开封府追取禁兵证事，皆直诣营所，事颇非便。'上曰：'朕察此意，盖止欲就本司决遣耳。有唐之弊，方册可视。自今除逮捕证佐悉如旧制，军人自犯杖罪以下，本司决遣，至徒者奏裁。'上尝戒军校曰：'犯法者须以军法治之，然悯恻之意不可不存其间。'"[2]

不过，按照当时制度，北宋三衙仍皆"治其（指所部）狱讼，若情不中法，则禀奏听旨"[3]。其下各设推案，主管"勘鞫、取会、追呼诸军班诸般词状公事"，又有法司"检引条法"，还设有专门的监狱，如真宗景德四年（1007），"遣使诣御史台、三司、开封府、殿前、侍卫司编类系囚"[4]，大中祥符元年（1008），又"上御崇政殿，亲虑御史台、三司、开封府、殿前、侍卫司系囚，流以下递减一等"[5]。在京禁军狱案，归由三衙直接审理，只是其判决权限于杖罪以下。而且，真宗朝之后，三衙的判决权还有进一步强化的倾向，如哲宗元祐四年（1089）殿中侍御史孙升就谈道："恭惟祖宗深得治军之法，设三卫管军之官，付以流配之权，自非死刑，不付有司按覆……如郝质辈治军严肃，作过军人一经徒流，鲜有生者。质所坐卧，寂不闻人喘息声，其严惮如此。"[6]这是一段非常值得重视的记载，因郝质任殿前副都指挥使在英宗、神宗两朝，据之可以推定至迟在英宗、神宗朝，三衙的判决权已经由真宗朝的杖刑延伸到流刑。至于军人犯死罪者，也是先由三衙初步审理，奏裁后经枢密院审核方交由三衙执行。如真宗大中祥符二年正月诏"自今开封府、殿前、侍卫司奏断大辟案，经裁决后，百姓即付中书，军人付枢密院，更参酌审定进入，俟画出，乃赴本司"[7]。神宗熙宁三

---

① 〔宋〕司马光：《资治通鉴》卷二八八，第9402页。

② 〔宋〕李焘：《续资治通鉴长编》卷六〇，第1348页。另可参见〔清〕徐松辑：《宋会要辑稿》刑法七之三，中华书局1957年版，第6735页。

③ 〔元〕脱脱等：《宋史》卷一六六《职官志六》，第3928页。

④ 〔宋〕李焘：《续资治通鉴长编》卷六五，第1461页。

⑤ 〔宋〕李焘：《续资治通鉴长编》卷六九，第1547页。

⑥ 〔宋〕李焘：《续资治通鉴长编》卷四三〇，第10405页。

⑦ 〔宋〕李焘：《续资治通鉴长编》卷七一，第1588页。

年(1070)八月又特诏殿前、马步军司，“大辟囚并如开封府法送纠察司录问”[①]；五年(1072)五月纠察在京刑狱祝谘建议“百姓犯罪，御史台差文臣就本司同录问取伏状方奏断，盖钦重刑狱，以防出入之弊。其殿前、马、步军司军人犯死罪，乃止牒审官西院，差大使臣录问，缘大使臣少通法意，乞依开封府例，牒御史台差官就逐司录问”[②]，并得到了朝廷的批准。

三衙治狱的依据，除《刑统》《申明刑统》等通行的法律，还有专门的法规，主要是《殿前、马、步军司编敕》。编敕，是宋朝最为重要的立法活动，“敕是皇帝在特定时间对特定人或事临时发布的诏令，通常谓之散敕。但是散敕并不是具有相对稳定性和普遍性的法律。要使散敕上升为一般的法律形式，还须经过编修程序，即对积年的各种散敕进行分门别类加以整理，删其重复，去其抵牾，然后汇编颁行”[③]。自宋神宗熙宁二年(1069)宣布“律不足以周事情，凡律所不载者，一断以敕”[④]，编敕在实践中已经取代了《刑统》等国家大法地位。具体到三衙，编敕活动大致有以下两次：一是仁宗嘉祐二年(1057)五月“命枢密副使田况提举修殿前、马、步军司编敕”[⑤]，此次编敕，原意是殿前、侍卫马步皆编，然后来可能只编成《马军司编敕》；二是神宗熙宁八年(1075)二月，重新详订删修《马军司编敕》。此事原本交由权知审刑院崔台符负责，经其上言“奉诏修《马军司敕》，缘军政事重，仁宗时命枢密使田况提举，乞依故事以枢臣总领”[⑥]，改由枢密使陈升之提举编修，后实际上由宰相吴充主持其事。至熙宁十年(1077)正月，《马军司编敕》重修完成，宰相吴充因此被“赐银、绢各三百”，其他删修官也“改差遣，减磨勘年有差”。《马军司编敕》对殿前、侍卫两司来说，也同样具有法律效力。如徽宗朝大观年间，殿前司“置淮、浙、荆、湖、福建等路”指挥部辖将校时，就“依马军司见行条格”。[⑦]

---

① 〔宋〕李焘：《续资治通鉴长编》卷二一四，第5210页。

② 〔宋〕李焘：《续资治通鉴长编》卷二三三，第5657页。

③ 郭东旭：《宋代法制研究》，河北大学出版社2000年版，第25页。

④ 〔元〕脱脱等：《宋史》卷一九九《刑法志一》，第4963页。

⑤ 〔宋〕李焘：《续资治通鉴长编》卷一八五，第4478页。

⑥ 〔宋〕李焘：《续资治通鉴长编》卷二六〇，第6331页。

⑦ 〔宋〕梁克家纂修：《淳熙三山志》卷一八《兵防》，第7930页。

五、负责所部的拣选

拣选，是指北宋为了加强禁军的战斗力，对禁军士兵进行的定期、不定期的挑选、考核，将其中的精壮者升为上军，所谓“其自厢军而升禁兵，禁兵而升上军，上军而升班直者，皆临轩亲阅，非材勇绝伦不以应募，余皆自下选补”①；老弱者则降低军级，由禁军退充厢军，由厢军退充剩员，直至淘汰出军队。拣选的标准归枢密院拟定，但具体工作主要还是由三衙来执行。如宋太祖就是在建隆二年（961）五月：“令殿前、侍卫司及诸州长吏阅所部兵，骁勇者升其籍，老弱怯懦者去之。”②真宗大中祥符五年（1012）殿前、马、步军司又受命，主持“拣补禁军，捧日上三军每指挥及三百人，龙卫上四军每指挥及二百五十人，拱圣、骁骑、骁勇、宁朔、神骑、云骑、武骑每指挥及三百五十人，并于次下军额选拣升补”③。仁宗皇祐年间，殿前都指挥使许怀德，“始复奏选厢军以补禁军”④。为了防止三衙在拣选过程中徇私舞弊，仁宗朝还专门下诏，规定：“管军臣僚，自今麾下军士，非有战功，毋得请迁隶上军。”⑤

至于裁汰老弱，亦是三衙管军的本职之一。如神宗朝宋守约为步军副都指挥使，“神宗以禁旅骄惰，为简练之法，屯营可并者并之。守约率先推行，约束严峻，士始怨终服”⑥。徽宗时，王恩为殿前都指挥使，“尝汰禁卒数十人，枢密请命都承旨覆视，恩言：‘朝廷选三帅，付以军政，今去数十冗卒而不足信，即其他无可为者。’帝立为罢之”⑦。若拣选不力，致老弱冗杂，时人也往往归咎于三衙，如司马光在仁宗末曰：“臣窃闻朝廷近降指挥，拣选诸指挥兵士，补填近上军分。其主兵之官，惟务人多，不复精加选择，其间明知羸弱，悉以充数……其元拣臣僚，伏乞重行贬窜。”⑧

---

① 〔元〕脱脱等：《宋史》卷一九四《兵志八》，第4825页。

② 〔宋〕李焘：《续资治通鉴长编》卷二，第45页。

③ 〔宋〕李焘：《续资治通鉴长编》卷七七，第1751页。

④ 〔宋〕李焘：《续资治通鉴长编》卷一六七，第4024页。

⑤ 〔宋〕李焘：《续资治通鉴长编》卷一六六，第4001页。

⑥ 〔元〕脱脱等：《宋史》卷三四九《宋守约传》，第11064页。

⑦ 〔元〕脱脱等：《宋史》卷三五〇《王恩传》，第11089页。

⑧ 〔宋〕李焘：《续资治通鉴长编》卷一九四，第4695～4697页。

六、事务性和礼仪性的职能

三衙的事务性职能，主要包括：

1. 修河。北宋定都开封，漕运南北粮米的汴河等水系是其立国的生命线，在治河过程中，皆不惜大量动用军队参加。小的水患，使用地方部队；大的决口，则命三衙带兵会同当地丁夫共同治理。由三衙主管大的治河工程，遂成为北宋惯例。

2. 建筑。北宋凡有大的土木工程，多役厢军，故在京修城、建宫殿诸事亦常由三衙主持。

3. 京城防火。京城防火，由三衙当中的捧日天武、龙神卫四厢都指挥使专门主管，当有突发性火灾发生之时，三衙更是要派专人统兵救火，否则要受罚。

4. 试武举武艺。北宋武举考试武艺，例由三衙负责，如英宗治平元年（1064）规定，“馆职两人与判兵部同试策一道，命马军司试弓马武艺”①；神宗时，又改为“凡武举，初试义、策于秘阁；武艺则试于殿前司”②。

礼仪性职能，主要包括：殿前都、副指挥使在皇帝上朝时“侍立殿下”，出行则随驾“扈从辇前”，郊祀等大礼时则充当仪仗总管，皇帝检阅禁军，殿前都、副指挥使例任指挥。契丹来使的接待、保卫事务，时常亦由三衙负责。

综上所述，职能的不断扩大是宋代三衙管军制度得以逐步强化的重要表现和突出标志。而三衙管军制度的确立和完善，与募兵制度取代征兵制相适应，解决了唐代中期以来军队指挥体制与征集方式从征兵变为募兵之间相脱节的历史性课题，既杜绝了唐末的藩镇军阀割据，也避免了五代的禁军大将跋扈干政，是中国古代“最早的成熟的职业军队的管理体制”③，具有强化皇权和保障北宋政局稳定的重大意义，对明清的军事体制也有着较深远的影响。

原载《社会科学战线》2007年第6期

① 〔宋〕李焘：《续资治通鉴长编》卷二〇二，第4903页。

② 〔宋〕李焘：《续资治通鉴长编》卷二四七，第6011～6012页。

③ 朱瑞熙：《中国政治制度通史·宋代卷》，第546页。

南宋三衙管军制度若干问题考述

南宋三衙经历了一个从崩溃到重建的过程，其重要性较北宋有显著下降，但至迟从高宗、孝宗两朝之际开始，三衙下辖的兵力即始终维持在十二万余众，不仅"兵籍为天下冠"，其装备、训练及战斗力水准，也与著名的镇江、建康、鄂州和兴州四大都统司并驾齐驱，甚至于凌驾其上，成为南宋赖以与金、蒙古相抗衡的主要军事支柱之一。在南宋军政体制当中，三衙显然仍具有举足轻重的地位，但学术界目前的相关专题论述，却相对较为薄弱[①]，笔者拟从若干具体问题入手，试做初步的考察，企望有裨于研究。

一

与北宋相比，南宋三衙管军制度的一个显著变化，是在乾道七年（1171）宋孝

---

① 现有研究成果，主要见于王曾瑜：《宋朝兵制初探》，中华书局1983年版；龚延明编著：《宋代官制辞典》，中华书局1997年版；龚延明：《宋史职官志补正》，浙江古籍出版社1991年版；朱瑞熙：《中国政治制度通史·宋代卷》，人民出版社1996年版；何忠礼等：《南宋史稿》，杭州大学出版社1999年版；黄宽重：《南宋军政与文献探索》，新文丰出版公司1990年版；黄宽重：《南宋地方武力——地方军与民间自卫武力的探讨》，东大图书公司2002年版；何冠环：《北宋武将研究》，香港中华书局2008年版；陈峰：《北宋武将群体与相关问题研究》，中华书局2004年版。

宗下令将侍卫马军司由都城临安迁往建康，并正式将其更名为侍卫马军行司[①]。马军司移屯建康以后，所部唯余龙卫、云骑和武骑三指挥千余人仍然留守临安，但其事务由侍卫步军司兼领[②]，主管侍卫步军司公事通常也加系“兼管马军司职事”衔，如阎仲主管侍卫步军司公事“兼权侍卫马军司职事”、赵济“主管侍卫步军司公事兼权侍卫马军司职事”、董世雄“侍卫步军都虞候兼权侍卫马军司职事”、王鉴“权主管步军司兼马军司职事”[③]等。马军司在临安的帅府衙门，则被改作司农寺和将作监等的官署[④]。如此一来，三衙鼎峙京师的格局，就在事实上转变为殿、步两司并列[⑤]。

需要说明的是，《宋史·孝宗本纪》系其事于乾道七年三月，但这仅为正式颁布诏令的时间。岳珂《桯史》有云：“乾道五年，陈正献（俊卿）为相，上一日顾问，欲遣泛使直之，且移骑兵于建康，以示北向。”[⑥]从《宋会要辑稿》的相关记载来看，乾道六年（1170）十月，权江南东路计度转运副使张松“得旨”分两次在建康兴建的大批军营，已经初步竣工，除“三衙牧马已占一万二千间”，朝廷专门交由马军司派兵前往接收“交割看守”的寨房，数量即高达“三万三千间，计九寨

---

① 《吏部条法·差注门六·离军添差》记乾道八年（1172）十月二十四日枢密院札子曰：“马军行司，建康府驻扎。”王应麟《玉海》卷一三九《绍兴三衙兵》载：“乾道七年春，移骑军屯于建康，以为出师之渐，号马军行司。”

② 《咸淳临安志》卷一四《行在所录·禁卫兵》“马军司寨”条云：龙卫、云骑、武骑“旧司三指挥，额管一千人”，“今步军帅兼领”。《宋会要辑稿》礼九之二二云：“殿前司言：契勘马军司亦有所管龙卫、云、武骑等指挥，官兵队伍并金鼓手，见趁赴教阅，照得逐次教阅，并系附入步军司，一就合教，支散犒设了当。”

③ 〔宋〕陈傅良：《止斋集》卷一三，《文渊阁四库全书》本；〔宋〕周应合：《景定建康志》卷二六，《文渊阁四库全书》本；〔清〕徐松辑：《宋会要辑稿》礼九之三二，第544页；〔元〕佚名撰，李之亮校点：《宋史全文》卷三二《宋理宗二》，黑龙江人民出版社2005年版，第2205页。

④ 〔宋〕潜说友：《咸淳临安志》卷一〇《行在所录·三衙·侍卫马军司》，《文渊阁四库全书》本。

⑤ 此后南宋文章当中的“三衙”，往往仅指殿、步两司。《鹤林集》卷一九《论今日未及于孝宗者六事札子》曰：“三衙之军九万九千，建康马司与屯驻大军六万九千。”参见〔宋〕吴泳：《鹤林集》卷一九，《文渊阁四库全书》本。

⑥ 〔宋〕岳珂撰，吴企明点校：《桯史》卷四《乾道受书礼》，中华书局1981年版，第45页。

在马鞍山外，余八寨尽在东城两路连秦淮一带”。当年十一月份，张松又奏：“创造寨屋二万间，计五寨，并桩管到材植物料一万间，各已圆备。”这些寨屋不仅数量庞大，而且质量也颇为优良，“寨屋稍齐整”，“马司人至新寨，无不欢喜”[①]，显非一日之功。这说明宋孝宗移屯决策筹划和形成的时间，起码要在乾道六年之前，《程史》中乾道五年（1169）的说法值得重视。至于移屯实际完成的时间，则要到乾道七年年底，张抡所撰李显忠《行状》所云李氏于乾道七年“是岁冬，以马帅移屯建康”[②]是准确的。此外，马军司移屯建康，决策出自宋孝宗，赞成其事和具体的执行者则主要为宰相虞允文，这是宋人的共同看法。《洪遵行状》即曰：“时虞丞相允文有意北征，先移屯侍卫马军。”[③]《建炎以来朝野杂记》甲集卷一八：“乾道七年春，虞忠肃为相，移骑军屯于建康。”《咸淳临安志》卷一〇亦曰：侍卫马军司“乾道七年，虞允文为相，移屯建康，以为出师之渐，号马军行司”。《文献通考》卷一五五：“七年，虞允文乞移马司于建康，以为出师之渐，乃以李显忠为都指挥使，统马军屯焉，元额三万人。”《宋史》虞氏本传：“侍卫马军司牧地旧在临安，允文谓地狭不利刍牧，请令就牧镇江，缓急用骑过江便。”[④]可见，虞氏或许还有进一步将马军司部分移向镇江的意图。

南宋以“祖宗之法”为治国根本，“祖宗之法，万世不可改易”[⑤]一类论调，在朝野上下始终是高唱入云。宋孝宗此举，打破了北宋旧制，自然有众多异议表示反对，如李心传：“乾道七年春，虞忠肃为相，移骑军屯于建康，以为出师之渐，号马军行司，论者不以为然，然上下重迁，迄不能正也。”林駉：“今祖宗成宪，万世不易。然中兴以来，殿司、步司守护王畿，马军一司，出戍金陵（畿兵马军一司，中兴以后尝出戍建康）。虽咽喉之镇，欲示威重，而根本之所，盍以权其轻重乎？”魏了翁也认为：“马司暂移建康，识者已谓不然。”[⑥]最具代表性的是

① 〔清〕徐松辑：《宋会要辑稿》兵六之二〇、二一、二二、二三，第6864～6866页。

② 〔宋〕杜大珪编：《名臣碑传琬琰之集》下卷二四《李公行状》，《文渊阁四库全书》本。

③ 〔宋〕李心传：《建炎以来系年要录》卷一九七，第3319页。

④ 〔元〕脱脱等：《宋史》卷三八三《虞允文传》，第11798页。

⑤ 〔宋〕李心传：《建炎以来系年要录》卷七七，第1261页。

⑥ 〔宋〕李心传撰，徐规点校：《建炎以来朝野杂记》甲集卷一八《三衙创军本末》，第404页；〔宋〕林駉：《古今源流至论》续集卷一《畿兵》，《文渊阁四库全书》本；〔宋〕魏了翁：《鹤山集》卷一九，《文渊阁四库全书》本。

袁说友所上的《马司归屯奏》，他认为马军司移往建康是“利一害十”，理由如下：“切见建康都统一司系是久驻于彼，近年复拨马军行司前去，亦有统帅。今都统所管之兵四万，马军所管亦三万余人，数目亦均，总司所给，尤为浩瀚”，“近闻两司各相求胜，多不相叶，至于主帅竞利纷争，下至士卒亦各相忌。臣以谓行在所去建康，止是五六日，纵有调发，亦不至甚濡滞。兼建康已有都统司，似不必更置马军。况三衙之兵，拱扆阙下，尤不宜分置他处，徒使将帅各求相胜，因事成隙，或误军政，实为未便”。因此极力建议：“欲望圣明灼见利害，特发睿旨，断令马司一军依旧归屯在所。庶几两司各尽其职，亦于护卫行阙，不戾祖宗创法之意。”①

事实上，早在移屯的过程中，不仅多数朝臣“为纷纷之论”②，当时三衙诸将帅的态度同样是暧昧不已，甚至于“三军有怨语，其后言者以此为言”③，连主管侍卫马军司公事李显忠也是长时间滞留临安，表现得相当消极。有臣僚曾批评他说：“伏睹关报，马军司中军已择十月二十日起发。今四军久在建业，而主帅尚留辇下，事体未便。伏望申谕枢机之臣，俾镌谕主帅，诫饬裨将，令以是半月之顷，一切计置起发。”④移屯完成之后，乾道八年，御史萧之敏即公开弹劾虞允文“移帝城骑兵一军于建康非是”⑤。乾道九年（1173），马军司上言：“本司云骑寨除倒塌外见在一百六间，与枢密院亲兵寨相连，铁冶岭寨除倒塌外见在三百二十八间，与步军司右军潜火寨相连，窃恐日后倒塌数多，不便，乞下逐处权行交割摊拨，付官兵居住，候本司军马回日，具申朝廷指挥施行。”⑥很显然，“付官兵居住”只是引子，希望有“本司军马回日”恐怕才是真正的目的，马军司还是倾向于回师临安。淳熙十一年（1184），名将韩世忠之子韩彦直入对，亦向宋孝宗“论三衙皆

---

① 〔宋〕袁说友：《马司归屯奏》，《全宋文》卷六二〇〇，第183～184页。

② 〔清〕徐松辑：《宋会要辑稿》兵六之二三，第6866页。《桯史》卷四《乾道受书礼》亦记：乾道五年，时任宰相的陈俊卿即极力反对，“恐召衅，执不可”。

③ 〔元〕脱脱等：《宋史》卷三八三《虞允文传》，第11798页。

④ 〔清〕徐松辑：《宋会要辑稿》兵五之二六、二七，第6852～6853页。

⑤ 〔宋〕杨万里撰，辛更儒笺校：《杨万里集笺校》卷一二〇，中华书局2007年版，第4616页。

⑥ 〔清〕徐松辑：《宋会要辑稿》兵六之二五，第6867页。

所以拱扆宸居，而司马乃远在数百里外，乞令归司”[①]；淳熙十五年（1188），敕令所删定官沈清臣仍然当面对宋孝宗说：“骑兵，天子之宿卫也，不能进取，无故而移之金陵。”[②]甚至斥其为“误国”大罪之一。在马军司移往建康的问题上，宋孝宗既不顾“祖宗之法”的束缚，又如此力排众议，无疑是非同寻常之举。《宋会要辑稿》当中所记载的宋孝宗和虞允文如下的对话，当能很好地反映出孝宗此举的意图之所在。孝宗曰：“有内侍自建康回，闻马司人至新寨，无不欢喜，皆云：‘官家爱惜士卒，它日调发，止过一水，便可接战，免得临时道涂之劳。’”虞允文奏曰：“士卒却知陛下圣意，朝臣喜为纷纷之论，使闻此言，能无愧乎？”孝宗曰：“然。”[③]显而易见，“止过一水，便可接战”，堪称一语破的的点睛之笔，当然也就是孝宗的“圣意”所在了。其他记载也有类似的表述，“乡来朝廷拨遣军马之意，不过谓一旦或有小警，便可调发”，“移骑军屯于建康，以为出师之渐”[④]。众所周知，宋孝宗“锐意恢复”“雄心远虑，无日不在中原”；虞允文则曾在采石督师击败金主完颜亮“慷慨磊落有大志”[⑤]，君臣二人皆具有恢复中原的大志。乾道年间，孝宗与虞允文具体筹划了一个两路出师、分进合击的北伐战略，其基本构想为：虞允文于川、陕西线先行出动，吸引金兵主力，宋孝宗随即亲统三衙、江上大军御驾亲征，由江淮东线北进，两路会师于中原，收复开封，然后进取两河。宋孝宗对这一方案信心十足，“决策亲征”[⑥]，并在虞允文陛辞时当面“谕以进取之方，期以某日会河南”，当虞允文忧虑“异时戒内外不相应”之时，孝宗又慷慨地表白：“若西师出而朕迟回，即朕负卿；若朕已动而卿迟回，即卿负朕。”[⑦]

建康，是虎踞龙盘的“东南形胜”之地，被公认为控扼长江和经营北方最佳

---

① 〔元〕脱脱等：《宋史》卷三六四《韩世忠传附子韩彦直传》，第11371页。

② 〔元〕佚名撰，李之亮校点：《宋史全文》卷二七下《宋孝宗八》，第1932页。

③ 〔清〕徐松辑：《宋会要辑稿》兵六之二三，第6866页。

④ 〔宋〕袁说友：《马司归屯奏》，《全宋文》卷六二〇〇，第183页；〔宋〕李心传撰，徐规点校：《建炎以来朝野杂记》甲集卷一八《三衙创军本末》，第404页。

⑤ 〔宋〕周密撰，张茂鹏点校：《齐东野语》卷三《诛韩本末》，中华书局1983年版，第51页；〔元〕脱脱等：《宋史》卷三八三《虞允文传》，第11800页。

⑥ 〔元〕脱脱等：《宋史》卷三四《孝宗二》，第654页。

⑦ 〔元〕脱脱等：《宋史》卷三八三《虞允文传》，第11799页。

的战略基地之一。高宗时，张浚曾极力主张定都建康，他认为："东南形势，莫重建康，实为中兴根本。且使人主居此，则北望中原，常怀愤惕，不敢自暇自逸。而临安僻居一隅，内则易生安肆，外则不足以号召远近，系中原之心。"①孝宗即位之初，名臣胡铨也有迁都建康的建议，他说："汉高入关中，光武守信都。大抵与人斗，不扼其亢，拊其背，不能全胜。今日大势，自淮以北，天下之亢与背也，建康则扼之拊之之地也。若进据建康，下临中原，此高、光兴王之计也。"②在抵御完颜亮南下之役中，马军司先是增援上流，后又驰援建康、镇江，战绩在宋军当中相对较好，表现出了相当的战斗力，对金兵也有一定的威慑力。

显而易见，马军司及其所辖三万大军，先期由临安前移建康，与建康都统司的四万军队组成一个强大的重兵集团，就是宋孝宗北伐战略中一个重要的组成部分。按照孝宗和虞允文本来的设想，步军司也应同时由内地移往江防前线，做好随时北进的准备，只是由于步帅王友直的消极拖延和形势的变化而未实现，"朝廷议遣马、步二司移屯重地，丞相虞允文欲先发步司，友直请以马司先。及马帅李显忠屯金陵，友直奏马军道途转徙，困毙已甚。有旨免移步司"③。遗憾的是，虞允文病死于出师之际，金国其时的统治者又是有"小尧舜"美名的金世宗，确实无机可乘，孝宗北伐的雄图最终只能是归于流产。北伐中原，尽管未能付诸实施，但马军司移屯建康，作为乾道筹划北伐期间的一项成果，就此被保留了下来。孝宗朝之后，孝宗的军政决策多被尊崇为"孝宗法度""孝宗家法"，如光宗绍熙元年（1190）专门下诏"遵孝宗典章法度"，圣旨说："恭惟寿皇圣帝临御岁久，典章法度粲若日星，合令日历所依隆兴元年六月旨挥类编成书，当遵而行之，仰称付托之意。"④宁宗嘉泰元年（1201）十一月，宰相谢深甫在讨论殿前司军务时，亦曾对宋宁宗说："孝宗家法，万世当守。"宋宁宗也表示："有坏孝宗法度，诚为

---

① 〔宋〕李心传：《建炎以来系年要录》卷一〇二，第1668页。

② 〔元〕脱脱等：《宋史》卷三七四《胡铨传》，第11583页。

③ 〔元〕脱脱等：《宋史》卷三七〇《王友直传》，第11498～11499页。马军司在移屯过程中的损失情况，《宋会要辑稿》礼六二之七七载，乾道七年七月十六日诏："马军司官兵连老小移屯建康，访闻有不伏水土身故之人，其军校请给低小，令淮西总领所将身故军校已请本月不该钱米，并免回克，仍更候展支一月。"

④ 〔宋〕佚名编，汝企和点校：《续编两朝纲目备要》卷一，中华书局1995年版，第11页。

难行。”[①]马军司移驻建康，遂得以成为南宋定制。

南宋殿、步两司并列的格局形成之后，由于殿前司的兵力高达七万三千人，为步军司二万一千人的三倍有余[②]，本已存在的殿前司一家独大的问题随即更显严重。在宋宁宗时，赵汝愚即奏请：“仍渐复马军一司，以补三衙之阙。庶几军制全复，可图久安。”[③]杨简则具体地建议说：“殿司十三军太盛，宜析小半，益以马司余卒，以备三司，则其势均，可以防后患。”[④]苏师旦也认为：“步军司人少，殿前司人多。今欲殿前司人令与步军司相等，却拨殿前司所多之人别立一军，使信臣掌之。”[⑤]杨简和苏师旦，一为赵汝愚之朋党，一为韩侂胄的心腹，政治立场是完全对立的，然而二人不约而同地提出了类似的看法，说明在这个问题上南宋朝野有着普遍的共识。

按照宋人的说法，宋孝宗本人也有将殿前司一分为二的构想，其具体思路是大幅度地扩充殿前司下辖护圣一军的兵力，以便在适当的时候，使其脱离殿前司而独立成军，与殿前司、步军司形成新的三衙鼎峙。如淳熙十二年（1185）殿中侍御史陈贾有言：“内护圣步军，至添统制三员。”[⑥]理宗时魏了翁亦有云：“至孝宗皇帝，修明称足，又为护圣一军，以寓阴相维制之意，马、步之数，通一万四千七百有奇，俾蜀帅选西兵之骁锐者，发至在所，以充其数，其虑盖甚远也。”[⑦]可见，护圣一军的兵力多达一万四千余人，约占殿前司总兵力七万三千人的五分之一强，与步军司二万一千人的兵力已比较接近，具备了独立成军的可能。此外，宋孝宗还有意识地提高此军统制官的政治地位，乾道九年七月，当宰执进呈护圣步军王世雄改除的时候，宋孝宗就表示说：“此军统制官，乃储大帅之地，

---

① 〔清〕徐松辑：《宋会要辑稿》职官三二之二〇，第3015页。

② 《建炎以来朝野杂记》甲集卷一八《乾道内外大军数》载：“殿前司七万三千人，乾道元年七月十三日降旨。马军司三万人，乾道二年正月二十六日，诏以二万八千人为额。六年正月十五日，李舜举乞增二千人。从之。步军司二万一千人，乾道二年正月二十六日降旨。”

③ 〔明〕杨士奇、黄淮等编：《历代名臣奏议》卷二四〇《任将》，《文渊阁四库全书》本。

④ 〔明〕杨士奇、黄淮等编：《历代名臣奏议》卷二四一《任将》，《文渊阁四库全书》本。

⑤ 〔元〕佚名撰，李之亮校点：《宋史全文》卷二九下《宋宁宗二》，第2067～2068页。

⑥ 〔清〕徐松辑：《宋会要辑稿》职官三二之一六，第3013页。

⑦ 〔宋〕魏了翁：《鹤山集》卷一九，《文渊阁四库全书》本。

不可不遴选其人。”[①]淳熙九年（1182）二月，殿前司的上言也提到：“护圣步军统制官，十年间易者十一，前后皆是除帅，得此军者，自谓即日超躐，不过时暂假途。”[②]但是，上述设想始终都停留在筹划的层面上，皆未能完全付诸实施。终南宋一代，殿、步两司并列京师的格局未再有改变。

二

与北宋相比，南宋三衙管军制度的另一明显变化，是主要以主管殿前司公事、主管侍卫马军司公事和主管侍卫步军司公事（简称主管某司），作为三衙长官的名号。南宋的殿帅、步帅和马帅，通常就是指三衙的主管公事。侍卫马军司在乾道七年移屯建康以后，改称马军行司，其长官也随即改称“主管侍卫马军行司公事”。南宋初年依北宋旧例，殿前副都指挥使以上出任主管公事者，还有“主管都指挥使公事”“领殿前都指挥使职事”[③]一类名号；宋孝宗淳熙之后，殿前司长官还“有权管干，有时暂照管之号”[④]；宋宁宗时，有“权殿前司事务王端理”[⑤]；南宋灭亡前夕，殿前司又有“张德为殿前都点检”[⑥]。

对南宋主要以主管某司公事为三衙长官，洪迈《容斋五笔》卷三《三衙军

---

① 〔清〕徐松辑：《宋会要辑稿》职官三二之四四，第3027页；〔元〕佚名撰，李之亮校点：《宋史全文》卷二五下《宋孝宗四》，第1766页。又，《咸淳临安志》卷一四《行在所录·禁卫兵·殿司寨》“护圣步军七寨”条有曰：“教场，在上椤木桥东，最为阔远，俗呼椤木教场，孝宗皇帝尝御阅其中。”

② 〔清〕徐松辑：《宋会要辑稿》职官三二之四六，第3028页。

③ 如《建炎以来系年要录》卷一二五载，绍兴九年正月壬辰，“杨沂中为太尉、殿前副都指挥使，主管都指挥使公事”；卷一八八载，绍兴三十一年二月癸丑，“崇信军节度使、开府仪同三司、主管侍卫步军司公事赵密领殿前都指挥使职事”。此名号实亦源自北宋。夏竦《文庄集》卷三载“侍卫亲军步军副都指挥使、建雄军节度观察留后、管勾步军都指挥使公事彭睿”，“侍卫亲军马军副都指挥使、彰德军节度观察留后、管勾马军都指挥使公事杨崇勋”。陈襄《古灵集》卷六也有“侍卫亲军步军副都指挥使、威武军节度观察留后、管勾都指挥使公事宋守约”的记载。

④ 〔元〕脱脱等：《宋史》卷一六六《职官志六·殿前司》，第3929页。

⑤ 〔宋〕刘克庄：《后村集》卷四四《玉牒初草·皇宋宁宗皇帝》，《文渊阁四库全书》本。

⑥ 〔宋〕佚名：《宋季三朝政要》卷六，《文渊阁四库全书》本。

制》的考释影响较大，他说："自南渡以后，触事草创，于是三帅之资浅者，始有主管某司公事之称。"[①]《宋史》卷一六六《职官志六·殿前司》和《文献通考》卷五八《殿前司》等皆祖述其说："初，渡江草创，三衙之制未备，稍稍招集，填置三帅，资浅者，各有主管某司公事之称。"[②]不过，《容斋随笔》《宋史》《文献通考》的上述说法，其实也颇有不准确之处：

其一，主管某司公事之称，并非南宋渡江后所首创，而是始于北宋。宋钦宗靖康元年（1126），就已有"主管侍卫马军司公事薛安""主管殿前司王宗濋""左言主管殿前司公事""管干侍卫步军司公事阎勍"[③]。更早的，如宋神宗元丰四年（1081），刘永年"主管步军都指挥使兼主管马军司"[④]，仁宗朝李昭亮"授管干殿前、马步军都指挥使公事"[⑤]。此称甚至可以追溯到宋太祖乾德四年（966），以虎捷左右厢都虞候王继勋"权侍卫步军司公事"、右金吾卫使杜审琼"权知步军司公事"[⑥]，只不过北宋更多的是使用"管勾"一词，如大中祥符三年（1010）张旻兼权管勾行在殿前副都指挥使公事；皇祐五年（1053）王凯权管勾步军司；元丰二年（1079）燕达权管勾马、步军司；元祐五年（1090）刘斌权管勾步军司，姚麟权管勾马军司等[⑦]。至于南宋舍"管勾"，取"主管"，很可能与避宋高宗赵构的名讳有关，如北宋的诸军诸司专勾司，"建炎元年避高宗御讳，改诸军、诸司审计司"[⑧]，"高宗建炎元年五月十一日，诏诸司专司、诸军专司专字下犯御名同音者，改作诸

---

① 〔宋〕洪迈撰，孔凡礼点校：《容斋随笔》，第864页。

② 〔元〕脱脱等：《宋史》卷一六六《职官志六·殿前司》，第3929页。

③ 〔宋〕李心传：《建炎以来系年要录》卷一，第13页；〔宋〕徐梦莘：《三朝北盟会编》卷三四，上海古籍出版社1987年版，第255页；〔宋〕翟汝文：《忠惠集》卷一，《文渊阁四库全书》本。

④ 〔宋〕李焘：《续资治通鉴长编》卷三一五，第7627页。

⑤ 〔宋〕何郯：《上仁宗论连姻臣僚更不得除授典掌侍卫及枢要之任》，《宋朝诸臣奏议》卷三四，第331页。

⑥ 〔清〕徐松辑：《宋会要辑稿》职官三二之二，第3006页。

⑦ 〔清〕徐松辑：《宋会要辑稿》职官四之四〇，第2456页。〔宋〕李焘：《续资治通鉴长编》卷二九八，第7257页；卷四四八，第10768页。

⑧ 〔宋〕潘自牧：《记纂渊海》卷二九《审计院》，《文渊阁四库全书》本；〔宋〕李心传：《建炎以来系年要录》卷五，第128页；〔宋〕章如愚：《群书考索》后集卷一二《官制门》，《文渊阁四库全书》本。

军诸司审计司”[①]。可见，“勾”字作为“构”字的同音字，在官名中是必须加以避讳的。

其二，主管某司公事取代都副指挥使、都虞候，和四厢都指挥使作为三衙长官名号，固然有出任者“资浅”的嫌疑，但这在南宋并不是主要问题。如成闵以太尉、庆远军节度使出任主管殿前司公事，李显忠以太尉、宁国军节度使为主管侍卫马军司公事，赵密以太尉、开府仪同三司、崇信军节度使为主管侍卫步军司公事等[②]，官阶多数都达到了正二品以上，显然就不存在着“资浅”的问题。孝宗朝郭振以侍卫步军都指挥使、奉国军节度使为主管侍卫步军司公事；宁宗朝郭杲以殿前都指挥使、武康军节度使为主管殿前司公事[③]，也同样如此。笔者认为，出现这种变化，主要的关键性原因，当是与宋代都副指挥使、都虞候和四厢都指挥使等三衙管军军职的“阶官化”趋势有关。

众所周知，宋代官制最基本的特征是官阶和差遣的分离。官阶，主要用来区别官品的高下和俸禄的多寡；差遣，则是官员所担任的实际职务。宋代的较高级文臣，往往还带有“三馆秘阁官，诸殿大学士、学士，枢密直学士（述古殿学士）、诸阁学士、直学士、待制、直阁”[④]等清高名衔，是为“职”，在官阶相同的情况下，主要由职决定地位上下[⑤]。宋代武官的官阶，据学者的研究表明：“无论新旧名号，武阶由高低几个层次组成不变：正任官、遥郡官、横行官、诸司正使、

---

① 〔清〕徐松辑：《宋会要辑稿》职官二七之六一，第2967页。具体可参见陈垣：《史讳举例》，中华书局2004年版，第126页。

② 〔元〕脱脱等：《宋史》卷三七〇《成闵传》，第11503页；卷三六七《李显忠传》，第11430页；卷三七〇《赵密传》，第11504页。《宋会要辑稿》仪制三之四九载，绍兴二十九年（1159）六月诏曰：“今后遇有任节度使充主管马、步军司公事者，令序官升压；承宣使以下，照旧例起居侍立。国朝未有节度使主管马、步司，时以赵密除太尉充马帅，令押本班稍前立，故有是诏。”可见以“资浅”故称“主管公事”主要是北宋时的情况。

③ 〔宋〕周应合：《景定建康志》卷二六，《文渊阁四库全书》本；〔元〕脱脱等：《宋史》卷三八《宁宗二》，第742页。

④ 龚延明编著：《宋代官制辞典》，第17页。

⑤ 参见邓小南：《“祖宗之法”与官僚政治制度——宋》，《中国古代官僚政治制度研究》，北京大学出版社2004年版，第266～288页；阎步克：《品位与职位：秦汉魏晋南北朝官阶制度研究》，中华书局2002年版，第50页。

诸司副使、大使臣、小使臣，以及殿侍以下无品、不系磨勘之杂阶。”[①]武官的差遣，则主要包括：路、州、县马步军总管、兵马钤辖、兵马都监、兵马监押、巡检等各级兵官，禁军军、厢、诸班直指挥使和都虞候，以及都副指挥使、都虞候、四厢都指挥使等三衙管军。

不过，三衙管军尽管都属于实职差遣的范畴，但也确实存在着向阶官转化的趋势。值得注意的一个细节是：三衙管军，宋人合称为“军职”[②]，任免则分称“带军职”“落军职”。顾名思义，很可能其本来就与文臣的“带职”在性质上存在着一定程度的相似之处。尤其是管军中的龙神卫四厢都指挥使一职，当宋真宗咸平年间侍卫马、步军二司彻底分离之后，其下辖的龙卫和神卫两军，龙卫隶属于马军司，神卫则隶属于步军司，显然无法再由一员将领来跨司统辖，龙神卫四厢都指挥使遂不可避免地转变为“无职事”“领空名”，仅作为管军地位的标志而已。至北宋中期以后，此一趋势逐渐表现得愈发明显，如王曾瑜先生在《宋朝兵制初探》中精辟地指出：“三衙军职有时也可成为武将虚衔。如宋神宗时，定州路副都总管、兼河北第一将刘永年有殿前都虞候之头衔，太原府路副都总管、兼河东第一将卢政有侍卫马军副都指挥使之头衔。”[③]朱瑞熙先生在《中国政治制度通史·宋代卷》中也认为：“神宗以后，八等高级军职有时并不实际管军，成为武将的荣衔。”[④]但应该加以注意和进行区别的是，北宋包括神宗朝在内，凡是带有三衙管军军职的武将，尽管实际出任边将，甚或终身并不入京管军，但按当时制度，却被视为管军外放任职，若有必要，他们即可随时被抽调回京，实际管军，时称“抽还供职”“赴阙供职”。以刘永年为例，其领殿前都虞候、步军副都指挥使时，实任定州路马步军副总管、兼河北第一将，实际并不管军。但在元丰四年，他即被诏“赴阙供职，主管步军都指挥使兼主管马军司”。早在刘永年之前，卢政也回京出任殿前副都指挥使[⑤]。又如刘昌祚，神宗朝“用之管军，知延州”，至哲宗即位，遂被“召入宿卫”[⑥]。又，其时三衙管军的编制严格限定为八员，而且只有出

① 龚延明编著：《宋代官制辞典》，第32页。

② 〔宋〕陈师道撰，李伟国点校：《后山谈丛》，中华书局2007年版，第59页。

③ 王曾瑜：《宋朝兵制初探》，第7页。

④ 朱瑞熙：《中国政治制度通史·宋代卷》，第552页。

⑤ 〔宋〕李焘：《续资治通鉴长编》卷三一五，第7626～7627页。

⑥ 〔宋〕李焘：《续资治通鉴长编》卷三六一，第8639页。

阙之后，方能递补。另外，正如宋徽宗朝中书舍人陈邦光所说：“管军为武臣极任，今乃不入品序，止以本官为次等。”[①]在宋徽宗朝之前，三衙都副指挥使、都虞候等显然都是“不入品序”没有品位的职事官。

真正的变化，应当是出现在宋徽宗朝后期和南宋之初。具体地说，政和四年（1114）的六月八日，宋徽宗接受了中书舍人陈邦光的建议，下令规定：“殿前都指挥使在节度使之上，殿前副都指挥使在正任（节度）观察留后之上，马军都指挥使、马军副都指挥使在正任观察使之上，殿前都虞候、马军都虞候、步军都虞候在正任防御使之上，捧日天武四厢都指挥使、龙神卫四厢都指挥使在正任团练使之上。”[②]此种叙位，应当与确定官品有关。南宋的制度，很显然就是在徽宗此令的基础之上，又进一步加以推行而已。如此一来，三衙管军就正式结束了没有“品序”的局面，与节度使等一样，都有了固定的官品，同时也就成为武官官阶的有机组成部分，使得武官官阶中最高级的正任官由六阶实际上演化为十一阶。笔者据《庆元条法事类》和《宋史·职官志》[③]制成下表（表1）：

表1 武官正任官官阶表

官职	官阶	官职	官阶
殿前都指挥使	从二品	殿前马步军都虞候	从五品
节度使	从二品	防御使	从五品
殿前副都指挥使	正四品	捧日天武、龙神卫四厢都指挥使	从五品
承宣使	正四品	团练使	从五品
马步军都、副指挥使	正五品	刺史	从五品
观察使	正五品		

① 〔清〕徐松辑：《宋会要辑稿》职官三二之七，第3009页。

② 〔清〕徐松辑：《宋会要辑稿》职官三二之七，第3009页；《宋史》卷一六六《职官志六》、《文献通考》卷五八、《记纂渊海》卷三三、《群书考索》后集卷一二、《古今事文类聚》遗集卷一〇《殿前司》等亦有相关记载，其中以《宋会要辑稿》所记最为详实。王曾瑜指出：此段文字引自《四朝史》，即自神宗以下《四朝国史·职官志》。

③ 〔宋〕谢深甫编撰，戴建国点校：《庆元条法事类》卷四《职制门一·官品杂压》，黑龙江人民出版社2002年版，第17～18页；〔元〕脱脱等：《宋史》卷一六八《职官志八·官品》，第4014～4017页。

南宋高宗、孝宗朝宿将杨沂中、王友直在三衙的升迁履历，则是两个具体的例证。笔者主要依据《宋史》两氏各本传和《宋会要辑稿》、《建炎以来系年要录》、周必大《文忠集》（卷一〇五、一〇六）中的相关资料制成杨沂中（表2）和王友直（表3）的升迁履历简表。

表2 杨沂中升迁履历简表

时间	官职	官职
绍兴五年（1135）九月	中侍大夫、保信军承宣使、带御器械	权主管殿前司公事
绍兴五年十二月	中侍大夫、保信军承宣使、带御器械	主管殿前司公事
绍兴五年十二月	中侍大夫、保信军承宣使	主管殿前司公事
绍兴六年（1136）二月	龙神卫四厢都指挥使、密州观察使	主管殿前司公事
绍兴六年十二月	殿前都虞候、保成军节度使	主管殿前司公事
绍兴九年（1139）正月	太尉、殿前副都指挥使	主管殿前都指挥使公事
绍兴十一年（1141）	检校少保、保成军节度使、开府仪同三司	领殿前都指挥使职事
绍兴十二年（1142）	少傅	领殿前都指挥使职事
绍兴二十八年（1158）	少师	领殿前都指挥使职事

表3 王友直升迁履历简表

时间	官职	官职
乾道四年（1168）	龙神卫四厢都指挥使、宜州观察使	主管侍卫步司公事
乾道七年二月	侍卫步军都指挥使、宜州观察使	主管侍卫步军司公事
乾道七年五月	侍卫步军都指挥使、宜州观察使	主管殿前司公事
乾道八年（1172）	侍卫步军都指挥使、宁武军承宣使	主管殿前司公事
乾道八年	殿前副都指挥使、宁武军承宣使	主管殿前司公事①
淳熙元年（1174）	奉国军节度使、殿前副都指挥使	
淳熙五年（1178）	奉国军节度使、殿前都指挥使	

① 《宋史》卷三七〇《王友直传》仅曰：乾道八年王友直“转承宣使，旋除殿前副都指挥使”。然《宋会要辑稿》兵六之二四载：乾道八年十月十九日“主管殿前司公事王友直言，平江府旧管本司诸军牧放战马寨屋”；兵二五之五一亦记：乾道九年六月十八日“主管殿前司公事王友直言”。足证王氏于乾道八年、九年，乃以殿前副都指挥使为主管殿前司公事，其实职皆为主管殿前司公事，《宋史》本传失载而已。乾道九年之后的情况是否同样如此，则难以准确断定，笔者倾向于认为其实职仍为主管殿前司公事。但也不能完全排除另外一种可能性，即在都副指挥使、都虞候等三衙管军整体“阶官化”的大趋势之下，也存在着个别居实职的情况，特别是殿前都副指挥使。

从表2、表3可以看出，杨沂中在主管殿前司公事任内由龙神卫四厢都指挥使迁殿前都虞候，又迁殿前副都指挥使等。王友直也是在主管侍卫步军司公事任内，由龙神卫四厢都指挥使晋升侍卫步军都指挥使；在主管殿前司公事任内，更经历了由侍卫步军都指挥使、殿前副都指挥使到殿前都指挥使数次升迁。很显然，这些升迁对于杨氏和王氏来说，皆仅具有官品和地位提高的意义[①]。再以马、步军两司为例：高宗绍兴元年（1131），辛永宗主管马军司公事，迁马军副都指挥使；孝宗朝的赵撙，乾道九年主管马军司公事，任内迁马军都指挥使；光宗朝的阎仲，绍熙三年（1192）除主管侍卫步军司公事，次年即于任内迁步军都虞候[②]；宁宗朝的夏震，开禧三年（1207）主管殿前司公事，第二年即嘉定元年（1208）也于任内迁步军副都指挥使[③]。

三衙主管公事任内的情况如上所述，非三衙主管公事所带管军军职的阶官、荣衔性质就更为明显了。以绍兴十一年五月淮南西路宣抚司诸统制官的晋升情况为例：王德升侍卫亲军马军都虞候，马立除防御使，田师中除龙神卫四厢都指挥使，刘宝、李横各除正任观察使，张渊除正任团练使，唐汴与转武功大夫，王友与转右武大夫。[④]王德诸人的实职，皆为宣抚司的统制官，此次皆为晋升其官阶。由此可见，侍卫马军都虞候、龙神卫四厢都指挥使等确已成为与右武大夫、武功大夫、团练使、观察使、防御使等相提并论的武官官阶的组成部分。又如绍兴十二年，镇江都统制解元、鄂州都统制田师中、右护军都统制吴璘，分兼殿前、马军和步军都虞候[⑤]。绍兴十五年（1145），福建路马步军副都总管王贵带侍卫步军副都指挥使，李心传注考证曰："是时步帅乃韩世良，后改用赵密，盖贵止是带军

---

① 《建炎以来系年要录》卷四八载，绍兴元年十月己巳郭仲荀"复护国军承宣使、侍（卫）亲军步军都指挥使，主管殿前司公事"亦为一例。

② 〔宋〕徐梦莘：《三朝北盟会编》卷一四九，第1083页；〔宋〕周应合：《景定建康志》卷二六，《文渊阁四库全书》本。

③ 〔宋〕楼钥：《攻媿集》卷四四，《文渊阁四库全书》本。

④ 〔清〕徐松辑：《宋会要辑稿》兵一八之三九、四〇，第7077页。

⑤ 〔宋〕李心传：《建炎以来系年要录》卷一四四，第2312、2315页；卷一四五，第2333页。又，同书卷一四四"绍兴十二年三月丁未"条记关师古亦带"侍卫马军都虞候"，则其时王德、解元、关师古三人同时带侍卫马军都虞候。

职，克误以为步帅也。”[①]乾道三年（1167），郭振由侍卫亲军步军都指挥使、奉国军节度使、主管侍卫步军司公事改任建康都统制，后于建康都统制任内转侍卫亲军马军都指挥使[②]。

值得重视的是，在南宋武官当中流行着“管军八位，自比政府八公”[③]的看法。所谓“政府八公”，指的是宰相、重臣所领的太师、太傅、太保、太尉、司徒、司空等高级荣衔，“其特拜者，不预政事”[④]。将“管军八位”比作“政府八公”，非常清楚地表明：都副指挥使、都虞候等三衙管军名号，在南宋转化为武臣阶官，已经是南宋军中的共识。《庆元条法事类》中有如下一条规定：“诸文臣太中大夫、武臣见（现）任管军步军副都指挥使以上丁忧，虽有宅舍而不可居者，许借空闲官舍居止。丁忧服阕日拘收。”[⑤]太中大夫，宋初为文散官二十九阶之第八阶，从四品上；元丰改制为寄禄官三十阶之第十一阶，由左右谏议大夫改，为从四品的寄禄官。将步军副都指挥使与太中大夫相对应、比照，这说明：南宋在制度上，步军副都指挥使等三衙管军名号，也被规定为与太中大夫等文臣寄禄官性质基本相同，确乎成为武官的官阶。又，淳熙十二年，枢密使周必大在马帅雷世贤以年资拟由侍卫马军都虞候迁马军副都指挥使的时候，就径直将其与领“遥刺”同称为“转官”[⑥]，而转官在宋代官制术语当中，主要指的就是官阶升迁，尤其是“武官阶升迁”[⑦]，足证都虞候、都副指挥使等皆已归属于武臣阶官的范畴。另外，北宋三衙同级管军职位，以步军、马军、殿前为序来区别高下，严格依次晋升，而南宋的《职制令》在乾道七年正式删去了步军都指挥使在马军都指挥使之下的规定[⑧]，因为在南宋二者的意义都仅限于正五品官的官阶，自然不必再有职位高下区别的必要。

---

① 〔宋〕李心传：《建炎以来系年要录》卷一五三，第2471页。

② 〔宋〕周应合：《景定建康志》卷二六，《文渊阁四库全书》本。

③ 〔宋〕李焘：《续资治通鉴长编》卷一二九，第3061页。

④ 〔元〕马端临：《文献通考》卷四八，第444页。

⑤ 〔宋〕谢深甫编撰，戴建国点校：《庆元条法事类》卷七七《服制门·丁忧服阕》引《服制令》，第830页。

⑥ 〔宋〕周必大：《文忠集》卷一四九《乞与雷世贤转官》，《文渊阁四库全书》本。

⑦ 龚延明编著：《宋代官制辞典》，第651页。

⑧ 〔清〕徐松辑：《宋会要辑稿》仪制三之五三，第1898页。

与三衙管军的阶官化相辅相成，南宋初年管军的滥授十分普遍，如绍兴十年（1140）闰六月五日，宋廷即于同一天诏川陕三将皆加步军都虞候，“彰武军承宣使、永兴军路经略安抚使郭浩加奉国军节度使、侍卫步军都虞候；武康军承宣使、利州路安抚使杨政加武当军节度使、侍卫步军都虞候；定国军承宣使、秦凤路经略安抚使吴璘加镇西军节度使、侍卫步军都虞候”①；绍兴十一年五月，先是“御前统制、昭信军承宣使王胜、江州观察使刘宝，并加龙神卫四厢都指挥使”，紧接着田师中、马立也“并充龙神卫四厢都指挥使”②。

阎步克先生在讨论“品位分类”的特点时，曾举军衔制为例，认为：“军衔与军职分离为二：上将、中校、少尉之类军衔是从属个人的品位，师长、团长、连长等军职才是系以权责的职位。”③若以此来考察都副指挥使、都虞候、四厢都指挥使等宋代三衙管军，我们可以得出如下结论：在北宋它们主要属于“系以权责”的“职位”，在南宋则成为较典型的“从属个人”的“品位”，基本类同于军衔。正因为如此，南宋改以主管某司公事作为三衙长官的名号，这才既很有必要，亦水到渠成。主管某司公事，显然属于纯粹的“军职”职位，无官品，其品位主要由所带的都副指挥使、都虞候、四厢都指挥使或节度使、承宣使等正任、横行等官阶来决定④。

三

按照宋代制度，三衙管军须由三省、枢密院同除，宰相发挥主导作用，王安石曾有言：“若除管军，自系朝廷拔擢。”朝廷，“夫三省、密院，是之谓朝

① 〔宋〕徐梦莘：《三朝北盟会编》卷二〇二，第1457页。

② 〔宋〕李心传：《建炎以来系年要录》卷一四〇，第2250、2252页。

③ 阎步克：《品位与职位：秦汉魏晋南北朝官阶制度研究》，第8页。

④ 《宋会要辑稿》仪制三之四九记绍兴二十九年六月诏曰：“今后遇有任节度使充主管马、步军司公事者，令序官升压；承宣使以下，照旧例起居侍立。”仪制三之五三载：“今后马、步军帅前后殿起居，于本班前立、侍立、赐茶，依官序。”《建炎以来系年要录》卷四一载，绍兴元年正月癸卯，“中侍大夫、本国军承宣使、带御器械、权同主管殿前司公事李质卒。故事：横行不赠官。以质当苗、刘之乱，与在外将帅协谋保护两宫，特赠镇东军节度使，赐其家帛三百匹，钱五百千”。可见，按制度李氏的葬仪规格本应由其所带的横行官决定。

廷，陛下与谋议大事，出命之所也”[①]。宋高宗建炎元年（1127）十二月，下诏规定：“自今除授并行遣有罪之人，并须经由三省及宰执进呈，方得施行。”[②]绍兴三年（1133），宋高宗又向大臣表示说：“宰相进退百官。”[③]宋孝宗乾道五年，陈亮上书说：“自祖宗以来，军国大事，三省议定，面奏获旨。差除，即以熟状进入，获可，始下中书造命，门下审读。”[④]淳熙二年（1175）正月，宋孝宗更专门下诏重申：“三衙管军人，依旧堂除。”[⑤]堂除，按照《朝野类要》的解释就是：“都堂奏差者也。武臣即经密院专差员阙，则曰枢密院札子，或枢密院奏云云。”[⑥]更为关键的是，正如《宋史·职官志》所云：“建炎初，置御营司，以宰相为之使。四年，罢，以其事归枢密院机速房，命宰相范宗尹兼知枢密院。绍兴七年诏：‘枢密，本兵之地，事权宜重。可依故事置枢密使，以宰相张浚兼之。’又诏立班序立依宰相例。其后或兼或否。至开禧，以宰臣兼使，遂为永制。”[⑦]南宋宰相多兼任枢密使[⑧]，当然在制度上较北宋更具掌控三衙管军选任的权力。

绍兴五年至绍兴七年，在不到两年的时间之内，解潜和刘锜两人在三衙走马灯似地频繁起落，就是一个绝好的例证。综合《建炎以来系年要录》《三朝北盟会

---

① 〔宋〕李焘：《续资治通鉴长编》卷二三五，第5705页；〔宋〕余应求：《上钦宗论御笔中旨》，《宋朝诸臣奏议》卷二三，第233页。文天祥《文山集》卷三《对策·御试策一道》亦曰：“三省、枢密，谓之朝廷，天子所与谋大政、出大令之地也。”

② 〔宋〕李心传：《建炎以来系年要录》卷一一，第251页；又《续资治通鉴长编》卷三六三载：“夫百官差除，从祖宗以来，中书、门下省同共进拟。”

③ 〔宋〕李心传：《建炎以来系年要录》卷一二七，第2065页。

④ 〔宋〕陈亮撰，邓广铭点校：《陈亮集》卷二《中兴论·论执要之道》，《邓广铭全集》第5卷，河北教育出版社2005年版，第22页。

⑤ 〔清〕徐松辑：《宋会要辑稿》职官三二之一三，第3012页。

⑥ 〔宋〕赵升编，王瑞来点校：《朝野类要》卷三《差除·堂除》，中华书局2007年版，第68页。《宋会要辑稿》职官六之一四载：枢密院吏房职掌“应武臣差除，三衙管军、诸路大帅、兵官、军职除罢”。

⑦ 〔元〕脱脱等：《宋史》卷一六二《职官志二》，第3800～3801页；又见《文献通考》卷五八，第524页。

⑧ 诸葛忆兵《宋代宰辅制度研究》根据《宋宰辅编年录》统计说：“南宋宰相60位，其中有48位曾兼御营使、知枢密院事、枢密使等职务，只有12位不曾兼军政要职。”并进而认为：“南宋时期，多数时间枢密院要秉承宰相的旨意行事，宰相最终将枢密院置于自己的领导之下。”参见诸葛忆兵：《宋代宰辅制度研究》，第231、236页。

编》及《宋史》纪传等的相关记载：赵鼎是在绍兴四年底拜相，次年三月遂以解潜主管侍卫马军司公事，并历兼主管侍卫步军司、殿前司公事。绍兴六年十二月，赵鼎罢，张浚拜首相，紧接着解潜就于绍兴七年正月被张浚罢职，改由刘锜出任主管侍卫马军司公事，并兼殿前、步军司公事。然而，当年九月张浚罢相、赵鼎复相之后，解潜在十二月即东山再起主管侍卫步军司公事，并在两天后兼权马军司公事，刘锜则被外放。

很显然，解潜和刘锜两位三衙管军，是同赵鼎和张浚两位宰相共同进退的，绍兴五年“三月乙亥，赵鼎荐荆南镇抚使解潜，召为主管马军司公事”，“赵鼎为相，荐其材，召为主管侍卫马军司”；绍兴七年“宰相张浚罢潜提举江州太平观，以其兵隶刘锜。赵鼎再相，复招为主管侍卫步军司”[①]。其中的原因，主要就在于：解潜是赵鼎的故交，赵鼎早年曾在解潜幕府中任职，两人关系莫逆，“先是，解潜提兵解围太原也，赵鼎尝居其幕中主事”；“靖康中，潜副李纲，宣抚河东。鼎在纲幕中与潜有旧，至是引用之”；“靖康中，潜为河东制置副使，辟赵鼎干当公事，故鼎荐用之”；“解潜乃赵鼎所厚，其两除管军，皆随鼎进退”[②]。绍兴八年（1138）底赵鼎再度罢相，解潜随即“坐鼎客”，于第二年正月被解除主管侍卫马军司公事军职，外放福建路马步军副总管。刘锜则是深受张浚的赏识，张浚拜相后遂大力提携其为管军，“张浚屡荐锜兼文武两器，真大将才。至是，行在平江府，会侍卫马军司解潜与沿边制置副使王彦两军喧争于行宫门前，遂两罢之，并其兵付锜，仍除锜主管侍卫马军司公事”[③]，“锜本晚出，公（张浚）一见关陕，奇之，即付以事任，锜亦感慨自立。公归，荐之上，谓锜才识，诸将莫及。而一时辈流，疾其才能出己右，百计沮遏。公既平湖寇，即荐知岳州。已而召赴行在，左右扶持，付以王彦军，且擢为骑帅”[④]。刘锜此后一直被公认为张浚的亲信，以至于时人将

① 〔宋〕熊克著，顾吉辰等点校：《中兴小纪》卷一八，福建人民出版社1985年版，第224页；〔宋〕徐梦莘：《三朝北盟会编》卷一六八，第1217页。

② 〔宋〕徐梦莘：《三朝北盟会编》卷一六八，第1217页；〔宋〕熊克著，顾吉辰等点校：《中兴小纪》卷一八，第224页。〔宋〕李心传：《建炎以来系年要录》卷一一七，第1890页；又同书卷一五一记御史中丞李文会言：解潜“本赵鼎之客”。

③ 〔宋〕徐梦莘：《三朝北盟会编》卷一七七，第1280页。

④ 〔宋〕杜大珪编：《名臣碑传琬琰之集》中卷五五《张忠献公浚行状》，《文渊阁四库全书》本。章颖《宋朝南渡十将传》卷一《刘锜·论曰》与其略同。

“张德远当自枢府再相”和“刘信叔当总大兵捍边”[①]联系在一起。绍兴七年底，曾有臣僚向宋高宗上书说：“陛下自即位以来，所任宰执，至于十八九，当时除命一下，所谓宰执亲戚、故旧者，不问贤否，类皆鼓箧而进；其罢也，则所谓亲戚、故旧者，亦皆敛服而退。”[②]其时三衙管军的任免，显然同样是如此。

奸相秦桧为了勾结张俊，共同陷害岳飞，开出的价码之一就是由张俊出任枢密使并“专主武臣差注”[③]。这当然是秦桧的空头支票，但也恰恰从反面印证了三衙管军等高级武臣的选任本须经由三省、枢密院共同拟定，而宰相发挥主导作用。事实上，在秦桧当政的十余年间，“中外大权，尽归于桧，非桧亲党及昏庸谀佞者，则不得仕宦”，“其任将帅，必选驽才”[④]，将帅选任大权，在相当程度上操控于其手中。如王玮领龙神卫四厢都指挥使，原因就是“秦桧之留守临安也，玮为留守司统制，故荐对而命之”[⑤]。反之，领龙神卫四厢都指挥使的名将李显忠，就因为上恢复中原之策于朝廷，“秦桧怒”，遂被“落军职”[⑥]。又，参知政事余尧弼本属秦桧一党，但因为“交通三衙，结诸州将”[⑦]，遂被秦桧嗾使死党弹劾而罢职，可见秦桧对兵权的重视，不容他人妄有染指。秦桧之后为相的汤思退，权势自然无法与秦氏相提并论，但依然有能力“受三衙之馈”，“刘宝之罢兵柄，以迫于众

① 〔宋〕陆游撰，李剑雄、刘德权点校：《老学庵笔记》卷二，中华书局1979年版，第16页。

② 〔宋〕徐梦莘：《三朝北盟会编》卷一八〇，第1302页。高宗之后的南宋各朝同样是如此，《续编两朝纲目备要》卷一“光宗绍熙元年五月”条即记刘光祖有言：“近岁一宰相去位，所引之士斥逐殆尽，班列为之一空。”

③ 〔宋〕徐梦莘：《三朝北盟会编》卷二二〇，第1584页。

④ 〔宋〕李心传：《建炎以来系年要录》卷一六九，第2771～2772页。

⑤ 〔宋〕李心传：《建炎以来系年要录》卷一五六，第2541页；同卷“绍兴十七年十一月戊辰”条亦记：敦武郎金鼐以随殿前司游奕军统制成闵捕福建盗贼功进一官，实因其“以赀授官，为秦桧看阁子，故亦迁焉”。

⑥ 〔宋〕李心传：《建炎以来系年要录》卷一五七，第2557页。

⑦ 〔宋〕李心传：《建炎以来系年要录》卷一六二，第2647页。宋王楙《野客丛书》附录《野老记闻》有云：“秦相桧自遭施全见刺之后，常独处一阁，虽奴仆，非命不敢辄入。季年违豫，三衙杨存中、成闵、赵密往问疾，召入室中，款语久之，言及近日表勋酒颇佳。表勋，赐酒名也。各赠两器，皆降阶谢。复坐，顾无仆从，自携出室。亦见驾驭之术。”虽然不能据此断定秦桧与杨存中等三衙管军关系暧昧，然秦氏具有“驾驭”三衙管军的权力和手段当无可疑，真正“交通三衙”的，当正是秦桧本人。

议，而思退先与之通书，若不得已；刘锜之召为管军，公议惟允，而思退密使人迎谒于前路，欲收其恩”[①]。

宋孝宗朝，宰相虞允文也是“注意将才，偏裨行伍，寸长必录。延见慰荐，人人得其欢心”[②]，名将李显忠能够再度出任主管侍卫马军司公事，就是因为两人曾于前线共抗金兵，虞允文十分赏识他的军事才干，专门在乾道三年（1167）向孝宗上表推荐。乾道五年，虞允文拜相之后，李显忠遂在第二年被起用。又如，淳熙十年（1183）“步帅未见其人”，宰执周必大即推荐郭钧“所有步司，却欲召用郭钧，盖钧之所长，能以公心抚士卒”[③]，郭钧随即被任用为权主管侍卫步军司职事。宋光宗朝的情况也是如此，宁宗时任中书舍人的陈傅良曾谈道：光宗“管军臣僚及沿边帅守，不以为御前差遣，皆从三省降诏除授，此四可法也”[④]。

南宋光宗以后数朝，朝廷大权相继为权相韩侂胄、史弥远和贾似道所掌握，三衙管军的选任当然也主要由其所操控。韩侂胄揽权的宁宗朝，吴曦为殿帅，王处久为马帅，就是因为前者是韩氏的故交，“韩侂胄未遇，率从吴曦假贷，或又因之以进，假殿帅以酬私恩”[⑤]；后者则是韩氏的姻亲，王处久“初经镌谪，以韩侂胄姻亲，遂得叙用，昨掌步旅”；“以侂胄姻娅，躐司禁旅，同恶相济”[⑥]。郭倪也是“迎合侂胄，窃据兵权”[⑦]，遂位至主管侍卫马军司公事、殿前副都指挥使等高位。夏震以殿前司中军统制权主管殿前司公事，同样是“侂胄命摄殿岩”[⑧]。韩侂胄的心腹智囊苏师旦更是狐假虎威，公开地出卖管军军职，“既为侂胄所亲信，遂招权纳贿，其门如市。自三衙以至江上诸帅，皆立定价，多至数十万缗，少亦

---

① 〔宋〕李心传：《建炎以来系年要录》卷一八七，第3124、3125页。

② 〔宋〕杨万里撰，辛更儒笺校：《杨万里集笺校》卷一二〇，第4617页。

③ 〔宋〕周必大：《文忠集》卷一六四，《文渊阁四库全书》本。

④ 〔宋〕陈傅良：《止斋集》卷二六《中书舍人供职后初对札子》，《文渊阁四库全书》本。

⑤ 〔宋〕魏了翁：《鹤山集》卷一八，《文渊阁四库全书》本。

⑥ 〔清〕徐松辑：《宋会要辑稿》职官七四之三九、四四，第4070、4072页。

⑦ 〔清〕徐松辑：《宋会要辑稿》职官七四之二六，第4063页。

⑧ 〔宋〕佚名编，汝企和点校：《续编两朝纲目备要》卷一〇，第186页。正因为如此，夏震虽然反戈一击，在诛杀韩侂胄中作用至为关键，但仍为史弥远所深忌。叶绍翁《四朝闻见录》戊集《满潮都是贼》条即曰：夏震“史恶之，旋以疽发于背而死于殿司”，则夏氏显未得善终。

不下十万”[①]。时任主管侍卫马军司公事、开禧北伐中的败军之将李汝翼，在军中就有“李草鞋”之号，因为他“尝为九江帅，刻剥无艺，军士甚贫者，日课履一双，军中号为‘李草鞋’。其迁马帅也，船发琵琶亭，涂人咸诟而提击之。既败，犹取马司五万缗归其家，焚其籍”[②]。显而易见，李氏的马帅职位，就是靠行贿韩侂胄而得。武学生华岳曾愤慨地上书宋宁宗说：众将“爽、奕、汝翼诸李之贪懦无谋，倪、僎、倬、杲诸郭之膏粱无用，诸吴之恃宠僭专，诸彭之庸孱不肖，皇甫斌、魏友谅、毛致通、秦世辅之雕瘵军心、疮痍士气，以致陈孝庆、夏兴祖、商荣、田俊迈之徒，皆以一卒之材，各得把麾专制。平日剜膏刻血，包苴侂胄以致通显，饥寒之士咸愿食其肉而不可得”[③]。流风之下，连武状元周虎在嘉定元年以血战和州的战功为主管马军司公事，也被言者“以为韩党”[④]。

史弥远自宁宗嘉定元年（1208）至理宗绍定六年（1233），当政长达二十余年之久，时人的说法是：“当史丞相弥远用事，选人改官，多出其门。”[⑤]其实何止选人，“军旅将校”同样是“惟知有史氏”[⑥]。时人吴潜就曾写信建议史弥远“用良将”，他说：“某泛观殿、步帅而下，以至诸军制、领，皆非智勇，临难不二之义。又多掊克，不得士心，设有变故，彼且不能自保，何暇为君相计？区区之愚，欲望丞相，亟于京、淮、江、池诸军偏裨间，收拾良将十数辈，分置殿、步司，厚加恩遇，以为缓急之备。此等人物，某粗知其一二，如丞相采用鄙言，续当以其名闻，惟丞相念之。”[⑦]从中不难看出，三衙的人事安排权显然被操控于史氏一人之手。其时的三衙管军，也确乎多为史氏一手提拔的走卒。以殿前司为例：彭辂得为殿帅，就是依仗向史弥远重金行贿和阿谀奉承，“彭辂遣刘琸以故相生日之馈入都，会相以母忧去，琸敏于转移，易为赙赠。吊问既速，赙赠亦厚，琸又矫词，

---

① 〔宋〕叶绍翁撰，沈锡麟、冯惠民点校：《四朝闻见录》戊集《臣寮雷孝友上言》，中华书局1989年版，第170页。

② 〔宋〕岳珂撰，吴企明点校：《桯史》卷一四《二将失律》，第167～168页。

③ 〔元〕脱脱等：《宋史》卷四五五《忠义十・华岳》，第13376页；〔宋〕华岳：《翠微南征录》卷一《开禧元年四月二十七日上皇帝书》，《文渊阁四库全书》本。

④ 〔宋〕叶绍翁撰，沈锡麟、冯惠民点校：《四朝闻见录》戊集《周虎》，第164页。

⑤ 〔宋〕周密撰，张茂鹏点校：《齐东野语》卷一三《优语》，第245页。

⑥ 〔元〕佚名撰，李之亮校点：《宋史全文》卷三三《宋理宗三》，第2259页。

⑦ 〔宋〕吴潜：《履斋遗稿》卷四《上史相书》，《文渊阁四库全书》本。

直谓辂遣令听役受事，于是步随故相，往来山中，供土木之功。辂之领岩卫，琸之为将帅，实基于此”①。故相，指的就是史弥远，《宋史》其本传有云：“嘉定元年，迁知枢密院事，进奉化郡侯兼参知政事，拜右丞相兼枢密使兼太子少傅，进开国公。丁母忧，归治葬。”②刘琸在嘉定七年（1214）也被史弥远提升为主管侍卫马军司公事③。另一殿帅冯榯，本为败军之将，但就是因为甘当史氏的“爪牙”，“冯榯，其爪牙也。弥远之欲行某事，害某人，则此数人者相与谋之”④，并定期地行重贿，竟也被史弥远提拔为殿帅，史氏“用偾军之冯榯，则物论莫不惊怪。盖奴才又下于辂，但能刻剥将士，以供苞苴，岁时馈献各有常，知有冰山可倚耳，不恤其他”⑤。绍定四年（1231），临安城突发大火灾，冯榯率兵全力保护史氏私宅，竟任由赵宋太庙在烈火中化为灰烬，时人遂赋诗嘲讽他说：“殿前将军猛如虎，救得汾阳令公府。祖宗神灵飞上天，可怜九庙成焦土。”⑥三衙管军，“大抵庆元以来之所用，皆报私恩，固权势；嘉定以来之所用，皆以供厮役，征贿赂”⑦。这是魏了翁对宁宗朝和理宗朝三衙管军选任的评价，堪称一针见血的定评。

南宋末期，则是贾似道独揽选将大权，“贾似道请出督，而又阴嗾台臣以留之，实无意于出也，乃以范文虎为殿帅，孙虎臣为步帅”⑧。吕文德出任主管马军行司公事，主要原因也是“吕文德谄似道”⑨。位至殿帅的韩震和范文虎更被公认为贾氏的死党，“韩震者，蜀将韩宣之子，为贾似道腹心”⑩，贾似道出师抗元时“以所亲信韩震总禁兵”，“且留其二子于震家”⑪；兵败之后，似道“又手批谕殿帅韩

① 〔宋〕魏了翁：《鹤山集》卷一八《应诏封事》，《文渊阁四库全书》本。

② 〔元〕脱脱等：《宋史》卷四一四《史弥远传》，第12417页。

③ 〔宋〕周应合：《景定建康志》卷二六，《文渊阁四库全书》本。

④ 〔元〕脱脱等：《宋史》卷四五五《忠义十・邓若水》，第13380页。

⑤ 〔宋〕魏了翁：《鹤山集》卷一八《应诏封事》，《文渊阁四库全书》本。

⑥ 〔宋〕罗大经撰，王瑞来点校：《鹤林玉露》丙编卷二《辛卯火》，中华书局1983年版，第265页。

⑦ 〔宋〕魏了翁：《鹤山集》卷一八《应诏封事》，《文渊阁四库全书》本。

⑧ 〔宋〕刘一清：《钱塘遗事》卷六《贾相出督》，《文渊阁四库全书》本。

⑨ 〔元〕脱脱等：《宋史》卷四七四《奸臣四・贾似道》，第13781页。

⑩ 〔明〕王鏊：《姑苏志》卷六〇《杂事》，《文渊阁四库全书》本。

⑪ 〔元〕脱脱等：《宋史》卷四一八《陈宜中传》，第12530页；〔宋〕周密撰，吴企明点校：《癸辛杂识》前集《施行韩震》，中华书局1988年版，第52页。

震，命之促三宫渡海”，韩震也“恃似道跋扈不法”，扬言“三宫不动，但殿司山上发土炮入皇城，警以虏至，三宫可迁驾矣”[①]。所以当朝臣们欲罢黜贾似道之时，首先就是将韩震处死。范文虎则被贾似道派驻安庆，因为“贾似道出师，谋入安庆山城开都督府”[②]，甚至在范文虎已经降元之后，贾似道仍为其开脱，上奏说“文虎为赵缙所愤激而以安庆叛”[③]。双方关系的密切不难想象。

四

君主周围的宦官、佞幸群体干预三衙管军除授的问题，在南宋同样长期存在。宋高宗即位伊始，蓝珪、康履等康王府诸宦官即肆意揽权，干预军政，“时入内内侍省押班康履以藩邸旧恩用事，颇忽诸将，诸将多奉之，而台谏无敢言者”[④]，“履尤妄作威福，大将如刘光世等多曲意事之”[⑤]，直接引发了建炎三年（1129）三月的苗傅、刘正彦兵变。兵变当中，苗傅曾当众厉声斥责宋高宗说：“陛下信任中官，赏罚不公，军士有功不赏，曲法不端，内侍所主，乃得好官。黄潜善、汪伯彦误国如此，犹未远窜；王渊遇贼不战，首先过江，止因结康履，却除为枢密使。”[⑥]这番话可以说是击中了宋高宗纵容宦官的要害。兵变平息之后，宋高宗随即下诏：“自崇宁以来，内侍用事，循习至今，理宜痛革，自今内侍不许与主兵官交通，假贷馈遗，及干预朝政。如违，并行军法。”[⑦]但事实是，“傅等诛，赠履官，谥荣节，召珪等还”，“中官复召，其党与相贺，气焰益张，中外切齿”[⑧]，蓝珪、蓝安石、康谞、陈永锡、冯益、张去为、陈腆等一大批宦官先后得宠揽权。

众将交结宦官以求晋升、保位，在高宗朝可谓司空见惯，王瓔“平日专事交结”[⑨]，虽屡战屡败，仍官至主管侍卫马军司公事；殿前都虞候、鄂州驻扎御前诸军

① 〔宋〕郑思肖：《大义略叙上》，《全宋文》卷八三三六，第75页。
② 〔宋〕郑思肖：《大义略叙上》，《全宋文》卷八三三六，第74页。
③ 〔宋〕刘一清：《钱塘遗事》卷七《下安庆》，《文渊阁四库全书》本。
④ 〔宋〕李心传：《建炎以来系年要录》卷一〇，第236页。
⑤ 〔元〕脱脱等：《宋史》卷四六九《宦者四》，第13668页。
⑥ 〔宋〕徐梦莘：《三朝北盟会编》卷一二七，第924页。
⑦ 〔宋〕李心传：《建炎以来系年要录》卷二二，第473页。
⑧ 〔元〕脱脱等：《宋史》卷四六九《宦者四》，第13669页。
⑨ 〔清〕徐松辑：《宋会要辑稿》职官七〇之一六，第3952页。

都统制田师中，“专务结托内侍，以为内助，故能久其权”[①]；主管侍卫马军司公事成闵，在抵抗完颜亮南侵一役中本来是有过无功，但因向内侍们行重贿，“左正言刘度劾之，犹超拜太尉、主管殿前司公事”[②]。侍卫步军司的统领张守忠，也曾向宦官郑开行贿，“守忠与开交通，而开受守忠赂遗也”[③]。领殿前都指挥使职事的杨存中更是“黩货无厌，交结中外”，“内结阉寺”，素有“髯阉”[④]之号。秘书省校书郎王十朋就向高宗控告说：“迩者众口籍籍，谓权虽归于陛下，政复出于多门，是一秦桧死，百秦桧生也。其间最甚者，如三衙管军辈与北司深文（交）固结，盗陛下之大权，养成跋扈之势，不可制遏。”[⑤]秦桧死后，宋高宗还曾在三衙、诸军专设由宦官充任的承受一职，“时诸军帅皆以宦官充承受”[⑥]，宦官干预军政、“三衙交结中官”的问题，遂愈演愈烈，时任中书舍人的虞允文就批评高宗说：“秦桧盗权十有八年，桧死，权归陛下。迩来三衙交结中官，宣和、明受厥鉴未远。”史载，宋高宗“大悟，立罢之”[⑦]。

宋高宗的佞幸医师王继先，素与奸相秦桧、宦官陈腆等互相勾结，具有左右宋高宗、决定将帅任免的影响力，“其子安道及亲戚郭思仁、张球等为兵官”。宋高宗曾公开表示：“桧，国之司命；继先，朕之司命。”[⑧]众将遂纷纷拜倒在他的门

---

① 〔宋〕徐梦莘：《三朝北盟会编》卷二〇八，第1500页。

② 〔元〕脱脱等：《宋史》卷三七〇《成闵传》，第11503页。

③ 〔宋〕李心传：《建炎以来系年要录》卷一五〇，第2417页。

④ 〔宋〕王十朋：《梅溪集·奏议》卷三《论用兵事宜札子》，《文渊阁四库全书》本；〔宋〕熊克著，顾吉辰等点校：《中兴小纪》卷三九，第472～473页；〔元〕脱脱等：《宋史》卷三八四《汪澈传》，第11814页。《癸辛杂识》别集上《髯阉》曰：“《周益公日记》云：‘杨存中人号为髯阉，以其多髯而善逢迎也。’《王梅溪集》载刘共甫云：‘范伯达尝目存中为髯阉，谓形则髯，其所为则阉也。’”

⑤ 〔宋〕王十朋：《梅溪集·奏议》卷一《轮对札子三首·第二首》，《文渊阁四库全书》本。按：中华书局1956年版《建炎以来系年要录》卷一八六“绍兴三十年九月壬寅”条大部及其下十月份记事全部散佚，仅标“以下原缺”，当据四库本补足。

⑥ 〔宋〕杨万里撰，辛更儒笺校：《杨万里集笺校》卷一二〇，第4606页。

⑦ 〔元〕脱脱等：《宋史》卷三八三《虞允文传》，第11791～11792页。

⑧ 〔宋〕李心传：《建炎以来系年要录》卷一六九，第2772页；〔宋〕徐梦莘：《三朝北盟会编》卷二三〇，第1657页；〔宋〕叶绍翁撰，沈锡麟、冯惠民点校：《四朝闻见录》乙集《秦桧王继先》，第58页。王继先事，参看王曾瑜：《宋高宗》，第184～186页。

下，“继先遭遇冠绝人臣，诸大帅承顺下风，莫敢少忤，其权势与秦桧埒。桧使其夫人诣之，叙拜兄弟，表里引援”；“当其盛时，势焰与桧挈大，张去为而下不论也。诸大帅率相与父事”[①]。龙神卫四厢都指挥使、池州太平州驻扎御前诸军都统制王进，就是“不恤士卒，唯厚结王继先及诸内侍，以久其权，士卒皆不喜之”，甚至于连名将韩世忠，也很不光彩地令部将王胜拜王继先为父，“继先见上，言胜可大用”，王胜遂得为镇江府驻扎御前诸军都统制的要职。如此丑剧，竟然是“闻者争效，不以为怪”[②]。

宋孝宗朝此类的问题同样严重，如乾道初年，步军司前军都统制戚方晋升主管侍卫马军司公事，这是宋孝宗亲政后对三衙较早的人事调整，宋孝宗曾对臣僚说：“戚方，朕初极委任之，至加以旄钺。”[③]但是，戚方之所以能够得遇孝宗如此，真正的关键因素却在于“内臣中有主方者”，特别是他以重金交结的宦官陈瑶和李宗回[④]。戚方其人，出身叛军，又无像样战功，他能够官运亨通，惯用的诀窍就是“剥军士，结宦官”[⑤]。在宋高宗朝，戚方就是以重金贿赂宦官，“方自到行在，日与中贵人蒲博，不胜，取黑漆如马蹄者，用炭火熁去漆，乃黄金也，以偿博负，每一博不下数枚，于是方已受正使矣”[⑥]，以至于时人为之语曰：“要高官，受招安；欲待富，须胡做。”孝宗初，戚方结交陈瑶和李宗回而晋升主管侍卫马军司公事，显然是他故伎重演。不过，陈、李二人仅是当时宦官中的小角色，宋孝宗一朝得宠和揽权的大宦官，主要有陈源和甘昪，特别是后者，史称其“用事二十年，招权市贿”[⑦]，“诸将差除，多出此人之手”[⑧]，甚至敢于卖官鬻爵，三衙管

① 〔元〕脱脱等：《宋史》卷四七〇《佞幸传·王继先》，第13687页；〔宋〕岳珂撰，吴企明点校：《桯史》卷九《黑虎王医师》，第108页。

② 〔宋〕徐梦莘：《三朝北盟会编》卷二一二，第1528～1529页；〔宋〕岳珂撰，吴企明点校：《桯史》卷九《黑虎王医师》，第108页。

③ 〔清〕徐松辑：《宋会要辑稿》职官三二之四〇，第3025页。

④ 〔元〕脱脱等：《宋史》卷三八三《陈俊卿传》，第11786页。

⑤ 〔宋〕杨万里撰，辛更儒笺校：《杨万里集校笺》卷一一九《宋故尚书左仆射赠少保叶公行状》，第4544页。

⑥ 〔宋〕徐梦莘：《三朝北盟会编》卷一四〇，第1023页。

⑦ 〔元〕脱脱等：《宋史》卷四六九《宦者四》，第13673页。

⑧ 〔元〕佚名撰，李之亮校点：《宋史全文》卷二七下《宋孝宗八》，第1939页；朱熹：《晦庵集》卷一一《戊申封事》，《文渊阁四库全书》本。《宋史》卷四二九《朱熹传》曰：“时曾觌已死，王抃亦逐，独内侍甘昪尚在，熹力以为言。”

军亦标价出卖，太学士余古就曾上书揭露说：“臣睹宦者之盛，莫如方今，上而三省，下而百司，皆在此曹号令之下。盖自副将而至殿、步帅，各为高价，不问劳绩过犯、骁勇怯弱，但如价纳贿，则特旨专除。”[①]朱熹在与同学生们的交谈中，也明确地说：“不令宦官卖统军官职，是今日军政第一义。”[②]

三衙众将遂多效戚方故智，竞相奔走于宦官之门，以至于当孝宗欲严厉处分戚方“结宦官”以儆效尤时，宰相叶颙却对孝宗说：“诸将若此者众，恐人有自疑之心。”孝宗虽然知道“建康刘源，亦尝赂近习”，但也只能面对现实，对叶氏表示说：“卿所议戚方事，深得体。”[③]这说明管军众将勾结宦官，已经达到了法不责众的可怕程度。吏部侍郎李椿亦向孝宗“极言阍寺之盛”，他说：“自古宦官之盛衰，系有国之存亡。其盛也始则人畏之，甚则人恶之，极则群起而攻之。汉、唐勿论，靖康、明受之祸未远。今畏之矣，未甚恶也。有以裁制之，不使至极，则国家免于昔日之患，宦官亦保其富贵。愿官置蚕室而限其数，复祖宗之制。官高者补外。又门禁宫戒之外，勿使干预人材、政事。又严士大夫、兵将官与之交通之禁。”史载宋孝宗闻靖康、明受之事，“嚬蹙久之，曰：‘朕幼亦闻此。’纳疏袖中”[④]，但实际上依然是不了了之。如殿帅王琪曾向孝宗大力举荐文官胡与可，然据宰相叶颙的说法：“与可奴事诸宦官，朝士切齿。王琪之职将也，应荐武臣，何预与可？”[⑤]可见王琪当同样是“奴事宦官”，推荐胡氏当出自宦官所托。《宋史·宦者传》：甘昪“之子妇，与可女也”，疑殿帅王琪或亦甘昪党羽。

在宦官之外，宋孝宗宠信的佞幸还有龙大渊、曾觌和王抃三人。宋孝宗曾对臣僚强做辩解说：曾觌等“琐细差遣，或勉循之。至于近上之除，此辈何敢预”。

---

① 〔宋〕佚名编，汝企和点校：《续编两朝纲目备要》卷二，第22页；〔元〕佚名撰，李之亮校点：《宋史全文》卷二八《宋光宗》，第1962页。绍熙二年（1191）五月距孝宗禅位仅两年左右，余古所谈当为孝宗时情况。

② 〔宋〕黎靖德编，王星贤点校：《朱子语类》卷一一〇《论兵》，第2710页。

③ 〔宋〕杨万里撰，辛更儒笺校：《杨万里集笺校》卷一一九《宋故尚书左仆射赠少保叶公行状》，第4544页。

④ 〔宋〕杨万里撰，辛更儒笺校：《杨万里集笺校》卷一一六《李侍郎传》，第4455～4456页。

⑤ 〔宋〕杨万里撰，辛更儒笺校：《杨万里集校笺》卷一一九《宋故尚书左仆射赠少保叶公行状》，第4544页。

然而，实际情况是以上述三人为代表的佞幸和宦官们互相勾结，“文武要职多出三人之门”，“招权纳赂，荐进人材，皆以中批行之”，“恃恩专恣，其门如市”，“士大夫无耻者争附之”[①]。淳熙九年春，太学录杨甲专门向孝宗献万言书，极言其弊：“近岁以来，权幸用事，其门如市，内批一出，疑谤纷然，谓陛下以左右近习为腹心，而不专任大臣；以巡逻伺察为耳目，而不明用台谏。今中外文武，半为权门私人，亲交死党，分布要近，良臣吞声，义士丧气。”王抃本人还曾取代殿前司宿将王友直，一度“权殿前司事”[②]。

为了向宦官和佞幸行贿“购买”管军之职，众将当然是拼命地盘剥士兵，像主管侍卫马军司公事的戚方，即一贯“御军无法，惟务掊克，侵盗入已”[③]。戚方事败之后，宋孝宗专门下诏“禁兵官交结内侍”，“戒兵将官交纳内侍，公行苞苴，自今有违戾，必罚无赦”[④]。然而，所谓“必罚无赦”云云，很快就成为一纸空文，众将“公行苞苴”，反倒是愈加严重。朱熹即曾于淳熙十五年上书宋孝宗，痛斥其时三衙、将帅多“抑心下首于宦官、宫妾之门”，“其论价输钱，已若晚唐之债帅矣”。他说：“将帅巧为名色，夺取衣粮，肆行货赂于近习，以图进用”，“诸将之求进也，必先掊克士卒，以殖私财，然后以此自结于陛下之私人”[⑤]。显而易见，在孝宗朝，众将盘剥士卒行贿宦官、佞幸以求升迁，无疑极其普遍，无法遏制。换言之，宦官、佞幸对武将升迁、三衙选任的肆意干预，也确实达到了“诸将差除”多出其手的惊人程度。

南宋高宗、孝宗两朝，有“中兴两朝”之誉，宦官、佞幸尚如此干预军政，孝宗以后各朝当然更等而下之。宋光宗朝的情况，据陈傅良的说法是：“今天下之兵，不属之三衙与边帅乎？或云：近者禁扈之除，专阃之寄，往往由径。抑臣疏远，未知信否？间亦得之防夫走卒，街谈巷议，以为诸将平时所以侵克廪钱，

---

① 〔元〕脱脱等：《宋史》卷四七〇《佞幸传》，第13691、13694页；卷四六九《宦者四》，第13673页。参看王曾瑜：《宋孝宗时的佞幸政治》，《宋史研究论文集》第十辑，兰州大学出版社2004年版，第23页。

② 〔元〕脱脱等：《宋史》卷四七〇《佞幸传》，第13694页。

③ 〔清〕徐松辑：《宋会要辑稿》职官三二之四〇，第3025页。

④ 〔元〕佚名撰，李之亮校点：《宋史全文》卷二四下《宋孝宗二》，第1694页。

⑤ 〔元〕佚名撰，李之亮校点：《宋史全文》卷二七下《宋孝宗八》，第1939～1942页。

隐占伍籍，贸易称贷，以谋聚财，大抵将以结交，媒进身耳。”[①]宁宗嘉定十一年（1218）十一月甲戌，袁燮进读《高宗宝训》，至“王瓊专事交结”条时，因奏曰：“将帅交结，非能自出家财，不过掊克军士。”宋宁宗即无奈地表示说：“今日将帅，亦有此弊，何以成功？”[②]宋理宗曾下御笔说：“朕于北司，惟遵祖宗之旧例，给使而已，未尝有所假借，亦每有戒饬。”[③]然而，宋理宗朝的实际情况，特别是宝祐年间，正如史书所记载：“宦寺肆横，簸弄天纲，外阃朝绅，多出门下，庙堂不敢言，台谏长其恶，或饵其利，或畏其威，一时声焰，真足动摇山岳，回天而驻日也”，“理宗之季，官以贿成，宦官、外戚用事”[④]。宦官董宋臣尤得理宗宠信，“十余年来声焰薰灼，其力能去台谏、排大臣，至结凶渠以致大祸。中外惶惑切齿”，“招权纳贿，无所不至，人以‘董阎罗’目之”[⑤]，其所作所为，不啻是对理宗“御笔”绝好的讽刺。可以毫不夸张地说，宦官、佞幸干预朝政，影响三衙管军选任的问题，终有宋一代，都程度不同地存在，难以解决，在相权较为弱势的时候，表现得尤为严重。

南宋名臣虞允文曾有言：“自古人主大权，不移于奸臣，则落于近幸。”[⑥]自古是否皆如此，自然另当别论，但具体就南宋三衙管军的选任而言，虞氏此言可谓一语破的，将南宋时弊揭橥无遗。

原载《中国史研究》2009年第2期

---

① 〔宋〕陈傅良：《止斋集》卷二九《廷对策》，《文渊阁四库全书》本。

② 〔宋〕刘克庄：《后村集》卷四三《玉牒初草·皇宋宁宗皇帝》，《文渊阁四库全书》本。

③ 〔元〕佚名撰，李之亮校点：《宋史全文》卷三六《宋理宗六》，第2367页。

④ 〔宋〕周密撰，张茂鹏点校：《齐东野语》卷七《洪君畴》，第120页；〔宋〕佚名：《宋季三朝政要》卷三，《文渊阁四库全书》本。

⑤ 〔元〕脱脱等：《宋史》卷四六九《宦者四·董宋臣》，第13676页；〔宋〕佚名：《宋季三朝政要》卷二，《文渊阁四库全书》本。

⑥ 〔元〕脱脱等：《宋史》卷三八三《虞允文传》，第11791页。

南宋三衙马政问题试探

南宋骑兵的弱势是不争的历史事实，但正如南宋名臣虞允文所说：“况今日之事，敌以多马为强，我以无马为弱。强弱之所以异，三尺之童皆知之，马政其可以不议哉！”[①]宋理宗时黄榦上奏曰：“马政，国之大事也。”[②]宋高宗亦曾有言：“兵以马政为先”，“岁丰人不乏食，朝得贤辅佐，军中有十万铁骑，乃可为瑞，此外不足信”。[③]宋孝宗则是“留神马政，曲尽物情”[④]，曾颁下御札曰：“军机之务，马政为先。”[⑤]与金、蒙古等骑兵强国相对抗的客观形势，决定了南宋必须将马政问题置于关系政权兴亡的战略高度，以尽可能地提升骑兵的实力。

事实上，从绍兴十一年（1141）“绍兴和议”签订之后，南宋就以三衙为中心，以宕昌寨马场为三衙主要马源，以兴元府马务为主要集散地，逐步形成了市马、分配、取马和马匹使用、牧放、管理、退役等一系列较严密的规章制度，从

---

① 〔明〕杨士奇、黄淮等编：《历代名臣奏议》卷二四二《马政》，《文渊阁四库全书》本。

② 〔宋〕黄榦：《勉斋集》卷二四《汉阳条奏便民五事·五复马监》，《文渊阁四库全书》本。

③ 〔宋〕章如愚：《群书考索》后集卷四四《兵门·马政类》，《文渊阁四库全书》本；〔宋〕李心传：《建炎以来系年要录》卷四六，第821页。

④ 〔元〕佚名撰，李之亮校点：《宋史全文》卷二六上《宋孝宗五》，第1793页。

⑤ 〔宋〕王十朋：《梅溪集·奏议》卷三《再论马纲状》，《文渊阁四库全书》本。

而在三衙组建起两万左右规模的颇为可观的骑兵部队。无论是对外抵御金、蒙古等外敌威胁，还是对内驾驭江上诸军各都统司，强化中央集权，皆发挥了一定的历史作用。因此，探讨三衙马政诸问题，既可以细化对三衙管军制度和南宋马政的考察，也是深化南宋军政体制研究的一个较好视角。但学术界目前的相关专题论述，相对较为薄弱①，笔者拟从若干具体问题入手，试做初步的考察。

一、三衙为南宋马政的中心

按照南宋制度，三衙所需马匹的供给，主要由四川茶马司（部分由广西买马司），通过购买来保障。宋廷偶尔也令三衙自行派员买马，如宋孝宗隆兴元年（1163）六月，就诏“差殿前司统制汤尚之前去四川等处买马，其合用钱，令四川总领所取拨银二万两、绢五千匹、钱引一十万贯，专充买马使用”；宋宁宗庆元元年（1195）正月，亦曾诏令殿前司“量差将官、军兵，于襄、汉州军收买土产马二百五十匹”。②但这些都属于较个别的特殊情况。

众所周知，南宋立国东南，受地理、气候诸多自然条件的限制，尽管也做了些许置监养马的努力，但无一例外地皆以失败而告终，只能依赖从四川、广西等地向西北、西南少数民族购买马匹。特别是从四川购买西北地区出产的优质马匹，南宋始终将其放在了政权存亡所系的战略高度。绍兴九年（1139）宋高宗就曾对韩世忠说：“不然。虏虽讲和，战守之备，何可少弛！朕方复置茶马司，若更得西马数万匹，分拨诸将，乘此闲暇，广武备以戒不虞，和议岂足深恃乎？”③绍兴十一年宋金“绍兴和议”签订以后，随着宋金对峙形势趋向稳定，南宋将四川茶马司进一步加以整顿和强化，在成都府和兴元府又分设了两个马务：成都府马务下辖黎、叙、珍、长宁、南平五个买马场，所购马匹称为“川马”；兴元府马务下辖宕

---

① 现有相关成果主要见于王曾瑜：《宋朝兵制初探》，中华书局1983年版；黄宽重：《南宋军政与文献探索》，新文丰出版公司1990年版；何忠礼等：《南宋史稿》，杭州大学出版社1999年版；粟品孝等：《南宋军事史》，上海古籍出版社2008年版；杜文玉：《宋代马政研究》，《中国史研究》1990年第2期。

② 〔清〕徐松辑：《宋会要辑稿》兵二二之二九、二三之二四，第7158、7171页。

③ 〔清〕徐松辑：《宋会要辑稿》兵二四之三六，第7196页。

昌寨、峰贴峡和文州三个买马场，所购得的马匹称为“秦马”“西马”。南宋每年不惜投入巨额茶、锦、银、绢等，从八月至次年四月开场买马，年买马量通常保持在万余匹以上[①]，使得四川成为南宋最重要的马匹供应基地。广西买马场则设在横山寨，所购得马匹称为“广马”，年买马额约为一千五百匹，与四川茶马司相比数量要小很多，通常居于辅助的地位。

南宋从四川、广西所购得的战马，主要用于供给三衙和江上诸军。其具体的分配方案大致是：四川茶马司扣除供应四川宣抚司各部每年度二千匹之外，成都府马务主要对口负责江上诸军的供应[②]，包括建康、镇江、鄂州、荆南、江州和池州六大都统司；兴元府马务则主要对口负责三衙的供应，唯有宕昌马场“年额买到马十分为率，内拨二分”[③]，供应四川宣抚司吴璘所部，通常为720匹。正因为如此，从绍兴三十年（1160）起，殿前司和马、步军司通常各选派本部“谙晓马性”的统领官一员，在宕昌寨等马场充任“监视买马”官，如隆兴二年（1164）殿前司即“已差统领官孟庆孙前去宕昌等处，同共监视买发”。其职权是“监视拣选买发”，并将“买到马数并支过茶帛等数”[④]，与茶马司的买马官共同署名向枢密院申报。乾道九年（1173），宋廷又具体规定：三衙监视买马统领官“将带白直人兵二十人，鞍马二匹，预期前去西和州宕昌寨、阶州峰贴峡两处置马场”。至嘉泰三年（1203），南宋采纳了殿前副都指挥使郭倪的建议，令三衙监视买马统领官由宕昌寨改驻兴元府。[⑤]

宋高宗曾经强调说：“川、广马到，朕未尝留，尽以均给诸军，若小不均，则谓朕有所偏。”也就是要求尽量遵循“均给诸军”“分拨诸将”[⑥]的原则，把纲

① 王应麟《玉海》卷一四九《绍兴孳生马监》：“乾道秦、川买马之额，岁为万一千九百匹有奇。”《宋史》卷一九八《兵志十二》：“庆元初，合川、秦两司为万一千十有六。嘉泰末，合两司为万二千九十四。”

② 《吏部条法·奏辟门》记嘉泰三年彭辂札子：“照得江上诸军合取川马，系在成都府团并排发。”

③ 〔清〕徐松辑：《宋会要辑稿》职官四三之一〇八，第3327页。

④ 〔清〕徐松辑：《宋会要辑稿》兵二二之三一，第7159页；兵二五之五一，第7225页。同书兵二五之五载：隆兴元年三衙“并令依例各差统领官一员，前去宕昌马场监视买发”。

⑤ 〔清〕徐松辑：《宋会要辑稿》兵二五之五一，第7225页；兵二六之一五，第7234页。

⑥ 〔清〕徐松辑：《宋会要辑稿》兵二四之三五、三六，第7196页。

马马匹平均分配给三衙和江上诸军。在宋高宗绍兴年间，兴元府马务每年购马约4100匹，要略低于成都府马务的5100匹。三衙年得马71纲，3555匹上下；江上诸军年得马80纲，4000匹上下，两者之间也确实基本做到了相对平均。但若具体到任何一个都统司，都已然与三衙殿前司和马、步军司有着较明显的差距。以绍兴十九年（1149）的配额为例，江上诸军镇江、建康、荆南、鄂州各750匹，江州和池州各500匹，而三衙殿前司高达1500匹，马、步军两司也各为1000匹。[①]从宋孝宗乾道后期开始，兴元府马务年购马量逐步上升到5900匹，业已与成都府马务的6000匹基本持平。宋宁宗庆元年间，兴元府进一步增长为6120匹，而成都府下降为4896匹。嘉泰年间，兴元府达到了7798匹，成都府为5196匹。[②]此消彼长，从乾道至嘉泰，三衙每年所得马匹，由71纲增长到112纲，而同时期的江上诸军反而从80纲下降到58纲[③]，仅约为三衙所得的半数而已。

当然，上述数字都是南宋朝廷规定的数额，无论是向三衙，还是向江上诸军，四川茶马司所实际排发的马纲纲数，与宋廷规定数额都会有相当的出入，以及不能足额的问题。如宋孝宗乾道年间茶马司拖欠的三衙马匹，通常就在“一千匹上下”。宋宁宗庆元三年（1197）至庆元六年（1200）的四个年度，三衙得马仅分别为93纲、71纲、97纲、96纲，嘉泰元年（1201）则为78纲，嘉泰二年（1202）为64纲[④]，

---

① 〔清〕徐松辑：《宋会要辑稿》职官四三之一一四，第3330页。〔宋〕李心传：《建炎以来系年要录》卷一五九，第2577页；《建炎以来朝野杂记》甲集卷一八《三衙沿江诸军取马数》，第429页。

② 〔宋〕李心传撰，徐规点校：《建炎以来朝野杂记》甲集卷一八《川秦买马岁收茶帛数》，第425页。

③ 《宋会要辑稿》兵二三之一记乾道三年二月大理少卿陈弥作言：“四川茶马司每年合起江上诸军马八十纲，并行在殿前、马、步三司马七十一纲，宣抚司二分马七百二十匹，总计一百五十一纲零七百二十匹。”《建炎以来朝野杂记》甲集卷一八《川秦买马岁收茶帛数》：“成都府马务，每年排发江上诸军马五十八纲”，“兴元府马务，每年拨发三衙马一百十二纲”。马端临《文献通考》卷一六〇《兵十二》：“兴元府马务，每年排养（发）三衙马一百十二纲。”《宋史》卷一九八《兵志十二》亦曰：“成都府马务，岁发江上诸军马凡五十八纲，月券钱米二百缗，岁计万一千六百缗。兴元府马务，岁发三衙马百二十纲，其费称是。”按：120纲，当系112纲之误。参看杜文玉：《宋代马政研究》，《中国史研究》1990年第2期。

④ 〔清〕徐松辑：《宋会要辑稿》职官四三之一一四，第3330页；兵二六之一七，第7235页。

确乎“率未尝如数”[①]。但若再考虑到江上诸军应得马匹被拖欠和不足额的程度，往往要远高于三衙的因素，双方之间的实际差距可能还要大。如隆兴元年前后，江上诸军先后被拖欠马匹达到了93纲，而同时期三衙被拖欠的不过为55纲[②]。乾道元年（1165）五月，鄂州都统制赵撙言：“本司合得纲马，茶马司有隆兴二年一全年未曾发到”；嘉泰三年（1203），江州都统司更先后被茶马司“拖下本司战马一百一十六纲，计五千八百匹”。[③]四川诸军与江上诸军的情况也大同小异，在绍兴二十六年（1156）前后，兴州都统司吴璘所部应得的马匹，茶马司已经是“绩五年不与”[④]。这主要是因为南宋朝廷往往督促、严令茶马司，优先、及时地保障三衙的供应，如乾道三年（1167）宋孝宗专门晋升了都大提举茶马司张松的官职，原因就在于他足额保证了三衙的马匹，故“于松职名上特加升进，以为方来之劝”；绍熙三年（1192）十一月，南宋朝廷下诏茶马司：“将殿司绍兴（熙）三年分纲马疾速排发，无得留滞，具已排发纲数，申枢密院。”绍熙五年（1194）四月，再度下诏茶马司：“将殿前司合得纲马照数排发，毋令稽缓。”[⑤]

更为重要的是，正如南宋史家李心传所言：“盖祖宗时所市马分而为二，其一曰战马，生于西边，强壮阔大，可备战阵。今宕昌、峰贴峡、文州所产是也。其二曰羁縻马，产于西南诸蛮，格尺短小，不堪行阵。今黎、叙等五州军所产是也。羁縻马每纲五十匹，其间良驯不过三、五匹，中等十许匹，余皆下下不可服乘。”[⑥]兴元府马务所购的秦马，被公认为品质优良的战马，“川、秦马司互市之地，惟西和、阶州，并是西马，比诸州为最上”，特别是宕昌寨马场的地位最为

---

① 〔宋〕李心传撰，徐规点校：《建炎以来朝野杂记》甲集卷一八《川秦买马岁收茶帛数》，第426页。

② 〔清〕徐松辑：《宋会要辑稿》兵二三之一，第7160页。

③ 〔清〕徐松辑：《宋会要辑稿》兵二五之一二，第7206页；兵二六之一五，第7234页。

④ 〔宋〕李心传：《建炎以来系年要录》卷一七三，第2844页。

⑤ 〔清〕徐松辑：《宋会要辑稿》职官四三之一一四，第3330页；兵二六之四，第7228页；兵二六之六，第7229页。

⑥ 〔宋〕李心传撰，徐规点校：《建炎以来朝野杂记》甲集卷一八《川秦买马岁收茶帛数》，第425页。

重要，“内陕西只就宕昌博易，至要至便”，“最为重大”。[①]至于川马，时称“羁縻马”，其品质难以与秦马相提并论，甚至大部分“不可服乘”，根本就无法充当战马，如乾道四年（1168）八月兵部侍郎陈弥作即言：“黎、叙、南平军等州，每买纲马五十匹，内良细马不过三四匹，中等马不上二十匹，余皆下下，不可服乘，发以充数，则必倒毙。”绍熙三年，池州副都统制率逢原也谈到，川、广马“往往眼生脚狂，虽极力调习，终是廉薄，非道地西马之比”[②]。宋孝宗时曾在成都任职的陆游所作《龙眠画马》诗，形象地描述道：“国家一从失西陲，年年买马西南夷。瘴乡所产非权奇，边头岁入几番皮。崔嵬瘦骨带火印，离立欲不禁风吹。圉人太仆空列位，龙媒汗血来何时？”[③]如此驽马，宋人之所以仍然要大量加以购买，相当程度上是出于“羁縻远人”[④]以稳定边境局势的政治需要，如宋孝宗曾说：“祖宗时有西北马可用，黎马止是羁縻。”[⑤]至于广马，质量更在川马之下。

显而易见，从绍兴年间一开始，“于是岁发川马二百匹进御，而以四千匹付江上诸军”，“又以秦马三千五百付三衙”[⑥]，南宋将兴元府马务所购的优质马匹“秦马”绝大部分划拨给三衙，就从源头上最大限度地保证了三衙所得马匹的质量要远胜于江上诸军。宋孝宗朝的枢密使周必大曾有言：“西马惟留二分应付蜀中，余七十一纲，每年尽付三衙。而以川、广马，分给江上诸军，行之以久，盖有深意。”[⑦]

更何况，南宋始终对供应三衙马匹的质量标准，有着较严格的规范，如绍兴二十九年（1159）枢密院即规定茶马司供应三衙的马匹，必须要符合如下标准：“八岁以下，齿嫩、及格尺、堪披带好马。”乾道五年（1169），令茶马司“收买战马，须四尺四寸以上。其两齿马，听低二寸；四齿马，听低一寸。足齿马，依

---

① 〔清〕徐松辑：《宋会要辑稿》职官四三之一一五，第3331页；〔宋〕员兴宗：《九华集》卷七《议国马疏》，《文渊阁四库全书》本；〔清〕徐松辑：《宋会要辑稿》兵二三之二四，第7171页。

② 〔清〕徐松辑：《宋会要辑稿》兵二三之三，第7161页；兵二六之四，第7228页。

③ 〔宋〕陆游：《陆游集·剑南诗稿》卷五，中华书局1976年版，第147页。

④ 《宋会要辑稿》职官四三之一〇五记茶马司言：“内叙州、长宁军，并系羁縻远人。”

⑤ 〔元〕佚名撰，李之亮校点：《宋史全文》卷二七下《宋孝宗八》，第1928页。

⑥ 〔宋〕李心传：《建炎以来系年要录》卷一五九，第2577页。

⑦ 〔宋〕周必大：《文忠集》卷一三七《论马政》，《文渊阁四库全书》本。

已降指挥收买。四尺四寸以上、阔壮、堪披带马，计纲排发施行”；淳熙八年（1181）又规定：“四尺二寸以上，十岁以下，方许起纲。不合格者，虽骨相骁骏，驰骤超逸者，亦不收买。”绍熙五年（1194），四川茶马司亦言：“照得本司每岁排发三衙纲马，并拣十岁以下，壮嫩、阔实，无病、及格好马排发。”[①]四尺四寸，马高约合1.36米，当时已经算是难得的大马了[②]。

另外，为了保障对三衙马匹的供应，绍兴年间，宕昌寨马场就曾大量拖欠对四川吴璘部的马匹供应，按照吴氏本人在绍兴二十六年的说法就是：“其茶马司自绍兴二十一年至二十五年分应副二分马，共三千六百余匹，未曾支拨。”[③]“绍兴十一年，得旨：令宕昌寨岁所市西马十分之二给本军。而茶马司绩五年不与。今军中有马七千，皆已老大，恐无以备缓急，望茶马司今岁如额支拨，其余逐旋补还。”[④]此后，宋廷还多次拒绝了四川驻军在宕昌马场购买战马的请求，兴元、兴州等都统司另行置场收购，也被严格限定在四月份宕昌马场闭场之后。如此种种，目的皆在于避免形成对三衙优质马源的竞争和分割。淳熙二年（1175）八月，当朝廷拟拨付部分西马给予镇江都统司时，周必大极力反对，他说：“今春镇江都统郭棣言川、广马不堪披带，乞拨西马三十纲，有旨与半。茶马司见来申明，势须于三衙马内分拨，万一江、鄂等军继皆有请，则三衙西马愈少，其于岁额，岂容更亏？臣愚欲望圣慈，特留宸虑，裁处其当，实今日之先务，取进止。”[⑤]其理由也是为了避免影响三衙马源。

广马的分配，同样是将优良马匹优先供应三衙，“广马之良者付三衙，而其它则付建康、镇江府、池、鄂、太平州军中，皆有常数”，“每择其良赴三衙，余以付江上诸军”。[⑥]总而言之，在马匹的分配当中，三衙始终居于很明显的优先地

---

① 〔清〕徐松辑：《宋会要辑稿》兵二二之二五，第7156页；兵二三之一三，第7166页；〔元〕马端临：《文献通考》卷一六〇《兵十二》，第1394页；〔清〕徐松辑：《宋会要辑稿》兵二六之六，第7229页。

② 参见王曾瑜：《宋朝兵制初探》，第264页。

③ 〔清〕徐松辑：《宋会要辑稿》职官四三之一〇八，第3327页。

④ 〔宋〕李心传：《建炎以来系年要录》卷一七三，第2844页。

⑤ 〔宋〕周必大：《文忠集》卷一三七《论马政》，《文渊阁四库全书》本。

⑥ 〔宋〕李心传撰，徐规点校：《建炎以来朝野杂记》甲集卷一八《广中盐易马》，第432页；〔元〕脱脱等：《宋史》卷一九八《兵志十二》，第4956页。《宋会要辑稿》兵二四之三五载：绍兴七年广西进马十匹，宋高宗御批“留一匹，余付殿前司”。

位，从宋孝宗朝开始，三衙愈来愈大幅度地凌驾于江上诸军之上，重三衙、轻江上诸军各都统司，优先保证三衙的需求成为南宋马政的基本原则。

三衙殿前司和马、步军司之间马匹的分配，则是以殿前司为重中之重，优先保证殿前司的马匹供应。乾道六年（1170）十月，主管殿前司公事王琪即有言：“窃见本司逐年合得纲马，比之马、步司及江上诸军纲马数多。”①例如绍兴十九年的分配方案，就是殿前司1500匹，马、步军司各1000匹，殿前司已经有较明显的强势地位。绍兴二十四年（1154）十二月，南宋又下诏规定：改为以三年为一个周期，将纲马轮流拨给殿前司和马、步军司，“可自二十五年为始，循环拨付殿前、马、步三司，如二十五年并拨付殿前司，二十六年分拨付马、步军司，二十七年却拨付殿前司。周而复始，皆循此三年为例”②。

按照这个分配方案，殿前司所得的马匹，占三衙纲马总数的三分之二，居于绝对的强势地位；马、步军两司合计起来才占三分之一，仅为殿前司所得的一半，双方差距悬殊。因此，绍兴三十一年（1161）三月，在马、步军司联名上书的强烈反对之下，南宋朝廷接受了马、步军司的意见，将分配方案调整为以二年为一个周期，“殿前司取押一年，马、步军两司分取一年，周而复始”③，也就是将殿前司和马、步军两司所得马纲的配额，调整为各占百分之五十。但在隆兴元年七月，朝廷又接受了殿前司资深统帅、时任御营使杨存中的意见，“望将岁额合起西马七十一纲，自隆兴二年为头，令逐司照应绍兴二十四年十二月二日已降指挥，皆循三年为例”④，将“以二年为例”重新恢复为以“三年为例”。

直至乾道三年二月，宋廷方在主管马军司李舜举、主管步军司陈敏的建议之下，最终确定三衙各司之间马匹的分配方案为：“今后茶马司起发西马到行在，不以年分，轮拨付三衙。内殿前二纲，马、步军司各一纲，周而复始。”乾道四年

① 〔清〕徐松辑：《宋会要辑稿》兵二五之二八，第7214页。

② 〔清〕徐松辑：《宋会要辑稿》兵二四之三七，第7197页。又略见〔宋〕李心传：《建炎以来系年要录》卷一六七，第2735页。

③ 〔清〕徐松辑：《宋会要辑稿》兵二四之四二，第7199页。

④ 〔清〕徐松辑：《宋会要辑稿》兵二五之五，第7202页；兵二五之一一记乾道元年二月二日权马军司职事李舜举言：“今年分纲马，合当本司取押。”同月十一日主管殿前司公事王琪言：“本司差人前去兴元府茶马司，取押隆兴二年分马七十一纲。”

(1168)七月再度下诏重申："令茶马司将三衙西马内殿前司二纲，马、步军司各一纲，轮拨起发，周而复始。"[①]这一方案的主旨在于不再区别年度，而是将每一年度当中的三衙马纲都平均地拨付殿前司和马、步军司。如按112纲的三衙纲马年度总数来计算，则殿前司每年可得56纲，马军司和步军司每年各得28纲；若按71纲来计算，马、步军两司合计35纲，殿前司则每年得马36纲，殿前司的优势地位仍然是明显的[②]。

马军司和步军司之间则一直遵循着大致平分的原则，如绍兴三十二年(1162)八月，主管马军司公事李显忠即谈道："本司取拨绍兴三十一年分纲马三十六纲。"[③]该年度三衙纲马的总数为71纲，则步军司所得为35纲，两司确实基本持平。

二、三衙马纲的运送、自取和马驿

南宋四川茶马司拨付三衙的马匹，本来由茶马司负责押运抵至都城临安，赴枢密院交纳，但随即普遍出现了马匹在运输途中大批倒毙的问题，"自蜀抵吴，道里修阻，马之得全者，十无四五"，"其马多至死损，甚者十之四五"[④]。以乾道九年(1173)茶马司所发殿前司的一纲马纲为例：从兴元府出发时为50匹整，至金州时剩余45匹，至均州、房州后仅余22匹，至襄阳府时仅剩余16匹，死损率高达近70%。负责押运的兵夫，除曾祺一人之外，其余的"尽行逃走"[⑤]。即便是勉强运抵临安的马匹，也大量充斥着病马和弱马，随即死亡的现象比比皆是，诚如绍兴二十三年(1153)正月诏书所云："茶马司进到纲马，缘押马使臣失于看护，多至疮疥瘦瘠，仅存皮骨，往往喂养不成。"[⑥]

问题的症结，确与路途遥远、道路崎岖、兵夫待遇微薄等恶劣的客观条件有

---

① 〔清〕徐松辑：《宋会要辑稿》兵二五之一五、一六，第7207～7208页；兵二五之一九，第7209页。

② 《宋会要辑稿》兵二六之一九载开禧二年正月右卫郎将、管干殿前司职事郭杲言："本司岁差人于四川茶马司取押马三十六纲。"

③ 〔清〕徐松辑：《宋会要辑稿》兵二四之四三，第7200页。

④ 〔清〕徐松辑：《宋会要辑稿》兵二五之一八，第7209页；职官四三之一〇六，第3326页。

⑤ 〔清〕徐松辑：《宋会要辑稿》兵二五之五一，第7225页。

⑥ 〔清〕徐松辑：《宋会要辑稿》兵二四之三七，第7197页。

着相当的关系，绍兴十六年（1146）四月御史中丞何若有言：“四川茶马司逐年起发马数，差人管押赴行在交纳，缘所差牵押兵士别无交替，道路遥远，经步月日，人力既自疲乏，加之在路草料间有不时，其马多至死损。”①但正如更多当时臣僚所指出的，真正关键的因素在于：茶马司所派牵马官兵，主要是征调四川各州的厢军充当，而其时的厢军，早已完全丧失了军事职能，“类皆游手”，官兵不仅“往往不识马性，饮喂失时”②，纪律松散，偷盗马料、倒卖马匹等更是层出不穷，“沿路偷盗草料，便自逃窜”③，马匹大量人为损耗自然在所难免。

事实上，由于厢军不敷使用，四川茶马司更多是出钱雇佣普通民众来牵马，此类问题当然也就更为严重。绍兴二十六年尚书驾部员外郎杨偰说：“川、广各置马司，所费不赀，而马以纲来者，皆损耗羸瘠之余，诚可深惜。盖牵近送，皆和顾（雇）游手充代，往往坐视倒毙，甘心逃窜。”乾道六年兵部侍郎王之奇也说：“伏见蜀中马纲之役，四川州郡发牵马兵士，额差四千余人。”④特别是从宕昌至兴元府，茶马司“和顾（雇）人夫牵送，并不用心养喂”，所雇佣的民夫当中，甚至大半充斥着“十四五岁小儿子，止是赶逐马行”⑤，遂不可避免地造成大量马匹白白损失。

为了改变这种局面，南宋在绍兴二十四年（1154）十二月下诏：“西和州宕昌县、阶州峰贴硖两处买马场，每岁起发纲马赴枢密院，押纲使臣往往不得其人，喂养失时，多致倒毙。可自二十五年为始，循环拨付殿前、马、步三司……仍令逐司当拨马年中，每一纲选差有心力使臣一员，军兵三十人，就买马场团纲起发，赴枢密院交纳。”⑥按照这一诏书的相关规定，三衙应当派遣本部官兵前往宕昌等买马场直接取马，“逐司自差官兵就买马场团纲起发”。然而，南宋时的宕昌是一

---

① 〔清〕徐松辑：《宋会要辑稿》职官四三之一〇六，第3326页。同书兵二五之七亦记：四川茶马司“差厢、禁军牵马长行，日支米二胜（升），铜钱六十文，委是赡给不足，难以责办”。

② 〔清〕徐松辑：《宋会要辑稿》兵二三之一九，第7169页；职官四三之一〇七，第3327页。

③ 〔清〕徐松辑：《宋会要辑稿》兵二五之二，第7201页。

④ 〔清〕徐松辑：《宋会要辑稿》兵二四之三八，第7197页；兵二五之二八，第7214页。

⑤ 〔清〕徐松辑：《宋会要辑稿》兵二四之四〇，第7198页；兵二五之五二，第7226页。

⑥ 〔清〕徐松辑：《宋会要辑稿》兵二四之三七，第7197页。《文献通考》卷一六〇《兵十二》：“旧川、秦市马赴密院，多道毙者。绍兴二十四年，始拨秦马付三衙，命小校往取之。”

个仅有百余户人家的西陲小镇，“寨屋窄隘，难以屯泊取马官兵”，“窄狭民稀，艰得舍屋安泊”[①]，根本就不具备接待三衙取马官兵的起码条件。因此，南宋又主要听取了茶马司的建议，于绍兴二十八年（1158）颁布了两项补充规定：一是三衙官兵改至兴元府取马，“就兴元府马务团纲起发”，从兴元府至临安的运输由三衙负责，称为“长押”；二是从宕昌寨至兴元府之间的路程，仍由茶马司负责运送，称为“短送”。

对此，三衙似始终持有异议。乾道九年（1173）、绍熙元年（1190），三衙都曾经提出过反对的意见，尤其是在绍熙元年十二月，殿前司和步军司联合上书枢密院，历数茶马司“短送”之弊，建议干脆取消“短送”，“宕昌买马，本司自差使臣、兵夫短送至兴元秦司。其三衙人就兴元秦司领马，长押归司。缘茶马司短差纲官，止是寄居待阙使臣；其短送人，诸州所差军兵不足，多是雇夫牵送，皆乌合游手。自宕昌雇夫应数，冒请雇钱，出门之后放散，却与兴元近地借人应数，赴秦司纳马，沿路偷盗草料。自宕昌至兴元，二十驿程，养饲失节，因而受病，到务相继倒损，弊害非一。欲令三衙官兵径赴宕昌取马，将雇费量与添助券食”[②]。但宋廷经过再三斟酌，特别考虑到宕昌寨属于邻近西夏和金朝的“极边”，“虑恐积留官兵，在彼歇程，因而与西夏、卖马蕃客博易物货，引惹未便”，南宋最终出台的解决方案是：三衙大部取马官兵仍在兴元府等候，仅抽调其中的八名官兵前往宕昌，“先次识认本纲马毛色、齿岁、尺寸”，然后与茶马司兵夫共同将马匹押至兴元府，沿途负责“提督饮喂”。[③]显而易见，这仍然属于一个折中性的方案。

南宋改由三衙至兴元府自行取马，在解决马匹运送途中大量死亡的问题上，很快就取得了显著的成效。隆兴元年三月，四川茶马司就报告说：自三衙、江上诸军“自差使臣、军兵前来取押，往往全纲到军”。乾道二年（1166），主管殿前司公事王琪也谈到，三衙“差拨官兵，起兴元府茶马司团纲交割归司，往往稍及膘分，少有损弊之数”[④]。但正所谓有一利必有一弊，一些新的问题随即出现。早在绍兴、隆兴之际，已经有臣僚发现，三衙“取押西马，所差官兵，职资高大，费

① 〔清〕徐松辑：《宋会要辑稿》兵二四之四〇，第7198页；兵二三之二一，第7170页。

② 〔清〕徐松辑：《宋会要辑稿》兵二三之二一，第7170页。

③ 〔清〕徐松辑：《宋会要辑稿》兵二三之二一，第7170页。

④ 〔清〕徐松辑：《宋会要辑稿》兵二五之一，第7200页；兵二五之七，第7203页。

耗批请；又取马官兵，二年一次，往来道途，弃习武艺”，进而提议：依旧令茶马司“差使臣、军兵管押”。[①]

具体说来，其问题主要有三。一是不可避免地导致三衙大批官兵奔走道路。据南宋史家李心传的统计，三衙取马“再岁一往返，用精甲四千四百人”[②]，约占三衙总兵力的4%。显然，如此规模的兵力用来押运马匹，平时妨碍军事训练，战时则使相当数量的精锐兵力置于无用之地。二是三衙和茶马司之间协调困难，导致或是取马官兵拥挤在兴元府等候多日，“官兵只在兴元府守候纲马，坐费券食”[③]，或是马纲齐备，但取马官兵未能及时到达。一位信阳军的守臣就概括说：“秦司排拨纲马，兵士已至而马数未足，官司每以多支日券为忧；马数已登，而兵士未至，官司复以多费草料为念。”[④]枢密院也曾谈道：“各军差拨使臣、军兵前去取押，或有马多而人未至，或人到而马未有。留马待人，则茶司有刍秣之费；留人待马，则州郡有券食之颂（颁）。”[⑤]如此一来，都难免造成取马费用的大幅度上升，“虚费钱粮”的现象颇为严重，特别是加大了茶马司的负担。三是三衙取马官兵所享受的待遇要远远超过茶马司所征调的地方厢军，不仅耗费军饷，所经州县也难免“颇惮其费”。正因为如此，在绍兴二十四年、二十八年诏书颁布以后，三衙取马相关政策的较大变动，依然是多次出现。

绍兴三十一年，金主完颜亮大举南下攻宋，三衙各军多在前线迎战，南宋下令仍由四川茶马司征调厢军和雇佣民夫，将马匹全程运抵临安，三衙仅象征性地派遣一名兽医前往跟随。此举显然属于战争状态下的临时性安排。隆兴元年（1163）十二月，待宋金战事基本稳定之后，南宋再度下诏，令茶马司“将岁额川、陕纲马，差人管押至汉阳军，置驿歇泊，仍令三衙及江上诸军差人前去就汉阳军取押”[⑥]，将其调整为兴元府至汉阳军段，由四川茶马司负责；汉阳军至临

---

① 〔清〕徐松辑：《宋会要辑稿》兵二五之一、之二，第7200～7201页。

② 〔宋〕李心传撰，徐规点校：《建炎以来朝野杂记》甲集卷一八《三衙沿江诸军取马数》，第429页；《建炎以来系年要录》卷一六七，第2735页。

③ 〔清〕徐松辑：《宋会要辑稿》兵二五之一五，第7207页。

④ 〔元〕马端临：《文献通考》卷一六〇《兵十二》，第1394页。

⑤ 〔清〕徐松辑：《宋会要辑稿》兵二六之二一，第7237页。

⑥ 〔清〕徐松辑：《宋会要辑稿》兵二五之五，第7202页。

安，则仍由三衙派本部官兵负责取马。乾道四年，南宋在汉阳军设立了“收发马监”，次年四月兵部随即规定：“茶马司差使臣，自成都府及兴元府押马至汉阳军马监。”[①]三衙和茶马司在汉阳军马监交接。

不过，这一规定从一开始就遭到了三衙的反对和抵制。殿前司和马、步军司都坚持派遣本部官兵前往兴元府接收马匹，所持的理由，仍然是茶马司运马导致马匹的大量死亡，如主管殿前司公事王琪即奏请：“茶马差厢兵、顾（雇）夫等送至行在，马沿路倒毙过多，不堪医疗，利害灼然。”“欲乞权依绍兴三十年二月二十七日指挥，本司差统领官一员前去监视买发，继续差拨人兵，就茶马司团纲处交割，管押归司。所贵纲马到司，易于养饲，便得为用。”权马军司职事李舜举也上奏：“今年分纲马，合当本司取押，检照得绍兴三十一年指挥，系茶马司差人牵拽前来，人夫不切用心，是致倒毙。所有今年合得纲马，乞令本司自行差拨惯熟能养马官兵，前去兴元府取押，贵得不坏官马。”[②]后此举得到了朝廷的批准。

“倒毙过多”与“虚费钱粮”相比，两者的分量孰轻孰重，显然是不言而喻的。乾道九年，枢密院也赞同了三衙此前的意见，认为：“四川茶马司近来拨发纲马到监，比之每岁，寄毙数多。窃虑所差使臣，不行精选，在路不切用心养喂。”于是又有了乾道九年三月份诏书的颁布，废止了茶马司将马匹运抵汉阳军，改令“三衙并江上诸军将见差取马使臣、军兵，今后径往茶马司取押”。[③]六月，主管殿前司公事王友直根据“得旨：纲马依旧差人前去四川茶马司取押”[④]这一圣旨的精神，专门上书拟定了具体的取马各项细则，并得到了朝廷的批准。然而，这一诏令在执行的过程当中，似乎曾经有所反复，因为直到淳熙十五年（1188）五月的时候，殿前司在上奏中仍然说：“茶司牵马官兵，系诸州抽摘厢宜，类皆游手；押纲使臣，初非遴选，不谙马姓（性）。纲马多毙，其实由此。乞只从三司选差官兵，前去取押。”[⑤]至此，三衙派遣本部官兵前往兴元府取马，才最终成

---

① 〔清〕徐松辑：《宋会要辑稿》职官四三之一一二、一一三，第3329～3330页。

② 〔清〕徐松辑：《宋会要辑稿》兵二五之七，第7203页；兵二五之一一，第7205页。

③ 〔清〕徐松辑：《宋会要辑稿》兵二五之四〇、四一，第7220页。

④ 〔清〕徐松辑：《宋会要辑稿》兵二五之五一，第7225页。

⑤ 〔清〕徐松辑：《宋会要辑稿》兵二三之一九、二〇，第7169页。

为南宋的定制。

南宋茶马司排发马匹，以纲为单位，通常是50匹马为一纲。三衙取马，也是以纲为单位，每纲派遣一个取马分队，如乾道七年（1171）马军司“成忠郎曲用取押本司第三纲战马”、嘉泰二年（1202）殿前司“差李举管押嘉泰二年分岁额第三十一纲马，计五十匹”、步军司“差张旺管押嘉泰二年分岁额第十三纲马”。[①]三衙取马分队，除了乾道初年以茶马司实际送到汉阳军的马匹数目来具体确定三衙取马分队的人数之外，通常是由32名官兵组成，“纲官一员”，“纲兵三十一人”。以乾道九年为例，其人员组成情况就是纲官一员，小管押一名，兽医、军典、先牌各一名，火头两名，牵马士兵25名，每名士兵负责牵马两匹。[②]

取马纲官和纲兵都由三衙自行抽调本部官兵组成，但要遵守朝廷的若干规范。纲官，通常由下级军官小“使臣”充任，嘉定二年（1209）还专门下诏规定：“三衙、江上诸军自今应押马纲官，并差承信郎已上人，不得差校、副尉。”[③]此项规定，目的在于使纲官责权统一，因为校尉、副尉等军校虽然也在小“使臣”的范围之内，但皆是其中最低级、不入流的武官杂阶，根本没有品级，“不系磨勘”，大多也没有实职，即使取马不力显然也“无官可降”“无资可降”，而承信郎则是从九品武官[④]，情况较校尉等就会大有不同。另外，乾道七年（1171）八月，宋孝宗还曾特别规定：“专差训练官一员充纲官。”次年八月，就有“马军司取马训练官张立”。[⑤]其目的，正如宋孝宗本人所言：“部押使臣，亦须差训练官以上，庶几军校有所畏惮，则沿路不敢怠于刍秣矣。”[⑥]因为南宋三衙的训练官属于中下级军官，通常以正八品到正七品的大“使臣”且武艺高强者担任[⑦]，其官阶和地位远较小使臣为高。不过，从《宋会要辑稿》当中所录三衙取马纲官的官衔情况来看，确乎以从承信郎到从义郎的小“使臣”为主，宋孝宗以训练官充作纲官的规定似乎并

① 〔清〕徐松辑：《宋会要辑稿》兵二五之三二，第7216页；兵二六之一二、一三，第7232～7233页。

② 〔清〕徐松辑：《宋会要辑稿》兵二六之一九，第7236页；兵二五之五一，第7225页。

③ 〔清〕徐松辑：《宋会要辑稿》兵二六之二〇，第7236页。

④ 龚延明编著：《宋代官制辞典》，第36页。

⑤ 〔清〕徐松辑：《宋会要辑稿》兵二五之三三，第7216页；兵二五之三九，第7219页。

⑥ 〔清〕徐松辑：《宋会要辑稿》职官四三之一一六，第3331页。

⑦ 龚延明编著：《宋代官制辞典》，第477页。

未长期地执行下去。

至于纲兵，相关的朝廷诏令，一是强调只从三衙普通士兵当中选派，以便降低取马成本。乾道五年诏书即明确规定：“三衙并江上诸军、广西经略司取押纲马军兵，今后并不许差十将以上人。”[①]二是要求三衙须优先遴选骑兵。乾道元年的时候宋廷已经命令三衙，“每纲差使臣一员充管押外，余差阙马效用前去取押”[②]；乾道七年（1171）宋廷更专门下圣旨：“令三衙、江上诸军今后差拨阙马官兵，前去马监牵取本名下马归军。”此事的动议，主要出自宰相虞允文，他曾在廷议当中对宋孝宗表示：“臣昨与舜举言，今后取马，不如差阙马官兵自往，马既着脚，自然护惜，不致损毙。舜举亦以为然。”[③]舜举，即李舜举，时任主管侍卫马军司公事。需要说明的是，三衙在实际执行当中，并未能严格地贯彻这一规定，步军司是从一开始就以本司骑兵数量有限为理由，申请“于步军、弓箭手内拣摘能骑马射弓之人，逐旋拨填”[④]，并得到了批准。殿前司的情况也大同小异，如开禧二年（1206）管干殿前司职事郭杲曾经建议：“纲兵三十一人，悉以步军正带甲人为之。自临安至兴元，往返万里，经涉山险，若得谙晓马性之人，在路牵取养喂，庶几不致瘦毙。今步军不惟有妨教阅，堕武艺，又且不谙马性。今相度自后所差取马官兵，内纲官从旧选差使臣，余牵马军兵等，除兽医一名外，并于诸军阙马效用及雄效内差拨，必肯在路留心养喂。”[⑤]郭氏此奏可以说明：开禧二年前殿前司取马纲兵，同样是步、骑兼用，以步兵为主，甚至是全部使用步兵。

三衙取马，始终是走陆路，取马官兵的食宿和马匹的草料供应都要依赖沿途州县所设立的马驿来保障，“三衙每年取押纲马，全借马驿，办其草料，以时养饲”[⑥]。从宕昌寨至临安，大致是按50里的间隔设一马驿，总计设有马驿100所，即自宕昌至兴州15驿，自大桃至汉阴15驿，自衡口至干平13驿，自梅溪至石墙14驿，自应城至石田14驿，自边城至杨梅11驿，自紫岩至广德军12驿，自段村至临

① 〔清〕徐松辑：《宋会要辑稿》兵二五之二二，第7211页。
② 〔清〕徐松辑：《宋会要辑稿》兵二五之一一，第7205页。
③ 〔清〕徐松辑：《宋会要辑稿》兵二五之三三，第7216页；职官四三之一一六，第3331页。
④ 〔清〕徐松辑：《宋会要辑稿》兵二五之三八，第7219页。
⑤ 〔清〕徐松辑：《宋会要辑稿》兵二六之一九，第7236页。
⑥ 〔元〕马端临：《文献通考》卷一六〇《兵十二》，第1395页。

安府余杭门6驿。其中，三衙取马所经的兴元府至临安段道路，按当时宋人的计算为4889里[①]，共设有马驿85所。马驿的物资供应和相关事务，皆由所在县的县令和县尉负责[②]，路、州地方长官例系“提辖马纲程驿”衔，负责监督。至淳熙十六年（1189），南宋采纳了殿前司和步军司的建议，又命令三衙纲马途经的兴州、兴元府、金州、江陵、鄂州、江州、池州等七个都统司，也都要各自选派一员将官，协助地方管理马驿，“逐司量给盘费，与诸州军所委官同共提点”，“点检驿舍草料”。[③]段村至临安府余杭门段的6个马驿，由殿前司和步军司派员负责。每所马驿，各县通常要配备兵夫五名，并预先准备好“拣净稻子、大麦及齐头整草”等诸多物资，“各就马驿附近桩顿，纲马到日，随即支给”，供给三衙取马分队使用。[④]如乾道八年（1172），江夏知县唐楠即上言：“有马军司取马训练官张立等，押马到本县驿批支粮料。”[⑤]为了保证马匹的草料供应，绍熙四年（1193）宋廷接受了殿前司护圣马军统制刘世荣的奏请，又下诏补充规定：“令三衙、江上诸军，今后取马官兵，每纲各先给十日草料价钱，将带前去，准备过（遇）住程阙少去处，接续收买草料，如法养喂。或有支用钱物不尽，回纳本军。”[⑥]

三衙取马官兵，除了正常的军俸之外，还凭借随身携带的“口券”，按日从途经州县领取钱粮补助。嘉定九年（1216）臣僚即言：“国家市川、广之马，以备

---

① 〔清〕徐松辑：《宋会要辑稿》兵二三之二〇，第7169页；兵二六之一九，第7236页。按：《宋会要辑稿》兵二一之三四记载，乾道六年宋廷曾下诏：“令三衙行下取马官并关牒沿路州军，取径路前去建康府。”但此令应为临时性的个别举措，三衙取马的终点仍当为临安。又，马军司乾道七年移屯建康之后，其纲马“权前行在马军旧司收管。候承旨司火印讫，养喂一月，差官兵牵泄（拽）至本司交管”，嘉定六年后改由“步军司差拨谙晓马政将官一员，部押前来交管”。

② 《宋会要辑稿》兵二五之一六：“盖州县马纲草料、批请、程驿多是委之县令、簿尉。”

③ 〔清〕徐松辑：《宋会要辑稿》兵二三之二〇，第7169页。又见《文献通考》卷一六〇《兵十二》，但《文献通考》漏“江陵副都统司”。

④ 〔清〕徐松辑：《宋会要辑稿》兵二五之二〇，第7210页；〔元〕马端临：《文献通考》卷一六〇《兵十二》，第1395页。

⑤ 〔清〕徐松辑：《宋会要辑稿》兵二五之三九，第7219页。又，兵二五之三二、三三载：乾道七年六月“诏宁国府南陵知县赵传庆降两官、放罢，当行人吏各从杖一百、勒罢。以传庆违旨，不预办马驿钱米草料”。

⑥ 〔清〕徐松辑：《宋会要辑稿》兵二六之五，第7229页。

战阵，所过郡县，批支草料、钱粮。”[①]供给的数额大致是参照出征将士的标准，较为优待，“将校日给米一胜（升）半，铜钱一百五十文省；军兵日支米二胜（升）半，铜钱七十文省。至铁钱地分，纽计支给”。淳熙十六年（1189），南宋又专门下达规定：“今后诸军取马官兵，遇有疾患，仰纲官申所至州县，分擘生券，挨日批支。令本处命医调治，差人看护，候痊可给口券，转牒郡邑，津遣还军。”[②]途中生病的官兵，有权得到地方官府的及时医治和救助。这些费用，由于主要是由沿途的地方官府承担，难免要加重地方官府的财政负担。所以，南宋时三衙马纲“沿道数十州，驿程券食、厩圉薪刍之费，其数不赀”“上则耗国用，下则困州县。纲兵所经，甚于寇贼”“州县颇惮其费”[③]等一类的说法颇为流行。

三衙取马出发的时间，本来没有严格的规定，嘉定七年（1214）才定为七月以后方可出发[④]。马纲抵达临安之后，则要依据专门的“赏罚格”细则，对三衙取马官兵进行严格的考核。牵马纲兵，按每人牵马两匹计算，分为四等：1. 两匹全到，且体格健壮的，晋升一级官阶“转一资”，不愿转资折钱30贯；2. 两匹全到，但一匹病弱，赏钱15贯，或“转半资”；3. 两匹病弱，或一匹倒毙，不予赏罚；4. 两匹倒毙，降一资，无资可降者杖80。纲官，则以本纲马匹沿途倒毙的数量为最主要的指标，来决定升降官阶和增减磨勘年限，即提前还是推后获得提升。具体规定为：1. 全纲到达，晋升两级官阶；2. 倒毙五匹，晋升一级官阶，五匹以下，除晋升一级官阶之外，又依次各多减一年磨勘年限，至倒毙一匹，即减磨勘四年；3. 倒毙六至九匹，不晋升官阶，只依次减四至一年磨勘年限；4. 倒毙10匹，不予赏罚，倒毙11～14匹，各增加一至四年磨勘；5. 倒毙15匹，降一级官阶，倒毙16～19匹，除降一级官阶外，各增加一至四年磨勘；6. 倒毙20匹，降两级官阶，

---

① 〔清〕徐松辑：《宋会要辑稿》兵二六之二二，第7237页。

② 〔清〕徐松辑：《宋会要辑稿》兵二五之二，第7201页；兵二六之一，第7227页。

③ 〔宋〕洪迈撰，孔凡礼点校：《容斋随笔》续笔卷五《买马牧马》，第276页；〔元〕脱脱等：《宋史》卷一九八《兵志十二》，第4957页；〔宋〕李心传撰，徐规点校：《建炎以来朝野杂记》甲集卷一八《三衙沿江诸军取马数》，第429页。

④ 《宋会要辑稿》兵二六之二一：嘉定七年十月七日诏“令茶马司今后名（每）发三衙、江上诸军纲马，仰自正月以后，预期排定纲数，申枢密院行下各军。自七月以后，方得起发，前去取马”。

倒毙20匹以上，每5匹再降一级官阶。医兽等人的赏罚，基本上比照纲官，但不包括增减磨勘年限，仅升降官阶，无资可降者则要杖100。[①]总之，南宋马纲“赏罚格”以赏为主、赏重于罚的特点十分明显，“盖取马类有赏”，“大抵押马乃武臣军校速化之途，而副尉累以赏转至正使者，不可胜数”[②]，故当时的三衙官兵也普遍地将马纲视作难得的美差。

三、马院与三衙战马的牧放

三衙马纲运抵临安之后，必须首先经过枢密院承旨司的审验，合格的马匹由承旨司加以“火印”，即分别打上“甲”（殿前司）、“乙”（马军司）和“丙”（步军司）的烙印，并登记造册，然后方能拨付三衙使用。病弱、矮小无法充当战马的马匹，则予以淘汰。负责审验的两名兽医，原本皆由枢密院承旨司从省马院指定，但为了避免“预先计嘱之弊”，乾道八年后改为由三衙轮流选派本部的兽医充当，“临时依公看喝”。[③]纲马被枢密院承旨司“火印”之后，在宋人眼里就等同于士兵的刺字，意味着参军入伍。当老、病马匹从三衙退役的时候，同样要由承旨司烙上“出”字。

引人注目的是，南宋朝廷一直比较关注三衙退役战马的命运。绍兴十八年（1148），当马、步军司申请“将不堪乘骑马下临安府卖”的时候，宋高宗就训令说：“若卖与市人，不免屠剥，诚所不忍。其尚堪乘骑者，可发赴省马院。”淳熙十六年（1189），宋孝宗更专门下令三衙及江上诸军各置马院一所，“专收养拣退老病马，于元破草料内减半支给。责队外人看喂，令医兽常切医治，仍差将官一员提督，不许擅行宰杀。有倒毙，方得出卖。仍月具见管数目，申枢密院”。[④]此

① 〔清〕徐松辑：《宋会要辑稿》兵二五之四一、四二、四四，第7220～7222页。《吏部条法·磨勘门》：“诸内外诸军，岁终比较所养战马倒毙，该展磨勘人虽遇大礼赦，不在免展之限。取押纲马使臣、干办纲马驿程官倒毙该展磨勘人准此。”

② 〔清〕徐松辑：《宋会要辑稿》职官四三之一一六，第3331页；〔宋〕周去非著，杨武泉校注：《岭外代答校注》卷五《财计门·马纲》，中华书局1999年版，第192页。

③ 〔清〕徐松辑：《宋会要辑稿》兵二五之三七，第7218页。

④ 〔清〕徐松辑：《宋会要辑稿》兵二四之三六，第7196页；兵二六之一，第7227页。

外，乾道七年至九年，除了职司医治病弱马匹的医兽之外，三衙还曾设立了专门的医马院，集中收治患病和老弱的马匹。[①]宋朝“以仁立国”“以忠厚立国”，始终为宋人所津津乐道。当代学者也指出：政治、社会运作趋向于文明化和理性化，是宋代历史的突出特点和亮点。[②]马院和医马院的出现，在某种意义上说，也可以视作宋朝“以仁立国”的一个具体体现。

为了保持和提升军马的战斗力，南宋三衙的战马实行定期集中牧放。每年从四月至九月，除将少量执行战备执勤的马匹和病马留在临安以外，大部分战马都要至外地的专门牧场放牧，十月方返回临安。庆元五年（1199），南宋朝廷又接受臣僚建议，专门下诏督促三衙殿、步二司“自今呈马之际，除十分病发（废），不任医治，别作行遣区处外，应见管马无问肥瘦，并从牧放。如合量留在寨，亦须壮实可用，以备缓急。不许专养肥马，以为冒赏之地”[③]。

殿前司的牧马场，南宋初年时设在常州的宜兴县。史能之《咸淳毗陵志》记载，牧马“寨旧有二：一在宜兴县法藏寺前，一在潼渚村。中兴后为殿司牧放之所。乾道间，徙苏、湖等郡”[④]。宜兴县因此就“以牧马券料为负，自南狩则然，常预用二年后税”[⑤]。从绍兴十八年前后开始至乾道初[⑥]，殿前司牧马的大本营由常州移往平江府（苏州）。范成大《吴郡志》有云：“牧马寨，大寨八，小寨十七，散在城内。每岁四月，差统兵官总辖牧放，九月回。总辖衙在定慧寺西。”

具体牧场，一是平江府吴江县的合路村，称为合路马坊。陆游《入蜀记》：乾道六年六月八日，“过合路，居人繁夥，卖鲊者尤众。道旁多军中牧马”[⑦]。绍熙元年（1190）正月，杨万里撰有《合路马坊，年年四月殿前诸军牧马于此，十月复

---

① 〔清〕徐松辑：《宋会要辑稿》兵二五之二三、二四，第7211～7212页。

② 邓小南：《祖宗之法：北宋前期政治述略》，生活·读书·新知三联书店2006年版；王育济：《论“杯酒释兵权”》，《中国史研究》1996年第3期。

③ 〔清〕徐松辑：《宋会要辑稿》兵二六之一一，第7232页。

④ 〔宋〕史能之纂修：《咸淳毗陵志》卷一二《牧马》，中华书局1990年版，第3058页。

⑤ 〔宋〕叶适撰，刘公纯等点校：《叶适集·水心文集》卷二三《福建运使直显谟阁少卿赵公墓志铭》，中华书局1961年版，第447页。

⑥ 《宋会要辑稿》兵二四之三六载，绍兴十八年杨存中奏言：“乞于平江府添盖牧马屋。”

⑦ 〔宋〕陆游：《陆游集·渭南文集》卷四三《入蜀记》，第2409页。

归都下》诗，其诗曰："地迥湖宽春草酥，年年此地牧天驹。玉花骢里龙归去，金粟堆前鸟自呼。苑厩尚虚三万柱，柳林集得许多乌。即今未有王良眼，山子飞黄岂是无？"[①]洪迈《夷坚志·夷坚支甲》卷三《吕使君宅》则曰："淳熙初，殿前司牧马于吴郡平望，归途次临平。"[②]平望紧邻合路，同属吴江县，故洪迈有此说。二是秀州（嘉兴府）。殿前司护圣军于此牧放，如乾道七年主管殿前司公事王琪即曰："乞将护圣军马尽发遣前去秀州本军牧放。"[③]另外，绍兴三十年，殿前司还曾于宣州牧马[④]，但这很可能仅是临时性的辅助安排。

马军司的牧场本来在湖州，乾道二年马军司曾"申差人前去严州收买木植二万条，添置湖州牧放寨屋"[⑤]。然乾道九年马军司上奏说："本司诸军官马，未起发往建康府日，逐年于姑城牧放。"[⑥]姑城，即平江府（苏州）。这说明在乾道七年（1171）马军司移往建康之前，其牧场已由湖州移至平江府。又，《宋史·虞允文传》曰："侍卫马军司牧地旧在临安。"按马军司乾道九年上奏"望下两浙转运，将元本司西溪所置草地尽数拨还"，则马军司临安牧地，或即指临安郊外的西溪。

步军司的牧马场，本来在湖州的德清县，淳熙三年（1176）后移往湖州城郊的下菰城。《吴兴备志》曰："牧马寨，在德清县西九里，宋牧马于此。淳熙间，移于下菰城。"[⑦]《宋史全文》卷二六上淳熙三年五月癸亥王淮进呈步军司相

---

① 〔宋〕杨万里撰，辛更儒笺校：《杨万里集笺校》卷二九，第1482页。

② 〔宋〕洪迈撰，何卓点校：《夷坚志·夷坚支甲》卷三《吕使君宅》，中华书局2006年版，第729页。

③ 〔清〕徐松辑：《宋会要辑稿》兵二五之三二，第7216页。又，兵六之一七、一八：绍兴二十八年殿前司营建牧马寨，"平江府合用寨屋一万三千三百九十四间，并秀州护圣军添盖二百间"。可见，殿前司护圣军战马于秀州牧放，其他则在平江府。《容斋续笔》卷五《买马牧马》："又三衙遇暑月，放牧于苏、秀以就水草，亦为逐处之患。"按：此处所说的三衙，其实主要指殿前司。

④ 〔宋〕李心传：《建炎以来系年要录》卷一八四，第3074页。

⑤ 〔清〕徐松辑：《宋会要辑稿》兵六之一九，第6864页。

⑥ 〔清〕徐松辑：《宋会要辑稿》兵二一之三五，第7142页。

⑦ 〔明〕董斯张：《吴兴备志》卷一四《建置征第十》，《文渊阁四库全书》本。乾隆《浙江通志》卷四二《古迹·宋牧马寨》："宋牧马寨。《德清县志》在县西。南宋殿前司马军每岁放马数千牧于此，洗马滩尚存其名。"此处的殿前司，或系步军司之误。

度牧马去处，当指此事。宋宁宗时知湖州王炎亦曰："照对本州管下有下菰城，系每年步司牧放之地。"[①]下菰城，即湖州乌程。叶廷珪《海录碎事》曰："乌程县，乃古菰城，楚以封春申君，今俗呼下菰城，而旧经谓之五菰城。"[②]在下菰城之外，步军司在临安郊外的西溪也置有牧马场，起辅助作用，如淳熙十六年（1189）侍卫步军副都指挥使梁师雄即言："本司诸军递年将肥壮马差往湖州下菰城牧放，其新纲、病瘠、驼负等马往西溪牧养。"嘉定十四年（1221）步军司亦有言："本司今岁差发下菰、西溪牧放人马。"[③]又，按照乾道九年马军司的说法，马军司移往建康之后，其原在平江府的牧马场就"今来步军司指占，牧放纲马"[④]，改为步军司的牧马场。

需要说明的是，无论是平江府的合路，还是湖州的下菰城，浙西地区的三衙牧场，都程度不同地存在着气候潮湿和草质不佳等问题。隆兴元年，都督江淮军马张浚即建议将殿前司和步军司的牧场移往长江以北的扬州[⑤]；乾道六年，在虞允文的主持下，三衙牧场遂正式北移，殿前司在建康和扬州，马军司在镇江及和州，步军司在六合和真州，大本营则设在了建康府[⑥]。此前的乾道五年二月，宋廷已经诏令殿前司和马、步军司"各差统制一员，前去建康府同江东帅漕，于本府近便宽闲去处，踏逐牧放马五千匹并牧马官兵寨屋地段，措置修盖"[⑦]。众所周知，张浚和虞允文都是北伐中原的积极倡导者，他们将三衙牧场由江南的平江府和湖州移往江北，在解决水草问题的同时，更重要的目的，显然在于"缓急用骑过江便"[⑧]，具有强烈的北伐意味。也正因为如此，当淳熙元年（1174）虞允文病逝，宋

---

① 〔宋〕王炎：《双溪类稿》卷二三《申省论马料札子》，《文渊阁四库全书》本。

② 〔宋〕叶廷珪撰，李之亮校点：《海录碎事》卷四上《州县门·菰城》，中华书局2002年版，第120页。

③ 〔清〕徐松辑：《宋会要辑稿》兵二六之一，第7227页；兵二〇之四三，第7123页。

④ 〔清〕徐松辑：《宋会要辑稿》兵二一之三五，第7142页。

⑤ 《宋会要辑稿补编》记隆兴元年五月张浚言："殿前、步军司诸军战马，见在湖、秀州等处牧养，缘淮甸水草利便，望并发遣前来，就扬州牧放。"参见〔清〕徐松辑，陈智超整理：《宋会要辑稿补编》，全国图书馆文献缩微复制中心1988年版，第418页。

⑥ 〔清〕徐松辑：《宋会要辑稿》兵二一之三四，第7141页。

⑦ 〔元〕张铉纂修：《至正金陵新志》卷三中之下，中华书局1990年版，第5468页。

⑧ 〔元〕脱脱等：《宋史》卷三八三《虞允文传》，第11798页。

孝宗最终放弃北伐的努力之后，除马军司之外，殿前司和步军司的牧场再度向平江府和湖州、秀州南移，也就是很自然的事情[①]。

上述三衙牧场都建有专供牧马官兵居住使用的牧马寨，乾道六年建康府的三衙牧马寨屋就有12000余间，殿前司在平江府的牧马寨，更经过了十余年的经营，房屋高达13394间之多。[②]牧马期间，所在的州县要承担三衙战马的马料刍粟供应，如绍兴三十年户部即言："其宣州见屯殿前司牧马，一岁约用米并折纳马料共三万石，系于本州科拨。"[③]又如，三衙"春夏牧马夏菰城，仰给苏、湖、秀三州。适积水冒田，有司预请倍输夏麦，以补刍粟"[④]。以湖州为例，其负担的标准为"四月马一匹日支料谷一斗，自五月至八月马一匹日支料谷七升，九月回程马一匹日支料谷一斗"。开禧三年（1207），湖州"共支马料七千四百八十七石九斗"；嘉定元年（1208），"共支马料五千九十五石一斗三升"。[⑤]很显然，对地方财政而言，这是一个不小的负担，往往被地方官视作"逐处之患"。

三衙牧马，通常由三衙管军指派各军的统领官率队前往，或以统制一员为总辖官[⑥]。宋孝宗为了表示对三衙马政的重视，往往亲自干预牧马官的选任，如乾道八年殿前司奏拟"令董世英等总辖军兵于扬州牧马"，宋孝宗即指示说："向来闻董世英及张唐臣使酒，朕尝戒之，张唐臣已遵约束悛改，朕以二金碗赐之。董世英闻尚未悛，岂宜差去？可别差人，仍令本军戒谕。"淳熙三年（1176），他又当面训令三衙牧马官说："爱护马当如爱护己身，饥饱劳佚，各随

---

① 《翰苑新书》前集卷三二《三衙》曾引《言行录》曰："郭观察棣，字子华，淳熙五年擢殿前副都指挥使，居殿岩十年。尝为上言：骑兵驻辇毂下，固以重内，然江上有警，奔涉至劳，未及对敌，劲气已挫，愿才留所当用者，余悉牧之丹阳，于计为便。"可知淳熙年间殿帅郭棣亦曾建议将三衙军马牧场北移镇江府的丹阳。

② 〔清〕徐松辑：《宋会要辑稿》兵六之一七，第6863页；兵六之二一，第6865页。

③ 〔宋〕李心传：《建炎以来系年要录》卷一八四，第3074页。

④ 〔宋〕周必大：《文忠集》卷七〇《同知枢密院事赠太师洪文安公遵神道碑》，《文渊阁四库全书》本。

⑤ 〔宋〕王炎：《双溪类稿》卷二三《申省论马料札子》，《文渊阁四库全书》本。

⑥ 楼钥《攻媿集》卷四〇《武功大夫、殿前司选锋军统制李浩总辖牧放合转一官，久任有劳转行遥郡刺史》："敕具官某：兵久不用，军中累年劳以进武爵，率有止法，无得逾焉。以尔久任戎务，举军推其能，出视驷牧，善修马政。宠以郡刺史之职，盖异恩也。其奋事功，以图报称。"

时调节。若己身所不能堪者，马亦不能堪之，但马不能言，告诉不得耳。”[①]牧马结束之后，主要根据马匹倒毙数量的多少，对牧马官进行赏罚。如殿前司神勇军统制训武郎刘肇、步军司左军统制修武郎姚旦，“总辖牧放倒毙数少”，宋廷遂下诏曰：“敕具官某等：岁分遣诸军，牧于浙右宽闲之乡，惟统御有方，刍秣以时，归而阅实，生全者众，进之一秩，以为来者之劝。”[②]两人遂得各晋升一级官阶。反面的事例，如乾道六年枢密院有言：“乾道五年分步军司诸军牧放战马数，内中军统领官苗茂、亲随将第一将副将王明、左军统领官孟俊、第三将张国珍下，各倒毙马分数最多，理宜惩戒。”于是，苗茂、孟俊被各特降一官，王明、张国珍被各特降两官。[③]

四、取得的成效与问题

南宋三衙马政取得了较为显著的成效，三衙拥有战马的数量得以迅速增加。在绍兴七年(1137)，张俊、岳飞和韩世忠三支大军的战马大都达到了万匹，而三衙根本无法与之相提并论，如宋高宗就曾说，殿前司“杨沂中马少”；乾道元年七月，宋孝宗还对三衙“惟是马尚少”表示忧虑。[④]但随着马政的展开，乾道七年(1171)时，殿前司全军业已拥有战马共计4800余匹，其所辖神勇一军的战马就有995匹；至嘉泰四年(1204)，殿前司下辖的战马更增长到以10700匹为编制定额。[⑤]也就是说，在33年的时间里，殿前司战马的数量猛增了两倍有余，已经足以凌驾于任何一个都统司之上，像著名的建康都统司，其战马定额就是5087匹，大约仅为殿前司的一半。

马军司的战马数，据《景定建康志》记载：乾道七年，马军司各军的战马：

---

① 〔元〕佚名撰，李之亮校点：《宋史全文》卷二五下《宋孝宗四》，第1752页；卷二六上《宋孝宗五》，第1793页。

② 〔宋〕楼钥：《攻媿集》卷三四，《文渊阁四库全书》本。

③ 〔清〕徐松辑：《宋会要辑稿》兵二五之二二、二三，第7211页。

④ 〔清〕徐松辑：《宋会要辑稿》兵二四之三五，第7196页；兵二九之一六，第7300页。

⑤ 〔清〕徐松辑：《宋会要辑稿》兵二一之三四，第7141页；兵二五之三二，第7216页；兵二三之二六，第7172页。

选锋军、右军、中军、左军、后军各为800匹，前军为600匹，合计为4600匹。[①]这应该仅是马军司战斗部队战马的数量，若再加上该司帅衙机关及留守临安的龙卫、云骑和武骑“三指挥，额管一千人”，马匹的数量应当还要多一些。又，宋孝宗时马军司曾要求朝廷一次下拨牛皮五千余张，以制作马甲，供马军司使用[②]。可见，马军司其时的战马，至少应当在五千余匹。

步军司的战马数，宋孝宗乾道七年，步军司战马数为2700余匹；《宋史》卷一九三《兵志七·召募之制》曰：“乾道七年，马军司王友直言：‘见管战马二千七百余，止有傔马六百余人，请招傔兵千五百，并充雄威。’诏招千人，刺‘步傔’二字。”[③]按，“马军司王友直言”，大误。查《景定建康志》及《宋史》王友直本传，乾道七年主管马军司公事为名将李显忠，王氏从未出任过主管马军司公事，他在乾道四年至乾道七年，实任主管步军司公事。从所招兵刺“步傔”两字来看，“马军司王友直言”当是“步军司王友直言”无疑，其所谈到本司“见管战马二千七百余”，也肯定是指步军司的情况。

宋孝宗乾道以后，步军司战马数量有了较明显的增多，宋光宗绍熙五年（1194）仅在湖州下菰城一地放牧的马匹就有2565匹，总数自然还要高于这一数字。根据《咸淳临安志》记载：步军司共设9个马军营寨，即前军马军一寨、右军马军二寨、中军马军四寨、左军马军一寨、后军马军一寨；殿前司则设有19个马军寨。若按照殿前司战马总数为10700匹来推算，平均每个马军寨约有战马500匹。那么，步军司马军九寨的战马总数，就应在4500匹以上。[④]又，《建炎以来朝野杂记》：“行在诸军马草，每年计三百六十万束。”[⑤]360万束，即3600万余斤。按《宋会要辑稿》所记每匹战马每天消耗草料约13斤来计算[⑥]，扣除4至9月半年时间在外

---

① 〔宋〕马光祖修，周应合纂：《景定建康志》卷三九《侍卫马军》，中华书局1990年版，第1970～1971页。

② 〔宋〕周必大：《文忠集》卷六八《丞相洪文惠公适神道碑》，《文渊阁四库全书》本。

③ 〔元〕脱脱等：《宋史》卷一九三《兵志七·召募之制》，第4820页。

④ 〔宋〕潜说友纂修：《咸淳临安志》卷一四，《文渊阁四库全书》本。

⑤ 〔宋〕李心传撰，徐规点校：《建炎以来朝野杂记》甲集卷一五《行在诸军马草》，第335页。

⑥ 〔清〕徐松辑：《宋会要辑稿》兵二三之三〇，第7174页。

地放牧，每匹军马年消耗草料为2400余斤，每年度3600万斤马草，可供应的军马数约为15000匹，减去殿前司的10700匹，步军司的战马就在4300匹上下，因为其时马军司已经由临安移驻建康。上述推算，虽然可能会有些许出入，但应该是基本符合实际情况的。步军司4300匹战马这一数字，大致与马军司相当，与两司一直大致平分马纲的情况是符合的。当然，即便是以步军司2700余匹、2565匹战马来计算，殿前司和马、步军司三衙战马总数，也基本接近二万余匹。

战马数量的扩充，意味着三衙骑兵实力的突飞猛进，当然也就意味着三衙整体战斗力的提升。如若再考虑到三衙新增的马匹，绝大部分来自西北的优质军马"秦马""西马"，其意义当更为重要。三衙军力的增强，无论是对外抵御金、蒙古等外敌威胁，还是对内驾驭江上诸军，强化中央集权，皆发挥了相当的历史作用。

对外，以宋金之间几次大的战事为例：绍兴三十一年抵御金完颜亮南侵之役，侍卫马军司的数万骑步精锐，先是驰援上游重镇鄂州，又东下建康、镇江，俨然被南宋视若干城。马军司中军统制赵撙更是率本部在蔡州与金兵数度争夺，表现出了较强悍的战斗力。在著名的采石一战当中，殿前司护圣马军统制王琪所部骑兵，则是虞允文麾下的基干力量。

张浚主持的隆兴北伐，无论是围攻宿州、进取中原，还是"屯戍两淮"、抵御金兵的反击，宋军都是以三衙各部作为主力。绍兴三十二年（1162）七月，宋廷即令主管侍卫马军司公事张守忠"将带精锐官兵五千人"，八月，"统辖三司人马，听江淮东西路宣抚使张浚节制"；九月，接受张浚的奏请再"诏令殿前司左军全军，马军司于前军、左军内各差二千五百人，令刘源统押，步军司差五千人，并前去扬州屯驻，听江淮宣抚司使唤"；隆兴元年四月，又"诏遣殿前司右军统制阎德统辖殿前、步军司人马前去，听张浚节制"。张浚遂得"合殿前、江淮兵八万"，出师北伐。当宋军兵溃符离、战局逆转之后，宋廷于是年十月"诏令殿前司于护圣马军差一千人骑，步军差入队二千人、不入队一千人，往江淮都督府"；隆兴二年七月又"令步军司郭振全军人马，于八月上旬择日起发，前去淮东屯驻"。九月"诏殿司护圣马步军，神勇军，策选锋军，前、后、右军人马并行起发。候到，令淮东宣谕使钱端礼差殿前司前军先次往扬州，右军往真州屯驻。其余军马，并于镇江府，听候朝廷指挥"。直至战事基本结束，隆兴二年十二月，枢密院勘会"三衙官兵见屯戍两淮”，宋廷方诏令“殿前司官兵先次班师，步军司节次起发”。[①]

在战斗当中，主管殿前司公事李显忠统率殿前司各部，先是在灵璧击败金将萧琦所统“马军三千五百余骑”，又在宿州“遣马军四边伺连”，与金兵五万余主力骑兵相对抗，“伪元帅领五万余众，并系马军，冲突官军，箭凿如雨”，李显忠“劝励将士，极力斗敌，马、步军既拥而上，转战回旋百余合。申时后，贼兵败北，追十余里，杀死不知其数”。[②]“杀死不知其数”，当然难免有夸大其词的成分，但足证其时南宋殿前司、马军司等三衙的骑兵，确乎已经有了相当的实力，可以与金兵铁骑角逐沙场。至于此后宋军兵溃符离，问题主要还是出在指挥体制不善所导致的内讧上[③]。

开禧北伐，两淮主战场上的宋军主力同样是三衙各部，南宋在战前即“调三衙兵增戍淮东”[④]，“韩侂胄开边，始用殿帅郭倪、马帅李汝翼，发三衙禁旅，与江淮之师有事于宿、泗”[⑤]。淮西方向围攻宿州的主力是马军司，由主管马军行司公事李汝翼亲自统率；淮东方向则以殿前司和步军司的二万余精锐为主力[⑥]，殿前副都指挥使郭倪兼镇江都统制坐镇扬州。在战斗中，马军司后军统制田俊迈部表现得最好，在宿州城下多次击败了金之骑兵，“虏遣骑迎战，俊迈与倬麾下将孟思齐合

---

① 〔清〕徐松辑：《宋会要辑稿》兵九之一五、一六，第6913页；〔宋〕李心传撰，徐规点校：《建炎以来朝野杂记》甲集卷二〇《癸未甲申和战本末》，第465页；〔清〕徐松辑：《宋会要辑稿》兵九之一五、一八，第6913～6914页。

② 〔清〕徐松辑：《宋会要辑稿》兵一四之四四、四五、四六，第7014～7015页。

③ 据《宋会要辑稿》职官七一之四记载，因符离溃败而受处分的众将，其中殿前司有统制官三员：武德大夫左士渊，正侍大夫、和州防御使张训通，武德大夫韦宝。统领官三员：武德郎李彦孚、武功大夫王伦、武德郎董安。马军司统制官四员：起复武功大夫张师颜，左武大夫、果州团练使秦佑，武功大夫刘正宝，起复武功大夫、惠州刺史范旺。可见，隆兴北伐，宋军确是以三衙殿前司和马军司为主力，再辅助以江上诸军建康、池州两个都统司的兵力。

④ 〔元〕佚名撰，李之亮校点：《宋史全文》卷二九下《宋宁宗二》，第2054页。

⑤ 〔宋〕魏了翁：《鹤山集》卷一九《被召除授礼部尚书内引奏事·第五札》，《文渊阁四库全书》本。

⑥ 《宋会要辑稿》兵六之七记开禧二年四月郭倪奏请：“乞于殿前司通见出戍人，共䇲差精锐、壮健正带甲二万人。”宋廷随即令殿前司抽调五千人、步军司抽调二千人前往。击败金兵的灵壁凤凰山之战，据郭倪奏报，立功的殿前司统制官有选锋军统制毕再遇、中军统制何汝霖、前军统制耶律域。可见，是役殿前司至少出动了选锋军、前军和后军三个军的主力。

力败之于西流村"[①]，以至于金兵对其必欲得之而后快。殿前司的选锋军统制毕再遇更统领精骑，迭挫金兵，成为威震南北的名将。战局恶化之后，南宋又"命主管殿前司公事郭杲领兵驻真州，援两淮"[②]。

可以说，南宋数度试图北伐中原，正如虞允文所言："用兵不可以无马，市马不可以非其地。有百万之兵，无马以壮军势，而用其胜力，于追奔逐北之际，与无兵同。"[③]三衙骑兵力量的扩充，在其时的战争条件下，堪称是南宋北伐中原一个最起码也最重要的前提条件。除此之外，从宋孝宗朝开始，三衙逐步负责扬州、天长、六合、高邮等地的防务，如殿前司的游奕马军就屯戍在扬州[④]，这些地区进可攻、退可守，是江淮之间屏障长江的江北要地，战略地位极其重要。宋宁宗嘉定十五年（1222），应淮东制置司的要求，宋廷又令殿前司前后选派"精锐马军"一千，由殿前司的统领官彭忾指挥，前去"内控归附，外接夷虏"的边境第一线重镇楚州驻守。这支骑兵部队遂成为楚州守御的中坚力量，被淮东制置司誉为"委是纯熟""缓急可仗"。[⑤]

对内而言，绍兴和议之后，南宋朝廷大力扩充三衙和削弱主要从岳飞、韩世忠、张俊统领的三支大军演变而来的江上诸军，本来就是一个问题的两个方面，目的都是强干弱枝以实现中央集权。从绍兴和议签订开始，尤其是乾道至嘉泰年间，在三衙骑兵力量持续增强的同时，江上诸军各都统司的骑兵反而日趋萎缩，不仅是马源"川马"无法与三衙的优质"秦马"相比，而且普遍出现了战马严重供应不足的问题。如建康都统司的情况长期是"诸军见管战马，大段数少"，淳熙十二年（1185）三月，该都统司参加教阅的仅有"战马二千匹"[⑥]；镇江都统司也是"本司诸军战马，昨自虏人侵犯之后，累经战阵，委是阙少"；鄂州都统司亦"诸军战马，旧管万余匹，累经战阵，见管数少"[⑦]；江州都统司仅有战马"不及千

---

① 〔清〕徐松辑：《宋会要辑稿》兵九之二一，第6916页。

② 〔元〕佚名撰，李之亮校点：《宋史全文》卷二九下《宋宁宗二》，第2058页。

③ 〔明〕杨士奇、黄淮等编：《历代名臣奏议》卷二四二《马政》，《文渊阁四库全书》本。

④ 〔清〕徐松辑：《宋会要辑稿》兵二九之二一，第7303页。

⑤ 〔清〕徐松辑：《宋会要辑稿》兵二九之五一、五二，第7318页。

⑥ 〔清〕徐松辑：《宋会要辑稿》兵二三之一，第7160页；〔宋〕周必大：《文忠集》卷一四八《录白亲札付郭钧》，《文渊阁四库全书》本。

⑦ 〔清〕徐松辑：《宋会要辑稿》兵二三之二，第7160页；兵二五之二一，第7210页。

匹”；池州都统司“战马不多”[①]；四川诸军兴州都统司等四个都统司的情形亦大致如此。如此鲜明对比的出现，显然就是南宋马政重三衙、轻江上诸军政策的必然结果，具有强烈的政治意味。

南宋三衙马政也存在着诸多问题，主要包括：

第一，取马途中纲马倒毙的现象仍时有发生。相比于茶马司，三衙自行取马，确实大大降低了马匹在路途中的死亡率，但并不能完全解决问题。如乾道七年殿前司和马军司的各一纲马纲，就分别倒毙了19匹和13匹之多；殿前司使臣李师�所押纲马，“死损几半，见存者皆瘦瘠不堪”；乾道九年殿前司准备将李宣“往汉阳军排发纲马，在监倒毙既多，又更在路死损”。[②]嘉定九年，据当时臣僚所言：“国家市川、广之马，以备战阵，所过郡县，批支草料、钱粮，驿程不过五六十里，初无驮载驰骋之劳，顾乃羸瘦骨立，或在路耗损。”[③]

问题的症结：一是三衙马纲官兵选派不精，鱼龙混杂，如乾道七年八月枢密院所言：“勘会三衙、江上诸军取马官兵，并不拣择差拨，往往不切用心，致令倒毙数多。”[④]二是三衙马纲军纪不严，赌博盛行，而官兵的赌资大多来自“盗粜”，即盗卖供应纲马的粮草，遂人为地导致马匹因营养不良而倒毙。嘉定九年七月，就有臣僚具体提出：“纲兵率皆中夜起程，黎明至驿，一日之内，无所用心，惟事饮博。所请马料，随即货粜，以资其用。马之刍秣，何暇顾邪？无怪乎马之饥饿羸瘦，以致耗损也。”[⑤]三是纲官夹带私马，借机侵吞官马草料，“其押马官附带私马，却于正马草料内减克均养”[⑥]。

第二，三衙军官私占战马。军官私占战马，是南宋三衙军中十分普遍的一大顽症，如绍熙二年（1191）宰执就专门“进呈臣僚札子多占战马”；嘉泰二年殿前司左军统制王宁被降两官，降充副将，“以殿前都虞候郭倪言其多破阵马、冗占白

① 〔清〕徐松辑：《宋会要辑稿》兵二六之一五，第7234页；兵二三之四，第7161页。

② 〔清〕徐松辑：《宋会要辑稿》职官四三之一一六，第3331页；兵二五之四〇，第7220页。

③ 〔清〕徐松辑：《宋会要辑稿》兵二六之二二，第7237页。

④ 〔清〕徐松辑：《宋会要辑稿》兵二五之三三，第7216页。

⑤ 〔清〕徐松辑：《宋会要辑稿》兵二六之二二，第7237页。又，兵二六之二三嘉定十二年臣僚言：“且官给粮草，多是折钱，吏卒侵用去取马（焉）。”

⑥ 〔清〕徐松辑：《宋会要辑稿》兵二五之二〇，第7210页。

直、偷减草料、盗取官物”。[①]嘉定六年（1213）又有臣僚上奏：三衙“将佐之马，往往取之马军”，当时的一名统制官，往往就能以“科马”的名义，私占战马达到四五十匹之多！[②]按照南宋三衙的统制官有二十员以上来推算，被私占的战马至少就有千余匹，占三衙总战马数的5%以上，若再加上三衙的管军、统领和正副将等其他将领，私占战马的数量肯定极其惊人。嘉定六年，南宋下诏：“统制官止许差破战马六匹，统领官差破四匹，马步军正副、准备将各止差破两匹。其减下马拘收，从公拨付入队官兵，如法养喂。仍仰严切钤束兵将官，今后不许辄于官兵名下差拨换易。”[③]但这仅仅是一个并不严厉的限制性的规定，显然是治标不治本。

三衙军官私占战马，正如宋光宗所说：“军帅多占马，非时利其所得，又以好马奉权贵。此弊不可不痛革。”臣僚也谈道：“岂特占请马料，每一匹必有一卒以预其名，而盗取其食钱以入己者。”[④]其目的有二：一是私吞粮饷。除了私占战马的草料钱之外，因为骑兵每人每天的伙食钱是300文，而步兵只有100文，军官每私占一匹战马，就可以侵吞其中的200文差额。二是贿赂、献媚权贵。为求个人升迁，三衙将帅或者是私下相送，或是以“借”的名义，奉送战马来结交权贵。

对此，南宋朝廷也曾下令试图禁止，如绍熙二年六月下诏：“访闻殿、步司战马，百司官吏辄行私借乘骑，显属违戾。仰主帅日下禁止，毋得徇情应副。如或仍前借差，具名闻奏。”[⑤]庆元元年九月，宋廷又严令殿前司和步军司“不许私借战马与诸处官司”，已经借出的“限三日拘收诸处官司见借官马，具申枢密院”，“仍约束诸军兵官，今后或有违戾，重作施行，必罚无赦”。[⑥]但显而易见，在权贵揽权、“士大夫无耻”成为南宋中后期政治常态的大背景之下，这些诏书都不太可能收到实际的成效。直到南宋末年，实际情况依然是：三衙战马“贵官之占借已过半”，“自执政、侍从、台谏、给舍而下，以至省官、环卫、勋戚、阉尹之属，

---

① 〔清〕徐松辑：《宋会要辑稿》兵二六之二，第7227页；职官七三之三一，第4032页。

② 〔清〕徐松辑：《宋会要辑稿》兵二六之二一，第7237页。

③ 〔清〕徐松辑：《宋会要辑稿》兵二六之二一，第7237页；又见〔元〕马端临：《文献通考》卷一六〇《兵十二》，第1395页。

④ 〔清〕徐松辑：《宋会要辑稿》兵二六之二，第7227页；兵二六之二一，第7237页。

⑤ 〔清〕徐松辑：《宋会要辑稿》职官三二之一八，第3014页。

⑥ 〔清〕徐松辑：《宋会要辑稿》兵二六之八，第7230页。

占借之马，其数甚广。往往预指其姓名，阴记其毛色，如寄诸邻而取之”，而且“其占借之骑，皆西马之骏”。[①]

第三，在牧马期间战马大量死亡。绍熙五年，步军司上报枢密院，步军司该年度在放牧期间马匹死亡共计61匹，这是“淳熙十一年至绍熙四年十年之内，毙马最少”的年度，总辖官、前军统制高宗周也因此“特转一官”。可见，三衙各司其他年度倒毙的马数要远高于61匹。事实就是如此，如绍熙元年十一月，南宋一次就下诏处分了“后军统制雷世忠、后军统领王处久、前军统领杨世雄、选锋军统领李显明”等多达四名的三衙统制、统领，“各特降一官”，原因就在于他们“坐总辖牧放，马倒毙数多故也”。[②]这其中固然有三衙牧场所在的浙西地区，“地气卑湿，并喂饲茭草，多致病瘦”[③]等客观原因，但正如时人所批评的那样：“自殿最不严于主帅，则牧养之纲领废；自优恤不加于士卒，则牧养之节目废。”[④]三衙牧马时“马政不严”等人为的因素，显然更为重要。

第四，克扣马料。乾道四年，主管侍卫马军司公事李舜举就因“不支马料钱”，被降一级官阶。这些马料钱，当然是被李氏中饱私囊。又，绍熙元年殿前司护圣马军权统制李世存，也“坐虚作买草到场，盗破官钱入己”[⑤]，被解除了统制官的职务。毫无疑问，两人的所为在三衙军官中绝非个案，只是他们败露了而已。

上述种种问题，南宋各朝都程度不同地存在。从整体上看，大致可以开禧三年（1207）韩侂胄开禧北伐失败为分界线，在此之前，三衙马政基本上能够正常有序地运转；而从此后的嘉定年间开始，正如时人所慨叹的那样：“窃见茶司之马，每岁发卒取隶诸军，积而计之，宜不可胜数，而诸军之马曾不加多”，“最可恨者，交卸之后，而掌者不复爱惜，死者至无虚日，特以变易名色，充市肆之烹宰而已”，“贵市于外夷，而贱弃于中国”。[⑥]三衙马政江河日下，弊病百出，终至

① 佚名撰：《群书会元截江网》卷二五《马政》，《文渊阁四库全书》本。

② 〔清〕徐松辑：《宋会要辑稿》兵二六之七，第7230页；职官七三之三，第4018页。

③ 〔清〕徐松辑：《宋会要辑稿》兵二一之三四，第7141页。

④ 佚名撰：《群书会元截江网》卷二五《马政》，《文渊阁四库全书》本。

⑤ 〔清〕徐松辑：《宋会要辑稿》职官七一之二〇，第3981页；职官七三之三，第4018页。

⑥ 〔清〕徐松辑：《宋会要辑稿》兵二六之二二，第7237页；佚名撰：《群书会元截江网》卷二五《马政》，《文渊阁四库全书》本；〔宋〕林駉撰：《古今源流至论》续集卷二《马政》，《文渊阁四库全书》本。

不可收拾。

更为关键的是，南宋三衙马政存在着一个难以克服的先天不足，即完全依赖购买，而且马源单一，宕昌寨的地位自始至终别无替代，从而不可避免地导致了西北卖马诸蕃部，或是哄抬马价，或是以次充好，甚至肆意强卖、寻衅滋事，南宋受制于人，只能是被动地应付[①]。庆元年间，特别是嘉定七年（1214）金宣宗南迁之后，金遭到蒙古的猛烈攻击，长城沿线等北方马场相继丧失，也在宕昌附近的洮州和河州一带，以白银和粮食向蕃部置场买马[②]，对当地马源的竞争和争夺日趋激烈，南宋宕昌寨马场已经出现了“马至秦司者差罕矣”[③]的惨淡局面。宋理宗端平元年（1234）宋、蒙古战争爆发之后，川、陕地区首当其冲地被蒙古铁骑蹂躏，南宋马政遂遭到毁灭性的打击，南宋国运亦急转直下，趋向终结。

原载《中国史研究》2012年第1期

① 《宋会要辑稿》兵二三之三记乾道四年兵部侍郎陈弥作言：“祖宗设互市之法，本以羁縻远人，初不借马之为用，故驽骀下乘，一切许之入中。蕃蛮久恃圣朝宽大，一拂其意，必起纷争，官吏亦惧生事，无敢谁何。”

② 〔明〕杨士奇、黄淮等编：《历代名臣奏议》卷二四二《马政》，《文渊阁四库全书》本；〔宋〕李心传撰，徐规点校：《建炎以来朝野杂记》甲集卷一八《川秦买马岁收茶帛数》，第426页。

③ 〔元〕马端临：《文献通考》卷一六〇《兵十二》，第1394页。

宋代皇权与三衙用将

诚如南宋名臣虞允文所言："擢用将帅，非人臣所当专。"[①]皇帝作为赵宋王朝的最高统治者，内外大权都集中于其一身，在帝制时代这是毋庸置疑的常识。军队将帅，本乃"国之司命，社稷之存亡系焉，人主所当注意而不可忽者也"[②]。三衙管军的选任，更关乎至关重要的京城兵权，其最高的决策权，当然也掌握在皇帝的手中。对此，宋仁宗时任翰林学士的胡宿，就曾对宋仁宗说：

> 臣窃以殿前、马、步军等帅臣，统陛下爪牙之兵，为陛下心腹之佐，宿卫宫省、拱扈宸极。凡所进任，固先出于圣意，然后参访大臣，公议既同，方可除授……不宜轻用论荐，以收私恩，或任非其才，则开隙生事。国之利器，所宜慎重。[③]

宋哲宗元祐五年（1090）十一月，侍御史孙升在上奏中所言更为精到，他说："臣窃以管军之臣，乃人主爪牙，所以自卫，虽推择之议，当参详于执政，然除授

① 〔明〕杨士奇、黄淮等编：《历代名臣奏议》卷二四〇《任将》，《文渊阁四库全书》本。

② 〔清〕徐松辑：《宋会要辑稿》职官三二之三八，第3024页。

③ 〔宋〕胡宿：《文恭集》卷八《论除授宿卫帅臣》，《文渊阁四库全书》本。

之恩，必使归之人主。”[①]宋宁宗时，宗正少卿柴中行也上奏道：“执政、侍从、台谏、给舍之选，与三衙、京尹之除，皆朝廷大纲所在，故其人必出人主之亲擢，则权不下移。”[②]

宋代三衙之用将与三衙管军的选任，三省、枢密院进拟，给舍缴驳，台谏论列，文武高官荐举等，归根到底都只是建议，最终还必须经由皇帝本人加以决断。皇帝最高决策权的具体行使，主要有在三省、枢密院进呈时对其“进拟”人选发表可否意见，以及内降“中旨”“内批”“御笔”直接任命等两种不同的方式。正是因为三衙用将的最高决策权属于皇帝，皇帝周围以宦官为代表的佞幸群体，往往也能够发挥相当大的影响力。

一

宋太祖作为后周驰骋沙场的禁军名将，殿前司的资深统帅，赵宋王朝的开国之君，是不折不扣的军事老手。三衙管军等禁军高级将校的任免，皆出自其乾纲独断，实属理所当然。正所谓“方今中外兵百万，提强黜弱，日决自上前，出无敢悖者”[③]，也就是他的心腹谋主赵普，能够发挥一定的参谋作用。建隆二年（961），张琼被破格提升为殿前都虞候，就完全是出自宋太祖的个人意志：“上谓殿前卫士如虎狼者不下万人，非张琼不能统制，乃自内外马步军都头、寿州刺史擢殿前都虞候、领嘉州防御使。”[④]又如，殿前都虞候杨信，根本没有任何像模像样的战功，后来还得了重病，成了哑巴，指挥军队时只能用一奴仆代他传令，但就因为杨氏为宋太祖个人的亲兵卫士，宋太祖认为其“忠直无他肠”，遂始终对其赞赏有加，杨氏后位至殿前都指挥使。在杨信之后出任殿前都虞候的李重勋，在军中更加默默无闻，他能够接任如此要职的唯一理由，就是“与太祖同事周祖，谨厚无矫饰”，乃宋太祖的早年军中密友，宋太祖“甚重之，故擢委兵柄，始终无易”[⑤]。

---

① 〔宋〕李焘：《续资治通鉴长编》卷四五〇，第10814页

② 〔元〕脱脱等：《宋史》卷四〇一《柴中行传》，第12175页。

③ 〔宋〕柳开：《河东集》卷八《与郑景宗书》，《文渊阁四库全书》本。

④ 〔宋〕李焘：《续资治通鉴长编》卷二，第51页。

⑤ 〔宋〕李焘：《续资治通鉴长编》卷一九，第424页。

正如韩非子所说："宰相必起于州部，猛将必发于卒伍。"宋太宗、宋真宗父子，都是因人成事的公子哥儿，显然都不是军事上的行家里手。然其父子二人却偏偏自视甚高。宋太宗自诩"弓马娴熟"，更精通兵法。至道元年（995）正月，宋太宗就借山西前线战事的胜利，对左右侍臣表示自己精研兵法，他说：

> 用兵之法，古贤所著兵书已备，无以越其规矩焉，在人探讨耳。朕粗留心，至若汉高祖以必战而灭楚，晋谢安以孤军而败秦，此用兵之妙也。夫文武之略，天不赐全。倘使张良有韩信之武勇，韩信有张良之沉谋，则高祖焉能驾驭之乎？朕每出兵攻伐，意颇精密，将兵之人，丁宁谕之。不听者，多至败事。[①]

左右侍臣们则顺水推舟，大肆吹捧道："陛下料敌制胜，天之所授，固非臣下所测度也。将帅倘能上遵成筭，则何往而不克矣。"至道二年，宋太宗又借王超伐夏取得小胜的机会，对侍卫亲军马步军都虞候傅潜等三衙管军大将们表示：

> 此行合战与还师之期，悉如所料，但诸将不能尽依方略，致此贼越逸。……布阵乃兵家大法，非常情所究，小人有轻议者，甚非所宜。朕自为阵图与王超，令勿妄示人。超回日，汝可取图观之。[②]

其实，战场瞬息万变，《孙子兵法》及历代高明的兵家讲究得都是"运用之妙，存乎一心"，"能因敌变化而取胜者，谓之神"。宋太宗"悉如所料""诸将不能尽依方略"云云，纯属"功为己，过为人"的自欺欺人的外行话。他本人亲自指挥的高梁河之战和雍熙北伐，宋军无一例外地一败涂地，涿州溃败，名将杨业的战死，他都负有不可推卸的指挥责任。反倒是前线众将抵制其乱指挥的满城会战，宋军取得了相当可观的战果。宋太宗军事才能究竟如何，由此一望可知。

问题是，皇帝既然如此自我迷信，以英明神武自居，文武大臣又阿谀奉承，

---

① 〔清〕徐松辑：《宋会要辑稿》兵一四之一四，第6999页。

② 〔宋〕李焘：《续资治通鉴长编》卷四〇，第852页。

三衙管军将帅的选拔，当然就是皇帝一人高下在手，臣下置喙的空间就很小了。更何况，宋太宗即位背负着“烛影斧声”得位不正嫌疑的沉重包袱，对三衙的人事安排，他本来就有着最高的政治敏感度。

事实就是如此。宋太宗即位伊始，他就“属意戎事，每朝罢，即于便殿或后苑亲阅禁卒，取壮健者隶亲军，疲软老弱，悉分配外州，自是藩卫之士益以精强”[①]。雍熙元年（984）二月，宋太宗又御崇政殿“亲阅诸军将校，自都指挥使已下至百夫长，皆按名籍参考劳绩而升黜之，凡逾月而毕。自是，率循其制”[②]。宋太宗还对近臣说：“朕选擢将校，先取其循谨能御下者，武勇次之。若不自谨饬，则士卒不畏服，虽有一夫之勇，亦何用耶？”[③]淳化二年（991），当盐铁使李惟清向宋太宗建言“望国家精择将帅，以有威名者护塞”，其实是对宋太宗的选将之道提出委婉批评的时候，宋太宗仍然故作高深地说：

> 朕每计之，自有成算。至于选用将帅，亦须深体今之机宜。如韩、彭虽古名将，若以彼时之见，便欲制今之敌，亦恐不能成功名。今纵得其人，未可便如往时，委之能成功业。此乃机事，卿所未悉。[④]

也就是说，尽管在战场上多次碰得头破血流，宋太宗还是坚持“自有成算”，坚持自己的选将之道，不愿意采纳臣下的建言。三衙禁军自“百夫长”以上将校的“选擢”大权，当然就更不愿也不会稍向臣下放手了。宋真宗景德二年（1005），宋真宗曾以太宗所擢殿前都虞候张凝“忠勇好功名”为例，高度评价宋太宗的用将之明：

> 上尝与近臣论将帅，曰：“选用武臣实难，傥未尝更历，则不能周知其才。太宗所擢甚众，而优待者唯凝与王斌、王宪等数人，每赐与绝殊伦辈，

① 〔宋〕李焘：《续资治通鉴长编》卷一八，第412页。

② 〔宋〕李焘：《续资治通鉴长编》卷二五，第573页。

③ 〔宋〕李焘：《续资治通鉴长编》卷二五，第573页。

④ 〔宋〕李焘：《续资治通鉴长编》卷三二，第714页。

乃知先帝知人之明也。”①

这自然是正面的推崇。宋神宗熙宁六年（1073），名相王安石以前后两任侍卫亲军马步军都虞候傅潜、王超为例，评论过宋太宗、宋真宗两朝的用将，他说：

> 先朝用将，如王超亦尝召对，真宗与之语，退以其语与大臣谋之。臣读史书，见当时论说终无坚决，上下极为灭裂，如此何由胜敌？又太宗为傅潜奏防秋在近，亦未知兵将所在，诏付两卷文字，云兵数尽在其中，候贼如此即开某卷，如彼即开某卷。若御将如此，即惟王超、傅潜乃肯为将，稍有材略，必不肯于此时为将，坐待败衄也。但任将一事如此，即便无以胜敌。②

对此，宋神宗也表示完全赞同。确实，只有傅潜、王超之流，才肯甘于充当宋太宗、宋真宗手中的玩偶；反过来说，恐怕也只有宋太宗、宋真宗乾纲独断，独揽“任将”大权，才会在宋、辽激战正酣之际，把傅潜、王超等连“稍有材略”尚且不配的庸将，提拔到关乎政权兴亡、三衙最高级管军的要害位置上。

正面推崇也好，负面批评也罢，尽可见仁见智，然宋太宗独运“选擢将校”之大权，毫无任何疑义。一个颇为有趣的事例是戴兴的升迁，此人在宋太宗朝历任步军都虞候、步军都指挥使、殿前副都指挥使、殿前都指挥使，却从无任何像模像样的战绩可言，其之所以在军中官运亨通，竟主要得益于宋太宗对长寿大仙的迷信和以貌取人：

> 戴兴为御龙弓箭直都虞候。一日，西蜀进青龙城道观《长寿仙人图》，其本吴道元之迹，太宗阅之，酷肖戴兴，又恐所见有殊，亟召数班军校、近侍、内臣遍示之，曰：“汝辈且道此图似何人？”群口合奏曰：“似戴兴。”上笑而异之，因是进用。后建宁远军节，举朝止呼“戴长寿”。③

---

① 〔宋〕李焘：《续资治通鉴长编》卷六〇，第1335页。

② 〔宋〕李焘：《续资治通鉴长编》卷二四八，第6046页。

③ 〔宋〕文莹撰，郑世刚等点校：《玉壶清话》卷四，中华书局1984年版，第39页。戴兴，误作“戴恩”，据《宋史》卷二七九《戴兴传》改。

帝王用心，随意性很大，臣下荣辱，就在帝王的一念之间，真才实学如何，往往倒在其次。

宋真宗亦袭其父之故智，咸平四年（1001），宋真宗向宰相吕蒙正等训示说："选众求材，诚非易事，朕常孜孜询访，冀有所得。向来于军校中超擢八九人，委以方面，其间王能、魏能颇甚宣力，陈兴、张禹珪亦称有闻。"宰相吕蒙正等人随即迎合道："才难求备，今拔十得五，有以见陛下知臣之明也。"[①]他们显然为宋真宗本人所赏识和亲自提拔，王能后位至侍卫步军副都指挥使、都指挥使，陈兴位至龙神卫四厢都指挥使。[②]景德四年（1007），时任枢密使的马知节更曾对宋真宗说："当今兵柄，尽出陛下掌握，至于一命之士，皆由旨授。"[③]马氏此语，真可谓无所顾忌，一语破的。宋真宗宠信自己的藩邸亲随夏守赟，遂不经过中书、枢密院，直接派遣宦官征求夏守赟个人的意见："欲管军乎？为横行使乎？"[④]夏氏后来果历仕三衙都虞候、副都指挥使，位至殿前都指挥使。

宋仁宗一朝，情况相对复杂。一方面，迫于群臣的激烈反对，尤其是鉴于台谏官们"乞罢内降诏书"的呼声此起彼落，宋仁宗也不得不数度下诏表示："自今内降指挥与臣僚迁官及差遣者，并令中书、枢密院具条执奏以闻"，[⑤]"今后内降，无得辄受"[⑥]。但另一方面，皇帝"内降"下发仍然是相当频繁。在三衙管军的选任层面，宋仁宗尤其如此，败军之将刘平出任龙神卫四厢都指挥使，后晋升侍卫步军副指挥使，即出自宋仁宗本人之意："上初擢平主四厢，谓左右曰：'平，所谓诗书之将也。'"[⑦]李用和、李昭亮、郭承祐等一大批外戚，他们得以出掌三衙，尽管屡遭台谏官们的围攻，却依然能够安居于殿前副都指挥使等管军高位，个中的关键，更是在于宋仁宗本人"用亲"之一己私意。

---

① 〔宋〕李焘：《续资治通鉴长编》卷四九，第1074页。

② 〔元〕脱脱等：《宋史》卷二七九《王能传》，第9479页；卷二七九《陈兴传》，第9484页。

③ 〔宋〕李焘：《续资治通鉴长编》卷六七，第1506页。

④ 〔元〕脱脱等：《宋史》卷二九〇《夏守赟传》，第9716页。

⑤ 〔宋〕李焘：《续资治通鉴长编》卷一二九，第3051页。

⑥ 〔宋〕任伯雨：《上徽宗乞今后内降所属无得辄受》，《宋朝诸臣奏议》卷二三，第233页。

⑦ 〔宋〕李焘：《续资治通鉴长编》卷一一五，第2692页。

宋英宗是一个“有性气，要改作”的有为君主，他即位伊始即曾质询执政大臣：“积弊甚众，何以裁救？”[①]表现在用人层面，就是时常圣心独运，“每有裁决，皆出群臣意表”[②]。例如唐介出任御史中丞，据宋英宗本人所言就是：“卿在先朝有直声，今出自朕选，非由左右言也。”[③]治平二年（1065）六月，宋廷命江东转运判官、屯田员外郎范纯仁为殿中侍御史，权发遣三司盐铁判官、太常博士吕大防为监察御史里行，“皆英宗亲选也”[④]。对整军经武，宋英宗更是念兹在兹，他采取的方法之一，就是侧重通过内外将帅的人事调整，来刺激和激励三衙与前线各部，提升宋军整体的战斗力。治平元年十月，宋英宗病体初愈，就检阅了三衙诸军、班直将校的武艺，亲自“擢授有差”：

> 上谕天武右第三军都指挥使、窦州刺史王秀曰：“尔艺虽不中格而尝有战功，故以尔为正刺史。”又谕散直都虞候胡从曰：“尔艺虽不中格而治兵齐肃，故以尔为内园使。”[⑤]

同年十二月，宋英宗又以王昭明、李若愚等亲信宦官出任陕西前线泾原、环庆等路的兵马钤辖统兵要职，整顿边防，尽管谏官吕诲等人极力反对，宋英宗依然是乾纲独断，“讫不从”[⑥]。

宋英宗治平二年六月，杨遂出任侍卫步军都虞候，也是因宋英宗早年在藩邸时，同杨遂有过一面之缘，遂以手令钦定其为管军：“初，绛州团练使杨遂为新城巡检，救濮王宫火，帝识其面目。于是，侍卫司阙帅，帝首出遂姓名，擢登州团练使、步军都虞候。”[⑦]宋英宗天不假年，但即使如此，正如宋哲宗朝时臣僚所言：“臣伏见近年以来，宿将凋零，今岁为甚。虽其间人才固有精粗，是皆自英考、神

① 〔宋〕李焘：《续资治通鉴长编》卷二〇一，第4868页。
② 〔元〕脱脱等：《宋史》卷一三“赞曰”，第261页。
③ 〔宋〕李焘：《续资治通鉴长编》卷二〇一，第4884页。
④ 〔清〕徐松辑：《宋会要辑稿》职官一七之七，第2737页。
⑤ 〔宋〕李焘：《续资治通鉴长编》卷二〇三，第4911页。
⑥ 〔宋〕李焘：《续资治通鉴长编》卷二〇三，第4926页。
⑦ 〔宋〕李焘：《续资治通鉴长编》卷二〇五，第4968页。

宗识拔，切磨收养，出生入死之人也。”[①]宋神宗朝建功立业的将帅，不少人是从宋英宗时开始崭露头角的。

宋神宗更是宋代最胸怀大志的皇帝，又有名臣王安石辅佐，志在复汉、唐旧疆，作“大有为”之君。熙宁、元丰新法，无不以“富国强兵”为宗旨。军事改革层面的“将兵法”，着眼于强化地方各路经略司的军事实力，前线战区以陕西、河东各经略司为重点，内地则以开封府界、京东西两路为重点；“保甲法”则侧重于开封府界、河北、河东、陕西等地区民兵的训练，着眼于以兵农合一的民兵取代募兵的长远目标。京师的三衙，虽然不是宋神宗改革的重心，但也绝非置诸不顾，而是以精简、整训为手段，力图锤炼出精锐之师。为达到这一目标，宋神宗对三衙管军的遴选，同样是用心良多。战功颇著的燕达，最得宋神宗的赏识和器重，他能从一介小校起家，飞黄腾达至殿前副都指挥使高位，离不开宋神宗本人的亲自栽培与数度破格重用。燕达本人就曾有言：“我蒙先帝大恩，拔擢常在众先。”[②]元丰八年（1085），宋神宗在考虑身后之事的时候，就把托孤的重任也部分地放在燕达肩上：

> 进（燕达）殿前副都指挥使，拜武康军节度使。元丰八年，神宗寝疾益甚，会确母入禁中，皇后使谕确，外托主兵官燕达等辅立皇太子。[③]

燕达果然没有辜负宋神宗的期望，“逮神考升遐，宿卫于内东门”[④]，以武力为后盾，协助宰相蔡确等人保证了宋哲宗的顺利继位。宋神宗、燕达君臣之间的密切关系由此可见。宋神宗在确定蔡确为托孤人选的时候，主要的理由是：“群臣皆先皇帝遗朕者，如确自小官，朕亲擢至此，必不负朕。”[⑤]也就是说，在宋神宗眼里，燕达的情况应当与蔡确相类似，同样是自己把他们从“小官”“小校”一手提拔至三衙管军，因而也就是最为亲信和可靠的。

---

① 〔宋〕张舜民：《上哲宗请内外臣僚各举堪任将帅者》，《宋朝诸臣奏议》卷六四，第716页。

② 〔宋〕李焘：《续资治通鉴长编》卷三五三，第8459页。

③ 〔宋〕李焘：《续资治通鉴长编》卷三五二，第8421页。

④ 〔宋〕李焘：《续资治通鉴长编》卷三五三，第8459页。

⑤ 〔宋〕李焘：《续资治通鉴长编》卷三五二，第8422页。

此外，擅长治军、军纪严明的宋守约，用兵有方、威震西夏的刘昌祚等人，宋神宗也是特别地赏识，多次不顾臣僚的异议，将他们提拔至三衙管军之位。

宋哲宗一朝，在宋哲宗亲政之前，大权掌握在太皇太后高氏的手中，三衙管军的任命也相应地掌控在她手中。元祐五年（1090）和元祐六年，宋廷先后两次除授三衙管军就是较为典型的事例。元祐五年，为补三衙之阙，经宰相吕大防、尚书右丞许将等三省、枢密院执政众大臣共议，“度越资级”，拟定以张守约、张利一两人应选。但在“进呈”皇帝审批时，垂帘听政、代宋哲宗行使皇权的高氏虽然未明确地否定三省、枢密院的“进拟”，但仍委婉地表示：“闻王文郁有边功，好作军职”，“姚兕亦闻忠实可用”[①]。

待朝议结束之后，尽管吕大防等人继续坚持原议，尚书右丞许将却改为迎合高太后的意思，不在三省、枢密院任命二张的文书上签字，并个人上札子请另行委任王文郁为三衙管军。此事随即引发了一场政治上的轩然大波，执政、台谏等众多朝臣都被牵涉其中。事件的结局是许将因此被罢去执政，而张利一、张守约为三衙管军的拟议，亦按照高太后的意向，最终被搁置。

元祐六年，三省宰相、枢密院的“进拟”更是被高太后直接否决。该年四月，龙神卫四厢都指挥使出阙，三省、枢密院进拟以雄州团练使王崇拯担任。在“同进画可”时，这一方案遭到了高太后的否定，高太后还当面驳斥众臣道：“崇拯有何劳能？闻说止是熟事，且须选有功劳之人。”[②]三省、枢密院遂改进拟曹诵，但也未能获通过。

宋哲宗亲政之后，励精图治，对内一改元祐之所为，以绍圣为旗帜，起用新党；对外则推行强硬政策，重新对西夏发起凌厉的攻势。相应地，宋哲宗特别重视将帅的选任，三衙管军的人选更是亲自决断，他“每以元祐末除（王）崇拯、张璨为管军不当”，还再三对曾布评论说：“张璨作管军尤可怪，今在否？”曾布回答：“已作宫观。”[③]显而易见，张璨如若不是已经离任，宋哲宗非将他解职不可。

宋哲宗时常以手令批复或面谕等形式，令三省、枢密院正式任命管军。元符元年（1098）正月，皇城使、濮州刺史、环庆路钤辖张整晋升为威州刺史、龙神卫

① 〔宋〕李焘：《续资治通鉴长编》卷四五〇，第10807页。

② 〔宋〕李焘：《续资治通鉴长编》卷四五七，第10941页。

③ 〔宋〕李焘：《续资治通鉴长编》卷四八五，第11520页。

四厢都指挥使，就是宋哲宗亲自召见，经过面对面地专门考察之后，然后亲笔批复三省、枢密院，任命其为三衙管军，完全撇开了三省宰相。其具体的过程，史书记载如下：

> 先是，泾原乞差近上兵官。曾布为上言："无人可差。泾原、熙河皆欲得王恩为总管，恩少壮，可驱策，兼颇得边人情，置之于此可惜。张整军政严明，可以管军，但恐以衰病。若召之一见，陛下自视其人才，可进则进，不可则却令归本任，似无所害。"上然之，遂召整。既对，论军政及职事，极有条理，上甚悦。翌日，谕二府曰："整殊不类武人，语言皆有条理。当时丰稷、韩忠彦皆拒而不受，何也？"整先除镇、定钤辖，二师（帅）皆以为严酷失军情，不纳。布曰："臣不敢过称道之，然其军政严明，实有过人者。奏对果称旨，然管军须三省同除。"上曰："不须，待里面指挥。"即日批付二府除四厢。①

按：宋制路级之副总管方得为管军，张氏以环庆路钤辖而除龙神卫四厢，属于越级提拔。另据《宋史》张整本传的记载，张氏蒙宋哲宗召对，除龙神卫四厢都指挥使之后，遂"管干马军司"②。

宋哲宗"自视其人才"，以"内批"直接任命张整为三衙管军一事，正如时任知枢密院事的曾布所评论的那样："上频收揽威柄，侍从、台谏多出中批或面谕，至整亦欲从中批出，三省无复差除，右使阙已数月矣。"③显而易见，这与绍圣之前大权归于太皇太后高氏和旧党执政大臣，宋哲宗亲政后特别注重加强对用人权的控制，以此来"收揽威柄"的政治大背景有关。张氏之外，王恩出任三衙管军，同样是经过了宋哲宗的亲自"召见"，宋哲宗还对左右近臣评论说："先帝时宿卫人，皆杰异如此。"得到皇帝本人的赏识之后，王恩遂得以"留为龙神卫（四厢）都指挥使，迁马军都虞候"④。

---

① 〔宋〕李焘：《续资治通鉴长编》卷四九四，第11739～11740页。

② 〔元〕脱脱等：《宋史》卷三五〇《张整传》，第11087页。

③ 〔宋〕李焘：《续资治通鉴长编》卷四九四，第11740页。

④ 〔元〕脱脱等：《宋史》卷三五〇《王恩传》，第11088页。

宋徽宗行政、用人，以好用“御笔行事”著称，即越过三省、枢密院的进拟，甚至不经由中书舍人“书行”，不交门下省给事中审覆“书读”，皇帝本人在内廷径直拟定人选，或亲笔书写，或由宫人代笔，直接交付有关机构执行。御笔行事，始于崇宁四年（1105），宋徽宗“御笔更制军政”，“御笔付三省、枢密院，更制陕西、河东军政六事。三省、枢密院同奉御笔始此”①。大观年间则为最盛：“御笔自此始，违者以大不恭论，繇是权幸争请御笔，而缴驳之任废矣。”②三衙管军的选任亦如此。殿帅王恩得罪宰相蔡京，蔡京欲逐之而不果，就是因为王恩得到了宋徽宗的庇护。高俅以一介地痞无赖，竟得遍历三衙，稳居殿前都指挥使的高位，更完全出自宋徽宗的乾纲独断。

宋钦宗即位时，金兵兵临开封城下，宋朝已然处于风雨飘摇的险境，但宋廷发布的殿帅人选王宗濋，被朝野上下公认为还不如高俅，其治军统兵的能力更等而下之。王宗濋，是宋钦宗之母宋徽宗王皇后的亲属，“上欲宠异母党，故有是命”③。也就是说，这一任命完全出自宋钦宗本人任用外戚的一己私意，不可能再有任何别的解释。难怪任命甫一发布，“识者寒心”④。幻想以骗子郭京的“神兵”退敌，就是在王氏主持下上演的荒唐闹剧。金兵刚登上开封城的时候，兵力其实并不多，宋军仍然还有反击的可能性，但王宗濋置宋钦宗的命运于不顾，竟带头鼠窜，“首引卫兵逃遁，致都城失守也”⑤，最终直接导致了开封失守。宋钦宗算是自作自受，自食选将不当的恶果了。

宋高宗号称南宋“中兴之主”，但他在军事上其实很不在行。三衙用将，起初主要是依靠赵鼎、张浚等宰相。宋、金绍兴和议达成后，则是奸相秦桧挟金自重，独揽大权十余年，宋高宗长期被置于相当尴尬的境地。绍兴五年（1135），将杨存中的神武中军与殿前司合并，以杨存中为主管殿前司公事，决策算是出于宋

① 〔宋〕陈均编，许沛藻等点校：《皇朝编年纲目备要》卷二七，中华书局2006年版，第687～688页。

② 〔元〕脱脱等：《宋史》卷三五二《吴敏传》，第11123页。

③ 〔宋〕陈均编，许沛藻等点校：《皇朝编年纲目备要》卷三〇，第774页。

④ 〔宋〕陈均编，许沛藻等点校：《皇朝编年纲目备要》卷三〇，第774页。

⑤ 〔宋〕李心传：《建炎以来系年要录》卷六，第142页。

高宗本人，宋高宗后来还曾经宣扬："杨存中忠无与二，朕之郭子仪也。"[1]然"朕之郭子仪"云云，更多是宋高宗故作姿态；杨存中也是摇摆于宋高宗和秦桧之间。秦桧死后，宋高宗得以"总揽权纲"，随即令杨存中"就第"，解除了他手中的兵权。[2]在解除杨氏兵权的时候，宋高宗特地下令继任者赵密在任命公布之前即前去接管殿前司，他还向大臣们说："昔唐神策军使王驾鹤久典卫兵，权震中外，议欲易之，崔祐甫召驾鹤语移时，而代者已入军中矣。朕读《唐史》，深嘉祐甫善处事，可以为法"，"自杨存中之罢，朕不安寝者三夕"[3]。看来，宋高宗、杨存中君臣二人真正的关系，实则是不折不扣地尔虞我诈。

宋孝宗自然也不是什么军事干才，更非"英明神武"，但在南宋的皇帝当中，他算是唯一一个胸怀"一九州之志"[4]，志于恢复中原的皇帝，也被公认为最"锐志肆武""留神军政，注意将才"的皇帝。乾道七年（1171）七月，宋孝宗自己就曾向宰相虞允文等人表白说：

> 朕近于几上书一"将"字，往来寻绎，未得择将之道。卿等更思之。虞允文奏："人才临事方见。"上曰："极是！唐太宗安市之战，始得薛仁贵。"[5]

洪遵于知建康府任上曾上奏说："臣窃谓今日先务，选将厉兵，莫此为急。仰惟陛下，锐意中兴，留神军政，汲汲求人，惟恐不及，天下幸甚。"[6]时人袁说友、叶适、吴泳等也都纷纷说："臣仰惟陛下属意武功，寤寐戎事，整举军政，细大毕举"[7]，"寿皇圣帝进天下以知兵，故尤重武，亲教骑射，程其力用，武士有一长，必演而出之"[8]，"故有制、领而召对内殿者，有兵钤而引见便朝者。虽三衙帅

---

① 〔宋〕李心传：《建炎以来系年要录》卷一九五，第3289页。

② 参见〔元〕脱脱等：《宋史》卷三八八《李浩传》，第11903页。

③ 〔宋〕李心传：《建炎以来系年要录》卷一八八，第3150页。

④ 〔明〕杨士奇、黄淮等编：《历代名臣奏议》卷三《君德》，《文渊阁四库全书》本。

⑤ 〔元〕佚名撰，李之亮校点：《宋史全文》卷二五下，第1745页。

⑥ 〔明〕杨士奇、黄淮等编：《历代名臣奏议》卷一四四《用人》，《文渊阁四库全书》本。

⑦ 〔明〕杨士奇、黄淮等编：《历代名臣奏议》卷二四〇《任将》，《文渊阁四库全书》本。

⑧ 〔宋〕叶适撰，刘公纯等点校：《叶适集·水心文集》卷一四《忠翊郎武学博士蔡君墓志铭》，第257页。

臣，如敏如琪，素以才武自奋，亦许之倚仗奏事。则凡将帅兵卒之有一技一能者，莫不求以自献”[①]。

相应地，宋孝宗也可以说是对选将掌控最为有力的南宋皇帝。以三衙的统制、统领官为例，其任用、升迁，在三省、枢密院进呈时，宋孝宗或可或否，往往就是亲自加以处置。隆兴二年(1164)，三省、枢密院进呈“主管殿前司公事王琪奏神勇军权统领官刘洪近已致仕，乞改差左军统领王明填阙”：

> 上曰：“王明病目，不可用。”仍戒谕王琪：“近所差刘洪年老软弱，今果死，止是主帅作人情。”汤思退退而叹曰：“陛下留意军政，下至偏裨，皆知其能否，真大有为之君也。”[②]

乾道二年二月，宰执进呈主管侍卫马军司公事戚方“升差统领官孟俊充统制、副将董苑充统领”，洪适等奏曰：“孟俊今年九月方及三年，董苑充统领，系升二等。”宋孝宗裁断：“孟俊可依差，董苑升二等，恐后求援例，且已之。”[③]乾道八年四月，宋孝宗又当面训令三省、枢密院宰执，任命姚公赞为殿前司的统领官、成光延为步军司的统制官。宋孝宗说：

> 环卫官戚世明军政甚修，可除右千牛卫将军，专令训练士兵。姚公赞可除右监门卫中郎将，依旧殿前司前军统领。每遇宣入禁中，赐酒食，统领官不得而与，故除之。成光延可除步军司中军统制，依旧环卫官。以同赴阙之人，皆以任用，今以此试其事。[④]

宰相梁克家遂奏曰：“陛下待遇将帅，恩意重轻，曲尽如此，将见人人感奋矣。”按：宋孝宗于隆兴二年重新恢复了环卫官制度，主要目的之一就是便于皇帝的亲自选将，“兼收广览，使之日在左右，得以周知其武才，他日选用，可以得

---

① 〔宋〕吴泳：《鹤林集》卷一九《论今日未及于孝宗者六事札子》，《文渊阁四库全书》本。

② 〔元〕佚名撰，李之亮校点：《宋史全文》卷二四上，第1651页。

③ 〔清〕徐松辑：《宋会要辑稿》职官三二之三九，第3025页。

④ 〔清〕徐松辑：《宋会要辑稿》职官三三之二，第3034页。

人”[①]。

此外，宋孝宗还专门下令枢密院编订了“揭帖”，即三衙、江上和四川诸军从准备将至统制官的军官花名册，宋孝宗会不定期地抽查其中的一两员，当面召见，亲自考察其军事才能，以备日后选用。三衙、都统司众将，确乎“凡近日之所进用者，往往皆重劳圣虑，旁搜曲取而得之”[②]。

三衙的统制、统领，大致属于三衙的中高级将领，宋孝宗尚且如此锱铢必较，他对三衙主帅除授的重视程度，是可想而知的。宋孝宗朝的三衙管军，李显忠、郭振、王琪、陈敏、王友直、郭棣等人，几乎无一例外都是宋孝宗个人的爱将。如位至主管步军司公事的郭振，就是因为在觐见时得到了宋孝宗的赏识，“郭振仅一对内殿，既无旧劳，又无新功，亦以观察使与之”[③]。居“殿岩十年”的郭棣，原本只是四川诸军默默无闻的一介正将，他能飞黄腾达至殿帅高位，最重要的原因就在于其与宋孝宗君臣之间有一段“恨见卿晚”的佳话，史书记载：

> 郭观察棣，初为兴元利州正将，枢密使王公炎入蜀，奇公材，留置帐下。乾道中，部秦兵及铠甲赴行在所，因密荐之，即日召入，孝宗悼符离失利，寤寐中原，公极言曩事，剖析如流，漏下数刻，上曰：“恨见卿晚。”[④]

又如历任主管侍卫步军司公事、主管殿前司公事的王友直，起家金朝统治下的河北土豪，绍兴三十一年乘完颜亮南下之机兴兵反金，后南下归宋，其余部“不满百人”而已。像王友直这种“归正人”，在南宋朝廷没有什么根基，往往最易遭到排斥，时人李椿就曾经谈道：南下归宋的北人，“性多拙直孤立，以拙直孤立，处之机巧奔竞风波之内，其何能立也？不唯不能立，臣亦虑必将有受害者矣”[⑤]。王友直能够一路青云直上，高居三衙管军，皇帝宋孝宗本人的特别赏识和器

---

① 〔清〕徐松辑：《宋会要辑稿》职官三三之四，第3035页。

② 〔明〕杨士奇、黄淮等编：《历代名臣奏议》卷二四〇《任将》，《文渊阁四库全书》本。

③ 〔宋〕周必大：《文忠集》卷一三四《论名实赏罚》，《文渊阁四库全书》本。

④ 佚名：《翰苑新书》前集卷五一《诸路将》，《文渊阁四库全书》本；〔宋〕谢维新：《古今合璧事类备要》后集卷七四《将帅门》，《文渊阁四库全书》本。

⑤ 〔明〕杨士奇、黄淮等编：《历代名臣奏议》卷一四五《用人》，《文渊阁四库全书》本。

重，几乎是唯一合乎逻辑的解释。

大致和王友直同时南下归宋的契丹人萧鹧巴，位至三衙管军，打破了宋代通常不以外族人管军的传统，更是宋孝宗亲口所封。此事的前后原委，颇具戏剧性：

> 萧鹧巴恭奉孝庙击球，每圣语许除步帅，久不降旨。孝庙亦以北人，不欲处三衙。忽鹧巴醉中语侵孝庙云："官家会乱说，许臣除步帅数次，久不降旨。"孝庙怒，送福州居住。居数月，德寿忽语孝庙云："萧鹧巴如何不见？"孝庙举前说奏知。德寿云："北人性直，官家不当戏之。"唤取归来，德寿赐钱五千缗，仰福帅津遣赴阙，仍旧还职。及德寿发引日，鹧巴号哭于路欲绝。北人归顺本朝，真终始而不变者也。[①]

显而易见，宋孝宗"圣语许除"三衙管军，决不会仅仅限于萧氏一人。正因为如此，宋孝宗在位时，三衙管军"皆以中批行之"，多为"特旨专除"一类的批评性的提法，就频繁见诸于臣僚们的奏章当中，这应该是一个事实。宋宁宗时，陈傅良更曾经上奏，不同意当时简单地神化宋孝宗和贬低宋光宗的主流意见，"臣闻今之献计者，类曰陛下宜以孝宗为法，太上皇为鉴。臣窃以为是说也，唯孝养三宫当如此耳，而非通论也"[②]。他随即具体对比了宋孝宗和宋光宗两朝，在他所开列出的宋光宗的五大优点，其中两条就是："管军臣僚及沿边帅守，不以为御前差遣，皆从三省降诏除授，此四可法也。给舍封驳、台谏论列，虽累上进，终不以言为罪，此五可法也。"[③]他的结论是：宋宁宗应"上稽孝宗明断总揽之政，兼体上皇隆宽不自用之意，则天下可得而理矣"。

陈氏的评论正误与否，可以置而不论。但从陈氏此奏，我们可以得出这样的判断：宋光宗朝的三衙管军臣僚和各都统司的都统制，"皆从三省降诏"，应当就是比较严格地遵守了三省、枢密院进拟和给舍缴驳、台谏异议的程序，此所谓"上皇隆宽不自用之意"[④]。反过来，宋孝宗一朝，皇帝本人"御前差遣"三衙管

---

① 〔宋〕张端义：《贵耳集》卷中，《文渊阁四库全书》本。

② 〔明〕杨士奇、黄淮等编：《历代名臣奏议》卷六九《法祖》，《文渊阁四库全书》本。

③ 〔明〕杨士奇、黄淮等编：《历代名臣奏议》卷六九《法祖》，《文渊阁四库全书》本。

④ 〔明〕杨士奇、黄淮等编：《历代名臣奏议》卷六九《法祖》，《文渊阁四库全书》本。

军，不经三省、枢密院，三省、给舍和台谏被置于无用之地，应该不是个别的情况，此所谓“孝宗明断总揽之政”。否则，陈氏也就不必要将这两条大书特书，作为宋光宗长于宋孝宗的地方了。

当然，宋光宗之所以“隆宽不自用”，客观原因是他本来就“溺于酒色，不恤政事”①，加之很快又患上了严重的精神疾病。宋宁宗与其父相比，也不过是五十步笑百步，父子两人都无法真正地运作皇权。宋廷大权，遂尽归于权臣韩侂胄和史弥远，三衙用将之权，当然也不例外。

宋理宗在权相史弥远死后方得以亲政，一度有意于效法宋孝宗，亲揽用人大权，“宰相进拟，多沮格不行，或除命中出，而宰相不与知”②。具体到三衙选将，宝祐五年（1257）九月，主管殿前司公事王福离职，代之以吉文瑫，主管侍卫步军司公事则由郭濬出任。事后，宋理宗就专门询问了右丞相兼枢密使程元凤：

> 上曰：“王福得历阳，乡郡闻以为荣。”
> 元凤奏：“陛下念其服劳殿陛十有余年，以此优之，深得御将之道。”
> 上曰：“吉文瑫、郭濬之除如何？”
> 元凤奏：“甚惬公论。”③

从上述的对话不难看出：此次三衙管军较大幅度的人事调整，应该出自宋理宗个人的手笔。

二

综上所述，宋代君主行使三衙管军选任的最高决策权，主要有如下两种有所区别的方式：

其一，三省、枢密院执政大臣们所“进拟”的三衙管军名单，必须及时地

---

① 〔明〕杨士奇、黄淮等编：《历代名臣奏议》卷四《君德》，《文渊阁四库全书》本。
② 〔元〕脱脱等：《宋史》卷四〇六《崔与之传》，第12263页。
③ 〔元〕佚名撰，李之亮校点：《宋史全文》卷三五，第2339页。

“进呈”皇帝，而“三省进拟，或可或否，悉由圣断”[①]，对“进拟”的审批、最终裁断大权，完全掌握在帝王个人手中。正如宋哲宗元符元年（1098）八月诏书所明确规定的那样：“三省、枢密院进拟差遣在京文臣开封府推判官，武臣横行使、副，在外文臣诸路监司、藩郡知州，武臣知州、军已上，临时取旨召对。”[②]凡是三省、枢密院所“进拟”的人选，都要随时听命皇帝的亲自召见，三衙管军当然也在其列。

皇帝如若对“进拟”名单中的人选不满意，或是直接地予以驳回，令三省、枢密院重新“进拟”，或在三省、枢密院“进呈”“进拟”之时，向宰辅提出为自己所属意而名单上未有的人选，供三省、枢密院再度讨论，从而对三省、枢密院的“进拟”施加影响和压力。宋孝宗时，“宰执进拟朝士，上出寸纸书叔似及应孟明姓名，嘉其奏对也。迁太常博士，寻除枢密院编修官”[③]，这是宋孝宗以己意干预文臣“进拟”的具体例子，可以作为参照。

其二，皇帝越过三省宰相、枢密院的拟议程序，或者直接“内降”“手诏”“中旨”“内批”“御笔”等，或者在三省、枢密院进呈时，当面提名自己所属意的亲信出任三衙管军，令三省、枢密院遵照执行。

引人注目的是，正如前文所详述，皇帝使用“内降”的形式来任命三衙管军，总是或明或暗地居于相当重要的地位。北宋从宋太祖、宋太宗、宋真宗开始，直到宋仁宗、宋哲宗、宋徽宗等各朝，表现得都较为明显，南宋则以宋孝宗朝最为突出。有些时期“内降”虽然表现得不是特别明显，但如若考虑到究竟是三省、枢密院主动进拟，还是皇帝个人授命三省、枢密院行事，其实很难加以准确区分的因素，皇帝个人独断的实际分量，可能还要大。

众所周知，在宋代的政治观念和政治话语当中，皇帝以“内降”“内批”“中旨”“御笔”等形式行政、用人，“除授不归中书”，与臭名昭著的“斜封墨敕”相挂钩，总是被置于被猛烈批判的尴尬位置上。“内降非盛世事”[④]，这是宋代君臣和朝野上下的一个共识。

---

① 〔宋〕陈次升：《谠论集》卷三《上徽宗谨名器》，《文渊阁四库全书》本。

② 〔宋〕李焘：《续资治通鉴长编》卷五〇一，第11931页。

③ 〔元〕脱脱等：《宋史》卷三九七《薛叔似传》，第12091页。

④ 〔元〕脱脱等：《宋史》卷四〇六《许奕传》，第12269页。

宋仁宗时，侍御史彭思永就“论内降授官赏之弊，谓斜封非盛世所当有，仁宗深然之”[1]。宋哲宗时，左司谏王岩叟亦对太皇太后高氏进言：“盖斜封墨敕，不宜于今日有。自古此事尽出于外人交结宦官、女谒，遂卖官鬻狱，无所不至，不可不防微，不可不奏知。”[2]宋徽宗时，中书舍人曾肇也上奏：

臣待罪右省，伏睹内中时有批降指挥，除付三省、枢密院外，亦有直付有司者。虽陛下睿明，必无过举，然忖之事体，终有未安。盖帝王号令，不可轻出，必经中书参议，门下审驳，乃付尚书省施行。不经三省施行者，自昔谓之斜封墨敕，非盛世之事。神宗皇帝正三省官名，其意在此。臣愚，伏愿陛下，凡有指挥，须付三省、枢密院施行，更不直付有司，以正国体。[3]

宋度宗咸淳三年（1267），刘黻拜监察御史，上奏“论内降恩泽”，更征引了宋代的相关史实，极言“内批”之弊，他说：

治天下之要，莫先于谨命令，谨命令之要，莫先于窒内批。命令，帝王之枢机，必经中书参试，门下封驳，然后付尚书省施行。凡不由三省施行者，名曰“斜封墨敕”，不足效也。臣睹陛下自郊祀庆成以来，恩数绸缪，指挥烦数，今日内批，明日内批，邸报之间，以内批行者居其半，窃为陛下惜之。

出纳朕命载于《书》，出纳王命咏于《诗》，不专言出而必言纳者，盖以命令系朝廷之大，不能皆中乎理，于是有出而复有纳焉。祖宗时，禁中处分军国事付外者谓之内批，如取太原、下江南。韩琦袖以进呈，英宗悚然避坐，此岂非谨内批之原哉？臣日夜念此，以为官爵，陛下之官爵，三省，陛下之三省，所谓同奉圣旨，则是三省之出命，即出陛下之命也，岂必内批而后为恩？缘情起事，以义制欲，某事当行，某事当息，具有条贯，何不自三省行

① 〔元〕脱脱等：《宋史》卷三二〇《彭思永传》，第10411页。

② 〔宋〕李焘：《续资治通鉴长编》卷三六八，第8885页。

③ 〔宋〕曾肇：《曲阜集》卷二《上徽宗皇帝论内降指挥不可直付有司》，《文渊阁四库全书》本。

之，其有未穆于公论者，许令执奏，顾不韪欤。[①]

他还再三强调："故政事由中书则治，不由中书则乱，天下事当与天下共之，非人主所可得私也。"对上述臣僚进言，皇帝在公开场合下也只能赞同，表示"深然之""嘉纳之"，也时常颁布"虽有中旨，许执奏不行"[②]一类的补充规定。北宋时，宋神宗元丰六年（1083）九月，"诏自今三省进呈差除，如从中批出，从中书省奉行，其事理未允，所至之省具奏"。[③]宋哲宗绍圣元年（1094）闰四月诏："在京官司所受传宣、内降及内中须索及常行应奉，随事申尚书省或枢密院覆奏。"[④]宋钦宗靖康元年（1126）三月，再度重申："今后圣旨不经三省、枢密院者，诸官司不许便行，并申中书省审奏，俟得旨，方许施行。"[⑤]

两宋之际，经过惨烈的"靖康之祸"，君臣上下在反思的时候，以宋徽宗为代表的皇帝"御笔""御批"行事的泛滥，就被视作反面的历史教训，"一时臣子误国非一，而蔡京为首。京之误国非一，而其甚者，无如御笔之一事"[⑥]，"崇宁、大观间事出御批，遂成北狩之祸"[⑦]，大致成为南宋君臣的共识。

绍兴二年（1132）九月，宋高宗就训令执政大臣们说："今旦凡批降御笔处分，虽出朕意，必经由三省、密院，与已前不同。若或未当，许卿等奏禀，给舍缴（驳），（有）司申审。"宰相朱胜非曰："不由凤阁鸾台，盖不谓之诏令。"[⑧]宋孝宗乾道元年（1165）七月也下诏："自今后应呈试出官大小使臣，未经呈试，不许堂除。虽系御笔内批特差，亦许执奏不行。"[⑨]宋宁宗时也以环卫官的任命下诏，皇帝"虽已颁成命，亦许辅臣执奏，给舍缴驳，台谏论列，不容冒滥，务在必

① 〔元〕脱脱等：《宋史》卷四〇五《刘黻传》，第12247～12248页。

② 〔宋〕李心传撰，徐规点校：《建炎以来朝野杂记》甲集卷一七《淮东西湖广总领所》，第391页。

③ 〔清〕徐松辑：《宋会要辑稿》职官一之二二，第2340页。

④ 〔清〕徐松辑：《宋会要辑稿》职官四之一二，第2442页。

⑤ 〔清〕徐松辑：《宋会要辑稿》职官一之四五，第2352页。

⑥ 〔宋〕楼钥撰，顾大朋点校：《楼钥集》卷二一《奏议・雷雪应诏条具封事》，浙江古籍出版社2010年版，第418～419页。

⑦ 〔元〕脱脱等：《宋史》卷四〇〇《王介传》，第12153页。

⑧ 〔清〕徐松辑：《宋会要辑稿》职官一之七九，第2369页。

⑨ 〔清〕徐松辑：《宋会要辑稿》职官八之三一，第2573页。

行”[1]。从总体上看，南宋时期，皇帝滥降“内降”“御笔”的现象，在政治运作当中也确实有一定程度地收敛。

对皇帝的御笔，臣僚敢于执奏不行、表示异议，“大臣执奏，给舍缴驳，台谏论劾”[2]的事例也很多。例如，建炎四年（1130）六月，宋高宗“下旨”医官王继先特与换武功大夫，给事中富直柔就予以封驳，宋高宗再度训令：“可特令书读行下，仍谕以朕意。”但富直柔断然“再封还录黄”[3]。这一出自“朕意”的荒唐可笑的晋升，终于被搁置了。绍兴年间，赵鼎为相，宋高宗曾“中批二人付庙堂升擢”，赵鼎即予以驳回，并质询宋高宗说：“疏远小臣，陛下何由得其姓名？”[4]

又如，宋孝宗乾道三年（1167）二月，宋孝宗特旨授外戚潘才卿为环卫官，执政官们在内殿“进呈”之时就提出了异议，“环卫官元有指挥不许差戚里，前日已得旨差潘才卿，有碍元降指挥”，宋孝宗也只得赞同：“卿等如此理会，甚善。”[5]

宋光宗朝，耶律适嘿以手诏除承宣使，给事中尤袤“一再缴奏”，“辄奉内批，特与书行”，尤袤坚持反对，并上奏说：“天下者祖宗之天下，爵禄者祖宗之爵禄，寿皇以祖宗之天下传陛下，安可私用祖宗爵禄而加于公议不允之人哉？”宋光宗虽然“震怒”，终无计可施，只能是“命遂不行”[6]。

宋宁宗嘉泰元年（1201）十一月，殿帅郭倪“乞拨丰储仓米一万石，冬至前支散口累重大官兵”，“已得御笔依”。但在宰执“进呈”的时候，宰相谢深甫表示了异议：“殿司若欲额外俯存军士，主帅自合措置，不应请于朝廷。兼自来无此例，今若开端，后必为例。”宋宁宗也只好承认：“极是。”谢深甫提出的解决方案是：“今借拨米事，冬节已近，且与权借拨一万石。候来春依数籴还，日后不得为例。”[7]当然，这不过是为皇帝安排体面的台阶罢了。

在如此政治文化的氛围之下，三衙管军的选任层面，尽管皇帝的内降、内批

---

① 〔清〕徐松辑：《宋会要辑稿》职官三三之五，第3035页。

② 〔明〕杨士奇、黄淮等编：《历代名臣奏议》卷二〇六《听言》，《文渊阁四库全书》本。

③ 〔清〕徐松辑：《宋会要辑稿》职官二之八，第2375页。

④ 〔元〕脱脱等：《宋史》卷三六〇《赵鼎传》，第11294页。

⑤ 〔清〕徐松辑：《宋会要辑稿》职官三三之二，第3034页。

⑥ 〔元〕脱脱等：《宋史》卷三八九《尤袤传》，第11928页。

⑦ 〔清〕徐松辑：《宋会要辑稿》职官三二之一九、二〇，第3015页。

受到了官僚士大夫集团的种种制约，但依然是史不绝书。其根本原因就在于：宋代及宋代以降的皇权，都具有强烈的军事底色，从本质上说，皇帝也不外一大军头而已，“兴亡以兵”，确乎为宋以降古代中国兴亡发展的不二法门。三衙管军的人事安排与京城兵权紧密相关，真正是“悠悠万事，惟此为大”，是皇帝须臾也不能放松的头等大事。三衙管军“除授之恩”，“必使归之人主”，以此来交换和保证众将只效忠于皇帝一人，可以说是最起码的帝王权谋手段。在某种意义上讲，那些因各种具体的因素，较少或难以自选三衙将帅的皇帝，其皇权的权威性不可避免地就要大打折扣。

当然，南宋皇帝的内批、内降、御笔等，许多实际上是出自权臣之手，反而成为权臣掌控朝政的工具，宋宁宗时的韩侂胄、史弥远等人，皆惯用此一手法，这就是另外一个性质的问题了。

三

正是因为三衙用将的最高决策权，皇帝总是要千方百计地集中于自己手中，皇帝身边以宦官为代表的佞幸群体，时常也能对三衙管军的选任发挥相当大的作用，有时甚至是旁人不可替代的重要作用。个中道理，正如时人所说：“王者深居九重，不能尽知臣下之邪正。”[①]皇帝高高在上，他对朝臣又能真正了解多少？其印象、好恶，往往是先入为主，不可避免地容易受到他人的影响。宋哲宗即位伊始的元丰八年十月，摄政的太皇太后高氏以“中旨”的形式，任命苏辙等五人为台谏官，执政章惇就不客气地质问她：“故事：谏官皆令两制以上奏举，然后执政进拟。今除目从中出，臣不知陛下从何知之？得非左右所为？此门不可浸启。”[②]章惇此语，真是击中了“中旨”的要害。宦官等佞幸群体，作为皇帝的“左右”之人，环绕皇帝身边，近水楼台自然先得月，他们的态度，总会对皇帝的人事安排产生或多或少的直接影响。文臣尚且如此，三衙管军等赳赳武夫，又何尝不是如此？

---

① 〔宋〕李焘：《续资治通鉴长编》卷四四一，第10613页。

② 〔清〕徐松辑：《宋会要辑稿》职官三之五四，第2424页。

更何况，除了宋太祖是久经沙场的开国皇帝之外，宋太宗、宋真宗、宋高宗也算是多多少少有些征战的实践经验，其他宋代的多数帝王，诚所谓“深居九重，岂常习闻军旅之事”[1]，都是生于深宫之中，长于妇人之手，同军队和官兵接触的机会很少，他们对军事能有多少真正的了解，都是可想而知的。即便是宋太宗、宋真宗、宋高宗，虽然惯于故作高深，以“运筹帷幄”的军事天才自诩，其实是连真正的军事内行也很难算得上。宋代绝大多数的皇帝，对军官能力的判断，要想不依赖于旁人的介绍，几乎是不可能的。宦官群体，尤其是执掌皇城司事务的高级宦官，其“耳目”作用，受到皇帝的高度重视，是必然的。

宋仁宗朝郭承祐得为龙神卫四厢都指挥使，除了他是宋仁宗向来倚重的外戚的原因之外，便颇得益于宦官的引荐，史书记载：

> 卫州防御使、知澶州郭承祐为龙神卫四厢都指挥使。尝有中使过澶州，遽延入，问：“管军阙补何人？”使者曰：“闻朝廷方择才武。”承祐起，挽强自炫，左右皆笑，已而果有是命。[2]

很显然，郭承祐得以出任管军，宦官在其中发挥了重要作用。又如宋哲宗朝的姚麟，元祐二年（1087），他在步军都虞候的任上时，就曾遭到过台谏官的弹劾，揭发他结交宦官阎士良，还遵照阎士良的授意，从轻处理了犯罪士兵。[3]元符二年，姚氏业已升任殿前副都指挥使，但宋哲宗曾就事评论他说：姚麟“曲奉中使，拣人之际，升黜惟命，麟唯诺而已”。步军都虞候曹诵也说：“麟盖欲因此以交结也。”[4]看来，姚麟能由步军都虞候迁殿前副都指挥使，与他和宦官交结，对宦官素来唯唯诺诺，显然是有着一定关系的。

上述郭承祐、姚麟两人，只是两个较为典型的个案而已，类似的情况，绝非罕见。宋神宗朝，李宪、王中正、宋用臣、石得一等四名宦官就深受宋神宗的倚重，是他推行新法的干将，旧党则将其合称为“四凶”。元祐元年四月，旧党执

---

① 〔宋〕李焘：《续资治通鉴长编》卷三六〇，第8623页。

② 〔宋〕李焘：《续资治通鉴长编》卷一三八，第3314页。

③ 〔宋〕李焘：《续资治通鉴长编》卷四〇一，第9770页。

④ 〔宋〕李焘：《续资治通鉴长编》卷五一三，第12201页。

政伊始，在罢黜蔡确等之前，就先将此四人解职[①]，可见他们在当时政治上的重要性。四人当中，石得一主持皇城司；宋用臣多次主持京师扩建等大工役，并职掌内东门司；王中正曾提举在京教习在京马军所，主持三衙等在京禁军骑兵的训练，同时训练开封府界的大保长、保甲等，是宋神宗在开封府界推行将兵法、保甲法的重要倚任者之一。元丰五路伐夏时，王氏曾一度出掌泾原路经略司，担任一路主帅。

李宪更是以内臣“当将帅之任”，多年执掌熙河路经略司，主持对西夏和地方蕃部的战事，隐然被宋廷视若西边长城，宰相王珪曾有言：“朝廷以边事属押班及李留后，无西顾之忧矣。”[②]李留后，指的就是李宪。李宪也确有相当建树，在与西夏及地方蕃部势力激烈的军事较量当中，多能稳占上风。宋神宗、哲宗两朝的三衙管军，出自李氏麾下者，颇不乏其人。例如宋哲宗元祐三年位至殿前副都指挥使的苗授，就是“昔在西边，谄事李宪，以军功欺罔浸贵，遂授节钺，领殿帅”[③]。此外，姚麟等人得以晋升三衙管军，李宪的保举、推荐同样发挥了相当重要的作用。

宋哲宗元祐年间，太皇太后高氏以女主摄政，倚重宦官势所必然。她所倚重的大宦官陈衍，即“交通权要，窃弄威福”，“傲狠不恭，威行宫省，遇事专肆，多不奏闻”[④]，并内与梁惟简、张士良等宦官结党，外与首相吕大防等“交结”[⑤]，在一定程度上具有左右朝政和陟黜文武官员的实际能力。范纯仁除右相、文彦博迁平章事等最为关键性的人事安排，皆出自陈氏之手笔。宋哲宗亲政之后，也是首先将陈衍等人一网打尽。

宋徽宗朝，正所谓“宦竖纵横”，“自崇宁以来，内侍用事”[⑥]，宦官群体更是极其活跃，李光就曾经对宋钦宗言及：“近年以来，宦官用事，或殖货利，或治宫

---

① 〔清〕徐松辑：《宋会要辑稿》职官六六之三三，第3884页。

② 〔元〕脱脱等：《宋史》卷四六七《宦者二·李舜举传》，第13644页。

③ 〔宋〕李焘：《续资治通鉴长编》卷四六〇，第11003页。

④ 〔清〕徐松辑：《宋会要辑稿》职官六七之八，第3891页；职官六七之九，第3892页。

⑤ 〔宋〕李焘：《续资治通鉴长编》卷四八五，第11535页。

⑥ 〔清〕徐松辑：《宋会要辑稿》职官三六之二四，第3083页。

室，或开拓边境，或进退臣僚，皆能窃弄威权，以厚自封殖。”[①]政治与人事安排方面，宋徽宗信用的宦官先后有黄经臣、梁师成等，时任左正言的陈禾曾弹劾过黄经臣，他说：黄氏“怙宠弄权，夸炫朝列。每云诏令皆出其手，言上将用某人，举某事，已而诏下，悉如其言。夫发号施令，国之重事，黜幽陟明，天子大权，奈何使宦寺得与？臣之所忧，不独经臣，此涂一开，类进者众，国家之祸，有不可遏，愿亟窜之远方”。[②]不过，黄经臣得到了宋徽宗的庇护，陈禾反而因此被谪官。梁师成更是有过之而无不及：

凡御笔号令，皆主于师成。于是入处殿中，多择善书吏习仿奎画，杂诏旨以出，外庭莫能辨。阴窃用人之柄，权势熏灼，一时嗜进之徙（徒），争先赴趋之。[③]

梁氏得拜太尉、河东节度使，位至武官最高的正二品官，自号“隐相”，又自称为名流苏轼的“出子”，皇帝“御笔手诏”多出其手，甚至有能力决定宰相、执政和侍从大臣的人选，影响三衙管军的人事安排更不在话下。军政方面，宋徽宗最为倚重的是童贯：

贯握兵三十年，权倾四方，奔走期会，过于诏敕。道路目语，莫敢谁何。贯颇疏财，后庭妃嫔而下及内侍无大小，致饷无虚月。凡上左右，交口称誉一词。宠煽赫然，乃至阴谋摇东宫。声焰震天下，服食逼乘舆，金宝充私室。又招伉健少年万人，号“胜捷军”，以为亲兵，环列第舍，持兵呵卫，僭拟宫省。一时啖利乐祸之人，趋附成市。侯王柄臣，多出其门。厮台贱隶，自承宣使而下，凡数百人；庖夫厮兵，亦官至防团刺史。[④]

---

① 〔宋〕李光：《庄简集》卷八《论梁师成札子》，《文渊阁四库全书》本。

② 〔元〕脱脱等：《宋史》卷三六三《陈禾传》，第11349～11350页。

③ 〔宋〕陈均编，许沛藻等点校：《皇朝编年纲目备要》卷二九，第737页。

④ 〔宋〕徐自明撰，王瑞来校补：《宋宰辅编年录校补》卷一二，中华书局1986年版，第802页。

童贯之外，谭稹、梁方平等大宦官，也都曾经“久握兵柄”。

宋徽宗既然如此信用宦官，“内侍所主者乃得美官”，文武百官“啖利乐祸”，遂汲汲奔走于宦官门下。宰相张商英就曾“交通中贵，求为右仆射”，同知枢密院事王襄亦“密交近侍之臣，妄肆荐延之论”[①]。甚至连位高权重的蔡京“爰自崇宁以来”，也需要“交通阉寺，结托宫禁”[②]，“交结阉宦”，“结附戚里内侍，交通宫禁”。蔡京和童贯之间虽然有争权夺利的一面，但互相勾结之处更多，蔡京在政和二年（1112）得以复相，就是靠“密结纳内臣童贯”。宰相、执政尚且如此，更遑论其他了！

三衙管军当然也不会例外。当时众将为求升迁，奴事宦官，与宦官相“交通、假贷馈遗、借役禁军”，都是极为普遍的事情。正因为宦官“用事日久，将士习熟”，当时竟然广泛流行着三衙禁军官兵“但知中官，不畏从官”的政治笑谈。[③]

比较复杂的是，童贯此人虽然臭名昭著，但也不能说毫无军事能力，他选将、用将的眼光其实也是有的，如南宋三衙的名帅刘锜，就出自童贯的门下。童贯的身份是畸形、双重的，他既是宦官，同时是宋朝的太师、领枢密院事，也就是枢密院的长官，三省、枢密院的执政大臣，也是多次以执政身份外任的兵柄在握的宣抚使。从严格意义上讲，他之统领军政，主要还是行使三省、枢密院执政的权力，与东汉、唐代、明代那些纯粹的“家臣”、纯粹的城狐社鼠式的宦官专权，还略有所不同。

南宋时期，宦官为代表的佞幸群体，对三衙管军选任的干预程度，较北宋更是有过之而无不及，三衙和都统司的高级将帅结交宦官，几乎始终是南宋军界司空见惯的一大痼疾。宋孝宗被吹捧为南宋最“英明神武”的“寿皇圣帝”，但在其即位早期，对金和战大计，一误于史浩，二误于汤思退。三衙用将，宋孝宗也是大受宦官之流的操纵和愚弄，把庸将戚方当作干才，提拔到了主管侍卫步军司公事、主管马军司公事三衙管军的位置上来。乾道年间，时任太府丞的袁枢，曾

---

① 〔宋〕徐自明撰，王瑞来校补：《宋宰辅编年录校补》卷一二，第761页；卷一二，第764页。

② 〔宋〕徐自明撰，王瑞来校补：《宋宰辅编年录校补》卷一一，第724页。

③ 〔明〕杨士奇、黄淮等编：《历代名臣奏议》卷二九三《近习》，《文渊阁四库全书》本。

在上奏中直言不讳地劝谏宋孝宗说：

比年或谓陛下宠任武士，有厌薄儒生之心，猜疑大臣，亲信左右，内庭行庙堂之事，近侍参军国之谋。今虽总权纲，专听览，而或壅蔽聪明，潜移威福。愿可否惟听于国人，毁誉不私于左右。[①]

宋孝宗晚年倦政，“诸将差除”更多出自宦官之手，他身边的宦官等佞幸之流，有能力把三衙管军的职位公开标价出售，金钱到手，即“特旨专除”，上演了多幕赵宋王朝史上以往还不多见的闹剧。时任殿中侍御史的张大经就曾借旱灾“诏求言”的机会，直言不讳地向宋孝宗进言：

中外兵帅多出贵幸之门，营利自丰，素召众怨，教阅灭裂，军容不整。且近习甲第名园，越法逾制，别墅列肆，在在有之，非赂遗何以济欲？愿陛下疏斥憸腐，抑绝幸门，垂意人主之职，责成宰辅，一提其纲，则天下事必有能办之者。[②]

张大经上奏之后，据史书记载，“俄而池司郝政降充统制官，殿帅补外，盖用其言也”[③]。显而易见，殿前司的主帅和池州都统司的都统制郝政，既然都因为张氏所言而受到了较严厉的处分，他们殿帅和都统制职位的来路不正，来自宦官和佞幸等“贵幸之门”的“特旨专除”，是可想而知的。可以说，终宋孝宗一朝，袁枢所谓“猜疑大臣，亲信左右，内庭行庙堂之事，近侍参军国之谋”的问题，一直都是存在着的。

有鉴于此，陈傅良曾向宋宁宗高度评价过宋光宗，认为宋光宗长于宋孝宗的地方之一就是宋光宗“每事付之外庭，采于公论，左右便嬖，绝不预政，不唯不听其言，又禁切之，而金缯酒食之赐，则不吝啬，此一可法也。八厢罗事之人，

---

① 〔元〕脱脱等：《宋史》卷三八九《袁枢传》，第11935页。

② 〔元〕脱脱等：《宋史》卷三九〇《张大经传》，第11954～11955页。

③ 〔元〕脱脱等：《宋史》卷三九〇《张大经传》，第11955页。

置而不用，未尝以浮言危动群臣，此二可法也"[1]。宋光宗能否与宋孝宗相提并论，宋光宗朝是否真正做到了宦官"绝不预政"和皇城司"置而不用"，这里暂且无论，但在陈傅良的眼里，宋孝宗一朝，"左右便嬖"大肆预政，皇城司活动频繁，是确凿无疑的。南宋其他各朝的情况，也大致如此。

四

众所周知，在古代由士大夫所主导的主流政治话语体系当中，以宦官为代表的佞幸群体往往是最臭名昭著、最为士大夫所切齿痛恨的角色，也往往是最为士大夫集中火力猛攻的对象，其干预朝政也往往被视为王朝政治走向黑暗的一个显著标志。魏了翁就曾对宋理宗说："儒生与戚宦不两立，而用儒受言，与声音酒色亦异涂。此重则彼轻，势使然也。"[2]但是，从专制君权体制下的王朝政治来看，在绝大多数的情况下，宦官、佞幸此类群体，纯属是与皇权互相伴生的"城狐社鼠"，他们是皇权须臾也不可替代的重要附属品，但他们更离不开皇权的庇护，依附皇权是其本性。只有在特殊的个别的情况下，宦官、佞幸势力极度膨胀，才有可能威胁到个别皇帝的宝座。

即便如此，由于其依附皇权而存在的特性，要自我走上前台，真正从整体上威胁皇权，上演改朝换代好戏的可能性，还是微乎其微的。正因为这样，宦官等佞幸群体权力的强化，通常既是皇权在制度外满足自身糜烂享受、自私自利的重要工具，也是皇权制衡官僚士大夫集团的爪牙利器，确实有相当大的皇权有意为之的成分。其实质，不过是皇权延伸的一种比较特殊、比较畸形的形态罢了。

洪咨夔是南宋后期比较著名的谏官，他在监察御史的任上，曾经向宋理宗上奏说：

> 臣历考往古治乱之原，权归人主，政出中书，天下未有不治。权不归人主，则廉级一夷，纲常且不立，奚政之问？政不出中书，则腹心无寄，必

① 〔明〕杨士奇、黄淮等编：《历代名臣奏议》卷六九《法祖》，《文渊阁四库全书》本。

② 〔宋〕魏了翁：《鹤山集》卷二〇《乙未秋七月特班奏事》，《文渊阁四库全书》本。

转而他属，奚权之揽？此八政驭群臣，所以独归之王，而诏之者必天官冢宰也。[①]

“权归人主，政出中书，天下未有不治”，这应该是南宋君臣、朝野大致共同认同的理想的政治理念。问题是，“权归人主”与“政出中书”之间，本来就是有矛盾的，尤其在士大夫官僚政治渐臻高潮的宋代政治大气候之下，在“政出中书”的理念之下，宰相权重，“人主举国以听”，确实是宋代现实政治上非常明显的常态。秦桧、韩侂胄、史弥远、贾似道等权相相继揽权，“纲常不立”的情况，在南宋时期也绝非罕见。三衙管军选任的大权，事实上也主要操控于权相之手。[②]既然如此，皇权较有意识地主动扶植宦官、佞幸等爪牙群体的势力，使得宦官、佞幸与官僚士大夫群体之间彼此制衡，就是专制皇权王朝政治体制下的应有之义。宋孝宗就是“独运万机”，“颇以近习察大臣”。[③]端平年间，袁甫亦曾对宋理宗上奏说：“臣窃谓宰辅之职，固贵乎专，亦戒乎太专，不专则责不归一，太专则失于独运。”[④]从君主的角度上来看，不如此，则无法牵制宰相，无法避免宰相权力过重，无法实现“权归人主”“独运万机”。所以，愈是官僚士大夫集团集中火力猛攻宦官、佞幸，皇权反而愈有必要加以庇护，这就是所谓的“帝王权术”。

在事关京师兵权归属的三衙用将问题上，宋代，特别是南宋，呈现出皇权、宦官为代表的佞幸群体、宰相为代表的官僚士大夫集团三者之间犬牙交错的局面，完全合乎王朝政治运转的逻辑。至于因人划线、任人唯亲，主要以政治取向、私人关系而非以军事才能决定将帅升降，军队战斗力因而削弱，自然也就无法避免。说到底，这是专制王朝体制无法彻底克服的一大痼疾，只不过南宋表现得尤其明显，在宋、金、蒙古对抗的客观历史背景下，其负面恶果表现得也特别严重罢了。

原载《清华大学学报（哲学社会科学版）》2012年第5期

---

① 〔元〕脱脱等：《宋史》卷四〇六《洪咨夔传》，第12265页。

② 范学辉：《南宋三衙管军制度若干问题考述》，《中国史研究》2009年第2期。

③ 〔宋〕王应麟：《困学纪闻》卷一五《考史》，《文渊阁四库全书》本。

④ 〔明〕杨士奇、黄淮等编：《历代名臣奏议》卷一五〇《用人》，《文渊阁四库全书》本。

宋代言官与三衙选将

宋代中书舍人、给事中合称为“给舍”。给舍与台谏官等，是宋代“言官”群体的主要组成部分。“言官”的活跃，是宋代政治运作的突出特点和亮点，然“言路”毕竟要受制于相权，三衙选将层面“言官”群体权重的升降，就是一个较为具体的表现。对此，学界目前的专题论述相对较为薄弱，加以深入发掘颇有必要。

一

按照宋代的制度，殿前司、侍卫马军司和步军司三衙管军的选任，经过枢密院初拟，三省、枢密院聚议“进拟”，进呈皇帝批准，三省、枢密院“画黄”等三个步骤之后，紧接着必须要经过中书后省的中书舍人“书行”，即“奉皇帝或宰相之命，依照所颁‘词头’，分房起草官员的升迁、磨勘、改换差遣等制词”[①]，然后再经过门下省的给事中“书读”的程序，即审核后签字通过。中书后省，宋神宗元丰改制前名舍人院，以知制诰执掌任命诏令的撰写。

---

① 朱瑞熙：《宋朝“敕命”的书行和书读》，《中华文史论丛》2008年第1期。

三衙管军官阶至节度使者，则由学士院的翰林学士负责起草任命诏书。例如：宋哲宗元祐三年（1088）七月，苗授晋升殿前副都指挥使、武泰军节度使，其任命诏书即由时任翰林学士的苏轼所草[①]。按当时官场惯例，新任管军还要向执笔拟诏的翰林学士赠送“润笔钱物”，元丰六年（1083）方予以禁止[②]。任命诏书正式公之于众之后，御史台和谏院的台谏官们还有权上章“论列”，即发表异议的权力。经过以上多个程序之后，三衙管军的选任才算圆满完成。官告院随即颁发告身，官阶在正任刺史以上的，礼部发给“随身牌印一副”[③]。

上述程序，大致也是宋代任命高级官员和出台大政令的制度化规范与政治惯例，“大凡差除，既得圣旨之后，须有词头，舍人方知之。及文字到门下省，给事中方知之，只是首尾一日内之事。次日，到尚书省，下吏部则外人无不知者矣”[④]。按照宋人的理解，此一程序制度设计的本意和精髓，是赋予给舍、台谏等“言官”对三省、枢密院的进拟发挥拾遗补阙和制衡作用的必要权力。宋哲宗时，司马康向朝廷进其父司马光的遗稿，其中即有云：

> 若政事有差失，委给事中封驳；差除有不当，委中书舍人封还词头；及两省、谏官皆得论列。则号令之出，不为不审。[⑤]

元祐二年（1087）五月，时任右谏议大夫的梁焘亦曰：“朝廷命令之出，间有失当，初则有舍人缴纳，中则有给事封驳，至成命已行，公论不以为然，谏官、御史乃论之。”[⑥]元祐五年（1090）时任左谏议大夫的刘安世亦云：

> 神宗皇帝考古揆今，更新官制，以朝廷者政事之所自出，乃用有唐《六

---

① 〔宋〕苏轼撰，孔凡礼点校：《苏轼文集》卷三八《除苗授特授武泰军节度使殿前副都指挥使勋封食实如故制》，第1097页。

② 〔宋〕李焘：《续资治通鉴长编》卷三三四，第8038页。

③ 〔清〕徐松辑：《宋会要辑稿》职官一三之一，第2664页。

④ 〔宋〕李焘：《续资治通鉴长编》卷三九二，第9539页。

⑤ 〔清〕徐松辑：《宋会要辑稿》职官一之二八，第2343页。

⑥ 〔宋〕李焘：《续资治通鉴长编》卷四〇一，第9761页。

典》之法，置舍人于中书省，凡诏令之未安，法度之未便，皆得抗之，庶协厥中；万一差失，则设给事中于门下省，委之封驳；犹恐人之谋虑不能尽善，则又命谏官论议，御史纠弹，上下维持，纪纲详密。[①]

宋宁宗时校书郎袁甫也上言："祖宗之御天下，政事虽委中书，然必择风采著闻者为台谏，敢于论驳者为给舍，所以戢官邪、肃朝纲也。"[②]

具体到给舍，元符三年（1100）八月，时任中书舍人的曾肇上奏宋徽宗：

臣伏见神宗皇帝大正官名，始于三省：诏令所出，则自中书；审覆驳正，则繇门下；受而行之，则在尚书。三省相成，不可缺一。中书则有舍人主行，门下则有给事主读，尚书则有左右司郎官受付。使之更相弥缝，更相可否，然后发号施令，罔有不臧。[③]

南宋岳珂亦有言：

元丰改官名，门下省则有给事中，中书省则有中书舍人。然中兴以后，三省合为一，均为后省。封还，或同衔则曰"未敢书读、书行"，否则析之。其辞止此而已。[④]

宋孝宗乾道二年（1166）十二月，也有臣僚指出：

今三省所行，事无巨细，必先经中书"画黄"，宰执书押既圆，当制舍人书"行"，然后过门下，而给事中书"读"。如给舍有所建明，则封黄具

---

① 〔宋〕李焘：《续资治通鉴长编》卷四四一，第10614页。

② 〔元〕脱脱等：《宋史》卷四〇五《袁甫传》，第12238页。

③ 〔宋〕曾肇：《曲阜集》卷二《上徽宗皇帝论中书舍人不当书门下录黄》，《文渊阁四库全书》本。

④ 〔宋〕岳珂：《愧郯录》卷八《给舍论驳》，《文渊阁四库全书》本。

奏，以听(上)旨。[①]

按此人之说，“给舍”即中书舍人和给事中的“书行”“书读”，紧接着三省、枢密院的“画黄”而来。也有当代研究者认为中书舍人“书行”本来就属于“画黄”的必备程式，当包括在“画黄”程式当中。[②]不管如何，给舍“书行”“书读”的重要性，都是显而易见的。

中书舍人或地位更高的翰林学士，如若他们认为人选不适宜，就有权拒绝书“行”，“封还词头”，同时把个人意见上奏皇帝，由皇帝直接裁决。宋英宗时，宋廷以殿前都虞候、容州观察使郭逵为同签书枢密院事，知制诰邵必当制草词，遂上奏反对：“逵武力之士，不可置庙堂，望留诰敕，与执政熟议。”[③]宋孝宗乾道元年(1165)四月，殿前司统制官张训通“奉圣旨依所申，于阶官上与叙”，时任翰林学士兼中书舍人的洪适即缴奏“所有词头，臣未敢撰述”[④]。宋光宗时，时任起居舍人兼中书舍人的陈傅良，就曾“缴奏率逢原除都统制状”，并上奏皇帝“具论奏率逢原方以自劾放罪，不当遽迁都帅”[⑤]。宋光宗、宋宁宗朝，楼钥任中书舍人，先后缴驳的政令达三十三次之多，确乎“缴奏无所回避”。宋光宗就曾经说过：“楼舍人，朕亦惮之。”[⑥]

正因为如此，宋人往往将中书舍人之职视作“当天下枢机之地，须用贤才”，中书舍人“分押制敕，凡国之政令无一不预”，“职清地峻，非他官可拟。外则典司诰命，以文章议论润色帝猷；内则分押诸房，以智识才虑参决几政”，俗称“宰相判官”，甚或有“中书舍人，国家第一等名器，当得贤材以付之”之类的说法。[⑦]

---

① 〔清〕徐松辑：《宋会要辑稿》职官三之二〇，第2407页。按：《宋会要辑稿》仅言“臣僚言”；刘时举《续宋编年资治通鉴》卷八“乾道二年十二月”则作“洪适言”。

② 朱瑞熙：《宋朝“敕命”的书行和书读》，《中华文史论丛》2008年第1期。

③ 〔宋〕李焘：《续资治通鉴长编》卷二〇八，第5051页。

④ 〔宋〕洪适：《盘洲文集》卷四八《缴张训通复官札子》，《四部丛刊》本。

⑤ 〔宋〕陈傅良著，周梦江点校：《陈傅良先生文集》卷二四《奏状札子·缴奏率逢原除都统制状·第二状》，浙江大学出版社1999年版，第326页。

⑥ 〔元〕脱脱等：《宋史》卷三九五《楼钥传》，第12046页。

⑦ 〔宋〕李焘：《续资治通鉴长编》卷三九二，第9525～9527、9529页。

门下省的给事中，掌管诏令的审核权，与中书舍人一样拥有进行“封驳”的权力。对此，元丰八年(1085)十二月，时任监察御史的王岩叟曾有言：“给事中处门下，当封驳，非他职比，凡政令之乖宜，除授之失当，谏官所未论，御史所未言，皆先得以疏驳而封还之。其于扼天下之要，以厉至公而严朝廷，莫先此者。”[①]王氏后来还有着更简明的表述：“况给事中，喉舌之任，若不由过，则不成命令。”[②]李纲也谈到，宋代“朝廷号令政事，无有小大”，给事中“咸得与闻，可则审读而推行，否则封驳而论列”[③]。楼钥亦曰：给事中等“封驳之司”，“实关出纳之要，诏敕之布，咸仰君相所为，有唐则许涂窜而奏还，本朝则令详酌其可否”[④]。龚延明先生更精辟地指出：

> 凡事须经给事中书“读”、中书舍人书“行”，签书毕，即将录黄送尚书省以省札形式下发施行。倘事(包括除授)不可行，即不书读、书行，而执奏，退回录黄、画黄，称缴驳。[⑤]

具体说来，以宋光宗朝为例：尤袤任给事中，甫一就职，他就公开地宣言：“老矣，无所补报。凡贵近营求内除小碍法制者，虽特旨令书请，有去而已，必不奉诏。”在给事中任上，“中贵四人希赏，欲自正使转横行”，“陈源除在京宫观，耶律适嘿除承宣使，陆安转遥郡，王成特补官，谢渊、李孝友赏转官，吴元充、夏永寿迁秩”，“韩侂胄以武功大夫、和州防御使用应办赏直转横行”，尤氏皆进行了“缴奏”“论驳”，“竟格不下”，果然做到了言行一致[⑥]。黄裳任给事中，时间不过一月，已然“封驳无虑十数”[⑦]。谢深甫兼给事中“每禁庭燕私，左右有希恩泽

① 〔宋〕李焘：《续资治通鉴长编》卷三六二，第8668页。

② 〔宋〕李焘：《续资治通鉴长编》卷三七〇，第8946页。

③ 〔宋〕李纲著，王瑞明点校：《李纲全集》卷三八《诰二十七首·给事中》，岳麓书社2004年版，第473～474页。

④ 〔宋〕楼钥撰，顾大朋点校：《楼钥集》卷一二《表笺·谢给事中表》，第269页。

⑤ 龚延明编著：《宋代官制辞典》，第655页。

⑥ 〔元〕脱脱等：《宋史》卷三八九《尤袤传》，第11927页。

⑦ 〔元〕脱脱等：《宋史》卷三九三《黄裳传》，第12002页。

者”，宋光宗必曰：“恐谢给事有不可耳。”[①]

宋代未经过中书舍人“书行”和给事中“书读”程序的政令和任命，就制度层面而言，基本上应当是属于无效的，元祐元年（1086）闰二月，御史中丞刘挚等台谏官们就联名上奏说：

制敕不由门下，及省审“书读”不备，则不成命令，其经历之司必不敢放过，被受之人必不敢当。[②]

宋高宗绍兴二十七年（1157）七月，时任中书舍人周麟之亦言：“国朝以东西二省，为维持政本之地，政令之罢行失当，人才之进退非宜，在中书则舍人得以封缴，在门下则给事中得以论驳，皆于命令未行之前而救正之。”他还强烈抨击了南宋初期及奸相秦桧专权时违背祖宗旧制的诸多情形：

爰自近岁，事与旧违，当军兴时，则以事干机速，不可稍缓；及休兵之后，用事者又任私意，废弃成法。故有所谓报者，有所谓中入报者，有所谓尚先行者，有所谓入已者，皆成定例。诏旨一颁，敕札随降，所谓给舍，但书押已行之事而已，甚非祖宗分省设官之意。[③]

他奏请：“望申明旧制，凡命令之出，并经两省，或无封缴，即皆画时行下，以复祖宗之成宪。”[④]周氏之奏请，得到了宋高宗的批准。宋孝宗乾道五年（1169）二月，试中书舍人汪涓上言：

窃以诏令之出始于中书，又经门下审覆，然后传外，谓之成命。近年以来，往往两省书读未定，即以行下所属，或传报于外，非祖宗设置官司、审

① 〔元〕脱脱等：《宋史》卷三九四《谢深甫传》，第12040页。

② 〔宋〕刘挚：《上哲宗论安焘敕命不送给事中书读》，《宋朝诸臣奏议》卷五十六《百官门·给舍上》，第625页。

③ 〔宋〕李心传：《建炎以来系年要录》卷一七七，第2927页。

④ 〔宋〕李心传：《建炎以来系年要录》卷一七七，第2927页。

重诏令之意。乞诏今后诏令未经两省书读，毋得出行及或传报于外。[①]

宋孝宗采纳了他的建议，下诏重审："制敕未经两省书读勿行"，"自今诏令未经两省书读者毋辄行，给舍驳正毋连衔同奏"[②]。

皇帝本人的内批，虽然是最为权威的"金口玉言"，但按照宋代制度，通常也需要经过"书行"的程序，方能得以正式生效。例如：隆兴二年（1164）宋孝宗内批"刘度罢建宁府"，给舍官黄中、马骐奏请孝宗"望赐审处"，即委婉地予以驳回，宋孝宗本人再度内批加以具体解释，给舍方遵命"书行"。再如乾道五年（1169），宋孝宗"以墨诏"晋升佞幸曾觌为观察使，中书舍人胡长文即"缴还词头"拒绝书行，还对宋孝宗表示"不因事除拜，必有人言"[③]。

需要注意的是，宋代的给舍和台谏官合称"言路"，除了具体负责草拟、审核诏令的翰林学士、中书舍人和给事中有缴驳之权，其他在任的给舍官，同样有权力就朝廷政令和人事任命发表个人意见。此外，宋代的给舍与翰林学士、尚书、侍郎、待制等又合称"侍从"，南宋赵升所撰《朝野类要》就解释"侍从"说：

翰林学士、给事中、六尚书、八侍郎是也。又中书舍人、左右史，以次谓之小侍从。又在外带诸阁学士、待制者，谓之在外侍从。[④]

众所周知，宋代侍从官的政治地位极高，诚所谓"本朝自两府之下，亦设侍从之官，自待制、谏议已上，学士、舍人，皆是古来九卿之职。朝廷待之恩礼既异，士民瞻仰位貌亦崇，是宜朝夕论思，同共休戚"[⑤]，"盖今日之大臣，乃前时

---

① 〔清〕徐松辑：《宋会要辑稿》职官一之八二，第2370页。

② 〔元〕佚名撰，李之亮校点：《宋史全文》卷二五上，第1710页；〔元〕脱脱等：《宋史》卷三四《孝宗二》，第645页。

③ 〔宋〕李心传撰，徐规点校：《建炎以来朝野杂记》乙集卷六《台谏给舍论龙曾事始末》，第606页；同卷《孝宗黜龙曾本末》，第609页。

④ 〔宋〕赵升编，王瑞来点校：《朝野类要》卷二《侍从》，第45页。

⑤ 〔宋〕范纯仁：《上神宗乞降诏督责侍从论朝廷阙失》，《宋朝诸臣奏议》卷四一九《百官门》，第532页。

之侍从；今日之侍从，乃异时之大臣矣”[①]。侍从官除各司本职之外，“朝夕论思”，“论思献替”，更是其责无旁贷的应尽职责。宋宁宗时彭龟年即有言：

> 臣闻侍从为论思献纳之臣，于天下事无不得言。故欧阳修为翰林学士，论狄青不当在枢密府，包拯不当为三司使，而不为侵越。彭汝砺为吏部侍郎，论曾肇不当黜降。韩维为知制诰，论范镇不当补郡，而不为朋比。盖知无不言，事无不可论，侍从之体当然也。反是则阿容苟合、沉默自全，不足为天子近臣矣。[②]

就制度而言，宋代的侍从官群体，本来就是有权“知无不言”，“言无不尽”，朝廷之事“无不可论”，三衙管军的选任，当然也在其中。

二

宋仁宗庆历四年（1044），宋廷以殿前都虞候王元勾当步军司公事，知制诰张方平即上奏反对，“其王元又已年老衰病，至于总司军政，亦恐精力不逮”，建议“王元恐未任专干心膂，除郭承祐好进多事，累被弹奏，不堪入典禁军外，乞于以次管军将校中择取一两人赴阙，分总禁卫，佐佑扈翼，于体为便”[③]。

至于庸将许怀德历任三衙，其每次升迁，大都要遭到给舍官们的反对，多次被知制诰封还词头。

嘉祐五年（1060），张茂实在首相富弼的支持下出任马军副都指挥使，此事即引发了不小的政治风波。刚升迁翰林侍读学士的刘敞，就专门向宋仁宗进言，认为张茂实确实不宜执掌三衙：

> 臣伏以为国之道，防患于未然，远嫌于万一，所以安群情、止邪谋也。伏闻张茂实，本周王乳母子，尝养宫中，故往年市人以狂言动茂实，颇骇物

① 〔宋〕李焘：《续资治通鉴长编》卷三七六，第9126页。

② 〔明〕杨士奇、黄淮：《历代名臣奏议》卷一八四《去邪》，《文渊阁四库全书》本。

③ 〔宋〕张方平：《乐全集》卷二四《论补军职》，《文渊阁四库全书》本。

听。近者韩绛又以谗说倾宰相，重摇人心。则是一茂实之身，远则为小人所指目，近则为群臣所疑惧，虽圣心坦然，于物无猜，恐未能家至户晓，使人人不惑也。假令茂实其心如丹，必无他肠，亦未能家至户晓，使人人不忧也。如此，则备宿卫、典兵马，适足以启天下之惑，动天下之忧，甚非重宗庙、安臣民、备万一之计。

臣谓今日之宜，要令两善，莫若解茂实兵权，处以外郡。于茂实不失富贵，而朝廷得远嫌疑，此最策之善者也。昔王郎自称刘子舆，卢芳自号刘文伯，因疑饰伪，未必皆有犯上之心，但流言驱扇，群情眩惑使之然耳。臣忝近列，方当远出，心之所疑，不敢不极论。乞以臣言，密付执政商量。取进止。①

嘉祐六年（1061）五月，张茂实还是被解除了三衙军职，外放知曹州。刘敞的奏请，应该还是发挥了相当的影响力。

宋哲宗元祐八年（1093），宋廷任命枢密副都承旨曹诵权管马军司事，“候姚麟回日依旧”。这一任命，与宋代枢密院官员不得兼任三衙管军的原则相冲突，翰林学士范祖禹虽然已经“无言责”，还是随即上了有名的《论曹诵札子》表示异议，认为：曹诵出掌马军司，“虽非正授，止是暂权”，但毕竟违背了“祖宗制兵之法”，因而要求“特降指挥改正，庶不违祖宗故事”②。

宋哲宗绍圣元年（1094）二月，宋廷拟以雄州团练使张利一为捧日天武四厢都指挥使，中书舍人吕希纯即上言：“利一系反逆家，不可使宿卫。”③

宋高宗绍兴末年，以赵密权主管殿前司公事，中书舍人洪适遂上《缴赵密恩数札子》，主要对赵密再度出掌殿前司的待遇安排提出了异议，他还表示：“缄默放行，恐不免于清议，所有录黄，臣未敢书行。”洪氏的意见得到了宋高宗的同意，“闰月八日当日御笔依奏”④。

宋代文武官员的任命，即便是任命诏书已然正式公布，台谏官也有权力随

① 〔宋〕刘敞：《公是集》卷三一《论张茂实》，《丛书集成初编》本。

② 〔宋〕范祖禹：《范太史集》卷二六《论曹诵札子》，《文渊阁四库全书》本。

③ 〔清〕徐松辑：《宋会要辑稿》职官三二之六，第3008页。

④ 〔宋〕洪适：《盘洲文集》卷四七《缴赵密恩数札子》，《四部丛刊》本。

之上章“论列”，对人选继续提出异议。宋孝宗乾道六年（1170）五月，宋廷就曾下诏：

旧制设两省言路之臣，所以指陈时政得失。给舍则正于未然之前，台谏则救于已然之后，故天下事无不理。今任是官者，往往以封驳章疏太频，惮于论列，深未尽善。自今后给舍、台谏凡封驳章疏之外，虽事之至微，亦毋致忽。少有未当，可更随时详具奏闻，务正天下之事。[①]

正如宋光宗时彭龟年于太学博士任上贻书宰相所云：“祖宗尝改易差除以伸台谏之气，不闻改易台谏以伸幸臣之私。”[②]台谏官提出异议的人事任命，朝廷时常收缴相关诏令，“改易差除”，时称“追改”。因台谏论列而“追改”，为宋代政治运作当中的一个惯例。宋仁宗时，名臣包拯就曾言道：朝廷“近日凡有除授，制命已行，或物论未允者，则臣僚上疏论驳，因而追改者有之”[③]。宋哲宗元祐元年（1086），右谏议大夫孙觉等有言：“况朝廷差除，因臣下辞免，或台谏论奏而罢与改者多矣。”[④]御史中丞刘挚亦言：“苟理有未安，给事中失于驳正，或虽驳而失当，其差除之告命，政令改更之制。”即便是“已授受施行矣”，台谏官“从其后论之”，皇太后与皇帝“优容听纳，必无难于追改”[⑤]。

选将方面的具体事例：宋仁宗庆历五年（1045）二月，宋廷“改新知邢州郭承祐为河阳部署，滑州部署魏昭昞为陕州部署”，就是因为“殿中侍御史梅挚、右正言钱明逸皆言承祐贪污而昭昞人材猥下故也”[⑥]。宋哲宗元丰八年（1085）十一月，步军都虞候刘昌祚知渭州，台谏官刘挚随即上奏反对，宋廷寻诏：“管军常多阙员，刘昌祚已差知渭州，宜令别取旨差官。如已降告，即行缴纳。”[⑦]改命他

① 〔清〕徐松辑：《宋会要辑稿》职官一之八二、八三，第2370～2371页。

② 〔元〕脱脱等：《宋史》卷三九三《彭龟年传》，第11995页。

③ 〔宋〕包拯撰，杨国宜校注：《包拯集校注》卷三《请复封驳》，黄山书社1999年版，第220页。

④ 〔宋〕李焘：《续资治通鉴长编》卷三七一，第8997页。

⑤ 〔宋〕刘挚：《忠肃集》卷三《乞依旧令封驳司关报差除奏》，《文渊阁四库全书》本。

⑥ 〔宋〕李焘：《续资治通鉴长编》卷一五四，第3746页。

⑦ 〔宋〕李焘：《续资治通鉴长编》卷三六一，第8639～8640页。

员知渭州。

即便勉强不“追改”，按照宋代官场的惯例，所谓“近臣举动，固自有体，大要必崇谦退，事敬畏也。一闻有言，则引咎自避”[①]，被台谏所“论列”者，往往也很难安居其位。为了便于台谏官及时地“论列”，宋神宗元丰三年（1080），宋廷接受了时任台谏官李定、蔡卞的奏请，专门下诏“应有差除及改更事件”，给事中在当天就要“关报”谏官、御史台。[②]宋哲宗元祐年间，又再次重申了这一规定。

三衙管军的任命，当然也不会例外。需要说明的是，“论列”是指台谏论某人不合适出任三衙管军，与其违法犯科之后加以“弹劾”，性质是有所不同的。而且，“论列”应该是有一定时间限制的。从这一角度上说，宋代包括三衙管军在内的高级官员的任命，事实上是存在着一段“公示”期的。

例如：前文提到的宋哲宗元祐五年（1090），三省、枢密院进拟张利一为管军，御史中丞苏辙闻讯后即向太皇太后高氏进言：“访闻利一任定州总管日，曾入教场巡按，以不得军情，诸军并不唱喏，因此移真定总管。据此事状，实难以令管军。”[③]对其提出了异议。绍圣元年（1094）二月，张利一晋升捧日天武四厢都指挥使一事，其任命本已公布，但中书舍人吕希纯提出了异议，右司谏朱勃也“言利一无边功”，表示反对，宋廷遂加以改正，随即下诏“雄州团练使张利一罢新除捧日天武四厢都指挥使”[④]。

再如元祐四年（1089）七月，宋廷以殿前都虞候、宁国团练使、知熙州刘舜卿为徐州观察使、步军副都指挥使、知渭州，台谏官左谏议大夫梁焘“伏见除授（刘舜卿）步军副都指挥使、知渭州”之后随即上言，认为不如仍以刘氏知熙州，对刘氏“历岁未久，累有恩除”，在数年之内就由马军都虞候而殿前都虞候而步军副都指挥使，也比较委婉地表达了异议[⑤]。

宋仁宗一朝，诚所谓“仁宗皇帝推委执政，一无所疑，凡所差除，多便从

---

① 〔宋〕李焘：《续资治通鉴长编》卷三九二，第9528页。

② 〔宋〕刘挚：《忠肃集》卷三《乞依旧令封驳司关报差除奏》，《文渊阁四库全书》本。

③ 〔宋〕李焘：《续资治通鉴长编》卷四四九，第10793页。

④ 〔清〕徐松辑：《宋会要辑稿》职官三二之六，3008页。

⑤ 〔宋〕李焘：《续资治通鉴长编》卷四三〇，第10394页。

允，而使台谏察其不当，随事论奏，小则放行改正，大则罢免随之，使君臣之恩意常存，朝廷之纪纲自正”[①]，更有典型的例证：

宋仁宗庆历三年（1043）七月，郭承祐以龙神卫四厢都指挥使出任镇定府、定州马步军都部署，任命公布后，知谏院欧阳修即上《论郭承祐不可将兵状》，他说：

> 右臣伏闻朝旨，用郭承祐为镇、定部署。臣自闻此除改，夙夜思维……其郭承祐，欲乞早移与一不用兵处知州，或召还别与一闲慢职秩。若欲录其勤旧，优其戚里之恩，闲官厚禄足可养之，不必须令居此要任。伏愿陛下深思大计，不惮改为，则天下幸甚。取进止。[②]

另据欧阳修在此奏中的说法：葛怀敏于陕西统兵升任殿前都虞候等三衙军职之时，“天下皆知其不可”，看来台谏官当时也曾提出过类似的异议。庆历五年（1045）十二月，郭承祐迁殿前都虞候、并代副都部署、兼知代州，监察御史包拯出使辽朝返回后，也随即上书反对：“今朝廷委任郭承祐，必恐败事。按承祐累任无状，朝野佥知，物议諠然以为不可。”要求：“其承祐乞早令召还，别用能者。”[③]

庆历六年（1046）七月，宋廷晋升马军副都指挥使许怀德为安静军留后，以御史中丞张方平等为代表的台谏官们于是“上章论奏者相继”[④]。

皇祐元年（1049）九月，许怀德迁殿前副都指挥使，知谏院钱彦远就论奏他“高年未谢事”，不宜管军[⑤]。同年，宋廷拟以外戚李璋出任三衙管军，钱氏闻听此任命的风声后，不待正式任命出台，即使用台谏官可“风闻言事”的特权，上书宋仁宗，“欲乞出自圣意，特赐寝罢李璋管军旨挥，庶合中外公议”[⑥]。

---

① 〔宋〕李焘：《续资治通鉴长编》卷三九〇，第9480页。

② 〔宋〕欧阳修撰，李逸安点校：《欧阳修全集》卷九九《论郭承祐不可将兵状》，第1522～1523页。

③ 〔宋〕李焘：《续资治通鉴长编》卷一五七，第3811页。

④ 〔宋〕李焘：《续资治通鉴长编》卷一五九，第3841页。

⑤ 〔宋〕李焘：《续资治通鉴长编》卷一六七，第4013页。

⑥ 〔宋〕钱彦远：《上仁宗论不可令李障管军》，《宋朝诸臣奏议》卷三四《帝系门·外戚上》，第331页。

至和元年（1054）十一月，时任台谏官的赵抃则上《奏札乞差填殿帅》，矛头直指许怀德，建议“别选差填补”殿帅要职：

今殿前只许怀德、马军惟范恪外，又复兼管步军，其余都指挥使、虞候，见差出四员。夫禁卫士旅众多，令借忠干有心力帅、副分头部辖，训练精强，以壮朝廷之威。今来在京见阙四员，伏望特赐指挥，抽还供职，或别选差填补。所贵专各管勾军政，免致急阙误事。[①]

嘉祐五年（1060），张茂实任马军副都指挥使，御史中丞韩绛首先上章反对，弹劾富弼引张氏管军为图谋不轨，因没有抓住多少把柄，自己反而被罢职外放。接替韩绛担任御史中丞的赵概再度上奏朝廷，继续对张茂实的任命表达异议，“言张茂实不宜典兵卫”[②]。

嘉祐六年（1061）九月，宋廷晋升宫苑使、忠州刺史、知雄州赵滋为龙神卫四厢都指挥使，寻迁捧日天武四厢都指挥使。时任知谏院的司马光就连上数奏加以反对，“论赵滋为人刚愎，不可管军”，“滋禀性狂很，不可久置于彼。乞落军职，徙之内地”[③]。

当然，皇帝和三省、枢密院也可以不顾中书舍人和给事中的缴驳，另行指定“以次舍人”与其他给事中书行、书读；也可以不顾台谏的“论列”，坚持原议、照常任命。尽管如此，给舍的缴驳、台谏的“论列”，显而易见对三省、枢密院的“进拟”，对君主的裁断，都发挥着相当重要的制衡作用。这应该也是事实。皇帝“凡事审订而后行，台谏论列，给舍驳议，随即听从”[④]，在宋代也被视作帝王“圣德”之事，袁说友就曾对宋孝宗言道：

故台谏、给舍之所与，是公议之所共与也，虽陛下不得以不与；台谏、

① 〔宋〕赵抃：《清献集》卷六《奏札乞差填殿帅》，《文渊阁四库全书》本。

② 〔宋〕苏轼撰，孔凡礼点校：《苏轼文集》卷一八《赵康靖公神道碑》，第542页。

③ 〔宋〕李焘：《续资治通鉴长编》卷一九五，第4721页。

④ 〔宋〕楼钥撰，顾大朋点校：《楼钥集》卷二三《奏议·论初政》，第442页。

给舍之所不与，是公议之所不与也，虽陛下亦不得而与之。[①]

不过，宋仁宗朝以后，虽然台谏弹劾三衙管军的事例依然不少，但在三衙管军选任的层面，给舍、台谏的影响力有着极其明显的下降，其对三省、枢密院宰执“进拟”的制衡作用，更是急剧弱化。宋孝宗时，起居舍人王蔺就非常痛切地把“朝廷除授失当，台谏不悉举职，给舍始废缴驳”[②]，列为当时朝政的一大弊端。

三

这一变化趋势的出现，当然与君主相关。宋孝宗以张说签书枢密院事，“后省不书黄，学士院不草诏”，结局就是“皆相继斥逐”[③]。宋光宗则是“意所欲用，虽给舍屡缴，而不可回；意所不欲，虽台谏弹击，而不可动”[④]。宋宁宗即位，谢深甫于御史中丞兼侍读任上上言道：“比年以来，纪纲不立。台谏有所论击，不与被论同罢，则反除以外任；给舍有所缴驳，不命次官书行，则反迁以他官。”[⑤]宋宁宗还时常批发“可与书行”的手令，强令给舍官“书行”。如刘庆祖为正任承宣使，时任中书舍人的彭龟年“缴奏”，宋宁宗即御批“可与书行”，彭氏遂上奏曰：

臣非为庆祖惜此一官，为朝廷惜此一门耳。夫“可与书行”，近世弊令也，使其可行，臣即书矣，使不可行，岂敢因再令而遂书哉？[⑥]

看来，宋宁宗前后君主以“可与书行”四字强令给舍执行，确实已然成为较

① 〔宋〕袁说友：《东塘集》卷八《论养士大夫气节》，《文渊阁四库全书》本。
② 〔元〕脱脱等：《宋史》卷三八六《王蔺传》，第11854页。
③ 〔元〕脱脱等：《宋史》卷三八八《王希吕传》，第11900页。
④ 〔明〕杨士奇、黄淮等编：《历代名臣奏议》卷四《君德》，《文渊阁四库全书》本。
⑤ 〔元〕脱脱等：《宋史》卷三九四《谢深甫传》，第12040页。
⑥ 〔元〕脱脱等：《宋史》卷三九三《彭龟年传》，第11997页。

为严重的“近世弊令”。除此之外，君主对台谏官的“论列”置若罔闻，甚至借机驱逐台谏官的现象，也都并非罕见。

不过，更为重要的原因，应该是宋仁宗朝以后三省相权持续提升的结果，也是相权趋于强势的重要体现之一。我们知道，在宋人理想的政治框架当中，给舍、台谏等“言路”官居于特别重要的地位。从制度设计的意义上来看，诚如宋哲宗元祐三年（1088）时任中书舍人的曾肇所言：“陛下寄腹心于大臣，寄耳目于台谏，二者相须，不可阙一。”[①]周必大在参知政事任上亦对宋孝宗有言：“台谏、给舍，与三省相维持。”[②]言路官应该与皇权和相权鼎足而三，既发挥谏诤皇权的作用，更发挥制衡相权的作用，是皇权掌控相权的重要工具。因此，“不以言罪人”，就是自宋太祖以来的政治传统；言路通畅与否，也往往被宋人上升到关乎国运否泰的高度。给舍、台谏“言路”官，例由皇帝亲擢，通常就是宋代官僚当中最为活跃的群体之一。这无疑是宋代政治体制的一个较为突出的亮点。

问题可能也就在于此，至迟从宋神宗熙宁年间任用王安石推行“新法”开始，随着相权有了质的提升和士大夫官僚群体内部“党争”的激烈展开，执政者控制“言路”，把自己最心腹的私人、死党安插在“言路”，出任给舍、台谏特别是台谏官，既可以保证任用同党的方便，更可以阻止政敌上台和弹劾政敌，这是争夺“党争”优势的不二法门。反过来，丧失对“言路”的控制，通常就是走向政治失势的开始。既然如此，宋代的宰相无不视“言路”为必须全力加以角逐、以去就相争的政治斗争焦点。台谏等言路越来越为宰相所控制，“执政自用台官”，“执政以意选用旧人之例，遂以成风”[③]，因人划线，“官以类进”，成为事实上的惯例。

王安石就是如此，正所谓“王安石专权用事，不恤公议而明进子弟，布在要津，当时言路，皆其门下之人”，“每于言路，多置私人”[④]。以熙宁三年（1070）为例，他为了任命李定为监察御史里行，就不惜以本身相位之去就相争，旧党后来攻击说：李定“天下无不憎其恶，而宰相王安石曲法枉道，独为主张，恣其

---

① 〔宋〕李焘：《续资治通鉴长编》卷四一一，第10006页。

② 〔元〕脱脱等：《宋史》卷三九一《周必大传》，第11969页。

③ 〔宋〕李焘：《续资治通鉴长编》卷四四八，第10766～10767页。

④ 〔宋〕李焘：《续资治通鉴长编》卷三七七，第9152页；卷四三九，第10583页。

阴肆奸回，显行诬陷，盗窃名器”[①]。“天下无不憎其恶”，未必皆为事实，然王安石“独为主张”，李定“素与王安石善”[②]，应该是毋庸置疑的。再如谢景温为侍御史知杂事，此人亦“雅善安石，又与安石弟安国通姻”[③]；薛昌朝为监察御史里行，也是因为“王安石言昌朝可用也”[④]。反过来，张戬、王子韶和程颢三位对新法和王安石有异议的台谏官，就被解除了职务。

司马光一上台，较王安石有过之而无不及，他不顾谏官须宰执共同进拟的当时体制，撇开时任宰相、执政的蔡确、章惇等新党人物，极其蛮横地把范纯仁、苏辙、范祖禹、朱光庭等五位自己的“亲戚及所举之人”[⑤]置于言路。此前出任侍御史的刘挚与监察御史的王岩叟，也都是司马光最为得意的门生、私党。吕公著在司马光后为首相，也是以自己的姻亲胡宗愈为御史中丞，其他台谏官也多为吕氏之门人。元祐三年（1088），右正言刘安世即曾言道：“臣闻宗愈之侄女适吕公著之亲孙，昨宗愈为御史中丞，乃是公著秉政之日”[⑥]，“而台谏官多出公著之门，终无一语敢及此事”[⑦]。吕大防为首相，则以苏辙为御史中丞，而苏辙“素与大防相善，希合其意”[⑧]，侍御史孙升、殿中侍御史岑象求等，与苏辙情况相类似，也都是吕大防之私人。

绍圣元年（1094）四月，新党东山再起，章惇拜相，也是立即效王安石、司马光之故智，以新党中其个人的死党“林希为中书舍人，张商英为谏官”，张商英“绍圣初备位谏官，与宰相章惇结为死党”[⑨]。除此之外，新、旧两党其他的首脑人物，如刘挚、苏辙、曾布、蔡京等，他们居于相位之时，也都有类似的控制言路的举措，就不必一一列举了。反过来，官僚士大夫主动投靠宰相，“无日不走公相

① 〔宋〕李焘：《续资治通鉴长编》卷三七六，第9128页。

② 〔宋〕李焘：《续资治通鉴长编》卷二一〇，第5103页。

③ 〔宋〕李焘：《续资治通鉴长编》卷二一〇，第5104页。

④ 〔宋〕李焘：《续资治通鉴长编》卷二一〇，第5115页。

⑤ 〔宋〕李焘：《续资治通鉴长编》卷三六〇，第8607页。

⑥ 〔宋〕李焘：《续资治通鉴长编》卷四一五，第10072页。

⑦ 〔宋〕李焘：《续资治通鉴长编》卷四一七，第10134页。

⑧ 〔宋〕李焘：《续资治通鉴长编》卷四五二，第10855页。

⑨ 〔宋〕徐自明撰，王瑞来校补：《宋宰辅编年录校补》卷一一，第674～675页；〔清〕徐松辑：《宋会要辑稿》职官六七之三一，第3903页。

之门”[①]，以求得言路官要职者，更是多如过江之鲫。

言路官既然多为宰相之私人，他们唯宰相之命是从，也就是很自然的事情。宋徽宗宣和二年（1120），有臣僚在上奏中就指出：台谏等言路官“有所畏忌，受制于人”，宰相等权臣“蔑视风宪之官，不啻奴仆之役，若非处以私情，终必结为仇怨”[②]。宣和三年至宣和七年（1121—1125）之间，宋廷亦多次下诏，指出“背公死党，肆为诡谲，阿附权贵，为臣不忠”等诸多言路宿弊，诫饬言路官们“毋惮大吏，毋徇私交，毋伺大臣风旨，以为乡背”[③]。揆之当时史实，宰相“奴役”台谏之说可能有所夸张，然言路官“有所畏忌，受制于人”，甚或“阿附权贵”，“伺大臣风旨”，应该都是毋庸置疑的事实。宋钦宗靖康元年（1126）二月，太学生雷观上书朝廷，极言时弊：

> 当今所急，止一言而已：论相是也。国家崇宁以来，相非其人，官以类进。私昵者官之，恶德者爵之，贤能之士反斥逐不用，目为奸党。
>
> 自祖宗以来，相臣多因言官论列，直指某人可相、某人不可相，无非天下之公议，此最为我宋之盛典。崇宁以来，台谏一蒙时相拔擢，则多怀私恩，无有直言者矣。此亦不可不察也。[④]

同年四月，宋钦宗专门下诏亲擢台谏：“台谏者，天子耳目之官。宰执不当荐举，当出亲擢，立为定制。”[⑤]这时的赵宋王朝正处于风雨飘摇之中，此诏除了表明此前台谏皆为宰执私人之外，不会有任何真正的实际作用。

南宋名相李纲，为相前后不过区区七十余天，就被排挤出了朝廷，罪名之一也是“杜绝言路，台谏官则陷以罪，或置之闲散，如颜岐、孙觌、李会、李擢、范宗尹”。右正言邓肃则是“李纲所善也”，李纲的一些政见，往往就是由他提出，

---

① 〔宋〕李焘：《续资治通鉴长编》卷四五四，第10891页。
② 〔清〕徐松辑：《宋会要辑稿》职官五五之一四，第3605页。
③ 〔清〕徐松辑：《宋会要辑稿》职官五五之一六，第3606页。
④ 〔宋〕雷观：《上钦宗乞择相》，《宋朝诸臣奏议》卷四八《百官门・宰执下》，第523页。
⑤ 〔宋〕陈均编，许沛藻等点校：《皇朝编年纲目备要》卷三〇，第788页。

李纲罢相之后，邓肃随即也被外放地方官。[①]

奸相秦桧当政期间，满朝文武百官多匍匐在其淫威之下，台谏、给舍群体自然也不例外，所谓“秦桧秉政久，言路皆其所引”[②]。绍兴十四年（1144）二月，本为秦桧死党的参知政事万俟卨失宠于秦桧，秦桧遂嗾使“御史中丞李文会、右谏议大夫詹大方，皆论卨违诏，除职与郡。而给事中杨愿驳奏，乃以卨为提举太平观。文会又论中书舍人刘才邵、祠部郎官王观国皆附卨以进，亦诏与外任”[③]。当然，罢黜万俟卨，不过是秦桧操纵台谏、给舍的一个极其平常的例子，但从中也可以看出：御史中丞李文会、右谏议大夫詹大方和给事中杨愿等台谏、给舍官，都是唯秦桧之命是从，中书舍人刘子邵等则勾结参知政事万俟卨。在秦桧的卵翼之下，李文会、杨愿和詹大方三人，后来都做到了签书枢密院事等执政高位。

绍兴二十年（1150），宋高宗在诏书中也承认了这样的事实：“台谏风宪之地，年来用人非据，与大臣为友党，济其喜怒，甚非耳目之寄。”[④]至于给事中，从绍兴二十年至绍兴二十七年（1157），竟然“不除者七年”[⑤]。

南宋其他时期的权相，如韩侂胄、史弥远、贾似道等人，也是无一例外地都能够把“言路”控制在自己的掌握之中，真正做到了“奴役”言官。如韩侂胄“扼塞言路”：

> 自绍兴末年以来，台谏每月必一请对，察官每月必一言事，从官两月必一求见，否则谓之失职。自侂胄扼塞言路，从官既不言事，而台谏亦多牵掣顾望，凡所论列，若位望稍高之人，盖皆有所受，此外则每月将终，必举按小吏一二人，谓之“月课”。始者犹及厘务官与郡守之属，已而浸及属官、曹掾，最后则簿尉、监当皆在月课之列矣。又有泛论君德、时事之类，皆取其陈熟缓慢、略无撄拂者言之，以至百官转对、监司、帅守奏事亦然。或问

① 〔宋〕徐自明撰，王瑞来校补：《宋宰辅编年录校补》卷一四，第905、892页。

② 〔宋〕徐自明撰，王瑞来校补：《宋宰辅编年录校补》卷一六，第1098页。

③ 〔宋〕徐自明撰，王瑞来校补：《宋宰辅编年录校补》卷一六，第1085页。

④ 〔元〕脱脱等：《宋史》卷四〇五《刘黻传》，第12244页。

⑤ 〔宋〕李心传：《建炎以来系年要录》卷一七六，第2904页。

之，则愧谢曰“聊以藉手”，台谏官则曰“聊以塞责”。有监察御史当应课，乃言：“都城货炒栗者，皆以黄纸包之，非便，乞禁止。”闻者哂之。[①]

时任谏官的李大异，曾对宾客自我解嘲地说过：“今之台谏，州县五伯耳，何足云乎！堂上传呼某人当杖，即持挺（梃）以前，又传呼曰放，即置之而去。”[②]相当数量的“言路”官，热衷于趋炎附势，更竞相地充当权相的鹰犬、走狗，曹彦约曾言及：“台谏、给舍，系天下之公议，顾乃朋邪结托，为执政之私人，渐不可长。”[③]南宋名臣魏了翁也谈到史弥远专权时的台谏官群体：

台谏语人必曰：“近来文字，皆是府第付出。”臣始疑之，一日李知孝为臣言曰：“昨所论洪咨夔、胡梦昱，乃府第付出全文。”审如诸人之言，则又出于呈藁之外。故人谓台谏为鹰犬之不若，盖鹰犬之博鸟兽，乃其性然，非以求悦于人也，而台谏徇人忘己，则非性之所安，何鹰犬之可拟乎？[④]

当时的台谏官梁成大就是一个典型，他闻听史弥远有意排斥真德秀、魏了翁等人，就主动卖身投靠。史弥远任命他为台谏官，其遂秉承史氏的旨意，猛烈攻讦和弹劾真德秀、魏了翁诸人，时人评论其行径曰：

当时太学诸生曰：大字傍宜添一点，曰梁成犬。余谓犬之狺狺，不过吠非其主耳，是有功于主也。今夫不肖之台谏，受权贵之指呼，纳豪富之贿赂，内则翦天子之羽翼，外而（则）夺百姓之父母，是有害于主也。吾意犬亦羞与为伍矣。[⑤]

---

① 佚名编，汝企和点校：《续编两朝纲目备要》卷七，第129～130页。

② 佚名编，汝企和点校：《续编两朝纲目备要》卷九，第164页。

③ 〔明〕杨士奇、黄淮等编：《历代名臣奏议》卷五九《治道》，《文渊阁四库全书》本。

④ 〔宋〕魏了翁：《鹤山先生大全文集》卷一八，《四部丛刊》本。

⑤ 〔宋〕罗大经撰，王瑞来点校：《鹤林玉露》丙编卷二《大字成犬》，第274页；〔宋〕刘一清：《钱塘遗事》卷二《大字成犬》，《文渊阁四库全书》本。

绍定六年（1233）十月，史弥远甫一去世，本已退闲养老的梁成大失去了靠山，在十一月就遭到了给事中莫泽等人弹劾，言其“暴狠贪婪，苟贱无耻”，宋廷遂“诏夺成大祠禄”[①]。贾似道亦然，史载：宋理宗景定元年（1260）以来，“时似道专政，台谏何梦然、孙附凤、桂锡孙、刘应龙承顺风指，凡为似道所恶者无贤否皆斥”[②]。

需要说明的是，台谏虽号称为“天子耳目”，然正如章惇所云：“故事，谏官皆令两制以上奏举，然后执政进拟。”[③]其选任大权，主要还是操控在宰相之手，这也是宰相能够将私人安插在言路上的关键因素。除此之外，诚如宋哲宗朝御史中丞邢恕所说的，台谏与相权对抗，有所谓的“五不胜”：

> 臣窃以朝廷置御史中丞，本以救执政大臣之所不及，且防其私邪，其责任甚重。然其权力甚轻，若优游养交，乃能可全，即明目张胆，真欲举职，鲜不见殆。何则？御史中丞徒能言尔！及其进呈开呈，行与不行，全在执政。言之与行，岂可同日而语哉！其不敌一也。御史中丞止于一身尔！虽有小御史辈，时无御史，殿中御史也。人微言轻，不足倚重，执政大臣若协力相济，动辄数人，众寡之势，较然不侔，其不敌二也。御史中丞，若人主信用，止于稍能为人祸尔！执政大臣兼能为人祸福，可以鼓动人情，为之羽翼耳目者众，其不敌三也。御史中丞得对清光，近者逾旬，远或弥月，而执政大臣日见人主，亲疏之迹不同，其不敌四也。御史中丞风闻言事，近于道听涂说，执政大臣亲秉政事之权，事无巨细，皆摭其实，与之角论，详略得失，固不相当，其不敌五也。[④]

在皇权、相权与台谏言官三者互动的政治架构当中，台谏本来就是最为弱势的一环，台谏逐渐为相权掌控，向依附相权蜕变，有其必然之势。

台谏尚且如此，给舍又何尝不如此？至迟到宋宁宗朝，“给舍而奉宰相风旨，

---

① 〔元〕脱脱等：《宋史》卷四一《理宗一》，第799页。

② 〔元〕脱脱等：《宋史》卷四五《理宗五》，第875页。

③ 〔宋〕李焘：《续资治通鉴长编》卷三六〇，第8606页。

④ 〔宋〕李焘：《续资治通鉴长编》卷四九三，第11717～11718页。

朝廷纪纲扫地矣”[1]，已经是司空见惯的官场常态了。宋理宗朝，给事中钱相、中书舍人濮斗南与左正言叶贲等人就是“为时相史嵩之腹心”[2]。“言路”既然越来越为相权所掌控，给舍、台谏唯宰相之命是从，他们对三省、枢密院所主导的“进拟”的异议，必然会大打折扣，在很大程度上流于形式。三衙管军的选任，宋仁宗朝给舍、台谏频繁缴驳、论列的情形再未能出现，应该就是一个极其合乎逻辑的具体表现。

原载《国学学刊》2013年第1期

① 〔元〕脱脱等：《宋史》卷四〇〇《王介传》，第12154页。

② 〔元〕脱脱等：《宋史》卷四〇六《刘汉弼传》，第12276页。

直辖与遥隶：宋代军马“皆隶三衙”考析

宋代殿前司、侍卫马军司和步军司三衙不仅直接统领驻扎于京师的本部直辖人马，“天下军马”“内外诸军”即禁军、厢军的绝大部分，其番号也都隶属于三衙，分别被整编进殿前司、马军司或步军司的系统中。此一体制的形成，经历了一个较长的过程，其实现的形式，前后也有着较大的变化，出现过“直辖”和“遥隶”两种不同的模式。在宋初三朝，主要是将地方精锐抽调到京师，或是直接增补进殿前、侍卫两司下辖各部当中，或是单立新的番号，编入两司，统归殿前、侍卫两司直接指挥，是谓“直辖”。宋仁宗及以后各朝，则主要是把地方精锐或是招募自当地的新兵的番号纳入三衙的系统，但并不抽调至京师，而是以“就粮禁军”等名义，就地升为禁军，遥隶三衙，然仍由当地经略司、都总管司、兵马钤辖司等路、州地方兵马司统领和指挥，是谓“遥隶”。这是两种有着质的差异的不同模式。从北宋中期以来，随着“遥隶”模式的推行，宋代军制很自然地发生了重大的变化：禁军在事实上被一分为二，分为“在京”三衙禁军和“在外”地方禁军两大部分。地方禁军尽管使用三衙禁军的番号，在制度上被整合进三衙系统，但改变不了其为地方兵马司所直接指挥的地方军马的实质。三衙对所隶地方军马行使的职权，主要集中于对该部将校人事安排的干预上。南宋江上、四川诸军各都统司所部不隶属于三衙，使得南宋三衙统兵权的范围，在制度上和名义上皆要较北宋三衙为小，然广东摧锋军、福建左翼军、江西右翼军、淮东武锋军、湖南飞虎军、湖北神劲军等多支地方军马，亦遥隶于三衙，而且南宋三衙对所隶地方军马的实际控制力与影响程度，都要强于北宋三衙。

一、直辖和遥隶：两种模式

正如宋高宗在绍兴五年（1135）所云："祖宗故事，应军马未有不入三衙者。"[①]李心传《建炎以来朝野杂记》亦曰："祖宗以来，内外诸军，惟厢、禁二色而已。禁军皆隶三衙，而更戍于外。"[②]《宋史·兵志一》更径曰："祖宗故事，兵皆隶三衙。"[③]按照北宋制度，即"祖宗故事"，三衙不仅直接统领捧日、天武、龙卫、神卫等驻扎于京师的本部人马，"天下军马""内外诸军"，即禁军、厢军的绝大部分也都隶属于三衙，分别被整编进殿前司、马军司或步军司的系统中。根据《玉海》《文献通考》《宋史·兵志》等相关记载加以统计：北宋禁军共有"军额"即番号189个，其中隶属于殿前司的有37个骑兵番号，26个步兵番号；隶属于马军司的骑兵番号有35个；隶属于步军司的步兵番号有83个。三衙合计番号181个，占禁军总数的95%以上。在三衙之外，唯御前忠佐军头司最多时辖有4个步、骑兵番号，皇城司下辖2个步兵番号，左右骐骥院下辖2个骑兵番号，合计起来也不过区区8个，约仅占禁军番号总数的4%，与三衙相比确乎是微不足道[④]。当然，《玉海》等所记的数字未必完全准确，北宋不同时期禁军番号数亦时有增减[⑤]，但不管

---

① 〔宋〕李心传：《建炎以来系年要录》卷九六，第1583页。

② 〔宋〕李心传撰，徐规点校：《建炎以来朝野杂记》甲集卷一八《御前诸军》，第403页。

③ 〔元〕脱脱等：《宋史》卷一八七《兵志一》，第4582页。

④ 〔宋〕王应麟：《玉海》卷一三九《兵制·三衙》，《文渊阁四库全书》本；〔元〕马端临：《文献通考》卷一五五《兵考七》，第4635页。又见章如愚《群书考索》、林駉《古今源流至论》等。

⑤ 王应麟《玉海》卷一三九《兵制·三衙》在注中即记有出自《两朝国史·志》的另外一组数字："殿前司骑军额三十，步军额十有六；侍卫司骑军额三十有三，步军额五十有六。"按：《两朝国史》是宋神宗时所修记载宋仁宗、英宗两朝史实的官修史书，其所反映的应该是仁宗、英宗两朝包括神宗朝的部分情况。又，《文献通考》卷一五二《兵考四》征引了一大段《两朝国史·志》的内容，但未有此段文字。

怎样，都不会影响到“禁军皆隶三衙”这一基本判断的成立。厢军，也是“内总于侍卫司”①。事实上，即便是不离本乡本土、属于半正规军的地方“民兵”性质的“乡兵”，个别地区的精锐也有被纳入三衙系统的，如宋神宗熙宁九年（1076）即曾诏令“环庆寨户、强人、弓手，如禁军法上兵籍，隶于马军司”②。寨户、强人、弓手，就都属于乡兵的范畴。

众所周知，禁军、厢军和乡兵，就是宋代武装力量最主要的三大组成部分，从这个意义上说，宋高宗“军马未有不隶三衙者”之说确实具有较高的权威性。对此，王曾瑜先生给予了高度的重视，视其为宋代三衙管军制度的本质性特征之一：“不管军队番号有多少，分驻地区如何散漫，每个指挥必须分别隶属于殿前司、侍卫马军司或侍卫步军司，这就是北宋的‘三衙’制度。”③辽朝模仿五代制度，亦置有殿前司与侍卫亲军司，王先生即据此断定辽制与宋制形似而实异，他说：辽朝的殿前和侍卫二司“更不同于北宋之三衙，不是分统全国军马的机构，而仅是宿卫机构”④。

北宋军马“皆隶三衙”的体制，并非一朝完成，而是经历了一个较长的历史过程，其实现的形式，前后也有着较大的变化，出现过“直辖”和“遥隶”两种不同的模式。

（一）直辖模式：“简诸道兵补禁卫。”直辖模式，以宋太祖朝最为典型。简单说来，该模式是“简诸道兵补禁卫”⑤，即由朝廷遣使遴选，或由地方各州长官自行申报，然后把选拔出来的地方精锐调离本地，抽调到京师或京畿，升为京师禁军。或是直接增补进殿前、侍卫两司下辖各部当中，或是单立新的番号，编入两司，统归殿前、侍卫两司指挥。

赵宋开国承袭五代制度，依然是中央禁军和地方方镇“诸道州兵”并立的

① 〔元〕脱脱等：《宋史》卷一八九《兵志三》，第4639页。关于宋代的厢军，参看淮建利：《宋朝厢军研究》，中州古籍出版社2007年版。

② 〔宋〕李焘：《续资治通鉴长编》卷二七九，第6846页。

③ 王曾瑜：《岳飞和南宋前期政治与军事研究》，河南大学出版社2002年版，第260页。

④ 王曾瑜：《辽金军制》，河北大学出版社2011年版，第64页。

⑤ 〔宋〕李心传：《建炎以来系年要录》卷一九〇，第3188页。

二元体制。京师殿前、侍卫两司所部为禁军，“惟三司卒称禁军”[①]，“禁军犹曰京师之兵”[②]；地方军则为“诸道州兵”，分别隶属于各方镇。禁军的地位要高于方镇“诸道州兵”，然两者之间是互不统属的平行关系。宋初方镇州兵的总体实力，当然无法与中唐五代方镇相提并论，也不可能与中央禁军相抗衡，然亦不容小觑。特别是与契丹、北汉相邻的河北、河东地区，其地方兵马的实力普遍相当可观，如昭义节度使李筠，其麾下至少有精兵三万、健马三千[③]。其他各地的方镇，也都有一定的实力，徐州的武宁节度使郭从义，即“家累巨万金，仆童千人，厩马千余匹”[④]，堪称地方强藩。

再者，宋太祖伐湖南，出动中央禁军不过步骑数千，主力为安、复、郢、陈、澶、孟、宋、亳、颍、光等州的“州兵”[⑤]。乾德二年（964）伐蜀，又大举出动了“诸道州兵”二万，“自全斌以下，率禁军步骑二万，诸道州兵一万，由凤州路进讨”，“自光义而下，率禁军步骑一万，诸道州兵一万，由归州路进讨”[⑥]。开宝三年（970）伐南汉，“仍遣使十余人发诸州兵赴贺州”[⑦]，几乎全部使用“州兵”。考虑到一次可出动二万余众，宋初“诸道州兵”的总兵力，当在十万余以上，与殿前、侍卫两司禁军在数量上大致相当。他们能够在平定江南各政权的战争中发挥重要作用，证明其也有相当的战斗力。

正因为如此，宋太祖开国伊始，即以“重内轻外，强本弱枝”为国策，纳赵普之谋，行“收其精兵”之计，将“州兵”当中的精锐抽调到京师，以求根绝中唐五代地方割据称雄的隐患，史称：“国初，收天下劲卒，列营京畿”[⑧]，“宋朝惩

---

① 〔宋〕胡榘修，〔宋〕方万里、罗濬纂：《宝庆四明志》卷七《叙兵·禁军厢军》，第5070页。

② 〔宋〕沈作宾修，〔宋〕施宿等纂：《嘉泰会稽志》卷四《军营》，中华书局1990年版，第6775页。

③ 〔宋〕李焘：《续资治通鉴长编》卷一，第15页。

④ 〔宋〕李焘：《续资治通鉴长编》卷五，第127页。

⑤ 〔清〕徐松辑：《宋会要辑稿》兵七之二四，第6881页。

⑥ 〔清〕徐松辑：《宋会要辑稿》兵七之二五、二六，第6882页。

⑦ 〔清〕徐松辑：《宋会要辑稿》兵七之二八、二九，第6883～6884页。

⑧ 〔宋〕胡榘修，〔宋〕方万里、罗濬纂：《宝庆四明志》卷七《叙兵·禁军厢军》，第5070页。

唐末五代兵骄将专之弊，选州兵壮勇者，部送京师，以补禁卫”[①]。司马光撰《涑水记闻》记载：

> 太祖既纳韩王之谋，数遣使者分诣诸道，选择精兵。凡其才力伎艺有过人者，皆收补禁军，聚之京师，以备宿卫。厚其粮赐，居常躬自按阅训练，皆一以当百。诸镇皆自知兵力精锐非京师之敌，莫敢有异心者，由我太祖能强干弱支，致治于未乱故也。[②]

《宋史·兵志一》亦云：

> 太祖鉴前代之失，萃精锐于京师，虽曰增损旧制，而规橅宏远矣。建隆元年，诏殿前、侍卫二司各阅所掌兵，拣其骁勇升为上军，老弱怯懦置剩员以处之。诏诸州长吏选所部兵送都下，以补禁旅之阙。又选强壮卒定为兵样，分送诸道；其后代以木梃，为高下之等，散给诸州军，委长吏、都监等召募教习，俟其精练，即送阙下。[③]

具体说来，建隆二年(961)前后，侍卫马军司的主力龙卫即“拣去衰老，以诸州所募精劲者补之”，员僚直“选诸州骑兵及蕃镇厅头召募人等为左三直”[④]。规模最大的一次，是在乾德三年(965)的九月，各地方“州兵”精锐集中抽调进京，宋太祖本人亲自出面检阅，“上御讲武殿，阅诸道兵，得万余人，以马军为骁雄，步军为雄武，并属侍卫司”[⑤]，授予他们侍卫司的番号，将其分别编入侍卫马军和步军。按:《宋史·兵志一》有云：殿前司“拱圣，指挥二十一。京师。乾德中，

---

① 〔宋〕史弥坚修，〔宋〕卢宪纂：《嘉定镇江志》卷一〇《兵防》，中华书局1990年版，第2388页。

② 〔宋〕司马光撰，邓广铭等点校：《涑水记闻》卷一，第13页。

③ 〔元〕脱脱等：《宋史》卷一八七《兵志一》，第4571页。

④ 〔元〕脱脱等：《宋史》卷一八七《兵志一》，第4590页。

⑤ 〔宋〕李焘：《续资治通鉴长编》卷六，第157页。

选诸州骑兵送阙下，立为骁雄，后改骁猛。雍熙四年，又改拱辰。未几改今名"[①]，则骁雄本隶殿前司，与《续资治通鉴长编》隶侍卫司之说不同。当然，不管是殿前司，还是侍卫司，这些州兵精锐被编入京师禁军则是无疑的。考虑到当时"州兵"总兵力不过十余万，一次就抽调来京师万余众精锐，动作的力度非常之大。除此之外，正如南宋学者章如愚《群书考索》续集卷四四所概括的：宋太祖在此前后，陆陆续续地"取太原兵以为龙卫，取幽州兵以为神武，左右员寮本藩镇厅头也，左射拱圣，本诸州骑兵也"。开宝年间，宋太祖还令殿前司控鹤军都虞候崔翰"阅试河北镇兵，取其骁果者以分配天武两军"[②]，将河北兵马中的精锐补充进殿前司之天武军。

三衙的统兵权虽然仍不出京师所部的范围，但通过加强殿前、侍卫两司禁军实力和缩减地方"州兵"两方面双管齐下，地方州兵在经过多次地抽调之后，所余之兵已大多为老弱，地方上的优质兵源，也通过"兵样"之制，大多为三衙禁军所垄断，州兵得不到多少补充，而且随即被改编为厢军。厢军，名虽为军，"然罕教阅，类多给役而已"[③]，已基本丧失了军事职能。"方镇"这一名词，遂彻底地退出了历史舞台。中唐五代以来地方方镇拥兵自重，节度使跋扈称雄，中央禁军与地方"诸道州兵"并立的二元化结构基本终结。中唐五代方镇的一系列职衔，如节度使、观察使、防御使、团练使、刺史之类，随之逐渐演变成了武官的阶官。

宋太祖在平定南方诸国的过程中，诸国的军队大部被遣散归农，其部分"精兵"也被抽调到京城，直接编入了殿前、侍卫两司禁军。由此以来，京师禁军萃集了各地方的精兵强卒，殿前、侍卫两司所部实力空前强大，"近代无比"，成为宋朝当时唯一的真正有战斗力的武装力量，"天下兵马，皆隶三衙"可谓名符其实。"国家创艾五代之乱，藩镇不得擅兵，常番禁旅，外屯州郡"[④]，遇有小大战事，宋廷或组建行营，或派兵前往弹压，皆以殿前、侍卫司所部为主力，多以两司管军为将帅。战事结束，则班师回京。地方军马配合中央两司大军行动，通常仅发挥辅助的作用。

---

① 〔元〕脱脱等：《宋史》卷一八七《兵志一》，第4586页。

② 〔元〕脱脱等：《宋史》卷二六〇《崔翰传》，第9026页。

③ 〔元〕脱脱等：《宋史》卷一八九《兵志三》，第4639页。

④ 〔宋〕张方平：《上仁宗论州郡武备》，《宋朝诸臣奏议》卷一二二《兵门》，第1345页。

宋太宗、真宗两朝也都继续推行宋太祖的既定方针，据《宋史》卷一八七《兵志一》的相关记载，宋太宗、真宗两朝地方军马被抽调进京的情况，大致如下：

殿前司：散直，“左右班四。雍熙四年，以诸道募置藩镇厅头、军将及诣登闻院求试武艺者立。咸平元年，选诸节度使从人、骑御马小底增补”。外殿直，“太平兴国四年，征太原，得上军。天禧四年，并入此班”。归明渤海，“太平兴国四年，征幽州，以渤海降兵立”。吐浑小底，“太平兴国四年，平太原，获吐浑子弟，又选监牧诸军中所有者充”。龙猛，“太平兴国中，拣阅龙骑及诸州部送招获群盗，取其材勇者立”。宣武，“太平兴国二年，并效节、忠猛二军立，又选诸军及乡兵增之”。神射，“两浙州兵”，“淳化元年，部送阙下，选其强者为广武，次等复为本军”。步斗，“雍熙三年，选诸州厢军之壮勇者立”。鞭箭，“雍熙三年，选两浙兵为鞭箭，次等者为忠节鞭箭”。

侍卫司：员僚直，“太平兴国四年，平太原，选其骑兵为右三直”。龙卫，太平兴国四年“平太原，选其降兵为拣中龙卫”。归明神武，“太平兴国四年，亲征幽州，以其降兵立此军”。拣中夏州厅子，“淳化五年，河西行营都部署李继隆遣部送京师立”。步军：川效忠，“太平兴国三年，选诸州厢兵归京师者立。淳化四年，又选川峡威棹、克宁兵部送京师者立为川效忠”。威宁，“淳化中，部送西川贼帅王小波胁从之兵归京师立”。顺圣，“太平兴国中，部送两浙兵归京师立”。勇捷，“太平兴国四年，征太原立，分左右厢，以诸州库兵补左厢，广济开山兵补右厢”。威武，“太平兴国四年，征太原立，分左右厢，以江南归化兵补左厢，两浙顺化兵补右厢”。忠节，“太平兴国三年，选诸州厢军之强壮者立”。威猛，“咸平三年，选诸州厢兵及召募者立”。

景德三年(1006)八月，宋真宗将立有战功的河东效顺第一军抽调至京师，简阅其精锐“以补虎翼名阙”[①]。景德四年(1007)七月，再次较大规模地在河北、河东两路的地方禁军当中，选拔精锐以补充三衙，“令河北、河东路部署等巡视军中，其阅习士卒，有材勇愿隶在京诸军者，听其自陈，州给装钱，部送阙下”，“时河北骁健军士因防护至京，引对便殿，上询之，有愿留补禁旅者。上以两河就

---

① 〔宋〕李焘：《续资治通鉴长编》卷六三，第1420页。

粮军多劲勇士，因广搜择焉"①。

（二）遥隶模式："就升禁军"，遥隶三衙。遥隶模式，以宋仁宗朝最为典型。该模式是将地方军马"就升禁军"，遥隶三衙，也就是把厢军、土兵等地方军马当中的精锐，或是招募自当地的新兵，将其番号纳入三衙的系统，但并不抽调至京师，而是以"就粮禁军"等名义就地升为禁军，仍由当地经略司、都总管司、兵马钤辖司等地方兵马司统领和指挥。

宋仁宗天圣至宝元间，"增募诸军：陕西蕃落、广锐，河北云翼，京畿广捷、虎翼、效忠，陕西、河东清边弩手，京西、江、淮、荆湖归远，总百余营"②。至康定、庆历年间，宋夏战争爆发，宋廷更按照此一模式，在陕西、河东、河北等地方集中地扩编和新编了大批地方禁军：

> 于是增置陕西蕃落、保捷、定功，河北云翼、有马劲勇，陕西、河北振武，河北、京东武卫，陕西、京西壮勇，延州青涧，登州澄海弩手，京畿近郡亦增募龙骑、广勇、广捷、虎翼、步斗、步武，复升河北招收、无敌、厅子马，陕西制胜，并州克戎、骑射，麟州飞骑，府州威远，秦州建威，庆州有马安塞，保州威边，安肃军忠锐，岚、府州建安，登州平海，皆为禁兵，增内外马步凡数百营。③

并且，分别就地将他们纳入三衙的系统。例如：陕西的制胜和定功，本来皆为"陕西厢兵，庆历中，升禁军"④，同隶步军司。其详情见下表表1：

表1 北宋陕西禁军番号、地区、隶属简表

番号	地区	隶属	番号	地区	隶属
蕃落	陕西	马军司	青涧	陕西延州	步军司
保捷	陕西	步军司	飞骑	河东麟州	马军司

① 〔宋〕李焘：《续资治通鉴长编》卷六六，第1475页。

② 〔元〕脱脱等：《宋史》卷一八七《兵志一》，第4573～4574页。

③ 〔元〕脱脱等：《宋史》卷一八七《兵志一》，第4574页。

④ 〔元〕脱脱等：《宋史》卷一八七《兵志一》，第4599页。

（续表）

番号	地区	隶属	番号	地区	隶属
定功	陕西	步军司	骑射	河东并州	马军司
制胜	陕西	马军司	克戎	河东并州	马军司
壮勇	陕西、京西	步军司	威远	河东府州	马军司
云翼	河北	马军司	建威	陕西秦州	步军司
招收	河北保州	步军司	威边	河北保州	马军司
武卫	河北、京东	步军司	忠锐	河北安肃军	马军司
振武	河北、陕西	步军司	建安	河东府州、岢岚	步军司
无敌	河北	马军司	床子弩炮手	河东岢岚军	步军司
斥子马	河北	马军司	澄海弩手	京东登州	步军司
有马劲勇	河北	马军司	平海	京东登州	步军司

资料出处：《宋史》卷一八七《兵志一》

除此之外，宋廷又令京东西、河北、河东、江淮、荆湖、两浙和福建等九路同时编练新军，番号统一为“宣毅”军，“募健勇或选厢军为之”，“大州二营，小州一营，凡二百八十八”[①]，隶步军司。宋仁宗皇祐二年（1050），川、峡扩编宁远；皇祐五年（1053），“江、淮、荆湖置教阅忠节，州一营，大州五百人，小州三百人”，同时“荆湖、广南益募雄略”；至和二年（1055），广、桂、邕州置有马雄略；嘉祐四年（1059），“诏荆南、江宁府、扬、庐、洪、潭、福、越州募就粮军，号威果，各营于本州”，越州、福州各两指挥，其他三指挥[②]。宣毅、宁远、忠节、威果皆隶步军司，有马雄略则隶马军司。

宋仁宗以后的北宋各朝，亦奉行此制。宋神宗元丰初年，宋廷把地方教阅厢军中的忠节、雄节等部升同禁军，隶步军司。宋哲宗绍圣至元符年间，宋廷在陕西、河东地区大量扩充地方军马，凡是新开拓的州县、堡寨，都要招置马、步军二指挥上下的当地土兵，主要授予马军蕃落、步军保捷的番号，隶马军司和步军司。绍圣四年（1097）五月，熙河路就在兰州金城关招置步军保捷四指挥、马军蕃

---

① 〔元〕脱脱等：《宋史》卷一八七《兵志一》，第4600、4574页。

② 〔元〕脱脱等：《宋史》卷一八七《兵志一》，第4574～4575页；〔宋〕李焘：《续资治通鉴长编》卷一八九，第4566页。

落一指挥，紧接着，宋廷又于永兴军、河中、凤翔、同州、华州各置骑兵两指挥，共十指挥，亦以蕃落为番号[①]。再如元符二年（1099）四月，环庆路经略司即奏请：定边城"全借土兵戍守。今相度添置住营马军蕃落两指挥，各以三百人为额，步军保捷一指挥，以四百人为额"[②]；泾原路经略司则奏请在西安州、天都、临羌寨扩招土兵，"西安州戍守人兵以七千人为额，仍置马军蕃落各一指挥，以三百人为额，步军保捷一指挥，以四百人为额"，"天都、临羌寨戍守人兵各以三千人为额，仍各招置马军蕃落一指挥，以二百人为额，步军保捷各一指挥，以二百人为额"[③]；河东路经略司亦然，"乌龙川北岭新寨戍守兵马，乞依葭芦、神泉寨例，置马军蕃落一指挥，以三百人为额"[④]。

至绍圣四年（1097），陕西蕃落的总兵力至少已经扩编至九十六个指挥，保捷则扩编到一百二十二个指挥。到元符二年（1099），在二年左右的时间里，其规模进一步扩大至蕃落一百二十个指挥，保捷一百三十二个指挥[⑤]。此后还陆续有所增加。

宋哲宗元符二年，在知枢密院事曾布的主持下，宋廷又对河北地方禁军进行了整顿和扩充，"又以河北水灾，流民颇众，于大名府等三十二州军，增置马步军共五十六指挥，共三万余人。马军以广威，步军以保捷为额"[⑥]。其中，保捷共二十九指挥，隶步军司[⑦]。广威，据《宋史·兵志》属于厢军番号，但广威与保捷既然都是占用河北将兵的编制，"并依陕西蕃落、保捷给例物请受"，笔者认为广威也应当是禁军，当隶于马军司。无论保捷，还是广威，事实上皆为"河北兵将"。

宋徽宗朝，新置之地方禁军番号亦颇夥，如崇宁元年（1102）"诏荆湖北路添置禁军五指挥，以靖安为名"，崇宁三年（1104）又在京东西、河东、河北各路与开封府界大规模地新置崇捷、崇锐、崇武、崇威四军，"诏于京东、京西、河北、

---

① 〔宋〕李焘：《续资治通鉴长编》卷四八七，第11568页；卷四八七，第11569页。

② 〔宋〕李焘：《续资治通鉴长编》卷五〇八，第12105页。

③ 〔宋〕李焘：《续资治通鉴长编》卷五〇八，第12108页。

④ 〔宋〕李焘：《续资治通鉴长编》卷五〇八，第12107页。

⑤ 〔宋〕李焘：《续资治通鉴长编》卷五〇八，第12109页。

⑥ 〔宋〕李焘：《续资治通鉴长编》卷五一六，第12285页。

⑦ 〔元〕脱脱等：《宋史》卷一八八《兵志二》，第4621页。

河东、开封府界创置马步军五万人，计一百七指挥。马军三十五，步军七十二，合三万六千人。马军以崇捷、崇锐为名，步军以崇武、崇威为名”，崇捷、崇锐隶马军司，崇武、崇威隶步军司[①]。大观元年（1107），因东南地区兵力空虚，宋徽宗亲降御笔：诸路“除见今兵额外，帅府别屯兵二千人，望郡一千人，常管在营，比诸军加数教阅，每二年令更互出戍。帅府五百料钱，以威捷为名；望郡四百料钱，以威胜为名；帅府、望郡三百料钱，以全捷为名。并充步军，隶殿前司管辖”[②]。各路新置的地方禁军，以威捷、威胜、全捷为番号，隶殿前司。宣和四年（1122）二月方腊事定之后，宋廷又下诏于江浙各州遍置威果、全捷指挥，分别隶属于殿前司和步军司[③]。

显而易见，凡是升为禁军的地方军马，必隶属于三衙无疑。如此一来，就真正出现了“禁军遍天下”的局面，禁军就由单纯的京师中央军演化为全国正规军。禁军皆隶三衙，三衙的统兵权也就顺理成章地扩大到天下的范围，至少在制度上，三衙成为北宋几乎全部正规军的统帅机构。

需要说明的是，宋仁宗朝之后以遥隶模式为主，并不意味着直辖模式就完全不存在了。庆历元年（1041）十二月，宋廷即令京东东路和京东西路选拔两路宣毅军之精锐，“逐路各选万人赴京师”，拨隶三衙[④]。庆历五年四月，时任枢密副使的丁度建言：“周世宗募骁健，有朝出群盗，夕补宿卫者。太祖阅猛士，实骑军。请择河北、河东、陕西就粮禁军，以补禁旅之缺。”[⑤]同年，翰林学士张方平在上奏中曾经谈到：当时“其州郡兵之壮者，亦率点选配诸禁卫，所余乃罢弱羸卒，供杂役使，官吏导从而已”[⑥]，看来丁氏的建议当得到一定程度的实施。庆历八年二月，宋廷专门差内侍“往诸路简兵为上军”[⑦]。宋哲宗元祐三年（1088）闰十二月，枢密院奏言：“在京诸军兵额多阙，而京东西路就粮禁军往往溢额。”宋廷遂“差

---

① 〔元〕脱脱等：《宋史》卷一八八《兵志二》，第4618页。
② 〔宋〕梁克家纂修：《淳熙三山志》卷一八《兵防》，第7929～7930页。
③ 〔宋〕沈作宾修，〔宋〕施宿等纂：《嘉泰会稽志》卷四《军营》，第6775页。
④ 〔宋〕李焘：《续资治通鉴长编》卷一三四，第3205页。
⑤ 〔宋〕李焘：《续资治通鉴长编》卷一五五，第3770页。
⑥ 〔宋〕张方平：《上仁宗论州郡武备》，《宋朝诸臣奏议》卷一二二《兵门》，第1345页。
⑦ 〔宋〕李焘：《续资治通鉴长编》卷一六三，第3916页。

内殿承制刘子方、左藏库副使王修己，往逐路与长吏当职官拣选发遣上京，添填阙数"[①]，也就是再次抽调京东西两路地方禁军的部分精锐来京以补充三衙的阙额。

同样，宋初三朝以直辖模式为主，但遥隶模式也绝非完全不存在。事实上，宋太宗太平兴国年间，宋廷已然于河北"募河北诸州兵"立武卫一军十六指挥，"武卫"为禁军，遥隶于侍卫司；端拱元年（988），将潞州骑兵就地升为禁军，授予"克胜"之号；端拱二年，授予河东晋州骑兵以"武清"番号，"以其久在北鄙，有屯戍之劳，选勇悍者就升"[②]，就地升为禁军；淳化四年（993），又将河北诸州忠烈、威边、骑射等部，"拣阅其材，与云骑、武骑等立，得自置马，分左右厢"，授予"骁武"番号，就地升为禁军；至道元年（995）则将"河州忠烈、宣勇能结社买马者"升为禁军，授予"广锐"之号[③]。"克胜""武清""骁武""广锐"，皆隶属于侍卫司。再如河北"骁捷"一军，更是早在周世宗时选拔河北州兵精锐，就地升为禁军，遥隶侍卫司。从后周至北宋，一直是河北高阳关都部署司辖下的精锐[④]。

宋真宗咸平年间，在辽、宋战事正酣期间，宋廷更频繁地选拔河北、陕西、河东地区厢军中的精锐，或将地方有功军马，就地升为禁军，以"就粮禁军"的名义纳入三衙系统。主要包括：咸平三年（1000），宋廷将河北定州本城厅子、无敌、忠锐、定塞各部，升为禁军，授予云翼番号，遥隶马军司。咸平四年九月，宋廷诏陕西沿边"州军兵士先选中者，并升为禁军"[⑤]，番号为保捷；次年五月，又从陕西保毅军中遴选精锐，置振武军，"遣使往邠宁环庆泾原仪渭陇鄜延等州、保安军选保毅军，取二万人，各置营本州，号振武，升为禁军"[⑥]。陕西保捷、振武，皆遥隶步军司。咸平五年六月，宋廷于河东选拔州兵精锐，置神锐、神虎，"命西京左藏库副使张延禧乘传料简，得万三千余人，立为神锐二十四指挥、神虎

---

① 〔宋〕李焘：《续资治通鉴长编》卷四一九，第10154页。

② 〔元〕脱脱等：《宋史》卷一八七《兵志一》，第4591、4592页。

③ 〔元〕脱脱等：《宋史》卷一八七《兵志一》，第4591页。

④ 〔元〕脱脱等：《宋史》卷一八七《兵志一》，第4591页。

⑤ 〔元〕脱脱等：《宋史》卷一八七《兵志一》，第4573页；〔宋〕李焘：《续资治通鉴长编》卷四九，第1074页。

⑥ 〔宋〕李焘：《续资治通鉴长编》卷五二，第1133页。

十指挥，常加训习焉”[①]，河东神锐、神虎皆遥隶步军司[②]。咸平六年（1003）六月，宋廷将石州厅子军升为禁军，“先是，部署司遣此军巡警北平，道遇寇，踊跃争进，斩捕甚众，故升其军额以奖之”[③]，该部遥隶马军司。天禧年间，又选拔“陕西沿边厢兵有马者”，“升禁军，极边城寨悉置”[④]，番号蕃落，遥隶马军司。

从这个意义上讲，宋仁宗朝只是将宋太宗朝特别是宋真宗朝咸平年间的做法，继续加以推广，使遥隶模式取代了直辖模式从而完全居于主导地位而已。

在禁军之外，宋代地方厢军同样是如此。宋神宗熙宁、元丰年间，地方上的厢军总数高达八百四十指挥、二十二万七千余众。具体分布如下：河北路厢兵共一百一十二指挥，二万九千二百七十人；河东路厢兵共五十二指挥，一万二千四百一十人；陕西路厢兵共一百一十一指挥，二万五百六十三人；京东路厢兵共五十四指挥，一万四千七百五十人；京西路厢兵，共四十五指挥，一万五千一百五十人；淮南路厢兵共一百二指挥，四万一千二百八十五人；两浙路厢兵共五十一指挥，一万九千人；江南路厢兵共五十三指挥，一万六千六百五十人；荆湖路厢兵共四十四指挥，一万一千三百人；福建路厢兵共三十三指挥，一万一千一百五十人；广南路共八十二指挥，一万二千七百人；四川路厢兵共一百一十一指挥，二万三千四百人。[⑤]

地方厢兵作为地方“诸州之镇兵也”[⑥]，皆直属地方兵马司，归各州的兵马都监直接指挥。在宋神宗元丰改制之前隶属于枢密院，元丰改制后“分隶户、兵、工三部”[⑦]。然在军事编制上，地方厢军同样全部被纳入了三衙的系统，“内总于侍卫司”，这显然也是一种极其典型的遥隶。其实，真正归步军司直辖的，仅有宣效、拣中宣效、拣中六军、武严、左右龙武军、左右羽林军、左右神武军、左右武肃、武和、忠靖、神卫剩员、军头司备军、诸司库务、河清、马递铺等京城厢

① 〔宋〕李焘：《续资治通鉴长编》卷五四，第1187页。神锐、神虎成军时间，《续资治通鉴长编》系于咸平六年四月，《宋史》卷一八七《兵志一》则系咸平五年六月，此从《宋史》。

② 〔元〕脱脱等：《宋史》卷一八七《兵志一》，第4597页。

③ 〔宋〕李焘：《续资治通鉴长编》卷五五，第1203页。

④ 〔元〕脱脱等：《宋史》卷一八七《兵志一》，第4593页。

⑤ 〔元〕脱脱等：《宋史》卷一八九《兵志三》，第4667～4690页。

⑥ 〔元〕脱脱等：《宋史》卷一八九《兵志三》，第4639页。

⑦ 〔宋〕李焘：《续资治通鉴长编》卷三九五，第9629页。

军[①]，至多在万余众。即便是京城厢军，其中相当一部分也分别直接隶属于太常寺、军器监、太仆寺、少府监、卫尉寺、都水监、将作监、光禄寺、太府寺、司农司、鸿胪寺、修治京城所、枢密院、尚书驾部等。如武严指挥，本"选诸州鼓角匠置"，即"隶太常"[②]。

二、"名曰内属，其实外军"：地方禁军

直辖与遥隶两种模式之间的差异是显而易见的。直辖模式，侧重于三衙自身实力真正地提升，是真正地将天下兵马的精锐萃集至京师，统归三衙直接指挥。遥隶模式，着眼点主要在于增强陕西、河东、河北等地区的地方军力，以适应与辽朝，特别是与西夏之间旷日持久的战争需要。

在遥隶模式之下，地方军马升为禁军后，尽管隶属于三衙系统，然"就置营宇"，"各于本州置营"，"营于本州"。由地方各州招募，仍于本州置营驻扎，既不会将他们抽调到京师，也不会改变他们归地方兵马司直接统领的指挥关系，事实上仍为"郡国所有"[③]。

宋人章如愚有云，地方禁军与厢军：

> 军在州县，本在京师，亦殿司、侍卫司之兵也，然其所生长，知有州县，不知有殿、侍司，殿、侍司亦不复稽考。州、县之兵也，名曰内属，其实外军。[④]

章氏"名曰内属，其实外军"一语，可谓真正击中了地方禁军的性质及其与三衙关系的要害。具体说来：地方禁军的指挥权，在枢密院和经略司等地方兵马司，其调发之兵符"右五符留京师"枢密院，"左符降逐处总管、钤辖、知州军，官高者掌之"[⑤]，由枢密院号令、地方兵马司执行，三衙完全无权干涉。一个十分明

① 〔元〕脱脱等：《宋史》卷一八九《兵志三》，第4691页。

② 〔宋〕李焘：《续资治通鉴长编》卷一〇九，第2539页。

③ 〔宋〕沈作宾修，施宿等纂：《嘉泰会稽志》卷四《军营》，第6775页。

④ 〔宋〕章如愚：《群书考索》后集卷四一，《文渊阁四库全书》本。

⑤ 〔清〕徐松辑：《宋会要辑稿》刑法七之一二，第6739页。

显的具体例证就是：宋仁宗嘉祐四年（1059）五月，宋廷在淮南东西路、江南东西路、湖南路、浙东路、福建路组建了各路之兵马钤辖司，由首州知州兼本路兵马钤辖，在其下则置路分兵马都监，与此同时即令上述各路就地招募禁军三指挥或二指挥，授予“威果”的番号，归各路兵马钤辖司直接指挥[①]。地方禁军的编制，也与三衙所部有所不同：地方禁军不设军一级的编制，大致是以营即指挥为单位，各指挥归路、州兵马司的各级兵官直接指挥；地方禁军每指挥的编制，步兵通常为四百人、马军为三百人，也要较三衙分别为五百人和四百人的编制为小。

宋神宗熙宁之后，地方禁军也有了独立于三衙之外、以路为单位、单独的总兵力定额。在通常情况下，这些地方禁军的士兵也只由地方兵马司从当地兵民当中招募，皆与三衙无关。地方禁军官兵的训练、赏罚、刑狱及优恤事务，也都由地方兵马司自行处理，同样与三衙无关。地方禁军各部的粮饷供应，仍然主要由地方财政来解决，而不是像三衙那样，完全由中央三司或户部保障。与此相辅相成，地方禁军等地方军马以“守土有责”为主，通常只是承担本地方的防务，至多是出戍邻近地区，像“河北军马”就一直是“例不出戍”[②]，直到宋神宗时“上虑其骄惰，乃命更去于河东驻泊，而减更期一岁，以优之”[③]。宋哲宗元符二年（1099），宋廷再以河北第十三将戍泾原，第十七将戍河东，主持其事的曾布即言及：“河北增兵及减旧兵额，并差戍他路，皆前人所不敢议。”[④]至于地方禁军的各级军校，多数也只是于本军升迁，如河北军员即“尽是本营迁补”[⑤]。

正因为如此，尽管地方禁军使用三衙的番号，隶属于三衙系统，然宋人仍通称其为“本处禁军”，如宋哲宗元祐元年（1086）五月：

> 枢密院言：“河北州、军寄招保甲填在京禁军阙额，其间有愿就本处充军者。”诏并依逐州军见招等状例，招填本处禁军。[⑥]

---

① 〔宋〕李焘：《续资治通鉴长编》卷一八九，第4566页。
② 〔清〕徐松辑：《宋会要辑稿》兵五之七，第6843页。
③ 〔宋〕李焘：《续资治通鉴长编》卷二三四，第5680页。
④ 〔宋〕李焘：《续资治通鉴长编》卷五一六，第12285页。
⑤ 〔宋〕张方平：《乐全集》卷一八《对诏策》，《文渊阁四库全书》本。
⑥ 〔宋〕李焘：《续资治通鉴长编》卷三七七，第9150页。

将三衙与地方禁军合称为"内外禁军""内外禁旅"也较为常见。所谓"本处禁军"，与三衙"在京禁军"相对而言，当然就是"本地禁军"之意；所谓"内外禁军"，突出的是内外之别，内指三衙"在京禁军"，外指各路"在外禁军"即地方禁军。

元祐七年，三省、枢密院就将天下禁军分为"在京诸军"和"在外禁军"两大类别[①]，"在京"当然为三衙直辖所部，在外则属各地方兵马司。因为开封府界属于京畿地区，拱卫京师，其地位要略高于各路，所以开封府界往往被单列出来。宋神宗熙宁三年（1070），枢密使文彦博"上在京、开封府界及京东等路禁军数"，将禁军划分为在京、开封府界和诸路禁军三大类。按："在京"亦被俗称"东京"，如宋徽宗崇宁年间的陕州漏泽园军人墓志，其所记番号就有"东京殿前虎翼"和"东京宣武指挥"，指的就是殿前司虎翼和宣武两部。更普遍的是根据地方禁军所属之路、州，在番号之前加上具体的路、州名号，如河北云翼、河北振武、河东广锐、陕西神虎、陕西保捷[②]，等等。其实，河北绝大多数的地方禁军都隶属于三衙，河东广锐亦隶马军司，神虎、保捷则隶步军司。然宋廷对其与三衙本部兵马的区分，无疑都是清晰的。在臣僚的章奏当中，往往更是直截了当地将地方禁军称之为"土兵"。

宋神宗熙宁七年开始推行"将兵法"，先后将各地方禁军的精锐编组为九十二将，此后各朝又陆续有所增加。各将的"阵队调发、赏罚，皆关决于各路"[③]，皆由各路经略都总管司帅臣全权指挥，同样皆为地方军马。以宋哲宗绍圣四年（1097）陕西所置蕃落马军十指挥为例，十指挥隶属马军司，然"并隶住营州、军将下统制训练，委逐路所属都总管司选官招人"[④]。再如河东第十二将"止是府州折氏下蕃部"[⑤]。各将之正将、副将，也都由"经略司选官闻奏"[⑥]。各路经略司则直属于三省、枢密院，与三衙是一种平行的互不统属的关系。也正因如此，宋

---

① 〔宋〕李焘：《续资治通鉴长编》卷四七二，第1274页。

② 〔清〕徐松辑：《宋会要辑稿》兵一〇之三，第6920页。

③ 〔元〕富大用：《古今事文类聚》遗集卷一〇《诸路将官》，《文渊阁四库全书》本。

④ 〔宋〕李焘：《续资治通鉴长编》卷四八七，第11569页。

⑤ 〔宋〕李焘：《续资治通鉴长编》卷三八五，第9379页。

⑥ 〔宋〕李焘：《续资治通鉴长编》卷五一六，第12274页。

哲宗时有称各路将官为“诸路将官”，将兵则为“府界、诸路将兵”“诸道禁军”者[①]。所谓“诸道禁军”，类似于宋初的“诸道州兵”，“诸路将官”当指其辖于地方各路经略司。官兵作战立功，也都由经略司帅臣向枢密院保奏，与三衙无关。

总而言之，地方禁军依照遥隶模式隶属三衙，无论是从驻扎区域、指挥关系、后勤保障，还是从作战任务等诸多方面来看，皆不会改变其实为地方军的本质。地方禁军隶属三衙，至多就是一种政治性的“遥隶”。此种“遥隶”，并不会真正地提升三衙所部的实力，在某些程度上，甚至有可能导致三衙实力的下降。有研究者简单地将宋代所有禁军与拱卫京师的三衙完全画上等号，甚至误以为北宋末年京师三衙兵力果真有八十余万众，就在于混淆了这两种不同模式之间的界限。从制度溯源的角度上讲，遥隶模式可以追溯至唐代安史之乱后，驻守长安西北的镇兵遥隶神策军，陆贽即曾有言：“又有素非禁旅，本是边军，将校诡为媚词，因请遥隶神策，不离旧所，唯改虚名，其于廪赐之饶，遂有三倍之益。”[②]“不离旧所”“廪赐之饶”就是其显著的特征。

三、“宠以禁秩”：制度实现

北宋中期以降，遥隶模式之所以能够愈来愈取代直辖模式，成为宋廷的主流做法，归根结底，是与北宋所面临的军事斗争形势的变化紧密相连的。对此，宋人曾有言：“国初，以禁军卫京师，上命征讨，则遣戍于外。康定后，议者以禁兵不耐劳苦，不习水土，遂募就粮军，始于陕西、河北，行于诸道，乃有在外禁兵。”[③]众所周知，宋仁宗宝元元年（1038）十月，党项族的杰出首领李元昊称帝建国，国号大夏，自称“始文英武兴法建礼仁孝皇帝”，改元“天授礼法延祚”，随即向宋的陕西等地区发起了凌厉的攻势。宝元、康定、庆历年间，宋军接连大败，只能转入防御，任用范仲淹等人才，调兵遣将，依托坚城，全力防御西夏的进攻。

---

①〔宋〕李焘：《续资治通鉴长编》卷三七九，第9217页；卷五一一，第12162页；卷三七六，第9113页。

②〔唐〕陆贽撰，王素点校：《陆贽集》卷一九《论缘边守备事宜状》，中华书局2006年版，第622～623页。

③〔宋〕史能之纂修：《咸淳毗陵志》卷一二《禁军》，第3056页。

其实，早在康定前后宋夏战争宋军失利之前，从宋太宗雍熙北伐惨败开始，辽朝铁骑乘胜南下，纵横河北，宋军在河北、河东一线全面陷入了被动的防御态势。战时自不待言，即使是宋、辽澶渊之盟签订之后，宋对河北、河东的防御仍然不敢有丝毫的松懈。正如时人所公认：

> 并边土兵虽不及等，然骁勇善战；京师所遣戍者，虽称魁头，大率不能辛苦，而摧锋陷阵非其所长。[①]

在陕西、河北等地区的防御作战当中，被宋廷倚若长城的三衙禁旅的表现，往往十分拙劣。宋辽战争中，三衙驻河北各部就被辽人蔑称为“南军”，“敌骑每入寇，惟惧北兵，视南兵轻之蔑如也。我常南北兵各为一军，凡对阵，敌必先犯南军，南军溃，北兵累之以必败。惩此，固有南北混而战者，败走益甚”[②]；以三衙十余万大军为骨干的定州大营，宋廷给予了最大的期望，但几近毫无作为，频吃败仗，前后两任主帅侍卫马步军都虞候傅潜、王超，以及王超的副手步军副都指挥使桑赞，皆无一例外地因为“按兵不出战”“逗挠无功”的罪名而遭到严厉处分。

宋夏战争中，由开封西来的三衙各部被夏人蔑称为“东军”，如殿前司之万胜军等“皆京师新募市井无赖子弟，疲耎不能战，遇贼必走，贼目曰‘东军’，素易之”[③]。康定元年（1040）正月侍卫步军副都指挥使刘平、殿前都虞候石元孙所部在延州三川口一役全军覆没，一度使陕西宋军濒临于全线崩溃的军事危机，两将麾下主力就是三衙殿前司之骁骑、马军司之龙卫和步军司之神卫、虎翼等部。

在战斗当中，殿前司骁骑左第一都指挥使郭能等官兵“临阵退走”[④]，步军司神卫所部同样是“战没者才十一二”，神卫右厢都指挥使刘兴等“皆与众遁归”，致宋军战败。战后韩琦遂奏请：神卫“缘系近上禁军，不能力战，以致陷覆主将，

---

① 〔元〕脱脱等：《宋史》卷一八七《兵志一》，第4574页。

② 〔宋〕李焘：《续资治通鉴长编》卷一五〇，第3644页。

③ 〔宋〕李焘：《续资治通鉴长编》卷一三六，第3247页。

④ 〔宋〕李焘：《续资治通鉴长编》卷一二六，第2966页。

若朝廷一切不问，则无以励众心，且欲罢归，令枢密院处分”[①]。同年十月，宋廷又斩神卫之军都指挥使、昭州刺史杜安于镇戎军，“初，贼寇镇戎军，泾原路都监刘继宗出战，而安擅离主将入城也”[②]。庆历元年（1041）五月，时任陕西经略安抚判官的田况在上奏中说：

> 缘边屯戍骑兵，军额高者无如龙卫，闻其有不能被甲上马者。况骁胜、云、武二骑之类，驰走挽弓，不过五六斗，每教射，皆望空发箭，马前一二十步即已堕地。以贼甲之坚，纵使能中，亦不能入，况未能中之。[③]

三衙之步兵同样如此，田况谈道：“如新添虎翼兵，自南中选填，材质绵弱，自云不知战斗，见贼恐死，传者皆以为笑，朝廷但塞数为名而已。”[④]治平四年（1067）六月，陕西转运司薛向亦奏言：“缘边多差东兵戍守，如庆州大顺城、荔原堡、保安军、德靖寨去虏境甚迩，皆有龙神卫、拱圣、神骑兵士辈，不闲战斗，不知山川道路，往往败事。”[⑤]韩琦、田况、薛向三氏麾下之龙卫、神卫，名列三衙地位最高的“上四军”，分别是侍卫马军司和步军司的王牌军；拱圣、骁胜、神骑，则都是殿前司下辖之骑兵劲旅；虎翼，则是殿前司、步军司的劲旅；云骑、武骑，也都是马军司的骨干部队。其战场表现，竟然普遍拙劣如斯，“往往败事”，三衙其他各部，自然不难想象。

这也并不奇怪，三衙所部安居京师开封，“承平日久，人不习战”，实战经验缺乏，自然“临敌难用”[⑥]。再者京师三衙所部，招募自全国各地，本来就多为京师市井游手，抵达前线之后，他们既不了解辽、夏对手的情况，又不谙陕西等战区的山川地理、风土人情；作为“客军”，更无保乡卫土的战斗激情。况且，多临时拨归地方兵马司的高级兵官指挥，“兵不识将，将不识兵”，连吃败仗势所必然。

---

① 〔宋〕李焘：《续资治通鉴长编》卷一二七，第3018～3019页。

② 〔宋〕李焘：《续资治通鉴长编》卷一二九，第3051页。

③ 〔宋〕李焘：《续资治通鉴长编》卷一三二，第3135页。

④ 〔宋〕李焘：《续资治通鉴长编》卷一三二，第3135页。

⑤ 〔清〕徐松辑：《宋会要辑稿》兵五之六，第6842页。

⑥ 〔宋〕李焘：《续资治通鉴长编》卷二〇四，第4948页。

反倒是河北、河东、陕西等当地的地方军马，包括地方厢军、土兵甚至弓箭手等在内，他们的地位、待遇皆无法与三衙禁旅相提并论，但“勇悍纯实，生于天性，而有物力资产、父母妻子之所系”[①]，“皆生长边陲，习山川道路，知西人情伪，材气勇悍，不惧战斗”[②]，既骁勇善战，又有保乡卫土的积极性，更频繁与辽、夏兵马较量，知己知彼，自然能够时常取得令三衙禁旅相形见绌，令宋廷刮目相看，令辽、夏颇为忌惮的突出战果。

在宋、辽战争当中，诚如王禹偁所说：“近世边郡兵骑之勇者，在上谷曰静塞，在雄州曰骁犍，在常山曰厅子，是皆习干戈战斗而不畏懦者也。闻敌之至，或父母眷马，妻子取弓矢，至有不俟甲胄而进者。”[③]河北易州静塞、雄州骁犍、常山厅子诸部，都是被宋、辽双方所公认的地方劲旅。易州静塞骑兵，“尤骁果”，宋太宗时宋军取得大捷的唐河之战，就是赖于“静塞军摧锋先入，契丹兵大溃”[④]。此外，保州边巡检并雄、霸、沧州界河二司下辖兵马，“自国朝以来，于诸边最号强劲”[⑤]。瀛州州兵亦然，景德元年（1004）十月，知州李延渥等固守瀛州，挫败了二十余万辽军主力的猛攻，守城的骨干力量就是瀛州当地之“州兵、强壮”[⑥]。十一月，天雄军的地方守军“天雄兵”也击退了辽军的进攻，守住了重镇天雄军。宋军此两役获胜，重挫辽军士气，是“澶渊之盟”得以签订的一大关键。河东之广锐、神虎等军募当地土人为兵，“皆劲勇，且习知山川道路，故帅臣每患其少”[⑦]。景德元年（1004），当河北全线告急，侍卫马步军都虞候王超等部三衙禁军“逗挠无功”之时，河东广锐军及时出动了三十指挥的骑兵前来增援，该军“威声甚振，河北列城赖以雄张云”[⑧]，有颇为不俗的表现。

在宋夏战争当中，陕西、河东等“蕃落、广锐、振武、保捷，皆是土兵，材力伉健，武艺精强，战斗常为士卒先”，自西夏元昊大举攻宋以来，“惟土兵踊跃，

---

① 〔宋〕李焘：《续资治通鉴长编》卷二〇三，第4915页。

② 〔宋〕李焘：《续资治通鉴长编》卷二〇四，第4949页。

③ 〔宋〕王禹偁：《小畜集》卷一四《杂文·唐河店妪传》，《文渊阁四库全书》本。

④ 〔元〕脱脱等：《宋史》卷二五九《袁继忠传》，第9005页。

⑤ 〔宋〕李焘：《续资治通鉴长编》卷一六四，第3948页。

⑥ 〔宋〕李焘：《续资治通鉴长编》卷五八，第1279页。

⑦ 〔宋〕李焘：《续资治通鉴长编》卷六五，第1451页。

⑧ 〔宋〕李焘：《续资治通鉴长编》卷五八，第1295页。

志在争功”[①]。如振武“皆少壮拳勇”，“自立此军，边声颇振，戎人畏惧，不敢侵寇矣”[②]，从宋真宗时就是一支老牌的陕西劲旅。蕃落，更在与西夏的征战当中脱颖而出，成长为名闻天下的铁骑。宋仁宗皇祐五年（1053）正月，名将狄青就是以五千蕃落骑兵为主力，在广西大破侬智高，夺取了宋代战史上著名的昆仑关归仁铺大捷。

除此之外，陕西、河北防御作战，大大小小城池甚夥，皆需分兵把守，当然需要大量的兵力。但是，京师三衙的兵力本就有限，其主力又要承担卫戍京师的重任，再分兵前线，兵力难免顾此失彼、不敷分配，难以充分满足河北、河东、陕西等地的防御需要。宋真宗咸平六年（1003），河东路“先是，自京师发禁旅戍河东，数不足，则取州兵材勇者补之，十不得四三。又行伍弗整，校长冗多”[③]；宋仁宗庆历二年（1042）十月，秦凤路奏请朝廷“本路兵备素少，请益军马”，然“朝廷以诸处未可抽那，难于应副”[④]。应该说，前线兵马“数不足”，京师三衙所部“难于应副”，这都是当时十分常见的现象。

综上所述，正如苏轼所云：“若进取深入，交锋两阵，犹当杂用禁旅。至于平日保境，备御小寇，即须专用极边土人。此古今不易之论也。”[⑤]苏辙在熙宁二年（1069）向宋神宗上书，大声疾呼：“土兵可益，而禁军可损，虽三尺童子，知其无疑也。陛下诚听臣之谋，臣请使禁军之在内郡者，勿复以戍边。”他以宋仁宗朝宋夏战事为依据，从作战和财政两个方面论述道：

> 今世之强兵，莫如沿边之土人。而今世之惰兵，莫如内郡之禁旅。其名愈高，其廪愈厚。其廪愈厚，其材愈薄。往者，西边用兵，禁军不堪其役，死者不可胜计。羌人每出，闻多禁军，辄举手相贺；闻多土兵，辄相戒不敢轻犯。以实较之，土兵一人，其材力足以当禁军三人。禁军一人，其廪给足以赡土兵三人。使禁军万人在边，其用不能当三千人，而常耗三万人之畜。[⑥]

---

① 〔宋〕李焘：《续资治通鉴长编》卷一三二，第3135页。

② 〔宋〕李焘：《续资治通鉴长编》卷五六，第1244页。

③ 〔宋〕李焘：《续资治通鉴长编》卷五四，第1187页。

④ 〔宋〕李焘：《续资治通鉴长编》卷一三八，第3311页。

⑤ 〔元〕马瑞临：《文献通考》卷一五三《兵考五》，第4589页。

⑥ 〔宋〕苏辙撰，陈宏天等点校：《苏辙集·栾城集》卷二一《上皇帝书》，第375页。

确实，宋辽与宋夏战争的实践充分表明，“土兵一人，其材力足以当禁军三人”，陕西、河北等地的防御巩固与否，关键就在于能否“增置土兵”，能否较充分地调动当地人员，扩充地方军力，做到“北兵捍狄，西兵捍戎”，舍此别无他途。换言之，再像宋太祖那样把各地方精锐抽调或招募至京师三衙，继续推行直辖模式，主要依赖三衙禁旅等“客军”来屯戍陕西、河北等前线，难免会导致军事上更加灾难性的后果，已然绝不可行。

宋真宗朝时，王禹偁已经提出：在河北必须倚重地方军马，“诚能定其军，使有乡土之恋；厚其给，使得衣食之足；复赐以坚甲健马，则何敌不破？如是，得边兵一万，可敌客军五万矣。谋人之国者，不于此而留心，吾未见其忠也”[①]。陈贯亦曾上书宋真宗，建议：“国家收天下材勇以备禁旅，赖赐予廪给而已，恬于休息，久不识战，当以卫京师，不当以戍边。莫若募土人隶本军，又籍民丁为府兵，使北兵捍狄，西兵捍戎，不独审练敌情，熟习地形，且皆乐战斗，无骄心。”[②]

宋仁宗朝，早在宝元二年（1039）年底，以知泾州、兼泾原秦凤路缘边经略安抚使、泾原路都部署身份主持对夏战事的夏竦即建议“增置土兵，易戍兵东归”。他言道：“陕西防秋之弊，无甚东兵，一则不惯登陟，二则不耐寒暑，三则饮食难充，骄懦相习，四则廪给至厚，倍费钱帛。今募土兵，一则劲悍便习，各护乡土，人自为战。二则识山川道路，堪耐饥寒。三则代东兵归卫京师。四则岁省刍粮巨万。五则今岁霜旱，收聚小民，免至春饥，起而为盗。六则增数十指挥精兵，詟伏贼气，乃国家万世之利。”[③]当时陕西宋军兵力不足，夏氏“增置土兵”的建议被付诸实施，但“易戍兵东归”并未能被宋廷完全采纳。宋夏战事后来的进程证明，夏氏可谓有先见之明。

康定元年（1040）三月，时任陕西安抚使的韩琦在总结三川口战败教训的时候，就将“东兵骄而好走”，指为“方今之大弊也”，并建议全力招收“本土勇悍之人”以充实蕃落、保捷等陕西当地土兵。[④]庆历元年（1041）九月，韩琦再次奏请朝廷：“臣谓拣刺土兵，自有祖宗旧法，在行与不行耳。果行之，又何难哉？且

① 〔宋〕王禹偁：《小畜集》卷一四《杂文·唐河店妪传》，《文渊阁四库全书》本。

② 〔宋〕李焘：《续资治通鉴长编》卷五九，第1323页。

③ 〔宋〕李焘：《续资治通鉴长编》卷一二五，第2958页。

④ 〔宋〕李焘：《续资治通鉴长编》卷一二六，第2996～2997页。

土兵既壮，则沿边拱圣、龙卫、云、武、神骑及神卫、龙骑等军，应系札团练兵，渐可代还，以实京师。”[①]庆历二年正月，范仲淹于知庆州任上更说出了切中陕西战局的名言：陕西防御“守以土兵则安，守以东兵则危”[②]。他还具体地阐发说：

> 臣谓守以土兵则安者，以其习山川道路之利，怀父母妻子之恋，无久戍之苦，无数易之弊。谓守以东兵则危者，盖费厚则困于财，戍久则聚其怨，财困则难用，民力日穷，士心日离，他变之生，出于不测。[③]

同年十月，当宋军惨败于定川寨之后，韩琦向宋廷进言，将陕西之弓手“悉刺面充保捷指挥”[④]，以空前力度紧急扩充陕西土军，来应付战场的危局。庆历四年五月，时任枢密副使的韩琦与任参知政事的范仲淹又联名上奏：陕西“久守之计，则莫如畜土兵，盖其众谙山川而多习战斗，比之东兵，其功相倍”，建议“东兵更可减三分之一”[⑤]。

不仅是陕西，河北亦然。出于加强对辽防御的考量，康定元年四月，知制诰王拱辰出使契丹还朝，随即上言：他在途中“见河北父老，皆云契丹不畏官军而畏土丁，盖天资勇悍，乡关之地，人自为战，不费粮廪，坐得劲兵”，建议“宜速加招募而训练之”[⑥]。宋廷采纳了王氏所奏，诏令河北地方守臣依言行事。名臣富弼更于庆历四年六月自告奋勇，主动地向朝廷请缨前往河北整军，倡议以“北兵”取代“南兵”，他说：“今河北屯南兵尚多，徒能张为声势，而实不足用”，“臣愿自入河北，纯募土人为禁兵，料钱不过五百文，每一指挥，即代南兵一指挥归营，不数年，三十万尽得北兵。又教之精勇，则敌人自当畏服，岂敢轻动哉！”[⑦]

上述夏竦、韩琦、范仲淹、王拱辰、富弼等名臣的主张，无疑都是用官兵鲜

---

① 〔宋〕李焘：《续资治通鉴长编》卷一三三，第3178页。
② 〔宋〕李焘：《续资治通鉴长编》卷一三五，第3216页。
③ 〔宋〕李焘：《续资治通鉴长编》卷一三五，第3217页。
④ 〔宋〕李焘：《续资治通鉴长编》卷一三八，第3311页。
⑤ 〔宋〕李焘：《续资治通鉴长编》卷一四九，第3598～3599页。
⑥ 〔宋〕李焘：《续资治通鉴长编》卷一二七，第3007页。
⑦ 〔宋〕李焘：《续资治通鉴长编》卷一五〇，第3644页。

血在战场上才换来的真知灼见。但问题是，将三衙禁军陆续抽调回京师开封，增强陕西、河北等地地方军的实力，固然有利于地方对辽、夏的抵御，然有无太阿倒持、尾大不掉，重蹈中唐五代方镇割据覆辙的可能性？这无疑也是宋廷不得不再三加以斟酌和权衡的问题。事实上，庆历四年八月，河北保州缘边巡检司下辖云翼等地方军马就发动了规模不小的兵变，其余波一直不断。庆历五年八月，监察御史李京就奏请：“窃闻去年保州军乱之后，缘边兵骄，小不如意，则哗言动众。近又永宁军士潜谋窃发，边氓远近不安。尝观唐自至德以后，河朔兵骄，镇、魏尤甚，易主谋帅，仅如置棋，济以奸臣跋扈，朝廷威令不行，斯盖不早制之失。”[①]建议朝廷不再姑息。庆历七年（1047）十一月，河北宣毅军小校王则策动贝州骁捷等地方军马兵变，保州的振武兵也“焚民居”，欲响应王则。时任翰林学士的张方平遂就保州、贝州等地的兵变，向宋仁宗进言：

> 河北自唐天宝安史叛乱之后，继以五代后唐、后周皆因魏以为业，故河北军素以骄悍自处，又北接契丹，朝廷亦尝姑息之，承平虽久，而骄气不除，在于事体，亦难处置。欲选择军校以严整之耶，则河北军员尽是本营迁补，不比在京及诸道可以转员移易也。欲拣选上京别补军分耶，则河北军尽是本营子弟、姻娅，蔓连根固，乐土重迁，不比在京及诸道可以选募转徙也。欲升迁军分以利动之耶，则河北军衣粮素厚，难以更行增给。以此处置为难。[②]

在张氏看来，问题的症结在于“河北兵自唐以来骄悍跋扈，但以土兵相党尔”，单纯地倚重河北土军，在政治上具有相当大的危险性。他提出的解决方案，就是“今若渐消土兵，稍置禁旅，则主客之形可以相制”，“岁年之后，稍稍团并，据所关指挥，自京禁兵就逐州驻扎”，从而使得三衙禁军等“南军”与河北“土军”形成必要的彼此相制之势。对此，名臣韩琦也有代表性的意见，他在军事和政治因素之外，还考虑到了财政供应问题，因此也就更为全面。嘉祐七年（1062）韩琦于宰相任上谈到，陕西、河北、河东三路的地方军马：

---

① 〔宋〕李焘：《续资治通鉴长编》卷一五七，第3799～3800页。

② 〔宋〕张方平：《乐全集》卷一八《对诏策》，《文渊阁四库全书》本。

虽勇劲服习，然边储贵踊，常苦难赡。若其数过多，复有尾大不掉之患。京师之兵虽杂且少精，然漕于东南，广而易供设，其数多，乃得强干弱枝之势也。祖宗时，就粮之兵不甚多，边陲有事，则以京师兵益之，其虑也深，而其费也鲜。①

李京、张方平和韩琦三人的看法，不能简单地视作危言耸听，毕竟当时离中唐五代不远，方镇割据的阴霾才刚刚散去不久，而河北、河东与陕西，恰恰又都是中唐五代方镇割据最为肆虐的地区，宋廷有所顾虑是完全必要的。

很显然，既要提升地方之军力，又要避免地方势力坐大的危险，这两个目标之间是有一定的矛盾和冲突的，同时实现需要较高的政治技巧。将地方禁军就地纳入三衙系统的做法，恰恰基本满足了这两方面的要求：首先，通过扩充或新编地方禁军，其供应由中央和地方联合保障，粮饷待遇自然远高于厢军和地方土兵，又不调离本乡本土，也不必像厢军那样承担繁重的劳役，对当地优秀兵源的吸引力就会高得多。加以提升装备与训练水准，其战斗力是有保证的。其次，地方禁军的指挥权专属于诸路经略司，知州等驻地守臣无权插手。更为重要的是，将地方军的番号纳入三衙禁军的系统，“宠以禁秩”，能够激发该部官兵身为“天子卫士”“三衙禁旅”的自豪感和认同感，对朝廷产生强大的向心力，自觉抵制可能出现的地方势力化的倾向，从而实现“夫州县之兵，即殿、侍之兵，名曰在外，实统于内”②的预期效果。笔者认为，这一模式具有强烈的“制度安排”和“制度实现”的意味。所谓“制度安排”和“制度实现”，指的是当宋代朝廷面对在现实中难以实现，甚至不太可能真正实现的政治目标的时候，主要通过制度安排的手法，使处于制度安排之中的当事者，认同某种既定的政治理念，从而收到“制度实现”的较理想效果。如果说扩充和新编地方军，是真正着眼于现实的军事考量，那么，将其番号纳入三衙禁军系统，本来就没有多少现实的意义，主要是出于政治层面的考量。

为了增强地方禁军官兵对“天子卫兵”性质的认同，宋廷还有意识地将其冠

---

① 〔元〕马瑞临：《文献通考》卷一五二《兵考四》，第4557～4558页。

② 〔宋〕林駉：《古今源流至论》续集卷一《卫兵上》，《文渊阁四库本书》本。

以"就粮禁军"的名号。其实，"以籴贱而留之者，曰就粮"[①]。"就粮禁军"本义主要指"本京师兵而便廪食于外，故听其家往"[②]，指京师三衙所部禁军的部分兵马携带家属，驻扎在京畿汴河、五丈河等沿岸之各县，以便就近接受漕运军粮的供应，是为真正的"就粮"。而河北、河东、陕西等地区，既"无可漕"，漕运亦不便，粮食运输艰难，又都是宋代社会经济发展的落后地区，"当无事之时，常苦不足"[③]，地方财政紧张，粮饷供应一直捉襟见肘，半数以上要依靠中央财政的支持。宋真宗就曾有言：陕西环庆等"西边难得刍粮，每岁役民输运"[④]。宋仁宗朝三司使程琳也谈到，河北、陕西军储数匮，"河北岁费刍粮千二十万，其赋入支十之三；陕西岁费千五百万，其赋入支十之五。自余悉仰给京师"[⑤]。宋神宗时三司使吴充亦言："三路屯聚士马，费用不赀。河北缘边，岁于榷货务给缗三二百万，以共便籴，非次应副不在其数；陕西近年出左藏库及内帑钱、银、绸、绢数百万计；河东岁支上京钞不少。"[⑥]以此提高当地粮价，吸引外地产粮区"商人入粟"。王安石就具体谈到，陕西粮草供应吃紧问题的解决，只能依靠"惟厚与价，使民竞入中以供军粮尔"[⑦]。显然，河北、河东、陕西等地，既"廪食不便"，更不会有什么余"粮"可就[⑧]。

除"就粮"之外，北宋中期之后，"驻泊"的概念多数也属于故意误用。如宋哲宗绍圣四年（1097）十二月，枢密院之兵籍"正兵"就分为在京、府界、诸路驻泊就粮三大类[⑨]。在京即三衙所部，府界指开封府界各将，诸路驻泊就粮，当然是指诸路兵马司之地方禁军，绝大多数显非宋初那样三衙所部前往"驻泊"。如此称呼，除了历史惯性之外，主要是从政治上考虑，有意加以误用的。

其实，地方禁军的"禁军"称号，本身就不恰当。"禁军"，乃"禁卫军士"，

---

① 〔宋〕章如愚：《群书考索》后集卷四〇《兵门》，《文渊阁四库全书》本。

② 〔元〕马端临：《文献通考》卷一五二《兵考四·兵制》引《两朝国史·志》，第4554页。

③ 〔宋〕李焘：《续资治通鉴长编》卷二一四，第5208页。

④ 〔宋〕李焘：《续资治通鉴长编》卷六五，第1463页。

⑤ 〔元〕马端临：《文献通考》卷一五二《兵考四·兵制》，第4557页。

⑥ 〔宋〕李焘：《续资治通鉴长编》卷二一四，第5208页。

⑦ 〔宋〕李焘：《续资治通鉴长编》卷二一四，第5210页。

⑧ 参看姜锡东：《宋代就粮军简析》，《文史哲》1985年第2期。

⑨ 〔宋〕李焘：《续资治通鉴长编》卷四九三，第11720页。

本义“是指天子亲兵”，而地方禁军从不曾宿卫天子，宋代真正护卫皇帝的皇城司和三衙，对陕西等“三路”军人的入京，甚至还有许多防范性的限制规定。仍称地方禁军为“禁军”之用意，正如王曾瑜先生所指出的：“禁兵原意是指天子亲兵，随着三衙统兵范围的扩大，事实上已成为北宋的正规军。‘其尤亲近扈从者号班直’，隶殿前司。北宋所以仍保留禁兵这个并不恰当的名称，也含有循名责实，要使天下的正规军都成为‘天子卫兵’之意。”[①]同样都属于“制度安排”与“制度实现”的范畴。历史事实证明，宋廷的这一制度设计，取得了相当明显的效果。从对外征伐的角度来看，宋仁宗庆历二年(1042)，陕西四路禁军的兵力已迅速增加到二十一万余众，“鄜延路屯兵六万八千，环庆路五万，泾原路七万，秦凤路二万七千”[②]。当年年底，又扩招了陕西土军保捷军一百八十五指挥，保毅军三十一指挥[③]，增加兵力在五六万人。他们多为陕西当地剽悍善战的子弟兵，如蕃落一军即“善射，耐艰苦，上下山如平地”[④]，而且“习山川道路之利，怀父母妻子之恋，无久戍之苦，无数易之弊”[⑤]，其战斗力和战斗精神都是三衙等“东兵”所不能比的。以此为依托，宋军即便是攻不足，守则绰绰有余，较有效地抵挡住了西夏的攻势。西夏尽管仍能夺取个别较大战役的胜利，但要全面打破宋朝的陕西防线，可能性几乎为零。皇祐五年(1053)正月，鄜延、环庆、泾原三路之蕃落、广锐军万人[⑥]，还在名将狄青的指挥下，大破侬智高于广西昆仑关外之归仁铺，稳定了一度飘摇的两广局势。

宋神宗、哲宗和徽宗三朝，陕西鄜延、泾原、环庆、秦凤、熙河等各路地方兵马即“西军”更持续壮大，全面夺取了宋夏战争的主动权，连绵不断地向西夏发起进攻，宋夏战局有了根本性的改观，西军也成为北宋中期以后新崛起的王牌军[⑦]。靖康之变，陕西“西军”争先恐后地前往开封勤王，千里跋涉、流血牺牲，

---

① 王曾瑜：《宋朝军制初探》（增订本），中华书局2011年版，第10页。

② 〔宋〕李焘：《续资治通鉴长编》卷一三七，第3303页。

③ 〔宋〕李焘：《续资治通鉴长编》卷一三七，第3312页。

④ 〔宋〕李焘：《续资治通鉴长编》卷一七三，第4175页。

⑤ 〔宋〕李焘：《续资治通鉴长编》卷一三五，第3217页。

⑥ 〔宋〕李焘：《续资治通鉴长编》卷一七三，第4175页。

⑦ 参见李华瑞：《宋夏关系史》，河北人民出版社1998年版。

与金兵反复厮杀，可谓效忠宋廷，表现出了极高的政治忠诚度。至于张浚杀曲端之后，相当部分“西军”倒戈附金，其过主要在志大才疏的张浚，而不在“西军”官兵。即使如此，诚如李心传所言：“渡江后名将皆西北人。”[①]南宋初年能够保有四川、保有东南半壁，“西军”仍是其重要的中流砥柱。西军之外，河东、河北等地的地方军马，也都发挥了比较重要的军事作用。

从内部政局稳定的角度来看，中唐五代地方割据的历史没有在宋代重演。地方军马的“禁军”认同感普遍十分强烈，如东南地区遥隶于步军司的宣毅军，该军自成军以来，所部官兵就是“自谓禁旅”，自矜三衙禁军的身份，对地方官反而是动辄“骄盈之气，已欲陵人”[②]。这是一个非常典型的个案。因此，北宋地方军马的实力虽强，但对中央的政治忠诚度相当高，小的兵变尽管或有发生，然应者寥寥，规模普遍非常有限，往往是甫叛即败，未对宋朝统治形成威胁。

四、“遥为节制”：南宋摧锋、左翼、武锋、飞虎诸军

南宋的情况与北宋有所不同。南宋自宋高宗建炎元年（1127）五月建立伊始，朝廷就是三衙与御营使司二元体制，建炎四年御营使司废除之后，其辖下的御营使司五军，又先后使用御前五军、神武各军、行营护军等番号，至宋高宗绍兴十一年（1141）韩世忠、张俊、岳飞统率之三宣抚司撤销之后，最终定名为“御前诸军”，俗称“大军”“屯戍大军”，由镇江、建康、鄂州等江上、四川诸军各都统司直接统辖。御营使司五军及江上、四川各都统司御前诸军，始终没有被纳入三衙的系统，而是与三衙并列，共同隶属于枢密院。三衙在“内”，都统司各部在“外”，合称为“内外诸军”。

需要注意的是，在绍兴十一年罢韩世忠、张俊、岳飞三大将的兵权，废宣抚司改镇江、建康、鄂州三大都统司之后，宋廷先后将镇江、鄂州两都统司韩世忠、岳飞部最精锐的背嵬军，建康都统司张俊部精锐的游奕军，以及四川的

---

① 〔宋〕李心传撰，徐规点校：《建炎以来朝野杂记》乙集卷一二《渡江后名将皆西北人》，第687页。

② 〔宋〕李觏撰，王国轩校点：《李觏集》卷二八《寄上富枢密书》，中华书局1981年版，第318页。

田晟部，都抽调至行在临安，分别直接补充进三衙之中[①]。绍兴二十一年，宋高宗下令“诸州拣选”地方禁军的精锐，以补“三衙阙额”[②]。绍兴二十九年，宋廷又将泉州左翼军的二千余精兵调到行在临安，改编为殿前司的破敌军[③]。这些举措，显然都属于直辖模式的范畴，只是在力度上不能与北宋初期完全相提并论而已。况且，绍兴二十二年七月当步军司在虔州拣选当地禁军精锐以补充本司阙额的时候，就遭到了激烈抵制，“步军司遣将拣州之禁军，而众不欲行”[④]，“步军司差官前来拣兵，有齐述者，于诸营率敛财物，计属免行拣发，及将强壮军兵以弹压收捕盗贼为名，差往诸县，不令赴拣”[⑤]，遂引爆了规模相当可观的虔州兵变。即便如此，绍兴三十一年，时任殿中侍御史的杜莘老，仍以宋太祖“简诸道兵补禁卫，训阅精整，故方镇詟服”为例，建议宋高宗按直辖模式，抽调地方军马以补充京师殿前司诸班直的实力。史载，宋高宗对杜氏的建议，“皆从之”[⑥]。

从整体上看，南宋三衙仍然以沿袭自北宋的遥隶模式，整合进数量相当可观的地方军马。具体说来，主要有广东摧锋军、江西右翼军、福建左翼军，隶殿前司，使用殿前司摧锋军、殿前司左翼军、殿前司右翼军的番号。绍兴二十三年二月，宋廷颁布平赣州叛兵奖赏，摧锋军、左翼军两军的主将张宁和陈敏，就被称作“殿前司统制、知循州张宁，殿前司统制陈敏”。淳熙十三年（1186）的诏书，也称摧锋军、左翼军、许浦水军三部为“殿前司摧锋军、左翼军、许浦水军”[⑦]；楚州武锋军、湖南飞虎军、湖北神劲军、扬州强勇军、成都义

---

① 《建炎以来系年要录》卷一八六“绍兴三十年九月丙申”记镇江都统制刘宝上奏：“自罢宣抚司，背嵬一军发赴行在。”同书卷一五四“绍兴十五年九月己酉”记建康都统制王德有言：“本司游奕军隶马军已久。”马军，即指侍卫马军司。《建炎以来朝野杂记》甲集卷一五《田四厢钱》：“绍兴十三年春，以右护军统制田晟所部人马隶马司。”

② 〔宋〕李心传：《建炎以来系年要录》卷一六二，第2633页。

③ 〔宋〕李心传：《建炎以来系年要录》卷一八一，第3011页。

④ 〔宋〕李心传：《建炎以来系年要录》卷一六三，第2664页。

⑤ 〔清〕徐松辑：《宋会要辑稿》兵一三之二〇，第6977页。

⑥ 〔宋〕李心传：《建炎以来系年要录》卷一九〇，第3188页。

⑦ 〔清〕徐松辑：《宋会要辑稿》兵一八之四〇，第7077页；兵二〇之三四，第7118页。

勇军，皆曾隶属步军司[①]。以武锋军为例，乾道二年（1166）八月改隶步军司，番号就被称作“侍卫步军司武锋军”[②]，乾道三年其统制官钱卓的头衔就是“武德大夫、侍卫步军司武锋军统制官”[③]。

水军方面，宋孝宗乾道年间、淳熙年间、宋光宗绍熙年间，平江许浦水军曾数度隶属于殿前司。淳熙八年七月，宋廷诏令：“左藏南库支降会子一万二千贯付殿前司，委官前去犒设许浦水军。”原因就在于：“以其初拨隶本司故也。”[④]宋光宗绍熙元年（1190）宋廷亦曾下诏殿前司：“许浦水军并江上水军岁春秋两教外，每月轮阅习。”[⑤]马军司移屯建康之后，唐湾水军即隶属马军行司。[⑥]

以上各部都是南宋新编练的地方新军，多堪称劲旅，如广东摧锋军就是支撑赵宋政权最后的主力；湖南飞虎军由辛弃疾编练，威名赫赫。宋宁宗嘉定十四年（1221）为抵御金兵南攻，飞虎军出动了二千余人前去驻守重镇武昌县，宋理宗绍定三年（1230）即以飞虎军千人在武昌县（寿昌军）“永久屯驻”，“以御前飞虎军寿昌军驻扎为号”[⑦]。在后来的宋、蒙战争当中，连蒙古军对其也忌惮三分，称之为“虎儿军”；楚州武锋军的兵力多达万余众，是“当时一支最大的新军”[⑧]。至于水军，尤其是许浦水军对南宋的战略意义，更是无需多言。这些地方军马，都曾在南宋的历史上发挥过相当重要的军事作用。它们隶属于三衙，依然是遵循着北宋仁宗朝以来的基本模式，“遇盗贼窃发，专听帅司节制”[⑨]，其兵力也不计入三衙的实力当中[⑩]。

---

① 黄宽重：《南宋地方武力——地方军与民间自卫武力的探讨》，国家图书馆出版社2009年版，第5页。《建炎以来系年要录》卷一五八“绍兴十八年闰八月乙酉”载：“泉之左翼、循之摧锋、明之水军，皆隶本司（殿前司）。”《宋史》卷三三《孝宗纪一》：隆兴二年三月“以忠勇军隶步军司”。

② 〔元〕脱脱等：《宋史》卷三三《孝宗纪一》，第635页。

③ 〔清〕徐松辑：《宋会要辑稿》职官七一之一七，第3980页。

④ 〔清〕徐松辑：《宋会要辑稿》兵二〇之三二，第7117页。

⑤ 〔元〕脱脱等：《宋史》卷一九五《兵志九》，第4870页。

⑥ 〔元〕脱脱等：《宋史》卷一八八《兵志一》，第4633页。

⑦ 佚名编纂，文廷式辑：《寿昌乘·尺籍》，中华书局1990年版，第8402页。

⑧ 王曾瑜：《宋朝军制初探》（增订本），第238页。

⑨ 佚名撰，李之亮校点：《宋史全文》卷二六，中华书局2016年版，第2250页。

⑩ 〔宋〕潜说友纂修：《咸淳临安志》卷一四《行在所录·禁卫兵》，《文渊阁四库全书》本。

南宋地方各州皆有诸多沿袭自北宋的地方禁军，如全捷、威果、雄节等地方禁军，也有不少是南宋自行创置的，“元额无虑十数万人”[①]。尽管这些地方禁军已然基本上丧失了军事职能，大致类同于北宋的厢军，也仍然按照北宋制度，分别由各路安抚司直辖，但遥隶于三衙。如广西的劲勇、壮武、静江，“旧隶厢军，中兴后，隶侍卫步军”[②]。从这个角度上讲，南宋三衙的统兵权，至少在制度上也并非仅仅限于驻扎在行在临安的本部兵马。正如黄宽重先生所指出的：“宋廷对像摧锋军等这类军队，在体制上的设计，是名义上维持隶属于中央殿前司，而让它们在各地维护地方治安，因此也具有地方军队的色彩，不过以人事调派及更戍等方式来强化中央威权及淡化地方色彩而已。”[③]前文我们已经提到，无论是北宋，还是南宋，地方军马尽管隶属于三衙，“其实但遥为节制”，从兵员的招募到各部日常的军备与战时的指挥，实际上都主要由地方兵马司直接负责，“专听帅臣节制调度”。宋神宗熙宁七年（1074）开始推行将兵法之后，地方军马中的精锐以“将”为单位进行编组，皆由各将将官具体统领，称“系将”禁军。系将禁军，同样是由各经略司帅臣全权指挥。

五、三衙对遥隶地方军马的职权

三衙对所隶之地方军马所行使的具体职权，主要包括：

其一，确定该部具体的番号。如宋神宗元丰二年（1079），步军司言：“奉诏唐、汝州置土兵勇捷两指挥，以四百人为额。请以唐州方城县为右第十一指挥，汝州襄城县为左第十二指挥。”[④]此勇捷两指挥皆属于不离本乡本土的土军，仅遥隶步军司而已。

其二，“人事调派”权，即参与该部军校的人事安排，这也是最主要的。宋真宗景德三年（1006）七月，宋真宗训令知枢密院事王钦若说：“河北就粮马军，累有将帅言其捍边素著劳绩，但军校有阙即自军中转补，此殊未便。”并随即下

① 〔宋〕李心传：《建炎以来系年要录》卷一九一，第3197页。

② 〔元〕脱脱等：《宋史》卷一八八《兵志二》，第4626页。

③ 黄宽重：《南宋地方武力——地方军与民间自卫武力的探讨》，第16页。

④ 〔宋〕李焘：《续资治通鉴长编》卷三〇一，第7338页。

诏明确地规定："自今副兵马使至副指挥使，听本军补授，指挥使已上，则自京选差。"[①]宋仁宗康定元年（1040）再度下诏："三路就粮将校半以次迁，半遣自京师。"[②]所谓"自京选差""遣自京师"，自然就是自三衙选调。地方众将校所用的官印，甚至也要由地方兵马司等"本属保明报殿前、马步军司"颁发[③]。例如：京东武卫军，隶步军司，其第六十六指挥的军头、十将等军官，地方兵马司于庆历三年（1043）已然指定人员担任，但只能使用"权充"的名义，庆历四年"授步军司帖"得到步军司的认可之后，方得以"正充""正授"[④]。这是欧阳修亲眼所见的情况。宋徽宗大观元年（1107），东南地区新置的威捷、威胜、全捷等指挥，隶殿前司，其各指挥的"部辖将校"，即由殿前司负责措置，"依马军司见行条格，与步军司分擘，在京取拣一次"[⑤]。基层的军校亦然，宋真宗时就曾因河东广锐军"军士善骑而武艺不习"，专门下令"自京简取队长，精加训练"[⑥]。显然，河东广锐军相当数量的队长，皆由三衙自京师本部选拔指派，以此来提高广锐军的战斗力。地方禁军如此，厢军也大同小异。宋仁宗嘉祐二年（1057），宋廷下诏："京东教阅本城、骑射、威边、威勇、壮武，自初募置，即给鼓旗阅教以代禁军，如有员阙，听递迁至副指挥使止，转补后满三岁，阙三分已上即举行。其指挥使阙，即步军司补之。"[⑦]骑射、威边为骑兵，威勇、壮武为步兵，都是京东路各州的厢军。由于厢军在制度上隶属于侍卫步军司，所以其指挥使以上军校的任命，皆要经由步军司。

南宋广东之摧锋军，隶殿前司，宋高宗绍兴年间其两任统制官张宁和郭振，都是由殿帅杨存中举荐，"用杨存中荐也"，郭振时为杨存中麾下的殿前司正将[⑧]。

---

① 〔宋〕李焘：《续资治通鉴长编》卷六三，第1411页。

② 〔元〕脱脱等：《宋史》卷一九六《兵志十》，第4881页。

③ 〔宋〕谢深甫编撰，戴建国点校：《庆元条法事类》卷一七《给纳印记》引《军防令》，第363页。

④ 〔宋〕欧阳修撰，李逸安点校：《欧阳修全集》卷一一八《乞差武卫人员》，第1818页。

⑤ 〔宋〕梁克家纂修：《淳熙三山志》卷一八《兵防》，第7930页。

⑥ 〔宋〕李焘：《续资治通鉴长编》卷七八，第1777页。

⑦ 〔元〕脱脱等：《宋史》卷一九六《兵志十》，第4882页。

⑧ 〔宋〕李心传：《建炎以来系年要录》卷一八五，第3093页；黄宽重：《南宋地方武力——地方军与民间自卫武力的探讨》，第1314页。

宋宁宗嘉定三年（1210）四月，摧锋军统制俞端以“侍御史陆峻言其纪律不修，肆行刻剥”，被“特降两官，勒回殿司自效”[①]。既曰“勒回殿司自效”，俞氏本由殿前司所差可以无疑。江西右翼军，隶殿前司，绍兴二十九年（1159）八月，殿前司右军统制辅逵出任右翼军统制，与左翼军类似，亦“用主帅杨存中请也”[②]。

湖南飞虎军，遥隶步军司，宋孝宗淳熙七年（1180）其成军之后，主管步军司公事岳建寿即从本部选派了统领官一员，以及“将官四员、拨发官一员、训练官一十五员”，“部、队将二十五员，并马军押、雍队四十员，并步军诸色教头十七人，医人、兽医一人，统领将司五人”等，总计一百余员，前往飞虎军来担任各级军校。[③]

由上述数个事例不难发现，北宋三衙事实上仅是对地方的任命加以行文认可，南宋三衙则是大包大揽，多直接从本部遣员前往上任。两者相较，南宋三衙对所隶地方军的干预力度，很明显在北宋三衙之上。南宋福建左翼军与殿前司之间的关系，就是一个更为典型的事例。宋宁宗嘉定十一年（1218），南宋理学名臣真德秀知泉州，他连上《申枢密院措置沿海事宜状》《申枢密院乞节制左翼军状》《申枢密院措置军政状》三道奏章，从中我们可以较清晰地看出：

其一，左翼军所部将校的升降，例由左翼军统制官申报殿前司，由殿前司颁发“差帖”加以批准，“遇有升差，止申殿前司，出给差帖”，“寻常军中升差，多出主将私意”[④]。该军之统制、统领，更一直皆由殿前司选派，如乾道七年（1171）的左翼军统制赵渥，就是殿帅王友直的儿女亲家[⑤]；淳熙十二年（1185）七月，左翼军统制盛雄飞去职之后，宋孝宗即下御笔三省、枢密院督促殿前司：“盛雄飞见勘，不可久阙兵官，令郭棣疾速选人前去。”郭棣，即时任主管殿前司公

---

① 〔清〕徐松辑：《宋会要辑稿》职官七四之三六，第4068页。

② 〔宋〕李心传：《建炎以来系年要录》卷一八三，第3050页。

③ 〔宋〕周必大：《文忠集》卷一四三，《文渊阁四库全书》本。步军司所差将校人数，此从王曾瑜先生说。黄宽重先生则认为：“关于飞虎军的军官，王曾瑜认为朝廷一共派了一百十人”，“笔者的意见则相反，认为宋廷实际上只派少数的军官去参与领导而已，其他均由军中推选”。参见黄宽重：《南宋地方武力——地方军与民间自卫武力的探讨》，第90页。

④ 〔宋〕真德秀：《西山文集》卷九《申枢密院措置军政状》、卷八《申枢密院措置沿海事宜状》，《文渊阁四库全书》本。

⑤ 〔清〕徐松辑：《宋会要辑稿》职官六三之一五，第3820页。

事。殿前司“选得一名，见在平江牧放，已令呼唤，旦夕便到”，寻即“申乞差张元政充左翼军统领”[①]。该军的统制官违法，也交由殿前司按劾处置。如庆元四年（1198）十一月，曾任殿前司左翼军统制、添差福建路兵马钤辖的韩俊被“降两官，放罢”，原因就是“以殿前副都指挥使郭倪言其侵盗官钱”[②]。

其二，左翼军的军务处置，不顾路途遥远，“去朝廷二千里”，皆申报枢密院、殿前司，“每事必申密院、殿司”[③]，甚至连军中兵器的制造维护费用，也要经由殿前司批准、拨付，如殿前司曾拨给左翼军三千贯“应付本军制造军器等用”[④]。关于左翼军的指挥关系，宋孝宗淳熙二年（1175）曾下诏书明确规定：“自今遇有盗贼窃发，一时听安抚节制。”黄宽重先生曾指出：“屯驻大军只受中央指挥，不受地方的帅司节度，而左翼军则同时受中央与福建安抚使的指挥，形成二元体系。”[⑤]但正如真德秀所言，该军官兵“殿司大军，不应听外郡节制”[⑥]的观念十分强烈，在实际执行的过程中，左翼军可能更倾向于主动地多向殿前司而不是向安抚司申报，以突出自己“殿司大军”的身份。当然，这种认同感，其实也正是南宋将左翼军隶于殿前司所要达到的目标。

应该说，不管是“按劾将校”，还是“每事必申”，显然都是北宋三衙对地方禁军所不曾行使和拥有过的权力。由此我们可以得出这样的看法：对地方兵马，南宋三衙统兵权的范围较北宋三衙为小，然其对所隶地方军的实际控制力与影响程度，却要强于北宋三衙。这是一个颇值得重视的历史信息。

原载《文史哲》2013年第5期

---

① 〔宋〕周必大：《文忠集》卷一四八《择人替盛雄飞御笔》、卷一四八《张元政左翼军统领奏》，《文渊阁四库全书》本。

② 〔清〕徐松辑：《宋会要辑稿》职官七四之一七，第4059页。

③ 佚名撰，李之亮校点：《宋史全文》卷二六上，第2160页。

④ 〔宋〕真德秀：《西山文集》卷八《申枢密院措置沿海事宜状》，《文渊阁四库全书》本。

⑤ 黄宽重：《南宋地方武力——地方军与民间自卫武力的探讨》，第54页。

⑥ 〔宋〕真德秀：《西山文集》卷九《申枢密院措置军政状》，《文渊阁四库全书》本。

南宋三衙管军素质试探

宋代殿前司、侍卫马军司和步军司合称三衙。南宋时期的三衙皆行一长制，各设主管公事一员，为各司之帅。都副指挥使、都虞候和四厢都指挥使等北宋三衙管军的名号此时已阶官化，通常仅作为高级将领的加衔使用。南宋三衙管军将帅，即殿帅、马帅和步帅，指的就是三衙之主管公事，简称“三衙管军”。南宋高宗绍兴五年（1135）三衙新诸军创建以来，尤其是绍兴十一年（1141）宋金“绍兴和议”签订之后，南宋废韩世忠、张俊和岳飞三大将之宣抚司，陆续改置江上、四川诸军都统司，大力推行“重三衙轻都统司”之国策，压缩各都统司兵力编制，并将相当部分都统司的精锐抽调至三衙。孝宗乾道年间，三衙下辖的总兵力即稳定在12万以上，其中殿前司诸军编制为7.3万人，不仅“兵籍为天下冠”，而且装备、训练及战斗力水准也都在镇江、建康、鄂州和兴州等著名的四大都统司之上。马军司、步军司诸军的编制，也分别达到 3 万人和2.5万人。三衙主管公事，尤其是主管殿前司公事，升为南宋地位最高的统兵军职，各都统司都统制迁三衙主管公事通常被视为晋升。

正如《孙子兵法·作战篇》所云，“故知兵之将，生民之司命，国家安危之主也”。三衙管军作为南宋武将当中地位最高也最具代表性的群体，在军事、政治等领域无疑发挥着关键性的作用。可以毫不夸张地说，三衙管军素质的高低起伏，直接与南宋国运紧密相关。目前对南宋武将的相关研究，集中于岳飞、韩世忠、吴玠、吴璘、刘锜、孟珙、吕文德等少数名将。然岳飞、韩世忠、吴氏兄弟等未曾于三衙任职，孟珙、吕文德虽曾任主管马军司公事，但长期在京湖、荆襄、四川等地区主持作战，并未至建康马军司坐衙治事，兼领马军司不过是增加其在军中的地位而已。对于其他众多的三衙管军，或以个案叙述为主，或仅在政治史、军事史专书当中有所涉及，专题研究比较薄弱。笔者拟总括南宋一代百余名管军将帅，以其整体素质状况的变动为中心，结合治军、用兵的具体表现，纵论诸将，对南宋三衙管军进行整体考察，企望有裨于研究。

一、高宗朝三衙管军多由勇将堕落为懦夫

自绍兴五年南宋三衙新诸军陆续创建以来，在高宗朝位至殿帅者3人：杨沂中、赵密、成闵；位至马帅者6人：刘锜、解潜、田晟、刘宝、成闵、李显忠；位至步帅者7人：边顺、兰整、解潜、韩世良、赵密、李捧、吴拱。在宋金战事激烈进行的大背景之下，高宗朝的三衙管军当中，马帅刘锜为古今公认的名将，杨沂中、解潜、赵密、田晟、成闵、刘宝、李捧等亦皆身历百战之将。然正如南宋遗民在《钱塘遗事》中所云，“高宗之朝，有恢复之臣而无恢复之君”[①]。高宗其人不足有为，有负厥职。绍兴八年（1138）秦桧独相之后，高宗、秦桧狼狈为奸，加紧推行对金屈辱乞降的求和国策，南宋政坛遂出现了“时势造小丑，小丑造时势”[②]的恶性循环，出现了令人窒息式的逆向淘汰的局面。凡“柔佞易制”、阿谀献媚、同流合污者，得以加官晋爵，尽享荣华富贵；刚烈耿直、坚持抗金、敢于异议者，轻则被排挤出朝廷，重则罢官贬斥，甚至被残害。文官如此，武官也如此。绍兴十一年（1141）岳飞、岳云父子与张宪的被害，就是赵宋历史上最为惨烈的冤狱。高宗、秦桧制造的岳飞冤狱，决不止于自毁长城，更摧垮了南宋的军魂和军中正气，注定了南宋以“小朝廷”而覆灭的历史命运。

---

① 〔元〕刘一清：《钱塘遗事》卷二《孝宗恢复》，上海古籍出版社1985年版，第40页。

② 王曾瑜：《秦桧独相期间“柔佞易制”的执政群——兼论时势造小丑，小丑造时势的历史哲学》，《丝毫编》，河北大学出版社2009年版，第327～381页。

三衙管军当中，名将刘锜屡立战功却被无理地解除兵权，置于无用之地，刘氏韬光养晦，才得以在秦桧死后于迟暮之年复出。敢于公开反对和议的解潜，则遭到秦桧的毒手，被贬斥到南安军，绍兴十九年（1149）含恨死于贬所。

解潜多次出任马帅、步帅，尽管他没有像岳飞、刘锜那样足以彪炳战史的辉煌战绩，然解氏“历事四朝，十任方面”，“三总环卫”①，“惟仗忠义，誓与敌死，以雪国耻”，始终“不肯议和”，是一员难得的坚持抗金的宿将。绍兴八年十二月，高宗和秦桧向金朝乞降，解潜即与主管殿前司公事杨沂中、权主管步军司公事韩世良一道，前往都堂上札子反对，并当面质问秦桧：“以主上受金书，欲行屈己之礼，万一军民汹汹，将若之何？”又专门至御史台，将札子副本交予御史中丞勾龙如渊②，此堪称南宋三衙管军历史上最为光彩的一页。此事的主要策动者，就是时任马帅的解潜。

解潜与宰相赵鼎为莫逆交，本来就是秦桧的眼中钉。公开质问秦桧之后，更遭到秦桧的仇视，绍兴九年正月即被解职，后被贬为单州团练副使、南安军安置，然其抗金之志至死不渝：

> 时礼部侍郎张九成与前步帅解潜居南安军。一日，潜病剧，九成往省之，曰：“太尉平日所怀，亦有不足者否？”潜泣曰：“平生惟仗忠义，誓与敌死，以雪国耻，而不肯议和，遂为秦公所斥，此心惟天知之！”九成曰：“无愧此心，足矣！何必令人知，然人亦无不知者，但有迟速耳。”潜曰：“闻此言，心中豁然矣。”即逝。九成因叹曰：“武人一念正气，犹待人以决。吾侪读圣贤书，平日安可不正此心！”③

宋代文人士大夫素以“读圣贤书”自傲，更傲视武夫，然当时文人士大夫“气殊不振”，丧失气节、奔走于秦桧门下者比比皆是。正如张九成所云，解潜不过是一介武夫，然其凛然正气，足令当时文人士大夫为之汗颜。解潜去世之后，

---

①〔宋〕李心传：《建炎以来系年要录》卷一七一，第2805页。

②〔宋〕李心传：《建炎以来系年要录》卷一二四，第2016页。

③〔宋〕熊克著，顾吉辰等点校：《中兴小纪》卷三四，第411页；又略见〔宋〕徐自明撰，王瑞来校补：《宋宰辅编年录校补》卷一六，第1074页。

“秦桧犹怒潜，故丧不得归，逮桧薨而听。二十六年正月癸亥，归葬”[1]。解潜遭到秦桧如此刻骨的仇视，这正是他千秋荣耀之处。

与岳飞、解潜、刘锜等形成鲜明对比，杨沂中、赵密、成闵却得以不断加官晋爵，代价当然是同流合污，堕落为阿谀逢迎高宗、秦桧的官场小丑，堕落为不仁不义、“喝兵血”的军营蠹虫，堕落为不勇不智、贪生怕死的战场懦夫。

杨沂中，河东代州人，出身于军人世家。祖父杨宗闵为永兴军路总管，父亲杨震知麟州建宁寨。徽宗宣和末年，杨沂中投身军伍，钦宗靖康元年（1126）后于张俊所部任职，成为张俊的爱将。金军南下，杨沂中祖父、父母皆不屈死难。杨沂中追随张俊护卫时任大元帅的宋高宗于河北，由此又得到了高宗的赏识。杨氏此后一直于张俊军中为将，以作战勇猛、屡立战功而升迁为神武右军（张俊所部番号）之中军统制。绍兴二年（1132），杨沂中回行在出任神武中军统制，与韩世忠、张俊、岳飞等大将比肩而立。绍兴五年，神武中军并入殿前司，杨氏遂得为主管殿前司公事。

杨沂中本以武勇著称，“力能绝人”，“善射骑”[2]，又与金军有杀父祖深仇，“大小二百余战，身被五十余创”[3]。他晋升大将，统领殿前司诸军之后，独当一面，在战场上胜败兼有，总体上应是败多胜少，但无论胜负，当时的杨沂中都不乏同金兵拼命厮杀的勇气。他的几次败仗，败因主要是轻敌冒进，中了金军诱敌之计遇伏而败。这说明杨氏为将，谋略有所不足，然不失为一员猛将。

绍兴八年（1138）十二月，高宗、秦桧向金人乞降，杨沂中激于抗金大义，还同马帅解潜、权步帅韩世良一起至都堂质询秦桧。但在秦桧的淫威之下，杨沂中选择了退缩，“仓卒皇恐”，并向秦桧出卖了解潜。宋人王明清《挥麈录》中曾记：

> 绍兴壬戌，罢三大帅兵柄。时韩王世忠为枢密使，语马帅解潜曰：“虽云讲和，敌性难测，不若姑留大军之半于江之北观其衅。公其为我草奏，以陈此事。”解用其指为札子，韩上之。已而付出，秦会（桧）之语韩云：“何不素告我而遽为是邪？”韩觉秦词色稍异，仓卒皇恐，即云：“世忠不识字。

① 〔宋〕李心传：《建炎以来系年要录》卷一六〇，第2602页。
② 〔元〕脱脱等：《宋史》卷三六七《杨存中传》，第11433页。
③ 〔元〕脱脱等：《宋史》卷三六七《杨存中传》，第11439页。

> 此乃解潜为之，使某上耳。”秦大怒，翌日贬潜单州团练副使，南安军安置，竟死岭外。张子韶云。[①]

绍兴壬戌，即绍兴十二年（1142）；张子韶，即张九成。王明清言：绍兴十二年解潜因被时任枢密使的韩世忠出卖而罢马帅。这一说法是错误的。李心传在《旧闻证误》中已有详尽考证：韩世忠出任枢密使的时间是绍兴十一年四月，而解潜早在两年前的绍兴九年已经由马帅“罢为福建总管”，“此时韩良臣（韩世忠，字良臣）为淮东宣抚使也”[②]；韩世忠多次上疏，始终主张抗金，“韩非仓卒退避而诿之他人者”。笔者认为，参与上札的步帅韩世良是韩世忠的兄长，这应是王明清产生误会的主要原因。尽管韩世忠与此事无关，然正如李心传所言，“子韶与解同谪居，不应误”[③]。此事的大致脉络应是可信的，其所指当是绍兴八年十二月三衙管军至都堂上札子并质询秦桧向金求和之事，只是向秦桧出卖解氏的，应该是殿帅杨沂中。因为联名上札之事只有杨沂中、解潜和韩世良三人知道，但上札之后，解潜于绍兴九年正月即被解职，韩世良不久也被罢去职务，只有杨沂中被加官晋爵，由从二品的节度使晋升为正二品的太尉。秦桧罢解潜慑之以威，升其为太尉诱之以利，经此一打一拉，杨沂中遂完全屈膝匍匐于秦桧的脚下。

绍兴十一年三月，杨沂中所部惨败于濠州，殿前司统制官郑滋等六名中高级将领战死。此次战败，杨沂中负有不可推卸的直接责任，史书如实记载了他在战场上的拙劣表现：

> 沂中皇遽，以策麾其军曰：“那回！”诸将闻之，以为令其走尔，散乱南奔，无复纪律。其步人见骑军走，谓其已败，皆散。金人追及，步人多不得脱，杀伤甚众。[④]

但因为杨氏已向秦桧卖身投靠，其非但未受到任何处分，反而由正二品的

---

① 〔宋〕王明清：《挥麈录·后录》卷一一，《文渊阁四库全书》本。

② 〔宋〕李心传撰，崔文印点校：《旧闻证误》卷四，中华书局1981年版，第53页。

③ 〔宋〕李心传撰，崔文印点校：《旧闻证误》卷四，第53页。

④ 〔宋〕李心传：《建炎以来系年要录》卷一三九，第2240页。

太尉晋升为从一品的开府仪同三司。秦桧如此做法的险恶用意，首先是破坏抗金，其次也是借此向众将显示他为所欲为的淫威。时人所撰《林泉野记》中即云："杨沂中濠州败绩，殿前司兵几尽，秦桧利其缪，加沂中开府仪同三司，以慢军势。"①

绍兴十一年十月，杨沂中受命于秦桧，将岳飞从庐山诱骗至临安，无端地加以逮捕，宋宁宗时佚名所撰《鄂武穆王岳公真赞（并序）》记载：

（杨沂中）一日蒙首相呼召，至则不出见，但直省官持一堂牒来，云委逮岳飞赴大理。又传旨："要活底岳飞来。"武恭袖牒往见公，公呵呵大声而出，曰："十哥，汝来何为？"武恭曰："无事，叫哥哥。"盖时诸将结为兄弟行，自一至杨，十也。公曰："我看汝今日来，意思不好。"即抽身入。武恭亦以牒传进。顷之，有小环出，捧杯酒劝。武恭意公必于内引决，要我同死，遂饮。饮竟，公出，笑而言曰："此酒无药，我今日方见汝是真兄弟，我为汝往。"遂肩舆赴对。②

武恭，为杨沂中之谥号。正如该作者所评论的那样："呜呼！公不肯为儿女之死久矣，大义明于天地，大忠著于无穷，则公之志也，死生岂足为公道哉！"③岳飞的高大壮烈与杨氏的怯懦无耻、以小人之心度君子之腹，形成了鲜明的对照。

此段记事，乃当时士大夫"得杨武恭王之孙伯嵒者言"④，即录自于杨沂中之孙杨伯嵒，当是杨沂中对家人亲口所言，其可靠性无可置疑。杨氏之所以有此语传世，一是其心有愧疚，二是借岳飞之口美化自己，并为自己辩解，将诱捕岳飞的罪责完全归诸秦桧。但不管其怎样辩解，岳飞之死，杨沂中充当了可耻的帮凶，

① 〔宋〕李心传：《建炎以来系年要录》卷一四〇，第2253页。

② 〔宋〕岳珂编，王曾瑜校注：《鄂国金佗稡编续编校注·鄂国金佗续编》卷二八《百氏昭忠录》卷一二《鄂武穆王岳公真赞（并序）》，中华书局1989年版，第1613～1614页。参见龚延明：《岳飞研究》，人民出版社2008年版，第206页。

③ 〔宋〕岳珂编，王曾瑜校注：《鄂国金佗稡编续编校注·鄂国金佗续编》卷二八《百氏昭忠录》卷一二《鄂武穆王岳公真赞（并序）》，第1614页。

④ 〔宋〕岳珂编，王曾瑜校注：《鄂国金佗稡编续编校注·鄂国金佗续编》卷二八《百氏昭忠录》卷一二《鄂武穆王岳公真赞（并序）》，第1613页。

其罪责决不在张俊、万俟卨之下。紧接着，杨沂中又率兵“诛宪、云于都市”[1]，成为杀害岳云和张宪的刽子手。

绍兴十二年（1142）至三十一年（1161），杨沂中再居殿帅之位近二十年。在此期间，杨氏身为大将，“不治兵而治财”，在军中大肆贪污克扣，又私役兵士，经营酒楼、酒坊、瓦肆、邸店等，无所不用其极。殿前司的普通士兵难以温饱，杨沂中个人却发了横财，仅在楚州一地，就有私田三万九千亩[2]；其女婿向氏喜得贵子，杨沂中一次即“拨吴门良田千亩，以为粥米，逮今向氏家有昆山粥米庄云”[3]，其占田之多不难想见。

作为对杨沂中迎合和议，残害岳飞、杀害岳云和张宪的奖赏，高宗、秦桧置其贪赃枉法于不顾，不断地给他加官晋爵。绍兴十二年，宋廷打破赵宋惯例，授予杨沂中以正一品的少保，冠冕堂皇的理由是修宋徽宗陵墓有功。绍兴十七年（1147）升其为少傅，二十八年（1158）再迁少师。绍兴三十一年罢殿帅，进爵同安郡王。杨氏卒于孝宗乾道二年（1166），追赠和王。

绍兴十二年，高宗将杨沂中改名为杨存中[4]，以示特别的恩宠。然而，朝野上下早已送给杨氏另外一顶更为恰切的“桂冠”——“髯阉”。杨氏早年曾有“髯将军”之美誉。绍兴六年（1136）藕塘之战时，伪齐刘猊赞叹杨氏在战场上之神勇云：“适见一髯将军，锐不可当，果杨殿前也。”[5]杨氏出卖解潜，参与残害岳飞、杀害岳云和张宪，堕落为秦桧的帮凶之后，其外号就从“髯将军”变成了“髯阉”。孝宗朝位同知枢密院事兼参知政事的刘珙即云：“范伯达尝目存中为‘髯阉’，谓形则髯，其所为则阉也。”名相周必大亦云：“杨存中，人号为‘髯阉’，以其多髯而善逢迎也。”[6]所谓“髯阉”，就是说杨氏尽管身体是完整的，但其精神遭到了秦桧的阉割，堕落为逢迎无耻之徒。杨沂中更名为杨存中，不过是皇帝的故弄玄虚；“髯将军”改为“髯阉”，才是真正的口碑和定评。杨存中虽然享尽了

① 〔宋〕李心传：《建炎以来系年要录》卷一四三，第2298页。

② 〔元〕脱脱等：《宋史》卷三六七《杨存中传》，第11439页。

③ 〔宋〕周密撰，张茂鹏点校：《齐东野语》卷六《向氏粥田》，第108页。

④ 〔宋〕李心传：《建炎以来系年要录》卷一四四，第2310页。

⑤ 〔宋〕李心传：《建炎以来系年要录》卷一〇六，第1721页。

⑥ 〔宋〕周密撰，吴企明点校：《癸辛杂识》别集上《髯阉》，第255页。

人间的荣华富贵，却因此贻笑于千秋后世。

赵密，河东太原人，与杨沂中一样，也出自张俊部，是张俊麾下最为著名的勇将之一。张俊一些像样的战功，如建炎三年（1129）的明州之战，绍兴元年（1131）破李成、马进等，赵密皆出力最多，遂以战功晋升为张俊部的统制官。名将韩世忠十分赏识赵密，绍兴六年（1136）曾专门请求朝廷拨赵密部前来助战，但遭到张俊的坚决拒绝。宰相赵鼎就此事对张浚言曰："世忠所欲者赵密尔，存中武勇，不减于密，盍令存中助之。"[①]可见，赵密的武勇被军中和朝廷公认，且在杨沂中之上。绍兴十年和十一年，赵密以张俊部左军统制的身份独当一面，在淮西地区连获两个胜仗。

绍兴十二年，赵密由时任枢密使的张俊举荐，升迁主管步军司公事。就此之后，赵密追随秦桧、张俊，在秦桧的提携之下，官阶一路升至从一品的开府仪同三司，仅次于杨沂中。赵密与秦桧的暗中勾结程度及他对和议的维护程度，可能都在殿帅杨沂中之上。直至秦桧死后的绍兴三十一年二月，其时金主完颜亮大军即将败盟南下已然是路人皆知的事情，连杨沂中都向高宗紧急上疏言："金人年来规画有异，虽信好未渝，而蛇豕荐食之心已露，宜及未然，于沿边冲要之地，置堡列戍，峙粮聚财，滨海沿江，预具斗舰。"杨氏还献《备敌十策》。赵密竟然就此攻击杨氏，"指为喜功生事"[②]，其目的尽管是"谋夺其权"，然赵密溺于和议的程度也由此可见一斑。更荒唐的是宋高宗，竟然以此为由升赵密为殿帅，取代了杨沂中。宋金战事不久爆发，赵密才不得不上章请辞。至于治军废弛、贪赃敛财，赵密和杨存中则是一丘之貉。

成闵，河北卫州人，"世为农，建炎初，避乱抵京口"，"黄天荡之役，闵投世忠军中"[③]，在战争中成长为韩世忠军中著名的猛将，负责统领韩世忠麾下最精锐的"背嵬军"，地位大致相当于岳飞军中的岳云。成氏作战勇猛，屡立战功。绍兴十年（1140）韩世忠进攻淮阳军，成闵多次与金兵血战，并当先"夺门而入，大战于门之内"，"身被三十余创"，"气绝而复苏者屡矣"。韩世忠奏请朝廷，将其官阶由诸司副使最低一级的武翼郎（从七品）破格晋升为正任团练使（从五品），一

---

① 〔元〕脱脱等：《宋史》卷三六七《杨存中传》，第11435页。

② 〔宋〕李心传：《建炎以来系年要录》卷一八八，第3149页。

③ 〔宋〕李心传：《建炎以来系年要录》卷一三七，第2207～2208页。

时间，成闵声名大噪。

然而，就是如此一员战场上抗金的猛士，至三衙任职之后，却很快堕落为秦桧的走卒。绍兴十三年，成闵改任殿前司游奕军统制。绍兴十九年（1149）八月，晋升为主管马军司公事。对此，《建炎以来系年要录》仅曰：“杨存中所荐也。”[①]其实殿帅杨沂中的举荐只不过是必要的程序而已，成氏此次得以跃升管军，真正的关键是他走通了秦桧的“门子”。笔者注意到这样一件事：绍兴十七年十一月，“眉州防御使、殿前司游奕军统制成闵以捕福建盗贼功，迁宣州观察使。于是，其将佐武显大夫张宁、武翼郎周虎臣、敦武郎金鼐等三十六人，并进一官”[②]。这里面的金鼐应该是关键人物。金氏为湖州人，是秦桧的重要爪牙。根据虞允文后来的揭露，金氏“以财雄东南，因纳粟授官，交结故相秦桧，以看阁子为名，使专任南亩出纳之责，累官正使，人所不齿”[③]，即金氏以“看阁子”为名替秦桧敛财。至于金氏所谓的军功，无疑是冒领的。成闵走通了此人的门路，当然不难得到秦桧的青睐。而且，既然金氏专门为秦桧敛财，成闵通过金氏向秦桧大量行贿是可以肯定的。当然，秦桧肯把如此心腹委托给成闵，也足见成氏早已向秦桧多方献媚。

成闵就任主管马军司公事之后，堕落为彻头彻尾的贪将，他对所部官兵的大肆压榨，即使在三衙当中，也属于最为恶劣的。绍兴二十八年（1158），时任中书舍人的张孝祥就在上奏中斥责成闵：“臣访闻马军司寻常减刻军兵请受，及非时役使，最为酷虐，士卒怨帅臣入于骨髓。”成氏如此疯狂地克扣士卒军饷，除了中饱私囊外，显然也是用于向秦桧行贿。秦桧死后，他又主要向宦官们行贿。绍兴三十一年（1161），成闵率马军司诸军西进荆襄。刚到鄂州，他即收受了鄂州左军统制郝晸三百两白银的贿赂，提升郝晸为权知襄阳府。如此赤裸裸的纳贿行径，令朝野哗然，“自此皆知闵为不足与成事功矣”[④]。在行军途中，“沿路犒设之物，

① 〔宋〕李心传：《建炎以来系年要录》卷一六〇，第2591页。

② 〔宋〕李心传：《建炎以来系年要录》卷一五六，第2544页。按：原文“军统制”误为“统军制”，“翼”误为“翌”。

③ 〔宋〕李心传：《建炎以来系年要录》卷一八九，第3158页。

④ 〔宋〕李心传：《建炎以来系年要录》卷一九二，第3219页。按：原文“晸”误作“最”，“皆”误作“当”。

不可胜计，尽以归己，不散士卒”。一位名叫康保义的军中子弟揭发此事，成闵恼羞成怒，残酷地将其杀害。[①]就是靠侵吞的这批财物，成闵班师之后，“寻入朝，凡侍从、卿监、阁门、内侍，皆有赂遗”[②]，遂得以超拜太尉、主管殿前司公事。从其行贿的娴熟手法看，成氏绝对是个中的老手。

在战场上，成闵已堕落为畏敌如虎的懦夫。他率部抵达荆襄战区之后，只是派中军统制赵撙率部分军队向前线推进，自己却率主力躲在后方的应城县。当赵撙夺取蔡州，打开北上开封的通道之后，成闵不敢全军跟进，而是机械地执行宋廷东援建康、镇江的命令。当完颜亮死于兵变，金军仓皇撤退时，成闵重兵在握，却只是远远尾随，不敢逼近，更不敢果断地加以邀击。金兵安然北撤淮河之后，竟对着宋军嘲笑他说：“寄声成太尉，有劳相送！”[③]对一个军人来说，敌人此般嘲笑，堪称最大的耻辱。成氏怯懦纵敌，使南宋失去了重创金军的难得战机。

孝宗隆兴二年（1164）二月，成闵遭到台谏官们连珠炮式的弹劾。成氏不仅被解除了主管殿前司公事的军职，还被“落太尉，仍旧节钺，除在外宫观，婺州居住”。其中，御史中丞辛次膺具体揭发他“统戍京西，沿路所得犒设钱，皆以归己；其在鄂州，减克请给，重困军士；暨为殿帅，改易簿籍，侵盗金银，不可胜计”等一系列贪赃枉法的劣迹；殿中侍御史胡沂上章，更“数闵二十罪，乞明正典刑”[④]。就此可以看出，成闵已经堕落为一个五毒俱全的军中小丑。即便是杨沂中、赵密，在治军方面也没有像他那样过于不堪，然而他非常幸运地以荣华富贵而终。孝宗乾道四年（1168），由韩世忠旧部改编而来的镇江都统司军务废弛，为整顿该军，宋廷遂重新起用出身韩世忠部的成闵为镇江都统制。成氏于乾道九年致仕，淳熙元年（1174）卒。死后被追赠开府仪同三司[⑤]。

绍兴十一年之后，高宗朝的官场已经成为一个“黑色大染缸”，能够洁身自好者寥寥无几。杨沂中、赵密和成闵三位三衙管军，皆由抗金勇将堕落、蜕变为懦夫小丑，就是极好的例证。不过，大环境的丑恶并不是开脱他们个人责任的理由，

① 〔宋〕徐梦莘：《三朝北盟会编》卷二四六，第1772页。

② 〔元〕脱脱等：《宋史》卷三七〇《成闵传》，第11503页。

③ 〔宋〕李心传：《建炎以来系年要录》卷一九五，第3297页。

④ 〔清〕徐松辑：《宋会要辑稿》职官七一之二，第3972页。

⑤ 〔元〕脱脱等：《宋史》卷三七〇《成闵传》，第11503页。

毕竟清者自清，浊者自浊。

二、孝、光两朝三衙管军多中规中矩

孝宗朝位至殿帅者7人：成闵、李显忠、王琪、王逵、王友直、郭棣、郭钧；位至马帅者10人：张守忠、李舜举、李显忠、王权、赵撙、李川、王明、吴拱、马定远、雷世贤；位至步帅者15人：郭振、戚方、陈敏、王逵、王宏、王友直、萧遮巴、李川、郭棣、田世卿、岳建寿、翟安道、郭钧、梁师雄、赵济。光宗朝，殿帅2人：郭钧、郭杲；马帅1人：张师颜；步帅2人：赵济、阎仲。

孝宗有志于北伐中原，自然特别注重将帅的选任。即位伊始，于隆兴元年（1163）二月即断然罢去成闵的殿帅之职。他一度受宦官愚弄，误把一个五毒俱全的兵痞戚方提升为主管步军司公事，但在乾道元年（1165）七月即将其罢职[①]。从整体上看，孝宗隆兴、乾道和淳熙年间所用的三衙管军，其素质在南宋一代大致是较为优秀的。其中，比较有代表性的就是位至殿帅的李显忠、王友直、郭棣和位至步帅的陈敏。

李显忠，本名李世辅，陕西绥德军青涧人，绍兴九年（1139）归宋。因在绍兴和议之后主张抗金，被秦桧无理地降官奉祠、闲居台州。直至秦桧死后，李显忠方于绍兴二十六年（1156）重新出为殿前司右军统制，二十七年转为选锋军统制，二十九年升选锋军都统制，三十年改任池州都统制。宋金辛巳战事期间，李显忠临危受命，接替败将王权出任建康都统制，绍兴三十二年晋升为主管马军司公事。孝宗即位后，隆兴元年又提升他接替成闵出任主管殿前司公事。宿州师溃后，再度赋闲。乾道六年（1170），孝宗积极筹划北伐，李氏得以重新出山，再任主管马军司公事，乾道九年致仕。

在岳飞、韩世忠、吴玠、吴璘、刘锜等人之后，李显忠是南宋军中后起的真正卓有威望的名将。李氏出身陕西边地豪族，十余岁从军，以武勇著称，在北宋、伪齐、金朝和西夏皆曾得到过重用，担任统兵军职。但他始终心向赵宋，曾有力缚陕西金帅撒离曷的壮举，绍兴九年得以南下，宋人赞誉他为忠于故主、“千里走

① 〔清〕徐松辑：《宋会要辑稿》职官七一之一二，第3977页。

单骑”、“过五关，斩六将”的三国蜀汉名将关云长。殿帅杨沂中就高度评价李显忠的武勇，曾当面向高宗进言：“显忠才气，岂宜处之偏裨！”[①]金朝将帅对李显忠则十分忌惮，撒离曷自不待言，名帅兀术本来就很欣赏李氏的武勇，授予他承宣使、知同州的高位。李氏归宋之后，兀术还对部将韩常有言：“李世辅归宋，不曾立功，此人敢勇，宜且避之。”[②]

绍兴三十一年十一月著名的宋金采石之战，李显忠实际并未参战，但在战前，当虞允文向众将宣布宋廷以李显忠代王权为都统制之后，宋军士气为之一振：

> 允文曰：“汝辈止坐王权之缪至此，今朝廷已别选将将此军矣。”众愕立曰：“谁也？”允文曰：“李显忠。”众皆曰：“得人矣。”[③]

金主完颜亮在渡江受挫之后，向对岸的宋军送来恐吓招降诏书，虞允文立即作檄书回击完颜亮曰：

> 昨王权望风退舍，使汝鸱张至此，朝廷已将权重寘典宪，今统兵乃李世辅也，汝岂不知其名？若往瓜洲渡江，我固有以相待，无虚言见怵，但备一战，以决雌雄可也[④]。

完颜亮“得书大怒”，但慑于李显忠的威名，未敢再在采石渡江，遂转而东下瓜洲。李氏虽然未曾参加采石一战，但其作为名将的威望和震慑力，对两军士气的消长，对战斗的结局，都发挥了重要的影响。

李显忠最为突出的优点，是身先士卒，用兵果敢，战场指挥能力很强，特别是敢于主动发起进攻，敢于在野战中与金军铁骑正面交锋，并战而胜之。这在南宋军中无疑是极其难得的。绍兴辛巳战事期间，李显忠即主动出击，一度夺取了要地顺昌。李氏后率兵积极追袭金军退师，在杨林渡与殿后的三万余金军激战，

① 李心传：《建炎以来系年要录》卷一八二，第3025页。

② 〔元〕脱脱等：《宋史》卷三六七《李显忠传》，第11429～11430页。

③ 李心传：《建炎以来系年要录》卷一九四，第3261页。

④ 李心传：《建炎以来系年要录》卷一九四，第3262～3263页。

双方“杀伤相当”，一次战斗下来，即各损失一千四百余众[①]，可见战斗的惨烈程度。成闵所部宋军若有李氏的敢勇，金军北返必定要付出惨重的代价。

隆兴北伐期间，李显忠更是“七战七克”“一月三捷”，连取灵壁、虹县和宿州三城，前后歼敌不下四万，一时间中原大震。北伐虽最终以“符离师溃”的结局黯然收场，然宋金两军大致同时退出战场，宋军主力并无多大损失，而且“师溃”之过，主要也不在李显忠。宋人张抡撰李显忠“行状”，对李氏其人及军事才能有如下评价：

> 人谓义不忘君，如关云长；忠不恤家，如李良器。子仪之宽厚得人，光弼之严明御下。公兼四者之美，而能持之以恭，守之以谦。
>
> 公之用兵，奇计百出，以勇果济之。故先计而后战，卒如所料。遇大敌，余人夺气，公方优游甚暇，屡以少击众取胜，御军严肃，令使必行[②]。

“行状”难免有溢美之词，然李显忠“果毅英发，以名节自期”，在绍兴、隆兴时期的诸将当中，不愧为一员出类拔萃的猛将，对金军有一定的威慑力，当为朝野公论。当然，李显忠并非完美，他也有贪财的问题，宋军符离师溃，有研究者认为，原因之一就在于李显忠“尽有其钱帛，以马载还其家”，可知他并非廉洁之辈[③]。宰相史浩则批评李显忠用兵“轻率”，认为他在军事指挥上有轻敌冒进的毛病[④]。这虽然主要是主和派的攻讦之言，史氏对军事指挥也是一窍不通，但大致指出了李氏的缺点，此亦为武勇者的通病。笔者认为，李显忠若能在岳飞麾下，或者协同作战，互相配合，定能扬长避短，大放异彩。可惜，宋廷没有也不会给予他这样的机会。

陈敏，赣州人，出身地方豪族，高宗绍兴十八年（1148）出任泉州左翼军统制，绍兴三十一年（1161）先任职殿前司，后为马军司之破敌军统制，孝宗乾道元

---

① 〔宋〕李心传：《建炎以来系年要录》卷一九五，第3299页。

② 〔宋〕张抡：《李公行状》，《名臣碑传琬琰之集》下卷二四，《文渊阁四库全书》本。

③ 王曾瑜：《南宋对金第二次战争的重要战役述评》，《点滴编》，河北大学出版社2010年版，第436页。

④ 〔宋〕徐自明撰，王瑞来校补：《宋宰辅编年录校补》卷一七，第1158页。

年（1165）接替戚方出任主管步军司公事。陈氏是一位优秀的军事干才，以擅长治军著称，他一手创建的泉州左翼军于绍兴十八年成军后，发展成为南宋最有名的地方军之一，“成为维护福建地区及东南沿海治安的重要武力”[①]。绍兴、隆兴之际，陈敏又受时任江淮宣抚使张浚的委托，在建康迅速组建了兵力达1.8万人的御前神劲军[②]。出任主管步军司公事之后，他随即于乾道二年十一月上奏：

> 本司所管官兵二万余人，今汰去老弱二千余人，以所请钱米论之，岁费四十八万贯。推究诸处，共约有三十万余人，以十分为率，汰去一分老弱，计三万人，每岁可省七百二十万贯。如是，则费用省而国自富，老弱去而兵自强矣[③]。

陈氏此一奏疏所言，既立足于步军司诸军的现实，又抓住了当时南宋军中普遍存在的痼疾，展现了他很强的治军能力和开阔的军政视野。

陈敏的作战指挥能力同样很强，“身长六尺余，长于骑射，有韬略，御士得其欢心”[④]。在平定福建寇乱、虔州兵变中，其屡立战功。在担任马军司破敌军统制期间，当马军司大军西至荆襄，而金主完颜亮主力攻击两淮之时，陈敏建议成闵行“围魏救赵”之策，以马军司全军经陈、蔡趁虚直捣汴京；在追击北退金军的时候，陈敏再次建议成闵果断出击，“邀其归师”[⑤]。陈敏的这两次建议，无疑都是极具眼光、魄力的主张，成闵如若采纳，就能够捕捉到稍纵即逝的战机，或直捣汴京，或击溃金军部分主力，可惜庸将成闵皆不能用。陈敏壮志未酬，耻于与此人为伍，愤而辞去马军司军职。

陈敏于乾道元年担任主管步军司公事之后，并不满足于在临安步军司衙门坐

---

① 黄宽重：《南宋地方武力——地方军与民间自卫武力的探讨》，第80页。

② 〔宋〕李心传撰，徐规点校：《建炎以来朝野杂记》甲集卷一八《兵马·神劲神武忠勇忠锐忠武军》，第422页。

③ 佚名撰，汪圣铎点校：《宋史全文》卷二四下《宋孝宗二》，中华书局2016年版，第2039页。

④ 乾隆《泉州府志》卷二九，转引自黄宽重：《南宋地方武力——地方军与民间自卫武力的探讨》，第46页。

⑤ 〔元〕脱脱等：《宋史》卷四〇二《陈敏传》，第12182页。

局，仍然“有志立功名”[①]。乾道三年，他专门向孝宗上奏：“久任周庐，无以效鹰犬，况敌情多诈，和不足恃。今两淮无备，臣乞以故部之兵，再戍高邮。”[②]陈氏既不计权位，主动请求前去镇守淮东重镇高邮军，还公开声明“和不足恃”，表现出积极求战的难得勇气。孝宗批准了陈敏的请求，并予以淮东守御的全责：

> 上曰：“淮东备御事，此须责在陈敏，万一有警，却恐推避误事。卿等宜熟与之谋。”魏杞奏：“臣等昨为陈敏约，敏亦自任此事。今朝廷但当稍稍应副之而已。”上曰：“是。”[③]

在淮东任职期间，陈敏恪尽职守，重点强化楚州、宝应、高邮、六合等要地的城寨，他主持修筑的边防重镇楚州，金朝的使者见后都赞叹为“银铸城”。《宋史》陈氏本传也称赞“陈敏善守”。经过陈敏多年的苦心经营，淮东地区形成了完备的防御体系。宁宗开禧北伐失败之后，金军顺势攻入两淮，但他们并没有能力真正打破南宋的淮东防御体系。对此，陈敏当然是功不可没。

王友直，博州高平人，是北方很有号召力的一员抗金将领，其父名王佐，“以材武称”。王友直十二岁“随父游，谙兵法”[④]。绍兴三十一年（1161）九月，他在河北起兵反金，以“王九郎”之名聚众至数万人，一度攻下了河北重镇大名府。其所部是当时声势相当大的一支抗金义军，金朝官军对之十分忌惮，《金史》即记载：“大名府贼王九据城叛，众至数万，所至盗贼蜂起，大者连城邑，小者保山泽，或以十数骑张旗帜而行，官军莫敢近。”[⑤]金世宗统治稳定之后，北方义军先后瓦解，王友直率亲随于高宗绍兴三十二年归宋。南下之后，王友直历任镇江都统司忠义军统制、建康都统司前军统制、步军司左军统制等职。乾道二年（1166）为镇江都统制[⑥]，乾道四年迁主管步军司公事，乾道八年（1172）至淳熙五

---

① 佚名撰，汪圣铎点校：《宋史全文》卷二四下《宋孝宗二》，第2044页。

② 〔元〕脱脱等：《宋史》卷四〇二《陈敏传》，第12182页

③ 佚名撰，汪圣铎点校：《宋史全文》卷二四下《宋孝宗二》，第2046页。

④ 〔元〕脱脱等：《宋史》卷三七〇《王友直传》，第11497页。

⑤ 〔元〕脱脱等：《金史》卷五《海陵》，中华书局1975年版，第115页。

⑥ 《宋史》卷三七〇《王友直传》仅曰：“明年，除御前诸军统制。”《嘉定镇江志》卷一六《将佐·宋都统制以下》记王氏实为镇江都统制，由镇江都统制迁主管步军司公事。

年（1178）任主管殿前司公事，居管军前后十年。

王友直为将的突出优点：一是作战身先士卒，智勇兼备。绍兴三十二年解围海州之役，两军交锋之际，王友直让人打出“宋忠义将河北王九郎”的醒目旗帜以迷惑对手，却自行率部由小路迂回至金阵之后，切断了金军的退路，配合都统制张子盖等夹击金军，将金兵大部歼灭。隆兴战事，王友直多次率部“出奇转战”，很得张浚的称许。隆兴二年（1164），金军攻入两淮，王友直孤军坚守重镇昭关，令金军只能望关兴叹[①]。二是治军严明，廉洁公正。宋高宗绍兴十一年（1141）之后，贪赃枉法、中饱私囊几乎是南宋三衙管军们的痼疾。王友直却一反他人所为，以廉洁著称当时，宋孝宗就表彰他说：“王友直极廉。”[②]淳熙元年（1174）六月，宋廷专门下诏书：“王友直、吴挺持身甚廉，治军有律，凡所统驭，宿弊顿除，可并与建节钺。”[③]理宗朝，侍御史李鸣复仍言道：孝宗淳熙年间众将“持身甚廉，如王友直”[④]。另外，南宋军官升迁，主将莫不勒索贿赂，王友直却处事公平，任人唯贤。淳熙四年，时任同知枢密院事的赵雄就向宋孝宗汇报：“昨见王友直，说：‘须从训练官处不轻授，则准备将至统制官，方是一一得人。’臣答之云：‘惟将帅体国者乃肯如此，使人人似殿帅之言，则军中何患无人？’”孝宗也感慨地说：“此方是澄其源，然非体国者不能也。”[⑤]

正所谓“公生明，廉生威”，王友直廉洁公正，在三衙军中享有很高的威信，他出任殿帅时，名臣虞允文即有云：“擢用王友直、郭刚，近者莫不悦，远者莫不畏，甚盛举也。”[⑥]当然，王友直至晚年，“晚节宴安，军政稍失律”[⑦]，也有晚节不保、同流合污的问题。

郭棣，陕西德顺军人，出身军人世家。其父郭浩[⑧]，以勇猛善战闻名陕西，受

---

① 〔元〕脱脱等：《宋史》卷三七〇《王友直传》，第11498页。

② 〔宋〕楼钥撰，顾大朋点校：《楼钥集》卷九九《少傅观文殿大学士致仕益国公赠太师谥文忠周公神道碑》，第1732页。

③ 佚名撰，汪圣铎点校：《宋史全文》卷二六上《宋孝宗五》，第2153页。

④ 〔明〕杨士奇、黄淮等编：《历代名臣奏议》卷九九《经国》，《文渊阁四库全书》本。

⑤ 佚名撰，汪圣铎点校：《宋史全文》卷二六上《宋孝宗五》，第2193页。

⑥ 〔明〕杨士奇、黄淮等编：《历代名臣奏议》卷二一四《法令》，《文渊阁四库全书》本。

⑦ 〔元〕脱脱等：《宋史》卷三七〇《王友直传》，第11499页。

⑧ 〔宋〕岳珂：《桯史》卷一四《二将失律》，第168页。

知于名将种师道、种师中兄弟，建炎年间位秦凤路经略使。陕西失陷后，绍兴元年（1131），郭浩率部与吴玠在杀金平大破金兵主力，稳定了四川战局。此后，郭氏独当一面，镇守要地金州多年，任金房开达州经略安抚使兼知金州、枢密院都统制[①]，与吴玠、吴璘、杨政并列为川陕四大将。

郭棣从兴元都统司正将起家，乾道、淳熙之间为主管步军司公事，淳熙二年转任镇江都统制[②]，淳熙五年（1178）始任主管殿前司公事[③]，一直到淳熙十五年（1188）[④]，位殿帅十年。

郭棣其人，有两个优点：一是头脑清楚。他能够得到孝宗赏识，主要就是凭借这一长处。乾道初年，郭棣在受孝宗召见的时候，"孝宗悼符离失利，寤寐中原，公极言曩事，剖析如流，漏下五刻"，向宋孝宗全面分析了隆兴战事宋军失利的原因，孝宗听后称赞不已，言道："恨见卿晚。"由此对郭氏的军事才能给予了高度评价。二是有识将之明。淳熙十年（1183）闰十一月，在遴选镇江都统制和主管步军司公事人选时，孝宗专门向知枢密院事周必大御笔训令说："卿亦与郭棣议之，其人不谬举。"[⑤]宋廷以郭钧为步帅，就是采纳了郭棣的建议，而郭钧果然比较称职。在郭棣的部下中涌现出不少将才，宁宗朝位至殿帅的夏震、彭辂和位至马帅的周虎，皆为郭棣之部下[⑥]。

除此三人之外，孝宗隆兴、乾道之际所用三衙管军大多为绍兴至隆兴年间宋金战事中的有功之将，接替李显忠为主管殿前司公事的王琪，就是绍兴三十一年著名的"采石之战"的功臣之一，"素以才武自奋"[⑦]。

马帅张守忠是赵密的旧部，多年在步军司任统制官，赵密取得的多数战功，主要是由张守忠在战场拼杀而取得。隆兴二年（1164），张守忠以主管马军司公

---

① 〔元〕脱脱等：《宋史》卷三六七《郭浩传》，第11441～11442页。

② 〔宋〕史弥坚修，卢宪纂：《嘉定镇江志》卷一六《将佐·宋都统制以下》，第2495页。

③ 〔宋〕周必大：《文忠集》卷一四六《奉诏录一·殿步帅推恩回奏》，《文渊阁四库全书》本。

④ 〔清〕徐松辑：《宋会要辑稿》职官三二之一七，第3014页。

⑤ 〔宋〕周必大：《文忠集》卷一四六《奉诏录一·择镇江帅御笔》，《文渊阁四库全书》本。

⑥ 〔宋〕周密撰，张茂鹏点校：《齐东野语》卷一五《耿听声》，第282页。

⑦ 〔宋〕吴泳：《鹤林集》卷一九《札子·论今日未及于孝宗者六事札子》，《文渊阁四库全书》本。

事率部驻守淮西，取得过庐州和枞阳官桥等战斗的胜利。接替张守忠的马帅李舜举，先是在隆兴元年以马军司选锋军统制参加隆兴北伐，随李显忠攻取灵壁，后又在张守忠指挥下于滁河击败金兵，遂得以于乾道元年（1165）升任马帅。任马帅期间，李氏训练十分得力，乾道二年白石阅兵之时，马军司就有“数将独手运大刀”，宋孝宗问曰：“刀重几何？”李舜举奏：“刀皆重数十斤。”孝宗高兴地传旨表彰：“卿等教阅精明。”①

步帅郭振也是一员屡立战功的宿将，隆兴二年十一月曾率部在六合击败金兵。此人颇有军事见地，司农卿李椿在向宋孝宗的上奏中就曾提及：“臣尝与老将郭振议论，振以谓使旧人但执梃随军，亦胜新人坚甲利刃，以其谙练与否耳。”②应该说，这是军中老将的知兵之言。

乾道八年（1172）前后主管步军司的萧遮巴，则是一员南来归宋的契丹骁将，以骑射武勇见长，对南宋朝廷也特别赤胆忠心。乾道九年出任主管马军司公事的赵撙，追随刘锜征战多年，是著名的蔡州之战的指挥者，堪称马军司后起的名将。

淳熙年间的三衙管军，如马帅李川、王明、吴拱、马定远、雷世贤，步帅岳建寿、翟安道、梁师雄、郭钧、赵济等，包括光宗、宁宗之际的殿帅郭杲、步帅阎仲、马帅张师颜，都是中规中矩的可用之将。以郭钧为例，其人于淳熙十年（1183）任主管步军司公事，十一年出任建康都统制，十五年接替郭棣任殿帅。当时朝野公认，郭钧为将“能以公心抚士卒”，担任管军“训齐可必”③，而且为人耿直，这在南宋官场都是很难得的。再如郭杲，此人政治头脑清醒，“绍熙更化”中的表现得体、果敢，对稳定当时政局是有功的。

三、宁宗朝三衙管军多纨绔子弟

宁宗朝，位至殿帅者10人：郭杲、吴曦、郭倪、郭果、夏震、彭辂、何汝霖、张茂、王端理、冯榯；位至马帅者11人：张师颜、郭倪、李珪、李汝翼、王瑛、戚拱、周虎、许俊、冯榯、刘琸、李庆宗；位至步帅者13人：阎仲、刘超、张国

①〔元〕脱脱等：《宋史》卷一九五《兵志九》，第4869页。

②〔明〕杨士奇、黄淮等编：《历代名臣奏议》卷九六《经国》，《文渊阁四库全书》本。

③〔宋〕周必大：《文忠集》卷一四六《奉诏录一·择镇江帅御笔》，《文渊阁四库全书》本。

珍、王瑛、夏侯恪、董世雄、李郁、王处久、彭辂、刘琸、王佺、王斌、王虎。

宁宗朝的朝政，以“嘉定更化”为分界，前期为韩侂胄揽权，嘉定至宋理宗“端平更化”之前则由史弥远专权。在韩侂胄揽权的庆元、嘉泰和开禧年间，韩氏所用的三衙管军多来自显赫将门，如位至殿帅的三将：吴曦为名将吴璘之孙、吴挺之子；郭倪为郭棣之子、郭杲之侄；郭果则为郭棣、郭杲兄弟辈。然这些将门子弟的素质，时人华岳在开禧元年（1205）所上皇帝书中有如下评论：

> 爽、奕、汝翼诸李之贪懦无谋，倪、僎、倬、杲诸郭之膏粱无用，诸吴之恃宠僭专，诸彭之庸孱不肖，皇甫斌、魏文谅、毛致通、秦世辅之雕瘵军心、疮痍士气，以至陈孝庆、夏兴祖、商荣、田俊迈之徒，皆以一卒之材，各得把麾专制。平日剜膏刻血，苞苴侂胄以致通显，饥寒之士咸愿食其肉而不可得。万一陛下付以大事，彼之首领自不可保，奚暇为陛下计哉！此外患之居吾爪牙者也。[①]

华岳此奏几乎将开禧年间三衙、各都统司之高级将领一概骂倒，难免有过分之处，然诚中众将之通病。开禧北伐的失败，证明华氏此论有先见之明。

郭倪，庆元四年（1198）为马帅，嘉泰元年（1201）为主管殿前司公事，嘉泰、开禧年间一直为殿帅。权臣韩侂胄十分赏识郭倪，监察御史娄机曾对邓友龙言道：“今日孰可为大将？孰可为计臣？正使以殿岩当之，能保其可用乎？”[②]可见韩氏一直有意以郭倪、吴曦这两位殿帅为北伐之大将，早为朝野所知。开禧元年八月，郭倪由殿帅出镇扬州筹划北伐之事时，一位名叫应松湖的文士专门撰文吹捧他说：

> 是棠阴之旧，一门将相，未数北平之祖孙；三世威名，可继庆州之父子。某官虎视龙骧之勇，鸾翔鹄峙之姿，联勾陈而扈太微，懋便藩于春渥，封姑胥而临瀚海，素慷慨于功名；方敌运之衰残，轸庙谟之经画；念虽坐筹玉帐，可折遐冲；不如驰至金城，亲上方略。属兹谋帅，无以易公。辍还尹

① 〔宋〕华岳：《翠微南征录》卷一《书·开禧元年四月二十七日上皇帝书》，《文渊阁四库全书》本。

② 〔元〕脱脱等：《宋史》卷四一〇《娄机传》，第12336页。

而作元戎，上意盖深于北顾；总劲兵而莅大府，先声倍詟于朔陲。鸣剑抵掌，以睨关河；犁庭捣穴，以墟沙漠。勒燕然之石，垂之万年；挈舆地之图，还之九庙。与国无极，视祖有光。[①]

宋廷在正式任命郭倪为山东、京东路招抚使的诏书中也称赞他："沉鸷而识兵势，仁勇而得众心，带砺相传，不愧西平之勋阀；日月可冀，方推郭氏之功名。辍委寄于岩疆，总兵民于阃制，小试囊中之略，大扬境外之声。"[②]开禧北伐战败之后，郭倪等郭氏将帅身败名裂，这些文字就都成了笑料。

败军之将，何足言勇，这是古今兵家的铁律。郭倪既然丧师，承担责任和骂名理所当然。但公道地说，郭倪出身将门世家，基本军事素质还是有的。他治军也有"不肃"的问题，如嘉泰四年（1204）三月临安城救火，宰相陈自强就批评说："郭殿前可谓号令不肃。"[③]四月，殿前司还出现了"兵哄"的闹剧，殿前司"军士与巡检司卒哄，击破民家。诏捕之，主帅以下论罚有差"[④]。但即使是下台之后，郭倪也未传出贪赃枉法之类的丑闻，这还是相当难得的。其所部于胥浦桥战败，责任不全在他，韩侂胄的政敌宣抚使邱密的掣肘，甚至出卖，也是不容忽视的因素。

郭倪为将的真正问题：一是自视过高，胜骄败馁。郭氏出身将门，高居将席，本来就自视甚高，加之一大群文人幕僚的廉价吹捧，更过度自我膨胀，以至于狂妄地自比诸葛亮：

郭棣帅淮东，实筑二城，倪从焉。余兄周伯吏部，时在其幕府，每从东阁游，见其论议自负，莫敢撄者。一日，持扇题其上，曰："三顾频烦天下计，两朝开济老臣心。"意盖以孔明自许，窃怪之，以为少年戏剧，妄标置耳。

嘉泰、开禧间，倪位殿岩，宾客日盛，相与怂恿，真以为卧龙复出，遂

---

① 佚名：《翰苑新书》续集卷二三《武臣类·贺郭殿帅知扬州》，《文渊阁四库全书》本。

② 〔宋〕卫泾：《后乐集》卷二《郭倪兼山东京东路招抚使制》，《文渊阁四库全书》本。

③ 佚名编，汝企和点校：《续编两朝纲目备要》卷八，第143页。

④ 佚名编，汝企和点校：《续编两朝纲目备要》卷八，第144页。

逢当轴意，以兴六月之师。吴衡守盱眙，过见之于扬，倪迎谓曰："君所谓洗脚上船也，予生西陲，如斜谷祁山，皆狭隘，可守而不可出；岂若得平衍夷旷之地，掉鞅成大功，顾不快耶！"陈景俊为随军漕先行，燕之。中席，酌酒曰："木牛流马，则以烦公。"众咸笑之。余至泗，正暑，见其坐上客扇，果皆有此两句，然后知所闻为不诬也。

而当战场遇挫之后，郭倪就一蹶不振、自暴自弃，甚至可笑地效儿女之态以泪洗面，毫无大将应有的壮怀激烈。史载："倬既溃于符离，僎又败于仪真，自度不复振，对客泣数行。时彭瀀传师为法曹，好谑，适在坐，谓人曰：'此带汁诸葛亮也。'传者莫不拊掌。倪知而怒，将罪之，会罢去，遂止。"[①]"带汁诸葛亮"，遂成为郭倪贻笑千载的外号。

二是出身富贵，怯懦畏死。郭倪身为主将，在北伐战事打响之后，至多就是坐镇泗州遥控，未敢再向前，更不敢亲临前线，只是派统制一级的军官在前线统兵作战。古今名将，大战必亲临前线，甚者带头冲击。非如此，不足以鼓舞官兵士气，而且战场瞬息万变，为将者必临机决断。像郭倪这样躲在后方遥控，不但必败，也不可能真正建立起指挥威信。开禧二年（1206）十二月，宋廷以"怯懦寡谋，有辜委寄"[②]"迎合侂胄，窃据兵权""谋虑疏缪，丧失兵马"[③]的罪名处罚了郭倪，时人也骂他"畏死而不善战"[④]，这些都是他无法辩解的。

归根到底，"猛将必发于卒伍"，兵是"练"出来的，但将只能是"打"出来的。郭倪凭祖、父之荫，坐得将位，缺乏实战经验，猝临大阵惊慌失措，乃至连吃败仗，都有其必然之势。"三代为将，道家所忌"，讲的就是这个道理，无稽的因果报应倒在其次。如若战争坚持打下去，宋廷也继续给他锻炼的机会，而不是小败即罢，他才有真正成长为名将的可能。

吴曦，庆元元年（1195）为建康都统司都统制，庆元三年五月为殿帅，嘉泰元年（1201）出为兴州都统司都统制。开禧北伐，韩侂胄以其为四川方面之大将。出

---

① 〔宋〕岳珂：《桯史》卷一五《郭倪自比诸葛亮》，第179～180页。

② 〔清〕徐松辑：《宋会要辑稿》职官七四之二三，第4062页。

③ 〔清〕徐松辑：《宋会要辑稿》职官七四之二六，第4063页。

④ 〔明〕杨士奇、黄淮等编：《历代名臣奏议》卷二二四《兵制》，《文渊阁四库全书》本。

乎意料的是，吴曦竟然自立为王、割据四川，这说明吴氏的自我膨胀已经到了荒唐的程度。在举兵自立之后，吴氏又不前往军营坐镇，而是躲在兴州府中享乐，还派人前往成都修建宫殿。兴州都统司正将李好义等不过率七十余人即轻易地置吴氏于死地[①]，更足证他不过是凭借祖、父余荫坐得高位的公子哥，决非有能力治军用兵的战将，更非有能力割据一方的枭雄。即使不反宋自立，他在对金战场上的表现也不会比郭倪好多少。

李汝翼，确实是个庸将。此人在江州都统司任都统制期间，“刻剥无艺，军士甚贫者，日课履一双”，军中送其“李草鞋”的外号。当他升迁主管马军司公事离开江州都统司时，官兵们无不唾骂，“船发琵琶亭，涂人咸诟而提击之”。李氏率马军司诸军围攻宿州时，指挥极其拙劣，导致久攻不下；败退之时，为了个人逃命，竟然无耻地把马军司后军统制田俊迈出卖给金军。李氏于被解职之时，还不忘侵吞了马军司的五万贯军费，并将账簿一把火烧掉，以毁灭贪赃枉法的罪证[②]。韩侂胄用此人来主管马军司，是彻头彻尾的用人失察。至于步帅王处久，乃高宗朝庸将、败将王权之子，毫无治军用兵之才，纯粹一纨绔子弟，只是凭借与韩侂胄的姻亲关系，才得以出掌步军司。

笔者认为，韩侂胄开禧北伐的决策，不能说完全错误。宋军在实战当中一败涂地，用将不当是一个重要的原因。南宋学者吕中曾言：

> 吴曦，特膏腴之子弟；郭倪、郭倬、李爽、李汝翼、皇甫斌诸人，又皆猥琐之庸才。平居暇日，不过克剥士卒、苞苴馈赂，图为进身之梯媒，甚者且外交仇敌，以伺中国之动静矣。朝廷顾以推毂制阃之事，悉以委之，师才出境，而前者败，后者溃，大者歼，小者奔，罪甚者诛戮，轻者投窜，而统蜀汉之逆曦，又以叛闻。用兵以来，敌之损未一二，而吾国之丧失败亡已不可胜计矣。假使邓禹闻之，宁不笑人于地下乎！[③]

仅就用将层面而言，韩氏若能用毕再遇为殿帅、田俊迈为马帅，战争的结局

---

① 〔元〕脱脱等：《宋史》卷四〇二《李好义传》，第12199页。

② 〔宋〕岳珂：《程史》卷一四《二将失律》，第167～168页。

③ 〔宋〕刘时举：《续宋编年资治通鉴》卷一三，《文渊阁四库全书》本。

可能要好很多。当然，这纯属“事后诸葛亮”。未经实战检验之前，郭倪、李汝翼同样可以大言自夸，平时的毕再遇也不见得有多么过人之处。韩氏的赏罚其实算是严明的，他在宋军败绩之后，果断地处罚了郭倪、李汝翼等败军之将，斩郭倬，同时提拔重用毕再遇、周虎等从实战中涌现出来的将才，但史弥远策划的政变，寻即置韩氏于死地，韩侂胄未能得到整军的机会。附带说明的是，南宋三衙用将过于侧重荫补，重用“诸郭”“诸李”“诸吴”等官二代、官三代，选将之途过于狭窄，这是南宋用将制度上的一大缺陷。

史弥远取代韩侂胄专权之后所用之三衙管军，名臣魏了翁有这样的评价：“大抵庆元以来之所用，皆报私恩，固权势；嘉定以来之所用，皆以供斯役，征贿赂。”[①]吴曦早年与韩侂胄素有往还，对韩氏有恩；郭杲时任殿帅，在绍熙内禅时以武力支持宋宁宗即位，也就是支持了韩侂胄，韩氏以吴曦、郭倪、郭果为殿帅，是谓“报私恩，固权势”。史弥远时所用之殿帅如彭辂、何汝霖、张茂、王端理、冯榯等，皆是靠贿赂史弥远而得其位，是谓“供斯役，征贿赂”。也就是说，史弥远时之三衙管军较韩侂胄时更等而下之，这大致符合历史事实。

彭辂，为兴元都统制彭杲之子，起家殿前司取马统制官，靠向韩侂胄行重贿，嘉泰三年（1203）得以执掌兴元府马务[②]，后出任兴元府都统制、金州都统制。彭氏为将，并无过人之能。吴曦反宋后，他不敢抵抗，弃城逃走，后通过派部下行贿史弥远，得以在开禧三年出任主管步军司公事，开禧四年出为镇江都统制[③]，嘉定年间接替夏震为主管殿前司公事，直至嘉定五年（1212）[④]。

接替彭辂的是何汝霖，嘉定八年之前任主管殿前司公事。何汝霖起家殿前司中军统制，曾参加开禧北伐中著名的灵壁凤凰山一役，立有战功，但此人“贪污狼籍”，“从事宴游”[⑤]。张茂、王端理皆为无能之庸将。张氏“抚军则殊无纪律，处事则顿乏精神，无统御之术，不足倚仗”[⑥]；王氏则热衷于“献羡余”，盘剥士兵

---

① 〔宋〕魏了翁：《鹤山集》卷一八《应诏封事》，《文渊阁四库全书》本。

② 佚名编，汝企和点校：《续编两朝纲目备要》卷七，第132～133页。

③ 〔宋〕史弥坚修，卢宪纂：《嘉定镇江志》卷一六《将佐·宋都统制以下》，第2495页。

④ 〔宋〕岳珂：《愧郯录》卷八《彭辂告词》，《文渊阁四库全书》本。

⑤ 〔清〕徐松辑：《宋会要辑稿》职官七三之四九，第4041页。

⑥ 〔清〕徐松辑：《宋会要辑稿》职官七三之五一，第4042页。

膏血来向皇帝和史弥远行贿。冯榯本为败军之将，但因史弥远的庇护，多年稳居殿帅之位，实则其人“徒能囊帛匮金，醉酞饱鲜，拥名姬美妾，以自娱乐。其椎剥士卒之计，穷极竭尽，连营列寨，咸欲无生”①，同样是庸将。

殿帅如此，步帅、马帅亦然。如步帅王虎也是典型的在官场染缸里堕落的将领，时人就评价说：“王虎虽本淮人，安于豢养，气习转移，掊克将士，了无艺极。”②嘉定五年任主管马军司公事的许俊，作战相当消极，“方当敌骑之犯淮，乃拥王师而坐视；直翱翔于江浒，弗攀援于蕲、黄。敌既退师，彼亦卷甲”；治军“则捃王换、徐国良之过，而抄估籍没，使之孤露。凡一兵之粗给，无尔体之不伤”，同样是“椎剥尽于军伍，贿赂归于权门大臣”③。他所贿赂之权门大臣，显指权相史弥远。许俊出自南宋名将毕再遇麾下，早年跟随毕再遇同金军打过数场恶战，在史弥远所用之三衙管军当中，还算是一个多少有些作为的将领，其余更可想而知。

四、南宋末叶三衙管军多有军事能力而乏政治操守

理宗朝，位至殿帅者 7 人：冯榯、赵胜、韩昱、王福、吉文滔、郭濬、范文虎；位至马帅者 5 人：扈再兴、许俊、孟珙、王鉴、吕文德；位至步帅者 9 人：王虎、王鉴、田庆宗、王德明、王福、郭濬、范文虎、刘达、管景模。度宗和恭宗、端宗、卫王等宋季四朝，位至殿帅者 6 人：范文虎、陈奕、韩震、张彦、李胜、苏刘义；位至步帅者 3 人：陈奕、高达、孙虎臣。马帅则多由建康都统司都统制兼任。

理宗端平元年（1234）至景定元年（1260），南宋朝政因循苟且、危机四伏。此时期三衙管军多碌碌无为，如殿帅赵胜被吹捧为“恂恂有古良将之风，介介为士君子之行”④，实则既无战功，治军亦无方。端平二年六月，殿前司发生了神勇军

① 〔宋〕吴潜：《履斋遗稿》卷四《再上史相书》，《文渊阁四库全书》本。

② 〔宋〕吴潜：《履斋遗稿》卷四《再上史相书》，《文渊阁四库全书》本。

③ 〔宋〕吴泳：《鹤林集》卷二一《缴黄奏议·缴许俊赠检校少保词头》，《文渊阁四库全书》本。

④ 〔宋〕吴泳：《鹤林集》卷八《赵胜特转某州防御使除主管殿前司公事制》，《文渊阁四库全书》本。

兵哄的闹剧，赵胜因之被解职。理宗就此事言道：殿前司兵哄“皆缘前帅纪律废弛，军伍中都无钤束”[①]。赵氏之后的殿帅韩昱、王福，同样是无所作为。王福居管军十余年，然值得一提的也就是“服劳殿陛”，即护卫帝王兢兢业业而已[②]。王福之后的殿帅吉文滔，一度兼领殿、步帅的郭濬[③]，皆为毫无建树的庸夫。端平二年五月就任主管步军司公事的王鉴[④]，算是一员将才，但他任此职的时间很短，十一月即改任建康都统司都统制[⑤]。名将孟珙、吕文德皆曾领主管马军司公事，但他们长期在京湖荆襄等地主持作战，并未至建康马司坐衙治事，兼领马军司不过是增重其在军中的地位而已。

景定元年，权臣贾似道回朝执政，力图重振朝纲，南宋朝政也确实较此前有所起色。贾氏所用的三衙管军，主要是范文虎、孙虎臣、陈奕、管景模、苏刘义等人。他们皆为理宗开庆元年（1259）解围鄂州之战的有功之将，皆为“飙勇冠军”[⑥]，能够与蒙古军在战场上厮杀的敢战、能战之将。其军事素质，不仅远胜于赵胜、王福、吉文滔、郭濬等，也当在冯榯、王虎等人之上。

比较突出的是范文虎。范氏为名将吕文德的女婿。开庆元年，他与孙虎臣、张世杰等人一道护卫贾似道由鄂州安然进驻黄州，与北返的蒙古大军激战，不愧为一员虎将。咸淳四年（1268）五月宋度宗龙飞榜，陈文龙为廷魁，胡跃龙为省元，其时恰值范文虎为殿帅、孙虎臣为步帅，遂有人赋诗称赞贾氏用将得人，其诗曰：“龙飞策士，状元龙，省元龙。虎帐（帐）得人，殿帅虎，步帅虎。”[⑦]贾似道重用范氏自不待言。景定二年六月，贾似道提升范文虎为主管步军司公事，九月即跃居主管殿前司公事，并一直任职至度宗咸淳八年（1272），位殿帅长达十余年之久。著名的襄阳保卫战，贾似道命范文虎“总统殿司、两淮诸军”前往增

---

① 佚名撰，汪圣铎点校：《宋史全文》卷三二《宋理宗二》，第2699页。

② 佚名撰，汪圣铎点校：《宋史全文》卷三五《宋理宗五》，第2862页。

③ 佚名撰，汪圣铎点校：《宋史全文》卷三六《宋理宗六》，第2880页。

④ 佚名撰，汪圣铎点校：《宋史全文》卷三二《宋理宗二》，第2699页

⑤ 〔宋〕马光祖修，周应合纂：《景定建康志》卷二六《官守志三·御前诸军都统制司题名记》，第1773页。

⑥ 〔宋〕王应麟著，张骁飞点校：《四明文献集》卷五《孙虎臣特赠太尉诰》，中华书局2010年版，第227页。

⑦ 〔宋〕周密撰，张茂鹏点校：《齐东野语》卷一七《奇对》，第310页。

援[①]。入元之后，范文虎也一直很得元朝的重用。元世祖至元十八年（1281），范文虎以中书左丞率兵十万航海征伐日本。此次战事虽因遭遇台风而失利，但至元二十一年十一月范文虎仍以中书左丞“商量枢密院事”[②]。至元二十四年正月，元廷提升他为“中书右丞、商议枢密院事”[③]，此后一路升迁至平章政事。这些执政一级的高位，范氏在南宋是绝对无法达到的。元朝如此重用范文虎，除了有笼络南宋归降官兵的政治考量，范氏的军事能力相当突出，得到了元朝的认可，当是肯定无疑的。

陈奕在解围鄂州之役中的战功，在军中名列前茅，遂得以晋升正任防御使的高位，在理宗、度宗两朝多次出任步帅、殿帅。管景模亦屡立战功，在当时有“名将”之称，景定四年出任主管步军司公事。次年四月，宋廷曾专门下诏书表彰管氏：

> 管景谟屡立战功，为时名将，妻孥陷殁，效忠愈坚。闻平时所得俸赐，率以抚恤将士，遂至穷空，此尤可嘉。特赐十七界会三十万，以示旌劝。仍赐金带，许令服系。[④]

但出乎贾似道意料的是，当襄阳失守、南宋国势危急之时，范文虎等众将不战而纷纷降元。度宗咸淳十年（1274）十二月，陈奕派人至寿昌军（武昌）降元；德祐元年（1275）正月，陈奕迎元军入黄州，管景模随即献蕲州降元，紧接着范文虎献安庆降元。众所周知，黄州、蕲州和安庆为南宋苦心经营多年的三大江防重镇，陈奕、管景模、范文虎三位皆曾任三衙管军，但在不到一个月的时间里，就将三大江防重镇拱手“卖降”，既使南宋长江防线瞬间崩溃，更使三衙诸军军心彻底动摇，无疑是对南宋极其致命的打击。范文虎等降元之后，作为先锋引元军顺流而下，直接导致贾似道十三万大军在芜湖鲁港全部瓦解，注定了南宋最终灭亡

---

① 〔元〕脱脱等：《宋史》卷四六《度宗》，第905页。

② 〔明〕宋濂等：《元史》卷一三《世祖十》，中华书局1976年版，第270页。

③ 〔明〕宋濂等：《元史》卷一四《世祖十一》，第295～296页。

④ 佚名撰，汪圣铎点校：《宋史全文》卷三六《宋理宗六》，第2923页。按：“谟”当为“模”之误。

的命运。范文虎还与襄阳降将吕文焕一起当先进入行在临安，并首先占领南宋皇宫。由范氏这位南宋的殿帅来接管南宋的皇宫，不管是否为元朝的刻意安排，对南宋而言，都是莫大的讽刺。

正因如此，宋元鼎革之后，时人就将“武夫卖降”作为南宋灭亡的一大关键。代表性的言论，如王应麟在入元后即反思道：“搢绅不知兵，介胄不知义，而天下之祸变极矣。”[①]元朝中书丞相哈剌哈孙在与元世祖忽必烈交谈时也有类似的表述。忽必烈问道：“俺闻江南百姓率怨俺行事，惟思大宋旧政，既得民心，胡为又失国？”哈剌哈孙答曰：“大宋爱民之道有余，用兵之政不足，率为边将误国卖降。”[②]

客观地说，范文虎等众将降元皆有这样那样的具体缘由，卖降的也绝不仅仅他们，王应麟就曾言：度宗末、端宗初“卖降恐后者，多武人也，其后文臣亦卖降矣”[③]。南宋作为偏安江南的“小朝廷”，在襄阳失守之后也确实走到了鱼烂而亡的尽头；尽快结束战事，对减轻江南民众的战争苦难也确实是比较有利的。元朝勃兴，席卷金、南宋和西夏、大理等对峙多年的政权，终结他们之间的彼此混战，极大地促进了中国国家的发展。但是，作为手握重兵、肩负保卫政权使命的高级将领，尽忠报国、效死疆场是其本分和应尽之责，“卖降”以换取个人的荣华富贵则是变节行为。无论什么时代，也无论何种理由，贪生怕死、倒戈降敌的“降将”，遭到人们的蔑视、谴责和挞伐，都是理所当然的。至元十三年（1276）二月，元世祖忽必烈召见范文虎等南宋降将，忽必烈“问曰：‘尔等何降之易耶？’对曰：‘宋有强臣贾似道擅国柄，每优礼文士，而独轻武官。臣等久积不平，心离体解，所以望风而送款也。’帝命董文忠答之曰：‘借使似道实轻汝曹，特似道一人之过耳，且汝主何负焉。正如所言，则似道之轻汝也固宜’”[④]。“似道之轻汝也固宜”之语，真可谓重逾千钧，将范文虎等降将钉在历史的耻辱柱上。

与范文虎等争相卖降形成鲜明对比的，是孙虎臣、李胜和苏刘义三将。孙虎

① 〔宋〕王应麟：《困学纪闻》卷一五《考史》，《文渊阁四库全书》本。

② 〔宋〕郑思肖著，陈福康校点：《郑思肖集·大义略叙》，上海古籍出版社1991年版，第175～176页。按：哈剌哈孙，原作“火鲁火孙”。

③ 〔宋〕王应麟：《困学纪闻》卷二〇《杂识》，《文渊阁四库全书》本。

④ 〔明〕宋濂等：《元史》卷九《世祖六》，第180页。

臣在度宗朝担任主管步军司公事多年，虽与范文虎齐名，但军事指挥能力可能尚不及范文虎。贾似道出师与元军决战，孙氏以步帅为大将总统诸军，元朝众将帅闻讯，“伯颜及刘整、吕文焕辈意皆欺笑”①。宋军芜湖丁家洲之役战败和鲁港师溃，孙虎臣也确实负有直接的责任，毕竟孙氏身为主将，既未能力挽狂澜，又未能当先效死。然孙氏对南宋政权的忠诚度要远过于范文虎，孙氏此后仍坚持抗元，尤其是作为主要指挥者之一率部参加了德祐元年（1275）七月的焦山之战。在张世杰、孙虎臣等的指挥下，是役战况极其惨烈，连元方都承认：“战酣，短兵相接，宋兵亦殊死战，声震天地，横尸委仗，江水为之不流。”②兵败之后，孙氏于泰州自杀殉宋，为南宋之忠臣烈士，宋廷追赠他为太尉③。李胜为宋殿帅，在攻打降元之泉州蒲寿庚时兵败被俘，不屈而死：“殿帅李胜用命攻泉城，被贼擒，骂贼不屈，为贼所剐。”④南宋末代殿帅苏刘义，也是始终忠于宋廷，最后的厓山之战，时人皆谓“苏刘义实著忠劳云”⑤，厓山兵败后死难。

孙虎臣、李胜、苏刘义等三衙将帅，与文天祥、张世杰、陆秀夫等一样，在南宋大势已去的情况下，明知其不可为而为之，宁死不降。他们虽然无法挽救南宋灭亡的命运，但其气节值得后人敬重。

五、余论

总括赵宋一朝，无论是与此前的汉、唐诸朝相较，还是与同时代之辽、金、西夏和蒙古相比，或是与此后之元、明、清相较，宋乏良将，似可为不易之定论。宋光宗时军器少监兼权侍左郎官刘光祖感叹道：“国家二百余年，而将才绝少”，“臣观本朝，名臣不少，而将才最乏。德业之佐，过于汉唐；爪牙之士，不及前代”⑥。南宋遗民郑思肖更慨叹道：南宋灭亡“金谷非不足也，甲兵非不多也，

---

① 〔宋〕郑思肖著，陈福康校点：《郑思肖集·大义略叙》，第162～163页。

② 〔明〕宋濂等：《元史》卷一五六《董文炳传》，第3671页。

③ 〔元〕脱脱等：《宋史》卷四七《瀛国公》，第934页。

④ 〔宋〕郑思肖著，陈福康校点：《郑思肖集·大义略叙》，第171页。

⑤ 〔宋〕周密撰，吴企明点校：《癸辛杂识》续集上《二王入闽大略》，第122页。

⑥ 〔明〕杨士奇、黄淮等编：《历代名臣奏议》卷七〇《法祖》，《文渊阁四库全书》本。

城郭非不具也，特无人耳"[①]。郑氏所谓的"无人"，主要指的是无有良将。清代学者昭梿亦曰："有宋一代，武臣寥寥。"[②]事实固然如此，但这并不是说宋时没有良将，更不能说"时无英雄"。其实，代不乏才，只不过赵宋王朝在用将方面存在着严重的问题：一是有良将而不用，非姻旧不委，非奴才不用；二是用而不信，多方束缚，猜防百至，即使是狄青、韩世忠、刘锜、李显忠等名将，不能说未曾居于高位，但皆未尽其才；三是军政大权多付于文臣，"驭武夫以文吏"，似以狗捕鼠；四是选将之途过于狭窄，宋孝宗之后几乎全用荫补出身的官二代；五是横加摧残。何忠礼教授即曾指出：南宋虽有少数优秀将领，但不是受猜疑和排斥，就是遭压制和迫害，最后只能赍志而没。岳飞惨死，就是最典型的"功到雄奇即罪名"。连岳飞的死敌金朝之使者，对此都有大致公道的评论：

> 绍兴中，金人遣其秘书监刘陶来聘，因问："岳飞以何罪而死？"馆伴者无以对，但曰："意欲谋叛，为部将所告，以抵诛。"陶曰："江南忠臣善用兵者，止有岳飞，所至纪律甚严，秋毫无犯，所谓项羽有一范增而不能用，所以为我擒。如飞者，其亦江南之范增乎！"馆伴者默不能对。秦桧闻之，约束勿奏，俄以不职贬其人。[③]

宋仁宗朝的名将狄青，实际上也是在猜忌中抑郁而终。昭梿有云："惟狄武襄立功广南，稍有生色，仁宗置诸枢府，甚为驾驭得宜。乃欧阳公露章劾之，至恐其有他心，岂人臣为国爱惜人材之道？狄公终以忧愤而卒。其后贼桧得以诬陷武穆者，亦袭欧阳之故智也。"[④]陈登原先生曾指出："疑忌武人，宋人自食其报，在号为全盛之世，盖已兆削弱之源，此则可哀者也。"[⑤]赵宋用将如此，遇将如斯，"自食其报"也宜矣。果能将星璀璨，那才是真正令人惊奇的事情。正如《孙子

① 〔宋〕郑思肖著，陈福康校点：《郑思肖集·大义略叙》，第176页。

② 〔清〕昭梿撰，何英芳点校：《啸亭杂录》卷二《宋武臣》，中华书局1980年版，第42页。

③ 〔宋〕赵葵：《行营杂录》，《说郛》卷四七上，《文渊阁四库全书》本。

④ 〔清〕昭梿撰，何英芳点校：《啸亭杂录》卷二《宋武臣》，第42页。

⑤ 陈登原：《北宋疑忌武人》，《国史旧闻》（第二分册），中华书局2000年版，第271页。

兵法·谋攻篇》所云，“夫将者，国之辅也，辅周则国必强，辅隙则国必弱”。在任何时代，治军严明、长于用兵、卓有威望的优秀将才，都是一个政权、一个民族和一个国家最为宝贵的财富。“庙堂无谋臣，边鄙无勇将”，对一个政权、一个民族、一个国家的命运而言，无论如何都是非常危险的。赵宋经济、文明的繁荣程度远过汉、唐，更是同时代的辽、金、西夏和蒙古所无法匹敌的，宋军的兵力也十分雄厚，多至百余万众，却国势不振，用兵“十出而九败”，先是偏安江南，最终为元朝所灭。其中原因当然是多方面的，任用、培植将才不力，“武臣寥寥”，有一岳飞不能用而害之，当为最直接的关键因素之一，此为古今史家之共识。千军易得，一将难求，这当是一个值得警醒的历史教训。

原载《史学月刊》2014年第5期

两宋三衙考

——以衙署为中心

正如宋代名臣范祖禹所云："京师之兵，总于三帅。"[①]殿前司、侍卫亲军马军司和步军司三衙"掌禁卫军之政令"[②]，是宋代至关重要的强力军事机构。五代宋初，随着三衙制度的逐步确立，三衙直辖十余万甚至二三十万重兵驻扎开封，统率所部"守京师，备征伐"[③]，行拱卫皇宫、扈从帝王与卫戍京师，兼行巡警都城、维护都城治安等重要军政职能，并分派所部更戍重要地方，地方经略安抚司之精锐军马则多遥隶于三衙；遇有较大的战事，则长期主要由三衙组织所部为作战之骨干力量。兵权由地方集中到中央，由此得以顺利实现。中唐以降"内轻外重"和藩镇割据诸问题，方历史性地得以较圆满解决。

南宋三衙尽管经历了一个从几乎崩溃到重建的过程，然而从宋高宗绍兴五年（1135）南宋三衙新诸军创军以来，尤其是绍兴十一年（1141）宋金"绍兴和议"签订之后，作为收大将兵权于朝廷的最关键性举措，南宋撤销韩世忠、张俊和岳飞等大将统领之宣抚司，陆续改置江上诸军、四川诸军各都统司，并大力推行

---

① 〔宋〕范祖禹：《范太史集》卷二六《论曹诵札子》，《文渊阁四库全书》本。

② 〔清〕徐松辑：《宋会要辑稿》职官三二之三，第3007页。

③ 〔元〕脱脱等：《宋史》卷一八七《兵志一》，第4570页。

“重三衙轻都统司”之国策，压缩各都统司兵力编制，并将都统司相当部分的精兵强将抽调至临安，编入三衙。至宋孝宗乾道年间，三衙诸军的总兵力稳定保持在近十三万众，其中殿前司诸军的编制高达七万三千人，马军司、步军司诸军的编制，也分别达到了三万人和二万五千人。殿前诸班直和三衙旧司各指挥合计起来亦不下万余众。同一时期的江上诸军各都统司，建康都统司五万人；鄂州都统司本为四万九千人，后方增至五万二千人；镇江都统司四万七千人。四川诸军各都统司，编制最多的兴州都统司也不过六万人①。其兵力都少于殿前司，更无法与三衙相抗衡。

南宋三衙不仅“兵籍为天下冠”，其所部装备更新、训练力度及战斗力水平，也都凌驾于镇江、建康、鄂州和兴州等著名的四大都统司之上。更为重要的是，三衙兵员的补充始终被宋廷置于最优先保障的地位，能够保持基本齐装满员，而江上、四川诸军各都统司的阙额现象十分严重，几乎一直是不满员的。各都统司与三衙之间实际的兵力差距，要比编制上的差距无疑还要更大。可以说，无论是在对外抵御金、蒙古等强敌威胁，还是对内驾驭江上、四川诸军各都统司，强化中央集权，南宋三衙皆发挥了突出的历史作用。

在两宋之军政体制当中，三衙显然都具有举足轻重的历史地位，然目前学术界对其相关研究以军事史、制度史等相关论著的通论为主，专题论述相对较为薄弱②。笔者拟勾勒史籍，以三衙衙署为中心，从两宋三衙衙署的方位及其军事与政治之意义，三衙“一长制”与南宋三衙属官体制的得以确立，两宋三衙之案司体

---

① 〔宋〕李心传撰，徐规点校：《建炎以来朝野杂记》甲集卷一八《乾道内外大军数》，第405页。

② 现有研究成果，主要集中于王曾瑜：《宋朝兵制初探》，中华书局1983年版；《宋朝军制初探》（增订本），中华书局2011年版。龚延明编著：《宋代官制辞典》，中华书局1997年版。另散见于以下论著的相关章节：龚延明：《宋史职官志补正》（增订本），中华书局2009年版。朱瑞熙：《中国政治制度通史·宋代卷》，人民出版社1996年版。何忠礼等：《南宋史稿》，杭州大学出版社1999年版。黄宽重：《南宋军政与文献探索》，新文丰出版公司1990年版；《南宋地方武力——地方军与民间自卫武力的探讨》，国家图书馆出版社2009年版。何冠环：《北宋武将研究》，香港中华书局2008年版。陈峰：《北宋武将群体与相关问题研究》，中华书局2004年版。粟品孝等：《南宋军事史》，上海古籍出版社2008年版。赵冬梅：《文武之间：北宋武选官研究》，北京大学出版社2010年版。

制与吏胥配置的变动，监狱与都作院等三衙其他直属与附属机构等若干具体问题入手，对两宋之三衙制度试做初步的考察，企望有裨于研究。

一、在京坐局：三衙衙署之方位

宋代三衙，为诸“在京坐局官司”之一，皆在都城设有办公衙署，称三衙或三司衙门，亦称三衙公廨、公宇、廨舍、廨宇等[①]。对宋代三衙衙署的方位问题，周宝珠先生《宋代东京研究》、日本学者久保田和男《宋代开封研究》、唐俊杰等《南宋临安城考古》等大著皆未专门提及[②]。久保田氏《宋代开封研究》附有宋徽宗时期的《北宋开封概略图》，但该图也仅仅标明了宋徽宗时期殿前司的大致位置，既未及此前殿前司帅衙数次的变动情况，也未及马军司和步军司。至于三衙都虞候之衙署，以往研究者更是少加措意。

（一）北宋殿前司

笔者钩沉相关史料，发现北宋殿前司帅衙的方位，其实经过了如下数次较大的变动。后周时期的殿前司，本置衙于宫城之内的东南侧，“殿前都点检公署在左掖门内”。左掖门，是开封宫城的东南门，扼出入皇宫大内的咽喉。“陈桥兵变”之时，赵匡胤的军中两大死党殿前都指挥使石守信、殿前都虞候王审琦就是坐镇殿前都点检公署，以此为大本营，进而控制住宫城左掖门，切断了皇宫的内外联络，从而使皇宫内的后周太后、皇帝及宰相、枢密使等达官贵人都成了瓮中之鳖，奠定了兵变胜利的大局。《续资治通鉴长编》卷一“建隆元年正月甲辰”条有云：“殿前都点检公署在左掖门内，时方闭关，设守备。及昭辅至，石守信开关纳之。”[③]《太宗皇帝实录》石守信附传更详曰：

---

① 《宋会要辑稿》兵三之五，宋仁宗天圣八年十二月“诏京城诸厢虞候非次为事故及逃亡者，令三司衙门、开封府依例权差人管勾”。张纲《华阳集》卷一七《驳张公裕廨宇指挥状》：“臣窃见自来官司廨宇，皆以所管职事为名，其下便为治所，未有无职事而得居廨宇者。”

② 周宝珠：《宋代东京研究》，河南大学出版社1992年版；[日]久保田和男著，郭万平译，董科校译：《宋代开封研究》，上海古籍出版社2010年版；唐俊杰、杜正贤：《南宋临安城考古》，杭州出版社2008年版。

③ 〔宋〕李焘：《续资治通鉴长编》卷一，第3页。

太祖陈桥之入也，时守信宿卫内庭，闻变，登左掖门，严兵设备，闭关以守。太祖之典亲军官署在门内，太后居其中，太祖未至，先遣帐下亲信楚昭辅问太后起居。及昭辅至，守信启关纳之。太祖甚德之。[①]

《太宗皇帝实录》成书于宋真宗咸平元年（998）八月，其时离“陈桥兵变”尚未很远，其权威性和准确性是毋庸置疑的。

正因为如此，赵宋开国伊始，作为防范禁军大将兵变重演的重要举措，宋廷就将皇宫警卫改交主要由宦官主持的皇城司（武德司）负责，“三衙管军，未尝内宿”[②]，也就是将殿前司帅衙迁出了皇宫之内。宋太祖开宝二年（969）之时：

散指挥都知杜延进与其徒十九人谋作乱，事觉，上夜启玄武门，命内侍密诏殿前都虞候杨义擒捕，迟明皆获。……

义廨在玄武门侧，上一日教战后池，鼓躁之声彻于外，义闻之，不测其故，遽入至苑门，犹着皂绨袍。上召见，命坐，谓曰；“吾教水战，因使其噪耳。”既出，谓侍臣曰：“此真忠臣也。”[③]

由此可见，殿前都虞候单独置衙于皇宫北门玄武门（拱宸门）的外侧，紧邻皇宫北门，但毕竟在皇宫之外，需开宫城北门方能至殿前都虞候衙署。殿前都虞候衙署既然外迁，其时的殿前司帅衙也当如此，必已由皇宫之内的左掖门内移至左掖门之外侧，时间应当在开宝二年之前[④]。

即使不再在皇宫之内置衙，宋初殿前司的两大衙门，雄踞宫城左掖门和玄武门之外侧，既与皇宫是不折不扣的“鸡犬之声相闻”，又一南一北，相互呼应，其扈卫宫廷的强烈的政治、军事意义不言可知。从这个角度上讲，殿前司名号中的

---

① 〔宋〕钱若水修，范学辉校注：《宋太宗皇帝实录校注》卷三〇，中华书局2012年版，第183～184页。

② 〔宋〕熊克著，顾吉辰等点校：《中兴小纪》卷二五，第295页。

③ 〔宋〕李焘：《续资治通鉴长编》卷一〇，第232～233页。

④ 考虑到其时殿前司阙帅，杨义宝以殿前都虞候主管殿前司，也不能完全排除另一种可能性，即杨氏所主之衙就是殿前司帅衙，其时殿前司帅衙已然迁于皇宫玄武门外侧。

“殿前”两字，可谓名符其实。

至迟到宋神宗朝，殿前司的帅衙已经由左掖门附近，西移至皇宫之外皇宫西南门的右掖门之对面附近。宋人王巩撰《闻见近录》记“陈桥兵变”有云：

> 太祖将北征，过韩通饮，通子欲弑之，通力止，乃已。明日，陈桥欣戴，入御曹门以待将相之至。时伏弩右掖门外，通出，死矢下。石守信实守右掖，开关以迎王师。[①]

按：后周与宋初时，殿前司帅衙实在左掖门内。王巩主要活动在宋神宗朝，卒于宋徽宗时，其所记当是以宋神宗朝后殿前司的位置，来叙述陈桥兵变的，这并不准确。右掖门，是宫城的西南门，与左掖门一样，都是宫城的要道，所谓“左、右掖门，百官有司往来”[②]，中书门下、枢密院、御史台等要害机构，都分布在这一带。

宋神宗元丰三年（1080），宋廷又将把殿前司由右掖门西迁到宫城西门西华门的对面附近。宋人孟元老《东京梦华录》卷三《大内西右掖门外街巷》即曰：“出巷乃大内西角楼大街，西去踊路街，南太平兴国寺后门，北对启圣院，街以西殿前司。”[③]其帅衙旧址随即被改建为尚书省，至元丰六年（1083）竣工[④]。当然，除了新建尚书省的需要，殿前司西迁的缘由，也可能与宋人流行的阴阳五行与风水观念相关，所谓“西方主兵”，而开封皇宫又有“刑在西方，祸在南方，福在北方，德在东方”[⑤]的说法，兵、刑合一，殿前司从皇宫东南移向西北符合时人的此

---

① 〔宋〕王巩：《闻见近录》，《文渊阁四库全书》本。

② 〔元〕白珽：《湛渊静语》卷二，《文渊阁四库全书》本。

③ 〔宋〕孟元老撰，伊永文笺注：《东京梦华录笺注》卷三《大内西右掖门外街巷》，中华书局2006年版，第274～275页。《宋宰辅编年录校补》卷一一“崇宁五年”记太庙斋郎方轸论蔡京疏有曰：“元丰三年，废殿前廨宇三千四百六十间，造尚书省。”可见殿前司迁址时间当在元丰三年。

④ 《宋会要辑稿》职官四之八：“尚书省，即殿前司廨舍地为之”，“以（元丰）五年五月癸巳即工，六年十月庚子而成”。《续资治通鉴长编》卷三四一“元丰六年十二月甲申”：“尚书省，即殿前司廨舍地为之。”又见王应麟《玉海》卷一二一《官制·元丰尚书省》。

⑤ 〔宋〕李焘：《续资治通鉴长编》卷三三七，第8125页。

类逻辑。

宋钦宗靖康元年（1126），第一次开封保卫战的时候，宋廷就是“团结兵马于殿前司”[①]，名臣李纲将精锐的行营司中军八千人马“在殿前司驻泊”[②]，以保卫皇宫大内根本要地。二月初，宋廷又以辛彦宗主其事，对殿前司进行了“移修”，完工后辛氏遂得晋升一级官阶[③]。其大致方位，可参看宋徽宗时期《北宋开封概略图》[④]。

需要注意的是，北宋殿前都虞候衙署的位置同样发生过多次变动，宋太宗端拱元年（988），殿前都虞候衙署已由宫城北门玄武门附近移至昭庆坊。其时王昭远任殿前都虞候，宋廷“命有司治绫锦院为公署”[⑤]。绫锦院在开封旧城左军第二厢之昭庆坊，本为东、西二院，端拱元年合并至西院，此当将东院改为殿前都虞候衙署。

宋神宗熙宁四年（1071），宋廷扩建太学，将作监丞宋靖国等人提出的方案，就是改锡庆院为太学，“取太学锡庆院、朝集院、殿前都虞候廨舍为上舍、内舍、外舍讲堂及掌事人斋舍。自朝集院西廊以东，通殿前都虞候廨舍及天圣院为锡庆院、朝集院”[⑥]。宋神宗批准了这一方案。至熙宁七年（1074）五月，太学遂向东完全合并了锡庆院和朝集院，“为屋百楹，学者以千计”[⑦]。众所周知，锡庆院就是北宋著名的“南衙”，是宋太宗在宋太祖朝时的府第，位于开封城的东南，太学的主

---

① 〔宋〕汪藻著，王智勇笺注：《靖康要录笺注》卷一，四川大学出版社2008年版，第90页。

② 〔宋〕李纲著，王瑞明点校：《李纲全集》卷五〇《乞中军人马于殿前班教场教阅札子》，第574页。

③ 许翰《襄陵文集》卷一《辛彦宗移修殿前司转一官制》曰：“敕某官：总提虎旅，祗护龙墀，壮厥攸司，新兹庶宇，克共是役，既奏尔功，懋以荣资，往其承序。可。”按：据《靖康要录笺注》卷二，许翰任翰林学士在靖康元年（1126）二月六日，八日改任御史中丞，可知辛彦宗移修殿前司必在靖康元年正月至二月初之间。

④ ［日］久保田和男著，郭万平译，董科校译：《宋代开封研究》，上海古籍出版社2010年版。

⑤ 〔元〕脱脱等：《宋史》卷二七六《王昭远传》，第9408页。

⑥ 〔宋〕李焘：《续资治通鉴长编》卷二二七，第5534页。《文献通考》卷四二《学校考三》：“乃诏尽以锡庆院及朝集院西庑建讲书堂四，诸生斋舍、官掌事者直庐略具。”此未提及殿前都虞候公廨。

⑦ 〔宋〕李焘：《续资治通鉴长编》卷二五三，第6199页。

体就建于它的旧址之上。而朝集院在锡庆院的东邻，殿前都虞候公廨又在朝集院的东邻，西靠天圣院。由此可以说明，在宋神宗朝之前，殿前都虞候衙署已经由旧城左军第二厢的昭庆坊附近，南移至此。其具体的方位，可参看《宋东京汴河东西水门及桥梁图》[①]。

问题随之而来，殿前都虞候公廨若是按照原方案，与天圣院一起改建为新的锡庆院和朝集院，那么，殿前都虞候衙署是就此撤销，还是再次移址了呢？目前尚难以准确判断。然笔者倾向于前者。

（二）北宋马军司、步军司

北宋马军司和步军司帅衙的方位，史书中缺乏明确的正面记载，但亦并非毫无任何蛛丝马迹可寻。以马军司为例，据《东京梦华录》记载，汴河横贯开封，开封城中汴河上的桥梁共有十三座，其中从州桥“西去曰浚仪桥；次曰兴国寺桥，亦名马军衙桥；次曰太师府桥，蔡相宅前”[②]，等等。此处“兴国寺桥，亦名马军衙桥”一句，值得引起我们特别的重视。按：是桥，后多以马军衙桥名世，如明代李梦阳《空同集》卷四一《少保兵部尚书于公祠重修碑》即云：“开封城马军衙桥西，故有于少保祠。”并言及：明时河南巡抚衙门就在马军衙桥西附近。《汴京遗迹志》卷九《桥梁》亦载有“马军衙桥”。清雍正《河南通志》卷八《关津桥梁·开封府》则曰：“马军衙桥，一名兴国寺桥，在府治西南。”笔者认为：这应该是一条足以判明马军司衙门方位的重要线索。

“马军衙桥”，正如“太师府桥”是以桥在“蔡相宅前”即在宋徽宗朝宰相蔡京府第之前而得名，“云骑桥”是以邻近马军司下辖之云骑军营一样[③]，显然是以邻近马军司衙门而得名。也就是说，马军司的帅衙，毫无疑问就是在马军衙桥的附近。我们知道，马军衙桥是汴河与开封城西大街的交叉处，东邻浚仪桥，东北是开封府衙门，西北是太平兴国寺，再向西就是宰相蔡京的府第了。如此一来，马军司帅衙的位置就十分清楚了。不仅如此，马军衙桥又名兴国寺桥，而太平兴国寺在桥的西北方向，位于开封西大街以北，由此不难推定：马军司当位于西大街以南，与西北方向的太平兴国寺隔马军衙桥相望。其具体方位，也可参见前

---

① 周宝珠：《〈清明上河图〉与清明上河学》，河南大学出版社1997年版。

② 〔宋〕孟元老撰，伊永文笺注：《东京梦华录笺注》卷一《河道》，第24～25页。

③ 〔宋〕孟元老撰，伊永文笺注：《东京梦华录笺注》卷一《河道》，第26页。

《宋东京汴河东西水门及桥梁图》。

又，宋代开封的太平兴国寺就是唐代的龙兴寺，宋太宗曾命人对要求恢复寺院的僧人表示：周世宗时废龙兴寺为龙兴仓，目的就在于“以贮军粮”[1]，就近保证军队的军粮供应。这应该也是太平兴国寺与后周的侍卫司及北宋的马军司相近邻的佐证之一。

与殿前司的情形相类似，马军都虞候亦曾有独自的衙署，宋仁宗庆历五年(1045)就“以马军都虞候公廨为太学”[2]。根据“太学地甚狭，其东为锡庆院，又其东为朝集院”[3]的情况来看，马军都虞候衙署的原址，或当在锡庆院的西北侧。旧址改为太学之后，马军都虞候衙署移至开封新城内城北厢的崇化坊。宋神宗熙宁三年(1070)五月，又将马军都虞候的此一衙署改为来远驿，为待蕃客之所[4]。

至于步军司的帅衙，现在还难以断定其准确位置。宋神宗熙宁七年(1074)九月，邻近皇宫大内的三司衙门发生了特大火灾，焚毁了房屋千余间，大量重要的文件被付之一炬。宋神宗“御右掖门示之”，并亲口命令身边的宦官说：“急走马、步司，就近差两指挥之兵救之。”[5]救火，自然是刻不容缓，既曰“急走”，又曰“就近”，据之不难推断：马、步两司的帅衙，很可能是比较邻近的。北宋的马、步军司，本来就是由五代的侍卫亲军司一分为二，宋真宗朝之后，一将兼领马、步军两司的情况在当时也不罕见，两衙的位置相邻完全合乎情理和逻辑。

需要说明的是，宋真宗景德年间以前，侍卫亲军马、步军都虞候也有独立的

---

① 〔宋〕杨亿口述，黄鉴笔录，宋庠整理：《杨文公谈苑》，上海古籍出版社1993年版，第109页。

② 〔宋〕李焘：《续资治通鉴长编》卷一五四，第3747页；《宋会要辑稿》崇儒一之三〇载，庆历“五年正月十二日，有司上言：锡庆院不可废，诏三司别择地，乃以马军都虞候公宇为太学”。

③ 〔宋〕李焘：《续资治通鉴长编》卷二五三，第6199页。

④ 〔宋〕王应麟：《玉海》卷一七二《宫室·熙宁来远驿》，《文渊阁四库全书》本；〔清〕徐松辑：《宋会要辑稿》职官二五之三，第2915页。马军都虞候衙署熙宁三年以后究竟是再度移址，还是就此被撤销，目前尚难准确断言。笔者倾向于认为其就此被撤销。

⑤ 〔宋〕王称：《东都事略》卷八一《冯京传》，《文渊阁四库全书》本；〔宋〕李焘：《续资治通鉴长编》卷二五六，第6256页。〔宋〕李心传撰，崔文印点校：《旧闻证误》卷二，中华书局1981年版，第32页。

衙署，位置在开封旧城内汴河北岸的兴道坊，宋真宗景德三年（1006）十二月方被改建为怀远驿，怀远驿“规度侍卫都虞候旧廨为之，在兴道坊，初馆契丹，后馆交趾”①。

（三）南宋三衙

南宋三衙的衙署，皆在行在临安城内。殿前司的衙署，位于临安城内西南凤凰山的八盘岭，这里是凤凰山的形胜之地，也是临安城的主要制高点，其下就是南宋的皇宫大内②。岳珂即有云：天目山“斗拔起数峰，为万松、八盘岭，下为钧天九重之居，右为复岭，设周庐之卫止焉”③。刘克庄亦有诗云：“周庐宿卫，天近觚稜”，“双阙春回，三衙地近”④。按照南宋末年殿帅韩震的说法，从殿前司衙署发炮，即可炮击皇宫大内⑤。殿前司“专以防护皇城”⑥，其帅衙在军事地理上至关重要的地位，是显而易见的。又，宋孝宗隆兴元年（1163）正月十七日，曾下诏：“殿司已在旧司置司，其东华门外新司，却令依旧交割，付修内司。”⑦可见，在宋孝宗初年前后，殿前司曾一度迁至宫城东门东华门外，然至迟到隆兴元年正月已经返回旧衙。

南宋步军司之衙署，始终位于临安城西北门钱湖门内附近的铁冶岭。马军司之衙署，本来在临安城东门朝天门内附近的保民坊一带，紧邻南宋的太庙。宋孝宗乾道七年（1171），马军司北移陪都建康之后，马军司在保民坊的旧衙被改为司农寺和将作监的衙门⑧。乾道七年三月，宋廷下诏：“令张松于建康府城内都统司

① 〔宋〕王应麟：《玉海》卷一七二《宫室·景德怀远驿》，《文渊阁四库全书》本；周宝珠：《宋代东京研究》，第571页。

② 《乾道临安志》卷一《行在所·三衙》曰：“殿前司在八盘岭南。”吴自牧《梦粱录》卷九《三衙》曰：“殿前司，在凤凰山八盘岭中，置衙。”《咸淳临安志》卷一〇《行在所录·三衙》则曰：“殿前司，在凤凰山下，丽正门之右。”王明清《挥麈余话》卷二：“蔡元长少年鼎贵，建第钱塘，极为雄丽，全占山林江湖之绝胜，今行在殿前司是也。”

③ 〔宋〕岳珂撰，吴企明点校：《桯史》卷二《行都南北内》，第13页。

④ 〔宋〕刘克庄著，辛更儒校注：《刘克庄集笺校》卷五九《赐天基圣节道场乳香四道》，中华书局2011年版，第2834～2835页。

⑤ 〔宋〕郑思肖著，陈福康校点：《郑思肖集·大义略叙》，第164页。

⑥ 〔清〕徐松辑：《宋会要辑稿》职官三二之一五，第3013页。

⑦ 〔清〕徐松辑：《宋会要辑稿》职官三〇之三，第2993页。

⑧ 〔宋〕潜说友纂修：《咸淳临安志》卷一〇《行在所录·三衙》，第3440页。

空闲寨地六段内，拨一处盖屋一千间，充马军廨舍。”[①]宋宁宗嘉定三年（1210）十月，时任主管马军行司公事的周虎撰《忠孝泉记》则云：“马军行司公宇，在建业西门之里，东距冶城伊迩。”[②]《景定建康志》亦云：侍卫马军司“在城西门内，天庆观右”。可见，马军司建康新衙署的具体位置在建康城西门之内，与行宫、建康府治及建康都统司距离皆较近，马军行司在行宫之西，建康都统司则在行宫之北，呈共同拱卫行宫之势。元世祖至元十四年（1277），在其旧址附近改建江东道提刑按察司[③]。

二、幕府森严：三帅与南宋三衙属官的设置

两宋三衙在事实上皆为一长制，南宋时期，在三衙长官之下又置有专门的幕职属官的编制，这是一个三衙机构相当重要的发展，值得引起高度重视。

北宋三衙虽然实行多员管军体制，但正如宋仁宗时尹洙所言：“今殿前、侍卫都虞候，乃都指挥使之贰，其名品不甚相远，至于署事，皆不得预。岂非戎事尚一，其下正当禀命邪？”[④]事实上，“若具员在京，则凡公事，都虞候以上递申其长，然后誊奏行下”[⑤]，三衙真正有权力签字画押、决断拍板者，唯有主帅一人。究其实质，还是一长制，如高琼任殿前都指挥使“典禁军”，据宋真宗所言，就是高高在上，“未尝与副将言及军事”[⑥]。由此可见，其余众将仅为备员之副将而已。故宋人多有殿帅、马帅和步帅“三帅”之称，或合称为“殿前三帅”[⑦]。

南宋三衙实行主管公事一员制，主管公事号“都帅”“主帅”，自然更是大权独揽，正所谓“逮至中兴，庶事草创，一时诸将，乘时崛起，故内外诸军，例

---

① 〔清〕徐松辑：《宋会要辑稿》方域四之二〇，第7380页。

② 〔宋〕马光祖修，周应合纂：《景定建康志》卷一九《井泉·忠孝泉》，第1608页。

③ 〔宋〕马光祖修，周应合纂：《景定建康志》卷二六《官守志·侍卫马军司》，第1762页；卷五《府城之图》，第1378页。〔元〕张铉纂修：《至正金陵新志》卷二《金陵通纪》，第5321页。

④ 〔宋〕尹洙：《河南先生文集》卷六《上吕相公书》，《四部丛刊》本。

⑤ 〔宋〕孙逢吉：《职官分纪》卷三五《侍卫亲军马军司》，《文渊阁四库全书》本。

⑥ 〔宋〕李焘：《续资治通鉴长编》卷六三，第1411页。

⑦ 〔宋〕李焘：《续资治通鉴长编》卷三九七，第9670页。

不除副佐”[①]，“彼诸军自和好以来，四十余年，不复置参佐，军中庶务，惟决于主帅”[②]。宋孝宗乾道四年（1168），洪迈曾上奏章，建议部分恢复多员管军体制，以便“使宿卫之职预有差等，士卒之心明有所系，异时拜将，必无一军皆惊之举”[③]。赵汝愚后来也奏请：“欲望圣慈，详酌旧制，明诏诸军，各置副帅。”[④]然而，他们的建议最终都被搁置起来。宋宁宗庆元六年（1200）十月太傅、右丞相谢深甫领衔的宋光宗《谥议》有曰：宋光宗强调“军政欲一”，“指统帅、副贰分治之为非”[⑤]。可见，此类提议在宋光宗时已经被彻底否定。直到宋恭帝德祐元年（1275）的时候，殿前司方有所谓“殿司副帅彭之才”[⑥]的提法，但这已经是南宋行将覆亡的前夕。况且，彭之才其人是否果真为殿前司的副帅，还缺乏其他过硬史料加以佐证。

江上、四川诸军各都统司的情况也大同小异，宋孝宗尽管一度在都统制之下设置了副都统制一员，并特地规定由朝廷指派，目的是“令兼领军，储它日统帅，亦使主将顾忌，不敢专擅妄作”[⑦]。不过，按照枢密院所拟定的具体规章制度：副都统制一是“更不给印”，二是“调发军马，并听都统制指挥，或有违戾，奏劾取旨”，三是“差拨亲随衙兵并马，并禀都统制差拨”[⑧]。宋廷乾道三年（1167）闰七月正式颁发的诏书亦命令：“诸军复置副都统制，文字与都统制连书，军马调发从都统制，违者奏劾。”[⑨]副都统制显然并无多少真正的军中实权。即使如此，此制为时未久，在实际操作当中就改为“都、副统帅亦不并除云”，“官卑者亦止称副都统制”[⑩]，副都统制只不过是主将官阶、资历较低时的名号而已，各都统司事实上

---

① 〔明〕杨士奇、黄淮等编：《历代名臣奏议》卷二四〇《任将》，《文渊阁四库全书》本。

② 〔明〕杨士奇、黄淮等编：《历代名臣奏议》卷一六二《建官》，《文渊阁四库全书》本。

③ 〔宋〕洪迈撰，孔凡礼点校：《容斋随笔》五笔卷三《三衙军制》，第864页。

④ 〔明〕杨士奇、黄淮等编：《历代名臣奏议》卷二四〇《任将》，《文渊阁四库全书》本。

⑤ 〔清〕徐松辑：《宋会要辑稿》礼三〇之六六，第1138页。

⑥ 〔宋〕郑思肖著，陈福康校点：《郑思肖集·大义略叙》，第163页。

⑦ 〔宋〕李心传撰，徐规点校：《建炎以来朝野杂记》甲集卷一一《副都统制》，第230页。

⑧ 〔清〕徐松辑：《宋会要辑稿》职官三二之四二，第3026页。

⑨ 〔元〕脱脱等：《宋史》卷三四《孝宗本纪二》，第641页。

⑩ 〔宋〕李心传撰，徐规点校：《建炎以来朝野杂记》甲集卷一一《副都统制》、卷一一《诸军都统制》，第229～230页。

仍然都是一长制。宋宁宗开禧三年（1207）四川吴曦兵变失败之后，宋廷以沔州都统司“所统十军权太重”，呈尾大不掉之势，遂分置副都统制，然副都统制与都统制也是“各不相隶”，“以前、右、中、左、后五军隶都统司，踏白、摧锋、选锋、策锋、游奕五军隶副司”[①]，两者实乃一分为二。

正如兵家所反复强调的那样：“军旅之事，以一而成，以二三而败。唐代九节度之师，溃于相州。其时名将如郭子仪、李光弼，亦不能免。盖谋议可资于众人，而决断须归于一将”，“兵无论多寡，总以能听号令为上。不奉一将之令，兵多必败；能奉一将之令，兵少必强”[②]。治军，毕竟讲究的是权责明确，赏罚分明；用兵，更需要突出令行禁止，临机决断。南宋始终承受着北方金及蒙古强大的军事压力，军事指挥权在事实上向军事首长个人集中，无论是平时，还是战时，都是不可避免的。都统司是如此，三衙也是如此。

宋孝宗时，南宋朝廷还专门讨论过在三衙和江上、四川诸军各都统司，设置由文官担任的司马、兵曹参军、胄曹参军、记室参军等四个职位，拟与三衙、都统司的主帅大致并列，主要是分割三衙、都统司主帅的“钱谷、器械”之权，以求在财政、器械方面“主帅束手，无复少肆”[③]。但是，这一动议涉及冗官、文武矛盾、猜疑都统司等十分复杂和敏感的问题，许多朝臣提出了异议，结果自然也是不了了之，没有真正付诸实施。三衙和各都统司的所有事务，依然是“惟决于主帅”。

后周与北宋时期的三衙，主帅之下似没有幕职属官的专门编制。以宋太祖赵匡胤“陈桥兵变”为例。赵匡胤身为后周的殿前司长官殿前都点检，为其出谋划策和在前台表演的，却主要是归德军节度使幕府中的两位属下，即归德节度掌书记赵普和归德节度都押衙李处耘。掌书记显属节度使的幕职，都押衙则属于节度使之亲随军将，“尽管节度使牙内之事”，“与主帅有亲密关系，故又称随使押牙，有保卫节帅的作用”[④]。北宋开国之后，宋太祖提拔的“随龙”旧僚，除了赵普和李处耘之外，

---

① 〔元〕脱脱等：《宋史》卷四〇二《安丙传》，第12191页。

② 蔡锷辑录：《曾胡治兵语录》（增补本），广西师范大学出版社2012年版，第112～113页。

③ 〔明〕杨士奇、黄淮等编：《历代名臣奏议》卷一六二《建官》，《文渊阁四库全书》本。

④ 〔宋〕司马光：《资治通鉴》卷二一六，第6887页；张国刚：《唐代藩镇研究》（增订版），中国人民大学出版社2010年版，第99页。

亦仅有归德节度判官刘熙古、宋亳观察判官吕余庆、摄观察推官沈义伦、归德节度副使张彦柔等[①]，皆无在殿前司的僚属，应该就是一个极其明显的例证。

再如宋太宗。建隆元年（960）正月至建隆二年（961）七月，宋太宗于殿前司任职，建隆元年（960）正月以睦州防御使为殿前都虞候，八月领泰宁军节度使。众所周知，宋太宗即位后最侧重提拔“随龙”之人，他在殿前司任职时间虽然不算长，仍有两位在此期间的“随龙”之人得以飞黄腾达：一位是石熙载，石氏是宋太宗在泰宁军节度使、殿前都虞候任上所辟的泰宁军节度使“掌书记”[②]；另一位是王显，王氏本为“殿前司小吏”[③]，是殿前司的吏胥。宋太宗即位之后，石、王二人皆为宋太宗在军政方面最为倚重的左右手，长期执掌枢密院。值得注意的是，宋太宗之“随龙人”，同样是丝毫未及殿前司的僚属。

直至宋仁宗嘉祐二年（1057），知制诰刘敞在上奏时还认为：三衙其时“制度太简略”，建议在三衙各置狱官一员，作为三衙主帅的属官。他说：

> 汉、唐大将军营卫幕府，或设军政议郎、录事、兵曹，分职联事，其员甚众。今诚制度太简略，欲尽如古难矣。且每司置狱官一员，专典鞫狱，令流内铨选补，如左右军巡判官例。[④]

嘉祐四年（1059）七月，宋廷下诏令殿前、马、步军司各置检法官一员，然为时不久即予以撤销[⑤]。宋哲宗元祐七年（1092）成书的孙逢吉《职官分纪》，在叙述侍卫亲军司、侍卫亲军马军司、侍卫亲军步军司、殿前司的相关制度时，特别详实地言及了各司的“属吏”即吏胥之制，如“孔目”“勾押”“押司”等，却完全未提到属官[⑥]。无独有偶，《宋会要辑稿》所征引的成书于宋神宗朝的《两朝国史》

---

① 〔宋〕李焘：《续资治通鉴长编》卷一，第7～8页。

② 〔宋〕钱若水修，范学辉校注：《宋太宗皇帝实录校注》卷二八，第100页。

③ 〔元〕脱脱等：《宋史》卷二六八《王显传》，第9230页。

④ 〔宋〕李焘：《续资治通鉴长编》卷一八五，第4478～4479页。

⑤ 〔宋〕李焘：《续资治通鉴长编》卷一九〇，第4579～4580页。

⑥ 〔宋〕孙逢吉：《职官分纪》卷三五《侍卫亲军司》《侍卫亲军马军司》《侍卫亲军步军司》《殿前司》，《文渊阁四库全书》本。

及成书于宋徽宗朝的《神宗正史》《哲宗正史》等，其《职官志》对三衙的叙述，同样也是丝毫未及幕职属官。显然，这些皆非遗漏，而是北宋时期的三衙本无属官的多个确凿无疑的证据。

南宋时期，三衙主帅之下方陆续设置有多员之文武属官。属官的职责，主要是协助主帅处理本司事务，为主帅个人服务。南宋三衙的属官，主要包括以下各员：

其一，计议官。宋孝宗时，蔡镐被“差马军行司计议官”①；宋孝宗季年“思陵之丧，北人来吊，京仲远以中书门下省检正诸房公事充报谢使，步军司计议官刘端仁副之”②。宋光宗绍熙元年（1190），厉仲方武举状元及第，“任侍卫步军司计议官”③。又如：宋理宗端平元年（1234）四月，枢密院令：“殿前司借补张天纲武翼大夫、本司计议官。”④侯畐也于宋理宗时任“侍卫马军行司计议官”⑤。

三衙属官编制为殿前司、马军司和步军司各一员，为主帅高级参谋人员，负责参赞军机，替主帅出谋划策，例由枢密院委派武举高科及第人出任。武举进士第一名，即武状元，更可“堂除”三衙计议官。但在通常情况下，武举进士第一名或授三衙同正将，在三衙从军五年之后，方能除授三衙计议官。

三衙计议官，宋孝宗时创置，淳熙二年（1175），宋廷下诏“武举正奏名殿试，策入优等一名，补秉义郎，堂除三衙并诸军计议官”，“使得预军中谋议，序位在机宜之上”。《宋会要辑稿》更详记其创置原委。旧制：武举第一人，补保义郎，堂除三衙或诸军主管机宜文字。宋孝宗训令说：

> 可补秉义郎，令与进士第一人承事郎相等。所差机宜，元不得预军州事，须创置一官，令在机宜之上，使得裨赞主帅，庶见所长，以备擢用。⑥

---

① 〔宋〕叶适撰，刘公纯等点校：《叶适集·水心文集》卷一四《忠翊郎武学博士蔡君墓志铭》，第256页。

② 〔宋〕李心传撰，徐规点校：《建炎以来朝野杂记》乙集卷一二《京仲远将命执礼》，第698页；又见〔清〕徐松辑：《宋会要辑稿》职官五一之三一，第3551页。

③ 〔宋〕叶适撰，刘公纯等点校：《叶适集·水心文集》卷二二《厉领卫墓志铭》，第421页。

④ 佚名撰，李之亮校点：《宋史全文》卷三二，第2686页。

⑤ 〔元〕脱脱等：《宋史》卷四五四《侯畐传》，第13346页。

⑥ 〔清〕徐松辑：《宋会要辑稿》选举一八之二，第4549页；〔宋〕李心传撰，徐规点校：《建炎以来朝野杂记》甲集卷一二《武举》，第275页。

其二，主管机宜文字。宋高宗绍兴十年（1140）六月宋金顺昌之战时，刘锜马军司的属官就有主管机宜文字杜亨道[①]。宋孝宗时，忠训郎张世奕“元系武举出身，授殿前司主管机宜文字”[②]；南宋末年，费拱辰“前武翼郎、殿前司主管机宜文字”[③]。是职，殿前司或曾名“书写机宜文字”，如姜炳煜“武经郎、新特差充殿前司书写机宜文字”[④]。淳熙十五年（1188）正月，殿帅郭棣奏请朝廷：

> 马军司及四川、江上诸军都统司，属官内皆有主管机宜文字一员，唯本司未有上件差置员阙，止有书写机宜文字，乞依马军司及四川、江上诸军、帅司例，差置主管机宜文字一员。其见任并已差下人，并改作上件称呼系衔。[⑤]

由上可知，郭棣奏请朝廷将其名衔统称为“主管机宜文字”。据《宋史·职官志》的记载，殿前司书写机宜文字的排名，在干办公事、主管禁卫、准备差遣、准备差使、点检医药饭食等之后，而主管机宜文字的排名则仅次于计议官，看来殿前司书写机宜文字更名为主管机宜文字，不单单是名号变更的问题，更重要的意义，应该是其地位的提升。编制为殿前司一员，马军司于乾道七年（1171）北移建康后“差主管机宜文字一员”[⑥]。步军司似阙[⑦]。主管机宜文字为主帅的机要秘书，协助主帅处理机要文书。其地位大致与正、副将相当，前面提到的张世奕原授殿前司的主管机宜文字，因“阙远”，遂“乞差殿前司正、副将”[⑧]。

其三，干办公事。宋高宗朝，如绍兴元年（1131）十一月李秉文为马军司干办

---

① 徐规：《仰素集》，杭州大学出版社1999年版，第303页。

② 〔清〕徐松辑：《宋会要辑稿》选举一八之三，第4549页。

③ 〔元〕黄溍：《金华黄先生文集》卷三〇《费氏先墓石表》，《四部丛刊》本。

④ 〔宋〕楼钥撰，顾大朋点校：《楼钥集》卷一一四《赠金紫光禄大夫姜公墓志铭》，第1978页。

⑤ 〔清〕徐松辑：《宋会要辑稿》职官三二之一七，第3014页。

⑥ 〔元〕脱脱等：《宋史》卷一六六《职官志六》，第3930页。

⑦ 《宋会要辑稿》兵一九之四〇所记步军司属官无主管机宜文字；《宋史》卷一六六《职官志六》亦曰：主管侍卫步军司公事“其属有干办公事二员，准备差遣、点检医药饭食，各一员”。

⑧ 〔清〕徐松辑：《宋会要辑稿》选举一八之三，第4549页。

官[①]，当即任干办公事。宗室赵伯骕亦曾任侍卫马军司干办公事[②]。绍兴十年（1140）六月顺昌之战，刘锜马军司属官有干办公事王羲宾[③]；绍兴二十六年（1156）宗正少卿李琳为贺大金正旦使，“秉义郎、侍卫马军司干办公事宋均副之”[④]。宋理宗朝，侯畐“以武举授合浦尉，柳城令，侍卫步军司干办公事”[⑤]。编制为马军司一员；步军司二员，本亦为一员，绍兴二十九年（1159）五月，主管侍卫步军司公事赵密“乞增置干办公事一员，以忠翊郎周师古充”，周师古“皇后姨夫，今年正月补官”[⑥]。殿前司，原设干办公事二员，置书写机宜文字后，将干办公事裁减掉一员[⑦]。其为主帅幕僚，“协助办理本司事务”[⑧]。

其四，准备差遣、准备差使。编制为准备差遣，殿前司、马军司、步军司各一员。宋理宗开庆元年（1259），程骧武举进士及第，即任“建康府侍卫马军行司同准备差遣”[⑨]。准备差使，殿前司一员，马军司、步军司无[⑩]，这是《宋史·职官志》的记载。然而，绍兴二十九年（1159）七月，马军司在向枢密院的申报中就提到：

> 本司旧管准备差遣、差使、使唤使臣，系本司踏逐已未经任有心力人。近因吏部引用辟差条法，须要有举主经任人，欲从本司踏逐无过犯已未经任人，申朝廷取索付身照验差拨[⑪]。

---

① 〔宋〕李心传：《建炎以来系年要录》卷四九，第1022页。

② 〔宋〕周必大：《文忠集》卷七〇《和州防御使赠少师赵公伯骕神道碑》，《文渊阁四库全书》本。

③ 徐规：《刘锜事迹编年》，《仰素集》，第303页。

④ 〔宋〕李心传：《建炎以来系年要录》卷一七五，第3351页。

⑤ 〔元〕脱脱等：《宋史》卷四五四《侯畐传》，第13346页。

⑥ 〔宋〕李心传：《建炎以来系年要录》卷一八二，第3493页。

⑦ 《古今事文类聚·遗集》卷一〇曰：“中兴以来，主管殿前司一员，其属有干办公事、主管禁卫，各二员；准备差遣、准备差使、点检医药饭食，各一员。寻减干办公事一员，增书写机宜文字一员。”又略见《翰苑新书·前集》卷三二《三衙》。

⑧ 龚延明编著：《宋代官制辞典》，第468页。

⑨ 〔明〕程敏政：《新安文献志》卷九六上，《文渊阁四库全书》本。

⑩ 〔元〕脱脱等：《宋史》卷一六六《职官志六》，第3928、3930～3931页。

⑪ 佚名编，刘笃才点校：《吏部条法·奏辟门·奏辟》，黑龙江人民出版社2002年版，第172～173页。

淳熙十六年（1189）步军司的三员属官当中，同样有“准备差使”一员[①]。足证马、步军司也亦设有准备差使，《宋史·职官志》之说并不准确。

除了准备差遣、准备差使之外，前引绍兴二十九年马军司在向枢密院的申报当中，就提到了马军司还有“准备使唤”。殿前司亦然，绍兴三十年（1160）四月“殿前司准备使唤李师颜、师雄并为閤门祗候”，六月又有“成忠郎、殿前司准备使唤都遇为閤门祗候，添差东南第二副将”[②]。宋孝宗隆兴二年（1164）前后，宋廷又以归正官骆昂“差充殿前司准备使唤”[③]。不过，《宋史·职官志》在叙述三衙属官之时，却完全失载了准备使唤。考虑到宋高宗、孝宗两朝之际，宋金战事正酣，笔者认为：准备使唤很可能是出于战事吃紧的临时设置，并没有固定的编制。

准备差遣、准备差使、准备使唤的职责，皆是听从主帅的临机调遣，“听候使唤”，处理主帅随时指定的事务。三者的区别主要是：准备差遣为“通差文武官”，以文职为主；准备差使、使唤，则专门由武职充当，“通差大小使臣，并经任无过犯人”[④]。两宋皆以“右文”为基本国策，同等情况下，文官的地位要高于武官，所以准备差遣的地位就在准备差使之上，准备使唤更在准备差使之下。

其五，点检医药饭食。宋高宗绍兴二十六年（1156）七月，“修武郎、侍卫马军司点检医药饮食李宗周知宾州”[⑤]。宋理宗朝，胡大异“授行在侍卫步军司医药饭食”[⑥]。编制为殿前司、马军司、步军司各一员。点检医药饭食，亦名点检、提点医药饮食，据《至顺镇江志》记载：

> 提点医药饮食。古无是官，宋南渡后，三衙皆置之，江上诸屯亦然。京口驻兵最多，又添差一员。大抵分督医师，任诸军药食之责，无预幕画。[⑦]

---

① 〔清〕徐松辑：《宋会要辑稿》兵一九之四〇，第7100页。

② 〔宋〕李心传：《建炎以来系年要录》卷一八五，第3573、3590页。

③ 〔清〕徐松辑：《宋会要辑稿》兵一六之二，第7029页。

④ 佚名编，刘笃才点校：《吏部条法·差注门三·属官》，第104～105页；《宋史》卷一六七《职官志七》则曰：经略安抚司“文臣准备差遣，武臣准备差使”。

⑤ 〔宋〕李心传：《建炎以来系年要录》卷一七三，第3320页。

⑥ 〔宋〕魏了翁：《鹤山集》卷八〇《从义郎胡君墓志铭》，《文渊阁四库全书》本。

⑦ 潘自牧《记纂渊海》卷三三《步军司》引《会要》亦载：“中兴以来，主管侍卫步军司一员，干办公事、准备差遣、点检医药饮食。”

其职责应是统领军医，负责主帅和军中的医药、饮食事务，然不得参与军机，“无预幕画”。此职，似主要由翰林医官局的医官担任。宋孝宗乾道元年（1165），主管侍卫马军司公事张守忠即奏请朝廷：“契勘本司诸军遇有病患，止系医官朱中孚一员医治。守忠去年七月内出戍日，申获朝廷指挥，差辟医官局翰林医候鲍师文前主。本人谙晓方书，精明色脉，欲望特降指挥，将鲍师文收充本司医治。”[①]医官、翰林医候，即为翰林医官局的从七品医官。

综上所述，南宋三衙属官总计各为六员。殿前司、马军司：计议官、主管机宜文字、干办公事、准备差遣、准备差使、点检医药饭食，各一员[②]；步军司：计议官、干办公事、准备差遣、准备差使、点检医药饭食，除干办公事为两员外，其余各为一员。其地位由高及低排序，依次是：计议官、主管机宜文字、干办公事、准备差遣、点检医药饭食、准备差使。此从《吏部条法》所记次序，《宋史·职官志》则将准备差使置于点检医药饭食之前。当然，这只是通常的编制状况，宋高宗、孝宗两朝之际，三衙曾有过准备使唤的设置。书写机宜文字则常与主管机宜文字并置。准备使唤、书写机宜文字的排名，都要在点检医药饭食、准备差使之后。宋宁宗嘉定五年（1212），又在三衙各增设了负责刑狱事务的主管后司公事一员。

三衙属官阙编不满员的现象，也是比较常见的。例如淳熙十六年（1189）十月三衙大阅犒赏，据步帅赵济开列出来的详单，步军司当时仅有“属官三员，计钱五十五贯”，具体包括：

> 干办公事，一员，钱二十贯；点检医药饭食，一员，二十贯；准备差使，一员，钱一十五贯[③]。

此既无步军司计议官，也缺少一员干办公事。三衙有时也抽调军中“不管事”之将佐，临时负责衙门事务，如淳熙七年（1180）二月，殿前司就奏请：“乞于诸军额外不管事训练官、将佐内，拣有材干人，管干本司诸般差使。廉勤者，

① 〔清〕徐松辑：《宋会要辑稿》职官三六之一一七，第3130页。

② 《文献通考》卷五八《职官十二》载，南宋侍卫马军司“所设官属如殿前司”。

③ 〔清〕徐松辑：《宋会要辑稿》兵一九之四〇，第7100页。

许额外升差。”[①]并得到了朝廷批准。

南宋三衙的属官，平时与主帅“上下共议”，战时多随军出征，给予主帅“机谋之助”，在必要的时候，三衙属官也可以对主师发挥一定的监督作用。宋宁宗嘉定十六年（1223）五月，宋廷即曾下达诏书，严厉禁止文武群臣当中盛行的互以公款相馈赠的“互送”恶习，其中，针对三衙、都统司诸军帅等的措施，就规定由“本司属官连衔”，“具有无互送，责朝典状，月申御史台，考核其实，如有违戾，即行弹奏”[②]。

南宋三衙属官体制的确立，与“古人设官分职，有长有属”[③]的观念在南宋十分盛行有关，但更为关键、更值得注意的是，计议官、主管机宜文字、干办公事、准备差遣等南宋三衙属官，无论是其名号，还是其职掌，都是从北宋经略司等地方军马司系统承袭而来的，也与南宋的都统司几乎完全相同，同样是“计议、机宜、干办公事、准备差遣”，同样是“有计议，有机宜，复有干办公事，幕府森严”[④]，确用“都统司体例”，区别只是人员的编制略有多少不同而已。例如，开禧三年（1207）七月，鄂州和江陵府两个都统司及京西北路招抚司的属官，就出现了鄂州都统司主管机宜文字赵淏、江陵府都统司随军提点医药饭食张遂安、京西北路招抚司准备差遣徐之纪等[⑤]。因此，属官的出现，不仅意味着南宋三衙的机构设置要较北宋进一步趋向充实，更诚如宋宁宗时臣僚所言：

> 要必幕客重，而后司存重；司存重，而后可望其折冲于外，伸威于虏也。[⑥]

“幕府森严”，“幕客重”，意味着两宋相较，南宋三衙实际的军事意义要更为突出。

---

① 〔清〕徐松辑：《宋会要辑稿》职官三二之一四，第3012页。

② 〔清〕徐松辑：《宋会要辑稿》职官七九之四〇，第4229页。

③ 〔清〕徐松辑：《宋会要辑稿》职官二九之六，第2990页。

④ 〔清〕徐松辑：《宋会要辑稿》职官三二之四九，第3030页。

⑤ 〔清〕徐松辑：《宋会要辑稿》兵二〇之一二，第7107页。

⑥ 〔清〕徐松辑：《宋会要辑稿》职官三二之四九，第3030页。

按照南宋制度，上述三衙属官绝大多数属于“堂阙”，任职者通常需具备“右选出身”，即武举及第出身，经由枢密院任命。《至顺镇江志》记载：“宋南渡后，士由右科进者，率先从戎，隶三衙而次京口，先之以七载为充考，或通籍，或参幕。”《吏部条法》更详载，三衙、江上诸军各统司：

其正任干办公事、主管机宜文字、计议官，并专差武举出身，其正任准备差使、医药饭食、准备差使系堂阙外……[①]

淳熙年间，宋廷接受臣僚建议，具体规定：

武举登科人，须于军中任，不隔磨勘，通及七年，无遗阙，愿离军者，差充三衙并江上诸军书写机宜文字或干办公事，任满，入诸路副将。第四名、第五名并省试第一名堪充兵将官愿从军人，依旧法补官，差充三衙并江上诸军同准备将，依正额人支破请给。到军及七年，无遗阙，愿离军者，差充三衙并江上诸军准备差遣，任满，入诸路安抚司准备将领。第六名以下堪充兵将官愿从军人，依旧法补官，差充三衙并江上诸军准备差遣，任满，入诸州兵马监押。已上若后来立到军功，或人材出众，特旨擢用，不拘此限。其堪充兵将官愿从军人，令枢密院铨量。[②]

淳熙七年（1180）三月的武举《补官差注格法》又补充规定：

第一名堪充兵将官愿从军人，补秉义郎，差充三衙并江上诸军同正将，依正额人支破请给，到军及五年，无遗阙，愿离军者，除诸军计议官，任满，入诸路正将；第二、第三名堪充兵将官愿从军人，补保义郎，差充三衙并江上诸军同副将，依正额人支破请给，到军及五年，无遗阙，与转忠翊郎。[③]

---

① 佚名编，刘笃才点校：《吏部条法·奏辟门·奏辟》，第185页。

② 〔清〕徐松辑：《宋会要辑稿》选举一八之三、四，第4549～4550页。

③ 〔清〕徐松辑：《宋会要辑稿》选举一八之四、五，第4550页。

淳熙十二年（1185），宋孝宗还就“步军司奏辟吏职”事，专门对枢密院宣谕强调说：三衙及都统司“属官须用士人”[①]。孝宗此语所言之“士人”，指的就是武举进士。

当然，在三衙属官任用实际操作的过程当中，主帅个人荐举保任的分量，无疑也是相当重要的，都统司的计议官就是“或以铨选，或以荐辟”，三衙属官也当是如此。如前面提到的宋高宗周皇后的姨夫周师古出任步军司干办公事，就是出自主管步军司公事赵密的奏请。书写机宜文字一职更是如此，按照当时军中的惯例，一直是由主帅保举自己的亲属、心腹人员担任。淳熙十五年（1188）正月，殿帅郭棣即奏请：

所有书写机宜文字，乞用建康都统司体例，辟置亲属一次，庶几可委以心腹，令掌管军机利害文字，委是两便。[②]

郭氏奏请得到了朝廷的批准。宋宁宗嘉定五年（1212）八月，宋廷更下诏明确规定：“令三衙、诸军帅，今后书写机宜文字，止许辟子孙弟侄，不得奏辟异姓。制置安抚司有合辟去处，亦一体施行。”[③]在个别情况下，还有主帅实际否定朝廷任用的事例出现，如据前引隆兴北伐后投奔南宋的归正官骆昂申诉，其原本被宋廷任命为殿前司的准备使唤，然殿帅王琪阳奉阴违，只是“将臣作从军附籍收使”[④]。

“添差官”的大量存在，是南宋时期官制的一大特色。三衙同样是如此，其属官也都有“正任”和“添差”之别。“添差官”，正如龚延明先生所指出的，是“正式员阙之外的差遣，为非正任差遣官”[⑤]，也就是超编和编外的人员。“添差”的各级属官，包括地位最高的添差计议官在内，更都是由三衙主帅全权指定，如宋理宗宝祐五年（1257）十二月，宋廷即授权三衙、江上诸军各都统司：

---

① 〔宋〕周必大：《文忠集》卷一九七《江州刘都统》，《文渊阁四库全书》本。

② 〔清〕徐松辑：《宋会要辑稿》职官三二之一七、一八，第3014页。

③ 佚名编，刘笃才点校：《吏部条法·奏辟门·奏辟》，第175页。

④ 〔清〕徐松辑：《宋会要辑稿》兵一六之二、三，第7029～7030页。

⑤ 龚延明编著：《宋代官制辞典》，第648页。

除书写机宜文字合辟同姓弟侄儿孙，其正任干办公事、主管机宜文字、计议官，并专差武举出身，其正任准备差使、医药饭食、准备差使系堂阙外，如添差准备差使、医药饭食、准备差遣、干办公事、主管机宜文字、计议官，许行刬辟奏补军功授人。①

添差既权归主帅，冗滥必然在所难免。所以南宋对三衙和江上诸军各都统司的“添差”属官，也时常厉行“省罢法”，试图多方加以裁撤。宋孝宗淳熙十四年（1187）九月，宋廷下诏：

诏三衙、江上诸军都统制司添差属官，除见任人令终满，日后更不差人。其差下人，从省罢法。②

先是，四月十二日，建康都统制郭钧等言，本司添差属官，所请供给、占破白直官兵等数多，实难应办。诏除见任添差人令终满今任，日后更不差人。③

个中原因，其实也不难理解。南宋毕竟始终被强大的金和蒙古压得喘不过气来，时常处于风雨飘摇之中，养兵费和战费始终居高不下，财政频频吃紧，包括三衙在内的诸多衙门，自然“实难应办”，很难再维持多大的排场和气派。

南宋三衙属官，其地位普遍不低于正、副将等军中的中级军官，特别是地位最高的三衙计议官，正所谓“褒衣大带，掌幄中之论”④，不仅参赞军机，为主帅出谋划策，是其本职之所在，在个别的情况下，也能够干预军务。宋宁宗绍熙五年（1194）二月，兴州都统司的都统制吴挺去世后，都统司的计议官王公沂即“招权生事，率意更易事务”⑤，一段时期内在事实上接管了该都统司大部分的军政权力。这虽然只是个别都统司的个别情况，但对理解三衙计议官的军中作用和分量，显然也具有可供参照的价值。至于各地方的军马司，计议官的地位更要在统制、

① 佚名编，刘笃才点校：《吏部条法·奏辟门·奏辟》，第185～186页.

② 〔清〕徐松辑：《宋会要辑稿》职官三二之四七，第3029页。

③ 〔清〕徐松辑：《宋会要辑稿》职官三二之一七，第3014页。

④ 〔宋〕叶适撰，刘公纯等点校：《叶适集·水心文集》卷二二《厉领卫墓志铭》，第422页。

⑤ 〔清〕徐松辑：《宋会要辑稿》职官七三之一七，第4025页。

统领之上，通常以“总管、路钤、计议、统制、统领以至将佐、训练官等”[1]为序列。可以说，南宋的计议官，在一定程度上已经从单纯的主帅个人的幕僚、智囊，开始向后世军中高级参谋人员的方向演变。

三衙计议官的仕途前景也比较光明，从计议官起步，往往就能比较快地升迁知州，前文提到的厉仲方就是由步军司的计议官，为武学谕、阁门舍人，历任知安丰军、知和州[2]。宋宁宗嘉定五年（1212）有臣僚批评说：“今武臣从军，或为计议，不省民事，乃遽为郡，安有高材异能，不待尝试，如彼其易哉？”还具体地举例说：“往年知邕州陈良彪为武举第一进士，其政乖缪。”[3]嘉定十三年（1220），又有臣僚对三衙、江上诸军计议官“试邑甫毕，即使得郡，宁不太骤”表示强烈的不满，宋廷遂接受了其建议，规定：“须历计议、路分差遣，比当两任通判，而后与郡。”[4]宋理宗宝祐五年（1257），侯畐即于马军行司计议官，升迁通判海州兼河南府计议官[5]。

不仅如此，三衙属官的俸禄也比较优厚。前引宋孝宗淳熙十四年间省罢三衙、江上诸军属官，首先的原因就是属官“所请供给、占破白直官兵”数多。遇有战事，三衙属官无论是否亲临战场，既可以享受优厚的前线补贴[6]，通常也还有均沾战功、晋升官阶的机会。绍兴三十二年（1162）七月，马军司之“官属、医官、人吏”就一律与本司参战官兵第一、二、三等战功获得者一样，得以“转一官资，并于正名目上收使”；步军司的“属官、人吏”也得以享受该司立有第二、三等战功的参战官兵待遇，同样是“转一官资，并于正名目上收使”[7]。当时江上诸军都统司的两位属官周洽和刘甄夫，周洽由右修职郎改承务郎又转承事郎，刘甄夫则“自左迪功郎循从事郎，又添差绍兴府观察推官”，“循资之后，又得升等差遣”，就是两个很好的可资参考的具体例证[8]。可以说，三衙属官的升迁力度，绝对不会

① 〔清〕徐松辑：《宋会要辑稿》兵二〇之二九，第7116页。

② 〔宋〕叶适撰，刘公纯等点校：《叶适集·水心文集》卷二二《厉领卫墓志铭》，第421页。

③ 〔清〕徐松辑：《宋会要辑稿》选举一八之一六，第4556页。

④ 〔清〕徐松辑：《宋会要辑稿》选举一八之一八、一九，第4557页。

⑤ 〔元〕脱脱等：《宋史》卷四五四《侯畐传》，第13346页。

⑥ 佚名编，汝企和点校：《续编两朝纲目备要》卷九，第169页。

⑦ 〔清〕徐松辑：《宋会要辑稿》兵一九之二、三，第7081～7082页。

⑧ 〔清〕徐松辑：《宋会要辑稿》兵一九之七，第7084页。

低于都统司。正如时人所评论的那样，与在战场上“亲冒矢石”、出生入死的前线官兵相比，这是一个相当优厚的待遇。

不过，在宋代“重文轻武”的社会大环境之下，出任三衙属官的武举及第的武进士们，普遍有着强烈的士人心态。宋理宗宝祐元年（1253）武状元程鸣凤在《赐武举第一谢恩表》即直言不讳道：“臣等蚤以《诗》《书》，淹于场屋，假途黄石，剽余论以求伸。”[①]他们强烈要求主帅“待以士礼”，“往往自高，不亲戎旅”，“回视兵书戎器，往往耻谈而羞道之”[②]，特别是与三衙动辄“箠棰”相加的军伍习气格格不入。皇帝也往往对其加以回护，如宋孝宗即曾言道：“三衙岂可以阶级待学官！”[③]三衙主帅在内的各级将校则通常将其视为另类，“军中无所容之”[④]。正如赵冬梅教授所指出的：

> 究其本心，武进士们从来就没有把自己看作军人，而是把自己看作文人。虽然已经从军，但仍然保留着文人心态，从心理上排斥武人，认同于文人，并以此自矜，将自己与宋代禁军阶级森严的制度与传统对立起来，与出身将家或行伍的军官保持距离。[⑤]“军中无以容之”，武进士也无心久处军中。

如前面提到的曾任步军司计议官的厉仲方，“后来屡考进士，谋求文官身份，始终未果”。厉仲方死后，其师叶适“为他作墓志铭，扼腕痛惜‘君为武人，盖失路误入尔’，甚至在祭文中也忘不了感叹他的‘误入歧途’”[⑥]。彼此之间如此紧张的关系，难免就会限制和影响三衙属官群体实际作用的发挥。

需要说明的是，两宋三衙主帅也有招置“门客”者。沈括《梦溪笔谈》中就记载了这样一则轶闻：“（宋仁宗朝）许怀德为殿帅，尝有一举人，因怀德乳媪求

---

① 〔明〕程敏政：《新安文献志》卷四一，《文渊阁四库全书》本。

② 〔清〕徐松辑：《宋会要辑稿》选举一八之六，第4551页；选举一八之一七，第4556页。

③ 〔宋〕叶适撰，刘公纯等点校：《叶适集·水心文集》卷一四《忠翊郎武学博士蔡君墓志铭》，第256页。

④ 〔宋〕王栐撰，诚刚点校：《燕翼诒谋录》卷五，中华书局1981年版，第45页。

⑤ 赵冬梅：《文武之间：北宋武选官研究》，第378页。

⑥ 赵冬梅：《文武之间：北宋武选官研究》，第370页。

为门客，怀德许之。举子曳襕拜于庭下，怀德据座受之。人谓怀德武人，不知事体，密谓之曰：‘举人无没阶之礼，宜少降接也。’怀德应之曰：‘我得打乳姥关节秀才，只消如此待之。’”此一举人为许氏门客，私下提醒许氏的很可能也是他的门客。又如宋宁宗朝的殿帅郭倪，“嘉泰、开禧间，倪位殿岩，宾客日盛，相与怂恿，真以为卧龙复出”①，其门客之盛，真正是门庭若市。当然，这些企求攀龙附凤的“门客”，只是为主帅私人服务，不会列入三衙的编制当中。

三、分掌事务：案司体制与吏胥配置

两宋三衙，皆实行案司体制，分设诸案司，置吏胥“分掌事务”。笔者发现：北宋时期，三衙案司的设置，经过了五案制和六案制两个发展阶段，并非始终为五案二司。在吏胥配置问题上，北宋初期的三衙吏胥并无“员数”，即没有固定的规范编制。南宋三衙行五案二司制，其吏胥编制的数量，则要远多于北宋，而不是通常所认为的北宋多于南宋。南宋三衙吏胥的出职前景与实际作用，也往往在北宋三衙吏胥之上。

五案制，见于《两朝国史·志》。五案，指的是兵案、差使磨勘案、仓案、骑胄案和推案，以殿前司为例各案具体的职责分工是：

兵案，“掌诸军班功赏、大教转资、内外转补、排连、新旧行门拍试、换官等事”。

差使磨勘案，“掌过茶殿侍年满出职，使人到阙差入驿殿侍，诸宫院下差抱笏殿侍，并磨勘奏补逐班祇应参班”。

仓案，掌“关支诸军班应干请受，尚书省斋筵，并使人到阙差祇应人等”。

骑胄案，“主管诸军班教阅，收支将校兵级鞍马，关请军兵军器并衣甲，请纳将校朱记”。

推案，掌“勘鞫、取会、追呼诸军班诸般词状公事，差替诸处仓场、库务巡防兵级等，收捉、审验逃走人兵”。

五案之外，还有法司和开拆司两司。法司，掌“检引条法”；开拆司，掌“收接词状，及诸处发到文字等”，也就是“受付文书”，并将文书分类后发放到

---

①〔宋〕岳珂撰，吴企明点校：《桯史》卷一五《郭倪自比诸葛亮》，第180页。

相应的各案处理。[①]

六案制，见《神宗正史·职官志》："设吏：殿前司二十有八，马军司十有八，步军司二十有四。各分案六。"《哲宗正史·职官志》亦曰：三衙"其分案置吏，与《神宗志》同"[②]。

《两朝国史》《神宗正史》《哲宗正史》都是宋代官修的纪传体史书，其官方权威性是毋庸置疑的。其中，《两朝国史》成书于宋神宗元丰五年(1082)，主要记载的是宋仁宗和宋英宗两朝的史实。《神宗正史》和《哲宗正史》，分别成书于宋徽宗崇宁三年(1104)和宣和七年(1125)，顾名思义，分别记载的是宋神宗一朝和宋哲宗一朝的史实。由此不难推断：北宋三衙大致以宋神宗朝为分界线，此前五朝实行的是五案制，神宗朝及此后三朝实行的是六案制。

问题随之而来，那就是无论《神宗正史》，还是《哲宗正史》，都没有明确记载六案究竟增加了哪一案，更莫论像《两朝国史》那样详载六案的职责分工情况了。对此，笔者倾向于认为：三衙从五案制调整为六案制，应该是宋神宗元丰官制改革的举措之一，很可能主要是一种职官规划结构"外观"充分数列化的"礼制化"行为，并非真正出于现实性和功能性调整的需要。

正如阎步克教授所指出，中国古代官制规划当中，存在着明显的"数字化"和"礼制化"的倾向，"在规划组织外观时，寻求数理美和图形美"[③]，十分注重形式上的整齐、美观。《周礼》和《唐六典》，就是这方面较为突出的两个典型。宋神宗"喜观《唐六典》"[④]，元丰改制的旗帜也是"准古造制"，强调仿效周制，在相当程度上就是把《周礼》，以及唐代取法《周礼》的《唐六典》，作为重要的参考蓝本，诚如宋徽宗朝李邦彦所谓"神考远稽《周官》，近取《唐典》，乃建六联，以分邦治"[⑤]。史书亦云："初，上欲仿《唐六典》修改官制。"[⑥]元丰改制时所

---

① 〔清〕徐松辑：《宋会要辑稿》职官三二之一，第3006页。参看龚延明编著：《宋代官制辞典》，第399～400页。

② 〔清〕徐松辑：《宋会要辑稿》职官三二之四、五，第3007～3008页；又略见《玉海》卷一三九《兵制·三衙》。

③ 阎步克：《中国古代官阶制度引论》，北京大学出版社2010年版，第258页。

④ 〔宋〕章如愚：《群书考索》后集卷四《官制门》，《文渊阁四库全书》本。

⑤ 〔清〕徐松辑：《宋会要辑稿》职官一之四二，第2350页。

⑥ 〔宋〕李焘：《续资治通鉴长编》卷三二七，第7871页。

颁《官制格目》，也被认为将“与《周官》并传而无遗”[①]。宋神宗元丰改制，受《周礼》“六官”的影响，特别注意数字上的美观，以之作为华丽的“太平盛观”，但存在人为追求整齐的问题，往往与实际需要相脱节，都是显而易见的。宋哲宗元祐元年（1086）四月，御史中丞刘挚即上言：

> 伏见昨者朝廷改行官制，于尚书省六曹二十四司，置尚书、侍郎、郎中、员外郎；于寺监，置长、贰、丞、簿。随官设吏，上下毕具，所以稽古立制，诚太平盛观也。然职司有繁简，而一向备官；官吏有劳佚，而一等制禄，臣于是疑其冗员而滥费也。[②]

刘氏所云，语带讥讽，显属于旧党论调，然其离事实恐怕不会太远。故三省随即下令：尚书六曹“事至简者以比司兼领”。

具体到三衙之六案制，元丰五年（1082），宋神宗本人“尝论苏绰建复官制，上自朝廷，下至州县，悉分为六曹，财赋如一，今先自京师，候推行有序，即监司、州、县皆可施行矣”[③]。三衙改为六案，或即其“悉分为六曹”训令的具体表现之一，同样旨在追求数字上的华丽与美观，同样也有叠床架屋“冗员而滥费”之嫌疑。三衙六案体制后来并没有为南宋所继承，原因可能也在于此。

北宋三衙各案司吏胥的编制，同样是以宋神宗朝为界线，此前宋仁宗、宋英宗两朝的基本状况是：殿前司和马、步军司，各司例置孔目官、勾押官、押司官、开拆官各一人，前行六人、后行十八人，通引官十一人，合计为三十九人。此后四朝的大致情况为，“设吏：殿前司二十有八，马军司十有八，步军司二十有四”[④]。与此前相比，殿前司缩减了十一人，步军司缩减了十五人，马军司更缩减了二十一人。

需要说明的是，在北宋初期，三衙吏胥并无“员数”，也就是其编制是不固

① 〔清〕徐松辑：《宋会要辑稿》职官五六之三二，第3641页。

② 〔宋〕李焘：《续资治通鉴长编》卷三七六，第9122～9123页。

③ 〔宋〕李焘：《续资治通鉴长编》卷三二六，第7840页。

④ 〔清〕徐松辑：《宋会要辑稿》职宫三二之四，第3007页。《玉海》卷一三九《兵制·三衙》亦曰：“设吏：殿前二十八，马司十八，步司二十四。各分案六。”

定的，吏胥的任免权，也基本掌握在本司管军将帅之手，通常是由三衙主帅自行委任。如此一来，既妨碍了军政的通畅，也很容易滋生吏胥与主帅狼狈为奸、“罔上欺公”的弊端。因此，从宋真宗景德年间开始，宋廷针对以上两个问题，进行了较大的整顿。景德元年（1004）十一月，宋廷下达诏书规定：“诏殿前、侍卫司：自今孔目官以下有阙，不得擅自转补及改名，并奏听朝旨。先是，殿前等司吏人无定制，只本司增移补署。至是，上令指挥使高琼等重定员数以闻，故有是诏。”①紧接着，在景德三年（1006）冬，宋真宗再次重申了三衙吏胥的选拔，必须要经过枢密院的考核，并由皇帝本人亲自批准，史书记载：

殿前、侍卫司奏孔目官已下阙人，乞行迁补。上曰：“掌禁卫者皆是武臣，其如军政繁重，自来迁改不得，劳逸不均，盖不简择司属，致其罔上欺公也。但向属兵兴，不暇简阅，今可令枢密院召，令具述行藏，以公事选试，定可否去留，各以名闻。”它日，上览其等第，谓王钦若曰：“可者存之，不可者与镇戍安排。”②

是岁，殿前、侍卫司奏孔目官以下阙人，乞行迁补，上亦令枢密院试以公事，擢其可者用之。③

三衙吏胥的任免权，就此由三衙长官手中收归了朝廷，吏胥的“员数”即编制也开始得以明确规范化。宋仁宗朝，三衙吏胥大致定编为三十九人，这应该就建立在宋真宗上述两次整顿的基础之上。

三衙孔目官、勾押官等的名号当中，尽管都带有一个“官”字，但他们是不折不扣的“流外”吏职，小吏而已。“孔目、勾押、前行、后行，皆州郡官司吏局之名也”④，宋太宗时王化基此语，真可谓一语破的。宋徽宗政和三年（1113）八

---

① 〔宋〕李焘：《续资治通鉴长编》卷五八，第1301页；〔清〕徐松辑：《宋会要辑稿》职官三二之二，第3006页。

② 〔宋〕李焘：《续资治通鉴长编》卷六四，第1438页。

③ 〔宋〕李焘：《续资治通鉴长编》卷六三，第1408页。

④ 〔宋〕李焘：《续资治通鉴长编》卷三二，第721页。《宋会要辑稿》职官四七之二载，“府院置孔目、勾押司、开拆官、行首、杂事、前行，其余州府使院置都孔目官、都勾押官各一人。又节度、观察有孔目、勾押、勾覆、押司官、前后行之名。”

月，更有臣僚上言：

> 句押官、孔目官、散从官之类，实古之胥徒也，乃谓之官，至如省吏有主事之称，则尤所当避也。臣愚，欲乞明诏有司，详酌改定，庶几名分悉正，而增太平至治之美。①

此人建议将孔目官等名号中的“官”字去掉，虽然迂腐得可笑，但其言还是揭示出孔目、勾押官之类非官实吏的性质。

此外，三衙吏胥的名号虽然繁多，然其职责大同小异，大致不出诸案司文牍处理的范围。这些名号都是些“品位性”名号，意义主要在于区别任职者个人地位和待遇的高下。其中，地位最高的是孔目官，从孔目官到勾押官、押司官等属于宋代吏职的最高层次，称为“职级”②。

宋代制定有“流外出官法”，给予吏职职员以“年劳叙迁”，主要是凭借服务期达到规定的年限，来获得官阶和官的身份的途径，时称之为“出职”③。具体到三衙，其制度为：殿前司“孔目官五年出右侍禁，通引官、行首三年出奉职，并补正名后理”，马、步军司“孔目官五年出右班殿直，通引官、行首三年出借职，并补正名后理”。右侍禁、右班殿直，都是正九品武阶的小使臣；奉职，即三班奉职，借职，即三班借职，更是小使臣中最末的从九品，几乎算是最低级的武官了。即使如此，为了防止泄露三衙的军事机密，北宋对三衙吏胥的管理十分严格和苛刻，重点就是限制他们通过“出职”的途径升迁他职。宋真宗景德三年（1006）八月，宋廷就下诏书规定：“殿前、侍卫马步军司典级，自今毋得求授外职。为其主掌禁军簿籍，或致漏落，非便也。”此后虽然略有所放松，但也从年龄、任职时间等方面设有多项比较苛刻的条件，所谓“转至孔目官五周年，年及五十以上，方

---

① 〔清〕徐松辑：《宋会要辑稿》职官五六之四一，第3645页。

② 陈耆卿《嘉定赤城志》卷一七《吏役门·人吏》：“国初置，自都孔目官至粮料押司官，凡十阶，谓之职级；其次曰前行，曰后行；又其次曰贴司。”

③ 赵升《朝野类要》卷三《年劳》载：“内外百司吏职，及诸州、监司吏人，皆有年劳补官法，俗谓出职是也，免铨试，径注差遣。”

许出职安排”。[①]例如，大中祥符四年（1011）十月，宋真宗即亲自晓谕知枢密院事王钦若等人要求严格地执行：

> 昨日殿前都指挥使曹璨奏本司孔目官出职，其以次勾押官亦乞一例出充班行。且殿前、侍卫诸司，孔目官以下皆掌军兵之事，若辄令出职，事亦非便。况曾降宣命条约，并令转至孔目官五周年，年及五十以上，方许出职安排。枢密院当志之，不可辄隳此制，仍明谕曹璨知之。[②]

北宋以后各朝也都是遵守此制。对此，王曾瑜先生曾指出：“三衙只有孔目官、通引官和行首方可出职，其他吏胥，包括勾押官、押司官、开拆官、前行、后行等，都不能直接出职。”[③]故终北宋一代，除了王显“初为殿前司小吏”，因“太宗居藩，尝给事左右”[④]的特殊机缘而飞黄腾达之外，几乎再没有由此而进身显达者。按：所谓“太宗居藩”，前文已经提到，当指宋太宗于建隆元年（960）至建隆二年（961）担任殿前都虞候之时。

尽管如此，包括三衙在内的北宋吏胥，多数是“长子孙为世业”[⑤]，也有“士大夫子弟不能自立者，忍耻为之”[⑥]。他们熟悉公文簿书，精通律令，擅长处理公务中纷繁复杂的种种情况，在官衙中的实际作用很大，如当时人就提到三省“文书成于吏手，官曹不敢争执，物情不接，上下相蒙，但闻专任吏人而已”[⑦]。三省尚且如此，三衙当然也很难例外。更何况三衙的长官多为赳赳武夫，大多缺乏行政能力，大字不识一个的也不十分罕见，军政事务处理往往更要依赖吏胥。五代后汉

---

① 〔宋〕李焘：《续资治通鉴长编》卷六三，第1421页；〔清〕徐松辑：《宋会要辑稿》职官三二之二，第3006页。

② 〔宋〕李焘：《续资治通鉴长编》卷七六，第1739页；〔清〕徐松辑：《宋会要辑稿》职官三二之二，第3006页。

③ 王曾瑜：《宋朝阶级结构》（增订版），中国人民大学出版社2010年版，第251页。

④ 〔元〕脱脱等：《宋史》卷二六八《王显传》，第9230页。

⑤ 〔宋〕王栐撰，诚刚点校：《燕翼诒谋录》卷一，第5页。

⑥ 〔宋〕王栐撰，诚刚点校：《燕翼诒谋录》卷三，第28页。

⑦ 〔宋〕李焘：《续资治通鉴长编》卷四三〇，第10389页。

时史弘肇为侍卫亲军都指挥使时，就是“宠任孔目官解晖”[①]。

宋代三衙此类的情况，肯定不会很少。三衙长官为吏胥所骗、所制者，也大有人在，正所谓“吏有所恃”，自然“敢于为奸”[②]。宋仁宗朝刘敞就曾经在上奏中谈道：“今殿前等司所以统诸军，刑罚不少，而鞫讯论决一委胥吏，曾无掾曹士大夫参其间，即有猾吏因事侮文，其势不难。”[③]刘氏所谈，虽然仅限于刑狱方面的事务，但吏胥在三衙其他方面所发挥的实际作用，自然也不可过于低估。

南宋三衙，同样是分案、司置吏胥办事，实行五案二司体制。其案司和吏胥的具体情况，可以参见笔者根据《宋会要辑稿》职官三二之二一、二二、二三制成的下表表1：

表1　嘉定八年马军行司案司与吏胥配置表

	点检文字		职级		主押		中军		手分		贴司	
	编制	在职	编制	在职	编制	在职	编制	在职	编制	在职	编制	在职
马军司	3	1	2	1								
马军行司	1	1	1	1	2	1	1	1	6	6	6	6
吏曹案					2	2			5	5	6	5
兵马案					2	2			6	6	6	4
仓推案					2	2			5	5	6	4
发递案									1	1		
开拆案			1	1	2	2			2	2		

上表所记载的，是宋宁宗嘉定八年（1215）马军行司的情况。此处的马军司，实指马军旧司，马军司移屯建康之后，称马军行司（朝野仍多称之为马军司），其下辖马军旧司龙卫、云骑和武骑三指挥千余人仍留驻临安，事务由步军司主帅兼领，故提点、点检文字编制三名仅保留点检文字一名，职级编制二名仅保留一名。殿前司和步军司的情况，或与马军行司略有出入，如殿前司的仓案和推案是分别

① 〔宋〕司马光：《资治通鉴》卷二八八，第9402页。

② 〔宋〕王栐撰，诚刚点校：《燕翼诒谋录》卷三，第28页。

③ 〔宋〕李焘：《续资治通鉴长编》卷一八五，第4478页。

设案，步军司设有差使案等。尽管如此，殿前司、步军司与马军司官属的建置，历来都是大同小异，我们依然可以以此为据，对南宋三衙案司和吏胥的配置情况加以分析。

其一，南宋三衙承袭宋神宗朝之前的五案体制，但部分案的名号有所变化。马军行司即出现了吏曹案、兵马案、仓推案，加以殿前司仓案、推案分别设案，步军司出现差使案，可见南宋的三衙，同样是有五个案的设置，即吏曹案、兵马案、仓案、推案、差使案。南宋三衙五案当中，差使案就是北宋差使磨勘案的简称，仓案、推案也是继续沿用北宋的名称。据《建炎以来系年要录》记载：绍兴二十六年（1156）的时候，“殿司八案五，曰兵，曰磨勘，曰仓，曰胄，曰推，余二司无磨勘”[①]。可见，吏曹案、兵马案，应当是南宋高宗朝之后新出现的名称，不难断定：吏曹案应该就是取代了北宋和南宋初期的兵案，而兵马案则是取代了北宋和南宋初期的骑胄案。而且，在宋高宗朝，马军司和步军司尚无差使磨勘案的设置。至于“殿司八案五”的说法，则颇令人费解，既曰“殿司八案”，却衍一“五”字，后更仅列出了兵、磨勘、仓、胄、推五案，所以笔者断定：“殿司八案”就是“殿司五案”之误，那个“五”字，当是用来改正的字。

其二，南宋三衙仍设两司，但北宋三衙之开拆司、法司“两司”，开拆司继续存在，职责当亦与北宋基本相同，法司却被发递司所取代。发递司，应该是从开拆司独立出来的，就是把开拆司原来“掌受付文书并发递之事”[②]的职责一分为二，将机密文书的发递之事专归发递司负责。

根据《建炎以来系年要录》的相关记载，宋高宗朝的时候，三衙仍然是承袭北宋旧制，“皆有开拆及法司”[③]。那么，究竟是此后南宋三衙皆以发递司取代了法司呢？还是唯有马军行司如此呢？这一问题，目前难以准确断定，但笔者倾向于前者。这是因为，南宋面临着北方金朝的强大军事压力，尽管曾签订多个和议，但双方之间的明争暗斗，一直或明或暗地持续着。在这种战争状态根本无法真正

---

① 〔宋〕李心传：《建炎以来系年要录》卷一七五，《文渊阁四库全书》本。中华书局1956年版（第2898页）、2013年点校本（第3361页），皆将其断句为“殿司八案，五曰兵、曰磨勘、曰仓、曰胄、曰推，余二司无磨勘，三司皆有开拆及法司”，这是不准确的。

② 〔清〕徐松辑：《宋会要辑稿》职官四之五，第2439页。

③ 〔宋〕李心传：《建炎以来系年要录》卷一七五，第3361页。

解除的客观情况下，彼此刺探对方的军情，自然无时无刻不在紧张进行。因此，南宋对军务机密文书的保密与防范泄露，就给予了特别的重视。例如，《庆元条法事类》中就反反复复地强调：

诸军马粮草数及事干机密，应行文书而不实封或漏泄者，杖一百。军马机密事辄下司者，罪亦如之。

诸边事机密文书辄下司行遣者，流三千里。

诸军机密速文书不于合处投下者，杖一百。

诸军马甲仗若防城、备城物数辄漏泄者，徒二年。

诸以国家事宜若重害文书及干边防报化外者，绞；未通报，减一等，配二千里。以上并奏裁，许人捕。

诸受枢密院转宣札子，即时誊写行下，以元降宣札实封传递，以次官司各不得过二日，其最后承受官司誊行讫缴纳本院，不得漏泄。

诸干军机、边防文字，所属并不得下司。[①]

具体到马军行司，马军司由行在临安北移建康，本来就是意在北伐中原的重要军事举措，移驻建康之后，保持与远在临安的南宋朝廷、枢密院、殿前司和步军司等诸多机构之间信息的通畅，保障军务机要文书来往的机密和高效迅捷，无疑就是马军司的当务之急。增设发递司，强化对文书传递的管理，确乎理所当然。再者，法司的职能与推案等有着比较明显的交叉之处，或可由推案兼行其事。另外，南宋的枢密院也置有发递司[②]，三衙作为枢密院的直属下级机构，与其对应而置发递司，既完全可能，又符合职官规律。

其三，在五案二司之外，南宋三衙主帅还配有直属的吏胥。马军行司嘉定八年行司直属吏胥的编制就有十七人之众，较诸案司当中编制最多的兵马案还要多出三人。除了与诸案司相同的职级、主押、手分之外，其另有提点、点检文字与中军等独特之名号。

---

① 〔宋〕谢深甫编撰，戴建国点校：《庆元条法事类》卷八《职制门·漏泄传报》，第146～147页。

② 〔清〕徐松辑：《宋会要辑稿》职官六之一三，第2503页。

其四，南宋三衙吏胥的编制呈急剧增长之势，其人数远较北宋为多。表中所呈现的宋宁宗嘉定八年之马军行司，其诸案司吏胥的编制为四十六人，行司吏胥编制十七人，再加上马军旧司提点、主管文字的编制三人，职级编制二人，马军司吏胥编制的总数为六十八人，宋高宗朝三衙吏胥的编制还是“殿司吏六十，马司四十有一，步司五十人”[①]。嘉定八年马军司吏胥编制六十八人这个数字，较南宋初期马军司吏胥四十一人的编制业已增加了二十七人，更是北宋神宗朝马军司十八人编制的近四倍，也是殿前司二十五人编制的两倍有余，较宋神宗以前三衙各司三十九人的编制，也要多了二十九人。以往研究者普遍认为：与北宋相比，“南宋侍卫马、步军司和殿前司的吏名同样分‘八等’，而吏额略少”[②]，看来此说并非十分准确。

马军司之外，南宋步军司事务繁冗，殿前司更兵员庞大，殿前、步军两司吏胥的编制本来就要多于马军司。宋高宗时，殿前司吏胥为六十人，步军司吏胥为五十人，已经分别比马军司多出十九人和九人。此后各朝，殿、步两司吏胥人数肯定仍然要多于马军司许多。宋孝宗乾道六年（1170）八月，宋廷令兵部“于殿前司抽差旧管下班祇应文字人吏六名，赴部行遣”[③]。下班祇应事务，只是殿前司差使磨勘案所管事务之一，其吏胥已达六名。殿前司吏胥的总数，由此可见一斑。那么，南宋三衙吏胥的整体规模，较北宋还要大很多是无疑的。即使仅讨论实际在职的人数，马军行司在职的吏胥也达到了五十九人，数量仍然要远远多于北宋时期。

众所周知，吏额的冗滥和膨胀是南宋官制的痼疾之一，中央如三省吏额为四百四十二人，枢密院吏额为三百二十七人，尚书六曹吏额则为九百二十人，地方浙东七州的吏额更高达四千人[④]。不过，宋高宗绍兴二十六年（1156）十二月，三省、枢密院“裁定吏额”，然而当“三衙乞免减吏额”时，南宋朝廷随即予以批准[⑤]。宋孝宗淳熙十三年（1186）十二月，宋廷接受了司农少卿吴燠“请减冗食”

---

① 〔宋〕李心传：《建炎以来系年要录》卷一七五，第3361页。

② 王曾瑜：《宋朝阶级结构》（增订版），第243页。

③ 〔清〕徐松辑：《宋会要辑稿》职官一四之九，第2692页。

④ 〔宋〕李心传撰，徐规点校：《建炎以来朝野杂记》甲集卷一二，第250～251页。

⑤ 〔宋〕李心传：《建炎以来系年要录》卷一七五，第3360～3361页；〔清〕徐松辑：《宋会要辑稿》职官三二之一七，第3014页。

的建议，下敕令裁定三衙吏胥如何裁减，然最终的结果只是下诏令：步军司“差使案减贴司一人”[①]。由此不难推知，南宋三衙的吏胥绝大多数还是各司其职，并非“冗食”，难言轻易裁撤。从这个角度上说，南宋三衙吏胥的规模超过北宋，特别是远超宋神宗朝及后三朝，在某种程度上，或者也就意味着其功能性和事务性也都要在北宋之上。

马军行司吏胥的名号，除马军司提点、点检文字与中军，依地位的高下，主要包括：职级、主押、手分、贴司。职级，对应的应当是北宋的孔目官；主押，当即勾押官，或避宋高宗赵构之讳改；手分、贴司，是南宋时发展起来的文案吏职名号，如贴司“国初惟在京及监司许置”，“绍兴二十六年诏以吏额之半置贴司”[②]；手分的地位要高于贴司。

除此之外，《宋会要辑稿》当中记载了南宋三衙吏胥另外的一套名号系统，“都吏、副都吏、典史、副典史，各一名，书吏六人，典书二十一人，副典书二十人，抄写四人”[③]。《建炎以来系年要录》卷一七五“绍兴二十六年十二月”记事李心传注亦有曰：三衙吏胥“其名有都吏、副都吏、典史、副典史、书吏、典书、副典书，凡八等”[④]。按：宋徽宗政和三年（1113）二月八日，宋廷曾以“因仍五代藩镇之弊”及“名称鄙俗”为由，下令把各州军的吏胥名号统一更名，“衙职改都吏，人吏改典史等”[⑤]，三衙自然也包括在内。然而，此次吏胥名号的更改，仅仅为昙花一现，在绍兴元年（1131）八月六日，户部就奏请：“吉州申，昨来衙前旧法，系称都知兵马使等名目，及本州人吏系称都孔目官等名目。后准指挥，衙职改都吏，人吏改典史等。契勘建炎元年六月十六日敕，开封府官并依旧制，诸州军府准此。窃恐都孔目官等并衙职等名称，亦合依旧。”此请得到了宋廷的批准，下诏完全废止了都吏、典史等名号，令诸路监司、州县“衙职、人吏，并依旧制称呼”[⑥]。三衙

---

① 〔清〕徐松辑：《宋会要辑稿》职官三二之一七，第3014页。

② 〔宋〕齐硕等修，陈耆卿纂：《嘉定赤城志》卷一七《吏役门》，中华书局1990年版，第7416页。

③ 〔清〕徐松辑：《宋会要辑稿》职官三二之一，第3006页。

④ 〔宋〕李心传：《建炎以来系年要录》卷一七五，第3361页。

⑤ 〔清〕徐松辑：《宋会要辑稿》职官四八之一〇〇，第3505页。

⑥ 〔清〕徐松辑：《宋会要辑稿》职官四八之一〇〇，第3505页。

自然也不应例外。

不过，绍兴三年（1133）六月，步军司曾上言："本司人吏副典书，旧法：逃走及一日，降下名，满百日，落籍，永不收叙。"[①]其中就提到了步军司衙署吏胥当中有"副典书"；嘉定八年（1215）马军行司众吏胥当中，也有"主押二人"，"内一名系权差典书孙再荣时暂管干"[②]。看来，至少典书和副典书在南宋三衙吏胥名号当中仍然是存在着的，其地位则要低于主押。

嘉定八年（1215）马军行司在职吏胥五十九人，从《宋会要辑稿》的相关记载来看，只有马军行司直属一名贴司是"使臣"，其余无一例外都是"效用"，也就是处于"使臣"和"军兵"之间的高级士兵的身份，区别只是"正额效用"还是"额外效用"。他们当中"白身"的有四十余人之众，居绝大多数；十余人带有"进勇副尉"，或"守阙进勇副尉"，或"摄进勇副尉"，但"进勇副尉""守阙进勇副尉"不过是南宋武阶中最低级、无品、不入流的杂阶，摄进勇副尉"当更在等外"。众吏胥所享受的吏禄等主要的待遇标准，也相应分为四个等级：日请食钱四百二十六文，唯一的一位使臣享受此一标准；日请食钱三百文，口食米三升，凡属正额效用的职级、主押、手分、贴司，无论白身与否，皆享受这一标准。额外效用但带有武阶者，日请食钱二百五十文，米二升。最低的是日请食钱一百文，米二升五合，包括额外效用，白身的主押、手分、贴司等。此外，"正额效用"者每人还享受大礼赏二贯；"额外效用"者享受每月折麦钱七百二十文，大礼赏则为十五贯。

王曾瑜先生指出："宋朝吏胥存在着无禄和有禄之差别。宋神宗时实施仓法，又在部分吏胥中推行重禄"，"自北宋后期至南宋，重禄法的实施范围不断扩大，以至对部分县役人，例如'州县常平免役案吏人'，推行经界法时的县'乡司'（乡书手），还有县推司、法司、编录司等'亦行重禄'"[③]。南宋时期，行在临安吏胥凡"每月支钱十贯，米六斗"，大致就属于"重禄"[④]。按照这一标准，三衙吏胥

① 〔清〕徐松辑：《宋会要辑稿》职官三二之一〇，第3010页。

② 〔清〕徐松辑：《宋会要辑稿》职官三二之二二、二三，第3016～3017页。

③ 王曾瑜：《宋朝阶级结构》（增订版），第257、259页。

④ 〔清〕徐松辑：《宋会要辑稿》职官四七之七四，第3455页。参看王曾瑜：《宋朝阶级结构》（增订版），第260页。

中“正额效用”的等级，每月食钱一项就能达到九贯，基本上就可以归入“重禄”的范围之内。再如粮米的供应，绍兴十一年（1141）之前，宋廷就已然规定：步军司吏胥所请粮米“随寺监人吏敖分一等支给”。至于殿前司、马军司，当然也不会例外。毫无疑问，这应该是一项优待，所以军头司也上奏朝廷，以本司人吏公务“委是繁重”为由，请求军头司吏胥“见请粮米”，同样享受步军司吏胥的这一待遇。[①]

关于南宋三衙吏胥的出职与升迁问题，宋人主要有两种不同的说法。一是淳熙八年（1181）殿帅郭棣所言：“三衙推吏并不移替，有至一二十年者，诸军观望。”二是嘉定八年知梧州郑炎上奏：“比年以来，往往军帅多以胥吏备数，一旦遽补官，未几又躐进。”枢密院也随即札下殿前司：

> 照得三衙、江上诸军胥吏，系于各军差拨充应，自后军帅倚为腹心。每遇差除，即乞改拨；随行不久，便与升差职事。

并且，枢密院下令三衙、江上诸军各都统司“自今以往，胥吏非有军功，不许径补军官”[②]。不过，上述两说看似矛盾，其实也不难加以解释。

笔者认为：单纯从制度层面上来看，南宋应该是基本承袭了北宋旧制，对三衙吏胥出职的限制很多。但在实际执行的层面上，由于南宋三衙主帅对部属职务升迁的控制力度普遍要远强于北宋，正所谓“盖军中自统制以下，多是假摄，或以准备将而权统制者，每于文移、公牍、书札、榜子削其本职，为写权职为正。遇东班便自居通判之上，唯知凶暴，陵驾士大夫”，“故以守阙进勇副尉为统制者，往往而是”[③]。至于在赏功提拔之时上下其手，更是三衙乃至整个南宋军中极其司空见惯的痼疾，诚如时人所言：

> 伏见朝廷比修军政，汰拣冗籍，更易将帅，威令复振。惟是功赏一事，如出战暴露、从卫守把之类，项目颇多，昨缘将帅非人，保明奏请之间，不

---

① 〔清〕徐松辑：《宋会要辑稿》职官三六之八七，第3115页。

② 〔清〕徐松辑：《宋会要辑稿》职官三二之一五，第3013页；职官三二之二，第3015页。

③ 〔宋〕王栐撰，诚刚点校：《燕翼诒谋录》卷五，第45页。

无伪冒。或增减功效，或添入姓名，受赂不公，任情轻重，奸弊百端，时有陈告。近据殿前司白旗子队谭进告论鲁真等，前军使臣张仪告论洪盛等，马军司左军蔡仲告论田俊等。蒙朝廷送大理寺究治，委是告论得实。①

到了南宋后期的宋度宗咸淳年间，以范文虎、孙虎臣等三衙主帅为代表的众将们，更公然“矜功怙宠，慢上残下，行伍功赏，视为己物，私其族姻故旧，俾战士身膏于草莽，而奸人坐窃其勋爵矣”②，已经完全到了肆无忌惮的程度。

三衙吏胥既然大多是“军帅倚为腹心”，多为三衙主帅的亲信、心腹私人，近水楼台先得月，他们得以出职，甚至“径补军官”，被破格提升为中高级军官的机会愈来愈多，远远多于北宋，也就是再正常不过的事情。③

与北宋相类似，南宋三衙吏胥枉法舞弊的现象同样存在。乾道七年（1171）正月前后，步军司就发生了吏胥“伪造军兵文帖”的严重事件④。考虑到“吏强官弱”是南宋官场的普遍现象，大致可以断言，南宋三衙吏胥的实际作用可能较北宋时期还要大。宋高宗朝杨存中为殿帅，殿前司的一名胥吏就是得到了他的特别宠信，两人还曾联手上演了一幕不太光彩的“苦肉计”：

殿帅杨存中有所亲爱吏，平居赐予无算。一旦，无故怒而逐之，吏莫知得罪之由，泣拜辞去。存中曰：“无事莫来见我。”吏悟其意，归以厚赀俾其子入台中为吏。居无何，御史欲论存中干没军中粪钱十余万。其子闻知，告其父。其父奔告存中。存中即具札奏，言军中有粪钱若干桩管某处，唯朝廷所用。不数日，果以为言，高宗出存中札子示之，御史坐妄言被黜，而存中之眷日隆。存中之逐吏，亦兵法之余智也。然御史可谓不密矣。⑤

---

① 〔宋〕韩元吉：《南涧甲乙稿》卷一〇《论诸军冒赏札子》，《文渊阁四库全书》本。

② 〔元〕脱脱等：《宋史》卷一九六《兵志十》，第4894页。

③ 宋代吏胥阶层选任、迁转与出职的整体情况，可参看祖慧：《宋代胥吏的选任与迁转》，《杭州大学学报（哲学社会科学版）》1997年第2期；《宋代胥吏出职与差遣制度研究》，《浙江学刊》1997年第5期。

④ 〔清〕徐松辑：《宋会要辑稿》兵一九之二一，第7091页。

⑤ 〔宋〕罗大经撰，王瑞来点校：《鹤林玉露》丙编卷五《杨存中逐吏》，第321～322页。

这虽然只是一则轶闻，但绘声绘色地刻画出了当时三衙吏胥的“独特分量”，其人与主帅的关系既然如此密切，在殿前司狐假虎威，平时何等威风是可想而知的。

更令人慨叹的是，宋金议和之后，南宋三衙吏胥普遍乐于参与出使金朝或接待金朝使臣，宋宁宗时更是“递年以来，三衙人吏，专以经营差充奉使及接送伴所、引接书表司等职事”，“至有一年之内，凡遇接送使人，皆在抽差之数者”。吏胥如此趋之若鹜，其目的除了谋取晋职捷径，正如时人所揭露出来的那样，“盖是军中财赋、兵帐、军器及朝廷施行等事，皆知子细，往往漏泄，以图厚利”，无耻地向金朝出卖南宋的军事机密以牟取私利，才是其时三衙吏胥们彼此心照不宣、不可告人的真正的“潜规则”。直到宋宁宗庆元四年（1198）十一月，宋廷方接受了臣僚建议，专门下诏对如此丑剧加以禁止，明令三衙主帅“今后不得发遣吏人往奉使所及接送伴所，虽指名踏逐，仰备坐今来约束指挥回报，不得发遣”[①]。

四、监狱、都作院等：其他直属附属机构

宋代三衙在诸案、司之外，还先后设有其他直属、附属机构，主要包括：

（一）监狱

宋代三衙设有专门的军人监狱，根据《宋史·刑法志》的记载，北宋开封的“官司之狱”，“在诸司，有殿前、马步军司及四排岸”；南宋“三衙及江上诸军，各有推狱，谓之‘后司’”[②]。

马军司移屯建康之后，也在建康设有名曰“土牢”的该司监狱。[③]是制，始自五代侍卫亲军司的侍卫司狱，后晋名相桑维翰即死于此狱，后汉“有侍卫司狱，凡朝廷大事，皆决侍卫狱”；《资治通鉴》称之曰“军狱”，史弘肇为侍卫亲军马

---

① 〔清〕徐松辑：《宋会要辑稿》职官三二之一九，第3015页。

② 〔元〕脱脱等：《宋史》卷二〇一《刑法志三》，第5021页；卷二〇〇《刑法志二》，第4995页。

③ 〔宋〕马光祖修，周应合纂：《景定建康志》卷二三《狱犴》，第1699页。

步军都指挥使时，“凡入军狱者，使之随意锻炼，无不自诬”[①]。

宋真宗景德四年（1007）五月，宋真宗“遣使诣御史台、三司、开封府、殿前、侍卫司编类系囚”，“壬辰，上御崇政殿虑问，多所原减”；大中祥符元年（1008）五月，宋真宗又“御崇政殿，亲虑御史台、三司、开封府、殿前、侍卫司系囚，流已下递减一等，笞杖释之”[②]。这说明，直到宋真宗朝，侍卫司狱似乎仍未彻底地一分为二。马、步军司各自独立置狱，应该是宋真宗以后的制度。例如宋哲宗绍圣二年（1095）正月，宋廷下诏：

> 开封府寄杖未决罪人，悉缘病孕，久縻囚系，方春发生，推觉大。应徒罪情重，减从杖一百；情轻，减从杖八十。余罪不以轻重，并放。殿前、马、步军司，大理寺准此。[③]

此诏即表明殿前司、马军司和步军司三衙并列了。北宋中后期，据吕陶所言：

> 京师之狱，自开封府、御史台、大理寺、诸寺监、开祥二县，并尉司、左右外厢、马、步军司、三排岸，以至临时诏狱以及书监、夜禁等，无虑二十余处。[④]

都城开封共计有大小监狱二十余所，三衙的监狱在其中似乎并不十分显眼。但到南宋时期，三衙监狱已经与大理寺、临安府相提并论，成为行在临安的三大监狱之一。宋高宗绍兴二十一年（1151），宋廷“诏大理寺、三衙及州县岁支官钱合药，以疗病囚”，从户部拟定的拨款数额来看，每年“殿前、马、步军司各支钱五十贯文，大理寺一百贯文，京府、节镇一百贯文，余州六十贯文，大县三十贯

---

① 《新五代史》卷二九《桑维翰传》载：“军吏前白维翰，请赴侍卫司狱。维翰知不免，顾崧曰：‘相公当国，使维翰独死？’崧惭，不能对。是夜，彦泽使人缢杀之。”

② 〔宋〕李焘：《续资治通鉴长编》卷六五、卷六九，第1461、1547页。

③ 〔清〕徐松辑：《宋会要辑稿》刑法六之二〇、二一，第6703～6704页。

④ 〔宋〕吕陶：《净德集》卷二《奏为乞复置纠察在京刑狱司并审刑院状》，《文渊阁四库全书》本。

文，小县二十贯文"[①]，三衙不仅排在首位，而且殿前、马、步军司各五十贯，合计为一百五十贯，总数远在大理寺和京府、节镇之上。由此，大致可以判断三衙监狱的整体规模至少不亚于大理寺和临安府。根据南宋学者周密的记载：殿前司和步军司的监狱都拥有一大片芦苇荡，"可以开为良田，裨国饷"[②]，其规模之大可想而知。

一个特别明显的表现是，从宋孝宗隆兴元年（1163）八月"诏委监察御史一员，亲诣大理寺及三衙、临安府并钱塘、仁和县，催促见禁公事疾速结绝"[③]开始，南宋朝廷凡下恤刑诏书，几乎必将大理寺、三衙、临安府并列，从而完全制度化。宋孝宗一朝，此类诏书据《宋会要辑稿》加以统计就有十余个。宋宁宗一朝，仅据《宋史·宁宗本纪》加以统计，前后就更多达二十余个，可详见下表表2：

表2　南宋宁宗朝恤刑诏书简表

时间	内容
庆元元年	二月，以久雨释大理、三衙、临安府、两浙路杖以下囚。五月，减大理、三衙、临安府杂犯死罪以下囚，释杖以下。
庆元二年	五月，诏大理、三衙、临安府、两浙州县决系囚。
庆元六年	五月，诏大理、三衙、临安府及诸路阙雨州县释杖以下囚。
嘉泰元年	五月，诏大理、三衙、临安府、两浙州县决系囚。七月，释大理、三衙、临安府及诸路阙雨州县杖以下囚。
嘉泰三年	三月，以久雨诏大理、三衙、临安府决系囚。五月，以旱诏大理、三衙、临安府释杖以下囚。六月，减大理、三衙、临安府囚罪一等，释杖以下。
嘉泰四年	七月，以旱诏大理、三衙、临安府、两浙及诸路决系囚。
开禧元年	六月，减大理、三衙、临安府囚罪一等，释杖以下。七月，以旱诏大理、三衙、临安府、两浙州县及诸路决系囚。
开禧二年	二月，以久雨诏大理、三衙、临安府及诸路决系囚。六月，减大理、三衙、临安府囚罪一等，释杖以下。十二月，释大理、三衙、临安府杖以下囚。

① 〔清〕徐松辑：《宋会要辑稿》刑法六之六六、六七，第6726～6727页；又见《建炎以来系年要录》卷一六二，然将其时间系于六月。此从《宋会要辑稿》。

② 〔宋〕周密撰，吴企明点校：《癸辛杂识》别集下《史宅之》，中华书局1988年版，第292页。

③ 〔清〕徐松辑：《宋会要辑稿》刑法五之三九，第6689页。

（续表）

时间	内容
开禧三年	二月，以旱诏大理、三衙、临安府决系囚。
嘉定元年	闰四月，诏大理、三衙、临安府及诸路阙雨州县决系囚，释杖以下。命大理、三衙、临安府、两浙州县决系囚。
嘉定二年	五月，释大理、三衙、临安府、两浙州县杖以下囚。
嘉定五年	三月，以久雨诏大理、三衙、临安府、两浙州县决系囚。
嘉定六年	五月，以旱命大理、三衙、临安府决系囚。
嘉定七年	六月，释大理、三衙及两浙路杖以下囚。
嘉定十年	五月，以久雨释大理、三衙、临安府杖以下囚。 十月，以久雨释大理、三衙、临安府及两浙诸州杖以下囚。
嘉定十四年	正月，以雪寒释大理、三衙、临安、两浙诸州杖以下囚。

宋孝宗、宋宁宗以后南宋其他各朝的情况也大同小异。就笔者所见，此制较早见于宋高宗绍兴六年（1136）六月，时地震，刑部“差委本部郎官诣临安府并仁和、钱塘两县、大理寺、殿前、马、步军司点检见禁，催督结绝”[①]，但宋高宗一朝并未形成制度，而如此情形在北宋更是绝无仅有的。

三衙断狱，皆决于主帅，正所谓“祖宗深得治军之法，设三卫管军之官，付以流配之权，自非死刑，不付有司按覆”[②]，只有死刑判决，才需经覆核。其具体事务，则例由主帅指定的亲信吏胥掌管，“今殿前等司所以统诸军，刑罚不少，而鞫讯论决，一委胥吏”[③]。吏胥地位卑微，自然完全听命于主帅个人。宋哲宗元符二年（1099），殿前副都指挥使姚麟“断魏吉不当”，就是“殿前司吏经赦特决杖勒停，降资冲替”[④]，由殿前司之吏胥承担了全部的责任。当然，他们其实是充当了殿帅姚麟的替罪羊。南宋时，三衙主帅与吏胥狼狈为奸、上下其手更蔚然成风，“狱成，决于主帅，不经属官”“军吏多受财为奸”等问题层出不穷，已然成为当时军中的一大弊政。

---

① 〔清〕徐松辑：《宋会要辑稿》刑法五之三五，第6687页。

② 〔宋〕李焘：《续资治通鉴长编》卷四三〇，第10405页。

③ 〔宋〕李焘：《续资治通鉴长编》卷一八五，第4478页。

④ 〔宋〕李焘：《续资治通鉴长编》卷五一〇，第12132页。

为了解决此一军中积弊，宋孝宗时规定，三衙的胥吏凡有空缺，与刑部进拟案，大理寺左断刑、右治狱、法司等司法机构一样，填补者“皆以每岁附类试所试”[①]，必须通过相应的律令考试。宋光宗年间，宋廷又明令：三衙和江上诸军的监狱，皆改由“通晓条制”的一员属官来兼管。宋宁宗嘉定五年（1212），在三衙各增设了“主管后司公事”的属官职位，编制一员，由武举人出身者担任，专门负责三衙监狱诸事务[②]。属官的地位远高于吏胥，对主帅就能够形成一定的制衡和约束。

（二）殿前司、步军司都作院与御前军器所

北宋开封的兵器生产，原主要由三司胄案负责，后由军器监负责，东西作坊具体打造，三衙基本上不得直接插手。一个比较明显的例证是：宋神宗熙宁七年（1074）时，军器监上裁定“中外所献枪、刀样”，宋廷将其“诏送殿前、马、步军司定夺”。一般来说，“武人习用器械”，枪、刀新样的审定“谋及殿前、马、步军司”是理所当然的，但判军器监的文臣吕惠卿立即上奏，极力地表示反对，甚至于上纲上线，他说：

> 臣以从官预典监事，于陛下则为论思谋画之臣，朝廷一日有四方之事，若幸得使令于前，当使此属奔走以听事。今乃以其悉心并智之所为，而使之议可否，于今日之间，臣固不敢自爱，深恐武夫健卒辈有以窥朝廷之心膂[③]。

宋廷也就随之收回了成命，改令殿帅郝质等三衙管军前往军器监与吕惠卿协商，实际上是采纳了吕氏的意见，改由吕氏定夺。至于个中的原因，不外还是出于对三衙“武夫健卒”根深蒂固的防范心理，吕惠卿个人张扬、霸道的为官风格倒在其次。

南宋时的情况较北宋发生了很大的变化，殿前司和步军司都专门设有负责打造和维修本部兵器的都作院。宋孝宗淳熙六年（1179），殿前司补充了新兵五千二百余人，殿帅郭棣遂以满足其兵器、衣甲等装备的供应为理由，奏请朝廷，在殿前司帅衙之后置殿前司都作院一所，把殿前司原本分散于各军的军匠集中起来，“追集诸

---

① 〔清〕徐松辑：《宋会要辑稿》职官四之四九，第2461页。

② 〔元〕脱脱等：《宋史》卷二〇〇《刑法志二》，第4995～4996页。

③ 〔宋〕李焘：《续资治通鉴长编》卷二四九，第6067～6068页。

军见用人匠打造，其诸军合造军器，亦乞并入都作院制造”[①]。此后，殿前司各部所需的兵器与军用物资制造和维修等事务，主要就由本司的都作院来承担。

南宋殿前司从杨存中主政时开始，就特别注重本部军器的生产与革新，以求提高本部的装备水平。史书记载：杨存中在殿前司“又制诸军戎仗”，“以克敌弓虽劲，而士病蹶张之难，乃增损旧制，造马黄弩，制度精密，彼一矢未竟，而此三发矢”[②]。隆兴二年（1164）以后，殿前司等“诸军所管军匠，逐时造甲，至今十五六年，想亦稍备”[③]。乾道四年（1168），殿帅王琪就向宋孝宗进献了殿前司自行打造的枪手甲、弓箭手甲和弩手甲各十副，其中，枪手甲每一副重达五十八斤一两，弓箭手甲重五十五斤，弩手甲也达到四十五斤半。[④]宋廷遂以其样式为制式标准，向御前军器所和马、步军司推广。

殿前司都作院组建之后，一次就能够满足五千二百余新兵的装备需求，其生产能力和规模，无疑又有了相当可观的提升。宋宁宗嘉泰三年（1203）七月，宋廷拨予殿前司经费十万贯，命殿前司“造战舰”[⑤]。由此可见，当时的殿前司很可能已经具备了自行制造战舰的生产能力。宋理宗时，四川制置司所急需的“万人器甲”，也是由殿前司和步军司来负责“支拨”[⑥]。

步军司效法殿前司，同样是在淳熙六年（1179）创立了都作院，令本司“五军工匠日逐趁赴入作”。到淳熙十四年（1187）的时候，步军司都作院运作较为良好，步军司“桩办军器，别无阙少”，步帅梁师雄因而提议将步军司都作院的“都”字去掉，改名为步军司作院，“日后续有阙用军器，随宜置造使用”[⑦]。

马军司有无都作院呢？从现有的材料来看，答案应该是否定的。马军司所在的建康，一直是宋代军器生产的中心之一，在宋神宗熙宁年间，设有江宁府都作院，宋徽宗政和年间，其都作院已经有了每年打造马甲四百副的生产能力[⑧]。南

---

① 〔清〕徐松辑：《宋会要辑稿》职官三二之一三，第3012页。

② 〔宋〕李心传：《建炎以来系年要录》卷一五八，第3000页。

③ 〔元〕马端临：《文献通考》卷一六一《兵考十三》，第4830页。

④ 〔清〕徐松辑：《宋会要辑稿》舆服六之二八、二九，第1839～1840页。

⑤ 佚名编，汝企和点校：《续编两朝纲目备要》卷七，第132页。

⑥ 〔宋〕李曾伯：《可斋续稿》后卷三《回宸翰抚谕将士奏》，《文渊阁四库全书》本。

⑦ 〔清〕徐松辑：《宋会要辑稿》职官三二之一三、一四，第3012页。

⑧ 〔清〕徐松辑：《宋会要辑稿》舆服六之二八，第1839页。

宋时更持续提升，至开庆、景定年间，“凡甲胄、戈剑、弓矢之需取具于升者，无虑数十万计，取之不竭，备有素也”[①]。既然如此，马军司似并无另置都作院的必要。至于马军司以军为单位，配属有相当数量的军匠来自行打造和维修军器，则是肯定的。

南宋三衙打造兵器所需材料，大多需要自行购置，朝廷仅提供一定的免税优惠而已。淳熙五年（1178），宋廷接受殿帅王友直的奏请，下诏临安府、转运司：“自今后殿前司买到军器、军须物料、木弓弩等，照应户部免税公据许买数目，即便放行。”[②]其余所需的费用，也主要由三衙自行筹办，通常取之于本司的经营性收入和朝廷下拨经费的节余。乾道元年（1165）七月，宋廷诏令：

> 诏浙东、西措置犒赏酒库共六十四库，拨付三衙，分认课额。今逐司疾速差人交割，令户部依此以十分为率，殿前司四分，马、步军司各三分。其息钱每岁分上、下限，赴左藏南库输送，余息充逐军赡军及造军器等。[③]

淳熙六年（1179）正月，马军司亦上奏：“本司财赋岁收一万六十余贯，所有赤历，乞每月解赴行在司驱磨印押，将历尾支使不尽钱措置军器。”[④]

南宋殿前司的财政状况一直比较宽裕，经常向朝廷进献“羡余”，如宋孝宗朝王友直任殿帅时，殿前司一次就曾“进羡余二十万缗”[⑤]，宋宁宗时权殿前司事务王端理亦曾向朝廷“献钱会三十万贯”[⑥]。殿前司都作院一直能够保持着相当可观的规模，显然与此关系甚大。

步军司的都作院，其规模肯定难与殿前司相比肩。因为无论是经营收入，还是朝廷下拨的经费，步军司都无法和殿前司相提并论。嘉定十四年（1221），侍卫

---

① 〔宋〕马光祖修，周应合纂：《景定建康志》卷三九《武卫志二·军器》，第1978页。

② 〔清〕徐松辑：《宋会要辑稿》职官三二之一三，第3012页。

③ 〔清〕徐松辑：《宋会要辑稿》食货二一之五、六，第5146～5147页。

④ 〔清〕徐松辑：《宋会要辑稿》职官三二之一四，第3012页。

⑤ 〔宋〕楼钥撰，顾大朋点校：《楼钥集》卷九九《少傅观文殿大学士致仕益国公赠太师谥文忠周公神道碑》，第1732页。

⑥ 〔宋〕刘克庄著，辛更儒校注：《刘克庄集笺校》卷八三《玉牒初草·宁宗皇帝》，第3654页。

步军司就上奏："本司财计素窄，别无宽余钱物。"[①]至于马军司，淳熙六年该司的年度财赋收入，才不过区区的"一万六十余贯"，就更等而下之了。

南宋的制造御前军器所，简称御前军器所、军器所，先后两度隶属于三衙：

第一次是在乾道四年（1168）至乾道九年（1173），宋孝宗将制造御前军器所由工部改隶步军司，令主管侍卫步军司公事加系"提点制作御前军器所"衔。由于步军司"事务繁冗"，主管步军司公事"若日去本所提点，委是职事相妨"，事实上宋廷又接受了时任主管侍卫步军司公事王逵的建议，同意由步军司选派一员名叫牛昌国的副将，具体负责"催督造作及检视出纳，遇夜前去万全作坊等指挥弹压、照管烟火事务。依旧从军，于本司官钱内支破添给，更不作阙"，步帅每隔三天或五天，方亲自前往军器所处理相关事务。[②]

很可能是因为副将的级别过低，乾道五年（1169）十二月，朝廷又规定：改由步军司从本司保举"通晓制造军器"的统制官一员，差兼提点制造御前军器所，来具体负责所务[③]。南宋军制，副将之上为正将，正将之上为统领，统领之上方为统制。统制官的地位，当然要高出副将太多。与此同时，制造御前军器所的监造官员，也例于"殿前、马、步军司诸军将佐或使臣内，踏逐选差素曾谙晓军器造作法度、有心力能部辖人"，然后"申乞指挥差填，以二年为任"[④]。

第二次是从宋理宗景定三年（1262）开始，宋廷将制造御前军器所拨隶殿前司，殿前司将本司的都作院与其合并[⑤]。

制造御前军器所，是南宋时期硕果仅存的直属于朝廷的军器制造作坊，其兵匠的规模最多时达四千余众，物资和经费供给也都得到了优先的保障。但是，其实际生产的成效差强人意。绍兴三十二年（1162）闰二月，枢密院机速房就谈道："近来军器所给到弓弩、铠甲，往往经时未久，已皆损坏，不堪使用。"[⑥]隆兴元年

---

① 〔清〕徐松辑：《宋会要辑稿》兵二〇之四三，第7123页。

② 〔清〕徐松辑：《宋会要辑稿》职官一六之一八，第2730页。

③ 〔清〕徐松辑：《宋会要辑稿》职官一六之一九，第2731页。

④ 〔清〕徐松辑：《宋会要辑稿》职官一六之一八、一九，第2730～2731页。

⑤ 〔宋〕潜说友纂修：《咸淳临安志》卷九《行在所录・监当诸局・制造御前军器所》，第3435页。

⑥ 〔清〕徐松辑：《宋会要辑稿》职官一六之一五，第2729页。

（1163），在前线督师的张浚也向朝廷反映："军器所发到弩箭，不甚精致。"宋廷遂专门下诏严令军器所："今后弩箭须管如法点铜打造，务要精致，如依前灭裂，当职吏官，重作施行。"①

问题的症结主要在于：南宋制造御前军器所例由内侍宦官或知阁门事执掌②，工部或军器监亦参与事务。然而，无论是内侍宦官，还是工部或军器监的文臣，显然皆属于对军备和军器知之甚少的外行；知阁门事，虽然属于武臣系统，但多由"贵戚、势要子弟"出任，"多以外戚、勋贵为之"③，同样毫无实战经验。更为严重的是，宦官和知阁等"贵戚、势要子弟""外戚、勋贵"，往往视军器制造为个人发财的捷径，私役工匠，克扣粮饷，倒卖物料，上下其手，层出不穷，自然导致兵匠频频逃亡，所务乌烟瘴气、积弊丛生。乾道四年（1168），就发生了该所兵匠与马军司士兵群起殴斗的闹剧。此事成为宋孝宗决心把军器所拨隶步军司的直接导火索。

在当时的情况下，由三衙接管制造御前军器所，加强军事化管理的力度，应该算是比较切实可行的解决办法。早在绍兴三十年（1160）九月，工部就曾经奏请"许于殿前、马军司各差谙会造作使臣一员"④来担任制造御前军器所的监造官。绍兴三十二年（1162）枢密院也建议：制造御前军器所"自今后乞更不差贵戚、势要子弟充监官，止乞行下三衙，选差自来谙晓制造军器之人，与理为资任"⑤。可惜的是，宋孝宗虽然一度将军器所拨归步军司，但有始无终，乾道九年后还是重回"以知阁门事为提点"的老路。宋理宗景定三年（1262）虽最终将军器所拨归殿前司，但此时距离南宋灭亡不过十余年，显然已经是于事无补了。

---

① 〔清〕徐松辑：《宋会要辑稿》职官一六之一七，第2730页。

② 《文献通考》卷一六一《兵考十三》："建炎中，以大阉董慤提举军器"，"绍兴五年，始隶工部，后复以中人典领。其调度、程品，工部、军器监有不得预闻者"，"孝宗初，复以内省都知李绰为之"。《咸淳临安志》卷九《行在所录·监当诸局·制造御前军器所》："中兴初，置提举官，以内侍或阁门领之，事得专达。绍兴五年春，始隶工部，诏日轮郎官与军器监官视其役。孝宗皇帝初年，复以内省都知李绰为提举。未几，用台臣请，仍隶工部。乾道四年六月，隶步军司。其后又以知阁门事为提点。景定三年，改隶殿前司。"

③ 〔宋〕李心传撰，徐规点校：《建炎以来朝野杂记》甲集卷一〇《阁门》，第211页。

④ 〔清〕徐松辑：《宋会要辑稿》职官一六之一四，第2728页。

⑤ 〔清〕徐松辑：《宋会要辑稿》职官一六之一五、一六，第2729页。

（三）差使剩员所、神卫剩员所

差使剩员所，至迟置于宋神宗熙宁九年（1076）六月[①]。该所隶属于兵部，配备一二员文官，其职责是替代步军司，向开封城里的官府衙署和中高级官员差拨剩员，充当官府杂役和官员个人的侍卫随从[②]。不过，剩员隶属于步军司，差使剩员所却隶属于兵部，如此叠床架屋式的架构，在许多臣僚看来就属于较典型的冗官。苏辙即曾有上奏云：

> 又如在京职事官，合破白直，并宣借剩员，或替换宣借，昔未行官制以前，皆系所属直下步军司差拨。自行官制，并须经由尚书兵部，兵部但指挥步军司依条施行。臣谓兵部别无可否，亦不须更令经历。[③]

苏辙建议干脆将其裁撤掉。因此，在很长一段时间内，差使剩员所事实上多由步军司“兼领”。如元丰二年（1079）九月“命马军都虞候、权管勾步军司燕达管勾差使剩员所”[④]。到宋哲宗元符元年（1098）八月，该所才重新从步军司中彻底地剥离出来，仍隶兵部，并更名为步军司差使剩员所，“诏差文臣升朝官二员，专切管勾步军差使剩员，仍以管勾步军司差使剩员所为名，隶兵部，以步军事冗，故复析为一司”[⑤]。宋徽宗政和四年（1114）二月，宋廷下诏：“步军司所管厢军、剩员，今从令兵部郎官措置差拨。”[⑥]差使剩员所应该就此退出了历史舞台。

宋神宗熙宁年间，宋廷似曾设过神卫剩员所，“熙宁中，裁定神卫剩员万有千人，建官置局总领，以均役。官制正名，归步军司”[⑦]。宋神宗元丰元年（1078）十月，以“神卫剩员王举为翰林医官，赐紫及绢三百”[⑧]。元丰四年（1081），步帅

---

① 〔清〕徐松辑：《宋会要辑稿》职官三二之三〇，第3020页。

② 游彪：《论宋代军队的剩员》，《中国史研究》1989年第2期。

③ 〔宋〕苏辙撰，陈宏天等点校：《苏辙集·栾城集》卷三八《右司谏论时事一十四首·论三省事多留滞状》，第664页。

④ 〔宋〕李焘：《续资治通鉴长编》卷三〇〇，第7303页。

⑤ 〔宋〕李焘：《续资治通鉴长编》卷五〇一，第11930页。

⑥ 〔清〕徐松辑：《宋会要辑稿》职官一四之五，第2690页。

⑦ 〔清〕徐松辑：《宋会要辑稿》职官三二之三、四，第3007页。

⑧ 〔清〕徐松辑：《宋会要辑稿》职官三六之九九，第3121页。

燕达还上言："神卫剩员中甚有年三十五以下少壮之人，欲乞自京选一千人分擘与将下，充樵汲诸般差使。"[①]《宋会要辑稿》职官三二之二九的篇目就是"差使剩员所、神卫剩员所"。

神卫，为宋代禁军"上四军"的番号之一，隶侍卫步军司。神卫剩员，亦"隶侍卫步军，中兴隶厢军"。宋真宗大中祥符七年（1014）四月，即诏："步军司选神卫剩员十人、节级一人，赴国子监洒扫，不得别有占役。月给酱菜钱二百文。"[②]按：大中祥符七年二月诏："仓草场神卫剩员以三千人为额。"[③]《宋史·兵志》也将"看仓库、草场神卫剩员"和"看营剩员等"区别开来。看来，神卫剩员主要是承担看守仓库、草场等事务，地位和待遇也应略高于普通的剩员。问题是，神卫剩员所与差使剩员所之间的关系究竟如何？两者是否实为一局？目前尚不得而知。但可以肯定，元丰"官制正名"即元丰改制之后，神卫剩员所已经拨归了步军司。

五、余论

综上所述，两宋三衙与其发挥"掌禁卫军之政令""守京师，备征伐"等一系列极其重要的军政职能相适应，除了马军司在宋孝宗朝移屯陪都建康之外，殿前司、侍卫马军司和步军司三衙皆在京坐局，置衙署于京师开封、行在临安。殿前司之帅衙，更始终是紧邻皇宫。宋代三衙事实上皆为一长制，南宋时期又增设了计议、主管机宜文字、干办公事、准备差遣等多员幕职属官，为主帅出谋划策、参赞军机。两宋三衙皆行案司体制，分设诸案司、置吏胥办事。以宋神宗朝为界，北宋三衙经过了五案制和六案制两个发展阶段，南宋三衙则为五案制。北宋三衙之二司为法司和开拆司，南宋则为开拆司和发递司。宋代三衙还先后设有监狱、都作院、差使剩员所等直属附属机构。

宋人有云："自古禁旅之盛，无如本朝者。"[④]两宋三衙统重兵虎踞京师，尤其

---

① 〔宋〕李焘：《续资治通鉴长编》卷三一四，第7609页。

② 〔清〕徐松辑：《宋会要辑稿》职官二八之二，第2972页。

③ 〔清〕徐松辑：《宋会要辑稿》食货六二之六，第5951页。

④ 〔宋〕章如愚：《群书考索》后集卷四〇《兵门》，《文渊阁四库全书》本。

是殿前司始终与皇宫近在咫尺，遂与皇权形成了一种正如宋太祖所说的“备肘腋，同休戚”[①]的特殊紧密关系。无论是三衙规模的扩大，还是其组织机构的趋向完整和严密，无疑都是宋代皇权得以强化的最重要体现之一。北宋时期，三衙是皇权内收地方之兵权，外抗辽、西夏的最主要支柱。南宋时期，宋廷外有金、蒙古强大的军事威胁，长期用兵，内则需驾驭江上、四川诸军各都统司，当然更加倚重三衙，不断地增强三衙的地位和权力，以充分发挥三衙捍卫皇权的作用。南宋三衙较北宋得到了更大的发展，与南宋内外交困的客观形势是十分合拍的。事实上，三衙的属官体制肇始于南宋，南宋三衙吏胥的配置数量也要大幅度地超过北宋，职司军器制造的三衙都作院亦属南宋创置，南宋三衙监狱的规模和重要性也要远在北宋三衙之上。

三衙与宋代皇权如此的紧密关系，在一定意义上也将宋代皇权的军事底色揭橥无遗。南宋学者叶适有言：“古者民与君为一，后世民与君为二。”[②]叶氏所谓的“古者”，主要指“唐、虞、三代”，而汉、唐“庶几于三代”；至于“后世”，当然就是指宋代以来。元代史家马端临在《文献通考》中的如下分析，也可谓一语破的。他言道：

> 古之兵皆出于民者也，故民附则兵多，而勃然以兴；民叛则兵寡，而忽焉以亡。自三代以来皆然矣。秦、汉始有募兵，然犹与民兵参用也。唐之中世，始尽废民兵而为募兵。夫兵既尽出于召募，于是兵与民始为二矣。兵与民为二，于是兵之多寡，不关于国之盛衰；国之存亡，不关于民之叛服。[③]

也就是说，汉、唐仍大致“民与君为一”，皆以民为政权根基，民即是兵，得民与否关系政权的盛衰；宋政权的根基则在于兵，兵民分离，有兵则有权，民众基本上无关乎政权的成败。换言之，汉、唐可以视作华夏民族的民族性政权，在华夏民族范围之内带有一定的全民性色彩，诚所谓“武事不在乎拔距超乘之徒，

① 〔宋〕李焘：《续资治通鉴长编》卷一〇，第225页。
② 〔宋〕叶适撰，刘公纯等点校：《叶适集・水心别集》卷二《民事上》，第651页。
③ 〔元〕马端临：《文献通考》卷一五四《兵考六》，第4620页。

而在乎仁义道德之臣”[①]。“得民心者得天下”，“天下神器，不可以力争”，并非完全为哲人的想象或政客的虚辞。

宋代君权从一开始就具有强烈的军人政权底色，从本质上说，宋代及其以后各朝的皇帝也不外乎一大军头而已，“兴亡以兵”，确乎为宋以降古代中国兴亡发展的不二法门。

当然，政权性质的此种变化，不可能是一蹴而就的。笔者认为，唐德宗朝“两税法”的推行，可以作为其制度上的标志，唐玄宗朝前后均田制事实上的日趋瓦解，则是其远源。在笔者看来，“两税法”的意义绝非限于财政和经济层面，更为重要的是，两税法确立之后，政权就此公开地、彻底地放弃了保证民众拥有小块土地的义务，也就是不再保证民众普遍享有大致平等的温饱的生活，从而割断了政权与民众之间最重要的利益联系纽带，政权与民众之间的情感纽带也同时被割断了。在此以后，正如南宋学者叶适所言：

> 虽然，自汉至唐，犹有授田之制，则其君犹有以属民也；犹有受役之法，则其民犹有以事君也。盖至于今，授田之制亡矣。民自以私相贸易，而官反为之司契券而取其直。而民又有于法不得占田者，谓之户绝而没官；其出以与民者，谓之官自卖田，其价与私买等，或反贵之。然而民乐私自买而不乐与官市，以为官所以取之者众而无名也。是官无以属民也。受役之法坏，而官以佣钱自募浮浪不事事之人。官民之急，不相知也，其有求请而相关通者，则视若敌国。[②]

对此，元代学者赵佑也有着较为深刻的剖析，他就《孟子》“明君制民之产”说立论：

> 迨古法既坏，但有夺民之产，未有能制民之产者也。……后世井法，既万无可复，限民名田之议，亦有不能行，民生田宅，一切皆民自营之，上之

① 〔宋〕汪应辰：《文定集》卷八《制·边镇节度使制》，《文渊阁四库全书》本。

② 〔宋〕叶适撰，刘公纯等点校：《叶适集·水心别集》卷二《民事上》，第652页。

人听其自勤自惰，自贫自富，自买自卖于其间，而惟征科之是计，安问所谓制民之产，民亦无取乎上之制，何也？立一法，反增一扰也。宋之营田制置诸使，其已事也。然则善长民者，又将以何为知本乎？①

南宋一首民歌更是形象地唱道："月子弯弯照九州，几家欢乐几家愁。几家夫妻同罗帐，几个飘零在外头。"民众已然是"几家欢乐几家愁"，已然是"自贫自富"，官府则"听其自勤自惰，自贫自富"。那么，官民之间、民众与政权之间，由于失去了利益联系和情感联系的必要纽带，呈现出愈来愈明显的疏离化，"官民之急，不相知也"就是不可避免的历史大趋势。官民之间由彼此利益、情感相脱节，进而彼此疏远，由彼此疏远进而彼此隔膜，进而发展到彼此对立，甚至彼此"视若敌国"，也就理所当然地成为宋以降中国古代社会问题的主线索之一。

既然如此，从宋代民众的角度上讲，推动他们主动为政权效命的动力急剧减弱，甚至于皇帝乃至政权的更迭与否，在民众的视域当中，与民众的关系程度都难免大打了折扣。在此种社会氛围之下，叶氏所谓的民"受役之法坏"，即汉、唐式的征发民众当兵打仗的义务征兵制基本上丧失了可行性。

从宋代政权的角度上讲，民众"执干戈以卫社稷"已不太现实，宋廷只能退而求其次，依赖官僚集团自身，尤其是依赖直接掌控在手的由招募而来的职业兵和常备军队。宋神宗所云"天下事莫重于兵，社稷安危所系，措兵既定，则其他皆粉泽而已"②，真堪称是一语破的的帝王心得。南宋学者胡宏也指出："君者，兵之司命也……君不能为兵之司命，则孟德专汉、仲达专魏之祸生矣。"③北宋张方平曾有言："今日之势，国依兵而立。"④南宋陈耆卿亦曰：

国曰军国，州曰军州，非先军而后国与州也？室暴乱，夷厉阶，微军则国与州溃不治，虽先军可也。

---

① 〔清〕焦循撰，沈文倬点校：《孟子正义》卷三《梁惠王章句上》注引赵佑《温故录》，中华书局1987年版，第95页。

② 〔宋〕李焘：《续资治通鉴长编》卷三二七，第7883页。

③ 〔宋〕胡宏著，吴仁华点校：《胡宏集·中兴业·整师旅》，中华书局1987年版，第216页。

④ 〔宋〕张方平：《乐全集》卷二七《论事·论汴河利害事》，《文渊阁四库全书》本。

南宋人所修的多部地方志亦多有大致类似的表述，如《寿昌乘》曰：“国所资者兵。”[①]《琴川志》亦曰：“县有弓兵、有寨兵，此定制也。”弓兵、寨兵等“则县之所依以立者，皆非可以具文视也”[②]。

确实，宋代“先军而后国”，“国所资者兵”，下至于县，上至州军府路，乃至宋代朝廷，无不“依兵而立”，只不过县依弓兵、寨兵而立，州军府路依经略司等地方兵马司军马而立，京师的朝廷则主要倚三衙所部为支柱。军队在国家、社会当中的分量不同，决定了宋代三衙等军事强力部门在政权当中的特别重要性，其规模与组织的严密程度都不是汉、唐类似机构所能够比拟，是理所当然的。

原载《文史》2014年第3期

---

① 佚名编纂，文廷式辑：《寿昌乘·粮廪》，第8401页。

② 〔宋〕孙应时纂修，〔宋〕鲍廉增补，〔元〕卢镇续修：《琴川志》卷七《叙兵》，中华书局1990年版，第1217页。

两宋三衙诸军都城驻扎考

正如两宋人所言，“都畜卫兵，莫如国朝之盛”[①]，“殿、步司拱卫京都”。《宋史·兵志》亦有云：三衙诸军为“天子之卫兵，以守京师，备征戍”[②]。除宋孝宗乾道七年（1171）马军司诸军移屯陪都建康之外，两宋殿前司、马军司和步军司三衙诸军皆驻扎于都城开封、临安，承担扈卫帝王、卫戍都城的重任。因为开封、临安作为两宋的“根本之地”，却皆为易攻难守之地，并无山河之险可资凭恃，只能“以兵为险”，此是“国倚兵而立”的两宋政权“内壮根本”，更是强化中央集权、强干弱枝以驾驭地方的必须，其极端重要的军事、政治意义是毋庸置疑的。然目前的相关研究，据笔者浅见，仍主要集中于开封、临安城市史研究著作的相关章节之中[③]，专题论述相对较为薄弱。本文勾勒史籍，拟从三衙诸军各部在都城

① 佚名编，司义祖整理：《宋大诏令集》卷一〇一《军职七·刘昌祚授殿前副都指挥使武康军节度使制》，第374页。

② 〔元〕脱脱等：《宋史》卷一八七《兵志一》，第4569页。

③ 主要有周宝珠：《宋代东京研究》，河南大学出版社1992年版；《〈清明上河图〉与清明上河学》，河南大学出版社1997年版。[日] 久保田和男著，郭万平译，董科校译：《宋代开封研究》，上海古籍出版社2010年版。徐吉军：《南宋都城临安》，杭州出版社2008年版。唐俊杰、杜正贤：《南宋临安城考古》，杭州出版社2008年版。包伟民：《宋代城市研究》，中华书局2014年版。

内外的具体扎营地入手，对两宋三衙诸军在都城驻扎的状况进行考察，企望有裨于研究。

需要加以说明的是，所谓的“驻扎”，是与“屯戍”相对而言的。两宋皆行募兵制，士兵不仅是职业兵，大致也是终身兵，也都有家属需要养活，包括三衙诸军在内的军队的驻防调动，就主要以家属是否随营为区别，分为“驻扎”和“屯戍”两大类。家属不随营的为屯戍，家属随营的则为驻扎。屯戍是短期行为，需要定期地轮换，按时回师驻扎地，驻扎则是长期行为。北宋三衙诸军扎营，多以“指挥”为单位，通常一“指挥”扎一营，俗称为一“营”，每指挥大致步兵五百人、骑兵四百人。南宋三衙诸军扎营，以“将”为单位，通常每“将”扎一营，俗称为“一寨”，每将兵力在千人上下。

一、京师开封：“列屯禁旅”“棋布相望”

除了遥隶于三衙的地方禁军，北宋三衙下辖殿前诸班直与三衙诸军两部分。殿前诸班直军中地位虽高，然兵力十分有限，三衙诸军是三衙兵力绝对的骨干。北宋三衙的总兵力以宋真宗朝为最高，多达三十八万余众，宋神宗熙丰年间定编为十一万余人，殿前诸班直编制为三千余人，殿前司捧日、天武等诸军为六万八千余人，马军司龙卫等诸军为一万二千余人，步军司神卫等诸军为三万余人[①]。殿前诸班直、三衙诸军等北宋三衙直辖所部，皆驻扎于京师开封城内外。

开封城内，长期是三衙大军云集。宋真宗咸平二年（999）八月大阅，“殿前、侍卫马、步诸军二十万，自夜三鼓初，分出诸门，迟明乃绝”[②]。驻扎于开封城之内的殿前、侍卫诸军，整整有二十万之众。宋仁宗天圣四年（1026）十月，开封城内因暴雨受损的三衙军营就有“凡一十三万九千余间”[③]之夥。

---

① 以上数字，笔者主要根据《宋史》卷一八七《兵志一》、卷一八八《兵志二》加以统计，将另文详述。

② 〔清〕徐松辑：《宋会要辑稿》礼九之六，第531页；又略见〔宋〕李焘：《续资治通鉴长编》卷四五，第960页。

③ 〔宋〕李焘：《续资治通鉴长编》卷一〇四，第2424页。《宋会要辑稿》兵六之一三作“十二万九千一百余间”，此从王曾瑜先生说。参见王曾瑜：《宋朝军制初探》（增订本），第442页。

三衙诸军相当一部分兵马驻扎于开封城郊，尤其是在城门之外。宋真宗大中祥符二年（1009）三月，开封府即上言："都城之外，人户、军营甚多。"[①]大中祥符七年（1014）八月，宋廷专门下诏："城门外军营，虽各有本营人员，然阙人都提辖，可差近上军主或都虞候一员点检、教阅，因令巡警。"[②]宋仁宗时任直集贤院的王子融更曾言道："今军营半在城外。"[③]足证在开封城门之外的城郊地区，三衙诸军扎营甚夥[④]。

从宋太祖时开始，三衙诸军还分兵驻扎于陈留、雍丘、襄邑等开封之沿河畿县，所谓"祖宗以来，屯重兵于京师，沿汴河雍丘、襄邑、陈留三县，沿蔡河咸平、尉氏两县，皆列营屯，取其漕路之便"[⑤]。宋真宗景德三年（1006）八月，宋廷又进一步将三衙诸军之两万兵马分屯于河阳、澶州等近京地区，"出禁卫步骑兵分屯近京河阳、澶州各二千人，曹、滑、徐、许、陕州、白波各二千人，陈、汝、怀、虢州各千人"[⑥]。

由此可见，北宋中期以前的开封城，的确是一座不折不扣的大兵营，宋人历来所津津乐道的开封城内"列屯禁旅"、城外之兵营"棋布相望，而謦欬之音，日夜彻乎数百里之间"[⑦]，并非完全的夸大之辞。宋神宗熙丰改制之后，既将开封各畿县驻扎之三衙所部划编为独立的开封府界将兵，又重点在开封推行并营裁军，将三衙所部定编为十一万余，开封城的三衙军营数量才大为减少，众多的三衙军营成为"废营"。对此，宋钦宗靖康元年（1126）王襄在上书中就言及："臣元丰间往来京师道中，京南自延嘉以北，废营坏垒三十余里。"[⑧]晁说之也慨叹道："翊卫京城之兵营，十无一存者矣。今之贵臣、强宗则为别馆园囿，与夫道宫释宇者，皆昔之营地也。后生但夸今日游地之雄，孰知昔日宿兵之雄哉。"[⑨]

---

① 〔清〕徐松辑：《宋会要辑稿》方域一之一三，第7325页。

② 〔清〕徐松辑：《宋会要辑稿》兵六之一三，第6861页。

③ 〔元〕脱脱等：《宋史》卷三一〇《王子融传》，第10186页。

④ ［日］久保田和男著，郭万平译，董科校译：《宋代开封研究》，第106～108页。

⑤ 〔宋〕陈均编，许沛藻等点校：《皇朝编年纲目备要》卷二七，第688页。

⑥ 〔宋〕李焘：《续资治通鉴长编》卷六三，第1419页。

⑦ 〔宋〕晁说之：《景迂生集》卷三《负薪对》，《文渊阁四库全书》本。

⑧ 〔宋〕王襄：《上钦宗论彗星》，《宋朝诸臣奏议》卷四五，第479～480页。

⑨ 〔宋〕晁说之：《景迂生集》卷三《负薪对》，《文渊阁四库全书》本。

众所周知，宋代京师开封由宫城、里城和外城组成。宫城，宋人俗称“皇城”，里城称“旧城”，外城称“新城”。三衙所部在开封城内外具体的部署状况，由于史料的限制，难以特别清晰地断定，但仍可以勾勒出一个大致的粗线条轮廓。例如：王襄在靖康元年（1126）所上之奏章中谈道：开封“皇城之内，有诸班之兵；京城之内，有禁卫之兵；京城之外，列营犹数十里”[①]。宋哲宗时王存亦曾奏言：开封“新城里外，连营相望”[②]。从中可以推知：殿前诸班直当驻扎于皇城即宫城之内外，三衙诸军则主要驻扎于开封里城、外城之内与开封城郊，特别是以外城与城郊地区为主。

具体说来，殿前诸班直之殿前指挥使，分左、右两班，在诸班直当中地位最高，唯有该部扎营在皇宫大内。《东京梦华录》有云：“诸军营：殿前指挥使直，在禁中，有左、右班”[③]，“殿前班在禁中右掖门里，则相对右掖门设一乐棚，放本班家口登皇城观看”[④]。殿前班即殿前指挥使左班和右班，右掖门为宫城的西南门。可见，殿前指挥使当扎营于右掖门以里的宫城西南。

其他班直，当主要于宫城东西两侧的里城、外城扎营，呈拱卫皇宫之势。

宫城以东诸军。根据《东京梦华录》记载：“马行北去，旧封丘门外袄庙斜街，州北瓦子。新封丘门大街，两边民户铺席，外余诸班直军营相对，至门约十里余。”[⑤]马行，指宫城东门东华门以东里城的马行街，马行街向北与外城的新封丘门大街相连。在马行街与新封丘门大街两侧，当扎有较多的殿前诸班直的军营。此外，宋真宗大中祥符元年（1008）三月，宋廷“增置东西班殿侍院一于彰化桥北”[⑥]。按：开封彰化桥，《东京梦华录》《汴京遗迹志》等皆失载，唯清代学者顾祖禹《读史方舆纪要》有云：“彰化桥，旧在汴城北，跨广济河。”广济河，即五丈河。笔者据此认为：此桥是新封丘门大街跨五丈河的桥梁，或即《东京梦华录》中所言之蔡市桥。该桥以南之新封丘门大街、马行街本来就驻有殿前诸班直的军

---

① 〔宋〕王襄：《上钦宗论彗星》，《宋朝诸臣奏议》卷四五，第479页。

② 〔宋〕王存：《上哲宗乞依旧教畿内保甲》，《宋朝诸臣奏议》卷一二四，第1376页。

③ 〔宋〕孟元老撰，伊永文笺注：《东京梦华录笺注》卷四《军头司》，第389页。

④ 〔宋〕孟元老撰，伊永文笺注：《东京梦华录笺注》卷六《十六日》，第596页。

⑤ 〔宋〕孟元老撰，伊永文笺注：《东京梦华录笺注》卷三《马行街铺席》，第312页。

⑥ 〔清〕徐松辑：《宋会要辑稿》兵六之一二，第6860页。

营，大中祥符元年应是就近过桥向北修建了一座东西班的军营。

宫城之西诸军。宋英宗治平二年（1065）八月开封城大水，宋廷“诏开西华门以泄宫中积水，水奔激，东殿侍、班屋皆摧没，人畜多溺死”，事后遂命殿前副都指挥使郝质等“提举修造营屋”，“提举修诸军班营屋”[①]。西华门，即宫城之西门。开西华门泻宫城积水，即淹没了众多诸军班的营屋，事后又以殿帅专门提举修整，这说明在西华门外即宫城西门之外的里城，也扎有较多的殿前诸班直和殿前司诸军的军营。据宋人叶梦得《石林燕语》的相关记载，殿前司骁胜的军营，很可能就扎在宫城西华门以西、里城梁门以里之间的地区[②]。

殿前司诸军。笔者认为：他们当主要驻扎于开封外城之西南部，尤其是在安上门以里邻近地区驻扎有相当部分。安上门，俗称戴楼门，是开封外城的西南门。宋神宗熙宁六年（1073），时人郑侠即曾曰：“安上门最近诸营，每子弟一人归，约空书半担而来，自门入。向晚左右前后尽哭泣声，盖战没之家属得书而泣也。”[③]宋哲宗元符元年（1098）九月，“京师雨久不止，拱圣第六营在安上门，营中水至三尺五寸，遂分五都送五营寄住”[④]。拱圣，即隶属殿前司。也许并非巧合的是，宋徽宗朝殿帅高俅的私宅就在开封西南，离安上门并不远，而据当时臣僚奏言，高氏“身总军政，而侵夺军营，以广私第”[⑤]。其私宅相当一部分，显然就是由侵夺、私占殿前司诸军的军营而来。

马军司、步军司诸军。笔者认为：他们当主要驻扎于开封外城之东南部，以及开封城外的南郊地区。如开封东南门陈州门向西北不甚远，就有跨蔡河的云骑桥[⑥]。云骑的军营，显然就在该桥附近，而云骑就是马军司下辖的重要部队。宋真宗咸平五年（1002）六七月间，开封城连续霖雨，“漂坏庐舍，东南隅地形尤下，上累遣觇视。军营中皆有积水，命卒伍迁就高阜处官舍安泊”，宋真宗还专门亲自

---

① 〔宋〕李焘：《续资治通鉴长编》卷二〇六，第4984页。

② 〔宋〕叶梦得撰，宇文绍奕考异，侯忠义点校：《石林燕语》卷一，中华书局1984年版，第4页。

③ 〔宋〕郑侠：《西塘集》卷一《陷兵》，《文渊阁四库全书》本。

④ 〔宋〕李焘：《续资治通鉴长编》卷五〇二，第11954页。

⑤ 〔宋〕汪藻著，王智勇笺注：《靖康要录笺注》卷七，第792页。

⑥ 〔宋〕孟元老撰，伊永文笺注：《东京梦华录笺注》卷一《河道》，第24页。

“幸龙卫营视所坏垣室”[①]。显然，开封外城之东南部，就是龙卫等马、步军司诸军军营的聚集区。

至于龙卫军营的具体方位，宋神宗于元丰二年（1079）四月将龙卫的废营地赐予卫国公主，“地与主第相直也。主后以其地建法云寺”[②]。法云寺，清代学者周城《宋东京考》有云：“在丽景门外云骥桥西。神宗熙宁四年创建，元末兵毁。”[③]丽景门，即宋门（旧宋门），为开封里城的东南门。云骥桥，显即云骑桥。又，宋钦宗靖康元年（1126）开封失守之后，闰十一月二十七日夜火起云骑桥，云骑桥被焚毁，大火遂蔓延至“明达皇后、孟昌龄等宅、神卫营、蓝从宅，沿烧数千间。民见东南火作，争走西北”[④]。综上所述，足证三衙“上四军”当中的马军司龙卫和步军司神卫之军营离云骑桥不远，应该在云骑桥以西。也就是说，开封外城东南部的云骑桥一带，的确云集马军司、步军司两司大军。笔者认为：正所谓“城东十二仓，贮江、淮所漕米最多”[⑤]，汴河、蔡河两大水道横贯开封的东南区，漕运相当便利，应是如此安排的主要原因。

步军司的飞山雄武是炮兵，天禧二年（1018）四月，宋真宗“幸彰化桥北飞山雄武营教场”[⑥]。该部军营，显然在彰化桥以北的外城城北或城郊。

除此之外，宋仁宗庆历三年（1043）十一月，上清宫火，宋廷遂“诏以宫地为禁军营”。上清宫，全名上清储祥宫，在新宋门里街北[⑦]。新宋门，即开封外城之东门，然驻扎其地的三衙诸军具体番号难以详考。再者，前引王襄上疏中提到：延嘉以北至开封城，存在着大量三衙诸军的废营。延嘉，就是延嘉镇，即著名的朱仙镇，位于开封城南郊四十五里处。笔者认为：王氏看到的延嘉镇以北近三十余里的三衙军营，很可能就是本属于马军司与步军司诸军的。宋神宗熙宁并营，步

---

① 〔宋〕李焘：《续资治通鉴长编》卷五二，第1140～1141页。

② 〔宋〕李焘：《续资治通鉴长编》卷二九七，第7234页。

③ 〔清〕周城著，单远慕点校：《宋东京考》卷一五《寺・法云寺》，中华书局1988年版，第263页。

④ 〔宋〕汪藻著，王智勇笺注：《靖康要录笺注》卷一四，第1426页。

⑤ 〔宋〕李焘：《续资治通鉴长编》卷一〇八，第2524页。

⑥ 〔宋〕王应麟：《玉海》卷一四三《天禧飞山雄武营习战阵》，《文渊阁四库全书》本。

⑦ 〔清〕周城著，单远慕点校：《宋东京考》卷一二《宫・上清储祥宫》，第222页。

军副都指挥使宋守约“率先推行，约束严峻”[①]，故其废营甚夥。

二、行在临安：“殿、步司拱卫京都”

南宋三衙下辖殿前诸班直、三衙旧司指挥和三衙诸军三部分，同样是以三衙诸军为绝对主力。宋孝宗乾道年间，三衙诸军定编为十三万余众，殿前司诸军七万三千人，马军司诸军三万人，步军司诸军二万五千人[②]。殿前诸班直与三衙旧司指挥，合计不过万余人，而且战斗力很有限，基本上不承担作战任务。南宋三衙诸军与殿前诸班直、三衙旧司指挥，本来全部驻扎于行在临安城内外，直至宋孝宗乾道七年（1171）马军司诸军移驻建康之后，南宋方形成了“厢禁军散在郡国，殿、步司拱卫京都，御前军分屯要害”[③]的基本军事格局。马军司旧司三指挥，依然留驻临安。对此，《乾道临安志》卷一《军营》曰：

> 捧日、天武、龙神卫等指挥寨并殿前司、马、步军三司诸军寨，并环列于府城内外，东至外沙，西至西溪安乐山，南至龙山，北抵江涨桥镇。[④]

这显然只是一个粗线条式的描述，但从中可知三衙所部驻扎的范围，大致是以临安为中心，环列于临安城内外：最东至外沙，外沙在临安东门候潮门东；西至西湖以北的西溪安乐山，安乐山在临安仁和县“东二里，高一百五十步，周回五里”[⑤]；南至龙山，龙山亦名卧龙山，在临安南门嘉会门外，离城十里[⑥]；北至江涨桥镇，该镇位于临安西北郊，离钱塘县八里[⑦]，邻近大运河，是经运河水路向临安运送粮米的集散地，从江涨桥镇至临安北门余杭门之间的水路，被认为是保障

---

① 〔元〕脱脱等：《宋史》卷三四九《宋守约传》，第11064页。

② 〔宋〕李心传撰，徐规点校：《建炎以来朝野杂记》甲集卷一八《乾道内外大军数》，第405页。

③ 〔明〕杨士奇、黄淮等编：《历代名臣奏议》卷三三九《御边》，《文渊阁四库全书》本。

④ 〔宋〕周淙纂修：《乾道临安志》卷一《行在所·军营》，中华书局1990年版，第3219页。

⑤ 〔宋〕潜说友纂修：《咸淳临安志》卷二四《山川三 · 城东北诸山》，第3599页。

⑥ 〔宋〕潜说友纂修：《咸淳临安志》卷二三《山川二 · 城南诸山》，第3579页。

⑦ 〔宋〕潜说友纂修：《咸淳临安志》卷一九《疆域四 · 钱塘县》，第3549页。

临安供给的生命线[①]。

与《乾道临安志》相比，《咸淳临安志》的相关记载要更为细致。笔者主要依据乾道、咸淳两《临安志》并结合宋人吴自牧《梦粱录》，以及明人田汝成《西湖游览志》等的相关记载，对照《咸淳临安志》所附《京城图》等，按照《咸淳临安志》卷一四《行在所录·禁卫兵》的排列顺序，将南宋三衙所部具体驻扎地详列于下。

为叙述清晰起见，先将南宋临安诸城门的情况略做交代。根据《梦粱录》及徐吉军《南宋都城临安》的相关精深研究可知，南宋临安城共有旱门十三座，水门五座。十三座旱门是：西门四，由北而南依次为钱塘门、丰豫门、清波门、钱湖门；东门七，由北而南依次为艮山门、东青门、崇新门、新开门、保安门、候潮门、便门；北城一门，余杭门；南城一门，嘉会门。五座水门是：东门保安水门、东南门北水门、南水门，城北由东而西天宗水门、余杭水门。[②]南宋临安的城门、宫城、城内主要街道与城内外运河、山岭和江湖的大致分布情况，可以参看日本学者梅原郁《梦粱录——南宋临安繁昌记》所附的《临安城门分布图》，以及斯波义信《宋代江南经济史研究》所附的《南宋临安经济中枢区》图。[③]

殿前诸班直。南宋殿前诸班直共计二十四个班，即殿前指挥使左班、殿前指挥使右班、长入祗候、御龙直、金枪班、银枪班、散员、散指挥、骨朵直、散祗候、招箭班、散都头、东西班、茶酒四班、殿直、弓箭直、弩直、散直、禁卫[④]。诸班直全部驻扎于临安城内，其扎营地主要有四，《乾道临安志》即曰："一在天庆坊，一在保民坊，一在崇新门里，一在艮山门里。"[⑤]《咸淳临安志》更详记：殿

---

① ［日］斯波义信著，方健、何忠礼译：《宋代江南经济史研究》，江苏人民出版社2002年版，第357页。

② 〔宋〕吴自牧：《梦粱录》卷七《杭州》，浙江人民出版社1980年版，第52～53页。徐吉军：《南宋都城临安》，杭州出版社2008年版，第108～116页。

③ 以上两图，均录之于徐吉军《南宋都城临安》。参见徐吉军：《南宋都城临安》，第104～105页。

④ 此为《咸淳临安志》卷一四《行在所录·禁卫兵》的记载。禁卫，即"禁卫天武班"；东西班当有三个班。《西湖老人繁胜录》《文献通考》等其他史籍对二十四班番号的记载略有不同。参看王曾瑜：《宋朝军制初探》（增订本），第190页。

⑤ 〔宋〕周淙纂修：《乾道临安志》卷一《军营》，第3219页。

前指挥使左班、殿前指挥使右班、长入祗候和御龙直，驻扎保民坊。保民坊在右一厢，时人俗呼为庙坊。金枪班、银枪班、散员、散指挥、骨朵直、散祗候、招箭班、散都头，驻扎在崇新门里之丰禾坊北。崇新门，为临安的东门，俗称荐桥门。丰禾坊，在右三厢，以坊内建有丰禾仓而得名，南宋后期全皇后、谢皇后的府宅皆在丰禾坊。东西班、茶酒四班，在艮山门以里。殿直、弓箭直、弩直、散直，也驻扎在艮山门以里的梅家桥西[①]。梅家桥西邻近南宋临安重要的粮仓丰储仓，"三衙诸军赴新置丰储仓请粮"[②]。艮山门，是临安的东北门，为瓮城[③]。梅家桥，本名通济桥，市舶务就设在梅家桥之北。

殿前司旧司指挥。殿前司旧司六指挥，皆驻扎在崇新门之外：捧日、天武，在崇新门外观音寺东；拱圣，在崇新门外旧象院东；骁骑、宁朔、广勇，在崇新门外螺蛳桥东。

殿前司诸军。南宋殿前司诸军长期下辖十三个军。马、步十二个军，即护圣马军、护圣步军、踏白军、选锋军、策选锋军、游奕军、神勇军、前军、右军、中军、左军、后军，水军一个军，此即著名的"殿前司十三军"。至南宋后期，踏白军已然被撤销，据《咸淳临安志》记载，殿前司诸军其时共下辖马、步十一个军，其顺序依次为选锋军、策选锋军、前军、右军、中军、护圣马军、护圣步军、游奕军、神勇军、左军、后军[④]，加上水军一个军，总计为十二个军。

选锋马军，一寨，在太平桥西。太平桥，在临安东门东青门之外。东青门，在艮山门和崇新门之间，简称青门，俗称菜市门。该门为瓮城[⑤]，门外地形开阔，军事地位相当重要。两浙西路安抚司下辖的东南第三将、京畿第二将，以及雄节、威果、全捷、龙骑、归远不系将禁军五指挥，其营寨就全部扎于"东青门里"[⑥]。选锋步军，四寨，皆在艮山门外。

策选锋马军，四寨，皆驻扎在临安西北门钱塘门之外。二在羊坊桥，二在昭

---

① 〔宋〕潜说友纂修：《咸淳临安志》卷一四《行在所录·禁卫兵》，第3492页。

② 〔清〕徐松辑：《宋会要辑稿》方域一三之二八，第7544页。

③ 〔宋〕吴自牧：《梦粱录》卷七《杭州》，第53页。

④ 〔宋〕潜说友纂修：《咸淳临安志》卷一四《行在所录·禁卫兵》，第3494～3495页。

⑤ 〔宋〕吴自牧：《梦粱录》卷七《杭州》，第53页。

⑥ 〔宋〕潜说友纂修：《咸淳临安志》卷五七《武备·禁军》，第3862～3863页。

庆寺侧。羊坊桥，位于“霍山大路口”[①]，邻近霍山行宫；昭庆寺，实为大昭庆寺。羊坊桥、霍山、大昭庆寺，皆位于钱塘门之外。策选锋步军，六寨，皆在临安东郊，三寨在褚家塘，后洋街、砖街巷、斜桥各一寨。褚家塘，邻近东青门，五代吴越时即为屯兵要地。

前军马军，一寨，在崇新门外螺蛳桥东。前军步军，二寨，在东青门外。右军马军，一寨，在茶漕巡检司北，东青门外；右军步军，三寨，在崇新门外之长明寺南、罗汉寺东，新开门外之四板桥各一寨。按：宋孝宗乾道四年（1168）二月，主管殿前司公事王琪曾奏请：

> 本军元有小教场寨屋一所，坐落东青门里。昨临安府起盖环卫官宅，缘无官员居住，却尽行拆去。今来本军先有收管江州拨到官兵，并新招到人兵及增添队伍，见今官兵权行合并居住，委是阙少寨屋。乞下临安府，将见今空闲地段拨还本司，应副起盖寨屋，令官兵居住。[②]

王氏此奏得到了宋廷的批准。可见，殿前司在东青门内本有一所教场，一度废弃，宋孝宗乾道四年之后重建为殿前司军营，供新招和扩编的新兵居住。

中军步军，六寨，一寨在皇宫正门南门丽正门外东侧，紧靠皇宫大内，称“中军圣下寨”，该寨“寨门外左右俱置护龙水池。沿寨向南，有便门，谓之东便门”[③]。其余五寨，七宝山、钱湖门里各一寨，钱湖门外三寨。钱湖门，为临安之西南门。七宝山，在钱湖门内，邻近铁冶岭。

护圣马军，四寨，二寨在北关门外北郭税务后，二寨在新门外之四板桥。宋理宗端平二年（1235），殿前司在北郭税务前建余杭桥[④]，或即为护圣马军所建。北关门，即临安的北门余杭门，该门门外即运河，“盖北门浙西、苏、湖、常、秀，直至江、淮诸道，水陆俱通”[⑤]；“通苏、湖、常、秀、镇江等河，凡诸路纲运及贩

---

① 〔宋〕潜说友纂修：《咸淳临安志》卷二一《疆域六·桥道》，第3564页。

② 〔清〕徐松辑：《宋会要辑稿》兵六之一九，第6864页。

③ 〔宋〕吴自牧：《梦粱录》卷八《大内》，第62页。

④ 〔宋〕潜说友纂修：《咸淳临安志》卷二一《疆域六·桥道》，第3565页。

⑤ 〔宋〕吴自牧：《梦粱录》卷七《杭州》，第52页。

米客船，皆由此河达于行都”[①]。南宋官员离京多出此门，如宰相虞允文上章求去，“即出北关门待罪，家属亦乘舟之仁和馆”[②]，韩侂胄被挟持时亦曾有语：“我当出北关门。”[③]新门，即东门新开门。

护圣步军，七寨，在临安东门候潮门外椤木桥、福田寺后、修江司侧、瓶场湾各一寨，盛家衖东、南、北三寨。

游奕马军，一寨，在东青门外端平桥东。游奕步军，五寨，在崇新门外以北。神勇马军，二寨，一寨在北关门外之新街，一寨在北关门西北的西马塍。神勇步军，二寨，在崇新门外湖州市米市桥一带。

左军马军，三寨，皆在临安西南门钱湖门外之西郊，一寨在高丽寺前，一寨在法雨寺侧，一寨在长耳巷，邻近小麦岭。左军步军，三寨，亦皆在钱湖门外，一寨在大麦岭，二寨在行春桥。大、小麦岭“当南、北两山之界”[④]，是临安西郊一个较为重要的军事通道。

后军马军，二寨，在艮山门外无星桥北。后军步军，四寨，二寨在褚家塘，梅家桥、艮山门里各一寨。浙江水军，十寨，五寨在崇新门外螺蛳桥东，太平桥西、端平桥东、无星桥北各一寨，二寨在龙山。[⑤]

马军司旧司指挥，共三指挥，皆驻扎在临安城东。龙卫，寨在平粜仓北。云骑、武骑，寨在观桥东。观桥，南宋的社稷坛即设于观桥东北，礼部贡院则在观桥西。按：宋孝宗乾道九年（1173）三月，马军司上奏：

> 本司云骑寨，除倒塌外，见在一百六间，与枢密院亲兵寨相连。铁冶岭寨，除倒塌外，见在三百二十八间，与步军司右军潜火寨相连。窃恐日后倒塌数多不便，乞下逐处权行交割摊拨，付官兵居住，候本司军马回日，具申

---

① 〔宋〕施谔纂修：《淳祐临安志》卷一〇《山川·城外诸河·城外运河》，中华书局1990年版，第3328页。

② 〔宋〕李心传撰，徐规点校：《建炎以来朝野杂记》乙集卷一四《官制二·乾道正丞相官名本末》，第742页。

③ 〔宋〕叶绍翁撰，沈锡麟、冯惠民点校：《四朝闻见录》丙集《虎符》，第92页。

④ 〔明〕田汝成：《西湖游览志》卷四《南山胜迹》，《文渊阁四库全书》本。

⑤ 〔宋〕潜说友纂修：《咸淳临安志》卷一四《行在所录·禁卫兵》，第3494～3495页。

朝廷指挥施行。[①]

马军司此奏得到了宋廷批准。枢密院亲兵寨和步军司右军潜火寨，皆在临安城西的铁冶岭三矛观附近。可见，孝宗时马军司云骑等旧司指挥本多驻扎在城西之铁冶岭。乾道九年（1173）之后，铁冶岭一带的马军旧司营寨方“交割摊拨”给其他军队。应该就是从该年开始，云骑、武骑随之移驻城东之观桥一带。

马军司诸军。南宋马军司诸军共有六个军，即选锋军、前军、右军、中军、左军、后军。众所周知，马军司诸军于乾道七年（1171）移屯建康，而移屯之前马军司诸军在临安的具体驻扎地，《咸淳临安志》失载，但从《宋会要辑稿》《建炎以来系年要录》和《中兴小纪》等其他史籍当中，也有些许蛛丝马迹可寻。笔者就注意到《宋会要辑稿》当中如下三条记载。宋高宗绍兴十九年（1149）十月：“诏西溪标拨马军寨地，可令宋贶亲往检视，毋得侵掘坟墓，多占民田。”[②]宋孝宗乾道七年十月，正主持移屯事务的主管马军司公事李显忠奏请：

> 本司旧管诸军营寨，昨来蒙标拨到临安府管下西溪一带民户地段，起盖营屋，并于寨墙外拨到空地，付本司自行计置材植，盖造房廊，赁与随军父老，作经纪买卖，收掠赁钱，赡军百色支用。[③]

淳熙二年（1175）九月，宋廷诏令：

> 西溪马军司教场、营寨地拨还马军司。先是，乾道七年三月十日有旨：“西溪马军司人马移屯建康府，其教场、营寨地令两浙转运司拘收。”至是马司有请，故有是命。[④]

综合上述三条记载来看，笔者认为：从绍兴十九年（1149）开始，马军司诸军

① 〔清〕徐松辑：《宋会要辑稿》兵六之二五，第6867页。
② 〔清〕徐松辑：《宋会要辑稿》兵六之一七，第6863页。
③ 〔清〕徐松辑：《宋会要辑稿》兵六之二三，第6866页。
④ 〔清〕徐松辑：《宋会要辑稿》兵六之二六，第6867页。

的主力当集中驻扎于“西溪一带”，故有“西溪马军司人马”之说。马军司诸军的营寨，当然也就集中扎在西溪无疑。西溪，在临安之西北郊，位于临安城外的“武林山之西”①，多湿地、水草丰美，有利于战马的饲养。乾道七年马军司诸军移屯建康之时，将其在西溪的原有教场、营寨皆移交两浙转运司，淳熙二年方重新拨还马军司。

按：宋廷绍兴十九年于西溪建造马军司诸军营寨之事，史籍多载。《建炎以来系年要录》记宋高宗谕大臣曰：“西溪摽拨马军寨地，可令守臣宋贶亲往检视，毋得侵掘冢墓，多占民田。”②《中兴小纪》亦载：

> 初，诏于临安府西溪盖马军寨屋，令户部侍郎宋贶亲往观之，无得侵民田，至是未毕。十二月壬子，上曰：“天气寒凛，可趣令毕工，庶免军人暴露。”③

可见，西溪营寨自绍兴十九年（1149）十月动工，至十二月尚未能及时竣工，故宋高宗亲自加以督促。另，宋贶其时以户部侍郎兼权知临安府，遂主其事。再者，绍兴二十八年（1158），权中书舍人张孝祥在上奏中提到马军司选锋军第一将时，就称其为“西溪选锋第一将”。张氏所言之“西溪”，当即指代扎营于西溪的马军司诸军。

除西溪之外，《宋会要辑稿》记载：乾道八年（1172）十一月，宋廷“诏令临安府于忠锐军寨相近踏逐地段，和买、修盖寨屋六百间。两浙转运司于忠武军寨接连元马军司退下寨地内修盖一千间，并限两月了毕”④。可知忠武军寨附近，也当有马军司诸军的部分营寨，只是忠武军营寨的位置已难以详考。

步军司旧司指挥。其共七指挥，神卫、厢军寨在铁冶岭下，右虎翼在铁冶岭上。铁冶岭，临安城中宫城西北山岭之一，为步军司帅衙的所在地。左虎翼和御

---

① 〔宋〕潜说友纂修：《咸淳临安志》卷三六《山川十五·溪·城外·西溪》，第3677页。

② 〔宋〕李心传：《建炎以来系年要录》卷一六〇，第3032页。

③ 〔宋〕熊克著，顾吉辰等点校：《中兴小纪》卷三四，第410页。此事《建炎以来系年要录》失载。

④ 〔清〕徐松辑：《宋会要辑稿》兵六之二五，第6867页。

营喝探，皆在临安城西南门钱湖门外，左虎翼在钱湖门外之聚景园侧。床子弩、飞山雄武，则在钱塘门外王家桥。钱塘门，临安城西门之一。

步军司诸军。南宋步军司诸军共五个军，即前军、右军、中军、左军、后军。前军，皆驻扎西湖西北葛岭之西。前军马军，一寨，在葛岭西仙姑山西南之黄泥岭。前军步军，二寨，一在曲院，距黄泥岭不远，南宋时为酿造官酒之地；一在独角门。明人田汝成撰《西湖游览志》指葛岭西南之水竹坞，“宋为步司前军寨”[①]，当即指步军司前军步军此寨。

右军马军，二寨，皆驻在钱湖门之外，一在小麦岭南，一在大麦岭南杨寺西，邻近殿前左军驻地。右军步军，二寨，在西湖苏堤之旌德观后。右军潜火，二寨，驻扎钱湖门以内，在城西铁冶岭三矛观后，万松岭东。

中军马军，四寨，皆在临安西北郊之西溪附近。一在西观音寺南。宋孝宗乾道九年（1173）六月，步帅郭棣曾奏请：“本司中军营寨，缘地形低洼，近因霖雨水涨，四面河道溢满，所渰寨屋三千二百余间，今欲尽数掇移往本军西观音寨内空闲地段上起盖。”[②]西观音，即指西观音寺。三在方井一带。方井，“在桃源岭下”[③]，位于西湖西北葛岭之西，与步军司前军马军寨南北相距不远。按：中军马军之四寨，三在方井，一在西观音寺南，此为《咸淳临安志》所载。然据郭棣所言，其是将“寨屋三千二百余间”尽数移往西观音寺，这是三将即三寨的规模，或者宋孝宗之后驻扎在西观音寺南的中军马军又有两寨移往方井，仅保留一寨。中军步军，二寨，在临安西北湖州市接待寺西[④]。中军在城将，二寨，一寨在钱湖门里白鳝潭，一寨在郭婆井山上。

左军马军，一寨，在西湖西武状元坊儿门铺。左军步军，二寨，在城西三里、西湖东南之钱粮司岭下。左军在城将，一寨，在钱湖门里白鳝潭。后军马步军，一寨，在钱粮司岭下。

综上所述，南宋三衙诸军的大多数兵力，当是驻扎在临安城外的城郊地区，

---

① 〔明〕田汝成：《西湖游览志》卷九《北山胜迹》，《文渊阁四库全书》本。

② 〔清〕徐松辑：《宋会要辑稿》兵六之二五，第6867页。

③ 〔明〕田汝成：《西湖游览志》卷九《北山胜迹》，《文渊阁四库全书》本。

④ 《宋会要辑稿》兵六之二五亦记载：步军司中军“有湖州市两寨，屋宇二千七百余间”。

故宋高宗绍兴二十九年（1159）三衙在上奏中就明确地言道："管干军马，多在城外。"[1]具体说来，三衙诸军当中最精锐的殿前司诸军的多数兵力，驻扎在临安城之东郊附近。从东南门嘉会门至便门一带，根据绍兴二十八年殿帅杨存中的上言，就是"十之九是本司营寨、教场"[2]。候潮门、新开门、崇新门、东青门和艮山门内外，确堪称大军云集，殿前司诸军中的游奕军、选锋军、前军、后军、右军、护圣步军共六个军，以及策选锋步军、神勇步军、浙江水军大部、中军步军一寨，都集中在这一地区。驻扎于东便门以西、皇宫南门附近的中军步军一寨，直接拱卫皇宫，地位无疑十分突出。

殿前司左军、中军主力、策选锋马军等部分兵力，则驻扎在临安西门主要是钱湖门、钱塘门内外的城西与西郊。北门余杭门外，驻有殿前司神勇马军、护圣马军各二寨。步军司诸军全部五个军的兵力，几乎全部驻扎在城西与西郊，特别是钱湖门内外的铁冶岭、钱粮司岭及临安西北郊的西溪等地区。马军司诸军六个军，本来也全部驻扎在西北郊的西溪。马军司诸军六个军、步军司诸军五个军，加上殿前司诸军驻扎于城西与西郊的左军、中军主力、策选锋马军等部，完全足以与驻扎城东和东郊的殿前司诸军各部维持一个大致的军力均衡。在马军司诸军三万人移屯建康之前，仅就数量而言，马军司诸军很可能还在城东与东郊之上。城北与北郊、城南与南郊驻扎的兵力，则一直相对比较有限。

南宋殿前诸班直与三衙旧司指挥，虽然其兵力与战斗力无法与三衙诸军相提并论，然殿前诸班直大部与殿前司旧司六指挥、马军司旧司三指挥，亦皆驻扎于城东内外。步军司旧司七指挥则驻扎于城西钱湖门、钱塘门内外，与三衙诸军的部署基本一致。

日本学者斯波义信在《宋代江南经济史研究》"南宋都城杭州的城市生态"一节中指出：

> 从余杭门至江涨桥镇的水路是供应补给的生命线，因此半道红（南北方向的陆路）西的东、西马塍之低地，屯驻着马、步大军。同样，在东北隅的

---

① 〔清〕徐松辑：《中兴礼书》卷二六四《凶礼》，《续修四库全书》本。

② 〔清〕徐松辑：《宋会要辑稿》方域二之二〇，第7341页。

> 艮山门内外的低湿地，也广泛分布着马、步大军及其教练场。从东青门向南的崇新门一带，除驻有水军寨外，禁军的兵营连营扎寨。扈从高宗屡立战功的将领及其部下士兵，选定宜于作为营房但居住条件较差、密集程度高的北郊、东郊安营扎寨；其余的兵士，在凤凰山、吴山一带以及西郊布阵以加强杭州后门的防备。[①]

斯波义信先生的上述见解，尽管含混地使用“禁军”“马、步大军”等似是而非的称呼，未能正面地点出三衙诸军，但大致还是比较准确的，足资参考。然正如笔者前文所述，临安余杭门西北一带，实际仅驻扎着殿前司护圣马军和神勇马军各二个寨，合计不过四“将”的兵力，占不到殿、步两司诸军近十万大军的二十分之一，恐怕远谈不上“屯驻着马、步大军”。至于说在城西布防的都是“扈从高宗屡立战功的将领及其部下”（意指殿前司）之外的“其余的兵士”（当指步军司等），也是不准确的，因为殿前司左军、中军主力、策选锋马军等部相当数量的部队，就分别驻扎在钱湖门、钱塘门等附近的城西与西郊，与步军司诸军共同承担城西的防御。殿前司这几个军的实力和军事地位，其实可能还要在该区域的步军司诸军之上。

宋高宗绍兴十三年（1143）五月，临安府修整临安府城，知临安府卢知原就奏请：“今日钱湖门南冲天观等，并系相近禁卫去处，未敢擅便前去相视。”宋廷遂诏令：“计会中军、皇城司、殿前司前去检计修葺。”[②]显然，卢氏未敢擅自“前去相视”的钱湖门附近之“禁卫去处”，指的主要就是殿前司中军等部之营寨，并非步军司等“其余的兵士”，而殿前司帅衙就在临安城西南方向的凤凰山八盘岭。

笔者认为：从以上各军的驻扎情况来看，三衙诸军在临安城的布防思路，是以宫城为中心，候潮门、嘉会门、钱湖门等宫城四周的附近地区都扎有殿前司诸军，殿前司中军更驻扎于皇宫正南门丽正门东侧。从皇宫南北门经候潮门向东，就是三衙诸军的大教场。临安城的整体城防，则是东西并重，尤重城东，以城

---

① ［日］斯波义信著，方健、何忠礼译：《宋代江南经济史研究》，第357页。

② 〔清〕徐松辑：《宋会要辑稿》方域二之二五，第7343页。

北、城南为辅。如此格局，主要是由临安城南北长，东西窄，城北一带河湖、沼泽众多，城南则有凤凰山等山地和钱塘江、海湾之天险可资依托的地理环境所决定的。

三、陪都建康：马军司移屯"与都统司诸军参错"

宋孝宗乾道七年（1171），马军司诸军移屯陪都建康，其所部六个军三万余人皆"建康置寨"[①]，全部驻扎在建康城内与郊外，"四军屯城南，一军屯城东，一军屯府治西北"[②]。其各军的具体部署是：

选锋军，驻扎于建康城西门内之崇道桥，东邻行宫。前军，驻扎于南门外之虎头山，该山亦名虎山，位于建康东北，历来是防御建康的要地。右军，驻扎于南门外之黄家塘北。中军，驻扎于南门外之黄家塘南。左军，驻扎于南门外之阴山东，阴山距离建康十二里，向西可控扼长江江防[③]。后军，驻扎于东门外的蒋山之南。蒋山，就是著名的钟山，今名紫金山，在建康"东北一十五里，周回六十里，高一百五十八丈"[④]，为建康城郊最重要之制高点，历代都是兵家必争之地。[⑤]

由上可知，马军司诸军除选锋军驻扎在建康城内拱卫行宫之外，其余五个军皆驻扎在城郊各要地，东门外的蒋山制高点驻后军一个军，南门外方向的虎山、阴山等地，更是驻有马军司前军、右军、中军和左军四个军。相比而言，建康都统司由于一直驻扎于建康，其所部六个军的主力，皆扎在建康城内，建康都统司"游奕军在北新街清化坊，前军在桐树湾以北，右军在高阳楼及城东门外，中军在

---

① 〔元〕张铉纂修：《至正金陵新志》卷一〇《兵防志·营寨教场》，第5675页。

② 〔宋〕马光祖修，周应合纂：《景定建康志》卷二三《城阙志四·营寨》，第1699页。

③ 〔宋〕马光祖修，周应合纂：《景定建康志》卷一七《山川志一·山阜·阴山》，第1568页。

④ 〔宋〕马光祖修，周应合纂：《景定建康志》卷一七《山川志一·山阜·钟山》，第1557页。

⑤ 〔宋〕马光祖修，周应合纂：《景定建康志》卷二三《城阙志四·营寨》，第1699页；〔元〕张铉纂修：《至正金陵新志》卷一〇《兵防志·营寨教场》，第5675页。

保宁寺街，左军在北门里大街东，后军在上元县西景阳台南”[①]。

宋廷如此布局之目的，除了强化建康的城防，按照宋人的解释，还有政治层面的考量，就是使马军司诸军“与都统司诸军参错，如古南北军之制”[②]，意在使马军司诸军与建康都统司诸军形成内外互相制衡之势。

原载《浙江学刊》2015年第2期

① 〔宋〕马光祖修，周应合纂：《景定建康志》卷二三《城阙志四·营寨》，第1699～1700页。

② 〔宋〕马光祖修，周应合纂：《景定建康志》卷二三《城阙志四·营寨》，第1699页。

宋金绍兴辛巳战事新探

——以南宋三衙诸军为中心

宋高宗绍兴三十一年(1161)九月，金主完颜亮撕毁“绍兴和议”，起倾国之师南下伐宋，宋、金绍兴辛巳战事爆发。绍兴辛巳战事，宋、金双方共出动大军近百万，仅在两淮荆襄的主战场，战线就不下一千五百余华里，堪称中国古代战争史上规模空前的大会战。战事的进程更是跌宕起伏，两军攻防主动权数度易手，金主完颜亮最终功败垂成并戏剧性地遇弑于瓜洲，南宋则就此转危为安。学术界目前已有的相关研究成果，主要聚焦于南宋名臣虞允文督师、主要由建康都统司诸军遂行的著名的采石水战，以及由两浙西路马步军副总管李宝指挥所部三千余人遂行的胶西(唐岛)海战。然则金军本不娴水战，遑论海战，南宋以长击短于采石、胶西取胜并不奇怪，两役就战况本身而言，甚至皆非为真正的激战。

更为重要的是，此时的南宋，三衙诸军早已取代了镇江、建康和鄂州三大都统司等江上诸军，成为南宋最重要的军事支柱，事实上也是南宋朝野赖以立国的主要心理支柱。在战前部署阶段，围绕着三衙诸军的动向，宋、金双方已在斗智斗勇，马军司诸军主力及殿前司精锐两个军共三万大军西上京湖荆襄，不仅集中展现了宋、金两朝君臣运筹水平的高下，更极大地影响到战争的进程。在战事进行过程当中，无论是粉碎完颜亮渡江雄图的采石、胥浦桥之战和增援镇江，还是完颜亮遇弑后宋军趁势收复两淮和夺取泗州、解围海州之役，以及荆襄战场之蔡州争夺战，三衙诸军皆发挥了关键性的作用。主要由步军司、马军司诸军遂行的胥浦桥、蔡州、海州三役，都是宋、金两军肉搏式的惨烈厮杀，都是真正的硬碰硬的恶仗。其与采石、胶西两役一起，在宋孝宗乾道二年（1166）都被列入了最受南宋推崇的“十三处战功”之中[①]，是理所当然的。即使是采石水战，其实也是由建康都统司诸军与殿前司护圣马军联合遂行的。淮东刘锜部，同样是以殿前司右军为先锋骨干。可以毫不夸张地说，三衙诸军才是绍兴辛巳战事当中南宋一方倚若长城的王牌军，其战场上的表现，直接关乎战事的胜负，关乎南宋的生死存亡。对其进行专题探讨，无疑颇具发覆补白的研究价值。

一、战前部署：“分三衙禁旅，助襄汉兵力”

南宋在金朝强大的军事压力之下，偏安东南半壁，以“内外诸军”（亦称“大军”）即三衙诸军、江上诸军和四川诸军为立国根本。三衙诸军创军于宋高宗绍兴五年（1135），驻扎于行在临安。江上和四川诸军，其主体是由韩世忠、张俊、岳飞和吴玠、吴璘兄弟诸大将所部发展而来，主要驻扎于镇江、建康、鄂州和兴州等重镇。绍兴十一年（1141），南宋废韩世忠、张俊、岳飞三大将统领之宣抚司，陆续改建镇江、建康、鄂州等江上诸军各都统司，进而杀害岳飞，与金朝签订屈辱的“绍兴和议”。自此以后，南宋在军政领域坚持推行“重三衙轻江上诸军各都统司”的基本国策，将各都统司的精锐抽调至临安，并入三衙诸军，还大力压缩江上诸军各都统司的兵力编制。

至绍兴三十一年（1161），除去川陕地区的四川诸军，两淮荆襄地区的江上诸军镇江、建康和鄂州三大都统司，其兵力编制最多的不过五万，而且缺额问题十分严重。与之相反，三衙诸军的总兵力则已壮大至十二万余众，其中殿前司诸军七万余人，编为护圣马军、护圣步军、踏白军、选锋军、策选锋军、游奕军、神勇军、前军、右军、中军、左军、后军等马、步军十二个军，加上水军一个军，这就是著名的南宋“殿前司十三军”；马军司诸军三万余人，编为选锋军、前军、

---

① 〔宋〕李心传撰，徐规点校：《建炎以来朝野杂记》甲集卷一九《边防一·十三处战功》，第450页。

右军、中军、左军、后军六个军；步军司诸军近二万人，编为前军、右军、中军、左军、后军五个军。三衙诸军不仅兵力雄厚，更齐装满员、装备精良、训练有素、待遇优越，早已凌驾于江上诸军各都统司之上，成为南宋最为重要的军事支柱，也是南宋朝野上下赖以立国的主要心理支柱。

当金主完颜亮大军即将南进的消息传来，南宋在备战之时，其整体思路理所当然地就是把三衙诸军作为至关重要的王牌军，将其主力摆在长江以南的第二线，以拱卫行在临安根本之地，并担负增援江防和反击金军的机动作战任务。首当其冲的江北第一线，主要是以镇江、建康和鄂州等都统司的兵力来布防，由其来抵御金军的正面攻势，削减金军的冲击力并消耗金军的实力。迫于江上诸军各都统司已然是外强中干、兵力空虚，所部战斗力更急剧下降的现实，南宋不得不又确立了“分三衙禁旅，助襄汉兵力，待其先发，然后应之”的方针[①]，先期抽调三衙诸军近四万人，迅即开赴江北的两淮和京湖荆襄地区，以加强当地的防御力量。宋军的具体部署大致如下：

两淮战场。以前马军司名将、江淮浙西制置使刘锜为主将，统一指挥镇江、建康两大都统司。然淮东、淮西，事实上是各自为战。刘氏当时已然是老迈多病，脱离军队多年，但他作为与金朝兀朮、南宋岳飞齐名的老一辈名将，著名的顺昌大捷的指挥者，在当时金、宋两军中的威望无人能比，南宋朝野、军民更是倚之若万里长城。

淮东。刘锜兼任镇江都统制，亲自指挥作战。除镇江都统司本部兵马，岳飞的旧部、殿前司右军统制勇将王刚率所部五千人，以“殿前司策应右军”的名义隶其麾下，刘锜部的总兵力将近七万。七月，殿前司右军王刚部当先出发，作为刘锜大军的前锋，由扬州推进到宝应。八月，王刚部又推进至淮东前线重镇楚州城下，与金军隔淮河对峙。

淮西。主要由建康都统司都统制王权负责，主力是建康都统司下辖之前、后、中、左、右、游奕六个军。建康驻扎御前破敌军统制姚兴所部的一个军“三千人”[②]，殿前司护圣马军一个军由统制官王琪指挥，皆配属王权部作战。故王权部

---

① 〔宋〕李心传编撰，胡坤点校：《建炎以来系年要录》卷一九〇，中华书局2013年版，第3682页。

② 〔宋〕李心传编撰，胡坤点校：《建炎以来系年要录》卷一九三，第3762页。

有八个军，兵力总计五万余众。刘锜令王权前出沿淮要地寿春，然王氏并未执行，只是将包括殿前司护圣马军在内的其麾下八个军，全部驻扎于庐州[①]。江州和池州两个都统司所部也在淮西作战，池州都统制李显忠还一度率部积极推进至寿春附近，但其兵力很有限，仅发挥江防和策应作用。

京湖荆襄战场。以主管马军司公事、湖北京西制置使成闵为主将，统一指挥鄂州、荆南府两个都统司与从四川调来的新任鄂州都统制吴拱所部数千人，以及由马军司全军和殿前司之部分兵力组成的“三衙禁旅”三万人，总兵力近十万。

在大战即将到来的五月，宋廷已确立“上流重地，边面阔远，而兵力分，宜遣大将”的决策，宋高宗亲自召见主管马军司公事成闵，“上乃面谕闵，俾以所部三万人往武昌控扼”[②]。六月，成闵即率部由行在临安出发，该部除了马军司全部主力七个军，还加上了殿前司游奕军王公述和选锋军宋受两个军[③]，总兵力为三万人。七月，成闵所部抵达鄂州，并继续西进，主力驻扎在鄂州与郢州之间的应城，以同时兼顾鄂州与襄阳两大重镇的防务[④]。同时，马军司中军统制赵撙率领马军司的中军和游奕军两个军，从应城前往德安府。九月，该部向北推进到了宋、金交界附近之要地信阳[⑤]。

南宋在两淮和京湖荆襄摆出的是一个处处设防、分兵把守的消极防御态势，平均分散兵力，被动挨打几乎是必然的。其将马军司诸军主力及殿前司两个精锐军共三万大军西调荆襄之举，更是正中金主完颜亮之下怀，也可以说是中了完颜亮的声西击东、调虎离山之计。

战前，完颜亮故意公开命令金军“积粮草于唐、邓，修营寨于西京”[⑥]，他本人也故意多日逗留于荆襄正面的温汤一带活动，制造出他将由此亲率大军南下直取荆襄的假象。然而，完颜亮真正的战略意图，还是主攻两淮，以淮西为突破口。

---

① 〔宋〕李心传编撰，胡坤点校：《建炎以来系年要录》卷一九四，第3803页。

② 〔宋〕李心传编撰，胡坤点校：《建炎以来系年要录》卷一九〇，第3684页。

③ 〔清〕徐松辑：《宋会要辑稿》兵五之二〇，第6849页。

④ 《建炎以来系年要录》卷一九一“绍兴三十一年七月丁亥”：“主管侍卫马军司公事成闵以所部至鄂州，屯于古将坛之左”，“闵至鄂，未几，移屯应城县，在鄂、郢之间焉”。

⑤ 〔宋〕李心传编撰，胡坤点校：《建炎以来系年要录》卷一九二，第3737页。

⑥ 〔宋〕李心传编撰，胡坤点校：《建炎以来系年要录》卷一九四，第3807页。

其陆路的具体部署是兵分四路：河中尹徒单合喜为西蜀道行营兵马都统制，平阳尹张中彦为副，出凤翔，攻大散关。太原尹刘萼为汉南道行营兵马都统制，济南尹仆散乌者为副，出蔡州，攻荆襄。安武军节度使、左监军徒单贞出淮阴，攻淮东。完颜亮本人则出寿春，攻淮西，并分兵突袭扬州，切断淮东宋军的退路，力求加以全歼①。除此之外，完颜亮还组织了水军，以工部尚书苏保衡为浙东道水军都统制、益都尹郑家为副，集结战船于密州，试图出海道直攻临安。然金军不擅水战，遑论海战，只是将水军作为"奇兵"来使用。该路号称有水手七万余众，其实多为临时征召而来的乌合之众。当年十月，就被南宋李宝部水军全部歼灭于胶西（唐岛）一带，未能发挥作用。

显而易见，金军陆路虽兵分四路，然四川、荆襄和淮阴三路不过是牵制和助攻，四川方向徒单合喜部投入之兵力不过五万，荆襄方向之刘萼部和淮阴徒单贞部，更各仅为区区二万余，三路合计起来也不过九万②。两淮，特别是淮西，无疑才是金军真正的主攻方向。完颜亮亲统"三十二总管兵"，兵力在二十七万上下，占金军出动总兵力的75%，是金军主力之所在。若再加上投入淮东的徒单贞部二万人，金军在两淮共投入了近三十万众。

南宋方面，唯有名臣虞允文在战前已洞悉了金朝的真正意图。他早在绍兴三十年（1160）正月，就曾当面向宋高宗分析说：

> 虏决败盟，异时为南牧之计，必为五道出蜀口、出荆襄，止以兵相持，淮东沮洳，非用骑之地，他日正兵必出淮西，奇兵必出海道，宜为之备。③

绍兴三十一年（1161）五月，在南宋宰执、三衙将帅和侍从、台谏等高级文武官员参加研讨的作战部署会议上，虞允文又反对调马军司成闵大军西上荆襄，他指出："不必发兵如此之多，虑必不从上流而下，恐发禁卫，则兵益少，朝廷内虚，异时无兵可为两淮之用。"但宰相陈康伯及众执政大臣惑于"金主在温汤"

---

① 〔元〕脱脱等：《金史》卷五《海陵》，第115页。

② 〔元〕脱脱等：《金史》卷五《海陵》，第115页；〔宋〕李心传编撰，胡坤点校：《建炎以来系年要录》卷一九一，第3716页。

③ 〔宋〕李心传编撰，胡坤点校：《建炎以来系年要录》卷一八四，第3548页。

的表象，“恐其涉汉而南”，否定了虞允文的意见[①]。六月，成闵率军向荆襄进发的途中，虞允文鉴于金主已由温汤东返开封的军事情报，再次建议执政众臣：

> 金主已去，请留闵后军屯江、池之间，若金出上流，自江、鄂往援，即淮西兵盛，使出大信口，近采石，亦可以援淮西。[②]

这是一个兼顾荆襄、淮西的高明方案，但仍然未被采纳。

宋金战事实际的进程，证明虞允文的以上判断是完全正确的。将三衙三万大军尤其是马军司全军西调荆襄，一是使两淮特别是淮西防御力量遭到削弱，例如马军司破敌军陈敏部本来驻扎于太平州[③]，离采石不远，可以非常便利地呼应和支援采石渡口，而该部也随成闵大军前往荆襄，使得太平州、采石一带的江防更加空虚；二是使三万精锐大军白白地在荆襄和镇江之间武装大游行，未能发挥其本应有的作用。若将其就近部署在两淮，归马军司之旧帅刘锜指挥，以加强淮西和淮东，效果很可能要比实战好许多。

当然，宋高宗与南宋执政诸大臣中了完颜亮的诱敌之计，除了他们军事才能相当有限，最为关键的原因，还是在于自坐镇荆襄的岳飞被害之后，其旧部鄂州都统司诸军所遭摧残最甚，其兵力早已由顶峰时的十余万众直线下降为不足五万，经过张俊爪牙庸将田师中秉承宋高宗、秦桧意志多年人为破坏，该部士气十分低落，战斗力水准与当年百战百胜的劲旅早已无法相提并论。正如宋孝宗时任司农卿的李椿所谓：“昔年岳飞一军，纪律最严，隐然如长城，今乃无异诸路厢禁军矣。”[④]完颜亮大造声势，摆出直窥襄阳、截断吴蜀，然后顺流东下的姿态，对荆襄空虚心知肚明的宋高宗和南宋朝廷自然是惊恐万分。五月，太学生宋芑上书知枢密院事叶义问，要求宋廷下诏：

> 凡前日中外之臣，误我国以和议者，无问存没，悉正典刑。于是斫秦桧

① 〔宋〕李心传编撰，胡坤点校：《建炎以来系年要录》卷一九〇，第3681页。
② 〔宋〕李心传编撰，胡坤点校：《建炎以来系年要录》卷一九〇，第3691页。
③ 〔宋〕李心传编撰，胡坤点校：《建炎以来系年要录》卷一八九，第3659页。
④ 〔明〕杨士奇、黄淮等编：《历代名臣奏议》卷九六《经国》，《文渊阁四库全书》本。

之棺，而戮其尸，贬窜其子孙，而籍其资产以助军，以正其首唱和议，欺君误国之罪。复岳飞之爵邑，而录用其子孙，以谢三军之士，以激忠义之气。诏下之日，使东南之民闻之，莫不怒发冲冠，而西北之民闻之，莫不感激流涕。如此则师出之日，吾之民将见人自为战，彼之民必有倒戈者矣。愿朝廷决意行之无疑。[①]

这倒是对症下药的真正良方，若能实行，其在荆襄的效果要比三万大军来援更为有效。问题在于，宋高宗本人就是杀害岳飞的真正罪魁祸首，宋芑此议不过是与虎谋皮，被搁置是可想而知的。笔者认为：完颜亮若非佯攻荆襄，而是真正地全力经略荆襄，像蒙古那样主攻襄阳、鄂州，置南宋于死地的可能性将会大大增加。从某种意义上说，岳飞虽然被宋高宗、秦桧害死，然岳飞和“岳家军”当年虎踞荆襄的军威，事实上又一次挽救了南宋的命运。

二、胥浦桥、采石之战：步军司、殿前司诸军

绍兴三十一年（1161）十月八日（丁未），金主完颜亮亲率大军，自寿春渡过淮河。淮西宋军主力不过五万余，不及金军的五分之一，主将建康都统司都统制王权更畏敌如虎，先是望风而逃，不战放弃重镇庐州，坐视断后的破敌军姚兴部被歼灭而不救；又“谓已得金字牌，令弃城守江”[②]，弃守江防屏障和州，狼狈逃归江南。该部原本五万大军，在一路狂奔南逃的过程中，部分被金军歼灭，部分溃散，过江后仅剩一万八千人，已然是折损过半，更士气低落，处于一触即败的崩溃状态。唯有配属王权部作战的殿前司护圣马军，得益于“所部军马乃主上亲随”的特殊地位，得以优先过江，未失却“一人一骑”[③]，建置十分完整，仍然有较强的战斗力。

完颜亮尾追王权部不放，不费吹灰之力即得庐州、和州等要地，大军直逼长江北岸，并就地打造渡船，试图由采石横渡长江。采石，江面狭窄，隋代韩擒虎

---

① 〔宋〕李心传编撰，胡坤点校：《建炎以来系年要录》卷一九〇，第3686页。

② 〔清〕徐松辑：《宋会要辑稿》刑法七之三九，第6753页。

③ 〔宋〕王明清：《挥麈录·第三录》卷三，《文渊阁四库全书》本。

曾由此偷渡，宋太祖亦由此渡江而灭亡南唐。金军兵临采石，一时间，江南大震。

十一月八日（丙子），在南宋江防危在旦夕的时刻，文官、中书舍人、时任督视江淮军马府参谋军事的虞允文挺身而出，他赶往采石前线，将采石的败兵组织起来，并督率军民，拦截金军渡船，粉碎了完颜亮自采石渡江的雄图，此即为著名的“采石之战”。在战斗当中，殿前司护圣马军独立负责薛家湾渡口的防御，以劲弓齐射金军渡船，“舟不得着岸，舟中之人，往往缀尸于板而死”[①]，取得了不小的战绩。战后，该军统制官王琪即因功被破格晋升为承宣使，宋孝宗乾道初年遂出任主管殿前司公事。对采石一役，古今史家之评说可谓多矣，此不赘述。

采石之战前的十月，步军司诸军邵宏渊部也在真州胥浦桥与金军萧琦部展开了激战。这是南宋步军司诸军自绍兴五年（1135）创军以来，第一次在战场上与金军正面交锋。宋孝宗乾道二年（1166），宋廷将此役列入“十三处战功”之中[②]。

邵宏渊，是宋高宗朝三衙资深将领，惯使长刀，以“有关、马之勇”[③]而闻名军中。邵宏渊本在殿前司担任中军统制，但他不受殿帅杨存中重用，绍兴二十九年（1159）被排挤出殿前司，调任添差荆湖北路马步军总管的闲职，“罢从军”。只是因殿中侍御史汪澈等人举荐他“奋不顾身，真万人敌”[④]，方得改任江东总管，战前又调任步军司左军统制。两淮战局恶化之后，宋廷令他统一指挥步军司左军和右军进驻真州，以屏障淮东大本营扬州的安全。邵宏渊率部刚刚于十七日（丙辰）抵达真州，十八日金军萧琦部即蜂拥而至，一场遭遇战随即爆发。

此战双方的兵力对比悬殊，金军有十万之众，且多为铁骑，邵宏渊部虽有两个军的番号，然实际兵力并不多，总数也就在三千人上下[⑤]。尽管如此，南宋步军司官兵仍英勇据守真州、扬州之间的交通要道胥浦桥以阻击金军，战况极其惨烈，指挥作战的梁渊、元宗和张昭三员将官全部战死。《建炎以来系年要录》记载：“宏渊命将官三人拒于桥上，金人弓矢如雨，王师多死。城中老弱皆窜避，惟守家

---

① 〔宋〕李心传编撰，胡坤点校：《建炎以来系年要录》卷一九四，第3788页。

② 〔宋〕李心传撰，徐规点校：《建炎以来朝野杂记》甲集卷一九《边防一·十三处战功》，第450页。

③ 〔宋〕周南：《山房集》卷八《杂记》，《文渊阁四库全书》本。

④ 〔宋〕李心传编撰，胡坤点校：《建炎以来系年要录》卷一八三，第3530页。

⑤ 〔清〕徐松辑：《宋会要辑稿》兵一九之九，第7085页。

强壮，犹登城以观。正争桥间，敌实草以渡河，三将皆死。”[①]南宋名流刘宰所撰《仪真胥浦桥三将军庙记》更详记其战况曰：

> 敌以大军压之，军士愕眙，莫有斗志，三将奋臂一呼，士气百倍，张将军屡冲敌阵，为士卒先，元将军提军深入，手枭敌将，所向披靡。元力穷陷阵，而张亦殒命流矢。梁将军曰：“事急矣。”方将据浦自守，而敌以骁将锐卒乘之，梁单马直前挟骁将归，而锐卒捷出，忽断梁右臂，臂已断而气不衰，敌万众驰突，争欲剸刃，梁回顾叱咤，敌目眩胆落，竟不复加兵。梁顾援兵不至，度终不可脱，遂挟敌将堕桥下，卒与俱死。[②]

战后，真州地方为三将立庙。宋宁宗嘉泰元年（1201）四月，又再度扩建庙宇，刘宰遂有此记之作。刘宰，宋光宗绍熙元年（1190）进士及第，离其时并不太远，所撰又根据地方官在当地的实际寻访，多得之于当地父老的耳闻目睹，其对战况的叙述应是基本可信的。

胥浦桥失守之后，邵宏渊率军退入真州城内。金军经过胥浦桥激战，未敢轻敌冒进，“敌失骁将，且伺城内犹有留兵，谓向来数百骑不可当，况过此者耶？惧不敢前，为之顿兵迟回”[③]。前后经过大半日的相持，邵宏渊待城中民众皆渡江南之后，方“毁闸板，退屯于杨子桥，真州遂陷”，即主动放弃真州，退至“扬州南十五里地”的杨子桥[④]。金军“得城不入，径自山路犯扬州”[⑤]。

宋金绍兴辛巳战事，古今史家多瞩目于采石之役，对胥浦桥之战措意者不多。就战斗本身而言，宋军既未能守住胥浦桥，又未能守住真州，纯属不折不扣的败仗，确似无足深论。然笔者认为，此战就战斗自身而言确为败仗，在战略上却是价值连城的胜利，对整个战局走向的影响，其实并不亚于采石之战。因为从战略上看，完颜亮渡过淮河之后，其实是于淮西兵分两路，他本人取庐州、和州，直

① 〔宋〕李心传编撰，胡坤点校：《建炎以来系年要录》卷一九三，第3764～3765页。
② 〔宋〕刘宰：《漫塘集》卷二〇《记·仪真胥浦桥三将军庙记》，《文渊阁四库全书》本。
③ 〔宋〕刘宰：《漫塘集》卷二〇《记·仪真胥浦桥三将军庙记》，《文渊阁四库全书》本。
④ 〔清〕徐松辑：《宋会要辑稿》食货六三之一三九，第6056页。
⑤ 〔宋〕李心传编撰，胡坤点校：《建炎以来系年要录》卷一九三，第3765页。

逼采石江面，万户萧琦则统领骑兵十万，“自花靥镇，由定远县取滁阳路，至扬州”[①]，经定远、滁州、六合、真州，直插南宋淮东的大本营扬州，以求截断刘锜大军的退路，然后会合淮阴南下的徒单贞金军，将其全部歼灭于江北，扫清由扬州渡江的障碍。也就是说，完颜亮其实是预设了两个渡江方案：一是采石，一是扬州。对完颜亮而言，若能取近路由采石渡江，当然是最佳的结果。即使未能由采石渡江，如若萧琦能在刘锜之前占领扬州，切断刘锜的退路，与由淮阴南下的金军将其歼灭于江北，两淮大局就会随之底定，金军也完全有可能由扬州之瓜洲渡江。

可以毫不夸张地说：扬州之得失，关系刘锜七万大军的命运；而刘锜大军的命运，关乎镇江、建康江防；镇江、建康江防，则关乎南宋政权的生死存亡。孰能抢先进抵扬州，则是决定两军成败最为关键的因素。当十一月四日（壬申）镇江都统司所部溃败，瓜洲渡口失守之时，宋高宗惊惶失措，“谕大臣放散百官，浮海避狄”[②]，又急欲上演解散朝廷、流亡海上的拿手好戏，南宋朝廷的慌乱程度，更甚于金军兵逼采石之时，原因也就在于此。

在这场以扬州为终点的生死竞赛当中，时间和速度的优势，本来都在金军一方；为了配合萧琦一军行动，淮阴一带出清河口的金军“不战，但为疑兵，以当淮东之军”[③]，目的是故意示弱，以吸住刘锜所部的主力，而刘锜果然轻敌冒进。十月三日（壬寅），他命殿前司右军统制王刚等率部“于清河口与金贼鏖战，杀死不计数目”，“又亲率军马，于当日在淮阴县十八里河口，遣统制官乐超等驾船过淮，用克敌弓等射杀金贼，不计数目。大贼向北前去”[④]。十月六日（乙巳），刘锜“自盱眙军引兵次淮阴县”[⑤]。十三日（壬子），刘锜本人仍在淮阴与金军隔淮相持。直到十五日（甲寅），刘锜令：“遣兵渡淮，与金人接战。先是，锜遣殿前司策应右军统制王刚等，间以兵数百渡淮，金人退却，官军小胜。既而金人悉众来战，锜

---

① 〔宋〕李心传编撰，胡坤点校：《建炎以来系年要录》卷一九三，第3757页。

② 〔宋〕李心传撰，徐规点校：《建炎以来朝野杂记》甲集卷二〇《边防二·刘锜皂角林之胜》，第461页。

③ 〔宋〕李心传编撰，胡坤点校：《建炎以来系年要录》卷一九三，第3756页。

④ 〔清〕徐松辑：《宋会要辑稿》兵一四之三六，第7010页。

⑤ 〔宋〕李心传编撰，胡坤点校：《建炎以来系年要录》卷一九三，第3752页。

不遣援，节次战没者以千数。至是又遣刀斧手千人渡淮，或进或却，以退无归路，死者什七八。”[①]刘锜部或取小胜，或先胜后败，与金军在淮河南北岸持久纠缠，这其实是中了金军的诱敌之计。

萧琦则抓住淮东刘锜北上、淮西王权南逃的有利战机，像钢刀一样，率铁骑从两淮的结合部直插宋军要害。藕塘、滁州、六合等要地皆防守空虚，萧琦一军如入无人之地，进展神速，“琦之深入也，每过险阻，必忧有备，至则全无守御，如蹈无人之境，虏甚笑我之失计焉”[②]。为了提高前进速度，萧琦部金军轻装前进，既不杀掠百姓，也极少入城，而是全速向扬州推进。十二日（辛亥），金军取滁州；十八日即攻抵真州，离扬州已是咫尺之遥。

十月十六日，刘锜得知淮西王权败报之后，才如梦方醒，急忙从淮阴率军南撤。十八日，刘锜主力刚退抵邵伯埭，离扬州仍有一定的距离，此时萧琦已攻抵真州胥浦桥。金军多为精骑，推进速度远在以步军为主的宋军之上，正常情况下应该能在宋军之前到达扬州。因此，即使久经沙场的名将刘锜，闻此讯后仍大惊失色，直到发现扬州城仍飘扬着南宋旗帜，方大喜过望，即率大军自北门进入扬州城。其时，金军也进至了扬州西北郊的平山堂[③]，距离扬州城至多不过五里之遥，却只能徒唤奈何。

宋金两军这场生死竞赛，宋方之所以能够成为最终的幸运者，胥浦桥之战对金军行程的迟滞，毫无疑问起到了最为关键的作用。如若邵宏渊部像此前滁州等地守军那样望风而逃，金军完全有可能抢先占领扬州，从而置刘锜大军于进退维谷的绝境。刘锜所云“虽失真州，而扬州犹为国家守，当速进”，以及南宋人对此役“淮民百万之众，已安流济江，清河十万之戍，亦缓辔入维扬矣。是三将军以一身之死，易百万众之生，以胥浦跬步之地，为江淮数千里保障。吁！壮矣哉”[④]的评价都是实事求是的。笔者认为：此役就战斗自身而言纯属败仗，在战略上却是价值连城的胜利，也正是从战事全局角度来立论的。

邵宏渊于此役后声名鹊起，成为当时与李显忠齐名的名将。真州、扬州等当

---

① 〔宋〕李心传编撰，胡坤点校：《建炎以来系年要录》卷一九三，第3759～3760页。

② 〔宋〕李心传编撰，胡坤点校：《建炎以来系年要录》卷一九三，第3758页。

③ 〔宋〕李心传编撰，胡坤点校：《建炎以来系年要录》卷一九三，第3769页。

④ 〔宋〕刘宰：《漫塘集》卷二〇《记·仪真胥浦桥三将军庙记》，《文渊阁四库全书》本。

地民众为他建立生祠，两地民众纷纷交口称颂其功德，“若非邵太尉在真州力战番人，则扬州之人，皆避之不及”，还盛传他在战场上的神勇，“至有言宏渊驰马入阵鏖战，出入数四，血污满体者”。宋廷也给予邵氏加官晋爵，将其由步军司左军统制擢升为池州都统司都统制，寻迁建康都统司都统制。然赵甡之撰《中兴遗史》却言胥浦桥之战时，邵宏渊因为“酒醉未醒，实不入阵”，根本就未直接参加战斗，仅“身在桥之东以麾将士”，其所得盛名“可谓不虞之誉矣”①。李心传大致采信其说，将其写入《建炎以来系年要录》。

考虑到邵氏于隆兴北伐宿州师溃后遭到贬斥，战时酒醉与“不虞之誉”诸说，很可能出自政敌之传闻。宋孝宗隆兴元年（1163）四月，都督江淮军马张浚有言：“契勘御前诸军都统制邵宏渊昨引兵三千人，于真州六合县迎遏金贼数万之众，致扬州阖境百姓并获济渡。本州见立生祠，望赐褒嘉，以为激劝。”②特别是隆兴二年（1164）六月，侍御史周操在邵氏获罪后所云：“窃闻邵宏渊于绍兴辛巳逆亮南侵之际，以孤军邀虏于真州境，接战连日，遂使扬州居民得免伤残之害，所以真、扬两州，各为立庙，出于众人之公愿。宏渊岂能以声音笑貌致之？此宏渊之功不可掩者也。”③周操此语应该是更为客观持平之论。邵宏渊于胥浦桥之战，还是功不可没的。

刘锜进入扬州之后，经过短暂休整，又于十月二十三日（壬戌）主动退出扬州。殿前司右军王刚部被派往泰兴县，以屏障下游江防的安全，刘锜大军主力则退往瓜洲。当地属运河水网地带，不利于金军骑兵作战，“运河岸狭，非骑兵之利”④。二十六日（乙丑），尾追而来的金军反而被刘部于皂角林打得大败。刘锜击败追兵之后，于十月二十七日（丙寅）奉诏全师退回江南岸的镇江，仅留千余兵力据地利扼守瓜洲渡口。

十一月四日（壬申），毫不知兵的知枢密院事、督视军马叶义问胡乱指挥，解除刘锜的指挥权，以李横代为都统制，强令镇江都统司主力再度北渡长江，盲目地主动前去攻击金军，遂招致瓜洲渡惨败。李横及刘锜之侄中军统制刘汜大败南

① 〔宋〕李心传编撰，胡坤点校：《建炎以来系年要录》卷一九三，第3765页。

② 〔清〕徐松辑：《宋会要辑稿》兵一九之九，第7085页。

③ 〔清〕徐松辑：《宋会要辑稿》礼二〇之四六，第787页。

④ 〔宋〕李心传编撰，胡坤点校：《建炎以来系年要录》卷一九三，第3771～3772页。

逃，两员统制官战死，渡口也失守。即使是如此，镇江都统司的主力还是得以退归江南，仅凭镇江都统司的兵力，守住江防仍绰绰有余。更何况，在此前后三衙诸军的主力紧急驰援两淮，已陆续聚集于建康和镇江，完成了兵力的集结。很多南宋有识之士为刘锜辩护，认为瓜洲渡惨败过在其侄刘汜，如朱熹即言刘锜“后来当完颜亮时，已自老病。缘其侄刘汜先战败，遂至于败”[①]。笔者则认为：瓜洲之败，过不在刘锜，甚至主要也不在刘锜之侄刘汜，过在对军事丝毫不通却强行乱指挥的知枢密院事、督视军马叶义问，过在迎合叶义问的庸将李横。朱熹等人之说虽然意在维护刘锜，但也并不公平。

附带说明的是，刘锜在交出兵权之后赶赴行在临安。在宋高宗和南宋朝廷眼里，这位暮年病重的名将，已然是不再有利用价值的鸡肋式的过气人物，只是让他暂时借住在临安的都亭驿。绍兴三十二年（1162）二月，金朝使者将要抵达临安，临安留守汤思退“除馆以待之，遣黄衣卒谕锜移居别试院”，刘锜遵命移居，却发现该处竟然“粪壤堆积”！面对如此羞辱，这位抗金名将虽然极有涵养，仍愤怒异常，“遂发怒，呕血数升。夜三鼓，薨”[②]。

十一月十五日（癸未），步军司诸军主力一万六千余众，在主管步军司公事李捧率领下，与池州都统司李显忠部一道开至采石，当日又随虞允文东至建康，进而“如镇江备敌”，至迟在二十一日（己丑）前后已抵达镇江[③]。十一月十九日（丁亥），主管马军司公事成闵率领马军司诸军五个军、殿前司诸军两个军和部分鄂州都统司所部，不下三万余众开至建康，第二天又进驻镇江。在此之前，御营使杨存中也统领部分殿前司诸军之精锐驰援镇江。至此，镇江大军云集，南宋建康、镇江段江防已堪称稳若磐石。

就金军方面而言，胥浦桥之战固然取胜，但丧失了最为宝贵的时间优势，失去了在扬州以北捕捉和聚歼刘锜部的几乎唯一的战机。南宋三衙诸军云集建康、镇江之后，更使得从扬州一带渡江灭宋成为不可能。完颜亮十一月十六日率大军

---

① 〔宋〕黎靖德编，王星贤点校：《朱子语类》卷一三一《本朝五·中兴至今日人物上》，第3143页。

② 〔宋〕李心传编撰，胡坤点校：《建炎以来系年要录》卷一九七，第3873页。

③ 〔宋〕李心传编撰，胡坤点校：《建炎以来系年要录》卷一九四，第3801页；〔元〕脱脱等：《宋史》卷三二《高宗九》，第606页。

从采石抵达扬州之后，不愿意接受这一残酷的事实，仍然不切实际地强令渡江，金军官兵不想白白送死江中，遂于十一月二十七日（乙未）发动兵变，杀完颜亮于瓜洲龟山寺。

三、海州、蔡州之战：步军司、马军司诸军

完颜亮遇弑，标志着战场局势发生了有利于南宋的重大变化。此时，扬州一带的金军主动向南宋提和，上下亟于北返，已经无心恋战。不过，正所谓“归师莫遏”，对南宋的主动态势也不能估计太高，毕竟金军未乱，主力犹在，近三十万金军决非等闲之辈，南宋绝无轻易战而胜之的把握。

更何况，宋高宗畏敌如虎，尽管他多次标榜要御驾亲征，待完颜亮死后也吹嘘要督促诸将“会京畿，收复故疆”，“候到汴京，与群臣共庆”[①]，但直至战事基本平息之后的十二月十日（戊申），宋高宗才勉强从临安出发，二十日（戊午）抵达镇江，绍兴三十二年（1162）正月抵达建康。其实，此时金朝大军早已北返，但他绝对不敢再渡江北上。御营使杨存中、马帅成闵、步帅李捧等南宋多数将帅，同样缺乏击破金朝大军的信心、勇气和才能。因此，南宋虽虚张声势，实则坐待金军主力撤退之后，方尾追北进，目标仅限于顺势收复两淮失地而已。

绍兴三十一年（1161）十二月四日（壬寅），主管马军司公事成闵、主管步军司公事李捧各率所部自镇江北渡。此时，淮东金军放弃扬州，从扬州取道天长径赴盱眙；淮西部分金军则弃和州，取道六合，亦赴盱眙过淮。成闵、李捧尾随至天长之后，慑于金军“凡数万灶，其行如林”，“皆不敢与相近”[②]，未敢再由天长直接向盱眙方向追赶。成闵部改道东进宝应、楚州[③]，李捧部则改西进淮西，前往寿春[④]，而宝应、楚州和寿春，皆为空城。如此种种，显然是故意避开金军主力的军威而已。

十二月六日（甲辰），步军司中军顾晖部进驻瓜洲，该部本受命前出六合，截

① 〔宋〕李心传编撰，胡坤点校：《建炎以来系年要录》卷一九五，第3835页。

② 〔宋〕李心传编撰，胡坤点校：《建炎以来系年要录》卷一九五，第3834页。

③ 〔清〕徐松辑：《宋会要辑稿》兵一四之三九、四〇，第7012页。

④ 〔清〕徐松辑：《宋会要辑稿》兵一九之三，第7082页。

断淮西金军的退路，然顾氏得到金兵“自和州搭浮桥至六合县”的谍报之后，反而逗留瓜洲，“不敢进，留居之”[①]。如此怯战之庸将，宋高宗反而将其提升为都统制！成闵、李捧部离开天长，顾晖部未急进六合，就使得两淮金军的退路六合、天长、盱眙畅通无阻。

十二月八日（丙午），成闵取宝应、楚州，一直延至“金人大军自盱眙渡淮尽绝”[②]的十二日（庚戌），该部方迟迟进抵盱眙，但仍不敢追袭，“但遥护之出境而已”[③]，“排列于岸之南，声喏如一”，金朝官兵嘲笑他说：“寄声成太尉，有劳相送。”[④]宋孝宗隆兴元年（1163）二月，右谏议大夫刘度在弹劾成闵时也言及：“方逆亮诛毙，虏众遁逃，闵提重兵至楚泗间，名为追袭，其实护送，怯懦纵敌，使两淮赤子系累失所。”[⑤]

南宋在两淮战场真正的斩获，主要是夺取了泗州和解围海州。泗州、海州，都是由两淮进取徐州和齐鲁的前哨要地，隆兴、开禧北伐时，泗州皆为宋军的重要出发地。泗州是在十二月十五日夜为成闵部所攻取，成氏向宋廷所上战报云：

> 又差统制官刘锐、陈敏、王公述、张师颜于十二月十五日夜，于泗州东城之东潜师渡淮，有贼骑数千，于东城之东摆列前来，与官军相拒。又分遣统领官左渊、张青、魏金部押官军攻夺泗州南门，入城占据。再率官军戮力掩杀，贼兵败走，收复泗州了当。夺到粟米三万余石，被虏老小数万口，放令渡淮归业。[⑥]

在率部参战的统制官当中，王公述为殿前司游奕军统制，战前即一直配属马军司作战，陈敏、张师颜等皆为马军司之统制官。

解围海州，是在绍兴三十二年（1162）五月，可以视作宋金绍兴辛巳战事的余

---

① 〔宋〕李心传编撰，胡坤点校：《建炎以来系年要录》卷一九五，第3837页。
② 〔宋〕李心传编撰，胡坤点校：《建炎以来系年要录》卷一九五，第3840页。
③ 〔宋〕李心传编撰，胡坤点校：《建炎以来系年要录》卷一九五，第3834页。
④ 〔宋〕李心传编撰，胡坤点校：《建炎以来系年要录》卷一九五，第3840页。
⑤ 〔清〕徐松辑：《宋会要辑稿》职官七一之二，第3972页。
⑥ 〔清〕徐松辑：《宋会要辑稿》兵一四之四〇，第7012页。

波。该役宋军主将为镇江都统司都统制张子盖，然镇江都统司所部在瓜洲之战当中新遭金军的重创，真正在战斗中发挥骨干作用的，其实是步军司前军张玘所部。

张玘，本为岳飞麾下将领[①]，岳飞被害死后调步军司任职，绍兴三十二年以步军司前军统制为御营宿卫前军统制，驻守新得之泗州，海州魏胜部被金军围攻而告急，遂率所部参战。在战斗中，张玘仍保持着“岳家军”的优秀传统，以统制官之尊，亲率精骑直冲敌阵，为宋军打开了胜利之门，直至中箭阵亡：

> 时金人攻海州急，诏玘会镇江都统制张子盖赴之。贼环城数十匝，矢石如雨，玘战于州北三里，麾精骑冲其阵，手杀数十人，歼其长，杀获万计。海州围解。玘中流矢卒。[②]

张氏战死之后，南宋在行在临安为其立忠勇祠，以示表彰，史载：“张玘祠。在临安府钱塘门外西山横春桥，侍卫步军司前军统制张玘祠。光尧皇帝绍兴三十二年六月立庙，赐额忠勇。”[③]

绍兴三十一年（1161）十月，当成闵率马军司诸军主力自荆襄驰援建康、镇江之时，马军司之中军和游奕军仍留在荆襄地区作战。马军司中军统制赵撙统一指挥两军，与金军在蔡州经过了两攻两守共四番争夺，打得有声有色。蔡州，是开封南线十分重要的一个屏障，其背后就是重镇颍昌府。绍兴十年（1140），岳飞就是在当年六月派名将张宪先取蔡州，从而为第四次北伐打开了通道[④]。岳家军经由蔡州北上，迭取郾城、颍昌，大军直逼开封近郊的朱仙镇，建立了赫赫战功。完颜亮此次伐宋，荆襄方向亦本拟取道蔡州南下。

赵撙一克蔡州，在绍兴三十一年（1161）十月。赵撙当时驻军信阳，闻讯金主完颜亮出淮西之后，判定蔡州必然空虚，遂主动发起攻击，“距城二十里，金人出兵，背城而战。方成列，撙出虏不意，命官军于宿草间，乘风纵火，鼓噪而进，

---

① 王曾瑜：《尽忠报国：岳飞新传》，河北人民出版社2001年版，第424页。

② 〔元〕脱脱等：《宋史》卷四五三《张玘传》，第13329页。

③ 〔清〕徐松辑：《宋会要辑稿》礼二〇之四四，第786页。

④ 王曾瑜：《尽忠报国：岳飞新传》，第297页。

虏众披靡。撙率亲兵冲击，斩其总管杨寓，遂整众入城，秋毫无犯”[①]。二克蔡州，在绍兴三十一年十二月。赵撙率部南下麻城，拟与成闵会合，十二月初又杀了个漂亮的回马枪，击溃了金朝刺史萧懋德部[②]，再取蔡州。

一守蔡州，在绍兴三十二年（1162）正月。金帅裴满以优势兵力反攻，金军蜂拥登上城墙，赵撙率部巷战，“自午至申”，终将金兵驱逐出去[③]。二守蔡州，在绍兴三十二年二月。金帅裴满决非等闲之辈。早在绍兴十年，他已以千夫长的身份，与北伐的岳家军在蔡州附近激战[④]。从赵撙在战报中称其为“裴满相公”来看，此时他应该是金朝在蔡州、淮宁府方向的高级指挥官。裴满再度挥军猛攻，他亲自带兵杀进南门，赵撙抵死不退，两军在城内展开惨烈的巷战：

> （赵撙）率士卒巷战，日转午，胜负未分。效用王建募死士十一人，截其甲裳，登城杀虏。至申刻，相持不动。马军司第十八将王世显请募敢死士，得四十人，登城接战，杀其二将。虏人嚣溃，皆自掷而下。官军奋击，死者不可计。会虏帅登南门，望官军旌旗不乱，曰：“今日城又不可得。”复下城而去。撙大呼曰：“番人走矣！”军士皆欢呼，金人遂败，争门而出。不得出者，聚球场中，有千余人。诸军围之，剿杀皆尽。[⑤]

金军虽败，但不乱，“犹能整顿行伍，于西原分八头，每一头以两旗引去，以示有余。官军望之，皆不言而咨叹”，可见裴满治军之严明。赵撙能够连续挫败

---

①〔宋〕李心传编撰，胡坤点校：《建炎以来系年要录》卷一九三，第3773页。“斩其总管杨寓”事，《宋会要辑稿》兵一九之八、之九载隆兴元年赵撙奏言：“前年十月，统押忠义人过淮，到蔡州东，地名涔堰村，逢金人萧总管，斗敌收复蔡州。”则金朝总管实当为萧氏。

②〔宋〕李心传编撰，胡坤点校：《建炎以来系年要录》卷一九五，第3829页。

③〔宋〕李心传编撰，胡坤点校：《建炎以来系年要录》卷一九六，第3854页。《建炎以来系年要录》未言金帅为何人，《宋会要辑稿》兵一九之八、之九记隆兴元年赵撙奏言：“去年正月，有裴满相公围攻州城，遂行杀退。”此次攻蔡，金帅当即为裴满。

④《三朝北盟会编》卷二〇二炎兴下帙：“岳飞军统领孙显大破金人排蛮千户于陈、蔡州界。”排蛮，当即裴满。王曾瑜先生在《尽忠报国：岳飞新传》考证说：“裴满，原作‘排蛮’，据《金史拾补五种》统一译名。”

⑤〔宋〕李心传编撰，胡坤点校：《建炎以来系年要录》卷一九七，第3876页。

如此强悍对手的猛攻，确属不易。

蔡州是金朝的必争之地，赵撙四战四捷，但其麾下主要是马军司的中军和游奕军，“苦战仅十旬，军不过六千人，大战之后，军吏言战殁者已四百余人，负创者三千七百人，可战者仅二千人而已”①。赵撙在击退金军之后，遂很明智地于二月底主动放弃蔡州，班师德安。

蔡州之战，历时近五个月，既消耗了金军大批有生力量，使宋军较巩固地控制了唐州、邓州两个州，也策应了两淮战场，是马军司诸军继顺昌大捷之后再度打出赫赫威名的激战。此战过后，赵撙遂上升为马军司最耀眼的将星，在宋孝宗朝即位至鄂州都统司都统制和主管马军司公事。

成闵率马军司主力东下之时，马军司破敌军统制陈敏曾向成闵献“围魏救赵”之策，“金人精骑悉在淮，汴都必无守备，若由陈、蔡径捣大梁，溃其腹心，此救江、淮之术也”②，然成闵不能用。无独有偶，时任武昌令的薛季宣也向宣谕使汪澈提出类似的建议：

> 先是，朝廷闻敌犯淮西，亟命湖北京西制置使成闵统诸军并舟师，为王权之援。武昌令薛季宣献计于澈，谓闵军已得蔡，有破竹之势，宜守便宜勿遣，令闵乘虚下颍昌，趋汴京，金内顾，必惊溃。③

汪澈亦未敢予以采纳。就赵撙所部在蔡州实战的表现来看，如若马军司全军辅以鄂州都统司所部，以数万大军合力经略陈、蔡，像当年岳飞第四次北伐那样直逼开封，对金军的威胁，以及对两淮的支援，无疑会更大。从这个角度上说，完颜亮南下失败之后，金军中所流传的“岳飞不死，大金灭矣”④，诚非虚语。

宋金绍兴辛巳战事，金朝先胜后败，金主完颜亮遇弑，先后丧失了海、泗、唐、邓四个州，但金军主力犹在，仍有卷土重来的充裕实力。南宋先败后胜，

① 〔宋〕李心传编撰，胡坤点校：《建炎以来系年要录》卷一九七，第3876页。

② 〔元〕脱脱等：《宋史》卷四〇二《陈敏传》，第12182页。

③ 〔宋〕李心传编撰，胡坤点校：《建炎以来系年要录》卷一九三，第3773页。

④ 〔宋〕薛季宣：《浪语集》卷二二《书·与汪参政明远论岳侯恩数》，《文渊阁四库全书》本。

但真正所得并不多，三衙诸军特别是殿前司诸军的战斗力，并未得到充分地发挥，张浚等主战派大臣认为金军不过尔尔，跃跃欲试的愿望十分强烈。隆兴元年（1163）、隆兴二年（1164），宋金两军再度在两淮等战场展开北伐与南下的激烈较量。

原载《济南大学学报（社会科学版）》2016年第4期

两宋三衙诸军更戍地方考

——以防地为中心

成书于宋神宗朝的宋代官修史书《两朝国史·志》云："禁兵者，天子卫兵也，总于殿前、侍卫二司，其尤亲近扈从者，号班直。余自龙卫而下，皆番戍诸路，有事即以征讨。"[①]《宋史·兵志》亦云：三衙诸军为"天子之卫兵，以守京师，备征戍"[②]。作为宋军最为重要的基干力量，两宋殿前司、侍卫马军司和步军司三衙诸军尽管皆驻扎于都城，然在扈卫帝王、卫戍京师的同时，还要承担分兵更戍地方要地的重要使命。显而易见，三衙诸军更戍地方，诚宋人所谓"内壮根本，外护边陲"[③]，"均劳逸，知艰难，识战斗，习山川"[④]，无论是在强化中央对地方的控制层面，在增强地方守御的实力层面，还是在轮流取得实战经验，锤炼和提升三衙诸军的战斗力层面，皆具有较为显著的积极意义，堪称宋人一项较为成功的顶层制度设计。然目前的相关研究，据笔者浅见，仍主要限于宋代军制史、制度史

---

① 〔元〕马端临：《文献通考》卷一五二《兵考四》引，第4553～4554页。《两朝国史》成书于宋神宗元丰五年（1082），是主要记载宋仁宗、宋英宗两朝历史的官修纪传体史书。

② 〔元〕脱脱等：《宋史》卷一八七《兵志一》，第4569页。

③ 〔宋〕李焘：《续资治通鉴长编》卷二二一，第5376页。

④ 〔宋〕司马光撰，李之亮笺注：《司马温公集编年笺注》卷五二《章奏三七·乞罢将官札子》，巴蜀书社2009年版，第292页。

和军事史的相关著作当中[1]，专题论述比较薄弱。本文拟主要从其更戍的具体防地入手，对两宋三衙诸军的更戍状况试做初步考察，企望有裨于研究。

需要加以说明的是，宋代行募兵制，士兵不仅是职业兵，大致也是终身兵，都有家属需要抚养。包括三衙诸军在内的军队驻防调动，就以家属是否随营为主要区别，分为“驻扎”和“屯戍”两大类。家属随营的为“驻扎”，家属不随营的为“屯戍”。驻扎是长期行为；屯戍则是短期行为，需要定期地轮换，按时回师驻扎地，所以亦称“更戍”。三衙诸军更戍地方，称“出戍”；抵达地方的更戍兵马，根据隶属关系和指挥级别的不同，隶州者称“屯驻”，隶路者称“驻泊”。

除了遥隶于三衙的地方禁军，北宋三衙下辖殿前诸班直与三衙诸军两部分，总兵力以宋真宗朝为最高，多达三十八万余众，宋神宗熙丰年间定编为十一万余人，其中殿前诸班直三千余人，殿前司捧日、天武等诸军六万八千余人，马军司龙卫等诸军一万余人，步军司神卫等诸军三万余人。在宋英宗治平三年（1066）之前，北宋三衙所部不用承担出戍任务的，唯有殿前司的殿前诸班直和捧日、天武两军。

马军司的龙卫和步军司的神卫，虽然与捧日、天武并列为“上四军”，但长期也要更戍地方，故前引《两朝国史·志》有云：“余自龙卫而下，皆番戍诸路。”马军司龙卫，宋真宗景德元年（1004）十一月，宋廷即令“发永兴驻泊龙卫、云骑八指挥赴行在”[2]；宋仁宗庆历元年（1041），时任签书陕西经略安抚判官的田况亦有云：“缘边屯戍骑兵，军额高者无如龙卫。”[3]步军司神卫，则是宋仁宗康定元年（1040）正月三川口、九月攻破白豹城等役的主力。庆历元年（1041）八月，宋廷

---

① 对北宋的更戍制度，王曾瑜先生《宋朝军制初探》（增订本）之《更戍法》一小节，迄今为止仍然是最具代表性和权威性的研究成果，然其研究范围主要限于宋神宗朝之前，通论三衙诸军和地方禁军，且不过千余言。对南宋三衙诸军更戍的已有研究就更为薄弱，粟品孝等《南宋军事史》（上海古籍出版社2008年版）涉及不多，其他多部宋代制度史著作亦大致如此。王曾瑜先生《宋朝军制初探》（增订本）之《南宋后期的兵力部署》一节虽然对南宋三衙诸军更戍的范围变化有精准的判断，《军俸》一节中对南宋诸军出戍的口券制度也进行了考察，但并未对南宋三衙诸军的更戍展开专门的研究。

② 〔宋〕李焘：《续资治通鉴长编》卷五八，第1283页。

③ 〔宋〕李焘：《续资治通鉴长编》卷一三二，第3135页。

又发步军司神卫等二十指挥出戍河北路[①]。宋英宗时，陕西转运司亦奏言："缘边多差东兵戍守，如庆州大顺城、荔原堡，保安军德靖寨，去虏境甚迩，皆有龙神卫、拱圣、神骑兵士辈。"[②]龙卫、神卫两军仍在出戍陕西之列。按：宋英宗治平三年(1066)，宋廷诏令"员僚直、龙卫毋出戍，神卫尝留十指挥在营"[③]，马军司的员僚直和龙卫至此方不再出戍。同时，步军司神卫也由此改为较少出戍。但直至北宋后期，神卫才得以完全不再出戍地方。主要记载宋徽宗朝史实的《东京梦华录》即径云：捧日、天武、龙卫、神卫"谓之上四军，不出戍"[④]。

又，尽管殿前诸班直不成建制地出戍地方，然宋廷亦时常选派部分班直士兵前去有战事的地区，临时性地担任押阵等低级军校。宋太祖时，"尝选御马直三十人"隶西山巡检郭进麾下，"押阵，属与北汉人战"[⑤]。宋神宗元丰五年(1082)正月，"诏差诸班直百一十六人，分与熙河、环庆、泾原路押队"[⑥]。元丰六年(1083)闰六月，宋廷赏泾原路姚麟部战功，受赏者当中就有"诸班直，各绢十匹"[⑦]。

南宋三衙下辖殿前诸班直、三衙旧司指挥和三衙诸军三部分。宋孝宗乾道年间，三衙诸军定编为十三万余众，殿前司诸军七万三千人，马军司诸军三万人，步军司诸军二万五千人[⑧]。殿前诸班直与三衙旧司指挥则合为万余人。南宋三衙诸军皆须出戍，殿前诸班直与三衙旧司捧日、天武、龙卫、神卫、虎翼等各指挥皆不出戍。

一、北宋三衙诸军的更戍：防区的变动

北宋三衙诸军更戍地方，以宋神宗熙宁年间改革"更戍法"为分界线，可

---

① 〔宋〕李焘：《续资治通鉴长编》卷一三三，第3164页。

② 〔清〕徐松辑：《宋会要辑稿》兵五之六，第6842页。

③ 〔元〕脱脱等：《宋史》卷一九六《兵志十》，第4899页。

④ 〔宋〕孟元老撰，伊永文笺注：《东京梦华录笺注》卷四《军头司》，第389页。

⑤ 〔宋〕李焘：《续资治通鉴长编》卷四，第106页。

⑥ 〔宋〕李焘：《续资治通鉴长编》卷三二二，第7762页。

⑦ 〔清〕徐松辑：《宋会要辑稿》兵一八之一二，第7063页。

⑧ 〔宋〕李心传撰，徐规点校：《建炎以来朝野杂记》甲集卷一八《乾道内外大军数》，第405页。

以分为前后两个阶段。在宋神宗熙宁三年（1070）之前，正如宋仁宗庆历五年（1045），时任翰林学士的张方平在上奏中所云："国家创艾五代之乱，藩镇不得擅兵，常番禁旅，外屯州郡。"[①]南宋名臣陈傅良也言及："国初州郡无禁兵也，著在令甲……所谓禁兵者，皆三司之卒，分屯而更戍。"[②]三衙诸军出戍的地域范围很广，可以说是遍及各地方要地。河北、河东、陕西"三路"与川峡、广南东西路等沿边地区自不待言，淮南、京东西、福建、江浙、荆南等内地遇有较大的民变爆发或形势不稳，时常也要自开封出动三衙诸军前去戍守。淮东之扬州、楚州和高邮军，在宋初即由殿前司之宣武军前去戍守，直至宋真宗大中祥符七年（1014）六月才停止[③]。宋真宗景德二年（1005）二月，宋廷发三衙禁兵屯昇州、洪州、荆南府各两指挥，蕲、黄、唐州各一指挥[④]。天禧元年（1017），京东齐、郓州等地盗贼出没，宋廷遂以步军司之威猛卒二百人隶京东都巡检使等[⑤]。宋仁宗皇祐元年（1049），京东地区大灾，宋廷再"诏发京师禁军十指挥，赴京东、西路驻泊，以备盗贼"[⑥]。宋英宗治平元年（1064），蔡襄在三司使任上更概括地谈道："近年置诸路安抚、钤辖，添屯禁军，自京西、江南东西、广南东西、两浙、福建等驻泊禁军，皆是北人。"[⑦]

正如司马光所云："自祖宗以来，诸军少曾在营，常分番往缘边及诸路屯驻、驻泊。"[⑧]出戍地域既广，占用三衙的兵力自然相当多。熙宁四年（1071），宋神宗就有御批曰："殿前、马、步军司差发外，余兵数不多，京师根本之重，于

① 〔宋〕张方平：《上仁宗论州郡武备》，《宋朝诸臣奏议》卷一二二《兵门·州郡兵》，第1345页。

② 〔宋〕陈傅良著，周梦江点校：《陈傅良先生文集》卷一九《奏状札子·赴桂阳军拟奏事札子四·第三》，第269页。

③ 〔宋〕李焘：《续资治通鉴长编》卷八二，第1880页。

④ 〔宋〕李焘：《续资治通鉴长编》卷五九，第1318页。

⑤ 〔宋〕李焘：《续资治通鉴长编》卷八九，第2052页。

⑥ 〔宋〕李焘：《续资治通鉴长编》卷一六六，第3986页。

⑦ 〔宋〕蔡襄撰，吴以宁点校：《蔡襄集》卷二二《论兵十事》，上海古籍出版社1996年版，第386页。

⑧ 〔宋〕李焘：《续资治通鉴长编》卷三七九，第9216～9217页；〔宋〕司马光撰，李之亮笺注：《司马温公集编年笺注》卷五二《章奏三七·乞罢将官札子》，第292页。

理非便。其治平四年、熙宁元年差出之人，可契勘抽回。”[①]由此御批可见，宋英宗与宋神宗熙宁初年，三衙诸军在更戍地方之外，留守京师的已然是“余兵数不多”了。

熙宁三年（1070）十二月，宋神宗颁布《府界及诸路兵更戍之法》，“慨然更制”，开始对更戍法进行了大刀阔斧的改革。《文献通考》更径曰：禁兵“无复出戍”[②]。但正如王曾瑜先生所指出的“实际上更戍仍不能全免”[③]，《文献通考》此说并不很准确。宋神宗熙宁之后，三衙诸军仍然在继续出戍如下地区：

陕西。熙河路，宋神宗熙宁九年（1076）十一月，枢密院奏请：“熙河驻泊兵岁满，今差当以在京虎翼等指挥代之。”宋神宗批复：“卫兵已少，若于京师取足，必恐日益朘减，可令在京步兵止差十二指挥，神勇、宣武、广勇各一指挥，虎翼九指挥。”[④]殿前司、步军司皆有虎翼，俗分称“殿虎”“步虎”；神勇、宣武、广勇，皆为殿前司之步军。可见，此次实际出动殿前司、步军司诸军合计十二个指挥出戍熙河。元丰五年（1082）四月，宋廷又诏令：“发在京拱圣、骁骑、云骑、武骑各一指挥，殿前、步军司虎翼各五指挥。”[⑤]共发三衙诸军十四个指挥出戍熙河路。宋哲宗元符三年（1100）八月，亦“诏遣虎翼军六千戍熙河路，令代蕃兵及弓箭手还家休息”[⑥]。环庆路，元丰七年（1084）五月，宋廷接受环庆路经略司“乞增马军三二千骑防秋”的奏请，“诏发在京马军五指挥权住邠、宁州，支十分马”[⑦]。鄜延路，元丰八年（1085）七月，枢密院奏言：“鄜延路权驻泊在京马、步军十五指挥，昨权团作三将，差官训练，今已年满，乞差兵替归。”宋廷遂诏：“差在京马、步军骁骑等一十五指挥，赴鄜延路权驻泊，替东兵三将归营。”[⑧]陕西，一直是宋与西夏战事的主战场，宋神宗朝之后，两军在陕西频繁激战，三衙诸军前往出戍，是理所当然的。

---

① 〔宋〕李焘：《续资治通鉴长编》卷二二〇，第5349页。
② 〔元〕马端临：《文献通考》卷一五三《兵考五》，第4580页。
③ 王曾瑜：《宋朝军制初探》（增订本），第70页。
④ 〔清〕徐松辑：《宋会要辑稿》兵五之九，第6844页。
⑤ 〔清〕徐松辑：《宋会要辑稿》兵五之九，第6844页。
⑥ 〔元〕脱脱等：《宋史》卷一九六《兵志十》，第4902页。
⑦ 〔宋〕李焘：《续资治通鉴长编》卷三四五，第8286页。
⑧ 〔宋〕李焘：《续资治通鉴长编》卷三五八，第8569页。

四川。四川是赵宋重要的茶绢财赋之地，经济、政治地位十分重要，又爆发过多次的民变和兵乱，还时常遭到西南蕃夷部落的侵扰，因此宋朝一直对四川地区保持着高度的防范意识。熙宁三年（1070）十二月，宋神宗在定“开封府界及诸路兵更戍之法”时，专门规定“其益、利、梓路止于在京及府界互差”①，可见仍主要由三衙诸军自京师开封前往出戍。熙宁五年（1072）六月，据成都府、利州路走马承受潘孝和奏言：“屯驻雄威兵乐升、王庆告神勇兵杨进等谋夺县尉甲为乱。”②神勇，即隶属于殿前司。王安石后来还曾谈到如此安排的用意是：“向所以置东军，非特弹压蜀人，亦备蛮寇。”③宋徽宗政和三年（1113）三月，枢密院曾奏请“殿前、马、步军司准批送下梓夔路兵马钤辖掌民纪等状”，殿前司、马军司、步军司则联合上报：“契勘自来诸军遇差赴川峡路屯驻，未曾有本处被犯之人。欲今后诸军差在川峡路，如有违犯之人，令逐处断讫，不至配降，即发遣赴所属，依条施行。”④宣和四年（1122），臣僚有言：“东军远戍四川，皆京师及府界有武艺无过之人。既至川路，分屯散处。”⑤宋高宗绍兴二十六年（1156）左武大夫伏深亦言：“四川州郡驻泊东军，皆系宣和间差发前来戍守，缘兵火，各无所归。”⑥足证直至北宋之末，三衙诸军不仅始终是出戍四川，而且要精选“有武艺无过之人”。

广南。宋神宗朝，宋与交趾的战事、摩擦不断，广南自然首当其冲。元丰二年（1079）八月，宋廷诏令：“昨遣殿前、步军司虎翼十指挥赴顺州及机榔县太平寨戍守，比已归营，皆瘴疠死亡之余，可并升补神勇指挥，仍免两季简选，内已减为剩员者，与免减，为小分。”⑦可见，三衙殿前司、步军司虎翼等部曾出戍广西之顺州及机榔县太平寨，元丰二年方得以班师回京。

显而易见，《文献通考》所载禁兵“无复出戍”之语，主要是就“将兵法”

---

① 〔宋〕李焘：《续资治通鉴长编》卷二一八，第5292页。

② 〔宋〕李焘：《续资治通鉴长编》卷二三四，第5687页。

③ 〔宋〕李焘：《续资治通鉴长编》卷二三六，第5753页。

④ 〔清〕徐松辑：《宋会要辑稿》刑法七之二五，第6746页。

⑤ 〔元〕脱脱等：《宋史》卷一九六《兵志十》，第4903页。

⑥ 〔清〕徐松辑：《宋会要辑稿》兵五之一八，第6848页。

⑦ 〔宋〕李焘：《续资治通鉴长编》卷二九九，第7282页。

实行后的地方各路“将兵”而言的。从三衙诸军的角度来看，宋神宗熙宁更制主要是减少了三衙诸军出戍的地域范围。具体说来，宋廷是在“土地沃饶，租赋有余”的京东地区，组建和训练了京东武卫军[①]。该军主要驻扎于京东青州、济州、郓州等地，从熙宁五年(1072)闰七月开始，宋廷以京东武卫军所部之四十二个指挥“属河北路，令总管司勾押、差使”，“仍并以二年一替”[②]，专门负责就近出戍河北。该军剩余兵力三千人“屯戍扬、杭、江宁”等东南地区[③]。本来“例不出戍”的河北地方禁军，就近更戍河东，河东地方禁军则就近更戍陕西的鄜延路。熙宁五年(1072)十月，再诏京西路地方禁军武骑等二十六指挥，就近“番上永兴军路屯戍”[④]。如此一来，三衙诸军出戍河北、河东、京东西及江浙等东南地区的兵马，就被陆续地替换回京。此后，三衙诸军在事实上也就一般不再出戍这些地区。陕西的永兴军路，也较少专门出戍。

需要说明的是，宋哲宗元祐元年(1086)十月以后，东南十三将及东南各路不隶将的地方禁军，也开始更戍他路。宋廷补充规定：“即轮出将兵、不隶将兵路分，权拨在京步军补戍，回日复初。”[⑤]东南各路将兵、不隶将禁军出戍之后，三衙诸军即要派兵马自开封前去临时填补。

二、南宋三衙诸军的更戍：以两淮为重

南宋三衙诸军主要更戍淮河以南、长江以北的两淮地区，即南宋淮南东路与淮南西路所属之州县。淮河，是南宋与金朝的分界。南宋“画淮立国”，“守江必守淮”，“守江不如守淮”，这既是古今兵家的共识，也是一个起码的军事常识。宋高宗朝，南宋就以韩世忠、张俊、刘光世三支大军全力守御两淮。宋孝宗时，辛弃疾上有名的《论阻江为险须借两淮》奏疏，提出了在当时极具代表性和影响力的主张：

---

① 〔清〕徐松辑：《宋会要辑稿》兵五之七、之八，第6843页。

② 〔清〕徐松辑：《宋会要辑稿》兵五之七，第6843页。

③ 〔宋〕李焘：《续资治通鉴长编》卷二三六，第5753页。

④ 〔清〕徐松辑：《宋会要辑稿》兵五之八，第6843页。

⑤ 〔清〕徐松辑：《宋会要辑稿》刑法七之二一，第6744页。

臣窃惟自中兴以来，驻跸临安，阻江为险。然江之为险，须借两淮。自古南北分离之际，盖未有无淮而能保江者。然则两淮形势，在今日岂不重哉！[①]

宋孝宗朝君臣大致达成了固守两淮的共识，在全力经营淮东防御的同时，也高度重视“屏蔽江表，密迩中原，在今日最为重地”[②]的淮西。宋宁宗时，多名臣僚在上奏中亦曾反复提到“是以守江之计，当以守淮为先。使长淮一失所守，则江亦未易保矣”[③]，“论备边者，当以淮为急，而江次之……今版图未复，驻跸东南，两淮其藩篱也，而长江乃吾门户”[④]，宋廷也尽可能地进一步强化对两淮的守御力量。确实，南宋立国东南，以长江为门户，两淮则为屏障长江之藩篱，其得失直接关乎南宋政权的生死存亡。

两淮地区的军事地位，尽管是如此的重要，但绍兴十二年（1142）宋、金绍兴和议签订之后，宋高宗、秦桧完全满足了金朝“彼此临边不许屯兵”[⑤]、南宋“不许驻兵淮上”[⑥]的苛刻条件，并“以诚待敌”，将本来驻扎于淮东楚州的韩世忠所部，南撤至江南的镇江，淮西的张俊所部也全部地收缩至江南的建康，“诸将豢于宴安者二十年，惟知江左屯驻之便，未有肯过江而戍者”[⑦]，“大将握重兵于江南，官吏守空城于江北”[⑧]，遂导致整个两淮地区的防御极为空虚。直至绍兴三十一年（1161）四月，金主完颜亮集大军于开封、宿、亳等地，南下已呈箭在弦上之势，宋高宗方遣使怯懦地向金朝乞求：

---

① 〔明〕杨士奇、黄淮等编：《历代名臣奏议》卷三三六《御边》，《文渊阁四库全书》本。

② 〔宋〕周必大：《文忠集》卷一四七《奉诏录二・王希吕郭钧雷世贤》，《文渊阁四库全书》本。

③ 〔清〕徐松辑：《宋会要辑稿》兵二九之四七，第7316页。

④ 〔清〕徐松辑：《宋会要辑稿》兵二九之四九，第7317页。

⑤ 《宋会要辑稿》兵六之六：“京镗奏云：‘自讲和，有誓约，彼此临边不许屯兵。’”

⑥ 〔宋〕韩元吉：《南涧甲乙稿》卷一〇《论淮甸札子》，《文渊阁四库全书》本。

⑦ 〔宋〕韩元吉：《南涧甲乙稿》卷一〇《论淮甸札子》，《文渊阁四库全书》本。

⑧ 〔宋〕李纲著，王瑞明点校：《李纲全集》卷一〇三《奏议・与宰相论捍贼札子》，第983页。按：李纲此奏时在绍兴四年末，然与绍兴十二年后南宋江淮之格局更为符合。

> 如大金皇帝只欲到洛阳观花，则不须屯兵于边；若果欲迁都于汴，屯兵于宿、亳，则本国亦不免屯兵于淮上，非敢故渝盟约，盖为国之道，不得不然；或欲巡幸汴，即还燕京，则本国亦无一人一骑渡淮。①

完颜亮一度能够轻易席卷两淮，与此关系甚大。按："彼此临边不许屯兵"，看似对宋、金两朝皆有所限制，但南宋作为弱势和居于守势的一方，无疑更为不利。宋宁宗嘉定十年（1217），袁燮在上奏中就径直将之归诸秦桧的卖国阴谋，"自秦桧当国，阴与敌结，沿边不宿重兵，故大军屯于江上"②。

宋孝宗隆兴元年（1163）十月，宋、金战事正酣，殿前司和步军司诸军主力投入淮东作战。宋廷遂令都督江淮军马杨存中与主管殿前司公事王琪、主管步军司公事郭振"共议"，将殿前司和步军司诸军分别部署在"真、扬、六合一带"，"占据形势险要去处，措置捍御"③，从而初步形成了殿前司戍守真州、扬州，步军司戍守六合的基本格局。在此基础之上，至乾道年间，宋孝宗积极备战，他汲取了绍兴、隆兴战事中的经验教训，着重加强两淮的防御，尽管仍"宿大军于长江"，然"更戍以守淮壖"④，令江南的三衙诸军与江上诸军镇江、建康等都统司所部更戍两淮。南宋两淮有边无防的被动局面，方得以基本结束。

宋宁宗开禧、嘉定年间，宋、金之间大规模的战事持续不断，宋理宗端平年间之后，又爆发了更大规模的宋、蒙战事。三衙诸军在两淮出戍的范围随之有所扩大，出戍的兵力也有显著的增强。由此以来，三衙诸军留守行在临安的兵力不可避免地呈现出急剧削弱之势。史弥远即对此表示忧虑，他曾在上奏中说："京师根本之地，今出戍既多，留卫者寡，万一盗贼窃发，谁其御之？"⑤宋理宗端平元年（1234），魏了翁亦批评此为"久虚宿卫，以事边垂（陲）"。他说："夫三衙，

---

①〔宋〕李心传编撰，胡坤点校：《建炎以来系年要录》卷一八九，中华书局2013年版，第3673页。

②〔明〕杨士奇、黄淮等编：《历代名臣奏议》卷三三七《御边》，《文渊阁四库全书》本。

③〔元〕佚名撰，李之亮校点：《宋史全文》卷二四上《宋孝宗一》，第1659页。

④〔清〕徐松辑：《宋会要辑稿》兵二九之四九，第7317页。

⑤〔元〕脱脱等：《宋史》卷四一四《史弥远传》，第12416页。

所以扈卫乘舆也，今或荷戈于境外，或执役于降虏，揆诸事体，诚为倒置。”[①]但是，南宋在金、蒙古强大的军事压力之下，为求御敌于国门之外，这种格局是难以有所根本改变的。

南宋三衙诸军更戍两淮，殿前司、步军司诸军主要负责淮东，马军司诸军则以淮西为主。对其“地分”即具体的防地，王万和魏了翁有所论及。宋理宗端平元年(1234)，宋蒙战事爆发，南宋朝野震动，宋理宗下罪己诏，加强边防，急如星火。时任添差镇江通判的王万即撰《条具沿边事宜》等名文，详细论述了两淮地区三衙诸军与江上诸军各都统司的防地划分情况：

> 戎司旧分地戍守，殿、步兵戍真、扬、六合，镇江兵戍扬、楚、盱眙，建康马司兵戍滁、濠、定远，都统司兵戍庐、和、安丰，以至池司兵戍舒、蕲、巢县，江司兵戍蕲、黄、浮光。[②]

王氏以知兵闻名，“当路多知其人豪也，咨问者旁午”，其所撰以上诸文乃应宰相郑清之及为理宗起草罪己诏的直学士院吴泳等所“咨问”，并遍告诸“大臣、要官”，得到朝廷的首肯和重视，寻因此任枢密院编修官[③]。宋理宗端平元年(1234)，魏了翁任礼部尚书兼侍读，他在上奏中也谈到三衙诸军、江上诸军各都统司所部更戍两淮的状况：

> 其殿、步二司之卒，时遣戍淮以劳苦之，然不过维扬、天长、六合而已，及时而往，及时而代。……骑司之军，昔戍于滁、濠、定远也，今移之浮光。建康戎司，昔戍于安丰、庐、和也，今移之泗水。京口戎司，昔戍于真、扬、楚、泰、高邮、盱眙、瓜洲、盐城诸处也，今置之新复诸郡。池州戎司，昔戍于舒、蕲、巢县也，今置之淮东。[④]

---

① 〔明〕杨士奇、黄淮等编：《历代名臣奏议》卷二二五《宿卫》，《文渊阁四库全书》本。

② 〔元〕脱脱等：《宋史》卷四一六《王万传》，第12483页。

③ 〔元〕脱脱等：《宋史》卷四一六《王万传》，第12482～12484页。

④ 〔明〕杨士奇、黄淮等编：《历代名臣奏议》卷二二五《宿卫》，《文渊阁四库全书》本。

魏了翁此奏当即援引了王氏之说，并略有所增补。王万、魏了翁所言的权威性，当然是毋庸置疑的，但只是粗线条式勾勒，很不完全，如殿、步两司的防地就绝不仅限于真、扬和六合。两氏对高宗、孝宗、宁宗数朝当中的详细变化情况，更是未曾言及。笔者即以王万、魏了翁二人所云为基础，并综合其他史籍的记载，进行较细致地考证。

（一）殿前司

扬州。扬州“为淮东重城”[①]，正如南宋时人所谓：“维扬者，淮东一路之根本也。”[②]扬州乃南宋淮东地区的根本之地，其在战略上的重要地位自不待言。宋孝宗乾道三年（1167）十一月，主管殿前司公事王琪奏请：“本司扬州见存留住官兵二千人，统领官一员。先自闰七月起发前去到彼，修筑城壁，委是辛苦劳役，今来未有替期。乞于本司诸军在寨人内，摘差官兵二千人，内将官四员，并部辖统领官一员，于来年正月内起发前去扬州，抵替归司。”[③]宋廷予以批准。乾道四年（1168），殿前司遂差拨“兵将官统押官兵三千人，先次起发，前去扬州”[④]。淳熙元年（1174）八月，宋廷还令“扬州屯戍统制官自今兼提督修城”[⑤]。可见，殿前司出戍扬州，最早应该是以看守营寨和修筑城池的名义，出戍的兵力在三千人左右。宋宁宗嘉定十年（1217）之后，正如王曾瑜先生所指出：“扬州成为淮东宋军大本营，其地位超过了隔江相望的镇江府。”[⑥]殿前司出戍扬州的兵力，也当有所加强。

真州。真州既是扬州的最后一道防线，本身又屏障江面，特别是其西郊的胥浦桥，宋、金两军屡屡在此地爆发关乎全局的大战，足见其军事地位的重要。隆兴二年（1164）九月，宋廷即诏令：殿前司右军“往真州屯驻”[⑦]。乾道元年（1165）

---

① 〔清〕徐松辑：《宋会要辑稿》方域九之一，第7459页。

② 〔宋〕刘克庄撰，辛更儒校注：《刘克庄集笺校》卷一二八《乙酉与胡伯圜待制》，第5218页。

③ 〔清〕徐松辑：《宋会要辑稿》兵五之二三，第6851页。

④ 〔清〕徐松辑：《宋会要辑稿》兵九之一八，第6914页。

⑤ 〔清〕徐松辑：《宋会要辑稿》方域九之二，第7459页。

⑥ 王曾瑜：《南宋后期扬州屯驻大兵番号和今存南宋扬州城砖文考释》，《点滴编》，第374页。

⑦ 〔清〕徐松辑：《宋会要辑稿》兵九之一六，第6913页。

五月，主管殿前司公事王琪奏请："本司昨差右军统制员琦将带官兵七百人，往真州戍守，日久未曾休息，欲于本军在寨官兵内依元数差拨，仍差将官一员部押前去交替归司。"[①]从隆兴二年开始，殿前司诸军一直出戍真州。

高邮。高邮位于南宋淮东防线北南两大重镇楚州与扬州之间，扼守贯通两地运河的咽喉，宋孝宗即高度重视高邮的军事地位，他认为："若把定高邮，不放粮船过来，则虏不能久留淮上，自当引去也。"[②]以选知高邮军的汪纲后来也曾论及："扬、楚二州当各屯二万人，壮其声势，而以高邮为家计寨。高邮三面阻水，湖泽奥阻，戎马所不能骋。"[③]宋孝宗乾道六年（1170）九月，宋廷遂诏令殿前司，"差拨游奕军全军人马，前去高邮军出戍，听陈敏节制"[④]，以殿前司游奕军整整一个军六千余兵马来出戍高邮。

天长。天长为盱眙辖县，是从盱眙趋扬州的必经之地，"与真、扬州、盱眙地界至相连属，系是冲要之地"，"所有盱眙，取天长路至扬州，两日可到，最为冲要"[⑤]。宋、金绍兴辛巳战事，金主完颜亮遇弑后，金军主力就是从扬州、和州取道天长北撤，然后由盱眙渡过淮河的。天长也是高邮西边的屏障，汪纲言道：高邮三面环水，"独西南一路直距天长，无险可守，乃去城六十里随地经画，或浚沟堑，或备设伏，以扼其冲"[⑥]。至迟从宋宁宗开禧元年（1205）开始，天长一直由殿前司派兵更戍，兵力几近二千人。宋宁宗开禧元年十二月，淮东安抚司即言："照对天长县出戍殿前司官兵，共一千九百三十七人，见系殿前司统制官马梓管辖。"[⑦]宋宁宗嘉定十三年（1220）五月宋廷亦曾诏，"所有扬州、天长县、高邮军见戍殿前司官兵，令统制官王宁、统领官邓略，候今来差拨人马到日，更替归司"[⑧]。

---

① 〔清〕徐松辑：《宋会要辑稿》兵五之二一，第6850页。

② 〔清〕徐松辑：《宋会要辑稿》兵二九之一八，第7301页。

③ 〔元〕脱脱等：《宋史》卷四〇八《汪纲传》，第12306页。

④ 〔清〕徐松辑：《宋会要辑稿》兵五之二五，第6852页。

⑤ 〔清〕徐松辑：《宋会要辑稿》兵六之一〇，第6859页；兵九之一七，第6914页。

⑥ 〔元〕脱脱等：《宋史》卷四〇八《汪纲传》，第12306页。

⑦ 〔清〕徐松辑：《宋会要辑稿》兵六之六，第6857页。

⑧ 〔清〕徐松辑：《宋会要辑稿》兵六之一一，第6860页。

楚州。楚州本为韩世忠所部的大本营，该城“内控归附，外接夷虏”[①]，“系极边重地，路当冲要”[②]，“正濒长淮，东西仅四百里，与大小清河相对，最为控扼”[③]。宋孝宗朝名将陈敏则视楚州为“南朝司命”，他在对宋廷的建言当中，更准确地点出了楚州的战略地位之所以重要，就在于沟通南北的楚州运河，他说：

盖楚州为南北襟喉，彼此必争之地。长淮两千余里，河道通北方者五，清、汴、涡、颍、蔡是也。通南方以入江者，惟楚州运河耳。北人舟舰自五河而下，将谋渡江，非得楚州运河，无缘自达。[④]

因此，整个南宋一代，楚州都是南宋淮东防线北端的最重要的战略支撑点之一。宋孝宗乾道四年（1168），宋廷以殿前司护圣步军统制左祐兼知楚州，由左氏“将带本军官兵三千人”[⑤]，率殿前司护圣步军三千官兵出戍楚州。直至乾道六年（1170）五月，宋廷方诏令：“楚州见屯戍殿前司护圣步军官兵尽发遣归司。”[⑥]宋宁宗嘉定十五年（1222）六月，殿前司奉命差拨精锐骑兵五百人前去楚州，与此前已在该地戍守的殿前司兵马汇合，“凑作一千人骑”，统归殿前司统领彭忔指挥[⑦]。

盱眙军。盱眙隔淮河与金朝之泗州相对，是南宋淮东边防的最前哨之一。宋宁宗开禧元年（1205）十二月，淮东安抚司奏言：“本司近因拘回殿司出戍盱眙军官兵。”[⑧]嘉定元年（1208）前后，殿前司选锋军统制何汝霖即率部戍守盱眙[⑨]。嘉定七年（1214），据淮东安抚司的奏言：殿前司“统制侯忠信将带官兵一千三百

---

① 〔清〕徐松辑：《宋会要辑稿》兵二九之五一，第7318页。

② 〔清〕徐松辑：《宋会要辑稿》兵二九之二二，第7303页。

③ 〔清〕徐松辑：《宋会要辑稿》兵二九之二一，第7303页。

④ 〔明〕杨士奇、黄淮等编：《历代名臣奏议》卷九六《经国》，《文渊阁四库全书》本。

⑤ 〔清〕徐松辑：《宋会要辑稿》兵九之一八，第6914页。

⑥ 〔清〕徐松辑：《宋会要辑稿》兵五之二五，第6852页。按：“见”，误作“建”。

⑦ 〔清〕徐松辑：《宋会要辑稿》兵二九之五二，第7318页。

⑧ 〔清〕徐松辑：《宋会要辑稿》兵六之六，第6857页。

⑨ 〔宋〕马光祖修，周应合纂：《景定建康志》卷二六《官守志三·御前诸军都统制司题名记》，第1772页。

余人、马二百匹，移戍盱眙军”[①]，足证盱眙为殿前司防地，殿前司诸军多次出戍该城。

（二）步军司

六合。六合为真州下辖县，其既是真州最重要之屏障，更是淮东、淮西的结合部，“六合县城坐落两淮之中，地形平坦，最为冲要”，“西接滁、濠，比连天长，亦是冲要之地”[②]。另外，据知太平州李椿在陛辞时对宋孝宗所言：

> 六合据滁河湍流之上，有瓦梁堰，若众寡不敌，则塞瓦梁口，真、滁之间悉为水潦，虽不战而可保。事定之后，水淤田畴，将有倍收之利。[③]

六合地居滁河上游，当地建有蓄水之水堰，战时足资防御。因此，南宋视六合为必守之地。宋、金隆兴战事时，步军司诸军的主力就在主管公事郭振统领下驻扎在六合，并于此挫败了金军的进攻。宋孝宗隆兴元年（1163）九月，宋廷诏令“修真州六合城”；又载“六合县自修城以来，用戍兵守把”[④]。

步军司诸军更戍六合的兵力有多少呢？乾道元年（1165）正月，宋廷批准了主管步军司公事郭振之奏请：“欲于本司诸军人内共存留一千人在六合县看守营寨，一季一次，更替归司休息。”[⑤]也就是以看守营寨的名义，留兵千人戍守六合。至乾道四年（1168）九月，步军司奏请：“本司有出戍六合三千人兵，至今半载有余，欲于本司诸军差拨官兵二千人，将带随身器甲，差将官二员部押前去六合屯驻，交替先差出人归司休息。今后乞半年一次交替。”[⑥]此奏得到了批准。由此可见，在乾道四年之前，步军司诸军更戍六合已成为制度，其更戍的兵力也已经由乾道元年的一千人，大幅度地上升至三千人。

乾道八年（1172）八月，主管步军司公事吴挺亦言：“六合见屯驻本司出

---

① 〔清〕徐松辑：《宋会要辑稿》兵六之一〇，第6859页。

② 〔清〕徐松辑：《宋会要辑稿》兵六之九，第6859页。

③ 〔明〕杨士奇、黄淮等编：《历代名臣奏议》卷五二《治道》，《文渊阁四库全书》本。

④ 〔清〕徐松辑：《宋会要辑稿》方域九之四、之五，第7460～7461页。

⑤ 〔清〕徐松辑：《宋会要辑稿》兵五之二一，第6850页。

⑥ 〔清〕徐松辑：《宋会要辑稿》兵五之二三，第6851页。

成官兵三千人。”[1]淳熙十一年（1184）五月，步军司又奏言：“六合县见管寨屋三千三百九十八间。”[2]按宋代一兵一间营房的通例，此时步军司诸军出戍六合县的官兵，当为三千三百余人，较三千人当又有所增加。宋宁宗嘉定七年（1214）四月，淮东安抚司奏请：六合县“见管戍兵二千余人，设遇缓急，委是兵力单弱，分布不敷，乞下步军司先次具差官兵三千人，凑见戍作五千人，以备守御，仍带衣甲、军器随行，以备不测使唤”，宋廷遂诏令步军司“于后军精选官兵二千五百人，内马军二百人骑，令统制徐端并统领、将佐等人密切统押起发，前去六合县，同见戍人马专备战御”[3]。这说明，嘉定七年之前，步军司诸军更戍六合的兵力曾一度由三千缩减至二千人，但嘉定七年又猛增到了五千人之众。

（三）马军司

和州。和州属淮西，距金朝边境不过二百余里，它既是淮西的咽喉之地，也是采石等长江渡口的重要屏障。宋孝宗乾道八年十二月，马军司左军统制田世卿即言：“和州在淮西，捍蔽长江，为要害之地。”[4]宋宁宗庆元六年（1200）七月，淮西总领所亦曾奏言：

> 窃谓守江不如守淮。今淮西实为大江蔽捍之地，而和州又为淮西咽喉之冲，是以守江之计，当以守淮为先。使长淮一失所守，则江亦未易保矣。和之为郡，北距虏界二百二十五里，东自横江门至杨林江口二十五里，上流形势，莫此为重。故孝宗皇帝临御，志在规恢，分兵留屯，所以备缓急一旦之用。[5]

和州的军事地位，由此不难想见。马军司诸军更戍和州，最初也是采用派兵在和州修筑城池的形式。乾道六年（1170）六月毕工后，马军司遂奏请：“修筑和州城壁，今已毕工，所有工役官兵，将及一季，合行发遣归司，今欲差本司左军

① 〔清〕徐松辑：《宋会要辑稿》兵六之二三，第6866页。
② 〔清〕徐松辑：《宋会要辑稿》兵六之二六，第6867页。
③ 〔清〕徐松辑：《宋会要辑稿》兵六之九、一〇，第6859页。
④ 〔清〕徐松辑：《宋会要辑稿》方域九之八，第7462页。
⑤ 〔清〕徐松辑：《宋会要辑稿》兵二九之四七，第7316页。

官兵三千人、马五十匹起发去和州。”宋廷“诏依，仍一年一替”[①]。前文提到的马军司左军统制田世卿，乾道八年时向朝廷建议在和州城外继续开掘护城壕，很显然，田氏应当就是马军司左军更戍和州兵马的指挥者。

除和州，马军司诸军还出戍濠州、定远、滁州。此二州一县，从南宋两淮防线的整体态势来看，恰恰处于淮西和淮东的结合部，战略位置极其关键。宋孝宗时，辛弃疾在其上疏中就将濠州、定远、滁州定位为“淮之中”，他言道：“今以两淮地形言之，则淮东为首，而淮西为尾，淮之中则其身也，断其身，则首尾不能救，明矣”，“敌骑之来也，常先以精骑，由濠梁，破滁州，然后淮东之兵方敢入寇。其去也，唯滁之兵为最后。由此观之，自古及今，南兵之守淮，北兵之攻淮，未尝不先以精兵断其中也”[②]。诚如辛氏所云，两大防区结合部的位置，通常也极易是防御的薄弱之处和对手重点进攻的突破口。马军司诸军出戍濠州、定远、滁州，正是为了确保这一两淮结合部的军事安全，从而保证两淮防线整体的巩固。

濠州。濠州为淮西沿淮要地，淮河的重要渡口涡口所在地，金军多次由此渡淮河南下攻宋。开禧北伐时，马军司后军统制田俊迈部即戍守濠州，并由濠州出发北上攻击宿州。宋宁宗时，李庆宗在主管马军行司公事任上亦曾“统率官军出戍濠州，战御有劳”[③]。刘克庄还多次提到：马军司“马帅在濠”，“骑帅当在滁，不当在濠”。可见其时马军司之主帅，当亲自率重兵在濠州戍守。

定远。定远为濠州辖县，在濠州南九十里，位于濠州和滁州之间。绍兴三十一年（1161）十月，金将萧琦即率精骑由寿春趋定远，由定远取滁州，试图直插扬州。隆兴战事时，李显忠率殿前司和马军司诸军主力即由定远北上。

滁州。滁州属淮东，所谓“环滁皆山也”，“阻山林，可自守”，历来为兵家必争之地。南宋与金朝强大的骑兵相对抗，更特别重视有山险可供依凭的滁州。宋孝宗在隆兴战事之时就是将“扼诸山之险”的滁州作为防御重点，而把濠州、定远等作为据守滁州的屏障。淳熙十一年（1184），南宋再次重点探讨了对金军再

---

① 〔清〕徐松辑：《宋会要辑稿》兵五之二五，第6852页。

② 〔明〕杨士奇、黄准等编：《历代名臣奏议》卷三三六《御边》，《文渊阁四库全书》本。

③ 〔清〕徐松辑：《宋会要辑稿》兵二〇之二六、二七，第7114～7115页。

攻淮西的应对预案，主管马军司公事雷世贤提出的建议就是“淮南地形缓急，欲守滁”，即拟亲率马军司诸军主力驻守滁州。

自宋宁宗嘉定后期开始，马军司诸军进一步西进，更戍淮西西境的光州。前引魏了翁奏言即有云：“骑司之军，昔戍于滁、濠、定远也，今移之浮光。”浮光，即指光州。光州，地濒淮河上游，北对淮北陈、蔡，南屏黄州、襄阳诸重镇，为南北交通和相争的要冲，南宋于此置有与金朝进行贸易的榷场。嘉定十年（1217）四月，金军南下攻宋，即首先“犯光州中渡镇，执榷场官盛允升杀之，分兵犯樊城”，此后又于嘉定十二年（1219）破光山县，进而围攻光州，并由光州“犯黄州之麻城”。蒙古大军伐宋，也是以光州为突破重点，于宋理宗嘉熙元年（1237）一度攻破了光州，宋、蒙两军在光州一带反复争夺。南宋调马军司诸军戍守光州，加强当地的防御实力，是军事上针锋相对的必然举措。

南宋两淮地区的更戍兵马，在三衙诸军之外还有镇江、建康、江州、池州四个都统司所部的江上诸军，主要以镇江、建康两大都统司为重。镇江都统司的防地，主要是淮东的扬州、天长、楚州、泰州、高邮、盱眙和盐城；建康都统司的防地，主要是淮西的庐州、和州和安丰军。四都统司所部江上诸军与三衙诸军的防地，有许多交叉之处，按当时军中惯例，三衙诸军与江上诸军各都统司兵马共戍一地，通常是由三衙出戍“统辖兵官”来统一指挥。如宋宁宗开禧元年（1205）十二月，镇江都统司统领官薛恭部官兵二千八百余众出戍天长，该部即统归在当地出戍的殿前司统制冯梓管辖①。

除更戍两淮地区，南宋三衙诸军还曾出戍过江州、荆南府（江陵府）、虔州（赣州）、采石等地。

江州。江州属江南西路，本由殿前司诸军负责出戍。宋高宗绍兴二十九年（1159）五月，宋廷下诏：“访闻江州、瑞昌、兴国军界时有盗贼作过，可令杨存中选差统制官一员，将带官兵一千人，前去江州驻扎弹压。今后三衙差人轮戍，一年一替。”②殿前司遂以统制官孟珪带队前往，“岁一易之”③。江州都统司于绍兴三十年（1160）组建之后，三衙诸军仍然不时地出戍江州，如宋孝宗乾道五年

---

① 〔清〕徐松辑：《宋会要辑稿》兵六之六，第6857页。

② 〔清〕徐松辑：《宋会要辑稿》兵五之一九，第6849页。

③ 〔宋〕李心传编撰，胡坤点校：《建炎以来系年要录》卷一八二，第3493页。

(1169)六月，宋廷令殿前司“于神勇见在寨人内差拨四千人、马四百匹，选差统领一员部押前去江州屯戍，权听池州都统王明使唤，候秋凉日起发”①。乾道六年(1170)四月，再令殿前司、马军司和步军司等，“殿前司于选锋军内差拨三百人，策选锋军差二百人，马军司中军差三百人，步军司中军差二百人，建康府都统司差五百人，赴江州王明军使唤”②。

荆南府(江陵府)。荆南府为荆湖北路首府，由马军司诸军负责出戍。绍兴二十九年(1159)闰六月，知荆南府刘锜奏请：“本路所管屯驻官兵不多，阙人弹压盗贼，欲量行添差官兵。”宋廷遂诏令：“马军司选差官兵一千人、马二百骑，衣甲器械全，赴荆南屯驻。”③

虔州(赣州)。虔州为江南西路的战略重镇，辖十县，正所谓“赣之为州，南限岭表，东接闽境，西连湖湘，其北则自庐陵至于豫章，皆在下流，自昔最为控扼之地。其人劲习武，特异他郡”。北宋时东南第六将即驻扎于此，该将下辖八指挥，共四千人。南宋初年，又“差殿前司统制官一员，量带部曲，或于诸处抽差大军，在彼驻扎，谓之提举将兵”。绍兴二十二年(1152)七月虔州兵变之后，“止存两营”，“却别招刺吐浑一千五百人、雄威五百人，替回驻扎大军”④。也就是说，三衙所部不再前去更戍赣州。

查《宋会要辑稿》《建炎以来系年要录》等史籍的相关记载，南宋初年“江西多盗，而虔州尤甚”，宋廷先以神武右军及岳飞部戍守，后改命殿前司统制吴进率所部官兵出戍虔州⑤。然殿前司更戍之兵，素与虔州的地方禁军矛盾重重，埋下了绍兴二十二年七月虔州地方禁军发动兵变、殿前司统制吴进被杀的伏笔。当年十月兵变平息之后，宋廷以殿前司游奕军统制李耕兼知虔州⑥，当仍是以殿前司诸军来戍守虔州。绍兴二十四年(1154)七月，李耕去职，殿帅杨存中又委派殿前司之统领官杜伯通“将带官兵前去赣州屯戍”。宋高宗还训令说：“昨军贼窃发之初，

---

① 〔清〕徐松辑：《宋会要辑稿》兵九之一九，第6915页。
② 〔清〕徐松辑：《宋会要辑稿》兵九之一九，第6915页。
③ 〔清〕徐松辑：《宋会要辑稿》兵五之一九，第6849页。
④ 〔宋〕周必大：《文忠集》卷一三八《论添注赣州军马》，《文渊阁四库全书》本。
⑤ 〔宋〕李心传编撰，胡坤点校：《建炎以来系年要录》卷一六三，第3103页。
⑥ 〔宋〕李心传编撰，胡坤点校：《建炎以来系年要录》卷一六三，第3109页。

外连百姓，率多响应，今留兵屯驻，庶得安弭。”[①]看来，兵变平定之后，殿前司诸军在当地仍然戍守了相当长的时间，只是统兵官由统制降格为统领。

采石。采石属江南东路，由步军司诸军出戍。宋理宗时任签书枢密院事的李鸣复曾言：步军司诸军“三千人充采石捍御”[②]。按：李氏任签书枢密院事在端平三年（1236）至嘉熙元年（1237），则步军司出戍采石，防御江防，至迟在宋理宗端平初年，很可能在宋宁宗嘉定后期宋金再度交战时已然如此。采石位于淮西和州的对岸，是长江最为重要的渡口之一。作为江防要地，采石虽然水流湍急，却有一个极其致命的弱点，那就是江面最为狭窄，也就是长江防线最为薄弱之所在。宋孝宗时任同都督江淮军马的王之望在《论两淮镇戍要害》上疏中即有言：“而大江狭处，最是采石。敌人每来，由巢县、和州一带，径至江上，最为要害。”[③]知建康府洪遵在所上《论采石水军札子》中亦曰：采石一带的长江“湍流虽猛，而江面实狭，所以北方每每觊觎而侥幸也”[④]。宋金之间著名的采石之战就发生在这里。开禧北伐战败之后至嘉定后期，尤其是宋理宗端平之初宋、蒙战事爆发之后，南宋江防军事压力陡增，步军司诸军三千人更戍采石，是十分必要的针对性的防范措施。

三、三衙诸军更戍制度：时限、差拨、口券与指挥

北宋三衙所部出戍的时限，根据出戍地区的不同，主要有三年和两年之别。《宋史·兵志》曰：“凡戍更有程：京东西、河北、河东、陕西、江、淮、两浙、荆湖、川峡、广南东路三年，广南西路二年。”[⑤]然而，这其实是北宋中期以后的制度，此前并未统一，如宋真宗景德元年（1004）二月诏：“应西川、峡路等处戍兵，先以两年为限。”四月，再“诏并代管内缘边戍兵二年以上并代之”[⑥]。大中祥

① 〔宋〕李心传编撰，胡坤点校：《建炎以来系年要录》卷一六七，第3164页。
② 〔明〕杨士奇、黄淮等编：《历代名臣奏议》卷三三九《御边》，《文渊阁四库全书》本。
③ 〔明〕杨士奇、黄淮等编：《历代名臣奏议》卷三三六《御边》，《文渊阁四库全书》本。
④ 〔明〕杨士奇、黄淮等编：《历代名臣奏议》卷三三六《御边》，《文渊阁四库全书》本。
⑤ 〔元〕脱脱等：《宋史》卷一九六《兵志十》，第4894页。
⑥ 〔清〕徐松辑：《宋会要辑稿》兵五之一，第6840页。

符二年（1009）九月，又令有司“籍川峡、广南、福建、江南戍兵，及三年者代之”[①]，方将川峡等地戍兵时限由二年一替统一改为三年一替。

南宋三衙诸军出戍的时限，宋孝宗乾道年间，有短至半年的，甚至有“一季一替”者，然以“一年一替”为主。乾道三年（1167）三月，主管侍卫步军司公事郭振即言：“依本司昨来差往屯戍官兵体例，一年一次交替。”[②]淳熙九年（1182）二月，宋廷又接受淮东转运使钱冲的建议，重申“两淮出戍兵，令一年一替”，寻即诏令：“于每年正月内交替。”[③]当然，在实际执行当中，超过期限的情况也会存在，尤其是在战事期间。宋宁宗嘉定十三年（1220）五月，枢密院即曾奏言：“殿前司昨差发官兵前去扬州并天长县戍守捍御，已及二年。”[④]要求进行轮替出戍。这说明在宋金战争激烈进行的嘉定后期，三衙诸军出戍已有延期至二年一替者。宋理宗端平元年（1234），魏了翁奏言：当时三衙诸军“战者不得返，戍者不得更，凡边头杂役，虽殿、步二司不得免”[⑤]。可见，随着宋蒙战事的爆发，三衙诸军的实际出戍时间，不可避免地要较此前延长许多。即使如此，通常仍要较三年一替的北宋制度为短。

两宋三衙诸军出戍官兵的选派，皆由三衙来具体负责。例如：宋仁宗庆历三年（1043）七月，宋廷接受范仲淹的建议，令殿前司、马军司和步军司“应在京及畿内诸军，今来并向去合起发往边上兵士，并须逐指挥依次勾来本司，子细拣选。小弱不堪披带之人，更不令发往边上”[⑥]。两宋三衙官兵在出戍期间，除军俸外，还享受专门的钱、米补贴，称为“口券”。南宋时，又分口券为“生券”和“熟券”两类，江上、四川诸军在驻地留守，发放“熟券”；三衙诸军出戍两淮及江上、四川诸军等出戍，皆发放“生券”。生券的数量，大致是每名士兵每月钱六贯、米七斗。[⑦]

---

① 〔清〕徐松辑：《宋会要辑稿》兵五之二，第6840页。

② 〔清〕徐松辑：《宋会要辑稿》兵五之二三，第6851页。

③ 〔清〕徐松辑：《宋会要辑稿》兵六之四，第6856页。

④ 〔清〕徐松辑：《宋会要辑稿》兵六之一一，第6860页。

⑤ 〔明〕杨士奇、黄淮等编：《历代名臣奏议》卷二二五《宿卫》，《文渊阁四库全书》本。

⑥ 〔宋〕李焘：《续资治通鉴长编》卷一四二，第3400页。

⑦ 参看王曾瑜：《宋朝军制初探》（增订本），第306～310页。

北宋三衙诸军的出戍，通常以“指挥”即营为单位，每“指挥”步军五百人、马军四百人，由本部指挥使等低级将领率部前往；也有不足一“指挥”的，俗称为“畸零兵士”。出戍官兵在抵达防地之后，归路、州两级的地方守臣和地方兵马司全权指挥，训练、作战皆由总管、钤辖、都监、监押等地方兵马司兵官统领。根据隶属关系和指挥级别的不同，隶州者称“屯驻”，隶路者称“驻泊”[①]。三衙既不委派中高级将领带队，基本上也不干预该部在出戍期间的诸多事务。宋神宗朝“将兵法”实行以后，陕西等经略司往往将三衙诸军的出戍官兵临时编组成“将”的编制，称“团将”。由于三衙是不实行将兵法的，官兵更戍期满返京时，则要将“将”加以解散。

南宋时期的情况则有所不同。南宋三衙诸军的出戍，主要以“将”为单位，每“将”下辖一千人上下，需多个“将”来戍守者，通常由本司各军轮差。仅数百人不足一“将”，或以整个军为单位出戍者，也都存在，但比较少见。南宋三衙除了差拨官兵，还要委派本司军一级的中高级将领即统制、统领“部押”前去，担任“统辖兵官”，具体带队前往和“总辖戍兵”，负责所部出戍兵马的指挥、训练等军务。

宋孝宗时，出任“统辖兵官”者，统制、统领官都有，但似以统领为主。例如：乾道三年（1167）十一月，殿前司出戍扬州，就是以“诸军在寨人内，摘差官兵二千人，内将官四员，并部辖统领官一员，于来年正月内起发前去”[②]；步军司亦“于本司诸军更差官兵二千人，令统领官刘福同将官五员将带着脚鞍马，部押前去六合县屯驻”[③]。淳熙七年（1180），步军司在六合的统辖兵官，也是“差统领官一员”[④]，等等。宋孝宗以后，部押官仍多为统领，然“统辖兵官”主要是由统制官来担任。宋宁宗嘉定七年（1214）九月，步军司更戍六合，就是“已差更戍人兵，并令统领刘公辅一就部押起发，前去六合戍守”，“候到，并令霍仪总辖”[⑤]。霍仪，时以步军司统制在六合统辖该司更戍兵马。嘉定十三年（1220）五月，殿前司诸军

---

① 参看王曾瑜：《宋朝军制初探》（增订本），第69页。

② 〔清〕徐松辑：《宋会要辑稿》兵五之二三，第6851页。

③ 〔清〕徐松辑：《宋会要辑稿》兵五之二二，第6850页。

④ 〔清〕徐松辑：《宋会要辑稿》兵六之三，第6856页。

⑤ 〔清〕徐松辑：《宋会要辑稿》兵六之九，第6859页。

出戍扬州和天长县，即令“本军统领官常思训部押前去天长县屯戍，就令统制王明在县统辖捍御”[①]。个别情况下，甚至有三衙主管公事亲自带队出戍的，如嘉定年间，主管马军行司公事李庆宗就曾率部出戍濠州[②]。

除此之外，在宋孝宗淳熙七年（1180）之前，南宋还曾下诏令：“更戍官兵，其统辖兵官，更不交替。”淳熙七年十一月，南宋方接受时任主管步军司公事岳建寿的建议，“所差统领官一员，在彼别无经画事务，若久在外，废弛职事”，改为“自今每年轮差”[③]。

按照南宋军制，统制、统领为军一级的正副长官，三衙每军通常置统制一员、统领一至两员。在当时，统制、统领皆属于握有实权的中高级将领，尤其是统制官的军中地位相当高。南宋的制度规定：“自今屯驻兵官，如系横行以上大军统制官，即专听帅臣节制，所至州郡，与守臣同共措置。如系统领官以下非横行，即依元降指挥，听守臣调发。”[④]也就是说，南宋三衙出戍官兵，仍以三衙“统辖兵官”的号令为主，“责在统兵官”，由三衙“统辖兵官”自行指挥，州县等地方守臣对该部的指挥权事实上很小，较北宋更要小得多。以楚州为例，宋宁宗庆元元年（1195）十二月，枢密院即奏请：“戍兵既有统制部押，其守臣又带统辖，号令不一，士听不专。”宋廷于是诏令：

> 楚州守臣更不兼带统辖屯戍军马。其楚州戍兵，责在统兵官，常切约束，务要遵守纪律，仍训习事艺，毋致生疏。或与百姓相侵，陈诉事理，即照应乾道二年四月十五日条法施行。[⑤]

嘉定十年（1217）四月，殿前司更戍天长，宋廷专门诏令：出戍官兵由时任殿前司统制的霍仪“通行总辖差使”，“专备战御”，“仍并听盱眙军守臣节制，天长

---

① 〔清〕徐松辑：《宋会要辑稿》兵六之一一，第6860页。

② 〔清〕徐松辑：《宋会要辑稿》兵二〇之二六、二七，第7114～7115页。

③ 〔清〕徐松辑：《宋会要辑稿》兵六之三，第6856页。

④ 〔清〕徐松辑：《宋会要辑稿》兵六之四，第6856页。

⑤ 〔清〕徐松辑：《宋会要辑稿》兵六之六，第6857页。

知县弹压”[①]。虽然守臣仍有“节制”的名义，知县亦可“弹压”，但大致仅属具文而已。南宋也时常干脆以担任出戍“统辖兵官”的三衙统制官，来兼任所屯戍州军的守臣，如宋孝宗时以殿前司护圣军统制左祐兼知楚州，宋宁宗开禧时曾以马军司后军统制田俊迈兼知濠州[②]，嘉定元年（1208）前又以殿前司选锋军统制何汝霖兼知盱眙军[③]。这也是两宋较为明显的一个差异。

未刊稿，2014.8.3

① 〔清〕徐松辑：《宋会要辑稿》兵六之一〇，第6859页。

② 〔清〕徐松辑：《宋会要辑稿》兵九之二〇，第6915页。

③ 〔宋〕马光祖修，周应合纂：《景定建康志》卷二六《官守志三·御前诸军都统制司题名记》，第1772页。

南宋三衙诸军与宋金开禧战事

宋宁宗开禧二年（1206）爆发的宋、金开禧战事，宋、金两方北伐、南下针锋相对，各出动不下数十万大军，在两淮、荆襄和川陕长达数千里的战线上展开多次激烈的会战。这一中国古代战争史上波澜壮阔、跌宕起伏的著名战事，不仅是南宋由盛而衰的历史转折点，也极其深刻地影响到金朝甚至蒙古的历史走向。目前已有的相关学术性研究，主要聚焦于以韩侂胄、史弥远为代表的南宋主战、主和派之争，以及吴曦于四川反宋自立等问题上，也就是主要围绕着南宋的内部政治斗争来展开，恰恰对战事本身的研究是较为薄弱的，特别是对南宋三衙诸军在战事当中的表现，或是笼统地将其与江上、四川诸军等混称为“宋军”，或是简单地以“一败涂地”一笔带过。迄今为止，相关的专题探讨仍然是相对比较薄弱[①]。

---

① 以较有代表性的相关学术性研究成果为例：粟品孝等《南宋军事史》（上海古籍出版社2008年版）、何忠礼《南宋政治史》（人民出版社2008年版）、赵永春《金宋关系史》（人民出版社2005年版）等皆重点关注韩侂胄、史弥远主战主和之争与吴曦的反宋自立，对开禧战事本身的研讨是相当薄弱的，对南宋三衙与江上、四川诸军，仅皆笼统地称之曰“宋军”，未做必要的严格区分。王曾瑜先生《宋朝军制初探》（增订本）对江上、四川诸军即“屯驻大兵”与三衙诸军进行了区分，但限于论题，对开禧战事略嫌简单地以“屯驻大兵和三衙军大多腐朽颓靡，一败涂地”带过。以上四种论著皆未详细论及宿州、凤凰山、和州、六合等三衙诸军单独进行或参与他部的主要战役，尤其是对关键性的殿前司诸军惨败于真州一役，更是完全未曾加以注意。其他有所涉及的论著，亦大多如此。

笔者认为：自宋高宗绍兴十一年（1141）以来，三衙诸军迅即取代了江上、四川诸军，成为南宋赖以立国的最主要的军事支柱，舍三衙诸军论宋金战事，必不能得其真正要领。具体到开禧战事，宋孝宗乾道至宋宁宗开禧年间，南宋三衙诸军实力发展壮大，坐拥近十三万众的三衙诸军，是韩侂胄敢于主动挑战金朝最为关键的原因所在。决定战事胜负的主战场在两淮，三衙诸军则是两淮战场宋军的骨干，当然也是金军最主要的打击对象。马军司主力先溃败于宿州，殿前司主力继而惨败于真州，直接决定了两淮战场的胜负，也决定了南宋整个战事失败的结局。以三衙诸军为主取得的凤凰山大捷与和州、六合保卫战的胜利，则避免了南宋两淮防线的彻底崩溃。对三衙诸军在开禧战事当中胜败兼有的表现进行系统研究，分析其战败原因与战后走势，无疑颇具学术价值。尤其是真州之战，由于南宋讳言败绩，至今尚未见有史家加以措意，笔者主要依据《金史》并结合金、宋两方的相关记载，断定其为开禧战事当中最具决定性意义的一战，这是需要特别加以注意的。开禧战事之后，三衙诸军一蹶不振，这无疑是南宋国势无可挽回地由盛转衰的一大重要原因。

一、乾道至开禧：南宋三衙诸军的发展壮大

宋、金开禧战事，是由南宋权臣韩侂胄主动发起的。战事始于宋宁宗开禧二年（1206）四月，然早在开禧元年（1205）六月，南宋已诏令“内外诸军密为行军之计”[①]，秘密地向三衙和江上、四川诸军各都统司下达了待机进行战争的动员令。嘉泰元年（1201）韩侂胄令殿帅吴曦返回四川，出任兴州都统司都统制，韩氏于此时已有对金用兵之意。

韩侂胄之所以敢于主动挑战金朝，其手中最重要的砝码，毫无疑义是驻扎于行在临安和陪都建康的十三万余众的三衙诸军。众所周知，南宋在北方金朝强大的军事压力之下，偏安东南半壁，以“内外诸军”（亦称“内外大军”）即三衙诸军、江上诸军和四川诸军为立国根本。三衙诸军创军于宋高宗绍兴五年（1135），驻扎于行在临安。绍兴十年（1140）五六月，名将刘锜就指挥马军司诸军取得了威

① 〔元〕脱脱等：《宋史》卷三八《宁宗二》，第738页。

震南北的顺昌大捷。江上和四川诸军，其主体是由韩世忠、张俊、岳飞和吴玠、吴璘兄弟诸大将之所部发展而来的，分别驻扎于镇江、建康、鄂州和兴州等重镇。

众所周知，南宋三衙诸军创军伊始，兵力不过为区区二万上下，韩世忠、张俊、岳飞、吴玠等“大军”才是南宋的军事支柱。绍兴十一年（1141），三衙诸军发展到了近八万人，但仍然不及兵强马壮的韩世忠、张俊、岳飞三支大军，特别是不能与岳飞和张俊两军相提并论。绍兴十一年四月，南宋废韩世忠、张俊、岳飞三大将之宣抚司，陆续改建镇江、建康、鄂州等江上诸军各都统司，进而杀害岳飞与金朝签订屈辱的“绍兴和议”。自此以后，作为强化中央集权最为关键性的根本举措，南宋于军政领域坚持推行“重三衙轻江上诸军各都统司”的基本国策，在大力扩充三衙诸军兵力的同时，大幅度压缩江上诸军各都统司的兵力编制，并将各都统司的精锐，像岳飞和韩世忠所部的背嵬军、张俊所部的游奕军及四川的田晟所部等，陆续地抽调至行在临安，合并进三衙诸军。至迟在绍兴十八年（1148）前后，三衙诸军继续壮大至十万余众，至绍兴三十一年（1161）更发展到了十二万余众。正所谓“此消则彼长”，同一时期的镇江、建康、鄂州三大都统司的兵力反而都降至五万以下。

与三衙、江上诸军实力消长的上述变动相辅相成，在宋高宗、孝宗之际波澜壮阔的宋金绍兴辛巳战事和隆兴战事当中，三衙诸军或单独或为主力遂行了胥浦桥、采石、蔡州、海州、灵壁、虹县、宿州、六合、官桥等较著名的战役或大的战斗，多次击败金军或抵御住了金军进攻。尤其是在隆兴战事当中，时任主管殿前司公事的李显忠指挥主要由殿前司、马军司诸军组成的所部“一月三捷”①，主动发起进攻，大破金军萧琦部于灵壁南，取灵壁，又东下协助邵宏渊部破虹县，遂两路会攻宿州。在宿州城下招降了萧琦余部，再合力歼灭了宿州守军，遂攻下战略要地宿州，并多次挫败金帅纥石烈志宁所部主力金军的凶猛反击，金朝河南统军司副统军、凤翔尹孛术鲁定方以下多员重要将领也没于阵②。一时间，中原为之大震。是役，宋军尽管是先胜后退，宿州得而复失，“失亡七八千人”③，然李显

① 〔明〕杨士奇、黄淮等编：《历代名臣奏议》卷九二《经国》，《文渊阁四库全书》本。

② 〔元〕脱脱等：《金史》卷八七《纥石烈志宁传》，第1933页。

③ 〔宋〕朱熹：《晦庵集》别集卷一《书·魏元履》，《文渊阁四库全书》本。

忠殿前司、马军司诸军等所部“伤折不过千人”[1]，金军则遭到重创，“时敌名帅猛将，降执系道；精甲利兵，破亡不啻三倍。是后不复能为灵壁、虹县之屯矣”[2]。三衙诸军取得了相当可观的战果，显然还是得大于失。

与三衙诸军的较佳表现形成鲜明对比的是，江上诸军的战场表现则不能令人满意。在绍兴辛巳战事当中，建康都统司诸军于淮西一路南逃过江，一度溃不成军；镇江都统司诸军则惨败于瓜洲渡，一度接近于崩溃。隆兴战事当中，建康、镇江、池州等江上诸军都统司所部当先南逃，也是宋军先胜后退最为直接的败因。显而易见，在宋金绍兴辛巳、隆兴两大战事当中，三衙诸军已然成为南宋一方倚若长城的王牌军，其战场上的表现直接关乎战事的胜负，自然亦关乎南宋的生死存亡。

三衙、江上诸军战场表现反差如此明显，当然就决定了在宋金“隆兴和议”签订，宋、金战事告一段落之后，宋廷更加坚定地推行以三衙诸军为建军重中之重的既定方针。宋孝宗乾道二年（1166）至乾道九年（1173），宋廷陆续确定“内外大军”的编制，将“内外大军”的总兵力限定为四十一万八千人，三衙诸军就定编为十二万二千人，占“内外大军”的近百分之三十。乾道六年（1170），三衙诸军的编制再增加六千人，由十二万二千人扩充到了十二万八千人[3]。具体说来：

殿前司诸军七万三千人，编为护圣马军、护圣步军、踏白军、选锋军、策选锋军、游奕军、神勇军、前军、右军、中军、左军、后军等马、步军十二个军，加上水军一个军，这就是著名的南宋“殿前司十三军”。马军司诸军，乾道二年定编为二万八千人，乾道六年正月，由二万八千人增加到了三万人，编为选锋军、前军、右军、中军、左军、后军，共六个军。步军司诸军，乾道二年定编为二万一千人，乾道六年三月由二万一千人增加到二万五千人[4]，编为前军、右军、

① 〔宋〕张抡：《李公行状》，《名臣碑传琬琰之集》下卷二四，《文渊阁四库全书》本。

② 〔宋〕朱熹：《张忠献公浚行状》，《名臣碑传琬琰之集》中卷五五，《文渊阁四库全书》本。

③ 〔宋〕李心传撰，徐规点校：《建炎以来朝野杂记》甲集卷一六《乾道内外大军数》，第405页。

④ 《宋史》卷一九三《兵志七》载，乾道七年，主管步军司公事吴挺言：“步司五军，额二万五千。”《宋史》卷三四《孝宗二》则载，乾道六年三月“丁巳，诏步军司权以三万五千人为额”。三万五千，显为“二万五千”之误。

中军、左军、后军，共五个军。

除了四川诸军，其时江上诸军各都统司的编制为：镇江都统司四万七千人，建康都统司五万人，鄂州都统司四万九千人（后增至五万二千人），荆南都统司二万人，池州都统司一万二千人，江州都统司一万人，楚州武锋军一万一千人，平江府许浦水军七千人[①]。显而易见，三衙诸军的编制比镇江和建康两大都统司的总和还要多出三万余众，较镇江、建康、江州、池州四个都统司的总和也要多出九千余人。三衙诸军当中，毫无疑义是殿前司一枝独秀，其七万三千人的编制，较马军司诸军和步军司诸军的总和，还要多出一万八千余人。

在诸军之外，南宋三衙其实还下辖有殿前诸班直与三衙旧司指挥，尽管他们不承担更戍地方和对外作战的任务，但编制也不下万余众。殿前诸班直与殿前司旧司之额为五千二百人，马军司、步军司旧司之额为四千八百余人。三衙诸军加上殿前诸班直与三衙旧司指挥，宋孝宗乾道之后三衙所部之总编制，更要高达十三万八千余众。

当然，军队的编制只不过是理论上的最高兵力而已，作战折损和日常老病逃亡，都会造成军队相当的减员，部队的实有兵力与编制定额之间，也总是程度不同地存在着或大或小的差距。北宋三衙是如此，南宋三衙亦如此。按当时人所说，南宋三衙诸军（在内诸军）“每月逃亡、事故，常不下四百人”[②]，则三衙诸军每年的自然减员要在五千人上下，这是一个相当大的数字，如若兵员补充不及时、不充分，阙额的出现就在所难免，军队战斗力也难免受到影响。在正常减员之外，军官吃空额也是历代军队皆无法根除的军中宿弊。宋代自宋神宗熙宁、元丰以来，还推行所谓“封桩阙额禁军请受”制度，实际上是一种皇帝和朝廷挪用军费、变相吃空额的政策，更会人为地造成军队大幅度阙额。宋徽宗宣和年间，三衙的编制为十二万余，实际兵力却不过为三万，阙额高达百分之七十以上，就与此关系极大[③]。

南宋时期，封桩阙额禁军请受政策仍然继续实行，然其范围仅限于路、州地方禁军，事实上已经演变为地方上的特殊税赋，三衙诸军和江上、四川各都统司

---

① 〔宋〕李心传撰，徐规点校：《建炎以来朝野杂记》甲集卷一六《乾道内外大军数》，第405页。

② 〔元〕脱脱等：《宋史》卷三八四《蒋芾传》，第11818页。

③ 参看范学辉：《论北宋的封桩阙额禁军钱制度》，《史学月刊》2001年第3期。

所辖下的“内外大军”皆不在其内。宋孝宗乾道三年（1167），主要出于减轻财政压力的角度，时任参知政事的蒋芾提出建议：三衙诸军阙额“若权住招一年半，内外可暗省二百八十万缗”[①]。此一建议的实质，是变相地将封桩阙额禁军请受政策向三衙诸军推广，因而遭到了南宋朝廷主流意见的否定。可以说，正如当时的有识之士所指出的那样：“此策暂行可也，若利其阙额而为之，是又蹈宣、政之覆辙矣。”[②]宋廷最终否定了蒋氏此议，保证了南宋三衙诸军没有完全重蹈北宋三衙名存实亡的覆辙，即使是阙额最严重的宋宁宗嘉定时期，所阙至多在四万人，也就是阙额约占比百分之三十，尚要较北宋为小。

宋孝宗隆兴二年（1164）至宋宁宗开禧二年（1206）开禧战事以前，宋、金间四十余年无战事，三衙诸军无作战折损。宋孝宗素有“恢复中原”之大志，自不待言；宋宁宗时揽权的韩侂胄，亦有志于大功业。整军经武、加强军力，特别是优先加强三衙诸军的实力以伺机北伐，始终是这一时期南宋主导的政策取向。在这一政策的作用下，三衙诸军的阙额，基本上能得到较及时地优先补充，大致做到了“凡军有阙额即招填”[③]。例如：

宋孝宗乾道八年（1172），步军司诸军“见阙三千六百”即诏令招填[④]；淳熙五年（1178）十月，宋廷令殿前司、步军司各自招兵三千人，以补两司之阙[⑤]；淳熙六年（1179）正月，殿前司接收到“四川西兵、诸州寄招并额外效用等五千二百余人”[⑥]；淳熙十六年（1189），殿前司诸军“战队合用火分傔兵阙”，遂诏招千人[⑦]。宋光宗、宁宗两朝亦大致如此，宋光宗绍熙二年（1191）即“诏步军司招军千人”[⑧]；绍熙四年（1193），步军司“节次招收到三色军兵二千四百三十三人”[⑨]；宋宁宗庆

① 〔宋〕李心传撰，徐规点校：《建炎以来朝野杂记》甲集卷一七《国用司》，第388页。

② 〔宋〕李心传撰，徐规点校：《建炎以来朝野杂记》甲集卷一七《国用司》，第388页。

③ 〔元〕脱脱等：《宋史》卷一九三《兵七》，第4822页。

④ 〔元〕脱脱等：《宋史》卷一九三《兵七》，第4820页。

⑤ 〔宋〕李心传撰，徐规点校：《建炎以来朝野杂记》乙集卷七《史文惠以直谏去位》，第615页；〔元〕脱脱等：《宋史》卷四七〇《佞幸·王抃传》，第13694页。

⑥ 〔清〕徐松辑：《宋会要辑稿》职官三二之一三，第3012页。

⑦ 〔元〕脱脱等：《宋史》卷一九三《兵七》，第4820页。

⑧ 〔元〕脱脱等：《宋史》卷一九三《兵七》，第4820页。

⑨ 〔清〕徐松辑：《宋会要辑稿》礼九之二五，第541页。

元三年（1197），殿前司的正额效用兵仅阙二百五十九人，宋廷也随即下令招填[①]。

为了更好地厘清开禧战事之前三衙诸军实有兵力的状况，笔者主要从《景定建康志》和《宋会要辑稿》等史籍当中，勾勒出了乾道七年、淳熙十六年、庆元二年、嘉泰二年如下四组数字：

其一，宋孝宗乾道七年（1171），马军司诸军移屯建康，《景定建康志》载其各军的实有兵力分别为：选锋军三千五百人，前军三千人，右军五千五百人，中军五千二百人，左军五千人，后军五千人，实有总兵力二万七千二百。[②]这一数字，较二万八千人的原额，仅差八百人，属于基本满员。较三万人的新额，则差了二千八百人。笔者认为：此二千员额，为乾道六年刚刚新增，很可能正在招募当中。

其二，宋孝宗淳熙十六年（1189）十月，宋廷颁发大阅犒赏，根据《宋会要辑稿》所载时任步帅赵济所开列的受赏数字，除步军司代管的马军司旧司"一千八十一人"外，步军司"诸军、旧司应管人二万七千二百四十六人"[③]。当时步军司旧司指挥三千人的编制，扣除这一部分后，步军司诸军当时实有之兵力为二万四千二百四十六人。这一数字，较二万五千人的编制仅差七百余人，说明步军司诸军基本满员。若再加上"不赴教存留在寨、潜火等四百六十四人"[④]，更接近于完全满员。

根据这一数字，笔者认为对《宋史·兵志》当中所记载的淳熙十六年（1189）殿帅郭钧"淳熙五年住招兵，今逾十载，战队合用火分傔兵阙"[⑤]之说，须进行细致地辨析，不应简单地理解成三衙诸军"淳熙五年住招兵，今逾十载"。从逻辑角度上讲，前引参知政事蒋芾"住招一年半"的建议尚且都被宋廷所否决，三衙诸军"住招十年"之说，堪称不可思议。从兵力升降的角度来看，按三衙十二万四千总兵力，年度减员近五千人来计算，步军司二万五千人，年度自然减

---

① 〔元〕脱脱等：《宋史》卷一九四《兵八》，第4839页。

② 〔宋〕马光祖修，周应合纂：《景定建康志》卷三九《武卫志二·尺籍》，第1970～1971页。

③ 〔清〕徐松辑：《宋会要辑稿》兵一九之三九，第7100页。

④ 〔清〕徐松辑：《宋会要辑稿》兵一九之四〇，第7100页。

⑤ 〔元〕脱脱等：《宋史》卷一九三《兵七》，第4820页。

员当在千人上下，若果住招十年，当减少万人之众，其实有兵力就在一万四五千人，这与步军司淳熙十六年二万四千二百四十六人兵力相比，差距实在是太大，显然是绝无可能的。郭氏所云，或是仅指“战队合用火分傔兵”停招十年，故其阙千人，宋廷亦随即下诏“招千人”来补足。

其三，宋宁宗庆元二年（1196）十月，宋廷向京师诸军颁发了大礼赏。《宋会要辑稿》载：其中“殿前司诸军、班、旧司，应管人七万三千七百九十七人，钱三十八万二千七百三十六贯五佰文”，“马步军司诸军、旧司，应管人二万七千四百二人，钱一十二万七千九百八十一贯文”①。

殿前司诸班直与旧司编制为五千二百人，将其扣除之后，殿前司诸军的实有兵力当为六万八千五百余人。这个数字较七万三千的编制差了四千余人，也就是一年逃走和死亡自然减员的数字，还在基本满员范围之内。

马步军司诸军、旧司，其实是步军司诸军、马军司旧司和步军司旧司，因马军司移建康后其旧司由步军司代管，两司旧司额四千八百余人，扣除之后，步军司诸军实有兵力为二万二千六百余人，较二万五千人的编制仅差二千余人，属于基本满员，但较宋孝宗时的步军司诸军实有兵力略有减少。

其四，《宋会要辑稿》记载：宋宁宗嘉泰二年（1202）十一月，殿帅郭倪、步帅董世雄负责拟定两司官兵大阅犒赏细则，其中“殿前司诸军、班、旧司应（管）人七万七千三百八十五人，钱三十八万一千六百一十二贯文”，“马步军司诸军、旧司应管人二万六千九百九十人，钱一十二万七千六百九十六贯文”②。按上述计算模式，步军司诸军实有兵力约为二万二千二百人，较庆元二年的数字有四百人上下的减少，殿前司诸军的实有兵力则为七万二千一百余人，增加了三千六百余人。无论殿前司诸军，还是步军司诸军，都达到了齐装满员的水平。

加上移于建康的马军司诸军的三万人，南宋三衙诸军的实有总兵力，庆元二年（1196）当为十二万一千上下，嘉泰二年（1202）当为十二万四千以上。马军司诸军当然也会有一些阙额，但肯定也不会很多，考虑到扣除马军司诸军阙额的因素，其时三衙诸军的实有总兵力至少在十二万。这个数字也可能是较为保守的，

① 〔清〕徐松辑：《宋会要辑稿》礼九之三〇，第543页。

② 〔清〕徐松辑：《宋会要辑稿》礼九之三二，第544页。

如若考虑到殿前诸班直与三衙旧司指挥，其实也会有程度不等的阙额，三衙诸军的实有兵力，很可能要比十二万这个数字还要多一些。不管怎样，在开禧战事以前，总兵力十二万以上的南宋三衙诸军处于满员或基本满员的状态。笔者认为：这应该就是韩侂胄为北伐所进行的必要军事准备，也是他敢于主动向金朝发起进攻的最主要“本钱”。

在保持三衙诸军满员的同时，宋廷注重提升三衙诸军的装备水平，于淳熙六年（1179）专门创建了殿前司和步军司之都作院，集中打造殿前司与步军司诸军所应用的兵器。最重要的举措，则是坚持不惜重金，每年都从川陕的西和州宕昌寨等地购置品质优良的战马“秦马”（亦称“西马”），千里迢迢地运至临安，优先配给三衙诸军。宋宁宗庆元、嘉泰年间，其年度数量通常在八九十纲，不下三四百匹。至嘉泰四年（1204），殿前司诸军已经拥有战马10700匹，同一时期的马军司、步军司诸军配备的战马数量亦皆在五千余匹。三衙诸军合计，其战马总数当在二万以上。①

为了将三衙诸军锤炼成精锐之师，南宋注重强化三衙诸军的训练水准。在“内外大军”例行的训练格法之外，还推行专门的“内教法”，即帝王在皇宫之中亲自主持三衙官兵的训练。绍兴十四年（1144）十一月：宋高宗“即宫中阅试殿前、马、步诸军将士，艺精者锡赉有差。自是岁以冬月行之，号内教”②。自此至绍兴三十年（1160）之前，通常是“每岁引三衙官兵内教”，绍兴三十年十月之后，才改为“引三衙统制、同统制、统领、同统领入内射”③。

宋孝宗特别重视“内教”，其内教以“入内射铁帘”为主，仅乾道七年（1171）一年的“内教”就有四次之多：二月，宣步军司，“将弓箭手于初四日入内射铁帘”。三月，宣谕步军司，“宣押内教射铁帘弩手一千六百七人”。四月，宣殿前司，“宣押殿前司选锋、策锋两军弓箭手各七百人入内射”；紧接着，再“宣押选锋、策锋两军弩手一千六百一十一人入内射”④。

在行“内教”法的同时，从宋孝宗开始，南宋还不惜重金举行多次“大阅”，

① 参见范学辉：《南宋三衙马政问题试探》，《中国史研究》2012年第1期。

② 〔宋〕李心传编撰，胡坤点校：《建炎以来系年要录》卷一五二，第2880页。

③ 〔清〕徐松辑：《宋会要辑稿》礼九之一一，第534页。

④ 〔元〕佚名撰，李之亮校点：《宋史全文》卷二五下《宋孝宗四》，第1738～1743页。

即由帝王亲率达官贵人至教场检阅三衙诸军，并奖赏武勇官兵。在开禧战事爆发之前，南宋对三衙诸军进行了九次“大阅”。其中，宋孝宗举行了五次：乾道二年（1166）十一月、乾道四年（1168）十月、乾道六年（1170）十二月、淳熙四年（1177）十二月、淳熙十年（1183）十一月。宋光宗举行一次：淳熙十六年（1189）十月。宋宁宗举行了三次：庆元元年（1195）十月、庆元二年（1196）十月，嘉泰二年（1202）十月。①

无论是“内教”，还是“大阅”，皇帝以帝王之尊亲力亲为，既是以此来督促三衙诸军官兵加强训练，也是以此来激发三衙诸军官兵的士气。

总之，从宋孝宗乾道以来至宋宁宗开禧前夕，经过四十余年的整军经武、苦心经营，南宋三衙诸军已然壮大为十三万余众的大军，不仅兵力雄厚，齐装满员，更装备精良、训练有素、待遇优越，早已凌驾于江上诸军、四川诸军各都统司之上，成为南宋最为重要的军事支柱，也是南宋朝野上下赖以立国的主要心理支柱。

南宋权臣韩侂胄本有志于建立功业，坐拥十三万余众三衙大军于临安、建康，又频频得到金朝“北边为鞑靼侵扰”，甚至金都燕京已然遭到蒙古军威胁的军事情报②，认定金有必乱必亡之势，遂断然兴师以求“乘机以定中原”③。

二、战前部署：发三衙禁旅与江淮之师，有事于宿、泗

两淮，历来是宋、金战争的主战场，其得失成败决定整个战争的胜负，开禧战事也不例外。正如南宋名臣魏了翁所言：“韩侂胄开边，始用殿帅郭倪、马帅李汝翼，发三衙禁旅与江淮之师，有事于宿、泗。”④三衙诸军，作为宋军最主要的突击力量，就被投入到最为关键的两淮战场，与江上诸军镇江、建康、池州三个都统司所部联合作战。京湖和四川战场，鄂州、兴州等几个都统司所部同时发动，但实际上仅为战略牵制而已。南宋在两淮战场以前任殿帅郭倪为主将，兵分三路

① 〔宋〕李心传撰，徐规点校：《建炎以来朝野杂记》乙集卷四《典礼·乾道淳熙五大阅》，第574～576页；〔元〕脱脱等：《宋史》卷一二一《礼二十四·阅武》，第2835～2836页。

② 〔清〕徐松辑：《宋会要辑稿》兵二九之四七，第7316页。

③ 〔宋〕佚名编，汝企和点校：《续编两朝纲目备要》卷九，第162页。

④ 〔宋〕魏了翁：《鹤山集》卷一九，《文渊阁四库全书》本。

向金朝发起进攻，战略目标是经略山东。其具体的部署大致如下：

东路宋军，出淮东之盱眙，攻泗州，沿虹县、灵壁前进，目标是重镇徐州①。待得徐州之后，再进取山东。该路宋军渡淮的兵力近三万，主要由殿前司部分精锐和镇江武锋军两部组成，武锋军以陈孝庆为统制官，兵力仅万人上下。殿前司选锋军等部二万余众，由殿前司选锋军统制毕再遇等人统领，无论兵力还是战斗力，皆在武锋军之上，是该路宋军真正之实力所在。

按：根据《宋会要辑稿》的相关记载，在战前的开禧二年（1206）四月，郭倪奏请："乞于殿前司通见出戍人，共轃差精锐、壮健正带甲二万人，准备带甲、火头、傔兵在，庶几可以分布使唤，如遇缓急，足可抵敌。"宋廷随即令殿前司、步军司"疾速拣选精锐官兵"，"并有智勇统制、统领部押前去"，其中殿前司再抽调五千人、步军司抽调二千人前往②。淮东高邮、天长和扬州，本来就是殿前司诸军的防地，始终保持着万余人的兵力。如开禧元年（1205）十二月，仅天长县一地"出戍殿前司官兵，共一千九百三十七人"③。加上此番抽调前来的殿前司和步军司九千精锐官兵，其总兵力当如郭氏所言在二万人左右。此二万人的大部分，当然就是作为当先渡淮的前锋。

又，毕再遇等击败金兵的灵壁凤凰山之战，据郭倪奏报，立功的殿前司统制官有选锋军统制毕再遇、中军统制何汝霖、前军统制耶律域④。再者，两淮宣抚使邱密在上奏中言及：毕再遇从灵壁回军泗州，其所部"有精兵万六千人"⑤。可见，渡淮的殿前司所部，有选锋军、前军和后军三个军的主力，兵力最少一万六千余人，当接近两万人。

中路宋军，出淮西之濠州，经蕲县，取宿州。濠州，本为马军司诸军更戍的防地，马军司后军统制田俊迈其时正率部于此地驻扎，并兼知濠州⑥，遂由田氏为先锋当先渡淮，池州都统司都统制郭倬、主管马军行司公事李汝翼各率所部跟进，

---

① 〔元〕脱脱等：《宋史》卷四〇二《毕再遇传》，第12185页。

② 〔清〕徐松辑：《宋会要辑稿》兵六之七，第6858页。

③ 〔清〕徐松辑：《宋会要辑稿》兵六之六，第6857页。

④ 〔清〕徐松辑：《宋会要辑稿》兵二〇之六，第7104页。

⑤ 〔清〕徐松辑：《宋会要辑稿》兵九之二四，第6917页。

⑥ 〔清〕徐松辑：《宋会要辑稿》兵九之二〇，第6915页。

会攻宿州。该路宋军总兵力为三万人[①]，考虑到池州都统司兵额总共不过一万二千人，则马军行司出动之兵力当在二万上下，为该路宋军绝对主力。

西路宋军，出淮西之寿春，攻寿州。该路宋军为建康都统司所部，建康都统司都统制李爽为将，兵力在四万上下。按：《建炎以来朝野杂记》有云："先是，马司及建康、池州诸军渡淮者七万。"[②]出濠州之马军司、池州都统司所部既然为三万人，则建康都统司所出之师显为四万人。

殿前副都指挥使、原主管殿前司公事、镇江都统司都统制郭倪为山东、京东路招抚使，四月末殿前司诸军毕再遇等部攻取泗州之后，郭倪由扬州前驻泗州[③]，指挥各路作战。郭氏麾下之镇江都统司所部，还有战前赶往扬州之步军司诸军二千余人，实际上担当了预备队的角色。御史中丞邓友龙则为两淮宣谕使，坐镇淮东的大本营扬州。

金朝的总体思路，则是后发制人。金章宗以平章政事、左副元帅仆散揆领河南行省为主帅，仆散揆设大本营于开封，将重兵集中收缩至开封、归德、昌武等第二线机动位置，"聚郑、汝、阳翟之兵于昌武，以南京副留守兼兵马副都总管纥石烈毅统之，聚亳、陈、襄邑之兵于归德，以河南路副统军徒单铎统之，而自以所部兵驻汴"[④]，从而形成了强大的反击力量。宿州、寿州等边境要地，分别布置部分精锐，依托地利和坚城固守，意在迟滞和消耗宋军的攻势，为主力反击创造有利的条件。

三、得不偿失：宿州溃败与凤凰山大捷

开禧二年（1206）四月二十六日，淮东宋军当先主动发起了进攻。宋军旗开得胜，杀金兵数百人，并"生擒番军三十余人"[⑤]，夺取了泗州这一重要的前进基地。

---

① 〔清〕徐松辑：《宋会要辑稿》兵九之二一，第6916页。

② 〔宋〕李心传撰，徐规点校：《建炎以来朝野杂记》乙集卷一八《边防一·丙寅淮汉蜀口用兵事目》，第827页。

③ 〔元〕脱脱等：《宋史》卷四〇二《毕再遇传》，第12185页。

④ 〔元〕脱脱等：《金史》卷一二《章宗四》，第274页。

⑤ 〔清〕徐松辑：《宋会要辑稿》兵九之二〇，第6915页。

战前并不特别起眼的殿前司选锋军统制毕再遇，更在战场上打出了其“毕将军”的赫赫声威，一颗闪亮的将星开始升起。

毕再遇，出身军人世家，其父毕进为名将岳飞的部下，宋高宗建炎年间即跟随岳飞南北征战。毕再遇早年于马军司为将，“以勇名于军”，后晋升为殿前司选锋军统制。在泗州之战中，金军守将已经探知了宋军之出师日期，这对宋军当然是不利的，但毕再遇因势利导，顺势抢先一日出兵，反而取得了出敌不意的良好效果。在战斗中，毕氏又声东击西，“泗有东西两城，再遇令陈戈旗舟楫于石匽下，如欲攻西城者，乃自以麾下兵从陟山径趋东城南角”，并身先士卒“先登，杀敌数百，金人大溃”，还立大将旗于阵，高呼“大宋毕将军在此，尔等中原遗民也，可速降”，泗州遂定。[①]是役，毕再遇展现出了有勇有谋、善于出奇的名将风范。正所谓“千军易得，一将难求”，毕再遇的脱颖而出，是殿前司和南宋军队的一大收获。

宋军攻取泗州之后，山东、京东招抚使郭倪率大军跟进，驻节泗州，南宋一度兵威大震，虹县、灵壁、蕲县等地的地方势力纷纷倒向南宋，驱逐金朝的地方官。陈孝庆、毕再遇两军遂经虹县、灵壁，疾速向徐州方向推进。由于宋军进展神速，金朝之南京按察使行部至灵壁，躲避在民间屋舍，才侥幸未被宋军俘获[②]。

五月三日，中路宋军渡过淮河。由于蕲县已为亲宋地方势力所得，该部向宿州的推进十分顺利。十二日，宋、金两军在宿州与蕲县之间的西流村遭遇，“虏遣骑迎战”，马军司后军统制田俊迈“与倬麾下将孟思齐，合力败之于西流村”[③]，金主将纳兰邦烈中流矢。宋军乘胜于十五日直逼宿州城下，开始围攻宿州。十七日，主管马司行司公事李汝翼率马军司诸军主力抵达宿州，并立即加入战斗。

金朝宿州守军不过三千人，然金帅仆散揆高度重视宿州的军事地位，他曾晓谕众将曰：“符离、彭城，齐鲁之蔽，符离不守，是无彭城，彭城陷则齐鲁危矣。”[④]此三千人，皆是精选出来的铁骑。该部金军主将安国军节度副使纳兰邦烈、同知蔡州防御使事抹撚史扢搭，都是能征惯战的猛将，尤其是抹撚史扢搭为世袭

① 〔元〕脱脱等：《宋史》卷四〇二《毕再遇传》，第12185页。

② 〔元〕脱脱等：《金史》卷一二《章宗四》，第274页。

③ 〔清〕徐松辑：《宋会要辑稿》兵九之二一，第6916页。

④ 〔元〕脱脱等：《金史》卷九三《抹撚史扢搭传》，第2071页。

谋克，在金军中素以神勇闻名：

> 拳勇善斗，所用枪长二丈，军中号为“长枪副统”。又工用手箭，箭长不盈握，每用百数，散置铠中，遇敌抽箭，以鞭挥之，或以指钳取飞掷，数矢齐发，无不中，敌以为神。[①]

面对着南宋主管马军行司公事李汝翼等率军“遂围城，攻之甚力”，他们一方面固守坚城，“城中丛射，敌不能逼”，同时派出二百余名精骑绕到宋营背后，骚扰并切断了宋军的粮食补给[②]。抹撚史抡搭更多次率军出城，向宋军发起猛烈的反冲击，仅据《宋会要辑稿》宋方战报记载的就有“十七日黎明，虏出兵来战，我师败之，虏退入城中”，“十九日，虏又出兵城西大王湖木林中来战，已递退归”，“二十一日，虏出骑三千来攻”[③]。这些逆袭，胜负兼有，但无论胜负，都使得宋军难以顺利组织起来对宿州城池的有效强攻。

攻城的南宋马军司诸军、池州都统司等部虽有三万之众，是守军的近十倍，在兵力上占有绝对的优势，但在数度猛攻被挫败之后，又缺乏必要的攻城器械，早已是一筹莫展。粮食补给再被切断，士气更加低落。雪上加霜的是，当时天降大雨，宋军赖以克敌制胜的弓弩，皆因受潮而无法发挥威力，“器甲烂脱，弓矢皆尽”，更由于主将李汝翼等人不明地理，误将大营扎在平洼之地，结果遭到洪水的淹没。宋军“以久雨，粮不继”，上下人心惶惶，已无力再战，又闻讯金的援军将至，不得不于二十一日夜全军仓皇撤退。[④]

宋军溃退途中，先是在西流村被金兵邀击，“多所杀伤”，继而又于二十三日被追兵团团包围于蕲县城中，金军攻势凶猛“乘胜登城，焚城北门、县治、仓库等”，李、郭所部“战不利，兵多死”[⑤]，遂答应了金帅仆散揆等开列的交换条件，

---

① 〔元〕脱脱等：《金史》卷九三《抹撚史抡搭传》，第2072页。

② 〔元〕脱脱等：《金史》卷九三《抹撚史抡搭传》，第2071页。

③ 〔清〕徐松辑：《宋会要辑稿》兵九之二一，第6916页。

④ 〔清〕徐松辑：《宋会要辑稿》兵九之二一，第6916页；〔宋〕岳珂撰，吴企明点校：《桯史》卷一四《二将失律》，第166页。

⑤ 〔清〕徐松辑：《宋会要辑稿》兵九之二一，第6916页。

无耻地把马军司后军统制田俊迈缚送金营。金兵得到田俊迈后，对李、郭二人算是如约网开一面，“启门以出二将，犹剿其后骑，免者不能半焉”[①]。李汝翼、郭倬狼狈逃至虹县，得到殿前司诸军毕再遇部的接应之后，方得以退回盱眙。

马军司诸军惨败于宿州、蕲县，按照《宋会要辑稿》的权威记载，“是役也，兵初渡淮，三帅所统，合步、骑、民兵，几三万人”，“至灵壁，两军所存，才五千余人而已”[②]。马军司诸军总兵力三万，池州都统司诸军总兵力不过一万二千，而两军逃回者，合计还不过五千余人，折损了二万五千人以上。可以毫不夸大地说，马军司诸军于是役遭到了歼灭性的打击。

除了兵力的惨重损失，马帅李汝翼和池州都统郭倬竟然把马军司后军统制田俊迈出卖给金军的无耻之举，更是极大地摧残了马军司诸军的士气。众所周知，胜负本乃兵家之常事，对任何一支部队的士气而言，出卖战友以换取对手网开一面的危害性，要比战场上的挫败更大。如此荒唐丑剧的上演，对马军司诸军官兵士气的打击，当然是毁灭性的。事后，宋廷依法处死了郭倬，马帅李汝翼得侥幸不死，但也身败名裂。马军司诸军这支由名将刘锜一手缔造，曾经夺取过顺昌大捷、血战蔡州的劲旅，既损兵折将，又荣誉尽丧，士气低落，就此一蹶不振。

中路宋军战败，马军司诸军主力大部被歼灭，直接导致了两淮战场宋军攻势的瓦解。于此前后，西路宋军也于寿州败退。由此以来，进抵虹县、灵壁一线的东路宋军陷入了孤立无援的险境，有被金军包围甚至歼灭的可能。殿前司选锋军统制毕再遇再次挺身而出，他先是主动西进灵壁，接应了本已动摇的武锋军陈孝庆部，紧接着力排众议，率殿前司选锋军、中军、前军等三个军，主动地在灵壁凤凰山痛击尾追而来的金军五千余骑。在战斗中，年已六旬的毕再遇“披发戴兜鍪铁鬼面”[③]，以罕见的个人神勇，手挥双刀，当先杀敌阵，“杀敌甚众，甲裳尽赤”。一员金军悍将持双铁锏跃马而前，毕再遇“以左刀格其简，右刀斫其胁，金将堕马死”。在击破金之追骑“逐北三十里”之后，毕再遇方亲自断后，掩护全军安然退回泗州。[④]

---

① 〔宋〕岳珂撰，吴企明点校：《桯史》卷一四《二将失律》，第166页。

② 〔清〕徐松辑：《宋会要辑稿》兵九之二一，第6916页。按：“步”，误作“部”。

③ 〔宋〕叶绍翁撰，沈锡麟、冯惠民点校：《四朝闻见录》戊集《毕再遇》，第163页。

④ 〔元〕脱脱等：《宋史》卷四〇二《毕再遇传》，第12185～12186页。

显而易见，由于金军追兵多为精骑，机动性远较以步兵为主的宋军为优，若非毕再遇以反冲击将其击破，东路宋军大部必将重蹈中路宋军被金军追垮的覆辙。毕氏即曾对部下有言："汝辈安知兵易进而难退邪？"[①]此确为战场不易之论。可以说，毕再遇是以个人的神勇，挽救了东路宋军的命运。主管马军行司公事李汝翼等人若有毕氏的见地和英勇，部署断后掩护，而不是争先恐后地溃逃，马军司诸军等部不至于几近全军覆灭。

凤凰山之战，是在宋军全局不利的形势之下，殿前司诸军取得的一次十分难得的胜利。直至宋、金交涉之时，宋使方信孺还在金帅完颜宗浩面前言道："若得滁、濠，我亦得泗、涟水。若夸胥浦桥之胜，我亦有凤凰山之捷。"[②]从而以之为口实，为南宋争取到了一些权益。此役之后，毕再遇更威震南北，宋军上下无不服其神勇，江淮宣抚使邱密在上奏中即言道："毕再遇者，新立功，士心畏服。"[③]金军也慑于其威名，"金虏认其旗帜即避之"[④]，甚至以其为神，尊称其为"毕将军"。据史书记载，毕再遇上阵的情形是：

> 被金楮钱，建旗曰"毕将军"。敌骑望其旗，已相顾愕视。再遇乘之，出入阵中，万死莫敌。盖先是敌中有毕将军庙，甚灵异，其后浸以不灵，其形又绝肖，且登其号于旗，敌兵以为本国之神。[⑤]

宋军攻势失败之后，南宋处分了两淮宣谕使邓友龙，代之以刑部尚书邱密，然此人实乃韩侂胄之政敌，一意向金军求和。他上任之后，强令主帅郭倪自泗州退回扬州，并执意轻易放弃了本可以屏障淮河的泗州等地[⑥]，改在两淮被动地分兵把守。殿前司选锋军统制毕再遇调任镇江都统司中军统制，镇守盱眙，并策应楚州防守，殿前司诸军皆退向以扬州为中心的淮东腹地。如此种种，纯属示弱于敌，

---

① 〔元〕脱脱等：《宋史》卷四〇二《毕再遇传》，第12186页。

② 〔元〕脱脱等：《宋史》卷三九五《方信孺传》，第12060页。

③ 〔清〕徐松辑：《宋会要辑稿》兵九之二四，第6917页。

④ 〔宋〕周密撰，张茂鹏点校：《齐东野语》卷七《毕将军马》，第120页。

⑤ 〔宋〕叶绍翁撰，沈锡麟、冯惠民点校：《四朝闻见录》戊集《毕再遇》，第163页。

⑥ 〔清〕徐松辑：《宋会要辑稿》兵九之二四、二五，第6917～6918页。

只能是激发金军更大的进攻欲望。而且，在南退的途中，按说并无大的战事发生，但由于南宋后勤补给的不力，殿前司诸军又素来养尊处优，竟然出现了大量的非战斗死亡情况，撤退演变成了溃退：

王师失利，溃兵蔽野下，泣声不忍闻，皆伤痍，或无半体，为之潸然。间有依余马首以南，然不可胜救也。是役也，殿司兵素骄，贯于炊玉，不能茹粝食，部餫者复幸不折阅，多杂沙土，军中急于无粮，强而受之，人旦莫给饭二盂，沃以炊汤，多弃之道。复负重暑行，不堪其苦，多相泣而就礐，道旁逃屋皆是，臭不可近。地多眢井，亦或赴死其间。每憩马一汲，辄得文身之皮，浮以桶面，间以井满不可汲。余睊甚，不复能勺，徒勺酒烹鸡而荐之。既还南徐官下，以蕴热饮恶，下利几三月乃苏。[①]

这是时任淮东总领的岳珂所撰《桯史》所记，为其本人亲身经历的耳闻目睹，其可靠性毋庸置疑。应该说，南宋殿前司诸军的确是有战斗力的，但在临安过于养尊处优，一旦遇到恶劣的战时条件，就出现了如此之众的非战斗减员，白白损耗了自己的实力。

四、扬胜讳败：六合、和州保卫战与真州之战

开禧二年（1206）十月，金朝以仆散揆为主帅，统大军十四万五千，分九路大举南进，向南宋发起了全面的攻势。按照金章宗的训令："卿宜广为渡江之势，使彼有必死之忧，从其所请而纵之，仅得余息偷生，岂敢复萌他虑。"[②]仆散揆将进攻的重点放在两淮，投入了精兵八万。其具体部署是兵分三路：主帅仆散揆以河南行省兵三万出颍、寿州，取淮西之安丰、霍丘；河南路统军使纥石烈子仁以兵三万出涡口，取淮西之濠州；左监军纥石烈执中以山东兵二万出清口，取淮阴，攻楚州。[③]

① 〔宋〕岳珂撰，吴企明点校：《桯史》卷一四《开禧北伐》，第164页。

② 〔元〕脱脱等：《金史》卷九三《仆散揆传》，第2070页。

③ 〔元〕脱脱等：《金史》卷一二《章宗四》，第278页。

金军纥石烈执中部围攻楚州，遇到了南宋的名将毕再遇，一开始就难有进展，其军粮草又被毕氏烧掉，只能是陷于苦战。从淮西突破的两路，攻势十分猛烈，然攻城也并不顺利。仆散揆部攻庐州不克，转而经庐江取含山，于十二月一日开始围攻重镇和州。

和州乃江防屏障，为马军司诸军的防区，马帅戚拱本也在此地防御，然战前他已弃城而逃，仅留马军司兵一千八百余人于此。守将知和州周虎挺身而出，他率总兵力不足四千人的马军司兵和地方军坚决抵抗，“合战凡三十有四，杀敌骁将以十数”。经过十七天的激战，金军不仅未能攻下和州，“最号鸷勇”、于宿州击破马军司诸军主力的猛将抹撚史圪搭也中箭阵亡，士气大为受挫，不得不解围而走。①和州保卫战既守住了城池，保障了江防安全，又击毙金军名将，是一次相当可观的胜利。周虎因此功被破格提拔为主管马军行司公事，实属当之无愧。马军司诸军参与防御战的一千八百余名官兵，亦功不可没。

相比而言，纥石烈子仁部金军算是频频得手，连克濠州、定远，取滁州、来安等县。十二月甲寅（八日），金军开始围攻重镇六合。六合，本为步军司诸军的防地，步军司一直有兵马驻守该城，在隆兴战事期间主管步军司公事郭振即率部于此挫败了金军的攻势。当时，时任镇江都统司副都统制的毕再遇在稳定了楚州战局之后，主动率部南下进入了六合城，该城的守御力量更为加强。双方甫一交锋，金兵的先头部队被歼，连连受挫。待金帅仆散揆、大将纥石烈子仁集中各部会攻六合，毕再遇又以劣势兵力，与其在六合城下斗智斗勇，始终不落下风，当金兵北撤之时，毕氏还主动追击，“追至滁，大雨雪，乃旋。获骡马一千五百三十一、鞍六百，衣甲、旗帜称是”②，最终取得了六合保卫战的胜利。

金军攻六合虽然未能得手，但在围攻六合的同时，仆散揆、纥石烈子仁以围城打援的战法，在胥浦桥大破前来增援六合的镇江都统司一部，并顺势夺取了江北重镇真州，痛歼了驻守该城的主管殿前司公事郭果所部的殿前司诸军主力。

真州处于六合、扬州之间，是重镇镇江的江北屏障，其在军事上的重要性是

---

① 〔宋〕刘宰：《漫塘集》卷三二，《文渊阁四库全书》本。

② 〔元〕脱脱等：《宋史》卷四〇二《毕再遇传》，第12187页。

不言而喻的。真州本来就是殿前司诸军的更戍防区，两淮战局恶化之后，南宋专门又从殿前司诸军各部当中选拔五千精锐，于十一月一日“诏令管干殿前司职事郭果将带精锐甲马、步五千人，前去真州驻扎，专一策应两淮”。殿前司诸军自然也被南宋寄予厚望。

十二月八日，闻知六合遭到金军围攻，宋帅郭倪当即派镇江都统司前军统制郭僎前去增援，结果在真州胥浦桥遭到了金军的截击，大败溃逃，《金史》言是役宋军被歼八千，郭倪遂弃扬州南渡长江。扬州弃守之后，真州遂完全孤立。十二月十三日，金将纥石烈子仁乘胜率部攻击殿前司诸军防御的真州，他先派遣部分兵力从浅水处渡河，绕到守军的背后，然后发起前后夹击，将守军大部歼灭，随即夺取了真州。

对真州失守和郭果所部殿前司诸军的惨败，宋方之史书大多讳而不书，刘时举《续宋编年资治通鉴》等仅曰：

> 甲辰，金人犯真州。士民奔逃溺江者十余万，镇江守臣宇文绍节亟具舟以济之，廪食之。于是濠梁、安丰及并边诸戍皆没矣。①

李心传《建炎以来朝野杂记》亦曰：十一月“二十七日甲辰，虏犯真州，士民奔迸渡江者十余万，镇江守臣宇文挺臣亟具舟以济，又廪食之。于是濠梁、安丰及并边诸戍皆没于虏”②。既言宋方几近全线崩溃，却不明言真州的得失；既言十余万民众渡江逃难，却不言镇守真州殿前司诸军之胜负。开禧三年（1207）四月，主管殿前司公事郭果被撤职，其罪名也仅仅是“以臣僚言其暗庸贪黩，专务营私”③，未言及其于真州丧师之事。唯《四朝闻见录》记当时宫廷优伶有嘲讽之戏语：

> 又因郭倪、郭果败，因赐宴以生菱进于桌。上命二人移桌，忽生菱堕地

① 〔宋〕刘时举：《续宋编年资治通鉴》卷一三，《文渊阁四库全书》本。

② 〔宋〕李心传撰，徐规点校：《建炎以来朝野杂记》乙集卷一八《丙寅淮汉蜀口用兵事目》，第828～829页。

③ 〔清〕徐松辑：《宋会要辑稿》职官七三之三七，第4035页。

尽碎。其一人云："苦，苦，苦，坏了许多生菱，只因移、果、卓。"[1]

按：优人在此使用的是谐音讽刺的办法，"生菱"显然指"生灵"，"移"指"郭倪"，"果"指"郭果"，"卓"则指"郭倬"。言"郭倪、郭果败"，又言郭倪、郭果、郭倬"坏了许多生灵"，郭倪有胥浦桥之败，郭倬有宿州、蕲县惨败，郭果则当是真州之败。另外，《宋会要辑稿》记载：嘉定二年（1209）正月，殿前司游奕军统制延通、殿前司右军统领刘珣等将领因为兵败，受到了"各追三官、勒停"的严厉处分[2]。考虑到开禧三年、嘉定元年两年，殿前司绝无出动两个军的战事，游奕军统制延通、右军统领刘珣显然是因真州之败而承担责任。

《金史》金章宗本纪则曰：泰和六年（1206）十二月己未，"纥石烈子仁克真州"[3]。金帅仆散揆之本传更大书曰：

宋真州兵数万保河桥，复遣统军纥石烈子仁往攻之，分军涉浅，潜出敌后。敌见之大惊，不战而溃，斩首二万余级，生擒其帅刘侹、常思敬、萧从德、莫子容，皆宋骁将也。遂下真州。[4]

"宋真州兵数万保河桥"，当即郭果殿前司诸军所部，"皆宋骁将也"，也符合郭果"将带精锐"的实际情况。金将纥石烈子仁是一员儒将，他后于南宋濠州官衙厅壁上大书《上平南》词一首以夸耀自己的战功：

虿锋摇，螳臂振，旧盟寒，恃洞庭、彭蠡狂澜。天兵小试，百蹄一饮楚江干。捷书飞上九重天，春满长安。

舜山川，周礼乐，唐日月，汉衣冠。洗五州妖气关山。已平全蜀，风行何用一泥丸。有人传喜日边，都护先还。[5]

---

① 〔宋〕叶绍翁撰，沈锡麟、冯惠民点校：《四朝闻见录》戊集《优伶戏语》，第191页。

② 〔清〕徐松辑：《宋会要辑稿》职官七五之三八，第4093页。

③ 〔元〕脱脱等：《金史》卷一二《章宗四》，第279页。

④ 〔元〕脱脱等：《金史》卷九三《仆散揆传》，第2070页。

⑤ 〔宋〕周密撰，张茂鹏点校：《齐东野语》卷二〇《纥石烈子仁词》，第368页。

至于殿前司诸军具体的兵力折损情况，按前引《宋会要辑稿》所云：郭氏仅“将带精锐甲马、步五千人，前去真州驻扎，专一策应两淮”，则其损失至多不过五千。然《金史》所云既有歼敌数字“斩首二万余级”，又有刘侹、常思敬、萧从德、莫子容等被俘宋将之具体名姓，应当是基本可信的。如萧从德，或即随萧琦、萧鹧巴归顺南宋的奚人将领后裔，宋孝宗乾道九年（1173）时殿前司即有“额外统领萧从仁”[①]。即使《金史》有夸大的成分，但出入不会很多。笔者倾向于认为：五千只是郭果所带援军之数，加上南下归建之殿前司各部，以及当地原有殿前司之驻军，守军兵力在二万上下并不奇怪，《金史》的记载当基本准确。

真州之役，堪称宋、金开禧开战以来，两淮战场双方战事之最高潮，也为两淮战事大致画上了句号。就金军方面而言，是役痛歼了南宋殿前司之精锐所部，又夺取了真州，直逼长江，算是胜利完成了金章宗“广为渡江之势”的设想。然庐州、和州、六合、楚州等战略要地皆无法攻克的事实，也表明金军要彻底打破南宋的两淮防线也是不可能的，而且雨季即将来临，金帅仆散揆断定“方春地湿，不可久留，且欲休养士马”[②]，遂主动率全军回师。

南宋方面，此役不仅是一场军事上的灾难，更极其沉重地打击了南宋朝野上下的战争信心。郭果所部殿前司诸军之精锐，本为南宋朝野寄予“策应两淮”之厚望，其竟覆灭于真州，使得南宋朝野上下一直弥漫着的失败情绪更为浓重，畏敌如虎、再战必亡的论调甚嚣尘上。韩侂胄不甘于接受战败的结局，仍然试图重整旗鼓，开禧三年（1207）初毕再遇解楚州之围“军声大振”，二月四川吴曦之变又被迅速平息，九月，韩侂胄遂再派亲信主管步军司公事（步帅）王处久“将带本司官兵五千人，并随身衣甲、器械，前去镇江府江上一带，往来措置，防捍江面，以备策应”[③]。然而，南宋官僚集团的主体已然是惊弓之鸟，闻听韩氏“复有用兵意”，“中外皆惧”[④]。韩侂胄的政敌史弥远在宫廷杨皇后的支持下，乘机联络众臣，于十一月策动殿前司中军统制夏震，杀韩侂胄以向金朝乞和，嘉定元年（1208）十

① 〔清〕徐松辑：《宋会要辑稿》职官三二之四四、四五，第3027～3028页。

② 〔元〕脱脱等：《金史》卷九三《仆散揆传》，第2070页。

③ 〔清〕徐松辑：《宋会要辑稿》兵九之二六，第6918页。按：王处久，误作“王处九”。

④ 〔宋〕佚名编，汝企和点校：《续编两朝纲目备要》卷一〇，第184～185页。

月，双方正式达成和议，南宋称金由叔改伯，岁币由银、绢各二十万两、匹猛增为银、绢各三十万两、匹，较绍兴和议还多了银、绢各五万两、匹，南宋同时还交纳犒军钱银三百万两，金朝则将所得南宋州县交还南宋。[①]

五、一蹶不振：南宋三衙诸军战败的原因与战后走势

概括三衙诸军在开禧战事中的表现，可以说是有胜有败，然败多胜少、胜小败大。马军司诸军主力在宿州溃败，遭到了歼灭性的打击，就此一蹶不振。其所部千余人，在周虎指挥下，参与了和州保卫战并取得胜利，勉强算是一个难得的亮点。步军司诸军，除小部分兵力在毕再遇指挥下取得六合保卫战胜利，多未有独立的表现。殿前司诸军虽有泗州、凤凰山之胜，然真州之败十分惨重，胜不抵败，殿前司所部也就此元气大伤。三衙诸军的战败，包括南宋整个开禧战事的失败，具体原因很多：

一是兵力分散。两淮、京湖、川陕互相配合的战略思路本身是正确的，实际执行中却因用人不当，吴曦在四川倒戈，反而是适得其反。两淮战场，三衙诸军和建康、池州都统司诸军等第一线进攻的总兵力在十万以上，不能算少，但一分为三，攻打宿州的中路军不过三万，攻寿州的西路军不过四万，攻徐州的东路军也仅有三万，看似一度处处占优，却处处兵力不足，导致或未得手，如宿州、寿州，或虽得手，却并未有效地扩张战果，如泗州。如若能像隆兴北伐那样，集中三路十万兵力一起会攻宿州，至少夺取要地宿州应该是大有希望的。战场用兵，最忌“嘴巴张得太大”，南宋开禧战事的军事部署，就犯了这一兵家大忌。

二是事权不一。此为宋代军制的痼疾。两淮三路出兵，除寿州由建康都统司都统制李爽一人指挥本部，凡是三衙、江上诸军各部联合作战的，皆不指定主将。如东路之殿前司选锋军统制毕再遇与武锋军统制陈孝庆，中路之主管马军行司公事李汝翼与池州都统司都统制郭倬，只能是凡事协商，内部矛盾时有发生。整个战场亦然，郭倪、赵淳、吴曦三将分为两淮、京湖和四川三大战场之招抚使，却

① 〔元〕脱脱等：《金史》卷九八《完颜匡传》，第2169页。

又以邓友龙、薛叔似、程松三文臣分别为宣抚使，这本来就是一个叠床架屋式的框架。两淮宣抚使之职，后又代之以邱崈，此人实乃韩氏政敌，更与郭倪将帅不和，互相掣肘。郭氏本非良将，又受制于邱崈，胥浦桥、真州的战败，皆与此关系极大。反观金朝，仆散揆为左副元帅号令全军，右副元帅完颜匡、河南统军司统军使纥石烈子仁等各司其职，各领其军，相互配合，其军事指挥的效率和质量皆远胜于南宋。

三是兵骄将庸。南宋殿前司、马军司、步军司诸军不能说没有较强的战斗力，但正如魏了翁后来所说："骄惰之卒，乍罹暑潦，怨嗟载道。"[①]从乾道至开禧，三衙诸军毕竟长达四十余年之久未经过残酷战争的锻炼，又主要驻扎在临安、建康等都市，长期养尊处优，遂不可避免地腐化，存在着严重的兵骄而难用的问题。早在宋高宗绍兴三十二年（1162）之时，马军司所部士兵就因不能吃小米而在淮东前线饿死不少。至开禧二年（1206）时，殿前司所部士兵竟然连粗米饭也不能下咽了，"人旦莫给饭二盂，沃以炊汤"，士兵竟纷纷"多弃之道"[②]。正如王曾瑜先生所言："此类军队又如何打仗。"[③]

至于其时三衙、江上、四川诸军各都统司统兵之将帅，多非有能力在战场破敌的真正将材。三衙也好，江上、四川诸军也罢，当时绝大多数的将领，如郭倪、郭倬、郭果、李汝翼、王处久等为代表的，皆为凭荫补出身的将家子弟，大多为官二代、官三代，他们的军事能力并没有经过实战的检验，尤其没有经过与金军这种强悍敌手较量的检验。反过来，在战争中大放异彩的毕再遇、周虎、孟宗政、扈再兴等将材，战前并未能居于更关键的更高级的军职之上。兵是练出来的，但将领是打出来的，这确实是古今治军的一大要诀。

南宋这些高居三衙、都统司将席的官二代、官三代们，不仅缺乏战场用兵破敌的指挥能力，更大多为贪腐之徒。平时治军，不过是盘剥士卒，中饱私囊，压制将才，导致三衙、都统司等部军政腐败，军中风气不正，士气难免相当低落。战时则惯打"滑头仗"，胜则争功，败即不救。譬如主管马军司公事李汝翼就因盘剥士兵，得了个不光彩的外号——"李草鞋"。

---

① 〔宋〕魏了翁：《鹤山集》卷一九，《文渊阁四库全书》本。

② 〔宋〕岳珂撰，吴企明点校：《桯史》卷一四《开禧北伐》，第164页。

③ 王曾瑜：《宋朝军制初探》（增订本），第240页。

其实，发动开禧北伐的韩侂胄本人，更是出身外戚显贵，至于他所倚重的谋主苏师旦则出身吏胥，两人在军事指挥方面都是彻头彻尾的门外汉。韩侂胄以军事外行而用庸将统骄兵，纯属盲人骑瞎马而挑战强敌，不败待何？

在上述三点原因之外，开禧战事南宋失败最重要的直接原因，还在于韩侂胄战略时机把握的失误。他于开禧二年（1206）对金开战，可以说是既过于低估了对手金朝的实力，又过于高估了南宋自身的实力。当时的金朝，内忧外患频频，确实“西北用兵连年，公私困竭”[①]，然守成之君金章宗仍然在位，金统治集团内部是比较稳定的，仆散揆、完颜宗浩、完颜匡、纥石烈子仁等一大批优秀谋臣、良将尚在。蒙古尽管已经崛起于北方草原，对金朝形成了愈来愈大的军事压力，然蒙古真正大规模地进攻金朝，还要等到五年后的宋宁宗嘉定四年（1211）。开禧年间的金朝，依靠长期以来形成的对南宋的军事优势，仍完全有余力应对并挫败南宋的军事进攻。

况且，金朝固然已经衰落，渐呈乱亡之势，但正如张栻此前对宋孝宗所云：“比年诸道岁饥民贫，而国家兵弱财匮，小大之臣又皆诞谩，不足倚仗。正使彼实可图，臣惧我之未足以图彼也。”[②]南宋自身何尝没有问题？尤其是在政治上，韩侂胄虽然揽权，但他行“庆元党禁”以排斥异己，内部党争是相当激烈的，他对金主战，朝野上下对其冷眼旁观者更绝不在少数，并逐渐聚集于对金主和的史弥远周围，等待取代韩氏的时机，南宋内部政局并不稳定。在宋金战事激烈进行之时，韩氏之政敌就幸灾乐祸、冷眼旁观，唯恐宋军不败。江淮宣抚使邱密作为韩氏之政敌，他在两淮即一意求和，笔者认为：泗州的放弃，殿前司诸军先是被强令南退，南退途中又因补给不足而损失惨重，处处可见邱氏有意为之的痕迹。主将郭倪更处处受制，根本无法独立指挥作战。韩氏以此政敌出任宣抚两淮之要职，真可谓自取灭亡。当韩氏欲重整旗鼓的时候，史弥远等更是发动政变，将其一举铲除。韩、史政争的是非得失，本文暂且置而不论，但南宋内部的政治斗争，无疑加速和加剧了南宋在战场上的失败。

就三衙诸军而言，从宋孝宗乾道至宋宁宗开禧，三衙诸军的兵力大致是持续

---

① 〔元〕脱脱等：《金史》卷九八《完颜匡传》，第2167页。

② 〔元〕佚名撰，李之亮校点：《宋史全文》卷二五上《宋孝宗三》，第1729页。

上升的，但由于长达四十余年无有战事的锤炼，三衙官兵既普遍缺乏实战经验，“军中使臣自辛巳岁至今，仅四十年，日渐消磨，见存者往往年迈，筋力向衰”[①]，准备将、正副将、统领、统制等中高级军官的老化现象更相当严重。作为军中骨干的带有武阶的高级士兵，同样多是“年貌衰瘁”[②]。其在实战当中战斗力的提升，需要一个较长的过程。

当然，南宋北伐始终难以有成，诚如南宋名臣胡铨所云：“一溺于和，则上下偷安，将士解体，终身不能自振，尚又安能战乎？”[③]归根结底，还是因为宋高宗、秦桧所确立的乞和偏安、甘于小朝廷的格局。南宋朝野上下溺于和议，北伐之举遂难逃众口悠悠之政治困局，只能是侥幸于一战成功的军事冒险，一旦小有挫败，朝野上下即畏敌如虎，不惜以屈膝投降换取苟且偏安，根本不具备战争所必需的坚韧。隆兴战事是如此，开禧战事也是如此。

附带说明的是，正所谓胜负乃兵家常事，对军队的指挥者和一支军队而言，失败并不可怕，若能总结经验教训、卧薪尝胆，坏事也可以变成好事，东山再起，并非完全不可能。客观地说，韩侂胄对众败将的处分，还都是及时而有力的；对毕再遇、周虎等有功之人的提拔，也十分到位，是能够服众的。经过失败的锤炼，他也有可能逐步成为军事上的内行。

其实，开禧三年（1207）金帅仆散揆、完颜宗浩先后去世，金章宗也卒于嘉定元年（1208），金朝内部政治动荡开始愈演愈烈。嘉定四年（1211）蒙古铁木真更大举攻金，金朝败亡的大幕真正开始拉开。南宋若能像韩侂胄所主张那样坚持用兵，重用毕再遇、周虎、孟宗政等在实战中涌现出来的一批有功将士，则战场形势的改观，还是可以预期的。但韩氏很快死于史弥远所发动的政变，历史并未给予他这样的机会。

南宋三衙诸军在开禧战事当中遭到了惨重损失，实力恢复本来就非易事，更为重要的是，官兵“不足仗也”，正如时任秘书省正字的袁甫在上奏中所云：

> 国家财力，尽耗于饷军，而官军之不可用，无愚智皆知之。开禧丙寅之

① 〔清〕徐松辑：《宋会要辑稿》职官五一之三二，第3552页。

② 〔清〕徐松辑：《宋会要辑稿》职官五一之四二，第3557页。

③ 〔元〕佚名撰，李之亮校点：《宋史全文》卷二四上《宋孝宗一》，第1644页。

事，弃甲曳兵而走者，皆平日厚廪于县官者也。其间稍以立功自见，及控扼关隘之人，大抵皆义勇、民兵、万弩手、雄淮、敢死诸军耳。近者调兵分屯，遣将四出，而却敌兵于中渡者，乃强勇军之桀黠者也。[①]

王曾瑜先生更精辟地指出："开禧北伐的失败，证明屯驻大兵和三衙军的不中用，故另组新军的风气也随之大为兴盛。"[②]开禧战事之后，南宋开始着重大量地编练地方新军，以之作为守御地方的基干力量，三衙诸军已然从南宋建军中心的优越地位跌落了下来。

马军司诸军就此一蹶不振，由于马军司诸军在开禧战事中过于拙劣的表现，南宋朝廷对其完全失去了信心。为了江防和守御战略重镇建康，建康的地方官大量编练地方新军，以之作为依靠力量。这些新军大量占用了马军司诸军的编制，根据《景定建康志》的相关记载，宋宁宗嘉定年间以来，新编练的防江军二千人、唐湾水军二千五百人、龙湾游击水军二千九人，"理作马军司阙额"[③]，其所占用的马军司诸军的编制总计有六千五百九人；效用军、精锐军、制效军、寄泊新军等则占用马军司和建康都统司两军编制，计有八千九百二十九人。以两司大致对半来计，要占用马军司诸军的编制四千四百余人；合计起来，共占用马军司诸军的编制计一万一千余人，马军司诸军随之缩编为二万人，缩编了超过百分之三十。

与马军司诸军相比，殿前司、步军司诸军的情况相对要略好一些，但同样并未得到宋廷优先补充，阙额的问题日趋严重起来。宋宁宗嘉定七年（1214）之后，宋廷使用步军司的二千人编制，在真州六合组建了新军，步军司诸军的编制反而就此缩减到二万三千人，就是一个较为典型的例证。嘉定十五年（1222），殿前司和步军司诸军的实有兵力，才勉强恢复到了七万人，"嘉定十五年，三衙马、步诸军凡七万余，阙旧额三万"[④]。

按：此为宋理宗宝庆二年（1226）知武冈军吴愈在上奏中所言。吴氏所谓之

① 〔宋〕袁甫：《蒙斋集》卷二《入对札子》，《文渊阁四库全书》本。
② 王曾瑜：《宋朝军制初探》（增订本），第241页。
③ 〔宋〕马光祖修，周应合纂：《景定建康志》卷三九《武卫志二・尺籍》，第1971页。
④ 〔元〕脱脱等：《宋史》卷一九三《兵七》，第4821页。

“三衙”，其实仅是指驻扎于行在临安的殿前司和步军司诸军，不包括驻扎建康之马军司诸军在内，殿前司和步军司诸军乾道六年的编制为九万八千，故曰“阙旧额三万”。也就是说，宋宁宗末，殿前司和步军司合计起来竟不如开禧战事之前殿前司诸军一家之兵力，两司的阙额率达到了百分之三十；加上马军司诸军的不足二万人，三衙诸军的总兵力至多在九万人，较开禧战事之前的十三万余众已不可同日而语。

宋理宗朝，情况当继续恶化。宋理宗端平三年（1236）前后，时任签书枢密院事的李鸣复即奏言：

> 臣近见田庆宗具到：步司所管在寨军一万三千六百余人，老病、借差约五千有零外，止管强壮八千二百四十二人。三千人充采石捍御，五千人仅可管干寨栅及随番救扑。①

且无论老弱与强壮否，也无论究竟在寨，还是在外地防御，步军司诸军的兵力全部合计起来，也不过是区区一万三千六百余人。较二万三千人的编制，阙额近一万人，阙额的比例已经增长到超过百分之四十。殿前司亦大致如此。宋理宗端平二年（1235）六月，宋廷即下诏令：“殿前司招刺一万人，补诸军效用阙额。”②殿前司诸军正额效用的编制，不过是一万一千五百九十二人③，若按此数计算，则殿前司效用兵的阙额率几近百分之九十。当然，正额效用之外，还应有额外效用，即使再加上额外效用，以编制之三分之一来计，殿前司效用兵二万四千余人。阙额万人，其阙额比例也有百分之四十多，与步军司诸军大致相近。整个殿前司诸军的阙额情况，由此可见一斑。按此比例进行推算，其时殿前司诸军的实有兵力至多不过五万人，加上步军司诸军的一万三千余人，殿前司、步军司诸军的实际总兵力不过六万余人，较嘉定十五年的七万人当又有所减少。

除此之外，在韩侂胄之后上台执政的权臣史弥远，其治军事实上连韩侂胄尚且不如，开禧战事中涌现出来的毕再遇、周虎等良将皆斥而不用，甚至加以陷害，

---

① 〔明〕杨士奇、黄淮等编：《历代名臣奏议》卷三三九《御边》，《文渊阁四库全书》本。

② 〔元〕佚名撰，李之亮校点：《宋史全文》卷三二《宋理宗二》，第2205页。

③ 〔元〕脱脱等：《宋史》卷一九四《兵八》，第4839页。

三衙、江上、四川诸军各都统司将帅任人唯亲，军中积弊更加丛生，正如时人所云：嘉定年间“殿、步二司，久为庸奴所坏，平居则冒虚籍，有急则驱市人，江北、江西之行，所至辄败”[①]。南宋三衙诸军从此未能重振雄风，南宋的机动和进攻性力量由此大部丧失，国运遂不可避免地由盛转衰，只能是被动防御金朝、元朝的进攻，直至最终灭亡。

未刊稿，2018.9.11

① 〔宋〕魏了翁：《鹤山集》卷一九，《文渊阁四库全书》本。

高平之战与赵匡胤的崛起

《宋史》卷二四九“赞曰”：“五季至周之世宗，天下将定之时也。”[①]确实，后周显德元年（954）正月郭威病逝，其侄柴荣即位，是五代历史由乱趋治的重大转折点。一方面，经过郭威三年的励精图治，后周国力大增，初步具备了开疆拓土的客观条件。更为关键的是，以周世宗为主要代表的出生于五代中叶、经过晋汉战乱考验的新生代力量从此开始大批跃居高位，他们作为一股政治新鲜血液，以“十年开拓天下，十年养百姓，十年致太平”[②]的气概，扭转了自后唐明宗以来弥漫于五代高层的因循守旧之风，使得五代政局为之一新。

当然，政治权力上的新旧交接不可避免地会遭到阻力，尤其事关政权安危的军事指挥权的调整更是困难得多，在将骄兵悍的五代，稍有不慎便易激成兵变。高平之战中，何徽、樊爱能等“历朝宿将”带头溃逃和赵匡胤等青年军官的挺身而出，恰恰形成鲜明对照，这正是后周军界新旧更替矛盾的反映。而高平之战的胜利，又为周世宗加速整顿禁军和大批青年将领的崛起创造了难得机遇。赵匡胤正是抓住了这转瞬即逝的历史契机，跃居殿前都虞候高位，成为后周军中最耀眼

① 〔元〕脱脱等：《宋史》卷二四九“赞曰”，第8808页。

② 〔宋〕陶岳：《五代史补》卷五《世宗问王朴运祚》，《豫章丛书》本。

的新星，迈出了开创帝业的关键性一步。

一

后周显德元年二月，北汉乘周世宗登基未久的机会，联合契丹大举进犯。北汉的立国，是郭威推翻后汉造成的遗留问题，其仅仅占据以太原为中心的十二州之地，力量十分有限。一是经济基础薄弱，辖区内贪官遍地，役繁税苛，百姓愁怨。二是河东各镇虽以劲兵著称，但其精兵猛将多数已跟随石敬瑭、刘知远这两位由太原而成就帝业的皇帝进入开封，演化为中央禁军，当地军力已经被大力削弱。像此次全力攻周，北汉兵力也不过三万余人。三是契丹其时内部矛盾尖锐，难以像支持石敬瑭灭唐那样全面配合北汉作战。

如此客观条件，又适逢后周国力正处于蒸蒸日上的上升期，仅禁军数量就高达十余万人。双方力量对比决定了如果后周政权内部不出现较大的动荡，北汉试图重演石敬瑭、刘知远南下夺取中原的历史几乎不太可能。但问题的关键是，后周在高平之战前夕，正处于政权交接的政治敏感期，柴荣于郭氏血统既疏，更缺功业、威望，一时难以服众。

禁军方面，郭威对功臣宿将的清洗、调换，固然扫除了柴荣上台的主要障碍，但也不可避免地造成了军心的严重不稳。郭威在临终之前，禁军已经出现了令人担忧的迹象，“军士有流言郊赏薄于唐明宗时者，帝闻之，壬午，召诸将至寝殿，让之曰：‘朕自即位以来，恶衣菲食，专以赡军为念；府库蓄积，四方贡献，赡军之外，鲜有赢余，汝辈岂不知之！今乃纵凶徒腾口，不顾人主之勤俭，察国之贫乏，又不思已有何功而受赏，惟知怨望，于汝辈安乎！’皆惶恐谢罪，退，索不逞者戮之，流言乃息”[①]。

此次事件，不仅是禁军贪财希赏恶习的又一次“发作”，而且从众将暧昧态度的背后，反映了有相当数量的中高级将领对后周政权的不满情绪。这种不满情绪在视卖主求荣为儿戏的五代，很容易演变成倒戈兵变的闹剧。柴荣上台伊始，北汉即倾力来攻，正是希望能借助后周禁军的不满情绪，力争以军事压力促成后

---

① 〔宋〕司马光：《资治通鉴》卷二九一，第9499页。

周军队的阵前倒戈；而被郭威寄予厚望的侍卫亲军都虞候李重进，“年长于晋王荣，帝召入禁中，属以后事，仍命拜荣，以定君臣之分”[①]，本身尚处于极易引起猜忌的尴尬境地，也很难做到有效地控制禁军。显而易见，高平之战对周世宗来说是一场内部矛盾和外来威胁相结合的危局。

对风雨欲来的形势，后周君臣都有觉察，如冯道就向周世宗点明问题的要害在于“众将难用”。他说：“今皆宿将，久处贵位，气方骄，陛下即位席未暖，未易使也。”[②]但他和群臣们提出的新君坐镇京师、选将迎敌的方案，虽似老成持重，却潜在着更大的风险。因为在禁军主力开赴前线的情况下，一旦军情有变，“遥控”鞭长莫及，困守京城的周世宗就难免有重蹈后唐闵帝李从厚覆辙的可能，是一种苟且偷安的不足取选择。

相反，周世宗本人极力坚持的御驾亲征方案，尽管看似冒险，却能在与北汉针锋相对的同时，又利于就近加强对禁军的控制，即便没有做到防患于未然，也可以把危害程度尽量降低。况且，周世宗作为新君亲临前线，固然要冒相当大的风险，但也是树立皇帝绝对权威、震慑骄兵悍将的绝佳机会。《五代史补》曾引论者曰：“世宗患诸将之难制也久矣，思欲诛之，未有其衅，高平之役，可谓天假，故其斩决而无贷焉。自是姑息之政不行，朝廷始尊大，自非英主，其孰能如此哉？”[③]

确实，禁军自晋、汉以来将骄兵惰、战斗力低下本为朝野上下有目共睹的事实，问题是始终难以有解决的机会。高平之战中樊爱能、何徽率兵不战而逃的严酷现实，一方面再次暴露了禁军的积弊确实已经到了非整顿不可的地步；另一方面也为解决这一问题提供了难得的历史机遇。

周世宗个人以罕见的神勇力挽狂澜于既倒，在战后确立了晋、汉其他君主难以企及的绝对权威地位，“帝违众议破北汉，自是政事无大小皆亲决，百官受成于上而已”[④]；和他一起冲锋在前的一大批青年将领，像张永德、赵匡胤等也凭借令老将们自愧不如的军功在军中声名鹊起，这批智勇兼备的少壮派军官对周世宗忠

---

① 〔宋〕司马光：《资治通鉴》卷二九一，第9501页。

② 〔宋〕王巩：《闻见近录》，《文渊阁四库全书》本。

③ 〔宋〕陶岳：《五代史补》卷五《世宗诛高平败将》，《豫章丛书》本。

④ 〔宋〕司马光：《资治通鉴》卷二九二，第9517页。

心耿耿，成为其控制禁军的骨干。二者相结合，表明大刀阔斧整顿禁军的各种条件终于成熟。周世宗遂破格提拔一大批青年将领，“立功之士以次行赏，自行伍拔于军厢者甚众”[①]，禁军高级职位都转由中青年将领担任，他们组成了后周军中的少壮派军人集团，而赵匡胤就是其中的佼佼者。

二

高平之战前，按照《东都事略》卷一《太祖本纪》“会世宗自澶州入，为开封尹，以太祖为马直军使”[②]的记载，赵匡胤已经进入柴荣幕府[③]。这对于赵匡胤来说意义非同寻常，其和柴荣建立了密切的主臣关系，成为其“藩府旧僚”。

五代时期，所谓“一朝天子一朝臣”的现象更加普遍，各君主皆视上台前的僚属为心腹而加以重用。柴荣也是如此，像最得其信任的枢密使王朴，“先事上于潜藩，其君臣相得亦有素矣”[④]。赵匡胤此时得遇柴荣，堪称是踏上了仕途的捷径，特别是他担任马直军使的职务，由此成为柴荣在军事方面的主要亲信之一。

赵匡胤在高平之战中和贵戚张永德分领周世宗的侍卫亲兵，战后青云直上而得殿前都虞候高位，具体负责整顿禁军的重任，后来在周世宗弥留之际任殿前都点检，统帅最精锐的殿前军，升迁速度之快为许多战功与其大致相仿的同时期将领所远远不及。这其中除了赵匡胤本人才能卓越、战功显赫，周世宗视其为可靠的“藩府旧僚”而刻意提拔，作为辅助自己控制军队的重要砝码，也是不能忽视的重要因素。其次，赵匡胤进入柴荣幕府，与汇集其中的众多文武奇才也开始有了密切往来，其中相当一部分人物在赵匡胤夺取帝位及宋初的文治武功中，都发挥过重要作用。

柴荣在澶州节度使任上已经十分重视搜集人才，储君地位得以确立后，更是

---

① 〔宋〕陶岳：《五代史补》卷五《世宗诛高平败将》，《豫章丛书》本。

② 〔宋〕王称：《东都事略》卷一《太祖本纪》，齐鲁书社2000年版，第2页。

③ 《宋史》卷一《太祖本纪》亦载：“世宗尹京，转开封府马直军使。”但《涑水记闻》卷一则有另外记载：“太祖事世宗于澶州，曹彬为世宗亲吏，掌茶酒，太祖尝从之求酒。”今从《东都事略》。

④ 〔宋〕司马光：《资治通鉴》卷二九二，第9527页。

广纳才智之士于幕府，形成了一个人数较多、能量更大的政治小集团。曾居于柴荣帐下的文臣武将，仅据《旧五代史》和《宋史》加以统计，就包括：赵匡胤，世宗尹京时为马直军使；王朴，“世宗镇澶渊，朝廷以朴为记室。及世宗为开封尹，拜右拾遗，充开封府推官”[①]；王著，“世宗镇澶州，辟观察支使”；曹翰，“世宗镇澶渊，署为牙校”；袁彦，“世宗在澶渊，迁为亲事都校，世宗尹京，改开封府步直指挥使”；崔彦进，“世宗镇澶渊，令领禁兵以从”；刘廷翰，“周世宗镇澶渊，廷翰以膂力隶帐下”；昝居润，“时世宗尹京，诏以补府中要职”；李崇矩，“隶世宗帐下”；曹彬，“隶世宗帐下，从镇澶渊”；潘美，“会周世宗为开封府尹，美以中涓事世宗”，等等。

显而易见，在这个以“同府之谊”为主要联系纽带的政治集团当中，柴荣自然居于核心地位，而王朴则是他最主要的助手，在众人当中也具有极高的威信。不过，柴荣、王朴两人皆为身居高位的英武奇才，难免不同程度地存在着恃才凌人的问题，像柴荣“臣下有过，必面折之”[②]，王朴“性敏锐，然伤于太刚，每稠人广座之中，正色高谈，无敢触其锋者，故时人虽服其机变而无恭懿之誉”[③]。如此个性的政治人物，可能易于树立个人较高权威，但更多只是赢得下属的敬畏，却难以通过亲密的感情交流赢得部下的爱戴。宋臣冯京对柴荣“威胜于德，故享国不永”[④]的评价，就是点明了这一问题。

相反，豁达大度、善于交结的赵匡胤在柴荣幕府中的官位尽管并不十分突出，人际关系却处理得相当不错，能够在不引人注目的情况下与他人结下较深厚的友谊。据《宋史》各本传，如昝居润，“与太祖同事世宗，情好款浃”，李崇矩，“与太祖同府厚善，每太祖诞辰，必遣继昌奉币为寿”，潘美，“太祖遇美素厚”，他们都和赵匡胤过从甚密，在北宋皆位至将相高位。即便是对周世宗忠心耿耿的王著，在柴荣幕府时也同赵匡胤素有来往，因而于陈桥兵变之后起码能够做到不激烈反对赵匡胤，双方还能继续共事。事实上，在王朴、周世宗相继去世的显德末年，跃升高位的赵匡胤业已成为得到该政治集团广泛支持的新的领袖人物。该

① 〔宋〕薛居正等：《旧五代史》卷一二八《王朴传》，第1679页。

② 〔宋〕薛居正等：《旧五代史》卷一一九《世宗纪》，第1587页。

③ 〔宋〕薛居正等：《旧五代史》卷一二八《王朴传》，第1682页。

④ 〔宋〕邵博撰，李剑雄等点校：《邵氏闻见后录》卷二〇，第154页。

政治集团与以石守信、王审琦等“十兄弟”为核心的少壮派军人集团及赵普、李处耘等霸府旧僚，共同构成赵匡胤夺取帝位的主要力量基础，并在减轻政权更迭动荡方面发挥着难以替代的独特作用。

三

高平之战中的赵匡胤，作为颇得周世宗器重的藩府旧僚，不仅随队出征，而且担负着统领周世宗侍卫亲兵、直接保卫皇帝安全的重任。《东都事略》卷一《太祖本纪》云：“显德元年，世宗命太祖掌卫兵。”[①]

居此要职的赵匡胤，已经以自己的精明、干练逐渐引人注目，例如北宋僧文莹所撰《玉壶清话》卷九中就有如下一段记载：“显德中，周世宗即位，主（南唐李昇）遣韩熙载往朝。及归，主因问新帝容表言动及朝廷体貌，熙载盛言：‘惟见殿前典亲兵赵点检，即太祖也，龙角虎威，凛然有异，举目顾视，电日随转，公卿满廷，为气焰所射，尽夺其色。’”[②]

郭威时期，后周、南唐间偶尔有书信、使节往来，至于周世宗登基时，南唐是否遣韩熙载前往朝贺，正史中没有相关记载。但《玉壶清话》的作者僧文莹，不仅“收古今文章著述最多，自国初至熙宁间，得文集二百余家，仅数千卷”[③]，精通五代、宋初史实，而且由于其为北宋钱塘人，尤其熟谙南唐、吴越等江南地区的人物轶事、历史掌故，所著《湘山野录》《续湘山野录》《玉壶清话》等三部野史，史料价值之大业已为学界公认。具体到此段记载，尽管其难免有借韩熙载之口吹捧赵匡胤的成分，但所反映的赵匡胤于“殿前典亲兵”任上开始崭露头角的基本事实，应该是可信的。

赵匡胤战场上骁勇异常的表现为其在禁军上下赢得威名，高平之战后，更获得了三个意想不到的“大收获”。

第一，和张永德建立了密切关系。后周太祖郭威临终之际，在军事方面安排了张永德（郭威女婿）、李重进（郭威外甥）两位外戚作为辅佐周世宗的“臂膀”。

---

① 〔宋〕王称：《东都事略》卷一《太祖本纪》，第2页。

② 〔宋〕文莹撰，郑世刚等点校：《玉壶清话》卷九《李先主传》，第93页。

③ 〔宋〕文莹撰，郑世刚等点校：《玉壶清话·序》，第1页。

但长期居于侍卫司统帅位置上的李重进，功高位重，又年长于周世宗，属于受猜忌、排挤之列。他本人尽管对周世宗忠心不二，却始终难以得到真正信任，因而在军中的实际作用有限。张永德的情况则有所不同，一方面他从世宗即位伊始即“侍卫左右”，高平之战中又“将禁兵卫帝”，同周世宗关系融洽，深得信任。另一方面，他年龄、资历皆远逊于世宗，只是凭借裙带关系骤得高位，在军中根基不深，不存在威胁皇位的问题，因而得到了世宗的放手重用，长期担任最精锐的殿前军统帅。他在和李重进的矛盾斗争中，也因周世宗的有意偏袒而大占上风，是后周军中最为炙手可热的人物。

赵匡胤在高平之战中通过协同作战和张永德建立了深厚的战斗情意，匡胤有勇有谋的大将气度更令张永德欣赏不已，遂于世宗面前“盛称太祖皇帝之智勇”①。张永德对年龄稍长于己的赵匡胤十分器重和照顾，甚至“艺祖方以力战有功，虽功名日盛，而出于侧微，鞍马服用未有以自给，永德稍以家资奉之”②，并没有把他视作普通下属。张氏的高度赏识，是匡胤在殿前军中步步高升的便利因素。

第二，跃居殿前都虞候高位。按照《资治通鉴》卷二九一的记载，赵匡胤在高平之战刚刚结束的三月庚子，被破格提拔为殿前都虞候，领严州刺史，开始跃居禁军高级将领的行列。对赵匡胤出任殿前都虞候的具体时间，张其凡先生在《五代禁军初探》中认为是在显德元年十月，强调匡胤不可能在三月庚子升任殿前都虞候，并进行了细致的考证：“检新、旧《五代史》，均不载赵匡胤在显德元年三月庚子为殿前都虞候事；且领严州刺史，也与当时殿前都虞候的地位不符。……赵匡胤为殿前都虞候亦只能在显德元年十月戊申。”③今人许多论著都广泛引用张先生的考证成果，但仍然存在以下几个需要讨论的问题。

（一）《旧五代史》卷一一四《世宗纪》“显德元年三月庚子”条虽然没有记匡胤为殿前都虞候事，但同年十月明确记载：“以今上为永州防御使，依前殿前都虞候。”④“依前”两字，证明赵匡胤在当年十月前必已担任殿前都虞候，此次晋升只是升为领永州防御使而已。况且，既称“依前”，前文中却无丝毫相关记载，说

① 〔宋〕司马光：《资治通鉴》卷二九一，第9507～9508页。

② 〔宋〕苏辙撰，俞宗宪点校：《龙川别志》卷上，中华书局1982年版，第70页。

③ 张其凡：《五代禁军初探》，第137页。

④ 〔宋〕薛居正等：《旧五代史》卷一一四《世宗纪》，第1521页。

明很可能是存在脱漏之处。事实上，今本《旧五代史》本为辑本，散佚、遗漏之处在所难免。

（二）赵匡胤领严州刺史，并非与当时的殿前都虞候地位不符。相反，高平之战前韩令坤任殿前都虞候，据《宋史》卷二五一《韩令坤传》的记载："广顺初，历铁骑散员都虞候，控鹤右第一军都校、领和州刺史。世宗即位，授殿前都虞候。俄赏高平之功，为龙捷左厢都虞候、领容州团练使。"[①]韩氏正是领和州刺史。可见，赵匡胤在高平之战后以领严州刺史接替韩令坤殿前都虞候的职务，恰恰符合当时制度。实际上，殿前都虞候地位的大幅度提升是在周世宗整军以后，和殿前军实力的扩充密切相关。从韩令坤由殿前都虞候晋升龙捷左厢都虞候的情况看，此时该职尚在侍卫司厢都虞候之下，并非极为显赫。

（三）赵匡胤在同列中脱颖而出，并非偶然。除战功更为突出，还有两个为其他人所不具备的重要因素。一是赵匡胤本为周世宗任开封尹时的"藩府旧僚"，高平之战前方以开封府马直军使的身份进入禁军，"殿前典亲兵"，原本就是周世宗有意提拔重用的心腹爱将之一。二是张永德的极力推荐。高平之战中殿前军的优异表现，以及"既亲且贵"、侍卫世宗左右的独特地位，使得张永德在战后高级将领的人事变动中发挥着参与决策的重大作用。在他直接指挥的殿前军，对于接替都虞候、散员都指挥使等空缺的人选，张永德实际上拥有决定权，此时提拔深得他赏识的赵匡胤为殿前都虞候，实属正常。

第三，在当年十月开始的大规模整军中，赵匡胤受命负责后周禁军的选拔工作，这是赵匡胤实力发展的一大关键。首先，赵匡胤负责殿前诸班的选拔，以他当时的身份、职务，对中级以上的军官只可能有推荐权，而对士兵和军校之类的基层军官，则有相当的决定权。这就使得他在殿前司系统中打下了深厚的"群众基础"[②]，据《宋史》各本传，"杨信，瀛州人。初名义。显德中隶太祖麾下，为裨校"，"田重进……形质奇伟，有武力。周显德中应募为卒，隶太祖麾下"，"张琼……少有勇力，善射，隶太祖帐下"。诸如此类的记载颇多，说明通过负责扩充殿前诸班，赵匡胤已经在殿前司系统中打下坚实的根基。《续资治通鉴长编》卷一

---

① 〔元〕脱脱等：《宋史》卷二五一《韩令坤传》，第8832页。

② 王育济：《论"陈桥兵变"》，《文史哲》1997年第1期。

称："（太祖）掌军政凡六年，士卒服其恩威……人望固已归之。"[①]此语虽不无粉饰，但也非毫无所据。因为"（太祖）掌军政凡六年"云云，正是从赵氏负责简选殿前诸班开始的。

其次，赵匡胤借机在殿前军中组成了以自己为首的"义社十兄弟"集团。对赵氏"义社十兄弟"的相关记载，散见于《闻见近录》、《建炎以来系年要录》卷六一"绍兴二年十二月"条、《续资治通鉴长编》卷一六"开宝八年五月庚寅"条注等，其中以南宋李攸撰《宋朝事实》的记载最为明确。该书卷九"勋臣"条说："太祖义社兄弟：保静军节度使杨光义，天平军节度使、同平章事、兼侍中石守信，昭义军节度使、兼侍中李继勋，忠武军节度使、同平章事、中书令、秦王王审琦，忠远军节度使观察留后刘庆义，左骁卫上将军刘守忠，右骁卫上将军刘廷让，彰德军节度使韩重赟，解州刺史王政忠。"[②]

对此，李攸在按语中有简短的考证："此九人中，如杨光义、刘庆义、刘守忠、王政忠四人，《东都事略》及《宋史》俱无传。"今人论著也大多沿用该说，但其中存在两个没有理清的问题。一，杨光义在《宋史》中有传，但为了避宋太宗赵光义的讳而改称杨美，见《宋史》卷二七三《杨美传》："太祖与美有旧，即位，以为内殿直都知。"二，刘守忠应是安守忠的误写。刘守忠其人不见于史籍，但《宋史》卷二七五《安守忠传》记载云"宋初，入为左卫将军"，"太祖居藩日，素相厚善，及受禅后，每优任之"。从官职及与赵匡胤关系都相符合的情况看，很可能是史书撰写者在撰写过程中把安守忠误写成刘守忠。义社十兄弟当中，石守信、王审琦、韩重赟、杨美、刘廷让五人和赵匡胤的关系更为密切，他们的经历和赵匡胤大致类似，都是在后汉末年参军，由士兵干起，高平之战后崭露头角，相互沟通比较方便，而且都在殿前军分别担任中级军职，日后的晋升也主要在殿前军系统内部，始终是赵匡胤的下属。

长期的上下级关系，使得众人自然以赵氏为主。他们的升迁，离不开赵匡胤的提携。赵匡胤有了中层下属们的坚决支持，更是如虎添翼，首先在号称"士卒精强，近代无比，征伐四方，所向皆捷"[③]的殿前军形成了以自己为首的派系势力。

---

① 〔宋〕李焘：《续资治通鉴长编》卷一，第1页。

② 〔宋〕李攸：《宋朝事实》卷九，《丛书集成初编》本。

③ 〔宋〕司马光：《资治通鉴》卷二九二，第9519页。

这个“小圈子”形成之初，是在周世宗、张永德等人的默许甚至支持的情况下出现的，也是忠于周世宗的，但随着显德六年张永德离开殿前军、周世宗病逝及主少国疑局面的产生，赵匡胤跃升殿前都点检，其他众人也水涨船高地分居殿前都指挥使、殿前都虞候等统兵要职，“十兄弟”遂转化为拥戴赵匡胤发动兵变的骨干力量，像石守信、王审琦等都在陈桥兵变中发挥着关键性作用。

原载《山东大学学报（哲学社会科学版）》2000年第4期

"将从中御"始于宋太祖考

"将从中御",将兵权高度集中于皇帝个人手中,限制甚至剥夺将帅对所部军队应有的指挥权,始终是宋代军政运行机制中最为重要的原则之一。"将从中御"本出自先秦的著名兵书《军志》:"将从中御,兵无选锋,必败。"此系宋太宗雍熙北伐失败以后,在反思对辽战争失败教训的过程中,最早由时任户部郎中的张洎在端拱二年(989)提出来的。他说:

> 伏自北戎犯顺,累载于兹,其故何哉?盖中国失地利,分兵力,将从中御,士不用命也……臣顷闻涿州之战,元戎不知将校之能否,将校不知三军之勇怯,各不相管辖,以谦谨自任,未闻赏一效用,戮一叛命者。[①]

张洎接着建议:"臣请陛下申命元帅,自裨将以降有违犯命令者,并以军法从事。其杀敌将校所得鞍马财货等,悉以与之,仍优加锡赉。严刑以制其命,重赏以诱其心,示金鼓进退之宜,谨三令五申之号,将不中御,众知向方,而不能震大宋之天声,制单于之族类者,未之有也。"[②]

---

① 〔宋〕李焘:《续资治通鉴长编》卷三〇,第666~668页。

② 〔宋〕李焘:《续资治通鉴长编》卷三〇,第669页。

张洎的看法很有代表性[①]。田锡、朱台符、孙何等人也从不同的侧面剖析了“将从中御”是宋军指挥体制的痼疾，并都把批评的矛头指向宋太宗。当代的一些宋史研究者也认为，宋太宗“‘将从中御’，剥夺了将帅独立自主的军事指挥权”，是与宋太祖驭将政策的一个根本区别[②]。有学者甚至直接说：“宋朝实行‘将从中御’，始于太宗。”[③]其实，“将从中御”的始作俑者并非宋太宗，而是宋太祖，主要的表现如下：

宋太祖牢牢掌握着各级军官的任免权。无论是枢密院，还是三衙禁军“宿卫诸将”，最多只有建议、推荐权，“当今兵柄尽出陛下掌握，至于一命之士，皆由旨授”[④]，其任命必须有宋太祖的“御笔”批示同意后方能生效；殿前和侍卫亲军两军“宿卫诸将”等中高级将领的任免自不待言，始终是“管军之臣，乃人主爪牙，所以自卫，虽推择之议，当参详于执政，然除授之恩，必使归之人主”[⑤]，皆出自宋太祖个人的乾纲独断，任何人皆难以染指。下级军官甚至普通军校，情况也是如此，“补一小校，汰一羸老，必奏籍于中而俟上命”[⑥]，“自都指挥使已下至百夫长，皆按名籍参考劳绩而升黜之”[⑦]。即使是地方上厢军将领的升迁，按照朱熹的说法是：太祖“用纸一大幅，题其上曰‘宣付指挥使某’，却不押号，而以御前大宝印之。军员得此极重，有一人而得数宣者”[⑧]，同样需由官家“御笔”来决定。正因为如此，宋太祖任命各级军校的“御笔”，到南宋的时候还保留有相当的数

① 《左传》中有多处关于《军志》的记载，如《僖公二十八年》记楚成王语：“《军志》曰：‘允当则归。’又曰：‘知难而退。’又曰：‘有德不可敌。’”杜预注则曰：“《军志》，兵书。”又《宣公十二年》记孙叔敖语：“《军志》曰：‘先人有夺人之心。’”《昭公二十一年》亦记：“《军志》有之：‘先人有夺人之心，后人有待其衰。’”唐、宋时，除张洎，引用《军志》的典型事例还有《旧唐书》卷一二三《刘晏传》：“《军志》曰：‘先声后实。’”曾公亮等《武经总要》前集卷六：“《军志》曰：‘止则为营，行则为阵。’”杨万里《诚斋集》卷一二〇：“《军志》曰：‘赏不逾时。’”由此可见，从春秋至唐、宋，《军志》都是颇具影响力的兵书。

② 漆侠：《探知集》，河北大学出版社1999年版，第160页。

③ 张希清等：《宋朝典制》，吉林文史出版社1997年版，第240页。

④ 〔宋〕李焘：《续资治通鉴长编》卷六七，第1506页。

⑤ 〔宋〕李焘：《续资治通鉴长编》卷四五〇，第10814页。

⑥ 〔宋〕李清臣：《议兵策中》，《崇古文诀》卷二八，《文渊阁四库全书》本。

⑦ 〔宋〕李焘：《续资治通鉴长编》卷二五，第573页。

⑧ 〔宋〕黎靖德编，王星贤点校：《朱子语类》卷一二八《法制》，第3077页。

量，当时许多人得以目睹，例如：

> 太祖时公案，乃是蜀中一州军变，复申来乞差管摄军马。枢密院具已经差使使臣，及未经差使姓名，内一人姓樊。注云："樊爱能孙。只有一人。"注："此人清廉可使。"太祖就此人姓上点一点，就下批四字云："只教他去。"后面有券状云："杂随四人，某甲某乙。"太祖又批其下云："只带两人去。""小底二人，某童某童，大紫骝马一匹，并鞍辔；小紫骝马一匹，并鞍辔。"太祖又批其下云："不须带紫骝马，只骑骝马去。"又乞下铨曹，作速差知州，后面有铨曹拟差状。约只隔得一二日，又有到任申状。其兵马监押才到时，其知州亦到了。其行遣得简径健速如此！[①]

这是南宋大学者朱熹亲眼所见。又，"呈发遣差补十将，御笔云：我曾与你指挥，问定远都头有家累、无家累，且发遣铁骑都头"[②]，这是由当时南宋学者周密记录下来的。除此之外，据周密说，王子庆家里还藏有宋太祖"批出递迁军头、都虞候、指挥使"[③]的御笔整整一卷，数量相当可观。

禁军的调动权也完全由宋太祖掌握，"其有调发，则必需天子之命"。据朱熹所言，其程序通常是"枢密要发兵，须用去御前画旨，下殿前司，然后可发"[④]。紧急情况下的发兵，则需要皇帝的亲笔手令，"诏殿前、侍卫司，自今非时宣召军士，候见御宝文字乃得发遣，无则画时覆奏"[⑤]。发兵时如果没有宋太祖本人的手令，三衙"宿卫诸将"必须加以拒绝。也就是说，除了皇帝，任何人无权调动一兵一卒。

将校的任免权和部队的调动权，是平时兵权最主要的体现，宋太祖控制了这两大权力，就把军队牢牢地掌握在他的手中。不仅如此，北宋开国以后，宋太祖尽管由殿前都点检龙飞为皇帝，但正如他自己所说："晋、汉以来，卫士不下数

---

① 〔宋〕黎靖德编，王星贤点校：《朱子语类》卷一二七《太祖朝》，第3043页。

② 〔宋〕周密：《志雅堂杂钞》卷上，《丛书集成初编》本。

③ 〔宋〕周密：《志雅堂杂钞》卷上，《丛书集成初编》本。

④ 〔宋〕黎靖德编，王星贤点校：《朱子语类》卷一二八《法制》，第3069页。

⑤ 〔宋〕李焘：《续资治通鉴长编》卷八五，第1935～1936页。

十万，然可用者极寡。朕顷案籍阅之，去其冗弱，又亲校其击刺骑射之艺，今悉为精锐，故顺时令而讲武焉。”[①]禁军，尤其是殿前军的日常训练很大程度上仍然是由宋太祖本人亲自主持的。据史书记载，“帝（宋太祖）每御讲武殿，亲临教阅。其法，刻木为箭镞，裹以毡罽，命强者两两相射，避即捶之，取其不避者。又以木挺为马挝，施韦鞘，俾驰骑相击，取其尤胜者，各分等级以迁隶之。自是师旅皆精锐”，“上于后苑亲阅殿前诸武艺，不中选者三百余人，悉授外职”[②]。宋太祖临终前的几个月，仍多次“观卫士射”，“幸控鹤营，观骑士射”，“幸西教场，观飞山军士发机石”。可以说，终宋太祖一生，他实际上一直在不间断地行使着殿前都点检的职权。《续资治通鉴长编》记载，乾德五年二月，“殿前都指挥使、义成节度使韩重赟罢军职，出为彰德节度使。先是，有谮重赟私取亲兵为腹心者。上怒，欲诛之，谋于赵普。普曰：‘陛下必不自将亲兵，须择人付之。若重赟以谗诛，即人人惧罪，谁敢为陛下将者。’上怒犹未解，普开陈愈切，上纳其言”[③]。赵普“陛下必不自将亲兵”之语，从上述史实来看，也可以视为正话反说，恰恰点明了宋太祖依然“自将亲兵”，亲自指挥和训练殿前军的事实。宋太祖如此热衷于干预具体军政的目的，正如北宋神宗朝大臣李清臣所指出的：

> 太祖皇帝神武圣谋，洗削祸乱；收天下之柄归之于己，笼络悍夫，易以文吏，藩镇诸帅，名号尚存，禄赐尚丰，而兵众土地悉属于上矣。逆肠叛胆，消缩顺向，莫敢不臣。举天下之卒，凡可以被甲荷戟者名之曰禁兵，则皆天子之卫，非人臣所得而有也。聚之于京师，以固内重之势而威天下……补一小校，汰一羸老，必奏籍于中而俟上命，以消杀四方之异志。故天下兵柄，外不在藩镇，内不在强臣，不委宦官，不倚近戚，利权重器，在天子拱把之中。虽有侍卫三帅，非有可专之威，徒主符籍而呼趋指导于陛前耳。天子或御广殿，或猎近郊，节以钲鼓，习以骑射，角拳勇之材，激忠顺之气，或幸壁垒，视其纪律而省其私。队长以上，日预朝请而抃拜，时预宴礼而犒饫，岁预衣裘缯絮之赐。而华暖庆赏，刑威抚驭，拣练禁制控约，无不自天子为

① 〔宋〕李焘：《续资治通鉴长编》卷三，第74页。

② 〔宋〕李焘：《续资治通鉴长编》卷七，第183页。

③ 〔宋〕李焘：《续资治通鉴长编》卷八，第190页。

之者。故百万之众，目无旁视，情无他归，詟惮亲爱，皆在一人，不在臣下。如足戴身，如指随臂，如子弟翼父兄，如鱼鸟从龙凤。至哉！[①]

此是强调三衙"宿卫诸将"等禁军将帅不过是皇帝的"爪牙之臣"，"徒主符籍而呼趋指导于陛前耳"，唯有皇帝才是军队的最高主宰者。

至于战时的情况，除了平定"二李"和攻北汉之役是由宋太祖御驾亲征，其他战事宋太祖也是居中遥控，事必躬亲，并不授予前方将帅以重权。以伐后蜀之役为例，宋太祖虽然任命王全斌为西川行营凤州路都部署，出任宋军主帅，然而同时又明确下诏书规定："全斌受诏，每制置必与诸将佥议。"[②]也就是说，王全斌并没有临机决断、统辖众将的实际权力，出现"各为异同，虽小事亦不能即决"的尴尬局面是必然的。

又如伐南唐之役，宋太祖以曹彬为主帅，还在诸将面前公开地表示"南方之事，一以委卿"，"且以匣剑授彬曰：'副将以下，不用命者斩之。'潘美等皆失色，不敢仰视。自王全斌平蜀多杀人，上每恨之，彬性仁厚，故专任焉"[③]。太祖此举似乎是授予了曹彬先斩后奏的全权，然而据《续资治通鉴长编》等史书的记载，实际情况却是如此富有戏剧性：

太祖初命曹武惠彬讨江南，潘美副之，将行，赐燕于讲武殿，酒三行，彬等起跪于榻前，乞面授处分，上怀中出一实封文字付彬，曰："处分尽在其间。自潘美以下有罪，但开此，径斩之，不须奏禀。"二臣股栗而退。讫江南平，无一犯律者。比还，复赐燕讲武殿，酒三行，二臣起跪于榻前，曰："臣等幸无败事，昨授文字，不敢藏于家。"即纳于上前。上徐自发封示之，乃白纸一张也。[④]

对于此事，宋人称颂说："上神武机权如此。初特以是申令，使果犯而发封，

① 〔宋〕李清臣：《议兵策中》，《崇古文诀》卷二八，《文渊阁四库全书》本。

② 〔宋〕李焘：《续资治通鉴长编》卷六，第147页。

③ 〔宋〕李焘：《续资治通鉴长编》卷一五，第324页。

④ 〔宋〕李焘：《续资治通鉴长编》卷一五，第324～325页。

见而为白纸，则必入禀，及归而示之，又将以见初无轻斩之意。恩威两得，故虽彬等无不折服。”[①]说到底，宋太祖还是没有把真正的“处分”重权授予曹彬，各部宋军实际上依然是“各不相管辖”，曹彬权力有限，与其在宋太宗时岐沟关大败中的表现一样，只能是“以谦谨自任”，既无权“赏一效用”，更无权“戮一叛命者”，不折不扣是一个空头主帅。

无论是伐后蜀，还是伐南唐，战争中较大的战役筹划，或是宋太祖事先授以“画图”，授诸将以“妙算”，或是由诸将随时汇报请示，都是由远在都城开封的宋太祖居中遥控。如据《续资治通鉴长编》记载：“先是，曹彬等列三寨攻城，潘美居其北，以图来上。上视之，指北寨谓使者曰：‘此宜深沟自固，江南人必夜出兵来寇，尔亟去语曹彬等，并力速成之。不然，终为所乘矣。’赐使者食，且召枢密使楚昭辅草诏，令徙置战棹，以防它变，使者食已即行。彬等承命，自督丁夫掘堑。”[②]为此，在伐南唐的时候，宋太祖还专门安排了“善驰驿，日四五百里”[③]的亲信李继隆（宋太祖幕府旧僚李处耘之子）充当在皇宫和前线之间传达机密的信使，南征诸将则必须奉命行事。如此种种，宋神宗就曾评论说：“祖宗时，从中御将帅，盖以五代时士卒或外附而叛，故惩其事而从中御。”此都是为了防范将帅借战事之机发动叛乱，也就是典型的“将从中御”。

由此可见，“将从中御”实始于宋太祖，而宋太宗完全是效其兄之故伎，即“边防事大，万机至重，当悉依先帝旧规，无得改易”[④]。

“将从中御”束缚了将领们的手脚，对宋军战斗能力的负面影响是显而易见的。不过，宋太祖是能征惯战的猛将，多次成功地指挥大兵团作战，如王安石在著名的《本朝百年无事札子》中评价说：“太祖躬上知独见之明，而周知人物之情伪，指挥付托，必尽其材，变置施设，必当其务，故能驾驭将帅，训齐士卒，外以捍强敌，内以平中国。”[⑤]宋太宗则严重缺乏实战的经验和能力；宋太祖的对手是腐朽不堪、军力有限的后蜀、南汉、南唐等地方割据政权，宋太宗却要与兵精

---

① 〔宋〕李焘：《续资治通鉴长编》卷一五，第325页。

② 〔宋〕李焘：《续资治通鉴长编》卷一六，第351页。

③ 〔宋〕李焘：《续资治通鉴长编》卷一六，第353页。

④ 〔宋〕李焘：《续资治通鉴长编》卷一七，第382页。

⑤ 〔宋〕王安石：《临川文集》卷四一《本朝百年无事札子》，《文渊阁四库全书》本。

将勇、国力强雄的契丹辽国展开全面的军事对抗。因此，宋太祖、太宗兄弟二人虽然同样是"将从中御"，结果却是大相径庭：宋太祖是运筹帷幄，决胜千里；宋太宗却是盲目指挥，甚至滥发阵图，导致宋军频频损兵折将。

更为重要的是，宋太祖在五代政权更迭的历史大背景之下，"在位无复有知君臣之义、上下之礼者也"[1]，"兵骄则逐帅，帅强则叛上"[2]，"五代以来，节度使富强者，辄怀跋扈之志"[3]，"人心未固"，军情不稳，祸起萧墙是现实的最大威胁，加强皇帝对军队的绝对控制，是压倒一切的当务之急。宋太祖在初步确立枢密院和三衙统兵体制，加强特务机关武德司对禁军"宿卫诸将"监视的同时，还采取上述"将从中御"的做法，越过殿前和侍卫两军"宿卫诸将"，直接干预军队的具体指挥和军政处理，以牺牲军队部分战斗力为代价来换取军队的稳定，这是迫不得已的，也是必需的。到了宋太宗时期，经过宋太祖十数年的苦心经营，"海内生灵浸安，不知有他姓矣"[4]，北宋政权内部的巩固已经基本得以实现，与北方辽国的军事冲突则急剧升级，上升为最主要的矛盾，宋太宗此时仍然抱着宋太祖"将从中御"的做法不放，甚至变本加厉，当然就是无的放矢，受到后人的诟病理所当然。至于宋太宗以后的宋代统治者，把"将从中御"奉为神圣不可侵犯的"祖宗家法"之一，自然就更等而下之了。

原载《安徽师范大学学报（人文社会科学版）》2006年第1期

① 〔宋〕王安石：《临川文集》卷三九《上仁宗皇帝言事书》，《文渊阁四库全书》本。

② 〔宋〕欧阳修、宋祁：《新唐书》卷五〇《兵志》，中华书局1975年版，第1329页。

③ 〔宋〕李焘：《续资治通鉴长编》卷五，第127页。

④ 〔宋〕田况：《儒林公议》，《文渊阁四库全书》本。

从崩溃到重建：论宋太祖时期的武德司

宋太祖在北宋开国伊始，以“幕府旧僚”赵普出任枢密直学士，从而顺畅地拉开了枢密院—三衙统兵体制初步形成的序幕。与此相类似，宋太祖任命另一位“幕府旧僚”王仁赡为“武德使”，出任武德司的长官，其对强化禁军控制的意义同样是非同小可。关于此事，《续资治通鉴长编》失载，仅见于《东都事略》和《宋史》王仁赡本传，史家也往往较少措意，值得给予特别的重视。

武德司，由于宋太宗时将其改名为皇城司，因而在宋人笔下往往将其通称为皇城司。武德司是五代时期，从皇帝身边处理皇宫日常事务的机构发展起来的新兴强力部门，其名称的出现更可上溯至唐代中期[①]。至迟到后唐，武德司的长官武德使官位虽低，通常仅为正七品，但都是由皇帝的贴身心腹担任，发挥皇帝“耳目”的作用，在实际上已经成为有能力影响到政局的实权人物。例如后唐庄宗时史彦琼为武德使，“以伶官得幸，帝待以腹心之任，都府之中，威福自我，正言以

---

① 日本学者佐伯富在《论宋代的皇城司》一文中认为：“作为宋代侦察机关的武德司，从它的名称、职掌上，可以推察出它起源于五代的后唐时期。”（参见刘俊文主编，索介然译：《日本学者研究中国史论著选译》第五卷《五代宋元》，中华书局1993年版，第351页。）程民生《北宋探事机构——皇城司》一文则依据北宋陈师道《后山谈丛》卷二“蜀平，以参知政事吕余庆知益州，余用选人以轻其权，而置武德司，刺守贪廉”的记载，认为武德司是“乾德三年（965）后，则特设专职情报机关”。由于《旧五代史》卷三四《庄宗纪》记载后唐（转下页注）

下皆胁肩低首，曲事不暇”[①]。至后晋、后汉时，武德司更是对侍卫亲军“宿卫诸将”和枢密院都形成了相当的制约，后汉隐帝诛杀枢密使、右仆射、同平章事杨邠，侍卫亲军都指挥使兼中书令史弘肇，三司使、同平章事王章，并拟一并铲除枢密使兼侍中郭威、侍卫亲军步军都指挥使王殷等的惊人之举，就是“隐帝用武德使李邺等谋”[②]，主要出自武德使李邺的谋划。不过，后周时期，尤其是在后周的末期，与枢密院基本上丧失了对殿前、侍卫两军“宿卫诸将”的制约一样，武德司也归于沉寂，在防范“陈桥兵变”的过程中没有发挥出任何作用，直到兵变箭在弦上、“将以出军之日策点检为天子，士民恐怖，争为逃匿之计”的时候，仍然是“惟内庭晏然不知”[③]，说明武德司这一皇帝的“耳目之司”已经完全瘫痪了。

北宋开国，宋太祖以王仁赡出任武德使，情况较后周相比很快就有了明显的变化。“幕府旧僚”当中，在处理具体军务方面为宋太祖所倚重的，首推李处耘，但他与赵普素来水火不容，乾德元年就被贬为淄州刺史，就此退出了政治中枢。除了李处耘，作用较大的就是王仁赡。众所周知，王仁赡和赵普、李处耘、楚昭辅等人同属宋太祖最为亲信的“幕府旧僚”，他出身军校，统兵才干远在一介书生赵普之上，一直是宋太祖处理军务方面的主要助手之一。最为关键的是，王仁赡为人阴险，精于整人手腕，“中外益畏其口”，“仇怨众多”。据《续资治通鉴长编》卷二三“太平兴国七年二月”记载，宋太宗时王仁赡还曾扳倒了宋太宗最亲信的“上南府时勋旧戚里用事吏”十余人，其整人手腕可见一斑。宋太祖派他出

（接上页注）庄宗时史彦琼为武德使，《新五代史》卷六《明宗纪》又有“岁尝旱，已而雪，暴坐庭中，诏武德司宫中无扫雪”等确切记载，当从日本学者佐伯富的意见。至于《后山谈丛》中的“置武德司”，可以理解为在四川专设武德司的分支机构。赵雨乐在《试析宋代改武德司为皇城司的因由——唐宋之际武德使活动的初步探索》一文中考证说：“武德使本为唐代中叶以后兴起的宦官使职，按西安东郊出土的《唐许遂忠墓志》记载，宦官许氏曾任武德副使，即说明此职至迟于德宗贞元末年经已存在。然而，宦官主掌武德机关，至早可上溯至唐肃宗乾元二年，盖根据西安市另一出土的《韦光闰妻宋氏合袝墓志》所记，宦官韦氏‘迁宫闱令，循内谒者监内给事，加十六宅使，掌武德、杂作及乎内教使’。”不过，作者又认为中唐时“从各种资料显示，武德所主者为兵器”，与五代宋初的武德司有所不同。参见张其凡、陆勇强主编：《宋代历史文化研究》，人民出版社2000年版，第275页。

① 〔宋〕薛居正等：《旧五代史》卷三四《庄宗纪》，第469页。

② 〔元〕脱脱等：《宋史》卷二四九《魏仁浦传》，第8803页。

③ 〔宋〕李焘：《续资治通鉴长编》卷一，第1页。

掌武德司，后周以来武德司无所作为的局面很快就得以扭转，甚至于连权势煊赫的宰相赵普都感受到了他的压力。据宋仁宗朝名臣蔡襄的说法就是："艺祖尝留王仁赡语，赵普奏曰：'仁赡奸邪，陛下昨日召与语，此人倾毁臣。'艺祖于奏札后亲翰，大略言：'我留王仁赡说话，见我教谁去唤来，你莫肠肚儿窄，妒他，我又不见是证见，只教外人笑我君臣不和睦，你莫恼官家。'赵约家见存此文字。"[①]这份宋太祖与赵普之间来往的密信，是蔡襄在赵普后人赵约家亲眼所见，其可靠性是确信无疑的。

在王仁赡之后，先后出任武德使的又有刘知信和王继恩两人。其中，刘知信是宋太祖的姨表弟，其母是宋太祖母亲杜太后的亲妹妹，一直深得宋太祖的尊重，北宋开国后被封为京兆郡夫人，开宝三年（970）去世时，宋太祖"不视朝，素服发哀于讲武殿，文武百僚进名奉慰，仍追封齐国太夫人"[②]。刘知信年幼丧父，三岁时就被寄养在宋太祖家中，以"敏慧"而深得宋太祖父亲的喜爱，同宋太祖兄弟们也都感情甚笃。开宝五年（972），宋太祖任命刘知信接掌武德司，"以戚里致贵，尤被亲任，中外践历，最为旧故"[③]，"是太祖晚年最受信任及亲近的外戚"[④]。宋太宗继位后，刘知信继续得到重用，再任武德使至太平兴国六年（981）。这一年宋太宗把武德司改名为皇城司，刘知信又担任了不到一年的皇城使。王继恩则是宋太祖最为赏识的宦官，其名出自宋太祖的御赐，"继恩初事太祖，特承恩顾"[⑤]，宋太祖开宝九年（976）十月，任命王继恩为武德使。

武德司先后由王仁赡、刘知信、王继恩等三位宋太祖最亲信的心腹执掌，显而易见，其强势地位得以完全恢复和进一步的发展。

当然，除了必要的人事安排之外，宋太祖重点还是从制度角度加强武德司之权。经过宋太祖的一番整顿，武德司呈现出以下三个鲜明的特点，对殿前和侍卫两军"宿卫诸将"具备了较强的制衡能力。

其一，宋太祖以空前未有的力度，把大批的精锐部队划归武德司，建立起了

---

① 〔宋〕龚鼎臣：《东原录》，《文渊阁四库全书》本。

② 〔宋〕李焘：《续资治通鉴长编》卷一一，第251页。

③ 〔元〕脱脱等：《宋史》卷四六三《刘知信传》，第13544页。

④ 何冠环：《北宋武将研究》，香港中华书局2008年版，第71页。

⑤ 〔元〕脱脱等：《宋史》卷四六六《王继恩传》，第13604页。

一支独立于殿前和侍卫两军之外的新军。按照北宋制度，武德司（皇城司）下辖的部队番号有两个，一是“亲从官”五指挥，包括上一指挥、上二指挥、上三指挥、上四指挥、上五指挥；二是“亲事官”六指挥，主要有下一指挥、下二指挥、下三指挥、下四指挥、下五指挥等①，总兵力约为六千人。这是宋太宗以后的制度。宋太祖朝，没有“亲从官”的编制，“亲从官”是宋太宗太平兴国四年（979）从“亲事官”中选拔材勇而组建的。此外，据宋太祖本人所说：“虽京师有警，皇城之内已有精兵数万。”②可知，宋太祖时武德司的兵力要超过六千人，有数万之众。这是一支绝对忠于皇帝个人的精锐军事力量，“最为亲兵”，“掌宫城出入之禁令，凡周庐宿卫之事、宫门启闭之节皆隶焉”③，专门负责皇宫的保卫，殿前司和侍卫亲军等皆不得插手，“旧制，三衙管军，未尝内宿”④。仁宗朝的张方平也曾谈道：“国初循周朝军制，置诸班直，备爪牙士，属殿前司；又置亲从官，属皇城司，掌启闭扫除之役，守卫扈从之严。其宿卫之法，殿外则相间设庐，更为防制；殿内则专用亲从，最为亲兵也。”⑤

从指挥关系上看，武德司下辖的这支部队专门负责保卫皇宫，既不属于殿前和侍卫两军的系统，又不归三衙“宿卫诸将”指挥，而是自成体系，与殿前和侍卫两军形成了内外相制之势。对此，宋人多有精辟的议论。如林駉说：“国朝有皇城司，有殿前司。皇城始于梁之乾化，国朝因其名，置亲从官数千人，入内内侍省都知与副同主判之。殿前司始于周之显德，国朝循其旧，有马军、步军，独殿前得统之。是故皇城一司，于内庭宿卫无不预者，而独宿直诸班禁卫无所统摄……殿前一司，虽统摄诸班禁卫，而皇城之司亦判然不相关，亦汉南北军相统之意也。而皇城、殿前直相维持，实是周人之遗制。”⑥马端临也谈道：“皇城司亲从官数千人，乃命武臣二员同两都知主之，而殿前复不预，此祖宗处军政深意也。”⑦

---

① 龚延明编著：《宋代官制辞典》，中华书局1997年版，第415页。

② 〔宋〕章如愚：《群书考索》续集卷四四，《文渊阁四库全书》本。

③ 〔元〕脱脱等：《宋史》卷一六六《职官志》，第3932页。

④ 〔宋〕李心传：《建炎以来系年要录》卷一〇，第236页。

⑤ 〔宋〕张方平：《乐全集》卷一八，《文渊阁四库全书》本。

⑥ 〔宋〕林駉：《古今源流至论》续集卷一，《文渊阁四库全书》本。

⑦ 〔元〕马端临：《文献通考》卷五八《干办皇城司》，第1744页。

应当着重强调的是，宋太祖如此安排，显然是汲取了“陈桥兵变”中后周宫廷毫无抵抗能力的历史教训。我们知道，后周迅速覆灭的一个重要因素，就在于皇宫和宫城的保卫都由殿前都虞候统领的殿前诸班负责，也就是控制在殿前军手中。待殿前军的统帅赵匡胤发动兵变后，其“死党”殿前都指挥使石守信、殿前都虞候王审琦闻风响应，一声令下，不仅皇宫和宫城的警卫顷刻倒戈，而且立即“闭关，设守备”①，封锁了皇宫和宫城，切断了可能忠于后周的力量增援皇宫，使皇宫中的后周皇帝、太后，政事堂中的后周宰相、枢密使等重臣，事实上成为殿前军的人质和俘虏，从而挟天子以令诸侯，决定了兵变成功的大局。侍卫亲军副都指挥使韩通虽心有不甘，但他只能是“自内廷惶遽奔归”②，无法控制后周皇帝和大臣以作为号召，其败亡是必然的。宋太祖将皇宫和宫城的保卫从殿前军手中分割出来，组建了一支专门的新军，“虽京师有警，皇城之内已有精兵数万”，目的就是避免重蹈这样的覆辙。

其二，武德司（皇城司）除了保卫皇宫之外，更兼职伺察、探事，“在内中，最为繁剧，祖宗任为耳目之司”③。司马光在《论皇城司巡察亲事官札子》中即清楚地谈道：“臣等窃以祖宗开基之始，人心未安，恐有大奸阴谋无状，所以躬自选择左右亲信之人，使之周流民间，密行伺察。”显然，武德司（皇城司）是宋代的情报特务机关，宋人有时直接称之为“皇城探事司”，其探事卒，“谓之察子”④。

宋太祖朝，“皇城司最重要的职务之一，是不断地在军中进行侦察，预防军中发生阴谋叛乱，使军队经常保持着严格的军纪”⑤，武德司（皇城司）的探事职能，主要是针对殿前和侍卫两军“宿卫诸将”及禁军军政，监视“宿卫诸将”的动向是武德司最主要的职责。如宋神宗曰：“此辈（指皇城司）本令专探军中

① 〔宋〕李焘：《续资治通鉴长编》卷一，第3页。

② 〔宋〕李焘：《续资治通鉴长编》卷一，第4页。

③ 〔清〕徐松辑，刘琳、刁忠民等点校：《宋会要辑稿》职官三四，第3861页。

④ 〔宋〕吴曾：《能改斋漫录》卷二，上海古籍出版社1979年版，第21页。

⑤ ［日］佐伯富：《论宋代的皇城司》，《日本学者研究中国史论著选译》第五卷《五代宋元》，第346页。

事，若军中但事严告捕之法，亦可以防变。”[①]哲宗朝御史中丞刘挚亦曰：“夫皇城司之有探逻也，本欲周知军事之机密，与夫大奸恶之隐匿者”[②]。

这也容易理解，宋太祖是发动禁军兵变上台的，当然要对禁军和禁军将领严加控制，防范“宿卫诸将”中有人如法炮制，而行踪诡秘、令人防不胜防的特务活动无疑是最有分量的利器之一。因此，伺察、特务活动的猖獗，就成为宋太祖朝政治的特点之一，以至于“上既即位，欲阴察群情向背，颇为微行”[③]。当然，以皇帝的身份屈尊微行，既不光彩也不安全，效果也不好，所以宋太祖更多地还是选择亲信心腹，授予他们从事伺察、特务活动的特权。据田况《儒林公议》记载：“太祖尝密遣人于军中伺察外事，赵普极言不可，上曰：‘世宗朝尝如此。’普曰：‘世宗虽如此，岂能察陛下耶？’上默然，遂止。”所谓“遂止”云云，不过是粉饰而已，因为仅凭赵普“世宗虽如此，岂能察陛下耶”这句话，宋太祖无论如何也得不出伺察和特务活动无益于事、应当中止的结论，恰恰相反，只会使宋太祖认为周世宗时的伺察、特务活动进行得还不够，还需进一步加强。事实就是如此，终宋太祖一朝甚至北宋一代，针对着殿前和侍卫两军“宿卫诸将”们的伺察、特务活动从来就没有停止过。

宋太祖时军中的伺察、特务活动，又可以区分为两大类：一类是殿前军史珪、石汉卿、周广等将校，他们可以说是兼职特务；另一类就是武德司的“察子”，他们堪称是专职特务。禁军将士的一举一动，武德司（皇城司）都有权进行监视，随时上报皇帝。如真宗朝“皇城司奏，察访御龙直班院副指挥使吕遇日暮醉归，马逸不能制，百姓石谦为马践伤。又言常时本班将士无故不出，今不能禁”[④]，宋真宗因此对三衙“宿卫诸将”进行了训饬；又如仁宗朝“营卒桑达等醉斗，指斥乘舆，皇城使捕送开封，弃达市”[⑤]。尤其是在仁宗天圣八年以前，皇城司对禁军军政的伺察更是严密，甚至于“诸军班直及诸司库务、坊监”，“每日差入内探及抄札班

① 〔宋〕李焘：《续资治通鉴长编》卷二四〇，第5837页。

② 〔宋〕李焘：《续资治通鉴长编》卷三七五，第9107页。

③ 〔宋〕李焘：《续资治通鉴长编》卷一，第30页。

④ 〔宋〕李焘：《续资治通鉴长编》卷七四，第1693页。

⑤ 〔元〕脱脱等：《宋史》卷三一九《刘敞传》，第10385页。

次姓名”[①]。武德司（皇城司）的这些特务活动，虽然只是涉及禁军中下级军官和士兵，未有直接针对三衙“宿卫诸将”的事例，但对“宿卫诸将”的牵制和震慑是显而易见的。通过武德司（皇城司）大肆地进行伺察、特务活动，宋太祖和北宋的历代皇帝对殿前和侍卫“宿卫诸将”的控制权大为增强。许多宋人笔记曾经称颂宋太祖“采听明远，每边阃之事，纤悉必知”[②]，其实宋太祖能够做到这一点，不过是依靠武德司等伺察、特务机关的通风报信而已。

其三，从宋太祖时开始，武德司（皇城司）即“不隶台察”，不隶属于政府系统，完全秉承皇帝个人的意志行事，不受官僚集团的掣肘，是皇帝纯粹的私人密探和特务机关。《文献通考》卷五八职官十二即曰：“皇城司系专掌禁庭出入，依祖宗法，不隶台察。”因此，早在宋太祖一朝，宦官在武德司当中就发挥着愈来愈重要的作用。开宝九年（976）十月，宋太祖就任命宦官内班小底都知王继恩为武德使，与刘知信一起执掌武德司。除了王继恩以外，据史书记载：“上左右内侍数十人，皆善武艺，伉健，人敌数夫，骑上下山如飞。其慰抚养育，无所不至，然未尝假其威权。泗州槛生虎来献，上令以全羊臂与之，虎得全肉，决裂而食，气甚猛悍，欲观之也。俄口呿不合，视之，有骨横鲠喉中，上目左右，内侍李承训即引手探取，无所伤。常因御五凤楼，有风禽罥东南角楼鸱尾上，上顾左右，曰：‘有能取之否？’一内侍，失其姓名，摄衣，攀屋桷以登缘，历危险，取之以献，观者胆落，盖试其趫捷也。”[③]宋太祖如此重视身边贴身宦官飞檐走壁的训练，令人难免将他们与武德司的伺察、特务活动联系在一起。

宋太祖之后，按照北宋的制度，武德司（皇城司）“以武臣二员并内侍都知二员管之”[④]，但实际上武臣为皇城使者，只是表示资历的官阶，实权完全掌握在入内内侍省都知和副都知的宦官手中。宋太祖借鉴唐末五代宦官专权的历史教训，“国朝惩五季阉宦横肆之弊，不典兵，不预政，子孙守之，永为家法”，“国家所以统属宦官者，盖枢府任其权。夫尊以临卑，则卑有所摄；外以属内，则内无所隐，

---

① 〔清〕徐松辑，刘琳、刁忠民等点校：《宋会要辑稿》职官三四，第3861页。

② 〔宋〕文莹撰，郑世刚等点校：《玉壶清话》卷六，第60页。

③ 〔宋〕江少虞：《宋朝事实类苑》卷一，上海古籍出版社1981年版，第9页。

④ 〔宋〕章如愚：《群书考索》别集卷二一，《文渊阁四库全书》本。

此防微杜渐之深旨，我祖宗其得之"[①]。对宦官可能的干预朝政控制极严，唯独武德司（皇城司）交由皇帝个人选择的亲信宦官主持，这主要还是针对殿前和侍卫两军的"宿卫诸将"的。太祖此举的主旨和预期效果，正如南宋大学者朱熹所说："皇城使有亲兵数千人，今八厢貌士之属是也。以武臣二员并内侍都知二员掌之。本朝只此一项，令宦者掌兵……此项又似制殿前都指挥之兵也。"[②]不过，宦官出掌特务机关武德司，大肆进行伺察、特务活动，从宋太祖开始，其范围就不局限于禁军，宋太祖以后则更是扩大到北宋社会的方方面面，又得以统领亲事官和亲从官的军事力量，还逐步拥有了法外捕人的特权。明代的厂卫制度，其直接的历史渊源就是宋太祖时期的武德司。

原载《郑州大学学报（哲学社会科学版）》2006年第5期

① 〔宋〕林駉：《古今源流至论》续集卷八，《文渊阁四库全书》本。

② 〔宋〕黎靖德编，王星贤点校：《朱子语类》卷一二八《法制》，第3076页。

宋人本朝军政体制论争试探

本朝军政体制论争的活跃，是宋代政治生活当中引人注目的一个现象。“天下事莫重于兵，社稷安危所系。措兵既定，则其他皆粉泽而已”[①]，宋神宗的这段话，可以说是宋人置“措兵”即军政体制建设于头等大事地位的代表性阐释。众所周知，自唐“安史之乱”至北宋开国的二百余年间“多内难”，其政局的频繁动荡是前所未有的，而关键性的症结之一，就在于“兵制不立”，即军政体制的革新与军队征集方式由征兵转募兵、职业军队开始出现的变化相脱节。具体地说，中唐以降的问题是“方镇太重”，即中央少兵，地方藩镇反而甲兵雄盛，尾大自然难掉；五代的问题则是“君弱臣强”，即中央禁军虽然兵力强大，其指挥权却频频被大将所窃取，“将帅权倾皆易姓”，“卖主求荣”的改朝换代闹剧多次上演，军队由政权的基石竟异化为政权的“腹心之患”。宋太祖本人之所以能够“黄袍加身”，其在后周禁军统帅位置“掌军政凡六年”，“士卒服其恩威”[②]，逐步掌控了后周的兵权，无疑是最为关键的因素。也正因为如此，赵宋开国伊始，宋太祖就在“杯酒释兵权”进行必要人事调整的同时，更着重从制度上确立了强干弱枝、将从

① 〔宋〕李焘：《续资治通鉴长编》卷三二七，第7883页。

② 〔宋〕李焘：《续资治通鉴长编》卷一，第1页。

中御和以文制武三大军政体制原则，削弱地方方镇和控御中央禁军两方面双管齐下，从而建立起了古代历史上最早的成熟职业军队的管理体制。“方镇太重”“君弱臣强”等“兵制不立”的局面得以终结，兵权由皇帝牢牢掌握得以实现，“二百年来军中不变乱”，“百年无内乱”。

正如南宋学者吕中所说：“汉唐多内难而无外患，本朝无内患而有外忧者。”[①]矫枉不能过正，然矫枉往往就会出现过正的问题。宋太祖确立的军政体制，本来就是“事为之防，曲为之制”，“以防弊之政，作立国之法”，存在着过度压制和束缚武将，“权任轻而法制密”，以致武将“不能自奋于一战”[②]的痼疾。宋太宗等其后继者，不仅未能对其进行完善、调整，反而将其视为神圣不可侵犯的“祖宗家法”推向极致，就难免自食“多外患”，对外频频战败的恶果。至于在强敌压境、风雨飘摇的南宋，宋高宗赵构等仍侈谈“祖宗之法，万世不可改易”[③]，不惜以自诛良将的代价来坚持传统体制，自然更难逃后人诟病。作为历史当事者的宋人，有识之士对此已经多有论争、批评和改革的倡议，但出于对武将的成见，防范武将的思路始终是有宋一代政治生活的基本语境和主流话语之一，遂导致多数改革倡议或流于空谈，或收效寥寥。宋对外“积弱”的被动格局也始终难以改变。

一

“宋所忌者，宣力之武臣耳。”这是王夫之在《宋论》卷二中的著名论断。聂崇岐、邓广铭、漆侠、王曾瑜等宋史大家也都指出，宋代军政体制是建立在不信任和防范武将的基础上的。如宋太祖不仅规定军中不得结“义社”、将帅不得招募亲兵，而且还曾以“畜部曲百余人，恣作威福”和“私取亲兵为腹心”等捏造的罪名将殿前都虞候张琼“赐死”，并欲诛杀殿前都指挥使韩重赟。他的“杯酒释兵权”，形式上尽管是极为和缓，没有其他朝代屠戮开国元勋的刀光剑影，但其骨子里仍然不外乎是一个“防”字，即猜忌和防范众将重步“黄袍加身”的后尘。而且，宋太祖于战事方殷的开国伊始，仍断然“夺武臣之权”，其好尚、旨趣一望可

① 〔宋〕吕中：《宋大事记讲义》卷一《国势论》，《文渊阁四库全书》本。

② 〔宋〕叶适撰，刘公纯等点校：《叶适集·水心别集》卷一四《纪纲二》，第813页。

③ 〔宋〕李心传：《建炎以来系年要录》卷七七，第1261页。

知。有宋防范武将的“一代之规樵”，也由此确立。宋太宗更是如此，他曾经公开宣布：“国家若无外忧，必有内患。外忧不过边事，皆可预防。惟奸邪无状，若为内患，深可惧也。帝王用心，常须谨此。”①而他所谓的“奸邪”，矛头主要就是指向武将的。名将郭进、杨业的死，都是与宋太宗的这一思路有关的。②宋太宗之后，还陆续出台了武将不得彼此联姻（本部），不得“出谒及见宾客”，不得“交通内臣”，不得与宰相“交一语”等诸多歧视性的禁令。终宋之世，诚如宋高宗所说：“前此朝士，若乘马驰骋，必以为失体。才置良弓利剑，便谓谋叛。”③此风愈来愈烈，而且战功愈大，军中威信愈高，就愈容易遭到猜忌。流风所及，武将的参政权首先被剥夺了，武将基本被排除在国家军政大事之外。宋太宗曾表示：“自梁、晋已降，昏君弱主，失控驭之方，朝廷小有机宜，裨将列校，皆得预御坐而参议，其姑息武臣乃如此。朕君临四海，以至公御下，不唯此辈，假使李广复生，亦无姑息之理也。”④仁宗朝群臣蜂起反对任命狄青为枢密副使，理由之一就是以武将任执政，是“不守祖宗之成规，而自比五季衰乱之政”⑤。不仅如此，古人云“宋无良将”，其实并不是宋代真正缺乏优秀军事人才，而是统治者出于防范武将的考虑，“今命将帅，必先疑贰，非近幸不信，非姻旧不委”⑥。在选将、用将之道上，一直是以才庸无谋、忠实易制为原则，“所命将帅，率多攀附旧臣、亲姻贵胄”⑦。凡是不属于这两个“小圈子”的武将，即便是战功再大、才能再高，一般情况下也很难得到重用。这种防范武将的心态在军政体制上的具体表现，就是强干弱枝、

---

① 〔宋〕李焘：《续资治通鉴长编》卷三二，第719页。

② 以下各书在宋代军事史研究领域多有创获，如聂崇岐：《论宋太祖收兵权》，《宋史丛考》，中华书局1980年版；邓广铭：《北宋的募兵制度及其与当时积弱积贫和农业生产的关系》，《邓广铭治史丛稿》，北京大学出版社1997年版；漆侠：《宋太宗与守内虚外》，《探知集》，河北大学出版社1999年版；王曾瑜：《宋朝兵制初探》，中华书局1983年版；何冠环：《北宋武将研究》，香港中华书局2008年版；曾瑞龙：《拓边西北：北宋中后期对夏战争研究》，香港中华书局2006年版；曾瑞龙：《经略幽燕——宋辽战争军事灾难的战略分析》，香港中文大学出版社2003年版；陈锋：《北宋武将群体与相关问题研究》，中华书局2004年版。

③ 〔宋〕俞文豹：《吹剑录外集》，《文渊阁四库全书》本。

④ 〔宋〕李焘：《续资治通鉴长编》卷三七，第815页。

⑤ 〔宋〕李焘：《续资治通鉴长编》卷一七二，第4153页。

⑥ 〔宋〕李焘：《续资治通鉴长编》卷一三八，第3317页。

⑦ 〔宋〕李焘：《续资治通鉴长编》卷一三八，第3316页。

将从中御和以文制武三大原则。

“强干弱枝”，指的是在都城开封始终驻有十余万最精锐的禁军以震慑地方，同时把地方节度使的兵权彻底收归中央，从制度上铲除藩镇割据的根源。其具体措施有三：一是“稍夺其权”，即收夺节度使的行政权，州县政事皆由中央委派的知州、通判、知县负责；二是“制其钱谷”，即剥夺节度使把持地方财政的权力，规定“凡金帛以助军实，悉送都下，无得占留。……所在场院，间遣京朝官廷臣监临”[①]，后又设诸路转运使，专门分管地方财政；三是“收其精兵”，即把地方节度使部队中的精兵猛将全部抽调中央，编入禁军，其余老弱则统一改编为主要承担劳役的“厢军”，不再具有军事职能。无论禁军、厢军，统归中央直辖。地方防御由中央派遣禁军负责，为防止中央驻军转化为新的地方势力，又制定了驻军三年必须轮换的“更戍法”。统兵将领同样是经常轮换，以求达到“将不识兵，兵不识将”的效果。由此一来，正如朱熹所言：“本朝鉴五代藩镇之弊，遂尽夺藩镇之权，兵也收了，财也收了，赏罚刑政一切收了。”[②]节度使在宋代完全演变成了虚衔，往往只领俸禄而不令赴任，藩镇割据的局面一去不复返。

“将从中御”，指的是无论平时还是战时，禁军各级将领皆由皇帝居中驾驭，军队最高指挥权由皇帝直接掌控，以防止个别将领权力膨胀。表现在平时，就是禁军各级将领的任免权都绝对归皇帝个人，所谓“当今兵柄尽出陛下掌握，至于一命之士，皆由旨授”[③]。禁军的日常管理虽由殿前司、侍卫马军司和侍卫步军司“三衙”负责，但兵符、令箭交由枢密院掌管，发兵则“必需天子之命”。而且，三衙不再设置殿前都、副点检，侍卫亲军都、副指挥使等位高权重的主帅职位，互不统属，都分别直接听命于皇帝。每衙当中，都、副指挥使的职位亦不轻授，代以地位更低的都虞候、四厢都指挥使等以“管勾本司事”的名目充当各衙长官。而且，北宋还有意识地提高在京禁军军都指挥使、都虞候等中级军官的地位，军都指挥使往往亦可位至刺史、团练使，使他们与三衙长官的地位差距不致太大，以收到其与三衙长官彼此相制的效果。此外，自北宋开国

---

① 〔宋〕李焘：《续资治通鉴长编》卷六，第152页。

② 〔宋〕黎靖德编，王星贤点校：《朱子语类》卷一二八，第3070页。

③ 〔宋〕李焘：《续资治通鉴长编》卷六七，第1506页。

以来，皇帝越过三衙，亲自干预军政就一直是一个传统。这样做的目的，就是使“天下兵柄，外不在藩镇，内不在强官，不委宦臣，不倚近戚，利权重器，在天子拱把之中”[1]，唯有皇帝才是军队的最高主宰者。表现在战时，就是前线不再设统领全军的主帅，各分部虽设都部署（后为总管）之职作为主将，但同时亦并置地位约略相当的钤辖、都监为副将。按照宋代制度，主将不但没有处置副将之权，而且每事都要诸将共议，共同签署，以收互相牵制之效。至于军队的调动、部署等关键性的决策，都要不远千里向皇帝本人请示汇报，由皇帝下诏决断。为此，还专门在军中设置了多由宦官担任的监军、走马承受数职，由他们负责传达皇帝的旨意和监视将帅的动向。从宋太宗朝开始，皇帝还通过颁发“阵图”的方式，剥夺了将帅们的临机指挥权。如此种种，就像宋神宗所说：“祖宗时，从中御将帅，盖以五代时士卒或外附而叛，故惩其事而从中御。”[2]目的都是防范将帅借战事之机发动叛乱。

“以文制武”，指的是利用文、武矛盾，重用文臣，贬低武将的地位，通过以文臣主兵来分割武将的兵权。自唐中期以降，文、武两大群体之间始终存在着激烈的矛盾，直至宋代，双方仍然势成水火，“文、武二途若冰炭之不合”[3]，互相谩骂、排斥、斗争屡见不鲜。如仁宗朝文臣们“谓武臣多鄙”，骂他们是“凡庸奴隶之材”“赤老”，武将对此则多心怀不满，“大凡武臣尝疑朝廷偏厚文臣，假有二人相争，实是武人理曲，然终亦不服，但谓执政尽是文臣，递相党助，轻沮武人”[4]，成见之深可见一斑。文臣武将双方矛盾的存在，为刻意防范武将的宋代最高统治者提供了以文制武的方便条件。在他们看来，文臣不但与军队关系疏远，不具备发动兵变的能力，而且深受儒家忠君思想的熏陶，“识君臣父子之道，知忠孝弟顺之理，与夫不知书者（指武将），固亦异矣”[5]，无疑是协助皇帝控御武将的合适人选。因此，宋太祖在开国之初即“首用文吏而夺武臣之权”[6]，并反复强调

① 〔宋〕李清臣：《议兵策》，《全宋文》卷一七一四，第390页。

② 〔宋〕李焘：《续资治通鉴长编》卷二三七，第5775页。

③ 〔宋〕李心传：《建炎以来系年要录》卷四二，第773页。

④ 〔宋〕李焘：《续资治通鉴长编》卷一四八，第3590页。

⑤ 〔宋〕李焘：《续资治通鉴长编》卷四五，第978页。

⑥ 〔元〕脱脱等：《宋史》卷四三九《文苑传》，第12997页。

“宰相须用读书人”[①]，“今之武臣欲尽令读书，贵知为治之道”[②]。在这之后的宋代政治架构，更是呈现出皇帝“与士大夫治天下”[③]及“事业付之书生”[④]的强烈特点，不仅国家决策权交由文臣负责，即便是在军事领域，也放手重用不谙军事的文臣，让他们去掌握军队的实权，把武将贬低为听命于文臣的走卒地位。如当时人就曾经谈道：“夫诸将者，听命于朝廷而为之使者也”，“祖宗时，武臣莫尊三衙，见大臣必执梃趋庭，肃揖而退，非文具也，以为等威不如是之严，不足以相制”[⑤]。

“以文制武”表现在制度上，其主要措施有以下两项。一是在中央设立枢密院—三衙统兵体制，明确规定：枢密院掌管军政、军令，下设兵、吏、户、礼四房，元丰后增至兵、吏、礼、刑、工、北面、河西、支差、在京、教阅、广西、兵籍、民兵、知杂、支马、小吏、时政记等十余房，分掌军政：“掌军国机务、兵防、边备、戎马之政令，出纳密命，以佐邦治。凡侍卫诸班直、内外禁兵招募、阅试、迁补、屯戍、赏罚之事，皆掌之。”[⑥]这是协助皇帝处理全国军政大事的决策机构，其长官枢密使、枢密副使等，通常由文臣担任。三衙则仅仅负责军队的日常训练、管理工作，是枢密院之下的执行机构。举凡军校的选任、升迁、军人狱讼、禁军训练等相关政策、法规，皆由枢密院负责制定，然后才交由三衙具体实施执行。对三衙的执行情况，枢密院也有权加以复核和纠正。担任三衙长官的武将人选，也须由枢密院的文臣提名。二是在前线战区建立“帅臣”制度，即在发生战事或驻有禁军的地区例设由高级文臣出任的经略安抚使，并例兼马步军都总管，统领辖区内所有驻军，是谓“帅臣”或“大帅”。反过来，在前线的武将却不能担任“大帅”，一般只能是担任副总管，归文官出任的“帅臣”节制。

显而易见，宋代的军政体制，无论是强干弱枝，还是将从中御和以文制武，

---

① 〔宋〕李焘：《续资治通鉴长编》卷七，第171页；邓小南：《祖宗之法：北宋前期政治述略》，生活·读书·新知三联书店2006年版，第157～165页。

② 〔宋〕李焘：《续资治通鉴长编》卷三，第62页。

③ 〔宋〕李焘：《续资治通鉴长编》卷二二一，第5370页；邓小南：《祖宗之法：北宋前期政治述略》，第408～421页。

④ 〔宋〕陈傅良：《止斋集》卷三〇《乾道壬辰进士赐第谢太上皇帝表》，《文渊阁四库全书》本。

⑤ 〔宋〕汪藻：《浮溪集》卷一《行在越州条具时政》，《文渊阁四库全书》本。

⑥ 〔元〕脱脱等：《宋史》卷一六二《职官志二》，第3797页。

都是以防范武将和兵变重演为主旨的。在这一方面，这套制度确实发挥了相当积极的作用，如范祖禹有云："藩方守臣，统制列城，付以数千里之地，十万之师，单车之使，尺纸之诏，朝召而夕至，则为匹夫。"[①]但是，这些成就的取得，在很大程度上是以牺牲军队的战斗力为代价换来的。如强干弱枝，削弱了地方的守备能力，只能是"守内虚外"；而将从中御和以文制武，在当时的军事文明水平之下，更是束缚了将帅们的手脚，使军队失去了赖以克敌制胜的机动权[②]。问题的焦点，显然在于如何把握和确立恰当的平衡度——在由中央、皇帝掌控兵权的前提下，实现将帅拥有必要的自主权，尤其是作战必需的战场指挥权。围绕着这些问题，宋代朝野上下见解纷纭，特别是在太宗、真宗朝对辽战争，仁宗朝对夏战争，神宗朝王安石变法积极开边，以及宋金战争等用兵频繁的时期，论争更为活跃。

二

宋太宗、真宗时期对辽战争的失败，使宋代军政体制的弊病第一次全面暴露出来。在战争的初期，双方国力、军力的对比本来对宋方还是略为有利的，宋太宗等君臣对战争的胜利更普遍持较高的乐观态度，遂发动了两次以收复幽州为目标的大规模北伐。但战争的结局大出宋人意料，高梁河、岐沟关、陈家谷、君子馆等数次双方主力决战，无一例外都以宋军惨败而告结束，前后丧师不下二十余万，连宋太宗本人都身负重伤。辽国铁骑还乘机反攻，兵锋逼近黄河岸边，直接威胁宋都开封。直至宋真宗亲临澶渊督战，"孤注一掷"，方勉强争取到了一个以岁币购买和平的屈辱的城下之盟。在总结战争失利教训的时候，当时许多臣僚认识到了军政体制所存在问题的严重性，并初步提出了改革的建议。像田锡即以名将杨业的战死为例，批评了不许武将招置亲兵卫队等防范武将过甚的做法，指出："又闻近侯伯亦有厅直三五十人，习骑射为心腹，每出入阵敌，得以厅直随身翼

① 〔宋〕范祖禹：《范太史集》卷二二《转对条上四事状》，《文渊阁四库全书》本。

② 陈登原《国史旧闻》对此评论说："北宋武力，所以不振，原因甚多：命出多门，权非一贯，一也；以文驭武，似狗捕鼠，二也；用将不专，兵与将离，三也；方面之官，各有处分，四也。而溯其历史渊源，则总由于重文轻武，疑忌武人。"参见陈登原：《国史旧闻》（第二分册），中华书局2000年版，第275页。

卫主帅，后来不敢养置。昨来杨业陷阵，访闻亦是无自己腹心从人护助捍御，以致为敌之所获。”[①]王禹偁则在宋代历史上较早对“以文制武”发表了异议，他认为：在当时的战争环境下，应该“抑儒臣而激武臣”，“望减儒冠之赐，以均战士之恩”[②]。

其中，尤其是“将从中御”最为时人诟病。如少数前线主持作战的将帅，在战争实践当中就已经抵制了宋太宗的“将从中御”，典型的战例是辽、宋满城之战。战前，宋太宗先以阵图授诸将，“俾分为八阵”，但赵延进、李继隆等将领依据辽军大至的实际情况，抵制了这一分散兵力的错误做法，他们两人还公开表示：“违令而获利，不犹愈于辱国乎”，“兵贵适变，安可以预料为定”[③]。还有一次是唐河之战，当时“契丹大至唐河北，将入寇”，诸将机械地执行宋太宗事先颁发的“坚壁清野勿与战”的诏书，前线将领袁继忠分析了敌我形势之后，指出这一做法是不可取的消极畏敌，力主违诏出战，而宦官中黄门林延寿等五人“犹执诏书止之”，都部署李继隆再次拍板：“阃外之事，将帅得专焉。”[④]具有讽刺意义的是，正是这两次前线将帅敢于违背宋太宗“将从中御”的战役，才取得了宋辽战争中宋方少有的两次胜利。河阳三城节度使王显也反对用监军来牵制将帅，他曾当面向宋真宗提出：“临敌之际，事当责成，监军宠臣，不须多任，十羊九牧，古人所讥。”[⑤]至于文臣，更是言者纷纷，如左正言、直史馆孙何就谈到，如果不信任武将的话，就不妨使用文臣统兵，但无论如何应做到用将必专。他说：“爰自近代，又有供军粮料，随军转运之目。使者往返，托称上旨，动必中覆，实戾成算。陛下于文儒之中，择有方略之士，试以边任委之，勿使小人挠其权，阃外制置一以付之，境内租税、榷利一以与之，监阵先锋之类悉任偏将，受其节度。”[⑥]直史馆王禹偁也在奏议中指出“兵势患在不合，将臣患在无权”，是宋军连吃败仗的重要原因。户部郎中张洎更是就宋、辽涿州之战，具体分析了“将从中御”、主将职

---

① 〔宋〕田锡：《咸平集》卷一《上太宗答诏论边事》，《文渊阁四库全书》本。

② 〔宋〕李焘：《续资治通鉴长编》卷三〇，第673页。

③ 〔宋〕李焘：《续资治通鉴长编》卷二〇，第463页。

④ 〔宋〕李焘：《续资治通鉴长编》卷二九，第658页。

⑤ 〔宋〕李焘：《续资治通鉴长编》卷五五，第1229页。

⑥ 〔宋〕李焘：《续资治通鉴长编》卷四二，第881页。

权不明的危害性。他说："臣顷闻涿州之战，元戎不知将校之能否，将校不知三军之勇怯，各不相管辖，以谦谨自任，未闻赏一效用，戮一叛命者。……军政如此，孰救败亡！"并强烈要求"将不中御"："臣请陛下申命元帅，自裨将以降有违犯命令者，并以军法从事。"[①]

更多的人则是对宋太宗以"阵图"限制前线将帅战术指挥权的做法提出了批评，要求不再颁发阵图。如名臣知制诰田锡谈道："今之御戎，无先于选将帅，既得将帅，请委任责成，不必降以阵图，不须授之方略，自然因机设变，观衅制宜，无不成功，无不破敌矣。……况今委任将帅，而每事欲从中降诏，授以方略，或赐以阵图，依从则有未合宜，专断则是违上旨，以此制胜，未见其长。"[②]京西转运副使朱台符的意见在这方面更具有代表性，他说："国家养兵百万，士马精强，器甲坚利，可谓无敌于天下矣。然自拒马失律以还，夏廷逆命之后，军声不振，庙胜无闻，一纪于兹，蒙耻未雪。何者？将帅弗用命而委任不专也……近代动相牵制，不许便宜，兵以奇胜而节制以阵图，事惟变适而指踪以宣命，勇敢无所奋，知谋无所施，是以动而奔北也。"[③]

上述批评意见，各自从不同的角度针砭时弊，总结了宋军惨败的教训，无疑都是很有价值的。但是，宋太宗采取的是诿过于人的态度，屡屡以"将帅等不遵成算"为名来推卸战争失利的责任。对"阵图"这一"将从中御"的法宝，更是舍不得轻易放弃。他曾就王超伐夏取得小胜的机会，骂对此提出批评的臣子是"小人"，自欺欺人地对傅潜等禁军大将表示："此行合战与还师之期，悉如所料，但诸将不能尽依方略，致此贼越逸。……布阵乃兵家大法，非常情所究，小人有轻议者，甚非所宜。朕自为阵图与王超，令勿妄示人。超回日，汝可取图观之。"[④]宋真宗也袭其父之故智，仍然坚持给诸将发放阵图。有一次真宗"内出阵图示辅臣"，宰相李沆等还借机投其所好："战阵之事，古今所难。契丹侵边，自非陛下制胜于内，诸将各禀庙算，分御边要，实恐未易驱攘。"[⑤]其实，姑且无论

① 〔宋〕李焘：《续资治通鉴长编》卷三〇，第668～669页。

② 〔宋〕李焘：《续资治通鉴长编》卷三〇，第675页。

③ 〔宋〕李焘：《续资治通鉴长编》卷四四，第937页。

④ 〔宋〕李焘：《续资治通鉴长编》卷四〇，第852页。

⑤ 〔宋〕李焘：《续资治通鉴长编》卷五四，第1196页。

太宗、真宗皆为军事上的外行，根本不具备“运筹帷幄之中”，以“庙算”制胜的能力，用阵图来千里遥控指挥等做法本身就违背作战常识，若真能如太宗君臣所言，带来“决胜于千里之外”的战果，那才真正是咄咄怪事！

宋太宗、真宗父子如此文过饰非，拒绝对军政体制进行必要的改革，对武将的防范心理显然是最为关键的因素。宋太宗尝与宰相吕蒙正等人对话：“上尝与近臣论将帅，因言：‘前代武臣，难为防制，苟欲移徙，必先发兵备御，然后降诏。若恩泽姑息，稍似未遍，则四方藩镇，如群犬交吠。周世宗时，安审琦自襄阳来朝，喜不自胜，亲幸其第。今且无此事也。’吕蒙正曰：‘上之制下，如臂使指，乃为合宜。倘尾大不掉，何由致理？’上曰：‘今之牧伯，至于士卒，尽识朕意，苟稍闻愆负，固无矜恕之理，所以人人各务检身也。’”太宗在回答臣僚“望国家精择将帅，以有威名者护塞”的建议时也云：“至于选用将帅，亦须深体今之机宜。如韩、彭虽古名将，若以彼时之见，便欲制今之敌，亦恐不能成功名。今纵得其人，未可便如往时，委之能成功业。此乃机事，卿所未悉。”[①]以上所引皆说明“防制武臣”，使武将做到“人人各务检身”，始终是太宗念兹在兹的头等“机事”“机宜”和“朕意”。王夫之《宋论》卷二对太宗伐辽失败有一段极为中肯的评论：“夫宋岂无果毅跅弛之材，大可分阃而小堪奋击者乎？疑忌深而士不敢以才自见，恂恂秩秩，苟免弹射之风气已成，舍此一二宿将而固无人矣。岐沟一蹶，终宋不振。吾未知其教之与否，藉其教之，亦士戏于伍，将戏于幕，主戏于国，相率以嬉而已。呜呼！斯其所以为弱宋也欤！”王氏此语更堪称是一语破的。

三

宋、夏大战爆发于宋仁宗宝元、庆历年间。与雄踞北方的“大辽”不同，西夏土地、兵力皆仅相当于宋陕西一路，被宋人蔑称为“小羌”“小丑”。然而，就是面临如此对手，主要由于军政体制种种弊病的干扰，宋朝凭借国力全盛的有利条件，竭尽全力，出动军队不下五十余万，任用了范仲淹等公认的一流人才，却

① 〔宋〕李焘：《续资治通鉴长编》卷三二，第710、714页。

“大小凡经十余战，而每战必败，官军沮丧，望风畏怯”[①]。像三川口、好水川和定川寨三次主力会战，皆以宋方全军覆没而告终，并且“一战不及一战”[②]。最后，北宋不得不接受了“岁赐”西夏绢十五万匹、银七万两、茶叶三万斤等苛刻的和议条件，换来的是一文不值的所谓西夏向宋“称臣”。相比宋、辽战争，此次宋、夏战争的惨败，更大地震动了北宋朝野，也促使对军政体制的反思进入了一个新高潮。

范仲淹、韩琦、庞籍等北宋名臣，是当时北宋抵御西夏战事的主要主持者，田况、尹洙、刘平、张亢等人则或是帅府之中的谋主，或是亲临前线的将领，他们在战争的实践当中，对军政体制所暴露出来的问题，自然有着更为直观的认识和痛切的体会。如韩琦在抵达前线不久，即就监军黄德和的逃跑导致三川口一役的失利，向朝廷上书：“所在将帅，例复失和，妒能害功，动至矛盾。东兵骄而好走，内臣战则失利。此方今之大弊也。”[③]紧接着，他又批评了由“更戍法”所造成的“兵不识将，将不识兵”，认为：“缘边部署、钤辖下指挥使臣，每御敌，皆临时分领兵马，而不经训练服习，将未知士之勇怯，士未知将之威惠，以是数至败衄。”[④]

范仲淹则更在实践中着手纠正这一痼疾，“先是，诏分边兵，部署领万人，钤辖领五千人，都监领三千人。有寇则官卑者先出。仲淹曰：‘不量贼众而出战，以官为先后，取败之道也。’为分州兵为六将，将三千人，分部教之，量贼众寡使更出御贼，贼不敢犯，既而诸路皆取法焉”[⑤]。王安石变法时期的“将兵法”就是从范仲淹这里发展而来的。此外，他还在给仁宗的上书中谈道：“然则汉、唐之时，能拓疆万里者，盖当时授任与今不同，既委之以兵，又与之税赋，而不求速效。故养猛士、延谋客，日练月计，以待其隙，进不俟朝廷之命，退不关有司之责，观变乘胜，如李牧之守边，可谓善破虏矣。”[⑥]这里无论是对汉、唐军政制度

① 〔宋〕李焘：《续资治通鉴长编》卷一五三，第3730页。

② 〔宋〕田况：《儒林公议》，《文渊阁四库全书》本。

③ 〔宋〕李焘：《续资治通鉴长编》卷一二六，第2996页。

④ 〔宋〕李焘：《续资治通鉴长编》卷一二八，第3032页。

⑤ 〔宋〕李焘：《续资治通鉴长编》卷一二八，第3036页。

⑥ 〔宋〕范仲淹：《上仁宗乞严边城实关内》，《宋朝诸臣奏议》卷一三二，第1457页。

的肯定，还是对“进不俟朝廷之命，退不关有司之责，观变乘胜”的推崇，显而易见都是委婉地对“将从中御”表示了不同意见。在从陕西前线给首相吕夷简的一封长信当中，范仲淹则全面讨论了“以文制武”的弊端，建议把“文武参用”真正落到实处，其《上吕相公书》有云：“五代衰乱，专上武力，诸侯握兵，外重内轻，血肉生灵，王室如缀，此武之弊也。皇朝罢节侯，署文吏，以大救其弊，立太平之基。既而四夷咸宾，忘战日久，内外武帅，无复以方略为言。惟文法钱谷之吏，驰骋于郡国，以克民进身为事业，不复有四方之志。一旦戎狄叛常，爰及征讨，朝廷渴用将帅，大患乏人，此文之弊也”，“如鄜延、环庆二帅，一路以文，一路以武。泾原、秦凤二帅亦如之。使诸将帅高者得色，下者增气，如寡策略，则择俊乂为之参佐。仍使鄜延、环庆二路如旧通其军政，泾原、秦凤亦如旧制，则谋可相济，兵可相援矣。……既文武参用，二路兼资，均其事任，同其休戚，足以息今日之谤议，平他时之骄怨，使文武之道协和为一，何忧乎边患矣”。

庞籍虽然没有像韩、范那样诉诸文字，但他对当时的军政体制也多有微词，因此在他担任宰相之时，就不顾“以文制武”“将从中御”的传统，力主起用狄青为平定广南的主帅，而不再用文臣进行牵制，史载：“右正言韩绛言狄青武人，不可独任，帝以问庞籍，籍曰：‘青起行伍，若用文臣副之，必为所制，而号令不专，不如不遣。’乃诏广南将佐皆禀青节制。”[①]

如果说范仲淹等人作为重臣，在谈及本朝兵制之弊时往往有所顾忌的话，田况、尹洙等当时幕府中的谋士无疑是措辞更为激烈。如田况在好水川大败后即上《上仁宗兵策十四事》的长篇奏章，从十四个角度分析了宋军失利的教训。其中，他认为此次战败与军政体制直接相关的问题有三：一是“以文制武”，以文臣为大帅，而“以儒臣委西路，不能身当行阵为士卒先”；二是将权不专，“用兵之法，当先有部分。部分进退，权于大将，旗鼓常在中军。自西陲用兵，每战必败。好水川之战，任福实为大将，而不能指麾统制以为己任。……如葛怀敏为鄜延部署，张亢为钤辖，当以偏裨之礼奔走麾下……乃平牒往来，动皆钧礼”，“古者命将出师，阃外之事无不专制，财粮用度，岂有异司！今主兵、主财者，皆力敌权均，纷然相制，岂国家任人责功之大体邪”；三是“将不识兵，兵不识将”，“昨任福

---

① 〔宋〕李焘：《续资治通鉴长编》卷一七三，第4175～4176页。

在庆州，蕃汉各已信服，士卒亦已谙练，一旦骤移泾原，值贼至，麾下队兵逐急差拨，诸军将校都不识面，势不得不陷覆。今请诸路将佐，非大故毋得轻换易”[①]。

尹洙是范仲淹的密友，“自元昊不庭，洙未尝不在兵间，故于西事尤练习。其为兵制之说，述战守胜败，尽当时利害”[②]。他对宋军政的弊病阐述得尤其深刻。在他看来，北宋完全有条件战胜西夏，但必须首先对军政体制进行大的改革：“今之军政，非大更置之，莫能成功。”而当时军政体制的最大问题，就在于“以吏事制戎事”，即单纯防范武将专权，却忽视了“戎事尚一”，军事领域必须统一指挥的固有特点，“古者大将出师，其下皆偏裨部曲，莫不禀命于大将者也。今诸路都监而上，皆与大将均其所统，虽名器至异，然皆署事而同议，非古制也。不独非古，只以国朝殿前、侍卫司军制言之，亦异矣。今殿前、侍卫都虞候乃都指挥使之贰，较其名品不甚相远。至于署事，皆不得预，岂非戎事尚一，其下止当禀命耶？今则不然，凡临事机得联署者，皆得预议，议一而后可行”[③]。他再三呼吁，应改变“虽委大柄，不无疑贰，复命贵臣监督，进退皆由中御，失于应变”的传统做法，使“将得专制”。[④]

刘平和张亢是当时较有见识的两位武将。刘平在战事之初，曾上书仁宗，提出西夏问题的激化，在很大程度上与太宗忽略当地的客观条件，机械地执行宋太祖“强干弱枝”的政策有关。他说：“太祖廓清天下，谓唐末诸侯跋扈难制，削其兵柄，收其赋入。自节度使以下，第其俸禄。或四方有急，则领王师行讨。事已，兵归宿卫，将还本镇。虽为长策，然当时大臣不能远计，亦以朔方李彝兴、灵武冯继业移于内地。自此灵、夏渐敝，中国命将出守，发兵出屯，千里就粮，远近骚扰，十年之中，兵民交困。”[⑤]刘平还建议放手使用当地豪强守卫边郡。张亢则和尹洙等人的见解约略相同，也极力抨击大将的“号令不明”。他反复谈道：“臣窃谓王师每出不利，岂非节制不立，号令不明”，“主将不一”[⑥]，“诸路部署、钤

① 〔宋〕田况：《上仁宗兵策十四事》，《宋朝诸臣奏议》卷一三二，第1467～1470页。

② 〔元〕脱脱等：《宋史》卷二九五《尹洙传》，第9838页。

③ 〔宋〕尹洙：《河南集》卷六《上吕相公书》，《文渊阁四库全书》本。

④ 〔元〕脱脱等：《宋史》卷二九五《尹洙传》，第9832页。

⑤ 〔宋〕刘平：《上仁宗乞选用酋豪各守边郡》，《宋朝诸臣奏议》卷一三二，第1455页。

⑥ 〔宋〕李焘：《续资治通鉴长编》卷一三二，第3146～3147页。

辖、都监……今每路多至十四五员，少亦不减十员，皆兼路分事，权均势敌，不相统制，凡有议论，互执不同"[①]。他还讽刺了当时名义上虽任命了夏竦、陈执中等重臣统筹陕西战事，但也只是“但主文书、守诏令。每有宣命，则翻录行下，如诸处申禀，则令候朝廷指挥”[②]，摆摆样子罢了。

除前线众人之外，台谏官对军政体制的争议也很值得重视。台谏，宋人视为“天子耳目之臣”，例由皇帝亲擢，又得“风闻言事”，故自宋仁宗朝以来，台谏官成为宋代政治生活中特别活跃的一个群体。对军政体制在宋、夏战争中暴露出来的问题，他们也是踊跃地发表意见。如知谏院富弼在战事之初就反对猜疑将帅及用宦官监军，他认为：“唐代之衰，始疑将帅，遂以内臣监军，取败非一。”[③]而殿中侍御史文彦博则较早触及了“将不专权”的问题，他说：“统帅之重，乃不能诛一小校，则军中之令，可谓隳矣。……国朝著令，禁军将校之有过而从中覆，当施之于平居无事之时。今防边用兵逾数十万，将不专权，军不峻法，何以御之哉！”[④]谏官蔡襄、鱼周询也都先后触及了这一问题，如鱼周询认为战事失利的教训当中，“惟责任不专，用人猜疑为大也”，并强烈要求用将当“假以威权……阃外之事，俾得专之，无以谤谗轻有迁徙，使其足以取重，则安有不称职之忧乎？”[⑤]蔡襄也曾多次上奏说：“今之都部署及（乃）统帅之名，其钤辖、路分都监、都同巡检等，并是佐属裨校，各以宾礼相接。主帅等威既不尊异，向下官属更无节级相辖之理。及至出军，首尾不能相救，号令不能相通，所以多败也。所谓将谋不专者，朝廷每有指挥事件，多下逐路，并令钤辖、都监、都同巡检等司共从长商量。大凡兵事，惟大将得以专之，秘计深谋，岂容众议！乃令僚佐参论短长，至有各出意见，互相诋毁，谋无所主，事无不漏，所以多败也。”[⑥]除此之外，蔡襄还对“以文制武”和“将从中御”发表了不同的意见。对前者，他认为以文臣统兵，其实是舍其长而用其短，他说：“今世用人，大率以文词进。大

---

① 〔宋〕李焘：《续资治通鉴长编》卷一二八，第3025页。

② 〔宋〕李焘：《续资治通鉴长编》卷一三二，第3148页。

③ 〔宋〕李焘：《续资治通鉴长编》卷一二六，第2972页。

④ 〔宋〕李焘：《续资治通鉴长编》卷一二六，第2993页。

⑤ 〔宋〕李焘：《续资治通鉴长编》卷一六三，第3932～3933页。

⑥ 〔宋〕蔡襄撰，吴以宁点校：《蔡襄集》卷二三《请改军法疏》，第403页。

臣，文士也；近侍之臣，文士也；钱谷之司，文士也；边防大帅，文士也；天下转运使，文士也；知州郡，文士也。虽有武臣，盖仅有也。故于文士，观其所长……使其所能，则不能者止，其术莫善于还。词令之职还于文士，讲说之职还于儒学，典礼之职还于博士，兵戎之职还于武士。”[①]对后者，蔡襄更是深恶痛绝，指出：“边臣最苦者奏报文字，或有稽缓，或即裁制，动不如意，所以久无成功。”[②]

相比而言，御史中丞贾昌朝在庆历二年给宋仁宗的上书，无论是广度，还是深度，都可以说是代表了当时对军政体制进行反思的较高水平。在这篇奏疏中，他一是批评了宋太祖“强干弱枝”的政策太过，认为：“太祖初有天下，鉴唐末五代方镇武臣，土兵牙校之盛，尽收其权，当时以为万世之利。……以屡易之将驭不练之士，故战必致败。此削方镇兵权过甚之弊也。”二是对宋太宗以来猜忌武将过度表示不满：“今命将帅，必先疑贰，非近幸不信，非姻旧不委”，“及太宗所命将帅，率多攀附旧臣亲姻贵胄，赏重于罚，威不逮恩，而犹仗神灵，禀成算，出师御寇，所向有功。自此以来，兵不复振。近岁恩幸子弟，饰厨传，沽名誉，不由勋效，坐取武爵者多矣。其志不过利转迁之速，俸赐之厚尔。御侮平患，何望于兹？”三是抨击了“将从中御”，主张将帅应有“便宜行事”之权。他说：“自部署而下，钤辖、都监、巡检之属，军政必相参，谋之未成，事已先漏，彼可则我否，上行则下戾，虽有主将，不专号令，故动则必败也。请自今命将，去疑贰，推恩意，舍其小节，责以大效，爵赏威刑，皆得便宜从事。偏裨而下，有不听令者，以军法论。”[③]

这些批评意见，在“庆历新政”前后产生了一定的实际积极作用，像滥发阵图、派遣宦官监军等积弊有了明显的改观，地方的军备初步加强，对武将的培养和任用也开始得到重视，不再机械地“以文制武”。宋军的战斗力随之提高，取得了平定侬智高叛乱等战争胜利。不过，庆历新政只是昙花一现，当前线军事危机解除不久，范仲淹等随即被排挤出朝廷，反对革新的意见和势力重又占了上风。如司马光就极力反对给予沿边长吏以较大的兵权，认为：“顷以西鄙用兵，权置经

① 〔宋〕蔡襄撰，吴以宁点校：《蔡襄集》卷二二《国论要目》，第384页。

② 〔宋〕李焘：《续资治通鉴长编》卷一四〇，第3369页。

③ 〔宋〕李焘：《续资治通鉴长编》卷一三八，第3316～3317页。

略安抚使，一路之兵，得以便宜从事。及西事已平，因而不废。其河东一路，总二十二州、军，向时节度使之权，不能及矣。唐始置沿边八节度，亦如是而已，以其权任太重，故后世有跋扈之臣”，“经略安抚使，有征讨之事则置之，无事则当废之”[①]。更多人的则是借攻击名将狄青，对放松“以文制武”表示不满。如谏官余靖就不同意“谓自来武臣在边，多被文臣掣肘，不若专委武臣，责其成功”的改革意见，主张坚持“朝廷自来以武人粗暴，恐其临事不至精详，故令文臣镇抚，专其进止”的传统，甚至说：“求一士而分其任，纵无奇才，比于专委一夫，不犹愈乎！”[②]刘敞则有意识地贬低狄青的战功，认为：“初讨智高，使杨畋以起居舍人行，其后两将败没，贼势益炽，畋以故谪守鄂州。及狄青率诸军至邕，一战破之。议者以为文士不足用，而宿儒伟贤亦不能自解。……朝廷亦深借以权，州郡得擅调发，幕府得擅辟置，将校得擅诛赏，以此督战，亦安得无功！”[③]狄青为枢密副使，众文臣更群起而攻之，左司谏贾黯再三强调：“国初武臣宿将，扶建大业，平定列国，有忠勋者不可胜数，然未有起兵伍，登帷幄者。今其不可有五：四裔闻之，有轻中国心，不可一也。小人无知，闻风倾动，翕然向之，撼摇人心，不可二也。朝廷大臣，将耻与为伍，不可三也。不守祖宗之成规，而自比五季衰乱之政，不可四也。青虽才勇，未闻有破敌功。……不可五也。”[④]欧阳修亦曰：狄青“外虽未见过失，而不幸有得军情之名，且武臣掌国机密而得军情，岂是国家之利！”[⑤]

这些人的看法，显然或系捕风捉影，或危言耸听，或纯属出于成见的猜疑，本不值一驳，如据宋人《野老记闻》记载：文彦博理屈词穷，只能蛮横地对狄青说：“无他，朝廷疑尔。”然而，偏偏是这些无端的猜忌，却足以在事实上置名将狄青于死地，也足以使前线将士用鲜血换来的教训和改革经验再次被束之高阁，足见宋人防范武将、对外苟且偷安的主流政治心态，已经发展到何等根深蒂固的程度。

---

① 〔宋〕李焘：《续资治通鉴长编》卷一九六，第4749～4751页。

② 〔宋〕李焘：《续资治通鉴长编》卷一五〇，第3627～3631页。

③ 〔宋〕李焘：《续资治通鉴长编》卷一七四，第4197～4198页。

④ 〔宋〕李焘：《续资治通鉴长编》卷一七二，第4153页。

⑤ 〔宋〕李焘：《续资治通鉴长编》卷一八三，第4426页。

四

宋神宗熙宁、元丰年间，在王安石实际主持下，对北宋传统的政治、经济、军政体制进行了大刀阔斧的改革。但是，以此为契机，又拉开了新、旧两党持续六七十年党争的序幕。正是在变法和新、旧党争的大背景之下，军政体制的相关论争亦愈发高涨。

在王安石看来，以宋方人力、物力的优势，完全有能力制服辽、夏，复汉唐旧疆。自宋太宗以来对外战争之所以出现被动的局面，绝非对手实力多么强大，关键就在于军政体制多有弊病。他曾以宋、辽战争为例，向神宗分析了猜忌武将和将从中御的危害："太祖经略诸僭伪，未暇及契丹，然契丹亦不敢旅拒。自太宗以来遂敢旅拒者，非为我财用少、器械不足故也，止以一事失计故尔。郭进守西山可谓尽力，以憸人谗说，故困迫至于自杀。如郭进者既自杀，即憸巧能凭附左右小人者，必得握兵为用。虽有犯法，必获游说之助以免。如此，则契丹何为不旅拒？自太宗以来，其失计皆以此类，非以器械不足，财用少故也"[①]，"太宗为傅潜奏防秋在近，亦未知兵将所在，诏付两卷文字，云兵数尽在其中，候贼如此即开某卷，如彼即开某卷。若御将如此，即惟王超、傅潜乃肯为将，稍有材略，必不肯于此时为将，坐待败衄也。但任将一事如此，即便无以胜敌"[②]。王安石在主持熙河开边期间，就在实践中一反"将从中御"的传统，将战场的战术指挥权放手交给前线将领。他说："地远难遥制，王韶必有经画。薛向说边事不畏贼，但畏京递到不合事机耳。"[③]王安石还反复强调了统一战场指挥权、树立将帅威信的重要性，认为："军旅之事，尤宜听于一。……今使人人得自达于天子，喜惧恩怨不在主帅，即主帅之权分，而军政有所不行矣"，"每事当令听王韶。不如此，军政不一，上下更生衅隙，害国家边事"[④]。这与北宋将从中御、以吏制军、用将不专等传统军政体制完全是背道而驰的，但战争的实践证明，正是由于王安石改变了"将

① 〔宋〕李焘：《续资治通鉴长编》卷二五〇，第6102～6103页。

② 〔宋〕李焘：《续资治通鉴长编》卷二四八，第6046页。

③ 〔宋〕李焘：《续资治通鉴长编》卷二三七，第5767页。

④ 〔宋〕李焘：《续资治通鉴长编》卷二四六，第5990页；卷二四七，第6007页。

从中御”，宋军此役取得了开疆拓土的空前胜利。

在变法期间，王安石等又推行了“将兵法”。将兵法，是针对着“更戍法”而来的，“议者以为更番迭戍，无益于事，徒使兵不知将，将不知兵，缓急恐不可恃。神宗即位，慨然更制，部分诸路将兵总隶禁旅。使兵知其将，将练其士卒，平居训厉搜择，无复出戍，外有事而后遣焉”[①]，就是把边防和各地驻屯禁军主力统编为一百余将，每将置将、副为统帅。这是对北宋军政体制的重大改革。将兵的配置不再以“强干弱枝”为限，而是把约占三分之二的重兵布防在河北、陕西等边防地区，以抵御辽、夏的威胁。这就扭转了以往“守内虚外”的形势，也突破了“以文制武”的传统。“将兵法”明确规定：每将的将、副都必须由有实战经验的武将担任，而且将、副拥有对所部军队进行统御、训练和指挥的全权，“各专军政，州县不得关预”[②]，从而摆脱了地方文官系统的束缚，提高了武将的地位和职权。

正因为如此，早在熙宁八年，韩琦、富弼等反变法的保守派大臣就要求“如将官之类，因而罢去”。当元祐之初司马光为首的旧党上台后，更连上两道奏折，废除了“将兵法”。司马光在奏章中是这样说的：“国朝置总管、钤辖、都监、监押为将帅之官，凡州县兵马，其长吏未尝不同管辖。盖知州则一州之将，知县则一县之将也。熙宁中，谋臣建议分天下禁军，每数千为一将，别置将官以领之，训练、差使、抽那一出其手。其逐州总管以下及知州、知县，皆不得关预。……今为州县长吏及总管等官，而于所部士卒，有不相统摄，殆如路人者。……长吏侍卫单寡，盖禁军尽属将官，将官多与长吏争衡，长吏势力远出其下。万一有如李顺、王伦攻城陷邑之患，或如王均、王则窃发肘腋之变，岂不为朝廷旰食之忧耶？”[③]综观他的理由，不外乎还是重弹他在庆历年间已经谈到的必须“防微杜渐”“以文制武”，防范武将兵权坐大的老调。直至新党重新执政的哲宗绍圣年间，兵法才得以恢复。应当着重强调的是，宋神宗虽然是变法的积极支持者，但在军政体制方面，他与王安石还是有相当距离的。如果说在熙宁年间，他在王安石的直接影响下，还能意识到“兵须委将帅，难从中制”的重要性，也曾经表示：“边

① 〔元〕马端临：《文献通考》卷一五三，第4580页。

② 〔宋〕李焘：《续资治通鉴长编》卷二六二，第6388页。

③ 〔宋〕司马光：《上哲宗乞罢将官》，《宋朝诸臣奏议》卷六四，第715～716页。

事须委付，不可扰之。王韶等不怕西边事宜，却怕东边事宜。每得朝命，或不应事机，即人情疑沮。”[①]在王韶进兵之时，还下达过“令所议不须申覆，及上奏亦不必过为详谨妨事”“将在军，君命有所不受”[②]等手诏。但在王安石罢相之后，宋神宗却愈来愈倾向于遵循“将从中御”等祖宗家法，甚至重蹈宋太宗以阵图御众将的覆辙。在元丰年间五路伐夏的大战中，宋神宗依然是不设大帅，而由他本人在后方遥控，“每当用兵，或终夜不寝”，“手札处画，号令诸将，丁宁详密，授以成算。虽千里外，上自节制”[③]，遂不可避免地造成了前线由于缺乏统一指挥，无法协同作战而坐失良机、反胜为败的恶果。当时就有人批评他：“今举重兵，五路并进，而无大帅，就使成功，兵必为乱。”[④]对“将兵法”强化西北边防军力，突破了“强干弱枝”和“以文制武”的传统，宋神宗也充满了疑虑。《续资治通鉴长编》卷二五六“熙宁七年九月庚子条”即记载：“上与辅臣论河北守备，韩绛等曰：‘汉、唐重兵皆在京师，其边戍裁足守备而已。四方有警，则兵从之出，故边无横费，而强本弱末其势亦顺。开元以后，有事四夷，权臣皆节制一方，重兵悉在西北，天宝之乱，由京师空虚，贼臣得以肆志也。’上曰：‘边有老人亦谓今之边兵过于昔时，其势如倒装浮图，朕亦每以此为念也。’”宋神宗如此心态，对新政落实与否的负面影响无疑是致命性的。宋人吕本中撰《杂说》记王安石曾慨叹曰：神宗“只从得五分时也得也”。应该说，军政体制，就是神宗“从得”不到“五分”的突出领域，不全面突破传统体制始终是其底线。归根到底，宋神宗最着意防范的显然还是有可能“得以肆志”的武将，因而认同和肯定传统军政体制并对武将“防禁严密”[⑤]。在这一点上，他与太宗、真宗、仁宗等相比只是程度略有区别，绝无质的不同。

作为旧党成员，苏辙却曾有较强的改革要求，他不仅视“重文轻武”为天下之大弊，认为：“今天下有大弊二：以天下之治安，而薄天下之武臣；以天下之冗官，而废天下之武举。……今之武臣，其子孙之家往往转而进士矣。故臣欲复武

---

① 〔宋〕李焘：《续资治通鉴长编》卷二四一，第5886页。

② 〔宋〕李焘：《续资治通鉴长编》卷二四三，第5912页；卷二五二，第6180页。

③ 〔宋〕李焘：《续资治通鉴长编》卷三五三，第8457页。

④ 〔宋〕李焘：《续资治通鉴长编》卷三一三，第7596页。

⑤ 〔宋〕李焘：《续资治通鉴长编》卷二四六，第5979页。

举，重武臣。”[①]而且反对“兵不识将，将不识兵”，认为这是“用兵之深忌”：“然今世之人，遂以其乱为戒，而不收其功，举天下之兵数百万人，而不立素将，将兵者无腹心亲爱之兵，而士卒亦无所附著而欲为之效命者。故命将之日，士卒不知其何人，皆莫敢仰视其面。夫莫敢仰视，是祸之本也。”苏辙还驳斥了改革军政体制将重蹈“唐季五代之祸”的论调，明言宋太祖所立制度也仅为“以便一时之安”，并非金科玉律。相反，“为将者去其兵权，而为兵者使不知将。凡此皆所以杜天下之私恩而破其私计，其意以为足以变五代豪将之风，而非以为后世之可长用也。故臣以为，当今之势，不变其法，无以求成功”[②]。尽管这是苏辙早年的看法，并没有在其执政时发挥应有作用，但就认识水准而言，仍当属卓识。秦观对“将从中御”也提出了批评，他说：“国家将帅，可谓盛矣：说礼乐而敦诗书者，肩摩而毂击；纵横剽悍，称智囊而号肉飞者，至不可胜计。然驿骑有赤白囊至，则庙堂之上为之纷然，进止赏罚，皆从中决者，何也？岂以为将帅者皆智勇之人，非有道之士，不可独任故邪？夫庙堂议边事，则王体不严；将帅之权轻，则武功不立。呜呼！可谓两失之也。臣以为西北二边，宜各置统帅一人，用大臣材兼文武、可任天下之将者为之。凡有军事，惟以大义上闻，进退赏罚，尽付其手，得以便宜从事。如此，则虽有边警，可以不烦庙堂之论，而豪杰之材得以成其功矣。”[③]书生论兵，亦颇有可观。

宋哲宗亲政后及宋徽宗一朝，主要任用新党执政，但其军政体制基本遵循宋神宗的思路：一方面继承王安石的成功经验，一个明显的表现，就是对西夏战事倚重武将而非文臣，陕西诸路的“大帅”，也多用武将，并在实战中取得了相当成效；另一方面，则是左右摇摆，不愿大幅度地突破传统。这种摇摆，在实践中是极其有害的，往往出现如《宋史·兵志》所说的那种“募兵日衰”而“民兵亦衰”的恶果；在舆论上，则是导致向传统回归的呼声始终此起彼伏，如主张恢复“以文制武”等军政传统者即大有人在，刘挚在《上哲宗论祖宗不任武人为大帅用意深远》中就说：“臣窃闻祖宗之法，不以武人为大帅专制一道，必以文臣为经略以总制之。武人为总管，领兵马，号将官，受节制，出入战守，唯所指麾。国

① 〔宋〕苏辙撰，陈宏天等点校：《苏辙集》卷七，第1299页。

② 〔宋〕苏辙撰，陈宏天等点校：《苏辙集》卷七，第1300～1301页。

③ 〔宋〕秦观：《淮海集》卷一六《将帅》，《文渊阁四库全书》本。

家承平百有二十余年，内外无事，以其制御边臣得其道也。……伏愿选内外文臣从官可以守边者，使之帅守，则祖宗之法常存而不废。不幸后世有引此时为比，使武人帅边，而不虞之祸如前世之甚者，岂可不预防其渐乎？”①任伯雨在《上徽宗论西北帅不可用武人》中也谈道：“本朝太祖、太宗时，四方未平，西北未服，乃用武臣分主要地，时势所系，不得不然。及至太宗以后，迤逦悉用儒将，至于并边小郡，始用武人。此祖宗深思远虑，鉴唐室藩镇之弊，以为子孙万世之计也。……朝廷阙帅，自可于省寺卿、少、郎官，外路转运使、副，有才望资序深者，权试其才。平时守边，若无大事，万一不任，亦止一时外患；若用武臣，渐成方镇之势，则国家内患，非止一朝一夕之故也。”②

这两篇奏章颇具代表性，在当时的影响力甚至超越了新、旧两党的界限，以至于金军兵临开封城下的危亡时刻，病态地反对授予武将以必要兵权的主张，竟然占了上风，如其时胡安国《上钦宗论四道置帅》即曰：“自太祖鉴观前弊，削夺藩镇之权，行至于今，州郡太轻，理宜通变。然一旦遽以数百州之地，二十三路之广，分为四路，各统一面，事得专决，财得通用，吏得辟置，兵得诛赏，其事权太重。”③名臣李纲在战争实践中痛切体会到了军政体制的弊病，前后七次建言放弃“将从中御”，他说：“古之将帅付以阃外之权，不从中制，利则伸，钝则蟠，见可而后进，虑胜而后会。财赋可有也，以赏战士而激劝之；诛杀可专也，虽君命有所不受。久任责成，不妄罢易，故能习熟利害，临事制变，士卒乐为之用而有功。今则不然，为帅于千里之外，而受制于九重之中。见可欲进而不得，知难欲退而不敢，用度稍过，已从吏议，一有不然，片纸罢之。夫如是而欲责其建不世之功，亦难矣！此不专将帅之任。”④然而，应者寥寥。由此可见，对武将的成见及防范武将的政治心态，在宋廷当中确实长期居于压倒性的优势地位，属于宋代政治生活中的基本语境和主流话语之一。

这种成见，一直延续到南宋，甚至变本加厉，像宋高宗、秦桧等人，就是处

---

① 〔宋〕刘挚：《上哲宗论祖宗不任武人为大帅用意深远》，《宋朝诸臣奏议》卷六五，第724～725页。

② 〔宋〕任伯雨：《上徽宗论西北帅不可用武人》，《宋朝诸臣奏议》卷六五，第727～728页。

③ 〔宋〕胡安国：《上钦宗论四道置帅》，《宋朝诸臣奏议》卷六五，第728页。

④ 〔宋〕李纲：《梁溪集》卷一四四《御戎论》，《文渊阁四库全书》本。

心积虑地收夺岳飞、韩世忠等忠勇武将的领兵权，不惜对金屈膝投降。可悲的是，当时就是张浚等所谓的“主战派”，在恢复“以文制武”“将从中御”和“强干弱枝”的军政体制传统方面，也是与高宗、秦桧等人基本一致的。所谓“祖宗之法，万世不可改易”“本朝之治，与三代同风，此祖宗家法也”“祖宗法度，乃是家法，熙丰之后不合改变耳”“我宋立国大体，兵力虽不及于汉唐，而家法实无愧于三代”“自汉唐以来，家法之美，无如我宋”等一类论调更是始终高唱如云。如此一来，在某种意义上，就决定了南宋偏安江南，苟延残喘，坐待灭亡的“小朝廷”命运。“国家待敌，大抵急则谋之，缓则忘之，岂独靖康哉”，“大抵国家之患，在于多虚文而少实效，多议论而少成功，安得不为敌所侮乎？”[①]这是南宋学者吕中对靖康国难及宋人应对辽、金等事务的沉痛总结。而综上所述，在本朝军政体制论争和调整方面，宋人同样是“急则谋之，缓则忘之”，同样是“多议论而少成功”，这不能不说是一个值得后人警醒的历史教训。

原载《文史哲》2007年第4期

① 〔宋〕吕中：《宋大事记讲义》卷二三，《文渊阁四库全书》本。

论北宋的封桩阙额禁军钱制度

一、王安石与封桩阙额禁军钱制度的确立

封桩阙额禁军钱制度[①]，正式确立于宋神宗熙宁十年（1077）二月。《续资治通鉴长编》卷二八〇“神宗熙宁十年二月甲申”条记载：“诏：中外禁军已有定额，三司及诸路计置请受岁有常数，其间偶有阙额，未招拣人充填者，其请受并令封桩，毋得移用，于次年春季具数申枢密院。”此前，王安石已于熙宁九年（1076）第二次罢相。但正如朱熹所说：“只是介甫（王安石）后来又甚，州郡禁军有阙额处都不补，钱粮尽欲解发归朝廷，谓之‘封桩阙额禁军钱’，系提刑司管。”[②]哲宗朝旧党毕仲游亦云：“曩者王荆公并军搜卒，而封桩其钱粮，又惧兵之少也，故行保甲之法，籍民为兵。”[③]这项政策的出台，确实是出自王安石的筹划，起初目的在于为保甲法提供财政保障。

---

① 本文的写作主要参考了王曾瑜教授《宋朝兵制初探》（中华书局1983年版）、汪圣铎教授《两宋财政史》（中华书局1995年版）的相关章节，并依据王曾瑜教授的审阅意见进行了修改，在此特致谢意。

② 〔宋〕黎靖德编，王星贤点校：《朱子语类》卷一二八《法制》，第3082页。

③ 〔宋〕毕仲游：《西台集》卷七，《文渊阁四库全书》本。

在王安石看来，北宋募兵制度的弊病除了论者纷纷的“冗兵”“冗费”以外，“宗庙社稷之忧，最在于募兵皆天下落魄无赖之人”[①]，“恃募兵以为国，终非所以安宗庙、社稷。今五代之弊根实未能除”[②]，因而在熙宁二年(1069)大规模裁军并营，三年定内外禁军额为五十八万余，四年定厢军额为二十二万余，同时积极筹划和推行保甲法，试图以民兵逐步取代募兵。王安石还曾经对宋神宗表示：“臣以为，倘不能理兵，稍复古制，则中国无富强之理。陛下若欲去数百年募兵之弊，则宜果断，立法制令，本末备具；不然，无补也。”[③]宋神宗虽然基本赞同王安石兴民兵的思路，但他对保甲法的态度极为谨慎。这其中固然有慎改祖制和顾及削弱军队战斗力的考虑，训练保甲是否会在本已沉重的养兵之费外造成新的财政负担也是关键性的因素之一。因为“教习保甲费皆从官给”[④]，如熙宁二年闰十一月大臣陈升之即对宋神宗说：“今募兵未消，又养上番义勇，则调度(指费用)尤不易。”[⑤]宋神宗本人也忧虑在没有租庸调法作为基础的情况下，“如保甲、义勇，将来岂不费粮草”[⑥]，“岁久钱粮不给”[⑦]，等等。

王安石对众人的怀疑早有深思熟虑。他依据募兵与保甲费用之间存在巨大差额的事实，于熙宁三年(1070)三月京畿试行保甲的前夕与宋神宗进行了如下一次长谈，首次提出了封桩阙额禁军钱的设想：

> 上曰：“如保甲、义勇，将来岂不费粮草？”安石曰：“保甲、义勇，乃须计置减募兵，以其粮米供之，如府界罢四千兵，所供保甲之费，才养兵所费之十三。”上曰：“府界募兵亦未减得。”安石曰：“既有保甲代其窠坐，即不要此四千募兵。可指合要兵数，减此四千。今京师募兵，逃死放停一季，

---

① 〔宋〕李焘：《续资治通鉴长编》卷二三三，第5651页。

② 〔宋〕李焘：《续资治通鉴长编》卷二二九，第5580页。

③ 〔元〕马端临：《文献通考》卷一五三《兵制》，第4576页。

④ 〔宋〕李焘：《续资治通鉴长编》卷三二八，第7904页。

⑤ 〔宋〕朱熹：《晦庵集》卷八三，《文渊阁四库全书》本。

⑥ 〔宋〕李焘：《续资治通鉴长编》卷二四六，第5999页。

⑦ 〔宋〕李焘：《续资治通鉴长编》卷二三三，第5651页。

亦须及数千。但勿招填，即是减得。”[1]

熙宁五年（1072）五月，王安石又根据府界保甲的初行情况，对之加以进一步阐明：

上虑岁久钱粮不给，安石曰：“巡检下六千人，每千人岁约三千贯，是一岁费十八万贯。今若罢招此六千人，却以保甲代之，计所用钱粮费十八万贯尚剩十万贯。以十万余人替六千人，又岁剩钱十万贯，何至忧不给也。教阅至一二年，便令保正募征行者，六千人必可得，况但要守卫京师而已。若岁岁阅教保丁，又封桩所剩钱十万贯，则非特畿内守卫日强，兼亦财有余积。”[2]

按照王安石的思路，保甲不必另费钱财，在初始阶段只要以部分自然减员（逃、死、放、停）募兵的俸廪作为启动经费，仅耗用其中的一部分，便不难训练数量超过所减募兵十几倍的保甲。待保甲训练精熟，即可轮流上番，大规模地替代募兵。所省的大批养兵费用，可封桩起来充作国家储备资金。由此形成良性循环，就能达到强兵、富国一举两得的既定目标。与此同时，王安石对教阅现有军队的费用问题也提出了类似的解决意见：

王安石议以赏罚教阅五路诸军，上计河北一路八万九千人，当费钱数万缗。安石曰：“若减四千人，兵粮即已足用。今教阅得一路皆为精兵，不知减却数千人便为有阙否。”……安石曰：“且以河北一路言之，凡九万人，若依御前阅试法，岁费十万缗，只消减三四千禁军衣粮赏赐之费，足以给教阅支赐。”[3]

---

① 〔宋〕李焘：《续资治通鉴长编》卷二四六，第5999页。下注云：“（熙宁）三年三月十七日，安石已有此言。”

② 〔宋〕李焘：《续资治通鉴长编》卷二三三，第5651页。

③ 〔宋〕李焘：《续资治通鉴长编》卷二五〇，第6086～6092页。

应该说，王安石的解决方案在减轻北宋财政负担方面确实有高时人一筹的地方，也是可行的，因而赢得了宋神宗的完全支持，一些试验性的举措陆续出台：如熙宁四年（1071）十二月“在京系役兵士，旧额一万八千二百五十九人，见阙六千三百九十二人……却对减在外招募之数，桩管所减粮赐上供，以给有司之用”，九年（1076）“诏：河北路巡检、县尉已用义勇、保甲土蕃（上番）[1]，其元管马步军并于马军额除之，所减巡检兵级及弓手、义勇、保甲各数支费，委监司一员拘收封桩，季具数上兵部，岁终以闻，中书点检准备移用”[2]，次年正月遂正式向全国范围推广实行。

二、封桩阙额禁军钱制度的发展及相关争论

神宗元丰年间是封桩阙额禁军钱制的迅速发展时期。《宋史》卷一八七《兵志一》云：“自元丰而后，民兵日盛，募兵日衰，其募兵阙额，则收其廪给，以为民兵教阅之费。”元丰元年（1078）七月宋廷就连续下达了两个相关诏书。《宋会要辑稿》食货三九记载：

> 十三日，诏：诸路转运及开封府界提点司桩管阙额禁军请受，据元额月给钱粮，委提点刑狱及府界提举司拘收，于所在别封桩。
>
> 二十四日，诏：诸路封桩阙额禁军请受，可令枢密承旨司注籍，辄支用者，如擅支封桩钱帛法。

随着保甲法的推广，二年（1079）六月“诏开封府界、河东、陕西义勇保甲上番减巡检兵级，先封桩添支口食，候见销减人数，据阙以请受衣粮等封桩”[3]；三年（1080）五月又诏“河北、陕西路巡检，兵既代以义勇、保甲，其请给可依开封府界、河东路封桩，季具帐，报枢密院及兵部充义勇、保甲廪给之费”[4]；七

---

① 王曾瑜先生对笔者指出：“此两字应为‘上番’之误笔，河北无蕃军。”

② 〔宋〕李焘：《续资治通鉴长编》卷二七六，第6747页。

③ 〔宋〕李焘：《续资治通鉴长编》卷二九八，第7260页。

④ 〔宋〕李焘：《续资治通鉴长编》卷三〇四，第7406页。

年(1084)六月宋神宗还下御批于提举河东保甲司，明令封桩河东路销废五指挥禁军钱粮。在此期间，在京封桩阙额禁军请受熙宁十年年度、开封府界元丰元年年度中的钱绢部分，曾分别因三司和提举司的请求得以暂免，衣粮部分则依旧封桩。熙河路则因频繁与西夏、羌人作战，从元丰七年开始被特别允许免于封桩，此前已封桩的拨与经制司使用。

元祐更化，司马光等旧党上台执政，极其鲁莽地尽废王安石新法，表现在兵制方面就是废除保甲、将兵而扩招募兵。封桩阙额禁军钱作为保甲法的产物，在元祐之初即遭到陈次升、苏辙等人的激烈批评。《文献通考》卷二四《国用二》概括道："哲宗元祐元年，议者谓熙宁以前，上供无额外之求……因请罢。熙宁以来，旧上供额外所创封桩钱物，及内外封桩禁军阙额奉给等，枢密院议悉罢封桩。"但当时知枢密院事的安焘面对"臣寮奏，乞罢内外封桩禁军阙额"的众口悠悠，却从财政困难和"今若悉罢封桩，深虑诸路监司徇习观望，不肯留心搜补兵备，不惟有乖前日减并军额之意，兼恐缓急阙兵，有误大事"[①]的角度出发，赞成继续实行封桩阙额禁军钱制度，仅同意不再封桩宽衣、天武等销废六指挥禁军请受和免除河北、河东、陕西、两广等路的封桩。他的意见得到了宋廷的重视，并于元祐二年(1087)四月下诏实施。

对此，苏辙、范祖禹两人深感不满。苏辙于元祐三年(1088)五月转对中道："夫阙额禁军，寻常以例物招置；而出军之费，罢此给被(彼)，初无封桩之理。"其坚持要求"故臣谓诸如此比，当一切罢去"[②]。该月壬戌诏书"诏府界、诸路封桩禁军阙额钱帛，后来创置过禁军指挥，并先据数除出，候不及旧额之数，方依条封桩，仍著为令"[③]。据《续资治通鉴长编》注的说法，朝廷部分采纳他的建议。范祖禹则于元祐四年(1089)七月连续三次上书，再三强调："今诸路经费所以不足者，由提刑司封桩阙额禁军请受钱帛、斛斗万数不少。此乃户部、转运司本分财计，先帝特令封桩，以待边用……今朝廷方务安边息民，则封桩之法宜悉蠲除。"并进一步认为："欲乞自熙宁十年初封桩以来，已起发上京，及今日已前未

---

① 〔宋〕李焘：《续资治通鉴长编》卷三九八，第9697～9698页。

② 〔宋〕苏辙：《栾城集》卷四一《转对状》，《文渊阁四库全书》本。

③ 〔宋〕李焘：《续资治通鉴长编》卷四一一，第10002页。

起发上京数目，尽以赐尚书户部、诸路转运司，以佐经费。”①

但结果恰恰是适得其反。《续资治通鉴长编》卷四三三注记载：“祖禹《旧传》又云：‘上（指宋哲宗）察其奸，乃降御批。’此诬辞也，《新传》已削去。”诬辞与否，尽可置而不论。不过，苏辙、范祖禹等废除封桩阙额禁军钱制的努力的确就此失败，因为宋哲宗御批明确宣布：“诸路见封桩阙额禁军请受钱帛、斛斗，自合依神宗处分封桩，今后臣僚不得辄起请拨赐户部，仍令遵守。”待哲宗亲政，全面恢复新法后，又在绍圣四年（1097）十月接受枢密院的建议，“申严封桩禁军阙额请受法”②。徽宗朝也基本沿用这一政策。

三、封桩阙额禁军钱的数额与管理

封桩阙额禁军钱的数额相当可观，早在试行之初，按王安石的计算仅开封府界每年即可封桩十万贯之多。元丰四年（1081）府界、河北、河东、陕西路会校保甲，“都保凡三千二百六十六，正、长、壮丁凡六十九万一千九百四十五，岁省旧费缗钱一百六十六万一千四百八十三，岁费缗钱三十一万三千一百六十六，而团教之赏为钱一百万缗有奇不与焉”③，则此项每年封桩当在三十万缗以上。同时，依照《续资治通鉴长编》卷四〇二“哲宗元祐二年六月戊申”条的记载：神宗朝于河北并废马军十一指挥，河东并废禁军五指挥，陕西并废禁军十指挥，府界销废六指挥，共计三十二指挥，其衣粮请给皆拨归封桩阙额禁军钱内。当时禁军编制为每指挥四百人，三十二指挥禁军约计一万二千八百人。按蔡襄“禁军一兵之费，以衣粮、特支、郊赉通计，一岁约费钱五十千”④的说法来计算，每年即约可封桩六十四万贯，是一个不小的数目。而且，正如苏辙所说：“臣闻先帝本谓保甲可用，故欲隐兵于农，以渐消正兵，是以禁军多有阙额。”⑤神宗朝的禁军阙额始终保持在相当水平，如元丰三年（1080）府界、诸路将下即缺禁军数万人。根据熙

---

① 〔宋〕范祖禹：《范太史集》卷一五《论封桩札子》，《文渊阁四库全书》本。

② 〔宋〕李焘：《续资治通鉴长编》卷四九二，第11683页。

③ 〔宋〕李焘：《续资治通鉴长编》卷三二九，第7929页。

④ 〔宋〕蔡襄：《端明集》卷二二，《文渊阁四库全书》本。

⑤ 〔宋〕李焘：《续资治通鉴长编》卷三六九，第8894页。

宁、元丰制度的规定，“选补捧日、天武以下诸军阙，马军三分补一，步军十分补五”[①]，“内殿直以下诸班直阙额，并据逐班直额管人数，如阙二分，以一分依例取简增填，余一分内五厘以额外泛配人拨填，五厘坐阙。如阙二分以上准此。若不及二分，或虽及二分以上，无额外泛配之人，除例取简一半增填外，余并坐阙”[②]。阙额不补禁军的俸廪自然都划归封桩阙额禁军钱。元祐时封桩阙额禁军钱的范围虽较神宗时大为缩减，但各路每年仍达到“钱帛、斛斗万数不少”[③]。徽宗朝禁军阙额数多，崇宁四年（1105）九月招崇捷、崇武等指挥十万人的例物费用皆出于封桩阙额禁军钱，而在当时“捐财百万，则十万人应募矣”[④]，则其数额之大可以想见。

正因为如此，北宋对封桩阙额禁军钱的管理和使用都有较严格的规定。

管理方面，综合《续资治通鉴长编》卷二八七和卷二九五的记载，大致情况是地方上以路为单位，各路转运使按季度将应封桩钱物拨与提点刑狱司代管，年终具数申报枢密院，然后上供中央，归入左藏库桩管。此项收入由皇帝、朝廷直接掌握，三司、户部皆不得干预。此外，需要进一步说明的还有以下六点：

第一，在熙宁十年初行封桩时，各路曾短期由转运司兼领，只是由于“转运司兼领则不能免侵费之弊”[⑤]而很快另委提点刑狱司专管，从而较彻底地与地方财政脱钩。第二，开封府界封桩阙额禁军钱在神宗朝由提举解盐官管，元祐三年（1088）后方和各路一样转归府界提点刑狱司。第三，河北缘边州郡封桩禁军阙额中的粮米部分，在神宗朝划归群牧司，在京封桩宽衣、天武等销废六指挥禁军中的钱帛部分也归群牧司，粮草部分则委提点仓场司封桩。第四，元丰七年（1084）应知桂州苗时中所请，广西封桩阙额禁军钱被允许截留地方，“其广西上供钱，禁军阙额钱米，并令桩留……缓急并奏听支用”[⑥]。元祐元年（1086），同属需要中央财政补贴的河北、河东、陕西三路，也被批准将封桩阙额禁军钱于本路桩管，以便就近折支。《续资治通鉴长编》卷三九〇“元祐元年十月己亥”条记载：“河东

① 〔元〕脱脱等：《宋史》卷一九三《兵志七》，第4802页。

② 〔宋〕李焘：《续资治通鉴长编》卷二九五，第7183页。

③ 〔宋〕范祖禹：《范太史集》卷一五《论封桩札子》，《文渊阁四库全书》本。

④ 〔元〕脱脱等：《宋史》卷一九三《兵志七》，第4807页。

⑤ 〔宋〕李焘：《续资治通鉴长编》卷二九三，第7154页。

⑥ 〔宋〕李焘：《续资治通鉴长编》卷三五〇，第8382页。

路转运司言：‘上供钱物，惟三路不起发，盖沿边费用常自朝廷应副，比之自京支降，可免往回船运之费。今本路封桩禁军阙额请受，请立法止于逐路桩管，如有不可停贮物，即令提刑司变转见钱封桩。’从之。”其他诸路封桩则皆仍需上供中央。第五，封桩阙额禁军钱本入内藏库，元祐三年（1088）扩建元丰库，“专主朝廷封桩钱物”[①]，徽宗崇宁以后，“诸路封桩禁军阙额给三路外……并输元丰库”[②]。第六，封桩阙额禁军钱主要由枢密院掌管，但在徽宗朝曾经过枢密院、尚书省两者的争夺。

至于使用方面，必须经朝廷诏旨的批准，如《续资治通鉴长编》卷二九〇记元丰元年（1078）七月神宗御批：“诸路分桩阙额禁军请受，可令枢密承旨司专差吏簿录。其逐路辄支用者，论如擅支封桩钱帛法。”又如同书卷三二四载元丰五年（1082）三月诏书：“诸缘保甲封桩钱物，非有朝旨而辄支用者，论如支封桩钱法。”凡申请支用的手续和动用朝廷其他封桩钱物相类似，“遇非泛支使，并三省、枢密院同取旨施行”[③]，“应有所用，必有司月（具）数上之，宰执聚议同奏，降旨下库，始可支焉。盖虽天子不得而用，其制之严如此”[④]。“虽天子不得而用”云云，当然有所夸张，但“虽所桩钱物甚多，未尝辄供他用”[⑤]确为事实，尤其是在神宗朝，该项资金基本上是按照王安石的原意，主要用在训练保甲及保甲上番的廪给经费上。将兵法实行后，改善将下禁军装备、提高训练水平的费用也时常从封桩阙额禁军钱中支用，像元丰元年（1078）十二月诏：“京东、开封府界将下马军阙马，逐将召买四岁以上十岁以下堪被甲马，其钱于封桩禁军阙额请受内借支。”[⑥]元丰六年（1083）八月又诏：“按阅开封府界将兵赏物，并支封桩禁军阙额钱。”[⑦]同时，为筹划对北方辽国的战事，宋神宗设立了主持储备军粮的河北籴便司，其中相当一部分应用资金即来自封桩阙额禁军钱，此可见元丰五年（1082）

① 〔宋〕李焘：《续资治通鉴长编》卷四一〇，第9994页。
② 〔元〕脱脱等：《宋史》卷一七九《食货志下》，第4373页。
③ 〔宋〕李焘：《续资治通鉴长编》卷四四六，第10731页。
④ 〔宋〕陈均：《九朝编年备要》卷二〇，《文渊阁四库全书》本。
⑤ 〔宋〕李焘：《续资治通鉴长编》卷三九八，第9697页。
⑥ 〔宋〕李焘：《续资治通鉴长编》卷二九五，第7189页。
⑦ 〔宋〕李焘：《续资治通鉴长编》卷三三八，第8142页。

诏书："开封府界、诸路封桩禁军阙额钱除三路外，及淮、浙、江、湖等路增剩盐钱，江西卖广东盐、福建路卖盐息钱，并输措置河北籴便司。先借支内藏库钱三十万缗与河北籴便司。"按照元丰七年（1084）诏"诸路封桩阙额禁军钱谷，并依元丰令，随市直变易。其不得减过元籴纳价法除之"[①]的规定，封桩中无法长期贮存的粮谷部分通常也可用于盈利性的经营，"如有不可停贮物，即令提刑司变转见钱封桩"[②]。哲宗元祐朝因旧党"以理财为讳，利入名额类多废罢"[③]，不得不进一步放宽封桩阙额禁军钱的使用范围，"上自军期边储，下至代还免夫钱之类，皆出于此"[④]，尤其是被大量用于重新招募本为保甲取代的募兵上。绍圣后重申封桩阙额禁军钱法，至徽宗崇宁、大观间，包括封桩阙额禁军钱在内的各库封桩钱帛数高达五千万。而蔡京为相，倡"丰亨豫大"之说，"务以侈靡惑人主，动以《周官》'惟王不会'为说，每及前朝爱惜财赋减省者，必以为陋。至于土木营造，率欲度前规而侈后观……于是费用浸广……用度日繁，左藏库异时月费缗钱三十六万，至是衍为一百二十万缗"[⑤]，毫无意义地浪费了大量财富。同时，西边对羌人、西夏战争的规模也在不断扩大，各路封桩钱物的大部分都调往西部边境充作军费，即所谓"天下诸路三十年蓄藏之物，皆已运之于西边"[⑥]。为补充兵力的消耗，崇宁四年遂大规模招募崇捷、崇武等指挥十万人，这笔巨额的招兵费用亦主要从封桩阙额禁军钱中支用。

四、存在的主要问题

封桩阙额禁军钱制度对北宋财政和兵制的影响是多方面的。在神宗熙宁、元丰时期，一定程度上发挥了增加国家财政收入和提高国防实力的积极效果，基本

---

① 〔宋〕李焘：《续资治通鉴长编》卷三四九，第8369页。

② 〔宋〕李焘：《续资治通鉴长编》卷三九〇，第9476页。

③ 〔元〕脱脱等：《宋史》卷一七九《食货志下》，第4358页。

④ 〔宋〕李焘：《续资治通鉴长编》卷三九八，第9697页。

⑤ 〔元〕马端临：《文献通考》卷二四《国用二》，第709页。

⑥ 〔清〕黄以周等辑注，顾吉辰点校：《续资治通鉴长编拾补》卷一八，中华书局2004年版，第645页。

上实现了在“未尝费户部一钱”[①]的前提条件下，既训练了数量高达七百一十八万余的保甲、义勇，下禁军的训练水准、战斗力也大有提高，初步扭转了对西夏作战的颓势。但其存在的问题也不容忽视：

第一，进一步削弱了地方的财政实力，特别是使作为地方财政主管的转运使“窘于财用”。对此，元祐诸臣多有批评，如苏辙言：

然今诸路转运司，久以商贾不行，农民罢病，故酒税不登；收买军器杂物，封桩阙额衣粮等事，故经费不足。[②]

王觌言：

若卖盐宽剩钱、阙额禁军请受、减省造舡钱之类，名目甚多。本皆转运司之物，而一切封桩归于朝廷者浸多，则转运司安得不窘乎？[③]

在哲宗朝党争激烈的历史背景之下，这些言论虽然不可避免地带有基于政见相左的夸大成分，但封桩阙额禁军钱制度和王安石的其他理财新法一样，确实大多不同程度上存在着“弱外以实内”的问题，中央财政情况的改善往往是以牺牲地方利益为代价的。其后果如苏辙所言：“自熙宁以来，言利之臣不知本末之术，欲求富国，而先困转运司，转运司既困，则上供不继，而户部亦惫矣。两司皆困，故内帑别藏虽积如邱山，而委为朽壤，无益于算。”[④]然“军储给饷，属之运司”[⑤]，转运司既窘，本已废弛的地方武备自然更加不振。待金军南下，北方州郡大多望风瓦解，与此当不无关系。

第二，促使禁军阙额的现象更加严重。北宋的冗兵问题，向来是论者纷纷，

---

① 〔清〕徐松辑，刘琳、刁忠民等点校：《宋会要辑稿》兵二，第8644页。

② 〔宋〕李焘：《续资治通鉴长编》卷三七七，第9165页。

③ 〔宋〕赵汝愚编，北京大学中国中古史研究中心校点整理：《宋朝诸臣奏议》卷一〇七，上海古籍出版社1999年版，第1152页。

④ 〔宋〕李焘：《续资治通鉴长编》卷四一〇，第9986页。

⑤ 〔宋〕林駉：《古今源流至论》续集卷二，《文渊阁四库全书》本。

减冗也确有必要，但北宋西有西夏、北有契丹等强敌，保持较大规模的常备军实属无奈，尤其是在北方失燕云屏障之后，“除非敌人势弱或无野心则已，否则随时可长驱而南，非有优越之军力，断不能抗拒之”[①]。宋神宗将禁军兵额定为五十八万，在有七百余万保甲作为后盾的情况下，尚不失为比较合适的规模。元祐以后，保甲日益趋向衰败，徽宗、蔡京等人却把封桩阙额禁军钱制度视作纯粹的敛财工具，使禁军阙额很快达到危险的程度，如张舜民在定州知州任上上奏：

本朝自南北通好已来，定州路兵额常及十万。尔后日见销耗，至熙宁、元丰以前，定州犹不减二三万人。后因封桩禁军阙额钱粮，朝廷唯务封桩数多，转运司利于销兵省费，更不切招填，因致边兵日少。即今春秋大教，尽数不及六七千人。定州最为河北屯兵之处，尚乃如此，其它州军即可知矣。[②]

李纲也曾谈道：

中国军政不修几三十年矣，阙额不补者过半。[③]

靖康之变，北宋面对金军铁骑，甚至处处无大军可调。《文献通考》卷一五三《兵五》概述道：“崇宁、大观以来，蔡京用事……河北将兵，十无二三，往往多是住招，故为阙额，以其封桩，为上供之用。陕右诸路，兵亦无几，种师道将兵入援，止得万五千而已。靖康之初，召募益急，多市井亡赖及操瓢行乞之人……至于画一之诏，哀矜痛切，亦已无及。为童、蔡者，乌得不任其咎哉？”这不能不说是一个历史教训。

原载《史学月刊》2001年第3期

---

① 陈乐素：《宋徽宗谋复燕云之失败》，《求是集》（第一集），广东人民出版社1986年版，第56页。

② 〔宋〕张舜民：《上徽宗论河北备边五事》，《宋朝诸臣奏议》卷一四〇，第1586～1587页。

③ 〔宋〕李纲：《上钦宗乞无罢防秋人兵》，《宋朝诸臣奏议》卷一四二，第1615页。

论募兵制度对北宋农业生产的积极意义

——兼谈“荒年募兵”

谁道田家乐？春税秋未足。里胥叩我门，日夕苦煎促。
盛夏流潦多，白水高于屋。水既害我菽，蝗又食我粟。
前月诏书来，生齿复版录。三丁籍一壮，恶使操弓韣。
州符令又严，老吏持鞭扑。搜索稚与艾，唯存跛无目。
田闾敢怨嗟，父子各悲哭。南亩焉可事，买箭卖牛犊。
愁气变久雨，铛缶空无粥。盲跛不能耕，死亡在迟速。
我闻诚所惭，徒尔叨君禄。却咏归去来，刈薪向深谷。

北宋仁宗宝元年间，为了抵抗西夏的侵袭，北宋朝廷迫不得已在河北、河东、陕西三路“令民三丁籍一”充当“弓箭手”，即民兵。诗人梅圣俞时任叶县宰，有感于调民为兵所引发的“田里骚然”，遂写下了这首被宋人称为“与《石壕吏》等篇何以异”的《田家诗》[①]。

诗作当然不乏文艺夸张，因为北宋毕竟只是将征民为兵作为募兵制度的必要补充，“弓箭手”等民兵基本上也不脱离本地。但在古代生产力低下的条件下，普

① 〔宋〕罗大经撰，王瑞来点校：《鹤林玉露》乙编卷四《养兵》，第181页。

遍征兵制造成的频繁的兵役和徭役征发，迫使大批壮劳力离开生产，“唯存跛无目”，的确对农业生产的负面影响很大，完全有可能导致诗中所说的“南亩焉可事”的恶果。相比于普遍征兵制，募兵制度在农业生产领域的作用，恰恰就主要在于为北宋农业生产的顺利进行提供了足够的劳动人手和充足的劳动时间。

在减轻农民兵役负担方面，募兵制度的作用是有目共睹的。宋人所说的在募兵制度下“养兵之费，一出于民，而御戎捍寇，民不知有金革之事”[①]，虽然不无夸大之处，但北宋除了少数几次大规模征发乡兵之外，随着改强征为募兵制度的实行，广大农民的兵役负担同宋代前后各朝代相比确实有了历史性的大幅度减轻，从而在很大程度上保证了农业生产有充足的劳动力。这本属募兵制度的应有之义，用宋人的话说就是“免废农亩而夺耕民，真长久之画也”[②]，但对其中的“荒年募兵”政策，学术界有一定的争议，如有学者认为，“对于北宋时期的社会生产（主要是农业生产）来说，募兵制度所产生的消极作用，也是应当给予充分估计的”，因为在“荒年募兵”政策下，“一遇凶年就要大量招收饥民为兵。这些被募为兵的农民，从此便再也不可能回到农业生产上去了”，“在农业生产方面因失去了这样多的劳动力而致产生了农田荒芜、水利失修等等的现象”。[③]应该承认，“荒年募兵”难免会造成一定数量的农民进入军队，宋人也认为“连营之士日增，南亩之民日减”[④]，因而这种见解是有一定道理的。

不过，对其负面作用也不能估计得过高。因为“荒年募兵”政策一方面主要是集中在河北、河东、陕西、京东西等北方各路实行，农业生产更为发达、经济地位更为重要的江南地区各路实行此政策的相对要少得多。另一方面，北宋荒年所募之兵在多数情况下是以充当厢军为主，所谓“其灾伤之处又招饥民以充厢军”[⑤]，而“充厢军”的意义正如下文所要详细谈到的，是替代了民众大部分徭役负担，从而保证了农业生产所必需的劳动时间。

---

① 〔宋〕李焘：《续资治通鉴长编》卷三〇一，第7324页。

② 〔宋〕李焘：《续资治通鉴长编》卷六三，第1411页。

③ 邓广铭：《北宋的募兵制度及其与当时积弱积贫和农业生产的关系》，《中国史研究》1980年第4期。

④ 〔宋〕张方平：《乐全集》卷二三《再上国计事》，《文渊阁四库全书》本。

⑤ 〔宋〕司马光：《上英宗乞罢招军》，《宋朝诸臣奏议》卷一二一，第1327页。

尤其应当引起注意的是，在军人社会地位急剧下降的北宋，“荒年募兵”下入伍的农民毕竟也只是少数，像宋神宗熙宁七年（1074）时京东路大灾，宋廷在当地招募“京东忠果”军时，仍然是“难招置”[①]。这也并不奇怪，如宋人尹洙、司马光、刘挚等人在分析荒年饥民的动向时就分别指出，“夫南亩之民，储一岁之备者，十鲜一二；其次榷钱富室，出倍称之息；其次质产入租，交为人佣；下乃转徙他郡，壮者隶兵，弱者丐食，不幸为盗贼，穷矣”[②]，“其河北、河东之民比于陕西，虽免离家去乡、戍边死敌之患，然一刺手背之后，则终身拘缀，或欲远出干事，粜贱卖贵，或遇水旱凶荒，欲分房逐熟，或典卖田产，欲浮游作客，皆虑官中非时点集，不敢东西”[③]，“天下户口，日当耗失，小则去为商贾、为客户、为游惰，或父母兄弟不相保，抵冒法禁，折而入下户，大则聚而为贼盗”[④]。

从中不难看出，即便是北宋朝廷有意于招募饥民中的“壮健”者入伍，但实际上饥民中的壮劳力或以充当地主佃户为出路，或以经营工商业为出路，并没有脱离社会生产；唯有既丧失了土地田产，又无法“质产入租，交为人佣”“浮游作客”“为商贾”，完全被排挤出社会生产领域的走投无路之人才会考虑应募投军，这部分人在饥民当中显然也并不是多数。以宋仁宗庆历八年（1048）富弼因河北水灾而主持的募灾民充厢军为例。众所周知，这是北宋规模最大的一次“荒年募兵”，但在“河北流民百万，转徙京东”“流民入京东者不可胜数”[⑤]的情况下，最终入伍当兵者才不过万余人，占饥民总数的比例是很低的。更何况，经过地主租佃制和工商业雇佣制的两次“筛选”之后，那些在荒年入伍的农民，尽管不能说其中没有壮劳力，但其整体素质之差是不言而喻的，其中的绝大多数“行不得为商，居不得为农”，本来就是被农业生产所淘汰下来的老弱残疾者，他们脱离农业生产对农业的负面影响不是很大。正如宋人李觏所说：“今之卒伍，例非劲健，必也少有材力，自己别营衣食，安肯涅墨而就拘哉？唯无聊之人，填壑是惧，不得

---

① 〔宋〕李焘：《续资治通鉴长编》卷二五二，第6155页。

② 〔宋〕尹洙：《河南先生文集》卷二《原刑》，《四部丛刊》本。

③ 〔宋〕司马光：《上英宗乞罢刺陕西义勇（系第四状）》，《宋朝诸臣奏议》卷一二三，第1358页。

④ 〔宋〕李焘：《续资治通鉴长编》卷二二四，第5447页。

⑤ 〔宋〕李焘：《续资治通鉴长编》卷三六九，第8893页；卷一六六，第3985页。

已而为之耳。”[①]

其实，如果“荒年募兵”果真能招收大批“农业生产上的一些强壮劳动力”[②]的话，北宋朝廷也就不必为军队素质的日益下降而束手无策了。从这个角度上讲，“荒年募兵”并不是造成他们脱离农业生产的原因，而是为给予这些被社会生产所淘汰者出路的必然结果。

正如《续资治通鉴长编》卷五二记吕蒙正所说“阙兵非取于民，不可得”，无论是募兵制度，还是普遍征兵制，都难免会造成一部分农业劳动力脱离农业生产。关键在于，相比于募兵制度，普遍征兵制的负面作用更大。北宋时强行征发而来的乡兵，虽然并不脱离农业，但依然严重影响生产的进行，如欧阳修即云：“臣闻乡兵之不便于民，议者方论之。充兵之人，遂弃农业，托云教习而饮博，取资其家，不顾有无，官吏不加禁，父兄不敢诘，家家自以为患也。河东、河北、关西之乡兵，此犹有用；若京东、西者，平居不足以备盗，而水旱适足以为盗。其尤可患者，京西素贫之地，非有山泽之饶，民惟力农是仰。而今三夫之家一人、五夫之家二人为游手（指乡兵）。凡十八九州，以少言之，尚可四五万人不耕而食，是自相糜耗而重困也。”[③]宋史名家王曾瑜先生也指出：“乡兵虽徒具形式，并无战斗力可言，却不同程度地给乡村客户和下户造成骚扰和痛苦。”[④]以北宋王安石变法时部分恢复征兵制的保甲法为例，当时人对其批评的一个主要理由就是严重影响了农业生产的劳动力及劳动时间。如《宋史》卷一九二《兵志六》记载：“应主客户两丁以上，选一人为保丁……两丁以上有余丁而壮勇者亦附之。……是农民半为兵也。”在河北、河东、陕西三路，由于“无问四时，每五日一教”，“耕耘收获稼穑之业，几尽废也”。当时人的此类言论更是比比皆是，像王岩叟说：“（保甲迫使农民）方耕而辍，方耘而罢，方干而去。”韩维也说：“一丁在官训练，更须一丁供馈饮食，家阙耕作，身受劳苦。”司马光说：“其保丁习于游惰，不复务农，或自为劫掠，或侵陵乡里。其本家耕种耘获，率皆妨废。”陈次升说：

---

① 〔宋〕李觏：《盱江集》卷二八《寄上富枢密书》，《文渊阁四库全书》本。

② 邓广铭：《北宋的募兵制度及其与当时积弱积贫和农业生产的关系》，《中国史研究》1980年第4期。

③ 〔宋〕李焘：《续资治通鉴长编》卷一二九，第3068页。

④ 王曾瑜：《宋朝阶级结构》，河北教育出版社1996年版，第218页。

"缘贫下之人，其田不及二十亩，效力以求日给，若令（为保甲）上教，则废为生之道，官中虽给口食，不足以偿所费，其家无以养。"刘挚说："夫乡野之民，其性易于转习，臣往见农人或被差役，一为弓手、手力、耆壮之类，及罢满而归，则拱手闲惰，已不复能反业于农。盖出入公门，游集市井，有所诱怵使之然也。今之保甲则又甚焉，衣必华细，食必酒肉，固已变其向者布麻粗粝之习矣；群聚而笑喧，奋臂而矜勇，固已移其向者椎鲁劳苦之性矣。"①这些批评，虽然大多来自反变法派，但其所指出的保甲法扰民的问题是可信的。也正是在与征兵制对比的意义上，募兵制度于农业生产的积极作用才更加凸显出来。

在减轻农民徭役负担方面，募兵制度同样发挥了相当的作用。我们知道，相比于前代，北宋的役法表现出两个减轻民众徭役负担的积极变化：一是夫役，即所谓"科差丁夫役使"的劳役，日益由厢军承担，大批征发民夫的现象虽有，但已经不占主要地位；二是职役，即在乡村基层政权和州县衙门当差（主要有衙前、弓手、散从官、手力、耆长、壮丁等名目）②，包括夫役在内，雇募的比例都在逐步增长。这两个变化的出现，关键在于募兵制度下有厢军这一专门承担劳役的军种的存在，北宋朝廷直接掌握了数十万劳动力。

以宋太祖朝为例：职役部分，如建隆三年（962）十二月宋廷即明确规定了各县弓手的名额，令地方官不得擅自增加；开宝元年（968）十一月，又做了较大的削减，"诏以盗贼渐息，减诸县弓手有差，令尉辄占留者，重置其罪"③。而且，据《云麓漫钞》的记载，宋太祖朝相当一部分职役已经改为募人充当了，像衙前"建隆以来，并召募"，吏人"建隆四年，使院人吏员阙，并募有田产谙公事人充"④，等等。更为显著的是夫役的变化，如：

建隆二年（961）五月，"令诸州勿复调民给传置，悉代以军卒"⑤。

建隆三年（962）三月，"诏三司春冬送戍卒衣，并官给车乘，毋得调发民丁"⑥。

---

① 〔宋〕李焘：《续资治通鉴长编》卷三六八，第8887页。

② 王曾瑜：《宋朝阶级结构》，第215页。

③ 〔宋〕李焘：《续资治通鉴长编》卷九，第211页。

④ 〔宋〕赵彦卫撰，傅根清点校：《云麓漫钞》卷一二，中华书局1996年版，第215～216页。

⑤ 〔宋〕李焘：《续资治通鉴长编》卷二，第45页。

⑥ 〔宋〕李焘：《续资治通鉴长编》卷三，第64页。

乾德五年(967)十二月,“朝廷尝遣使治道襄州,岁常五六辈,一使所调,发民皆数百人。吏缘为奸,多私取民课。所发不充数,道益不修。知州、太子宾客边光范计其工,请以州卒代民,官给器用,役不淹久,民用无扰。诏书褒之”[①]。

开宝四年(971)四月,“发厢军千人诣京兆修先代陵寝,令勿复调民,自今有当缮治者,以镇兵给其役”[②]。

同年,宋太祖还下诏书宣布:“寻常别无差徭,只以春初修河,盖是与民防患。”[③]从中不难看出,宋太祖所以能够三番五次地免除民众的徭役,甚至可以公开宣称“寻常别无差徭,只以春初修河”方征调民夫,代替民众服役的厢军的存在是其必要的前提条件。

宋太祖以后的北宋统治者,也都是把宋太祖优先使用厢军负担劳役的做法奉为基本国策。即使是主张大规模裁撤募兵的王安石,在和宋神宗谈论盐政时也不同意宋神宗“祖宗时,厢军数少”的说法,力主“两浙近立厢军额少,不便,乃至令衙前自雇人送纲”。他说:“臣耳目所接,尚见圆融门内户夫修造及送纲,多令乡户衙前自雇夫脚。诸夫力縻费,出于民力而不出于兵力者甚众。自韩琦、富弼执政以来,即稍禁止此事,非但近岁差役法以来禁止也。恐如此之类,亦是占使兵士多,供役不足,然此事实可爱惜得民力。若是公私为一体,即稍费厢军,不为害也。”[④]

“爱惜得民力”,尽量避免夫役“出于民力而不出于兵力”,可以说是北宋统治者的共识。随着厢军数量的急剧增长,长期维持在四五十万的水平,厢军所担负的劳役范围也随之不断扩大,被广泛地使用到“工作、榷酤、水陆运送、通道、山险、桥梁、邮传、马牧、堤防、堰埭”[⑤]等多种领域,如真宗朝翰林学士孙洙就指出:“给漕挽者,兵也;服工役者,兵也;缮河防者,兵也;供寝庙者,兵也;养国马者,兵也。”[⑥]他所说的“兵”,其实都是厢军。与之形成鲜明对照的,则是

---

① 〔宋〕李焘:《续资治通鉴长编》卷八,第197~198页。

② 〔宋〕李焘:《续资治通鉴长编》卷一二,第264页。

③ 〔元〕马端临:《文献通考》卷一一《户口二》,第295~296页。

④ 〔宋〕李焘:《续资治通鉴长编》卷二四七,第6007页。

⑤ 〔宋〕李焘:《续资治通鉴长编》卷二二八,第5555页。

⑥ 〔宋〕王明清:《挥麈余话》卷一,《丛书集成初编》本。

民众夫役负担的进一步趋向减轻。

以在宋太祖朝仍需频繁征调民夫的治河为例，宋真宗天禧元年（1017）就规定“京畿诸州筑河堤，悉以军士给役，无得调发丁夫”[①]，“治河勿调丁夫，以役兵充”[②]。即便是在堵塞、决口等紧急情况下，北宋朝廷也往往是首先考虑使用厢军，不足则和雇民夫，不得已时方予征调。如宋太宗雍熙元年（984）三月，河决房村，“上以方春播种，不可重烦民力，乃发卒五万人，命步军都指挥使田重进总督其役”[③]；宋神宗元丰四年（1081）五月黄河决于小吴埽，宋神宗亦下诏强调：“方当蚕麦收成，民力不宜妄有调发，宜速令（殿前副都指挥使）燕达相度，如有以东退背诸埽兵可发，即更不差急夫。”[④]

在其他像筑城、运粮等极易耗费民力的工程方面，北宋也是基本上贯彻着优先使用厢军这一原则，如宋真宗景德四年（1007）五月，“诏河北缘河州军纲运，自今以军士充役，勿差部民”[⑤]；神宗元丰元年（1078）四月，“河东路经略使韩绛言，河外三州并缘边堡寨未役功料甚众，全阙厢军，乞募禁军修完。从之，仍令更刷本路厢军，及候澶州塞河役兵回，并力修筑，如功料浩大，即俟农隙，更差雇保丁”[⑥]；元丰四年（1081）八月，“诏河东诸州、军、城、寨等处，并以义勇代壮城厢军，尽数以给馈运，尚不足，即于缘边差夫”[⑦]；元丰五年（1082）四月，陕西路转运司官范纯粹等奏：“近准朝旨节文，修筑般运并用厢军及和雇百姓。”[⑧]在规模浩大的五路伐夏战役中，因单纯依靠厢军不足以运送粮草，宋廷遂不得已以差雇的形式调拨陕西、河东等地的民夫，但在战后“朝廷知陕西困于夫役，下诏谕民更不调夫”[⑨]，并敕榜晓谕陕西百姓等，“访闻昨经西讨调发丁夫，随军极为不

---

① 〔宋〕李焘：《续资治通鉴长编》卷九〇，第2090页。
② 〔元〕马端临：《文献通考》卷一二《职役一》，第341页。
③ 〔宋〕李焘：《续资治通鉴长编》卷二五，第575页。
④ 〔宋〕李焘：《续资治通鉴长编》卷三一二，第7574页。
⑤ 〔宋〕李焘：《续资治通鉴长编》卷六五，第1454页。
⑥ 〔宋〕李焘：《续资治通鉴长编》卷二八九，第7070页。
⑦ 〔宋〕李焘：《续资治通鉴长编》卷三一五，第7617页。
⑧ 〔宋〕李焘：《续资治通鉴长编》卷三二五，第7833页。
⑨ 〔宋〕李焘：《续资治通鉴长编》卷三二七，第7869页。

易，尔后边事更不差夫出界，令各安农业”[①]。

对北宋的以厢军代役，章如愚、马端临、彭百川等人都给予了较高的评价，如章如愚说：“古者，凡国之役皆调于民。宋有天下，悉役厢军，凡役作、营缮，民无与焉。”[②]马端临也认为，“宋朝凡众役多以厢军给之，罕调丁男”[③]，“自五代无政，凡国之役，皆调于民，民以劳敝。宋有天下，悉役厢军，凡役作、工徒、营缮，民无与焉，故天下民力全固”[④]。彭百川更是将其与北宋社会的稳定（“承平百年”）联系在一起，在《太平治迹统类》卷三〇中指出：

> 自三代之后，凡国家之力役，皆调于民，故民以劳弊。宋有天下，悉役厢军，凡役作、工徒、营缮，民无与焉，故天下民力完固，承平百年。

应当说，“悉役厢军”“民无与焉”等提法，其中难免有相当的溢美和夸大成分，像宋祁所说的“朝廷每有夫役，更籍农民以任其劳”的情形也不是绝对没有，但这大多属于厢军不敷使用的特例。从总体上看，募兵制度下数十万厢军的存在及分担劳役，对北宋农民取得“除二税之外，更无大段差徭”[⑤]“五等之有差役，一乡不过十人，其次七八人，在公者少而安居者多矣”[⑥]的宽松生产环境，起到关键性作用的看法是能够成立的。从北宋中期开始，尽管不断有人批评厢军“不任战而耗衣食”为“冗兵”，但厢军始终维持在相当数量上，一个主要原因也就在于此。

兵役和徭役负担前所未有地大幅度减轻，除了可保证充足的劳动时间和劳动力，对北宋农业生产的积极作用还表现在以下多个方面：第一，加快了人口的增长。正如漆侠先生所说：“封建时代人口的增加和减少，在一定时期内是生产发展与否的一个标志。”[⑦]但在中国古代社会，人口增长十分缓慢。两汉最高人口为

---

① 〔宋〕李焘：《续资治通鉴长编》卷三二三，第7781页。

② 〔宋〕章如愚：《群书考索》后集卷四一，《文渊阁四库全书》本。

③ 〔元〕马端临：《文献通考》卷一二《职役一》，第341页。

④ 〔元〕马端临：《文献通考》卷一五六《兵八》，第4670页。

⑤ 〔宋〕司马光：《上英宗乞罢刺陕西义勇（系第四状）》，《宋朝诸臣奏议》卷一二三，第1358页。

⑥ 〔宋〕李焘：《续资治通鉴长编》卷三二四，第7797页。

⑦ 漆侠：《宋代经济史》，上海人民出版社1987年版，第46页。

五千多万，唐代开元、天宝之际达到六千万上下，约千年之间，人口不过增长了千余万。人口增长缓慢的原因很多，其中征兵与徭役征调造成的生活动荡与夫妇长期分居，就是对人口增殖很不利的一个因素。北宋人口却增长极快，“从宋仁宗时候起，户数即超过了一千二百万，已经超过了汉代，与唐相等，到宋徽宗年间，户数超过两千万，每户以五口计算，人口已超过了一亿，远远超过汉唐，几乎是汉唐的两倍”①。对此，王安石和宋神宗曾经有过一番讨论，《续资治通鉴长编》卷二四七记载：

> 上论及天下户口之数，王安石等奏：“户口之盛，无如今日。本朝太平百年，生民未尝见兵革。……”上曰：“累圣以来，咸以爱民为心，既未尝有大征役，又无离宫别馆缮营之事，生齿蕃息，盖不足怪。”

第二，在北宋募兵制度下，农民基本上不再承担兵役（“未尝见兵革”）和厢军分担相当部分劳役（“未尝有大征役”），使得广大农民“老死不识兵革”，不至官府，夫妇偕老，保有骨肉完聚之乐，人口的增长遂得到较充分的保障。第三，农民不必因战事突起、徭役忽来而中断生产，就使农业生产技术在发展的过程中避免了前代常有的那种不必要的重复和间断；而且广大农民保有骨肉完聚之乐，对农业技术的提高和传播也是有利的。北宋农业技术的大发展，尤其是在以两浙路为中心的江南地区发展到精耕细作的阶段，与此不无关系。第四，募兵制度下兵役负担的基本解除和徭役的大幅度减轻，意味着国家政权对劳动者人身束缚的进一步放松，包括客户在内的广大农民的身份地位有了较大的提高，从而极大地促进了他们的生产积极性，这也是最关键的一点。这些因素对北宋农业生产的繁荣都是功不可没的。

原载《山东大学学报（人文社会科学版）》2002年第3期

---

① 漆侠：《宋代经济史》，第46页。

募兵制度与北宋的“百年无事”

一

北宋政治生活当中，以下两个现象十分引人注目：

一是军队自身的动荡比较频繁。以仁宗朝庆历年间为例，先是有庆历初年新扩编宣毅军的大肆骚扰，时人称“诸州奏到宣毅兵士文案，无月不有。大则谋欲杀官吏、劫仓库；小则谋欲杀民户、入山林”[①]。紧接着，庆历三年（1043）先后出现了王伦、张海等一系列“兵变”，“数千里内杀人放火，肆意横行，入州入县，如入无人之境”[②]，时人惊呼为“腹心之大忧”；庆历四年（1044），又有保州“兵变”，乱兵杀知州、通判；庆历七年（1047），更爆发了北宋历史上规模最大的贝州王则“兵变”；是年底，皇城司的数名乱兵甚至闯进了皇宫，打伤了宫女。终北宋一代，仅大的“兵变”就不下三十起，小者更是难计其数。

二是北宋社会持续和平安定。除了徽宗末年的方腊起事，北宋“历数百年

① 〔宋〕张方平：《乐全集》卷二二《论地震请备寇盗事》，《文渊阁四库全书》本。

② 〔宋〕欧阳修撰，李逸安点校：《欧阳修全集》卷一〇〇《奏议》卷四《再论置兵御贼札子》，第1538页。

而无兵患"[①]，既无统治阶级内部争权夺利而导致的割据混战，也无"秦末、隋末、唐末皆由此而乱"的大规模民众暴动，社会呈现出长时间稳定发展的良好局面。宋人将其称之为"本朝百年无事""承平百年"或"百年无心腹患""百年无内乱""本朝无内患"等，并认为这是非常难得的盛事："（本朝）百余年天下无事，虽汉、唐盛时，不可以为比。"[②]邵雍更是把"百年无心腹患"作为"自唐虞而下所未有"的"本朝五事"[③]之一。这些言论虽然不无溢美，但基本上符合历史事实。

显而易见，这是一反一正共存着的两个相互矛盾的现象，但它们之间并非彼此孤立，而是有着深刻的内存联系。对此，一个不能忽视的事实是：无论是宋人还是当代学者，大多将两者的出现原因同时归之于募兵制度。如在讨论为何"兵变"频繁时，除了指责北宋朝廷治军不严，宋人主要将其归咎于募兵，范仲淹就专门对比了唐初府兵制和北宋募兵制下的军队状况，指出："自贞观至于开元，百三十年，戎臣兵伍无一逆乱。……（北宋）新招者，聚市井之辈，而轻嚣易动，或财力一屈，请给不充，则必散为群盗。"[④]并据此建议在京畿地区部分地恢复府兵制度。包拯在论及宣毅军多乱时也说："初议招募之时，例物稍厚，故民间无状积恶之辈，悉投名籍中。官吏等又急于数足，以邀旌赏，岂暇一一选择？今来所在屯聚，乃大为州郡之害，骄悍狂悖，结成群党，与效尤相扇，动不能制。"[⑤]王安石更是多次谈道："募兵多浮浪不顾死亡之人，则其喜祸乱，非良农之比。"[⑥]当代学者也多赞成此说，如程民生认为："（宋初）实行的是募兵制……其采取的籍'天下失职犷悍之徒'为兵的政策，使军队内部很不稳定。"[⑦]

无独有偶，对于实行募兵制度是北宋得以"百年无事"的重要原因，古今学者也基本上达成了共识。像宋神宗就称募兵制使"太平之业定""天下承平百余

---

① 〔宋〕何坦：《西畴老人常言》，《说郛》卷八下，《文渊阁四库全书》本。

② 〔宋〕李焘：《续资治通鉴长编》卷三〇一，第7324页。

③ 〔宋〕邵伯温撰，李剑雄等点校：《邵氏闻见录》卷一八，第196页。

④ 〔宋〕范仲淹：《上仁宗答诏条陈十事》，《宋朝诸臣奏议》卷一四七，第1673页。

⑤ 〔宋〕包拯：《孝肃包公奏议》卷八《论宣毅军》，《丛书集成初编》本。

⑥ 〔宋〕李焘：《续资治通鉴长编》卷二一八，第5299页。

⑦ 程民生：《论北宋骄兵的特点及影响》，《史学月刊》1987年第3期。

年”，宋太祖是“自古未有及者”的一代帝王；晁说之在给宋哲宗的上奏中则说：募兵制度“行之至今百四十有一年矣，天下有泰山之安，而无一日飞尘之警”①；李焘也认为：“太祖皇帝惩唐末、五代之乱，始为军制，联营厚禄，以收才武之士；宿重兵于京师，以消四方不轨之气，番休互迁，使不得久而生变，故百余年天下无事，虽汉、唐盛时，不可以为比。”②当代宋史名家漆侠先生更明确地指出：“这些评论（指宋人以上说法）虽然多所溢美，但募兵养兵制度确实维护了宋代封建经济制度的发展，同时也维护了宋朝的统一局面，为生产的发展提供了一个不可或缺的国内安定条件。”③

问题的关键或许就在于此，军队的相对动荡和社会大环境的安定固然与募兵制度密切相关，但正如王安石所说：“募天下骁雄横猾以为兵，几至百万，非有良将以御之，而谋变者辄败。”④军队的不稳定并没有能干扰北宋社会安定的大局，因而这两者绝不可以等量齐观。从某种意义上讲，北宋社会的空前安定，正是通过募兵制度以牺牲军队部分稳定为代价而换来的。

二

其实，宋太祖在确立募兵制度时，对募兵制度可能带来的后果也是充分考虑了正反两方面的因素，最终从社会安定的大局这一角度做出抉择的。他本人对此有过简明扼要的叙述：“可以利百代者，唯养兵也。方凶年饥岁，有叛民而无叛兵；不幸乐岁而变生，则有叛兵而无叛民。”⑤宋神宗则详细地阐明了宋太祖的思路，他说：“禁军无赖乃投募，非农民比，尽收无赖而厚养之，又重禄尊爵养其渠帅，乃所以弭乱”⑥，“前世为乱者，皆无赖不逞之人。艺祖平定天下，悉招聚四方无赖不逞之人以为兵，连营以居之，什伍相制，节以军法，厚禄其长，使自爱重，

① 〔宋〕晁说之：《嵩山文集》卷一《元符三年应诏封事》，《四部丛刊》本。

② 〔宋〕李焘：《续资治通鉴长编》卷三〇一，第7324页。

③ 漆侠：《知困集》，河北教育出版社1992年版，第52页。

④ 〔宋〕王安石：《上神宗论本朝百年无事》，《宋朝诸臣奏议》卷一〇九，第1178页。

⑤ 〔宋〕晁说之：《嵩山文集》卷一《元符三年应诏封事》，《四部丛刊》本。

⑥ 〔宋〕李焘：《续资治通鉴长编》卷二六二，第6375页。

付以生杀，寓威于阶级之间，使不得动。无赖不逞之人既聚而为兵，有以制之，无敢为非，因取其力以卫养良民，各安田里，所以太平之业定，而无叛民，自古未有及者"[①]。

在宋太祖看来，实行募兵制度的一个重要目的就是"乃所以弭乱"，能够在无形之中消除北宋王朝所面临的几个严重威胁社会安定的因素。在这些因素当中，有些是一直困扰历朝历代统治者的普遍问题，如荒年由饥民潮而引发的社会动乱，以及危害地方治安的盗贼、匪徒滋事等；另外也有一些唐末五代以来新产生的问题，其中主要是门阀政治瓦解之后，如何满足出身社会底层者即宋代统治者所谓的"失职犷悍之徒""强悍无赖游手之徒""无赖不逞之人""亡命奸滑"等对社会经济政治地位的追求。

募兵制度对前者所发挥的作用一目了然，比较直观。从后周周世宗开始，募兵制度本来就起着收编盗贼、匪徒等的作用，北宋也是如此，如田锡就曾说过："与人为害者，募之入军，则乡闾静谧。"[②]沈作喆也说："今收拾一切强悍无赖游手之徒，养之以为官兵，绝其出没闾巷、啸聚作过扰民之患。"[③]像龙猛军，"十三指挥皆募强盗以充"[④]；骑捷军六指挥，"先是，缘界河常有无赖辈往来为盗，因募置此军"[⑤]。后来，在收编的基础上，更发展成为在历史上很有特色的"化贼为民"的"招安"政策。沈括曾戏谑道："福建剧贼廖恩聚徒千余人，剽掠市邑，杀害将吏，江、浙为之骚然。后经赦宥，乃率其徒首降，朝廷补恩右班殿直。赴三班院候差遣，时坐恩黜免者数十人，一时在铨班叙录，其脚色皆理私罪或公罪，独恩脚色称：'出身以来，并无公私过犯。'"至两宋之际遂有"仕途捷径无过贼，上将奇谋只是招""欲得官，杀人放火受招安；欲得富，赶着行在卖酒醋"[⑥]等俚语的出现。

---

① 〔宋〕李焘：《续资治通鉴长编》卷三二七，第7883页。

② 〔宋〕李焘：《续资治通鉴长编》卷四一，第871页。

③ 〔宋〕沈作喆：《寓简》卷五，《丛书集成初编》本。

④ 〔宋〕李焘：《续资治通鉴长编》卷六七，第1495页。

⑤ 〔宋〕李焘：《续资治通鉴长编》卷六八，第1525页。

⑥ 〔宋〕庄绰撰，萧鲁阳点校：《鸡肋编》卷中《建炎后俚语》，中华书局1983年版，第67页。

同时，“荒年募兵”政策的制定，通过将部分灾民招募为厢军的办法，顿时收到宋神宗所谓的“救饥除盗”一举两得的良好效果。宋人吴儆对此曾有过很精辟的论述，他说：“饥岁莫急于防民之盗，而防盗莫先于募民为兵。……桀黠强悍之人既已衣食于县官而驯制之，则饥民虽欲为盗，谁与倡之？是上可以足兵之用，下可以去民之盗，一举而两得之。”[①]漆侠先生则更深刻地分析道：“凶年饥岁、离乡背井、饥寒无告的农民，即历史上农民起义的后备军或直接发动者，宋政府制订的荒年招兵的政策，鼓励守宰尽力招募，对‘募兵满率者赏之’，这一做法也就把那些足以危害、动摇甚至颠覆封建统治的重要因素转化为宋专制主义中央集权统治的力量了。”[②]

三

不过，相对而言，募兵制度对后者所起到的作用也许更为重要。

我们知道，“安史之乱”至唐末五代二百余年的战乱不休，固然有其自身极为复杂的政治、军事等具体成因，但魏晋以来长期居于社会统治地位的门阀政治和门阀观念瓦解之后，整个社会尤其是初步挣脱了血缘、门第观念束缚的社会中下层成员，对个人经济政治地位的追求热情空前高涨，不惜借助血与火的战争来实现个人的“贵达”梦想，甚至于表现出一种“苟有万人之众、万金之畜，一旦蹶起，而即褎然南面”[③]“称帝称王者，如春雨之蒸菌，不择地而发”[④]“延及于石（敬瑭）、刘（知远）之代，而无人不思为天子矣”[⑤]的社会性亢奋状态，这恐怕是实行募兵制度更为深层次的时代大背景。包括宋太祖本人在内的北宋统治者本来就是唐末五代社会剧烈动荡的参与者和得益者，他们对此有颇深的认识，如宋太祖开国立制，就重在“事为之防，曲为之制”；宋太宗则说：“国家若无外忧，必有内患。外忧不过边事，皆可预防，惟奸邪无状，若为内患，深可惧也。帝王用

① 〔宋〕吴儆：《竹洲集》卷二《论募兵》，《文渊阁四库全书》本。

② 漆侠：《知困集》，第51页。

③ 〔清〕王夫之：《读通鉴论》卷二九，中华书局1975年版，第1062页。

④ 〔清〕王夫之：《读通鉴论》卷二九，第1046页。

⑤ 〔清〕王夫之：《读通鉴论》卷三〇，第1080页。

心，常须谨此。"[①]直至宋神宗朝，神宗和王安石为此还曾专门有过探讨："上曰：'祖宗厚以财帛、官职抚此辈，固为此。'安石言：'五代之变，皆缘此辈。'上曰：'今百年旧俗未革。'"[②]还把其上升到事关"宗社长计"的高度。

宋太祖所要防的"事"，宋太宗所担忧的"奸邪"，宋神宗所指的"此辈"，也就是像仁宗朝李觏所说的"因天下之心，收天下之权"，试图谋取北宋政权的"奸雄"[③]及其奸事。从太祖、太宗开始，北宋前所未有地扩大科举选士的范围及录取的数量，"工商杂类"甚至于僧道子弟，皆得"怀牒自列于州县"，从而较大幅度地向社会中下层成员开放政权，即如宋人王栐所指出的："唐末，进士不第，如王仙芝辈唱乱，而敬翔、李振之徒，皆进士之不得志者也。盖四海九州之广，而岁上第者仅一二十人，苟非才学超出伦辈，必自绝意于功名之涂，无复顾藉。故圣朝广开科举之门，俾人人皆有觊觎之心，不忍自弃于盗贼奸宄。……况进士入官十倍旧数，多至二十倍。而特奏之多，自亦如之。英雄豪杰皆汩没消靡其中而不自觉，故乱不起于中国，而起于夷狄，岂非得御天下之要术欤！苏子云：'纵百万虎狼于山林而饥渴之，不知其将噬人。艺祖皇帝深知此理者也，岂汉、唐所可仰望哉！'"[④]

不过，一则科举选士所能容纳的数量毕竟还是有限，二则所谓"失职犷悍之徒""强悍无赖游手之徒""无赖不逞之人""亡命奸滑"等，大多来自破产农民、手工业者，没有条件接受文化教育，对其中的绝大多数人来说，通过科举考试来提高自身社会地位显然是不太现实的。正是在解决这一问题上，募兵制度发挥了不可替代的关键性作用。

一方面，北宋军人的总体社会地位虽然是日趋下降，但通过从士兵到军官，募兵制度毕竟给社会下层成员提供了一条在政治上逐步上升的出路，正如宋人所云："祖宗旧制，三衙用边臣、戚里及军班出身各一人，所以示激劝也。"[⑤]《宋史·选举志四·铨法上》亦云："凡入仕，有贡举、奏荫、摄署、流外、从军五

---

① 〔宋〕李焘：《续资治通鉴长编》卷三二，第719页。

② 〔宋〕李焘：《续资治通鉴长编》卷二三五，第5706页。

③ 〔宋〕李觏：《盱江集》卷二二《省盗》，《文渊阁四库全书》本。

④ 〔宋〕王栐撰，诚刚点校：《燕翼诒谋录》卷一《进士特奏》，第1～2页。

⑤ 〔宋〕李心传：《建炎以来系年要录》卷九七，第1606页。

等。”可见从军补官在宋代也是一条较重要的入仕途径。对此，苏辙曾谈道：“至于山林之材武、田里之凶悍、放荡无著之人，一隶于伍符尺籍，食其粟，衣其帛，俯首受笞而不敢肆，居则学弓剑，出则效首级，积岁月以取禄位，有其才必得其养。”①宋太祖就是“其军制亲卫殿禁之名，其营立龙虎日月之号；功臣勋爵优视公卿，官至检校、仆射、台宪之长；封父祖，荫妻子，荣名崇品，悉以与之；郊祀赦宥，先务赡军飨士，金币绢钱，无所爱惜”②。

终北宋一朝，积军功由士兵升至高级军官者始终不在少数，如杨遂“应募隶军籍”③，燕达“起行伍”④，后皆以功至殿前副都指挥使。又如仁宗朝的广东都监张忠，其在临战前对士兵们说：“我十年前一健儿，以战功为团练使，汝曹勉之。”⑤神宗朝贾嵓，“少时，善骑射，喟然叹曰：‘大丈夫生世，要当自奋，扬名显亲可也。’遂起家从戎”⑥，后果至步军都虞候的高位。

最具典型意义的事例则是仁宗时名将狄青。据《却扫编》卷下记载：“王文安公尧臣登第之日，狄武襄公始隶军籍。王公唱名自内出，传呼甚宠，观者如堵。狄公与侪类数人立于道旁，或叹曰：‘彼为状元而吾等始为卒，穷达之不同如此。’狄曰：‘不然，顾才能如何耳。’闻者笑之。后狄公为枢密使，王公为副，适同时焉。”狄青能够“奋行伍，十余年而贵”⑦，时人所谓“初缘狄青出自行间，名为拳勇，从未逢大敌，未立奇功，朝廷奖用太过，群心未服”及“且缘青骤自行间，未著大功，蒙恩超擢”的说法固然并非公正，但他的平步青云确有北宋朝廷刻意提拔，将其树为典型以激励军队士气的考虑。对此，狄青本人也是心知肚明，当宋仁宗命其除掉面上的刺字时，他就回答说：“陛下以功擢臣，不问门地，臣所以有今日，由此涅尔，臣愿留以劝军中。”⑧不管如何，狄青由一介贫民通过应募从军而至枢密使高位的事迹，就像欧阳修所讲的“军士本是小人，

① 〔宋〕苏辙撰，陈宏天等点校：《苏辙集·栾城后集》卷一一《兵民》，第1012页。

② 〔宋〕陈傅良：《历代兵制》卷八，《文渊阁四库全书》本。

③ 〔元〕脱脱等：《宋史》卷三四九《杨遂传》，第11062页。

④ 〔元〕脱脱等：《宋史》卷三四九《燕达传》，第11057页。

⑤ 〔宋〕李焘：《续资治通鉴长编》卷一七三，第4164页。

⑥ 〔元〕脱脱等：《宋史》卷三五〇《贾嵓传》，第11086页。

⑦ 〔元〕脱脱等：《宋史》卷二九〇《狄青传》，第9719页。

⑧ 〔元〕脱脱等：《宋史》卷二九〇《狄青传》，第9719页。

面有黥文，乐其同类，见其进用，自言我辈之内出得此人，既以为荣，遂相悦慕"[①]，无论是对现役士兵，还是广大与狄青大致类似的下层民众来说，无疑都具有极大的诱惑力。

如此一来，出身贫寒、热衷于功名利禄者，以及"失职犷悍之徒""强悍无赖游手之徒""无赖不逞之人""亡命奸滑"等，其中大多数就会被募兵制度源源不断地吸引到军队当中，幻想通过为北宋朝廷效力而博得荣华富贵，遂由社会的不稳定因素转化为支持北宋统治的支柱力量。这样的事例在北宋比比皆是，现举两例以为佐证：元达，"家业农，不任作苦，委耒耜，慨叹而去之"，尝从少年数十百人欲起为盗，时太宗居晋邸，"达求见，得隶帐下"[②]，后官至侍卫步军都虞候。阎守恭，"往来负贩于并、汾间，过西山，闻郭进为都巡检使，太宗（疑是"太祖"之误——引者）甚宠遇之。乃慨然曰：'进不遇主，亦行伍尔，吾自度岂不及进邪？'遂应募，隶拱圣军"[③]，后于仁宗朝官至刺史。

另一方面，通过募兵制度，"天下失职犷悍之徒，悉收籍之。伉健者迁禁卫，短弱者为厢军。制以队伍，束以法令，帖帖不敢出绳墨，平居食俸廪，养妻子，备征防之用；一有警急，勇者力战斗，弱者给漕挽，则向之天下失职犷悍之徒，今为良民之卫矣"[④]。当这些原本有可能成为社会不稳定因素的"失职犷悍之徒"等进入军队后，北宋朝廷就可以相对比较容易地将他们控制起来，因为军队的组织毕竟是最为严密的，即如苏轼所云："且今法令，莫严于御军。"[⑤]从宋太祖开始，北宋就一直实行极其严厉的军法，所谓"犯吾法者，惟有剑耳"，而这些军法，其主旨不外乎维护军队的上下等级尊卑关系，像最重要的"阶级法"，按照司马光所说，就是"祖宗受天景命，圣德聪明，知天下之乱生于无礼也，乃立军中之制，曰：'一阶一级，全归伏事之仪。敢有违犯，罪至于死。'于是上至都指挥使，下至押官、长行，等衰相承，粲然有叙，若身之使臂、臂之使指，莫敢不从，

---

① 〔宋〕欧阳修撰，李逸安点校：《欧阳修全集》卷一〇九《奏议》卷一三《论狄青札子》，第1656页。

② 〔元〕脱脱等：《宋史》卷二七五《元达传》，第9373页。

③ 〔元〕脱脱等：《宋史》卷三二三《阎守恭传》，第10459页。

④ 〔元〕马端临：《文献通考》卷一五二《兵制》，第4555页。

⑤ 〔宋〕苏轼撰，孔凡礼点校：《苏轼文集》卷二五《上神宗皇帝书》，第734页。

故能东征西伐，削平海内，为子孙建久大之业。至今百有余年天下太平者，皆由此道也”①。

况且，“失职犷悍之徒”在入伍之后，不仅在地域上不可避免地要与当地的农民大众脱离直接联系，而且在利益上彼此的关联性也不复存在。他们的注意力主要是集中在自身的经济目标上，即获得尽可能多的犒赏，诚如欧阳修所言：“兵之得赏，不以无功知愧，乃称多量少，比好嫌恶，小不如意，则群聚而呼，持梃欲击天子之大吏。”②在这种情况下，他们的行为是很难得到民众的广泛支持的，甚至会引起民众的反感。北宋“兵变”次数虽多，但无论是规模还是影响，从整体上看都是较为有限的，原因也就在于此。

由此可见，募兵制度对北宋社会的安定确实发挥了重要的积极作用。从这个角度讲，其在一定程度上实现了宋太祖对募兵制度“可以利百代”的预期目标。

原载《理论学刊》2005年第3期

① 〔宋〕司马光：《温国文正司马公文集》卷三一《阶级札子》，《四部丛刊》本。

② 〔宋〕欧阳修撰，李逸安点校：《欧阳修全集》卷六〇《居士外集》卷一〇《本论上》，第861～862页。

变法与变意：宋太祖募兵制度改革刍议

南宋学者吕中在评价宋太祖朝的政事时说："我太祖创法立制，不务名而务实，不变其法而变其意，一转移之间，事体顿异矣"，"至治之世，不能无弊法，至弊之法，亦必有美意。国初惟不尽变前代之法而惟变其意，所以为一代凭借扶持之地"[①]。宋代募兵制度，即适当调整变法与变意关系，"不变其法而变其意"的杰作。宋太祖在保留募兵制度形式的同时，将"五代乱亡之遗法"改造为维护赵宋统治的重要工具。概而言之，宋太祖改革募兵制度的主要内容有四项，本文对此略做探讨。

一、改私人募兵为国家募兵

在"安史之乱"前，以安禄山为代表的强藩尽管早已是自行募兵，但唐中央至少在名义上对募兵还有着控制权。"安史之乱"中，唐玄宗在逃亡四川的途中下了一道诏书，正式放权给各地节度使自募军队，自调兵食，自署官吏。自此，唐中央遂彻底失去了对募兵权的严密控制。在群雄并起的局面下，大大小小的军阀

① 〔宋〕吕中：《宋大事记讲义》卷一《序论·制度论》，《文渊阁四库全书》本。

为了扩充私人武装，都是不惜以私财和其所控制的地方财赋召募军队，所谓“唐自中世以来，诸侯皆自募兵训练，出攻入守，上下一志”[①]。即便是宋太祖本人亲身参与的周世宗整军，也只是中央以另行招募的形式加强中央军力而已，“当时藩镇亦皆募兵，倚以跋扈，虽世宗不能尽制也”[②]，“当时节镇皆广募亲兵”[③]。募兵权的高度分散，与唐末五代政治上的分裂割据局面是互为表里、互相促进的，正如苏辙所说：“昔唐季五代之乱，其乱果何在也？海内之兵，各隶其将，大者数十万人，而小者不下数万，抚循鞠养，美衣丰食，同其甘苦而顺其好恶，甚者养以为子，而授之以其姓。故当是时，军旅之士，各知其将，而不识天子之惠。君有所令不从，而听其将。而将之所为，虽有大奸不义，而无所违拒。故其乱也，奸臣擅命，拥兵而不可制。”[④]因此，要消除地方割据，集中募兵权于中央是当务之急。

北宋开国，宋太祖除了以“制其钱谷”和“收其精兵”控制地方节度使，还从募兵制度本身入手来解决这一问题。首先是在乾德三年八月，宋太祖用赵普之谋，“选强壮卒，定为兵样，分送诸道。其后又以木梃为高下之等，给散诸州军，委长吏、都监等召募、教习，俟其精练，即送都下”[⑤]。这道诏书在募兵制度方面的重要性体现在许多方面。一是“兵样”和“等杖”的出现。这使中央统一了募兵标准，使募兵有制可循，同时也明确了中央对募兵的控制权。自此，地方的募兵必须以中央诏令为准，通常要经过由三衙管军将帅提出增兵申请，枢密院、中书集议批准，三司计置费用后，方下旨交由地方招募。遇有战事时，则朝廷选派内臣或兵官充当招兵使臣，持诏书至地方设“黄旗”专行募兵。二是募兵改由州郡长吏和都监具体负责。长吏，是指知州、通判，从宋太祖朝开始即主要由中央派遣文臣担任；都监，指州都监，《文献通考》记其选任、职掌是“以大小使臣充，掌本城屯驻兵甲训练、差使之事，兼在城巡检，资浅者为监押”[⑥]，而朱熹更点

---

① 〔元〕脱脱等：《宋史》卷四四二《尹源传》，第13084页。

② 〔宋〕沈作宾修，〔宋〕施宿等纂：《嘉泰会稽志》卷四《军营》，《文渊阁四库全书》本。

③ 〔宋〕李焘：《续资治通鉴长编》卷一六，第344页。

④ 〔宋〕苏辙撰，陈宏天等点校：《苏辙集》卷七《进策五道》，第1300页。

⑤ 〔宋〕李焘：《续资治通鉴长编》卷六，第156页。

⑥ 〔元〕马端临：《文献通考》卷五九《兵马都监》，第1783页。

明其“乃是唐之监军”[①]的性质。显而易见，由中央派遣的知州、都监负责募兵事宜，节度使干预募兵的权力就被完全剥夺了。

与此同时，宋太祖还严格禁止高级将领在军中私自招募亲兵卫队，乾德四年“诏殿前、侍卫诸军及边防监护使臣，不得选中军骁勇者自为牙队”[②]。宋太祖朝张琼、韩重赟两员大将一个后来被逼自尽，一个差点被杀，主要罪名即“养部曲百余人”[③]或“私取亲兵为腹心者”[④]。宋太祖素以驭将宽厚著称，对此二人却不惜痛下杀手，可见他厉禁将领私自募兵的决心。

二、将“情愿”原则进一步制度化

募兵制区别于征兵制的最主要特点，就在于募兵制是以“自愿投募”为原则的，应募者是“情愿”而不是被“强征”入伍的。但在战乱不休的唐末五代，募兵制的这一原则并没有得到很好的实现，这主要表现在两个方面，一是各政权强制点集民众为“乡兵”的问题仍然较为普遍，以南唐为例，“李氏取民税钱三千以上及丁口多者，抽点义师，户一人，黥面为字，令自备器甲输官库，出军即给之”[⑤]。二是存在着严重的逼迫入伍和抓兵现象，像幽州军阀刘仁恭，即强令境内十五至七十的男子全部当兵；又梁将王彦章任东路守捉使，其所将五百骑，“皆新捉募之兵，不可用”[⑥]。所谓“捉募”，其实也就是抓人当兵而已。

宋太祖在开国伊始，即着手解决上述问题。如他的《登极赦》就值得引起重视，诏书中说：“诸军有草寇处，仰所在州府及巡检使臣晓谕招唤。若愿在军食粮者，并与衣粮；如愿归农者，亦听取便。”[⑦]募“草寇”等盗贼为兵，本属袭周世宗之故智，但在宋太祖这里，着重突出了募兵中的“情愿”原则。因为，

---

① 〔宋〕黎靖德编，王星贤点校：《朱子语类》卷一二八《法制》，第3077页。

② 〔宋〕李焘：《续资治通鉴长编》卷七，第178页。

③ 〔宋〕李焘：《续资治通鉴长编》卷四，第101页。

④ 〔宋〕李焘：《续资治通鉴长编》卷八，第190页。

⑤ 〔宋〕李焘：《续资治通鉴长编》卷二二，第508页。

⑥ 〔宋〕欧阳修撰，〔宋〕徐无党注：《新五代史》卷三二《王彦章传》，中华书局1974年版，第349页。

⑦ 〔宋〕李攸：《宋朝事实》卷二《登极赦》，《文渊阁四库全书》本。

既然连“草寇”是否应募为兵都要视其是否“愿在军食粮”，不得强迫，那么，正常募兵自然就更得坚持“情愿”原则了。不仅如此，前面提到的宋太祖著名的“荒年募兵”政策，其主旨同样是“情愿”原则的体现。道理很简单，丰年熟岁，则“少人投军”；唯饥荒歉年，百姓“填壑是惧”，“情愿”从军者才可能大批出现。

正是本着“情愿”这一原则，宋太祖在平定江南的过程中就陆续下达诏令，释放各国军中被强征入伍的百姓，并遣散征自民众的乡兵。即便是在邻近契丹的河北，宋太祖也曾下令解散了“十户出一丁”的一千余名镇州弓箭手。陕西的情况则略有不同，开宝八年十二月，宋太祖令“发渭州平凉、潘原二县民治城壕。既毕，因立为保毅军弓箭手”[①]。但是据宋人所说，当地的保毅军弓箭手，其实“止有租名，初无正丁，皆是临时众户依地亩合钱，雇庸充役”[②]，只是一种变相的赋税而已。

宋太祖在募兵制度中所确立的“情愿”原则，体现了统治者对民众主体意识的尊重，是一个历史性的进步，其精神为北宋历代皇帝所继承和发扬，并成为北宋朝野上下的共识。如李觏就谈道：“既曰募人，须从所愿。”[③]王安石也说：“凡使人从事，须其情愿，乃可长久。”[④]从北宋中期开始，募兵中的“情愿”原则，又发展成为入伍不但要本人自愿，还需要征得应募者家长的同意，当时规定：“祖父母、父母愿令投军者，委州郡长吏寄招”[⑤]，“祖父母在，无子孙成丁，委亲投军者，杖一百，限一年许尊长自陈，取厢耆或邻人委保放停”[⑥]。强制入伍，甚至于抓兵的现象在当时尽管并没有完全绝迹，但都属违法行为。按照北宋制度规定：凡是不“情愿”入伍的人，即使已经被强刺为兵，也得改正，如徽宗崇宁五年诏书说：“抑勒诸色人投军者，并许自身及亲属越诉。其已刺字，仍并改正。”直至靖康国难、金军兵临城下之际，宋钦宗仍宣布各地招募勤王军不得“抑勒强募”人

① 〔宋〕李焘：《续资治通鉴长编》卷一六，第356页。

② 〔宋〕李焘：《续资治通鉴长编》卷二一六，第5267页

③ 〔宋〕李觏撰，王国轩校点：《李觏集》卷二八《寄上富枢密书》，第303页。

④ 〔宋〕李焘：《续资治通鉴长编》卷二六二，第6411页。

⑤ 〔宋〕李焘：《续资治通鉴长编》卷三七一，第8994页。

⑥ 〔宋〕李焘：《续资治通鉴长编》卷四三九，第10577页。

为兵，并下诏："（募兵勤王）自今并取情愿，敢有违戾，当议重罚。"[①]

三、合理规范募兵和养兵费用

"五代为国，兴亡以兵。"上至各国君主，下至大大小小的军阀，皆拼命扩充各自的军队，并不惜以重金滥赏来换取士兵的效忠，"养兵如养骄子，抱而哺之，犹虑弗食"[②]，从而加速了募兵、养兵费用的无度飞涨。按后周世宗的说法，当时的养兵费用已经达到了"百户农夫，未能赡一甲士"的惊人程度[③]。过度的重金滥赏，不但国家财政不堪重负，也进一步刺激了士兵们的无穷贪欲，军队更加骄惰腐败，临阵难用。

宋太祖本人在发动"陈桥兵变"的时候，就充分利用过军队"贪财希赏"的五代恶习，对这一问题的严重性自然有着深刻的体会，所以在建国后就决心予以坚决整饬。开宝四年，川班内殿直因岁末郊赏比御马直少五千钱而聚众"击登闻鼓"乞赏时，就引起了宋太祖的高度警觉，认为这是禁军重演五代"贪财希赏"要挟君主的故态，遂借题发挥，痛下杀手："上怒，遣中使谓之曰：'朕之所与，即为恩泽，又安有例哉！'命斩其妄诉者四十余人，余悉配隶许州骁捷军，其都校皆决杖降职，遂废其班。"[④]宋太祖如此小题大做，其用意当然在于杀一儆百。

在坚决杜绝士兵"无厌之求"的同时，宋太祖对募兵制度下特有的士兵们养家糊口的正当要求则给予了极大的关注，像乾德三年五月，宋太祖规定："诸军小校以上，死者官给赙物，或嗣绝及孤幼不能申请者，令中使就赐之。"[⑤]同年九月，又"命给诸军缗钱，俾娶妻"[⑥]。最重要的措施则是创立了一套行之有效的廪禄制度，据《宋史》卷一九四《兵志八》记载："自班直而下，将士月给粮，率称是为差；春冬赐衣，有绢绵，或加绸布、缗钱。凡军士，边外率分口券，或折月粮，

---

① 〔元〕脱脱等：《宋史》卷一九三《兵志》，第4808页。

② 〔宋〕章如愚：《群书考索》续集卷四四，《文渊阁四库全书》本。

③ 〔宋〕王溥：《五代会要》卷一二《京城诸军》，《文渊阁四库全书》本。

④ 〔宋〕李焘：《续资治通鉴长编》卷一二，第274页。

⑤ 〔宋〕李焘：《续资治通鉴长编》卷六，第154页。

⑥ 〔宋〕吕中：《宋大事记讲义》卷三，《文渊阁四库全书》本。

或从别给……凡三岁大祀，有赐赉，有优赐。每岁寒食、端午、冬至，有特支。特支有大小差，亦有非时给者。边戍季加给银、鞋，邠、宁、环、庆缘边难于爨汲者，两月一给薪水钱，苦寒或赐絮襦裤。役兵劳苦，季给钱。戍岭南者，增月奉。自川、广戍还者，别与装钱。”具体说来，除军粮，当时每个士兵的收入主要有招刺例物、军俸、郊赏和特支四大项。

招刺例物，是士兵入伍时一次性发给的第一笔雇金，又称“募军例物”，通常情况是“其募军例物，人不过十余千，募万人，所费财十万缗”[①]。十贯是禁军的标准，厢军则“只支钱六贯”，在宋太祖朝，这个数字还要低一些。

军俸，按规定是按月发放铜钱，也称月俸钱或料钱，基本上是按照士兵的等级而高低不同。不过，宋太祖朝的军俸并不像北宋后来各朝那样完全固定，而是根据资历和战功进行必要的升降，如宋神宗就曾谈道：“制法当使人乐趋而竞奋。太祖因诸营战胜有功，乃令各营升俸廪，此人所以乐战也。今虎翼定俸钱五百，人何所劝？”[②]这也是宋太祖鼓舞士气的一种方法。

郊赏，是宋太祖新创立的名目，北宋制度：通常每三年行一次郊祀（祭天）大礼，届时对百官和军队进行赏赐。其中最主要的是赏军，如《历代兵制》卷八谈道：“（宋太祖）郊祀赦宥，先务赡军飨士，金币缗钱，无所爱惜。”《文庄集》卷一三也说：“（郊赏时）兵卫至众，颁赉至多，府库之实，半供其费，中民十家之赋，禁卫一卒之赏。”郊赏的数额相当可观，一次郊赏约等于一名禁军士兵一二十个月的俸钱。从某种意义上讲，宋太祖创立的郊祀赏军制度，是将五代的滥赏无度改为定时、定额赏军的折中办法。

特支，则是因节、因事而发给士兵的补贴钱。

至于宋太祖时期士兵总的收入情况，由于史料的缺乏，难以得出确切的数字，但据英宗时“今之一卒，可赡昔之三人”[③]的说法，可大致计算：当时禁厢军的年收入，大约分别为五十、三十贯，若按“今之一卒，可赡昔之三人”计，则宋太祖朝禁军一兵之年收入则是五十贯的三分之一，约十七贯；厢军一兵的年收入则是三十贯的三分之一，约为十贯；平均则为十三贯多。十七贯和十三贯，相比于

---

① 〔宋〕李焘：《续资治通鉴长编》卷一二七，第3017页。

② 〔宋〕李焘：《续资治通鉴长编》卷二四一，第5877页。

③ 〔宋〕蔡襄：《端明集》卷九，《文渊阁四库全书》本。

动辄“百贯募一兵”“百户农夫，未能赡一甲士”的唐末五代，显然是有了不小幅度的下降，国家财政负担也大为减轻；同时，在“物价甚廉”的宋太祖朝，这个标准又可以较充分地满足士兵们基本的生活需要，“由是兵不贫乏而锐于役使，力既强壮而勇战斗，艺祖之所以平五强国者，用此道也”[①]，收到了较好的效果。

四、创立剩员和厢军制度

在募兵制度下，士兵作为服役终身的职业兵，其“老而无靠”和病弱者的出路就成为事关军心稳固与否的重大问题，“一脚踢开”于情于理都很难行得通，如司马光就具体谈到陕西的保捷军士被遣散后的惨状：“田产已空，无复归望，皆流落冻馁，不知所在。长老至今言之，犹长叹出涕。”[②]但是，若听任大批老弱残兵充斥战斗部队，不仅会造成养兵费用的直线上升，更会严重降低军队的战斗力。北宋名臣范仲淹就曾经指出这一症结之所在：“一卒之费，岁不下百千,万人则百万缗矣。七十岁乃放停，且人方五十之时，或有乡园骨肉怀土之情，犹乐旧里，及七十后，乡园改易，骨肉沦谢，羸老者归复何托？是未停之前，大蠹国用；既废之后，复伤物情。”[③]

这是募兵制度中十分棘手的两难问题，始终困扰着唐末五代的统治者，英武如周世宗，虽有意于“一一点选，精锐者升在上军，怯懦者任从安便，庶期可用，又不虚费”[④]，但直到宋太祖上台后情况仍然是“卫士不下数十万，然可用者极寡”[⑤]。显然，不对募兵制度自身进行完善，要较好地解决这一问题是不太可能的。

宋太祖对此的解决方案无疑是高人一筹，他跳出了周世宗等人单纯为求强军而裁汰老弱的思维定式，而是将给予老弱病残士兵以适当的出路和收夺地方军权及减轻民众的徭役负担等因素综合起来考虑，创立了对宋代影响深远的剩员、厢军制度。

---

① 〔宋〕章如愚：《群书考索》后集卷四六，《文渊阁四库全书》本。
② 〔宋〕李焘：《续资治通鉴长编》卷二〇三，第4917页。
③ 〔宋〕李焘：《续资治通鉴长编》卷一一二，第2624～2625页。
④ 〔宋〕王溥：《五代会要》卷一二《京城诸军》，《文渊阁四库全书》本。
⑤ 〔宋〕李焘：《续资治通鉴长编》卷三，第74页。

剩员，始自建隆二年五月，《续资治通鉴长编》记载："令殿前、侍卫司及诸州长吏阅所部兵，骁勇者升其籍，老弱怯懦者去之。初置剩员，以处退兵。"剩员仍保留军籍，归侍卫步军司管辖，但已不是完全意义上的军人。第一，除极少数"带甲剩员"，剩员一般"不任征战"，即不再参加军事训练和战斗，有军人之名而无军人之实。第二，因为他们不再冲锋陷阵，除立有战功者，其"兵"饷的领取只是一般士兵的二分之一（"半分"），甚至更低。第三，"剩员"的主要任务是在官府、宫观寺院、仓库草场等充巡逻值班人员，并从事洒扫等杂务，也担任官员们的随从。

不过，并不是所有的"退军"都可以充当剩员，《宋会要辑稿》职官一四引《神宗正史·职官志》记载："厢、禁、土军因老、疾而裁其功力之半为剩员。"《淳熙三山志》卷一八中对此有更为详细的重要记载："其就粮禁军及本城兵士，如病患可医者减充半分剩员，久或不堪，与给放停公据；若曾有战功及阵亡人弟侄子孙令仍旧……非疾病或衰老不任战御，视岁数有减切法，诸厢禁卒自十将至押官，六十五减切，七十放停；长行六十减切，六十五放停；惟副都头以上，独免减切，至七十则放停而已。凡减切及岁时拣汰疾病稍堪役者，充剩员；兵级尝有战功应放停者亦减充看营不管事剩员，其衣粮等各得元来之半，终其身。"《续资治通鉴长编》卷五二"咸平五年五月"也记载："环庆路部署言：军士涉雪讨蕃部，苦寒，有支体废堕者，今遣还京师。上念其久劳，不忍遽弃，令中使就赐缗钱、药酒，以隶剩员，凡三十三人，廪给如故。自是，遂为定例。"又同书卷七七"大中祥符五年四月"诏："承前遣使取内外军中疲老者，咸给俸粮之半，以隶剩员，今可简阅使归农业……内契丹、渤海、女真本外国人，停之虑无所归，可如其旧。"

综合上述资料，可以看出，除少数契丹等异族士兵，主要有两类士兵可以充当剩员：一是"老"者，按"减切法"的规定，大约是在六十岁以上；二是"病""残"者，即入伍之后在军中患有疾病的（能够治愈）和在战争中负伤致残的，才可以不受年龄的限制充当剩员。

由此可见：其一，剩员所能接纳的"退军"数量是相当有限的，据《淳熙三山志》卷一八记载：宋代剩员编制仅是军队的十分之一，"禁军、厢军，通计十分立一分为剩员额"；其二，既然剩员主要是由"老""病""残"者组成，那么，他们所承担的劳役带有相当大的“养老”成分，不太可能担当繁重的事务性劳役；其三，也是最关键的，占“退军”绝大部分的“弱”者和“怯懦”者，由于既非“老”，亦非“病”，是无法充当剩员的。我们知道，身高几乎是北宋募兵的唯一标准，但身高符合要求，其他身体条件达不到军队训练和作战要求者不乏其人；身体虽然健康，但生性胆怯，不适合充军者也不在少数。相对于“老”和“病”，他们的数量更多，对军队战斗力的负面影响也更大。如庆历年间的“万胜军”，皆“京师新募市井无赖子弟，疲懦不能战，遇贼必走，贼目曰东军，素易之”[①]。所以说，剩员制度的创立，只是部分地解决了“老弱怯懦”中“老”的问题。

正因为如此，宋太祖又赋予厢军制度以新的意义。厢军，地位和待遇在禁军之下，但要高于剩员。史籍中关于厢军的记载，最早出现于开宝四年，《续资治通鉴长编》卷一二记载：“发厢军千人诣京兆修先代陵寝，令勿复调民，自今有当缮治者，以镇兵给其役。”但按照同书卷二〇九“太祖皇帝制折杖法，免天下徒，初置壮城、牢城，备诸役使，谓之厢军”的说法，则厢军制度早在乾德元年当已确定，因为折杖法就是在这一年的三月制定和颁布的。不过，随着宋太祖裁汰禁军中的“老弱怯懦”和收夺地方藩镇精兵工作的大规模展开，厢军原本主要由罪犯充当的状况很快就有了以下较大的变化。

第一，地方部队中的精锐“壮勇”被抽调至京师充禁军，“老”“病”无家可归者归入剩员，其余既非“壮勇”，又不“老”“病”者则编入厢军，故《宋史·兵志》称“厢兵者，诸州之镇兵也”。

第二，厢军虽“内总于侍卫司”，但按《宋史·兵志三》的记载，“罕教阅，类多给役而已”，其和剩员一样，军事职能实际上已经大大淡化，后更发展到“因事（劳役）募人”充厢军，其军额的设置多“或因工作、榷酤、水陆运送、通道、山险、桥梁、邮传、马牧、堤防、堰埭”，“如澶州般坊之类，则因工作而立；如楚、真、泗州装发之类，则因水陆运送而立；如龙、剑、文州桥阁之类，则因通道、山险、桥梁而立名”[②]，所以就可以“不择孱小尫弱，而悉刺之”[③]。宋太祖谈到的“荒年募兵”，主要也是指募饥民为厢军。

---

① 〔宋〕李焘：《续资治通鉴长编》卷一三六，第3247页。

② 〔宋〕李焘：《续资治通鉴长编》卷二二八，第5555页。

③ 〔宋〕李焘：《续资治通鉴长编》卷一二五，第2942页。

第三，由于厢军职务为承担各种劳役，而不在于上阵征战，故禁军中大量不符合宋太祖要求的“弱”者和“怯懦”者就可以被裁汰到厢军，形成了所谓的“落厢”制度。如《宝庆四明志》卷七记载：“国初……禁军惰怯，则降为厢军。”又如《嘉泰会稽志》卷四《军营》说：“禁军有退惰者，降为厢军，谓之落厢。”具体规定是：“马军教习不成，退充步军；又不成，退充厢军”[①]，“若虽系禁军，其间羸弱惮于教阅，愿退就厢军者，亦听从便”[②]。据《文献通考》记载，宋太祖开宝年间的禁军已由开国之初的几十万人降至十九万，确乎“汰兵使极少”；但与此同时，厢军却急剧升至十八万人，禁、厢相加的总数仍然是三十余万。显而易见，被裁汰禁军的大部分被编到了厢军之中，这个数字比充当剩员的数字无疑要大得多。

剩员和厢军制度的确立，在保证战斗部队战斗力的前提下，基本解决老弱士兵的出路问题，是对募兵制度的重大完善。

总之，宋太祖从以上改私人募兵为国家募兵制，将“情愿”原则进一步制度化，合理规范募兵、养兵费用，创立厢军和剩员制度等四个方面入手，对募兵制度进行了一系列的改革完善。经过宋太祖的完善，募兵制度才具备了成为宋代居于主导地位兵役制度的条件。

原载《社会科学辑刊》2006年第3期

---

① 〔宋〕李焘：《续资治通鉴长编》卷二九四，第7173页。

② 〔宋〕李焘：《续资治通鉴长编》卷一六三，第3924页。

募兵与北宋商品经济的繁荣

募兵制度与北宋商品经济的发展紧密相连。作为主要建立在国家与士兵两者之间货币交换关系之上的一种军队征集方式，募兵制度能够在唐、宋之际趋于成熟，并成为居于主导地位的兵役制度，自唐代中期以来商品经济的长足进步是其必备的前提。反过来，无论是在大幅度增加商业经营者及商品消费者群体的范围，还是在促使市场扩大等诸多方面，募兵制度对北宋商品经济的繁荣，都发挥着不容忽视的促进作用。

一

商业经营者群体的大幅度增加，特别是相当一部分农民，或是弃农经商，或是辅营商货，积极参与商品经济，一直是整个宋代非常普遍的社会现象。如仁宗朝夏竦说："众以为法贱稼穑、贵游食，皆欲货耒耜而买舟车，弃南亩而趣九市。臣窃恐不数十年间，贾区夥于白社，力田鲜于驵侩。"[①]神宗朝刘挚也说："天下户口，日当耗失，小则去为商贾、为客户、为游惰。"[②]苏轼、苏辙亦曾谈到，今民

---

① 〔宋〕夏竦：《文庄集》卷一三《进策·贱商贾》，《文渊阁四库全书》本。

② 〔宋〕李焘：《续资治通鉴长编》卷二二四，第5447页。

“去为商贾，事势当尔”[①]，“方今天下之人，狃于工商之利，而不喜于农，惟其最愚下之人，自知其无能，然后安于田亩而不去”[②]。南宋时王柏更概括说：“今之农与古之农异。秋成之时，百逋丛身；解偿之余，储积无几。往往负贩、佣工，以谋朝夕之赢者，比比皆是也。”[③]

农民弃农经商的现象在历史上并不罕见，早在秦汉时期即已经出现，但发展到“比比皆是”的如此程度，确实是宋代以前所未曾有过的。这一现象，既是北宋商品经济发展到历史新高水平的必然结果，又是北宋商品经济持续稳定发展的强大推动力，应当视之为一种古代历史的进步。分析这种现象能够在北宋普遍出现，并保持持续发展势头的原因，募兵制度就是其中一个不可忽视的关键性的前提条件。

对此，司马光曾经从反面进行过论述，他在治平元年（1064）十二月上奏反对于陕西、河北、河东诸路强征民丁为义勇时，就将强制征兵妨碍民众从事商业经营，列为一条很重要的理由，他说：“其河北、河东之民比于陕西，虽免离家去乡、戍边死敌之患，然一刺手背之后，则终身拘缀，或欲远出干事，粜贱卖贵，或遇水旱凶荒，欲分房逐熟，或典卖田产，欲浮游作客，皆虑官中非时点集，不敢东西。”[④]确实，在征兵制度之下，农民与国家政权之间存在着相当强的人身依附关系，农民“远出干事”，特别是从事长途贩运等商业经营，必然会受到官府兵役和徭役强制征发的限制，其自由度是相当有限的。

相比之下，宋代以募兵制度为主，社会民众，尤其是广大农民群体，就以承担养兵费用为代价，在很大程度上赢得了“身常在野，而不见官府”“不见兵革，安于田亩，而以财力奉公家”“乐职而安业”的社会权力。史载：“养兵之费，一出于民，而御戎捍寇，民不知有金革之事。”[⑤]对此，宋人有许多精彩的评论，如

---

① 〔宋〕苏轼撰，孔凡礼点校：《苏轼文集》卷二五《上神宗皇帝书》，第734页。

② 〔宋〕苏辙撰，陈宏天等点校：《苏辙集·栾城应诏集》卷九《进策五道·民政上·第一道》，第1316页。

③ 〔宋〕王柏：《鲁斋集》卷七《社仓利害书》，《文渊阁四库全书》本。

④ 〔宋〕司马光：《上英宗乞罢刺陕西义勇（系第四状）》，《宋朝诸臣奏议》卷一二三，第1358页。

⑤ 〔宋〕李焘：《续资治通鉴长编》卷三〇一，第7324页。

韩琦："养兵虽非古，然亦自有利处。议者但谓不如汉、唐调兵于民，独不见杜甫《石壕吏》一篇，调兵于民，其弊乃如此。后世既收拾强悍无赖者，养之以为兵，良民虽税敛良厚，而终身保骨肉相聚之乐，父子兄弟夫妇免生离死别之苦，此岂小事？"①司马光："其乡村下等人户，除二税之外，更无大段差徭。自非大饥之岁，则温衣饱食，父子兄弟熙熙相乐。"②苏辙亦曰："议者又谓三代之盛，兵出于农，故团结伍保以万军令。朝廷喜其近古，亦谓可行。然而三代之民，受田于官，官之所以养之者厚，故出身为兵而无怨。今民买田以耕，而后得食，官之所以养之者薄，而欲责其为兵，其势不可得矣。盖自唐以来，民以租庸调与官，而免于为兵。今租庸调变而为两税，则两税之中兵费具矣。"③曾巩说："太祖外削藩服，而归之轨道；内操师旅，而束以法制。天下之恶子，非鰌之以刑，而自列于行伍；非驱之以暴，而自就于绳墨。以镇城邑，以戍疆埸。非独为朝廷之用，其于天下之良民，得以乐职而安业者，实赖其力。"④南宋学者章如愚则概括说："善养兵者，以兵养民；不善养兵者，以兵病民。思昔祖宗之制兵也，敛强悍之民以为兵，赋淳良之民以给兵。征伐之苦，兵任之，民不知也；屯戍之苦，兵任之，民不知也。天下之民，安居暇食，优游以生死，仰事俯育，终其身相保聚。虽日赋月敛，有不暇恤，曾谓不以为利，而反以为病乎？"⑤宋太祖曾有云："吾家之事，唯养兵可为百代之利。"⑥哲宗朝宰相吕大防在给宋哲宗读《宝训》时亦云："浮费固当节，至于养兵以御患而民不劳。故养兵之费不可节。"⑦以上也都主要是从这一角度来理解募兵制度的社会意义的。

具体地说，随着募兵制度的推行，宋代国家政权对农民等劳动者人身束缚的

---

① 〔宋〕罗大经撰，王瑞来点校：《鹤林玉露》乙编卷四《养兵》，第180页。

② 〔宋〕司马光：《上英宗乞罢刺陕西义勇（系第四状）》，《宋朝诸臣奏议》卷一二三，第1358页。

③ 〔宋〕苏辙撰，陈宏天等点校：《苏辙集·栾城集》卷三五《自齐州回论时事书》附《画一状》，第620页。

④ 〔宋〕曾巩撰，陈杏珍等点校：《曾巩集》卷三〇《请西北择将东南益兵札子》，中华书局1984年版，第449～450页。

⑤ 〔宋〕章如愚：《群书考索》续集卷四四，《文渊阁四库全书》本。

⑥ 〔宋〕邵博撰，李剑雄等点校：《邵氏闻见后录》卷一，第1页。

⑦ 〔宋〕李焘：《续资治通鉴长编》卷四六七，第11149页。

力度趋向于放松，劳动者的社会地位明显提高，以及兵役、徭役直接负担的大幅度减轻，都有利于增强和保障劳动者选择经营项目的自主权。而这种择业自主权的历史性提高，在“用贫求富，农不如工，工不如商”[①]经济基本规律的引导之下，农民经商热潮随之出现，既是很自然的事情，在一定程度上也就是一种历史的必然。

二

在募兵制度下，军人与货币、市场的关系十分密切，宋代的官营手工业、商业，即大量使用厢军作为主要的劳动力。除此之外，军队和军人自身往往也积极从事商业经营。

正如漆侠先生所指出的，北宋“武将亦参与了对商业利润的攫夺”[②]。像哲宗时河北的驻军当中，很多将领就在军队发放高利贷以谋取私利，据苏轼所说的情况是：“将校不肃，敛掠乞取，坐放债负，习以成风。”[③]他还具体地谈道：“盖自近岁以来，部送罪人配军者，皆不使役人，而使禁军，军士当部送者，受牒即行，往返常不下十日，道路之费，非取息钱不能办，百姓畏法不敢贷，贷亦不可复得，惟所部将校，乃敢出息钱与之，归而刻其粮赐。”[④]直到徽宗时期，军官“举放营债”[⑤]的问题仍然是相当普遍和严重。

至于高级将领私自役使士兵从事盈利性的商业经营，无论是在唐末，还是在五代、宋初，始终在军中广泛流行。据《续资治通鉴长编》卷一八“太平兴国二年正月丙寅”条记载：“五代藩镇多遣亲吏往诸道回图贩易，所过皆免其算，既多财则务为奢僭，养马至千余匹，童仆亦千余人。国初，大功臣数十人，犹袭旧风。”像齐州防御使李汉超镇守关南，“齐州属州城钱七八万贯，悉以给与，非次

---

① 〔汉〕司马迁：《史记》卷一二九《货殖列传》，中华书局1982年版，第3274页。

② 漆侠：《王安石变法》，上海人民出版社1997年版，第28页。

③ 〔宋〕苏轼撰，孔凡礼点校：《苏轼文集》卷三六《乞增修弓箭社条约状二首》，第1024页。

④ 〔宋〕苏轼撰，孔凡礼点校：《苏轼文集》卷二六《徐州上皇帝书》，第760页。

⑤ 〔元〕脱脱等：《宋史》卷一九三《兵志七》，第4813页。

赏赉，动及千万。汉超犹私贩榷场，规免商算，当时有以此事达于太祖者，即诏汉超私物所在，悉免关征”[①]。宋太祖还公开表示允许边将以贸易求利，他谓近臣曰：“安边御众，须是得人。若分边寄者能禀朕意，则必优恤其家属，厚其爵禄，多与公钱及属州课利，使之回图，特免税算。”[②]宋太宗即位后，虽然将其作为军中弊政明令予以革除，“诏中外臣僚，自今不得因乘传出入，赍轻货，邀厚利，并不得令人于诸处回图，与民争利”[③]，实际上却是始终禁而未绝。如在真宗、仁宗两朝任大将的杨崇勋，就是“在藩镇日，尝役兵工作木偶戏人，涂以丹白，舟载鬻于京师”[④]。

从仁宗朝开始，这种现象已经是愈演愈烈，如据张亢所言庆历年间的情况是：“国家竭财用以赡军，今军士有手艺者，管兵之官，每指挥抽占三之一。”[⑤]薛向也说嘉祐年间“陕西之兵，厢、禁军凡二十五万。其间老弱、病患、伎巧占破数乃过半”[⑥]。具体的事例，像张亢本人即曾“出库银给牙吏往成都市易，以利自入”[⑦]；滕宗谅亦曾经“差兵士百八十七人，以驴车四十两（辆），载茶三百余笼出引，逐处不得收税”[⑧]；贾逵也令所部禁军士兵，“五人为一保，给钱十万，凡回易五十日，出息钱四十万”[⑨]，当地转运司也认为“旧例如此”。驻扎在京城开封的禁军，更是大量地被皇亲国戚、达官贵人和高级将领占为私家的仆隶，从事工商业活动来谋利，如韩琦谈道：“将相、戚里及权近之家，多占六军，耗蠹县官衣粮，有妨征役，在京者不啻数千人。”[⑩]军官经商，对军队战斗力的负面影响十分明显，仁宗时宋军屡次惨败于西夏，此亦为原因之一。

神宗朝的情况也大致与此类似，像赵抃就曾经在上奏中谈道：“臣近过陕西，

---

① 〔元〕脱脱等：《宋史》卷二五七《李继和传》，第8972页。

② 〔宋〕李焘：《续资治通鉴长编》卷三，第77页。

③ 〔宋〕李焘：《续资治通鉴长编》卷一八，第392～393页。

④ 〔元〕脱脱等：《宋史》卷二九〇《杨崇勋传》，第9714页。

⑤ 〔宋〕李焘：《续资治通鉴长编》卷一三二，第3148页。

⑥ 〔宋〕李焘：《续资治通鉴长编》卷一九六，第4742页。

⑦ 〔元〕脱脱等：《宋史》卷三二四《张亢传》，第10489页。

⑧ 〔宋〕李焘：《续资治通鉴长编》卷一四六，第3538页。

⑨ 〔宋〕李焘：《续资治通鉴长编》卷一八三，第4440页。

⑩ 〔宋〕李焘：《续资治通鉴长编》卷一二三，第2908页。

体问得诸州军禁旅虽多，训练盖寡。其间至有匠氏、乐工、组绣、书画、机巧，百端名目，多是主帅并以次官员占留手下，或五七百人，或千余人，并不预逐日教阅之数。”[①]元丰元年（1078）四月，就发生了“秦凤路副总管夏元几用禁军回易私茶，侵坏茶法”[②]的事件。至北宋末年的徽、钦两朝，高级军官私役军兵经商谋利更是发展到了惊人的程度，时人批评道：“帅臣、监司与夫守倅、将副多违法徇私，使禁卒习奇巧艺能之事。或以组绣而执役，或以机织而致工，或为首饰玩好，或为涂绘文缕。公然占破，坐免教习，名编卒伍而行列不知，身为战士而攻守不预。”[③]

如果说将领私役士兵从事商业经营，因为中饱私囊的违法行为而受到一定限制的话，那么在募兵制度下，由于士兵不仅是终身兵和职业兵，而且其家属也例皆随军，普通士兵在日常训练之余从事工商业活动以补贴家用，规模虽然远不及将领经商，但只要不干扰必要的军事训练，却是属于北宋朝廷所允许或者是默许的合法行为。

以宋神宗整军经武的熙丰强军时期为例，尽管其厉行将兵法，改禁军“日止一教”为“早晚皆教”，但也不得不对强化训练给军人从事工商业活动所带来的不便予以关注，并专门批示说：“闻东南诸路自团立将兵以来，军人日亲教阅，旧习工作技巧以资私费者，无暇为之”，“由此军中甚有贫极，日不能糊口者。可速博访利害措置”。[④]后来苏辙在哲宗元祐年间，也正是以此为理由，认为“今平居无事，朝夕虐之以教阅，使无遗力以治生事，衣食殚尽，憔悴无聊，缓急安得其死力”，强烈要求“使禁军除新募未习之人，其余日止一教，使得以其余力为生”。[⑤]这说明士兵在训练余暇时间从事一定工商业活动的权利，已经得到了北宋朝野的公开承认。因此，士兵经商的现象，在北宋一代，始终是较为普遍地存在着。如

① 〔宋〕赵抃：《清献集》卷九《奏状论陕西官员占留禁军有妨教阅》，《文渊阁四库全书》本。

② 〔宋〕李焘：《续资治通鉴长编》卷二八九，第7063页。

③ 〔清〕徐松辑：《宋会要辑稿》刑法二之九六，第6543页。

④ 〔宋〕李焘：《续资治通鉴长编》卷三一二，第7574页。

⑤ 〔宋〕苏辙撰，陈宏天等点校：《苏辙集·栾城集》卷三八《乞禁军日一教状》，第668页。

早在宋太宗朝，宋太宗就曾经谈道："比诸军颇有善治生者。"[①]至仁宗朝，有"御马直于荣鬻自制紫衫"[②]一事，而按苏舜钦的说法：当时驻扎在开封的禁军，普遍是"出入无时，终日嬉游廛市间，以鬻伎巧绣画为业，衣服举措，不类军兵，习以成风，纵为骄惰"[③]，足证禁军士兵从事商业活动，在当时已经是司空见惯的事情了。

士兵从事商业活动，除像苏舜钦所说的以手工技艺为业之外，更主要的是将朝廷发放的军粮、绢帛节余投放市场以牟利：粮食方面，如北宋初国子博士李觉在论述京师粮价时就谈到这一情况，他说："近来都下粟麦至贱。""此工贾之利，而军农之不利也。夫军士，妻子不过数口，而月给粮数斛，即其费有余矣。百万之众，所余既多，游手之民资以给食。"[④]仁宗时张方平也说："京师之民，口亿万计，大半仰食军稍之余。"[⑤]可见军人至市场出售余粮，已经成为当时商品粮的一个重要来源。正因为如此，商品粮价格的走低，才能够影响到士兵们的收入和生活。绢帛亦是如此，《续资治通鉴长编》卷八五"大中祥符八年七月乙丑"条即记载："上封者言：'并州岁给军衣绢四万余匹，皆自京辇送，如闻军中悉贸易之。请官自置场，有愿中卖者，匹给钱千二百文。'"这说明，将朝廷发给的绢帛运至市场出卖以求利，一直是真宗朝并州驻军当中极为普遍的现象。

三

募兵制度下的军队和军人，本身又是具有相当购买力的稳定的消费者群体。在北宋，凡是军队大量屯驻的地区，往往同时会有较为繁荣的市场相伴随。

商品经济的繁荣，离不开相当规模的具有相当消费能力，特别是持有相当数量货币财富的消费群体，这是一个简单的常识。但是，在中国古代社会当中，即便是像北宋这样生产较为发达的"盛世"，以农民为主体的广大劳动者迫于生活压

---

① 〔宋〕李焘：《续资治通鉴长编》卷二四，第562页。

② 〔宋〕李焘：《续资治通鉴长编》卷一〇八，第2525页。

③ 〔宋〕苏舜钦：《苏学士集》卷一〇《上范公参政书·诸目二》，《文渊阁四库全书》本。

④ 〔元〕马端临：《文献通考》卷二五，第742页。

⑤ 〔宋〕张方平：《乐全集》卷一五《原蠹下篇》，《文渊阁四库全书》本。

力，也大多是过着自给自足的生活，如程颢即言："虽富室强宗，鲜有余积，况其贫弱者乎？"[①]他们尤其是缺乏铜钱等货币财富，宋人对此论者纷纷，如余靖有言："当今天下，钱货至少，江淮之地，名为钱荒。"[②]司马光说："农民出钱，难于出力。何则？钱非民间所铸，皆出于官。上农之家所多有者，不过庄田、谷帛、牛具、桑柘而已，无积钱数百贯者也。"[③]从这个意义上讲，消费者群体及其消费能力的有限，是制约北宋乃至整个中国古代社会商品经济发展的一个瓶颈性因素。

相比于农民，在募兵制度下，北宋军人群体的情况却有着较大的不同。

第一，他们都有较为稳定的收入，即按月得到北宋国家的军俸，如史载宋太祖："郊祀赦宥，先务赡军飨士，金币绢钱，无所爱惜。"[④]夏竦也谈到过当时军人的"富"："中民十家之赋，禁卫一卒之赏。""今之军伍，禄养所丰，旦暮受钱谷，暄凉受缯絮，居有连营，行有骏騄，遭遇郊享，复覃恩赐。"[⑤]按宋代制度，士兵的军俸，除月粮、春冬衣之外，最主要的是以铜钱形式支付的"料钱"，即月俸。当时一名中等禁军的年固定收入，通常在五十贯铜钱左右，高的则可以达到百贯以上。这个数字并不算太高，也不能说是真正的"富"，但考虑到北宋军人总数长期保持在百万上下，年度军俸总额合计起来即高达数千万余贯之多。显而易见，在"民间乏钱，谓之钱荒"的北宋，军人作为一个群体性的社会阶层，他们所握有的货币总量无疑是相当可观的。军人衣、食等基本生活保障由国家承担，在屯戍、出征时还有名目繁多的"特支"钱补助，三年一度的郊祀大礼时还有相当于二十个月左右"月俸"的"郊赏"等赏赐[⑥]，其总体消费能力应当是更为可观的。

第二，募兵制度下的北宋士兵，基本属于终身兵和职业兵，而且大多屯驻于大大小小的城镇，与土地及农业生产基本脱钩，他们手中所拥有的货币往往无法

---

① 〔宋〕程颢、〔宋〕程颐撰，王孝鱼点校：《二程集·河南程氏文集》卷一《论十事札子》，中华书局2004年版，第453页。

② 〔宋〕余靖：《上仁宗论两税折纳见钱》，《宋朝诸臣奏议》卷一〇四，第1114页。

③ 〔宋〕司马光：《上哲宗乞罢免役》，《宋朝诸臣奏议》卷一一八，第1294页。

④ 〔宋〕陈傅良：《历代兵制》卷八《本朝》，《文渊阁四库全书》本。

⑤ 〔宋〕夏竦：《文庄集》卷一三《进策·省锡赉》，《文渊阁四库全书》本。

⑥ 参看王曾瑜：《宋朝兵制初探》，第228～229页。

购置田产，而主要是用于满足个人和家庭的生活消费需要，也就是通过消费的形式流向市场，从而往往能够为市场提供较为充足的资金，成为推动市场发展的重要动力。因此，在北宋，凡是驻军较多的地区，商品交换活动通常就会趋向活跃，随即形成较为繁荣的市场。其中最为典型的例子，就是西北区域市场的出现和兴盛。北宋时所说的西北，大致是指与辽、西夏接壤的陕西、河东、河北三路。从宋仁宗朝开始至北宋灭亡，就在这一地区，始终活跃着以永兴军（今陕西西安）、太原和秦州为“支点”的西北市场。在仁宗嘉祐年间，北宋朝廷于该区域市场所得的商税收入在全国范围内都处于领先位置，甚至一度出现过资金积存过多、铜铁钱壅滞不通的现象，其市场繁荣的程度可以想见。

具体说来，一方面，从宋太宗后期宋夏战争开始，尤其是宋仁宗康定、庆历年间战争达到高潮后，为防范西夏的进攻，宋廷陆续将数十万大军西调，最高时竟然达到四十余万军队屯驻于西北，由此带来的广大的消费市场，是西北市场形成和发展的最直接、最关键的动因。

另一方面，如此众多的军队云集西北，军需给养消耗浩大，单纯依靠当地支移、折变和中央调配等措施无法保障充足的供应，尤其是在粮草运输方面，北宋已经转而依靠市场的因素，将商人的力量作为解决问题的主要手段，“河北入中兵食，皆仰给于商旅”[①]。所谓“夫欲诱商而通货，莫若与之共利”，“夫欲十分之利，皆归于公，至其亏少，十不得三，不若与商共之，常得其五也”。[②]正是为了调动商人的积极性，北宋朝廷不得不放松对茶、盐等的禁榷专卖，改革茶法和盐法，采取与商人分利、共利的“入中粮草”等有利于市场繁荣的政策。史书记载：“雍熙后用兵，切于馈饷，多令商人入刍粮塞下，酌地之远近而为其直，取市价而厚增之，授以要券，谓之交引，至京师给以缗钱，又移文江、淮、荆湖给以茶及颗、末盐”[③]，“陕西沿边州军，地居山险，道路阻隘，所要粮草，难以斡运，是以擘画，依每斗束确的见卖价钱，许客入便粮草，给付客人交引，上京请领见钱，如恐客旅情愿便换外处州军见钱，或筭请茶货、香药、象牙、颗末盐、白矾交引，

① 〔宋〕李焘：《续资治通鉴长编》卷一〇七，第2505页。

② 〔宋〕欧阳修撰，李逸安点校：《欧阳修全集》卷四五《通进司上书》，第643页。

③ 〔元〕脱脱等：《宋史》卷一八三《食货志下五》，第4479页。

亦取客人自便”[①]。上述“货利流散”的宽松政策，刺激了商人在西北活动的活跃，从而既保证了军队给养供应，又繁荣了西北市场，还拉动了江南、荆湖、四川等地的商品流通，对北宋商品经济全国性的发展也起到了一定的促进作用。

南宋学者罗大经有言：“盖五代以前，兵寓于农，素习战斗，一呼即集。本朝兵费最多，兵力最弱，皆缘官自养兵。”[②]古今史家也多是从军费开支加大导致财政压力的角度，对募兵制度有较多的负面评价。但是，正如吕中所云：“至治之世，不能无弊法；至弊之法，亦必有美意。”[③]募兵制度尽管对北宋财政造成了较大的压力，但同时也为宋代农业和商品经济等的大发展创造了便利条件，从而为解决这一问题提供了可能。从总体上看，募兵制度对北宋社会经济的繁荣确实发挥了积极作用。

原载《东岳论丛》2009年第4期

① 〔清〕徐松辑：《宋会要辑稿》食货三六之二三，第5443页。

② 〔宋〕罗大经撰，王瑞来点校：《鹤林玉露》甲集卷一《民兵》，第11页。

③ 〔宋〕吕中：《宋大事记讲义》卷一《序论·制度论》，《文渊阁四库全书》本。

山大史学丛刊

范学辉宋史论集

下

范学辉 / 著

齊魯書社

下册

下册

关于"杯酒释兵权"若干问题的再探讨

宋人陈师道《后山谈丛》卷四记载：当北宋王朝建立后，宋太祖遣"使告诸道，东诸侯坐使者而问故，宰相其谁乎？枢密使、副其谁乎？军职其谁乎？从官其谁乎？皆不改旧，乃下拜"。这是宋初政治史研究中一条十分重要的史料，因为其准确地表述了宋太祖全面留用中书、枢密院、禁军和三司、翰林学士院等朝廷重要机构中的后周旧臣的基本国策，从而收到了迅速稳定形势和巩固政权的良好效果。但是，正如《宋史》卷二五六"论曰"所云，"事定之后，普以一枢密直学士立于新朝数年，范、王、魏三人罢相，始继其位。太祖不亟于酬功，普不亟于得政"。"不亟于酬功"和"不亟于得政"并不意味着不酬功和不得政，留用后周旧臣，随之而来的，就是宋太祖"攀附之幸会"的新贵集团在适宜的时间逐步取代后周旧臣，不论是中书、枢密院还是三司、翰林学士院皆是如此，这是宋初政治发展演变的主线索之一。禁军的统帅人员，即所谓的"军职"当然也不例外。如若把"杯酒释兵权"[①]问题放在这一主线索中加以把握，我们就不难对"杯

---

① 关于"杯酒释兵权"专题研究，较主要的论著包括：丁则良：《杯酒释兵权考》，《人文科学学报》1945年第3期；聂崇岐：《论宋太祖收兵权》，《燕京学报》1948年第34期；蒋复璁：《宋太祖时太宗与赵普的政争》，《史学汇刊》1973年第5期；武君：《试论宋太祖的"杯酒释兵权"》，《甘肃社会科学》1979年第2期；徐规、方建新：《"杯酒释兵权"说（转下页注）

酒释兵权”的缘起、宋太祖和赵普关于“杯酒释兵权”的相关争执和分歧，尤其是“杯酒释兵权”之后禁军统帅人员的调整状况等得出一些较新、较具体的看法，从而进一步深化对“杯酒释兵权”这一宋代政治史上的重大事件的把握和认识。

一

对“杯酒释兵权”的缘起，亦即石守信等诸将被解除兵权的原因，以往研究多归之于石氏等皆为功臣宿将，位高权重，所谓功高则震主，尾大则不掉。这当然是对的，在古代政治史当中也具有相当的普遍意义，但未能就宋太祖留用后周旧臣这一政治背景加以具体的考察，导致未发之覆仍有很多。

建隆元年（960）正月，宋太祖陆续任命慕容延钊等九人出任殿前、侍卫两军的统帅，组成了北宋禁军的首任指挥班子。他们的简况如表1所示：

表1　北宋初禁军将领简表

姓　名	职　务	陈桥兵变前后周时职务
慕容延钊	殿前都点检	殿前副都点检
高怀德	殿前副都点检	侍卫马军都指挥使
王审琦	殿前都指挥使	殿前都虞候
赵光义	殿前都虞候	内殿祇候供奉官都知
韩令坤	侍卫马步军都指挥使	侍卫马步军都虞候
石守信	侍卫马步军副都指挥使	殿前都指挥使

（接上页注）献疑》，《文史》1982年第14辑；张其凡：《宋初兵制改革初探》，《暨南学报（哲学社会科学）》1989年第4期；柳立言：《“杯酒释兵权”新说质疑》，《大陆杂志》1990年第6期；顾吉辰：《关于宋初“杯酒释兵权”的几个问题》，《中州学刊》1993年第3期；王育济：《论“杯酒释兵权”》，《中国史研究》1996年第3期；徐规：《再论“杯酒释兵权”——兼答柳立言先生》，《仰素集》，杭州大学出版社1999年版。自1999年后至今，相关研究较为沉寂。笔者认为，以往研究已经取得的成果主要集中在两个方面：一是以聂崇岐先生为代表，准确区分了“杯酒释兵权”和“收藩镇兵权”的不同；二是以柳立言、王育济先生为代表，基本澄清了“杯酒释兵权”的有无问题，并从宋代政治运作理性化和文明化的高度来评价其意义。但是，从宋初新贵集团取代留用的后周旧臣及其自身不同群体间政治地位升降的角度，以整个宋太祖朝禁军指挥权的转移为视野来考察“杯酒释兵权”，则普遍较为薄弱，由此深入挖掘很有必要。

（续表）

姓　名	职　务	陈桥兵变前后周时职务
张令铎	侍卫马步军都虞候	侍卫步军都指挥使
张光翰	侍卫马军都指挥使	虎捷左厢都指挥使
赵彦徽	侍卫步军都指挥使	虎捷右厢都指挥使

从表中不难看出，除了赵光义以皇弟之尊由后周的内殿祗候供奉官都知这一下级军职一跃至殿前都虞候高位，北宋殿前、侍卫两军的首任八员统军大将，无一例外都是后周的高级将领，属于不折不扣的后周旧臣。事实上，后周最后一任的殿前、侍卫两军统军大将当中，唯有两个人的地位在北宋开国后被取代：一是侍卫亲军马步军副都指挥使韩通，他是宋太祖在后周时的死敌，陈桥兵变时曾试图起兵对抗，结果被宋太祖的心腹将领王彦所杀，他的职位由殿前都指挥使石守信取代；二是侍卫亲军都指挥使李重进，早在周世宗还在世的时候，李重进即因遭到官家的猜疑而被外放为淮南节度使，坐镇扬州，仅在名义上仍然保留了侍卫亲军都指挥使的头衔。李重进同宋太祖素来不和，他还是后周的皇亲，陈桥兵变后也积极筹备在扬州起兵反对宋太祖，所以宋太祖在取得政权之后，干脆把他的空头衔也予以取消，改由侍卫亲军都虞候韩令坤接任。后周其余大将，不但全部留用，而且"官爵阶勋并从超等"，都成为北宋新朝的开国元勋。

这种格局的出现不是偶然的。我们知道，维护大多数后周旧臣的地位不变，既是宋太祖向宰相范质等人所许诺的优待条件，也是宋太祖为换取后周旧臣们的效忠，迅速巩固政权所确立的基本国策。因此，从北宋开国的建隆元年（960）至范质等罢相的乾德二年（964），宋廷不但全盘留用了大部分后周旧臣，而且无论是中书门下、枢密院，还是三司、翰林学士院等机构，凡是针对后周旧臣的人事调整，宋太祖、赵普君臣等北宋的最高统治者都十分注意采取谨慎而稳妥的态度。宋太祖是"不亟于酬功"，赵普等新贵则是"不亟于得政"①。殿前和侍卫统军大将的人事安排，显然和宰相、枢密院、三司、学士院等后周旧臣一律留用相类似，同样是宋太祖团结后周旧臣一贯思路的反映。

除此之外，还有两个具体的因素。

① 〔元〕脱脱等：《宋史》卷二五六《赵普传》，第8945页。

首先，宋太祖是从禁军士兵一步步起家的，他在禁军中的根基之深和影响之大，是周世宗等此前的官家所无法比拟的。除了韩通、李重进、袁彦等少数政敌以外，后周的禁军大将大多是宋太祖相交多年的密友，像接替宋太祖殿前都点检职务的慕容延钊，“上雅与延钊友善，常兄事之。及即位，犹呼为兄”[①]；侍卫马步军都指挥使韩令坤，“与太祖同事周室，情好亲密”[②]；侍卫步军都指挥使赵彦徽，则是宋太祖母亲杜太后的同乡，“与上同事周世宗，上尝拜为兄”[③]；殿前副都点检高怀德也同宋太祖交好，北宋开国后成为宋太祖的妹夫。对宋太祖发动陈桥兵变，他们基本上是采取坚决拥护的立场。至于新任侍卫马步军副都指挥使的石守信、殿前都指挥使王审琦二人，更是宋太祖的“布衣旧交”，皆为“义社十兄弟”当中的核心成员，是宋太祖陈桥兵变取得胜利最主要的依靠人物。可以说，宋太祖对这些后周旧将们的忠诚毫无疑义是有把握的，没有必要匆匆忙忙地进行大的人事调整。

其次，北宋开国之初，宋太祖所面临的军事形势并不十分乐观，用宋太祖自己的话说就是：“一榻之外皆他人家也。”[④]对新生的北宋王朝来说，内部有李筠、李重进等后周残余地方势力的蠢蠢欲动，外部有北汉、南唐、后蜀等对峙政权的虎视眈眈，北方边境的契丹辽国更是对北宋形成了强大的军事压力。在如此的开国形势之下，无论是从保持禁军高级将领团结的角度，还是从维持禁军战斗力的考虑，大的人事变动显然都是不合适的。

宋初政局的发展，说明宋太祖对殿前、侍卫两军统帅机构的人事安排是非常成功的。殿前、侍卫统军大将（军职）的“皆不改旧”，和宰相、枢密使二府大臣及翰林学士（从官）“皆不改旧”一起，对促使各地节度使“下拜”归顺北宋新朝起到了关键性作用。尤其是在李筠和李重进两人起兵反宋的时候，尽管他们两人一个是后周禁军中老资格的将领，自认为“吾周朝宿将，与世宗义同昆弟，禁卫皆吾旧人”[⑤]；一个长期担任后周侍卫亲军的最高统帅，是后周地位最高、战功最大

① 〔宋〕李焘：《续资治通鉴长编》卷四，第112页。

② 〔元〕脱脱等：《宋史》卷二五一《韩令坤传》，第8833页。

③ 〔宋〕李焘：《续资治通鉴长编》卷九，第202页。

④ 〔宋〕邵伯温撰，李剑雄等点校：《邵氏闻见录》卷一，第4页。

⑤ 〔宋〕李焘：《续资治通鉴长编》卷一，第13页。

的将领，但在他们举兵反对宋太祖的时候，禁军宿卫诸将并没有出现他们预想和期望中的“必将倒戈来归”[①]的分裂局面，而是作为一个整体紧密地团结在宋太祖这位新官家的周围，迅速打垮了二李，使新朝站稳了脚跟。对宋太祖此举的意义，《宋史》中有如下二段十分恰巧的评论：

> 太祖有天下，凡五代之臣，无不以恩信结之，既以安其反侧，亦借其威力，以镇抚四方。[②]
>
> 太祖事汉、周，同时将校多联事兵间，及分藩立朝，位或相亚。宋国建，皆折其猛悍不可屈之气，俛首改事，且为尽力焉。扬雄有言：“御之得其道，则狙诈咸作使。”此太祖之英武而为创业之君也欤。[③]

不过，留用后周旧臣本来就是官家巩固政权的权宜之计，正如宰相范质等人在政局稳定之后逐步被赵普等“新贵”所取代一样，殿前、侍卫两军统兵大将的前朝旧臣身份，同样注定了他们也必然是过渡人物。这倒不是说宋太祖担心大将们像宰相范质、翰林学士王著和李昉那样，对后周旧朝依然是朝思暮想。其实，五代时期那种“在位无复有知君臣之义、上下之礼者也”[④]“朝比肩，暮北面，忠义之风荡然矣”[⑤]的风气，主要指的就是这些信奉“天子，兵强马壮者当为之”的宿卫大将们。

真正的关键在于：一则像宰相范质等人一样，“自以前朝旧臣，稍存形迹”[⑥]，殿前、侍卫统军大将既然也是“前朝旧臣”，尽管双方都刻意营造融洽的气氛，但同宋太祖这位新朝官家之间的关系难免也较为尴尬。二则这些大将和宋太祖一样，大多是在后周太祖郭威的时候投身禁军，跟随后周二主南征北战，到周世宗晚年时已经位至节度使高位，其中像慕容延钊、韩令坤等，资历比宋太祖还要老得

---

① 〔宋〕李焘：《续资治通鉴长编》卷一，第13页。

② 〔元〕脱脱等：《宋史》卷二七一“论曰”，第9301页。

③ 〔元〕脱脱等：《宋史》卷二六一《王晖传》，第9050页。

④ 〔宋〕王安石：《临川先生文集》卷三九《上仁宗皇帝言事书》，《四部丛刊》本。

⑤ 〔宋〕田况：《儒林公议》，《文渊阁四库全书》本。

⑥ 〔宋〕李焘：《续资治通鉴长编》卷五，第118页。

多，地位也长期在宋太祖之上，宋太祖在上台以后一直还称他们为“兄”。其余众人地位虽然要低于宋太祖，但资历与宋太祖也大致相当。用宋太祖自己的话，他与慕容延钊、石守信等众将之间的关系就是“皆我比肩之人”①。“昔常比肩，义同骨肉”②，也就是说在皇帝周世宗之下，大家是大致平等的兄弟、战友关系。在宋太祖登上皇帝宝座，双方的关系演变为君臣关系之后，众将虽俯首听命，但他们统领禁军，对官家来说，至少使用起来不会十分地顺手，何况地位相近本身在政治上就是不容忽视的威胁。三则慕容等众将个人地位的取得，靠的是真刀真枪从战场上拼杀出来的，而不是依靠别人的特别恩赐，他们支持宋太祖，但不会感恩戴德。反过来，宋太祖反而要感激他们的“翊戴之勋”，酬以“官爵阶勋并从超等”③。更为重要的是，诸将们在后周时不但是身经百战，还大多有过独立指挥大的战斗并夺取过胜利的经历，像慕容延钊、韩令坤、石守信、王审琦、高怀德、张令铎等，和他们相比，宋太祖的战功也只是略高一些，并不是多么突出，以至于王夫之要感慨地说：“赵氏起家什伍，两世为裨将，与乱世相浮沉，姓字且不闻于人间，况能以惠泽下流系邱民之企慕乎！其事柴氏也，西征河东，北拒契丹，未尝有一矢之勋；滁关之捷，无当安危，酬以节镇而已逾其分。”④要知道，军中固然讲资历，但更重视的是战功，要想服众，必须有过人的战绩，否则即使是居于高位，也未必就能指挥得动军队。慕容等众将，既有都点检、指挥使等高位，又有南征北战中积累的军功，他们在禁军当中和宋太祖同样也拥有极高的个人威望，用当时的政治术语来说就是“有人望”⑤，个人的号召力也不亚于官家宋太祖，也都有可观的实力基础。在“人心未固”政局容易动荡的建国之初，又处于五代

① 〔宋〕李焘：《续资治通鉴长编》卷一，第3页。

② 〔宋〕王曾：《王文正公笔录》，《丛书集成初编》本。

③ 〔宋〕李焘：《续资治通鉴长编》卷一，第7页。

④ 〔清〕王夫之著，舒士彦点校：《宋论》卷一《太祖》，中华书局1964年版，第1页。

⑤ 这是陈桥兵变前后周两位文臣郑起和杨徽之反对以宋太祖任殿前都点检的主要理由，“以为上有人望，不宜典禁兵”。宋太祖上台虽然一度有意整治这两个人，但他自己由殿前都点检黄袍加身的事实，恰恰说明他们的意见是对的。对此，宋太祖自然有着旁人难以比拟的亲身体会。所以，在当上官家以后，不以“有人望”的大将统领禁军就成为宋太祖的一个基本思路。宋太祖以后的历代官家更是把他的这一做法视作“祖宗家法”之一加以继承。

"天下无定主"[①]的时代大气候之下，用这些位高权重又"有人望"的前朝大将统领禁军，潜在的危险性是不言而喻的。

二

宋太祖和赵普对"杯酒释兵权"曾经发生过分歧和争执，这是以往研究者都已经注意到的问题，并把"杯酒释兵权"的实行主要归因于赵普，但事实究竟如何，请看下面的史实。

建隆元年（960）八月[②]，宋太祖在平定李筠之后，对诸将论功行赏，侍卫马军都指挥使张光翰、步军都指挥使赵彦徽分别"出守大藩"，外放为永清军节度使和建雄军节度使，两人在禁军中军职则自动解除，由龙捷左厢都指挥使韩重赟和控鹤左厢都指挥使罗彦瓌接任。这是北宋开国以后宋太祖针对殿前、侍卫两军统军大将第一次大的人事调整。此次调整，宋太祖对时机的选择显然是下了功夫的。

从人选上看，侍卫马军都指挥使张光翰和步军都指挥使赵彦徽，无论是从资历还是战功等方面，比起其余众将都要略逊一筹，两人在陈桥兵变前都还只是侍卫亲军中的厢都指挥使，也没有节度使的头衔，在禁军中的地位和影响力也有限。首先解除他们两人的职务，引发的震动显然要比较小。

从时间上看，北宋开国已有八个月，对一个政权最为危险的新生期初步过去了，尤其是刚刚镇压了李筠的反抗。李筠在泽、潞等地经营多年，兵精粮足，又邻近北宋的死敌北汉，有外援支持，是当时唯一一支真正有可能在军事上同新朝较量一番的力量。扬州的李重进虽然名声要比李筠大，但他兵微将寡，"以残破扬州，数千弊卒"[③]，成不了气候，对宋太祖也构不成实际的威胁。因此，李筠败亡之后，北宋基本上就站稳了脚跟，对殿前、侍卫大将进行人事调整也具备了起码的前提。再者，新获大捷，理应论功行赏，从而为官家提供了一个绝好的"借口"。

---

① 〔宋〕田况：《儒林公议》，《文渊阁四库全书》本。

② 此事《续资治通鉴长编》失载，具体时间据《景定建康志》卷二六《侍卫马军司题名记》。

③ 〔宋〕李焘：《续资治通鉴长编》卷一，第28页。

张、赵二人得以“出守大藩”，既有高升的名义①，又有节度使任上丰厚的收入补偿，如赵彦徽在任上就搜刮到大量的金钱，“私帑所藏巨万”②，他们都愉快地接受了官家的安排。赵彦徽就职之后，曾回京朝见宋太祖，宋太祖还专门赐宴款待“宠顾甚厚”，君臣之间的关系依然是十分融洽。赵彦徽病逝于开宝元年（968）五月，赠侍中，在他病重期间，宋太祖还“车驾幸其第，赐钱百万”③。

建隆二年（961）闰三月，宋太祖如法炮制，又在庆贺平定李重进的喜庆气氛中，以加官晋爵的名义解除了殿前都点检慕容延钊和侍卫亲军都指挥使韩令坤的禁军军职，慕容延钊以侍中（高级宰相）衔外放为山南东道节度使、西南面兵马都部署，韩令坤同样以侍中衔改任为成德军节度使、北面缘边兵马都部署。殿前都点检“遂不复除授”，侍卫亲军都指挥使由副都指挥使石守信升任。这是宋太祖对殿前、侍卫两军指挥人员的第二次大的调整。

这次调整进行得更为成功。慕容延钊和韩令坤二人，后周的时候地位就与宋太祖在伯仲之间，北宋开国后经过官家数次的加官晋爵，此时两人都是以节度使兼侍中，也就是“使相”中的第二等，与现任宰相范质地位相当，真正是高处不胜寒的“位极人臣”了。再加上有了年前张光翰和赵彦徽离开禁军的铺垫，两人对官家的真正意图都有所了解，因而主动地选择了急流勇退，向官家上书“表解军职”④“请解军政”⑤。官家欣然接受，并为这两位最高级将领的离京给予了周到的礼数，不仅破例举行了盛大的送别御宴，还赏赐了许多礼物。更有实际意义的是，官家在保持两人“使相”官衔不变的同时，专门又为慕容延钊、韩令坤二人安排了西南面兵马都部署和北面缘边兵马都部署的头衔。拥有了这两个头衔，慕容延钊、韩令坤便分别有了指挥荆、湖、四川及与契丹交界地区所有驻扎军队的权力，得以继续在军中发挥重要作用，这与张光翰、赵彦徽解职后基本退出政治舞台又大有不同。官家如此安排，既能体现出官家对两人军中地位的应有尊重，又可以使在与其他政权邻近的边境地区有大将坐镇，对保证北宋边境的安全是十分有利

① 张、赵二人陈桥兵变后刚刚分别晋升宁江和武信节度使，这是节度使中地位比较低的。

② 〔宋〕李焘：《续资治通鉴长编》卷九，第202页。

③ 〔宋〕李焘：《续资治通鉴长编》卷九，第202页。

④ 〔元〕脱脱等：《宋史》卷二五一《慕容延钊传》，第8834页。

⑤ 〔宋〕王称：《东都事略》卷二〇《慕容延钊传》，《文渊阁四库全书》本。

的，堪称一举数得。后来，韩令坤坐镇河北，“镇常山凡七年，北边以宁”[①]，免除了宋太祖南进的后顾之忧。慕容延钊更在此任上带病挂帅出征，为宋太祖取得了平定荆、湖的重大胜利，拉开了宋太祖统一全国的序幕。

可见，“杯酒释兵权”之前，在宋太祖的亲自主持下，已经在营造出和谐气氛的前提下，对殿前、侍卫两军的统军大将进行了分期分批的两次较大的人事调整。经过上述两次调整，留用的八位后周禁军大将当中，慕容延钊、韩令坤、张光翰、赵彦徽业已离开了禁军，继续在任的四人是侍卫亲军都指挥使石守信、殿前副都点检高怀德、侍卫亲军都虞候张令铎、殿前都指挥使王审琦。这四人当中，石守信和王审琦是宋太祖“义社十兄弟”小圈子中最核心的两人，高怀德则在陈桥兵变后不久即与宋太祖的妹妹燕国长公主结婚，成为与北宋休戚相关的皇亲国戚；张令铎则是出了名的老好人，后来在宋太祖的安排下，他的女儿嫁给了宋太祖的三弟赵光美为夫人。可见，无论从哪个角度讲，这四人都是宋太祖在禁军中最为亲信和倚重的人，平定“二李”，官家都是以石守信、高怀德、王审琦等挂帅出征。因此，在慕容延钊等离开禁军的统帅机构之后，宋太祖认为针对着禁军大将的人事调整暂时可以告一段落，对石守信等可以在合适的时候，采取比慕容诸将更为宽缓的方式，他思考的重点已经开始向平定诸国方面转移。[②]

不过，另外一个人与宋太祖有着不同的看法，他就是宋太祖的心腹谋主“社稷之臣”赵普。当时的赵普刚刚升任枢密副使，在赵普看来，与其让石守信等人再过渡一段时间，还不如就此趁热打铁，全部解除禁军大将中后周旧臣的职务。

经过赵普的再三劝说，宋太祖放弃了原有的想法，遂在建隆二年（961）的七月，离慕容延钊、韩令坤去职仅有四个月的时间，紧接着又有著名的“杯酒释兵权”之举，将石守信、高怀德、王审琦、张令铎等人“皆罢军职”，解除了他们在禁军中的兵权，石守信外放为天平节度使，高怀德外放为归德节度使，王审琦外放为忠正节度使，张令铎外放为镇宁节度使，唯有石守信仍然兼任侍卫亲军都指挥使，“其实兵权不在也”[③]。殿前副都点检，“自是亦不复除授”，侍卫亲军都虞候

---

① 〔宋〕李焘：《续资治通鉴长编》卷九，第201页。

② 魏泰《东轩笔录》卷一即曰：“太祖皇帝得天下，破上党，取李筠，征维扬，诛李重进，皆一举荡灭，知兵力可用，僭伪可平矣。”

③ 〔宋〕李焘：《续资治通鉴长编》卷二，第50页。

在宋太祖一朝也始终空缺，殿前都指挥使一职则由侍卫马军都指挥使韩重赟接任。至此，宋太祖陈桥兵变后所留用的后周大将已经全部退出了殿前、侍卫两军的指挥机构。在“杯酒释兵权”后不久，皇弟赵光义出任开封尹，他的殿前都虞候的职务也自动解除，由张琼接任；侍卫步军都指挥使罗彦瓌也在同时外放为安国节度使。

宋太祖和赵普两人在“杯酒释兵权”前的反复讨论，多种宋人笔记和史书中都有细致生动的描述，较为典型的有以下三种：

第一，《丁晋公谈录》：“（赵普）在相府（实为枢密副使），或一日，奏太祖曰：‘石守信、王审琦皆不可令主兵。’上曰：‘此二人岂肯作罪过。’赵曰：‘然，此二人必不肯为过，臣熟观其非才，但虑不能制伏于下，既不能制伏于下，其间军伍忽有作孽者，临时不自由耳。’太祖又谓曰：‘此二人受国家如此擢用，岂负得朕。’赵曰：‘只如陛下岂负得世宗。’太祖方悟而从之。”

第二，《王文正公笔录》：“太祖创业，在位历年，石守信、王审琦等犹分典禁兵如故。相国赵普屡以为言，上力保庇之，普又密启，请授以他任。于是，不得已，召守信等曲宴，道旧相乐，因谕之曰：‘朕与公等，昔常比肩，义同骨肉，岂有他哉？而言事者进说不已，今莫若自择善地，各守外藩，勿议除替，赋租之入，足以自奉，优游卒岁，不亦乐乎？朕后宫中有诸女，当约婚以示无间，庶几异日无累公等。’守信等咸顿首称谢。由是高、石、王、魏之族，俱蒙选尚，寻各归镇。”

第三，《续资治通鉴长编》：“时石守信、王审琦等皆上故人，各典禁卫，普数言于上，请授以他职，上不许。普乘间即言之，上曰：‘彼等必不吾叛，卿何忧？’普曰：‘臣亦不忧其叛也。然熟观数人者，皆非统御才，恐不能制伏其下。苟不能制伏其下，则军伍间万一有作孽者，彼临时亦不得自由耳。’上悟，于是召守信等。……明日，皆称疾请罢，上喜，所以慰抚赐赉之甚厚。”

综合分析上述记载，赵普在“杯酒释兵权”过程中发挥了决策性的重要作用是众所公认的。问题在于，赵普的作用并非表现在宋人所津津乐道的要不要解除石守信等人的兵权上，在这一点上，赵普与宋太祖的意见是基本一致的，逐步解除禁军中留用的后周大将的兵权也是宋太祖的既定方针。在赵彦徽、张光翰和慕容延钊、韩令坤先后分两批离开禁军之后，显然就轮到了石守信等人，这是赵普能够向官家进言的前提条件。要知道，宋太祖是乾纲独断的开国之君，赵普虽然是他倚为左右手的心腹谋主，但正如宋太祖后来对赵普亲口所说的："彼谓国家事皆由汝书生耳。"[①]国家大政的决策大权还是牢牢掌握在官家一人之手，赵普也只能是在官家意图的大框架之内发挥个人作用，这是一个不能逾越的分寸。禁军统帅的人事安排，直接关系到官家宝座的安稳与否，当然就更是如此了。如若不是明了官家实现殿前、侍卫两军统帅人员更新换代的总体思路和既定方针政策，赵普不可能就此发表自己的意见，或者即使发表了也不会收到什么效果。

再者，正如韩非子所说的："爱臣太亲，必危其身；人臣太贵，必易主位。"功高则震主，尾大则难掉，这是古代皇权政治下很浅显的常识，父子亲生尚且互相防范，更何况什么"结义"兄弟！宋太祖身为官家，又是靠阴谋兵变上台的，自然不会不懂得这个道理，不必赵普再三饶舌。

我们认为，宋太祖和赵普所讨论的焦点，或者说双方真正的分歧，其实不在于要不要解除石守信诸将的兵权，而是在什么时候解除他们的兵权，即时机的把握问题。具体地说，就是在解除了慕容延钊等人的兵权后，是否有必要趁热打铁，一举解除石守信等的禁军军职。

从上述材料可以看出，宋太祖的思路，主要是从他和石守信等人的个人关系出发，认为石守信、王审琦、高怀德与自己的关系是"义同骨肉"，相比于慕容延钊等人要亲近得多，宋太祖对他们的忠诚也有绝对的把握，没有必要像对待慕容延钊等人那样即刻解除他们的兵权。按照官家的设想，石守信等完全可以在禁军中再过渡一段时间，起码也要像在平定李筠之后调离张光翰和赵彦徽，在平定李重进后调离慕容延钊和韩令坤那样，待南征大捷创造了论功行赏的氛围之后再有所动作。如果这个推测不错的话，那么宋太祖本来设想最终完成禁军指挥人员更新换代的时间很有可能是在乾德元年（963）底宋军平定荆、湖之后，这个时间与范质等后周三相离职的时间大致相当。

赵普的想法和宋太祖有所不同，他主要是从官家与殿前、侍卫统军大将之间的微妙关系出发，强调的是石守信等人与官家的个人关系虽然要比慕容等人近得多，但他们毕竟同属于后周禁军大将群体，而众将们所具备的地位、资历、才能

---

① 〔宋〕李焘：《续资治通鉴长编》卷一二，第273页。

（赵普所谓“然熟观数人者，皆非统御才，恐不能制伏其下”完全是正话反说）及在禁军中的号召力等，就决定了他们有能力也有可能在条件适当的时候（如“主少国疑”）与官家分庭抗礼，处于距皇位既可望又可即的位置，而不管他们本人是否真有这样的意愿。因此，无论是与官家关系略远的慕容延钊，还是绝对忠于官家的石守信等人，只要这批后周的宿将手握禁军兵权，对官家来说都是潜在的威胁和不稳定因素，还不如就此把石守信等也一并调离禁军指挥的要害位置。

两相比较，赵普的意见确实有比宋太祖更为深刻的一面，他所提出的方案，也不失为一种“快刀斩乱麻”的利索办法，能够一劳永逸地解决官家与前朝禁军大将之间的尴尬关系，对官家来说无疑是有利的，宋太祖经过再三考虑之后最终采纳了赵普意见的原因也就在于此。

至于说如何解除各位大将的兵权，赵普所发挥的作用就很小了。据《续资治通鉴长编》等史书的记载，赵普也试图有所建议，但被官家以“卿勿复言”的话打断了。有研究者认为，宋太祖此举有可能是担心赵普说出诛杀大将以绝后患的话来。“杯酒释兵权”能够成为“杯酒论心，大将解印”的千古佳话，官家与大将彼此之间“两无猜疑，上下相安”，主要应归功于宋太祖个人炉火纯青的统治艺术。当然，也有众将“知机”的因素，宋人就此评价说：“虽太祖之善御豪杰，而亦数子者能择其祸福轻重而审处之，期可以言智矣。”①

“杯酒释兵权”的决策过程，也把宋太祖和赵普二人行事风格的差异充分地反映出来。宋太祖为人“豁达大度”，行事讲求分寸，不蛮干，对棘手问题的处理往往是铺垫多，时间长，但效果要好。如南宋学者在评论宋太祖“杯酒释兵权”的成功之处时所说：“太祖之所以能收其权者，正孟子所谓为政不得罪于巨室，裴度所谓得置得宜，有以服其心，不然，无故而行削权之策，岂不动七国之变哉？”②赵普则不然，很多当时人都认为他“为人阴刻”“为政也专”，在行事上往往是一步到位，不计后果，甚至是“中伤人甚多”，许多问题看似解决得干净利落，但留下了不少的后遗症。像他在宋太祖时处理赵玭、冯瓒、雷德骧等，以及在太宗时处理秦王廷美等人时往往都是采取使矛盾激化的手段，以致问题反复出

① 〔宋〕王称：《东都事略》卷一九，《文渊阁四库全书》本。

② 〔宋〕吕中：《宋大事记讲义》卷二，《文渊阁四库全书》本。

现，受时人诟病之处也很多。

回到“杯酒释兵权”，赵普促使宋太祖在建隆二年七月就提前完成了禁军统帅的更新换代，对官家皇位的巩固当然是有利的，但也不是没有负面的影响。首先，“杯酒释兵权”尽管是用最缓和的方式解除了石守信等人的兵权，但显而易见是属于“猜防百至”[①]之政，进一步恶化了官家与殿前、侍卫统军大将之间的气氛。赵普后来在反对宋太祖诛杀殿前都指挥使韩重赟时说过：“陛下必不自将亲兵，须择人付之。若重赟以谗诛，即人人惧罪，谁敢为陛下将者。”[②]其实，他自己当年一手促成的“杯酒释兵权”，又何尝不早在禁军中导致了统军大将不安于位、“人人惧罪”的后果呢？难怪赵普在开宝六年（973）罢相后，宋太祖同时晋升了高怀德和王审琦为使相，石守信则升为侍中。有研究者认为，宋太祖这样做的目的之一就是把“杯酒释兵权”的责任推到赵普头上。其次，在建隆元年（960）八月到建隆二年（961）七月，不到一年的时间里，从周世宗整军以来八位久经战阵的当时第一流将领集中离开了禁军的指挥位置，这对宋军战斗力和统一进程的负面作用是可想而知的。一个明显的事例就是在此后宋太祖平定南北的征战当中，禁军大将中竟然选不出有指挥大战经验的合适人选充当大帅，不得不用王全斌、曹彬等与禁军关系较为疏远的藩镇去统领禁军的骄兵悍将，以致凭空生出许多问题。从这个角度看，如若按照宋太祖原来的设想进行平稳过渡的话，固然要多费一些周折和铺垫，但这些负面影响可能就要小得多。当然，历史是不可能假设的。

三

对“杯酒释兵权”之后禁军统帅人员的构成状况，或者说是“杯酒释兵权”所要达到的目的，以往研究多集中在将领个人的才能和资历两个问题上，认为“杯酒释兵权”后宋太祖用将“一直是以才庸无谋、忠实易制为原则的”，“不用能将、宿将，而用庸将、新将”。其实，才能和资历都并非最关键的因素。事实上，用后周旧臣和更新换代本来就是一个问题的两个方面，就像宋太祖在留用

---

① 〔清〕王夫之著，舒士彦点校：《宋论》卷六《神宗》，第120页。

② 〔宋〕李焘：《续资治通鉴长编》卷八，第190页。

了范质等后周旧臣的同时，立即由赵普等“新贵”组成“影子政府”去掌握实权，并逐步取代后周旧臣一样，宋太祖在禁军中也有这样一个用以取代留用后周禁军大将的“新贵”群体。只不过政府中的“新贵”主要是由赵普等“经事霸府”“攀附之幸会”[①]的“幕府旧僚”构成，而禁军中的新贵则主要是由宋太祖嫡系部队殿前军中的亲信们构成。“杯酒释兵权”只不过是使得殿前、侍卫统军大将的更新换代在略显匆忙中提前完成罢了。

殿前军组建于后周初年，经周世宗、张永德、宋太祖等人在高平之战后的整顿，其战斗力远远超越了侍卫亲军，成为禁军新的王牌，是周世宗南征北战的主力部队。宋太祖是殿前军的主要缔造者和指挥者之一，他的命运与这支部队紧密相连，殿前军成长壮大的历史，同时也就是宋太祖个人发迹变泰的历史。宋太祖的军旅生涯是从殿前军开始的，高平之战后跃升殿前军的高级统帅之一——殿前都虞候，并具体负责殿前军的整顿和扩编，这是他后来能够开创帝业的决定性的一步。从此，宋太祖“自殿前都虞候再迁都点检，掌军政凡六年，士卒服其恩威”[②]，通过六年左右的时间，把殿前军的指挥权牢牢地掌握在自己的手中，最终在殿前军统帅——殿前都点检的位子上成功发动陈桥兵变、黄袍加身。军队中最重派系，宋太祖的嫡系当然就是殿前军。他夺取政权主要依靠的是殿前军的支持，上台以后自然更是把殿前军作为他控制整体禁军的依靠力量。从建隆二年（961）“杯酒释兵权”留用的老一代后周禁军大将离开禁军统帅位置之后，终宋太祖一代，历任的殿前、侍卫两军的统军大将几乎无一例外地具有殿前军的背景，都曾经是宋太祖下辖的殿前军的嫡系亲信。不属于这个“小圈子”的将领，即使是能力再强，战功再高，通常也难以进入禁军统军大将的行列。

曹翰就是一个很好的例子。曹翰，善于用兵，“多智数”[③]，是宋初公认的名将，如宋太宗后来就当面称赞他：“卿智勇无双。”[④]曹翰参加了伐后蜀、平南唐、灭北汉、征幽州等宋初几乎所有的大的战役，而且都有卓越的表现，战功比起其他诸将来要突出很多，像在伐后蜀时，就是曹翰领兵击破了叛军的主力，扭转了

---

① 〔宋〕李焘：《续资治通鉴长编》卷二，第51页。

② 〔宋〕李焘：《续资治通鉴长编》卷一，第1页。

③ 〔元〕脱脱等：《宋史》卷二六〇《曹翰传》，第9015页。

④ 〔宋〕李焘：《续资治通鉴长编》卷二〇，第443页。

战局；平南唐时，宋太祖钦点曹翰为先锋都指挥使，在攻破金陵后，又消灭了南唐残余势力据险死守的江州，这是整个灭南唐之役中少有的硬仗；宋太宗时，曹翰又参与了灭北汉之役，承担并出色完成了最艰苦的太原西北面方向的攻坚任务；后又参加围攻幽州，在宋军主力于高梁河全部溃败退却的时候，曹翰是较早有所准备、部队损失较少的将领。然而，就是这样一个战功突出的悍将，不但未能进入禁军统帅的行列，在宋太祖朝连节度使也未能得到，仅位至桂州观察使。宋太宗时，还曾因事丢官罢职，曹翰愤愤不平，赋诗曰："曾因国难披金甲，耻为家贫卖宝刀。他日燕山磨峭壁，定应先勒大名曹。"[①]太宗阅后，亦觉不忍，遂赐其大量钱物。曹翰的悲剧，原因就在于其不属于宋太祖殿前军的系统，不受官家的信任，仅在战时用其才而已。

宋太祖殿前军的嫡系亲信，又可以分为以下两种类型：

第一种类型是宋太祖的嫡系部下，也就是宋太祖在后周任殿前都点检时辖下的殿前诸班的指挥官和铁骑、控鹤等殿前军的中下级军官们，代表性人物有韩重赟、刘廷让、罗彦瓌、马仁瑀、李汉超、党进、李进卿等十余人。

和慕容延钊等留用的后周禁军大将相比，殿前军的这些中下级将领不仅地位要低得多，而且他们都是宋太祖任殿前都虞候、殿前都指挥使和殿前都点检的六年时间里一手提拔起来的，是宋太祖真正的嫡系部下。因为后周时宋太祖对禁军大将的人事安排可能至多只有建议权，而对中下级军官的选拔权在相当程度上是掌握在宋太祖手中的，如《石林燕语》即记载说："殿前军起于周世宗，是时太祖（指宋太祖）为殿前司都虞候，初诏天下选募壮士送京师，命太祖择其武艺精高者为殿前诸班。"[②]张永德任殿前军长官的时间要比宋太祖长，但在殿前军中的影响力反而远不如宋太祖，原因也就在于此。因而，宋太祖对殿前军的这批中下级军官，既有知遇之恩，又有长官之威；他们作为宋太祖多年的部下，对宋太祖更是既感恩图报，又唯命是从。所谓"服其恩威"主要指的就是这一群体，他们也是宋太祖发动陈桥兵变的"群众基础"之所在。

更为重要的，这批人在后周时的地位不仅要比大将低得多，而且都没有独立

---

① 〔宋〕文莹撰，郑世刚等点校：《玉壶清话》卷七，第67页。

② 〔宋〕叶梦得撰，宇文绍奕考异，侯忠义点校：《石林燕语》卷六，第81页。

指挥大战役的经历和战功，没有大的战功，当然也就不会“有人望”，用他们来替代慕容等禁军大将统军，宋太祖无疑是放心的，使用起来也更为顺手。据《宋史》各本传并参照《东都事略》和《续资治通鉴长编》的相关记载统计，他们在陈桥兵变前的职务及北宋建国后的职位变迁简况，可详见表2：

表2 宋初诸将职位变迁简表

姓名	陈桥兵变前	陈桥兵变后	平定二李	杯酒释兵权	乾德元年后
罗彦瓌	散指挥都虞候	控鹤左厢都指挥使	侍卫步军都指挥使	彰德节度使	乾德二年改安国军节度使
王彦昇	散员都指挥使	铁骑左厢都指挥使	出为唐州刺史		乾德初为申州团练使，开宝二年为原州防御使
李汉超	殿前指挥使都虞候	散指挥都指挥使	控鹤左厢都指挥使	齐州防御使兼关南兵马都监	
马仁瑀	内殿直都虞候	散员都指挥使、铁骑右厢都指挥使、虎捷左厢都指挥使	龙捷左厢都指挥使		乾德元年出为密州防御使
张廷翰	殿前散都头都虞候	铁骑左第二军都指挥使	控鹤左厢都指挥使	龙捷左厢都指挥使	乾德五年为侍卫马军都虞候
韩重赟	控鹤军都指挥使	龙捷左厢都指挥使	侍卫马军都指挥使	殿前都指挥使	乾德五年外放彰德节度使
刘廷让	铁骑右厢都指挥使	龙捷右厢都指挥使		侍卫马军都指挥使	开宝六年外放镇宁军节度使
崔彦进	东西班指挥使	控鹤右厢都指挥使	虎捷右厢都指挥使	侍卫步军都指挥使	乾德五年为昭化留后
党进	铁骑都虞候	铁骑都指挥使	虎捷右厢都指挥使		乾德五年为侍卫步军都指挥使，开宝六年为侍卫马军都指挥使
李汉琼	左射指挥使	铁骑第二军都指挥使		控鹤、虎捷左厢都指挥使	开宝六年为侍卫马军都虞候
刘遇	控鹤副指挥使	御马直指挥使			开宝二年为虎捷右厢都指挥使，六年为侍卫步军都虞候
杨美	铁骑都指挥使	内殿直都知			开宝六年为虎捷左右厢都指挥使

（续表）

姓名	陈桥兵变前	陈桥兵变后	平定二李	杯酒释兵权	乾德元年后
李进卿	内殿直都虞候			铁骑左厢都指挥使	乾德二年为虎捷左厢都指挥使，五年为侍卫步军都虞候，开宝六年为侍卫步军都指挥使
马全义	铁骑左第二军都指挥使	内殿直都知、控鹤左厢都指挥使	虎捷、龙捷左厢都指挥使		

从上表可以看出：

其一，从陈桥兵变到平定李重进，在北宋开国的第一年，与殿前、侍卫两军统帅机构仍留用后周大将保持稳定形成鲜明对照的是，宋太祖十分频繁地调整了厢都指挥使等禁军的中级将领，主旨就是提拔、重用自己殿前军的嫡系部下，利用他们去掌控禁军。其中，马仁瑀由散员都指挥使改任虎捷左厢都指挥使、龙捷左厢都指挥使，马全义由控鹤左厢都指挥使改任虎捷左厢都指挥使、龙捷左厢都指挥使，崔彦进由控鹤右厢都指挥使改任虎捷右厢都指挥使，党进由铁骑都指挥使改任虎捷右厢都指挥使，刘廷让由铁骑右厢都指挥使改任龙捷右厢都指挥使，韩重赟由控鹤军都指挥使晋升为龙捷左厢都指挥使等尤其值得注意，这说明宋太祖是通过把自己的殿前军嫡系部下升任龙捷和虎捷等侍卫亲军中级将领的办法，把侍卫亲军牢牢地控制在皇帝的直接掌握之中。这应是宋太祖有条件留用后周禁军大将的直接原因。

其二，从平定李筠、李重进开始，逐步接替留用的后周禁军大将的主要就是这个群体中的人物。具体地说，在宋太祖的嫡系部下当中，陈桥兵变中拥护宋太祖最为积极、功劳最大的，是散指挥都虞候罗彦瓌、散员都指挥使王彦昇、殿前指挥使都虞候李汉超、内殿直都虞候马仁瑀四人；和宋太祖关系最为亲近的，则是铁骑右厢都指挥使刘廷让、铁骑都指挥使杨美、控鹤军都指挥使韩重赟三人，他们都是宋太祖的"义社十兄弟"之一，属于宋太祖赖以起家的小圈子中的核心成员。最早得到提拔、重用的也就是这些人。"杯酒释兵权"之后，殿前和侍卫两军都指挥使一级的高级统帅全部由他们出任，即殿前都指挥使韩重赟、侍卫马军都指挥使刘廷让、侍卫步军都指挥使崔彦进等。

其三，从乾德五年（967）韩重赟被解除殿前都指挥使开始，他们退出了殿前军的指挥系统，但仍然是侍卫亲军的主体力量，直至宋太祖去世，侍卫亲军的统帅将领都属于这个群体。如开宝六年（973）宋太祖朝最后一任侍卫亲军的统军大将就是侍卫马军都指挥使党进、都虞候李汉琼及侍卫步军都指挥使李进卿、都虞候刘遇等，也都是宋太祖当年殿前军的嫡系部下。

第二种类型是宋太祖在后周殿前军时个人的亲兵卫士们。

他们或是由宋太祖招募入伍的，或是入伍后被宋太祖看中选拔到自己麾下充当亲兵卫士的，这个群体的代表性人物有张琼、杨义、史珪、石汉卿、田重进、李怀忠、米信、谭延美等十余人。据《续资治通鉴长编》和《宋史》等相关史料统计，他们在北宋建国后职务的变迁简况见表3：

表3　宋初诸将职位变迁简表

姓名	陈桥兵变后	杯酒释兵权	乾德、开宝年间	太宗朝
张琼	内外马步军都军头	殿前都虞候		
杨义	内外马步军副都军头	铁骑、控鹤都指挥使	乾德元年为殿前都虞候，开宝六年为殿前都指挥使	殿前都指挥使
李怀忠	殿前指挥使都虞候	东西班都指挥使	散指挥使、日骑左右厢都指挥使	侍卫步军都指挥使
米信	补殿前指挥使，迁直长	内殿直指挥使	殿前指挥使	侍卫马军都虞候、马军都指挥使
田重进	御马军使	控鹤指挥使		步军都指挥使、马步军都虞候
崔翰	御马直副指挥使		控鹤指挥使	控鹤左厢都指挥使、殿前都虞候
蔡审廷	殿前散都头指挥使、内殿直都虞候	内外马步军副都军头	冀州刺史、镇州兵马都钤辖	
史珪	御马直队长	内外马步军副都军头兼控鹤、弓弩、大剑都指挥使	开宝六年为内外马步军都军头	光州刺史，扬、楚等九州都巡检使
石汉卿	散员指挥使	殿前指挥使都虞候		
谭延美	控鹤指挥使	控鹤都虞候、内外马步军副都军头	铁骑副指挥使、内殿直都指挥使	蕲州刺史

从表中不难看出，宋太祖的亲兵卫士群体与宋太祖的嫡系部下及留用的后周

大将一起，共同构成了宋初禁军指挥阶层，也就是“宿卫诸将”阶层的主体。三者当中，显而易见以亲兵卫士们的起点最低，他们在禁军中的原有地位不但要远远低于以石守信等为代表的后周禁军大将，比起韩重赟等宋太祖的嫡系部下也是差得很远。陈桥兵变的时候，其中的少数人是下级军官，绝大多数连下级军官都不是，仍是普通士兵的身份，资历、军功、威信，都是根本谈不上的。北宋开国之后，他们能够异军突起，与留用的后周大将和宋太祖的嫡系部下们鼎足而三，并呈后来居上的强劲势头，完完全全是因为他们同官家之间特殊的亲密关系，是宋太祖给了他们“风云际会”“发迹变泰”的机遇。

简单地说，官家与留用的后周大将之间的关系是战友关系，石守信、王审琦等人是官家的“布衣旧交”，“昔常比肩，义同骨肉”；官家与自己殿前军中嫡系部下的关系是长官与下级的关系，韩重赟等人是官家亲信的部下；官家与亲兵卫士的关系则要更进一层，是“养”与“被养”的关系，是带有强烈人身控制和依附色彩的主仆关系，张琼等人都是官家的奴仆。相比于部下和战友，奴仆无疑更可靠，也更容易驾驭，自然也就更容易得到晋升。

按照当时军中的惯例，“近代侯伯，各有厅直三五十人”，主将平时提供给亲兵们高于普通士兵的生活待遇，“习骑射为腹心”，战时亲兵则跟从主将出征，“每出入敌阵，得以随身”[①]，亲兵们负责保卫主将的个人安全。在政治上，主将与亲兵之间也结成了一损俱损、一荣俱荣的胶固联系，亲兵大都是主将的“腹心”、死党。亲兵效忠主将，被当时人视作军中美事，如宋初名将党进出身后晋大将杜重威的亲兵，富贵之后“杜重威子孙有贫困者，进分月俸给之，士大夫或有愧焉”[②]。对双方这种关系在政治上的意义，宋代大学者苏辙有很好的概括：“海内之兵，各隶其将，大者数十万人，而小者不下数万，抚循鞠养，美衣丰食，同其甘苦而顺其好恶，甚者养以为子，而授之以其姓。故当是时，军旅之士，各知其将，而不识天子之惠。君有所令不从，而听其将。而将之所为，虽有大奸不义，而无所违拒。”[③]苏氏认定这就是唐末五代以来军阀割据、政治动荡的主要根源之一。

---

① 〔宋〕李焘：《续资治通鉴长编》卷三〇，第675页。

② 〔元〕脱脱等：《宋史》卷二六〇《党进传》，第9019页。

③ 〔宋〕苏辙撰，陈宏天等点校：《苏辙集》卷七《进策五道》，第1300页。

宋太祖与张琼等亲兵卫士之间的关系就是这样一种休戚相关的关系，如他后来亲口对李怀忠（后周时宋太祖的亲兵）等诸班卫士们所说："汝曹皆我所训练，无不一当百，所以备肘腋，同休戚也。"[①]这些亲兵卫士也无一例外地绝对效忠宋太祖个人。

在后周的时候，他们视宋太祖为衣食父母，只知有赵点检，不知有后周朝廷，是不折不扣的"赵家兵"，宋太祖一朝殿前都虞候张琼和殿前都指挥使韩重赟两员大将的垮台，都有一个共同的罪名，即"私取亲兵为腹心者"[②]，"殿前、侍卫诸军及边防监护使臣，不得选中军骁勇者自为牙队"[③]，这恰恰从反面说明了亲兵卫士群体在宋太祖发动陈桥兵变中的重要作用。亲兵卫士群体和赵普等"幕府旧僚"一样，是宋太祖在禁军中真正的"从龙"新贵。

北宋开国后，他们更是只知有宋太祖，不知有他人，像由宋太祖在后周时的亲兵晋升为军官的田重进即曾公开说："我只知有官家，谁人能吃他人酒食乎？"[④]因而也就是宋太祖最可信赖的私人"爪牙"，是宋太祖控制禁军的实际上最为倚重的力量。宋太祖一朝禁军指挥权的转移，呈现出由留用的后周大将向宋太祖的嫡系部下转移，再由宋太祖的嫡系部下向宋太祖的亲兵卫士群体转移的明显轨迹。

从宋太祖以后，北宋的历代皇帝都继承了宋太祖以亲兵卫士充当"宿卫诸将"控制禁军的做法，如宋太宗上台后"未数年，旧为朱邸牵拢仆驭者皆位至节帅，人皆叹讶之"[⑤]，"所命将帅，率多攀附旧臣"[⑥]，从而形成了宋代很有特色的以"藩邸武将"统领禁军的传统。

正因为如此，单纯从职位上看，建隆二年（961）"杯酒释兵权"以后，宋太祖亲兵卫士群体中的佼佼者也只是取得了殿前军都虞候一级的职位，也都未能建节，官职要低于分别任殿前都指挥使、马军都指挥使、步军都指挥使的韩重赟、

---

① 〔宋〕李焘：《续资治通鉴长编》卷一〇，第224页。

② 〔宋〕李焘：《续资治通鉴长编》卷八，第190页。

③ 〔宋〕李焘：《续资治通鉴长编》卷七，第178页。

④ 〔宋〕文莹撰，郑世刚等点校：《玉壶清话》卷七，第71页。

⑤ 〔宋〕潘汝士撰，杨倩描等点校：《丁晋公谈录》，第11页。

⑥ 〔宋〕李焘：《续资治通鉴长编》卷一三八，第3316页。

刘廷让、崔彦进等宋太祖殿前军的嫡系部下们。直至开宝六年(973),他们才开始取得殿前都指挥使一级的职务。但在事实上,他们都是禁军中的"通天人物",依仗着与官家的特殊关系,"多所陵轹","禁旅畏惧"[①],"恃恩横恣"[②],"挟势骄倨,多凌蔑将帅"[③],很快就把统军大将们置于难以发挥作用的尴尬位置。"杯酒释兵权"以后,在禁军中发挥主导作用的,实际上就是这个群体。

还必须注意的是,陈桥兵变后内外马步军都军头、副都军头的职位,几乎是由宋太祖的亲兵卫士们所垄断。内外马步军都军头、副都军头,是军头司的正副长官,与上四军的军都指挥使大致相当,由马步军都军头可升迁为上四军的厢都指挥使,其地位并不是十分的显赫。但在宋太祖开国伊始,武德司(即以后的皇城司)尚未完全发挥作用的时候,军头司几乎是唯一的独立于殿前、侍卫之外的直属于官家的军中之军[④],是官家牵制、控制禁军的重要工具,实际上类似于后来武德司的作用。宋太祖一朝"好言外事"的将领如史珪、周广等人即拥有内外马步军都军头或副都军头的职务,就是很好的例子。宋太宗、真宗的时候,随着皇城司的崛起,军头司的地位直线下降,更名御前忠佐军头司,内外马步军都军头、副都军头通常也是由无法继续晋升的军都指挥使出任,不再在政治上发挥重要的地位,宋神宗时干脆就把军头司下辖的部队合并到殿前和侍卫两军之中。

开宝六年九月,宋太祖朝最后一任殿前和侍卫两军的统帅班子得以组成,他们是:侍卫马军都指挥使、领镇安军节度使党进,步军都指挥使、领静江军节度使李进卿,马军都虞候、领洮州观察使李汉琼,步军都虞候、领洮州观察使刘遇;殿前都指挥使、领建武节度使杨义,殿前都虞候、领泰宁军节度使李重勋[⑤]。殿前军中除了杨义以外,日骑左右厢都指挥使李怀忠、控鹤指挥使崔翰、殿前诸班的都指挥使米信和田重进等宋太祖的亲兵卫士,也发挥着实际的重要作用。显而易

① 〔宋〕李焘:《续资治通鉴长编》卷四,第101页。

② 〔宋〕李焘:《续资治通鉴长编》卷一〇,第222页。

③ 〔宋〕李焘:《续资治通鉴长编》卷四,第102页。

④ 〔元〕马端临:《文献通考》卷一五五《禁卫兵》,第4635页。

⑤ 李重勋是宋太祖早年的战友,据《续资治通鉴长编》卷一九记载,其"与太祖同事周祖",但战功、才华两者俱无,其出任殿前都虞候,可以视为太祖晚年怀旧情绪的体现,不会也没有在殿前军中发挥多少实际的作用,一个明显的例证就是《东都事略》和《宋史》当中都没有此人的传记。

见，此时禁军的统帅人员不仅全部都是宋太祖的嫡系亲信心腹，而且侍卫亲军由党进等宋太祖的嫡系部下指挥，殿前军则由杨义等宋太祖的亲兵卫士控制，隐然呈现出互相制衡的格局，更便于皇帝居中操纵，将整个禁军的全部大权牢牢地掌握在皇帝个人手中。这应该就是“杯酒释兵权”所要达到的目的。至此，宋太祖对禁军统帅人员的人事调整也随之基本结束。

原载《史学月刊》2006年3期

皖口之战与宋太祖朝军事装备的革新

宋太祖时期，是北宋军事装备革新的第一个高峰，在宋太祖的高度重视和支持下，不仅传统的弓弩、抛石机、刀枪、铠甲等军事装备有了长足进步，以火箭为突出代表的当时一系列新式武器的研发，更是取得突破性进展，并开始在实战中加以运用。宋、唐皖口之战，就是一次以火箭、猛火油机等当时最新式武器相对抗为突出特色的典型战例。军事装备整体水平的革新，既使得宋太祖时期的宋军成为一支装备精良的劲旅，加速了统一战争的进程，也极大地带动了科学技术的全面进步，为宋代成为古代科技史的巅峰之一奠定了坚实的基础。

一

宋太祖开宝八年（975）十月，为解金陵之围，屯驻在湖口（今江西湖口）的南唐水军主力，在朱令赟率领下顺江东进，与早已严阵以待的北宋步兵和水军，在皖口（今安徽安庆附近）展开了一场关系南唐存亡的激战：“令赟所乘舰尤大，建大将旗鼓，王师舟小，聚攻之，令赟以火油纵烧，王师不能支，会北风，反焰自焚，水陆诸军十五万，不战皆溃，令赟惶骇赴火。”[①]这是南宋大学者陆游所著

① 〔宋〕陆游：《陆氏南唐书》列传卷五《朱令赟传》，《四部丛刊》本。

《陆氏南唐书》中的相关记载。“火油”，也作“火油机”[1]，都是“猛火油机”的简称。北宋初年南唐旧民史温所著《钓矶立谈》和北宋徽宗时人马令所著《马氏南唐书》中也有是役的记载，其中都提到了南唐水军使用“火油”和“火油机”，与陆游《陆氏南唐书》可互相印证，互为补充。如《钓矶立谈》曰：“令赟独乘大航，高数十重，上设旗鼓，蔽江而下。王师聚而攻之，矢集如猬，令赟窘不知所为，乃急发火油以御之，北风暴起，烟焰涨空，军遂大溃，令赟死之。”《马氏南唐书》卷一七《朱令赟传》则曰：“王师聚攻之。令赟先创巨舟，实葭苇，灌膏油，欲顺风纵火，谓之火油机。至此势蹙，乃以火油机前拒，而反风回煽，自焚大筏，水陆诸军不战而溃，令赟投火死，粮器俱焚，烟焰不绝者浃日，自是金陵绝无外援，以至于亡。”

李焘《续资治通鉴长编》卷一六“开宝八年十月”对是役亦有记载，据李焘称其主要是依据北宋官修的国史宋太祖《本纪》和《王明传》《刘遇传》撰写，对唐军的记载则十分简略，不仅没有提到“火油”和“猛火油机”，对唐将朱令赟结局的记载，所谓“生擒令赟”也是错误的。[2]陆游在《陆氏南唐书》中即考证出朱令赟实为投火自杀，并非被生擒，“是时王师上露布称生获令赟，则非也”。

猛火油机，是唐末、五代出现的一种新式武器，是利用“火油”（即石油）遇水燃烧得更加炽烈的特性，使用金属筒，通过机械装置把“火油”喷射出去以焚烧敌人的武器，“放猛火油，中人皆糜烂，水不能灭。若水战，则可烧浮桥、战舰，于上流放之，先于上流簸糠粃、熟草，以引其火”[3]，是当时城防和水战中的利器。当代的科技史研究者也都公认，猛火油机是“古代最强烈的纵火武器”。

对于猛火油机在唐末、五代的出现，英国学者李约瑟认为，中国10世纪以来盛行的猛火油机，很像拜占庭的希腊火（Greek Fire），而且认为希腊火是在900年（唐昭宗光化三年）由阿拉伯人从海路传入中国的。理由是：这时拜占庭皇帝在其军事著作中刚好谈到希腊火，而中国似乎没有喷出液体的活塞泵的技术传统，造不出猛火油机。但也有学者持不同看法，如潘吉星认为：猛火油机“这种技术和

---

① 〔宋〕马令：《马氏南唐书》卷一七《朱令赟传》，《四部丛刊》本。

② 《宋会要辑稿》兵七之三〇曰：开宝八年“十月，刘遇等破江南军三万余众于皖口，生擒伪将朱令赟并战棹都虞候王晖等，获戎器数万事”。

③ 〔宋〕曾公亮：《武经总要》前集卷一二，《文渊阁四库全书》本。

机械装置是中国人自行研制的，不一定受希腊火技术的影响”。他的依据主要有三个。一是中国汉代就发现石油及其可燃性，南北朝时已用于军事作战。唐、五代之际用金属管喷射的火油不可能是黏稠有色的原油（石漆），而应是经蒸馏加工成的粗制石油，这时中国拥有蒸馏技术，为炼丹家经常使用。二是中国很早就能够制造“以大气压推动真空管中的水流”的装置，典型的如汉代已经出现的“渴乌”和唧筒，而将“渴乌”和唧筒用于喷射火油，便可制成猛火油机，只是因为喷出的是火，所以器件由竹、木材料改成金属即可。所用的是早已固有的器形及工作原理，不用从万里之外的西方去吸取灵感。用唧筒和以石油为纵火剂的装置，古代东西方都可能不约而同地制出，不存在谁影响谁的问题。三是拜占庭统治者对希腊火严守机密，在阿拉伯人掌握希腊火技术以前，中国的猛火油机早已运用于战场，而且《武经总要》已将其构造图公布出来。希腊火与猛火油机都用唧筒原理制成，但很难说二者外形及结构一致，猛火油机是中国式的，是中国人自行设计的。①

无论海外传入，还是自行制造，由于当时的“火油”多数是由海路从今天的阿拉伯半岛地区进口②，因而较早掌握并装备“猛火油机”这一新式武器的，就是割据江浙地区的吴（南唐）和吴越政权。如10世纪初吴杨行密攻豫章，“发机飞火，烧龙沙门”③，使用的应该就是猛火油机。又，《资治通鉴》卷二六九记载：“吴王遣使遗契丹主以猛火油，曰：‘攻城，以此油然火焚楼橹，敌以水沃之，火愈炽。’契丹主大喜，即选骑三万欲攻幽州，述律后哂之曰：‘岂有试油而攻一国乎！’……契丹主乃止。”至五代后期，南唐军队显然已经大量地装备了猛火油机，作为战争中的杀手锏。吴越方面装备猛火油机也较早，而且采取相当严密的保密措施，《吴越备史》卷三载：“火油得之海南大食国，以铁筒发之，水沃其焰弥盛。武肃王（吴越王钱镠）以银饰其筒口，脱为贼中所得，必剥银而弃其筒，则火油不为贼所有也。”同南唐敌对的后周和北宋，则一直都未能得到这一先进技术。周

① 潘吉星：《中国古代四大发明——源流、外传及世界影响》，中国科学技术大学出版社2002年版，第221～222页。

② 《宋会要辑稿》蕃夷七之三二：熙宁四年七月，大食层檀国向宋进贡猛火油；五年二月，大食勿巡国亦向宋贡猛火油。

③ 〔宋〕路振：《九国志·郑璠传》，《丛书集成初编》本。

世宗显德五年（958），据《新五代史》卷七四《四夷附录》记载：占城贡猛火油八十四瓶，“猛火油以洒物，得水则出火”。可见，后周对猛火油的性能仍了解不多，更谈不上掌握猛火油机的技术。

回到宋、唐皖口之战，按照陆游的叙述，此役的进程是跌宕起伏：南唐战船以大欺小，本来就占据优势，尤其是唐军用猛火油机顺风实行火攻之后，宋军更是难以招架，“王师不能支”。不料，关键的时候，风向逆转，北风大起，遂导致唐军由顺风转为逆风，以至功败垂成。也就是说，唐军是先胜后败，宋军则是侥幸取胜。李焘的《续资治通鉴长编》作为宋代历史的权威著作，虽然没有像《陆氏南唐书》那样认定宋军是役为先败后胜，但也同样把宋军能够大获全胜的最关键因素归于北风的突然到来，他说：“令赟独乘大航，高十余重，上建大将旗幡。至皖口，行营步军都指挥使刘遇聚兵急攻之，令赟势蹙，因纵火拒斗。会北风甚，火反及之，其众悉溃。”[①]将兴衰成败归于某种偶然因素，这是古代史家惯用的笔法，但往往可能偏离了真正的历史关键。

众所周知，宋太祖伐南唐，经过了长时间的准备，不仅多方面刺探南唐的军情、民情和地形状况，甚至由宋太祖亲自出面，采取不太光彩的反间计手段，除掉了坐镇长江上游的南唐名将、南都留守林仁肇[②]。又据《文献通考》《宋史》等史书记载，“（开宝）八年，将平江南，颇以简稽军实为务，京师所造兵器，十日一进，谓之旬课，上亲阅之，制作精绝，尤为犀利”，“平江南，太祖皆先期谕旨，令修创器械，无不精办”[③]。在出师伐唐前，宋太祖以很大的精力在部队的装备上进行了针对性的准备，特别是水战方面，更是多次亲自“观习水战”，显然也是以南唐水军为主要假想敌的。

再者，皖口之战宋军的前线指挥官是池州至岳州江路巡检、战棹都部署王明和侍卫步军都虞候、行营步军都指挥使刘遇，但宋太祖始终高度重视长江上游随时可能顺流东下的南唐援兵，视其为心腹大患，专门训令王明等将领说：“令赟朝

---

① 〔宋〕李焘：《续资治通鉴长编》卷一六，第349页。

② 〔宋〕李焘：《续资治通鉴长编》卷一三，第281页。

③ 〔元〕马端临：《文献通考》卷一六一，第1403页；〔元〕脱脱等：《宋史》卷二七〇《魏丕传》，第9277页。

夕至，金陵之围解矣。”[①]因此，皖口之战中无论是战场的选定，还是具体的作战部署，都是宋太祖居中遥控，或“面授方略”，或由密使驰骑传达，诸将遵命执行而已。猛火油机，作为南唐水军对宋军威胁最大的杀手锏，若说宋太祖事先没有相应的准备，或束手无策，置全军于危险境地，实在是违背了起码的军事常识，与情理不合，也不符合宋太祖素来谨小慎微的用兵风格。

与宋太祖有关的两条史料引起了我们的注意：一条是南宋学者章如愚《群书考索》后集卷四三：“开宝二年，兵部令史冯继昇等进火箭法，太祖命试验，赐衣物束帛。”此事，又见另一南宋学者王应麟《玉海》卷一五〇：“开宝二年三月，冯继昇、岳义方上火箭法，试之，锡束帛。”《宋史》卷一九七《兵志十一》的记载也大致相同，只是误系其事于开宝三年（970）五月。另外一条，是徐梦莘《三朝北盟会编》卷九七引夏少曾《朝野佥言》说：直到北宋末年，开封武库中仍保存有“太祖平唐火箭二万支”。[②]

综合分析上述史料，可以得出以下三点结论：

其一，早在开宝二年（969），北宋对火药武器的研发已经取得突破性进展，冯继昇、岳义方等人不但制出了火箭的样品，且掌握了火箭的发射和使用方法，使火箭有了真正的战斗力。此时的火箭，“施火药于箭首，弓弩通用之”[③]。据科技史的相关研究表明：“这里所说的‘火箭’，指将火药包绑在箭上，点燃后以弓弩射出，可称为‘火药箭’（Gunpowder arrow），一般射程为150～200步（248m~330m）。以弓发射者称‘弓火药箭’，以弩发射者称‘弩火药箭’。冯继昇和岳义方是最早见于文献著录的火器发明家和火药技术的奠基人。”[④]这是火药武器发展史上公认的划时代的伟大成就。宋太祖身为皇帝，亲临试验现场，试验成功后又重赏冯继昇和岳义方等人，表现出对“火箭”这一新式火药武器的浓厚兴趣和足够重视。

其二，宋太祖开宝八年（975）大举攻伐南唐的时候，仅战后剩余的火箭，其数量即高达二万支，这说明从开宝二年至开宝八年，在大约六年的时间里，北宋

① 〔宋〕李焘：《续资治通鉴长编》卷一六，第349页。

② 〔宋〕徐梦莘：《三朝北盟会编》卷九七，第715页。

③ 〔宋〕曾公亮：《武经总要》前集卷一三，《文渊阁四库全书》本。

④ 潘吉星：《中国古代四大发明——源流、外传及世界影响》，第249页。

火箭等火药武器的生产已经有了长足的进步，南征的宋军显然广泛地装备了大量火箭，并在实战中运用，这是确凿无疑的事实。这一成就的取得，与宋太祖的支持显然是分不开的。

其三，平定南唐后，剩余的火箭随之被封存，表明火箭的装备当时在相当程度上是针对南唐而来的，或者说正是为了克制南唐装备的猛火油机而来的。因为据科技史学者的研究，相比于火箭，猛火油机存在着三个较明显的弱点，即只适合近距离作战，不能远距离使用；燃烧速度较慢，一般需要相当时间才能收到效果；受天气和风向的制约大[①]，而火箭恰恰是其克星。

掌握了上述历史信息后，再结合《续资治通鉴长编》《陆氏南唐书》等记载，我们便不难据之对皖口之战的进程进行大致复原：南唐水军主力迫于金陵危急，又自恃船舰高大，更拥有在以往水战中所向披靡的猛火油机，贸然进入了宋太祖亲自为宋军选定的预设阻击阵地，遂立即遭到了水陆宋军的迎头痛击，“矢集如猬”，在飞向南唐船队的漫天箭雨当中，夹杂着大量的新式火箭，点燃了唐舰上搭载的众多的用来施放猛火油所用的易燃物品，引起大火。宋军远距离先发制人的火攻，使南唐水军手足无措，被动挨打。两军接近之后，南唐船队施放猛火油机，试图挽回颓势，但船大水浅，移动不便，在宋军火箭的打击下难以躲避，损失惨重，风向又突然逆转，终至一败涂地，不可收拾。

应该说，风向突变固然是重要因素，但宋军普遍装备了火箭这一更为新式的武器克制了猛火油机，恐怕才是更为决定性的关键因素。为了更好地说明这一问题，不妨以南宋初年的宋、金黄天荡水战和胶西海战作为参照：黄天荡一役，据《宋史纪事本末》卷六四《金人渡江南侵》曰：“兀术以小舟出江，(韩)世忠绝流击之，海舟无风不能动，兀术令善射者乘轻舟，以火箭射之，烟焰蔽天，师遂大溃，焚溺死者不可胜数，世忠仅以身免，奔还镇江。”绍兴三十一年著名的胶西海战，宋将李宝则“命炽火箭，环射之，箭之所中，烟焰随发，延烧数百艘，俘汉军三千余人”[②]。可见，火箭产生以后，迅速成为决定水战胜负的决定性因素之一。南宋时，水军更总结出“火箭环射”战术，能够“不一时间，延烧数百者”[③]。从

---

① 潘吉星：《中国古代四大发明——源流、外传及世界影响》，第223页。

② 〔宋〕王应麟：《玉海》卷一三五《褒功》，《文渊阁四库全书》本。

③ 〔宋〕包恢：《敝帚稿略》卷一《防海寇申省状》，《文渊阁四库全书》本。

这个角度上说，宋太祖灭南唐，毫无疑问是人类历史上较早地大规模使用火药武器的战争，而皖口之战的胜利，其实是宋太祖重视装备革新所取得的应有成果。

在实战考验中，火药和火药武器已初步展现其作为战争主宰者的巨大威力，也就更得到北宋统治者的重视，更为迅速地发展起来。在宋代重要的军工生产部门——广备攻城作当中，排名首位的就是“火药作”，专门负责火药和火药武器的生产。从宋太祖开宝年间冯继昇和岳义方等首创火箭开始，在此基础上，一些相关的重要发明不断涌现，如宋真宗咸平三年（1000），“神卫水军队长唐福献火箭、火球、火蒺藜”；咸平五年，“冀州团练使石普自言能为火球火箭，上召至便殿试之，与辅臣同观焉”[①]。

宋仁宗时成书的《武经总要》总结了宋初的这些发明成果，并记录了三种军用火药的配方：一是毒药火球，二是火炮，三是蒺藜火球。[②]这是世界上公认的最早和最完整的文字记载军用火药配方。至宋神宗时，熙河驻军在元丰七年（1084）二月，一次就接到从开封拨付来的神臂弓火箭十万支、火药弓箭二万支、火药火炮箭二千支、火弹二千枚[③]，可见火药武器已成为宋军最主要的制式装备之一，宋军由此在世界上最早进入了冷热兵器并用的新时代。此时距宋太祖开宝二年（969）火箭的发明，仅百余年时间。随着火药武器地位的提高，硫磺、焰硝等原料在宋代成为重要的战略物资，由国家控制，严禁出口和走私。宋神宗时，还专门从当时的日本进口大量的硫磺，“募商人于日本国市硫黄五十万斤”[④]。

也正是从宋代开始，中国发明的火药和火药武器逐步向周边地区传播开来，并很快传播到了欧洲等世界其他地区，加速了人类文明的进程，被举世公认为中国古代伟大的“四大发明”之一。

猛火油机当然没能挽救南唐灭亡的命运，但它本身所具有的强大威力是毋庸置疑的。平定南唐后，随着大量的猛火油机成为北宋的战利品，在宋太祖等最高统治者的重视下，北宋随即展开了对猛火油机的仿制和改进工作，像“火药作”

---

① 〔宋〕李焘：《续资治通鉴长编》卷四七，第1026页；卷五二，第1153页。

② 〔宋〕曾公亮：《武经总要》前集卷一二，《文渊阁四库全书》本。

③ 〔宋〕李焘：《续资治通鉴长编》卷三四三，第8249页。

④ 〔清〕徐松辑：《宋会要辑稿》食货三八之三三，第5483页。

一样，广备攻城作当中也设有“猛火油作”，专门负责猛火油机的生产。[①]至宋真宗时期，针对辽宋战场的需要，北宋着重强化和发挥猛火油机在城堡防御方面的性能，从而在抵御辽军进攻中收到了良好的效果，涌现出了许多擅长使用猛火油机的高手，时人有“任并能烧猛火油”之说。[②]

根据《武经总要》的记载和当代科技史研究者的研究，北宋所用的猛火油机，其机身为长立方形铜柜，下有四足。柜内装四根出油铜管，管上横放一根口径为4.61厘米的粗筒，横筒尾部留有小孔，用以调节筒内的气流。横筒内设一根活塞杆，附有两个活塞，活塞杆尾部有横柄，柄前有圆盖将横筒尾部封闭。横筒前有喷油阀及喷火口，铜柜旁有一注油管，管上有盖。使用猛火油机的时候，用勺或碗把猛火油从贮油罐中取出，通过纱罗过滤后将油注入柜内，盖紧盖子，一次通常可注入三斤油。随后推拉活塞杆，油即会从柜中通过铜管进入横筒，再经阀门进入喷油孔。以烧热的铁锥点燃，烈火就会喷射出来。[③]较唐末五代，猛火油机已有长足进步，发展成一种相当精密复杂的“单筒、单拉杆式双动活塞的石油压力泵”。

二

火箭等新式武器的研发能够在宋太祖时期取得重大突破，绝非偶然，是与这一时期整个军工生产体系的高效、发达相辅相成的。宋初的军工生产，继承了周世宗柴荣励精图治、整军经武的成果，生产条件是相当好的。在后周的基础上，宋太祖又采取了许多行之有效的措施，对当时的军工生产体系进一步进行全面的整顿。

其一，以都城开封为中心，设立了从中央到地方诸州的一整套内部分工极其细密的军工生产体系。至宋太祖统治的后期，开封所设置的中央军工生产机构已经发展出了以下四大部门：

---

① 〔清〕徐松辑：《宋会要辑稿》职官三〇之七，第2995页。

② 〔宋〕吴处厚撰，李裕民点校：《青箱杂记》卷八，中华书局1985年版，第86页。

③ 潘吉星：《中国古代四大发明——源流、外传及世界影响》，第220页。

一是作坊，“造兵甲之所，作坊使领之”[①]，负责“掌造兵器、戎具、旗帜、油衣、藤漆、什器之物，以给邦国之用”[②]，这是唐末五代以来军工生产最主要的承担者，地位最为重要。宋太祖对作坊极其重视，不但将其专门设置在皇宫的近邻，如宋神宗就曾经谈道：“东、西作坊，祖宗以来置之皇城之侧。”[③]而且还采取了特殊的保安措施，据宋人陈师道所撰《后山谈丛》卷二记载：“熙宁中，作坊以门巷委狭，请直而宽广之。神宗以太祖创始，当有远虑，不许。既而众工作苦，持兵夺门，欲出为乱，一老卒闭而拒之，遂不得出，捕之皆获。”建隆二年(961)，宋太祖即曾亲临作坊视察，“上步自明德门，幸作坊宴射”[④]。又据《古今源流至论》记载：宋太祖还曾“幸弓矢舍，赐及作工”[⑤]。至开宝九年(976)九月，宋太祖就把作坊扩建为南、北两部分，称“南、北作坊”，宋太祖以后则改称“东、西作坊”。宋代作坊后来发展到五十一个，堪称大观。

二是弓弩院，负责“掌造弓弩、甲胄、器械、旗、剑、御镫之名物”[⑥]，它是在宋太祖开宝九年由作坊分离出来的，主要负责弓弩和弓箭、弩箭的生产。

三是八作司，分为泥作、赤白作、桐油作、石竹、瓦作、竹作、砖作和井作，实际类似于现代的工程部队。在伐南唐时，宋太祖即亲自“遣八作使郝守濬率丁匠自荆南以大舰载巨竹絙，并下朗州所造黄黑龙船，于采石矶跨江为浮梁”[⑦]，这是历史上的第一次。在宋太祖和北宋中期以前，八作司还下辖广备攻城作，据宋人王得臣所撰《麈史》卷一引宋次道《东京记》记载：“八作司之外又有广备攻城作，今东西广备隶军器监矣。其作凡一十目，所谓火药、青窑、猛火油、金火、大小木、大小炉、皮作、麻作、窟子作是也。皆有制度，作用之法，俾各诵其文而禁其传。”可见，广备攻城作主要是负责火药、猛火油等新式武器及攻城器械的制造。

---

① 〔宋〕司马光：《资治通鉴》卷二八九胡三省注，第9431页。

② 〔清〕徐松辑：《宋会要辑稿》方域三之五〇，第7368页。

③ 〔宋〕李焘：《续资治通鉴长编》卷二五八，第6306页。

④ 〔宋〕李焘：《续资治通鉴长编》卷二，第42页。

⑤ 〔宋〕黄履翁：《古今源流至论》别集卷九，《文渊阁四库全书》本。

⑥ 〔清〕徐松辑：《宋会要辑稿》职官一六之二四，第2733页。

⑦ 〔宋〕李焘：《续资治通鉴长编》卷一五，第325页。

四是作坊物料库和皮角场，前者“掌铁、木、铅、锡、羽箭簳、油、蜡、苇、石、矢、镞、麻布、毛、漆、朱等料，给作坊之用”①，后者“掌受天下骨、革、筋、角、脂、硝，给造军器、鞍辔、毡毯”，均负责保证作坊的原料供应。

作坊、弓弩院、八作司和作坊物料库，在宋太祖的时候都是以作坊使、八作使等使、副为正副长官，通常还要派有两名宦官充当监督。

地方上，则重新设立了诸州作院，“以待朝廷抛造，及州自制军器”，通常是因地制宜，按照中央的要求生产各种兵器。产品除了上交中央，也供应地方部队使用，是中央作坊等部门的重要补充。特别是在北宋统一了手工业发达的南方地区后，建康、福州、明州等地作院都达到了相当规模。王安石变法时期，以此为基础，又在各路的首州设置了41个都作院。南宋北方地区沦陷后，这些设于南方的作院和都作院，更是为南宋军需的保障发挥了重要作用。

其二，扩大规模，征召大批工匠和军匠从事军工生产。宋太祖巡视洛阳时，作坊曾出动“本坊匠少壮者二千余”②，其规模之大不难想象。据《宋会要辑稿》等记载，宋太祖时的作坊，“南坊兵校及匠三千七百四十一人，北兵校及匠四千一百九十人”；弓弩院，“兵匠千四十二人”③；八作司，辖有杂役四指挥，工匠三指挥，约为3500人。地方作院的规模要远小于开封，但通常人数最少也有几十人，由于作院数量众多，总计工匠人数也在万人以上。总体来说，宋初从事军工生产的工匠和兵匠数量合计约为三万人。这个数字可能略有出入，但无论如何，军工生产的如此规模，都是宋代以前各个朝代所无法比拟的，在当时世界上也是首屈一指。

其三，严格生产标准，加强质量考核。从宋太祖时期开始，宋代的军工生产已经在相当程度上实现了标准化的制式生产，所谓“皆有制度，作用之法”④，宋人称之为“法式”。宋仁宗时的《武经总要》中就对军器的种类、式样进行了统一的规范，并绘出了标准的图纸，至宋神宗时期，更是“前后讲究制度，无不精致，卒著为式合一百一十卷，盖所谓《辨材》一卷，《军器》七十四卷，《什物》

---

① 〔清〕徐松辑：《宋会要辑稿》方域三之五二，第7369页。

② 〔元〕脱脱等：《宋史》卷二七〇《魏丕传》，第9277页。

③ 〔清〕徐松辑：《宋会要辑稿》方域三之五一，第7369页；职官一六之二四，第2733页。

④ 〔宋〕王得臣：《麈史》卷一，《文渊阁四库全书》本。

二十一卷，《杂物》四卷，《添修及制造弓弩式》一十卷是也”[①]，统称为“熙宁法式”。在宋代，军工生产的“法式”属于国家机密，规定：“非长贰当职官不得省阅，及传写漏泄，论以违制。”[②]与此同时，宋太祖极其重视军工生产的质量，他利用自己行伍出身的有利条件，对作坊等部门上交的产品亲自查验，确立了著名的“旬课”制度，据《文献通考》卷一六一《兵十三》记载：“京师所造兵器，十日一进，谓之旬课，上亲阅之，制作精绝，尤为犀利。”《群书考索》后集卷四三亦曰：“太祖时中都二坊制造兵器，旬一进视，谓之旬课。”

其四，选拔干才，强化管理。军工生产规模的急剧扩大，强化管理随之势在必行。宋太祖即位后不久，即任命魏丕主持作坊事务，并当面授权于他说：“作坊久积弊，尔为我修整之。”[③]魏丕在宋初开国的文臣武将群体当中，本来是一个并不很起眼的人物。但是，他知识渊博，文武双全，又早得宋太祖信任，更重要的是，他在后周末年任供备库副使，管理经验丰富。宋太祖选择魏丕出掌军工，确属慧眼识人。此后，终宋太祖一朝，魏丕都是军工生产的主要负责人，直至宋太宗雍熙四年（987），才离职晋升为户部使，前后任职十余年之久。魏丕主持作坊后，依靠宋太祖的支持，充分发挥了自己学识渊博而又精明强干的特长，采取了许多行之有效的措施，如“撤本坊旧屋，为舍衢中，收僦直及鬻死马骨，岁得钱七千余缗，工匠有丧者均给之”[④]，从而大大调动了工匠们的生产积极性，使得军工生产的面貌为之一新。史书记载：“丕在职甚尽力，居八年，乃迁正使。上讨泽潞、维扬，下荆、广，收川、峡，征河东，平江南，皆先期谕旨，令治兵器，无不精办。”[⑤]对魏丕所做出的这一突出贡献，宋人多有高度评价，如“太祖时征伐诸国，兵器精甚，后世莫及也。当是时，独委一魏丕”。[⑥]宋人更是把宋太祖专用魏丕主持军工，称颂为用其所长、用人不疑的成功典范，南宋吕中《宋大事记讲义》卷二即颂扬宋太祖说：“国初之不轻用人如此，盖其始也择之精，其终也任

---

① 〔宋〕王得臣：《麈史》卷一，《文渊阁四库全书》本。

② 〔元〕脱脱等：《宋史》卷一六五《职官五·军器监》，第3920页。

③ 〔宋〕李焘：《续资治通鉴长编》卷一七，第365页。

④ 〔元〕脱脱等：《宋史》卷二七〇《魏丕传》，第9277页。

⑤ 〔宋〕李焘：《续资治通鉴长编》卷一七，第365页。

⑥ 〔明〕杨士奇、黄淮等编：《历代名臣奏议》卷七〇，《文渊阁四库全书》本。

之久。择之精，则小人不得以滥其选；任之久则君子举，得以任其职。赵中令之相凡十二年，郭进之守西山凡二十年，李汉超之守关南凡十七年，作坊至卑贱也，而魏丕典之至十余年，皆久任而成功也。”

宋太祖的以上措施，收到了十分显著的成效。在宋太祖时期，北宋兵器等军工生产持续、高效地发展，达到了很高水平。据文献记载，宋太祖时作坊的“常课”，即每年必须达到的最低产量：作坊，每年造甲铠、贝装、枪、剑、刀、锯、器械、箭笴箙、皮笠、弩樘、床子弩，凡三万二千；弓弩院，每年造弓、弩、箭、弦、镞等，凡千六百五十余万；诸州作院每年造弓、弩、箭、剑、甲、兜鍪、甲叶、箭镞等，凡六百二十余万。此外，作坊、弓弩院和诸州作院每年制造兵幕、甲袋、钲、鼓、炮、炒锅、鐁、行槽、锹、钁、镰、斧等大批的军用物资，当时称之为“什器”。[①]据此统计，宋太祖时北宋的军工部门具有每年生产兵器两三千万件以上的强大能力，从而不仅保障了宋初统一战争的需要，每年还可以大量地入库收藏备用，宋太祖就专门在皇宫中设立五个兵器库，用来贮存这些兵器。在后来宋太宗、真宗时期对辽和西夏的大规模战争中，这些贮存的兵器都发挥了重要作用。至真宗景德年间，从宋太祖时期开始积存的兵器之多，已经达到了足够保证宋军二三十年装备需要的充足程度，“景德中，以岁造之器可支三二十年，而创作未已。天子念劳费之宜省也，因遣内都知秦翰阅武库所聚，令给用有余，诸作治以权宜罢焉”[②]。此外，按照宋人的看法，宋太祖对武器库的设置，也含有防微杜渐的远见卓识，如宋高宗曾对大臣说：“祖宗有内军器库，在誗门，几百门，所藏弓弩器甲不可胜计。及军器库在酸枣门外，数亦称此。原祖宗置库，有内外之异，及弓弩弦箭，亦各异藏，分官主之，皆有深意。”[③]

宋太祖时期的军工生产，被公认为“器械精明，后世鲜及”，“戎具精劲，近古未有焉”，“制作精绝，尤为犀利”[④]，质量十分上乘。在王安石变法期间，王安

① 〔宋〕曾巩：《曾巩集》卷四九《本朝政要策·兵器》，第656页；又见《宋史》卷一九七《兵十一》、《玉海》卷一五一《兵制》、《文献通考》卷一六一《兵十三》。

② 〔宋〕曾巩：《曾巩集》卷四九《本朝政要策·兵器》，第656页。

③ 〔宋〕李心传：《建炎以来系年要录》卷一一三，第1826页；又见《古今源流至论》别集卷九、《群书考索》后集卷四三。

④ 见《群书考索》后集卷四三、《曾巩集》卷四九《本朝政要策·兵器》、《文献通考》卷一六一《兵十三》。

石之子王雱即曾经谈道："或闻今武库太祖时所为弓尚有弓弦如新者，而近世所造往往不可用。"[①]宋高宗绍兴三十二年（1162）闰二月，枢密院官员在上奏中也提道："靖康初，御前降到军器，经百余年全无损动，仰见祖宗时制造军器，例皆精绝。盖缘监官得人。"[②]南宋学者王明清《挥麈录》中则记载了这样一个著名的事件："承平时扬州郡治之东庑，扃锁屋数间，上有建隆元年朱漆金书牌云：'非有缓急，不得辄开。'宣和元年盗起浙西，诏以童贯提师讨之，道出淮南，见之，焚香再拜，启视之，乃弓弩各千，爱护甚至，俨然如新，贯命弦以试之，其力比之后来过倍，而制作精妙，不可跂及，士卒皆叹伏。施之于用，以致成功。此盖太祖皇帝亲征李重进时所留者，仰知经武之略，明见于二百年之前，圣哉帝也。"[③]所谓宋太祖"经武之略，明见于二百年之前"，当然纯属无稽，但此事说明宋太祖时期生产兵器的质量确实过硬，历经百余年后仍然能够在战场上使用。

三

在具体的军工生产技术方面，宋太祖时期除了火药和猛火油机等新式武器的发明之外，许多传统武器的生产工艺同样有了不小的突破，这方面非常典型的是弩和炮。

弩，是用机械发射的弓箭。宋太祖时期弩的改进沿着两个方向突飞猛进。

其一是床子弩，这是当时军中的重武器，以射程远、威力大、能够连发见长，缺点是需要用四脚木架作为弩座，因而相当笨重，机动性较差，发射时也要配备多名弩手。宋太祖当年征讨南唐的时候，曾见识过这种重弩的威力，《资治通鉴》卷二九三记载：周世宗显德三年（956）"太祖皇帝乘皮船入寿春壕中，城上发连弩射之，矢大如屋椽；牙将馆陶张琼遽以身蔽之，矢中琼髀，死而复苏。镞著骨不可出，琼饮酒一大卮，令人破骨出之，流血数升，神色自若"。北宋开国后，在宋太祖的特别关注下，床子弩的技术很快有了重大突破，射程由七百步提

① 〔宋〕李焘：《续资治通鉴长编》卷二四五，第5973页。

② 〔清〕徐松辑：《宋会要辑稿》职官一六之一五，第2729页。

③ 〔宋〕王明清：《挥麈录》后录卷一，《文渊阁四库全书》本；又见《文献通考》卷一六一《兵十三》。

高到一千步，“太宗居晋邸，知客押衙陈从信者，心计精敏……魏丕为作坊使，旧制，床子弩止七百步，上令丕增至千步，求规于信。信令悬弩于架，以重坠其两端，弩势负，取所坠之物较之，但于二分中增一分以坠新弩，则自可千步矣。如其制造后，果不差”[①]。一步为五宋尺，按每宋尺约合0.31米计，一千步就是1550米左右，这是有史以来弩箭射程达到的一个新纪录。[②]在这次技术革新中，宋太祖的弟弟、开封尹赵光义手下的知客押衙陈从信，贡献最为突出。

宋太祖在亲征北汉、围攻太原的战斗中，曾经下令把床子弩安装在战船上向城中攻击，取得了一定成效。在宋真宗朝与辽国的大规模战争中，床子弩更是发挥了强大的威力，其中最著名的战例就是宋真宗景德元年（1004）年底，当辽军先锋大将挞览在澶州前线督战时，对宋军床子弩的远射威力估计不足，结果被宋军埋伏的床子弩击毙，“其统军顺国王挞览，有机勇，所将皆精锐，方为先锋，异其旗帜，躬出督战。威虎军头张瓌守床子弩，弩潜发，挞览中额陨，其徒数十百辈竞前舆曳至寨，是夜，挞览死。敌大挫衄”[③]。此事直接促成了宋辽澶渊之盟的签订。宋代大政治家、文学家王安石和“苏门四学士”之一的张耒，都曾赋诗称赞床子弩在此役中的作用，将其与名相寇准相提并论。王安石《澶州》诗曰：“去都二百四十里，河流中间两城峙。南城草草不受兵，北城楼橹如边城。城中老人为予语，契丹此地经钞虏。黄屋亲乘矢石间，胡马欲踏河冰渡。天发一矢胡无酋，河冰亦破沙水流。欢盟从此至今日，丞相莱公功第一。”[④]张耒《听客话澶渊事》诗则曰：“忆昔兵来动河朔，渡河饮马吹边角。澶渊城下冰载车，边风萧萧千里余。城上黄旂坐真主，夜遣六丁张猛弩。雷惊电发一矢飞，横射渠魁贯车柱。敌氛已扫大漠空，归来封禅告成功。自是乾坤扶圣主，可能功业尽莱公。”[⑤]这时，距离宋太祖时千步床子弩研制的成功，才不过二三十年的时间。至宋仁宗时，床子弩有了进一步的发展，据《武经总要》记载，当时出现了一种叫“八牛弩”的三弓床子弩，发射时需要上百名士兵操作，其专用的箭称“一枪三剑箭”，威力之

① 〔宋〕文莹撰，郑世刚等点校：《玉壶清话》卷八，第83页。

② 王曾瑜：《宋朝兵制初探》，第259页。

③ 〔宋〕李焘：《续资治通鉴长编》卷五八，第1286～1287页。

④ 〔宋〕王安石：《临川先生文集》卷五，《四部丛刊》本。

⑤ 〔宋〕张耒：《张耒集》卷一五，中华书局1990年版，第252页。

大不难想见。还有一种箭叫“寒鸦箭”，一次发射即可以杀伤数十人。

其二是单兵弩，单兵即可使用，机动灵活，但威力、射程要远小于床子弩。一般认为，宋代单兵弩的重大突破出现在宋神宗熙宁元年（1068），是年归顺北宋的党项酋长李宏把自己所发明的弩进献给朝廷，宋神宗下令推广，并命名为“神臂弓”。“神臂弓”的射程为三百步，约合465米，“能洞重札”，“最为利器”。两宋之际，抗金名将韩世忠又在宋高宗绍兴五年（1135）对“神臂弓”进行了改进，更名为“克敌弓”[①]，单兵马上、步下皆可发射，在三百六十步（约558米）的有效射程内，能够轻易地射穿重甲，“每射铁马，一发应弦而倒”[②]，是宋金战场上令金兵望而生畏的利器，如金帅完颜宗弼即曾说过：“吾昔南征，目见宋用军器，大妙者不过神臂弓，次者重斧，外无所畏。今付样造之。”[③]

不过，宋人也有一种说法，认为“神臂弓”的渊源还可以上溯至宋太祖，如南宋叶绍翁所撰《四朝闻见录》即有云：“洪氏遵试《克敌弓铭》，未知所出。有老兵持砚水密谓洪曰：‘即神臂弓也。’凡制度、轻重、长短，无不语洪。有司以为神。洪独不记太祖即位之三年作神臂弓以威天下，何耶？”[④]这是一条以往史家较少措意的重要史料。叶绍翁是南宋大学者叶适的学生，其所撰《四朝闻见录》“记载详博，事得实而词旨微婉”，被公认为研究宋史尤其是南宋史不可缺少的重要著作之一。按照叶氏的说法，宋太祖即位的第三年，即建隆三年（962），在宋太祖的亲自主持下，北宋已经研发出威力较大的单兵弩，宋神宗之所以把李宏所献弩命名为神臂弓，原因也就在于此。又，《文献通考》极其详细地记录了宋太祖时期军工生产的“常课”清单，其中所列的黄桦弩和白桦弩两种弩，根据《武经总要》中所画的样式，其实就是单兵弩。宋真宗时对辽战争中，河北大名守将孙全照就训练和组建了一支名为“无地分弩手”的部队，“皆执朱漆弩，射人马洞彻重甲，随所指麾，应用无常”，辽军“素畏其名”。[⑤]这些都说明，在宋神宗以前，北宋的单兵弩生产业已打下了较好的基础。

---

① 〔宋〕洪迈撰，孔凡礼点校：《容斋随笔》三笔卷一六《神臂弓》，第615～616页。

② 〔宋〕徐梦莘：《三朝北盟会编》卷二一八，第1569页。

③ 〔宋〕徐梦莘：《三朝北盟会编》卷二一五，第1551页。

④ 〔宋〕叶绍翁撰，沈锡麟、冯惠民点校：《四朝闻见录》甲集《词学》，第19～20页。

⑤ 〔宋〕李焘：《续资治通鉴长编》卷五八，第1284页。

不管是床子弩，还是单兵弩，“其箭皆可施火药”[①]，从宋太祖时开始，都已经逐步推广使用火药箭。

炮，即抛石机，是利用杠杆原理，将石头等重物抛射出去以杀伤敌方目标的武器，因为底座上安装有四个轮子以便运动，也叫“炮车”。在冷兵器时代，炮是威力最大的重型武器之一，往往集中用来攻打敌方坚固设防的城堡。从宋太祖开始的宋朝，是古炮发展最为鼎盛的历史时期。北宋灭亡后，南宋朝野上下和民间社会还一直广泛流传着这样一个宋太祖与炮的传说。据称，宋太祖在北宋开国后整修开封城时，即考虑到外敌兵临城下，用炮攻打开封的可能性，并专门做了针对性的防御部署。岳飞的孙子岳珂在其所撰《桯史》中记载说：

开宝戊辰，艺祖初修汴京，大其城址，曲而宛，如蚓诎焉。耆老相传，谓赵中令鸠工奏图，初取方直，四面皆有门，坊市经纬其间，井井绳列。上览而怒，自取笔涂之，命以幅纸作大圈，纡曲纵斜，旁注云：‘依此修筑。’故城即当时遗迹也。时人咸罔测，多病其不宜于观美。熙宁乙卯，神宗在位，遂欲改作，鉴苑中牧豚及内作坊之事，卒不敢更，第增陴而已。及政和间，蔡京擅国，亟奏广其规，以便宫室苑囿之奉，命宦侍董其役。凡周旋数十里，一撒而方之如矩，墉堞楼橹，虽甚藻饰，而荡然无曩时之坚朴矣。一时迄功第赏，侈其事，至以表记，两命词科之题，概可想见其张皇也。靖康胡马南牧，黏罕、斡离不扬鞭城下，有得色，曰：‘是易攻下。’令植炮四隅，随方而击之。城既引直，一炮所望一壁，皆不可立，竟以此失守。沉几远睹，至是始验。宸笔所定图，承平时藏秘阁，今不复存。[②]

当然，防御永远是被动的，进攻才是最好的防御，克制抛石机最好的手段还是发展性能更优于敌方的抛石机。宋太祖时，宋军已有了独立编制的炮兵部队，番号是“飞山雄武”，其军营称作“飞山营”，隶属于侍卫步军司。宋太祖曾多次亲临飞山军营，主持并检阅抛石机的作战演练，如据《续资治通鉴长编》记载：

---

① 〔宋〕曾公亮：《武经总要》前集卷一三，《文渊阁四库全书》本。

② 〔宋〕岳珂：《桯史》卷一《汴京故城》，第8～9页。

建隆二年（961）二月，“幸飞山军营阅炮车”；开宝九年（976）十月，“幸西教场，观飞山军士发机石”[①]。南宋名臣真德秀曾赞美宋太祖曰：“昔我艺祖，肇造区宇，而北敌尚强，四方未一，故聚骁勇于京师，壮爪牙于宿卫。今日幸造船池以习战也，明日幸飞山营以阅炮也，武事之精，近世无匹，用能方行四表，而坐服中外。”[②]此后，皇帝亲临飞山炮兵部队的演练就成为被北宋历代皇帝所遵循的一个惯例。

宋太祖等皇帝的重视为抛石机在宋代的发展注入了强大动力，从宋太祖时期开始，至宋仁宗初，在六十余年的时间里，北宋的炮就发展到了十余种之多，主要有单梢炮、双梢炮、五梢炮、七梢炮、旋风炮、手炮、虎蹲炮、拄腹炮、卧车炮、车行炮、合炮等。其中，以七梢炮威力最大，需要250人拽放，能把90斤的石块抛出50步（约77.5米）；手炮则十分灵活，只需两人拽放，发射半斤重的石块，“敌近则用之”。在辽宋战争中大出风头的则是旋风炮，当时有一种“张存解放旋风炮”[③]的说法。旋风炮，通常用40人拽放，能抛射3斤的石块，其突出优点是射速快，因而在宋军中广泛地装备，还出现了独角旋风炮、旋风车炮、旋风五炮等多种改进的型号。[④]

与此同时，宋代的抛石机也由抛发石块发展到抛射火药包、火药球等爆炸性的火药弹，称为“火炮”。如前引徐梦莘《三朝北盟会编》卷九七引《朝野佥言》一书说：直到北宋末年，开封武库中除了“太祖平唐火箭二万支”以外，还保存有宋太祖时的“金汁火炮样”。[⑤]当然，此时炮兵的相关技术仍然是相当粗糙和原始，但现代称雄战场的有“战争之神”美誉的火炮，就是从这里开始逐渐起步的。

值得注意的是，宋太祖时期的武器革新，主要集中在火箭、猛火油机、床子弩、抛石机等远射武器上，实际上整个宋代都是如此。至于短兵相接、近身格斗所用的刀、剑、枪等士兵的基本装备，改进的力度就要小得多了，仍然停留在唐代的水平上，与同时代辽、西夏、金、蒙古等政权相比也不占什么优势。与之相

---

① 〔宋〕李焘：《续资治通鉴长编》卷二，第39页；卷一七，第377页。

② 〔宋〕真德秀：《西山文集》卷一四《札子二》，《文渊阁四库全书》本。

③ 〔宋〕吴处厚撰，李裕民点校：《青箱杂记》卷八，第86页。

④ 〔宋〕曾公亮：《武经总要》前集卷一二，《文渊阁四库全书》本。

⑤ 王曾瑜在《宋朝兵制初探》中指出，火炮“无疑应是火药兵器”。

适应，从宋太祖开始，宋军编制中弓箭手和弩手的比例越来越大，如据宋仁宗时的尹洙说，当时“马军每一都，枪手、旗头共十三人，其八十余人并系弓箭手；步军每一都……枪手一十六人，其七十余人并系弩手”，南宋时弓箭手和弩手通常要占禁军的百分之八十。显而易见，如此装备和编制状况，虽然有利于远距离地大量杀伤敌人，减轻己方伤亡，但一旦出现近战、肉搏战的情况，宋军立即就会陷入困境，“束手受害”[①]。这既有武器技术发展的自身规律，与尚武之风愈来愈弱的宋朝时代文化特质也是分不开的。

科技的进步总是优先运用于军事领域，反过来，军事技术的革新又会极大地带动科技的发展，这是人类科技发展史上的基本规律。宋太祖时期火箭、床子弩、抛石机等上述多种武器装备的突破，本身就集中代表着当时所取得的最高科技成就，如火箭等火药武器就是驰名中外的“四大发明”之一，同时又推动了物理、化学、数学、机械制造等相关学科在宋代的突飞猛进，使宋代成为中国古代科技发展史上的一个巅峰。对此，宋太祖功不可没。

原载《史学集刊》2011年第1期

① 〔宋〕尹洙：《河南先生文集》卷二〇《奏阅习短兵状》，《四部丛刊》本。

南宋“举将帅”制度试探

古人有云：“天下安，注意相；天下危，注意将。”正如宋宁宗朝任知成都府的曹彦约在上奏中所说：“自开禧以来，外侮狎至。庙堂之上，莫不以选将为急务；士大夫间，莫不以选将为至计。”[①]南宋立国东南，始终迫于金、蒙古强大的军事压力，宋廷亟于用将，文武高官“举将帅”的制度遂应运而生，成为宋廷选将、用将的重要途径之一，其所发挥的作用不容小觑。然学界目前相关的专题论述相对较为薄弱，加以深入发掘颇有必要。

一

南宋“举将帅”制度，始于宋高宗朝。宋高宗绍兴十年（1140）闰六月，宋廷下诏规定：三衙管军及观察使以上的高级武臣“各举智勇猛略、才堪将帅者二人，不拘资格”[②]。绍兴二十九年（1159）三月，宋高宗又采纳了汪澈的建议，下诏帅臣、监司、侍从、台谏等内外高级文臣“岁举可任将帅者二员，其才略所长及曾立功

① 〔明〕杨士奇、黄淮等编：《历代名臣奏议》卷一四八《用人》，《文渊阁四库全书》本。

② 〔宋〕李心传：《建炎以来系年要录》卷一三六，第2190页。又略见〔元〕脱脱等：《宋史》卷二九《高宗六》，第545页。

效闻奏"[①]。此次命高级文官"举将帅"，文官们似表现得十分踊跃，举荐的武臣人数颇多。当年四月，宋廷又下诏补充规定："近降指挥，令中外举荐武臣，召到者无阙可处，可增置带御器械四员。"[②]

宋高宗以后各朝，同样是如此。宋孝宗隆兴元年（1163），宋廷正式颁布了《荐举武臣格式》，其主要规定：三衙管军、诸军都统制及缘边监司、守臣等"有谋略沉雄可任大计，宽猛适宜可使御众，临阵骁勇可鼓士气，威信有闻可守边郡者，不以有无文武官资，各荐一二人，人以半岁为限"[③]。时任殿中侍御史的胡沂在上奏中也曾言及："将臣定十等之目，令其举荐，施之择将之顷则可。"[④]乾道七年（1171），宋廷又诏令：各都统司的都统制"岁举所知二人，统制岁举一人，以智勇俱全为上，以善抚士卒为次，以专有胆勇又为次。将校士卒，惟其所举"[⑤]。淳熙三年（1176），袁说友又上奏宋孝宗，建议选将行"荐举之法"，命三衙、各都统司内外军帅举荐将才，并献具体的"荐目"四条：

一曰忠勇，谓气概轩雄，胆略沉锐，誓于报国，奋不顾身者。

二曰武艺，谓骑射击刺，行阵出没，悉皆精熟，莫当其锋者。

三曰谋略，谓智虑深远，机画精当，料敌必中，变态百出者。

四曰兵法，谓习熟韬略，精于兵法，博古通今，能见于用者。[⑥]

此后，南宋武臣《荐举令》和《荐举格》愈加细致。宋宁宗时编纂的《庆元条法事类》更极其详细地规定：

《荐举令》：诸侍从、两省、台谏在任半年以上，各奏举有智略勇力、武

① 〔宋〕王应麟：《玉海》卷一一六《绍兴举将帅》，《文渊阁四库全书》本。又略见〔元〕脱脱等：《宋史》卷三一《高宗八》，第591页；卷三八四《汪澈传》，第11813页。

② 〔清〕徐松辑：《宋会要辑稿》职官三四之一二，第3044页。

③ 〔明〕杨士奇、黄淮等编：《历代名臣奏议》卷九四《经国》，《文渊阁四库全书》本。

④ 〔元〕脱脱等：《宋史》卷三八八《胡沂传》，第11909页。

⑤ 〔元〕佚名撰，李之亮校点：《宋史全文》卷二五下《宋孝宗四》，第1748页。

⑥ 〔宋〕袁说友：《东塘集》卷九《论举将疏》，《文渊阁四库全书》本。

艺高强、廉洁堪充将帅者三人；帅臣、监司到任半年以上，听举二人。（无，即听阙。）

诸侍从、台谏、帅臣、监司各岁举大小使臣二员（谓亲民资序者），开具材略所长及所立功效闻奏。

诸武举出身，已关升亲民经任人，有材能堪充将副者，许监司、帅守荐举。

诸发运、转运使副，提点刑狱，及朝奉郎若带职升朝官，武功至武翼大夫、正侍至右武郎以上充知州或安抚副使、都监、州总管、钤辖以上者，许岁举所部廉干有方略，善弓马，经两任亲民无遗阙，曾历边任小使臣一员，充閤门祗候。

诸缘边城堡寨主、巡检、都监、巡防、把截、道路口铺巡检，委经略安抚、钤辖司奏举。（旧系转运、提点刑狱司、缘边安抚司及知州轮举处，依旧。）

诸使臣停废而年六十以下有武艺精力不衰者，听于所在州自陈，知州、通判、兵官试验，堪战阵者，保奏。

《荐举格》：曾立军功观察使以上，不以在任、闲居，各随类指陈实迹荐举，每岁许举三人：谋略沉雄可任大计，宽猛适宜可使御众，临阵骁勇可鼓士气，威信有闻可守边郡，思智精巧可治器械。

非军功观察使以上，不以在任、闲居，各随类指陈实迹荐举，每岁许举三人：通习典章可掌朝仪，练达民事可任郡寄，谙晓财计可裕民力，持身廉洁可律贪鄙，词辩不屈可备奉使。[①]

在上述"在任半年以上"定期举荐之外，根据形势的需要，宋廷还频繁地颁布临时的专门"举将才"诏书，命令指定的官员来举荐将才。以宋光宗、宋宁宗两朝为例：

宋光宗绍熙元年（1190）十月，"诏内外军帅各荐所部有将才者"[②]；绍熙二年

① 〔宋〕谢深甫编撰，戴建国点校：《庆元条法事类》卷一五《选举门二·举武臣》，第310~311页；又略见〔元〕佚名撰，李之亮校点：《宋史全文》卷二四上《宋孝宗一》，第1627页。

② 〔元〕脱脱等：《宋史》卷三六《光宗本纪》，第699页。

（1191）二月，宋廷又令："今后侍从官到任半年以后，必举材堪将帅者三人。"[①]

宋宁宗一朝，仅据笔者的不完全统计，所下"举将帅"的诏令至少八个，具体如下：

绍熙五年（1194）九月，圣旨：

老将宿帅，比年以来，消磨殆尽，岂无其才，可储以备选择？深虑淹伏，偏裨行伍，上下嫉蔽，不容奋达。可令诸路帅臣、总领、管军，采之众论，疏列所长，各以十名，限两月闻奏。当下枢密院，询其尤者，召赴审察，果应公举，随才拔擢，有能趋事赴功之人，并旌举者，或至败事，罚亦如之。[②]

按：绍熙五年（1194）七月，宋宁宗已即位，此圣旨当出自宋宁宗。嘉泰二年（1202）三月，"诏诸路帅臣、总领、监司举任将帅者，与本军主帅列上之"[③]；开禧元年（1205）七月，诏"侍从、两省、台谏、在外待制学士以上及内外诸军主帅，各举将帅、边守一二人"[④]。按：是议当出自时任右正言兼侍讲的娄机，开禧元年（1205）六月，娄氏"首论广蓄人才，乞诏侍从、台谏、学士、待制、三衙管军，各举将帅、边郡一二人，召问甄拔，优养以备缓急"[⑤]。开禧二年（1206）十月，诏"内外军帅各举智勇可为将帅者二人"[⑥]；嘉定五年（1212）十月，"诏诸路总领官岁举可为将帅者二三人，安抚、提刑举可备将材者二人"[⑦]；嘉定六年（1213）七

① 〔明〕杨士奇、黄淮等编：《历代名臣奏议》卷二四〇《任将》，《文渊阁四库全书》本。此诏《宋史》失载。

② 〔明〕杨士奇、黄淮等编：《历代名臣奏议》卷二四〇《任将》，《文渊阁四库全书》本。《宋史》卷三七《宁宗一》仅作"下诏抚谕诸将"。

③ 〔元〕脱脱等：《宋史》卷三八《宁宗二》，第731页。

④ 〔宋〕佚名编，汝企和点校：《续编两朝纲目备要》卷八，第151页；又略见〔元〕脱脱等：《宋史》卷三八《宁宗二》，第738页。按："内外诸军主帅"，《宋史》作"内外文武官"，显然不确。

⑤ 〔宋〕楼钥撰，顾大朋点校：《楼钥集》卷一〇三《神道碑·资政殿大学士致仕赠特进娄公神道碑》，浙江古籍出版社2010年版，第1789页。

⑥ 〔宋〕佚名编，汝企和点校：《续编两朝纲目备要》卷九，第167页。

⑦ 〔宋〕佚名编，汝企和点校：《续编两朝纲目备要》卷一三，第240页。

月，诏“三衙、江上诸军主帅各举堪为将帅者二三人”；嘉定八年（1215）正月，诏“侍从、两省、台谏各举三人”；嘉定十年（1217）八月，诏“监司、郡守各举威勇才略可任将帅者二人”[①]。

从以上诏令指定的官员范围可以看出：南宋有权“举将帅”的官员，中央层面主要包括侍从、两省、台谏及以上的高级文官和三衙管军等高级武官，地方层面主要包括帅臣、监司、知州及各总领所总领、各都统司的都副统制官等。宋理宗宝庆元年（1225）八月的“举将帅”诏，更详列其范围如下：

> 诏侍从、两省、台谏、三衙、知阁、御带、环卫官，在外前执政、侍从，帅臣、监司、都副都统制及屯戍主将，其各举堪充将帅三人。[②]

在“举将才”的诏令下达之后，符合上述规定的文武官员，就可以按照诏令的具体人数要求，及时地将自己所属意的将校，举荐给朝廷。

除了公开下诏“举将才”以外，皇帝有时也特别授权指定的个别官员举荐将才，称“奉特敕举边臣有武勇方略”，如宋孝宗时王炎任四川宣抚使，即曾“面蒙圣训”，“令于在外及诸军偏裨或小官内选择人材，将来可以管干军马者，以姓名闻奏”[③]。有时也命令相关官员“密奏”“密举”来举将帅，淳熙十一年（1184）六月，宋廷即诏“诸路总领各密举偏裨将校可为将帅者，不限员数，列其所长，保明来上，令密院籍记考察，不如所举，坐缪举之罚”[④]。

需要说明的是，现任文武高官“举将帅”作为选将的途径之一，北宋时期已然存在。宋仁宗庆历四年（1044），时任知制诰的张方平就上奏朝廷，请求优选将才出任三衙管军。他说：“今内则禁兵浸骄，极须弹压；外则边患不测，常资防备。（李）昭亮、王元，恐未任专干心膂，除郭承祐好进多事，累被弹

① 〔宋〕佚名编，汝企和点校：《续编两朝纲目备要》卷一三，第241页；卷一四，第269页；卷一五，第284页。

② 〔元〕脱脱等：《宋史》卷四一《理宗一》，第786～787页；〔元〕佚名撰，李之亮校点：《宋史全文》卷三一《宋理宗一》，第2140页。

③ 〔清〕徐松辑：《宋会要辑稿》职官三二之四二，第3026页。

④ 〔元〕佚名撰，李之亮校点：《宋史全文》卷二七上《宋孝宗七》，第1893页。

奏，不堪入典禁军外，乞于以次管军将校中择取一两人赴阙，分总禁卫，佐佑扆翼，于体为便。”[①]他还具体地推荐向传范等三人，认为他们可以胜任三衙管军：

臣伏见济州防御使向传范，资性谨重，和而有守，典藩有政，常居课最。沂州防御使刘永年，绰有武干，理戎严整，数守边郡，颇著风绩。此皆阀阅旧门，地连戚属，右职之中，可以寄任。閤门使、嘉州团练使刘几，自康定、庆历初，昊贼初叛命，即在西路，久效驱驰，从征岭南，备更任使。其人履历，出郭逵之右远甚。此皆可以属之禁卫者也。伏望陛下，更加察访，以备委用。[②]

至宋神宗朝，刘永年果然就晋升为三衙管军。宋仁宗皇祐年间，翰林学士胡宿也提到：“近来内外臣僚，多举武臣管军。”[③]宋哲宗绍圣三年（1096）三月，时任陕西路转运使的张舜民也上奏，建议命内外臣僚各举堪任将帅者。他说：

臣今欲乞圣慈详酌旨挥，内则侍从、台谏、管军臣僚，外则帅臣、监司，各举所知堪任帅者三两人，不限出身，要在人才，实有谋勇，然后朝廷面加审择。其所降指挥，乞严立条式，以示朝廷必用之意，非若常举之泛泛。[④]

不过，北宋的“举将帅”主要是以临时性、个人性的举措为主，实际只是停留在建议层面上的也不在少数，与“举将帅”成为制度化的南宋相比较，两者之间的区别还是较为明显的。

---

① 〔宋〕张方平：《乐全集》卷二四《论补军职》，《文渊阁四库全书》本。

② 〔宋〕张方平：《乐全集》卷二四《论除兵官事》，《文渊阁四库全书》本。

③ 〔明〕杨士奇、黄淮等编：《历代名臣奏议》卷一六五《选举》，《文渊阁四库全书》本。

④ 〔宋〕张舜民：《上哲宗请内外臣僚各举堪任将帅者》，《宋朝诸臣奏议》卷六四，第717页。

二

与"举将帅"的制度化相辅相成，南宋朝廷时常下诏，督促官员们积极地举荐将才。南宋众多的官员往往也是遵照朝廷的号令，特别积极于寻访将才。宋孝宗朝，洪遵任知建康府，即连续上奏朝廷，举荐了邵宏渊、赵撙和郭刚[①]。朱熹的嫡传弟子，主要任职于宋宁宗、理宗两朝的曹彦约，也是一个比较典型的例子。曹氏无论是在朝廷担任侍从官，还是外放出任地方长官，用他自己的话说就是：

臣自壮岁以来，亦粗有志人物，凡诸军之偏裨小将，下至长行卒伍，亦尝搜索访问，求其所长，书之简册，延誉于士大夫，庶几国家缓急之备。[②]

为朝廷求将的热忱，曹氏始终如一。

值得注意的是，南宋文武高官"举将帅"的对象，除地方兵马司的兵官以外，三衙和江上、四川诸军各都统司在任、曾任的统制、统领官，显然占了相当大的比重。如宋高宗绍兴二十九年（1159），周麟之、洪遵、张孝祥等人就共同举荐了侍卫马军司的后军统制官刘泽。绍兴三十年（1160）正月，右谏议大夫何溥、左司谏都民望等官员共同推荐了侍卫马军司的中军统制官赵撙[③]。

宋孝宗淳熙八年（1181）五月，专门"诏侍从官及内外待制、学士以上，各举统制、统领一二人，具名来上"。在此之前，枢密院依据圣旨，已经命令江上、四川各都统司的都统制：

军中统制、统领内人才少壮，武艺精强、沉鸷有谋、谙晓军政者，主帅择三二人，具名保明，赴枢密院审察。如称所举，受进贤之赏，傥或不然，坐谬举之罚。[④]

---

① 〔明〕杨士奇、黄淮等编：《历代名臣奏议》卷一四四《用人》，《文渊阁四库全书》本。
② 〔宋〕曹彦约：《昌谷集》卷八《应诏举将帅状》，《文渊阁四库全书》本。
③ 〔宋〕李心传：《建炎以来系年要录》卷一八三，第3063页；卷一八四，第3075页。
④ 〔清〕徐松辑：《宋会要辑稿》职官三二之四六，第3028页。

淳熙十一年（1184）七月，枢密院上奏："八年四月二十九日指挥：江上军帅于统领中荐举人才，限以三人之数。深虑搜求未广。"宋廷遂又补充规定："诏令照八年指挥，不限员数荐举。"[①]宋光宗绍熙五年（1194）九月，主管侍卫马军行司公事张师颜也奏请："伏睹累降诏旨，令侍从、监司选举将帅，实为社稷之计也。欲乞下诸路监司并管军、主帅，于本路所管统制官内，公共选举有智略、廉洁、堪究（充）将帅之人一二员，具申朝廷审察。如或可采，籍记姓名，以备他时将帅之用。如不应所举，甘坐谬举之罪。"[②]并且得到了宋廷的批准。

宋光宗绍熙年间，赵汝愚就曾举荐了殿前司护圣军的统领官、武节郎郁元，说他"刻意功名，常有运甓自厉之志，其持己廉俭，众情自服"[③]；时任太府少卿、中书门下省检正诸房公事的杨王休也"荐统制而下内可为环列，外可为将帅十人"[④]；蔡戡则重点举荐了侍卫马军司后军统制官、敦武郎吉肇和江州驻扎御前右军统制官李汝翼。他对吉肇的推荐语是：

> 生长军中，自行伍间，积日累劳，以至偏裨。习知军戎之情，甚得士卒之誉。为人精明，处事不苟，使之管军，必能简练训齐，以称厥职。

对李汝翼的推荐语是：

> 天资骁勇，骑射精绝，臣任湖广总领，汝翼为都统司中军将官，尝因集射，以察其能，汝翼每发，无不中的，观者叹服。又能训齐军士，纪律严明，委有将略。[⑤]

正如宋孝宗所言："统制官不可苟任，异时大节，皆于此乎选。"[⑥]宋宁宗嘉泰

① 〔元〕佚名撰，李之亮校点：《宋史全文》卷二七上，第1895页。

② 〔清〕徐松辑：《宋会要辑稿》职官三二之四七，第3029页。

③ 〔明〕杨士奇、黄淮等编：《历代名臣奏议》卷二四〇《任将》，《文渊阁四库全书》本。

④ 〔宋〕楼钥撰，顾大朋点校：《楼钥集》卷九五《行状·文华阁待制杨公行状》，第1668页。

⑤ 〔明〕杨士奇、黄淮等编：《历代名臣奏议》卷二四〇《任将》，《文渊阁四库全书》本。

⑥ 〔清〕徐松辑：《宋会要辑稿》职官三二之四四，第3027页。

四年（1204）三月，枢密院亦言：三衙和江上、四川诸军“是统制距主帅一级耳”，“异时擢帅，亦不过以统制曾为环列者充之”①。按照南宋军中的制度，三衙、都统司的统制官再晋升一步，就可以出任都统司的副都统制或都统制，距三衙管军就仅有一步之遥。个别官运亨通者，甚至可以由统制官直接跃居三衙的主管公事。如前面提到的蔡戡，他就建议提升马军司的统制官吉肇为三衙或都统司的管军之职，“使之管军，必能简练训齐，以称厥职”。他举荐的江州都统司的统制官李汝翼，后来果然就位至主管侍卫马军行司公事。

统领官的地位，较统制官要更低一些，但正如宋宁宗嘉定二年（1209）诏书所言：“统领在军，其任已重。”②其离三衙主帅的位置，也绝非遥不可及。开禧三年（1207），镇江都统制毕再遇向朝廷举荐了所部的统领官许俊等人③，许俊此后也官至主管侍卫马军行司公事。

再者，南宋不仅要求文武高官定期地举荐武官，临时“举将才”的诏令也是相当频繁地出台，这说明宋廷确实视“举将才”为“社稷之计”，对其期望值和重视程度都是比较高的。如乾道三年（1167）二月，宋孝宗意欲选将的时候就传旨：“今日可进入武臣荐举兵将官册子，朕欲周知其人。”④朱熹在向宋孝宗的上书中也谈道：

> 诸将之求进也，必先掊克士卒，以殖私利，然后以此自结于陛下之私人，而蕲以姓名达于陛下之贵将。贵将得其姓名，即以付之军中，使自什伍以上节次保明，称其材武堪任将帅，然后具奏牍而言之陛下之前。陛下但见等级推先，案牍具备，则诚以为公荐而可以得人矣。⑤

朱熹所言的“私人”，当指为宋孝宗宠幸的宦官、佞幸等；“贵将”，或指三衙管军、各都统司都统制等高级将领。朱氏此奏，显然是从负面角度来立论的，

---

① 〔清〕徐松辑：《宋会要辑稿》职官三二之四八，第3029页。

② 〔清〕徐松辑：《宋会要辑稿》职官六一之五七，第3782页。

③ 〔元〕脱脱等：《宋史》卷四〇二《毕再遇传》，第12187页。

④ 〔元〕佚名撰，李之亮校点：《宋史全文》卷二四下，第1689页。

⑤ 〔元〕脱脱等：《宋史》卷四二九《道学三·朱熹传》，第12762页。

但它同样能够说明：文武高官“举将帅”，对南宋三衙管军选任的影响力，还是比较大的。

具体的事例，除前面已经提到的官至主管侍卫马军司公事的李汝翼和许俊之外，宋高宗绍兴二十九年（1159），殿前司中军都统制邵宏渊本已被杨存中排挤出殿前司，“添差荆湖北路马步军总管，罢从军”，殿中侍御史汪澈“奉诏荐宏渊奋不顾身，真万人敌”[①]，邵氏遂被重新起用，改任侍卫步军司右军都统制。在抵御完颜亮南下与隆兴北伐中，邵宏渊都发挥了重要作用，一度统领步军司。绍兴三十年（1160），殿前司准备将岳建寿得“敷文阁待制、提举祐神观杨偰奉诏举”，被破格由准备将晋升为殿前司正将[②]。至宋孝宗朝，岳氏遂官至主管侍卫步军司公事。宋理宗时曹彦约应宝庆元年（1225）八月的“举将帅”诏推荐了赵胜，其推荐语为：“谙习戎事，通晓阵法，顷在荆湖制司，曾任赵方帐前职事，御众井井，人以为严。其后移管他军，则旧人无不恋慕，至于垂涕。恩威并行，似未易得。若使任一军之责，必能服众。”[③]赵胜后来果然出任了主管殿前司公事，一直任职到了端平二年（1235）五月[④]。

三

南宋三衙现任管军等高级武官，制度上还可以“举自代”。绍兴四年（1134）二月，吏部侍郎郑滋奏请：

> 兼契勘武臣中，岂无忠勇智略可用而未显者？考之往制，亦许节度、观察、防御使、诸州刺史举官自代。欲乞仿文臣之制，令三衙及见带军职与见任将帅、正任观察使以上，因除授日，亦许举代，以备选任。[⑤]

---

① 〔宋〕李心传：《建炎以来系年要录》卷一八三，第3052页。

② 〔宋〕李心传：《建炎以来系年要录》卷一八四，第3075～3076页。

③ 〔宋〕曹彦约：《昌谷集》卷八《应诏举将帅状》，《文渊阁四库全书》本。

④ 〔元〕佚名撰，李之亮校点：《宋史全文》卷三二《宋理宗二》，第2205页；〔宋〕吴泳：《鹤林集》卷八《赵胜特转某州防御使除主管殿前司公事制》，《文渊阁四库全书》本。

⑤ 〔清〕徐松辑：《宋会要辑稿》职官六〇之一九，第3742页。

宋高宗采纳了他的建议，遂下诏规定：“初命三衙管军及将帅观察使以上，举可自代者一人，如文臣之制。”[①]宋宁宗庆元元年（1195）六月，宋廷又明确下令：“诏三衙、江上诸军主帅、将佐，初除举自代一人，岁荐所知二人。”[②]也就是说，三衙现任管军、都统司都统制等高级武将有权在就职伊始，即向朝廷举荐三衙、本司下任主将的人选。

官员“举自代”，北宋时主要限于待制以上（从四品）的高级文臣，“两省、台官、尚书六品已上，诸司四品已上，授官讫，具表让一人自代，于阁门投下”[③]。郑滋所言“考之往制，亦许节度、观察、防御使、诸州刺史举官自代”中的“往制”，指的当是唐代制度。南宋时“举自代”虽然扩大到了三衙管军、江上诸军都统司都统制等高级武将和观察使以上的高级武官，然而军中自代、“军中自推”等一类举措，在宋人眼里看来，本来就是最为典型的唐代藩镇跋扈习气之一，也是君主和官僚士大夫集团深恶痛绝的事情。史书记载：宋孝宗时江上诸军各都统司置副都统制一员：

> 上因欲令军中自推迁。叶子昂丞相言不可。上悟曰：“极善。当自朝廷除人，不然，即似唐藩镇。”[④]

在如此政治大氛围之下，三衙管军“举自代”，很可能仅仅限于制度层面的意义，实际的作用不会很大。

宋代武将主动跑官的现象十分严重，在个别的情况下，偶而也有伸手要官的，甚至有自荐为三衙管军的。宋仁宗景祐元年（1034）八月，皇城使、英州刺史王怀节“令弟杂妇持表入内，告尚美人乞管军”[⑤]。宋徽宗宣和五年（1123）八月，管

---

① 〔宋〕王应麟：《玉海》卷一一六，《文渊阁四库全书》本。《宋史》卷二七《高宗四》亦记载：“诏三衙管军及将帅观察使以上，举忠勇智略可自代者一人。”

② 〔元〕脱脱等：《宋史》卷三七《宁宗一》，第719页。

③ 〔宋〕欧阳修撰，李逸安点校：《欧阳修全集》卷九〇《举吕溱自代状》，第1318页。

④ 〔宋〕李心传撰，徐规点校：《建炎以来朝野杂记》甲集卷一一《副都统制》，第230页。

⑤ 〔清〕徐松辑：《宋会要辑稿》职官六四之三四，第3837页。

勾步军司公事王元也“朋附权贵，沽誉希进”[①]。宋高宗建炎三年(1129)七月，范琼更拥兵自重，在朝见宋高宗的时候，当面请求：“今殿帅阙官，乞除殿前司职事。”[②]宋宁宗庆元元年(1195)二月，建康都统制皇甫斌也四处活动，主动地“求为殿帅”。

如此行径，往往会被视为要挟皇帝、朝廷，是宋廷最无法容忍的武人飞扬跋扈。事情败露之后，王怀节就被“降左骁卫将军、依前英州刺史”，王元也被罢职，“提举西京嵩山崇福宫”。范琼其人，更落了个身首异处的悲惨下场。范琼之死的原因，固然有很多，但他伸手要官，试图控制殿前司，应该是最重要、最直接的导火索。

皇甫斌的作为和范琼有着本质的不同，其实只不过是一种跑官、求官行为，但还是遭到了台谏的围攻，终以“妄自尊大”的吓人罪名[③]，被撤职查办。皇甫斌固然是咎由自取，但类似的跑官、求官行为，在南宋众将当中，实际上是车载斗量。正如袁说友所言：“将帅之职，悉本朝廷除授，而居是职者，怀无厌之望，济贪进之欲，则苞苴权门，取悦贵近，往来于道，习以为常，皆以求足其所望欲。”[④]皇甫斌之所以倒霉，很可能是他过于赤裸裸地求官，触犯了宋代政治上的忌讳。

按：皇甫斌后来被列入以赵汝愚为首的五十九人庆元“伪学”党籍之中，是仅有的三位武臣当中地位最高的。若再考虑到赵汝愚被罢相、皇甫斌因“求为殿帅”被罢免，都在庆元元年的二月，看来皇甫斌是卷入到赵汝愚与韩侂胄的党争当中，赵汝愚很可能有意以其为殿帅，以此来控制三衙兵权，韩侂胄对此自然难以容忍，遂抢先下手将他们一起罢免。这种可能性应该是比较大的。

必须加以强调的是，正如文官“举自代”，其举荐表章“并付中书门下省籍名，每阙官，即以举多者姓名进拟”[⑤]，南宋文武高官“举将帅”也好，三衙管军“举自代”也罢，被举荐的人选，最终都要汇总到枢密院、三省，供宰相在“进

---

① 〔清〕徐松辑：《宋会要辑稿》职官六九之一三，第3936页。

② 〔宋〕李心传：《建炎以来系年要录》卷二五，第509页。

③ 〔清〕徐松辑：《宋会要辑稿》职官七三之六一，第4047页。

④ 〔宋〕袁说友：《东塘集》卷九《宽恤士卒疏》，《文渊阁四库全书》本。

⑤ 〔清〕徐松辑：《宋会要辑稿》职官六〇之一八，第3741页。

拟”时参考，往往仍要经由“朝廷面加审择”，由宰相、执政当面审查和决断。跑官和伸手要官者也大致如此。归根到底，还是要由宰相来发挥主导作用。

原载《浙江学刊》2012年第2期

南宋殿帅郭杲、郭果考辨

南宋佚名编《续编两朝纲目备要》卷九“开禧二年十一月庚辰”有云：“命郭杲援两淮”，“命杲领兵驻真州。杲时为主管殿前司公事”。《宋史·宁宗纪》亦曰：“命主管殿前司公事郭杲领兵驻真州以援两淮。”《宋会要辑稿》职官七三之三七也记载：开禧三年（1207）四月“主管殿前司公事郭杲放罢”。然开禧二年（1206）时郭杲早已病卒达五六年之久，上述诸处“郭杲”实皆为“郭果”之误。

郭氏自两宋之际郭浩起家，郭浩之子郭棣于宋孝宗淳熙五年（1178）至淳熙十五年（1188），位殿帅十年。此后，郭杲、郭倪、郭果相继位殿帅，郭氏遂以“一门四殿帅”成为南宋最显赫将门之一。岳珂《桯史》卷一四《二将失律》有言：郭倪为郭棣之子，郭杲、郭果与郭棣为兄弟，皆郭倪之叔父辈。钩沉其他史籍可知：郭杲于宋光宗、宁宗之际位殿帅，在“绍熙内禅”当中发挥了关键作用，后外放四川兴州都统制，庆元六年（1200）冬或嘉泰元年（1201）初卒于任上（事见《续编两朝纲目备要》卷六“庆元六年十二月”）。郭杲卒，宋廷遂于嘉泰元年七月以殿帅吴曦为兴州都统制，郭倪得以接替吴曦出任主管殿前司公事。开禧元年（1205）八月，郭倪外任镇江都统制，筹划和指挥北伐战事。其叔郭果随即接任主管殿前司公事，至开禧三年四月被罢职。郭杲、郭果两人事迹之别，本清清楚楚，然在《续编两朝纲目备要》《宋会要辑稿》《宋史》及《续宋编年资治通鉴》

《宋史全文》等众多史籍当中，郭杲、郭果常常被混为一谈。郭果率部驻扎真州“援两淮”之事，误作“郭杲”者更比比皆是，这显然是“杲”“果”字形相近的缘故。

据笔者浅见，《宋会要辑稿》兵九之二五：开禧二年十一月“诏令管干殿前司职事郭果将带精锐甲马、步五千人，前去真州驻扎”。此处言“郭果”而非“郭杲”，是正确的。卫泾《后乐集》卷五《赐主管殿前司公事真州驻扎策应两淮郭果腊药敕书》，亦正作“郭果”。叶绍翁《四朝闻见录》戊集《优伶戏语》：宫廷优伶“又因郭倪、郭果败”，遂以戏语嘲讽“坏了许多生菱，只因移、果、卓”。此处明确记载“郭倪、郭果败”，优人显然也是以谐音来讽刺，“移”指郭倪，“果”就是指“郭果”，而非“郭杲”。当依据此三条对《续编两朝纲目备要》等将“郭果”误作“郭杲”之处加以订正，以免此一极其明显的讹误继续流传。

原载《中国史研究》2014年第1期

俄藏黑水城金代《西北诸地马步军编册》新探暨重命名

《俄藏黑水城文献》第6册收录一件被编者定名为《西北诸地马步军编册》的汉文文书图版[①]，并附有俄罗斯学者孟列夫对该文书所做的简单考释，在判断其为“西夏写本”与介绍文书样式之外，主要是汇总了文书中的人名、地名、官职名和军兵种名。2006年，杨浣刊布《黑城〈西北诸地马步军编册〉考释》一文[②]，订正了孟列夫“西夏写本”说等重大失误，将其准确断定为流入西夏的“金国写本”即金朝文书；孙继民、杜立晖随即于2007年刊布《俄藏黑水城所出一件金代军事文书再探——对杨浣先生〈黑城《西北诸地马步军编册》考释〉一文的正补》[③]，对文书进行了细致考订，又订正了杨文的部分错讹。2012年，孙继民将该文收于《俄藏黑水城汉文非佛教文献整理与研究》之中[④]，并进行修订，提供了一份更精

---

① 俄罗斯科学院东方研究所圣彼得堡分所、中国社会科学院民族研究所、上海古籍出版社编：《俄藏黑水城文献》第6册，上海古籍出版社2000年版，第310～314页。

② 杨浣：《黑城〈西北诸地马步军编册〉考释》，《中国史研究》2006年第1期。此文在以下正文中简称“杨文”。

③ 孙继民、杜立晖：《俄藏黑水城所出一件金代军事文书再探——对杨浣先生〈黑城《西北诸地马步军编册》考释〉一文的正补》，《中国史研究》2007年第4期。

④ 孙继民等：《俄藏黑水城汉文非佛教文献整理与研究》，北京师范大学出版社2012年版，第1064～1079页。

确也更权威的《西北诸地马步军编册》之原始图版标点录文。

众所周知，金史之所以素号难治，文献不足是最大的制约。至于其兵制，刘浦江又有云："研究金朝兵制，难在一头一尾。"[①]而正如孙继民所指出的：该文书多达111行，作为"一件价值颇高且极其罕见的金代第一手资料"，恰恰就是在被公认为最难治的金朝后期兵制的研究上，其史料价值最为突出。笔者根据孙继民《西北诸地马步军编册》之标点录文[②]，在考证文书形成年代、背景和主要内容的基础之上，认为对该文书应当重新命名；同时对文书中出现的人物族属问题也进行了辨析；并重点考察文书中与金朝后期兵制相关的万户、部将等职官及自愿军、弓箭手等兵役形态。敬祈方家指正。

一、文书的形成年代与重命名

对文书开展学术研究，文书的形成年代及与形成年代紧密相关的形成背景、主要内容等，都是首先必须加以解决的关键性问题。前已述及，杨浣、孙继民准确判定《西北诸地马步军编册》为金朝文书，是一个突出的贡献；但是，他们将文书的形成年代断为"公元1217年到1220年间"[③]，却是错误的。文书的准确形成年代，应是宣宗贞祐三年（1215）十月初。与之相辅相成，以往研究者对文书形成背景的探讨、对文书主要内容的理解，也基本上游离于关键史实之外。重新加以探讨并据之对文书进行重命名，皆极有必要。笔者认为，要判断《西北诸地马步军编册》的形成年代，有如下两个关键点。

其一是文书自称"本府"（第9行）。从文书中出现临洮府（第6、28行）及洮州（第12行）、（洮州）通祐堡（第17行）、巩州（第41行）等临洮路之下属州名来看，"本府"显然是指金朝临洮路之首府临洮府。熙宗皇统二年（1142），金改熙州为

① 刘浦江：《〈金朝军制〉平议——兼评王曾瑜先生的辽金史研究》，《历史研究》2000年第6期。

② 孙继民等：《俄藏黑水城汉文非佛教文献整理与研究》，第728～732、1075～1079页。本文所引该文书，皆从此书所录，唯标点或有所更动。

③ 杨浣：《黑城〈西北诸地马步军编册〉考释》，《中国史研究》2006年第1期；孙继民等：《俄藏黑水城汉文非佛教文献整理与研究》，第1064页。

临洮府，置熙秦路总管府；世宗大定二十七年（1187），再将熙秦路更名为临洮路。该路下辖一府即首府临洮府，六州即积石州、洮州、兰州、巩州、会州、河州。[①]换言之，此文书当是由临洮府具体负责编订的，而不是含糊不清的“西北诸地”，这是一个极其重要的前提。

其二是文书中出现的其时正在临洮府任职的“内族六斤”（第58行）。内族六斤，应为《金史·忠义传》的完颜六斤。[②]本传记其仕履经历为：“完颜六斤，中都路胡土爱割蛮猛安人。大安中，以荫补官，选充亲军。调阜平尉，迁方城令，改通州军事判官，以功迁本州刺史。顷之，元帅右都监蒲察七斤执之以去。未几，挈家脱归，除同知临洮府事，徙庆阳，迁保大军节度使。兴定五年，鄜州破，六斤自投崖下死焉。”[③]可知此人的确曾任同知临洮府事。查《金史·宣宗纪》与《元史·太祖纪》，蒲察七斤于通州降元事在贞祐三年正月。[④]完颜六斤时任通州刺史，故为其裹胁，但他忠于金朝，寻即南归，遂得以再度被重用，从通州刺史（正五品）升任同知临洮府事（从四品）。考虑到金朝对临洮府长贰进行人事调整的时间在该年八月，原知临洮府事完颜赛不迁知凤翔府事[⑤]，代之以知中山府事陀满胡土门。完颜六斤也应当在八月前后与陀满胡土门大致同时履新。

贞祐三年十一月，临洮路金军连续大破西夏，金廷随即论功行赏。贞祐四年，

---

① 参见〔元〕脱脱等：《金史》卷二六《地理志下》，第653～655页。

② 金自章宗之后避睿宗（宗辅）讳，将“宗室”改称“内族”，书名不书氏。《金史》卷五九《宗室表》有云：“宣宗诏宗室皆称完颜，不复识别焉。”实则宣宗、哀宗两朝，《金史》称“内族”者仍颇多其人：如宣宗贞祐年间的内族承立、内族白撒，宣宗兴定年间的内族惟弼，哀宗天兴年间的内族承麟、内族斜烈等。文书中完颜六斤仍作“内族六斤”，亦为一例。

③ 〔元〕脱脱等：《金史》卷一二二《忠义二·完颜六斤传》，第2667页。“中都路胡土爱割蛮猛安”，为海陵王迁中都后自上京路会宁府得胜陀（今吉林石碑崴子附近）迁来的宗族或宗室猛安之一。《金史》卷四四《兵志》：“贞元迁都，遂徙上京路太祖、辽王宗幹、秦王宗翰之猛安，并为合扎猛安，及右谏议乌里补猛安，太师勗、宗正宗敏之族，处之中都。”（参见［日］三上次男著，金启孮译：《金代女真研究》，黑龙江人民出版社1984年版，第177、328页。）完颜六斤为该猛安人，又“以荫补官，选充亲军”，与文书书其为“内族六斤”相印证，足证其人极可能具有宗室疏族身份。

④ 〔元〕脱脱等：《金史》卷一四《宣宗纪上》，第306页；〔明〕宋濂等：《元史》卷一《太祖纪》，第18页。

⑤ 参见〔元〕脱脱等：《金史》卷一一三《完颜赛不传》，第2480页。

初知临洮府事陀满胡土门迁知河中府事，权河东南路宣抚副使，移剌塔不也迁劝农使兼知平凉府事。[①]完颜(内族)六斤由同知临洮府事得“徙庆阳”的时间，同样也应当在贞祐四年初。这样，完颜(内族)六斤任职临洮府的起止时间，是在贞祐三年八月至四年初，文书形成的时间也即在此期间。

至于更为准确的形成时间，则需要与文书的形成背景及主要内容结合起来加以探究。笔者认为：该文书在贞祐三年、四年间出现于临洮路不是偶然的，大背景是贞祐三年十月爆发的金、西夏临洮大战，具体缘由则是九月金廷于战前紧急下达的核实陕西等地世袭蕃部巡检与弓箭手的诏令。宣宗于贞祐二年五月南逃开封，金都城中都于次年五月被蒙古大军攻破，金朝的统治从根本上被动摇，呈现出败亡之势。西夏趁火打劫，对金朝的陕西虎视眈眈，双方在陕西的摩擦、冲突不断加剧。此时的金朝局促于河南、陕西、河东等一隅，已然退无可退，加之十分依赖陕西的人力、物力和马匹资源，当然是竭尽全力予以固守。贞祐三年五月，宣宗在权臣术虎高琪支持下，“谋伐西夏，遣大臣镇抚京兆”，决定在陕西反击西夏。八月，金置陕西行省，又令陕西宣抚使治邠州、副使治同州之澄城，指挥陕西战事。[②]

贞祐三年前后金、西夏双方陕西攻防的焦点，就在金、西夏和南宋三方交界的临洮地区。西夏这一时期攻击陕西的主要突破口一直选在临洮路，金朝所获得的情报就是“夏人将图临洮、巩州，窥长安”[③]，这个军事情报是比较准确的。金朝防御和反击的重点也针锋相对地放在临洮路。在以宿将陀满胡土门、忠臣完颜(内族)六斤出任临洮府长贰的同时，权臣术虎高琪还以自己的亲信移剌塔不也为陕西统军司副统军亦兼知临洮府事，率统军司镇防军精兵万余驻扎该路之要地巩州。在调兵遣将加强临洮路军力的同时，作为备战的重要举措，金廷接受枢密院的建议，九月紧急下达了一份重要的诏令：“陕西、河东世袭蕃部巡检，昨与世袭猛安谋克例罢其俸。今边事方急，宜仍给之，庶获其用。又西边弓箭手有才

① 参见〔元〕脱脱等：《金史》卷一二三《忠义三·陀满胡土门传》，第2687页；卷一〇六《移剌塔不也传》，第2347页。

② 〔元〕脱脱等：《金史》卷一四《宣宗纪上》，第309、311～312页。

③ 〔元〕脱脱等：《金史》卷一四《宣宗纪上》，第318页。

武出众，获功未推赏者，令宣抚司核实以闻。”[①]这份诏令的内容，一是针对陕西、河东的蕃部首领，重新发放其世袭巡检之俸禄。金代包括临洮路在内的陕西西路（转运司路）范围内世袭蕃部巡检的俸禄标准，大致是“月支钱二贯三百九十文，米四石五斗，绢三匹”[②]。这笔俸禄钱物，应该在此前因为财政紧张而被停罢。二是针对陕西弓箭手，命令及时推赏立功之人和遴选其中的才武出众之士。其主旨，则是在战前紧急安抚陕西等地的蕃部势力，争取“庶获其用”。陕西地区无论是世袭本族巡检的蕃部首领还是弓箭手，几乎尽皆是地方蕃部中的豪强势力，而宋夏、金夏战争的历史反复证明：能否得到这支骁勇善战的地方力量的支持，是有效抵御西夏进攻的关键因素之一。

金朝之临洮路，即北宋之熙河路大部，本大多为吐蕃青唐政权的统治范围，蕃部在其地的势力可谓盘根错节，是绝对无法轻视的地方豪强势力。更需要注意的是，陕西尤其是临洮路蕃部夹在金、西夏之间，其政治立场往往视双方实力的消长而首鼠两端。贞祐二年十一月，兰州蕃部首领程陈僧已经投靠西夏[③]，充当西夏攻金的向导。这是一个极有可能引发连锁反应的危险信号。金朝在战事即将到来之际，紧急纠正以往“例罢其俸”等损害蕃部首领利益的政策，既是亡羊补牢的明智之举，更是备战的当务之急。由于弓箭手多归蕃部首领直接统领，笼络争取蕃部首领和及时推赏弓箭手，实际上是一个问题的两个方面。

当然，无论是重新向陕西等地的世袭蕃部巡检发放俸禄，还是及时推赏、选拔弓箭手，首先都必须准确地统计和核实蕃部首领与弓箭手的具体人数。因此，这道诏令由金廷下达陕西宣抚司，再由宣抚司下达路、州地方官司来具体负责统计和执行，并须上报宣抚司加以核实。本文书显然就是这道诏令的产物，是由临洮府遵照宣抚司下达诏令加以统计并上报宣抚司，所以文书自称“本府”即临洮府，应该是知临洮府事陀满胡土门、同知完颜（内族）六斤等官员联名上报的。这道诏令颁布时间在九月之“丙寅”，考虑到诏令下达，尤其是临洮路着手编订文书，以及上报宣抚司，都需要一定的时间，因此笔者将文书的形成时间断在十月初。

---

① 〔元〕脱脱等：《金史》卷一四《宣宗纪上》，第312页。

② 〔元〕脱脱等：《金史》卷五八《百官志四》，第1345页。

③ 〔元〕脱脱等：《金史》卷一三四《外国上·西夏传》，第2872页。

十月，西夏出动十万以上的大军，大举攻入临洮路。二十一日攻破临洮府之渭源堡，歼灭了前来增援的金军，陕西宣抚副使完颜胡失剌（亦作完颜胡失来）被俘[①]，这是西夏取得的空前胜利。笔者推测：本文书应是西夏在此战中从陕西宣抚副使完颜胡失剌处缴获的。《金史·宣宗纪》言西夏军一度“陷临洮”，但其他史料皆言陀满胡土门等严守临洮府，西夏“围临洮凡半月”终未能得手。[②]如果西夏军一度“陷临洮”之说属实，那么文书也可能是西夏于临洮府（或临洮府之临洮堡）所获，笔者倾向于认为西夏是在渭源堡从完颜胡失剌处缴获这一重要军事文书的。

十一月，金军发起反击，陕西副统军移剌塔不也部万余镇防军精锐由巩州出击，在临洮府与巩州之间的熟羊寨以少胜多，大破西夏军数万；知临洮府事陀满胡土门等里应外合，也在临洮府城下击退了八万西夏军的围攻。[③]西夏军当由此退出了临洮路。此后金、西夏在临洮路地区仍有较多的拉锯战事，但与文书及本文关系不大，此不赘述。

综上所述，笔者认为：文书形成于宣宗贞祐三年十月，由临洮府奉金廷九月诏令之命，负责编订，然后上报陕西宣抚司，主要内容是核实临洮路之世袭蕃部巡检与弓箭手的具体人数。该文书是金朝备战金夏临洮战事的产物，也在临洮之战中落入西夏之手。因此，就笔者浅见，《俄藏黑水城文献》编者将此文书定名为《西北诸地马步军编册》很不准确，孙继民提出的《金陕西临洮路马步军编册》前进了一大步[④]，但仍失之简单，似应重命名为《金贞祐三年十月临洮路上陕西宣抚司核实世袭蕃部巡检与弓箭手编册》。

需要说明的是，杨文最早发现了俄罗斯学者孟列夫的文书人名统计当中没有内族六斤这一重大遗漏，并准确地判定内族六斤即完颜六斤，是一个值得称道的贡献。但在利用《金史》完颜六斤本传所提供的相关线索来推定文书的形成年代

---

① 〔元〕脱脱等：《金史》卷一三四《外国上·西夏传》，第2872页；卷一四《宣宗纪上》，第314页。

② 〔元〕脱脱等：《金史》卷一二三《忠义三·陀满胡土门传》，第2687页。

③ 〔元〕脱脱等：《金史》卷一四《宣宗纪上》，第315页。

④ 孙继民：《黑水城所出金代汉文〈西北诸地马步军编册〉残片的缀合与整理》，《第三届中国古文献与传统文化国际学术研讨会论文集》，2012年，第235～240页。

时，杨文不重点考求与文书形成直接相关的完颜（内族）六斤出任同知临洮府事及其在临洮府任职的起止时间，反而汲汲于他之后任职保大军节度使（鄜州）的时间，以此来逆推，以致认为文书的编订时间在“公元1217年到1220年间”，必然是不够准确的。

二、文书出现人物族属问题辨析

在文书的形成年代、背景和主要内容得以澄清之后，尤其是在明晓文书乃贞祐三年九月金廷核实陕西等地世袭蕃部巡检与弓箭手诏令的产物之后，不难得出结论：除了临洮路官员完颜（内族）六斤、完颜辨的门等为女真人，现存文书中出现的其他人物，明确标明为巡检、都巡检、都管者自不待言，其他担任万户、部将等军职者，领副尉、校尉等武阶者，包括职务信息残缺的数人，绝大多数当是世袭本族巡检的身份，其族属应为临洮路吐蕃或吐蕃化的蕃部首领。[①]以往研究者对文书的形成年代和背景判定不确，继而对文书主要内容理解模糊，导致在文书人物族属问题上出现错讹，或是误断为女真人，或是误断为汉人，严重影响到对文书的使用和相关研究的准确性。

1. 阿奇赵与阿逋兰。杨文将两人断为女真人，唯一理由是“金人名多‘阿’开头”。但这实在不能成为证据，因为蒙古、党项等此类情况同样不胜枚举。河湟、临洮地区的吐蕃蕃部亦然。且不说继董毡为吐蕃青唐政权之主的阿里骨，与文书形成大致同时，宣宗贞祐三年十一月临洮路之积石州，就有吐蕃铎精族首领名“阿令结”。[②]“阿奇赵”（第3行）很可能为蕃部首领，未必定为女真人。

至于“阿逋兰”（第86行），又是另外一种情况。此人的全名，文书中实际已出现，即“温阿逋兰”（第92行）。从宋仁宗朝亚然家首领温逋奇为唃厮啰之论逋（吐蕃宰相）开始[③]，亚然家即雅仁结族世为邈川（湟州）蕃部大族。宋金时期，该

---

① 金承宋制，授蕃部首领以本族世袭巡检之职。其名号地位由低至高大致依次为巡检、都巡检、都管等，其实不外本族之首领而已。个别统领数部族者，或予号都钤辖。

② 〔元〕脱脱等：《金史》卷一〇一《仆散端传》，第2232页。

③ 〔宋〕陈均编，许沛藻等点校：《皇朝编年纲目备要》卷九，第198～199页；〔元〕脱脱等：《宋史》卷四九二《外国八·吐蕃传》，第14160页。

族下属部族众多，一直活跃于河湟、临洮等地区。宋神宗熙宁六年(1073)，温逋奇之孙温讷支郢成为邈川城主，“住河州之北，所管二十八部族，有兵约六万四千人”。温逋奇之子、温讷支郢成之叔温溪心也很有势力。宋以温讷支郢成为邈川蕃部都巡检使，以温溪心为邈川蕃部同巡检。[①]温溪心之弟即名“温阿旺格”[②]，其侄则名“温阿明”，等等。[③]可见无论是从人名还是从活动地域来看，温阿逋兰与温阿旺格、温阿明等之间密切的族属渊源关系，应该是比较清楚的。他更可能是临洮路吐蕃亚然家某个部族之首领，而不大可能为女真人。从文书中可以看出：温阿逋兰麾下兵马有758名，实力在诸蕃部首领当中比较突出，这应当是其部族地位的客观反映。

2. 蒲皋、安百福、霍三十。以往研究者将“蒲皋”(第48、77行)与女真人姓氏蒲察简单比附，遂断其为女真人。问题是，未闻女真人姓氏当中有名蒲皋者，蒲察也未有简称为“蒲”者。即使用简称，也是将蒲察简称为与其相对应的汉姓“李”。唐宋以降的回鹘、西域、大食人，倒是颇有以“蒲”为氏者，最著名的是宋元泉州巨贾蒲寿庚一族，他们当有迁居临洮以“蒲”为氏者。文书中的“安百福”(第54行)，情形与之类似。安氏为著名的中亚“昭武九姓”之一，安百福的祖上当为迁居临洮的西域人。宋金时期，此类事例在青唐、临洮很多，譬如阿里骨实乃西域于阗人，“少从其母给事董毡，故养为子”[④]。金末马庆祥之先祖也是西域人，“自西域入居临洮狄道，以马为氏”[⑤]。这是因为西夏截断了宋与西域、中亚之间的通道，吐蕃青唐政权遂成为西域、中亚与中原商贸和朝贡往来的中转要地。青唐城(今青海西宁)内就居住有各国“往来贾贩之人数百家”，西域人留居其地者自然很多。金朝初期，青唐城归属西夏，临洮遂取代了青唐城的通道地位。至金朝末叶，这些西域人数世定居临洮一带，早已蕃部化。蒲皋、安百福当皆如是。

至于将“霍三十”(第100行)断为女真人，以往研究者未给出任何理由。笔

---

① 〔清〕徐松辑，刘琳、刁忠民等点校：《宋会要辑稿》蕃夷六，上海古籍出版社2014年版，第9912、9916页。

② 〔宋〕李焘：《续资治通鉴长编》卷五〇六，第12058页。

③ 〔清〕徐松辑，刘琳、刁忠民等点校：《宋会要辑稿》蕃夷六，第9924页。

④ 〔元〕脱脱等：《宋史》卷四九二《外国八・吐蕃传》，第14165页。

⑤ 〔元〕脱脱等：《金史》卷一二四《忠义四・马庆祥传》，第2695页。

者从《金史·西夏传》中发现：贞祐三年正月，西夏攻临洮路河州之安乡关，当地蕃部首领义军都统曹记僧、万户忽三十击败之。[①]万户忽三十，与文书当中的万户霍三十名、音皆相近，极有可能为同一人。因此，霍三十更可能是河州之蕃部首领，不大可能为女真人。

3. 赵锐、杜海、丁仲礼、曹朴京。此四人，以往研究者亦未经论证，即皆断为汉人，理由无非是他们所用的乃汉姓汉名。但是，不必远及李唐，仅从宋神宗熙宁开边以来，在平定吐蕃青唐政权的过程当中，宋廷陆续向众多的蕃部首领赐予汉姓和汉名。熙宁五年五月，宋廷就对青唐大首领俞龙珂“赐姓包，名顺”[②]。其族历宋金两朝为临洮蕃部名族，金朝赐其后裔包长寿以女真著姓乌古论氏。宋廷对蕃部首领所赐之姓，最多的也最为典型的，自然是皇姓赵氏。熙宁七年六月，宋赐吐蕃青唐政权王族唃厮啰之孙木征姓赵名思忠，同时分赐其兄弟辈为赵继忠、济忠、绍忠、醇忠、存忠，赐木征二子为赵怀义、秉义等。[③]自此之后，历宋、金、元三朝，赵氏皆为临洮地区最有号召力的蕃部大族。

熙宁归宋之后，赵醇忠及其子赵永吉、孙赵世昌世袭洮州蕃部把羊族首领。金初，金朝以其曾孙赵铁哥为把羊族都管。赵铁哥弟赵结什角、赵结什角侄赵师古相继为吐蕃木波四族首领，赵结什角号“王子”，金以赵师古为吐蕃“木波乔家、丙离、陇逋、庞拜四族都钤辖，加宣武将军”[④]。金末元初，临洮赵氏归顺蒙古，“赵阿哥潘，土波思乌思臧掇族氏。始附宋，赐姓赵氏。世居临洮。祖巴命，富甲诸羌。父阿哥昌，貌甚伟，有力兼人，金贞祐中，以军功至熙河节度使。金亡，保莲花山，以其众来归”[⑤]。此后，赵阿哥潘被蒙哥汗授职临洮府元帅，其子赵重喜则被忽必烈任命为临洮府达鲁花赤。该族虽以赵氏显名数世，实则是世居临洮的纯粹的蕃部部落——土波（吐蕃）思乌思臧掇族氏而已。文书中的“（万）户

---

① 〔元〕脱脱等：《金史》卷一三四《外国上·西夏传》，第2872页。

② 〔清〕徐松辑，刘琳、刁忠民等点校：《宋会要辑稿》蕃夷六，第9911页。

③ 〔清〕徐松辑，刘琳、刁忠民等点校：《宋会要辑稿》蕃夷六，第9913页；〔元〕脱脱等：《宋史》卷四九二《外国八·吐蕃传》，第14168页。

④ 〔元〕脱脱等：《金史》卷九一《结什角传》，第2016～2018页。赵醇忠，《金史·结什角传》作“赵顺忠”，今从《宋会要》。

⑤ 〔明〕宋濂等：《元史》卷一二三《赵阿哥潘传》，第3028～3029页。

赵锐”（第78行），从其位居万户的豪强地位来看，极可能属此临洮蕃部赵氏，或即赵师古、赵阿哥昌之族属。

在朝廷赐姓之外，蕃部冒用汉姓者显然更多。宋神宗熙丰年间，河州有吐蕃赵家族、岷州有蕃兵将赵惟吉等。①徽宗崇宁二年（1103），又有吐蕃“青唐大首领赵兰、毡厮鸡贡方物”②，赵家族、赵惟吉、赵兰等，恐怕皆是冒用汉姓“赵”。巩州第五将城万户即名杨再兴，其人为巩州蕃部首领，显为冒用汉姓“杨”。金末临洮蕃部名将郭虾蟆，世为会州“保甲射生手”③，此当为冒用汉姓“郭”。文书中的赵锐、杜海、丁仲礼、曹朴京，自然也存在冒用汉姓的可能性。笔者注意到如下几例相关史实：

丁氏。宋真宗大中祥符七年（1014），邻近秦州的蕃部有丁家、马家两族，“二族人马颇众，甚依倚朝廷”，其他蕃部甚畏之。④此两族显然分别冒用汉姓“丁氏”和“马氏”，这也可能是他们依附宋朝的姿态。汤开建即指出：丁家族本为“秦州吐蕃部落”，后移居岷、河、洮等地。⑤据此，文书当中出现的临洮府“也龙河万户丁仲礼”（第9行），断其为使用汉姓丁氏的也龙河蕃部首领应更合乎史实。

曹氏。《金史》载：贞祐三年正月，河州有义军都统曹记僧。⑥按当时的义军制度，临洮路所谓义军都统、万户等，多由蕃部首领兼任，因此曹氏很有可能为河州蕃部大族。曹朴京，在文书当中作“副、万户曹朴京”（第44行），此“副”字或当为“副统”之意。都统之下为副统，其人为副统、万户，当为河州蕃部首领，恐非汉人。或即都统曹记僧之族人，所以为其副手。

除上述四人，安百福也被以往研究者误断为汉人，前文已说明他为移居临洮的蕃部化的西域人。汪家族、兀蒙族，以往研究者断为“羌”，其实他们都属于洮州蕃部，为吐蕃部族的可能性更大。学术界普遍认为：河陇地区在吐蕃一百余年

---

① 〔宋〕李焘：《续资治通鉴长编》卷二五八，第6098页；卷三四八，第8341页。另可参见汤开建：《宋金时期安多吐蕃部落史研究》，上海古籍出版社2007年版，第60页。

② 〔清〕徐松辑，刘琳、刁忠民等点校：《宋会要辑稿》蕃夷六，第9931页。

③ 〔元〕脱脱等：《金史》卷一二四《忠义四·郭虾蟆传》，第2708页。

④ 〔清〕徐松辑，刘琳、刁忠民等点校：《宋会要辑稿》蕃夷六，第9907页。

⑤ 汤开建、杨惠玲：《宋、金时期安多藏族部落包家族考述》，《民族研究》2006年第1期。

⑥ 〔元〕脱脱等：《金史》卷一三四《外国上·西夏传》，第2872页。

的统治下，可以说到五代时各蕃族的“吐蕃化”运动基本完成，河陇汉人也不例外，至迟在宋代已经“概以吐蕃称之”，皆视其为蕃部。至于女真人入主中原的金朝，显然更是如此。金朝之临洮路（即宋熙河路大部），作为本来大多属于吐蕃青唐政权长期统治的核心地带，这一地区吐蕃部族众多、人口繁盛。[①]无论从哪个角度来讲，在临洮路的地方豪强中，吐蕃部族都占据压倒性优势，其他非吐蕃的部族生存空间很小，即使存在着少量本为党项、羌人、回鹘等部族及汉人的地方豪强势力，亦皆大致蕃部化。

三、文书所反映的金末兵制

（一）万户

万户是文书中最为引人注目的军职，前后共计出现了9处，明确领万户的蕃部首领多达8人，即“万户阿奇赵”（第3行），“也龙河万户丁仲礼”（第9行），“万户杜海”（第32行），“兀蒙族都管、万户军哥”（第38行），“副、万户曹朴京”（第44行），“（巡）检、万户蒲皋”（第48行），“（万）户赵锐”（第78行），“万户霍三十”（第100行）。

对于这些万户的性质，以往研究都将其与猛安谋克制度下金朝正规军编制中的高级军职万户相比附，区别只是杨文认为文书中这些万户的官品“略当正三品”，孙继民则认为是“正九品”，并反诘道：“杨文认为万户是‘略当正三品’，那么，仅临洮路一件文书怎会有七位以上‘略当正三品’的高官呢？”他的判断较为准确，文书中的万户官品（职品）的确为正九品。但他如下的分析和论述，颇有斟酌的必要：

> 其实杨文所考万户的品级，应是金之前期的情形。而到了金末，万户的品级已大不如前……在宣宗贞祐年间，万户仅为正九品。
>
> “万户”除了可以作为官称之外，也具有猛安谋克编制单位的意义，而

---

① 参见汤开建：《宋金时期安多吐蕃部落史研究》，第120～121页；刘建丽：《金朝对陇南吐蕃的招抚》，《西藏研究》2007年第4期。

且是猛安谋克军制体系中的一个较高层级的编制单位。所以，文书中的“万户”也应属于猛安谋克军制体系。①

金代作为社会组织的猛安谋克，仅有猛安和谋克两个层级，但建立在猛安谋克制度基础之上的金朝正规军的编制则是六级制，主要有四个层级，即五十夫长（蒲辇勃极烈）、百夫长（谋克勃极烈）、千夫长（猛安勃极烈）和万夫长（忒母勃极烈）②。万夫长，即万户，其下为猛安，其上即为都统（统军使），如完颜撒改“为万户，领银术可等猛安”③。《金史·兵志》亦曰：“凡猛安之上置军帅，军帅之上置万户，万户之上置都统。”④考虑到都统（统军使）官品为正三品，猛安官品为从四品，谋克官品为从五品，处于都统与猛安之间的万户的官品，的确应该是从三品或最低正四品。⑤至于文书中诸蕃部首领所领之万户，其官品不过正九品，与从三品相比可谓相差悬殊。原因之一是金末万户的官位较金前期甚至中期，已大为贬值；更关键的原因则在于：文书中蕃部首领所领之万户，其实都是非正规军性质的义军万户，与猛安谋克编制下正规军的万户，两者性质截然不同，地位、官品当然差距极大。义军万户之制，最早在贞祐二年开始实行，其制度为：

招集义军，设置长校，各立等差。都统授正七品职，副统正八品，万户正九品，千户正班任使，谋克杂班。仍三十人为一谋克，五谋克为一千户，四千户为一万户，四万户为一副统，两副统为一都统，外设一总领提控。⑥大致是以州为单位设一提控总领义军，提控之下依次为都统、副统、万户、千户、谋克。一般而言，金代猛安谋克编制下的正规军万户名义上统兵万人，至少也要在数千人，而义军万户所辖兵力仅为区区600人，这也是两者名同实异的一个例证。

义军万户制度迅速向陕西等地推行，根据《金史》的记载：贞祐三年正月，

① 孙继民等：《俄藏黑水城汉文非佛教文献整理与研究》，第1067、1070页。

② 王曾瑜：《辽金军制·金朝军制》，第212页。

③ 〔元〕脱脱等：《金史》卷九一《完颜撒改传》，第2011页。

④ 〔元〕脱脱等：《金史》卷四四《兵志》，第1002页。

⑤ 〔元〕脱脱等：《金史》卷五七《百官志三》，第1328～1329页。

⑥ 〔元〕脱脱等：《金史》卷一一一《古里甲石伦传》，第2439～2440页。《金史》卷一〇二《蒙古纲传》言其事始于贞祐三年，恐不确。

临洮路积石州有都统姜伯通，河州则有都统曹记僧、万户忽三十。[①]四月，都统曹记僧因功晋升河州提控。大致同时，巩州吐蕃突门族世袭都管包长寿也以功历万户、副统、都统、巩州提控。[②]可见，曹记僧、姜伯通、忽三十、包长寿所任之提控、都统、副统、万户，皆为义军提控、都统、副统和万户，而绝非正规军之都统、万户等。文书中所出现的8位万户，正可与《金史》记载互相印证，证明临洮路较早实行了义军万户制。

义军万户例由地方豪强担任已能确定，而临洮路的地方豪强主要就是蕃部首领，由他们担任或兼任万户理所当然。再者，蕃部首领所世袭之本族巡检（蕃巡检）的官品即为从九品，恰恰与义军万户官品大致相当。包长寿以世袭本族都管为义军万户当即显例，文书所出现的“兀蒙族都管、万户军哥”（第38行）、“（巡）检、万户蒲皋”（第48行）等，也都是这个道理。按照制度规定，义军万户应下辖600人，亦即拥兵600者方得为万户，但从文书来看，多数万户下辖不过一二百人，辖二三百人就算较多的，仅洮州一州就有“二万户”（第12行）。可见，在实际执行当中，义军万户很快就出现了滥授现象。

（二）巩州第四部将

文书第41行记有“武节将军、巩州第四部将”，这是文书中值得探究的重要信息。金代的部将、义军万户等皆为正九品军职，蕃部巡检为从九品，正如文书所体现的那样，任职者若带从八品下的武阶（武散官）敦武校尉或从九品上的武阶保义副尉，皆属于略有上下的正常范围之内。然此人竟能带正六品上之武阶武节将军，合乎逻辑的唯一解释当是立有突出的战功。

金代边将的番号，是以总管府路为单位来排序，每将通常下辖五部。文书之所以仅称“巩州第四部将”，而不是详记“临洮府第几将第四部将”，当是因为临洮路在巩州仅有一个将的建制。考虑到北宋熙河路将兵唯有第五将驻扎通远军（巩州）定西城，元丰七年熙河路上奏：“九月乙丑，西贼围定西城，第五副将秦贵等奋死御敌。”[③]绍圣三年（1096）宋廷批准熙河路奏请：“夏贼盗塞，多趣通远军。定西城尤当贼冲，而戍兵单寡，不足以威虏，欲分通远军驻扎第五副将屯定

---

① 〔元〕脱脱等：《金史》卷一三四《外国上·西夏传》，第2872页。

② 〔元〕脱脱等：《金史》卷一〇三《乌古论长寿传》，第2272页。

③ 〔宋〕李焘：《续资治通鉴长编》卷三四九，第8376页。“第”误作“等”。

西城。”[①]当自此遂为定制。金朝亦然，故巩州定西县又有“第五将城”之称。巩州第四部将，显当即驻定西县临洮府第五将之第四部将。《金史·地理志》：兰州之定远县兼临洮府第十将、质孤堡兼第八将。再从金石、买地券等材料看：卫绍王大安二年(1210)之前，有临洮府第六正将兼会州保川县令[②]；章宗明昌元年(1190)，临洮路河州廓下有“第十一正将城”，此城或即河州枹罕县。[③]定西县因兼第五将故称“第五将城”，完全符合这一模式。

《金史·宣宗纪》载：贞祐三年九月“庚辰，陕西宣抚司来上第五将城万户杨再兴击走夏人之捷。壬午，以空名宣敕付陕西宣抚司，凡夏人入寇，有能临阵立功者，五品以下并听迁授”[④]。可见，此“武节将军、巩州第四部将”当为新立战功之第五将城万户杨再兴，其所领正六品上之武节将军，恰恰符合金廷“五品以下并听迁授”规定的上限，当出于陕西宣抚司以“空名宣敕”的“迁授”。文书第45行出现的“兴”字，很可能就是“杨再兴”姓名之残缺。

对于“巩州第四部将”，以往研究聚焦在其为“仿宋军编制”上。孙继民认为，“宋代将兵法之下军队的基本编制是将、部、队三级，文书既出现‘巩州第四部将’等字样，说明其编制名称及其统辖关系与宋军应一致，属于仿宋军编制”。他还进一步阐发道：

> 金中期边地置军基本按猛安谋克之制，而文书反映的金末临洮路在抵御西夏进攻时，却采用猛安谋克制与仿宋军制相结合的混合军制。为何在金末会采取这种兵制呢？笔者推测，这当与猛安谋克制的崩溃有关。[⑤]

金代之临洮、鄜延、庆原、凤翔陕西四路及河东地区，存在着沿袭北宋将兵编制而来的边将，这是确凿无疑的，但不是金末因猛安谋克制的崩溃，为抵御西

---

① 〔清〕徐松辑，刘琳、刁忠民等点校：《宋会要辑稿》兵五，第8706页。

② 王新英辑校：《全金石刻文辑校·金烛和尚焚身感应之碑》，吉林文史出版社2012年版，第497页。保川，误作“宝川”。

③ 张思温：《积石录·宋德墓买地券》，甘肃民族出版社1989年版，第65页。

④ 〔元〕脱脱等：《金史》卷一四《宣宗纪上》，第313页。

⑤ 孙继民等：《俄藏黑水城汉文非佛教文献整理与研究》，第1073页。

夏进攻方改而推行“仿宋军编制”，而是肇始于金初。金宋之际，相当数量的陕西宋军将兵主动降金。金朝遂一直没有完全撤销其编制，将其作为防御西夏的边将予以大部分保留，大致是“鄜延九将，庆阳十将，临洮十四将，凤翔十六将，河东三将”①，并非至金末方以“仿宋军编制”组建起来的新军。

北宋自熙丰推行将兵法以来，陕西等各路之将兵都是宋军的精锐所在。金朝则不然，其陕西军事支柱始终是陕西统军司下辖的镇防军。边将的军事地位持续下降，至迟自世宗朝开始，金廷就已采纳臣僚奏请：“陕西正副，宜如猛安谋克，用土人一员，队将亦宜参用土人，久居其任。增弓箭田，复其赋役。”②陕西各路正将、副将、部将、队将等边将的军官，多改由地方蕃部首领担任或兼任。其麾下皆本部族之弓箭手，不再指挥和辖有正规军。边将的职责，也仅限于“轮番巡守边境”③而已。

将文书与《金史》结合起来看，金末临洮路弓箭手等地方非正规的武装力量，其编制主要使用义军万户之制，以州为单位分置提控、都统、副统、万户、千户、谋克。正如《金史·兵志》所言：“此复国初之名也。”这是模仿猛安谋克制的形式而来。至于陕西统军司所下辖金朝正规的镇防军，更是在统军使、副统军之下，继续保持着猛安、谋克、蒲辇、正军、阿里喜等编制完全不变④，也就是典型的猛安谋克制。可见，无论是正规军，还是非正规军，皆看不出金末在行军作战、组织军队中有“仿宋军编制”的任何迹象，何况金朝自始至终蔑视南宋。

（三）自愿军和弓箭手

从文书可以看出：金末临洮路的兵役形态是自愿军和弓箭手。临洮路的地方武装力量，不外自愿军和弓箭手这两种类型。弓箭手，并非指兵种意义上的“弓箭手”，而是一种特殊形式的募兵制度。金朝的弓箭手制度系承宋制而来，主要是在陕西、河东与西夏接壤的地区，以授予土地来招募蕃、汉豪强耕牧。受田者大致是每二百亩出战士（称“弓箭手”）一名，三百亩或二百五十亩加出战马一匹。

---

① 〔元〕脱脱等：《金史》卷五七《百官志三》，第1327页。

② 〔元〕脱脱等：《金史》卷九二《曹望之传》，第2038页。

③ 〔元〕脱脱等：《金史》卷五七《百官志三》，第1327页。

④ 〔元〕脱脱等：《金史》卷四四《兵志》，第1008页。

自愿军，《金史》失载，文书可补《金史》之阙。在讨论自愿军的性质时，杨文将其与辽金之射粮军相比附。射粮军是官府以钱粮“招募充军”，士兵要在身上刺字的承担杂役和归路、州指挥的职业军队，属于十分典型的募兵的一种。[①]但是，宣宗、哀宗时任职凤翔府扶风县令的李节有诗句云：“棓头打出和籴米，丁口签来自愿军。”元好问还专门评议此诗说：“读之则时政可见矣。”[②]从诗中所言“丁口签来自愿军”，可知所谓的自愿军都是按“丁口签来”，实际上就是按户口强制征发而来的签军，而不是以钱粮招募而来的射粮军。这并不难理解。在金军连遭惨败、金廷对民众的兵役征发早已超出极限的状况下，民众“自愿”应募当兵者还能有几何？况且射粮军招兵费用较高，普通士兵亦得“钱二十贯，绢二匹”[③]，而当时的金朝财政大致处于崩溃状态，不可能有能力承担更多的募兵费用。至于为什么要使用自愿军的名义，不外是金廷自欺欺人的手段而已。

由文书可知：弓箭手多在本族蕃部首领之麾下，战时多由蕃部首领直接统领，归路、州官府调遣。自愿军则主要充当路、州等地方官员的护卫，由路、州等地方官员直接统领和指挥作战。同知临洮府事完颜（内族）六斤、完颜辨的门等临洮路地方官员麾下即“并系自愿军”（第58、61行）、“并自愿军”（第64、67行）。

通过对文书加以统计和推算，可以发现：金末临洮路民众的兵役负担极其沉重。以文书中资料最为完整的洮州为例（第12～40行）。[④]自愿军：洮州界237人（第16行）[⑤]，加上第25行某地“自愿军一千六百四”，计约1900人。弓箭手：洮州界63人（第15行），保义副尉某弓箭手1000余人（第20～21行），某地“弓箭手五百三十三人”（第22行），敦武校尉某110余人（第28～31行），万户杜海200余

---

① 参见王曾瑜：《辽金军制·金朝军制》，第206、242页；陈学霖：《金代“射粮军”考释》，《金宋史论丛》，香港中文大学出版社2003年版，第97～105页。

② 〔金〕元好问编：《中州集》卷七《李扶风节》，中华书局1959年版，第353页。参见孙继民：《黑水城所出金代汉文〈西北诸地马步军编册〉残片的缀合与整理》，《第三届中国古文献与传统文化国际学术研讨会论文集》，2012年，第235～240页。

③ 〔元〕脱脱等：《金史》卷四四《兵志》，第1007页。

④ 起“洮州界”止万户军哥“步军一”。万户军哥与万户杜海即洮州之“二万户”，其下则为巩州。

⑤ 数字为笔者计算。此处前言“军兵三百”（第12行），而弓箭手为63人，自愿军则为237人。

人（第32行），汪家族都巡检某当约500余人（第35～37行），兀蒙族都管、万户军哥当约100余人（第38～40行），计约2500余人。自愿军与弓箭手两者合计，共约4400余人。而当时洮州的总户数至多不过11337户，服兵役者的比例高达户数的近40%，大致不到三户就要出一兵，的确已远远超出民众所能承担的极限。

金代临洮路一府六州总户数约为10.8万，若按洮州的比例来推算，临洮路自愿军和弓箭手的总数当为4万余人。必须强调的是，临洮路自愿军和弓箭手尽管为4万余众，但无论是自愿军还是弓箭手，他们都是临洮路、州地方下辖的非正规军性质的地方武力，分散在各府州县城池、堡寨防御，并不能将其视为临洮路尤其是贞祐三年金夏临洮之战时该路金朝武装力量的主体。事实上，贞祐三年金朝在临洮路赖以抵御西夏进攻最重要的军事支柱，仍是陕西统军司副统军移剌塔不也麾下之万余正规镇防军。

从文书中还可以看出，临洮路蕃部弓箭手“马军”的数量相当可观：温阿逋兰麾下有马军410名（第87、93行），万户蒲皋麾下有马军124名（第48、77行），万户赵锐麾下有马军99名（第79行），安百福麾下有马军87名（第55行），等等。这说明临洮路蕃部的马匹资源的确相当充裕。众所周知，临洮地区草场遍布，历来就是优良马匹的出产地。自贞祐二年南迁之后，金朝北方马源尽丧，战马紧缺成为愈来愈严重的难题，金廷遂于临洮路的洮州、河州等地开设马场，使用白银向蕃部购买马匹，“捐银万两，可得良马千匹”[①]。临洮路由此成为金末战马供应最为重要的战略基地。金朝之所以要在临洮路与西夏必以死争，这应该也是一个不容低估的关键性因素。

原载《历史研究》2017年第1期

① 〔明〕杨士奇、黄淮等编：《历代名臣奏议》卷二四二《马政》，《文渊阁四库全书》本。

宋太祖朝“宿卫诸将”研究

在宋太祖的周围，“宿卫亲近”（宋太祖本人语）[①]，“乃人主爪牙，所以自卫”[②]，担负保卫官家重任，与官家关系最为亲密的是统称为“宿卫诸将”的禁军中高级将领。

一

禁军，是宋代的中央军兼正规军，宋太祖开国的时候，禁军总兵力有二十余万人，分为殿前军和侍卫亲军两大系统。殿前军，下辖殿前诸班、铁骑（骑兵）、控鹤（步兵）等番号的部队；侍卫亲军，又分为侍卫马军和侍卫步军两支，分辖龙捷（骑兵）、虎捷（步兵）等番号的部队。

殿前诸班，也称殿前诸班直，是禁军中最为精锐的部队，直接负责侍卫官家。殿前诸班下辖部队的番号繁多，仅据《续资治通鉴长编》和《宋史》诸将本传中出现的番号简略统计，宋太祖时殿前诸班重要的番号就有殿前指挥使、内殿直、

① 〔宋〕李焘：《续资治通鉴长编》卷四，第106页。

② 〔宋〕李焘：《续资治通鉴长编》卷四五〇，第10814页。

东西班、散员、散指挥、散都头、内直、御马直等。[①]宋太祖以后，诸班的番号又有所变化，至北宋中期，殿前诸班的番号统编为十五个，地位由高到低依次是：殿前指挥使、御龙直、御龙骨朵子直、内殿直、散员、散指挥使、散都头、散祗候、金枪、东西班、御龙弓箭直、御龙弩直、招箭班、散直、钧容直等。[②]

在殿前诸班之外，殿前军下属的铁骑（骑兵）、控鹤（步兵）和侍卫亲军下属的龙捷（骑兵）、虎捷（步兵），是五代以来禁军的老牌部队，兵力最雄厚，战斗力最强，是禁军最主要的骨干力量，地位也最高，在当时被称作“上四军”。宋太祖以后“上四军”的番号也时有改变，宋太宗雍熙四年（987）将铁骑定名为捧日、控鹤定名为天武、龙捷定名为龙卫、虎捷定名为神卫。

除了上四军，宋太祖时期殿前军下辖的番号还有骑兵部队契丹直、吐浑，步兵部队雄威、效节、忠猛、左右平远、广德、龙骑等。侍卫亲军下辖的番号还有骑兵部队骁雄、骁捷、左右雄捷、忠烈、威边、骑射、左右备征、云捷、武骑、万捷、清塞、静塞、员僚剩员直、咸圣、雍州强人指挥，步兵部队奉节、雄武、效顺、雄胜、常宁、雄勇、怀勇、怀德、归圣、怀恩、怀爱、劲勇、广武、川员僚直、造船务、新立清河、新立归化等。[③]

宋代禁军的编制情况，以“上四军”为例，通常是：每100人组成一“都”，作为禁军最基本的作战单位，每都骑兵设军使、兵马使，步兵设都头、副都头，为都的统兵官。五都为一“指挥”，定额骑兵400人、步兵500人，是禁军基层的编制和作战单位，每指挥设指挥使和副指挥使为统兵官。五指挥为一“军”，军设都指挥使和都虞候为正副统兵官。三军为一“厢”，每厢设都指挥使一人为统兵官。上四军各有左、右厢，设左右厢都指挥使一人为统兵官。铁骑、控鹤及龙捷、虎捷有时也设四厢都指挥使，作为其统一指挥官。不过，在宋太祖的时候，左右厢都指挥使和四厢都指挥使皆不常置，时常空缺，由上四军的厢都指挥使往往就可以直接升迁殿前、侍卫两军的统帅职位。

殿前诸班，由于其侍卫官家的特殊地位，编制与禁军其他各部略有不同，大

---

① 参看王曾瑜：《宋朝兵制初探》，第10页；张其凡：《五代禁军初探》，第40页。

② 〔元〕脱脱等：《宋史》卷一八七《兵志一》，第4578页。

③ 参看王曾瑜：《宋朝兵制初探》，第13～15页。

致是以班或直为单位，每番号的部队下辖二到四班不等，各部设指挥使（如东西班、内殿直等）或都虞候（如殿前指挥使、散指挥等）一人为统兵官，通归殿前都虞候统领。各部都指挥使、都虞候的地位要略高于上四军的军都指挥使，可以直接升为上四军的厢都指挥使。

在左右厢都指挥使以上，殿前军依次设殿前都虞候、都指挥使、副都点检、都点检为全军的统帅；侍卫亲军则依次设侍卫步军都虞候、马军都虞候、步军都指挥使、马军都指挥使、侍卫亲军都虞候、副都指挥使、都指挥使等为统帅。这是宋太祖开国伊始时的情况。在建隆二年（961）"杯酒释兵权"前后，殿前军的都点检、副都点检和侍卫亲军的都指挥使、副都指挥使、都虞候等五个高级职位陆续被废除，同时新增侍卫马军都虞候和侍卫步军都虞候两职。宋太祖以后，禁军统帅职位的设置又有许多大的变化，至北宋中期的仁宗朝逐渐发展成为"管军八位"的制度。据南宋学者洪迈《容斋随笔》的记载，指的是殿前副都指挥使、马军副都指挥使、步军副都指挥使、殿前都虞候、马军都虞候、步军都虞候、捧日（即铁骑）天武（即控鹤）四厢都指挥使、龙神卫（即龙捷和虎捷）四厢都指挥使，称之为"管军八位"①。殿前和侍卫马军、步军的都指挥使一职只授予资深的副都指挥使，时常空缺，各部的副都指挥使是实际上的长官。

按照宋代的惯例，指挥使以下是下级军官，上四军的军都指挥使、厢都指挥使和殿前诸班各部的都指挥使和都虞候是中级军官，殿前、侍卫两军都虞候以上则属于高级将领。"宿卫诸将"，通常指的就是军都指挥使以上的禁军中高级将领。"宿卫诸将"当中，又以殿前和侍卫两军的统帅地位最高，"为极品之官"②，所谓"管军八位，自比政府八公"③，"总领中外师旅，内以弹压貔虎，外以威服夷夏，职任至重"④。整个北宋一代，"宿卫诸将"，特别是殿前和侍卫两军的统帅，在俸禄、恩荫等方面始终享有十分优厚的待遇，宋太祖时更是"勋爵优视公卿，官至检校仆射台宪之长；封父祖，荫妻子，荣名崇品，悉以与之"⑤。以至于管军的职

---

① 〔宋〕洪迈：《容斋随笔》五笔卷三《三衙军制》，第864页。

② 佚名撰，司义祖整理：《宋大诏令集》卷一〇二《高俅拜太尉制》，第377页。

③ 〔宋〕李焘：《续资治通鉴长编》卷一二九，第3061页。

④ 〔宋〕苏辙撰，陈宏天等点校：《苏辙集》卷四五《乞定差管军臣僚札子》，第800页。

⑤ 〔宋〕陈傅良：《历代兵制》卷八，《文渊阁四库全书》本。

位，一直是宋代皇亲国戚垂涎的位置，“其志不过利转迁之速，俸赐之厚尔”[①]。

后周的时候，侍卫亲军是五代以来的老牌部队，兵力在后周时才组建的殿前军之上，侍卫亲军同级的将领地位原本也要略高于殿前军。因为宋太祖从殿前军起家开创帝业，所以北宋殿前军的重要性远过于侍卫亲军，殿前军同级将领的地位也高于侍卫亲军。在侍卫亲军当中，马军将领的地位又要高于同级的步军将领。按照宋代的制度，将领的升迁通常是沿着侍卫步军、马军、殿前的顺序进行。

殿前和侍卫两军的“宿卫诸将”都设有专门的公署，五代后周和宋太祖初期时候，是“两司”，即殿前司和侍卫亲军司；宋太祖“杯酒释兵权”前后陆续废除殿前都副点检、侍卫亲军都副指挥使、都虞候，侍卫亲军司又在事实上分成了侍卫步军司和侍卫马军司，同殿前司一起，组成了宋代历史上著名的“三衙”[②]。

在宋代的政治体制当中，三衙具有特别重要的地位，其职权据《宋会要辑稿》职官三二之四记载，“殿前司：掌殿前诸班直及步骑诸指挥之名籍。凡统制、训练、番卫、戍守、迁补、赏罚，皆总其政令。入则侍卫殿陛，出则扈从乘舆，大礼则提点编排，整肃禁卫，卤簿仪仗，掌宿卫之事”；“侍卫亲军马军司：掌马军诸指挥之名籍，凡统制、训练、番卫、戍守、迁补、赏罚，皆总其政令。侍卫扈从及大礼宿卫如殿前司官”；“侍卫亲军步军司：掌步军诸指挥之名籍，凡统制、训练、番卫、戍守、迁补、赏罚，皆总其政令。侍卫扈从及大礼宿卫如殿前司官”[③]。举凡所部军校的任命、迁补及举荐外任，军人狱讼、军事训练、拣选、淘汰老弱等，皆由三衙负责，战时则由三衙管军将领领兵出征。[④]此外，三衙还要承担修河、建筑、防火、考试武举等事务性和护卫、仪仗等许多礼仪性的职责。

---

① 〔宋〕李焘：《续资治通鉴长编》卷一三八，第3316页。

② 三衙的全称是殿前都指挥使司、侍卫亲军马军都指挥使司和侍卫亲军步军都指挥使司。

③ 〔清〕徐松辑：《宋会要辑稿》职官三二之四、之五，第3007～3008页。又，《宋史》卷一六六《职官六》、《文献通考》卷五八《职官十二》所记与此略同。

④ 此是三衙将帅职权所在，责无旁贷。以宋太祖朝几次大的战事为例，建隆元年（960）平定李筠、李重进二役，侍卫亲军副都指挥使石守信、殿前副都点检高怀德、殿前都指挥使王审琦等三衙将帅实总其任。乾德二年（964）四月，侍卫马军都指挥使刘廷让先是“领兵赴潞州，备北汉也”，寻于当年十一月南下为伐蜀归州路主帅。是役，侍卫步军都指挥使崔彦（转下页注）

由此可见，三衙是北宋禁、厢诸军常设的统帅机构，所谓“凡天下之兵柄皆在焉”①，全国的禁军和厢军皆归三衙掌管。主持三衙的“宿卫诸将”中的高级将领，因此被宋人恰如其分地称为“管军臣僚”，简称为“管军”②。五代后晋和后汉以来，中央禁军已大部隶属于侍卫、殿前二司，至北宋开国之初情况更是“祖宗以来，内外诸军，惟厢、禁二色而已，禁军皆隶三衙”③，“殿前司领骑兵之额三十七、步兵之额二十六，侍卫司领骑兵之额三十五、步兵之额八十三，至军头仅四，皇城仅二，骐骥仅特骑兵之二额焉，大抵尽属于殿前、侍卫之司”④。不久，宋太祖又采纳赵普“稍夺其权，制其钱谷，收其精兵”的建议，进一步把地方节

（接上页注）进也同时领兵出征，任凤州路宋军副帅。开宝二年（969），宋太祖亲征北汉，事先即“命宣徽南院使曹彬，侍卫步军都指挥使党进等，各领兵先赴太原”。开宝七年（974）宋伐南唐，侍卫马军都虞候李汉琼、步军都虞候刘遇则分别担任先锋。开宝九年八月再伐北汉，也是以侍卫马军都指挥使党进为主帅，宿将潘美亦位居其下。有学者以“建隆二年（961）至乾德五年（967），韩重赟为殿前都指挥使六年。据《长编》记载，他修过城，治理过宫阙，督治过河堤，就是没有领兵出征”为例证，认定：“（宋太祖朝）禁军将帅……一般不派其领兵出征。”（张其凡：《五代禁军初探》，第105页。）此说有值得商榷之处。因韩氏出任殿前都指挥使的六年间，当时战事主要有乾德元年伐荆南和次年末伐后蜀两役。前者强度有限，据《宋会要辑稿》兵七之二四记载，宋方仅出动了数州州兵，禁军根本未予动用。后者虽是大战，宋军出动步、骑兵六万，据同书兵七之二五、二六，其中禁军亦不过三万，而且几乎全属侍卫司之兵，这从《续资治通鉴长编》卷六乾德三年九月所记“上御讲武殿，阅诸道兵，得万余人，以马军为骁雄，步军为雄武，并属侍卫司”，一望可知。故此役将帅自然以侍卫司将领为主，除马、步都指挥使刘廷让、崔彦进，还有龙捷右厢都指挥使史延德、虎捷右厢都指挥使张万友、龙捷左厢都指挥使张廷翰、虎捷左厢都指挥使李进卿，等等。殿前司各部在这两次战事当中都没参战，殿前都指挥使韩重赟未出征当然也就并不难理解。由此进一步推论宋太祖朝“禁军将帅……一般不派其领兵出征”更似不妥，因前文所举事例足可证明，凡是大的战事，三衙将帅通常要领兵出征。宋太宗、真宗两朝也是如此，如真宗景德年间辽宋大战，除殿前都指挥使扈卫真宗亲征，其余三衙管军将帅皆在前线统兵御敌。仁宗之后各朝，由于沿边例设经略安抚司，由安抚使即帅臣统兵，情况方有了明显的变化，除地位较低的三衙都虞候、四厢都指挥使往往外任为边将，归帅臣节制，三衙长官或实际主持者，一般不再直接领兵出征。

① 〔宋〕章如愚：《群书考索》后集卷四〇《兵门》，《文渊阁四库全书》本。

② 五代宋初的时候，也称之为“统军”，如《续资治通鉴长编》卷二记载：“宴宰臣、节度、防御、团练使、刺史、统军、诸军厢主、军指挥使以上。”

③ 〔宋〕李心传撰，徐规点校：《建炎以来朝野杂记》甲集卷一八《御前诸军》，第403页。

④ 〔宋〕林駉：《古今源流至论》续集卷一，《文渊阁四库全书》本。

度使所部精兵锐卒收归中央。据《续资治通鉴长编》卷六乾德三年（965）记载："令天下长吏择本道兵骁勇者，籍其名送都下，以补禁旅之阙。又选强壮卒，定为兵样，分送诸道。其后又以木梃为高下之等，给散诸州军，委长吏、都监等召募、教习，俟其精练，即送都下。上每御便殿亲临试之，用赵普之谋也。"当年九月，朝廷即将收编上来的地方精锐隶属侍卫司马、步军，"以马军为骁雄，步军为雄武，并属侍卫司"[①]。司马光《涑水记闻》卷一亦曰："太祖既纳韩王之谋，数遣使者分诣诸道，选择精兵，凡其才力伎艺有过人者，皆收补禁军，聚之京师，以备宿卫，厚其粮赐，居常躬自按阅训练，皆一以当百，诸镇皆自知兵力精锐非京师之敌，莫敢有异心者，由我太祖能强干弱支，致治于未乱故也。"又，据章如愚《群书考索》，宋太祖还陆续"取太原兵以为龙卫，取幽州兵以为神武，左右员寮本藩镇厅头也，左射拱圣，本诸州骑兵也"[②]。地方上保留的老弱之兵，随之被改编为厢军，厢军虽基本上丧失了军事职能，但在编制上也归属于侍卫司。

随着对南方诸国的平定，诸国军队中的"精兵"也同样被抽调到京城，隶属于殿前和侍卫两司。如平定后蜀，宋太祖即"诏发蜀兵赴阙，并优给装钱"[③]，蜀兵中的精锐后来就被编为禁军中的"奉义""怀恩""怀勇""怀爱"等军，归侍卫司。宋太祖还特意从这批士兵中挑选出"材貌魁伟，便习骑射"者，共一百二十名，组成"川班内殿直"，隶殿前司。灭亡南汉时，其原有军队的精兵也被抽调至京编为"广德军"，成为殿前司的一支。南唐降兵中的精锐则被改编为"归政""新立归化"等军，隶侍卫司。

至此，北宋统治下的所有地区的精兵强卒都被抽调到中央禁军之中，统归三衙统领，"惟三司卒称禁军"[④]，"（北宋）三衙的统兵权由中央扩大到全国，以使藩镇之兵和三衙之兵统统成为天子之兵。禁兵原意是指天子亲兵，随着三衙统兵范围的扩大，事实上已成为北宋的正规军。……北宋所以仍保留禁兵这个并不恰当的名称，也含有循名责实，要使天下的正规军都成为'天子卫兵'之意"[⑤]。唐末

---

① 〔宋〕李焘：《续资治通鉴长编》卷六，第157页。

② 〔宋〕章如愚：《群书考索》续集卷四四《兵制门·宋朝兵》，《文渊阁四库全书》本。

③ 〔宋〕李焘：《续资治通鉴长编》卷六，第150页。

④ 〔宋〕胡榘修，〔宋〕方万里、罗濬纂：《宝庆四明志》卷七《禁军厢军》，第5070页。

⑤ 王曾瑜：《宋朝兵制初探》，第7～8页。

五代藩镇的职称，如节度使、观察使、防御使、团练使、刺史之类，逐渐成为武将的虚衔。自中唐以来，地方拥兵自重、节度使跋扈称雄的情形从根本上得到了改观。

宋太祖以后的北宋统治者皆奉行此制，凡地方新增兵额，亦归三衙，如神宗朝"诏环庆寨户、强人、弓手，如禁军法上兵籍，隶于马军司"[①]，徽宗朝御笔"除见今兵额外，帅府别屯兵二千人，望郡一千人，常管在营，比诸军加数教阅，每二年令更互出戍，帅府五百料钱，以威捷为名……帅府望郡三百料钱，以全捷为名，并充步军，隶殿前司管辖"[②]，等等。故南宋高宗有云："祖宗故事，军马未有不隶三衙。"[③]

与三衙统领全国军队的地位相适应，三衙之下皆分设数案，作为具体的办事机构，据《宋会要辑稿》职官三二之一、二的记载，通常是设兵案、磨勘案、仓案、骑胄案、推案和兵法司、开拆司，合称为"五案、二司"。与此相适应，在三衙的长官各司管军将帅之下，也都分别设有相当数量的属吏，"有孔目、勾押、押司、开拆官、前后行、通引官、客司、主狱等"[④]。宋仁宗时，又曾增设检法官一人，但不久即罢去。在孔目、勾押、押司、开拆等属吏之下，还设有都吏、副都吏、典史、副典史、书吏、抄写等一批具体办事的职员。三衙下属吏员虽然大致相同，但在数量上略有区别，大致是殿前司最多，步军司次之，马军司为最少。

北宋三衙的建制是逐步得以完善的，北宋初期，三衙的建制并无严格制度，尤其是吏员的设置较为混乱，不仅编制不固定，任免权基本上也掌握在本司管军将帅之手，通常由三衙将帅自行安排，从而既妨碍军政的通畅，也容易滋生属员与长官狼狈为奸、"罔上欺公"的弊端。从宋真宗景德年间开始，北宋针对着以上两个问题，进行了较大的整顿。如景德元年（1004）即宣布："诏殿前、侍卫司：自今孔目官以下有阙，不得擅自转补及改名，并奏听朝旨。先是，殿前等司吏人无定制，只本司增移补署。至是，上令指挥使高琼等重定员数以闻，故有是

① 〔宋〕李焘：《续资治通鉴长编》卷二七九，第6846页。

② 〔宋〕梁克家纂修：《淳熙三山志》卷一八《兵防》，第7929～7930页。

③ 〔宋〕章如愚：《群书考索》后集卷四一《州兵》，《文渊阁四库全书》本。

④ 〔宋〕孙逢吉：《职官分纪》卷三五，《文渊阁四库全书》本。

诏。”[①]景德三年（1006）冬，再次重申三衙属吏的选拔须经枢密院考核，并由皇帝本人亲自批准，从而将三衙属吏的任免权由三衙长官收归朝廷，并开始确定编制。《续资治通鉴长编》记载：“殿前、侍卫司奏孔目官已下阙人，乞行迁补。上曰：‘掌禁卫者皆是武臣，其如军政繁重，自来迁改不得，劳逸不均，盖不简择司属，致其罔上欺公也。但向属兵兴，不暇简阅，今可令枢密院召，令具述行藏，以公事选试，定可否去留，各以名闻。’它日，上览其等第，谓王钦若曰：‘可者存之，不可者与镇戍安排。’”[②]

在宋真宗整顿的基础之上，宋仁宗时三衙下属吏员的编制业已趋于稳定，据《两朝国史·志》：三衙各设“孔目官、勾押官、押司官、开拆官，各一人，前行六人，后行十八，通引官十一人”[③]，合计为三十九人。至神宗朝，其员数略有所缩减，基本上固定为“设吏：殿前司二十有八，马军司十有八，步军司二十有四”[④]。哲宗、徽宗朝与此也大致相同。

为防泄露军事机密，北宋对三衙下属吏员的管理十分严格，并重点限制他们改任他职。宋真宗景德三年（1006）八月就规定：“殿前、侍卫马步军司典级，自今毋得求授外职。为其主掌禁军簿籍，或致漏落，非便也。”[⑤]此后虽略有放松，但也从年龄、任职时间等方面设有苛刻的条件，所谓“转至孔目官五周年，年及五十以上，方许出职安排”。如大中祥符四年（1011），宋真宗即亲自晓谕枢密使王钦若等人，要求严格执行：“昨日殿前都指挥使曹璨奏本司孔目官出职，其以次勾押官亦乞一例出充班行。且殿前、侍卫诸司，孔目官以下皆掌军兵之事，若辄令出职，事亦非便。况曾降宣命条约，并令转至孔目官五周年，年及五十以上，方许出职安排。枢密院当志之，不可辄隳此制，仍明谕曹璨知之。”[⑥]以后北宋各朝也都是遵守此制。故终北宋一代，除了王显“初为殿前司小吏”，因“太宗居藩，尝给事左右”[⑦]的特殊机缘飞黄腾达，几乎再没有由此而进身显达者。但他们

① 〔宋〕李焘：《续资治通鉴长编》卷五八，第1301页。

② 〔宋〕李焘：《续资治通鉴长编》卷六四，第1438页。

③ 〔清〕徐松辑：《宋会要辑稿》职官三二之一，第3006页。

④ 〔清〕徐松辑：《宋会要辑稿》职官三二之四，第3007页。

⑤ 〔宋〕李焘：《续资治通鉴长编》卷六三，第1421页。

⑥ 〔宋〕李焘：《续资治通鉴长编》卷七六，第1739页。

⑦ 〔元〕脱脱等：《宋史》卷二六八《王显传》，第9230页。

往往熟悉公文簿书，精通律令，擅长处理三衙公务中出现的种种情况，而三衙长官多为赳赳武夫，大多缺乏行政能力，故其实际作用不能低估，如刘敞就曾经谈道："今殿前等司所以统诸军，刑罚不少，而鞫讯论决一委胥吏，曾无掾曹士大夫参其间，即有猾吏因事侮文，其势不难。"①

二

北宋"宿卫诸将"三衙统兵的军队指挥体制，与侍卫亲军和殿前军等禁军的成军紧密相连，是从唐末五代逐步发展起来的。对其发展脉络的记载，以下数条史料较为重要：

一是北宋著名史学家欧阳修在《新五代史》中说："呜呼！五代为国，兴亡以兵，而其军制，后世无足称焉。惟侍卫亲军之号，今犹因之而甚重，此五代之遗制也。然原其始起微矣，及其至也，可谓盛哉！当唐之末，方镇之兵多矣，凡一军有指挥使一人，而合一州之诸军，又有马步军都指挥使一人，盖其卒伍之长也。自梁以宣武军建国，因其旧制，有在京马步军都指挥使。后唐因之，至明宗时，始更为侍卫亲军马步军都指挥使。当是时，天子自有六军诸卫之职，六军有统军，诸卫有将军，而又以大臣宗室一人判六军诸卫事，此朝廷大将天子国兵之旧制也。而侍卫亲军者，天子自将之私兵也，推其名号可知矣。天子自为将，则都指挥使乃其卒伍之都长耳。然自汉、周以来，其职益重。汉有侍卫司狱，凡朝廷大事，皆决侍卫狱。是时，史弘肇为都指挥使，与宰相、枢密使并执国政，而弘肇尤专任，以至于亡。语曰：'涓涓不绝，流为江河。荧荧不灭，炎炎奈何？'可不戒哉！然是时，方镇各自有兵，天子亲军，不过京师之兵而已，今方镇名存而实亡，六军诸卫又益以废，朝廷无大将之职，而举天下内外之兵皆侍卫司矣。则为都指挥使者，其权岂不益重哉！亲军之号，始于明宗，其后又有殿前都指挥使，亦亲军也，皆不见其更置之始。今天下之兵，分属此两司矣。"②

二是北宋叶梦得的《石林燕语》："殿前司与侍卫司马军、步军为三衙，其实

① 〔宋〕李焘：《续资治通鉴长编》卷一八五，第4478页。

② 〔宋〕欧阳修撰，〔宋〕徐无党注：《新五代史》卷二七，第297～298页。

两司。而侍卫司都指挥使外，又分置马步军都指挥使尔。殿前司亦参马步军，而总于都指挥使，故殿前司都指挥使、副，都虞候，侍卫亲军都指挥使、副，都虞候，与马军、步军都指挥使、副，都虞候，两司三衙合十二员，分天下兵而领之，此祖宗制兵之大要也。始唐制，有十二卫兵，后又有六军。十二卫兵为南衙，汉之南军也；六军为北衙，汉之北军也。末年，尝以大臣一人总之，如崔胤判六军、十二卫是已。都指挥使，本方镇军校之名，自梁起宣武军，乃以其镇兵，因仍旧号，置在京马步军都指挥使而自将之。盖于唐六军诸卫之外，别为私兵。至后唐明宗，遂改为侍卫亲军，以康义诚为马步军都指挥使。秦王从荣……以六军反入宫，义诚顾望不出兵，而侍卫马军都指挥使朱弘宝击败之，其后遂不废。殿前军，起于周世宗，是时太祖为殿前司都虞候。初诏天下选募壮士送京师，命太祖择其武艺精高者为殿前诸班，而置都点检，位都指挥使上。太祖实由此受禅，见于《国史》。欧阳文忠公为《五代史》，号精详，乃云‘不知其所始’，盖考之未详也。自有两司，六军诸卫渐废，今但有其名。则两司不独为亲军而已，天下之兵柄皆在焉。其权虽重，而军政号令则在枢密院，与汉、周之间史弘肇之徒为之者，异矣。此祖宗之微意，非前世所可及也。”①

三是南宋学者黄履翁在《古今源流至论》别集中说：“尝考二司之颠末，溯三衙之源委，而熟知其故矣。侍卫司始于梁，其名易世而后定。而都指挥，则方镇之军校号也。殿前军始于周，简天下猛士为之，而都点检则实位指挥使之上也。”②

四是南宋学者章如愚《群书考索》：“三衙，宋朝沿五代之制，有侍卫亲军及殿前两司。盖侍卫亲军起于后唐，殿前始于周世宗显德元年。宋初，侍卫亲军置都指挥使，虽都虞候，亦在殿前都指挥使之上。自王超罢职，无复任者，而侍卫司马军步军遂分为二，并殿前号三衙，而马步二军始居殿前司之下焉。”③

上述宋人记载存在着一些表述不太准确的地方，如据王曾瑜《宋朝兵制初探》和张其凡《五代禁军初探》的相关研究表明，侍卫亲军之称并不始于后唐，早在后梁已有侍卫亲军都指挥使一职出现，梁太祖时就先后由刘鄩、袁象先等居

① 〔宋〕叶梦得撰，宇文绍奕考异，侯忠义点校：《石林燕语》卷六，第80～81页。

② 〔宋〕黄履翁：《古今源流至论》别集卷八《将权》，《文渊阁四库全书》本。

③ 〔宋〕章如愚：《群书考索》后集卷一二《官制门・三衙类》，《文渊阁四库全书》本。

于其位。殿前军也不当说“起于周世宗”，因为据《宋史》卷四八四《李重进传》的记载：“(广顺二年)迁殿前都指挥使。”可见在周太祖时已有殿前军[①]。尽管如此，这些史料还是基本上把殿前、侍卫两司在五代的发展概况做了较详细的描述，尤其是殿前军和侍卫亲军为“天子自将”的“私兵”，宿卫诸将“乃其卒伍之都长”等数语，可以说是切中了关键，揭示了殿前司和侍卫亲军司的发展，管军诸将逐步取代六军十二卫“国兵”和“朝廷大将”，与三司取代户部、翰林学士取代中书舍人一样，本质都是皇权的不断强化，天子绕过原有的朝廷大将[②]，以“私人”掌握军队指挥权。

殿前和侍卫三衙“宿卫诸将”是官家“私兵”之长的属性，就决定了“宿卫诸将”与官家之间必然具有复杂关系。一方面，官家都是以自己的心腹出任“宿卫诸将”，所谓“管军之臣，乃人主爪牙，所以自卫”[③]，用宋太祖的话说，官家和“宿卫诸将”就结成了一种“备肘腋，同休戚”[④]生死与共的紧密关系。另一方面，在专制主义政体之下，兵权始终是皇家的禁脔，染指者终难逃遭遇猜忌的厄运，何况在五代“天子，兵强马壮者当为之”的时代具体大背景之下，“宿卫诸将”手握官家最强大的禁军精锐主力，无疑处于距皇权既可望又可即的位置，一旦条件许可，“宿卫诸将”就可能卖主求荣，拥戴他人，甚至发动兵变，取官家而代之。这样的事例在五代数不胜数。聂崇岐先生就曾概括说：五代“各朝兴亡，多视禁兵向背。如射死唐庄宗者，禁兵小校从马直指挥使郭从谦也。唐闵帝之败，由于侍卫亲军马军都指挥使安从进潜通潞王，与夫侍卫亲军马步军都指挥使康义诚之投戈解甲也。汉高祖之立，多倚禁兵拥戴，因其曾领侍卫多年也。周太祖代汉，参谋翊赞者王殷、郭崇、曹英等，皆禁兵将领也。至陈桥兵变，宋太祖黄袍

---

① 侍卫亲军之称虽出现在后梁，但后梁及后唐庄宗的时候，“兵制不立”，依然杂用唐代的六军诸卫制度，侍卫亲军并没有完全独立，其机构直到后唐明宗时才基本完备。又，殿前军成为与侍卫亲军并驾齐驱的禁军主力之一，殿前司也得以与侍卫亲军司分庭抗礼，确实是在周世宗时期。

② 《文献通考》卷五八《职官十二》：“按唐承前代，置十六卫，皆所以命武臣，掌禁旅也。宋兴以来，环卫官特以处宗亲，无限员，无职事，而禁旅则仍五代之制，属之三衙，有都副指挥、虞候为之长。”

③ 〔宋〕李焘：《续资治通鉴长编》卷四五〇，第10814页。

④ 〔宋〕李焘：《续资治通鉴长编》卷一〇，第224页。

加身，则更属禁兵之卖主求荣矣”[①]。

正因为如此，整个五代，官家与“宿卫诸将”之间的关系又充满着血腥，“五代之君，多因猜忌杀无辜，故享国不永”[②]，最终导致两败俱伤，政权覆灭。如后汉的官家汉隐帝就同自己的侍卫亲军都指挥使史弘肇势如水火，遂上演宫门喋血，官家伏兵诛杀了史弘肇等人，后汉政权也随之覆灭。

后周的两位官家周太祖郭威和周世宗柴荣，虽然都是五代少有的明君，但他们与禁军统军大将的关系也始终是处于紧张之中。太祖郭威以“莫须有”的罪名冤杀了侍卫亲军都指挥使王殷等人，此事直接导致了高平之战中王殷旧部侍卫马军都指挥使樊爱能、步军都指挥使何徽等人的临阵溃败，试图把官家周世宗出卖给北汉，若不是赵匡胤等周世宗亲兵卫队的奋战，后周极有可能在顷刻间垮台。宋太祖时成书的《旧五代史》评论此事说：“自古为人臣者，望重则必危，功崇则难保，自非贤者，畴能免之？况王邺帅昧明哲之规，周太祖乃雄猜之主，欲无及祸，其可得乎！”[③]

周世宗则先是同侍卫亲军都指挥使李重进关系微妙，对李重进始终采取猜疑和防范的态度，不让他在禁军中真正发挥统帅作用。后来对殿前都点检张永德也不放心，仅因一块莫名其妙的“点检作天子”的木牌就匆忙撤销了他的职务。到了晚年，周世宗同宿卫诸将群体的关系更是紧张到了令人窒息的程度，用宋太祖的话说就是：“周世宗见诸将方面大耳者皆杀之”[④]，“周世宗每见将帅容貌魁壮，为士心所附者，率多疑忌，见人之形气磊落者，多因事诛之”[⑤]。

宋太祖虽然是公认的周世宗的亲信，“受世宗厚恩”，但也是谨小慎微。即便如此，他还是曾受到周世宗的怀疑，据史书记载说：“上性严重寡言。独喜观书，虽在军中，手不释卷。闻人间有奇书，不吝千金购之。显德中，从世宗平淮甸，

① 聂崇岐：《论宋太祖收兵权》，《宋史丛考》，第268页。

② 〔元〕脱脱等：《宋史》卷二六九《王祐传》，第9242页。

③ 〔宋〕薛居正等：《旧五代史》卷一二四，第1637页。

④ 〔宋〕李焘：《续资治通鉴长编》卷一，第30页。又据《儒林公议》：“太祖尝密遣人于军中伺察外事，赵普极言不可，上曰：‘世宗朝尝如此。’普曰：‘世宗虽如此，岂能察陛下耶？’上默然，遂止。”可知周世宗时常派遣特务监视众将，宋太祖上台后也效世宗故智。

⑤ 〔宋〕罗从彦：《豫章文集》卷二，《文渊阁四库全书》本。

或谮上于世宗曰：‘赵某下寿州，私所载凡数车，皆重货也。’世宗遣使验之，尽发笼箧，唯书数千卷，无他物。世宗亟召上，谕曰：‘卿方为朕作将帅，辟封疆，当务坚甲利兵，何用书为！’上顿首曰：‘臣无奇谋上赞圣德，滥膺寄任，常恐不逮，所以聚书，欲广闻见，增智虑也。’世宗曰：‘善。’”[①]显而易见，此事若不是宋太祖确无把柄，又对答得体，“世宗有命则得祸无类”，其下场是可想而知的。宋真宗后来回忆说：“朕常闻太祖随周世宗征淮南，战于江亭，有龙自水奋跃向太祖，人皆惊异，太祖见而恶之，折所持矢不顾，其谨如此。”年幼时被宋太祖收养在皇宫中的枢密使马知节也补充说：“太祖在周朝，以忠勇竭节，常务矜畏。任殿前点检，与同列习射，既中的，有以金带鞍勒马为赠者，太祖却之，曰：‘人臣宴集，以此为礼，能不避嫌乎？’遽揽辔不揖而去。”[②]周世宗尸骨未寒，宋太祖就能纠集众将成功发动兵变，与周世宗对宿卫诸将威有余而恩不足、双方离心离德是有相当关系的。

三

宋太祖投军伊始，就亲身经历了郭威推翻后汉政权的禁军兵变，并耳闻目睹了郭威在当了官家之后，与枢密使王峻、侍卫亲军都指挥使王殷等人之间的关系由亲如兄弟演变为水火不容，最终刀兵相见的全过程。在高平之战跃升殿前都虞候之后，宋太祖更是既有在周世宗手下为将战战兢兢、谨小慎微的痛苦经历，又有在周世宗去世后，从殿前都点检的位子，依靠宿卫诸将的拥戴，得以发动陈桥兵变、黄袍加身的成功喜悦，对官家与统军大将之间关系的微妙性和严重性都有着极为深刻的亲身体会。以至于这位在陈桥兵变的当夜仍能“醉卧”[③]酣睡的英雄人物，在当了官家之后却变得“终夕未尝敢安枕而卧也”[④]！显而易见，在登上官家的宝座之后，统军大将操纵的禁军兵变始终就像梦魇一样萦绕在宋太祖的心头，理顺官家与统兵大将的关系，防范禁军兵变的再次重演，当然就成为他须臾

① 〔宋〕李焘：《续资治通鉴长编》卷七，第171页。

② 〔宋〕李焘：《续资治通鉴长编》卷六八，第1529页。

③ 〔宋〕李焘：《续资治通鉴长编》卷一，第3页。

④ 〔宋〕李焘：《续资治通鉴长编》卷二，第49页。

也不能放松的首要课题。

建隆元年正月，宋太祖陆续任命慕容延钊等九人出任殿前、侍卫两军的统帅，组成了北宋禁军的首任指挥班子。据《续资治通鉴长编》卷一及《宋史》诸将各本传，他们的简况见下表表1：

表1 北宋初禁军将领简表

姓名	职务	陈桥兵变前后周时职务
慕容延钊	殿前都点检	殿前副都点检
高怀德	殿前副都点检	侍卫马军都指挥使
王审琦	殿前都指挥使	殿前都虞候
赵光义	殿前都虞候	内殿祗候供奉官都知
韩令坤	侍卫马步军都指挥使	侍卫马步军都虞候
石守信	侍卫马步军副都指挥使	殿前都指挥使
张令铎	侍卫马步军都虞候	侍卫步军都指挥使
张光翰	侍卫马军都指挥使	虎捷左厢都指挥使
赵彦徽	侍卫步军都指挥使	虎捷右厢都指挥使

从表中不难看出，除了赵光义以皇弟之尊由后周的内殿祗候供奉官都知这一下级军职一跃至殿前都虞候高位，北宋殿前、侍卫两军的首任八员统军大将，无一例外都是后周的高级将领，属于不折不扣的后周旧臣。事实上，后周最后一任的殿前、侍卫两军统军大将当中，唯有两个人的地位在北宋开国后被取代：一是侍卫亲军马步军副都指挥使韩通，他是宋太祖在后周时的死敌，陈桥兵变时曾试图起兵对抗，结果被宋太祖的心腹将领王彦所杀，他的职位由殿前都指挥使石守信取代；二是侍卫亲军都指挥使李重进，早在周世宗还在世的时候，李重进即因遭到官家的猜疑被外放为淮南节度使，坐镇扬州，仅在名义上仍然保留了侍卫亲军都指挥使的头衔。李重进同宋太祖素来不和，他还是后周的皇亲，陈桥兵变后也积极筹备在扬州起兵反对宋太祖，所以宋太祖在取得政权之后，干脆把他的空头衔也予以取消，改由侍卫亲军都虞候韩令坤接任。后周其余大将，不但全部留用，而且“官爵阶勋并从超等”，都成为北宋新朝的开国元勋。

这种格局的出现不是偶然的。我们知道，维护大多数后周旧臣的地位不变，既是宋太祖向宰相范质等人所许诺的优待条件，也是宋太祖为换取后周旧臣们的效忠，迅速巩固政权所确立的基本国策。因此，从北宋开国的建隆元年（960）至范质等罢相的乾德二年（964），宋廷不但全盘留用了大部分后周旧臣，而且无论是中书门下、枢密院，还是三司、翰林学士院等机构，凡是针对后周旧臣的人事调整，宋太祖、赵普君臣等北宋的最高统治者都十分注意采取谨慎而稳妥的态度。宋太祖是"不亟于酬功"，赵普等新贵则是"不亟于得政"[①]。殿前和侍卫统军大将的人事安排，显然和宰相、枢密院、三司、学士院等后周旧臣一律留用相类似，同样是宋太祖团结后周旧臣一贯思路的反映。

除此之外，还有两个具体的因素。

首先，宋太祖是从禁军士兵一步步起家的，他在禁军中的根基之深和影响之大，是周世宗等此前的官家所无法比拟的。除了韩通、李重进、袁彦等少数政敌，后周的禁军大将大多是宋太祖相交多年的密友，像接替宋太祖殿前都点检职务的慕容延钊，"上雅与延钊友善，常兄事之。及即位，犹呼为兄"[②]；侍卫马步军都指挥使韩令坤，"与太祖同事周室，情好亲密"[③]；侍卫步军都指挥使赵彦徽，则是宋太祖母亲杜太后的同乡，"与上同事周世宗，上尝拜为兄"[④]；殿前副都点检高怀德也同宋太祖交好，北宋开国后成为宋太祖的妹夫。对宋太祖发动陈桥兵变，他们基本上是采取坚决拥护的立场。至于新任侍卫马步军副都指挥使的石守信、殿前都指挥使王审琦二人，更是宋太祖的"布衣旧交"，皆为"义社十兄弟"当中的核心成员，是宋太祖陈桥兵变取得胜利最主要的依靠人物。可以说，宋太祖对这些后周旧将们的忠诚毫无疑问是有把握的，没有必要匆匆忙忙地进行大的人事调整。

其次，北宋开国之初，宋太祖所面临的军事形势并不十分乐观，用宋太祖自己的话说就是："一榻之外皆他人家也。"[⑤]对新生的北宋王朝来说，内部有李筠、李重进等后周残余地方势力的蠢蠢欲动，外部有北汉、南唐、后蜀等对峙政权的

---

① 〔元〕脱脱等：《宋史》卷二五六"论曰"，第8945页。

② 〔宋〕李焘：《续资治通鉴长编》卷四，第112页。

③ 〔元〕脱脱等：《宋史》卷二五一《韩令坤传》，第8833页。

④ 〔宋〕李焘：《续资治通鉴长编》卷九，第202页。

⑤ 〔宋〕邵伯温撰，李剑雄等点校：《邵氏闻见录》卷一，第4页。

虎视眈眈，北方边境的契丹辽国更是对北宋形成了强大的军事压力。在如此的开国形势之下，无论是从保持禁军高级将领团结的角度，还是从维持禁军战斗力的考虑，大的人事变动显然都是不合适的。

宋初政局的发展，说明宋太祖对殿前、侍卫两军统帅机构的人事安排是非常成功的。据宋人陈师道的《后山谈丛》记载：当北宋王朝建立后，宋太祖遣“使告诸道，东诸侯坐使者而问故，宰相其谁乎？枢密使、副其谁乎？军职其谁乎？从官其谁乎？皆不改旧，乃下拜”归顺。[①]可见，殿前、侍卫统军大将（军职）的“皆不改旧”，和宰相、枢密使二府大臣及翰林学士（从官）“皆不改旧”一起，对促使各地节度使“下拜”归顺北宋新朝起到了关键性作用。尤其是在李筠和李重进两人起兵反宋的时候，尽管他们两人一个是后周禁军中老资格的将领，自认为“吾周朝宿将，与世宗义同昆弟，禁卫皆吾旧人”[②]；一个长期担任后周侍卫亲军的最高统帅，是后周地位最高、战功最大的将领，但在他们举兵反对宋太祖的时候，禁军宿卫诸将并没有出现他们预想和期望中的“必将倒戈来归”[③]的分裂局面，而是作为一个整体紧密地团结在宋太祖这位新官家的周围，迅速打垮了二李，使新朝站稳了脚跟。对宋太祖此举的意义，《宋史》中有如下两段十分恰当的评论：

> 太祖有天下，凡五代之臣，无不以恩信结之，既以安其反侧，亦借其威力，以镇抚四方。[④]
>
> 太祖事汉、周，同时将校多联事兵间，及分藩立朝，位或相亚。宋国建，皆折其猛悍不可屈之气，俛首改事，且为尽力焉。扬雄有言：“御之得其道，则狙诈咸作使。”此太祖之英武而为创业之君也欤。[⑤]

不过，留用后周旧臣本来就是官家巩固政权的权宜之计，正如宰相范质等人在政局稳定之后逐步被赵普等“新贵”所取代一样，殿前、侍卫两军统兵大将的

---

① 〔宋〕陈师道撰，李伟国点校：《后山谈丛》卷四，第59页。
② 〔宋〕李焘：《续资治通鉴长编》卷一，第13页。
③ 〔宋〕李焘：《续资治通鉴长编》卷一，第13页。
④ 〔元〕脱脱等：《宋史》卷二七一“论曰”，第9301页。
⑤ 〔元〕脱脱等：《宋史》卷二六一“论曰”，第9050页。

前朝旧臣身份，同样注定了他们也必然是过渡人物。这倒不是说宋太祖担心大将们像宰相范质、翰林学士王著和李昉那样，对后周旧朝依然是朝思暮想。其实，五代时期那种"在位无复有知君臣之义、上下之礼者也"[①]"朝比肩，暮北面，忠义之风荡然矣"[②]的风气，主要指的就是这些信奉"天子，兵强马壮者当为之"的宿卫大将们。

真正的关键在于：一则像宰相范质等人一样，"自以前朝旧臣，稍存形迹"[③]，殿前、侍卫统军大将既然也是"前朝旧臣"，尽管双方都刻意营造融洽的气氛，但同宋太祖这位新朝官家之间的关系难免也较为尴尬。二则这些大将和宋太祖一样，大多是在后周太祖郭威在位的时候投身禁军，跟随后周二主南征北战，到周世宗晚年时已经位至节度使高位，其中像慕容延钊、韩令坤等，资历比宋太祖还要老得多，地位也长期在宋太祖之上，宋太祖在上台以后一直还称他们为"兄"。其余众人地位虽然要低于宋太祖，但资历与宋太祖也大致相当。用宋太祖自己的话说，他与慕容延钊、石守信等众将之间的关系就是"皆我比肩之人"[④]。"昔常比肩，义同骨肉"[⑤]，也就是说在皇帝周世宗之下，大家是大致平等的兄弟、战友关系。在宋太祖登上皇帝宝座，双方的关系演变为君臣关系之后，众将虽俯首听命，但他们统领禁军，对官家来说，至少使用起来不会十分地顺手，何况地位相近本身在政治上就是不容忽视的威胁。三则慕容等众将个人地位的取得，靠的是真刀真枪从战场上拼杀出来的，而不是依靠别人的特别恩赐，他们支持宋太祖，但不会感恩戴德。反过来，宋太祖反而要感激他们的"翊戴之勋"，酬以"官爵阶勋并从超等"[⑥]。更为重要的是，诸将们在后周时不但是身经百战，还大多有过独立指挥大的战斗并夺取过胜利的经历，像慕容延钊、韩令坤、石守信、王审琦、高怀德、张令铎等，和他们相比，宋太祖的战功也只是略高一些，并不是多么突出，以至于明末清初的王夫之要感慨地说："赵氏起家什伍，两世为裨将，与乱世相浮沉，

① 〔宋〕王安石：《临川先生文集》卷三九《上仁宗皇帝言事书》，《四部丛刊》本。

② 〔宋〕田况：《儒林公议》，《文渊阁四库全书》本。

③ 〔宋〕李焘：《续资治通鉴长编》卷五，第118页。

④ 〔宋〕李焘：《续资治通鉴长编》卷一，第3页。

⑤ 〔宋〕王曾：《王文正公笔录》，《丛书集成初编》本。

⑥ 〔宋〕李焘：《续资治通鉴长编》卷一，第7页。

姓字且不闻于人间，况能以惠泽下流系邱民之企慕乎！其事柴氏也，西征河东，北拒契丹，未尝有一矢之勋；滁关之捷，无当安危，酬以节镇而已逾其分。”要知道，军中固然讲资历，但更重视的是战功，要想服众，必须有过人的战绩，否则即使是居于高位，也未必就能指挥得动军队。慕容等众将，既有都点检、指挥使等高位，又有南征北战中积累的军功，他们在禁军当中和宋太祖同样也拥有极高的个人威望，用当时的政治术语来说就是“有人望”[①]，个人的号召力也不亚于官家宋太祖，也都有可观的实力基础。在“人心未固”政局容易动荡的建国之初，又处于五代“天下无定主”[②]的时代大气候之下，用这些位高权重又“有人望”的前朝大将统领禁军，潜在的危险性是不言而喻的。

对殿前、侍卫两军统军大将进行人事调整的必要性是一目了然的，认识这一问题也不需要太多的政治智慧，但如何在把后周旧将们调整出禁军要害部门的同时，既保证宿卫诸将群体对官家的效忠，又保证禁军自身的团结，不致导致禁军战斗力的下降，无疑更为重要。正是在这些看似琐碎的政治运作细节方面，官家宋太祖总是表现出高人一筹的政治艺术，往往能够把原本可能激化的矛盾化解。具体地说，宋太祖的方案就是区别对待，分批分期地予以调整，不搞“一刀切”。

建隆元年（960）八月[③]，宋太祖在平定李筠之后，对诸将论功行赏，侍卫马军都指挥使张光翰、步军都指挥使赵彦徽分别“出守大藩”，外放为永清军节度使和建雄军节度使，两人在禁军中军职则自动解除，由龙捷左厢都指挥使韩重赟和控鹤左厢都指挥使罗彦瓌接任。这是北宋开国以后宋太祖针对殿前、侍卫两军统军大将第一次大的人事调整。此次调整，宋廷对时机的把握和拿捏十分巧妙。

从人选上看，侍卫马军都指挥使张光翰和步军都指挥使赵彦徽，无论从资历还是从战功等方面，比起其余众将都要略逊一筹，两人在陈桥兵变前都还只是侍

---

① 这是陈桥兵变前后周两位文臣郑起和杨徽之反对以宋太祖任殿前都点检的主要理由，“以为上有人望，不宜典禁兵”。宋太祖上台虽然一度有意整治这两个人，但他自己由殿前都点检黄袍加身的事实，恰恰说明他们的意见是对的。对此，宋太祖自然有着旁人难以比拟的亲身体会。所以，在当上官家以后，不以“有人望”的大将统领禁军就成为宋太祖的一个基本思路。宋太祖以后的历代官家更是把他的这一做法视作“祖宗家法”之一加以继承。

② 〔宋〕田况：《儒林公议》，《文渊阁四库全书》本。

③ 此事《续资治通鉴长编》失载，具体时间据《景定建康志》卷二六《侍卫马军司题名记》。

卫亲军中的厢都指挥使，也没有节度使的头衔，在禁军中的地位和影响力也有限。首先解除他们两人的职务，引发的震动显然要比较小。

从时间上看，北宋开国已有八个月，对一个政权最为危险的新生期初步过去了，尤其是刚刚镇压了李筠的反抗。李筠在泽、潞等地经营多年，兵精粮足，又邻近北宋的死敌北汉，有外援支持，是当时唯一一支真正有可能在军事上同新朝较量一番的力量。扬州的李重进虽然名声要比李筠大，但他兵微将寡，"以残破扬州，数千弊卒"①，成不了气候，对宋太祖也构不成实际的威胁。因此，李筠败亡之后，北宋基本上就站稳了脚跟，对殿前、侍卫大将进行人事调整也具备了起码的前提。再者，新获大捷，理应论功行赏，从而为官家提供了一个绝好的"借口"。

张、赵二人得以"出守大藩"，既有高升的名义②，又有节度使任上丰厚的收入补偿，如赵彦徽在任上就搜刮到大量的金钱，"私帑所藏巨万"③，他们都愉快地接受了官家的安排。赵彦徽就职之后，曾回京朝见宋太祖，宋太祖还专门赐宴款待，"宠顾甚厚"，君臣之间的关系依然是十分融洽。赵彦徽病逝于开宝元年（968）五月，赠侍中，在他病重期间，宋太祖还"车驾幸其第，赐钱百万"④。

建隆二年（961）闰三月，宋太祖如法炮制，又在庆贺平定李重进的喜庆气氛中，以加官晋爵的名义解除了殿前都点检慕容延钊和侍卫亲军都指挥使韩令坤的禁军军职，慕容延钊以侍中（高级宰相）衔外放为山南东道节度使、西南面兵马都部署，韩令坤同样以侍中衔改任为成德军节度使、北面缘边兵马都部署。殿前都点检"遂不复除授"，侍卫亲军都指挥使由副都指挥使石守信升任。这是宋太祖对殿前、侍卫两军指挥人员的第二次大的调整。

这次调整进行得更为成功。慕容延钊和韩令坤二人，后周的时候地位就与宋太祖在伯仲之间，北宋开国后经过官家数次的加官晋爵，此时两人都是以节度使兼侍中，也就是"使相"中的第二等，与现任宰相范质地位相当，真正是高处不胜寒的"位极人臣"了。再加上有了年前张光翰和赵彦徽离开禁军的铺垫，两人对官家的真正意图都有所了解，因而主动地选择了急流勇退，向官家上书"表解

---

① 〔宋〕李焘：《续资治通鉴长编》卷一，第28页。

② 张、赵二人陈桥兵变后刚刚分别晋升宁江和武信节度使，这是节度使中地位比较低的。

③ 〔宋〕李焘：《续资治通鉴长编》卷九，第202页。

④ 〔宋〕李焘：《续资治通鉴长编》卷九，第202页。

军职"[①]，"请解军政"[②]。官家欣然接受，并为这两位最高级将领的离京给予了周到的礼数，不仅破例举行了盛大的送别御宴，还赏赐了许多礼物。更有实际意义的是，官家在保持两人"使相"官衔不变的同时，专门又为慕容延钊、韩令坤二人安排了西南面兵马都部署和北面缘边兵马都部署的头衔。拥有了这两个头衔，慕容延钊、韩令坤便分别有了指挥荆、湖、四川及与契丹交界地区所有驻扎军队的权力，得以继续在军中发挥重要作用，这与张光翰、赵彦徽解职后基本退出政治舞台又大有不同。

官家如此安排，既能体现出官家对两人军中地位的应有尊重，又可以使在与其他政权邻近的边境地区有大将坐镇，对保证北宋边境的安全是十分有利的，堪称一举数得。后来，韩令坤坐镇河北，"镇常山凡七年，北边以宁"[③]，免除了宋太祖南进的后顾之忧。慕容延钊更在此任上带病挂帅出征，为宋太祖取得了平定荆、湖的重大胜利，拉开了宋太祖统一全国的序幕。可以说，这是官家一着一举数得的妙棋。

乾德元年（963），慕容延钊病逝，年五十一。据史料记载："延钊寝疾，上自封药以赐，闻其卒，哭之恸。礼官言：'为近臣发哀，哭声宜有常。'上曰：'吾不知哀之所从出也。'"[④]慕容延钊死后，宋太祖赠其为中书令、河南郡王。韩令坤卒于开宝元年（968）四月，年四十六，宋太祖"素服发哀于讲武殿"[⑤]，追封其为南康郡王。

经过上述两次调整，留用的八位后周禁军大将当中，慕容延钊、韩令坤、张光翰、赵彦徽业已离开了禁军，继续在任的四人是侍卫亲军都指挥使石守信、殿前副都点检高怀德、侍卫亲军都虞候张令铎、殿前都指挥使王审琦。这四人当中，石守信和王审琦是宋太祖"义社十兄弟"小圈子中最核心的两人，高怀德则在陈桥兵变后不久即与宋太祖的妹妹燕国长公主结婚，成为与北宋休戚相关的皇亲国戚；张令铎则是出了名的老好人，后来在宋太祖的安排下，他的女儿嫁给了宋太

① 〔元〕脱脱等：《宋史》卷二五一《慕容延钊传》，第8834页。

② 〔宋〕王称：《东都事略》卷二〇《慕容延钊传》，《文渊阁四库全书》本。

③ 〔宋〕李焘：《续资治通鉴长编》卷九，第201页。

④ 〔宋〕李焘：《续资治通鉴长编》卷四，第112页。

⑤ 〔元〕脱脱等：《宋史》卷二五一《韩令坤传》，第8833页。

祖的三弟赵光美为夫人。可见，无论从哪个角度讲，这四人都是宋太祖在禁军中最为亲信和倚重的人，平定“二李”，官家都是以石守信、高怀德、王审琦等挂帅出征。因此，在慕容延钊等离开禁军的统帅机构之后，宋太祖认为针对着禁军大将的人事调整暂时可以告一段落，对石守信等可以在合适的时候，采取比慕容诸将更为宽缓的方式，他思考的重点已经开始向平定诸国方面转移。[①]

不过，另外一个人与宋太祖有着不同的看法，他就是宋太祖的心腹谋主“社稷之臣”赵普。当时的赵普刚刚升任枢密副使，在赵普看来，与其让石守信等人再过渡一段时间，还不如就此趁热打铁，全部解除禁军大将中后周旧臣的职务。

经过赵普的再三劝说，宋太祖放弃了原有的想法，遂在建隆二年（961）的七月，离慕容延钊、韩令坤去职仅有四个月的时间，紧接着又有著名的“杯酒释兵权”之举，将石守信、高怀德、王审琦、张令铎等人“皆罢军职”，解除了他们在禁军中的兵权，石守信外放为天平节度使，高怀德外放为归德节度使，王审琦外放为忠正节度使，张令铎外放为镇宁节度使，唯有石守信仍然兼任侍卫亲军都指挥使，“其实兵权不在也”[②]。殿前副都点检，“自是亦不复除授”，侍卫亲军都虞候在宋太祖一朝也始终空缺，殿前都指挥使一职则由侍卫马军都指挥使韩重赟接任。至此，宋太祖陈桥兵变后所留用的后周大将已经全部退出了殿前、侍卫两军的指挥机构。在“杯酒释兵权”后不久，皇弟赵光义出任开封尹，他的殿前都虞候的职务也自动解除，由张琼接任；侍卫步军都指挥使罗彦瓌也在同时外放为安国节度使。

宋太祖和赵普两人在“杯酒释兵权”前的反复讨论，多种宋人笔记和史书中都有细致生动的描述，较为典型的有以下三种：

第一，《丁晋公谈录》：“（赵普）在相府（实为枢密副使），或一日，奏太祖曰：‘石守信、王审琦皆不可令主兵。’上曰：‘此二人岂肯作罪过？’赵曰：‘然，此二人必不肯为过，臣熟观其非才，但虑不能制伏于下，既不能制伏于下，其间军伍忽有作孽者，临时不自由耳。’太祖又谓曰：‘此二人受国家如此擢用，岂负得朕。’赵曰：‘只如陛下岂负得世宗。’太祖方悟而从之。”

---

① 魏泰《东轩笔录》卷一即曰：“太祖皇帝得天下，破上党，取李筠，征维扬，诛李重进，皆一举荡灭，知兵力可用，僭伪可平矣。”

② 〔宋〕李焘：《续资治通鉴长编》卷二，第50页。

第二,《王文正公笔录》:“太祖创业，在位历年，石守信、王审琦等犹分典禁兵如故。相国赵普屡以为言，上力保庇之，普又密启，请授以他任。于是，不得已，召守信等曲宴，道旧相乐，因谕之曰:‘朕与公等，昔常比肩，义同骨肉，岂有他哉？而言事者进说不已，今莫若自择善地，各守外藩，勿议除替，赋租之入，足以自奉，优游卒岁，不亦乐乎？朕后宫中有诸女，当约婚以示无间，庶几异日无累公等。’守信等咸顿首称谢。由是高、石、王、魏之族，俱蒙选尚，寻各归镇。”

第三,《续资治通鉴长编》:“时石守信、王审琦等皆上故人，各典禁卫，普数言于上，请授以他职，上不许。普乘间即言之，上曰:‘彼等必不吾叛，卿何忧？’普曰:‘臣亦不忧其叛也。然熟观数人者，皆非统御才，恐不能制伏其下。苟不能制伏其下，则军伍间万一有作孽者，彼临时亦不得自由耳。’上悟，于是召守信等饮。……明日，皆称疾请罢，上喜，所以慰抚赐赉之甚厚。”

综合分析上述记载，赵普在“杯酒释兵权”过程中发挥了决策性的重要作用是众所公认的。问题在于，赵普的作用并非表现在宋人所津津乐道的要不要解除石守信等人的兵权上，在这一点上，赵普与宋太祖的意见是基本一致的，逐步解除禁军中留用的后周大将也是宋太祖的既定方针。在赵彦徽、张光翰和慕容延钊、韩令坤先后分两批离开禁军之后，显然就轮到了石守信等人，这是赵普能够向官家进言的前提条件。要知道，宋太祖是乾纲独断的开国之君，赵普虽然是他倚为左右手的心腹谋主，但正如宋太祖后来对赵普亲口所说的:“彼谓国家事皆由汝书生耳。”[①]国家大政的决策大权还是牢牢掌握在官家一人之手，赵普也只能是在官家意图的大框架之内发挥个人作用，这是一个不能逾越的分寸。禁军统帅的人事安排，直接关系到官家宝座的安稳与否，当然就更是如此了。如若不是明了官家实现殿前、侍卫两军统帅人员更新换代的总体思路和既定方针政策，赵普不可能就此发表自己的意见，或者即使发表了也不会收到什么效果。

再者，正如韩非子所说的:“爱臣太亲，必危其身；人臣太贵，必易主位。”功高则震主，尾大则难掉，这是古代皇权政治下很浅显的常识，父子亲生尚且互相防范，更何况什么“结义”兄弟！宋太祖身为官家，又是靠阴谋兵变上台的，

---

① 〔宋〕李焘:《续资治通鉴长编》卷一二，第273页。

自然不会不懂得这个道理，不必赵普再三饶舌。

宋太祖和赵普所讨论的焦点，或者说双方真正的分歧，其实不在于要不要解除石守信诸将的兵权，而是在什么时候解除他们的兵权，即时机的把握问题。具体地说，就是在解除了慕容延钊等人的兵权后，是否有必要趁热打铁，一举解除石守信等的禁军军职。

从上述材料可以看出，宋太祖的思路，主要是从他和石守信等人的个人关系出发，认为石守信、王审琦、高怀德与自己的关系是“义同骨肉”，相比于慕容延钊等人要更亲近得多，宋太祖对他们的忠诚也有绝对的把握，没有必要像对待慕容延钊等人那样即刻解除他们的兵权。按照官家的设想，石守信等完全可以在禁军中再过渡一段时间，起码也要像在平定李筠之后调离张光翰和赵彦徽，在平定李重进后调离慕容延钊和韩令坤那样，待南征大捷创造了论功行赏的氛围之后再有所动作。如果这个推测不错的话，那么宋太祖本来设想最终完成禁军指挥人员更新换代的时间很有可能是在乾德元年（963）底宋军平定荆、湖之后，这个时间与范质等后周三相离职的时间大致相当。

赵普的想法和宋太祖有所不同，他主要是从官家与殿前、侍卫统军大将之间的微妙关系出发，强调的是石守信等人与官家的个人关系虽然要比慕容等人近得多，但他们毕竟同属于后周禁军大将群体，而众将们所具备的地位、资历、才能（赵普所谓“然熟观数人者，皆非统御才，恐不能制伏其下”完全是正话反说）及在禁军中的号召力等，就决定了他们有能力也有可能在条件适当的时候（如“主少国疑”）与官家分庭抗礼，处于距皇位既可望又可即的位置，而不管他们本人是否真有这样的意愿。因此，无论是与官家关系略远的慕容延钊，还是绝对忠于官家的石守信等人，只要这批后周的宿将手握禁军兵权，对官家来说都是潜在的威胁和不稳定因素，还不如就此把石守信等也一并调离禁军指挥的要害位置。

两相比较，赵普的意见确实有比宋太祖更为深刻的一面，他所提出的方案，也不失为一种“快刀斩乱麻”的利索办法，能够一劳永逸地解决官家与前朝禁军大将之间的尴尬关系，对官家来说无疑是有利的，宋太祖经过再三考虑之后最终采纳了赵普的意见原因也就在于此。

至于说如何解除各位大将的兵权，赵普所发挥的作用就很小了。据《续资治通鉴长编》等史书的记载，赵普也试图有所建议，但被官家以“卿勿复言”的话打断了。有研究者认为，宋太祖此举有可能是担心赵普说出诛杀大将以绝后患的话来。“杯酒释兵权”能够成为“杯酒论心，大将解印”的千古佳话，官家与大将彼此之间“两无猜疑，上下相安”，主要应归功于宋太祖个人炉火纯青的统治艺术。当然，也有众将“知机”的因素，宋人就此评价说：“虽太祖之善御豪杰，而亦数子者能择其祸福轻重而审处之，期可以言智矣。”[①]

“杯酒释兵权”的决策过程，也把宋太祖和赵普二人行事风格的差异充分地反映出来。宋太祖为人“豁达大度”，行事讲求分寸，不蛮干，对棘手问题的处理往往是铺垫多，时间长，但效果要好。如南宋学者在评论宋太祖“杯酒释兵权”的成功之处时所说：“太祖之所以能收其权者，正孟子所谓为政不得罪于巨室，裴度所谓处置得宜，有以服其心，不然，无故而行削权之策，岂不动七国之变哉？”[②]赵普则不然，很多当时人都认为他“为人阴刻”“为政也专”，在行事上往往是一步到位，不计后果，甚至是“中伤人甚多”，许多问题看似解决得干净利落，但留下了不少的后遗症。像他在宋太祖时处理赵玭、冯瓒、雷德骧等，以及在太宗时处理秦王廷美等人时往往都是采取使矛盾激化的手段，以致问题反复出现，受时人诟病之处也很多。

回到“杯酒释兵权”，赵普促使宋太祖在建隆二年七月就提前完成了禁军统帅的更新换代，对官家皇位的巩固当然是有利的，但也不是没有负面的影响。首先，“杯酒释兵权”尽管是用最缓和的方式解除了石守信等人的兵权，但显而易见是属于“猜防百至”[③]之政，进一步恶化了官家与殿前、侍卫统军大将之间的气氛。赵普后来在反对宋太祖诛杀殿前都指挥使韩重赟时说过：“陛下必不自将亲兵，须择人付之。若重赟以谗诛，即人人惧罪，谁敢为陛下将者。”[④]其实，他自己当年一手促成的“杯酒释兵权”，又何尝不早在禁军中导致了统军大将不安于位、“人人惧罪”的后果呢？难怪赵普在开宝六年（973）罢相后，宋太祖同时晋升了高怀德和王审琦为使相，石守信则升为侍中。有研究者认为，宋太祖这样做的目的之一就是把“杯酒释兵权”的责任推到赵普头上。其次，在建隆元年（960）

---

① 〔宋〕王称：《东都事略》卷一九，《文渊阁四库全书》本。

② 〔宋〕吕中：《宋大事记讲义》卷二，《文渊阁四库全书》本。

③ 〔清〕王夫之著，舒士彦点校：《宋论》卷六《神宗》，第120页。

④ 〔宋〕李焘：《续资治通鉴长编》卷八，第190页。

八月到建隆二年（961）七月，不到一年的时间里，从周世宗整军以来八位久经战阵的当时第一流将领集中离开了禁军的指挥位置，这对宋军战斗力和统一进程的负面作用是可想而知的。一个明显的事例就是在此后宋太祖平定南北的征战当中，禁军大将中竟然选不出有指挥大战经验的合适人选充当大帅，不得不用王全斌、曹彬等与禁军关系较为疏远的藩镇将领去统领禁军的骄兵悍将，以致凭空生出许多问题。从这个角度看，如若按照宋太祖原来的设想进行平稳过渡的话，固然要多费一些周折和铺垫，但这些负面影响可能就要小得多。当然，历史是不可能假设的。

四

"杯酒释兵权"使得殿前、侍卫统军大将的更新换代在略显匆忙中提前完成，但留用后周旧臣和更新换代本来就是一个问题的两个方面，就像宋太祖在留用了范质等后周旧臣的同时，立即由赵普等"新贵"组成"影子政府"去掌握实权，并逐步取代后周旧臣一样，宋太祖在禁军中也有这样一个用以取代留用后周禁军大将的"新贵"群体。只不过政府中的"新贵"主要是由赵普等"经事霸府""攀附之幸会"[①]的"幕府旧僚"构成，而禁军中的"新贵"，主要是宋太祖嫡系部队殿前军中的亲信们。

殿前军组建于后周初年，经周世宗、张永德、宋太祖等人在高平之战后的整顿，其战斗力远远超越了侍卫亲军，成为禁军新的王牌，是周世宗南征北战的主力部队。宋太祖是殿前军的主要缔造者和指挥者之一，他的命运与这支部队紧密相连，殿前军成长壮大的历史，同时也就是宋太祖个人发迹变泰的历史。宋太祖的军旅生涯是从殿前军开始的，高平之战后跃升殿前军的高级统帅之一——殿前都虞候，并具体负责殿前军的整顿和扩编，这是他后来能够开创帝业的决定性的一步。从此，宋太祖"自殿前都虞候再迁都点检，掌军政凡六年，士卒服其恩威"[②]，通过六年左右的时间，把殿前军的指挥权牢牢地掌握在自己的手中，最终

---

① 〔宋〕李焘：《续资治通鉴长编》卷二，第51页。

② 〔宋〕李焘：《续资治通鉴长编》卷一，第1页。

在殿前军统帅——殿前都点检的位子上成功发动陈桥兵变、黄袍加身。军队中最重派系，宋太祖的嫡系当然就是殿前军。他夺取政权主要依靠的是殿前军的支持，上台以后自然更是把殿前军作为他控制整体禁军的依靠力量。从建隆二年（961）“杯酒释兵权”留用的老一代后周禁军大将离开禁军统帅位置之后，终宋太祖一代，历任的殿前、侍卫两军的统军大将几乎无一例外地具有殿前军的背景，都曾经是宋太祖下辖的殿前军的嫡系亲信。不属于这个“小圈子”的将领，即使是能力再强，战功再高，通常也难以进入禁军统军大将的行列。

曹翰就是一个很好的例子。曹翰，善于用兵，“多智数”①，是宋初公认的名将，如宋太宗后来就当面称赞他：“卿智勇无双。”②曹翰参加了伐后蜀、平南唐、灭北汉、征幽州等宋初几乎所有的大的战役，而且都有卓越的表现，战功比起其他诸将来要突出很多，像在伐后蜀时，就是曹翰领兵击破了叛军的主力，扭转了战局；平南唐时，宋太祖钦点曹翰为先锋都指挥使，在攻破金陵后，又消灭了南唐残余势力据险死守的江州，这是整个灭南唐之役中少有的硬仗；宋太宗时，曹翰又参与了灭北汉之役，承担并出色完成了最艰苦的太原西北面方向的攻坚任务；后又参加围攻幽州，在宋军主力于高梁河全部溃败退却的时候，曹翰是较早有所准备、部队损失较少的将领。然而，就是这样一个战功突出的悍将，不但未能进入禁军统帅的行列，在宋太祖朝连节度使也未能得到，仅位至桂州观察使。宋太宗时，还曾因事丢官罢职，曹翰愤愤不平，赋诗曰：“曾因国难披金甲，耻为家贫卖宝刀。他日燕山磨峭壁，定应先勒大名曹。”③太宗阅后，亦觉不忍，遂赐其大量钱物。曹翰的悲剧，原因就在于其不属于宋太祖殿前军的系统，不受官家的信任，仅在战时用其才而已。

宋太祖殿前军的嫡系亲信，又可以分为两种类型，一类是宋太祖的嫡系部下，另一类则是宋太祖在后周时的亲兵卫士。宋太祖一朝的军事指挥权的转移，呈现出由留用的后周大将向宋太祖的嫡系部下转移，再由宋太祖的嫡系部下向宋太祖的亲兵卫士群体转移的明显轨迹。

第一种类型是宋太祖的嫡系部下，也就是宋太祖在后周任殿前都点检时辖下

---

① 〔元〕脱脱等：《宋史》卷二六〇《曹翰传》，第9015页。

② 〔宋〕李焘：《续资治通鉴长编》卷二〇，第443页。

③ 〔宋〕文莹撰，郑世刚等点校：《玉壶清话》卷七，第67页。

的殿前诸班的指挥官和铁骑、控鹤厢都指挥使及军都指挥使等殿前军中下级军官，代表性人物有韩重赟、刘廷让、罗彦瓌、马仁瑀、李汉超、党进、李进卿等十余人。

与慕容延钊等留用的后周禁军大将相比，殿前军的这些中下级将领不仅地位要低得多，而且他们都是宋太祖任殿前都虞候、殿前都指挥使和殿前都点检的六年时间里一手提拔起来的，是宋太祖真正的嫡系部下。因为后周时宋太祖对禁军大将的人事安排可能至多只有建议权，而对中下级军官的选拔权在相当程度上是掌握在宋太祖手中的，如《石林燕语》即记载说："殿前军起于周世宗，是时太祖（指宋太祖）为殿前司都虞候，初诏天下选募壮士送京师，命太祖择其武艺精高者为殿前诸班。"[①]张永德任殿前军长官的时间要比宋太祖长，但在殿前军中的影响力反而远不如宋太祖，原因也就在于此。因而，宋太祖对殿前军的这批中下级军官，既有知遇之恩，又有长官之威；他们作为宋太祖多年的部下，对宋太祖更是既感恩图报，又唯命是从。所谓"服其恩威"主要指的就是这一群体，他们也是宋太祖发动陈桥兵变的"群众基础"之所在。

更为重要的，这批人在后周时的地位不仅要比大将低得多，而且都没有独立指挥大战役的经历和战功，没有大的战功，当然也就不会"有人望"，用他们来替代慕容等禁军大将统军，宋太祖无疑是放心的，使用起来也更为顺手。据《宋史》各本传并参照《东都事略》和《续资治通鉴长编》的相关记载统计，他们在陈桥兵变前的职务及北宋建国后的职位变迁简况，可详见下表表2：

表2　宋初诸将职位变迁简表

姓名	陈桥兵变前	陈桥兵变后	平定二李	杯酒释兵权	乾德元年后
罗彦瓌	散指挥都虞候	控鹤左厢都指挥使	侍卫步军都指挥使	彰德节度使	乾德二年改安国军节度使
王彦昇	散员都指挥使	铁骑左厢都指挥使	出为唐州刺史		乾德初为申州团练使，开宝二年为原州防御使
李汉超	殿前指挥使都虞候	散指挥都指挥使	控鹤左厢都指挥使	齐州防御使兼关南兵马都监	

① 〔宋〕叶梦得撰，宇文绍奕考异，侯忠义点校：《石林燕语》卷六，第81页。

（续表）

姓名	陈桥兵变前	陈桥兵变后	平定二李	杯酒释兵权	乾德元年后
马仁瑀	内殿直都虞候	散员都指挥使、铁骑右厢都指挥使、虎捷左厢都指挥使	龙捷左厢都指挥使		乾德元年出为密州防御使
张廷翰	殿前散都头都虞候	铁骑左第二军都指挥使	控鹤左厢都指挥使	龙捷左厢都指挥使	乾德五年为侍卫马军都虞候
韩重赟	控鹤军都指挥使	龙捷左厢都指挥使	侍卫马军都指挥使	殿前都指挥使	乾德五年外放彰德节度使
刘廷让	铁骑右厢都指挥使	龙捷右厢都指挥使		侍卫马军都指挥使	开宝六年外放镇宁军节度使
崔彦进	东西班指挥使	控鹤右厢都指挥使	虎捷右厢都指挥使	侍卫步军都指挥使	乾德五年为昭化留后
党进	铁骑都虞候	铁骑都指挥使	虎捷右厢都指挥使		乾德五年为侍卫步军都指挥使，开宝六年为侍卫马军都指挥使
李汉琼	左射指挥使	铁骑第二军都指挥使		控鹤、虎捷左厢都指挥使	开宝六年为侍卫马军都虞候
刘遇	控鹤副指挥使	御马直指挥使			开宝二年为虎捷右厢都指挥使，六年为侍卫步军都虞候
杨美	铁骑都指挥使	内殿直都知			开宝六年为虎捷左右厢都指挥使
李进卿	内殿直都虞候			铁骑左厢都指挥使	乾德二年为虎捷左厢都指挥使，五年为侍卫步军都虞候，开宝六年为侍卫步军都指挥使
马全义	铁骑左第二军都指挥使	内殿直都知、控鹤左厢都指挥使	虎捷、龙捷左厢都指挥使		

从上表可以看出：

其一，从陈桥兵变到平定李重进，在北宋开国的第一年时间里，与殿前、侍卫两军统帅机构仍留用后周时的大将保持稳定形成鲜明对照的是，宋太祖十分频繁地调整了厢都指挥使等禁军中级将领，主旨就是提拔重用自己殿前军的嫡系部下，利用他们去掌控禁军。其中，马仁瑀由散员都指挥使改任虎捷左厢都指挥使和龙捷左厢都指挥使，马全义由控鹤左厢都指挥使改任虎捷左厢都指挥使和龙捷左厢都指挥使，崔彦进由控鹤右厢都指挥使改任虎捷左厢都指挥使，党进由铁骑都指挥使改任虎捷右厢都指挥使，刘廷让由铁骑右厢都指挥使改任龙捷右厢都指挥使，韩重赟由控鹤军都指挥使晋升龙捷左厢都指挥使，这说明宋太祖是通过把自己的殿前军嫡系部下升任侍卫亲军中级将领的办法，把侍卫亲军牢牢地控制在官家的直接掌握之中。这也是宋太祖留用后周禁军大将的直接因素。

其二，从平定李筠、李重进开始，逐步接替留用后周禁军大将的，主要就是这个群体中的人物。“杯酒释兵权”后，殿前和侍卫两军都指挥使一级的高级统帅全部都由他们出任，即殿前都指挥使韩重赟、侍卫马军都指挥使刘廷让、侍卫步军都指挥使崔彦进。

其三，从乾德五年（967）韩重赟被解除殿前都指挥使开始，他们退出了殿前军的指挥系统，但仍然是侍卫亲军的主体力量，直至宋太祖去世，侍卫亲军的统帅将领都属于这个群体。如开宝六年（973）宋太祖朝最后一任侍卫亲军的统军大将就是侍卫马军都指挥使党进、都虞候李汉琼及侍卫步军都指挥使李进卿、都虞候刘遇等，都是宋太祖当年殿前军的嫡系部下。

在宋太祖的嫡系部下当中，陈桥兵变中拥护宋太祖最为积极、功劳最大的，是散指挥都虞候罗彦瓌、散员都指挥使王彦昇、殿前指挥使都虞候李汉超、内殿直都虞候马仁瑀四人；和宋太祖关系最为亲近的，则是铁骑右厢都指挥使刘廷让、铁骑都指挥使杨美、控鹤军都指挥使韩重赟三人。他们都是宋太祖的“义社十兄弟”之一，属于宋太祖赖以起家小圈子中的核心成员，最早得到提拔重用的也就是这些人。

罗彦瓌和王彦昇，是赵匡胤辖下殿前军中最为资深的中级将领，资历可与慕容延钊、韩令坤等人并驾齐驱。罗彦瓌在后晋末年参加禁军，为内殿直，王彦昇更是在后唐明宗时即已参军，补东班承旨。两人在后晋末年的时候，曾经并肩作战，一同在抗击契丹中立有军功，都是禁军中以骁勇善战著称的猛将。如王彦昇擅长击剑，军中人称“王剑儿”[①]。到后周初年，罗彦瓌和王彦昇分别任散员都虞候和龙捷第九军都虞候的职位，成为当时禁军中的中级将领，地位要远高于当时的宋太祖。不过，由于他们两人都不属于周太祖郭威和周世宗柴荣小圈子中的人物，因而在后周禁军中的晋升越来越缓慢，其中罗彦瓌还因受到枢密使王峻被周太祖郭威所杀一案的牵连，曾一度被排挤出禁军，到地方上担任邓州教练使的闲

---

① 〔元〕脱脱等：《宋史》卷二五〇《王彦昇传》，第8828页。

职。直到后周末年才在宋太祖的提携下，在殿前军任散指挥都虞候和散员都指挥使的中级职位。所以，罗、王二将都对后周心怀不满，极力拥戴宋太祖发动兵变推翻后周政权，被公认为是宋太祖的心腹部下。

在陈桥兵变当中，罗、王二人表现得最为积极，罗彦瓌先是亲手把黄袍披到了宋太祖的身上[①]，又第一个抢先拔剑指向宰相范质等后周文臣，怒斥道："我辈无主，今日须得天子。"并逼迫范质等承认宋太祖的君主地位；王彦昇先是参与了宋太宗、赵普、李处耘等发动兵变的筹划[②]，大军入城后又跃马急追侍卫亲军副都指挥使韩通，亲手杀死韩通及他的儿子，除掉了宋太祖最为忌惮也是唯一一个试图用武力阻止陈桥兵变的政敌。罗彦瓌、王彦昇二人都在陈桥兵变中抢得了头功。

宋太祖上台以后，论功行赏，罗彦瓌得以晋升为控鹤左厢都指挥使、眉州防御使，然后在当年的八月就接替了赵彦徽的职务，跃居侍卫亲军都指挥使、武信军节度使的高位。在宋太祖的嫡系旧部当中，罗彦瓌和韩重赟是最早进入统军大将行列和晋升为节度使"建节"的两人。不过，在建隆二年七月的"杯酒释兵权"中，罗彦瓌也和石守信等一起被解除了军职，外放为彰德节度使，后改任安国军节度使和镇国节度使。在节度使的任上，罗彦瓌曾多次大破契丹和北汉，屡立战功。开宝二年（969），罗彦瓌去世，年四十七，因宋太祖正在亲征北汉，"上方亲履行阵，故不废朝，亦阙赠典焉"[③]。

王彦昇的情况则要复杂得多，他虽然也得以晋升铁骑左厢都指挥使，但他在陈桥兵变中杀掉韩通的行为，尽管为宋太祖立下了大功，但毕竟与宋太祖刻意追求的"以揖让得天下"的形象不符，因而在事定之后，宋太祖反以"弃命专杀"为由，怒责王彦昇，甚至要将其"斩以徇"，后来还是抓住了一个理由，把他打发到外地担任一个小小的唐州刺史，"太祖以其专杀韩通，终身不授节钺"。王彦昇后升原州防御使防范党项等西边部族，在此任上他还是比较称职的，只是可能对官家的如此安排心中有所不满，竟然发展到用吃人肉来发泄。据史书记载："西人有犯汉法者，彦昇不加刑，召僚属饮宴，引所犯以手捽断其耳，大嚼，卮酒下之。

---

① 〔宋〕邵伯温撰，李剑雄等点校：《邵氏闻见录》卷七，第65页。

② 《续资治通鉴长编》卷一，李焘注引《国史》曰："处耘见军中谋欲推戴，即遽白太宗，与王彦昇谋。"

③ 〔宋〕李焘：《续资治通鉴长编》卷一〇，第221页。

其人流血被体，股栗不敢动。前后啖者数百人。西人畏之，不敢犯塞。"[1]开宝七年(974)，王彦昇病逝，年五十八。

李汉超和马仁瑀的情况比较类似，两人在军中曾以兄弟相称，都是殿前中有名的猛将。特别是马仁瑀，十余岁投军，是殿前军中有名的神射手，"弓力最劲，而所发多中"[2]。高平之战的时候，他跟随宋太祖向北汉军发起反攻，跃马出阵，接连射死对方军兵数十人，使得后周军士气大振。到后周末年的时候，两人在宋太祖统帅的殿前军中分别任殿前指挥使都虞候[3]和内殿直都虞候的职位，都是宋太祖十分器重的心腹爱将，如宋太祖后来曾对人说：李汉超是"朕之贵臣"[4]。在陈桥兵变当中，李汉超和马仁瑀二人都是军中的首议分子，据宋代官修《国史》对陈桥兵变的记载，当宋太宗、赵普、李处耘等人筹划兵变时，首先召见"定议"的就是李汉超和马仁瑀二人[5]。

北宋开国后，李汉超和马仁瑀都得到了宋太祖的提拔重用，在不到一年的时间里，李汉超连续晋升为散指挥都指挥使、领绵州刺史，控鹤左厢都指挥使、领恩州团练使。平定李重进后，李汉超没有在禁军中继续发展，而是被宋太祖外放为齐州防御使兼关南兵马都监[6]。这并不意味着李汉超失去了官家的宠信，因为他所担任的关南兵马都监，其辖区就是周世宗北伐契丹时收复的三关地区，一直是后周和北宋防御契丹最重要的前线地区和屏障，可以说是当时最为重要的一个地方军职。宋太祖上台时，关南的军事长官兵马都部署是一员名叫陈思让的老将，此人外号"陈佛子"，军事才能一般，同宋太祖的关系此时也很一般[7]，宋太祖派

① 〔元〕脱脱等：《宋史》卷二五〇《王彦昇传》，第8829页。

② 〔元〕脱脱等：《宋史》卷二七三《马仁瑀传》，第9344页。

③ 《宋史》卷二七三《李汉超传》记李汉超在后周时的军职是："（世宗）即位，补殿前指挥使，三迁殿前都虞候。"按：从殿前指挥使三迁不可能晋升殿前诸班的总指挥殿前都虞候，当时殿前都虞候实为王审琦，此处的记载明显是错误的，李汉超当是升为殿前诸班之一殿前指挥使的长官殿前指挥使都虞候，是殿前军的中级军职。

④ 〔元〕脱脱等：《宋史》卷二七三《李汉超传》，第9333页。

⑤ 《续资治通鉴长编》卷一李焘注引《国史》："遂召马仁瑀、李汉超等定议。"

⑥ 此处用《宋史》卷二七三《李汉超传》的说法。《续资治通鉴长编》卷五则记载李汉超在乾德二年十二月方兼关南兵马都监。

⑦ 乾德二年(964)，陈思让的女儿嫁与宋太祖的儿子德昭为夫人。

自己的亲信李汉超去担任兵马都监，明显是刻意的安排，是让他去掌握实权，真正发挥作用的，绝对是重用。李汉超在此任上，有权指挥齐、雄、霸、鄚、瀛等与契丹接境诸州的宋军，“凡军中事悉听便宜处置”[①]，如乾德四年(966)正月李汉超就统帅以上五州的宋军“校猎于幽州境上，以耀威武”[②]。李汉超没有辜负宋太祖的期望，他先后镇守关南长达十余年，对外整军经武，多次挫败契丹的骚扰，堪称是宋太祖的北面长城，为宋太祖平定南方各国创造了必要的条件。有研究者指出：宋太祖以李汉超为齐州防御使兼关南兵马都监，“意味着宋军在北线采取积极防御”[③]。对内，李汉超也是政绩突出，“为政简易，吏民信爱，尝诣阙请立碑颂德”[④]。李汉超守关南，从宋初开始，一直就是宋人津津乐道的宋太祖用人的成功范例。太平兴国二年(977)，李汉超卒于关南巡检的任上，宋太宗赠其为太尉、忠武军节度使，“汉超善抚士卒，与之同甘苦，死之日，军中皆流涕”[⑤]。

按照宋太祖的安排，马仁瑀原本一直在禁军中发展，从陈桥兵变到平定二李，马仁瑀由散员都指挥使、领贵州刺史升铁骑右厢都指挥使、虎捷左厢都指挥使、领扶州团练使；又升龙捷左厢都指挥使、领常州防御使。在一年左右的时间里，马仁瑀真正是连升三级，可见官家对他是何等宠爱有加。建隆二年(961)“杯酒释兵权”之后，马仁瑀尽管没有立即晋升侍卫马步军都指挥使一级的高级职位，但在侍卫马军当中，马仁瑀一直是受到官家的特别信任，和宋太祖的妻弟、时任龙捷右厢都指挥使的王继勋一起，都是真正在侍卫亲军发挥作用的重要将领，仕途是十分顺畅的。可惜的是，马仁瑀行伍出身，又依仗官家的宠爱，难免居功自傲，骄横恣肆，以至于断送了自己的前程。在一次科举考试中，马仁瑀私下把一名考生保荐给了主考官薛居正，薛居正“阳诺之”，实际上并没有买他的账，这名

---

① 〔宋〕李焘：《续资治通鉴长编》卷一七，第384页。

② 〔宋〕李焘：《续资治通鉴长编》卷七，第167页。

③ 曾瑞龙：《经略幽燕：宋辽战争军事灾难的战略分析》，香港中文大学出版社2003年版，第48页。

④ 《宋史》本传称李汉超有“强娶民女”之事，但《续资治通鉴长编》认为其事实属张美。

⑤ 〔元〕脱脱等：《宋史》卷二七三《李汉超传》，第9334页。

考生也落榜了。马仁瑀恼羞成怒，大闹朝廷为考中新进士举行的闻喜宴，当众大骂薛居正。武将欺凌文臣，本来就是官家和朝野上下都很忌讳的五代之风，何况薛居正还是官家最为亲信的“幕府旧僚”之一。不过，当御史弹劾马仁瑀的奏章上报官家后，官家偏爱马仁瑀，“上虽怒，曲为容忍”，还是把这件事硬压了下去。不料，马仁瑀与同在龙捷军中当厢都指挥使的宋太祖的妻弟王继勋又闹得水火不容，两人竟到了“欲相图，阴勒所部兵，私市白梃”[①]的程度，准备在宋太祖举行禁军演习的时候自相残杀。宋太祖闻讯后，于乾德元年（963）八月断然解除了马仁瑀的禁军军职，外放为密州防御使。

马仁瑀离开禁军之后，独当一面，倒是颇有较好的表现，开宝二年（969）宋太祖亲征北汉的时候，马仁瑀受官家之命统本部军兵袭击契丹边境以为牵制，“契丹素闻仁瑀名，不敢出，因纵兵大掠，俘生口、牛羊数万计”。开宝三年（970），马仁瑀又擒获了兖州地区活动的悍匪“长脚龙”周弼，再一次立下了军功。从开宝四年（971）起直至宋太宗初年，马仁瑀始终镇守边关重镇瀛州，屡立战功，和李汉超等齐名，是当时威名卓著的边地大将。不过，瀛州要受关南兵马都监李汉超的调遣，而马仁瑀连官家妻弟都不买账，当然更不愿意听从李汉超的指挥，以往兄弟相称的两人遂“交恶，太祖虑其生变，遣中使赐汉超、仁瑀金帛，令和解之”[②]。看来，不甘居人下、处理不好上下级同事的关系是马仁瑀的痼疾，这也是他难以在禁军立足的重要原因。马仁瑀在宋太宗初年也有一定的建树，在消灭北汉和北伐契丹的战斗中都立有战功。太平兴国七年（982），马仁瑀去世，享年五十岁，宋太宗赠其为河西军节度使。

相比于罗彦瓌、王彦昇、马仁瑀、李汉超四人，韩重赟、刘廷让和杨美等三人在后周时的地位要低一些，也都没有什么像样的战功，陈桥兵变中的功劳也要比上述四人稍逊一筹，但他们在北宋开国之后很快就后来居上，真正在禁军的统帅机构站稳了脚跟。毕竟他们都是宋太祖的“义社十兄弟”之一，与宋太祖关系的亲近是罗彦瓌等所无法比拟的。

在三人当中，杨美最为年轻，他在陈桥兵变后出任地位相当重要的内殿直都

---

① 〔宋〕李焘：《续资治通鉴长编》卷四，第103页。

② 〔元〕脱脱等：《宋史》卷二七三《李汉超传》，第9334页。

知一职。奇怪的是，在建隆三年（962）宋太祖却外放他为青州北海军军使，这显然不是贬斥，因为杨美仍然带着内殿直都知的头衔上任的，宋太祖还专门把青州北海县提升为军一级（和州平行）的地位①。至于宋太祖为什么要把这样一员亲信大将派到此地出任地方长官，史书中语焉不详。或许这与陈桥兵变后宋太祖派自己的“幕府旧僚”之一刘熙古出任青州知州相类似，因为据许多研究者的研究，以青州为中心的今山东地区，在宋初未能统一江南的时候，是当时中原王朝最为主要的物资供应地，山东地区上交中央的钱粮，沿五丈河（广济河）输送至都城河南开封，是维持北宋国家财政最主要的支柱，“国初，方隅未一，京师储廪仰给，唯京西、京东数路而已。河渠转漕，最为急务。京东自潍密以西州郡租赋，悉输沿河诸仓，以备上供。清河起青淄，合东阿，历齐郓，涉梁山泺济州，入五丈河，达汴都，岁漕百余万石”②，其地位的重要性是不言而喻的。不管怎样，杨美以内殿直都知外放为北海军军使，对他在禁军中的晋升还是有一些负面的影响，当他于乾德二年（964）调任回京的时候，禁军高级统帅职位已经没有合适的空缺，直到开宝六年（973）杨美才升任虎捷左右厢都指挥使，并得以建节，领河西军节度使。由于当时侍卫步军都指挥使一职空缺，杨美实际上是侍卫步军的第二号长官。杨美任此职一直到宋太宗初年，此时宋太祖其他“义社十兄弟”已经全部退出了禁军的指挥位置，杨美是硕果仅存的一个。宋太宗太平兴国二年（977），杨美也外放为保静军节度使③。太平兴国三年（978），杨美病逝于开封，年四十八，宋太宗赠其为侍中，还命中使护葬。

韩重赟和刘廷让的升迁要比杨美快得多，特别是韩重赟，他在陈桥兵前还仅仅是殿前军中一个很不起眼的控鹤军都指挥使，北宋开国后即跃升为龙捷左厢都指挥使、领永州防御使，当年八月平定李筠之后，又接替张光翰为侍卫马军都指挥使，同时建节，领宁江军节度使。在宋太祖的嫡系部下当中，韩重赟和罗彦瓌是最早得以建节的，但罗彦瓌的资历又是韩重赟所不能比的。建隆二年（961），“杯酒释兵权”之后，韩重赟又取代了王审琦的位置，晋升为殿前都指挥使、领义成军节度使，已经是北宋禁军最高级别的统帅了。从控鹤军都指挥使到殿前都指

① 〔宋〕李焘：《续资治通鉴长编》卷三，第67页。

② 〔宋〕王曾：《王文正公笔录》，《丛书集成初编》本。

③ 〔元〕脱脱等：《宋史》卷二七三《杨美传》，第9325页。

挥使，韩重赟的升迁速度之快是空前的。从建隆二年（961）至乾德五年（967）的六年间，殿前都指挥使一直由韩重赟担任。

刘廷让的情况与韩重赟较为类似，陈桥兵变后，他从殿前军的铁骑右厢都指挥使迁侍卫亲军的龙捷右厢都指挥使、领江州防御使，和韩重赟一起统帅龙捷军。建隆二年（961）"杯酒释兵权"，宋太祖破格提拔其接替了韩重赟的职务，出任侍卫马军都指挥使，并建节，领宁江军节度使。刘廷让是宋太祖嫡系部下中第三个得以建节的，其担任侍卫马军都指挥使的时间要比韩重赟还要长，一直到开宝六年（973），近十余年的时间。

韩重赟和刘廷让火箭般地青云直上，最主要的原因是一目了然的，那就是他们与官家在"发迹变泰"之前得以结拜兄弟的"风云际会"，尤其是韩重赟，显然是官家最为亲信的大将。除此之外，赵普极力促成的"杯酒释兵权"导致禁军大将更新换代的提前完成，韩重赟等人也就被推到了前台。

不过，尽管韩重赟和刘廷让长时间位居高位，但前有石守信、王审琦等人被"杯酒释兵权"的前车之鉴，后有新兴起的宋太祖亲兵群体的排挤（关于这一点，下面将会详细谈到），韩重赟和刘廷让两人在任上基本上采取明哲保身的态度，小心谨慎，奉命行事，也都没有多少作为。刘廷让在乾德二年（964）曾作为伐蜀的副帅，独当一面地指挥归州的宋军，配合王全斌消灭了后蜀，但胜利之后刘廷让并没有得到真正的提升，倒是他的监军曹彬就此发迹。韩重赟还不如刘廷让，他在担任殿前都指挥使的六年间，据《续资治通鉴长编》记载，他主持兴建过都城，治理过皇宫，整修过河堤，但就是没有统兵打仗，也不闻在治军方面有什么像样的建树①。

即便是如此，韩重赟在殿前都指挥使任上终究还是出事了。乾德五年（967）宋太祖甚至有意诛杀这位最亲信的大将，幸亏有宰相赵普的解救才没有成为事实。《续资治通鉴长编》记载说："殿前都指挥使、义成节度使韩重赟罢军职，出为彰德节度使。先是，有谮重赟私取亲兵为腹心者。上怒，欲诛之，谋于赵普。普曰：'陛下必不自将亲兵，须择人付之。若重赟以谗诛，即人人惧罪，谁敢为陛下将者。'上怒犹未解，普开陈愈切，上纳其言。止命重赟出镇。重赟闻普救己，他

① 参看张其凡：《五代禁军初探》，第105页；何冠环：《北宋武将研究》，第42页。

日诣普称谢，普拒弗见。”[①]一向宽厚的官家竟起了杀心，不禁令人联想起了太祖日后那句杀气腾腾的名言：“朕今抚养士卒，固不吝惜爵赏，若犯吾法，惟有剑耳。”[②]倒是一向“为人阴刻”的宰相赵普却能据理力争，使得此事平添了些许戏剧化的色彩，愈加扑朔迷离起来。

据许多学者的研究，此事是一桩牵涉面很大的政治案件，除了当事人，皇弟赵光义、宰相赵普等重量级的人物都牵涉了进去[③]，是赵普和赵光义在宋太祖朝权力斗争的重要组成部分。这也不奇怪，殿前都指挥使掌握兵权的重要地位，使其难免成为政治上各种势力角逐的焦点，因而也就具有特殊的政治敏感性。

此事的内幕究竟如何，暂且置而不论，不管怎样，韩重赟就此离开了殿前都指挥使的位置，外放为彰德军节度使。对韩重赟个人来说，却也算是就此解脱，他在节度使的职位上倒是有不错的表现，尤其是开宝二年（969）五月宋太祖亲征北汉的时候，他指挥本部军兵拦截增援的契丹军，并“大破其众，获马数百匹”[④]，取得了不小的胜利。宋太祖闻讯大喜，亲笔下达了嘉奖的诏书。韩重赟晚年，“信奉释氏，在安阳六七年，课民采木为寺，郡内苦之”[⑤]，卒于宋太祖开宝七年（974），赠侍中。

刘廷让离开禁军的时间要晚于韩重赟，直到开宝六年（973），才从侍卫马军都指挥使的任上外放为镇宁军节度使。宋太宗雍熙年间，刘廷让被重新起用统兵对抗契丹，但雍熙三年（986）的君子馆一役中，刘廷让统领的数万宋军全军覆灭，刘廷让自己“仅以数骑获免”。第二年，刘廷让被撤销职务，配隶商州。在流放的

① 〔宋〕李焘：《续资治通鉴长编》卷八，第190页。

② 〔宋〕李焘：《续资治通鉴长编》卷一二，第275页。

③ 蒋复璁在《宋太祖时太宗与赵普的政争》（《珍帚斋文集》卷三《宋史新探》）一文中认为，谮害韩重赟，是太宗或党附太宗的人干的，是太宗继除掉张琼以图控制禁军的另一步。何冠环也赞成此说，认为：“蒋氏的怀疑是合理的，只有太宗的进言，才会使太祖要杀自己亲信的大将。我们看韩重赟被攻击的罪名，和张琼被诬的罪名何等相似，实教人怀疑，今次说不定又是史珪、石汉卿之流，奉太宗之命干的事情。”他还进一步推测说：“《长编》和《宋史》不点出进谗者是谁，一个可能是进谗人身份不详，另一个可能是太宗就是进谗者而史官不得不讳言。”参见何冠环：《北宋武将研究》，第43页。

④ 〔宋〕李焘：《续资治通鉴长编》卷一〇，第221页。

⑤ 〔元〕脱脱等：《宋史》卷二五〇《韩重赟传》，第8824页。

途中，他闷闷不乐，绝食而死，年五十九。宋太宗在他死后，总算是“录其旧勋，赠太师”[①]。

除了上述七人以外，马全义[②]也是宋太祖特别赏识和最先提拔的嫡系部下。此人以勇猛善战著称，后汉末年时投身在藩镇李守贞的麾下，随李守贞起兵反汉，屡挫前来镇压的郭威大军，给当时在军中的周世宗都留下了深刻的印象。李守贞失败后，马全义辗转归到周世宗帐下。高平之战时，马全义和马仁瑀一样，都是最先响应宋太祖号召，和宋太祖一起向北汉军发起反击的英雄人物，两人由此结下了深厚的战斗情谊。高平之战后，宋太祖跃升殿前都虞候，马全义则升为殿前诸班的散员指挥使，成为宋太祖的嫡系部下。此后数年间，马全义一直都在宋太祖指挥下南征北战，屡立战功，是深得宋太祖喜爱的心腹猛将，地位也逐步升到殿前军铁骑第二军都指挥使。

建隆元年（960）北宋开国后，宋太祖立即擢升马全义为内殿直都指挥使，寻迁控鹤左厢都指挥使、领果州团练使。当年六月，宋太祖御驾亲征，围攻李筠的大本营泽州城，泽州城“城小而固”，李筠又死守待援，宋太祖挥师猛攻十多天，仍然未能得手。在这战事陷于僵持局面的时候，跟随宋太祖出征的马全义不仅建议宋太祖果断发起总攻，而且以大将的身份亲临战斗的第一线，率数十名敢死队员冲锋在前，战斗中，马全义的胳膊被敌箭射穿，但他不顾“流血被体”，拔掉箭头后仍然英勇奋战，乘云梯当先登上了泽州城头。在马全义的激励下，宋军“士气益奋”，宋太祖也亲率卫士从马全义打开的突破口进城，终于攻克了泽州城。在这场北宋开国的第一战中，马全义立下了头功，再一次成为禁军中著名的英雄人物，战后以军功晋升为虎捷左厢都指挥使、领睦州防御使[③]。一直到北宋末年，马全义带伤攻打泽州的英雄事迹仍在广泛地流传。如宋钦宗时晁说之上书，就引用了马全义攻泽州时“中矢拔去，被血以先士卒，（李）筠不得不与火俱灭之”[④]的事迹，来鼓励皇帝亲征金兵。

---

① 〔元〕脱脱等：《宋史》卷二五九《刘廷让传》，第9004页。

② 关于马全义及其子马知节，何冠环先生撰有《论宋初功臣子弟马知节（955—1019）》一文，原刊《严耕望先生纪念论文集》，收入《北宋武将研究》，可以参看。

③ 〔元〕脱脱等：《宋史》卷二七八《马全义传》，第9450页。

④ 〔宋〕晁说之：《景迂生集》卷三《负薪对》，《文渊阁四库全书》本。

当年年底，马全义又跟随宋太祖亲征李重进，受命统一指挥控鹤和虎捷两支步兵部队，“贼平班师，录功居多”，再晋升为龙捷左厢都指挥使、领江州防御使。可惜的是，正当仕途如日中天的时候，这位对官家忠心耿耿，也深得官家器重的猛将积劳成疾，在建隆二年（961）初即卧病在床，由此错过了“杯酒释兵权”禁军统帅人员更新换代从而晋升统军大将的机会①。马全义自卧病以来，尽管官家十分关心，每天都派御医给马全义诊治，“中使劳问不辍”，并曾专门派人传密谕说：“候疾少间，当授河阳节钺。”但马全义还是一病不起，只能叩头称谢而已。建隆三年（962）年底，马全义病死。宋太祖闻讯后十分悲伤，赠马全义为镇国军节度使，还把他七岁的儿子收养在皇宫之中，赐名马知节②。马知节后来在宋太宗和真宗两朝屡立战功，官至枢密使，成为北宋名臣之一。显而易见，如果不是因病早死的话，马全义在禁军中定会发挥更大的作用。他的死，对官家来说是一个很大的损失。

第二种类型是宋太祖在后周殿前军时个人的亲兵卫士。

他们或是由宋太祖招募入伍的，或是入伍后被宋太祖看中选拔到自己麾下充当亲兵卫士，这个群体的代表性人物有张琼、杨义③、史珪、石汉卿、田重进、李怀忠④、米信、谭延美等十余人。据《续资治通鉴长编》和《宋史》等相关史料统计，他们在北宋建国后职务的变迁简况见下表表3：

表3 宋初诸将职位变迁简表

姓名	陈桥兵变后	杯酒释兵权	乾德、开宝年间	太宗朝
张琼	内外马步军都军头	殿前都虞候		
杨义	内外马步军副都军头	铁骑、控鹤都指挥使	乾德元年为殿前都虞候，开宝六年为殿前都指挥使	殿前都指挥使

① 何冠环《论宋初功臣子弟马知节（955—1019）》一文认为：“马全义本传只说平李重进后，他‘俄被疾’，而没载他染病之具体年月。猜想他在平李重进后即卧病在床。按太祖在建隆二年七月更换禁军宿将时，本来担任殿前都虞候的最佳人选，论资格、能力以至可靠程度，都应是马全义；但后来太祖还是挑了张琼（？—963），可接受的解释，是马全义卧床不起，太祖只好退而思其次了。”参见何冠环：《北宋武将研究》，第148页。

② 〔宋〕李焘：《续资治通鉴长编》卷三，第76页。

③ 本名杨义，后避宋太宗讳，改名杨信。

④ 本名李怀义，后避宋太宗讳，改名李怀忠。

（续表）

姓名	陈桥兵变后	杯酒释兵权	乾德、开宝年间	太宗朝
李怀忠	殿前指挥使都虞候	东西班都指挥使	散指挥使、日骑左右厢都指挥使	侍卫步军都指挥使
米信	补殿前指挥使，迁直长	内殿直指挥使	殿前指挥使	侍卫马军都虞候、马军都指挥使
田重进	御马军使	控鹤指挥使		步军都指挥使、马步军都虞候
崔翰	御马直副指挥使		控鹤指挥使	控鹤左厢都指挥使、殿前都虞候
蔡审廷	殿前散都头指挥使、内殿直都虞候	内外马步军副都军头	冀州刺史、镇州兵马都钤辖	
史珪	御马直队长	内外马步军副都军头兼控鹤、弓弩、大剑都指挥使	开宝六年为内外马步军都军头	光州刺史，扬、楚等九州都巡检使
石汉卿	散员指挥使	殿前指挥使都虞候		
谭延美	控鹤指挥使	控鹤都虞候、内外马步军副都军头	铁骑副指挥使、内殿直都指挥使	蕲州刺史

从表中不难看出，宋太祖的亲兵卫士群体与宋太祖的嫡系部下及留用的后周大将一起，共同构成了宋初禁军指挥阶层，也就是“宿卫诸将”阶层的主体。三者当中，显而易见以亲兵卫士们的起点最低，他们在禁军中的原有地位不但要远远低于以石守信等为代表的后周禁军大将，比起韩重赟等宋太祖的嫡系部下也是差得很远。陈桥兵变的时候，其中的少数人是下级军官，绝大多数连下级军官都不是，仍是普通士兵的身份，资历、军功、威信，都是根本谈不上的。北宋开国之后，他们能够异军突起，与留用的后周大将和宋太祖的嫡系部下们鼎足而三，并呈后来居上的强劲势头，完完全全是因为他们同官家之间特殊的亲密关系，是宋太祖给了他们“风云际会”“发迹变泰”的机遇。

简单地说，官家与留用的后周大将之间的关系是战友关系，石守信、王审琦等人是官家的“布衣旧交”，“昔常比肩，义同骨肉”；官家与自己殿前军中嫡系部下的关系是长官与下级的关系，韩重赟等人是官家亲信的部下；官家与亲兵卫士的关系则要更进一层，是“养”与“被养”的关系，是带有强烈人身控制和依附色彩的主仆关系，张琼等人都是官家的奴仆。相比于部下和战友，奴仆无疑更可靠，也更容易驾驭，自然也就更容易得到晋升。

按照当时军中的惯例，“近代侯伯，各有厅直三五十人”，主将平时提供给亲兵们高于普通士兵的生活待遇，“习骑射为腹心”，战时亲兵则跟从主将出征，“每出入敌阵，得以随身”[①]，亲兵们负责保卫主将的个人安全。在政治上，主将与亲兵之间也结成了一损俱损、一荣俱荣的胶固联系，亲兵大都是主将的“腹心”、死党。亲兵效忠主将，被当时人视作军中美事，如宋初名将党进出身后晋大将杜重威的亲兵，富贵之后“杜重威子孙有贫困者，进分月俸给之，士大夫或有愧焉”[②]。对双方这种关系在政治上的意义，宋代大学者苏辙有很好的概括：“海内之兵，各隶其将，大者数十万人，而小者不下数万，抚循鞠养，美衣丰食，同其甘苦而顺其好恶，甚者养以为子，而授之以其姓。故当是时，军旅之士，各知其将，而不识天子之惠。君有所令不从，而听其将。而将之所为，虽有大奸不义，而无所违拒。”[③]苏氏认定这就是唐末五代以来军阀割据、政治动荡的主要根源之一。

宋太祖与张琼等亲兵卫士之间的关系就是这样一种休戚相关的关系，如他后来亲口对李怀忠（后周时宋太祖的亲兵）等诸班卫士们所说：“汝曹皆我所训练，无不一当百，所以备肘腋，同休戚也。”[④]这些亲兵卫士也无一例外地绝对效忠宋太祖个人。

在后周的时候，他们视宋太祖为衣食父母，只知有赵点检，不知有后周朝廷，是不折不扣的“赵家兵”，宋太祖一朝殿前都虞候张琼和殿前都指挥使韩重赟两员大将的垮台，都有一个共同的罪名，即“私取亲兵为腹心者”[⑤]，“殿前、侍卫诸军及边防监护使臣，不得选中军骁勇者自为牙队”[⑥]，这恰恰从反面说明了亲兵卫士群体在宋太祖发动陈桥兵变中的重要作用。亲兵卫士群体和赵普等“幕府旧僚”一样，是宋太祖在禁军中真正的“从龙”新贵。

北宋开国后，他们更是只知有官家，不知有他人，像由宋太祖在后周时的亲

---

① 〔宋〕李焘：《续资治通鉴长编》卷三〇，第675页。

② 〔元〕脱脱等：《宋史》卷二六〇《党进传》，第9019页。

③ 〔宋〕苏辙撰，陈宏天等点校：《苏辙集》卷七《进策五道》，第1300页。

④ 〔宋〕李焘：《续资治通鉴长编》卷一〇，第224页。

⑤ 〔宋〕李焘：《续资治通鉴长编》卷八，第190页。

⑥ 〔宋〕李焘：《续资治通鉴长编》卷七，第178页。

兵晋升为军官的田重进即曾公开说："我只知有官家，谁人能吃他人酒食乎？"[①] 因而也就是官家最可信赖的私人"爪牙"，是官家控制禁军实际上最为倚重的力量。从宋太祖以后，宋代的历代官家都继承宋太祖以亲兵卫士充当"宿卫诸将"控制禁军的做法，如宋太祖的弟弟宋太宗上台后就是"未数年，旧为朱邸牵拢仆驭者皆位至节帅，人皆叹讶之"[②]，"所命将帅，率多攀附旧臣"[③]，从而形成了宋代很有特色的以"藩邸武将"统领禁军的传统[④]。

正因为如此，单纯从职位上看，建隆二年（961）"杯酒释兵权"以后，宋太祖亲兵卫士群体中的佼佼者也只是取得了殿前军都虞候一级的职位，也都未能建节，官职要低于分别任殿前都指挥使、马军都指挥使、步军都指挥使的韩重赟、刘廷让、崔彦进等宋太祖殿前军的嫡系部下们。直至开宝六年（973），他们才开始取得殿前都指挥使一级的职务。但在事实上，他们都是禁军中的"通天人物"，依仗着与官家的特殊关系，"多所陵轹"，"禁旅畏惧"[⑤]，"恃恩横恣"[⑥]，"挟势骄倨，多凌蔑将帅"[⑦]，很快就把统军大将们置于难以发挥作用的尴尬位置。"杯酒释兵权"以后，在禁军中发挥主导作用的，实际上就是这个群体。

还必须注意的是，陈桥兵变后内外马步军都军头、副都军头的职位，几乎是由宋太祖的亲兵卫士们所垄断。内外马步军都军头、副都军头，是军头司的正副长官，与上四军的军都指挥使大致相当，由马步军都军头可升迁上四军的厢都指挥使，其地位并不是十分的显赫。但在宋太祖开国伊始，武德司（即以后的皇城司）尚未完全发挥作用的时候，军头司几乎是唯一的独立于殿前、侍卫之外的直属于官家的军中之军[⑧]，是官家牵制、控制禁军的重要工具，实际上类似于后来武德司的作用。宋太祖一朝"好言外事"的将领如史珪、周广等人即拥有内外马步

---

① 〔宋〕文莹撰，郑世刚等点校：《玉壶清话》卷七，第71页。

② 〔宋〕潘汝士撰，杨倩描等点校：《丁晋公谈录》，中华书局2012年版，第11页。

③ 〔宋〕李焘：《续资治通鉴长编》卷一三八，第3316页。

④ 参看陈峰：《北宋潜邸出身将领述论》，《漆侠先生纪念文集》，河北大学出版社2002年版。

⑤ 〔宋〕李焘：《续资治通鉴长编》卷四，第101页。

⑥ 〔宋〕李焘：《续资治通鉴长编》卷一〇，第222页。

⑦ 〔宋〕李焘：《续资治通鉴长编》卷四，第102页。

⑧ 〔元〕马端临：《文献通考》卷一五五《禁卫兵》，第4635页。

军都军头或副都军头的职务，就是很好的例子。宋太宗、真宗的时候，随着皇城司的崛起，军头司的地位直线下降，更名御前忠佐军头司，内外马步军都军头、副都军头通常也是由无法继续晋升的军都指挥使出任，不再在政治上发挥重要的地位，宋神宗时干脆就把军头司下辖的部队合并到殿前、侍卫司中。

殿前军方面，“杯酒释兵权”后比较活跃的是以下四人：张琼、史珪、石汉卿和杨义。他们都是宋太祖的亲兵卫士，殿前都指挥使韩重赟与之相比反而是相形见绌。

张琼，出自著名的河北牙兵世家，勇猛善射，早年即追随宋太祖，是宋太祖忠心耿耿的贴身卫士，在战场上多次挺身而出，使宋太祖化险为夷。有一次，宋太祖进攻南唐十八里滩寨时，突然被敌舰包围，宋太祖指挥张琼一箭射死敌方悍将，才扭转了战局。还有一次是宋太祖指挥围攻南唐战略重镇寿州的时候，曾和赵光义、武行德等乘小船至城濠中察看军情，城上敌军发现后，连连向宋太祖的座船发射车弩，接连射死了宋太祖身边数人[①]。车弩是当时的新式武器，威力巨大，据史书记载其弩箭“大如椽”。危急的时刻，张琼用自己的身体护住了宋太祖，保护他安然无恙地退回己方阵地，立下了“救驾”大功。张琼自己却被车弩击中大腿，“死而复苏”，为拔出身上的箭头，张琼“索杯酒满饮，破骨出之，血流数升，神色自若”[②]。如此罕见的忠勇壮烈，宋太祖不禁都为之叹服，张琼由此闻名全军。

陈桥兵变后，张琼凭“救驾”之功一步登天，由宋太祖亲兵卫士的身份，“擢典禁军”。在北宋开国的当年，即跃升为内外马步军都军头、领寿州刺史[③]。第二年（961）七月“杯酒释兵权”后，又由官家钦定，越过了时任厢都指挥使一级的官家众多的嫡系资深将领，跃居殿前都虞候、领嘉州防御使。张琼军职晋升的速度是惊人的，可以说是陈桥兵变之后最快的一个。为了服众，连官家都不得不进行一番解释，公开地表示说：“殿前卫士如虎狼者不下万人，非张琼不能统制。”[④]在宋太祖的亲兵卫士群体当中，张琼是进入殿前、侍卫统军大将行列的第

---

① 〔宋〕魏泰撰，李裕民点校：《东轩笔录》卷一，中华书局1983年版，第2～3页。

② 〔元〕脱脱等：《宋史》卷二五九《张琼传》，第9009页。

③ 《宋史》卷二五九《张琼传》记为“爱州刺史”，此从《续资治通鉴长编》卷二。张琼是在寿州救护宋太祖的，宋太祖任其为寿州刺史，当是表彰之意。

④ 〔宋〕李焘：《续资治通鉴长编》卷二，第51页。

一人。他所出任的殿前都虞候一职更是非同寻常，不仅宋太祖本人是由殿前都虞候开始开创帝业的，宋太祖的弟弟赵光义也就是后来的宋太宗同样是由殿前都虞候一职起家的，赵光义就是张琼的前任。宋太祖乾纲独断任命张琼接替皇弟赵光义为殿前都虞候，显然是把他视为最可信赖的亲信加以重用。张琼的仕途十分看好，可说是当时宿卫诸将当中最为炙手可热的人物。

不过，殿前都虞候一职的重要性，也决定了其必然是各种政治力量角逐的焦点，具有特殊的敏感性。张琼是一个纯粹的武夫，本来就有“性粗暴，多所陵轹”[①]的问题，也缺乏官场斗争的经验；在官家圣眷之下骤居高位，他难免恃功而骄，在所部“恣作威福”起来，得罪了许多同僚，甚至于连前任皇弟赵光义都不放在眼里，从而为自己的垮台埋下了伏笔。官家把张琼这样一员性格刚烈的勇将放在如此敏感的位置上，恐怕也是用非所长。从后来的发展看，此举也可以说是害了他。

和张琼不同，史珪和石汉卿则是官家亲兵卫士当中另外一种类型，他们的特长不在于勇猛善战，而是“性桀黠，善中人主意”[②]，都是凭借精明强干、善于迎合官家的心意而得到官家的赏识。陈桥兵变后，史珪由官家亲兵升为御马直队长，后连续多次得到晋升，官至内外马步军副都军头兼控鹤、弓弩、大剑都指挥使；石汉卿则是出任殿前指挥使都虞候，成为殿前军中的中级将领。

不过，史珪和石汉卿二人的实际作用要比他们的职位大得多，因为他们两人都承担了官家赋予的特殊使命。据《续资治通鉴长编》记载说：“上初临御，欲周知外事，令军校史珪博访。珪廉得数事，白于上，案验皆实，由是信之，累迁马军都军头，领毅州刺史，渐肆威福”[③]，“(石)汉卿性桀黠，善中人主意，多言外事，恃恩横恣，中外无敢言者”[④]。所谓的“欲周知外事”“博访”“多言外事”等，都是李焘的委婉说法，其实就是宋太祖为防禁军重演陈桥兵变的政变剧，特地选派自己的亲兵史珪和石汉卿二人充当官家的耳目，负责监视禁军将校的可疑分子和可疑的动向，随时把将校的一举一动向官家个人汇报。其实，史珪和石汉卿二

---

① 〔宋〕李焘：《续资治通鉴长编》卷四，第101页。

② 〔宋〕李焘：《续资治通鉴长编》卷一〇，第222页。

③ 据《宋史》卷二七四《史珪传》，此处的“马军都军头”实为马步军都军头。

④ 〔宋〕李焘：《续资治通鉴长编》卷一〇，第222页。

人就是官家个人安插在殿前军乃至整个禁军中的特务头子而已。

在官家的眼里，史珪和石汉卿的实际地位和重要性不亚于勇将张琼，都是他掌控殿前军至关重要的棋子。由此以来，宋初的殿前军，殿前都虞候张琼，内外马步军副都军头兼控鹤、弓弩、大剑都指挥使史珪，殿前指挥使都虞候石汉卿，加上殿前都指挥使韩重赟，事实上形成了一军四帅、四帅并立的人事格局。官家如此的安排，是与殿前军的重要性相辅相成的。

出乎官家意料的是，他苦心安排在殿前军中的三个亲信之间却发生了激烈冲突，斗争愈演愈烈，最终竟以官家的爱将殿前都虞候张琼自杀而告终。此事发生在乾德元年（963）八月，事情的经过，《续资治通鉴长编》卷四“乾德元年八月”详细地记载道：“壬午，殿前都虞候、嘉州防御使张琼自杀。琼性粗暴，多所陵轹，时军校史珪、石汉卿等方得幸，琼轻目为巫媪，珪、汉卿衔之切齿。琼尝擅选官马乘之，又纳李筠仆从于麾下。珪、汉卿因谮琼养部曲百余人，自作威福，禁旅畏惧，且诬毁皇弟光义为殿前都虞候时事。时上已下郊祀制书，方欲肃静京都，召琼面讯之，琼不伏。上怒，令击之，汉卿即奋铁楇击其首，气垂绝，乃曳出，遂下御史府按鞫。琼自知不免，行至明德门，解所系带以遗母，即自杀。上旋闻其家无余资，止有奴三人，甚悔之，责汉卿曰：‘汝言琼部曲百人，今安在？’汉卿曰：‘琼所养者一敌百耳。’亟命优恤琼家，官给葬事。以琼子尚幼，乃擢其兄进为龙捷副指挥使。然亦不罪汉卿。”此事据许多研究者的研究，认定是一件牵涉很广的政治事件，除了前台的张琼、史珪和和石汉卿三人以外，皇弟赵光义也被牵扯进去[①]，甚至还涉及“金匮之盟”后宋太祖对皇位继承人的安排这一当时最敏感也最忌讳的问题，其政治意义是多方面的，这里暂且置而不论。

不过，若就事论事，此事可以视为是宋太祖亲兵卫士群体的内讧，张琼和史珪、石汉卿等在殿前军的争权夺利、在官家面前互相争宠，是直接的导火索。其实，官家在殿前军中“一军四帅”的安排，本身就是一个十分不稳定的格局，极

---

① 如何冠环即认定：“张琼与史、石之争的背后，其实是禁军中的拥太宗派和反太宗派的角力”，“张琼之死可以说是禁军中反太宗派的一大挫折，由于太祖一面倒地支持太宗，全心培植他为皇位继承人，也就助长了投机小人去攀龙附凤，依附太宗，而造成军中支持太宗的势力膨胀”。另，蒋复璁的看法也与何氏近似。参看何冠环：《北宋武将研究》，第32～34页。

易导致彼此间产生摩擦。殿前都指挥使韩重赟身为大帅，官拜节度使，又鉴于“杯酒释兵权”的教训，十分谨慎小心，还可暂时置身事外；张琼和史珪、石汉卿资历大致相当，都是蒸蒸日上的军中新贵，又都自恃有官家撑腰，属于“通天人物”，双方自然互不相让，矛盾、冲突遂不可难免。

张琼的官位要高于史、石二人，是两人的顶头上司，当然不会把史、石二人放在眼里。况且张琼军人习气浓厚，崇尚的是战场上的出生入死，对史珪、石汉卿靠向官家打小报告的特务行径十分不齿，甚至轻蔑地扬言，把他们比作官家的“巫媪”，也就是骂他们是欺骗官家的佞幸小人，这无异于公开挑衅和火上浇油。偏偏二人以官家的耳目自居，本来就不买张琼的账，闻知张琼的谩骂后，更是“衔之切齿”，双方由关系紧张发展到水火不容，展开了一场生死较量。

张琼打仗是一把好手，战场上可以纵横驰骋，官场上内部倾轧的经验却差劲得多，除了激化和史珪、石汉卿的矛盾，尤其是不该“诬毁皇弟光义为殿前都虞候时事”，从而触怒了赵光义。要知道，且不说赵光义有“金匮之盟”的安排，时任开封尹、同平章事，隐然有储君之势，仅凭官家皇弟的身份，又岂是张琼一介武夫所能扳得倒的？史珪、石汉卿打仗远不如张琼，但两个人能被官家选中，主持军中的特务活动，说明两人富于特务手段，整治起人来要比张琼强得多。果然，几个回合下来，张琼丝毫奈何不了史珪、石汉卿，自己反而牢牢地被史、石二人抓住了擅乘官马、纳叛将李筠的仆从于麾下、养部曲百余人、自作威福、诬毁前任殿前都虞候赵光义等数个对己十分不利的把柄。双方到官家面前对质的时候，张琼乃一勇之夫，不善于辩解，一言不合，又顶撞了官家，结果遭到了史、王二人官报私仇的毒手，落了个自杀身亡的可悲下场。

张琼也确实很难为自己辩解，官家也不是轻信谗言的昏庸君主，因为史珪等扣在他头上的罪名，虽说都有夸大的成分，但也都有一定的事实依据，若一定要追究起来，都是张琼无法完全说得清的问题，而且也都是官家最忌讳的问题，其中都暗藏杀机。像所谓“养部曲百余人，自作威福，禁旅畏惧”的问题，尽管事后发现张琼只有奴仆三人，官家也据此质问了石汉卿，但这恐怕也只是程度的差别，并不能就此说张琼就没有“自作威福，禁旅畏惧”的问题。所以说，即便是官家事后为张琼平反，也很难说是完全翻案，更多的是官家格外施恩的事后补偿，史、石二人并没有因此遭到处分。

应该说，对张琼、史珪和石汉卿等亲信之间的彼此争宠，官家是乐于看到的，或者说“一军四帅”的安排本身就带有让他们彼此牵制的意味，以防任何一方坐大，这就是所谓的“帝王用心”，也是官家惯用的帝王权术。但事情到了以张琼自杀来收场的程度，显然是官家不愿意看到的，且不说让官家凭空损失了一员能征惯战的忠勇大将，张琼有“救驾”大功却自杀而亡，更与官家自“陈桥兵变”“杯酒释兵权”等一系列事件以来刻意追求的宽仁形象背道而驰，难怪后来就有为张琼鸣冤叫屈的文学作品出现，宋太祖这位官家在其中也就成了被批评的对象[①]。

因此，官家虽然没有处分史珪、石汉卿两人，事后也仍然重用此二人，让他们继续在殿前军中发挥实际的主导作用，但终宋太祖一朝，官家都不再大幅度地提升史、石二人的官职，两人都未能晋升统军大将的行列，也未能得到节度使的头衔。官家的这种处理方法，就和王彦昇杀韩通后“终身不授节钺”有类似之处。从这个角度看，张琼和史珪、石汉卿之间的彼此争斗，也是落了个两败俱伤的结局。

张琼的死，为宋太祖另外一位亲兵卫士的崛起铺平了道路，他就是在宋太祖一朝长期担任殿前军统帅的杨义。

杨义，后周显德初年即已归宋太祖麾下，是宋太祖最为资深的亲兵卫士之一。北宋开国之初，杨义以“从龙”新贵的身份得授内外马步军副都军头，是张琼的副手。“杯酒释兵权”后，杨义的职务迅速晋升，历任铁骑、控鹤都指挥使[②]，领贺州刺史，进入中级将领的行列。张琼于乾德元年（963）八月自杀后，宋太祖破格提拔杨义为殿前都虞候、领汉州防御使，由他接替张琼的职务。这说明，以最亲信的亲兵卫士出任至关重要的殿前都虞候一职，是宋太祖开国初的既定思路。

和张琼相比，杨义的军功要逊色得多，但作为殿前都虞候，杨义有两个突出

---

① 据何冠环研究：说部中云太祖曾冤杀其义弟郑恩，考《宋史》并无郑恩其人，张、郑音近，而张琼之性情、勇力及其与太祖的关系与小说中的郑恩颇相近，认为流传很广的宋太祖冤杀郑恩的故事很可能就是由张琼之事转化而来的。

② 按：《宋史》卷二六〇《杨义传》只记其职务是铁骑、控鹤都指挥使，其时杨义仅领贺州刺史，应是军都指挥使；若是厢都指挥使，则通常应领防御使。

的长处：一是对官家宋太祖特别忠心，是时人公认的"忠直无他肠"[①]的人物。据史书记载，宋太祖有一次在后苑教练水战，杨义闻听鼓噪之声以为宫中有变，衣衫未换即领兵入宫救驾，连宋太祖都对身边的人慨叹道："此真忠臣也。"[②]二是"忠朴"，忠厚朴实，既擅长带兵，又特别谨慎小心，不像张琼那样恃宠而骄，能够处理好和上下级的关系，因而也就是各方面都能接受的合适人选。乾德四年（966），杨义突发急病，变成了"口不能言"的哑巴，但宋太祖找不出适当的替代人选，仍由他担任殿前都虞候。第二年，官家还晋升杨义为静江军节度使，在官家后周时的亲兵卫士当中，杨义是第一个得以建节的。

不过，这样一个忠厚朴实的人，后来还有了残疾，他虽然居于殿前都虞候之位，显然是无法抵制史珪、石汉卿等人的特务行动，实际在殿前军中发挥主导作用的，还是史珪和石汉卿两人。一个明显的事例是，直到开宝二年（969）正月的时候，宋太祖还专门下令"以龙捷军使石万德为右千牛卫将军致仕。万德，殿前指挥使都虞候汉卿之父也。汉卿方有宠，故万德并授显秩"[③]。或者说，正因为杨义对史、石二人没有妨碍，他才得以稳居殿前都虞候高位，不像张琼那样遭人忌恨和暗算。

侍卫亲军方面的情况和殿前军大同小异，侍卫马军都指挥使刘廷让、步军都指挥使崔彦进等大帅和韩重赟的处境差不多，而且长年领兵在外作战，"杯酒释兵权"后真正在侍卫亲军发挥主导作用的，是时任龙捷右厢都指挥使、彭州防御使的王继勋。此人也是宋太祖的亲随之人，不过和张琼、杨义、史珪等人比起来，他的身份要更为特殊，地位也更加显赫，因为他是宋太祖的开国皇后王氏的亲弟弟，也就是官家的妻舅。

王继勋是个毫无军中资历的公子哥，后周时至多在姐夫宋太祖的帐下充当亲随人员，陈桥兵变后凭借着皇亲国戚的裙带关系，一跃为内殿供奉官都知，领溪州刺史。建隆二年（961）"杯酒释兵权"，不到二十岁[④]的王继勋更青云直上，越

---

① 〔宋〕李焘：《续资治通鉴长编》卷七，第168页。

② 〔宋〕李焘：《续资治通鉴长编》卷一〇，第233页。

③ 〔宋〕李焘：《续资治通鉴长编》卷一〇，第215页。

④ 此处据何冠环《宋太祖朝的外戚武将》一文的考证。参见何冠环：《北宋武将研究》，第75页。

过了许多资深、功高的武将，被宋太祖破格提拔为龙捷右厢都指挥使、彭州防御使。显而易见，宋太祖把如此一位皇亲国戚派到侍卫亲军中去，目的只有一个，就是让他充当官家在侍卫亲军中的可靠耳目，就像史珪、石汉卿等人在殿前军中所发挥的作用那样。因为在官家看来，王继勋是他的妻舅，当然是绝对可以信任的人，也绝对不会被别人收买。

王继勋身为皇亲国戚，有官家和皇后的强硬后台，又少年得志，在侍卫亲军当中当然是目空一切，“挟势骄倨，多凌蔑将帅，人皆侧目引避”[①]，刘廷让、崔彦进等大帅都对他唯恐避之不及。唯有龙捷左厢都指挥使马仁瑀，自恃是官家的爱将，又战功卓著，敢于同王继勋对抗，“相忿争，辄攘臂欲殴继勋”，王继勋忌惮马仁瑀的勇猛，倒也“颇为屈，而怨隙愈深”。乾德元年（963）八月，王继勋、马仁瑀二人趁宋太祖命令禁军举行演习的机会，竟然各自命本部士兵购置白梃，准备集体械斗。幸而宋太祖得到密报后，断然加以制止，才避免了一场禁军内讧闹剧的上演。事情过后，官家处分了马仁瑀，把他外放为密州防御使。然而王继勋得到了官家的偏袒，“置继勋不问”。自马仁瑀因对抗王继勋被排挤出禁军之后，王继勋在侍卫亲军当中完全是唯我独尊。不久，宋太祖连续破格升迁王继勋的官职，提拔他为虎捷左右厢都虞候、权侍卫步军司事，并领保宁军节度观察留后[②]，离建节仅一步之遥了。由于侍卫亲军的马军都指挥使刘廷让和步军都指挥使崔彦进自乾德二年（964）年底就开始领兵出征在外，王继勋在事实上和名义上都是当时侍卫亲军中最有权力的人物。

由此可见，“杯酒释兵权”以后的禁军队伍，在一个较长的时段里，事实上是控制在史珪、石汉卿和王继勋等官家亲信手中的。史珪、石汉卿和王继勋这些既无资历，又无战功，也没有多少统兵才能的人物，却能够长期在禁军中颐指气使，大权独揽，将校们敢怒不敢言。实际上，不外乎是狐假虎威，凭借着官家的撑腰而已。没有官家的支持，他们在军中根本就不会有立足之地。正因为他们都是军中将士的众矢之的，官家通过他们的活动，把他们凌驾于禁军众骄兵悍将头上，就可以把禁军的指挥权牢牢地集中在官家一个人手中。

---

① 〔宋〕李焘：《续资治通鉴长编》卷四，第102页。

② 〔元〕脱脱等：《宋史》卷四六三《王继勋传》，第13542页。

五

凡事有一利必有一弊。史珪、石汉卿和王继勋等人，按照古代政治标准来衡量，皆属典型的佞幸之臣，宋太祖纵容他们利用特务手段把持禁军大权，对强化官家对禁军的控制权是有利的，但勾心斗角、阿谀奉承、任人唯亲等军中腐败弊政也难免随之而来，影响到禁军战斗力的进一步提升。可以说，史珪等人就类似于《水浒传》中那个著名的反派角色“殿帅”——殿前都指挥使高俅高太尉，只不过宋太祖时北宋国势整体蒸蒸日上，他们所造成的危害程度不像高俅那样大罢了。

以殿前军为例，乾德元年（963），宋太祖曾亲自从殿前军御马直当中挑选了三十名精兵，把他们派到洺州防御使郭进的麾下，充当作战的骨干。然而，这些在官家眼中是“千百人中始得一二人”的精锐，在实战中的表现是“与北汉人战，往往退怯，进斩十余人”[①]，令官家都感到大丢脸面。乾德四年（966）十二月，宋太祖亲自检阅殿前军，结果有一次发现“诸武艺不中选者三百余人”[②]。开宝二年（969），宋太祖亲征北汉，在围攻太原的战斗中，被宋太祖称为“无不一当百”的殿前军精锐尽出，却是进展缓慢，损兵折将，连官家最亲信的殿前指挥使都虞候石汉卿及内外马步军都军头王廷义等重要将领都在此役中阵亡。倒是一些宋太祖眼中“非精甲”的杂牌部队，表现要好得多[③]。宋代禁军后来那种“其名愈高，其廪愈厚……其材愈薄”[④]的痼疾，此时看来已经开始萌芽了。

更为严重的问题还是出在王继勋指挥下的侍卫亲军，早在乾德元年（963），王继勋和马仁瑀之间就差点上演了自相火并的闹剧，乾德三年（965），更是连续闹出了两起影响极为恶劣的大案。

十一月，在王继勋的纵容下，他辖下的雄武士兵竟然在天子脚下的开封城内，

---

① 〔宋〕李焘：《续资治通鉴长编》卷四，第106页。

② 〔宋〕李焘：《续资治通鉴长编》卷七，第183页。

③ 〔宋〕李焘：《续资治通鉴长编》卷一〇，第223页。

④ 〔宋〕苏辙撰，陈宏天等点校：《苏辙集》卷二一《上皇帝书》，第375页。

公然强抢民女，“里巷为之纷扰”[①]，堪称荒唐之极。十二月，在四川前线的侍卫亲军的主力部队虎捷军，以虎捷指挥使吕翰为首，发动了大规模的叛变，“虎捷指挥使吕翰怨其帅不礼，率部下兵叛于嘉州，横冲指挥使吴瓌、虎捷水军校孙进等皆应之，杀知州客省使武怀节、战棹都监刘汉卿，遂与全师雄伪所署将刘泽合势，众至五万，逐普州刺史刘楚信，杀通判刘沂。果州军校宋德威、虎捷指挥使冯绍文亦杀知州八作使王永图、通判刘涣、都监郑元弼；而遂州牙将王可僚又劫州民为乱。时贼所在蜂起，此但其姓名可纪者耳”[②]。此次四川大乱，和此前全师雄等后蜀残余势力的反宋不同，主要是宋军内部的叛变，特别是侍卫亲军的主力虎捷军，吕翰、孙进、冯绍文等贼帅都是虎捷军指挥使一级的下级军官。该军涉及叛变的人数之多，甚至都到了法不责众的程度。据史书记载说：“初，西川戍卒或亡命在贼党中，有请按诛其妻子，上以语枢密使李崇矩，崇矩曰：‘彼叛亡，固当孥戮，然按其籍，死者几万余人。’上曰：‘朕虑其间有被贼驱胁，非本心者。’乃尽释弗诛。”[③]所谓“朕虑其间有被贼驱胁，非本心者”，明摆着不过是官家为自己找的下台台阶罢了。这是北宋开国以来禁军第一次大规模的叛变事件，在宋太祖一朝实际上也是唯一的一次，性质是极为恶劣的。

这一内一外两件大案都出在侍卫亲军，可见侍卫亲军的日常管理和军纪败坏到了何等严重的程度！对此，侍卫亲军的马军都指挥使刘廷让、步军都指挥使崔彦进当然责无旁贷，但最主要的责任毫无疑义是在王继勋的身上。值得玩味的是，当吴瓌、孙进等人被押回京城，宋太祖亲自审问的时候，孙进因“尤凶恣”，竟令素来以宽厚著称的官家都龙颜大怒，“遂族之”。如果猜想不错的话，可能孙进就是当面抨击了官家任用王继勋这样的皇亲国戚领导侍卫亲军，作威作福，以致军心不稳的事实。官家被击中要害，方恼羞成怒。

宋初的禁军，有周世宗打下的良好基础，又有宋太祖的整军经武，是一支训练有素、装备精良、军纪严明的精锐之师，战斗力处于五代以来的巅峰。如宋太祖自己就曾高兴地对群臣说过：“晋、汉以来，卫士不下数十万，然可用者极寡。

① 〔宋〕李焘：《续资治通鉴长编》卷六，第159页。

② 〔宋〕李焘：《续资治通鉴长编》卷六，第162页。

③ 〔宋〕李焘：《续资治通鉴长编》卷七，第178页。

朕顷案籍阅之，去其冗弱，又亲校其击刺骑射之艺，今悉为精锐。”[①]可惜的是，“杯酒释兵权”以后，史珪、石汉卿和王继勋等人在禁军居于实际上的主导地位，使得禁军战斗力蓬勃向上的良好势头人为地遭到减弱，为禁军以后的发展蒙上了一层阴影。在宋太祖的时候，由于宋军的对手主要是军力较弱的南方政权和力量有限的北汉，宋军居于摧枯拉朽的绝对优势地位，这个问题表现得并不是十分明显，待到宋太祖去世，宋太宗与北方强敌契丹辽国展开全面的军事对抗后，恶果就完全暴露无遗了。

也不能说官家对任用史珪、石汉卿和王继勋等人的副作用事先完全没有考虑到，只是对刚刚坐上官家宝座的宋太祖来说，确保禁军的忠诚是压倒一切的首要目标，禁军战斗力的提升则是在此基础之上的第二位问题。为了保证禁军的绝对可靠，即使是牺牲一定的战斗力，在官家看来，也是可以付出的代价，也是可以“曲为容忍”的。但这其中毕竟也有个度的把握问题，像侍卫亲军在乾德三年(965)所集中暴露出来的问题，就超出了官家所能容忍的程度，官家就不能不有所警觉和整顿，毕竟统一战争刚刚拉开帷幕，还远不是刀枪入库、马放南山的时候。

乾德四年(966)六月，宋太祖经过中书省的公开审讯，断然罢去了王继勋“虎捷左右厢都虞候、权知侍卫步军司事”的军职，仅保留彰国留后的虚衔，理由是王继勋“恃恩骄恣，为部曲所讼”[②]。其实，若没有官家的授意，又有谁敢招惹这位堂堂的“国舅爷”呢？就像上次王继勋抢掠民女的事件，即便是官家身边的小黄门阎承翰也不敢据实向官家报告。

按照官家的设想，王继勋退出军界，从此就可以安享荣华富贵了，但出乎官家意料的是，与以往他解除大将兵权时的波澜不惊不同，王继勋却三番五次做出了激烈的反应，上演了宋初甚至于整个宋代官场上最骇人听闻、最为荒唐的丑剧。据《续资治通鉴长编》记载：

乾德四年十一月，“彰国留后王继勋自罢兵柄，常怏怏，专以脔割奴婢为乐，前后被害者甚众。一日天雨，墙坏，群奴突出，守国门诉冤。上大骇，命中使就

① 〔宋〕李焘：《续资治通鉴长编》卷三，第73页。

② 〔宋〕李焘：《续资治通鉴长编》卷七，第172页。

诘之，尽得继勋所为不法事。丁酉，诏削官爵，勒归私第，仍令甲士守之。俄又配流登州，未至，改右监门卫率府副率”[①]。

开宝三年三月，“庚申，流右监门卫率府副率王继勋于登州，辛酉，改命分司西京。继勋再犯法，上犹以孝章后故，薄其责云”[②]。

太平兴国二年二月，“初，右监门卫率府副率王继勋分司西京，残暴愈甚，强市民家子女以备给使，小不如意，即杀而食之，以槥椟贮其骨，出弃野外。女侩及鬻棺者出入其门不绝，民甚苦之，而不敢告。上（宋太宗）在藩邸，颇闻其事，及即位，会有诉者，亟命户部员外郎、知杂事雷德骧乘传往鞫之。继勋具伏，自开宝六年四月至今，手所杀婢百余人。乙卯，斩继勋于洛阳市，并斩女侩八人、洛阳民三辈，皆为继勋强市子女者。长寿寺僧惠广尝与继勋同食人肉，上令先折其胫，然后斩之。民皆称快”[③]。

这桩令宋太祖焦头烂额、颜面扫地的丑剧，堪称是宋太祖一朝政治上的一大污点。在古代史家的笔下，此事多咎于王继勋的顽固不化、咎由自取，即其个人品质方面的缺陷，所谓“性凶率无赖”[④]。至于官家宋太祖，作为王继勋的姐夫，则是思念亡妻王皇后，不忘旧情，从而爱屋及乌，再三对妻弟法外施恩，虽有执法不严的嫌疑，但也属可以理解的人之常情，反而更增加了官家的人情味，不愧为有情有义的宽厚仁君。

王继勋固然属于朽木不可雕，问题是宋太祖在他走向自我毁灭的过程中，难道真是没有责任吗？且不说宋太祖在处理聚众内讧、强抢民女等问题时偏袒纵容，直接导致了王继勋愈发有恃无恐地变本加厉，终至不可收拾，就是在解除王继勋兵权的问题上，宋太祖的做法也不是没有可议之处。

一是过于生硬。以往官家之所以能够顺利地解除大将兵权，一个最为成功的经验，就是尊重诸将的利益和脸面，往往是反复铺垫，尽可能地创造出像“杯酒论心”“论功行赏”等君臣双方都能欣然接受的合适氛围，不说石守信等人，即使是官家一度有意诛杀的韩重赟，最终也是给他一个与其身份相符的节度使的位子。

---

① 〔宋〕李焘：《续资治通鉴长编》卷七，第181页。

② 〔宋〕李焘：《续资治通鉴长编》卷一一，第244页。

③ 〔宋〕李焘：《续资治通鉴长编》卷一八，第399页。

④ 〔元〕脱脱等：《宋史》卷四六三《王继勋传》，第13541页。

相比于在官场沉浮多年的石守信等人，王继勋出身豪门，父亲是后周时有名的节度使，姐姐更贵为北宋的开国皇后，姐夫就是官家宋太祖，本人不到二十岁就跻身于禁军统帅的高位，可谓一步登天、少年得志。这样的人，虚荣心最强，而且根本不了解官场的险恶。在解除他的兵权的时候，宋太祖本来应该多铺垫一下，给他提供得以下坡的台阶。但宋太祖的做法恰恰相反，不仅是公事公办地由中书省出面公开地对王继勋进行审讯，令王继勋颜面扫地，而且在职务上也是"一撸到底"，仅仅是保留彰国留后、右监门卫率府副率等在王继勋眼里无疑属于污辱性的芝麻官职。如此做法，对向来自认为"一人之上，万人之上"的青年国舅爷来说，猛然间从辉煌的巅峰跌至谷底，前后反差实在太大，也确实是远远超出了他的心理承受能力，极端的失落感难免油然而生。

二是时机欠妥。王继勋既没有什么资历，更没有任何军功，他能在宋初的禁军中居于统帅高位，完完全全依靠的是与宋太祖的裙带关系。姐姐王皇后是他在政治上的靠山，也可以说是他精神上的主要支柱。王皇后于乾德元年（963）十二月病逝之后，王继勋失去了靠山和支柱，精神本来就处于极易产生波动的不健康状态中。何况，王皇后亲生的三个子女先后都夭折了，王继勋同官家之间不再有牢固可靠的感情纽带，因而他对官家对自己态度的变化是极为敏感的。尤其是到乾德四年（966），此时距王皇后去世已经有两年多了，官家又早已有了新欢，如乾德二年（964）宋太祖即看中了年轻美貌的宋氏，"孝明后崩，复随母来贺长春节。开宝元年二月，遂纳入宫为皇后，年十七"[①]，乾德三年（965）后，来自四川的花蕊夫人又得到了宋太祖的宠爱，等等。在这个时候严惩王继勋，难免令王继勋产生"人走茶凉""人情淡薄"的联想和极端绝望，以及随之而来的对官家的怨恨。开宝元年（968），宋太祖立宋氏为皇后，王继勋的这种情绪就更加强烈，对东山再起不抱什么希望，也就更加自暴自弃了。

更为重要的是，官家之所以"擢用他这个既不孚众望，又没真本事的妻舅为禁军统帅，说穿是他的私心作祟"[②]，就是让王继勋去充当替官家控制和监视禁军骄兵悍将的恶人角色。王继勋在禁军中作威作福、欺凌将帅，在旁人眼中属于飞

---

① 〔元〕脱脱等：《宋史》卷二四二《孝章宋皇后传》，第8608页。

② 何冠环：《北宋武将研究》，第76页。

扬跋扈、横行不法，丢官罢职纯属罪有应得。但从王继勋的角度上说，他如此作为，不怕得罪众将，恰恰是忠诚执行了官家的训令。因此，当官家以“为部曲所讼”的理由解除他的兵权时，对王继勋来说，不仅是出乎意料的晴天霹雳，更有被利用、被出卖后的受欺骗感和怨恨心理，痛感宋太祖先是把自己作为控制禁军的工具，当他在禁军中四面楚歌的时候，又把他作为替罪羊抛出，还故意公开惩处，为官家博了个不徇私情的美名。宋太祖在他心目中的形象，随之彻底坍塌，由至亲的姐夫转为“鸟尽弓藏、兔死狗烹”的无情官家，而且还是一个沽名钓誉的“伪君子”。

也许就是这种被欺骗的怨恨心理，加上失落和深深的绝望情绪，最终导致王继勋选择了通过变态的发泄给官家抹黑，以此向官家疯狂报复的绝路。从这个角度上讲，宋太祖对王继勋的自我毁灭也是责无旁贷的，是有负于自己的妻子王皇后的。

王继勋离开禁军，为宋太祖在“杯酒释兵权”后进一步调整禁军统帅人员铺平了道路。道理很简单，只要这位国舅爷在位一天，无论是谁出任大将，也都不太可能真正发挥作用。

王继勋的自我毁灭，以及此前张琼在殿前都虞候任上的自杀，还有史珪、石汉卿等人在禁军中的臭名昭著，都反复证明了宋太祖在“杯酒释兵权”后“超擢”自己亲兵卫士和外戚做法的失败。官家当然不可能公开承认这是一个失误，但他在遴选新的将帅人选时，就在实践当中程度不同地纠正了以往的失误。

侍卫亲军方面，宋太祖的方案是回过头去，从自己在殿前军的嫡系部下当中挑选有资历、有能力、有战功的将领。正是在宋太祖这一思路的指导下，党进、张廷翰和李进卿三员将领得以在侍卫亲军中脱颖而出。

党进、张廷翰和李进卿的情况较为相似，三人之间有许多共同点：

其一,三人都是禁军中较为资深的将领。

据《宋史》三人本传的记载，党进，朔州马邑人，原为后晋禁军大将杜重威的家奴，晋、汉之际参军入伍，后周初年晋升为下级军官。张廷翰，泽州陵川人，是后汉太祖刘知远的亲兵卫士，刘知远建立后汉政权后，补内殿直，迁东西班军使，后周初升迁为护圣指挥使。李进卿则是并州晋阳人，后晋时即已是禁军的下级军官，后周初升为龙捷指挥使。可见，三人的资历不仅是张琼、王继勋、史珪、石汉卿等人所无法比拟的，就是同宋太祖和他的义社十兄弟比起来也是毫不逊色。

其二，宋太祖任后周殿前军统帅时，党进任殿前军铁骑都虞候，张廷翰任殿前散都头都虞候，李进卿任内殿直都虞候，三人都是宋太祖麾下殿前军的嫡系将领，深得宋太祖的亲信。

以党进为例，发迹以后"杜重威子孙有贫困者，进分月俸给之，士大夫或有愧焉"。党进本来在当时军界中就有"忠心事主"的美名，追随宋太祖之后，即深得宋太祖的宠信，"先是，禁军校自都虞候以上，悉以所掌卒伍之数细书于所执之梃，谓之杖记，如笏记焉。进本出外裔，不识文字，上一日问进兵籍几何，进不能对，举梃曰：'尽在是矣。'上笑，谓其忠实，益厚之"[①]。

李进卿更是以对宋太祖忠心耿耿而著称于禁军中。据史书记载："进卿，晋阳人。上尝幸讲武池，临流观习水战。因谓左右曰：'人皆言忘身为国，然死者人所难，言之易耳。'进卿对曰：'如臣者，令死即死耳。'遂跃入池中。上急令水工数十人救之，得免，几至委顿。"[②]李进卿是举，向来被宋人视为宋太祖"能得诸将死力"的典型事例而津津乐道。开宝二年（969），宋太祖亲征北汉时，以李进卿为留守开封的主将。开宝四年（971），宋太祖又专门赐给党进、李进卿等"推诚佐运同德宣力"的封号，都可见他们两人在宋太祖心目中的重要地位。

其三，三人都是能征善战的猛将。

张廷翰和李进卿都是"少以骁勇"闻名的悍将，在后周和宋初屡立军功，尤其是在伐蜀战役中，两人分别出任归州路行营的马军都指挥使和步军都指挥使，冲锋陷阵，为平定后蜀立下了大功，如最为易守难攻的夔州，就是由张廷翰指挥宋军攻克的。党进更是宋初禁军中最具传奇色彩的猛将，人称"党太尉"。史书记载：党进"出戎行，形貌魁岸"，"每擐甲胄，则髭髯皆磔竖，目光如电，视之若神人"。开宝二年（969）宋太祖亲征太原的时候，党进曾与号称"杨无敌"的当时名将杨业在战场上面对面地交锋，将杨业打得狼狈不堪，大败而逃。终宋太祖一朝，党进始终是宋军对抗契丹和北汉的主将之一，闻名遐迩，甚至于连契丹君主也曾对宋朝使者称赞道："闻中朝有党进者真骁将。"[③]直到北宋中期，朝野上下还

① 〔宋〕李焘：《续资治通鉴长编》卷七，第179页。

② 〔宋〕李焘：《续资治通鉴长编》卷八，第188页。

③ 〔宋〕李焘：《续资治通鉴长编》卷一八，第405页。

流传着许多关于党进勇猛善战的故事。

乾德四年(966)九月，党进由龙捷左右厢都指挥使权侍卫步军司事，乾德五年(967)正月原侍卫步军都指挥使崔彦进去职后，党进正式晋升侍卫步军都指挥使，并得建节，领彰信军节度使。也就在同时，张廷翰由龙捷左厢都指挥使晋升为侍卫马军都虞候，领彰国军节度使；李进卿由虎捷左厢都指挥使晋升为侍卫步军都虞候，领保顺军节度使。

宋太祖此次对侍卫亲军人事调整的效果，不久就在开宝二年(969)讨伐北汉的战役中得到了检验。是役，宋太祖乾纲独断，决心很大，几乎投入了殿前和侍卫两军的全部精锐，这还是平定二李兵变后的第一次。宋太祖御驾亲征，还曾赤膊上阵，督军猛攻太原，意图一举荡平北汉。但是，北汉堪称是宋军的劲敌，兵精将勇，依托坚城，固守待援，并不时以偷袭等手段反击宋军。双方经过多次惨烈的搏斗，战局还是演变成旷日持久的消耗战，这是宋太祖所不愿看到的，不得不退兵，没有实现消灭北汉的目标。

在这场硬碰硬的较量当中，侍卫亲军的表现可圈可点，有许多闪光的亮点：一是前面已经提到的，侍卫亲军都指挥使党进力挫北汉最有名的骁将杨业率精锐骑兵的偷袭，还乘胜追击，迫使杨业狼狈逃跑，“党进挺身逐继业(即杨业)，麾下数人随之，继业走匿壕中，北汉兵出援之，继业缘缒入城，获免”[1]，大振了宋军的士气。二是党进的副手李谦溥仅以侍卫亲军的数百伐木勤杂兵，主动增援被北汉偷袭的城西宋军，使宋军转败为胜。三是宋军在退兵的时候，殿后的数百人被北汉包围，形势十分危急，幸而侍卫马军的骁雄军副指挥使孔守正指挥所部，奋力拼杀，解救出了被包围的宋军，也保障了宋军撤退时的安全。骁雄军，是在乾德三年(965)才刚刚组建的新军，归侍卫马军统领。侍卫亲军的出色表现，令联合作战的殿前军相形见绌，也令宋太祖“甚悦”，对侍卫亲军刮目相看。

打得赢才是硬道理。这说明，宋太祖选派党进等人取代王继勋等出掌侍卫亲军，无疑是正确的，也十分及时，实践当中的效果也十分显著。党进等人从乾德五年(967)初就职以后，经过他们的努力和整顿，侍卫亲军在王继勋主政时的混乱局面被扭转，战斗力也得以恢复和迅速提高。

---

① 〔宋〕李焘：《续资治通鉴长编》卷一〇，第220页。

正因为如此，当张廷翰于开宝二年（969）病死于侍卫马军都虞候的任上，李进卿于开宝六年（973）死于侍卫亲军步军都指挥使任上时，宋廷本着同样的思路，提升了虎捷左厢都指挥使李汉琼和虎捷右厢都指挥使刘遇两人来接替。开宝六年（973）九月，宋太祖组建了侍卫亲军新的指挥团体，他们是：侍卫马军都指挥使、领镇安军节度使党进，侍卫马军都虞候、领洮州观察使李汉琼，侍卫步军都虞候、领洮州观察使刘遇，侍卫步军都指挥使空缺。

李汉琼，河南洛阳人，刘遇，沧州清池人，他们两人的情况和党进等人相类似，都是晋、周之际参军，周世宗时升为殿前军的中下级军官，李汉琼任殿前军左射指挥使，刘遇任殿前军控鹤副指挥使，都得以成为宋太祖的嫡系亲信部下，北宋开国后遂不断升迁。他们也都是禁军中有名的猛将，如李汉琼是"体质魁岸，有膂力"，"性木强，使酒难近，然善战有功"[①]，刘遇也是"少魁梧，有膂力"，"尤善射"[②]。可见，李汉琼、刘遇与党进、张廷翰和李进卿，属于同一类型的将领，同样是有一定资历和能力，当然也都是官家信得过的嫡系部下。因此，李、刘二人同党进在侍卫亲军合作得十分愉快。

终宋太祖一朝，侍卫亲军的团体都保持着稳定，没有再进行大的调整，侍卫亲军的战斗力也始终保持着较为强劲的发展势头，一直是宋太祖在统一战争中可以依靠的得力劲旅。开宝八年（975）宋太祖灭南唐，前线作战的宋军主力就是由李汉琼和刘遇直接统帅的侍卫亲军所部。战后，两人都因突出的战功得以建节，李汉琼为振武军节度使，刘遇为大同军节度使。

直至宋太祖去世后的第二年，即宋太宗太平兴国二年（977）十一月，党进、李汉琼和刘遇三人才同时离职，分别外放为节度使。其中，党进病死，年五十一，宋太宗赠其为侍中。刘遇和李汉琼后来又有不少建树，特别是李汉琼，曾在河北满城大败契丹骑兵，这是宋太宗朝对契丹作战为数不多的大胜仗。李汉琼卒于太平兴国六年（981），年五十五，宋太宗高规格地赠他为中书令。刘遇死于雍熙二年（985），宋太宗赠他为侍中。

殿前军方面，情况又有所不同。和王继勋一样臭名昭著，在殿前军中大搞特

---

① 〔元〕脱脱等：《宋史》卷二六〇《李汉琼传》，第9020页。

② 〔元〕脱脱等：《宋史》卷二六〇《刘遇传》，第9021页。

务活动的史珪和石汉卿两人，却并没有受到任何触动，只是石汉卿自己运气欠佳，在开宝二年(969)围攻太原的战斗中中箭阵亡。石汉卿死后，殿前军上下“无不称快”，可见他是何等不得军心。史珪更是在殿前军中一直任职，宋太祖去世前不久的开宝九年(976)二月才被外放为光州刺史。

这也不难理解，殿前军这支铁军，既是宋太祖起家的基干力量，也是他赖以维持统治的军事支柱，其所具有的政治上的重要性和敏感性，都是侍卫亲军所无法比拟的。对官家来说，殿前军在政治上的绝对忠诚和可靠，永远是放在第一位的，宋太祖不可能动摇甚至也不能弱化以自己最亲信的亲兵卫士群体控制这支铁军的既定方针。不过，变化也不是没有，一个明显的事例就是当乾德五年(967)殿前都指挥使韩重赟被解职之后，宋太祖并没有顺理成章地晋升殿前都虞候杨义的职务，而是让这一高级军职就此长期空缺达六年之久[①]。李怀义、崔翰、米信、田重进四人的情况则是更为典型，这四人同属宋太祖后周时的贴身卫士群体，都曾跟随宋太祖本人上阵厮杀，米信还曾一箭射死敌将，在战场上出生入死地保卫过宋太祖的安全。对宋太祖忠心不二和剽悍善战，是其共同的特点，他们也都深得宋太祖的信任和倚重，是王继勋、张琼、杨义、史珪和石汉卿等之后，宋太祖亲兵卫士群体中崛起的后起之秀。至乾德、开宝年间，李怀义等人以盘根错节之势分居铁骑、控鹤、殿前诸班等殿前军的三大主力部队，与杨义等一起组成宋太祖控御殿前军的中坚力量，他们愈来愈成为军中实权在握也最炙手可热的人物。但终宋太祖一朝，他们最高不过是任日骑左右厢都指挥使、控鹤都指挥使、殿前诸班的都指挥使等中高级军职，直至宋太宗初年，他们方无一例外地跻身于殿前、侍卫两军统帅的行列。

上述事例都表明，虽然宋太祖没有推广大刀阔斧式的对侍卫亲军进行人事调整的成功经验，但较以前相比，宋太祖还是对亲兵卫士们的重用方式做出了较显著的调整，主要是在职务的安排上，改变了“杯酒释兵权”之后硬性的、不成功

---

① 据蒋复璁、何冠环等学者的相关研究，殿前都指挥使一职的空缺也与宋太祖时宋太宗和宰相赵普的政争有关。(参看何冠环：《北宋武将研究》，第45页。)由于殿前都指挥使和殿前都虞候的位置，一直是方方面面政治势力角逐的焦点，皇弟赵光义、宰相赵普，都对这两个职务的人事安排有自己的看法。在难以平衡的时候，暂时空缺和维持现状，也不失为一种较稳妥的解决办法。

的、拔苗助长的"超擢"方式，改为循序渐进的方式，让他们在中高级的职位上逐步积累经历和威信，同时也增加他们治军用兵的才干，以便水到渠成地统领禁军。应该说，宋太祖的这种思路也取得了较好的成效，李怀义等人都在宋太宗朝成长为名将，尤其是田重进，曾在北伐辽国的战争中多次野战击败辽军铁骑，建立了显赫的战功。

开宝六年（973）九月，经过乾德、开宝年间频繁的人事调整，宋太祖公布了殿前和侍卫两军新一届的统帅团体，他们是：侍卫亲军马军都指挥使、领镇安军节度使党进，步军都指挥使、领静江军节度使李进卿，马军都虞候、领洮州观察使李汉琼，步军都虞候、领洮州观察使刘遇；殿前都指挥使、领建武节度使杨义，殿前都虞候、领泰宁军节度使李重勋[①]。前面我们已经多次提到，殿前军中除了杨义以外，日骑左右厢都指挥使李怀义、控鹤左厢都指挥使崔翰、殿前诸班的都指挥使米信和田重进等，也发挥着重要的实际作用。显而易见，这一任统帅团体的成员不仅全部都是宋太祖的亲信心腹，而且侍卫亲军由党进等宋太祖的嫡系部下指挥，殿前军则由杨义等宋太祖的亲兵卫士控制，隐然呈现出互相制衡的格局，更便于官家的居中操纵，将整个禁军的全部大权牢牢地掌握在官家个人的手中。可以说，这是官家所能够安排出的一个较佳的"班子"。以此为标志，宋太祖基本上理顺了官家与"宿卫诸将"之间的关系，其对禁军统帅人员的大规模人事调整也就此告一段落。

六

清代的雍正皇帝曾经说过，对于帝王而言，用人是第一要务，其余皆为枝叶。军队的指挥权事关政权的生死存亡，当然就更是如此。但是，仅有人事调整，显然也是不够的。正所谓"将帅权倾皆易姓"，五代的历史，尤其是后周世宗匆忙地撤换殿前都点检张永德，代之以他认为更加忠诚可靠的赵匡胤，反而更加加速了

① 李重勋是宋太祖早年的战友，据《续资治通鉴长编》卷一九记载，其"与太祖同事周祖"，但战功、才华两者俱无，其出任殿前都虞候，可以视为太祖晚年怀旧情绪的体现，不会也没有在殿前军中发挥多少实际的作用，一个明显的例证就是《东都事略》和《宋史》当中都没有此人的传记。

后周灭亡的历史教训，都深刻地表明了人事调整不是万能的，它必须建立在制度完善的基础之上方能充分地发挥作用。在五代“兵制不立”的具体时代条件下，“节度使富强者，辄怀跋扈之志”[①]，这与当事人个人对官家的忠诚与否关系并不是很大。

正是在这一点上，宋太祖的眼光要高于周世宗等五代时的帝王，他在进行一系列人事调整，以自己的亲信将领执掌兵权的同时，以更大的精力从事制度的改革和完善，从而在更为根本的制度层面，扭转了五代“兵制不立”和“将帅权倾”的格局，保障了官家对宿卫诸将的绝对控制，进而使兵权集中到官家个人手中得以实现。

建隆二年（961）闰三月，宋太祖发表了一道极为重要的命令，“殿前都点检、镇宁军节度使慕容延钊罢为山南西道节度使，侍卫亲军都指挥使韩令坤罢为成德节度使。自是，殿前都点检遂不复除授”[②]。七月的“杯酒释兵权”后，“殿前副都点检、忠武节度使高怀德为归德节度使”，“殿前副都点检自是亦不复除授云”[③]。建隆三年（962）九月，“天平节度使、侍卫马步军都指挥使、同平章事石守信表解军职，许之，特加爵邑”[④]，侍卫亲军马步军都指挥使就此同样“不复除授”。在此以前，侍卫亲军的马步军副都指挥使和马步军都虞候[⑤]两职也都在实际上予以废除。

对宋太祖上述一系列举措的重要性，古今史家不约而同地给予了高度的重视，最著名的是聂崇岐先生在其名作《论宋太祖收兵权》中的论断。他认为：“殿前

---

① 〔宋〕李焘：《续资治通鉴长编》卷五，第127页。

② 〔宋〕李焘：《续资治通鉴长编》卷二，第42页。

③ 〔宋〕李焘：《续资治通鉴长编》卷二，第50页。

④ 〔宋〕李焘：《续资治通鉴长编》卷三，第71页。

⑤ 陈桥兵变、北宋开国后，首任侍卫亲军马步军副都指挥使为石守信，建隆二年闰三月他接替侍卫亲军都指挥使韩令坤的职务后，侍卫亲军副都指挥使就此空缺。此后整个北宋都未有人出任是职，唯孙逢吉《职官分纪》卷三五《侍卫亲军司》中说：宋真宗时傅潜“后迁复副都指挥使”。但《宋史》本传及《续资治通鉴长编》《宋会要辑稿》等皆无记载，当为误记。北宋首任侍卫亲军马步军都虞候为张令铎，他在建隆二年的“杯酒释兵权”后外放为镇宁节度使，据《续资治通鉴长编》卷二七记载，“自张令铎罢马步军都虞候，凡二十五年不以除授”。宋太宗、宋真宗时的田重进、傅潜、王超三人曾短暂出任是职，王超罢职以后“无复任者”。

都副点检及侍卫亲军都指挥使副罢后即不再补人（石守信之补韩令坤缺为暂时措置），为降低将领位望也；侍卫亲军自无兼统之人，马步军遂渐裂为二司，为分其势也。故在‘杯酒释兵权’后，禁军高级将领即不用杰出之才；而殿前司与侍卫马军司及侍卫步军司，‘三衙’鼎立，浸且为有宋一朝之永制焉。”并且强调，这是宋太祖“去腹心之患，杜五代以来禁兵作乱之源”[①]的最具关键性的措施之一。在聂先生精辟论述的基础之上，我们可以再做一些必要、具体的分析和解释：

其一，殿前都副点检和侍卫亲军都副指挥使、都虞候，都是禁军中的最高统帅，位高权重，尤其是殿前都点检和侍卫亲军都指挥使，同属朝廷一品大员，毋庸置疑握有号令全军、便宜行事的威信和兵权，而且他们除了“节度使”以外，通常还拥有“同平章事”（宰相），即“使相”的高级政治头衔，往往有权力干预甚至决定朝廷的大政决策，五代宋初的张永德、李重进、韩通、赵匡胤、慕容延钊、韩令坤、石守信等人皆是如此。军政大权如此集于一身的显赫地位，就决定了无论是谁居于该职，也无论当事人本人的主观意愿如何，都有可能在条件适宜的时候成为政治上的不稳定因素，进而威胁到皇权的安全，“点检做天子”、后周覆灭的历史就是最好的证明。宋太祖侧重于从制度层面解决问题，采取将其干脆废除的一劳永逸的方案，同周世宗仅仅在人事调整范围内“兜圈子”相比，宋太祖的处理思路无疑要高明得多，也更有魅力，当然这也是建立在他吸取前人失败教训的基础上的。

其二，宋太祖废除了殿前都点检等五个最高级军职以后，原本是殿前军第三长官的殿前都指挥使，侍卫亲军第四长官的侍卫马军都指挥使和步军都指挥使，上升为各自的统帅。按照北宋的制度，“殿前都指挥使为从二品，副都指挥使为正四品，而侍卫马、步两司的都指挥使和副都指挥使仅为正五品，三衙的都虞候仅为从五品”[②]，与殿前都点检和侍卫亲军都指挥使不可同日而语。如此一来，很自然地收到了“降低将领位望”和“贬抑武将的政治地位”的预期效果。正所谓“位低则易使，权轻则易制”，禁军统帅在军队中的号召力及他们对禁军的实际控制力，也水到渠成地被大打折扣，他们对皇权的威胁当然也就随之大大降低。宋太

① 聂崇岐：《论宋太祖收兵权》，《宋史丛考》，第271页。

② 王曾瑜：《宋朝兵制初探》，第7页。

祖以后的宋朝历代皇帝，都把宋太祖的这一做法作为控制军队的要诀加以继承和发展，至宋仁宗的时候殿前都指挥使、侍卫马军和步军的都指挥使，一般也已经不再轻授，代之以殿前、马步军副都指挥使为殿前和侍卫两军的实际统帅。此后，副都指挥使也频繁空缺，往往以地位更低的都虞候或捧日天武四厢都指挥使、龙神卫四厢都指挥使等以“权管勾”的名义主持禁军的事务。

在殿前和侍卫两军三衙长官地位不断下降的同时，据宋神宗回忆说：“祖宗以来制军自有意，凡隶在京殿前、马步司所统诸指挥，置军都指挥使、都虞候分领之，凡军中之事，止责分领节制之人，责之既严，则遇之不得不优。至若诸路，则军校不过各领一营尔，不可比也。”[①]宋太祖还有意识地提高在京禁军军都指挥使、都虞候等中级军官的地位，军都指挥使往往亦可位至刺史、团练使，使他们与三衙长官的地位差距不至于太大，以收到其与三衙长官彼此相制的效果。

其三，宋太祖此举的一个最为直观的结果，就是侍卫亲军在事实上分为了马步两军，禁军的统帅机构也相应由殿前、侍卫两司并立转变为殿前司和侍卫马军司、侍卫步军司三衙鼎立。这是聂崇岐等学者已经明确指出的。其作用也是一目了然，如宋人郭倪说：“汉京师有南北军，卫尉掌宫门屯卫兵，中垒校尉掌北军营垒之事，后又增置八校及羽林、期门之属，徼巡藩，护兵威，隐然为后世立军不易之制。国家并列三衙，虽曰沿袭五代，然实本西都遗意。”[②]吕中也说：“殿前为一司，侍卫马步各为一司，则有南北相制之意。”[③]聂先生更准确地指出：“马步军遂渐裂为二司，为分其势也。”需要补充的是，宋太祖乾德三年（965）十一月史书中最早出现了“侍卫步军司”[④]的正式称呼，与之相适应，乾德五年（967）平定后蜀之役胜利结束之后，宋太祖即新增置了侍卫马军都虞候和侍卫步军都虞候两职，以“龙捷左厢都指挥使张廷翰为侍卫马军都虞候，领彰国节度；虎捷左厢都指挥使李进卿为步军都虞候，领保顺节度”[⑤]。此前，侍卫亲军中的骑兵和步兵皆仅设都指挥使，其下即为龙捷和虎捷的左右都指挥使，如张光翰“自虎捷左厢都指挥使、

---

① 〔宋〕李焘：《续资治通鉴长编》卷二七三，第6678页。

② 〔宋〕周应合：《景定建康志》卷二六，《文渊阁四库全书》本。

③ 〔宋〕吕中：《宋大事记讲义》卷一，《文渊阁四库全书》本。

④ 《续资治通鉴长编》卷六记王继勋的官职为“权侍卫步军司事”。

⑤ 〔宋〕李焘：《续资治通鉴长编》卷八，第188页。

嘉州防御使为宁江节度使"，赵彦徽"自虎捷右厢都指挥使、岳州防御使为武信节度使、步军都指挥使"①，党进"以龙捷左右厢都指挥使……权侍卫步军司事"②等，皆是由龙捷和虎捷的左、右厢都指挥使直接晋升马步军的都指挥使，可见当时并无马军都虞候和步军都虞候之职，确属乾德五年（967）新置。侍卫马、步都虞候的设置，充实了马步军司的机构，标志着三衙鼎立的格局真正得以初步形成。

除此之外，与侍卫亲军都副指挥使和都虞候废除后所产生的效果相类似，殿前都副点检撤销后，殿前军在指挥关系上也出现了一定程度上的一分为二的趋势。按照后周宋初的制度，殿前军的指挥格局本来是殿前都指挥使具体下辖铁骑、控鹤等部，殿前都虞候则下辖殿前诸班，殿前都虞候的地位略低于殿前都指挥使，但两者大致相当，是基本平行的关系，殿前都点检和副都点检才是殿前军全军的主帅。宋太祖废除了殿前都副点检，殿前都指挥使不能迅速地建立起对殿前都虞候顺畅的指挥关系，何况宋太祖又有意识地使殿前都指挥使一职空缺长达六年之久。在这种状况下，殿前军的三大主力部队殿前诸班、铁骑、控鹤，显然便呈现出互不统属的平行局面，都分别直接听命于皇帝，皇帝对殿前军的控制也就得到了空前未有的强化。对此，以往史家相对措意较少，值得加以重视。

建隆三年（962）十月，就在石守信"表解军职"，侍卫亲军都指挥使在事实上被裁撤的同时，宋太祖又发布了一道重要的人事安排命令，"以枢密副使、兵部侍郎赵普为检校太保、充枢密使。枢密使不带正官，自普始也"③。此前，赵普先后担任枢密直学士、枢密副使，一直在枢密院中任职。

赵普是北宋的开国元勋、宋太祖个人的谋主，在宋初政坛上的地位仅次于宋太祖、宋太宗兄弟，此事的重要性当然毋庸置疑，古今史家也从许多角度加以分析，主要的看法有两个：一是"太祖不亟于酬功，普不亟于得政"④，赵普不居相位而任职枢密院，服从服务于宋太祖团结后周旧臣的大局；二是由赵普出掌枢密院，恰恰是避虚就实，赵普执掌枢密院这个真正的强力部门之后，也就控制了实权，把留用的后周三相置于无用之地。除此之外，从宋太祖改革禁军指挥体制的

---

① 〔宋〕李焘：《续资治通鉴长编》卷一，第7页。

② 〔宋〕李焘：《续资治通鉴长编》卷七，第179页。

③ 〔宋〕李焘：《续资治通鉴长编》卷三，第73页。

④ 〔元〕脱脱等：《宋史》卷二五六《赵普传》，第8945页。

角度看，此事也具有重大的积极意义，那就是使两大强力部门枢密院和殿前、侍卫统帅机构之间，初步形成了最有利于官家居中操控的互相制衡的格局。为了更清晰地说明这一问题，我们不妨对五代兵变频繁的历史再加以简单回顾。

枢密院和殿前、侍卫禁军将帅关系的失衡，是五代兵制问题的关键所在，也是五代兵变频繁主要的症结所在。

枢密院和禁军的侍卫亲军司，都是唐末五代新发展起来的强力部门，以此为主要标志，唐代“外重内轻”的格局开始有了根本性的改观，“中央的军力完全压倒了地方，控制了地方”①。但是，中央兵力的强大，“晋、汉以来，卫士不下数十万”②，并没有能够带来政治上的安定。恰恰相反，五代“五十三年之间，易五姓十三君，而亡国被弑者八，长者不过十余岁，甚者三四岁而亡”③，其动乱的剧烈程度更远远甚于唐末藩镇割据。而且愈往后，朝代更迭愈速，后汉、后周享国皆不足十年。个中原因，其实也不难理解。唐末节度使虽专横，但毕竟彼此互相牵制，反而不易直接威胁唐室的安全。五代聚禁军重兵于中央，固然有利于加强中央对地方的控制，但由于缺乏制衡力量，其危险性也随之加大，如若对禁军兵权稍处理不当，兵权落入权臣、大将之手，反而可能成为统治者的腹心之患，经常变起肘腋，一夜之间就可能颠覆政权。后汉、后周的灭亡皆是如此。而其中的关键问题，往往就是最容易出在枢密使和禁军将帅身上。

概括地说，后汉至后周初年，问题主要在于枢密使的兵权过重。

五代乱世，立国以兵，各朝皆赖枢密院以控御中央禁军，其长官枢密使的地位遂扶摇直上，居其位者，如后梁之敬翔、后唐之郭崇韬、后晋之桑维翰、后汉之郭威、后周之王朴，皆皇帝之腹心重臣，军国大事，每与之计议，其权重于宰相。清代学者赵翼就曾准确地指出：“（五代）枢密之权，等于人主，不待诏敕而可以易置大臣。”④尤其是在兵权方面，枢密使“本天下之兵柄，代天子之武威”⑤，在相当大的程度上几乎独揽了对中央禁军的控制大权。如时人史弘肇即言：“领枢

① 张其凡：《五代禁军初探》，第93页。

② 〔宋〕李焘：《续资治通鉴长编》卷三，第74页。

③ 〔宋〕欧阳修撰，李逸安点校：《欧阳修全集》卷六〇《论辨九首·本论上》，第862页。

④ 〔清〕赵翼著，王树民校证：《廿二史札记校证》卷二二，第471页。

⑤ 〔宋〕李焘：《续资治通鉴长编》卷一二四，第2932页。

密使则可以便宜从事，诸军畏服，号令行矣。"郭威为枢密使，"河北兵甲钱谷，但见郭威文书，立皆禀应"①。这种安排，本来是出于加强对禁军控制的考虑，但事与愿违，身为武将的枢密使既然"手握禁旅"，"又得兴发"，正如北宋范祖禹所言，"自唐室衰季以及五代，枢密之权偏重，动为国患"②，其本身就成为政治上的不稳定因素。这种情况到了后汉和后周初期表现得最为明显。后周太祖郭威，就是以枢密使的身份而发动兵变，推翻后汉王朝的。后周建国之后，继任枢密使的王峻，亦颇有步郭威后尘的雄心。为了巩固柴荣皇储的地位，周太祖只得行将其诛戮的下策。高平之战中差点导致后周政权垮台的兵溃现象，在某种意义上就是此事的余波。

后周世宗朝，问题则是出在殿前、侍卫二司禁军大将的失控上。

王峻事件之后，周太祖和周世宗削枢密之重权，不再以大将居其位，代以郑仁诲、魏仁浦、吴廷祚和王朴等文臣。不过，四人当中，除王朴"才兼文武"，郑仁诲、魏仁浦、吴廷祚皆出身小吏，为人或"端厚谦损"，或"宽厚""谨厚寡言"，在军队中尤其缺乏威信，都不具备驾驭殿前、侍卫二司赳赳武夫们的能力和魄力。显然，在王朴之后，枢密院已经基本上失去了对殿前、侍卫二司将帅的控制权。与枢密院权力下降形成鲜明对照的，是周世宗朝殿前、侍卫禁军大将地位和权力的骤然上升。像前期的侍卫马步军都指挥使李重进、殿前都点检张永德，皆是皇室近亲，位至极品；后起的侍卫马步军副都指挥使韩通、殿前都点检赵匡胤也不例外。韩氏即深得世宗宠信，恭帝时"军政多决于韩通"③；赵匡胤则功冠全军，兼根基极深，"自殿前都虞候再迁都点检，掌军政凡六年，士卒服其恩威，数从世宗征伐，洊立大功，人望固已归之"④，又属世宗藩府旧僚，在政治上得预世宗临终顾命，堪称是"握兵权亦重"。虽然周世宗临终在禁军内部人事调整上费尽了心机，但在失去了枢密院强有力制约的情况下，正所谓"将帅权倾皆易姓，英雄时至适成名"，大将权力膨胀的后果，只能是导致兵变的发生，赵

① 〔宋〕司马光：《资治通鉴》卷二八九，第9422页。

② 〔宋〕范祖禹：《范太史集》卷二六《论曹诵札子》，《文渊阁四库全书》本。

③ 〔宋〕司马光撰，邓广铭等点校：《涑水记闻》卷一，第4页。

④ 〔宋〕李焘：《续资治通鉴长编》卷一，第1页。

匡胤之黄袍加身也不过是适逢其会、捷足先登罢了。

宋太祖开国以后，汲取了后汉、后周两方面的历史教训，以赵普出掌枢密院为主要标志，双管齐下，注重从制度上防微杜渐，确立了枢密院、三衙互相制衡的枢密院—三衙统兵体制，以力遏其中任何一方兵权独揽，“三衙、枢密于是乎尽屏五代余习矣”①。

第一，北宋重新树立了枢密院军政最高决策和复核机关的地位，三衙被定位于枢密院之下的执行机构。宋太祖得国伊始，为改变世宗末枢密院毫无作为、禁军大将几近失控的局面，在“杯酒释兵权”，罢黜功臣宿将，起用二流将领主管殿前、侍卫二司的同时，着重以心腹亲信充实枢密院。最重要的就是前面提到的，赵普于陈桥兵变后即出任枢密直学士，寻迁枢密副使，建隆三年（962）遂拜枢密使；李处耘，陈桥兵变后亦出任枢密承旨，同年拜枢密副使；王仁赡，建隆二年（961）为枢密承旨，乾德二年（964）拜枢密副使。此三人皆宋太祖幕府中最得宋太祖亲信和赏识的才智之士，《宋史》各本传称李处耘“临机决事，谋无不中”；王仁赡“少倜傥”“材可用”；赵普则“性深沉有岸谷”“刚毅果断，未有其比”，是陈桥兵变实际的指挥者，在军队当中威信素著。由他们出掌枢密院，正如《宋史》卷四三九“论曰”所说：“艺祖革命，首用文吏而夺武臣之权。”枢密院显然重新恢复了对殿前、侍卫司禁军大将的控制权。

宋太祖以后的北宋各朝，皆奉行宋太祖的既定国策，将禁军军政的决策权和复核权皆划归枢密院，据《宋史》卷一六二《职官志二》记载，北宋枢密院初设兵、吏、户、礼四房，元丰后至兵、吏、礼、刑、工、北面、河西、支差、在京、教阅、广西、兵籍、民兵、知杂、支马、小吏、时政记房等十余房，分掌军政：“掌军国机务、兵防、边备、戎马之政令，出纳密命，以佐邦治。凡侍卫诸班直，内外禁兵招募、阅试、迁补、屯戍、赏罚之事，皆掌之。”举凡军校的选任、升迁、军人狱讼、禁军训练等相关政策、法规，皆由枢密院负责制定，然后交由三衙具体实施执行。对三衙的执行情况，枢密院有权加以复核，并纠正三衙在执行中出现的误差。三衙由此被定位于枢密院之下的执行机关，“祖宗时，武臣莫尊三衙，见大臣必执梃趋庭，肃揖而退，非文具也，以为等威不如是之严，不足以相

---

①〔宋〕章如愚：《群书考索》续集卷四四《兵制门·宋朝兵》，《文渊阁四库全书》本。

制”[①]，后周末其权力失控的局面得以根本改观。

第二，宋太祖以赵普出任枢密使，“首用文吏而夺武臣之权”，利用文武之间的矛盾，于枢密院任用文臣，与三衙武将形成“以文制武”的格局。从五代至北宋，作为统治集团中的两大群体，文臣和武将之间的矛盾一直存在，“文武二途若冰炭之不合”[②]。五代是武夫横行，欺凌文臣，北宋则是“重文轻武”，情况完全反了过来。如仁宗朝欧阳修就谈道：“大凡武臣尝疑朝廷偏厚文臣，假有二人相争，实是武人理曲，然终亦不服，但谓执政尽是文臣，递相党助，轻沮武人。”[③]文武双方成见之深可见一斑。北宋三衙皆用武将，枢密院虽主军政，却一改五代旧制，以文臣为主，“用文官为枢密院使副，即能获得朝廷舆论的认可，如启用武人，必定会遭到大臣们的反对，任职者也最终不安于位，被迫离职而去”[④]。这既是北宋“以文制武”基本国策的具体贯彻，“用文臣监督和制约武将”，又是有意识地利用文武之间的矛盾，甚至有意制造矛盾，防范其像五代那样互相勾结的重要手段。

第三，也是最重要的一点，宋太祖将握兵权和调兵权一分为二，三衙、枢密院分掌其一，由皇帝居中控制。按照北宋制度，禁军归三衙直接统领，但三衙手中无调兵权，“国家以三衙管军，而一兵之出，必待枢密院之符”[⑤]。调发军队的符印虽在枢密院，但是“枢密惟总符印，而兵则管于三衙四厢”，枢密院手中无一兵，所谓“今枢密院号为典兵，仓卒之际，要得一马使也没讨处！”[⑥]正是从这个角度出发，在宋人眼里，由三衙改任枢密，虽属升迁，却被视为解除实际“兵权”，如宋真宗朝张耆由侍卫马军副都指挥使升枢密副使，在宰相王旦看来就是“使解兵柄”之举[⑦]。如此一来，就收到了使握兵权和调兵权分掌于三衙和枢密院的效果。正如宋人所津津乐道的那样：“祖宗立法，又有深意所寓者。天下之兵，本于枢密，有发兵之权，而无握兵之重；京师之兵总于三帅，有握兵之重，而无发兵之

① 〔宋〕汪藻：《浮溪集》卷一，《文渊阁四库全书》本。

② 〔宋〕李心传：《建炎以来系年要录》卷四二，第773页。

③ 〔宋〕李焘：《续资治通鉴长编》卷一四八，第3590页。

④ 诸葛忆兵：《宋代宰辅制度研究》，第197页。

⑤ 〔宋〕汪藻：《浮溪集》卷一，《文渊阁四库全书》本。

⑥ 〔宋〕黎靖德编，王星贤点校：《朱子语类》卷一二八《法制》，第3069页。

⑦ 〔宋〕李焘：《续资治通鉴长编》卷八六，第1965页。

权。彼此相维，不得专制。”①

这是使枢密院、三衙彼此制衡的一项最关键的措施，对其作用和意义，宋人有许多评价：北宋范祖禹即云：“祖宗制兵之法，天下之兵本于枢密，有发兵之权而无握兵之重；京师之兵总于三帅，有握兵之重而无发兵之权。上下相维，不得专制。此所以百三十余年无兵变也。”②南宋何坦亦曰：“本朝兵制之善，谓天下之兵本于枢密，有发兵之权而无握兵之重。京师之兵总于三帅，有握兵之重而无发兵之权，意深矣远矣。历数百年而无兵患，可为法于天下，后世愈久而愈无弊也。”③林駉则谈道：“三衙之权若重耳，然兵之尺籍虽在三衙，兵之大权实在枢密。故三帅有握兵之重而无发兵之权，枢密有发兵之权而无握兵之重。彼此相制，罔敢异志，内安得而不固乎？”④

这些宋人的议论，其中难免有溢美宋太祖等“祖宗之法”的成分，但通过分割握兵权和调兵权，三衙、枢密院相互制衡，兵权遂完全归于居中控制的皇帝。“枢密院和三衙长官都不可能对皇权构成威胁”⑤，禁军也由五代时期威胁皇权的“腹心之患”转化为维持北宋统治的最重要支柱。

宋太祖在北宋开国伊始，以“幕府旧僚”赵普出任枢密直学士，从而顺畅地拉开了枢密院—三衙统兵体制初步形成的序幕。与此相类似，宋太祖任命另一位“幕府旧僚”王仁赡为“武德使”，出任武德司的长官，其对强化禁军控制的意义同样是非同小可。关于此事，《续资治通鉴长编》失载，仅见于《东都事略》和《宋史》王仁赡本传，史家也往往较少措意，值得给予特别的重视。

武德司，由于宋太宗时将其改名为皇城司，因而在宋人笔下往往将其通称为皇城司。武德司是五代时期，从皇帝身边处理皇宫日常事务的机构发展起来的新兴强力部门，其名称的出现更可上溯至唐代中期。至迟到后唐，武德司的长官武德使官位虽低，通常仅为正七品，但都是由皇帝的贴身心腹担任，发挥皇帝“耳目”的作用，在实际上已经成为有能力影响到政局的实权人物。例如后唐庄宗时

---

① 〔宋〕章如愚：《群书考索》后集卷四〇，《文渊阁四库全书》本。

② 〔宋〕范祖禹：《范太史集》卷二六《论曹诵札子》，《文渊阁四库全书》本。

③ 〔宋〕何坦：《西畴老人常言》，《文渊阁四库全书》本。

④ 〔宋〕林駉：《古今源流至论》续集卷二，《文渊阁四库全书》本。

⑤ 王曾瑜：《宋朝兵制初探》，第4页。

史彦琼为武德使，“以伶官得幸，帝待以腹心之任，都府之中，威福自我，正言以下皆胁肩低首，曲事不暇”[1]。至后晋、后汉时，武德司更是对侍卫亲军“宿卫诸将”和枢密院都形成了相当的制约，后汉隐帝诛杀枢密使、右仆射、同平章事杨邠，侍卫亲军都指挥使兼中书令史弘肇，三司使、同平章事王章，并拟一并铲除枢密使兼侍中郭威、侍卫亲军步军都指挥使王殷等的惊人之举，就是“隐帝用武德使李邺等谋”[2]，主要出自武德使李邺的谋划。不过，后周时期，尤其是在后周的末期，与枢密院基本上丧失了对殿前、侍卫两军“宿卫诸将”的制约一样，武德司也归于沉寂，在防范“陈桥兵变”的过程中没有发挥出任何作用，直到兵变箭在弦上、“将以出军之日策点检为天子，士民恐怖，争为逃匿之计”的时候，仍然是“惟内庭晏然不知”[3]，说明武德司这一皇帝的“耳目之司”已经完全瘫痪了。

北宋开国，宋太祖以王仁赡出任武德使，情况较后周相比很快就有了明显的变化。“幕府旧僚”当中，在处理具体军务方面为宋太祖所倚重的，首推李处耘，但他与赵普素来水火不容，乾德元年就被贬为淄州刺史，就此退出了政治中枢。除了李处耘，作用较大的就是王仁赡。众所周知，王仁赡和赵普、李处耘、楚昭辅等人同属宋太祖最为亲信的“幕府旧僚”，他出身军校，统兵才干远在一介书生赵普之上，一直是宋太祖处理军务方面的主要助手之一。最为关键的是，王仁赡为人阴险，精于整人手腕，“中外益畏其口”，“仇怨众多”。据《续资治通鉴长编》卷二三“太平兴国七年二月”记载，宋太宗时王仁赡还曾扳倒了宋太宗最亲信的“上南府时勋旧戚里用事吏”十余人，其整人手腕可见一斑。宋太祖派他出掌武德司，后周以来武德司无所作为的局面很快就得以扭转，甚至于连权势煊赫的宰相赵普都感受到了他的压力。据宋仁宗朝名臣蔡襄的说法就是：“艺祖尝留王仁赡语，赵普奏曰：‘仁赡奸邪，陛下昨日召与语，此人倾毁臣。’艺祖于奏札后亲翰，大略言：‘我留王仁赡说话，见我教谁去唤来，你莫肠肚儿窄，妒他，我又不见是证见，只教外人笑我君臣不和睦，你莫恼官家。’赵约家见存此文字。”[4]这份宋太祖与赵普之间来往的密信，是蔡襄在赵普后人赵约家亲眼所见，其可靠性

---

① 〔宋〕薛居正等：《旧五代史》卷三四《庄宗纪》，第469页。

② 〔元〕脱脱等：《宋史》卷二四九《魏仁浦传》，第8803页。

③ 〔宋〕李焘：《续资治通鉴长编》卷一，第1页。

④ 〔宋〕龚鼎臣：《东原录》，《文渊阁四库全书》本。

是确信无疑的。

在王仁赡之后，先后出任武德使的又有刘知信和王继恩两人。其中，刘知信是宋太祖的姨表弟，其母是宋太祖母亲杜太后的亲妹妹，一直深得宋太祖的尊重，北宋开国后被封为京兆郡夫人，开宝三年（970）去世时，宋太祖“不视朝，素服发哀于讲武殿，文武百僚进名奉慰，仍追封齐国太夫人”①。刘知信年幼丧父，三岁时就寄养在宋太祖家中，以“敏慧”而深得宋太祖父亲的喜爱，同宋太祖兄弟们也都感情甚笃。开宝五年（972），宋太祖任命刘知信接掌武德司，“以戚里致贵，尤被亲任，中外践历，最为旧故”②，“是太祖晚年最受信任及亲近的外戚”③。宋太宗继位后，刘知信继续得到重用，再任武德使至太平兴国六年（981）。这一年宋太宗把武德司改名为皇城司，刘知信又担任了不到一年的皇城使。王继恩则是宋太祖最为赏识的宦官，其名出自宋太祖的御赐，“继恩初事太祖，特承恩顾”④，宋太祖开宝九年（976）十月，任命王继恩为武德使。

武德司先后由王仁赡、刘知信、王继恩等三位宋太祖最亲信的心腹执掌，显而易见，其强势地位得以完全恢复和进一步的发展。

当然，除了必要的人事安排，宋太祖重点还是从制度角度加强武德司之权。经过宋太祖的一番整顿，武德司呈现出以下三个鲜明的特点，对殿前和侍卫两军“宿卫诸将”具备了较强的制衡能力。

其一，宋太祖以空前未有的力度，把大批的精锐部队划归武德司，建立起了一支独立于殿前和侍卫两军之外的新军。按照北宋制度，武德司（皇城司）下辖的部队番号有两个，一是“亲从官”五指挥，包括上一指挥、上二指挥、上三指挥、上四指挥、上五指挥；二是“亲事官”六指挥，主要有下一指挥、下二指挥、下三指挥、下四指挥、下五指挥等⑤，总兵力约为六千人。这是宋太宗以后的制度。宋太祖朝，没有“亲从官”的编制，“亲从官”是宋太宗太平兴国四年（979）从“亲事官”中选拔材勇而组建的。此外，据宋太祖本人所说：“虽京师有警，皇城

① 〔宋〕李焘：《续资治通鉴长编》卷一一，第251页。

② 〔元〕脱脱等：《宋史》卷四六三《刘知信传》，第13544页。

③ 何冠环：《北宋武将研究》，第71页。

④ 〔元〕脱脱等：《宋史》卷四六六《王继恩传》，第13604页。

⑤ 龚延明编著：《宋代官制辞典》，中华书局1997年版，第415页。

之内已有精兵数万。"[①]可知，宋太祖时武德司的兵力要超过六千人，有数万之众。这是一支绝对忠于皇帝个人的精锐军事力量，"最为亲兵"，"掌宫城出入之禁令，凡周庐宿卫之事、宫门启闭之节皆隶焉"[②]，专门负责皇宫的保卫，殿前司和侍卫亲军等皆不得插手，"旧制，三衙管军，未尝内宿"[③]。仁宗朝的张方平也曾谈道："国初循周朝军制，置诸班直，备爪牙士，属殿前司；又置亲从官，属皇城司，掌启闭扫除之役，守卫扈从之严。其宿卫之法，殿外则相间设庐，更为防制；殿内则专用亲从，最为亲兵也。"[④]

从指挥关系上看，武德司下辖的这支部队专门负责保卫皇宫，既不属于殿前和侍卫两军的系统，又不归三衙"宿卫诸将"指挥，而是自成体系，与殿前和侍卫两军形成了内外相制之势。对此，宋人多有精辟的议论。如林駉说："国朝有皇城司，有殿前司。皇城始于梁之乾化，国朝因其名，置亲从官数千人，入内内侍省都知与副同主判之。殿前司始于周之显德，国朝循其旧，有马军、步军，独殿前得统之。是故皇城一司，于内庭宿卫无不预者，而独宿直诸班禁卫无所统摄……殿前一司，虽统摄诸班禁卫，而皇城之司亦判然不相关，亦汉南北军相统之意也。而皇城、殿前直相维持，实是周人之遗制。"[⑤]马端临也谈道："皇城司亲从官数千人，乃命武臣二员同两都知主之，而殿前复不预，此祖宗处军政深意也。"[⑥]

应当着重强调的是，宋太祖如此安排，显然是汲取了"陈桥兵变"中后周宫廷毫无抵抗能力的历史教训。我们知道，后周迅速覆灭的一个重要因素，就在于皇宫和宫城的保卫都由殿前都虞候统领的殿前诸班负责，也就是控制在殿前军手中。待殿前军的统帅赵匡胤发动兵变后，其"死党"殿前都指挥使石守信、殿前都虞候王审琦闻风响应，一声令下，不仅皇宫和宫城的警卫顷刻倒戈，而且立即"闭关，设守备"[⑦]，封锁了皇宫和宫城，切断了可能忠于后周的力量增援皇宫，使

① 〔宋〕章如愚：《群书考索》续集卷四四，《文渊阁四库全书》本。

② 〔元〕脱脱等：《宋史》卷一六六《职官志》，第3932页。

③ 〔宋〕李心传：《建炎以来系年要录》卷一〇，第236页。

④ 〔宋〕张方平：《乐全集》卷一八，《文渊阁四库全书》本。

⑤ 〔宋〕林駉：《古今源流至论》续集卷一，《文渊阁四库全书》本。

⑥ 〔元〕马端临：《文献通考》卷五八《干办皇城司》，第1744页。

⑦ 〔宋〕李焘：《续资治通鉴长编》卷一，第3页。

皇宫中的后周皇帝、太后，政事堂中的后周宰相、枢密使等重臣，事实上成为殿前军的人质和俘虏，从而挟天子以令诸侯，决定了兵变成功的大局。侍卫亲军副都指挥使韩通虽心有不甘，但他只能是“自内廷惶遽奔归”①，无法控制后周皇帝和大臣以作为号召，其败亡是必然的。宋太祖将皇宫和宫城的保卫从殿前军手中分割出来，组建了一支专门的新军，“虽京师有警，皇城之内已有精兵数万”，目的就是避免重蹈这样的覆辙。

其二，武德司（皇城司）除了保卫皇宫，更兼职伺察、探事，“在内中，最为繁剧，祖宗任为耳目之司”②。司马光在《论皇城司巡察亲事官札子》中即清楚地谈道：“臣等窃以祖宗开基之始，人心未安，恐有大奸阴谋无状，所以躬自选择左右亲信之人，使之周流民间，密行伺察。”显然，武德司（皇城司）是宋代的情报特务机关，宋人有时直接称之为“皇城探事司”，其探事卒，“谓之察子”③。

宋太祖朝，“皇城司最重要的职务之一，是不断地在军中进行侦察，预防军中发生阴谋叛乱，使军队经常保持着严格的军纪”④，武德司（皇城司）的探事职能，主要是针对殿前和侍卫两军“宿卫诸将”及禁军军政，监视“宿卫诸将”的动向是武德司最主要的职责。如宋神宗曰：“此辈（指皇城司）本令专探军中事，若军中但事严告捕之法，亦可以防变。”⑤哲宗朝御史中丞刘挚亦曰：“夫皇城司之有探逻也，本欲周知军事之机密，与夫大奸恶之隐匿者”⑥。

这也容易理解，宋太祖是发动禁军兵变上台的，当然要对禁军和禁军将领严加控制，防范“宿卫诸将”中有人如法炮制，而行踪诡秘、令人防不胜防的特务活动无疑是最有分量的利器之一。因此，伺察、特务活动的猖獗，就成为宋太祖朝政治的特点之一，以至于“上既即位，欲阴察群情向背，颇为微行”⑦。当然，

---

① 〔宋〕李焘：《续资治通鉴长编》卷一，第4页。

② 〔清〕徐松辑，刘琳、刁忠民等点校：《宋会要辑稿》职官三四，上海古籍出版社2014年版，第3861页。

③ 〔宋〕吴曾：《能改斋漫录》卷二，上海古籍出版社1979年版，第21页。

④ 〔日〕佐伯富：《论宋代的皇城司》，《日本学者研究中国史论著选译》第五卷《五代宋元》，第346页。

⑤ 〔宋〕李焘：《续资治通鉴长编》卷二四〇，第5837页。

⑥ 〔宋〕李焘：《续资治通鉴长编》卷三七五，第9107页。

⑦ 〔宋〕李焘：《续资治通鉴长编》卷一，第30页。

以皇帝的身份屈尊微行，既不光彩也不安全，效果也不好，所以宋太祖更多地还是选择亲信心腹，授予他们从事伺察、特务活动的特权。据田况《儒林公议》记载："太祖尝密遣人于军中伺察外事，赵普极言不可，上曰：'世宗朝尝如此。'普曰：'世宗虽如此，岂能察陛下耶？'上默然，遂止。"所谓"遂止"云云，不过是粉饰而已，因为仅凭赵普"世宗虽如此，岂能察陛下耶"这句话，宋太祖无论如何也得不出伺察和特务活动无益于事、应当中止的结论，恰恰相反，只会使宋太祖认为周世宗时的伺察、特务活动进行得还不够，还需进一步加强。事实就是如此，终宋太祖一朝甚至北宋一代，针对着殿前和侍卫两军"宿卫诸将"们的伺察、特务活动从来就没有停止过。

宋太祖时军中的伺察、特务活动，又可以区分为两大类：一类是殿前军史珪、石汉卿、周广等将校，他们可以说是兼职特务；另一类就是武德司的"察子"，他们堪称是专职特务。禁军将士的一举一动，武德司（皇城司）都有权进行监视，随时上报皇帝。如真宗朝"皇城司奏，察访御龙直班院副指挥使吕遇日暮醉归，马逸不能制，百姓石谦为马践伤。又言常时本班将士无故不出，今不能禁"[①]，宋真宗因此对三衙"宿卫诸将"进行了训饬；又如仁宗朝"营卒桑达等醉斗，指斥乘舆，皇城使捕送开封，弃达市"[②]。尤其是在仁宗天圣八年以前，皇城司对禁军军政的伺察更是严密，甚至于"诸军班直及诸司库务、坊监"，"每日差入内探及抄札班次姓名"[③]。武德司（皇城司）的这些特务活动，虽然只是涉及禁军中下级军官和士兵，未有直接针对三衙"宿卫诸将"的事例，但对"宿卫诸将"的牵制和震慑是显而易见的。通过武德司（皇城司）大肆地进行伺察、特务活动，宋太祖和北宋的历代皇帝对殿前和侍卫"宿卫诸将"的控制权大为增强。许多宋人笔记曾经称颂宋太祖"采听明远，每边阃之事，纤悉必知"[④]，其实宋太祖能够做到这一点，不过是依靠武德司等伺察、特务机关的通风报信而已。

其三，从宋太祖时开始，武德司（皇城司）即"不隶台察"，不隶属于政府系统，完全秉承皇帝个人的意志行事，不受官僚集团的掣肘，是皇帝纯粹的私人密

① 〔宋〕李焘：《续资治通鉴长编》卷七四，第1693页。

② 〔元〕脱脱等：《宋史》卷三一九《刘敞传》，第10385页。

③ 〔清〕徐松辑，刘琳、刁忠民等点校：《宋会要辑稿》职官三四，第3861页。

④ 〔宋〕文莹撰，郑世刚等点校：《玉壶清话》卷六，第60页。

探和特务机关。《文献通考》卷五八《职官十二》即曰："皇城司系专掌禁庭出入，依祖宗法，不隶台察。"因此，早在宋太祖一朝，宦官在武德司当中就发挥着愈来愈重要的作用。开宝九年（976）十月，宋太祖就任命宦官内班小底都知王继恩为武德使，与刘知信一起执掌武德司。除了王继恩以外，据史书记载："上左右内侍数十人，皆善武艺，伉健，人敌数夫，骑上下山如飞。其慰抚养育，无所不至，然未尝假其威权。泗州槛生虎来献，上令以全羊臂与之，虎得全肉，决裂而食，气甚猛悍，欲观之也。俄口呿不合，视之，有骨横鲠喉中，上目左右，内侍李承训即引手探取，无所伤。常因御五凤楼，有风禽罥东南角楼鸱尾上，上顾左右，曰：'有能取之否？'一内侍，失其姓名，摄衣，攀屋桷以登缘，历危险，取之以献，观者胆落，盖试其趫捷也。"[①]宋太祖如此重视身边贴身宦官飞檐走壁的训练，令人难免将他们与武德司的伺察、特务活动联系在一起。

宋太祖之后，按照北宋的制度，武德司（皇城司）"以武臣二员并内侍都知二员管之"[②]，但实际上武臣为皇城使者，只是表示资历的官阶，实权完全掌握在入内内侍省都知和副都知的宦官手中。宋太祖借鉴唐末五代宦官专权的历史教训，"国朝惩五季阉宦横肆之弊，不典兵，不预政，子孙守之，永为家法"，"国家所以统属宦官者，盖枢府任其权。夫尊以临卑，则卑有所摄；外以属内，则内无所隐，此防微杜渐之深旨，我祖宗其得之"[③]。对宦官可能的干预朝政控制极严，唯独武德司（皇城司）交由皇帝个人选择的亲信宦官主持，这主要还是针对殿前和侍卫两军的"宿卫诸将"的。太祖此举的主旨和预期效果，正如南宋大学者朱熹所说："皇城使有亲兵数千人，今八厢貌士之属是也。以武臣二员并内侍都知二员掌之。本朝只此一项，令宦者掌兵……此项又似制殿前都指挥之兵也。"[④]不过，宦官出掌特务机关武德司，大肆进行伺察、特务活动，从宋太祖开始，其范围就不局限于禁军，宋太祖以后则更是扩大到北宋社会的方方面面，又得以统领亲事官和亲从官，还逐步拥有了法外捕人的特权。明代的厂卫制度，其直接的历史渊源就是宋太祖时期的武德司。

---

① 〔宋〕江少虞：《宋朝事实类苑》卷一，上海古籍出版社1981年版，第9页。

② 〔宋〕章如愚：《群书考索》别集卷二一，《文渊阁四库全书》本。

③ 〔宋〕林駉：《古今源流至论》续集卷八，《文渊阁四库全书》本。

④ 〔宋〕黎靖德编，王星贤点校：《朱子语类》卷一二八《法制》，第3076页。

在初步确立枢密院和三衙统兵体制，加强武德司对“宿卫诸将”监视的同时，宋太祖还确立了宋代“将从中御”的传统，也就是皇帝越过“宿卫诸将”，直接干预军队的具体指挥和军政处理，从而把兵权牢牢地掌握在皇帝个人手中。

“将从中御”，语出先秦的著名兵书《军志》“将从中御，兵无选锋，必败”，是宋太宗雍熙北伐失败以后，在反思对辽战争失败教训的过程中，最早由户部郎中张洎在端拱二年（989）提出来的，认为这是造成宋军失败的重要因素之一。他说：“伏自北戎犯顺，累载于兹，其故何哉？盖中国失地利，分兵力，将从中御，士不用命也”，“臣顷闻涿州之战，元戎不知将校之能否，将校不知三军之勇怯，各不相管辖，以谦谨自任，未闻赏一效用，戮一叛命者”。张氏建议：“臣请陛下申命元帅，自裨将以降有违犯命令者，并以军法从事。其杀敌将校所得鞍马财货等，悉以与之，仍优加赐赉。严刑以制其命，重赏以诱其心，示金鼓进退之宜，谨三令五申之号，将不中御，众知向方，而不能震大宋之天声……未之有也。”[①]张洎的看法很有代表性，田锡、朱台符、孙何等许多人都从不同的侧面，剖析了“将从中御”是宋军指挥体制的痼疾，并把批评的矛头指向宋太宗。当代的研究者也认为，宋太宗“将从中御，剥夺了将帅独立自主的军事指挥权”，是与宋太祖驭将政策的一个根本区别[②]。有学者甚至直接说：“宋朝实行‘将从中御’，始于太宗。”[③]其实，“将从中御”的始作俑者是宋太祖。

宋太祖牢牢掌握着各级军官的任免权，无论是枢密院，还是三衙“宿卫诸将”，最多只有建议、推荐权，“当今兵柄尽出陛下掌握，至于一命之士，皆由旨授”[④]，其任命必须有宋太祖的“御笔”批示同意后方能生效。殿前和侍卫亲军两军“宿卫诸将”等中高级将领自不待言，始终是“管军之臣，乃人主爪牙，所以自卫，虽推择之议，当参详于执政，然除授之恩，必使归之人主”，都是出自宋太祖个人的乾纲独断，任何人皆难以染指。下级军官甚至普通军校，情况也是如此，“补一小校，汰一羸老，必奏籍于中而俟上命”[⑤]，“自都指挥使已下至百夫长，皆

① 〔宋〕李焘：《续资治通鉴长编》卷三〇，第669页。

② 漆侠：《探知集》，第160页。

③ 张希清等：《宋朝典制》，第240页。

④ 〔宋〕李焘：《续资治通鉴长编》卷六七，第1506页。

⑤ 〔宋〕李清臣：《议兵策中》，《崇古文诀》卷二八，《文渊阁四库全书》本。

按名籍参考劳绩而升黜之”[①]，即使是地方上厢军将领升迁，按照朱熹的说法：太祖“用纸一大幅，题其上曰‘宣付指挥使某’，却不押号，而以御前大宝印之，军员得此极重，有一人而得数宣者。”[②]同样需由官家“御笔”决定。

正因为如此，宋太祖任命各级军校的“御笔”，到南宋的时候还保留有相当的数量，当时许多人得以目睹，如“太祖时公案，乃是蜀中一州军变，复申来乞差管摄军马。枢密院具已经差使使臣，及未经差使姓名，内一人姓樊。注云：‘樊爱能孙。只有一人。’注：‘此人清廉可使。’太祖就此人姓上点一点，就下批四字曰：‘只教他去。’后面有券状云：‘杂随四人，某甲某乙。’太祖又批其下云：‘只带两人去。’‘小底二人，某童某童，大紫骝马一匹，并鞍辔；小紫骝马一匹，并鞍辔。’太祖又批其下云：‘不须带紫骝马，只骑骝马去。’又乞下铨曹，作速差知州，后面有铨曹拟差状。约只隔得一二日，又有到任申状。其兵马监押才到时，其知州亦到了。其行遣得简径健速如此。”[③]这是南宋大学者朱熹亲眼所见，并记录下来的。又，“呈发遣差补十将，御笔云：我曾与你指挥，问定远都头有家累，无家累？且发遣铁骑都头”[④]。这是由南宋学者周密所记录下来的。除此之外，据周密说，时人王子庆还藏有宋太祖“批出递迁军头、都虞候、指挥使”[⑤]的御笔整整一卷，数量相当可观。

禁军的调动权，也完全由宋太祖从中掌握，“其有调发，则必需天子之命”，其程序，据南宋大学者朱熹所言，通常是“枢密要发兵，须用去御前画旨，下殿前司，然后可发”[⑥]。紧急情况下的发兵，则需要皇帝的亲笔手令，“诏殿前、侍卫司，自今非时宣召军士，候见御宝文字乃得发遣，无则画时覆奏”[⑦]，如果没有皇帝的手令，三衙“宿卫诸将”们必须加以拒绝。

军官的任免权和部队的调动权，是平时兵权的主要体现，宋太祖控制住了这

---

① 〔宋〕李焘：《续资治通鉴长编》卷二五，第573页。

② 〔宋〕黎靖德编，王星贤点校：《朱子语类》卷一二八《法制》，第3077页。

③ 〔宋〕黎靖德编，王星贤点校：《朱子语类》卷一二七《太祖朝》，第3043页。

④ 〔宋〕周密：《志雅堂杂钞》卷上，《丛书集成初编》本。

⑤ 〔宋〕周密：《志雅堂杂钞》卷上，《丛书集成初编》本。

⑥ 〔宋〕黎靖德编，王星贤点校：《朱子语类》卷一二八《法制》，第3069页。

⑦ 〔宋〕李焘：《续资治通鉴长编》卷八五，第1935～1936页。

两大权力，就把军队牢牢地掌握在皇帝个人手中。不仅于此，北宋开国以后，宋太祖尽管由殿前都点检龙飞为皇帝，但正如他自己所说："晋汉以来，卫士不下数十万，然可用者极寡。朕顷案籍阅之，去其冗弱，又亲校其击刺骑射之艺，今悉为精锐，故顺时令而讲武焉。"禁军，尤其是殿前军的训练很大程度上仍然是由宋太祖本人主持的。据史书记载，"帝（宋太祖）每御讲武殿，亲临教阅。其法，刻木为箭镞，裹以毡罽，命强者两两相射，避即捶之，取其不避者。又以木挺为马挝，施韦鞘，俾驰骑相击，取其尤胜者，各分等级以迁隶之，自是师旅皆精锐"[①]，"上于后苑亲阅殿前诸武艺，不中选者三百余人，悉授外职"[②]。宋太祖临终前的几个月，还多次"观卫士射"，"幸控鹤营，观骑士射"，"幸西教场，观飞山军士发机石"等。可以说，终宋太祖一朝，宋太祖实际上一直行使着殿前都点检的职权。《续资治通鉴长编》记载：乾德五年二月"殿前都指挥使、义成节度使韩重赟罢军职，出为彰德节度使。先是，有谮重赟私取亲兵为腹心者。上怒，欲诛之，谋于赵普。普曰：'陛下必不自将亲兵，须择人付之。若重赟以谗诛，即人人惧罪，谁敢为陛下将者。'上怒犹未解，普开陈愈切，上纳其言"[③]。赵普"陛下必不自将亲兵"之语，从上述史实来看，也可以视为正话反说，恰恰点明了宋太祖依然"自将亲兵"，亲自指挥殿前军的事实。

宋太祖平时干预具体军政的目的，正如北宋神宗朝大臣李清臣所指出的："太祖皇帝神武圣谋，洗削祸乱；收天下之柄归之于己，笼络悍夫，易以文吏，藩镇诸帅，名号尚存，禄赐尚丰，而兵众土地悉属于上矣。逆肠叛胆，消缩顺向，莫敢不臣。举天下之卒，凡可以被甲荷戟者名之曰禁兵，则皆天子之卫，非人臣所得而有也，聚之于京师，以固内重之势而威天下……补一小校，汰一羸老，必奏籍于中而俟上命，以消杀四方之异志。故天下兵柄，外不在藩镇，内不在强臣，不委宦官，不倚近戚，利权重器，在天子拱把之中。虽有侍卫三帅，非有可专之威，徒主符籍而呼趋指导于陛前耳。天子或御广殿，或猎近郊，节以钲鼓，习以骑射，角拳勇之材，激忠顺之气；或幸壁垒，视其纪律而省其私。队长以上，日

① 司马光《涑水记闻》卷一亦曰：宋太祖"居常躬自按阅训练。"《续资治通鉴长编》卷一〇记宋太祖对殿前指挥使都虞候等诸班卫士说："汝曹皆我所训练。"

② 〔宋〕李焘：《续资治通鉴长编》卷七，第183页。

③ 〔宋〕李焘：《续资治通鉴长编》卷八，第190页。

预朝请而抃拜，时预宴礼而犒饫，岁预衣裘缯絮之赐。而华暖庆赏，刑威抚驭，拣练禁制控约，无不自天子为之者。故百万之众，目无旁视，情无他归，詟惮亲爱，皆在一人，不在臣下。如足戴身，如指随臂，如子弟翼父兄，如鱼鸟从龙凤。至哉！”[①]目的是在全军当中明确三衙“宿卫诸将”等将帅不过是皇帝的“爪牙之臣”，“徒主符籍而呼趋指导于陛前耳”，唯有皇帝才是军队的最高主宰者。

至于战时的情况，除了平定“二李”和攻北汉之役是由宋太祖御驾亲征，其他战事宋太祖也是居中遥控，事必躬亲，并不授予前方将帅以重权。以伐后蜀之役为例，宋太祖虽然命王全斌为西川行营凤州路都部署，出任宋军主帅，然而同时又明确下诏书规定：“全斌受诏，每制置必与诸将佥议。”[②]也就是说，王全斌并没有临机决断、统辖众将的实际权力，出现“各为异同，虽小事亦不能即决”的尴尬局面是必然的。又如伐南唐之役，宋太祖以曹彬为帅，还在诸将面前公开表示：“南方之事，一以委卿”，“且以匣剑授彬曰：‘副将以下，不用命者斩之。’潘美等皆失色，不敢仰视。自王全斌平蜀多杀人，上每恨之，彬性仁厚，故专任焉”[③]。太祖此举似乎是授予了曹彬先斩后奏的全权，然而据《续资治通鉴长编》的记载，实际情况却是如此富有戏剧性：“太祖初命曹武惠彬讨江南，潘美副之，将行，赐燕于讲武殿，酒三行，彬等起跪于榻前，乞面授处分，上怀中出一实封文字付彬，曰：‘处分尽在其间。自潘美以下有罪，但开此，径斩之，不须奏禀。’二臣股栗而退。讫江南平，无一犯律者。比还，复赐燕讲武殿，酒三行，二臣起跪于榻前，曰：‘臣等幸无败事，昨授文字，不敢藏于家。’即纳于上前。上徐自发封示之，乃白纸一张也。”此事，宋人称颂说：“上神武机权如此。初特以是申令，使果犯而发封，见而为白纸，则必入禀，用归而示之，又将以见初无轻斩之意。恩威两得，故虽彬等无不折服。”[④]宋太祖还是没有把真正的“处分”重权授予曹彬，各部宋军实际上依然是“各不相管辖”，曹彬权力有限，与其在宋太宗时岐沟关大败中的表现一样，只能是“以谦谨自任”，既无权“赏一效用”，更无权“戮一叛命者”，不折不扣是一个空头主帅。

---

① 〔宋〕李清臣：《议兵策中》，《崇古文诀》卷二八，《文渊阁四库全书》本。

② 〔宋〕李焘：《续资治通鉴长编》卷六，第147页。

③ 〔宋〕李焘：《续资治通鉴长编》卷一五，第324页。

④ 〔宋〕李焘：《续资治通鉴长编》卷一五，第325页。

无论是伐后蜀，还是伐南唐，战争中较大的战役筹划，或是宋太祖事先授以“画图”，授诸将以“妙算”，或是由诸将随时汇报请示，都是由远在都城开封的宋太祖居中遥控。如据《续资治通鉴长编》记载：“先是，曹彬等列三寨攻城，潘美居其北，以图来上。上视之，指北寨谓使者曰：‘此宜深沟自固，江南人必夜出兵来寇，尔亟去语曹彬等，并力速成之。不然，终为所乘矣。’赐使者食，且召枢密使楚昭辅草诏，令徙置战棹，以防它变，使者食已即行。彬等承命，自督丁夫掘堑。”[①]为此，在伐南唐的时候，宋太祖还专门安排了“善驰驿，日四五百里”[②]的亲信李继隆（宋太祖幕府旧僚李处耘之子）充当在皇宫和前线之间传达机密的信使，南征诸将则必须奉命行事。如此种种，宋神宗就曾评论说：“祖宗时，从中御将帅，盖以五代时士卒或外附而叛，故惩其事而从中御。”此都是为了防范将帅借战事之机发动叛乱，也就是典型的“将从中御”。

由此可见，宋太宗的“将从中御”，完全是效其兄之故智，即“边防事大，万机至重，当悉依先帝旧规，无得改易”[③]。

“将从中御”束缚了将领们的手脚，对宋军战斗能力的负面影响是显而易见的。不过，宋太祖是能征惯战的猛将，多次成功地指挥大兵团作战，如王安石在著名的《本朝百年无事札子》中评价说：“太祖躬上知独见之明，而周知人物之情伪，指挥付托，必尽其材，变置施设，必当其务，故能驾驭将帅，训齐士卒，外以捍强敌，内以平中国。”[④]宋太宗则严重缺乏实战的经验和能力；宋太祖的对手是腐朽不堪、军力有限的后蜀、南唐等地方割据政权，宋太宗却要与兵精将勇、国力强盛的契丹辽国全面军事对抗，因而兄弟二人虽然同样是“将从中御”，结果却是大相径庭，宋太祖是运筹帷幄，决胜千里；宋太宗却是盲目指挥，甚至滥发阵图，导致宋军屡次大败亏输。

更为重要的是，宋太祖时期，尤其是北宋开国伊始，在五代政权走马灯式更迭的历史大背景之下，“人心未固”，军情不稳，祸起萧墙是非常现实的最大威胁，加强皇帝对军队的绝对控制，是压倒一切的当务之急，宋太祖此时采取“将从中

① 〔宋〕李焘：《续资治通鉴长编》卷一六，第351页。

② 〔宋〕李焘：《续资治通鉴长编》卷一六，第353页。

③ 〔宋〕李焘：《续资治通鉴长编》卷一七，第382页。

④ 〔宋〕王安石：《临川文集》卷四一《本朝百年无事札子》，《文渊阁四库全书》本。

御”的做法，以牺牲军队部分战斗力为代价来换取军队的稳定，是迫不得已的，也是必需的。到了宋太宗时期，经过宋太祖十数年的苦心经营，“海内生灵浸安，不知有他姓矣”[①]，北宋政权内部的巩固已经基本得以实现，与北方辽国的冲突上升为最主要的矛盾，宋太宗此时仍然抱着宋太祖“将从中御”的做法不放，甚至于变本加厉，当然就是无的放矢，受到后人的诟病理所当然。毕竟任何政治家都只能也必须就所处时代的主题，决定自己的政策取向，拾遗补阙，与时俱进，则是后代政治家应负的责任。

七

综上所述，宋太祖综合运用人事调整和制度革新等多种手段，确立了官家对“宿卫诸将”和军队的绝对控制，“上之制下，如臂使指”[②]。但是，无论是人事调整，还是制度上的防微杜渐，宋太祖的主旨其实都不出一个“防”字，如他的弟弟宋太宗后来就准确地概括为：“先皇帝创业垂二十年，事为之防，曲为之制，纪律已定。”[③]宋初名相李沆也曾感慨地说：“今国家防制纤悉，密若凝脂。”[④]当代宋史名家邓广铭则准确地概括说：“赵匡胤在即位之后，在政治、军事和财政经济诸方面的立法都贯串着一个总的原则：以防弊之政，为立国之法。”[⑤]但正如治水有“防”，有“堵”，更需有“疏”，毕竟“防”总是被动的、消极的，与“疏”相结合方能事半功倍。宋太祖在处理与“宿卫诸将”关系的问题上也是如此，除了“防”和“堵”以外，同样还有“疏”。如果说，“防”和“堵”即人事调整和制度完善，解决的是使“宿卫诸将”无法叛乱的话，“疏”就是要使“宿卫诸将”自觉地抵制叛乱，忠于官家。

宋太祖很早就有这方面的积极筹划，如《续资治通鉴长编》中以下三条记载就十分重要：

---

① 〔宋〕田况：《儒林公议》，《文渊阁四库全书》本。

② 〔宋〕李焘：《续资治通鉴长编》卷三二，第710页。

③ 〔宋〕李焘：《续资治通鉴长编》卷一七，第382页。

④ 〔宋〕文莹撰，郑世刚、杨立扬点校：《续湘山野录》，中华书局1984年版，第81页。

⑤ 邓广铭：《宋朝的家法和北宋的政治改革运动》，《邓广铭治史丛稿》，第125页。

其一，建隆三年(962)二月，“上谓近臣曰：‘今之武臣欲尽令读书，贵知为治之道。’近臣皆莫对”①。此事又略见于宋司马光的《涑水记闻》卷一，只是“读书”在《涑水记闻》中作“读经书”，联系到宋太祖曾经对秦王侍讲曰：“帝王之子，当务读经书，知治乱之大体，不必学作文章，无所用也。”②此处当以“读经书”为是。

其二，开宝二年(969)九月，宋太祖命段思恭知灵州，并谓其曰：“唐李靖、郭子仪皆出儒生，立大功，岂于我朝独无人耶？”③

其三，开宝五年(972)十二月，“初，上问宰相赵普曰：‘儒臣有武干者何人？’普以知彭州、左补阙辛仲甫对。乃徙仲甫为西川兵马都监。于是召见，面试射，且问：‘能擐甲否？’仲甫曰：‘臣在郭崇幕府，屡从征讨，固尝被介胄矣。’上曰：‘汝见王明乎？朕以用为刺史。汝颇忠淳，若公勤不懈，不日亦当为牧伯也。’仲甫顿首谢。上因谓普曰：‘五代方镇残虐，民受其祸，朕令选儒臣干事者百余，分治大藩，纵皆贪浊，亦未及武臣一人也。’”④此事又见于宋文莹所著《玉壶清话》卷一：“太祖问赵韩王：‘儒臣中有武勇兼济者何人？’赵以辛仲甫为对，曰：‘仲甫才勇有文，顷从事于郭崇，教其射法，后崇反师之。赡辨宏博，纵横可用。’遂召见。时太祖方以武臣戡定寰宇，更不暇他试，便令武库以乌漆新劲弓令射。仲甫轻挽即圆，破的而中。又取坚铠令擐之，若被单衣。太祖大称爱。仲甫奏曰：‘臣不幸本学先王之道，愿致陛下于尧舜之上，臣虽遇昌时，陛下止以武夫之艺试臣，一弧一矢，其谁不能。’上慰之曰：‘果有奇节，用卿非晚。’”

除《续资治通鉴长编》以外，宋陈师道《后山谈丛》中也有一条重要的史料：“太祖尝幸秘书省，召管军官，使观书焉。”⑤

综合上述史料加以分析，不难发现，宋太祖把“读经书”以增强武将的儒家文化修养，视为能否保证官家与诸将关系融洽，能否稳定政局、“致治”的关键性因素，并给予了高度重视。

---

① 〔宋〕李焘：《续资治通鉴长编》卷三，第62页。

② 〔宋〕司马光撰，邓广铭等点校：《涑水记闻》卷一，第20页。

③ 〔宋〕李焘：《续资治通鉴长编》卷一〇，第232页。

④ 〔宋〕李焘：《续资治通鉴长编》卷一三，第293页。

⑤ 〔宋〕陈师道撰，李伟国点校：《后山谈丛》卷六，第77页。

应该说，“忠君”强调君臣父子伦理纲常，是儒家学说的主旨，其对维持统治秩序的重要意义，不言自明。但具体到五代时期，“礼乐崩坏，三纲五常之道绝，而先王之制度文章扫地而尽”[①]，天子“兵强马壮者为之”，萦绕在各位官家心头的始终是长枪大剑，真正能够认识到引导武将学习儒家经书价值的，可以说是寥寥无几。以五代名君周世宗为例，据史书记载说：“上（指宋太祖）性严重寡言。独喜观书，虽在军中，手不释卷。闻人间有奇书，不吝千金购之。显德中，从世宗平淮甸，或谮上于世宗曰：‘赵某下寿州，私所载凡数车，皆重货也。’世宗遣使验之，尽发笼箧，唯书数千卷，无他物。世宗亟召上，谕曰：‘卿方为朕作将帅，辟封疆，当务坚甲利兵，何用书为！’”[②]“何用书为”与“欲尽令读书”，一目了然地展现了周世宗和宋太祖在这个问题上的差距，也展现出了宋太祖作为大政治家的从政艺术。

事实也就是如此，就像《宋史》对宋初诸将的评论所说的那样：“宋初诸将，率奋自草野，出身戎行，虽盗贼无赖，亦厕其间，与屠狗贩缯者何以异哉？”[③]五代以来，官家与“宿卫诸将”的关系持续紧张，除了具体的个人和政治因素，与其时以“宿卫诸将”为代表的武将群体文化素质极其低下也是分不开的。直到北宋初年，武将中一字不识者依然是比比皆是，所谓“武夫悍卒，皆不知书”[④]。如据《宋史》各本传的记载：党进“不识字”，田重进“不事学”，米信“不知书”，高琼“不识字”等。对儒家经典，武将们更是一无所知，自然也就缺乏儒家以“忠君”为核心的伦理纲常学说的熏陶。“在位无复有知君臣之义、上下之礼者”[⑤]，“兵骄则逐帅，帅强则叛上”[⑥]，“五代以来，节度使富强者，辄怀跋扈之志”[⑦]，这是那个时代武将们极其普遍的现象。如宋太宗就曾评论说：“前代武臣，难为防制，苟欲移徙，必先发兵备御，然后降诏。若恩泽姑息，稍似未遍，则四

① 〔宋〕欧阳修撰，〔宋〕徐无党注：《新五代史》卷一七《晋家人传》，第188页。

② 〔宋〕李焘：《续资治通鉴长编》卷七，第171页。

③ 〔元〕脱脱等：《宋史》卷二七五“论曰”，第9383页。

④ 〔宋〕李焘：《续资治通鉴长编》卷六，第150页。

⑤ 〔宋〕王安石：《临川文集》卷三九《上仁宗皇帝言事书》，《文渊阁四库全书》本。

⑥ 〔宋〕欧阳修、宋祁：《新唐书》卷五〇《兵志》，第1329页。

⑦ 〔宋〕李焘：《续资治通鉴长编》卷五，第127页。

方藩镇，如群犬交吠。”[①]显而易见，武将群体文化素质低下，尤其是欠缺儒家思想熏陶的状况如若不能改变，君臣之间互相猜疑在所难免。宋太祖以此为突破口，使其通过儒家经书的研习，“识君臣父子之道，知忠孝弟顺之理”[②]，堪称是对症下药，抓住了当务之急和要害，是他超越周世宗的地方。

当然，宋太祖“欲尽令读经书”，即采用行政命令的办法来强制武将们研读儒家经典，更多的只能是宋太祖个人的设想，真正落到实处难度不小，毕竟读经书与否，更多的是一种个人的行为，行政命令的效果未必见佳。因此，当“近臣皆莫对”之后，宋太祖也就没有再坚持。不过，正所谓“楚王好细腰，宫中多饿死”，在传统君主专制的政体之下，君主个人好尚对群臣的影响是最大的。宋太祖好读经书，提倡“读经书”，对群臣、“宿卫诸将”的引导作用之大是毋庸置疑的，如《玉壶清话》记载：“太祖尝谓赵普曰：‘卿苦不读书，今学臣角立，隽轨高驾，卿得无愧乎？’普由是手不释卷，然太祖亦因是广阅经史。”[③]

最具戏剧性的则是侍卫马军都指挥使党进的“掉书袋”：“党进者，朔州人，本出溪戎，不识一字。一岁，朝廷遣进防秋于高阳，朝辞日，须欲致词叙别天陛，阁门使吏谓进曰：‘太尉边臣，不须如此。’进性强很，坚欲之。知班不免写其词于笏，侑进于庭，教令熟诵。进抱笏前跪，移时不能道一字，忽仰面瞻圣容，厉声曰：‘臣闻上古其风朴略，愿官家好将息。’仗卫掩口，几至失容。后左右问之曰：‘太尉何故忽念此二句？’进曰：‘我尝见措大们爱掉书袋，我亦掉一两句，也要官家知道我读书来。’”[④]“上古其风朴略”，出自儒家经典《孝经》，党进大字不识一个，竟然也能如此“掉书袋”，本身就表明宋太祖引导武将“读经书”的努力取得了一定的成功。党进“也要官家知道我读书来”，则说明了武将“读经书”与宋太祖的提倡和鼓励是密不可分的。

不过，党进的“掉书袋”，作秀的成分居多，不仅是党进，与宋太祖同时代的宋初武将群体，他们的生活习惯毕竟早已在五代时定型，改变起来并不容易。宋太祖统治时期逐步成长起来的新一代武将，情况就有所不同，这方面的典范是

① 〔宋〕李焘：《续资治通鉴长编》卷三二，第710页。

② 〔宋〕李焘：《续资治通鉴长编》卷四五，第978页。

③ 〔宋〕文莹撰，郑世刚等点校：《玉壶清话》卷二，第19页。

④ 〔宋〕文莹撰，郑世刚等点校：《玉壶清话》卷八，第76页。

马知节[①]。马知节在宋太祖朝后期为彭州兵马监押，宋太宗和真宗的时候，历任军事要职，真宗朝更位至枢密使。其为人，有以下三个特点：一是勇猛善战，“慷慨以武力智谋自许”，颇有其父马全义之风，在太宗、真宗时对辽和西夏等战事中颇有战功；二是文化素养较高，“能好书”，“喜读书”，擅长鉴别图画，还著有文集二十卷，为文长于议论，其诗作也曾得到北宋大文豪苏辙的首肯，少数传世至今，“以武臣而论，也算写得不错”[②]；三是受儒家思想影响很大，“宾友儒者”，“立朝争事，以刚正称天下”，是真宗朝捍卫宋室统治最著名的“忠臣”之一。宋代的许多儒家士大夫都对他有高度的评价，如范仲淹赞誉马知节是“天下谓之至直”，王安石也专门为他撰写了《神道碑》，表扬他的功业德行。到了南宋，理学宗师朱熹编《五朝名臣言行录》，也把马知节列入其中。马知节是宋太祖爱将马全义之子，在马全义病逝之后，宋太祖把年仅七岁的马知节收养在皇宫中，由官家本人亲自培养，甚至他的名字也是宋太祖起的。毫不夸张地说，马知节的文武双全、忠于官家，是“后天培育而成的”[③]，完全为宋太祖一手栽培的结果，在很大意义上也是宋太祖心目中较为理想的武将形象，表明了宋太祖煞费苦心地引导武将“读经书”所努力的方向和所要达到的目标。马知节的成才，是宋太祖改变武将群体素质一个突出的成功个案。

八

开宝九年（976），是宋太祖生命中最后的一年，就在这一年的六月，据《续资治通鉴长编》记载，在宋太祖和赵光义兄弟之间发生了这样一件事情：“尝宴宫中，王醉，不能乘马，上起送至殿阶，亲掖之。王帐下士蒙城高琼左手执镫以出，上顾见，因赐琼等控鹤官衣带及器帛，勉令尽心。间谓近臣曰：‘晋王龙行虎步，且生时有异，必为太平天子，福德非吾所及也。’”[④]此事，宋代史家往往关注宋太

① 关于马知节的相关研究，以何冠环《论宋初功臣子弟马知节（955—1019）》讨论最为深入。

② 何冠环：《宋代武将研究》，第150页。

③ 何冠环：《宋代武将研究》，第151页。

④ 〔宋〕李焘：《续资治通鉴长编》卷一七，第373页。

祖将太宗"送至殿阶，亲掖之"的寓意，有人认为此乃"太祖示继及之意也"，也有人认为"太祖继及之意，盖先定于昭宪榻前矣"。其实，宋太祖把殿前军控鹤的官服赐予赵光义的卫士高琼，也很有寓意，在一定程度上是宋初"宿卫诸将"新一轮的"新陈代谢"即将拉开帷幕的先声，同样值得给予重视。何况"宿卫诸将"的"新陈代谢"，本来就对太祖和赵光义兄弟之间皇位授受的实现至关重要。

从北宋开国的建隆元年（960）正月至建隆二年（961）七月，赵光义有过一年左右的"宿卫诸将"经历，以皇弟之尊出任殿前都虞候。这段时间虽然不长，但对赵光义一生的事业来说，却有着特别重大的影响。他自己后来就曾回忆说："洎太祖即位，亲讨李筠、李重进，朕留守帝京，镇抚都下，上下如一，其年蒙委兵权，岁余授开封尹。"[①]"蒙委兵权"之说，当然略有夸张之处，但赵光义在殿前都虞候任上，成为宋太祖朝"宿卫诸将"群体中的一员，确实建立起了自己在禁军和"宿卫诸将"中广泛的人脉关系和较大的影响力，如其时杨义、党进、李汉琼、刘遇等宋太祖朝后期的殿前和侍卫两军的统帅，多数是殿前军中的中高级军官，皆为赵光义的下级；而李怀义、田重进、米信、崔翰等宋太祖最亲信的亲兵卫士，此时大多只是殿前诸班的下级军校，也就成为赵光义直辖的嫡系部下。赵光义与他们的关系，比较类似于宋太祖和留用的后周大将及自己殿前军嫡系部下的关系，只不过党进等人是宋太祖的嫡系部下，而对赵光义来说，他们就是留用的前朝大将；李怀义等人是宋太祖的亲兵卫士，而对赵光义来说，他们就是自己当年的嫡系部下。赵光义与宋太祖后期"宿卫诸将"之间密切的上下级关系，决定了赵光义在禁军中一直具有不容忽视的实际影响力，为他能够接掌大位奠定了牢固的基础。

也正如宋太祖最倚赖亲兵卫士一样，赵光义在殿前都虞候任上及此后的潜邸期间，也逐步形成了自己的亲兵卫士群体，宋太祖赐予控鹤官衣的高琼就是他们当中的突出代表。此外，还有王超、傅潜、王汉忠、葛霸等数十人之多。当赵光义继承皇位之后，禁军指挥权的转移轨迹与宋太祖朝相类似，太平兴国二年（977），党进等人纷纷被外放为节度使，由李怀义、田重进、米信、崔翰等人接掌殿前和侍卫两军的统帅职位，但他们也仅仅是过渡而已，不久即为高琼等赵光义

① 〔宋〕李焘：《续资治通鉴长编》卷二九，第648页。

的亲兵卫士全面接替，所谓“太宗即位后未数年，旧为朱邸牵拢仆驭者皆位至节帅，人皆叹讶之”[1]，高琼即位至殿前都指挥使，果然成为包括控鹤在内的殿前军的主帅。在宋太祖晚年的时候，高琼等赵光义的亲兵卫士还都仅仅是士兵的身份，但他们是禁军当中一支新兴的不可轻视的力量，发挥着愈来愈重要的作用。

未刊稿，2008.7.1

① 〔宋〕潘汝士撰，杨倩描等点校：《丁晋公谈录》，第11页。

论北宋时期的山东佛教

北宋时期是山东佛教发展史上一个较为曲折的时期。

在北宋以前的魏晋南北朝及隋唐时期，作为佛教最早传入的地区之一，山东地区的佛教发展长期保持着较为强劲的势头，尤其是在南到今天的枣庄、北至济南、东达淄博的广大地区形成了寺庙遍布的佛教兴盛地带，像枣庄的普照寺、青檀寺、龙泉寺、雪山寺，济南的佛慧寺、般若寺、九塔寺、兴国寺，淄博的兴国寺、明教寺等，都是闻名全国的著名寺庙。当时的山东，是当之无愧的佛教最为兴盛的区域性中心之一。

到了北宋，情况有了明显的变化，山东地区寺庙的兴建数量大大减少，如北宋时在京东路广济军定陶县任知县的詹抃就曾经谈到，山东“寺观绝少，而广济小垒，止定陶一邑，天宁一寺”①。整个定陶县城仅有一座寺庙。又如京东路的沂州（今山东临沂）也是“在郡治者，凡六区”②。据《山东寺庙塔窟》（齐鲁书社2002年版）的统计，北宋时期兴建的寺庙保存至今的不足20 座；而同时期的两浙地区，

① 〔宋〕张守：《毗陵集》卷一二《詹抃墓志铭》，《丛书集成初编》本。

② 〔金〕仲汝尚：《天宁万寿禅寺碑》，《金文最》卷六五，中华书局1990年版，第951页。该文作于金熙宗皇统四年（1144），但据程民生《宋代地域文化》（河南大学出版社1997年版）考证，认定碑文所说的是北宋时的情况。

仅明州一地，据《芦浦笔记》的记载就有276座之多；据《会稽志》的记载，越州则有342座；福建地区更是“塔庙之盛，甲于天下”，仅福州的寺庙即高达1625座！又如度人为僧的戒坛，山东地区仅有4座，分设于青州、郓州、徐州和登州，而当时的江南路有14座，两浙有15座，差距非常明显[①]。

与此同时，山东地区僧尼的数量增长也十分缓慢，以宋真宗天禧五年（1021）全国各地的僧尼数量为例，可参见下表表1：

表1　宋真宗天禧五年全国僧尼数量简表[②]

地区	数量	地区	数量
东京	22941	两浙	82220
京东	18159	荆湖	22539
京西	18219	福建	71080
河北	39037	川陕	56221
河东	16832	广南	24899
陕西	16134		
淮南	15859		
江南	54316		

从表中不难看出，北宋真宗天禧五年的僧尼总数高达四十余万，而山东仅有18159人，占比不足4%；在各地区当中，山东也居倒数第四。可见，当时山东地区佛教在全国的地位有了显而易见的下降，特别是远远落于两浙、福建等江南地区。

这种局面的出现不是偶然的，除了与唐代自“安史之乱”以后经济重心由黄河流域向长江流域转移，文化中心也随之由北方地区逐渐向江南地区过渡的历史大趋势相合拍，以下三个具体因素也不容忽视。

其一，山东地区佛教的发展遭到了北宋国家政权宗教政策的严重抑制。

佛教能够在中国广泛传播，与世俗政权的支持是分不开的。但是，在佛教的

---

① 〔清〕徐松辑，刘琳、刁忠民等点校：《宋会要辑稿》道释二，上海古籍出版社2014年版，第9995页。

② 本表依据徐松辑《宋会要辑稿》道释一制成，并参考章如愚《群书考索》后集卷六三。

发展过程当中，寺庙广占良田，大兴土木，滥铸金铜佛像，逐渐影响到了国家的财政收入；大量青壮年男子入寺为僧，也威胁到国家兵源的充足；而寺庙之间严密的组织，也构成了政治上的不稳定因素。因此，从北魏太武帝、北周武帝和唐武宗“三武灭佛”开始，国家政权打击佛教的政策时有出台。尤其是在后周世宗柴荣统治时期，又一次发动了大规模的“灭佛”运动。自显德二年(955)以来，先后废毁寺庙30336座，强迫还俗僧尼数十万人，在整个后周境内仅保留寺庙2694座，僧尼61200人[①]。后周及此前的北魏、北周，其统治区域主要局限于北方，所以山东、河北等北方地区的佛教在这几次灭佛运动中都遭到了极为沉重的打击。如德州平原县的淳熙寺，就“值后周时，大毁佛教，像宇尽隳”[②]。直至北宋徽宗朝，济南的开元寺还“掘地得石碑，盖会昌间汰僧碑也。字皆磨灭，惟八字独存，云僧尽乌巾，尼皆绿鬓，僧恶碎之”[③]，可见山东是灭佛首当其冲的地区之一。相反，江南地区南唐、吴越、闽等统治者却大多推行“佞佛”政策，从而进一步加剧了南北佛教发展的不平衡性。

北宋开国初，在一个较长时间内继续沿用周世宗的政策，“诸道铜铸佛像，悉辇赴京毁之”[④]。直到乾德五年(967)，宋太祖才不再坚持激烈的反佛措施[⑤]，“诏勿复毁(佛像)，仍令所在存奉，但毋更铸”[⑥]。但仍明确规定：“诏天下，凡寺之废

---

① 〔宋〕薛居正等：《旧五代史》卷一一五《周世宗纪》，第1531页。

② 〔金〕王鼎：《平原县淳熙寺重修千佛大殿碑》，《金文最》卷七四，第1084～1085页。

③ 丁传靖辑：《宋人轶事汇编》卷二〇《禅林》，中华书局2003年版，第1127页。

④ 〔宋〕李焘：《续资治通鉴长编》卷八，第195页。

⑤ 对宋初佛教政策调整的原因，宋人蔡絛《铁围山丛谈》说：“艺祖始受命，久之阴计：‘释氏何神灵，而患苦天下？今我抑尝之，不然废其教也。日且暮，则微行出，徐入大相国寺。将昏黑，俄至一小院户旁，则望见一髡大醉，吐秽于道左右，方恶骂不可闻。艺祖阴怒，适从旁过，忽不觉为醉髡拦胸腹抱定，曰：莫发恶心。且夜矣，惧有人害汝，汝宜归内。可亟去也。’艺祖动心，默以手加额而礼焉，髡乃舍之去。艺祖得促步还，密召忠谨小珰：‘尔行往某所，觇此髡为在否，且以其所吐物状来。’及至，则已不见。小珰独爬取地上遗吐狼籍(藉)，至御前视之，悉御香也。释氏教因不废。”李焘《续资治通鉴长编》卷八引杨亿《谈苑》则曰：“周世宗悉毁铜佛像铸钱，谓宰相曰：‘佛教以为头目髓脑有利于众生，尚无所惜，宁复以铜像为爱乎？’镇州铜大悲像甚有灵应，击毁之际，以斧镬自胸镵破之，太祖闻其事。后世宗北伐，病疽发胸间，咸谓其报应。太祖因重释教。”

⑥ 〔宋〕李焘：《续资治通鉴长编》卷八，第195页。

于显德者，不得更兴”[①]，“诏诸道寺院，经显德二年已废者，不得存留，其佛像许移置见存留处”[②]。也就是说，河北、山东等北方地区已经被周世宗拆毁的寺庙不得恢复，这就从法律上巩固了周世宗灭佛的成果，对山东等北方地区佛教的恢复无疑是一个强大的阻力。

此后，北宋政府又陆续出台了许多抑制佛教发展的政策，主要包括：

第一，严禁滥建寺庙。如司马光就谈道：“国家明著法令，有创造寺观百间以上者，听人陈告，科违制之罪，仍即时毁撤。”[③]又，“雍熙中，太宗尝诏天下乡村不得创修寺观；天禧中，真宗尝诏公主、贵戚、近臣不得以建寺为请”[④]。章如愚《群书考索》后集卷六三也详细记载说：

> 天禧二年三月诏不许创修寺观院宫，州县常行觉察，如造一间以上，许人陈告，所犯者依法科罪。州县不切觉察，亦行朝典。公主、戚里、节度至刺史已上，不得奏请创造寺院、开置戒坛。如违，御史弹奏。

第二，限制僧尼人数，规定出家者必须得到官府的批准，交付一定的费用，领受官府特制的度牒之后，才有资格为僧。为防止出家人数过多，北宋制定有许多苛刻的条件，如凡僧百人，方得岁度弟子一人[⑤]；“男子愿出家为僧道者，限年二十已上，方得为童行。若祖父母、父母在，须别有亲兄弟侍养，方得出家”[⑥]。从宋神宗时期开始，北宋政府又有意识地提高度牒的价格，一般是“每道纳钱百缗”[⑦]，从而收到了限制僧尼数量和增加国家财政收入一举两得的效果。北宋徽宗统治时期，由于其崇奉道教，又一次大规模地打击佛教，“佛改号大觉金仙，余为仙人、大士。僧为德士，易服饰，称姓氏。寺为宫，院为观”[⑧]。

---

① 〔宋〕岑象求：《上哲宗论佛老》，《宋朝诸臣奏议》卷八四，第910页。
② 〔宋〕曾巩：《隆平集》卷一《寺观》，《文渊阁四库全书》本。
③ 〔宋〕李焘：《续资治通鉴长编》卷一九七，第4778页。
④ 〔宋〕岑象求：《上哲宗论佛老》，《宋朝诸臣奏议》卷八四，第910页。
⑤ 〔宋〕李焘：《续资治通鉴长编》卷一八九，第4557页。
⑥ 〔清〕徐松辑，刘琳、刁忠民等点校：《宋会要辑稿》道释一，第9987页。
⑦ 〔清〕徐松辑，刘琳、刁忠民等点校：《宋会要辑稿》道释一，第9980页。
⑧ 〔元〕脱脱等：《宋史》卷二二《徽宗四》，第403页。

当然，这些政策的执行力度及执行效果究竟如何，往往还要视不同时间、不同区域的具体情况而定。大致说来，相比离北宋统治中心区域较远的江南地区，山东作为北方的重要地区，被视为北宋的立国根本，正如仁宗朝御史中丞张方平所言："至于京东、西两路，中国根干，畿甸屏蔽，缓急所资，常须安静，以镇天下。"[①]苏轼亦云："山东自上世以来，为腹心根本之地，其与中原离合，常系社稷安危。"[②]山东始终是北宋统治最为严密的地区之一，抑佛政策的实施是较有保障的，对山东佛教的发展所产生的阻碍作用也就极为明显。

其二，山东地区作为儒学的发源地和大本营，在北宋儒学复兴的历史大背景之下，对佛教在该地区的进一步发展形成了较强的抵制力。

在分析宋代山东地区佛教发展较为滞后的原因时，宋人已经注意到当时山东的民风问题，认为："山东朴鲁，非江浙比，俗不为僧道，故寺观绝少。"[③]山东地区为抵制佛教发展的"朴鲁"民风，正如马端临《文献通考》中所谈到的那样："（山东）人情朴厚，俗有儒学。"显而易见，这与山东地区是儒学最主要的根据地、儒学底蕴深厚、当地民众深受儒家礼义思想的影响分不开。

其实，魏晋南北朝及隋唐时期佛教在山东的繁荣，除了当时战乱不休、鲜卑等北方少数民族政权长时间统治山东的原因以外，儒学自东汉末年以来，或是陷入音韵训诂的繁琐考证，或是陷入谶纬迷信的泥潭，其社会吸引力和影响力大幅度下降，即所谓的"儒门淡薄，收拾不住，皆归释氏"[④]，无疑是更为关键性的一个因素。

反过来，随着北宋儒学开始呈现出复兴趋势之后，山东地区的儒学传统不可避免地在佛教长时间的压制之后迸发出强大的反弹力，特别是山东地区的儒生士大夫就自然而然地充当了排斥佛教、推动儒学复兴的急先锋角色。如在北宋初年的宋真宗朝，当时的文坛领袖山东人王禹偁就是当时朝臣当中第一个公开上书要求"禁僧尼"的代表人物，他在给初即位的宋真宗的上书中呼吁：

---

① 〔宋〕李焘：《续资治通鉴长编》卷一五九，第3849页。

② 〔宋〕苏轼撰，孔凡礼点校：《苏轼文集》卷二六《论河北京东盗贼状》，第753页。

③ 〔宋〕张守：《毗陵集》卷一二《詹抃墓志铭》，《丛书集成初编》本。

④ 丁传靖辑：《宋人轶事汇编》卷九《张方平》，第423页。

> 汉明之后，佛法流入中国，度人修寺，历代增加。不蚕而衣，不耕而食，是五民之外，又益一而为六矣。假使天下有万僧，日食米一升，岁用绢一匹，是至俭也，犹月费三千斛，岁用万缣，何况五七万辈哉。不曰民蠹，得乎？臣愚以为国家度人众矣，造寺多矣，计其费耗，何啻亿万。先朝不豫，舍施又多，佛若有灵，岂不蒙福？事佛无效，断可知矣。愿陛下深鉴治本，亟行沙汰，如以嗣位之初，未欲惊骇此辈，且可以二十载不度人修寺，使自销铄，亦救弊之一端也。[①]

王氏还建议：“天下僧尼日滋月益，不可卒去。宜诏天下州军，凡僧百人得岁度弟子一人，久而自消之势也。”[②]

从北宋中期以来，居于山东学界主导地位的泰山学派，更是始终以排斥佛教为突出特色。如“宋初三先生”中的石介就是以“尤勇攻佛老，奋笔如挥戈”[③]闻名于世，在所作《怪说》中，石介就极力突出佛教与儒学无法调和的对立性，认为：“夫尧、舜、禹、汤、文王、武王、周孔之道，万世常行不可易之道也。佛、老以妖妄怪诞之教坏乱之，杨亿以淫巧浮伪之言破碎之，吾以攻乎坏乱破碎我圣人之道者，吾非攻佛、老与杨亿也！”[④]泰山学派的另一位重要代表人物孙复，也撰文《儒辱》，视佛教流行的魏晋南北朝及隋唐为儒学最为屈辱的历史时期，他强调指出：“儒者之辱，始于战国，杨朱、墨翟乱之于前，申不害、韩非杂之于后。汉魏而下，则又甚焉，佛、老之徒横乎中国，彼以死生、祸福、虚无、报应为事……于是其教与儒齐驱并驾，峙而为三。吁！可怪也！”[⑤]在士大夫们口诛笔伐的氛围之下，山东佛教的发展环境在北宋是比较恶劣的。

其三，北宋时期的山东佛教，自身就存在着一些阻碍其发展的负面因素。这主要包括两方面内容：

首先是僧众混杂，素质参差不齐。我们知道，北宋时期佛教的一个愈演愈烈

---

① 〔元〕脱脱等：《宋史》卷二九三《王禹偁传》，第9797页。

② 〔宋〕李焘：《续资治通鉴长编》卷一八九，第4557页。

③ 〔宋〕欧阳修撰，李逸安点校：《欧阳修全集》卷三《读徂徕集》，第43页。

④ 〔宋〕石介：《石徂徕集》，《丛书集成初编》本。

⑤ 〔宋〕孙复：《孙明复小集》，《文渊阁四库全书》本。

的痼疾，就是寺院僧尼当中固然不乏虔诚的信徒，但贪图寺院“不蚕而衣，不耕而食”寄生生活的游手之徒和以寺院作为庇护所的作奸犯科者更是不在少数。具体到山东地区，这一问题表现得尤为严重。如宋仁宗朝山东籍的宰相王曾就谈道：“(僧人)皆惰农游手之人，无益政化。”[①]以山东地区著名的寺庙灵岩寺为例，长期的情况是“素来最是凶恶，浮浪聚集，前后之六七次住持不得”[②]。北宋朝廷新任命的住持不得不要求带领十余名青壮僧人作为贴身随从才敢前往。

道理不难理解，仅就僧众的构成成分而言，山东既是当时的经济发达地区，又深受儒学的影响，民众普遍重视家庭伦理，乐于出家的良家子弟本来为数就不多。相反，北宋在山东长期保持了近十万的禁、厢诸军，从宋仁宗庆历年间以来，所谓山东“民尤暴悍，轻为寇劫”[③]的问题越来越严重，大批走投无路的逃亡士兵和罪犯构成山东僧众相当重要的来源。像《水浒传》中所描绘的“花和尚”鲁智深(逃亡军人)、“行者”武松(潜逃罪犯)等山东僧人的形象，应当说不完全是出于虚构，而是当时僧众真实历史状况的极好写照。僧众的构成既然如此混杂，随之而来的就必然是“劫盗有一火(伙)之中全是僧、行者”[④]“无图之流皆得隶名僧籍，而僧之为盗贼、冒刑禁者不可胜计”[⑤]等一系列问题，寺院难免授人以藏污纳垢的口实，其社会形象被严重地丑化。

更为关键的原因则在于北宋山东佛教的理论革新滞后。唐宋之际，是中国文化史上一个以变革创新为时代特色的转型时期。表现在儒学上，就是崇尚义理之学，以“不惑传注”“疑经改经”等富于时代特色的治学新风突破了汉唐音韵训诂、繁琐考证的窠臼，汲取佛、道的思辨营养，开创了从宇宙本体论(天理)角度论证儒学伦理纲常合理性的新儒学，即以周敦颐、邵雍、张载、二程等人为代表的宋代理学。表现在佛教上，就是从唐代中期开始，以六祖慧能为主要代表，反对经院哲学，主张“不立文字”“识心见性、顿悟成佛”，并努力与儒、道相靠拢的“指其妙与孔、老合者”[⑥]的禅宗南宗，逐渐在佛教界取得了主导地位。在此基

① 〔宋〕章如愚：《群书考索》后集卷六三，《文渊阁四库全书》本。

② 《灵岩寺》编辑委员会编：《灵岩寺》，文物出版社1999年版，第105页。

③ 〔宋〕张方平：《乐全集》卷二四《论京东饥馑请行赈救事》，《文渊阁四库全书》本。

④ 〔宋〕章如愚：《群书考索》后集卷六三，《文渊阁四库全书》本。

⑤ 〔宋〕岑象求：《上哲宗论佛老》，《宋朝诸臣奏议》卷八四，第910页。

⑥ 〔宋〕苏轼撰，孔凡礼点校：《苏轼文集》卷一七《宸奎阁碑》，第501页。

础之上，不仅佛教随之初步实现了中国化的过程，所谓儒、佛、道三教合一也开始拉开了序幕。但是，在这场意义重大的文化转型大潮当中，北宋时期的山东佛教，就像苏轼所说的那样，“信虽深而悟者少”[①]，大致与“失之滞固”[②]“一以注疏为主，无他发明”[③]“诵书之外，不知其他”[④]的始终未能摆脱章句训诂束缚的山东儒学一样，在创新方面都较明显地落伍于时代。

具体地说，就是在北宋相当长的时间内，山东佛教受江南地区欣欣向荣的禅宗南宗影响较小，仍然是以北方传统的律宗为主。对此，苏轼曾就整个北方佛教的情况谈过：“皇祐中，有诏庐山僧怀琏（北宋禅宗南宗云门宗代表人物之一）住京师十方净因禅院，召对化成殿，问佛法大意，奏对称旨，赐号大觉禅师。是时北方之为佛者，皆留于名相，囿于因果，以故士之聪明超轶者皆鄙其言，诋为蛮夷下俚之说。”[⑤]山东地区的情况当然也不例外，以沂州（今山东临沂）为例，“琅琊之佛祠，在郡治者凡六区，其五为毗尼，其一为禅那”[⑥]。毗尼是律藏的梵文名，此指代律宗；禅那即禅的全称，此指代禅宗。这说明，直到北宋后期，律宗仍在当地占有主导地位[⑦]。

律宗是以研习和修持戒律为主的佛教宗派，发祥于曹魏时期的洛阳，至唐代高僧道宣于长安终南山创立律宗南山宗，开始广泛流行于北方地区。相比于禅宗南宗，北宋时律宗既拘泥于琐碎之事，又没有什么深奥的教义，显而易见是缺乏生命力的。北宋山东佛教长期以律宗为主[⑧]，脱离于唐宋以来佛教发展大方向之外，自然发展缓慢。

---

① 〔宋〕苏轼撰，孔凡礼点校：《苏轼文集》卷六二《密州请皋长老疏》，第1906页。

② 〔元〕脱脱等：《宋史》卷八五《地理一•京东路》，第2112页。

③ 〔元〕脱脱等：《宋史》卷二九四《杨安国传》，第9828页。

④ 〔宋〕李焘：《续资治通鉴长编》卷二二三，第5424页。

⑤ 〔宋〕苏轼撰，孔凡礼点校：《苏轼文集》卷一七《宸奎阁碑》，第501页。

⑥ 〔金〕仲汝尚：《天宁万寿禅寺碑》，《金文最》卷六五，第951页。

⑦ 除律宗，从唐代中期开始，以神秀为代表的禅宗北宗也传入山东，以济南灵岩寺为中心在山东地区传播。不过，由于禅宗北宗和律宗比较相近，很快就与律宗同化而衰落下去。

⑧ 因为律宗在山东的影响根深蒂固，故即使在禅宗南宗取代律宗的主导地位后，仍然必须标榜“禅不废律，戒律特严”。参见〔金〕张岩老：《长清灵岩寺妙空禅师塔铭》，《金文最》卷一一〇，第1585页。

山东佛教的这种沉闷的局面，直至北宋中期，特别是宋神宗熙宁之后，方有了显著的改观。

这其中一个值得重视的关键因素，就是在此期间，苏轼、苏辙、曾巩等人陆续在京东东路的密州、徐州、齐州等地担任知州等地方长官。众所周知，与山东当地儒士对佛教单纯排斥明显不同，这些人对佛教采取的是一种兼收并蓄的欣赏态度，承认并注重吸取佛教思辨层次的营养，如苏轼就是深受佛教影响，其“特假于浮屠‘非幻不灭，得无所还者’而为是说”①。

在山东为官期间，苏轼、苏辙、曾巩等人，或是积极兴修寺庙，参与佛事活动，如苏轼就撰写有《密州请皋长老疏》和《齐州请确长老疏》②，先后以地方长官的身份邀请皋长老和确长老主持诸城石城院和长清灵岩寺的事务；或是频繁与僧人来往唱和，作有多首称赞寺庙和佛教的诗文，如曾巩有《灵岩寺兼简重元长老二刘居士》：“法定禅房临峭谷，辟支灵塔冠层峦。轩窗势耸云林合，钟磬声高鸟道盘。白鹤已飞泉自涌，青龙无迹洞常寒。更闻雷远相从乐，世道嚣尘岂可干？”③苏辙有《四禅寺》：

山蹊容车箱，深入遂有得。古寺依岩根，连峰转相揖。樵苏草木尽，佛事亦萧瑟。居僧麋鹿人，对客但羞涩。双碑立风雨，八分存法则。云昔义靖师，万里穷西域。华严具多纸，归来手亲译。蜕骨俨未移，至今存石室。遗文尽法界，广大包万亿。变化浩难名，丹青画京邑。粲然共一理，眩晃莫能识。末法渐衰微，徒使真人泣。④

元丰四年（1081）九月，苏轼前往灵岩寺，并赋诗六首。苏轼、苏辙、曾巩等人既是当时山东地方的长官，握有相当的实际权力，又是北宋著名的文学人物之一，社会影响更大，他们于宋神宗朝先后在山东为官，对山东佛教的发展起了不小的推动作用。其中苏轼在离开山东之后，与山东佛教界仍然还保持着联系，如

① 漆侠：《宋学的发展和演变》，河北人民出版社2002年版，第27页。
② 〔宋〕苏轼撰，孔凡礼点校：《苏轼文集》卷六二，第1906页。
③ 〔宋〕曾巩：《曾巩集》卷七，第115页。
④ 〔宋〕苏辙撰，陈宏天等点校：《苏辙集》卷五，第96页。

在元丰八年(1085),他欣然为郓州的僧人应言作《荐诚禅院五百罗汉记》。

大致就在同一时期,山东佛教界陆续涌现出了一些较为有名的僧人,如有"山东诗僧"之称的秘演就同欧阳修、石曼卿、苏舜钦等名流交游频繁[①]。又熙宁十年(1077),郓州僧人应言和尚献策治理黄河水患,"东平以安",当时的宰相文彦博、名士苏轼等人都同他有所交往[②]。与此同时,山东地区一些原本在全国很有影响的寺庙也逐渐从"灭佛"的打击中恢复过来,在佛教界中的地位开始有所上升。这其中最突出的,就是济南长清灵岩寺在北宋中期的迅速发展。

灵岩寺始建于十六国时期,隋唐时臻于极盛,一度与今天江苏南京的栖霞寺、浙江天台的国清寺、湖北当阳的玉泉寺合称为"四绝"。不过,在唐武宗会昌灭佛当中,灵岩寺寺庙全被拆毁,遭到毁灭性的打击,此后的一个较长时期内未能恢复元气。北宋时,灵岩寺作为禅宗北宗在山东地区的一个主要寺庙,但北宗自身衰落,所以使得寺庙长期衰落。据北宋至和二年(1055)长清县县尉张公亮所作《齐州景灵岩记》记载:"庆历、皇祐间(灵岩寺)荐饥,旧供者千百,无一二至,僧徒解散,仅有存焉。"其难以为继的惨状可见一斑。

转机出现在宋神宗熙宁三年(1070)。在这一年的八月,北宋朝廷改灵岩寺名为"十方灵岩禅寺",并以法令的形式专门规定:寺院住持不再由本寺僧众师徒相嗣,改由朝廷选拔外寺的著名高僧担任,"选差有德行心力僧一名充寺主",寺院的中层也由住持"于在京或外处指摘僧五七人,同共寺院住持勾当"。"在寺徒弟并不得差作知事勾当"[③]这道敕令,是灵岩寺由衰落重新走向复兴的转折点。其意义体现在两个方面,一是提高了灵岩寺的政治地位,二是打破了以往禅宗北宗对灵岩寺的控制。因为以往灵岩寺住持由本寺僧众自行推选,北宗以外的宗派根本没有进入的机会。住持改由朝廷任命,所谓"前后主僧,非一时高名大德,时君不轻付畀"[④],而当时著名的高僧大多是出于占主导地位的禅宗南宗,如此一来,禅宗南宗就得以进入灵岩寺。

事实也就是如此。宋神宗熙宁六年(1073),"仰天玄公禅师以云门之宗始来

① 〔宋〕文莹撰,郑世刚等点校:《湘山野录》卷下,第59页。

② 〔宋〕苏轼撰,孔凡礼点校:《苏轼文集》卷一二《荐诚禅院五百罗汉记》,第393页。

③ 《灵岩寺》编辑委员会编:《灵岩寺》,第104~105页。

④ 〔金〕张岩老:《长清灵岩寺妙空禅师塔铭》,《金文最》卷一一〇,第1583页。

唱道，自是禅学兴行，丛林改观，是为灵岩初祖”[①]，禅宗南宗的云门宗传入山东。云门宗由五代十国高僧文偃开创于南汉韶州云门山，是北宋时期禅宗南宗当中非常活跃的一个教派。从仰天玄公禅师传入云门宗开始，改变了山东佛学律宗及禅宗北宗长期以来的统治地位，“禅学兴行，丛林改观”，山东佛教终于与唐宋以来佛教的主流教派整合。灵岩寺作为禅宗南宗向山东传播的中心，也由此进入了一个新的繁荣时期，不但僧众长期保持在三五百人以上[②]，而且香火旺盛，寺院华丽，重新成为北宋时期北方乃至全国著名的寺庙之一。

北宋后期的山东佛教当中，有两位很值得重视的代表性僧人。

一位是灵岩寺的住持妙空大师。妙空，号净如，俗姓陈，福建人。北宋政和年间开始担任灵岩寺住持长达二十余年，卒于金皇统六年。在此期间，妙空先后于福建雕造木质贴金罗汉五百尊，经水陆五千余里运至灵岩寺，创建转轮藏殿、钟鼓楼、海会塔等建筑，还收回了灵岩寺被占去的赐田，使得灵岩寺香火更旺，“师名德既著，四方供施者，岁时辐凑，惟恐其后”[③]。除了这些影响很大的佛事活动，妙空大师对山东佛学理论的发展还有以下两项突出的贡献。

首先是把北宋中期新兴的临济宗黄龙派传入山东。据《新续高僧传》等史书的记载，妙空是黄龙派初祖慧南大师的再传弟子，在他担任住持的期间，黄龙派在灵岩寺盛极一时。

相比于此前的云门宗，临济宗黄龙派虽与之同属于禅宗南宗，但其是在北宋中期由慧南大师新创立的教派，是当时最为活跃的禅宗流派之一。临济宗本来就是以慧能为代表的禅宗南宗的嫡裔，是禅宗南宗最大的宗派。黄龙派倡导禅境的直观体验，重视直探问题的本质，而不再受任何表面形式的束缚。如黄龙派有著名的“黄龙三关”，所谓：

> 师（慧南）室中常问僧出家所以，乡关来历，复扣云：“人人尽有生缘处，那个是上座生缘处？”又复当机问答，正驰锋辩，却复伸手云：“我手何似佛手？”又问诸方参请宗师所得，却复垂脚云：“我脚何似驴脚？”

---

① 〔金〕党怀英：《十方灵岩寺碑》，《金文最》卷七〇，第1033～1034页。

② 《苏辙集》卷五《灵岩寺》诗曰：“居僧三百人，饮食安四体。”

③ 〔金〕张岩老：《长清灵岩寺妙空禅师塔铭》，《金文最》卷一一〇，第1584页。

三十余年，示此三问，往往学者，多不凑机，丛林共目为三关。

据佛教史学者的研究，黄龙三关“并不是要学者给予一个标准答案，也不存在这样一个标准答案”，因为在黄龙派看来，“禅的体验、觉悟与否是内在的，真正个人性的东西。如果没有自己的切身体会，即使回答了三关的设问，也不足以判断他是否悟道”[①]。

应该说，黄龙三关是针对宋代禅宗脱离“不立文字”“直指人心”传统而沉溺于编纂语录的倾向而提出的，恰恰是六祖慧能“自悟自修，不假外求”思想精髓的恢复和发展，因而当即风行一时。妙空以黄龙派创始人慧南大师嫡系“裔孙”的身份主持灵岩寺的事务，正是以棒喝等带有禅宗鲜明特色的方式在山东传播刚刚兴起的黄龙派教义，从而使得山东在当时取得佛学理论上的领先地位。据史料记载，妙空大师“及出京，卿相巨公与缁素迎送者，肩摩接踵，光显宗门，为一时美事。既至灵岩，开堂演法，大振玄法，参徒常不减数百。历廿八载，讫无间言，可谓超越前人者也”[②]，堪称是北宋山东佛教史上空前的盛事。

其次是调和佛、儒，倡导佛、儒合一。据时人记载，妙空大师“与释之攻儒道异矣”，其本人不仅“语论精深，器识宏远”，“能书，大字得颜柳气质”，俨然名士气派，而且频繁地与山东当地儒家士大夫交游往来，“与士大夫对问，必取佛经之合于儒者详言之”[③]。

应该指出的是，与儒学积极吸取佛教思辨营养相一致，北宋时期的佛教也积极主动地融汇儒家思想，表现出越来越明显的世俗化倾向。像北宋真宗朝僧人释智圆所云：

> 夫儒、释者，言异而理贯也；莫不化民，俾迁善远恶也。儒者，饰身之教，故谓之外典也。释者，修心之教，故谓之内典也。惟身与心，则内外别矣。蚩蚩生民，岂越于身心哉！非吾二教，何以化之乎。嘻，儒乎，释乎，其共为表里乎。

---

① 方立天主编：《中国佛教简史》，宗教文化出版社2001年版，第244页。

② 〔金〕张岩老：《长清灵岩寺妙空禅师塔铭》，《金文最》卷一一〇，第1583页。

③ 〔金〕张岩老：《长清灵岩寺妙空禅师塔铭》，《金文最》卷一一〇，第1583页。

这是当时佛教界很有代表性的言论。除此之外，正如我们前文已经谈到的，山东毕竟是儒学传统最为深厚的地区，佛教若要在山东健康地发展，不可能长期与儒学采取正面冲突的态度。妙空大师“必取佛经之合于儒者详言之”，既符合了北宋佛教世俗化的大趋势，又适应了山东地区儒学传统的具体文化氛围，对佛教在山东的发展无疑是相当有利的。

另一位是具有传奇色彩的道楷大师。道楷的生平、事迹在宋人的野史笔记当中有着丰富的记载，主要的有以下四条：

一是《曲洧旧闻》：

> 芙蓉禅师道楷，始住洛中招提寺，倦于应接，乃入五度山，卓庵于虎穴之南。昼夜苦足冷，时虎方乳，楷取其两子以暖足。虎归不见其子，咆哮跳掷，声振林谷。有顷，至庵中，见其子在焉，瞪视楷良久。楷曰：“吾不害尔子，以暖足耳！”虎乃衔其子，曳尾而去。[①]

二是《避暑录话》：

> 传禅者以云门、临济、沩仰、洞山、法眼为五家宗派。自沩仰而下，其取人甚严，得之者亦甚少，故沩仰、法眼先绝。洞山至大阳警延所存一人而已。延仅得法远一人，其徒号远录公者，将终以教付之，而远言：“吾自有师，盖叶县省也。”延闻拊膺大恸，远止之曰：“公无忧，凡公之道吾尽得之，顾吾初所从入者不在是，不敢自昧尔。将求一可传公道者与受之，使追以嗣公，可乎？”许之，果得清华严，清传道楷，楷行解超绝。近岁四方谈禅，唯云门、临济二氏，及楷出，为云门、临济而不至者，皆翻然舍而从之。故今为洞山者几十之三。

三是《邵氏闻见录》：

---

① 〔宋〕朱弁：《曲洧旧闻》卷四，《丛书集成初编》本。

儒释之道虽不同，而非特立之士不足以名其家，近时伯温闻见者二人。大儒伊川先生程正叔，元祐初用司马温公荐，侍讲禁中。时哲宗幼冲，先生以师道自居。后出判西京国子监，两加直秘阁，皆辞之。党祸起，谪涪州。先生注周易，与门弟子讲学，不以为忧；遇赦得归，不以为喜。长老道楷者，崇宁中以朝廷命住京师法云寺。上一日赐紫方袍及禅师号，楷曰："非吾法也。"却不受。中使谮于上，以为道楷掷敕于地。上怒，下大理寺杖之。理官知楷为有道者，欲出之，问曰："师年七十乎？"曰："六十九矣。""有疾乎？"楷正色曰："某平生无病。上赐杖，官不可辄轻之。"遂受杖，无一言。自此隐沂州芙蓉溪，从之者益盛。朝廷数有旨，复命为僧，不从。呜呼，二人者虽学不同，皆特立之士也。为儒为释而不以道者，闻其风可以少愧矣！①

最为详细的，则是《铁围山丛谈》：

僧道楷，淄川之村夫也。始事真华严者，不省，乃自取一木横置大井上，端坐作禅观，且七年。一旦，大悟，便操笔作文偈，无不通解，道价日盛。大观间，住持东都之净因禅院。有天府尹李寿者，虽法家，然喜禅学，特爱重楷。时因陛见，力誉之。上曰："朕久已钦其名矣。"李寿退，上即命中使锡以磨衲僧法衣，而加赐四字禅师号者，释氏之异数，然楷初弗知也。中使忽持礼来，楷不肯受。又故事，院中应以白金五十镒遗中使，号"书送"，而楷曰："岂可以我故为常住费？"又止不予。中使人亦怅不乐，遂苦辞不受。久之，上乃命李尹谕旨，礼重殷勤，然楷不回也。使者前后凡十七往返，而志益确。上始大怒，命坐以违制罪焉。始追逮楷天府，即有僧俗千许人随之至庭下。李尹惭，因不敢出，独使其两贰官主断。而少尹者顾问："是僧七十有几耶？"楷曰："六十有二矣。"二人默，相视失色，即呼医。医至，又曰："是僧瘦悴，疑若疾病状，行可验之。"楷又大言曰："道楷平生无病。"二人因低首私语："如此则当杖矣。"楷笑曰："不受杖待何时

① 〔宋〕邵伯温撰，李剑雄等点校：《邵氏闻见录》卷一五，第164页。

乎？”于是编管沂州。盖邻淄川，将俾近其乡井，实李尹意。至沂，则道侣从之学益炽。楷又厌之，一旦忽去，众走求诸郊野，乃于山中得。遂即山之上为立精舍，而止其间焉。后十许年乃死。方其死时，招聚大众曰：“汝等偕来，尝吾大酸馅。”食竟，独入深山，久不出。众往视之，坐石上，已跏趺而化矣。①

综合分析这些记载，可以看出以下几点：

其一，道楷出自山东，本“淄川之村夫”，晚年又在山东沂州等地传教十余年，“道侣从之学益炽”，尤其是其蔑视权贵，甚至敢于反抗宋徽宗的淫威，更在僧俗各界赢得了广泛的称道，将其与理学宗师程颐相提并论，对提高山东佛教的声誉做出了巨大贡献。其二，道楷是禅宗南宗曹洞宗的代表人物，他在山东地区传播曹洞宗，使山东的佛学理论又进一步得到了丰富。曹洞宗由唐代高僧洞山良价所创立。曹洞宗在唐代时，是禅宗南宗当中传播最为广泛的派别之一，但在北宋时期，曹洞宗的实力不仅不如云门、临济二派兴旺，而且法嗣几近断绝。道楷作为曹洞宗的唯一传人，能够做到“行解超绝”，当之无愧是曹洞宗得以中兴的关键人物。正是在道楷的基础之上，曹洞宗在金元之后法门隆盛。

妙空和道楷两位在北宋后期佛教界具有重大影响的高僧的出现，标志着山东佛教的发展达到了高峰。在宋、金之际持续的战乱当中，山东作为当时双方争夺的重要战场，许多寺院在战火中化为废墟，如前面提到的德州平原县的淳熙寺，即在“宋季宣和乙巳年，寇盗蜂起，寺被焚爇，殿亦罹害，余址岿然为瓦砾之堆”②；又如鄄城县的石佛寺，“宋末年，又化而为荆榛瓦砾之场”③；泰安的天封寺，“季末丧乱，毁撤荡然”④。山东佛教又遭到了一次极为沉重的打击，直到金在北方的统治稳固之后，山东佛教才又有了发展。

原载《齐鲁文化研究》2003年第2辑

① 〔宋〕蔡絛撰，冯惠民等点校：《铁围山丛谈》卷五，中华书局1983年版，第91页。

② 〔金〕王鼎：《平原县淳熙寺重修千佛大殿碑》，《金文最》卷七四，第1085页。

③ 〔金〕尹仲：《鄄城县正觉禅院碑》，《金文最》卷七一，第1051页。

④ 〔金〕党怀英：《重修天封寺碑》，《金文最》卷七〇，第1029页。

宋代山东地区的民间信仰与秘密宗教

儒、佛、道教和秘密宗教并存，是宋代齐鲁宗教文化的一个重要特点。相较而言，学界对民间秘密宗教的研究较为薄弱，秦汉与明清之间的唐宋时期就更是如此。本文拟在梳理宋代民间信仰与秘密宗教发展状况的基础上，着重为明清及近代以义和团等为代表的山东秘密教派的大发展寻求历史和地域文化的相关背景，对宋代以后整个北方地区的文化转向问题也拟进行一定的探讨。

一

民间秘密宗教的异军突起，与儒家学说和佛教、道教两正统宗教并存，是北宋时期齐鲁宗教文化的一个突出特点。

民间秘密宗教，宋人称之为“妖教”“妖法”，或根据其传播特征称之为“夜聚晓散，传习妖教”[①]。这大致指的是：在佛教、道教等为官方承认并得到官方扶植

---

① 郭东旭指出：“‘夜聚晓散’，是宋代秘密宗教活动的一个共同特征。”参见郭东旭：《论宋代秘密宗教与法禁》，《宋朝法律史论》，河北大学出版社2001年版，第182页。

的正统宗教之外，被官方禁止，只能于民间秘密传播的宗教或教派。[①]在宋代，传播谶纬、天文迷信者，也被视为“妖教”，同样是非法的。

山东就是当时民间秘密宗教十分活跃的中心区域之一。对此，北宋仁宗、神宗朝名臣张方平曾多次谈到：京东地区民间传习“妖教浸盛……僧徒谶戒，里俗经社之类，自州县坊市至于军营，外及乡村，无不向风而靡”[②]，“京东、西之民，多信妖术，凡小村落，辄立神祠，蚩蚩之氓，惑于祸福，往往奔凑，相从聚散，递相蔽匿，官不得知。惟知畏神，不复惮法。浸使滋蔓，恐益成俗”，建议“村落神堂，令所在毁拆，密加察捕民之习妖者”[③]。从中不难看出民间秘密宗教在山东地区的泛滥确实达到了惊人的程度。

事实也就是如此。尽管民间秘密宗教的秘密性质，决定了与其相关的史料必然是相当的缺乏，但从《宋会要辑稿》《续资治通鉴长编》《宋史》《宋朝诸臣奏议》等史书的零星记载当中，也能够粗线条地勾勒出北宋时期山东民间秘密宗教的发展脉络，典型的事例如以下所列：

早在北宋初年，就有“妖贼”李绪等四十五人在山东南部地区秘密传教，至宋太宗太平兴国五年（980）事败被杀。[④]

宋真宗大中祥符年间，兖州地区“有州卒自言，得神术能飞行空中，州人颇惑”[⑤]。

宋仁宗天圣年间，京东李定禄等人在山东“夜聚晓散”，传授“妖教”，“不食荤血，迷谬相传，诱之以天堂，怖之以地狱，夜聚晓散，谓之修善”，“闾阎之中，似此多矣……无识之民，多陷邪僻”[⑥]，在山东地区形成了很大的社会影响。庆历五

---

① 《宋会要辑稿》刑法二记载宋廷指明教为“妖教”的理由是：明教的经典“于道、释经藏并无明文该载，皆是妄诞妖怪之言，多引‘尔时明尊’之事，与道、释经文不同”。又，《佛祖统纪》卷三九亦曰：凡是“《二宗经》及非《藏经》所载，不根经文传习惑众者，以左道论罪”。可见，凡是所奉经典不在道、佛之列的宗教或教派在当时都被视为“妖教”。

② 〔宋〕张方平：《乐全集》卷二一《论京东西河北百姓传习妖教事》，《文渊阁四库全书》本。

③ 〔宋〕李焘：《续资治通鉴长编》卷一五九，第3850页。

④ 〔宋〕李焘：《续资治通鉴长编》卷二一，第472页。

⑤ 〔宋〕李焘：《续资治通鉴长编》卷七六，第1743页。

⑥ 〔宋〕刘随：《上仁宗乞禁夜聚晓散及造仪仗祀神》，《宋朝诸臣奏议》卷九八，第1057页。

年（1045），又有人在山东南部地区“挟妖法诱军士为变”，事败后其在濮州（今山东鄄城）的信徒“复有谋叛者，民相摇惊溃”[①]。与此同时，更大规模的是以王则为首的弥勒教在山东、河北交界的德州、齐州等广大地区广泛传播，“党连德、齐诸州”[②]。庆历八年（1048），弥勒教在山东的信徒甚至密谋起兵响应王则，“王则据贝州叛，齐州禁兵马达、张青，与奸民张握等得剑印于妖帅，欲以众叛，屠城应则”[③]。

宋神宗熙宁年间，除了弥勒教仍在传播，如牟平附近就在熙宁年间新建了弥勒寺，又有李逢等人在沂州（今山东临沂）一带“摇惑”，熙宁八年（1075）因当地百姓朱唐的告发而败露。[④]自熙宁六年（1073）以来，又有青州人杨和真在青州及附近地区“传习妖教”，时间长达数年之久，其事败露后，当时的青州知州、通判、都监等地方官十一人因为“失察”遭到了处罚。[⑤]在元丰三年，沂州、徐州等地仍有“妖贼”异动，其同党沂州傅晖等人还因向宋廷告发而得到了赏赐。[⑥]此外，宋神宗时郓州也有“奸民为妖”，“揭帜城隅，著妖言其上，期为变，州民皆震。俄而草场白昼火，盖所揭一事也，民又益恐”[⑦]，后为知州杜纮擒获。

宋徽宗政和年间，山东、河北交界地区“累有夜聚晓散公事”，像无棣（今山东无棣）百姓就与同伙多人在当地传播“妖教”，“各为烧香受戒，夜聚晓散，男女杂处，互相作过”[⑧]。

二

北宋时期山东秘密宗教的大发展，并非偶然，是北宋的时代大气候与当时山东具体情况的小气候综合作用的结果。

---

① 〔宋〕李焘：《续资治通鉴长编》卷一五七，第3806页。
② 〔宋〕李焘：《续资治通鉴长编》卷一六一，第3890页。
③ 〔宋〕李焘：《续资治通鉴长编》卷一六三，第3935页。
④ 〔宋〕李焘：《续资治通鉴长编》卷二五九，第6317页。
⑤ 〔宋〕李焘：《续资治通鉴长编》卷二九九，第7271页。
⑥ 〔宋〕李焘：《续资治通鉴长编》卷三〇五，第7416页。
⑦ 〔元〕脱脱等：《宋史》卷三三〇《杜纮传》，第10634页。
⑧ 〔清〕徐松辑，刘琳、刁忠民等点校：《宋会要辑稿》刑法二，第8323页。

北宋的时代大气候，从文化的角度来看，主要是如何走出儒家伦理纲常信仰危机的问题。而这一点，对民间秘密宗教的发展来说，显然是一个相当有利的因素。道理很简单，只有当社会信仰危机出现的时候，民间秘密宗教才能够得到传播和发展所必需的广泛空间。

北宋上承唐末、五代百余年的战乱而建国，其所处的历史时代，正如明清之际大学者王夫之所反复谈到的，“君臣、父子，人之大伦也。世衰道丧之日，有无君臣而犹有父子者，未有无父子而得有君臣者也。自朱温以至柴氏，七姓十五人，据中土而称帝，天下后世因而帝之。乃当时之臣民，固不倾心奉之以为君，劫于其威而姑号之曰天子，君臣之伦，至此而灭裂尽矣。尤可悯者，并其父子而乱之。漫取一人而子之，遂谓之子；漫推一鬼而祖考之，遂谓之祖考；于是神怒于上，人迷于下，父子之恩，以名相假，以利相蒙，其与禽兽之聚散也奚别？如是而犹望天下之有君臣也，必不可得之数矣”[①]。北宋恰恰就是这样一个“五帝三王之衣冠礼乐，驱以入于狂流”[②]的儒家君臣、父子等支撑传统社会普遍信仰的权威遭到空前挑战而摇摇欲坠的时代。

其实，唐五代时期持续而又剧烈的社会动荡，并非仅仅体现在政治格局风云变幻的表面现象上，更深层次地体现在魏晋隋唐以来儒学独尊地位被打破后，社会心态因为失去了儒家伦理纲常的信仰支柱而带来的普遍失控上。这种社会信仰的丧失所诱发的社会心态的失控，直接导致的后果就是宗教在民间的空前泛滥成灾。除了佛、道两教，相当一批对现实政治表示不满的民众，尤其是广大社会下层成员，转而参加与民众关系密切的秘密宗教，希望从中寻求到精神的依托和现实的利益都是很自然的事情。反过来说，民间秘密宗教的泛滥又难免加剧人心的浮动，进一步恶化了社会政治气氛，这两者之间是一种互相影响的恶性循环的关系。如“唐李淳风作《推背图》。五季之乱，王侯崛起，人有幸心，故其学益炽。开口张弓之谶，吴越至以遍名其子”[③]。五代时期一幕幕改朝换代的闹剧走马灯式地不断上演，与民间秘密宗教在其中的推波助澜是分不开的。像宋太祖在上台的过

① 〔清〕王夫之撰，舒士彦点校：《读通鉴论》卷二八，第889页。

② 〔清〕王夫之撰，舒士彦点校：《读通鉴论》卷二九，第912页。

③ 〔宋〕岳珂撰，吴企明点校：《桯史》卷一，第2页。

程中，同样也利用过“香孩儿”“闭口张弓”“火轮小儿”“定光佛”[①]等多种民间宗教的谶语为自己制造舆论。

正因为如此，从宋太祖开始的北宋统治者，为了稳固统治的需要，在全社会范围重建儒学伦理纲常信仰的同时，煞费苦心，软硬兼施[②]，加大了对于民间秘密宗教的控制和打击力度。如北宋开国伊始，针对民间秘密宗教的泛滥成灾，明确规定：“或僧尼不辨，或男女混居，合党连群，夜聚明散，托宣传于法会，潜纵恣于淫风……关连徒党，并决重杖处死。”[③]这条严酷的敕文是北宋严禁“妖教”的法律依据。宋徽宗宣和年间方腊利用摩尼教起兵反宋后，宋廷又做了更为严酷的补充规定，“诸吃菜事魔，或夜聚晓散、传习妖教者，绞。从者，配三千里；妇人千里，编管。托幻变术者减一等，皆配千里；妇人五百里，编管；情涉不顺者，绞。以上不以赦降原减，情理重者，奏裁。非传习妖教，流三千里。许人捕，至死财产备赏，有余没官。其本非徒侣而被诳诱，不曾传授他人者，各减二等”[④]。据宋代法律史专家的研究，此法把吃菜事魔、夜聚晓散、传习妖教并称，说明此法不仅适用于吃菜事魔，也适用于其他夜聚晓散、传习妖教的秘密组织。从对本非徒侣而被诳诱，不曾传授他人而徒二年半的规定，足见立法之重[⑤]。此外，对收传图谶文书者，宋代刑法也规定：“立烧毁，或首纳入官，官为焚弃。过两月，许人告，重赏之，犯人处死”，“私有图谶及私传习者，听人告，赏钱百千”[⑥]。

这些相关法规，动辄以死刑相威胁，力度不可谓不严，在宋太祖、太宗等朝

① 朱弁《曲洧旧闻》：“五代割据，干戈相寻，不胜其苦。有一僧虽佯狂，而言多奇中，尝谓人曰：‘汝等望太平甚切，若要太平，须待定光佛出世始得。’至太祖一天下，皆以为定光佛后身者，盖用此僧之语也。”

② 《桯史》卷一《艺祖禁谶书》载：“艺祖即位，始诏禁谶书，惧其惑民志以繁刑辟。然图传已数百年，民间多有藏本，不复可收拾，有司患之。一日，赵韩王以开封具狱奏，因言犯者至众，不可胜诛。上曰：‘不必多禁，正当混之耳。’乃命取旧本……皆紊其次而杂书之，凡为百本，使与存者并行。于是传者懵其先后，莫知其孰讹，间有存者，不复验，亦弃弗藏矣。《国朝会要》太平兴国元年十一月，诸州解到习天文人，以能者补灵台，谬者悉黥流海岛，盖亦障其流，不得不然也。”

③ 〔宋〕王溥：《五代会要》卷一二《杂录》，《文渊阁四库全书》本。

④ 〔清〕徐松辑，刘琳、刁忠民等点校：《宋会要辑稿》刑法二，第8343页。

⑤ 郭东旭：《论宋代秘密宗教与法禁》，《宋朝法律史论》，第186页。

⑥ 〔宋〕李焘《续资治通鉴长编》卷二六二，第6403页。

也收到了可观的成效。但是，一方面北宋所背负的唐末、五代民间秘密宗教恶性泛滥成灾的历史包袱毕竟过于沉重，短期内想要肃清不太现实；另一方面，民间秘密宗教在民间往往根深蒂固，单纯地依靠国家行政命令本来就不可能根绝其传播，在生产力水平和精神文明水准都较为低下的古代社会，尤其如此。更何况，从宋真宗受王钦若、丁谓等人的蛊惑东封西祀，以“神道设教”为自欺欺人的国策，一国君臣如同病态一般陷入宗教狂热当中，对民间秘密宗教的打击不可避免地趋向削弱，在宋太祖、太宗朝本来已有所收敛的秘密宗教乘机卷土重来。据史书记载，到宋真宗的晚年，即便是在北宋的都城开封，已经是“妖妄繁炽，遂有席帽精事，闾里惊扰”①。至于天高皇帝远的其他地方，问题自然是更加严重。以江西洪州（今江西南昌）为例，据在当地担任知州的夏竦所说，民间秘密宗教的情况就是：“近岁传习滋多，假托禨祥，愚弄黎庶，剿绝性命，规取货财。皆于所居塑画魑魅，陈列幡帜，鸣击鼓角，谓之神坛。”②像这样的事例，当时在河北、四川和江南等地都是相当普遍的。正如有的研究者所指出的那样：“宋代民间秘密宗教流行之盛、范围之广、结集之众，可以说都是超前的。”③从宋真宗晚年开始，北宋在全国范围内很快就重新出现了民间宗教的再次泛滥。历仁宗、神宗直至北宋末期的徽宗朝，一直都未有大的变化。

在这种民间秘密宗教空前泛滥成灾的时代大气候的影响之下，北宋时期的山东地区当然也不例外。除了时代的大气候，当时山东具体情况的小气候对民间秘密宗教的发展也是相当有利的。

其一，北宋时期的山东，“多淫祠”，迷信祠庙的风气在民间十分盛行。

以章丘临济一带为例，“多淫祠，有针姑庙者，里人奉之尤笃”④。仅据元人所修山东地方志《齐乘》等史料粗略统计，在北宋时的山东，就有水神、山神、城隍神及人物祠等形形色色的祠庙散布于各地。

水神，主要是龙王，北宋时较有名的是沂山龙祠，苏轼曾就当地人笃信龙王司雨，专门为其赋诗曰：“半年不雨坐龙慵，但怨天公不怨龙。今来一雨何足道，

---

① 〔宋〕司马光撰，邓广铭等点校：《涑水记闻》卷六，第120页。

② 〔宋〕夏竦：《文庄集》卷一五《洪州请断祆巫奏》，《文渊阁四库全书》本。

③ 郭东旭：《论宋代秘密宗教与法禁》《宋朝法律史论》，第176页。

④ 〔元〕脱脱等：《宋史》卷二七〇《颜衎传》，第9253页。

龙神社鬼各无功。”还有海神，如临朐建有海庙，“宋初所建，去海才二三里”[①]；蓬莱阁，“本海神庙基，宋治平中郡守朱处约以其地太高峻，移庙西置平地，于此建阁”[②]。还有黄河河神，如宋神宗元丰五年（1082）“诏应沿黄河神济夫人并称显灵神妃，以灵津庙为额”[③]。

山神，为数众多，如莒州马鬐山神庙，“宋政和四年敕额惠感庙”[④]；广济军仿山神祠，“太平兴国五年，秘书丞安德裕知广济军，是岁亢旱，因祷于仿山神祠”[⑤]；沂州艾山神庙，“宋元丰二年封灵镇侯，政和五年赐额昭应”[⑥]；苍山神庙，“宋元丰三年封丰德侯，政和六年赐额灵丰”[⑦]；费县蒙山神庙，“神宗熙宁八年赐额灵显庙，封潜应侯。元祐七年进封公，大观二年封昭济王，政和五年封昭济惠民王”[⑧]；邹县峄山神庙，“宋大中祥符元年封灵岩侯，崇宁四年赐额”[⑨]；密州常山神庙，苏轼在宋神宗熙宁年间担任密州知州时，曾多次前来祭祀山神，因“祷雨未尝不应”写下了《祭常山神祝文》和《雩泉记》等佳作。宋徽宗宣和年间，“封山神灵济昭应王”[⑩]。在众多的山神当中，地位最高、民间影响最大的，当然是泰山的东岳神。据史书记载：“京东相传，东岳天齐仁圣帝有五子。惟第三子，后唐封威权大将军，本朝封炳灵侯。哲宗元符二年六月，始诏四子，长为祐灵侯，次为惠灵侯，第四子为静鉴大师，第五子为宣灵侯。”宋哲宗时，山东地方官重修东岳庙，计建庙室790余间，费钱6800余万[⑪]。如此浩大的工程，可见当时山东地区笃信东岳神的虔诚程度。当时民间要定期举行祭祀泰山的“拜岳大会”，其仪式据仁宗任右司谏的刘随说：“京东群民，间有拜岳大会，率敛财物，千百为群，造作

---

① 〔元〕于钦撰，刘敦愿等校释：《齐乘校释》卷四《古迹》，中华书局2012年版，第353页。

② 〔元〕于钦撰，刘敦愿等校释：《齐乘校释》卷五《古迹》，第456页。

③ 〔宋〕李焘：《续资治通鉴长编》卷三二九，第7939页。

④ 〔元〕于钦撰，刘敦愿等校释：《齐乘校释》卷四《古迹》，第403页。

⑤ 〔宋〕文莹撰，郑世刚、杨立扬点校：《续湘山野录》，第84页。

⑥ 〔元〕于钦撰，刘敦愿等校释：《齐乘校释》卷四《古迹》，第408页。

⑦ 〔元〕于钦撰，刘敦愿等校释：《齐乘校释》卷四《古迹》，第409页。

⑧ 〔元〕于钦撰，刘敦愿等校释：《齐乘校释》卷四《古迹》，第409页。

⑨ 〔元〕于钦撰，刘敦愿等校释：《齐乘校释》卷四《古迹》，第416页。

⑩ 〔元〕于钦撰，刘敦愿等校释：《齐乘校释》卷一《山川》，第43页。

⑪ 〔宋〕曾肇：《曲阜集》卷三《东岳庙碑》，《文渊阁四库全书》本。

王者仪仗，及有真假兵器，结束人物，私自推补，僭侈相尚，搔率户民。原其本情，皆为妄求福佑也。”①

城隍，据说是城市的保护神，是宋代随着城市经济的普遍繁荣而新兴起来的神祠，“其祠几遍天下”，当时各州、县城中往往皆有城隍庙②。宋代的城隍庙不仅分布广，在诸多神祠当中的地位也很高，如南宋大学者陆游就说：城隍“以保民禁奸，通节内外，其有功于人最大”，所以祭城隍“至今世尤谨，守令谒见，其仪在他神祠上”③。北宋时期山东的情况也是如此。史书记载，城隍庙“随郡皆有，亦不烦载”④，遍布州、县。其中，京东东路首府青州的城隍庙就十分有名，流传有许多关于该地城隍神惩恶扬善“众所目击，四方共闻”⑤的故事。

人物祠，即祭祀历代圣帝明王、忠臣烈士等贤能有功德者的祠庙、祠堂。从数量上来说，人物祠是山东地区所有神祠当中最多的。北宋时期的山东，除孔子、孟子等儒家名人的祠庙、祠堂，仅就《齐乘》中所记载，包括以往修建、宋代加以保护和修缮的，以及北宋时新建的人物祠，总数就有二十三处之多。详见下表表1：

表1　北宋山东“人物祠”简表⑥

所在地	祠名	祭祀人物	宋代情况
青州	武成王庙	吕尚（西周）	真宗朝修缮
临朐	常将军庙	常元通（不详）	
潍坊	孔北海祠	孔融（汉末）	徽宗政和四年建
千乘	信公祠	萧榔（后梁）	仁宗嘉祐中重修
莒州	城阳景王	刘章（汉代）	
费县	颜鲁公祠	颜真卿（唐）	哲宗元祐六年建

① 〔宋〕刘随：《上仁宗乞禁夜聚晓散及造仪仗祀神》，《宋朝诸臣奏议》卷九八，第1057页。

② 程民生：《神权与宋代社会——略论宋代祠庙》，《宋史研究论文集》，河北教育出版社1989年版，第401～413页。

③ 〔宋〕陆游：《渭南文集》卷一七《宁德县重修城隍庙记》，《四部丛刊》本。

④ 〔元〕于钦撰，刘敦愿等校释：《齐乘校释》卷四《古迹》，第384页。

⑤ 〔元〕于钦撰，刘敦愿等校释：《齐乘校释》卷四《古迹》，第384页。

⑥ 此表据《齐乘校释》卷四、卷五制。

（续表）

所在地	祠名	祭祀人物	宋代情况
滕州	伏羲庙	伏羲（传说）	
滕州	陶朱公庙	范蠡（春秋）	
滕州	赵盾祠	赵盾（春秋）	宋初建
长山	范公祠	范仲淹（宋代）	英宗治平二年建
莱州	渊圣广德王庙	不详	太祖开宝六年建
莱州	四知庙	杨震（汉代）	
莱州	刘将军庙	不详	
济南	舜庙	大舜（传说）	宋代重修
济南	郦食其庙	郦食其（秦末）	
阳信	李牧祠	李牧（战国）	
棣州	廉颇相如祠	廉颇等（战国）	
滨州	真佑庙	茅焦（战国）	徽宗朝赐额、封侯
滨州	段子明祠	段子明（战国）	徽宗朝封侯
临淄	桓公祠	齐桓公（春秋）	
高密	康成祠	郑玄（汉代）	
德州	刘敬祠	刘敬（汉代）	
德州	东方朔祠	东方朔（汉代）	哲宗朝封侯

如此众多的祠庙散布民间，进一步加重了山东地区本已十分浓郁的宗教气氛，对民间秘密宗教的传播当然是非常有利的。尽管民间祠庙在很大程度上属于多神崇拜的迷信，还不能完全等同于民间秘密宗教，但是它们同秘密宗教有着千丝万缕的联系，很容易向秘密宗教转化。事实上，许多秘密宗教本来就是从民间迷信发展起来的。而且，由于祠庙大多具有贴近下层民众、为广大民众所喜闻乐见的特征，所以往往被民间秘密宗教利用为招揽信徒的便利形式，以至于宋廷在打击秘密宗教的同时，不得不对祠庙也进行一定的限制，如仁宗朝就规定："禁民间结社，祠岳、渎神。"①

其二，北宋时期的山东，外来流动人口十分活跃，从而加速了其他地区的秘密宗教向山东的传播速度，为山东秘密宗教的发展增添了新鲜血液和活力。

① 〔宋〕李焘：《续资治通鉴长编》卷一〇五，第2445页。

我们知道，从唐代中期的“安史之乱”开始，中国古代经济史最为深刻的变革，即经济重心由北方的黄河流域南迁到南方的长江流域，其序幕已经拉开。在唐末、五代长达百余年战乱的残酷摧残之下，北方大部分地区的社会经济大都趋向于一片萧条。直到北宋，像今天的河北、山西、陕西、河南等地都需要国家的财政“输血”。如河北，在宋仁宗时期，仍然是“租税既无所入，皆仰给县官”，当时就是不折不扣的贫困地区。

唯有山东是个例外。按照宋人的说法，北宋时期的山东经济始终保持着良好的发展势头，是公认的“地腴赋羡”①的富庶之地。如名臣包拯有云：山东“逐处地利富实，粮储易致”。曾经在山东为官的苏辙更是说：“齐鲁之富，甲于四方。”②这些说法，如果是同江南地区相对比的话，还是包含着一定的夸大成分的；但若是仅就北方来说，则基本上是符合事实的。

事实上，在宋初未能统一江南的时候，山东地区上交中央的钱粮，沿五丈河（广济河）输送至都城河南开封，是维持北宋国家财政最主要的支柱。对此，仁宗朝宰相王曾有着很好的论述，他说：“国初，方隅未一，京师储廪仰给，唯京西、京东数路而已。河渠转漕，最为急务。京东自潍密以西州郡租赋，悉输沿河诸仓，以备上供。清河起青淄，合东阿，历齐郓，涉梁山泺济州，入五丈河，达汴都，岁漕百余万石。”③即使是北宋完成统一之后，山东在全国的经济地位虽有所下降，但仍不失为北方的经济中心，尤其是邻近的河北，不论是粮食物资，还是财政供应，都要依赖山东。如苏轼就多次谈到二者在经济上的这种依赖关系，形象而又准确地指出：“京东之地，所以灌输河北，瓶竭则罍耻，唇亡则齿寒。”④

所谓“天下熙熙，皆为利来；天下攘攘，皆为利往”，山东这种优越的经济条件，很自然地就把周边地区的许多民众吸引到山东来，他们或是经商，或是定居，或是暂住，构成了山东境内相当规模的外来移民群体。北宋中期以后，随着南北方经济交流的日趋繁荣兴旺，山东迅速发展成为北方地区南北交往的重要枢

---

① 〔宋〕李焘：《续资治通鉴长编》卷二三六，第5753页。

② 〔宋〕苏辙撰，陈宏天等点校：《苏辙集》卷三〇《侯利建京东漕井亮采河东漕》，第514页。

③ 〔宋〕王曾：《王文正公笔录》，《丛书集成初编》本。

④ 〔宋〕苏轼撰，孔凡礼点校：《苏轼文集》卷二六《徐州上皇帝书》，第758页。

纽，全国范围内的人员往来交流就更为频繁，外来人口的数量也有了大幅度的增长。像宋神宗元丰年间的密州板桥镇（今山东胶州）就以“东枕大海，四方商贾所聚”[①]而闻名全国，是当时山东一个十分典型的以商人为主的外来人口聚集地。据史书记载：“板桥镇隶高密县，正居大海之滨，其人烟市井交易繁夥，商贾所聚，东则二广、福建、淮、浙之人，西则京东、河北三路之众，络绎往来。”[②]板桥镇外来人口的构成，当以南方的江浙、福建和北方的河北为主。山东的其他地区，情况也大致类似。

这是一个值得注意的现象。

我们知道，江浙、福建、河北等地，几乎无一例外是北宋时期民间秘密宗教颇为活跃的地区，其流行程度还在山东之上。如河北，情况就一直是“河北州县传习妖教甚多，虽加之重辟，终不悛革。闻别有经文，互相传习鼓惑”[③]。江浙，则是摩尼教（明教、吃菜事魔）、白莲教、白云教、白衣道等最大的秘密宗教的主要发源地和传播地区。根据“江浙之人传习妖教旧矣，而比年尤盛，绵村带落，比屋有之”[④]“倡自一夫，其徒至于千百为群，阴结死党”[⑤]等许多宋代当时人的相关记载，可见当地的民间秘密宗教同样是泛滥成灾。至于福建，更是有过之而无不及。北宋时期，民间奉祠鬼神之风，本来就以福建最为兴盛，所谓“闽之风俗，祭祀报祈，比他郡国最谨。以故祠庙之盛，甲于四方”[⑥]。如福州各县的神祠，“率里社自建立，岁月深远，一邑或至数百所，不可胜载也”。宋真宗时，当地的一个县令一次就曾经拆毁祠庙315所[⑦]。实际上，据当代学者的研究，江浙、福建交界的饶、信、宣、徽、严、婺、衢等州的山区，就是宋代“秘密宗教活动的中心地区”[⑧]。北宋末年，方腊正是在这一地区利用摩尼教起兵反宋。

对山东本地民间秘密宗教的发展来说，上述宋代“秘密宗教活动的中心地

① 〔宋〕李焘：《续资治通鉴长编》卷三四四，第8266页。
② 〔宋〕李焘：《续资治通鉴长编》卷三四一，第8199页。
③ 〔清〕徐松辑，刘琳、刁忠民等点校：《宋会要辑稿》刑法二，第8317页。
④ 〔宋〕范浚：《香溪集》卷一四，《文渊阁四库全书》本。
⑤ 〔宋〕廖刚：《高峰文集》卷二《乞禁妖教札子》，《文渊阁四库全书》本。
⑥ 〔宋〕陆游：《渭南文集》卷二四《福州城隍昭利东岳庙祈雨文》，《四部丛刊》本。
⑦ 〔宋〕梁克家：《淳熙三山志》卷九《诸县祠庙》，《文渊阁四库全书》本。
⑧ 参见郭东旭：《论宋代秘密宗教与法禁》，《宋朝法律史论》，第178页。

区”的民众大量进入山东，就把当地的秘密宗教随之传播到山东，为山东民间宗教输入了新鲜的血液。如今天的滨州、德州、聊城等地从宋代开始，成为民间秘密宗教最为活跃的中心地带，就与当地河北、山东民众来往频繁，河北沧州、清河一带的弥勒教等秘密宗教随之向山东地区传播有关。福建的商人、船民在山东的蓬莱、长岛等地建造了多处带有福建地方特色的神祠，也起到进一步加剧山东地区宗教气氛的作用，是一个显而易见的促进因素。

其三，北宋时期的山东，相当数量的文人士大夫因科举不第，转而走向了利用民间秘密宗教与北宋官府相对立的道路。这对民间秘密宗教的发展，同样是一个举足轻重的促进因素。

尽管秘密宗教是以深入民间、依托广大社会下层民众为主要特征，但其传播和发展，像经文的写作和整理、社会影响力的扩大等，显然也离不开知识阶层即文人士大夫的参与。在通常的情况下，受“子不语怪力乱神”的儒家正统思想影响下的文人士大夫，不仅不会主动地为秘密宗教效力，往往还把民间秘密宗教视为异端邪说，是民间宗教发展的抵制和制约力量。不言而喻，山东地区作为儒家的大本营，这种情况表现得就很典型，对秘密宗教也就是更大的制约因素。如平原人单煦，“举进士，知洛阳县。民以妖幻传相教授，煦迹捕戮三十余人”[①]。

不过，从北宋中期的仁宗、神宗等朝开始，在山东的文人士大夫中间，日益明显地出现了有利于民间秘密宗教发展的异动，文人参与并利用民间秘密宗教起事反宋的大案件连续发生。像《水浒传》中因科举不得志转而积极与社会下层民众联系，并利用民间宗教和信仰来提高自己在民间影响力的“吴学究”吴用的形象，虽然是出于艺术创造，应当说在当时的山东确实是具有相当的代表性的。

变化的产生可能与北宋中期推行的科举制度改革有关。

众所周知，从隋唐确立起科举考试在选官制度中的主导地位以后，对最高统治者来说，是以官位利禄作为诱饵来换取文人士大夫的效忠；而对文人士大夫来说，“朝为田舍郎，暮登天子堂”，沿着读书—科举—做官的道路挤进统治阶级的上层，几乎就成为他们最高的理想和唯一的出路选择。如此一来，最高统治者和文人士大夫两者之间就通过科举选官制度紧密地结合在一起，国家政

---

① 〔元〕脱脱等：《宋史》卷三三三《单煦传》，第10714页。

权的基础得以大大地扩充和巩固。但是，正如宋人所说："唐末，进士不第，如王仙芝辈唱乱，而敬翔、李振之徒，皆进士之不得志者也。盖四海九州之广，而岁上第者仅一二十人，苟非才学超出伦辈，必自绝意于功名之涂，无复顾藉。"[①]新的历史问题随之产生，那就是朝廷可供分配的官位毕竟十分有限，也就是说大部分文人士大夫实际上是无法谋取到一官半职的。他们既然无法通过科举合法地挤进统治阶级的上层，在追求荣华富贵强烈欲望的驱使下，其中相当一部分就会铤而走险，转化为现政权的异己力量。唐末、五代的动乱，与失意文人的活动关系甚大。

正因为如此，宋太祖在北宋建国伊始，就吸取了唐代的历史教训，"广开科举之门，俾人人皆有觊觎之心，不忍自弃于盗贼奸宄"[②]，以唐代数十倍乃至近百倍的空前幅度来增加科举考试的录取名额[③]，从而收到了皇帝"与士大夫治天下"[④]，文人士大夫作为一个整体忠于赵宋王朝的良好效果。宋人也多次将此视作宋太祖超越前人的远见卓识而加以称颂，"进士入官十倍旧数，多至二十倍。而特奏之多，自亦如之。英雄豪杰皆汩没消靡其中而不自觉，故乱不起于中国，而起于夷狄，岂非得御天下之要术欤"，"纵百万虎狼于山林而饥渴之，不知其将噬人。艺祖（指宋太祖）皇帝深知此理者也，岂汉唐所可仰望哉"[⑤]。不过，即使是北宋历代皇帝不惜以严重的"冗官"负担来维持科举考试的高录取率，但要想从根本上解决"僧多粥少"，即官位和考生的数量两者之间存在着巨大差额的不平衡，是不可能的，现实中也是无法做到的。道理很简单，在科举选官制度下，真正能够得利的幸运者只能是少数，失意者才永远是大多数。

更为关键的是，北宋时期的这种不平衡性本来在相当程度上就是以地域的不平衡性表现出来的。所谓"国朝取士"，"所得率江南之秀"[⑥]。在中唐以后经济、文化中心逐步向江南转移的历史大背景之下，以山东为代表的北方文人士大夫在

---

① 〔宋〕王栐撰，诚刚点校：《燕翼诒谋录》卷一，第1页。

② 〔宋〕王栐撰，诚刚点校：《燕翼诒谋录》卷一，第1页。

③ 张希清等：《宋朝典制》，第217～218页。

④ 〔宋〕李焘：《续资治通鉴长编》卷二二一，第5370页。

⑤ 〔宋〕王栐撰，诚刚点校：《燕翼诒谋录》卷一，第2页。

⑥ 〔宋〕王明清：《挥麈录》前录卷三，《文渊阁四库全书》本。

科举考试当中同样愈来愈处于劣势，也就是说，在科场失意者当中反而越来越多以北方文人士大夫为主。对此，苏轼就曾以个人的亲身体会，非常精辟地指出：“昔者以诗赋取士，今陛下以经术用人，名虽不同，然皆以文词进耳。考其所得，多吴、楚、闽、蜀之人。至于京东、西，河北，河东，陕西五路，盖自古豪杰之场，其人沉鸷勇悍，可任以事，然欲使治声律，读经义，以与吴、楚、闽、蜀之士争得失于毫厘之间，则彼有不仕而已，故其得人常少。”[①]事实就是如此，如被后人传为美谈的寇准为莱州胶水（今山东平度）人蔡齐夺得状元的故事，“莱公（指寇准）性自矜，恶南人轻巧。萧贯当作状元。莱公进曰：‘南方下国，不宜冠多士。’遂用蔡齐。出院，顾同列曰：‘又与中原夺得一状元。’时为枢密使”[②]。在寇准为“又与中原夺得一状元”而洋洋自得的背后，更多的恐怕还是反映出北方文人士大夫对南方士人在科举中居于优势地位的无奈。

北宋中期实施了科举制度改革之后，科举制度当中地域性的不平衡又被急剧地拉大。从宋仁宗朝庆历新政开始，至神宗朝王安石变法，北宋对科举制度进行了一系列的改革措施。其中，最主要的内容有两条：一是在考试科目方面，废除了明经诸科，改为专门由进士一科取士；二是在考试内容方面，废除了帖经和诗赋，改考经术大义及论策[③]。这些改革措施，对于北宋造就和选拔“通经致用”的人才，应该说是有相当的积极意义的，但对当时渴望通过科举入仕的山东文人士大夫来说，却不折不扣是雪上加霜。

其中的道理其实很简单。正如《宋史·地理志》所概括的那样：京东路“专经之士为多”，然“皆朴鲁纯直，甚者失之滞固”，北宋时期山东地区的主流学风，仍然是坚持汉、唐经学的传统，强调的是背诵经书及汉、唐诸大儒对经书的注疏。长处是功力扎实，短处则是死读书，读死书，思辨、创新能力差，缺乏社会实际能力，像宋神宗朝宰相吴充就曾评论说：“齐鲁专经之学，诵书之外，不知其他。登第之后，至于官政人事漫不通晓。”[④]如此“专经之学，诵书之外，不知其他”的治学风格，在主要考试对经书记忆程度的明经诸科中还是具有很大优势的，南方

① 〔宋〕苏轼撰，孔凡礼点校：《苏轼文集》卷二六《徐州上皇帝书》，第761页。

② 〔宋〕江休复：《嘉祐杂志》，《文渊阁四库全书》本。

③ 程民生：《宋代地域文化》，第252页。

④ 〔宋〕李焘：《续资治通鉴长编》卷二二三，第5424页。

学者曾感慨地说："南方之学，短于记问，与北学大不相侔，从古则然。每见北士解注与书，并能上口。如《尔雅》之聱牙，正文传注，诵如流水，比比也。"[①]如宋太宗时"青州人王从善应《五经》举，年始逾冠，自言通诵《五经》文注。上历举本经试之，其诵如流"[②]。当时人因此以"经生"来指代山东的文人士大夫。显而易见，废除明经诸科，就使得山东的文人士大夫失去了科举考试中原有的强势科目。

至于进士科中改帖经为经术"大义"，情况也大致如此。帖经，类似于今天的"填空"，所考内容是背诵经书本文及汉、唐诸儒的注释，这种考试形式对山东的文人士大夫来说还是比较有利的。经术"大义"，"试义者须通经、有文采乃为中格，不但如明经、墨义（即帖经）粗解章句而已"[③]，重视的是"义理之学"，以考生能否"断以己意"，即在理论、思辨上是否有所创新作为评判优劣的主要标准，所谓"以阴阳性命为之说，以泛滥荒诞为之辞"[④]。弃"帖经"改考"大义"，对"旧为学究，所习无义理"[⑤]"经义文词，亦自比他路为拙"[⑥]的山东士人来说，正可谓是避长就短，当然是十分不利的。更何况，改以经术"大义"取士之后，在北宋中期理学日益兴起的学术大框架之下，时代的主流学风是以欧阳修、王安石、苏轼等为代表的江南才俊所倡导的"舍传求经""疑经改经""断以己意，糠秕百家之陈迹"。对此，清人曾有很准确的概括，所谓"摆落汉唐，独研义理，凡经师旧说，俱排斥以为不足信"[⑦]。山东文人士大夫的主体仍然墨守汉、唐传统经学的章句训诂之学，"一以注疏为主，无他发明"[⑧]，就难免处于与方兴未艾的主流文化相脱节甚至于相对立的边缘化的尴尬位置上[⑨]，其在科举入仕的道路上愈来愈陷

---

① 〔宋〕陈造：《江湖长翁集》卷二八《寄政府札子》，《文渊阁四库全书》本。

② 〔宋〕李焘：《续资治通鉴长编》卷二六，第595页。

③ 〔元〕脱脱等：《宋史》卷一五五《选举志》，第3618页。

④ 〔宋〕李焘：《续资治通鉴长编》卷三六八，第8858页。

⑤ 〔宋〕李焘：《续资治通鉴长编》卷二三三，第5660页。

⑥ 〔宋〕李焘：《续资治通鉴长编》卷四三四，第10467页。

⑦ 〔清〕纪昀：《四库全书总目》卷一，《文渊阁四库全书》本。

⑧ 〔宋〕李焘：《续资治通鉴长编》卷一九二，第4645页。

⑨ 这种趋势在唐代已经出现，如李白就有《嘲鲁儒》诗："鲁叟谈五经，白发死章句。问以经济策，茫如坠烟雾。"

入被动是必然的①。

正因为上述科举制度的改革对山东文人士大夫的冲击最大，所以在改革推行的时候，时任二府大臣的文彦博就表示过担忧，提出："齐、鲁诸生，常以诵经为业，近闻朝廷厘改科场，此辈恐未能遽改所业，必有失职之忧。"②皇帝宋神宗却不以为然，只答应"令展一次科场，方依今来新制"③。

问题并不像皇帝想像的那样乐观。正如苏轼所说："夫惟忠孝礼义之士，虽不得志，不失为君子；若德不足而才有余者，困于无门，则无所不至矣。"④与主流文化相脱节的边缘化、科举考试失意者的与日俱增，都不可避免地加剧了山东文人士大夫与北宋中央政府的离心倾向。如元丰八年(1085)，今天山东的巨野、聊城、惠民等地区"不能改业"的举人就于礼部抗议示威。⑤更为严重的是，从宋仁宗庆历年间开始，在山东陆续出现了一系列失意文人士大夫积极参与的反宋事件。如庆历六年(1046)五月，"腰斩京东进士刘沯、五经刘沔、胡信于都市。以淄州讲书刘晓为右班殿直、尚书学究孙佐龙为三班奉职，沯等谋反，而晓及佐龙告发之也"⑥。其中最典型的是庆历五年(1046)孔直温谋反的案件。此事始末据《续资治通鉴长编》卷一五七记载："徐州狂人孔直温谋叛……初，徐州人告直温等挟妖法，诱军士为变，而转运使不受，亟诣提点刑狱、屯田郎中吕居简。居简令勿言有不受者，复与转运使合谋捕直温等。直温等既受诛，濮州复有谋叛者，

---

① 当时的山东文人士大夫即便是入仕者，也被主流文人所轻视，被骂作"齐鲁鄙朴经生""碌碌经生"，很多人只能担任县令一类小官。如《默记》卷中记载："先公言，刘庄恪公平初及第，为常州无锡尉。时有巨盗在境上未获。会岁旦日，入谒县宰。是时，循国初故事，多用齐鲁鄙朴经生为县令，而无锡令又昏老之经生也。令厅史赞簿、尉廷趋，而端坐于厅事受之。平素尚气，不能堪，径趋厅事，捽而奋拳痛殴之，踣于座下。"又据《续资治通鉴长编》载，密州(今山东诸城)人杨安国于仁宗朝为翰林学士，"讲说一以注疏为主，无他发明，引论鄙俚，世或传以为笑。尤不喜纬书，及注疏所引纬书，则尊之与经等"。宋神宗对齐文人士大夫的印象特别不好，认为"齐鲁诸儒，言过其行，如李徽之辈，每肆大言"。

② 〔宋〕李焘：《续资治通鉴长编》卷二二三，第5424页。

③ 〔宋〕李焘：《续资治通鉴长编》卷二二三，第5424页。

④ 〔宋〕苏轼撰，孔凡礼点校：《苏轼文集》卷二六《徐州上皇帝书》，第761页。

⑤ 〔元〕马端临：《文献通考》卷三一，第911页。

⑥ 〔宋〕李焘：《续资治通鉴长编》卷一五八，第3828页。

民相摇惊溃。居简驰往，得其首恶，诛之。”此处称孔直温为“徐州狂人”，似有所避讳。时人魏泰所撰《东轩笔录》就直接称其事为：“山东举子孔直温谋反，或言直温尝从介(指石介)学。”[①]又,《续资治通鉴长编》同卷云：“国子监直讲孙复，责监虔州税。孔直温败，索其家，得遗复诗故也。”皆可证孔直温其人不仅身为举人，而且曾经师从山东文人的领袖石介，同“泰山学派”的另一重要人物孙复也有诗文往来，其实是一个不折不扣的文人士大夫。

山东地区频繁发生的文人谋反事件，在以重文和优待士大夫为国策的北宋是十分罕见的，自然引起了朝野上下的瞩目。如富弼曾分析个中原因的时候说：“臣后来察访京东一路，甚有凶险之徒，始初读书，即欲应举，洎至长立，所学不成，虽然稍能文词，又多不近举业，仕进无路，心常怏怏。颇读史传，粗知兴亡，以至讨寻兵书，习学武艺。因兹张大胸胆，遂生权谋，每遇灾祥，便有切议……唯是凶徒密相结扇，或遇饥岁，必有切发……似此辈类，的实甚多，散在民间，但未发耳。”[②]富氏所云“仕进无路，心常怏怏”，可谓一语破的，点明了山东文人士大夫入仕道路的不畅是最关键的因素。苏轼则提出了具体解决方案，建议：“特为五路(指山东、河北等北方地区)之士，别开仕进之门。”[③]但是，他们的建议都未得到最高统治者的采纳，终北宋一代，这一问题都没有得到较好的解决。

应该指出的是，山东地区的文人士大夫在与政权相对立的时候，往往要利用民间宗教的形式，如富弼所说：“每遇灾祥，便有窃议。”前面谈到的孔直温谋反一事，也是“挟妖法，诱军士为变”。正因为失意文人与山东地区民间秘密宗教之间的密切关系，当王则利用弥勒教起兵反宋的时候，宋廷就有人谈到所谓“京东逆党”在其中的煽动作用。“京东逆党”，指的就是山东地区当时因仕进无门而“起狂妄之谋”的失意文人[④]。确实，北宋时期山东大量科举失意文人的存在，对秘密宗教的发展起到了推波助澜的重要作用。

---

① 〔宋〕魏泰撰，李裕民点校：《东轩笔录》卷九，第104页。

② 〔宋〕富弼：《上仁宗乞采访京东狂谋之士》，《宋朝诸臣奏议》卷一四四，第1634页。

③ 〔宋〕苏轼撰，孔凡礼点校：《苏轼文集》卷二六《徐州上皇帝书》，第761页。

④ 〔清〕徐松辑，刘琳、刁忠民等点校：《宋会要辑稿》刑法二，第8298页。

三

北宋时期山东的秘密宗教，表现出以下几个较为突出的特征。一是分布区域广，基本上遍及山东全境。其中尤其是在山东、河北交界的今天的滨州、德州、聊城等地最为活跃。二是持续时间长，整个北宋时期，山东地区都有秘密宗教的活动。相比而言，又以宋仁宗庆历年间，宋神宗熙宁、元丰年间，和北宋末年的宋徽宗宣和年间，为民间秘密宗教活动的三个高潮期。三是信徒众多。北宋时期山东秘密宗教的触角已经深入到民间基层乡村，“凡小村落，辄立神祠。蚩蚩之氓，惑于祸福，往往奔凑，相从聚散”[①]，信徒的数量十分庞大，以至于王则利用弥勒教起兵反宋失败之后，山东、河北等“州郡大索妖党，被系者不可胜数”，都到了法难责众的程度，皇帝宋仁宗也不得不下诏表示：“诸传习妖教，非情涉不顺者，毋得过有追捕。”[②]四是政治性强。北宋山东地区的秘密宗教在传播过程中，不仅自身就有较严密的组织性，而且往往和民间结社相结合，利用民间结社的形式来扩大影响，吸引信徒。民间秘密宗教具有较强组织性的本身[③]，就是对北宋官府权威的一种政治性的挑战。如北宋中期山东民众就有“霸王社”的民间组织，“椎剽夺囚，无不如志”[④]。更为重要的是，北宋时期秘密宗教的教义具有强烈的政治色彩。以北宋时期在山东影响最大的弥勒教为例，其经典有《五龙经》《滴泪经》和图谶诸书，基本教义是“言释迦佛衰谢，弥勒佛当持世”，也就是把现实的世界描绘成黑暗的末世，号召信徒为结束末世，迎来美好的未来世界而斗争，因而很容易成为下层民众借以反对官府的理论工具。《五龙经》后来发展成为《五公末劫经》，鼓吹改朝换代的色彩更加浓厚，一直到清代，都是山东秘密宗教中的重要经典。

---

① 〔宋〕李焘：《续资治通鉴长编》卷一五九，第3849～3850页。

② 〔宋〕李焘：《续资治通鉴长编》卷一六三，第3920页。

③ 如郭东旭在《论宋代秘密宗教与法禁》中就指出：北宋的秘密宗教通常都具有“严密的组织、严格的纪律”，“建立了一套与官府近似的机构，显示了向政权方向发展的趋势”。山东秘密宗教的组织情况，也是如此。

④ 〔元〕脱脱等：《宋史》卷三一九《曾巩传》，第10390页。

北宋时期山东民间秘密宗教的大发展，对宋代及元、明、清直至近代齐鲁文化的影响极为深远。从此以后，秘密宗教作为民间文化的主要组成部分之一，与官方的儒家文化，佛、道等正统宗教鼎足而三，成为宋、元、明、清时期齐鲁文化发展中一个不容忽视的重要因素。明清、民国时期，八卦教、义和团、一贯道等当时全国颇大的民间秘密教派，都是最早兴起于山东，进而发展到全国的。

原载《民俗研究》2004年第4期

宋代山东道教的发展及其文化意义

北宋时期是山东道教由衰败走向繁荣的转折时期，在宋太祖、太宗、真宗、徽宗等最高统治者尊崇道教国策的扶持之下，山东道教摆脱了五代以来的衰败局面，迅速发展成为北方地区的道教中心区域之一，为金代全真道兴起于山东进而风行天下，奠定了坚实的基础。

一

道教是中国土生土长的本土宗教，而据陈寅恪、何兹全等著名学者的研究，以今天临沂为中心的山东滨海地区就是道教最主要的发祥地之一。所以，山东本来就具有十分浓厚的道教传统。但是，在两晋更迭之际，山东地区的道教信徒或是南迁江南（如琅邪王氏），或是因参与北方各割据军事集团的混战而被打击（如王弥等），山东道教遭到了极大的摧残，元气大伤。此后的十六国及隋唐，山东地区佛教大兴，道教的发展又不可避免地遭到了佛教的压制。至五代十国时期，整个北方地区的道教都很不景气，山东地区更是“奉道者，千万人中一二矣”[①]，呈

① 〔宋〕常崇道：《天庆观石幢题记》，《全宋文》卷四七七，第420页。

现出山穷水尽的惨淡局面。这种情况直到宋太祖赵匡胤开创北宋王朝之后才有了根本性的改观。

转机的出现颇具传奇色彩。据史书记载，北宋开国皇帝赵匡胤在登上皇帝宝座之前，有过一段较长时间浪迹天涯的经历，后来又在后周军中从很不起眼的禁军小校逐步干起，直到周世宗死后方得以异军突起，发动陈桥兵变夺取了天下。应该说，赵匡胤起家时地位之低微，夺权之迅速成功，在五代都是仅见的。虽然如此，还是有不少人慧眼独具，在宋太祖未发迹变泰之前，就能做到风尘中识得英雄，对落魄中的他施以援手。而赵匡胤在取得天下之后，也投桃报李，慷慨地加以报答，其中就有许多道教人物。当时的山东道教界中，也有这样的幸运者。

一是崂山道士华盖先生刘若拙。刘若拙，四川人，早年在四川罗浮山修道，后唐同光二年（924）来到崂山，是宋初崂山道教的重要人物。他与宋太祖交往的事迹，多种元人文献都有相关记载。如于钦所撰《齐乘》说："劳山有上清宫，五代末，华盖仙人（即刘若拙）识赵太祖于侧微，宋人为建此宫。"[①]张起岩《聚仙宫碑铭》亦曰："五代时，有华盖真人刘姓者（指刘若拙）自蜀而来，遁迹兹山。宋祖闻其有道，召至阙庭，留未几，坚求还山，敕建太平兴国院以处之，上清、太清二宫，其别馆也。"元仁宗延祐四年（1317）朱翚所撰《重修上清宫记》也称："宋初，昌陵（指宋太祖）与华盖真人际遇。"宋太祖即位之后的乾德五年（967），就正式把刘若拙从崂山召至京城，任命他为主管全国道教事务的左街道录，"俾之肃正道流"[②]，两人关系遂更加密切。史称："若拙，蜀人，自号华盖先生，善服气，年九十余不衰，步履轻疾。每水旱，必召于禁中，设坛场致祷，其法精审，上甚重之。"开宝五年（972），宋太祖又委托刘若拙"集京师道士试验，其学业未至而不修饰者，皆斥之"[③]。当刘氏执意离京返崂后，宋太祖还专门从国库拨巨资为他在崂山修建道场，这就是崂山著名的太平宫、太清宫和上清宫三座道观。太平宫原名"上苑宫"，是"上赐道苑"的简称，意在铭记宋太祖的恩赐。由于工程浩大，直至宋太宗太平兴国初年才最后完工，故以竣工时的年号称"太平宫"。

---

① 〔元〕于钦撰，刘敦愿等校释：《齐乘校释》卷一《山川》，第47页。

② 〔宋〕孟元老撰，伊永文笺注：《东京梦华录笺注》卷四《修整杂货及斋僧请道》，第414页。

③ 〔宋〕李焘：《续资治通鉴长编》卷一三，第290页。

二是沂山东镇庙的道士们。据当地方志记载：宋太祖赵匡胤早年曾亲自率兵攻打沂山脚下由后周大将韩通镇守的军事要隘穆陵关，数度猛攻都未能得手，后来在沂山东镇神庙道士们的鼎力相助之下才取得了胜利。宋太祖在统治稳固之后，为了表示答谢，就在建隆三年（962）专门下诏，由官府大规模地扩建东镇庙。据当地保存的宋碑《创建东镇庙记》载：前后建道舍93楹，历时共两年八个月，规模之大不难想见。

此类“风云际会”“攀龙附凤”的故事，素来为古代史家所青睐，至于道教史书对这些有利于提高道教地位的佳话更是津津乐道。

其实，宋太祖对山东道教的扶植，固然可能存在感恩图报的个人感情因素，但更重要的，无疑还是与其尊崇道教的宗教国策有关。我们知道，宗教是统治者巩固统治的重要工具，而宋太祖在北宋建国后继续沿用后周世宗抑制佛教的政策，甚至于有意“废其教”，其转而利用道教与佛教相抗衡实属必然。更何况宋太祖在起家的过程当中，对道教在制造舆论、争取人心等方面的特殊作用有着极为切身的体会，像陈桥兵变时宋太祖所利用的“点检作天子”“日下复有一日”等谶语，就是由道教徒替他“造”出来的，因而宋太祖的宗教政策就明显地向道教倾斜。

具体地说，早在北宋开国的当年，宋太祖就派专使到老子的家乡真源（今河南鹿邑）祭祀老子。次年正月就以扬州行宫改建为宋代的第一座官家道观——建隆观。建隆三年（962），太祖又大规模地扩建周世宗在开封修筑的太清宫道观，并以自己的年号更其名为“建隆”，在其中祭祀太上老君，以后“斋修率就是观”。开宝四年（971），宋太祖又下诏在全国范围内“前代祠宇各与崇修”[①]，各地遂陆续开始了重修或新建道观。为了提高道教徒的素质，开宝五年（972），宋太祖又专门下诏在禁止私度人为道的同时，宣布革除道教由来已久的“寄褐”恶习。据《燕翼诒谋录》记载：“黄冠之教，始于汉张陵，故皆有妻孥，虽居宫观，而嫁娶生子与俗人不异。奉其教而诵经，则曰‘道士’，不奉其教不诵经，惟假其冠服，则曰‘寄褐’，皆游惰无所业者，亦有凶岁无所给食，假寄褐之名，挈家以入者，大抵主首之亲故也。太祖皇帝深疾之，开宝五年闰二月戊午，诏曰：‘末俗窃服冠裳，号为寄褐，杂居宫观者，一切禁断。道士不得畜养妻孥，已有家者，遣出外

① 〔清〕徐松辑，刘琳、刁忠民等点校：《宋会要辑稿》礼二〇，第987页。

居止。今后不许私度，须本师、知观同诣长吏陈牒，给公凭，违者捕系抵罪。’自是宫观不许停著妇女，亦无寄食者矣”[①]这对提高道教的社会声誉，保证道教的健康发展无疑是很有利的。

显而易见，宋太祖上述尊崇道教的政策，为北宋道教的发展提供了一个有利的时代大气候。而他在沂山、崂山大规模敕修道观，又为山东道教创造了一个适宜的地方小气候。于是，山东道教适逢其会，“东崂山、西沂山”，东西相互呼应，作为道教在山东的中心区域，两地在宋初短短的几年里就带动了整个山东道教走向繁荣。以沂山地区为例，除宋太祖敕建的东镇庙外，在其附近又陆续兴建了六十多座道观，形成了著名的道观密集区。

崂山道教则更是兴旺，除了刘若拙在宋初道教界地位尊崇以外，据史书记载，刘若拙的弟子甄栖真也是宋初一位著名的道士。甄栖真，字道渊，自号神光子，单州单父（今山东单县）人。《宋史》称他：“博涉经传，长于诗赋。一应进士举，不中第，叹曰：‘劳神敝精，以追虚名，无益也。’遂弃其业，读道家书以自乐。初访道于牢山（即崂山）华盖先生（即刘若拙），久之出游京师，因入建隆观为道士。”[②]据道教典籍的说法，他后遇道教仙人许逊的点化而得道，演化为后来道教所尊崇的神仙人物。宋神宗朝，崂山又有著名道士陈璞，他和先后在山东地区为官的苏轼、苏辙兄弟交往其密。如苏辙曾赋诗云：“养生尤复要功圆，溜滴南溪石自穿。近见牢山陈道士，微言约我更三年。”[③]有注云：“牢山陈道士璞近过此，叩之，竟无所云，约三年当再见。”苏轼也称赞他：“此人不惟有道术，其与人有情义，久要不忘如此，亦自可重。”[④]

宋太祖以后的北宋最高统治者，大多恪守宋太祖尊崇道教的既定方针。如北宋的第二个皇帝宋太宗，就是以“优待道教”而著称，时人称他是“名山大川，灵踪胜境，仁祠仙宇，经之营之，致恭之诚广也”[⑤]。他在即位之初，就大兴土木，

---

① 〔宋〕王栐撰，诚刚点校：《燕翼诒谋录》卷二《禁民庶宫观寄褐》，第19页。

② 〔元〕脱脱等：《宋史》卷四六二《方技下》，第13517页。

③ 〔宋〕苏辙撰，陈宏天等点校：《苏辙集》卷一〇《诗九十六首》，第195页。

④ 〔宋〕苏轼撰，孔凡礼点校：《苏轼文集》卷五二《尺牍·与王定国四十一首》，第1518页。

⑤ 〔宋〕钱若水修，范学辉校注：《宋太宗皇帝实录校注》卷八〇，第804页。

为道士张守真在凤翔府终南山修建了上清太平宫，以祭祀道教的神“黑杀将军”。端拱元年（988）二月，宋太宗又不顾大臣的反对，以个人资产在开封修建上清宫，至至道元年（995）正月方才完工，共有一千二百四十一区，“殿塔排空，金碧照耀，皆一时之盛观”，规模十分宏大。不仅如此，宋太宗还大规模地征召道士进京，给陈抟、丁少微等当时道教的重要人物以很高的礼遇。

宋真宗更是有过之而无不及。从大中祥符元年（1008）“天书”下降至乾兴元年（1022）宋真宗去世的十余年间，为了摆脱宋、辽澶渊“城下之盟”的耻辱，粉饰太平，宋真宗在王钦若、丁谓等佞臣的蛊惑下，举行了东封泰山、西祠汾阴、尊崇圣祖、广建道观等一系列以尊崇道教为中心内容的“东封西祀”运动。由此，掀起了北宋历史上一次轰轰烈烈的崇道高潮。

宋真宗的“东封西祀”，当然是劳民伤财的荒唐闹剧，如元人所修《宋史》卷八“赞曰”就嘲笑宋真宗君臣是“一国君臣如病狂然，吁，可怪也”。但对北宋道教的发展来说，无疑是极为难得的历史机遇。史载：大中祥符二年（1009）十月“诏诸路、州、府、军、监、关、县择官地建道观，并以‘天庆’为额，民有愿舍地备材创盖者亦听。”[①]宋仁宗天圣七年张蒙撰《重修仙华观记》更详细记载：“真宗皇帝统乾坤而在掌，秘道德以为心，故得百姓熙熙，四夷穆穆。祥符中，敕下诸处名山洞府，所有经坏宫观，并仰载崇。如名山洞府无者，仍许居民舍地建造，悉以天庆彰号。”[②]大中祥符三年（1010），又诏两京诸路宫观道士每十人即可度一人，不及十人亦如之。在北宋政权如此的大力扶植之下，道教尤其是北方地区的道教有了迅猛的恢复和发展，“道教之行，时罕习尚，惟江西、剑南人素崇重。及是，天下始遍有道像矣”[③]。真宗天禧二年（1018），又普度道冠七千余人，使道冠的总数上升到二万多人。与此同时，宋真宗还组织大量的人力，编撰《道藏》，至天禧三年（1019）修成多达4565卷的《大宋天宫宝藏》。《道藏》修成后，宋真宗又将其广泛地赐予各地道观，“宋兴，祥符、天禧中，真宗始大崇起其教，而玉清昭应宫、景灵宫、会灵观、祥源观皆置使典领。又命其徒与诸儒裒其书，是正谬讹，缮写以藏于其处，而以其余赐天下宫观，以广其传”，从而改变了“释氏书遍满州

① 〔宋〕李焘：《续资治通鉴长编》卷七二，第1637页。
② 〔宋〕张蒙：《重修仙华观记》，《全宋文》卷三九二，第104～105页。
③ 〔宋〕李焘：《续资治通鉴长编》卷七二，第1637页。

县，而道家所录独散落不完”[①]的尴尬局面，促进了道教经典的传播和道教理论的发展。

相比而言，山东是宋真宗东封泰山和尊崇圣祖的中心区域，正所谓“近水楼台先得月”，山东道教在这场闹剧中得益最大，发展也最快。以宋真宗天禧五年（1021）北方各路的道冠数量对照为例，可参见下表表1：

表1 宋真宗天禧五年北方道冠数量简表[②]

地区	数量	地区	数量
东京	959	河北	364
京东	560	河东	229
京西	397	陕西	467

从中不难看出，至宋真宗末期，山东地区的道冠数量远远在河北、河东、陕西等其他北方地区之上，已经成为当之无愧的北方道教最为繁荣的中心之一。

在这一时期的山东各地当中，尤其是以兖州奉符县（今泰安）的泰山和仙源县（今曲阜）的寿丘，道教的发展最为突出，呈现出与原有的山东道教中心崂山、沂山鼎足而立的势头。

在泰山地区，以宋真宗大中祥符元年（1008）十月率文武百官封禅泰山为契机，当地道教的发展空前繁荣。据《宋史》记载：宋真宗在封禅之后，就加号泰山神为“仁圣天齐王”，后又加尊为帝，号曰“东岳天齐仁圣帝”，使泰山神成为名符其实的神君。在道观的兴建方面，在唐代泰山地区最有影响的岱岳观得到重新修缮的同时，宋真宗还把历代帝王封禅泰山的行宫奉高宫，更名会真宫，改为道观。大中祥符七年（1014）十月，宋真宗专门“命知制诰盛度为兖州会真宫醮告使，入内押班周怀政为都监。上以真灵不测，虑祠祭有所不及，乃作文，令度等特诣宫南择地建坛场醮告”[③]。此外，封禅前后在泰山兴建或扩建的主要道观还有天贶殿、昭真观、天书观、乾元观、真君观等。按照真宗朝的规定：兖州的知州

① 〔宋〕范镇：《崇道观道藏记》，《全宋文》卷八七一，第283页。

② 〔清〕徐松辑，刘琳、刁忠民等点校：《宋会要辑稿》道释一，第9979页。

③ 〔宋〕李焘：《续资治通鉴长编》卷八三，第1900页。

每年都要亲自到乾元观朝拜，直到仁宗朝才改由奉符县知县代替。昭真观，是为了供奉封禅时在泰山王女池边发掘出来的王女像，“池侧有石像，颇摧折，诏刘承珪易以玉石。既成，上与辅臣临观。辛酉，遣使砻石为龛，奉置旧所，令钦若致祭”[①]。在后世产生巨大影响的泰山道教神碧霞元君崇拜，就是由此逐渐发展起来的。

道教在曲阜寿丘的异军突起，主要得益于宋真宗在该地尊崇“圣祖”。圣祖，是宋真宗为了抬高赵氏皇族的地位，更好地巩固统治，把编造出来的一个道教新神仙“上灵高道九天司命保生天尊大帝”赵玄朗说成是赵氏皇族的先祖，所谓：“天尊曰：‘吾人皇九人中一人也，是赵之始祖；再降，乃轩辕皇帝，凡世所知少典之子，非也。母感电梦天人，生于寿邱。后唐时，七月一日下降，总治下方，主赵氏之族，今已百年。’”[②]这也就是把中华民族的人文始祖黄帝硬性地规定为赵氏皇族一家的始祖。自此以后，在北宋道教的神仙体系当中，圣祖就成为与玉皇大帝相并列的最高神。北宋最高统治者与道教遂更加密切地结合起来。

为了祭祀“圣祖”及随之而来的“圣祖母”，从大中祥符五年（1012）闰十月开始，宋真宗就拨官费，派人在传说中的黄帝诞生地——今天的曲阜寿丘大规模地兴建景灵宫、太极观等道观。其过程，据《续资治通鉴长编》详细记载：“改兖州曲阜县为仙源县。建景灵宫、太极观于寿邱，以奉圣祖及圣祖母。遣内供奉官周怀政与本州长吏规度兴作，俟宫观成日，备礼奉册。凡宫观之制，皆南开三门，二重，东西两廊，中建正殿，连接拥殿。又置道院、斋坊，其观宇之数，差减于宫”[③]，“遣内侍于莱州采玉石，造景灵宫圣像”[④]。大中祥符九年（1016），景灵宫、太极观工程完工，历时长达四年之久，宫观总共有1322区，是当时全国与开封城的玉清昭应宫齐名的最为宏大的道教建筑之一，仅专门负责洒扫之役的士兵就有531人，为此还特别设立了清卫左第三指挥的番号。宫观落成后，宋廷连续在该地举行了设醮、告成、奉册等多次高规格的道教活动，由宰相王旦、向敏中等先后主持，从而使当地的崇道气氛达到了高潮，跻身北宋中期山东道教最发达的地区。

---

① 〔宋〕李焘：《续资治通鉴长编》卷七〇，第1561页。
② 〔宋〕李焘：《续资治通鉴长编》卷七九，第1798页。
③ 〔宋〕李焘：《续资治通鉴长编》卷七九，第1802页。
④ 〔宋〕李焘：《续资治通鉴长编》卷八三，第1899页。

二

宋真宗之后的仁宗、英宗、神宗、哲宗四朝，由于日益窘迫的财政压力，宋廷大规模修建道观有所收敛，但扶植道教的基本国策并没有改变。如宋仁宗在当时就有为道教神仙“赤脚大仙”下凡的说法，后来他还发起了对道教神仙“葛将军”的崇拜。到宋徽宗统治的时候，在蔡京等人的支持下，北宋又掀起了更大规模的第二次尊崇道教的高潮。

宋徽宗沉溺于道教的程度在北宋皇帝当中也是空前的，他本人公开以道教教主自居，“讽道箓院上章，册己为教主道君皇帝”[①]。为了尊崇道教，他不顾财政上的压力，在全国各地新建道观千余座，还广度道士，编撰道书，为大臣颁经授箓，朝廷上下一派“仙气”弥漫。依仗徽宗的宠信，道士们不仅凌驾于佛教僧侣之上，在朝廷上也十分活跃，“宣和崇尚道教，黄冠出入禁闼，号金门羽客，气焰赫然”。宋徽宗还别出心裁地设置道官、道职、道学等，道官可以享受多种特权，“其家得为官户，其亲得以用荫”[②]。宋徽宗统治时期，北宋道教发展到了极盛期。

值得注意的是，山东道教不仅仅是宋徽宗崇道的受益者，如政和八年（1118）六月泰山道士们就在朝廷的支持下，乘机强行把佛教寺庙建封院改为道观——“升元观”。其事，详见《金石萃编》卷一四七《升元观敕》：“兖州奉符县泰山之下有古洞天，周三十里，名曰三宫，宫洞之天，载在图经，是实即目。宫观并无名额，却有建封院一所，逼连岳庙之后，殿屋完备，田产颇多，六一村僧占据住持，征役民间，安攒丘墓，秽恶不蠲，深虑触渎真仙，不便。欲乞备申朝廷，改为道观。……敕：宜赐升元观为额，牒至准敕。……袭庆府管内都道正、兼权措置升元知观事、洞天大师赐紫道士李冲寂立石。”更为重要的是，在宋徽宗崇道的大背景下，许多山东地区的道教人物十分活跃，在其中扮演了推波助澜的重要角色。例如：刘下功，“字子民，滨州人，生之日有祥云护屋上。长遇异人授之以法，遂修真励行。政和六年，赐号高尚真人”；魏二翁，“濮州雷泽人，遇异人得道……

① 〔元〕脱脱等：《宋史》卷二一《徽宗三》，第398页。

② 〔宋〕汪藻：《靖康要录》卷四，《文渊阁四库全书》本。

徽宗闻其名，遣使起之”；贾文，“临沂人，自幼深参道教。政和间，尝遇吕纯阳与之游，自后能作词章，深知祸福。上召见，赐以紫衣而归，寻访神游之处，乃得龟蒙之阳，建殿宇，聚徒众”。在这些人物当中，作用最突出的为有“老王先生”和“王老真人”之称的北宋末年名道士王老志。

王老志，濮州临泉人，是宋徽宗朝山东道教的代表人物，《宋史》卷四六二《方技》中有简略的传记。除正史，在蔡絛《铁围山丛谈》、叶梦得《避暑录话》和陆游《家世旧闻》等多种宋人的野史笔记当中，对王老志的生平事迹，也有相关的记载。蔡絛是蔡京的儿子，叶梦得则是蔡京的亲信门生，陆游的父亲陆宰当时也在朝廷中为官，他们或是同王老志有过亲身交往，或是听当时人谈过王老志的言行，因而他们所记载的王老志的事迹，相比于《宋史》，就显得更加细致和丰满。

综合这些记载，可以看出：王老志出身小吏，为吏“阅二十年”，颇为谙熟官场百态和官场处身之道，因而在自称遇钟离权得道成为道士之后，就能够牢牢地抓住官僚们贪婪追求荣华富贵和长生成仙的心理，用“为人言祸福”“言京必贵极人臣”等山东方士惯用的手法，赢得了蔡京、王黼等执掌大权的宋徽宗宠臣的信任。在他们的引荐下，王老志得以拜见宋徽宗，又故伎重演，通过当面赤裸裸地吹捧宋徽宗为道教中的神仙而获得皇帝的尊崇，被封为“洞微先生”。宋徽宗政和三年（1113）十一月，宋徽宗自称祭祀时有神仙降于云间，作《天真降临示现记》颁行全国，“道教之盛，则自此始”。实际上，“郊天而天神为出，夏祭方泽而地祇为应，皆老志先时奏而启发之”[①]，此事完全是出于王老志的具体筹划。所以说，王老志确实是促使宋徽宗尊崇道教运动拉开大幕的关键性人物之一。

在宋徽宗崇道的热潮当中，山东道教的地域分布有了新的变化，胶东滨海地区在继崂山之后，又崛起了以昆嵛山为中心的新的道教繁荣区。正如金代的《宁海州玉虚观碑》所说：“东牟之昆嵛，昔麻姑洞天也。诸山绵亘相属，秀异峭拔为东方冠。山之足踏于海者三，相距俱不满百里。蓬莱、瀛洲、方丈，朝夕相望于晻霭间，盖天地英灵自然之气独钟于此，故世多神仙异人焉。”[②]大致以昆嵛山

① 〔宋〕蔡絛撰，冯惠民等点校：《铁围山丛谈》卷五，第88页。

② 〔清〕张金吾编纂：《金文最》卷八一《宁海州玉虚观碑》，第1176页。

为中心的今天烟台、威海等地区，既有山海相连的秀丽风光，又富蕴神仙道教的海洋文化底蕴，具有道教发展的理想条件。从魏晋南北朝开始，当地就有道教的零星活动，如唐代初年朝廷在今天的蓬莱就修建了三清殿，由庄姓道士世代住持，传说五代宋初的著名道士陈抟还曾云游至此。唐代时还曾有黄县人卢童子得道，"骑白鹤升仙，唐封号冲禧真君"。宋太宗、宋真宗时期，牟平道士于知雄则被宋真宗钦封为汶阳管内道正，赐号"洞微大师"，是当时道教界中的著名人物[①]。至宋徽宗朝，麻姑信仰在胶东地区不断地推广，成为推动道教在当地发展的强大动力。麻姑是道教中的神仙人物，传说原籍福建，后来胶东修道，其在当地的事迹散见于《夷坚志》《续夷坚志》《齐乘》《山东通志》等地方志的相关记载。昆嵛山，原名姑余山，就是传说之中麻姑得道成仙的地方，是麻姑信仰的发祥地之一。据《齐乘》中引《仙经》的详细记载，"姑余山，麻姑于此修道上升，余趾（址）犹存，因名姑余。后世以姑余、昆嵛声相类，而讹为昆嵛，然今东夷人止名昆嵛。又有小昆嵛，与之相连"[②]。宋徽宗政和六年（1116），宋廷封麻姑为虚妙真人；重和元年（1118）又在昆嵛山扩建其庙为显异观。直至清代，显异观依然是香火旺盛。麻姑信仰在胶东地区的传播过程中，又与滨海地区源远流长的海神崇拜结合了起来，特别是与福建传来的妈祖相结合，发展成为著名的护航神——海神娘娘崇拜。如宋徽宗宣和四年（1122），宋廷就在蓬莱修建了有名的天后宫，即海神娘娘庙；同时在今天的长岛，由福建商贾和船民出资修建了显应宫，至今已经发展成为北方地区最大的海神娘娘庙。

北宋末年道教麻姑信仰在以昆嵛山为中心的胶东地区的迅速传播，对促进山东道教在金、元时期的发展具有十分重要的意义。据道教史料的相关记载，金代全真教的创始人王重阳在离开陕西前往胶东昆嵛山传道前就自称："我，东方有缘。"[③]抵达之后，又"访山前大姓于氏，曰：我前生修炼此山"[④]。如果排除其中为道教徒所刻意渲染的神秘因素，应该说，正是北宋时期胶东滨海地区道教的长足进步，才为全真道以此为基地走向辉煌准备了必要的前提条件。王重阳早期在当

① 〔宋〕常崇道：《天庆观石幢题记》，《全宋文》卷四七七，第420页。

② 〔元〕于钦撰，刘敦愿等校释：《齐乘校释》卷一《山川》，第50～51页。

③ 〔清〕张金吾编纂：《金文最》卷八二《全真教祖碑》，第1200页。

④ 〔元〕于钦撰，刘敦愿等校释：《齐乘校释》卷一《山川》，第51页。

地传道，显然也具体利用了当地影响很大的麻姑信仰。

三

北宋时期的山东道教，在道学领域呈现出以下两方面鲜明的特色。

第一，以内丹派学说为主流。

在北宋时期山东道教的代表人物当中，无论是初期的刘若拙、甄栖真，还是晚期的王老志，他们在山东地区传播的，是当时道教当中最为欣欣向荣的内丹派学说。刘若拙早年修道的四川罗浮山，本来就是道教内丹派学说的重要发源地之一，道教史研究一般认为隋代罗浮山道士苏元朗以《周易参同契》中“金来归性初，乃得称还丹”为寓意，倡导“归神丹于心炼”“性命双修”，是道教内丹派的主要开山人物。刘若拙由罗浮山北上山东崂山传道，同时把内丹学说传到了山东。甄栖真亦然，据道教史籍的说法，他不但曾得传说中的道教内丹派祖师许逊（东晋时人，和后来的钟离权、吕洞宾一样，都是半人半神的道教神仙人物）传授“炼形养元”的丹诀，还同五代宋初内丹派吕洞宾一系的重要传人刘海蟾交游甚密，“以诗往还，论养生秘术，目曰《还金篇》，凡两卷”①。刘海蟾，名刘操，据道教《历代真仙体道通鉴》的说法，他为五代宋初人，得吕洞宾传授丹诀；同时内丹派南宗之祖张伯端也是刘海蟾的嫡传弟子。可见，刘海蟾也是宋初内丹派当中当之无愧的重要人物。至于王老志，则更是如此，《宋史》本传中称他师从钟离权，“所谓钟离先生也，予之丹，服之而狂”。钟离权，按照道教史籍的说法，是在唐宋之际传授内丹学说的最主要的人物。据当代道教史研究的权威著作任继愈先生主编的《中国道教史》认定：“内丹修炼必赖师传，师师相承必有其源。今文献中留下姓名的两宋内丹修炼者百余人，其师派多可溯源于钟离权、吕洞宾。两宋内丹无疑以钟、吕一系为主流，南宗与全真道皆源于钟、吕。”南宋末李简易的《玉溪子丹经指要》卷首所载的《混元仙派图》，列出了钟、吕一系从上古递传至南宋末的传承谱系，“其中所举八十余人中，出于传说、附会者固未尝无，遗漏者亦不在少数，但仍不失为一份最早、最系统的内丹传承史料”②。在《混元仙派图》

① 〔元〕脱脱等：《宋史》卷四六二《方技下》，第13517页。

② 任继愈主编：《中国道教史》（增订本），中国社会科学出版社2001年版，第613页。

当中所列由钟离权亲自传授的第一代内丹传人，仅有吕洞宾、王老真人、陈朴等数人。王老真人，指的就是王老志。由此可见王老志在道教内丹学派中的尊崇地位，也可以看出北宋时期的山东道教确是内丹派的重镇。

道教内丹派，是唐宋之际兴起的道教新流派。与以往魏晋隋唐时期的道教炼制、服食用丹砂等多种药物炼制成的丹药（即所谓的外丹）不同，内丹派教义注重的是精神内修，主张性命双修，强调以先天元气为药物，以元神、真意为内炼主宰，不再单纯地依赖外服丹药。道教内丹派的兴起，符合宋代文化由外向转向内在的时代大趋势，在道教的发展史上具有重大的意义。它不仅使道教摆脱了以往信徒往往因服食丹药中毒而死对道教所带来的负面影响，而且由于内丹派倡导以人体本身的精气神为修炼的"药物"，声称不论是贵贱男女，得诀即可修炼成仙，不再像以往那样需要昂贵的专门药物，就使得道教不再是单纯为达官贵人成仙梦想服务，转变为社会各阶层人士能够普遍接受的东西，从而大大扩大了道教的群众性。具体到山东道教，全真教就是在内丹派教义基础之上发展起来的，北宋时期山东道教内丹派的广泛传播，都应是全真道得以在山东迅速兴盛的主要因素之一。

第二，儒道融合。

山东是儒学的大本营，这是任何宗教在山东发展所无法回避的前提，道教当然也不例外。相比于佛教而言，由于道教是本土宗教，其教义又"有君臣之分，尊严难犯"，与儒家的伦理纲常有更多的相通之处，因而较容易为儒家士大夫所接受。如山东道教在北宋时期的发展过程当中，就得到了山东儒家士大夫，或在当地为官的大儒们的信奉或支持。像王禹偁坚决排斥佛教，却视道教为知己，喜穿道服，喜读《老子》书，并赋诗称颂道教名人许逊道："子美（指杜甫）集开诗世界，伯阳（指许逊）书见道根源。"[①]范仲淹亦然，他曾作《道服赞》，其辞云："道家者流，衣裳楚楚。君子服之，逍遥是与。虚白之室，可以居处。华胥之庭，可以步武。岂无青紫，宠为辱主；岂无狐貉，骄为祸府。重此数师，畏彼如虎。旌阳之孙，无忝于祖。"[②]晁迥则"善吐纳养生之术"[③]，"学道于刘海蟾，得炼

① 〔宋〕王禹偁：《小畜集》卷九，《文渊阁四库全书》本。

② 〔宋〕范仲淹：《范文正集》别集卷四，《文渊阁四库全书》本。

③ 〔元〕脱脱等：《宋史》卷三〇五《晁迥传》，第10086页。

气服形之法”。多年在山东为官的名臣富弼、欧阳修等也都同道教关系极为密切，尤其是富弼，“少好道，自言吐纳长生之术，信之甚笃，亦时为烧炼，而不以示人”[①]，完完全全就是一个道教的信徒。在儒学复兴的历史大背景之下，儒家士大夫与道教的密切联系，无疑是山东道教发展得天独厚的有利条件。反过来，儒家士大夫积极参加道教活动，又更加加速了山东道教向儒学的靠拢，如宋仁宗时期山东汶阳天庆观所立《石幢题记》就公开宣称“非道教无以升君子”，“非儒教无以理国家”[②]。

山东道教与儒学双方这种互动的融合关系，对宋代儒学的复兴同样具有特别关键的意义。因为宋代的新儒——理学是以从宇宙本体论角度论证儒学伦理纲常的合理性为基本特色的，其形成在很大程度上就是以周敦颐、邵雍等人主要汲取道教在本体论领域的思辨营养为前提的，周、邵二人所构建的太极—阴阳—五行—万物的宇宙生成模式，显然就是直接渊源于当时著名的道士陈抟、种放一系的《无极图》和《先天图》，是道教宇宙论和儒家学说的有机结合。

在这一点上，北宋时期的山东道学做出了承前启后的突出贡献。道理很简单，因为陈抟、种放本人尽管长期在陕西一带修道，但他们的学说很早就传入山东，并在山东道学当中得以发扬光大。汇总元人修《宋史》《齐乘》及《渑水燕谈录》等多种宋人野史笔记的相关记载，可以初步统计到陈抟、种放一系道学在山东的嫡传弟子就有以下多位人物：

田告，居于济南明水，曾拜见过宋太祖，《续资治通鉴长编》卷一三称其为“东鲁逸人”，“田征君告，字象宜，笃学好文，理致高古，尝学诗于希夷先生（即陈抟），先生以《诗评》授之，故诗尤清丽”[③]。

张咏，濮州鄄城人，以治蜀著称，《宋史》有传。他和陈抟交往密切，如《湘山野录》卷上谓：“公（指张咏）愤然毁裂儒服，欲学道于陈希夷抟，趋豹林谷，以弟子事之。”《渑水燕谈录》卷二《名臣》亦曰：“张忠定公咏布衣时，希夷先生一见奇之，公曰：‘愿分华山一半居，可乎？’先生曰：‘非公可及。’别赠以毫楮。公曰：‘是将婴我以世务也。’后公贵显，以名德重天下。将赴剑南，

① 丁传靖辑：《宋人轶事汇编》卷八《富弼》，第368页。

② 〔宋〕常崇道：《天庆观石幢题记》，《全宋文》卷四七七，第419～420页。

③ 〔宋〕王辟之撰，吕友仁点校：《渑水燕谈录》卷四《高逸》，第44页。

以诗寄先生曰：'性愚不肯林泉住，强要流清拟致君。今日星驰剑南去，回头惭愧华山云。" 朱熹曾经谈道："张乖崖（指张咏）云：阳是人有罪而未书案，尚变得；阴是已书案，更变不得。此人曾见希夷来，言亦似《太极图》。"[①]

李之才，字挺之，"青社人也，天圣八年同进士出身，为人朴且率，自信，无少矫厉。师河南穆脩，脩性卞严寡合，虽之才亦频在诃怒中，之才事之益谨，卒能受《易》。时苏舜钦辈亦从脩学《易》，其专授受者惟之才尔。脩之《易》受之种放，放受之陈抟，源流最远，其图书象数变通之妙，秦、汉以来鲜有知者"[②]。

刘概，字孟节，青州寿光人，"少师种放，笃古好学，酷嗜山水"[③]。

张荷，字若山，"早依田告为学。告卒，入终南，师事种放，而吴遁、魏野、杨朴、宋澥皆友也"[④]。

其中，尤其是以李之才的作用最为突出。据史书记载，宋代理学的两大开山人物周敦颐和邵雍都同他有着学术渊源。邵雍，"世所谓康节先生之《易》者，实受之挺之"，这是宋、明及清代学者的共识。《宋史》李挺之本传详细记载其事说："之才初为卫州获嘉主簿、权共城令。时邵雍居母忧于苏门山百源之上，布裘蔬食，躬爨以养父。之才叩门来谒，劳苦之曰：'好学笃志果何似？' 雍曰：'简策之外，未有迹也。' 之才曰：'君非迹简策者，其如物理之学何？' 他日则又曰：'物理之学学矣，不有性命之学乎？' 雍再拜，愿受业。于是先示之以陆淳《春秋》，意欲以《春秋》表仪《五经》，既可语《五经》大旨，则授《易》而终焉。"[⑤]《贵耳集》卷下进一步明确地指出："濮上陈抟以《先天图》传种放，放传穆脩，脩传李之才，之才传邵雍。"

当代的一些学者，对周、邵二人师承道教的陈抟、种放有所怀疑，但也都承认周、邵二人深受道教陈抟、种放一系的影响。而李之才，就是陈抟、种放与周、邵二人之间学术传承的关键性中间环节。正如现代史学名家陈登原先生所说："濂溪（指周敦颐）渊源挺之。挺之，固道士也。朱熹自称道士，耽情庄老，

① 〔宋〕黎靖德编，王星贤点校：《朱子语类》卷一二九《自国初至熙宁人物》，第3093页。

② 〔元〕脱脱等：《宋史》卷四三一《儒林一》，第12823页。

③ 〔宋〕王辟之撰，吕友仁点校：《渑水燕谈录》卷四《高逸》，第50页。

④ 〔宋〕王辟之撰，吕友仁点校：《渑水燕谈录》卷六《文儒》，第71页。

⑤ 〔元〕脱脱等：《宋史》卷四三一《儒林一》，第12824页。

深信阴阳卜筮，则是亦与道士无二。至于以儒书打醮，则为道士者，非但有朱，兼有陆（指陆九渊）矣。”[①]从这个角度上看，李之才在理学发展史上显赫的学术地位，应该说也正是北宋时期山东道教在道学领域所取得的重要成就。

原载《东岳论丛》2005年第2期

① 陈登原：《国史旧闻》（第二分册），第371页。

试论北宋山东地区的诗歌创作

山东地区自春秋晚期以来，就具有浓厚的诗歌传统。经过唐代诗歌的空前繁荣之后，在北宋时期的山东，诗歌创作仍然保持着持久不衰的强劲势头，不仅是有文集传世的文人士大夫在其文集当中大多有相当数量的诗作，即便是在民间，也有“诗社”一类的诗歌创作、欣赏团体出现，甚至于下层市井商贩也纷纷附风弄雅，加入其中，可见诗歌在山东的普及程度。①以《宋史·文苑传》为例，收入的“有诗名”的山东籍文士就有十余人之多：赵邻几，郓州须城人；鞠常、鞠愉兄弟，密州高密人；崔遵度，淄州淄川人；穆脩，郓州人；刘潜，曹州定陶人；李冠，齐州历城人；孙唐卿，青州人；晁端友、晁补之、晁泳之父子，济州巨野人；李格非、李清照父女，济南人。山东临淄人王辟之作有《渑水燕谈录》，对山东诗人的收录更为翔实，仅粗略统计有以下十余人：张咏，濮州鄄城人；王元之（即王禹偁），济州巨野人；石介，兖州奉符人；胡旦，滨州人；于泰，青州寿

① 宋人吴可《藏海诗话》即云：“幼年闻北方有诗社，一切人皆预焉。屠儿为《蜘蛛》诗，流传海内，忘其全篇，但记其一句云‘不知身在网罗中’，亦足为佳句也。元祐间，荣天和先生客金陵，僦居清化市为学馆，质库王四十郎、酒肆王念四郎、货角梳陈二叔皆在席下，余人不复能记，诸公多为平仄之学，似乎北方诗社。”又，《宋人轶事汇编》卷五记王禹偁幼年时所作诗句“蜘蛛虽巧不如蚕”，可能就与当时诗社中的屠儿《蜘蛛》诗有关。

光人；田告，齐州历城人；麻仲英，临淄人；刘概，青州寿光人；王樵，淄川人；僧文幼，淄川人；张荷，青州寿光人；赵师民，临淄人；张在，青州人；赵文度，青州人。

又，据《宋诗纪事》卷二至卷四三统计，山东籍的诗人更有73 人之多，见下表表1：

表1 北宋诗人分布数量表①

地名	开封府	京西路	京东路	河北路	河东路	陕西路	淮南路	两浙路	江西路	江东路	福建路	湖北路	湖南路	成都路	梓州路	利州路	夔州路	广东路	广西路
人数	40	78	73	58	16	39	65	231	91	45	128	15	18	71	8	6	2	4	4

上表中的京东路即现在的山东地区。从上表中不难看出，山东的诗人数量，在北宋全国列第五位，地位十分重要。

北宋时期的山东，不仅诗人众多，而且风格也多姿多彩，如果以时间先后为序，可以大致划分为以下四个阶段：

其一，在宋太宗时期（976—997），主流是效仿白居易和杜甫的诗风，代表人物是王禹偁。

王禹偁是北宋初年著名的文学大家，在散文领域是古文运动的重要先驱之一，在诗歌方面也是最早突破宋初轻佻浮华、内容空虚的唱和诗风，开拓出一条现实主义新路的代表诗人。他的诗风，用他本人的话概括就是“本与乐天为后进，敢期子美是前身”。

王禹偁早期主要学习白居易。《蔡宽夫诗话》云：“国初沿袭五代之余，士大夫皆宗白乐天诗，故王黄州主盟一时。”大学者钱锺书先生在《宋诗选注》中也指出：“（王禹偁）在北宋三位师法白居易的名诗人里——其他两人是苏轼和张耒——他是最早的，也是受影响最深的。”②王禹偁习学白居易诗，不像宋初诗人那样囿于元和唱和体的束缚，而是继承并发扬白居易新乐府中敢于批评时政的风

① 转引自程民生：《宋代地域文化》，第334页。

② 钱锺书选注：《宋诗选注》，人民文学出版社1989年版，第5页。

格，写下了大量反映现实民间疾苦、揭露统治者黑暗统治的诗作，如《谪居感事》《金吾》《秋霖二首》《感流亡》《乌啄疮驴歌》《对雪示嘉祐》《射弩》等。其中，《乌啄疮驴歌》一诗，以凶狠的猛禽啄食病驴之肉，比喻那些贪得无厌的官吏，揭露了对本已极度贫困的民众仍然要拼命盘剥的官吏丑恶；《感流亡》一诗，则以同情的笔调，描绘了民众在灾荒时挣扎于死亡线上的悲惨景象，讽刺那些坐享高官厚禄的官员不过是社会的蛀虫而已。以上两首诗颇有白居易《卖炭翁》等新乐府名作的风采。王禹偁的这些诗作，在语言上朴实无华、通俗易懂，尤其是古体长篇，大都以单行素笔，直写胸中所见，而不甚着意刻画描写，初步开拓了宋诗议论化、散文化的时代趋势。

贬官商州之后，王禹偁的诗风转向以学习杜甫为主，如他在《送丁谓序》中就说："诗效杜子美。"在《日长简仲咸》中更盛赞"子美集开诗世界"①。此后，他以杜甫诗为榜样，创作了《寒食》《清明》《新秋即事》《春居杂兴》《杏花》《村行》等许多带有杜甫诗风格的诗作。以他的律诗《村行》为例："马穿山径菊初黄，信马悠悠野兴长。万壑有声含晚籁，数峰无语立斜阳。棠梨叶落燕脂色，荞麦花开白雪香。何事吟余思惆怅，村桥原树似吾乡。"这首得到后人高度评价的诗作，其成功之处有二：一是字句锤炼精深，意味悠长。像"数峰无语立斜阳"就尤其出色，山峰本不能语，故云"无语"；而诗人着一"立"字，就将山峰拟人化，陡觉它们含情脉脉，虽不语而精神毕现，从而产生在平淡中见奇特的艺术效果。钱锺书先生曾专门点评王禹偁此句说："按逻辑说来，'反'包含先有'正'，否定命题总预先假设着肯定命题。王夫之《思问录·内篇》所谓：'言无者，激于言有而破除之也。'诗人常常运用这个道理。山峰本来是不能语而'无语'的，王禹偁说它们'无语'……并不违反事实；但是同时也仿佛表示它们原先能语、有语、欲语而此刻忽然'无语'……改用正面的说法，例如'数峰毕静'，就减

---

① 钱锺书先生对王禹偁此语评价很高，认为："他（王禹偁）对杜甫的评论也很值得注意。以前推崇杜甫的人都说他能够'集大成'，综合了过去作家的各种长处，例如元稹《故工部员外郎杜君墓系铭》说：'小大之有所总萃'，'尽得古今之体势'。王禹偁注重杜甫'推陈出新'这一点，在《日长简仲咸》那首诗里，用了在当时算得很创辟的语言来歌颂杜甫开辟了诗的领域：'子美集开诗世界。'"参见钱锺书选注：《宋诗选注》，第5页。

削了意味。”[①]二是风格沉郁，借景抒情。诗人开篇绘声绘色，反复铺陈乡村秋日晚景的美好，目的不在于写田园风光，而是以此美景来反衬诗人被贬官后的苦闷、哀伤及对家乡的思念之情，形成鲜明的对比，给读者以强烈的震撼。王禹偁的其他作品也大多具有这些长处，在艺术上达到了当时那些应酬唱和之作所不能比拟的高水准，对北宋时期山东地区的诗歌创作也有很大的影响。

其二，在宋真宗时期（998—1022），西昆体诗风也影响到山东诗界，代表人物是张咏、崔遵度等。

西昆体的风格与王禹偁师法白居易、杜甫朴实无华、清新自然的诗风有很大的不同，他们推崇的是晚唐诗人李商隐，讲究“丰富藻丽”“对偶亲切”，最重辞句的推敲，并大量使用典故。因而遣词造句的水准虽高，对仗也十分工整，内容却相当空虚无物，语言上也存在着晦涩难懂的问题。

这一时期的山东诗坛也是如此。如真宗朝山东地区的两位重要诗人张咏、崔遵度等都有诗作被杨亿列入《西昆酬唱集》之中，张咏有两篇，即律诗《馆中新蝉》和《鹤》；崔遵度有一篇，即五言诗《属疾》，通常也被视作西昆体一派作品。崔遵度的《属疾》诗：“李白羹初美，相如渴渐瘳。八砖非性懒，三味减心忧。笔宛多批凤，词锋胜解牛。旧山疑鹤怨，畏日想云愁。广内劳挥翰，通中羡枕流。使星方屡降，客辖未容投。好奏倪宽议，何须庄舄讴。朝衣熏歇不，侍史待仙洲。”[②]诗中几乎每一句都使用典故，几近卖弄，而诗的本意不过是盛赞杨亿文采之高而已。张咏的《馆中新蝉》：“脱尘还与比仙游，露腹何妨近品流。嫩壳半遗红药地，细声偏傍绿杨楼。诗家取象吟难尽，画格偷真意不休。正好儒林拟绥绋，凭栏无苦预悲秋。”《鹤》：“共怜洁白本天姿，纵在泥尘性不卑。况是稻粱厌足日，好看烟月却归时。迹参诗雅何年尽，名系仙经四海知。应到昆丘数来历，曾陪鸳鹭浴华池。”[③]虽然写的是蝉、鹤等人们喜闻乐见的动物，却频繁运用生僻的典故，类似于故意绕弯子的文字游戏，如果不看题目，普通读者根本不知诗人所云何物。这都是很典型的西昆体诗作。

---

① 钱锺书选注：《宋诗选注》，第8页。

② 〔宋〕杨亿：《西昆酬唱集》卷下，《全宋诗》卷七二，北京大学出版社1995年版，第814页。

③ 〔宋〕张咏撰，张其凡整理：《张乖崖集》卷一三《补遗》，中华书局2000年版，第133页。

不过，相比而言，张咏的风格要更加开阔一些，他的许多诗作，如反映农民疾苦的《愍农》《悯旱》等诗，对西昆体仅限于受诏修书、宫廷游宴等狭窄内容有所突破。更为关键的是，正如王禹偁曾经说他："秉笔为文，落落有三代风。"[①]北宋名臣韩琦也赞他："文章雄健有气骨，称其为人。"[②]张咏的诗作有一种"雄健"的豪放气势，像他的《解嘲》诗："我本高阳徒，平生意气凌清虚。词锋即日未见试，壮年束手来穷途。蛟龙岂是池中物，风雨不来狂不得。"《淮西叙别》诗："天门高兮未我揭，驱马淮西阻风雪。高阳狂客夜敲门，清谈大笑倾金尊。"[③]两诗都有一种不仅是以华靡为特色的西昆体诗所不曾有，即便是王禹偁也有所不及的放声高歌、恣肆汪洋的豪放格调。这种豪放诗风，恰恰与山东地区的"朴鲁"风气相合拍，影响越来越大，逐步成为山东诗坛十分突出的地域特色。在这一方面，张咏的贡献值得引起高度重视。

其三，在宋仁宗时期（1023—1063），豪放诗成为山东诗坛的主流，早期以范讽、石延年、刘潜等"东州逸党"为代表，后期以石介及其弟子们最为突出。

"东州逸党"，是宋仁宗景祐年间在山东地区形成的一个具有浓郁山东地方特色的诗歌流派。据李焘《续资治通鉴长编》卷一二〇记载："始，范讽责授武昌行军司马，会乙未赦书，落责授，徙保信，听居舒州，既遭母丧，于是许归齐州持服。讽日饮酒自纵。所与游者，辄慕其所为，时号'东州逸党'。"《宋史》卷三〇四范讽本传则云："讽类旷达，然捭阖图进，不守名检，所与游者辄慕其所为，时号'东州逸党'。"卷四四二《文苑传·颜太初》亦曰："山东人范讽、石延年、刘潜之徒喜豪放剧饮，不循礼法，后生多慕之，太初作《东州逸党诗》，孔道辅深器之。"这个流派的代表人物是范讽，主要成员有范讽的两位好友曹州定陶人刘潜和曾任金乡知县的宋城人石延年。他们三人都是以个性突出、喜豪饮、生活放荡不羁而著称，如范讽是"辨数激昂，喜为名声"，"类旷达，然捭阖图进，不守名检"。其出仕后在政坛上十分活跃，多次参与仁宗朝初期北宋最高层的政治斗争，出使契丹时，曾"过幽州北，见原野平旷，慨然曰：'此为战地，不亦佳

① 〔宋〕王禹偁：《小畜集》卷一九《送张咏序》，《文渊阁四库全书》本。

② 〔宋〕韩琦：《安阳集》卷五〇《故枢密直学士礼部尚书赠左仆射张公神道碑铭》，《文渊阁四库全书》本。

③ 〔宋〕张咏撰，张其凡整理：《张乖崖集》卷二《古诗》，第11、14页。

哉！’北人相目不敢对”[①]。刘潜则“少卓逸有大志”，石延年更是“为人跌宕任气节，读书通大略，为文劲健，于诗最工而善书”[②]。范讽、刘潜、石延年性格相投，诗风相近，因而结成密友，共同组成了“东州逸党”。因石延年曾任金乡知县，故《宋史·文苑传》干脆把他同范讽、刘潜二人一起称作“山东人”。除此三人，和“东州逸党”关系比较密切的还有李逊、董储、范拯等人，其中以董储最值得注意。据苏轼《跋董储书》记载，董储是密州安丘人，“能诗，有名宝元、庆历间。其书尤工，而人莫知，仆以为胜西台也”[③]。他曾经担任过苏轼家乡眉州的地方官，对苏洵、苏轼父子有所提携。苏轼后来知密州时，于熙宁九年(1076)专门拜访了董储的故居，并赋诗《董储郎中尝知眉州，与先人游，过安丘，访其故居，见其子希甫，留诗屋壁》：“白发郎潜旧使君，至今人道最能文。只鸡敢忘桥公语，下马来寻董相坟。冬月负薪虽得免，邻人吹笛不堪闻。死生契阔君休问，洒泪西南向白云。”

“东州逸党”的豪放个性，表现在诗歌的创作上，同样是以豪放恣肆、气魄宏大见长。可惜的是，“东州逸党”中范讽和刘潜的诗作传世很少。范讽有《题鼎州甘泉寺》：“平仲酌泉回北望，谓之礼佛向南行。烟岚翠锁门前路，转使高僧厌宠荣。”另存《题张氏园亭》中二句：“惟有南山与君眼，相逢不改旧时情。”[④]这便很难总结出其风格了。然而石延年的诗作保存下来较多，因为范讽、石延年、刘潜三人风格大致近似，从中即可以看出“东州逸党”这个流派的一些共同特征。石氏较为有名的作品，有《赠刘潜归陶丘》：“丈夫未大用，身与仁义闲。可宜更聚散，风尘摧厥颜。君今归柯泽，路出梁宋间。芒砀有吾庐，亲老待我还。羡子先谐愿，思亲头鬓斑。”[⑤]《寄尹师鲁》：“十年一梦花空委，依旧河山损桃李。雁声北去燕南飞，高楼日日春风里。眉黛石州山对起，娇波泪落妆如洗。汾河不断水南流，天色无情淡如水。”[⑥]《偶成》二首：“力振前文觉道孤，耻

① 〔宋〕李焘：《续资治通鉴长编》卷一一〇，第2565页。
② 〔元〕脱脱等：《宋史》卷四四二《石延年传》，第13070页。
③ 〔宋〕苏轼撰，孔凡礼点校：《苏轼文集》卷六九《跋董储书二首》，第2182页。
④ 北京大学古文献研究所编：《全宋诗》卷七三，第833页。
⑤ 北京大学古文献研究所编：《全宋诗》卷一七六，第2001页。
⑥ 北京大学古文献研究所编：《全宋诗》卷一七六，第2003页。

同流辈论荣枯。动非仁义何如静，得见机关不似无。孔孟也宜轻管晏，皋夔未必失唐虞。侯王重问吾何有，且自低心混世儒。”“年去年来来去忙，为他人作嫁衣裳。仰天大笑出门去，独对春风舞一场。”[①]这些诗作，就像欧阳修在《哭曼卿》诗中所说的那样：“作诗几百篇，锦组联琼琚。时时出险语，意外研精粗。穷奇变云烟，搜怪蟠蛟鱼。”诗作大多振奇发秀，气横意举，特别是“仰天大笑出门去”之句，可谓酣畅淋漓，难怪苏舜卿、石介等北宋著名的文人皆公推石延年为“诗之豪者”。这个“诗之豪者”的评价，用来概括“东州逸党”一派的诗风，应当说也是十分准确的。

石介是古文运动当中批判并彻底清算西昆体的健将，他在诗歌方面，发扬了张咏和“东州逸党”的豪放诗风，并将“豪放”之风导向了以诗歌为武器，直截了当地评论时政，大胆发表个人政治见解的政治诗路数上。他流传至今的一百四十余篇诗作，大都是为事而发，如《汴渠》《麦熟有感》《蜀道自勉》《读诏书》《西北》《闻子规》等，皆是以当时具体的政治大事为题材，来抒发诗人的忧国忧民之情。以《西北》为例：“吾尝观天下，西北险固形。四夷皆臣顺，二鄙独不庭。吾君仁泰厚，旷岁稽天刑。孽芽遂滋大，蛇豕极膻腥。渐闻颇骄蹇，牧马附郊垧。吾恐患已深，为之居靡宁。堂上守章句，将军弄娉婷。不知思此否，使人堪涕零。”此诗描述了诗人对西北边境国防形势日益吃紧的严重担忧，以及对当时文恬武嬉的现实表达了强烈的不满。石介最有名的政治诗，当首推他在庆历新政时所作的《庆历圣德颂》。这首四言长诗，多达九百余字，爱憎分明，鞭挞了尸位素餐的保守派，同时热情如火地歌颂了范仲淹、富弼、杜衍、韩琦、欧阳修、蔡襄等庆历新政的领袖人物，如赞范仲淹、富弼是“惟仲淹、弼，一夔一契”[②]。这首“别白邪正甚详”的政治诗一问世，立即震动了北宋朝野上下，“由是谤论喧然，奸人嫉妒，相与挤之，欲其死而后已”，在当时政治斗争中发挥了重大的作用。

在“东州逸党”、石介等人的推动下，山东诗坛的“豪放”风气日盛一日，很快就达到了“粗豪”的程度。如魏泰《东轩笔录》即云：“皇祐已后，时人作

---

① 北京大学古文献研究所编：《全宋诗》卷一七六，第2003、2009页。

② 〔宋〕石介撰，陈植锷点校：《徂徕石先生文集》卷一《庆历圣德颂》，第9页。

诗尚豪放，甚者粗俗强恶，遂以成风。”[①]这虽然是就北宋整个诗风而言的，其实这个风气在山东表现得最为明显。如石介的学生杜默，作诗狂怪奇涩，就是当时一个“粗豪”之风很典型的例子。苏轼就曾诙谐地谈道：“石介作《三豪诗》，略云：‘曼卿（指石延年）豪于诗，永叔（指欧阳修）豪于文，杜默豪于歌也。’永叔亦赠默诗云：‘赠之《三豪篇》，而我滥一名。’默之歌少见于世，初不知之，后闻其篇云：‘学海波中老龙，圣人门前大虫，推倒杨朱墨翟，扶起仲尼周公。’皆此等语。甚矣，介之无识也！永叔不欲嘲笑之者，此公恶争名，且为介讳也。吾观杜默豪气，正是京东学究饮私酒，食瘴死牛肉，醉饱后发者也。”[②]东坡点明杜默这种“豪气”属“京东学究”之通病，可见是风在山东确实到了物极必反的程度。

其四，从宋神宗朝（1068—1085）直至北宋末年，东坡弟子居于山东诗坛的主导地位，山东诗风受苏轼的影响很大。

从宋仁宗朝开始，欧阳修、苏轼、苏辙、曾巩、黄庭坚等北宋著名的大诗人陆续在山东地区担任地方官，如欧阳修知青州，曾巩知齐州，苏辙任齐州掌书记，苏轼先后知密州、登州，黄庭坚则监德州、德平等地。这些代表宋代最高水平的文豪来到山东，与山东当地的文人士大夫唱和切磋，提携当地的青年才俊，对山东诗歌水平的提高，起到了巨大的推动作用。

贡献最大的，当首推交游广泛的苏轼，如《渑水燕谈录》就记载：“子瞻虽才行高世而遇人温厚，有片善可取者，辄与之倾尽城府，论辨唱酬，间以谈谑，以是尤为士大夫所爱。”[③]在他于山东出任密州知州前后，一批山东的文人士大夫陆续汇集在他的身边，师法苏轼，在北宋后期形成了山东诗坛上居于重要地位的“苏门弟子”群体，代表人物主要有晁补之、李之仪、李格非等人。

晁补之，字无咎，自号归来子，济州巨野人，是苏轼门下最著名的弟子之一，与张耒、秦观、黄庭坚齐名，并称为“苏门四学士”。他的父亲晁端友与苏轼交游甚密，“工于诗”，苏轼和黄庭坚对他的诗作评价很高。钱锺书先生《宋诗选注》

---

① 〔宋〕魏泰撰，李裕民点校：《东轩笔录》卷一一，第128页。

② 〔宋〕胡仔：《苕溪渔隐丛话》前集卷二五，人民文学出版社1962年版，第174页。

③ 〔宋〕王辟之撰，吕友仁点校：《渑水燕谈录》卷四《才识》，中华书局1981年版，第42页。

也收录了晁端友的《宿济州西门外旅馆》一诗："寒林残日欲栖乌，壁里青灯乍有无。小雨愔愔人假寐，卧听疲马啖残刍。"[①]指出此诗"是宋代传诵的"。熙宁五年（1072），晁补之随父亲至杭州，去拜谒正在杭州任通判的苏轼，献上自己描绘钱塘风光的作品《七述》，苏轼阅后大为称赞："称其文博辩隽伟，绝人远甚，必显于世，由是知名。"[②]晁补之遂得以正式拜在苏轼门下，在苏轼的精心指导之下习学诗文，"虽疾风苦雨，晨起夜半，有所请质，必待见先生（指苏轼）而后去，先生亦与之（指晁补之）优游讲析，不记寝食，必意尽而后止"[③]。从此诗文大进，驰名文坛，有《鸡肋集》《晁无咎词》传世。李之仪，字端叔，号姑溪居士，无棣人，熙宁三年（1070）中进士，熙宁七年（1074）十月在苏轼赴密州上任途中拜谒苏轼，从此与苏轼建立了密切的关系，苏轼称得李之仪为："此行天幸。"[④]李之仪著有《姑溪居士文集》前后集。李格非，字文叔，齐州章丘人，熙宁九年（1076）进士，以文章得到苏轼的常识，时人称他为"苏门后四学士"之一。史载："苦心工于词章，陵轹直前，无难易可否，笔力不少滞。尝言：'文不可以苟作，诚不著焉，则不能工。且晋人能文者多矣，至刘伯伦《酒德颂》、陶渊明《归去来辞》，字字如肺肝出，遂高步晋人之上，其诚著也。'"[⑤]他的女儿，就是中国古代历史上著名的女文学大家之一的李清照。从这个角度上讲，李清照也可以看作苏轼的再传弟子。

在三人当中，以晁补之受苏轼的影响最大，成就也最高，他也是北宋后期山东诗风的代表人物。特别是他的乐府诗，在当时影响很大，名作有《豆叶黄》《芳仪怨》等，曾传诵一时。他的诗风，宋人的评价是："晁君气豪博，辨博俊敏"[⑥]，"辞格俊逸可喜"[⑦]。《四库全书总目》卷一五四《鸡肋集》提要亦云："诸体诗俱风

① 钱锺书选注：《宋诗选注》，第60页。

② 〔元〕脱脱等：《宋史》卷四四四《晁补之传》，第13111页。

③ 李昭玘《乐静集》卷一〇《上眉阳先生》引晁补之语，转引自孔凡礼：《苏轼年谱》卷一一，中华书局1998年版，第240页。

④ 〔宋〕苏轼撰，孔凡礼点校：《苏轼文集》卷五一，第1497页。

⑤ 〔元〕脱脱等：《宋史》卷四四四《李格非传》，第13122页。

⑥ 李昭玘《乐静集》卷一〇《上眉阳先生》引晁补之语，转引自孔凡礼：《苏轼年谱》卷一一，第240页。

⑦ 〔宋〕胡仔：《苕溪渔隐丛话》前集卷五一，第348页。

骨高骞，一往俊迈，并驾于张、秦之间，亦未知孰为先后。”晁补之在继承山东诗坛“豪放”风格的基础上，又加入了苏轼诗的清新洒脱，初步达到了“豪迈”的境界。相对于以往的“粗豪”，这是山东诗风的一个明显进步。

纵观北宋山东地区的诗歌创作，以下三个特点十分突出：一是在题材上以现实主义为主，关注民间疾苦、国家大政；二是在风格上崇尚“豪放”之风；三是诗人、作品众多，但真正达到家喻户晓水平的佳作并不多见，在整体水平上不但难以与盛唐相比，在北宋也是无法与南方地区相抗衡，没有涌现出像欧阳修、苏轼、王安石、黄庭坚等代表当时最高水平的诗人。造成这种情况的原因很多，一个不可忽视的因素是整个北宋诗坛所共同面临的困境，那就是：“宋人生唐后，开辟真难为！”钱锺书先生对此有精彩的解释：“有唐诗作榜样是宋人的大幸，也是宋人的大不幸。看了这个好榜样，宋代诗人就学了乖，会在技巧和语言方面精益求精；同时，有了这个好榜样，他们也偷起懒来，放纵了摹仿和依赖的惰性。”[①]山东地区的诗歌创作当然也不例外。除此之外，也与北宋时期山东地区以“朴鲁”为主要特征的地域文化及以“豪放”为特征的诗风有关。当时山东的“朴鲁”之风，“语气明直，不文其谈”[②]，本来就与诗歌这种在很大程度上以夸张为前提的艺术形式不大合拍，如晁补之就曾经谈道：“东北俗椎鲁，虽信美或不知择而居，居之或不爱，爱而不以语人，语人而不能夸以大之，故皆不显。”[③]何况，山东地区的“豪放”诗风，正如宋人所说的那样：“北方之文豪放，其弊也粗。”尽管长处是文笔劲峭，质朴简洁，直抒胸臆，但同时也确实存在着风格单调、辞藻不足的短处。北宋时期的山东诗歌，未能产生出像欧阳修、苏轼那样兼具众家之长的大家，不是偶然的。

原载《齐鲁文化研究》2004年第3辑

① 钱锺书选注：《宋诗选注序》，第10页。

② 〔宋〕文莹撰，郑世刚、杨立扬点校：《续湘山野录》，第76页。

③ 〔宋〕晁补之：《鸡肋集》卷三〇，《文渊阁四库全书》本。

释宋太祖"今之武臣欲尽令读书"

《续资治通鉴长编》卷三"建隆三年二月壬寅"条记载:"上谓近臣曰:'今之武臣欲尽令读书,贵知为治之道。'近臣皆莫对。"宋太祖的这一段话,又略见于北宋司马光所撰《涑水记闻》卷一:"太祖闻国子监集诸生讲书,喜,遣使赐之酒果,曰:'今之武臣,亦当使其读经书,欲其知为治之道也。'"只是"读书"在《涑水记闻》中作"读经书"。

宋太祖本人自幼接受过儒家经典的启蒙教育,如《宋史》卷四三一《辛文悦传》即云:"辛文悦者,不知何许人。以《五经》教授,太祖幼时从其肄业。"太祖即位后时常翻阅《尚书·尧典》等经书,还曾面谕秦王德芳的侍讲说:"帝王之子,当务读经书,知治乱之大体,不必学作文章,无所用也。"[①]又,开宝二年(969)九月,宋太祖命段思恭知灵州,并谓其曰:"唐李靖、郭子仪皆出儒生,立大功,岂于我朝独无人耶?"[②]开宝五年(972)十二月,史书记载:"初,上问宰相赵普曰:'儒臣有武干者何人?'普以知彭州、左补阙辛仲甫对。乃徙仲甫为西川兵马都监。于是召见,面试射,且问:'能擐甲否?'仲甫曰:'臣在郭崇幕府,

---

① 〔宋〕司马光撰,邓广铭等点校:《涑水记闻》卷一,第20页。

② 〔宋〕李焘:《续资治通鉴长编》卷一〇,第232页。

屡从征讨，固尝被介胄矣。'上曰：'汝见王明乎？朕已用为刺史。汝颇忠淳，若公勤不懈，不日亦当为牧伯也。'仲甫顿首谢。上因谓普曰：'五代方镇残虐，民受其祸，朕令选儒臣干事者百余，分治大藩，纵皆贪浊，亦未及武臣一人也。'"① 此事又见于宋文莹撰《玉壶清话》卷一："太祖问赵韩王：'儒臣中有武勇兼济者何人？'赵以辛仲甫为对，曰：'仲甫才勇有文，顷从事于郭崇，教其射法，后崇反师之。赡辨宏博，纵横可用。'遂召见。时太祖方以武臣戡定寰宇，更不暇他试，便令武库以乌漆新劲弓令射。仲甫轻挽即圆，破的而中。又取坚铠令擐之，若被单衣。太祖大称爱。仲甫奏曰：'臣不幸本学先王之道，愿致陛下于尧舜之上，臣虽遇昌时，陛下止以武夫之艺试臣，一弧一矢，其谁不能？'上慰之曰：'果有奇节，用卿非晚。'"此外，宋陈师道《后山谈丛》卷六中也有一条重要的史料："太祖尝幸秘书省，召管军官，使观书焉。"

显而易见，在多种不同的场合，宋太祖强调的都是"经书""儒臣""尧舜""先王之道"等，反复强调的都是儒学和儒家经典的重要性，故《续资治通鉴长编》"读书"和《涑水记闻》"读经书"两者相比较，当以《涑水记闻》"读经书"的记载更为符合宋太祖的本意。

当然，不论是"读书"，还是"读经书"，综合上述史料加以分析，不难发现，宋太祖把武将文化修养，特别是儒家文化修养的增强，视为能否保证皇帝与诸将关系融洽，能否稳定政局、"致治"的关键性因素，并对其给予了高度重视，这是确凿无疑的。正因为如此，宋真宗朝的宰相李沆就心领神会地把宋太祖此语与东汉光武帝刘秀和诸将研读儒家经书相类比，认为："昔光武中兴，不责功臣以吏事，及天下已定，数引公卿郎将讲论经义，夜分乃罢。盖创业致治，自有次第。今太祖欲令武臣读书，可谓有意于治矣。近臣不能引以为对，识者非之。"②

应该说，"忠君"强调君臣父子伦理纲常，是儒家学说的主旨，其对维持统治秩序的重要意义，不言自明。但具体到五代时期，"礼乐崩坏，三纲五常之道绝，而先王之制度文章扫地而尽"③，天子"兵强马壮者为之"，萦绕在各位官家心头的始终是长枪大剑，真正能够认识到引导武将学习儒家经书价值的，可以说是

① 〔宋〕李焘：《续资治通鉴长编》卷一三，第293页。

② 〔宋〕李焘：《续资治通鉴长编》卷三，第62页。

③ 〔宋〕欧阳修撰，〔宋〕徐无党注：《新五代史》卷一七《晋家人传》，第188页。

寥寥无几。以五代名君周世宗为例，据史书记载说："上（指宋太祖）性严重寡言。独喜观书，虽在军中，手不释卷。闻人间有奇书，不吝千金购之。显德中，从世宗平淮甸，或谮上于世宗曰：'赵某下寿州，私所载凡数车，皆重货也。'世宗遣使验之，尽发笼箧，唯书数千卷，无他物。世宗亟召上，谕曰：'卿方为朕作将帅，辟封疆，当务坚甲利兵，何用书为！'"[①]"当务坚甲利兵，何用书为"与"今之武臣欲尽令读书"，形成了极其鲜明的对比，一目了然地展现了周世宗和宋太祖在这个问题上的差距，也展现出了宋太祖作为大政治家的从政艺术。

五代时期，皇帝与"武臣"，特别是与禁军将帅群体（时人称之为"宿卫诸将"）之间关系持续紧张，甚至充满着对抗，双方关系的极度紧张，最终往往导致政权覆灭，改朝换代。如后汉隐帝同侍卫亲军都指挥使史弘肇势如水火，遂上演宫门喋血，皇帝伏兵诛杀了史弘肇等人，后汉政权也随之覆灭。后周的两位皇帝周太祖郭威和周世宗柴荣，虽然都是五代少有的明君，但他们与禁军"宿卫诸将"的关系也始终是处于紧张之中。太祖郭威以"莫须有"的罪名冤杀了侍卫亲军都指挥使王殷等人，此事直接导致了高平之战中王殷旧部侍卫马军都指挥使樊爱能、步军都指挥使何徽等人的临阵溃败，试图把周世宗出卖给北汉，若不是世宗亲兵卫队的奋战，后周极有可能在顷刻间垮台。周世宗则先是同侍卫亲军都指挥使李重进关系微妙，对李重进始终采取猜疑和防范的态度，不让他在禁军中真正发挥统帅作用。后来对殿前都点检张永德也不放心，仅因一块莫名其妙的"点检作天子"的木牌就匆忙撤销了他的职务。到了晚年，周世宗同禁军"宿卫诸将"群体间的关系更是紧张到了令人窒息的程度。用宋太祖的话说就是："周世宗见诸将方面大耳者皆杀之"，"周世宗每见将帅容貌魁壮，为士心所附者，率多疑忌，见人之形气磊落者，多因事诛之。"[②]宋太祖"陈桥兵变"之所以能够赢得绝大多数禁军将领们的支持，后周顷刻灭亡，与此关系甚大。

恶性政治事件在五代如此频繁地发生，皇帝的猜忌无疑是重要因素，如《旧五代史》评论王殷被诛一事曰："自古为人臣者，望重则必危，功崇则难保，自非贤者，畴能免之？况王邺帅昧明哲之规，周太祖乃雄猜之主，欲无及祸，其可

① 〔宋〕李焘：《续资治通鉴长编》卷七，第171页。

② 〔宋〕罗从彦：《豫章文集》卷二，《文渊阁四库全书》本。

得乎！”[①]宋初名臣王祜更直截了当地对宋太祖说：“五代之君，多因猜忌杀无辜，故享国不永，愿陛下以为戒。”[②]不过，任何问题的出现都不是单方面的，撇开皇帝猜忌及具体的个人和政治因素，禁军“宿卫诸将”等武将群体的文化素质极其低下，同样也是不应忽视的关键性因素。五代时期，武将以胡族和河朔出身为主体，大多数是文盲，而且正如陈寅恪先生所言：“未深受汉族文化之影响，即不以长安、洛阳之周孔名教及科举仕进为其安身立命之归宿。”[③]直至北宋初年仍是如此，就像《宋史》对宋初诸将的评论：“宋初诸将，率奋自草野，出身戎行，虽盗贼无赖，亦厕其间，与屠狗贩缯者何以异哉？”[④]武将中一字不识者依然比比皆是，所谓“武夫悍卒，皆不知书”[⑤]，如党进“不识字”，田重进“不事学”，米信“不知书”，高琼“不识字”。对儒家经典，武将们更是一无所知，自然也就缺乏儒家以“忠君”为核心的伦理纲常学说的熏陶，“在位无复有知君臣之义、上下之礼者”[⑥]，“兵骄则逐帅，帅强则叛上”[⑦]，“五代以来，节度使富强者，辄怀跋扈之志”[⑧]，唯利是图，卖主求荣，拥戴他人，甚至发动兵变，取皇帝而代之，这样的事例在五代数不胜数，是那个时代武将们的典型行为特征。如宋太宗就曾评论说：“前代武臣，难为防制，苟欲移徙，必先发兵备御，然后降诏。若恩泽姑息，稍似未遍，则四方藩镇，如群犬交吠。”[⑨]聂崇岐先生也概括说：“五代禁兵，本藩镇军队所蜕变，其旧日‘兵骄逐帅，帅骄叛上’之习，尚未涤除。以故各朝兴亡，多视禁军向背。如射死唐庄宗者，禁兵小校从马直指挥使郭从谦也。唐闵帝之败，由于侍卫亲军马军都指挥使安从进潜通潞王，与夫侍卫亲军马步军都指挥使康义诚之投戈解甲也。汉高祖之立，多倚禁兵拥戴，因其曾领侍卫多年也。周太祖代汉，参谋翊赞者王殷、郭崇、曹英等，皆禁兵将领也。至陈桥兵变，宋太祖黄袍

---

① 〔宋〕薛居正等：《旧五代史》卷一二四，第1637页。
② 〔元〕脱脱等：《宋史》卷二六九《王祐传》，第9242页。
③ 陈寅恪：《唐代政治史述论稿》，上海古籍出版社1997年版，第25页。
④ 〔元〕脱脱等：《宋史》卷二七五“论曰”，第9383页。
⑤ 〔宋〕李焘：《续资治通鉴长编》卷六，第150页。
⑥ 〔宋〕王安石：《临川文集》卷三九，《文渊阁四库全书》本。
⑦ 〔宋〕欧阳修、宋祁：《新唐书》卷五〇《兵志》，第1329页。
⑧ 〔宋〕李焘：《续资治通鉴长编》卷五，第127页。
⑨ 〔宋〕李焘：《续资治通鉴长编》卷三二，第710页。

加身，则更属禁兵之卖主求荣矣。……陈桥之事，虽云太祖典兵数年，素得军心，实亦由于将校士卒，受传统影响，逐旧迎新，贪图富贵之故。”[①]作为政权最主要支柱的禁军，反而成为当时政治上的腹心之患！

可以毫不夸张地说，武将群体文化素质低下，尤其是欠缺儒家思想熏陶的状况如若不能改变，君臣之间互相猜疑在所难免。宋太祖以此为突破口，“今之武臣欲尽令读书”，试图通过对儒家经书的研习，以求得武将们“识君臣父子之道，知忠孝弟顺之理”[②]，堪称是对症下药，抓住了当务之急和要害，是他超越周世宗的地方。

当然，宋太祖“欲尽令读书”“读经书”，即采用行政命令的办法来强制武将们研读儒家经典，更多的只能是宋太祖个人的设想，真正落到实处难度也不小。毕竟读儒家经书与否，更多的是一种个人的行为，行政命令的效果未必见佳。因此，当“近臣皆莫对”之后，宋太祖也就没有再坚持。不过，正所谓“楚王好细腰，宫中多饿死”，在传统君主专制的政体之下，君主个人好尚对群臣的影响是最大的。宋太祖好读经书，提倡“读书”“读经书”，对群臣的引导作用之大是毋庸置疑的，如《玉壶清话》即记载说：“太祖尝谓赵普曰：‘卿苦不读书，今学臣角立，隽轨高驾，卿得无愧乎？’普由是手不释卷，然太祖亦因是广阅经史。”[③]有关禁军“宿卫诸将”读书最具戏剧性的记载，是原本一字不识的侍卫马军都指挥使党进“掉书袋”的典故：“党进者，朔州人，本出溪戎，不识一字。一岁，朝廷遣进防秋于高阳，朝辞日，须欲致词叙别天陛，阁门使吏谓进曰：‘太尉边臣，不须如此。’进性强很，坚欲之。知班不免写其词于笏，侑进于庭，教令熟诵。进抱笏前跪，移时不能道一字，忽仰面瞻圣容，厉声曰：‘臣闻上古其风朴略，愿官家好将息。’仗卫掩口，几至失容。后左右问之曰：‘太尉何故忽念此二句？’进曰：‘我尝见措大们爱掉书袋，我亦掉一两句，也要官家知道我读书来。’”[④]“上古其风朴略”，语出儒家经典十三经之一的《孝经》。党进大字不识一个，竟然也能如此“掉书袋”，本身就表明宋太祖引导武将“读书”“读经书”的努力取得了一

---

① 聂崇岐：《论宋太祖收兵权》，《宋史丛考》，第268～269页。

② 〔宋〕李焘：《续资治通鉴长编》卷四五，第978页。

③ 〔宋〕文莹撰，郑世刚等点校：《玉壶清话》卷二，第19页。

④ 〔宋〕文莹撰，郑世刚等点校：《玉壶清话》卷八，第76页。

定的成功。武将“也要官家知道我读书来”，则说明了他们的“读书”“读经书”与宋太祖的提倡和鼓励是密不可分的。

党进的“掉书袋”，显然是作秀的成分居多，不仅是党进，与宋太祖同时代的宋初武将群体们，他们的作风毕竟早已在五代时定型，改变起来并不容易。宋太祖统治时期逐步成长起来的新一代武将们，情况就有所不同了，他们更多地打上了宋太祖的烙印，这方面的典型代表人物是马知节。

马知节在宋太祖朝后期任彭州兵马监押，宋太宗和真宗的时候，历任军事要职，真宗朝位至枢密使。其为人，有以下三个特点：一是勇猛善战，“慷慨以武力智谋自许”，颇有其父马全义之风，在太宗、真宗时对辽和西夏等战事中颇立战功；二是文化素养较高，“能好书”，“喜读书”，擅长鉴别图画，甚至著有文集二十卷，为文长于议论，其诗作曾经得到过北宋大文豪苏辙的首肯，少数传世至今，“以武臣而论，也算写得不错”[①]；三是受儒家思想影响很大，“宾友儒者”，“喜读书，立朝争事，以刚正称天下，其邦之司直欤”[②]，是真宗朝捍卫宋室统治最著名的“忠臣”之一。宋代的许多儒家士大夫都对他有高度的评价。马知节是宋太祖爱将马全义之子，在马全义病逝之后，宋太祖把年仅七岁的马知节收养在皇宫中，由皇帝本人亲自培养，甚至于他的名字也是宋太祖起的。毫不夸张地说，马知节的文武双全、效忠于皇帝，是“后天培育而成的”[③]，完全为宋太祖一手栽培的结果，在很大意义上也是宋太祖心目中较为理想的武将形象，表明了宋太祖煞费苦心地引导武将“读书”“读经书”所努力的方向和所要达到的目标。马知节的成才，是宋太祖试图改变武将群体素质一个突出的成功个案。

在宋太祖以后，马知节类型的武将愈来愈众，为将而好儒者可谓比比皆是。例如，名将狄青，《宋史》本传记载说：“仲淹以《左氏春秋》授之曰：‘将不知古今，匹夫勇尔。’青折节读书，悉通秦汉以来将帅兵法，由是益知名。”宋神宗时历任三衙管军的燕达，“起行伍，喜读书，平时手不释卷”[④]；又如关中名将姚

---

① 何冠环：《北宋武将研究》，第150页。

② 〔元〕脱脱等：《宋史》卷二七八《马知节传》，第9468页。

③ 何冠环：《北宋武将研究》，第151页。

④ 〔宋〕王称：《东都事略》卷八四《燕达传》，《文渊阁四库全书》本。

兕，“力学兵法，老不废书，尤喜颜真卿翰墨，曰吾慕其人耳”[①]；徽宗朝名将种师道，《宋史》本传称他“少从张载学”，是北宋理学大师张载的及门弟子；殿前都指挥使苗授则“少从胡翼之学，补国子生”[②]，是北宋理学开山之一胡瑗的学生，“平居侃侃若儒者”[③]；南宋名将岳飞，“好贤礼士，览经史，雅歌投壶，恂恂如书生。每辞官，必曰：‘将士效力，飞何功之有？’然忠愤激烈，议论持正，不挫于人”[④]。武将群体的儒家文化素质提高之后，对君主的忠诚程度无疑是大大加强了，如《宋史》卷三四九、三五〇“论曰”就曾称赞其时禁军“宿卫诸将”群体“皆恂直忠笃，为一时名将”，“有士君子之行焉，尤武士之所难能也”。岳飞对宋廷的效忠，更是古代武将忠于朝廷的典型。唐末、五代那种武将动辄反叛的现象，在宋代一去不复返了。追根溯源，宋太祖“今之武臣欲尽令读书”一语，确实发挥了开风气之先的作用。

综上所述，宋太祖在北宋开国之后，为了防止“陈桥兵变”的重演和根绝唐五代的藩镇割据，综合运用“杯酒释兵权”、废黜殿前都副点检等高级军职、初步构建枢密院—三衙统兵体制等人事调整和制度革新多种手段，确立了皇帝对军队的绝对控制，“上之制下，如臂使指”[⑤]。但是，不论是人事调整，还是制度上的防微杜渐，主旨其实都不出一个“防”字，如宋初名相李沆曾感慨地说：“今国家防制纤悉，密若凝脂。”[⑥]当代宋史名家邓广铭先生更准确地概括说：“赵匡胤在即位之后，在政治、军事和财政经济诸方面的立法都贯串着一个总的原则：以防弊之政，为立国之法。”[⑦]但正如治水有“防”，有“堵”，更需有“疏”。“防”毕竟总是被动的，消极的，与“疏”相结合方能事半功倍。宋太祖在处理皇帝与禁军众将关系的问题上，除了“防”和“堵”以外，同样还有“疏”。如果说，“防”和“堵”即人事调整和制度完善，解决的是使禁军“宿卫诸将”群体无法反叛皇

---

① 〔元〕脱脱等：《宋史》卷三四九《姚兕传》，第11058页。

② 〔元〕脱脱等：《宋史》卷三二一《苗授传》，第11067页。

③ 〔宋〕王称：《东都事略》卷八四《苗授传》，《文渊阁四库全书》本。

④ 〔元〕脱脱等：《宋史》卷三六五《岳飞传》，第11395页。

⑤ 〔宋〕李焘：《续资治通鉴长编》卷三二，第710页。

⑥ 〔宋〕文莹撰，郑世刚、杨立扬点校：《续湘山野录》，第81页。

⑦ 邓广铭：《邓广铭治史丛稿》，北京大学出版社1997年版，第125页。

帝的话，那么“疏”就是使禁军“宿卫诸将”不愿意反叛，自觉地抵制叛乱，自觉地效忠于皇帝。宋太祖“疏”的具体方法，就是“今之武臣欲尽令读书”，并取得了一定的成效和较好的影响。对此，以往史家措意不多，值得给予高度的重视。

原载《西北师大学报（社会科学版）》2006年第4期

三司使与宋初政治

宋代的皇帝俗称“官家”，在官家的周围，地位仅次于二府执政大臣的，是“掌邦国财用之大计，总盐铁、度支、户部之事，以经天下财赋而均其出入”[①]，协助官家主管经济财政事务的三司使。

三司使“位亚执政”，较宰相、枢密使地位略低，与参知政事（副宰相）、枢密副使大致相当。不过，由于宋代政治体制的基本框架是“中书主民，枢密院主兵，三司主财，各不相知”[②]，在官家之下，宰相、枢密使、三司使分别掌管民政、军政、财政三权，三者互不统属，皆分别奏事，直接向官家负责，以便官家居中操纵，统揽大权。三司使作为财政的主管，“应四方贡赋之入，朝廷（指二府）不预，一归三司”[③]，宰相的地位虽然高于三司使，但对于具体的财政事务，在一般情况下却是无权干预，否则就被视为“侵权”。如司马光曾经就宰相和三司的关系谈道：“三司使掌天下财，不才而黜可也，不可使执政侵其事。”[④]三司使与宰相、枢密使遂鼎足而三，“祖宗时特重财计之臣”[⑤]，其实际地位十分重要。所以，在宋代

① 〔元〕脱脱等：《宋史》卷一六二《职官志二·三司使》，第3807～3808页。

② 〔宋〕李焘：《续资治通鉴长编》卷一七九，第4332页。

③ 〔元〕脱脱等：《宋史》卷一六二《职官志二·三司使》，第3807页。

④ 〔元〕脱脱等：《宋史》卷三三六《司马光传》，第10764页。

⑤ 〔清〕徐松辑，刘琳、刁忠民等点校：《宋会要辑稿》职官六，第3166页。

三司使就被时人称作“计相”。

三司使升迁即可晋升枢密副使或参知政事，进入二府执政大臣的行列。而且，正如宋代大学者洪迈在《容斋随笔》中所说：“国朝除用执政，多从三司使、翰林学士、知开封府、御史中丞进拜，俗呼为‘四入头’。”[①]按照宋代的惯例，“凡除执政，必先除三司使，更历钱谷之事”[②]，三司使是晋升二府执政大臣的最主要台阶之一。

三司使的办事机关是被称作“计省”的三司。作为国家经济财政的最高权力机构，三司是当时仅次于中书门下和枢密院的重要机构，下设盐铁、度支、户部三部。按照《宋史·职官志》的相关记载：盐铁部，主要负责商税的征收和盐、铁、茶等禁榷的收入，“掌天下山泽之货，关市、河渠、军器之事”；度支部负责财政支出，“掌天下财赋之数，每岁均其有无，制其出入，以计邦国之用”；户部负责田赋和榷酒的收入，“掌天下户口、税赋之籍，榷酒、工作、衣储之事”。在盐铁、度支、户部三部之下又设具体的部门“案”，对口处理财政事务。宋太祖时共设有二十四个案，盐铁下辖六个，户部下辖四个，度支下辖十四个。后来经过调整，合并成了二十个案，其中，盐铁下辖兵、胄、商税、都盐、茶、铁、设七案，度支下辖赏给、钱帛、粮料、常平、发运、骑、斛斗、百官八案，户部下辖户税、上供、修造、曲、衣粮五案。除此之外，三司还设有一些子司，宋初主要有勾院、开拆司、推勘院等。在宋太祖的时候，三司大权由三司使总揽，在三司使之下，不设副职，仅盐铁、度支、户部三部各设判官一员主管本部事务，作为三司使的高级属官。在三部判官之外，宋初还曾先后在三部设推官、孔目等职位，其地位较三部判官还要低一些。三司机构十分庞大，到宋太祖的后期，三司的吏员总数就达到了千余人之多。

二

宋代三司理财的体制是唐末、五代以来逐步形成的。

---

① 〔宋〕洪迈撰，孔凡礼点校：《容斋随笔·续笔》卷三《执政四入头》，第253页。

② 〔清〕徐松辑，刘琳、刁忠民等点校：《宋会要辑稿》职官六，第3166页。

其中，三司早在唐代中期已经有了雏形。对三司的沿革，南宋学者林驷曾经有准确概括，他说：“尝观三司沿革之由矣。度支本唐户部之郎耳，自宰相兼判，系以使名，而度支之权始重，此其一变也。盐铁亦唐户部之郎耳，自御史分务，吏至万员，而盐铁之权愈重，此其再变也。接于五代，盐铁、度支、户部皆专使，总领曰三司，而盐铁又升户部、度支之上，此其三变也。”[①]

唐代政治体制的基本框架是三省六部制，在这种体制之下，宰相通过吏、户、礼、兵、刑、工六部通揽行政、军政、财政大权。具体到财政，就是以宰相下辖的尚书省户部为财政主管机构，“掌天下土地、人民、钱谷之政，贡赋之差。其属有四：一曰户部，二曰度支，三曰金部，四曰仓部”[②]，户部的长官户部尚书由宰相推荐任命，直接向宰相负责。宋人认为唐代“以宰相制国用”，主要就是据此立论的。唐代中期以降，特别是“安史之乱”爆发和废除均田制、租庸调制改行“两税法”之后，这种宰相、户部的理财体制发生了重大的变化。一方面，随着商品经济的发展，盐铁、茶叶等禁榷专卖收入在国家财政收入中所占的比例越来越大，“几半天下之赋”，成为国家财政的主要来源；另一方面，安史之乱后，唐朝陷入了军阀割据和持续不断的战乱之中，军费支出飞涨，国家财政日益捉襟见肘，加强对财政支出的统筹管理同样成为朝廷的当务之急。因此，原属于户部中的盐铁、度支二部的重要性和地位急剧地上升，宰相遂超过户部的长官户部尚书，改以兼任盐铁使、度支使的名义，直接兼管盐铁、度支事务。如唐肃宗时宰相吕諲即兼任度支使，代宗时宰相刘晏即兼任盐铁使等。盐铁、度支二部就此脱离了户部而独立，直属宰相。两税法实行后，户部中负责征收两税事务的户部郎中的地位也凸显出来，同样转归宰相直辖。由此以来，尚书省户部基本就成为无所事事的闲职，宰相直辖的盐铁、度支、户部并列的三使司成为国家财政的主管机构。唐昭宗天祐三年（906），唐廷以权臣朱温为盐铁、度支、户部三司都制置使。司马光认为：“三司之名始于此。”[③]然据清代学者钱大昕在其名作《廿二史考异》中考证说：早在唐宪宗元和七年（812），“三司”作为财政主管的名称已经正式出现。

---

① 〔宋〕林驷：《古今源流至论》后集卷二《三司》，《文渊阁四库全书》本。

② 〔宋〕欧阳修、宋祁：《新唐书》卷四六《百官志》，第1192页。

③ 〔宋〕司马光：《资治通鉴》卷二六五，第8658页。

三司使一职的出现则要晚于三司，两者并不同步。因为前文已经谈到，唐代制度是“户部、度支以本司郎中、侍郎判其事，又置盐铁转运使。其后用兵，以国计为重，遂以宰相领其职”[①]，“宰相兼盐铁转运，或判户部，或判度支”[②]，以二至三名宰相直接兼管三司的事务，通常情况是“以宰臣各判一司，不置使额”[③]；唐朝末年，又开始以一名宰相通管三司，如唐昭宗天复元年（901）宰相崔胤兼领盐铁、度支、户部三司；天祐三年（906），又以权臣朱温为盐铁、度支、户部三司都制置使。所以，三司并不设专职的长官。直至五代、后唐明宗长兴元年（930）八月，据《资治通鉴》记载：“以前忠武节度使张延朗行工部尚书，充三司使。三司使之名自此始。”[④]宋人及当代研究者多据此认为宋代的三司使乃“沿五代、后唐之制”，“沿后唐置”[⑤]。这些看法主要着眼于三司使作为三司长官的正式职名最早出现在后唐，应该说是比较准确的[⑥]。但必须加以注意的是，后唐的三司使与宋代的三司使在性质上差异很大。宋代的三司使“专制国计”[⑦]，直属官家，具有分割宰相财政大权，使“制国用之职不在中书”[⑧]的重大意义；而后唐的三司使制度，或是“盐铁、户部、度支三司，委宰相一人专判”，“以大臣一人判户部、度支、盐铁，号曰判三司”[⑨]，如后唐清泰元年（934），以吏部尚书兼门下侍郎、同平章事刘昫判三司[⑩]，或是以重臣任三司使，随即在三司使任上晋升宰相，如后唐明宗长兴四年（933），冯赟同中书门下二品，充三司使[⑪]。从整体上看仍然不出唐代以宰相直辖三司的窠臼，同宋代三司使的区别十分明显。不仅是后唐、后晋、

① 〔宋〕司马光：《资治通鉴》卷二七五，第8980页。

② 〔宋〕李焘：《续资治通鉴长编》卷一七九，第4332页。

③ 〔宋〕薛居正等：《旧五代史》卷一四九《职官志》，第1996页。

④ 〔宋〕司马光：《资治通鉴》卷二七七，第9043页。

⑤ 〔清〕徐松辑，刘琳、刁忠民等点校：《宋会要辑稿》职官六，第3166页；食货五六，第7287页。

⑥ 汪圣铎：《两宋财政史》（上册），第7页。

⑦ 〔宋〕司马光：《资治通鉴》卷二七七，第9043页。

⑧ 〔宋〕李焘：《续资治通鉴长编》卷一七九，第4332页。

⑨ 〔宋〕司马光：《资治通鉴》卷二七五，第8980页。

⑩ 〔宋〕司马光：《资治通鉴》卷二七九，第9117页。

⑪ 〔宋〕司马光：《资治通鉴》卷二七八，第9088页。

后汉，包括后周初期，三司使的情况也大致如此。像后汉的王章就是以同平章事（宰相）兼任三司使，后周的李谷也是以中书侍郎、同平章事（第二宰相）兼判三司。他们两人分别是后汉和后周的宰辅群体中的核心人物。

变化出现在后周世宗上台之后。

周世宗自力排众议夺得高平之战的胜利后，君威大振，初步扭转了唐末、五代长期以来“君弱臣强”[①]的局面，成为整个五代时期最为强势的君主。他不再信赖宰辅执政阶层，而是“政事无大小皆亲决，百官受成于上而已”，以至于曾有臣子批评他是“降君尊而代臣职，屈贵位而亲贱事”[②]。在财政事务方面的表现，就是从显德二年（955）中书侍郎、同平章事、判三司景范罢判三司之后，不再以宰相兼任三司使，改由自己的亲信、地位远比宰相要低得多的枢密院承旨张美出任三司使。以此为标志，一方面，三司自此最终脱离了宰相的控制而走向了独立，真正成为可以与中书门下、枢密院相并列的权力机构，三司使也有了制约宰相权力的可能；在此之前以宰相判三司，从严格意义上讲，三司不过是中书门下下属的一个财政督办机构而已，是宰相权力的延伸和强化。另一方面，三司使以皇帝的亲信出任，使得皇帝可以越过宰相，更加方便地直接控制财政大权。宋代的三司使，显而易见就是继承后周制度发展而来的。

二

宋太祖建立北宋王朝之后，全盘继承了后周的三司理财体制，周世宗时的三司使张美也继续留任原职，成为北宋三司的首任长官。

张美是一位老资格的财政官员。他早年在三司从地位卑微的小吏干起，精明强干，得以逐步晋升为管理左藏库事务的专知。后周初年，张美外放为澶州粮料使。在这里，他同当时以镇宁节度使身份镇守澶州的柴荣有了结交的机缘。史书记载说：“周世宗镇澶渊，每有求取，美必曲为供给。周祖闻之怒，将谴责之，而恐伤世宗意，徙美为濮州马步军都虞候。”[③]张美这种“曲为供给”以求结交权贵

① 〔宋〕司马光撰，邓广铭等点校：《涑水记闻》卷一，第11页。

② 〔宋〕司马光：《资治通鉴》卷二九二，第9517页。

③ 〔元〕脱脱等：《宋史》卷二五九《张美传》，第8997页。

的做法，在古代的政治道德当中往往被视为“出身不正”而为人鄙视，甚至周世宗后来都“以澶渊有所求假，颇薄之，美亦自愧”。但不管怎么说，周世宗上台后，张美遂作为“从龙”旧人得到了周世宗的重用。从显德二年起就一直担任三司的长官三司使，直到北宋建立。在任职期间，张美建树颇多，“美强力有心计，周知其利病，每有所条奏厘革，上多可之，常以干敏称。世宗连岁征讨，粮馈不乏，深委赖焉”[①]，“治财精敏，当时鲜及，故帝以利权授之。帝征伐四方，用度不乏，美之力也”[②]，堪称是一位称职的三司使。

宋太祖担任过周世宗帐下的马直军使，同张美当有一面之缘，但此后不闻两人之间有何密切联系。陈桥兵变的过程中，张美也属于置身事外的旁观派。他在北宋建国后能够继续出任三司使，主要是得益于宋太祖安抚后周旧臣以稳定政局的考虑。因此，在建隆元年（960）四月开始的宋太祖讨伐李筠的战事当中，张美就表现得特别卖力，“李筠镇上党，募亡命，多为不法，渐倔强难制。美度筠必叛，阴积粟于怀、孟间，后筠果叛，太祖亲讨之，大军十万出太行，经费无阙，美有力焉”[③]。无独有偶，越是同宋太祖关系相对疏远的枢密使吴廷祚、西京留守向拱等后周的旧臣，越是在此役中表现得更加积极。对他们来说，这也是向宋太祖做出的与后周残余势力彻底决裂的政治表态。

平定李筠是北宋开国后的第一仗，其重要意义是不言而喻的。所以，当七月大军凯旋之后，宋太祖就开始对有功之臣大加封赏，张美也因功被外放定国军节度使，他在中央的三司使职务则自动解除。

显而易见，这是很典型的“明升暗降”。不过，节度使这一职位，从唐代以来就是位高权重、俸禄优厚（要高于宰相）的地方藩镇，官拜节度使被称为“建节”，几乎是唐末、五代军人所能得到的最高荣誉，往往要靠战场上的出生入死才能得到。要知道，当时就是宰相卸任，也未必能得到节度使的位子。更何况，除了优厚的俸禄，定国军的节度使，每年还能从辖区同州得到一大笔额外收入，“县官市木关中，同州岁出缗钱数十万以假民，长吏十取其一，谓之率分钱，岁至数

---

① 〔元〕脱脱等：《宋史》卷二五九《张美传》，第8998页。

② 〔宋〕司马光：《资治通鉴》卷二九二，第9529页。

③ 〔元〕脱脱等：《宋史》卷二五九《张美传》，第8998页。

百万”[①]。面对着宋太祖如此的安排，张美这位后周旧臣，显然既没有可选择的余地，也没有可抱怨的地方。于是，这位北宋的首任三司使前后才任职半年左右，在七月就离京前往同州就职了。

这是宋太祖对三司的第一次调整，也是北宋建国之后宋太祖针对留用的后周旧臣进行的首次大的人事变动。本来，陈桥兵变的时候，宋太祖就答应了以优待后周皇家和维持大多数后周旧臣地位不变作为条件，来换取后周官僚集团对他的效忠。在一个相当长的时间内，宋太祖和身边赵普等人以“不亟于酬功，不亟于得政”的谨慎态度，始终是从稳定政局的高度来重视后周旧臣的支持。在中书门下、枢密院和三司这三个当时最为重要的行政机构当中，中书门下的宰相范质、王溥和魏仁浦就在新朝一直担任宰相至乾德二年（964），这时北宋开国已经四年多；枢密院的枢密使吴廷祚也继续任职至建隆二年（961）。唯有三司的三司使张美是个例外。

这其中有张美个人的因素。前面已经谈到，张美同宋太祖的关系比较疏远，而且史书中还有这样的记载：张美的副手三司副使王赞是张美竭力排斥的政敌，而宋太祖早在后周时候就对王赞十分赏识，“素知赞材干”，当建隆二年（961）王赞溺水而死后，宋太祖还公开表示：“溺吾枢密使矣。”[②]如此看起来，宋太祖和张美的关系恐怕不会很融洽。

当然，更重要的因素，还是由三司这个财政主管机构的重要地位所决定的。众所周知，五代乱世，兴亡以兵，而在募兵制度的历史背景之下，军队对君主效忠，往往需要君主用大量的金钱来交换。从这个角度来说，主管财政的三司对君主的重要性不言而喻。因此，五代的君主几乎无一例外地是用自己最亲信的心腹来执掌三司。对宋太祖这位刚刚上台的官家来说，不论是巩固和扩充军队，还是争取后周旧臣的支持，以及力争民众的拥护，更是离不开财政上的支持和对财政的绝对控制。用张美这样一个关系比较疏远的人来执掌财政重权，宋太祖恐怕是不会很放心，显然也是不合适的。宋太祖在上台之后不顾撤换后周旧臣在政治上的敏感性，迫不及待地调换三司使，说明这位刚刚依靠“枪杆子”上台的新官家，

① 〔元〕脱脱等：《宋史》卷二五九《张美传》，第8998页。

② 〔元〕脱脱等：《宋史》卷二七四《王赞传》，第9350页。

对把财权牢牢地掌握在自己手中的重要性有着极为清醒的认识。

从更大的方面来说，任何一个国家政权的巩固，都离不开一个良好的经济环境。一个新政权要得以站稳脚跟，尤其是要迅速地实现财政状况的好转，进而恢复国家经济，这是一个基本的历史规律。从唐末以来，政局持续地动荡不安，一个重要的因素就在于国家财政的紧张始终难以缓解。五代时期占据中原的各王朝，苦于频繁的战乱，加以陆续失去对吴、蜀、幽、并等广大地区的控制，尤其是失去了长江流域的富庶地区之后，财政困难日甚一日。例如，后唐的财政情况是“租庸副使孔谦暴敛以供军，民多流亡，租税益少，仓廪之积不支半岁”[①]，后晋的情况是“国用愈竭，复遣使者三十六人分道括率民财”[②]，后汉是“公私困竭”[③]。后周经过太祖郭威、世宗柴荣二主的努力，财政情况有所好转，但也是“赡军之外，鲜有赢余”[④]。在这种情况下，五代的统治者只能是无限度地盘剥民众，从而激起了民众的反抗。这些政权的不稳定，财政上的无所作为或作为有限是一个不容忽视的重要因素。

宋太祖继承了后周二主励精图治的成果，北宋开国后的经济基础要比以往五代各王朝都要雄厚很多，但也不能估计过高，按照宋太祖本人的说法，北宋开国之初财政的基本状况仍然是“帑廪虚竭”[⑤]。如宋太祖陈桥兵变时答应给士兵们的200缗铜钱赏赐就迟迟无力兑现，以至于军中出现了怨言四起的不安定因素。宋代大学者程颐对这件事有着很详细的记载：“太祖初有天下，士卒人许赏二百缗。及即位，以无钱，久不赐，士卒至有题诗于后苑。太祖一日游后苑，见诗，乃曰：‘好诗。’遂索笔和之。以故每于郊时，各赐赏给，至今因以为例，不能去。”[⑥]这笔钱一直拖到乾德元年（963）宋太祖举行祭天大典时，才以郊赏的形式补发给了士兵们。这时，距陈桥兵变、北宋开国已经过去三年多了。

更为严重的是，就在宋太祖登基的当月，各地有关春荒的报告就纷至沓来，

---

① 〔宋〕司马光：《资治通鉴》卷二七二，第8893页。

② 〔宋〕司马光：《资治通鉴》卷二八四，第9271页。

③ 〔宋〕司马光：《资治通鉴》卷二八九，第9429页。

④ 〔宋〕司马光：《资治通鉴》卷二九一，第9499页。

⑤ 〔宋〕魏泰撰，李裕民点校：《东轩笔录》卷一，第1页。

⑥ 〔宋〕程颢、〔宋〕程颐撰，王孝鱼点校：《二程集·二程遗书》卷二二下《伊川先生语八下》，第302页。

到了四月，大批外地的饥民纷纷涌入京城开封，宋太祖不得不亲自“遣使分诣京城门，赐饥民粥”[①]。这些嗷嗷待哺的饥民，偏偏在宋太祖刚刚登基的时候涌入京城，无疑大煞风景。但对宋太祖这位仍然沉浸于喜悦当中的新官家来说，不啻是一剂难得而及时的清醒剂，使他更加直观地意识到恢复国家经济的极端重要性和紧迫性。正因为如此，宋太祖虽然抱定统一天下的雄心壮志，但在平定了李筠、李重进所代表的后周残余势力的反叛之后，就暂时不对北汉、南唐等割据政权采取攻势，转而把重点转移到实现财政状况的基本好转进而实现国家经济的恢复和发展上。直到这一目标基本实现的乾德元年，宋太祖才重新开始拉开统一各国的战幕。而要实现这一目标，三司作为财政的主管机构，当然是责无旁贷，三司使作为三司的长官，当然也需要大有作为，积极主动地协助官家处理好全国的财政事务。

张美作为同宋太祖关系疏远的后周旧臣，显而易见是难以承担这一重要使命的。就拿范质、王溥、魏仁浦这三位后周宰相来说，虽然他们在北宋一直留任旧职到乾德二年，宋太祖、赵普等君臣也很注意尊重他们，但实际上双方的关系还是比较尴尬，范质等人“自以前朝旧臣，稍存形迹，且惮上英武，每事辄具札子进呈，退即批所得圣旨，而同列署字以志之。尝言于上曰：如此，则尽禀承之方，免妄误之失矣”[②]。实质上只能是保住位子而已，要想有所作为那是不可能的。张美如果留任三司使，估计他在三司的处境就类似于三相在中书的情况，不可能发挥多大的实际作用。从这个角度来说，宋太祖快刀斩乱麻，迅即解除张美的三司使职务，对君臣双方来说，都是比较好的选择。

张美被解职之后，遴选新的三司使随之提上了议事日程。对此，宋太祖应该是有所考虑的。在陈桥兵变后不久，宋太祖发布了一道命令：“归德节度判官宁陵刘熙古为左谏议大夫，掌书记赵普为右谏议大夫、枢密直学士，宋、亳观察判官安次吕余庆为给事中、端明殿学士，摄观察推官太康沈义伦为户部郎中。”[③]综合《宋史》各本传的记载，还可以补充的是：刘熙古出知青州、吕余庆则知开封府。命令中提到的刘熙古、赵普、吕余庆、沈义伦四人，都是宋太祖的“霸府宾佐”，

① 〔宋〕李焘：《续资治通鉴长编》卷一，第13页。

② 〔宋〕李焘：《续资治通鉴长编》卷五，第118页。

③ 〔宋〕李焘：《续资治通鉴长编》卷一，第8页。

即他在登基以前所任的归德军节度使幕府中的旧僚，这在当时被称作“随龙”“从龙”之人，也是五代、北宋时最容易得到信任和重用，“一概超迁”，也是升迁最快的一群人。实际上，这四人后来皆无一例外做到了宰辅执政的高位。除此之外，值得重视的是宋太祖对他们职务的具体安排，其中蕴含着很深的意味。其中，刘熙古知青州、吕余庆知开封府，一目了然，宋太祖的意图是以两名亲信分别控制京城和青州这两座最为重要的城市。青州是宋代京东东路的首府，在北宋尚未取得江南之前，京东一带是开封最主要的钱粮供应基地，地位的重要性是不言而喻的。赵普任枢密直学士和沈义伦任户部郎中，则分别是中央枢密院和三司两大机构中的职位。赵普出任枢密直学士，则显然是去掌握枢密院这个要害部门的实权，不久赵普即由枢密直学士升任枢密副使，后又升任枢密使，这都是宋太祖君臣早就设想好的。对此，已经有学者进行了论述[①]。那么，宋太祖此时以沈义伦为户部郎中的意图何在呢？这一点以往研究者很少加以措意。我们认为，宋太祖以沈义伦为户部郎中，和以赵普为枢密直学士相类似，是有以沈义伦为户部郎中作为台阶，然后执掌三司大权的考虑。

沈义伦，后来因避宋太宗的名讳改名沈伦，是由宋太祖的好友、陈桥兵变中亲手扶着宋太祖登上皇帝宝座的昝居润推荐至宋太祖幕府的，深得宋太祖的亲信。在宋太祖的幕府之中，唯有沈义伦以理财见长，而且理财经验丰富，“太祖继领滑、许、宋三镇，皆署从事，掌留使财货”[②]。他还有一个十分难得的长处就是廉洁奉公，宋太祖曾经高度称赞他：“如伦者忠孝谨饬，虽守散钱亦可。”[③]可以说，在宋太祖的幕府旧人当中，沈义伦是出任三司使的合适人选。

不过，正式任命发布之后，出任三司使的却是李崇矩，他也就成为北宋第二任三司使。李崇矩和张美一样，是留用的后周旧臣。但他是宋太祖在后周时的好友，在周世宗的幕府旧人当中，宋太祖和李崇矩的关系最为亲密，“崇矩与太祖同府厚善，每太祖诞辰，必遣继昌（李崇矩之子）奉币为寿”[④]。宋太祖还是李崇矩之

① 张其凡：《赵普评传》，北京出版社1991年版；张其凡：《经世谋臣·宋朝名相赵普》，兰州大学出版社2002年版。

② 〔元〕脱脱等：《宋史》卷二六四《沈伦传》，第9113页。

③ 〔宋〕钱若水修，范学辉校注：《宋太宗皇帝实录校注》卷四二，第517页。

④ 〔元〕脱脱等：《宋史》卷二五七《李继昌传》，第8954页。

子李继昌的箭术老师，即位后有意选他为乘龙快婿。这种关系，就不是张美所能比的了。因此，同是后周旧臣，北宋开国后，张美外放到地方出任节度使，李崇矩则飞黄腾达，先是担任三司使，后更升为枢密使，成为当时的重臣。

李崇矩出身武将，在平定李筠之乱之中也打了一些胜仗，但他从未担任过财政方面的职务，他能够出任三司使，显然是主要得益于他同宋太祖的亲密关系。同时，他又同宋太祖最倚重的亲信——“社稷之臣”赵普相交莫逆，“李崇矩与宰相赵普厚相交结，以其女妻普子承宗”[①]。事实上，李崇矩后来能升任枢密使，就是依靠着赵普的支持；至开宝五年（972）宋太祖罢免李崇矩的枢密使职务，则是赵普被罢相的先声。反过来，赵普和沈义伦虽然同是宋太祖的亲信幕僚，但两人关系相当冷淡，当宋太祖有意提拔沈义伦时，“赵普执奏以为不可”[②]。其实，赵普为了个人的地位，除了吕余庆、薛居正等没有政治抱负的所谓“忠厚长者”，沈义伦、李处耘、王仁赡等许多宋太祖的幕府旧僚们都遭到了赵普的排斥甚至“中伤”。这在当时也是人所共知的事情。如司马光就评论说：赵普“为人阴刻，当其用事时，以睚眦中伤人甚多”[③]。还有一个因素也值得注意，那就是以一个后周旧臣李崇矩取代另一个后周旧臣张美的位子，符合宋太祖安抚后周旧臣的既定政策，比起提拔自己的幕僚沈义伦来，政治上的负面因素要少一些。这也可能是宋太祖所考虑的一个方面。

沈义伦尽管没有能够出任三司使，但他在北宋初年还是为宋太祖承担了多项财政方面的事务。《续资治通鉴长编》记载：“（建隆三年）春正月己巳，命淮南道官吏发仓廪以赈饥民。初，户部郎中沈义伦使吴越归，言：‘扬、泗饥民多死。郡中军储尚百余万可贷，至秋乃收新粟。’有司沮义伦曰：‘若岁洊饥，将无所取偿，孰当执其咎者？’上以诘义伦，义伦曰：‘国家方行仁政，自宜感召和气，立致丰稔，宁复忧水旱耶？’上悦，故有是命。”这是北宋第一次大规模地开仓赈济灾民，不论是在经济上，还是在政治上，都具有较大的意义。而反对他提议的“有司”，按时间推算，应当就是三司使李崇矩。乾德元年（963），沈义伦又任陕西转运使；乾德二年（964），宋军伐后蜀，宋太祖又特命他为西川转运使。此行

---

① 〔宋〕李焘：《续资治通鉴长编》卷一三，第289页。

② 〔宋〕钱若水修，范学辉校注：《宋太宗皇帝实录校注》卷四二，第517页。

③ 〔宋〕司马光撰，邓广铭等点校：《涑水记闻》卷一，第12页。

除保障大军供给，宋太祖还亲自交给沈义伦一项重要的使命，就是把四川的金银铜钱收归中央。结果沈义伦在王全斌等伐蜀将帅贪污受贿的干扰之下，还是较好地完成了任务，“既平蜀，沈伦等悉取铜钱上供，及增铸铁钱易民铜钱，益买金银装发”①。这一大笔金银铜钱，就是宋太祖创建封桩库的主要基础，其意义是不言而喻的。正因为如此，宋太祖更加赏识沈义伦，有意大用，乾德五年（967）升他为枢密副使，开宝六年（973）晋升为宰相。然而，在财政方面成绩卓著的他担任宰相之后，却并不称职，时人评价他是“十年相位，但龌龊固宠，不能有所建明”②。这说明，沈义伦作为财政方面的干才，宋太祖不用为三司使，却以他为枢密副使、宰相，确属用非所长了。

李崇矩的情况也大致如此，他本人出身武将，却担任了财政主管三司使，也可说是用非所长。事实上，李崇矩从建隆元年（960）到乾德二年（964）担任了长达四年多的三司使，但在《宋史》本传中竟找不到一条他在财政方面的政绩。反之，当他在乾德二年升任枢密使之后，却颇有作为，像谏太祖不杀叛兵妻子、征北汉时为后殿等，都被作为他值得称道的政绩写入了本传。好在李崇矩为人“纯厚寡言”，为官持重务实，在他主持三司期间，虽无赫赫之功，倒也切实推行了宋太祖轻徭薄赋、发展生产的政策。至乾德元年（963），北宋的财政状况已经摆脱了“帑廪虚竭”的窘境，呈现出“时和岁丰”③“上下给足，府库羡溢”④的喜人景象。对此，李崇矩作为财政的主管官员，也是功不可没的。

乾德二年（964），李崇矩在赵普的支持下，升任枢密使。在以宋太祖名义发布的制书中，还对李崇矩在三司的工作做了高度的评价：“出司财赋，既彰干蛊之功；入掌枢机，宜举畴庸之典。具官李崇矩，夙怀器业，久著劳能，守素履以不渝，秉纯诚而益固。洎居近列，兼管利权。均用爱人，不加于常赋；济时成务，但见于丰财。考绩斯多，陟明惟允。是用擢升宥密，特示倚毗。参予帷幄之谋，

---

① 《宋史》卷一八〇《食货下二》记此为转运副使张谔言。《续资治通鉴长编》卷二三“太平兴国七年八月”脱“既平蜀”至“易民铜钱”等二十一字。

② 〔宋〕李焘：《续资治通鉴长编》卷二三，第518页。

③ 〔宋〕李焘：《续资治通鉴长编》卷四，第108页。

④ 〔元〕脱脱等：《宋史》卷一七九《食货下一》，第4350页。

謦尔弥纶之效。沃心造膝，朕有望焉。勉服训词，无忘率励。”[①]

实事求是地说，李崇矩更多的是在三司使任上适逢其会罢了，真正对宋初经济的迅速恢复贡献最大的，还是官家宋太祖。这倒不仅仅因为他是统揽全局的皇帝，前文已经反复谈到，从建隆元年（960）至乾德元年（963）的时间里，宋太祖把恢复经济作为巩固政权的头等大事，他本人的主要精力除整军经武、训练部队，就是抓财政问题。像整顿漕运、兴修水利、度田均税、发展工商、试办榷茶等重大的经济举措，皆是在宋太祖亲自主持下兴办的。很多事务，宋太祖往往采用交由官家特使的形式，绕过三司前去办理。例如，监察御史刘湛即“奉诏榷茶于蕲春”[②]。宋人总结宋太祖即位之初的风格是“亲总庶务”，如王曾《王文正公笔录》说：“太祖皇帝御极之初，亲总庶务。”宋太祖的这一风格在财政方面可以说是表现得十分明显，三司使李崇矩的作用反而不是多么突出。

三

乾德二年（964），李崇矩升任枢密使之后，宋太祖任命泰州刺史赵玭接替三司的长官。因为赵玭官衔较低，只用了“权点检三司”的名义[③]。这又是一个出人意料的安排。

赵玭，本来是后蜀驻防成州的观察判官，后周大军进攻秦、凤、阶、成四州时，他临阵倒戈，从而加速了蜀军的全线崩溃，算是为后周立了功。这种降臣的身份，决定了赵玭在后周及继后周而来的北宋朝廷当中，都没有什么根基。直到北宋乾德元年（963），赵玭出任泰州刺史，这已经是他第四次担任这一级别的地方官了。可以说，赵玭在群星闪耀的宋初政坛之上，只不过是一个很不起眼的小角色。可是，就是赵玭这样一个人物，在乾德二年，竟能青云直上，一跃出任“位亚执政”的三司长官高位，也真是难得的时来运转了。

事情还得从乾德二年（964）北宋政局的重大变化说起。

乾德元年（963），是北宋开国的第四年，就在这一年，我们前面已经多次提

---

① 〔宋〕徐自明撰，王瑞来校补：《宋宰辅编年录校补》卷一，第15页。

② 〔宋〕李焘：《续资治通鉴长编》卷三，第61页。

③ 《梦溪笔谈》卷二《故事二》：“三司使班在翰林学士之上。旧制，权使即与正同。”

到，北宋财政状况的基本好转已经实现。在此背景之下，当年十一月宋太祖举行了北宋建国后第一次祭天大典。这是一个很有意味的标志性事件，说明初生的北宋政权业已完全站稳脚跟。在宋太祖、赵普君臣心目中，“南征北伐，今其时也”，改变“一榻之外，皆他人家也”[①]格局的条件终于成熟。就在筹划祭天大典的同时，北宋军队正在向荆南、湖南发起猛烈的进攻，胜利的捷报纷至沓来，给大典增添了许多喜庆的气氛。随着北宋国策由巩固内部向“南征北伐”转变，以范质、王溥和魏仁浦三位宰相为代表的后周旧臣的过渡意义也随之完结。就在大典刚刚过去的乾德二年（964）正月，在大典中出任大礼使的范质和王溥、魏仁浦一起“主动”地再三请求辞去宰相的职务，并“建议”由赵普接替。宋太祖也就不再像以前那样挽留，而是爽快地答应了他们的请求，在乾德二年正月就下达了免去三相、以赵普为宰相的任命书。从此，直至开宝六年（973），赵普独自担任宰相长达数年。

赵普拜相，是宋太祖朝政治格局一大转折的关键。

在此之前的建隆元年（960）至乾德元年（963），由范质等三位后周旧臣担任宰相的中书门下，是一个非常弱势的“政府”（宋人对中书门下的习惯称呼），在朝廷大政当中发挥不了多大的实际作用。宋太祖这位官家乾纲独断式地“亲总庶务”，枢密使赵普、三司使李崇矩等宋太祖亲信的作用反而在中书宰相之上。赵普拜相之后，情况就完全不同了。从宋太祖与赵普的关系来说，赵普是宋太祖最为亲信的幕府谋主，陈桥兵变前台的指挥者，是北宋的开国元勋。宋太祖自己曾经说过，赵普就是他的“社稷之臣”。宋太祖的弟弟宋太宗在《赵普神道碑》中称太祖与赵普两人亲密无间“鱼水之欢，未足为比”。《宋史》赵普本传则云：宋太祖和赵普“始终一心，休戚同体，贵为国卿，亲若家相”。赵普本人也做过这样的表白：“伏自宣祖皇帝（宋太祖父亲）滁州不安之时，臣蒙召入卧内；昭宪太后（宋太祖母亲）在宅寝疾之日，陛下唤至床前，念以倾心，皆曾执手，温存抚谕，不异家人……礼虽限于君臣，恩实同于骨肉。”[②]双方的关系，是范质等人根本无法比拟的，用他为宰相，宋太祖是放心的。从赵普个人的行事风格来说，范质为

① 〔宋〕陈均编，许沛藻等点校：《皇朝编年纲目备要》卷二《太祖皇帝·开宝元年》，第29页。

② 〔宋〕邵伯温撰，李剑雄等点校：《邵氏闻见录》卷六，第53页。

人比较低调，赵普却是有机谋，有才干，精通治国之道，“沉毅果断，以天下为己任”，为政专权独断。史书中评论说：“赵普之为政也专。”而且他个性极强，即使是在宋太祖面前，也敢于坚持自己的意见。这样的一个人，宋太祖或者是疑人不用，或者就只能是用人不疑。显然，在乾德二年的时候，宋太祖选择的是用人不疑。此外，还有一个不容忽视的重要因素，那就是从乾德元年统一战争拉开战幕开始，宋太祖个人的主要精力转向了筹划和指挥频繁的战事，内政方面要再像此前那样“亲总庶务”，也不太现实，更多的是依赖赵普，所谓“既拜相，上视如左右手，事无大小，悉咨决焉”①。如此一来，赵普任宰相之后，以“堂帖”处理政事，内政大事多取决于中书，中书门下遂成为空前的强势政府。正如宋太宗后来所说：“势重于敕命。”

在专制主义政体之下，皇权的排他性是绝对的，宰相居于一人之下，万人之上，距皇权仅一步之遥，是既可望又可及，因而同皇权之间总是存在着不可避免的矛盾。不论宋太祖与赵普君臣之间是如何“亲同骨肉”，只要他们分别居于皇帝和宰相的位子，就决定了宋太祖若是不想大权旁落，就必须要对赵普的权力有所制约，有所限制。我们看一看宋太祖因吴越贿赂赵普瓜子金时对赵普所说的“彼谓国家事皆由汝书生耳”②，就可以知道，宋太祖在这方面早有考虑。这也难怪，像兵权就是始终由他本人绝对掌握，任何人不得染指，赵普也不能例外③。再就是和三司直接相关的财政大权了，这方面虽然不像兵权那样敏感，但宋太祖对限制赵普的权力也是有所考虑和安排的。这就回到了为什么赵玭能够出任三司长官的话题上。

本来，赵玭在朝廷上毫无根基，同宰相赵普也是毫无渊源，是他仕途升迁的负面因素。而在宋太祖有意于以三司使制衡宰相财权的时候，赵玭的这些负面因素反而对他很是有利。道理不难理解，与赵普没有交往，正好可以或多或少制约赵普；在朝廷中没有根基，则决定了赵玭只能百分之百忠于官家，否则在朝中就

① 〔元〕脱脱等：《宋史》卷二五六《赵普传》，第8932页。

② 〔宋〕李焘：《续资治通鉴长编》卷一二，第273页。

③ 赵普的好友兼亲家李崇矩出任枢密使，是宋太祖对赵普特殊信任的体现，也是为二府同心协力，为赵普放手工作创造有利条件。当时，一则李崇矩与军队关系相对较远，未在殿前、侍卫二司担任过军职，在军中的影响力较小；二则当时枢密院对军队的控制远不如（转下页注）

无立足之地。在这一点上，赵玭的经历当中有一个重要的细节值得引起高度重视。据《宋史》赵玭本传记载：建隆初年，赵玭曾经出任过宗正一职。宗正，是当时一个没有多少实权的闲职，由于它主要负责皇家祭祀、宗庙、陵墓及族谱等一类事务，因而一直只由"宗姓"，也就是赵姓官员来担任。赵玭虽然是降臣出身，可占了姓赵的便宜，加以当时朝中"文班阙宗姓"[①]，就由他任北宋的第一任宗正官。这个位子地位一般，但赵玭毕竟借此同皇家有了一层渊源关系，与其他臣子同宋太祖的关系就有所不同了。更妙的是，赵玭这个人性格也很倔强，"性狂躁讦直"[②]，据说连宋太祖他都敢于顶撞，更不用说宰相赵普了。可见，赵玭的这些特点恰恰符合了宋太祖找一个敢于同宰相赵普分庭抗礼的三司使的需要，由赵玭来扮演这样一个角色，可以说是出人意料，但又在情理之中。

宋太祖不但对赵玭"优容之"，还特地授予他"进密奏"的权力，也就是向官家打"小报告"。至于针对的对象是谁？那就是不言而喻的。在宋太祖为臣下所布下的局里，赵玭这位三司长官就是制约宰相赵普的一枚棋子。这倒不是说宋太祖对赵普特别不放心，如此布置，还是驾驭臣下、保障独尊所必需的政治权术。

宋代的三司使与宰相的关系本来就比较微妙，三司使虽然在官家的支持下，分割了宰相的财政权，但作为政府的首脑，宰相起码在理论上是可以"无所不统"的。实践中，宰相一般不能直接干预三司具体事务，却仍然掌握着人事上对三司官员进行奖惩的大权。三司使如果同宰相出现矛盾，通常情况下是会很被动的。何况赵玭又是在如此背景下出任三司长官的，他与强势宰相赵普之间的关系就可想而知了。

（接上页注）北宋后来的情况。如《续资治通鉴长编》卷五"命忠武节度使王全斌为西川行营凤州路都部署，武信节度使、侍卫步军都指挥使大名崔彦进副之，枢密副使王仁赡为都监"下，李焘考证云："王仁赡以枢密副使为行营都监，在节度使下，盖此时西府（指枢密院）品秩殊未崇也。"李焘此语可谓一语破的。这时军队指挥的重心，还是在殿前、侍卫二司及节度使等大将手中，这些人当时都由宋太祖本人直接掌控。宰相赵普、枢密使李崇矩在这方面也发挥不了多大的作用。

① 〔清〕徐松辑，刘琳、刁忠民等点校：《宋会要辑稿》职官二〇，第3563页。

② 〔宋〕李焘：《续资治通鉴长编》卷八，第190页。

赵玭在出任三司使之后，很快就与“宰相赵普不协”[①]，双方的关系紧张起来。李焘在《续资治通鉴长编》中将两人之间的冲突归之于赵玭“以私怨忌普”[②]，其实赵玭同赵普原本毫无瓜葛，他与赵普矛盾的激化，主要还是制度层次的原因。

赵普，本来就是一个睚眦必报、“中伤人甚多”的铁腕宰相，当然把赵玭视为眼中钉加以打击。就在赵玭主持三司的第二年，即乾德三年（965）其就因“军食损坏，失于检视”，被罚掉了一个季度的俸禄[③]。到了第三年的乾德四年（966）正月，北宋朝廷又颁布了《置三司推官诏》，在这个诏书中又有这样对赵玭很不利的两段话：“应三司使或有行遣未当，本判官并须执咨”，“诸道转运使如见三司行下公事有不便于民者，许直具事状以闻，不得隐避”[④]。四月，果然就有个地方官上书驳斥三司，“知光化军张全操上言：三司令诸处场院主吏，有羡余粟及万石、刍五万束以上者，上其名，请行赏典。此苟非倍纳民租，私减军食，亦何以致之”，朝廷采纳了他的建议，“追寝其事，勿复颁行”[⑤]。十月，赵玭又因“南郊斋宫坏”“坐不以时完葺”，再次被罚掉了一个月的俸禄[⑥]。这些事，或是赵玭自己处理失当，或是办事不力，加以处罚都有很过得去的理由。但是官场上的规矩，从来就是问题可大可小，赵玭得罪了大权在握的宰相赵普，才是他霉运连连的真正原因。又过了一年，赵玭终究是坚持不下去了，只得以“足疾”为理由“主动”请求解除职务。乾德五年（967）二月，赵玭被免去了三司长官的职务，只保留了一个“左监门卫大将军”的空头衔。

史书中曾这样描绘赵普整人的手段：“或云普于中书接见群官，必语次寻绎有言人短长者。既退，即命吏追录之。事发，引以为证。由是群官悚息，无敢言者。”[⑦]赵玭的遭遇恐怕就是这方面一个很好的事例。

---

① 〔宋〕李焘：《续资治通鉴长编》卷八，第190页。

② 〔宋〕李焘：《续资治通鉴长编》卷八，第190页。

③ 〔宋〕李焘：《续资治通鉴长编》卷六，第158页。

④ 〔宋〕李焘：《续资治通鉴长编》卷七，第166页。

⑤ 〔宋〕李焘：《续资治通鉴长编》卷七，第170页。

⑥ 〔宋〕李焘：《续资治通鉴长编》卷七，第180页。

⑦ 〔宋〕李焘：《续资治通鉴长编》卷二九，第652页。

三司使赵玭与宰相赵普之间的明争暗斗，官家宋太祖是乐于看到的，或者本来就是他在任命赵玭主持三司时早已预料到的事，这也是古代帝王驾驭臣下所惯用的手法。除了赵玭，翰林学士卢多逊也是一个带头反对赵普的干将，他们之所以敢于对抗权倾一时的宰相赵普，都是自以为得到了官家的默许甚至于鼓励。

赵玭的罢职，说明在官家、宰相和三司三者的关系当中，三司总是一个被动的弱势角色，尤其是在赵普这种强势的宰相之下，官家通过三司使来集中财政大权的手法所能收到的成效是比较有限的。这也不难理解，三司使毕竟属于宰相领导下的官僚集团的一部分，三司也毕竟是以中书门下为首的官僚体制的重要组成部分。他们对宰相财政权的分割，主要停留在具体掌管、经办事务的层次上。

对此，也不能说宋太祖就没有考虑到，要不然在赵玭之后，从乾德五年（967）至开宝四年（971），宋太祖为什么干脆就不任命新的三司使，任由三司长官的职位空缺呢？道理很明白，与其让别人像赵玭那样遭到赵普的排挤，还不如让赵普放手去做事。事实上，从乾德二年到开宝六年，北宋在财政管理方面所取得的主要成绩，像把地方的财政大权收归中央三司，天下钱谷“皆总于三司，一文一勺以上悉申帐籍”[①]，“外州无留财，天下支用悉出于三司”[②]，在地方设转运使等，大都出于“赵普之谋”，主要都应归功于宰相赵普，三司的作用倒是相当有限。

四

三司使的长期空缺，是否意味着宋太祖放弃了把财政权集中于官家之手的打算呢？答案当然是否定的。

值得引起重视的是，就在赵普与赵玭二人相争日趋激烈的乾德三年前后，宋太祖在财政方面又做出了一个极其重要的举措，那就是在皇宫内创立了封桩库。北宋建国后，本来是沿用五代制度，设左藏库作为国库，其事务由三司负责。据

---

① 〔宋〕李焘：《续资治通鉴长编》卷三六八，第8871页。

② 〔宋〕李焘：《续资治通鉴长编》卷三四，第746页。

《续资治通鉴长编》卷六记载："国初，贡赋悉入左藏库，及取荆湖，下西蜀，储积充羡。上顾左右曰：'军旅饥馑，当预为之备，不可临事厚敛于民。'乃于讲武殿后别为内库，以贮金帛，号曰封桩库，凡岁终用度赢余之数皆入焉。"卷一九又补充说："初，太祖别置封桩库，尝密谓近臣曰：'石晋苟利于己，割幽蓟以赂契丹，使一方之人独限外境，朕甚悯之。欲俟斯库所蓄满三五十万，即遣使与契丹约，苟能归我土地民庶，则当尽此金帛充其赎直。如曰不可，朕将散滞财，募勇士，俾图攻取耳。'会晏驾，不果。"

关于封桩库，除《续资治通鉴长编》以外，《王文正公笔录》《渑水燕谈录》《石林燕语》《建炎以来朝野杂记》《群书考索》《文献通考》《太平治迹统类》等多种宋代文献也有大量的相关记载。其中，尤其以《石林燕语》比较重要。是书卷三曰："太祖初削平诸伪国，得其帑藏金帛，以别库储之，曰封桩库，本以待经营契丹也。其后三司岁终所用，常赋有余，亦并归之。尝谕近臣，欲候满三五百万，即以与契丹，以赎幽燕故土；不从，则为用兵之费，盖不欲常赋横敛于民。故不隶于三司，今内藏库是也。"

综合分析上述记载，可以看出：一是宋太祖设立封桩库的初衷在于用和平的手段向契丹赎买幽燕十六州，在不得已的情况下则用作军费，且防范大的灾荒。二是封桩库的来源主要有两个，即平定后蜀、南唐等江南各国所缴获的大量金银铜钱，与每年三司收支间的盈余。三是封桩库"不隶于三司"，独立于三司之外，所藏的金钱由官家个人掌握和支配。

在这三条当中，最重要的无疑是第三条。据其他史料记载，封桩库及由其在宋太宗朝之后发展而来的内藏库，由官家亲选心腹宦官负责看管，"专以内臣掌之，不领于三司，其出纳之多少、积蓄之虚实、簿书之是非，有司莫得而知也"[①]，后来又专门规定，"内藏库专副以下，不得将库管钱帛数供报及于外传说，犯者处斩"[②]，"其籍秘严，虽大臣（指宰相与执政）及主计者（指三司使），莫得知其详实"[③]。宰相、三司使都不得过问。封桩库是在以富庶的江南各国多年积攒的金银

① 〔宋〕李焘：《续资治通鉴长编》卷一九六，第4758页。

② 〔宋〕李焘：《续资治通鉴长编》卷五四，第1182页。

③ 〔宋〕吕诲：《上英宗乞今后奉宸诸库宜谨出入》，《宋朝诸臣奏议》卷一〇七，第1148～1149页。

财宝的基础上，加上三司每年的盈余，又加上从宋真宗以后不论三司是否盈亏，每年都要保证向内藏库交纳的数额，因此其数额十分庞大，到宋太祖晚年已经是“金帛如山”，后来更是越积越多。据当代学者的相关研究，宋代封桩库（内藏库）所藏的财富，要远远超过三司[①]。这就是说，随着封桩库的设立，宋太祖这位官家干脆绕过了宰相、三司，把国家最大的一部分收入以“小金库”“私房钱”的形式由官家本人绝对控制。

如果说，以三司制约宰相来集中财权，属于从官僚体制内部将财权集中于官家的话，那么设立封桩库就是从官僚体制外部来解决问题了，因而要简单得多，也更容易收效。

宋太祖自己曾为封桩库的设立提出了一个冠冕堂皇的理由——赎买幽燕十六州的故土。后来，宋太宗、宋真宗等官家也都就封桩库设立的理由和用途等向大臣们反复进行解释，如宋太宗说：“此盖虑司计之臣不能节约，异时用度有阙，复赋率于民。朕不以此自供嗜好也。”[②]宋真宗则对宰相说：“祖宗置内藏，所贮金帛以备军国之用，非自奉也。”[③]事实上，封桩库中的财物，官家确实也主要是用在国计民生上。据史书记载：“二圣平荆湖、西蜀、岭表、江左、河东，亲祀郊丘，所费巨万，皆出于是，不出于民。三司所假，凡六千万，自淳化迄景德，每岁多至三百万，少亦不下百万，累年不能偿，即命蠲除之。昨令彭年述其事实，此库乃为计司备经费耳。”因此，也有学者认为宋太祖所创立的封桩库在一定程度上带有国家银行的性质。

不过，不管封桩库创立的理由如何，也不管最后封桩库的金钱用途如何，都无法改变封桩库由官家个人绝对控制这个最根本的事实。北宋政府和三司也确实可以使用封桩库的钱物，但必须是向官家“借”，尽管经常是有借无还，但既然双方是“借”的关系，从理论上说，那么官家可以借，也可以不借，决定权完全在官家个人。一个“借”字，真是一语破的，清晰地点明了封桩库属于官家个人“小金库”的本质。

皇帝本来是“富有四海”，所谓“普天之下，莫非王土；率土之滨，莫非王

---

① 程民生：《论北宋财政的特点与积贫的假象》，《中国史研究》1984年第3期。

② 〔元〕脱脱等：《宋史》卷一七九《食货下一》，第4370页。

③ 〔宋〕李心传撰，徐规点校：《建炎以来朝野杂记》甲集卷一七《财赋四》，第384页。

臣”，可宋太祖这位宋代的开国皇帝偏偏要弄出这样一个“小金库”来，难怪当时的大臣们就表示不理解，后代人更嘲笑他颇有守财奴之风。如明代大学者王夫之在他的《读通鉴论》和《宋论》当中就反复批评宋太祖设封桩库是“为财所累”，“翁妪之智，畜金帛以与子，而使讼于邻，为达者笑”[①]。他评论说：“天子以天下为藏者也。知天下之皆其藏，则无待于盈余而不忧其不足，从容调剂于上下虚盈之中，恒见有余，而用以舒而自裕。开创之主，既挟胜国之财为其私橐，愚昧之子孙，规规然曰：此吾之所世守也。以天子而仅有此，则天下皆非其天下，而任之贪窳之臣，贪者窃而窳者废，国乃果贫；则虐取于民，而民乃不免于死。侈者既轻于纵欲，吝者益竞于厚藏；侈犹可言也，至于吝而极矣。朽敝于泥土之中，干没于戚宦之手，犹且羡前人之富而思附益之。卒有水旱，民填沟壑，或遇寇乱，势穷输挽，乃更窃窃然唯恐所司望吾私积，而蔽护益坚。若田野多藏之鄙夫，畏人之求贷而蹙额以告匮，恶知有天下之为天子哉！守其先世之宝藏以为保家之懦夫而已。匹夫而怀是心，且足以亡家而丧其躯命，况天子乎？”[②]

清代学者昭梿则从宋朝内政的角度评论封桩库说：“宋太祖起自布衣，深悉民间疾苦，故平定诸国后，自奉俭薄，积左藏之余，立封桩库。尝欲待足五千万后，捐资契丹，以赎燕云之地。如其不与，则以其资厚赏军士，兴师恢复其土。及澶渊和后，不复讲求，则以其财供土木祠祷之费。……子孙不知爱惜，反消耗于声色土木之间，良足慨惜。”[③]

这些说法都有其道理，像宋真宗及后来的宋徽宗等人都成为“败家子”，也不能不说与宋太祖弄出这样一个不受官僚体制约束的“小金库”有相当的关系。

但是，一个时代有一个时代的具体情况。宋太祖生活的五代宋初，皇帝已经由“天子”蜕变为“官家”，作为皇权重要支柱的“君权神授”的神秘光环，也早在五代的血雨腥风中烟消云散。天子，“兵强马壮者当为之，宁有种耶”[④]就是那个时代的特点。只要“兵强马壮”，就能当上官家；而要保住官家的位子，就更得“兵强马壮”。那么，怎样才能“兵强马壮”呢？毫无疑问，就得依靠金钱的魔

① 〔清〕王夫之撰，舒士彦点校：《宋论》卷一《太祖》，第21页。
② 〔清〕王夫之撰，舒士彦点校：《读通鉴论》卷二九《五代中》，第896页。
③ 〔清〕昭梿撰，何英芳点校：《啸亭杂录》卷二《宋置封桩库》，第35页。
④ 〔宋〕薛居正等：《旧五代史》卷九八《安重荣传》，第1302页。

力。在那个“五帝三王之衣冠礼乐，驱以入于狂流”的时代，金钱和权力成为人们唯一的追求目标，而当官又是为了获得更多的金钱。宋太祖大将曹彬说：“好官亦不过多得钱耳。”[①]宋太祖自己在“杯酒释兵权”时对众将说：“所谓好富贵者，不过欲多积金银，厚自娱乐，使子孙无贫乏耳。”[②]这就是当时社会心态的典型反映。宋太祖这位官家虽然贵为皇帝，但他也是那个时代的人物，他当然也想“多积金银，厚自娱乐，使子孙无贫乏”。更何况宋太祖出身贫寒，青年时当了多年一文不名的流浪汉，对有钱带来的快乐、无钱招致的痛苦，他无疑有着比其他官家更为切实的体会。这也不难理解，越是经过贫穷的人，在“发迹变泰”后，往往就越会珍惜和看重积攒金钱。创立封桩库，以及史书中多处宋太祖生活俭朴的记载，似乎也可以从这个角度来理解，如《邵氏闻见录》曰：“乾德、开宝间，天下将大定，惟河东未遵王化，而疆土实广，国用丰羡，上愈节俭，宫人不及二百，犹以为多。又宫殿内惟挂青布缘帘、绯绢帐，紫绸褥，御衣止赭袍，以绫罗为之，其余皆用絁绢。晋王已下因侍宴禁中，从容言服用太草草，上正色曰：‘尔不记居甲马营中时耶？’上虽贵为万乘，其不忘布衣时事皆如此。”[③]

更为关键的是，在这种时代大气候之下，正如当时人所认为的那样，君主只有掌握了金钱这个工具，才能够“与之在君，夺之在君；贫之在君，富之在君。是以人戴君如日月，亲君如父母”[④]。五代以来的大多数官家，就是用金钱去换取臣下的效忠，用金钱去换取士兵的卖命，才得到官家宝座。官家手中如果没有了钱，就往往会“欲为匹夫不得”，落个悲惨的下场。像后唐李从珂就是因为无法筹措到足够的金钱，“竭左藏旧物及诸道贡献，乃至太后、太妃器服簪珥皆出之”[⑤]，也兑现不了给士兵的许诺，结果就从已经坐上的官家位子上跌落了下来。显而易见，对官家来说，金钱绝不仅意味着可以奢侈享受，更是皇权须臾也离不开的保障。宋太祖千方百计地以“小金库”的形式直接掌握国家一大部分金钱，原因也就在于此。

---

① 〔宋〕李焘：《续资治通鉴长编》卷一七，第364页。

② 〔宋〕司马光著，邓广铭等点校：《涑水记闻》卷一，第11页。

③ 〔宋〕邵伯温撰，李剑雄等点校：《邵氏闻见录》卷七，第66页。

④ 〔后晋〕刘昫等：《旧唐书》卷四八《食货上》，第2097页。

⑤ 〔宋〕司马光：《资治通鉴》卷二七九，第9118页。

正因为如此，从宋太祖开始的北宋历代官家，都无一例外地把封桩库中的金钱作为北宋立国的根本给予高度重视。据《铁围山丛谈》《避暑漫抄》等多种宋人野史的记载，宋太祖自从创立封桩库后，只要有所闲暇，就亲自骑马一个库房接一个库房地巡视。为了更好地掌握封桩库中的金钱，防止他人偷盗冒领，宋太祖、宋太宗等官家还发明了一种特殊的方法，“内藏财库，每千计用一牙钱记之。凡名物不同，所用钱色亦异，他人莫能晓，匣而置之御阁，以参验帐籍中定数”[①]。这个“钱匣子”，只由官家个人掌管，当前任官家晏驾的时候，才由自己传给下一任官家。宋太祖这位官家，上朝的时候要防着别人谋夺他的皇位，晚上的时候还要守着“钱匣子”睡觉，难怪他“终夕未尝敢安枕而卧”，觉得当官家不如当节度使快乐。这有什么办法呢？就像宋太祖的弟弟宋太宗在把“钱匣子”传给宋真宗时所说：“善保此，足矣。”[②]为了保住官家的宝座，就必须牢牢地抓住这些金钱不放。

官家有了封桩库之后，在处理与宰相、三司的关系时就更为得心应手、游刃有余了，尤其是实行了“凡天下之好名色钱容易取者、多者，皆归于内藏库、封桩库。惟留得名色极不好、极难取者，乃归户部”[③]的制度后，封桩库的来源就更加“旱涝保收”。换言之，也就是三司对官家的重要性降低了，难怪从乾德五年（967）赵玭去职直至开宝四年（971），宋太祖始终让三司的职位空缺。

五

赵玭去职以后，仍然继续同赵普明争暗斗，赵玭“既罢三司，累上密疏”，希望能得到官家宋太祖的支持，但奇怪的是，他的密奏“皆留中不出”。赵玭怀疑是赵普在暗中“中伤之”，而赵普也确实没有放过他。开宝元年（968），赵普就找机会把赵玭勒归私第，还不许他再上朝。赵玭想要退居郓州，也没有被允许。开宝四年（971）三月，他趁赵普上朝时，拦住赵普的马头大骂赵普。宋太祖听说后，召见了赵玭，让他和赵普在御前当面对质。赵玭就当着官家的面，抛出了他掌握

① 〔元〕脱脱等：《宋史》卷一七九《食货下一》，第4371页。

② 〔元〕脱脱等：《宋史》卷一七九《食货下一》，第4371页。

③ 〔宋〕黎靖德编，王星贤点校：《朱子语类》卷一一一《论财》，第2720页。

的赵普纵容手下违法私贩木材的“重磅炸弹”。宋太祖闻讯后十分生气，催促召集百官，准备下诏书把赵普贬出朝去。就在这时，前任宰相王溥替赵普说情，并断定是赵玭“诬罔大臣”。宋太祖猛然醒悟，转而命武士把赵玭痛打一顿，后来把他贬到汝州了事。赵玭从此就从宋初的政治舞台上消失了。

赵玭的一败涂地不是偶然的，就像卢多逊的父亲对儿子攻击赵普所表示的担忧那样：“彼元勋也，而小子毁之，吾得早死，不见其败，幸也。”[①]赵普毕竟是宋太祖最为亲信的“社稷之臣”，他的分量不是赵玭、卢多逊等人所能比拟的。宋太祖是需要这些人去制约一下赵普，但制约到什么程度，宋太祖是有考虑的。在开宝六年之前，宋太祖只是要对赵普的权力有所限制，但并不是想要罢免他。即使是开宝六年的罢相，宋太祖也是尽可能以一种留有余地的缓和方式来解决，在公开场合仍要保持一个君臣和睦的姿态。赵玭自以为有官家撑腰，又抓住了赵普的短处，在开宝四年就公开与赵普决裂，他被官家抛弃的下场是可想而知的。

尽管赵普没有因此被罢相，但这毕竟是宋太祖与赵普首次公开的冲突，从此之后，两人之间的裂痕越来越大。在这件事的两个月后，宋太祖任命楚昭辅为已经空缺数年的三司长官。楚昭辅和赵普一样，也是宋太祖在后周时就追随他的亲信之一，而且也参与了陈桥兵变。他的地位虽不如赵普，但两人的资格大致相当，由他来担任三司使，赵普再要像对待赵玭那样为所欲为，就不太可能了。实际上，以楚昭辅为三司使，就是宋太祖为解除赵普职务所做的准备之一。

开宝六年（973），除了南唐还在苟延残喘，其他各国都被宋军消灭了，北宋统一的大局已定。就在这一年，宰相赵普终于被罢相了，宋太祖像开国之初一样，重新乾纲独断，不再重用宰相，而是直接总揽内外大权。宋太祖朝的政治格局又为之一变。

赵普罢相后，楚昭辅升任枢密副使。开宝七年，新任副宰相参知政事卢多逊的好友张澹曾短期主持过三司事务，不久就病死了。此后的一段时间，三司使又出现了空缺。直到宋太祖去世的那一年，即开宝九年，才又任命王仁赡为三司使。王仁赡的三司使职务，直到宋太宗太平兴国七年（982）才被解职。

宋太祖晚年的这两位三司使，都有明显的弱点：楚昭辅是贪财，《宋史》本

---

① 〔宋〕王称：《东都事略》卷三一《卢多逊传》，《文渊阁四库全书》本。

传评价他是“颇吝啬”“时论鄙之”；王仁赡更是贪财兼好色，时人评价他是“志在声色”，他在伐蜀军中担任都监期间，“豪夺子女，隐没货财”[①]，四川兵变的发生，他的责任可以说是最大的。他们能够出任三司使，唯一的原因就在于他们是宋太祖的亲信心腹。这说明，晚年的宋太祖已经是越来越趋向保守，只是重用自己小圈子中的人物。这也是专制体制下的一个痼疾。

用这样的人主持三司，三司的状况就可想而知了。其中，王仁赡的劣迹最多，“恣下吏为奸，怙恩固宠，莫敢发者”。宋太宗后来气愤地同赵普说：“仁赡纵吏为奸，诸州场院皆隐没官钱以千万计。”[②]但这主要是在宋太宗的时候，宋太祖并没有看到。楚昭辅的无能，宋太祖却亲眼所见。据《续资治通鉴长编》卷一三记载：“三司言仓储月给止及明年二月，请分屯诸军，尽率民船以资江、淮漕运。上大怒，召权判三司楚昭辅切责之曰：‘国无九年之蓄曰不足。尔不素为计度，今仓储垂尽，乃请分屯兵旅，括率民船，以给馈运，是可卒致乎？且设尔安用！苟有所阙，必罪尔以谢众。’昭辅皇恐，计不知所出，乃径诣开封府，见皇弟光义泣告，乞于上前解释，稍宽其罪，使得尽力营办，光义许之。昭辅出，光义问右知客押衙永城陈从信曰：‘为之奈何？’从信对曰：‘从信尝游楚、泗间，见粮运停阻之由，良以舟人日食，旋于所历州县勘给，故多凝滞。若自起发即计日并支，往复皆然，可以责其程限。又楚、泗间运米入船，至京师辇米入仓，宜各宿备运卒，皆令即时出纳。如此，每运可减数十日。楚、泗至京千里，旧定八十日一运，一岁三运。今若去淹留之虚日，则岁可增一运矣。又闻三司欲籍民船，若不许，则无以责办，若尽取用之，则冬中京师薪炭殆绝，不若募其船之坚实者令运粮，其损败者任民载樵薪，则公私俱济。今市中米贵，官乃定价斗钱七十，商贾闻之，以其不获利，无敢载至京师者，虽富人储物，亦隐匿不粜，是以米益贵，而贫民将忧其馁殍也。’光义然之。明日，具以告上，上悉从其言。由是事集，昭辅亦免责焉。”

楚昭辅的束手无策与陈从信的胸有成竹，形成鲜明的对比。这说明，三司使楚昭辅，当然还包括在宋太祖晚年仍然居于高位的薛居正、沈义伦、王仁赡等这

① 〔宋〕李焘：《续资治通鉴长编》卷六，第147页。

② 〔宋〕李焘：《续资治通鉴长编》卷二三，第513页。

一批跟随宋太祖创立北宋帝业的人物，和官家一样，也都进入了暮年，当年创业的魄力已经被官场岁月消磨殆尽。而宋太祖的弟弟宋太宗所代表的一股年轻的政治力量却呈现出蓬勃向上的朝气，开始发挥出类似于“影子政府”的作用，他们构成了宋太祖后期一股新的血液。新陈代谢，这就是历史的基本规律。

原载《宋史研究论丛》2005年第6辑

周世宗的三十年“太平”计划

一、最乱世

辽从开封退兵之后，中原群龙无首，坐镇太原的后晋北平王、北京留守、河东节度使刘知远乘机自立为皇帝。因为刘知远姓刘，遂定国号为“汉”，刘知远就是汉高祖。然此汉高祖，非彼汉高祖。据《新五代史》的记载，刘知远紫色面庞，白眼睛，是纯粹的突厥沙陀人，亲随石敬瑭得以起家，与历史上的汉高祖刘邦没有任何关系。

刘知远只当了还不到一年的皇帝就去世了，临终前他指定由枢密使杨邠、郭威，侍卫亲军都指挥使史弘肇和宰相苏逢吉、苏禹珪五位文武心腹为顾命大臣，辅佐他的儿子汉隐帝刘承祐。但刘知远一死，顾命大臣们立即分裂成为两大集团，杨邠、郭威、史弘肇三位武将为一伙，苏逢吉、苏禹珪两位文臣为一伙，彼此水火不容，势不两立。武将们兵权在握，又由于刘知远留有遗嘱：“朝廷大事不要与书生商量，书生怯懦胆小，必将误国。”所以，武将集团占尽了上风，杨邠最讨厌书生，多次扬言：“国家府库充裕，兵力强大，才是当务之急，什么文章礼乐，都是糊弄人的。”史弘肇亦然，他曾当面辱骂宰相苏逢吉说：“安朝廷，定祸乱，靠的是我手里的长枪大剑，你那毛锥子能管什么用呢？”还拔刀相向，差点上演了火并的闹剧。苏逢吉手无缚鸡之力，只能忍气吞声。

至于皇帝刘承祐，众将们也不把他太当回事。有一次朝堂议事，刘承祐刚刚说了一句："此事大家要好好商量。"杨邠当即厉声呵斥："陛下还是闭嘴吧，凡事有我们几个处理。"刘承祐当时只有十余岁，正是血气方刚的时候，不甘心当傀儡皇帝，又怕这样下去早晚要被众将给废掉。于是，他联络宰相苏逢吉，于乾祐三年（950）冬十一月十三日一大早，在皇宫里埋伏了数十名武士，趁杨邠、史弘肇上早朝的时候，冷不防地一拥而上，把二人还有党附他们的三司使王章当场杀死在朝堂之上。刘承祐还不分青红皂白，极其残忍地将杨邠、史弘肇等人的家属、亲戚、党羽、故旧、仆从全部屠杀，连妇女儿童都不放过，制造了空前的血案。一夜之间，后汉朝堂为之一空。郭威是杨邠、史弘肇的死党，当时以枢密使、邺都留守、天雄军节度使的身份坐镇重镇邺都（今河北大名），主持河北防御辽军的战事，因而侥幸逃脱了一死，但他的家属都被刘承祐杀死，刘承祐还派人前往邺都，要置郭威于死地。

郭威，河北邢州尧山人，绰号"郭雀儿"，出身贫贱，自幼父母双亡，十八岁当兵，追随石敬瑭和刘知远，从士兵一步一步地做到了枢密使。数十年的军旅和官场生涯，把他锤炼为一个老谋深算、城府极深的政治人物。刘知远能够成功称帝，郭威居功至伟。后汉党争呈现白热化之势时，郭威又棋高一着，主动前往河北督师，从而一则避免了成为矛盾的焦点，可以坐山观虎斗；二则重镇在握，兵权在手，又可招兵买马，虎视开封，居于进退自如的主动地位。开封事变的噩耗传来，郭威抢先下手，即刻以"清君侧"为旗帜起兵。刘承祐倒是敢作敢当，御驾亲征，在开封北郊的刘子陂迎击郭威，但他只是个养尊处优的公子哥，哪里是郭威的对手？双亡接战，刘承祐死于乱军之中，郭威大获全胜，攻进了开封城。

郭威控制了开封，皇位已然在握，但他偏偏乐此不疲地以大汉"忠臣"自居，经过给刘承祐发丧、拥立刘知远的侄子刘赟当皇帝、领兵北上抗辽等几番声情并茂的"充分表演"，最终方以兵变澶州这一极其戏剧化的一幕而收场：士兵们蜂拥而上，大汉"忠臣"郭威东躲西藏，仍被士兵们按住，把一面黄色的军旗当作黄袍披到了他的身上，并三呼万岁，拥戴他当皇帝。郭威见无法逃避，遂放声大哭，竟一连昏过去好几次。

正所谓"司马昭之心，路人皆知"。郭威这些欲盖弥彰的骗人把戏，虽然令人眼花缭乱，不可谓不精彩，但其实都是自欺欺人，也糊弄不了旁人，倒是显得自己小家子气，白白落了个“奸雄”的骂名，纯属画蛇添足，还不如直接称帝来得光明磊落。颇具讽刺意味的是，赵匡胤后来推翻后周的陈桥兵变，与郭威的澶州兵变如出一辙，这倒也不奇怪——在澶州向郭威三呼万岁的那群官兵，其中就有赵匡胤，轻车自然熟路。广顺元年正月，郭威正式称帝，因他自称周文王的后裔，遂定国号为周，史称后周（951—960）。

郭威夺权过程中的最大败笔是纵容士兵洗劫开封城。早在南下之初，为满足士兵们的贪欲，郭威公开传令：“打下开封城，将士们可大抢十天！”入城之后，郭威果然放弃指挥，任由士兵们自行肆意妄为。结果，仅仅一天一夜的时间，开封城上至官府金库，下至官民私财，都被郭家军抢劫一空。如狼似虎的乱兵还乘机到处放火，杀人越货，无恶不作。若不是部下提醒郭威再不禁止烧杀，开封城就要化为一座废墟，郭威说不定真要兑现他“大抢十天”的承诺。乘乱打劫，本是五代军人常见的劣迹，但如此疯狂的大规模公然洗劫京城，这还是第一次，当时人甚至为此创造了一个新词“夯市”。对此，郭威责无旁贷。直到四十五年之后，曾身临其境的宋太宗对当时极其惨烈的景象仍然是记忆犹新，还对人讲起郭威兵变时的恐怖和开封市民们的绝望：晋、汉兵乱，生灵本已凋丧殆尽。周太祖打进开封，京城士庶，皆罹掠夺。地面火光四起，天空彗星扫过。耳闻目睹者，都惊恐绝望，认为再也不会有太平的日子过了。

二、周世宗一出便振

郭威兵变，五代的动乱达到了顶点。然而，物极则必反，否极则泰来。郭威处事蝇营狗苟，在位三年没有多少作为，但在郭威之后即位的周世宗柴荣，是五代历史上最为英武有为的皇帝，正如南宋大学者朱熹所说：“五代时甚么样，周世宗一出便振！”五代由乱而治的历史拐点，终于真正出现了。

赵州石桥什么人修？玉石栏杆什么人留？什么人骑驴桥上走？什么人推车轧了一道沟？赵州石桥鲁班爷爷修，玉石的栏杆圣人留。张果老骑驴桥上走，柴王爷推车就轧了一道沟。

这是一首流传很广、脍炙人口的河北童谣《小放牛》。歌中所唱的赵州（今河北赵县）石桥，指的是隋代工匠李春修建的石拱桥“赵州桥”，有“天下第一桥”的美誉；柴王爷，指的就是周世宗柴荣。歌谣里柴王爷“推车”卖货的形象，可以说是周世宗早年经商经历的极为传神的写照。

周世宗柴荣，河北邢州龙岗人，家境贫寒，自幼投奔姑母郭威的夫人柴氏，后来被姑父、姑母收养为义子。因为郭威常年在外带兵打仗，为了补贴家用，柴荣就与当地一位名叫颉跌氏的商人一起搭伙经商。当时，江南地区出产的茶叶在北方最为畅销，茶叶的集散中心在荆南高氏政权的首府江陵（今湖北江陵）；河北定州（今河北定州）则是北方的瓷都，曲阳定窑出产的白瓷，是深受大江南北民众喜爱的抢手货。所以，柴荣主要就是推车贩运，奔波在江陵和定州之间。赵州桥，是定州和刑州尧山间的必经之路，所以当地留下了许多关于周世宗的传说。周世宗经商十余年，凭借着推车贩卖瓷器和茶叶，很快就发了大财，郭威从政也得到了家庭源源不断的资金资助，终至开创了帝业。由于郭威的两个亲生儿子都被汉隐帝杀害，柴荣就以养子的身份成为郭威的继承人。显德元年（954），周世宗登上了皇位。这一年，他三十三岁。

也许是因为靠贩运瓷器发了大财，周世宗当了皇帝之后，还专门下令在开封（一说在郑州）设立了御用瓷窑，称“御窑”，北宋开国后就改称“柴窑”。柴窑出产的瓷器，以“青如天，明如镜，薄如纸，声如磬”驰名，是瓷器中公认的精品，到清代的时候，即使是柴窑瓷器的残片，都已经是价值连城，远比黄金贵重。

说起来，周世宗的姑母柴氏，也是一位了不起的人物。她本来是后唐皇宫中的妃嫔，侍奉过后唐庄宗李存勗，后唐明宗李嗣源遣散宫女，她在离宫返乡的途中，认定当时衣衫褴褛且只是一介小兵的郭威是一个将来能够大富大贵的大英雄。父母嫌贫爱富，斥责她说：“你是侍奉过皇帝的人，最差也要嫁个节度使，哪能便宜这个穷小子。”她却不为所动，当即委身下嫁。她的五万贯私房钱，就成为郭威在政治上创业的第一笔“启动”资金，郭威能够攀附上刘知远，靠的就是这一大笔钱。柴氏夫人以一介女流之辈，能在风尘中识得英雄好汉，抓住赢利“无数”的“奇货可居”，堪称女中豪杰。

五代的绝大多数皇帝，都起家行伍武夫，像周世宗这样有着多年经商经历的，可以说是绝无仅有。在整个中国古代历史上，周世宗也许是唯一的一位商人出身的皇帝。在中国传统文化当中，商人似乎总是与“无商不奸”“坑蒙拐骗”等一类字眼联系在一起，其社会形象一直是比较负面的，重农抑商也是多数王朝的主流政策。其实，且不说用贫求富，“农不如工，工不如商”，商业对经济发展的促进作用不可估量，重农抑商是非常没有远见的。商人作为一个职业群体，或许有这样那样的毛病，但他们走南闯北、见多识广的长处同样突出。更何况，一个能够在商场上取得成功的商人，往往都具备这样的优秀素质：目标远大、计划周密，尤其是眼光敏锐，关键时刻敢于放手一搏，当然自有其高明之处。周世宗就是如此。这位商人皇帝的执政风格，处处凸显着与众不同的精明。

周世宗是五代第一个公开宣称有志于做“唐太宗第二”的皇帝。他甫一即位，立即在朝堂上说：此后绝不会再苟且“偷安”，而是要以唐太宗为楷模，亲征创业，平定天下。后来更宣布了一个为期三十年的宏伟计划：“十年开拓天下”，“十年养百姓”，“十年致太平”，决心开创一个堪比“贞观之治”的太平盛世。宰相冯道暮气沉沉，只会冷嘲热讽：“唐太宗可不是容易学的，陛下您真相信自己有成为‘唐太宗第二’的能力吗？”其实，凡事不怕做不到，只怕想不到。如果连想都不敢去想，那还能做成什么事呢？只要敢想，敢闯，就会有成功的可能，燕雀安知鸿鹄之志哉！说的就是这个道理。

周世宗三十年“致太平”的计划一提出，一大批有志之士都为之一振，如周世宗提拔的宰相李谷，在读书时即立有大志：“中原若用我为相，取江淮如探囊取物！”最得周世宗器重的枢密使王朴，更是一个英气逼人、文武兼备的奇才，他曾说：“我在，则周朝在。”宋太祖、宋太宗兄弟俩都对他佩服得五体投地。他们与周世宗志同道合，团结在周世宗的周围，组成了一个以“天下苍生为念”、理想主义的新型政治群体，从而与只知保住个人权位的五代老朽旧官僚们划清了界限。

周世宗拿出了五代第一个切实可行的统一天下的具体方案。他先是以《平边策》为题目，令朝廷群臣各抒己见，君臣共同研讨用兵的方案。经过比较，周世宗最终采纳了王朴的建议，确立了“先易后难”“先南后北”的统一总方针，即循序渐进，以十年为期，次第击败南唐、后蜀等南方政权，然后积聚力量，全力对付北方的北汉和契丹辽国，最终完成收复燕云十六州的战略目标。从后周到北宋，除了有必要的微调，统一实践大致上遵循了这一方案，说明这是一个十分高明而且计划周密的方案。

周世宗目光敏锐，关键时刻敢于抓住机会，以生死相搏。显德元年（954）的高平之战，在后周军队全线动摇的危急时刻，周世宗却以罕见的神勇，仅率五十余名亲兵卫士，跃马直冲北汉最强的中军。皇帝的英雄壮举激励了全军将士，终于以己之力挽狂澜于既倒。战后，周世宗又以前所未有的魄力，一天之内斩杀七十余名临阵脱逃的禁军高级军官，随即破格提拔了赵匡胤等七十余名青年才俊，提前完成了禁军的新陈代谢。敢于如此严惩骄兵悍将，这在五代的历史上还是第一次，其分量和意义，绝不亚于在战场上击败北汉和契丹的联军。没有过人的胆量和魄力，是绝对做不到的。宋神宗等宋代的皇帝，虽然敬佩周世宗的英武，但总认为周世宗亲临前线、亲冒矢石是冒险、赌博、孤注一掷，并非"万全"之策。事实上，战争哪有"万全"可言！生死关头，若不敢与将士们同生共死，以成败相赌，因循苟且，只能是慢性自杀，坐待灭亡。

周世宗的经济政策也是五代时期最为成功的。作为一名曾经的成功商人，周世宗在战火纷飞的岁月，高度重视发挥商业的作用。例如他攻取南唐的江北诸州，除了攻城略地，牢牢锁定的目标之一就是泰州海陵的盐场。通过推行盐的专卖，当地丰富的海盐资源，就此成为后周朝廷战略性的财源基地。又如显德二年（955）的"灭佛"，主要便是为了销毁铜像以铸造铜钱。因为发展商业对铜钱等金属货币的需求最为迫切，而铜矿大多在江南地区，周世宗为了解决铜钱的缺乏，曾专门派人到朝鲜采购原铜，但远水不解近渴。打击佛教，既有利于避免社会资源的浪费，又解决了铜钱问题，堪称一举两得。显德六年（959），周世宗命枢密使王朴总其成，先后出动禁军士兵和调拨民夫十余万人，对以开封为中心的汴河、蔡河、五丈河等漕运水系，进行了全面的疏通和整治，南北商贾就此云集开封，奠定了开封成为商业中心大都市的基础。这些举措，当时就收到了良好的效果，为周世宗开拓天下提供了必要的财政支持，到了北宋，更是为经济的繁荣发挥了巨大的积极作用。

显德六年（959），后周的国势蒸蒸日上。这年的四月，周世宗审时度势，抓住了契丹"睡王"在位的千载良机，发倾国之师，果断地向强敌主动出击，只用了四十余天的时间，就一举收复了燕云十六州中的莫州、瀛州、易州三个州，以及被称为"三关"的战略重地，共计17个县。北伐的目标幽州城，已经近在咫尺。契丹慑于周世宗的威名，准备放弃幽州，北逃沙漠。然而，就在这十年"开拓天下”的任务即将提前完成、三十年“致太平”也不再是梦想的时候，周世宗于军前突发急病，六月病逝于开封，享年仅三十九岁，在位五年有余。周世宗死后数月，后周殿前都点检赵匡胤就发动了陈桥兵变，黄袍加身，后周随之覆灭，五代也随之画上了句号。

周世宗英年早逝，收复燕云功败垂成，令人扼腕长叹。元代的学者郝经就曾写过一首名叫《白沟行》的诗：

石郎作帝从珂败，便割燕云十六州。
世宗恰得关南死，点检陈桥作天子。
汉儿不复见中原，当年祸基元在此。
沟上残城有遗堞，岁岁辽人来把截。

周世宗才识过人、气魄出众，不仅在五代诸帝当中一枝独秀，北宋的宋太祖、宋太宗兄弟也仅能望其项背。如若他在位的时间能再延长几年，那么“十年开拓天下”“十年养百姓”“十年致太平”的宏图完全有可能实现，至少统一的局面要较北宋好得多。这是古今史家的共识。出师未捷身先死，长使英雄泪满襟！周世宗倒在了胜利的前夜，不禁让人感慨生命的脆弱和命运的无情。

原载《历史学家茶座》2009年第4期

宋代县令兼衔考

宋代县令的系衔（结衔），属于品位与职位相糅合的复式结构。其主体大致由四部分组成，依次为：官阶、差遣（职事官）、兼衔、勋级与章服。在此四者当中，县令由于品阶较低，官阶、差遣、勋级与章服相对都比较简单，兼衔则要复杂得多。笔者认为：宋代县令兼衔不仅数量众多，有普遍性兼衔和区域特殊性兼衔之别，其意义也相当突出。对任职者而言，兼衔可以提高其地位，部分还可增加待遇。对宋廷而言，兼衔纳入县令课绩，赋予或是突出县令部分具体权责，并借此凸显宋廷地方治理和治国大政方针的变化，其研究价值毋庸置疑，尤其是在哲宗、徽宗与南宋时期，县令兼衔变动频繁，需要理清的问题颇多，必须加以细致考证。但目前已有相关成果，仍以宋代制度史专书的涉及为主[①]。本文着重汇总

---

① 龚延明的《宋代官制辞典》（中华书局1997年版）作为宋代官制研究的名著，其知县、县令等相关条目，对本文的指导价值最大；李昌宪的《中国行政区划通史·宋西夏卷》（复旦大学出版社2007年版）全面理清了宋代各县的等第及沿革；朱瑞熙的《中国政治制度通史·宋代卷》（人民出版社1996年版）等诸多宋代制度史著作，对县令和县一级的管理皆有所论及；王菱菱的《宋代矿冶业研究》（河北大学出版社2005年版）对县官兼管矿场的研究，有助于本文对县令以矿场系衔的考察；廖寅的《南宋新型军正制度与基层治安管理之创新》（《武汉大学学报[人文科学版]》2014年第5期）梳理了知县兼任军正在治安层面的意义，对本文考察军正及弓手、寨兵得入县令系衔颇有助益。

宋代碑铭、文书、方志等大量的第一手史料，拟对宋代县令的兼衔状况，特别是对其前后的细致变化，试做具体考证和分析。

一、普遍性兼衔：学事、劝农公事和弓手寨兵军正

宋代县令兼衔当中的普遍性兼衔，指在具体的历史时期，全部或绝大多数知县、县令一律加系的兼衔，主要有学事、劝农公事、弓手寨兵军正。

1. 学事。北宋为“管勾学事”，南宋避高宗赵构之讳，改为“主管学事”。就笔者所掌握的材料来看，县令以学事系衔，至迟不晚于徽宗崇宁五年(1106)。该年九月，河南府新安知县华镇已以“管勾学事”系衔。[①]大观元年(1107)颍昌府临颍县令聂份[②]、宣和二年(1120)杭州盐官知县王昞[③]，也都以“管勾学事”来系衔。大观、政和年间，亦有在“管勾学事”之前加系“专切”两字者。大观四年(1110)泽州阳城知县马详[④]、政和元年(1111)绛州翼城知县田灏[⑤]、政和七年(1117)解州闻喜知县任谏[⑥]，即皆以“专切管勾学事”来系衔。专切，实乃“专切检查学事”之简称。

宋代知州、通判加系学事在崇宁三年(1104)。《宋史·徽宗本纪》“崇宁三年八月庚子”记事有云：“诏诸路知州、通判增入‘主管学事’四字。”[⑦]《皇宋十朝纲要》系其事于七月庚子：“诏诸路知、通衔并增入‘主管学事’四字。”[⑧]按：崇

① 〔宋〕华镇：《云溪居士集》卷二八《新安县威显灵霈公受命庙记》，《文渊阁四库全书》本。

② 〔清〕陆增祥：《八琼室金石补正》卷一一〇，文物出版社1985年版，第775页。

③ 〔宋〕陈昱：《杭州盐官县重建县厅记》，《嘉禾宋文钞》，上海古籍出版社2014年版，第122页。

④ 〔清〕胡聘之：《山右石刻丛编》卷一六《析山谢雨文(大观四年)》，《宋代石刻文献全编》(第1册)，北京图书馆出版社2003年版，第737页。

⑤ 〔清〕胡聘之：《山右石刻丛编》卷一七《乔泽庙碑(政和元年)》，《宋代石刻文献全编》(第1册)，第743页。

⑥ 〔清〕胡聘之：《山右石刻丛编》卷一七《修武安王庙记(政和七年)》，《宋代石刻文献全编》(第1册)，第750页。

⑦ 〔元〕脱脱等：《宋史》卷一九《徽宗本纪一》，第370页。

⑧ 〔宋〕李埴撰，燕永成校正：《皇宋十朝纲要校正》卷一六《甲申崇宁三年》，中华书局2013年版，第445页。

宁三年八月为壬寅朔，是月无有庚子；七月为壬申朔，有庚子[1]，故当以《皇宋十朝纲要》所记之七月为是，《宋史》八月为误。尽管月份略有出入，但两书所录崇宁三年诏令皆仅及知州、通判加系学事，而未明言县令是否也以学事系衔。此诏为何未及县令？清代学者钱大昕即有疑云："史载崇宁三年诏诸路知州、通判增入'主管学事'四字。知县、丞尉亦带'管勾学事'，未审昉于何年？"陆耀遹遽断曰："疑令佐带衔与知通同时增入，而史未之及耳。"[2]其认为县令以学事系衔亦当始自崇宁三年。笔者注意到《琴川志》的相关记载："崇宁二年，行三舍法，诸县令、佐、簿、尉，并带'主管学事'，宣和三年罢。绍兴十三年，复带。淳熙三年，不入衔。"[3]可知陆耀遹的推断并不准确。崇宁三年诏书之所以未言及县令、佐系学事衔，当是因为县令、佐已于崇宁二年（1103）以学事入衔，系学事衔当在知州、通判之前。考诸史实：崇宁元年（1102）八月，在蔡京主持下，宋廷诏令"天下诸县皆置学"，规定县学"令佐掌之"[4]，同时遍行由县学依次升州学、太学的三舍法于天下。[5]崇宁二年，县令、佐遂得以学事系衔，实顺理成章之事。当然，不论是崇宁二年还是崇宁三年，诚如绍兴十三年（1143）国子监勘会所言："昨行三舍法，除从官以上知郡系带'提举学事'，余郡知通，县令、佐并带'主管学事'。"[6]县令以学事系衔，不会在崇宁遍行三舍法之前，这是确凿无疑的。

至于前引《宋史·徽宗本纪》《皇宋十朝纲要》等所记崇宁三年诏书当中之"主管"两字，显为南宋史官避赵构讳所做的追改，本当为"管勾"。《宋会要辑稿》记政和二年（1112）十月臣僚之上奏即曰："今县令、佐衔带'管勾'，专切检查学事。"[7]知通亦然，而并非如钱大昕所误解的那样：知通带"主管"学事，知

---

① 陈垣：《二十史朔闰表》，中华书局1962年版，第132页。

② 〔清〕陆耀遹：《金石续编》卷一七《八行八刑条碑二种（大观元年）》，《宋代石刻文献全编》（第3册），第680～681页。

③ 〔宋〕孙应时纂修，〔宋〕鲍廉增补，〔元〕卢镇续修：《琴川志》卷三《叙官·县令》，第1181页。

④ 〔清〕徐松辑，刘琳、刁忠民等点校：《宋会要辑稿》崇儒二，第2766页。

⑤ 〔元〕脱脱等：《宋史》卷一五七《选举志三》，第3662～3663页。

⑥ 〔清〕徐松辑，刘琳、刁忠民等点校：《宋会要辑稿》职官四七，第4281页。

⑦ 〔清〕徐松辑，刘琳、刁忠民等点校：《宋会要辑稿》崇儒二，第2771～2772页。

县、丞尉带“管勾”学事。[①]

宣和三年（1121）二月，东南方腊反宋战事大炽，宋廷遂罢诸路提举学事官及州知、通、县令、佐以“学事”系衔。[②]随即宋金战事爆发，中原糜烂，自此直至绍兴十三年之间，地方官所带“学事”衔皆予以取消，县令、佐当然也不例外。从金石材料来看，宣和元年（1119）十二月汾州平遥知县余彦和仍以“管勾学事”系衔[③]，但宣和五年（1123）定襄知县郭某系衔就是“从事郎知忻州定襄县事专切管勾教阅保甲管勾劝农公事”[④]，“管勾学事”已然不见。建炎二年（1128），越州萧山知县曾古心系衔为“朝奉郎知越州萧山县事赐绯鱼袋”[⑤]，衔中亦没有了“主管学事”。

绍兴十三年九月，权发遣建昌军李长民奏请：“宣和以前，应知通、令佐升衔，并带‘主管学事’。自军兴以来，学校之教中辍。今和议既成，儒风复振，谓宜依旧结衔，以示圣朝偃武修文之意。”[⑥]宋廷采纳了李氏建议，“诏诸州守、贰提举学事，县令、佐主管学事”[⑦]，“令郡知、通、县令、佐，依旧例带提举或主管学事结衔”[⑧]。“主管学事”得以再度成为县令的普遍性系衔。金石材料中较早出现的，是绍兴十四年（1144）绍兴府新昌知县林安宅以“主管学事”系衔。[⑨]略晚一

---

① 〔清〕陆耀遹：《金石续编》卷一七《八行八刑条碑二种（大观元年）》，《宋代石刻文献全编》（第3册），第681页。

② 〔宋〕韩元吉：《南涧甲乙稿》卷九《看详学事申状》，《文渊阁四库全书》本；〔元〕脱脱等：《宋史》卷二二《徽宗本纪四》，第407页；〔宋〕李埴撰，燕永成校正：《皇宋十朝纲要校正》卷一八《辛丑宣和三年》，第519页。

③ 〔清〕胡聘之：《山右石刻丛编》卷一七《敕赐应润庙记（宣和元年）》，《宋代石刻文献全编》（第1册），第757页。

④ 〔清〕胡聘之：《山右石刻丛编》卷一八《灵显王庙记（宣和五年）》，《宋代石刻文献全编》（第1册），第767页。

⑤ 〔清〕阮元：《两浙金石志》卷八《宋武佑庙赐额敕牒碑》，浙江古籍出版社2012年版，第167页。

⑥ 〔宋〕李心传编撰，胡坤点校：《建炎以来系年要录》卷一五〇，第2832页。

⑦ 〔元〕脱脱等：《宋史》卷三〇《高宗七》，第559页。

⑧ 〔清〕徐松辑，刘琳、刁忠民等点校：《宋会要辑稿》职官四七，第4281页。

⑨ 〔清〕杜春生：《越中金石记》卷四《新昌县建学记（绍兴十四年）》，《宋代石刻文献全编》（第4册），第160页。

些的，是绍兴十五年（1145）永州零陵县令李发以“主管学事”系衔，乾道六年（1170）道州江华县令陈邦庆“主管学事”[①]。

根据《琴川志》记载，孝宗淳熙三年（1176）知县、县令系衔当中的学事被再度予以取消，“不入衔”。证诸金石，淳熙三年八月，梅州程乡知县张概之系衔为“文林郎知梅州程乡县事主管学事”，衔内尚带“主管学事”[②]。这应当是南宋知县、县令以学事系衔已知最晚的一例。可见取消学事系衔，当在是年八月之后。自淳熙三年以后，淳熙八年（1181）九月平江长洲知县曾栗、金华知县木昺、衢州江山知县邵浩的系衔当中，都已然没有了学事。[③]孝宗朝之后的知县、县令，更绝无再以学事入衔者。《武义南宋徐谓礼文书》当中的七位理宗朝知县、县令，他们的系衔皆无“主管学事”。这正是淳熙三年之后学事已经从县令系衔中被删除，并再未得以恢复的具体体现和确证。

2. 劝农公事。北宋为“管勾劝农公事”。华镇于哲宗元符二年（1099）为通州海门知县、徽宗崇宁五年为河南府新安知县[④]，王然于宣和五年为台州黄岩知县[⑤]，陈祖受于宣和七年（1125）为温州乐清县令[⑥]，三氏之系衔即皆兼“管勾劝农公事”。个别为兼“管内劝农公事”，如刘望于政和三年（1113）为湖州安吉知县，其系衔为“承事郎知湖州安吉县管勾学事兼管内劝农公事”[⑦]。

南宋避赵构之讳，改为“主管劝农公事”。查检金石材料可知，建炎元年（1127）七月处州缙云县令苏德秀，其系衔为“从政郎就差县令主管劝农公事”，

---

① 〔清〕陆增祥：《八琼室金石补正》卷一〇六《阳华岩题刻二十六段》，第748页。

② 〔清〕陈昌齐等：道光《广东通志》卷二一一《韶州光运寺寂通证誓大师碑（淳熙三年）》，《宋代石刻文献全编》（第4册），第542页。

③ 〔宋〕吕祖谦撰，黄灵庚点校：《东莱吕太史集》，浙江古籍出版社2008年版，第766、782、808页。

④ 〔宋〕华镇：《云溪居士集》卷二八《越州修住宅灵签记》《新安县威显灵霈公受命庙记》，《文渊阁四库全书》本。

⑤ 〔宋〕林表民：《赤城集》卷一八《大成殿奉安先圣文》，《文渊阁四库全书》本。

⑥ 〔清〕孙诒让撰，虞万里点校：《东瓯金石志》卷六《白鹤寺钟铭》，中华书局2014年版，150页。

⑦ 〔清〕阮元：《两浙金石志》卷七《宋安吉县新建东岳行宫碑》，第162页。

已经改以“主管劝农公事”系衔[①]，此时距离五月赵构即位，才刚刚过去两个月。建炎二年温州永嘉知县詹夬亦改用“主管劝农公事”系衔。[②]此后各朝皆然。《武义南宋徐谓礼文书》当中的理宗朝建康府溧阳县及信州之永丰、铅山、玉山、上饶、贵溪、弋阳共七个县的知县或县令，其系衔无一例外地皆带“主管劝农公事”。

知县、县令以“劝农公事”系衔的初始时间，史无明文。就现有史料来看，较早的当属元符二年的通州海门知县华镇。考虑到神宗熙宁、元丰直至哲宗元祐年间，知县、县令尚未有以“劝农公事”系衔者，譬如熙宁五年（1072）鄞县知县黄颂，其系衔就为“给事郎守太常博士知明州鄞县事兼监市舶司骑都尉赐绯鱼袋”[③]，元丰七年（1084）永嘉知县周革系衔仅为“宣德郎知永嘉县事”[④]，元祐三年（1088）山阴知县丘述系衔为“承议郎知越州山阴县事兼提举鉴湖武骑尉”[⑤]。笔者所见金石材料中此一时期其他县令的系衔情况，亦皆如是。笔者认为：知县、县令带“劝农公事”肇始自绍圣、元符之际，大致可以断定。

哲宗朝之后，“劝农公事”成为知县、县令的普遍性兼衔。绍兴五年（1135），高宗还以“守、令皆带劝农公事，多不奉职”，诏令：“自今有治效显著者，可令中书省籍记姓名，特加擢用。”[⑥]不仅如此，除了“学事”在崇宁至淳熙期间曾经列诸“劝农公事”之前以外，“劝农公事”皆居县令兼衔的第一位。这也启示我们：哲宗朝以后，知县、县令系衔当中凡是没有“劝农公事”的，应该就不是全衔。

3．弓手寨兵军正。在《武义南宋徐谓礼文书》中，分别于理宗端平元年（1234）、淳祐九年（1249）、淳祐十一年（1251）在任的六位知县和一位县令，无一例外地皆以“兼弓手寨兵军正”系衔。不论是弓手，还是寨兵，在理宗朝之前的知县、县令系衔当中，都是未曾有过的。军正的情况是否也如此？存在着一定的争议，但在理宗朝之前，其尚未成为县令的普遍性兼衔。“弓手寨兵军正”成为

---

① 〔清〕邹柏森：《栝苍金石志补遗》卷二《缙云县城隍庙祈雨记（建炎元年）》，《宋代石刻文献全编》（第3册），第877页。

② 〔清〕孙诒让撰，虞万里点校：《东瓯金石志》卷六《开元寺钟铭》，第162页。

③ 《宋故陈府君（辅）并俞氏夫人墓志铭并序（熙宁五年三月）》，《宁波历代碑碣墓志汇编》（唐五代宋元卷），上海古籍出版社2012年版，第78页。

④ 〔清〕孙诒让撰，虞万里点校：《东瓯金石志》卷四《证觉院钟款》，第122页。

⑤ 〔清〕阮元：《两浙金石志》卷六《宋重修朱储斗门碑》，第143页。

⑥ 〔元〕脱脱等：《宋史》卷一六七《职官志七》，第3973～3974页。

普遍性兼衔，这应该是南宋后期县令系衔最为明显的一大变化。

笔者认为：弓手、寨兵、军正，三者性质有所不同。在三者当中，县令最早加系的当是军正。理宗朝成书的《琴川志》即曰："宋制：县有戍兵，则兼都监，次兼监押。后复兼军正之职。"①军正，当为义勇（义武）、民兵军正之简称。义勇（义武）、民兵，皆是由县衙征发本县民户的壮丁所组成，南宋通常是税户三丁取一、五丁取二、十丁取三，属于地方上较松散的非正规的民间武力的性质。研究者指出：绍兴十年（1140）甚至于更早，南宋或已有令知县兼军正之制。②绍兴元年（1131）十月，兴元府利夔路制置使王庶"籍兴元府、兴、洋州诸邑及三泉县强壮，号曰'义士'。知县为军正，尉为军副，日阅武于县，月阅武于州，不半年，有兵数万"③。但是，《宋史·兵志》之"义士"条并未言军正其事，只是于另外的"义兵"条下有注略曰："绍兴十年团集，诸州名数不等。后皆以县令为军正。"④难免令人颇生疑惑。而且，遍检现有金石、方志等史料，皆尚未能发现高宗朝有军正曾入知县、县令系衔的确证，遑论此后的孝宗、光宗两朝。

就笔者目前掌握的金石、方志史料来看：明确以军正系衔的，较早的应属理宗宝庆元年（1225）常德府沅江知县余百简，其系衔为"儒林郎知常德府沅江县主管劝农营田公事兼义勇民兵军正事"⑤。大致在同一时期，黄州麻城权县令翟起宗亦"兼义武民兵军正"⑥，朱熹之孙朱鉴"知无为军巢县事兼义武民兵军正"⑦。明代隆庆《仪真县志》的确记载：宁宗嘉定六年（1213）曾诏扬子"县令兼军正"。不过，此后的嘉定十四年（1221）胡光弼为潼川府中江知县，其系衔依然是"宣教郎知潼

---

① 〔宋〕孙应时纂修，〔宋〕鲍廉增补，〔元〕卢镇续修：《琴川志》卷一《叙县·营寨》，第1161页。

② 廖寅：《南宋新型军正制度与基层治安管理之创新》，《武汉大学学报（人文科学版）》2014年第5期。

③ 〔元〕佚名撰，汪圣铎点校：《宋史全文》卷一八上《宋高宗五》，第1248页。

④ 〔元〕脱脱等：《宋史》卷一九二《兵志六》，第4790页。此处所言之"后"，或指理宗朝。

⑤ 〔清〕陆增祥：《八琼室金石补正》卷一一八《重修卧龙寺记（宝庆元年季夏既望）》，第838页。

⑥ 〔宋〕刘宰：《漫塘集》卷三〇《故知麻城县翟承事墓志铭》，《文渊阁四库全书》本。

⑦ 〔宋〕陈元靓：《岁时广记·序》，《文渊阁四库全书》本。

川府中江县主管劝农事兼兵马监押”[①]，并无军正。这足以证明：军正确凿得入县令系衔，特别是成为县令的普遍性兼衔，不可能早于理宗朝。在理宗朝之前，军正至多属于部分县令加系的区域特殊性兼衔。

至于弓手、寨兵，在前文所提到的余百简、翟起宗、朱鉴三例系衔当中都不存在，足证弓手、寨兵入衔，要较义勇、义武“民兵军正”还略晚一些。宋代“县有弓兵，有寨兵，此定制也”[②]。弓手，北宋早期由征发本县第二等富户子弟来充当，后扩大到第三等，神宗后实际改为雇役，已大致类似于募兵，属于驻扎于县城的半正规性质的县级武装力量。宋初大县弓手不过五十人，徽宗大观、政和年间增至百人，南宋大县、要地更在二三百人。[③]寨兵，为驻扎于乡镇的巡检司寨的士兵，属于正规的军队。神宗以前，还调派禁军、厢军混编来充当寨兵。元丰以后，由于寨兵多改为招募本县人充当，所以也称为土军，但一些边远县的寨兵依然参用禁军。[④]南宋时，各县通常置三四个巡检寨，寨兵的编制要在三四百人。正如宋人所言：弓手、寨兵等“则县之所依以立者，皆非可以具文视也”[⑤]，是各县赖以维持统治和地方治安的最主要的武装力量。

正因为如此，宋朝制度规定：各县的弓手、寨兵事务，统一归各路提点刑狱司来管辖。[⑥]各县弓手由县尉专管，寨兵则由各寨巡检统领，各路提点刑狱负责巡视督察。实际上，督察多是由州府的兵官来具体实施。由此，弓手、寨兵形成了路提点刑狱、府州兵官、县巡尉三级指挥体制。在此一体制之下，县令反而被置于尴尬的位置。显然，这是一种避免各县兵权过度集中于县令之手的分权制衡模式。建炎元年，知县曾一度兼管本县新扩招而来的增置弓手，但当臣僚请示“不知如何系衔”，也就是有意将“兼管弓手”入衔时，宋廷回复的诏令却是“诏知

---

① 〔清〕陆增祥：《八琼室金石补正》卷一一八《中江县重修学宫记（嘉定十四年二月五日）》，第836～837页。

② 〔宋〕孙应时纂修，〔宋〕鲍廉增补，〔元〕卢镇续修：《琴川志》卷七《叙兵》，第1217页。

③ 黄宽重：《政策·对策：宋代政治史探索》，联经出版事业公司2012年版，第101页。

④ 赵冬梅：《文武之间：北宋武选官研究》，第234页。

⑤ 〔宋〕孙应时纂修，〔宋〕鲍廉增补，〔元〕卢镇续修：《琴川志》卷七《叙兵》，第1217页。

⑥ 王曾瑜：《宋朝军制初探》（增订本），第104页。

县兼管，不须带入衔，月给食钱三贯，候创置县尉到日罢”[①]，即不许知县以“兼管弓手”系衔，以此来强调和坚持县尉专管弓手的传统模式。对于巡检寨兵，知县、县令更仅有名义上的节制权，巡检通常并不直接听从县的号令，甚至敢于与县令分庭抗礼。宋廷既然连“兼管弓手”都不愿意让知县、县令系衔，自然更不会让知县、县令以寨兵来系衔。

直至理宗一朝，南宋已经无可挽回地进入了风雨飘摇的末期，先是疲于应付金朝的攻扰，紧接着又直接面对蒙古的猛烈攻势，很快就陷入了地方各自为战的被动防御窘境。在危急的客观形势之下，宋廷令知县、县令以“兼弓手寨兵军正”系衔，由知县、县令全权指挥各县的地方武装力量来保卫地方，这算是一个较为积极的应对之策。“弓手寨兵军正”普遍入衔，可能还有一个更为直接的动因——其时各县之弓手、寨兵，事实上大多由县衙征发来的义勇、民兵来充当。如据隆庆《长洲县志》记载，平江府长洲县诸巡检寨之土军，“各一百四十四名，保伍中取之，三丁籍一，亦名义兵。岁以农隙聚教，自十月起至正月终散，人日给钱百、米二升”。这显然是南宋末期地方上一个极其普遍的现象。

理宗绍定二年（1229），平江府嘉定知县沈璞系衔为“宣教郎知平江府嘉定县主管劝农公事兼盐场兵马监押弓手寨兵军正”[②]。大致在同时，吉州永丰知县林宗一衔内亦兼“弓手寨兵军正”[③]。就笔者浅见，金石材料中绍定年间的这两例，应是“兼弓手寨兵军正”入衔的较早开始。至于端平以后“兼弓手寨兵军正”无疑是所有知县、县令的一个普遍性兼衔，在所有兼衔当中居于最末位置。

二、区域特殊性兼衔：营田、矿场等暨兵马都监或监押

宋代县令的区域特殊性兼衔，与普遍性兼衔相区别，是指在具体的历史时

---

① 〔清〕徐松辑，刘琳、刁忠民等点校：《宋会要辑稿》职官四八，第4331页。

② 〔清〕陆增祥：《八琼室金石补正》卷一一九《嘉定县学记（绍定二年中秋）》，第840页。

③ 《宋林惟孝墓志（绍定三年十二月）》，《宁波历代碑碣墓志汇编》（唐五代宋元卷），第253页。此碑立于绍定三年，然林氏署名为“前”吉州永丰知县，故知其任永丰知县并“兼弓手寨兵军正”当在绍定三年之前。

期，只有部分相关区域的知县或县令加系之兼衔。主要包括：营田、矿场、盐场、酒曲、商税、市舶、水利、宫观、保甲等，兵马都监或监押及弹压、总辖出戍军马等。

1. 营田。凡有官庄的县，知县、县令系衔带“营田”，列于“主管劝农”之后，为“主管劝农营田公事”。《武义南宋徐谓礼文书》当中的建康府溧阳、信州贵溪、弋阳三县知县，皆带“主管劝农营田公事”。宋朝的营田，是汉代以来民屯的一种演变形式。其制，肇始于绍兴元年。绍兴六年（1136），南宋更在江淮等路大规模地推行屯垦，使用军人为主要劳力的称为屯田，使用民户为主要劳力的则称为营田。营田事务，皆由知县、县令负责，具体方法是将各县的官田、无主逃田等设立为官庄。大致每县十庄，每庄五顷，庄田出租给五家客户佃种，官府提供耕牛、农具和种子，收获由官府与农户均分。既然“令县官兼管营田事务”，宋廷相应于绍兴六年正月诏令：“应有官庄州县，守倅、县令并于‘劝农’字下添带‘屯田’二字，县尉专一‘主管官庄’四字。”[①]三月，宋廷又因“诸路宣抚、安抚大使各令带营田大使，诸路安抚并带营田使。缘行府措置屯田官及江淮等路知、通、县令见带‘屯田’二字，切虑称呼不一”，遂下令统一规范为“并以‘营田’为名”[②]。县中有官庄的县令在劝农下加营田系衔，由此成为南宋定制。

从《武义南宋徐谓礼文书》可以看出：建康府溧阳和信州贵溪、弋阳三个县，知县皆以营田系衔。方志、金石材料中的以营田系衔的知县、县令更比比皆是，仅举比较典型的两例：乾道三年（1167）建康府溧水知县李衡的系衔为“左（朝）奉郎知建康府溧水县主管学事劝农营田公事兼兵马都监兼主管圩田赐绯鱼袋”[③]；嘉定七年（1214）隆兴府新建知县桂如篪系衔为“奉议郎知隆兴府新建县主管劝农营田公事赐绯鱼袋”[④]。当然，如若知县、县令不以营田系衔，像

① 〔清〕徐松辑，刘琳、刁忠民等点校：《宋会要辑稿》食货二，第5998页。

② 〔清〕徐松辑，刘琳、刁忠民等点校：《宋会要辑稿》食货二，第5999～6000页。

③ 〔清〕王昶：《金石萃编》卷一四八《敕封广惠侯诰（绍兴十七年）》，《宋代石刻文献全编》（第3册），第477页。

④ 〔清〕张仲炘：《湖北金石志·金石志十二·宋》，《兴国新建军学门堤记（嘉定七年）》，《宋代石刻文献全编》（第4册），第366页。

《武义南宋徐谓礼文书》中的信州永丰、铅山、上饶、玉山四县，就意味着此四县皆无官庄。

2. 矿场、盐场、酒曲、商税、市舶。

矿场。凡金银铜铁铅锡等出产地，宋朝多置官办矿场，以监、冶、务、场、坑等为生产单位。矿场所在县的知县、县令皆以兼监、主管场务等系衔。《武义南宋徐谓礼文书》当中，信州铅山知县赵汝墠即以“主管诸场”、弋阳知县王与义以“兼金银坑冶场”来系衔。端平元年建宁府浦城知县陈昉，亦以“兼监囚将铜场”系衔。[①]根据王菱菱教授的研究：宋代由县官兼管或统管矿场事务由来已久，“一些重要的矿场仍设监官管理，小规模的矿场则不设监官，由县官统管”[②]。嘉定五年（1212）宋廷下诏重申：“诸路坑冶，州以通判，县以令、丞主之。”[③]相应地，县令例以监管场务系衔。建炎三年（1129），宋廷下诏：“韶州曲江、潭州浏阳、信州铅山三县知县依旧来饶州德兴、信州弋阳知县体例，衔位带‘主管铜铅等事’。”[④]令韶州曲江、潭州浏阳、信州铅山、饶州德兴、信州弋阳五县知县皆以“主管铜铅等事”系衔。其中提及的信州铅山、弋阳，恰好都得到了《武义南宋徐谓礼文书》的印证。只是与高宗时相比较，铅山知县的相关兼衔由“主管铜铅等事”泛称为“主管诸场”，此当是铅山县场务愈来愈多的缘故。淳祐十二年（1252），铅山县即有“承信郎差监信州铅山县银铜场蔡汝进”在职[⑤]，可见铅山县在铜铅之外又加上了银场。弋阳知县的相关兼衔，则由“主管铜铅等事”细化为“兼金银坑冶场”。

宋代共置监、冶、场、务等矿场201处[⑥]，以矿场系衔的知县、县令当不在少数。该县矿场若被废弃，县令矿场系衔也会随之取消。譬如信州贵溪县从熙宁年

---

① 〔宋〕真德秀：《西山文集》卷一七《奏举浦城知县陈昉表》，《文渊阁四库全书》本。

② 王菱菱：《宋代矿冶业研究》，第323页。

③ 〔宋〕刘时举撰，王瑞来点校：《续宋中兴编年资治通鉴》卷一四，中华书局2014年版，第338页。

④ 〔清〕徐松辑，刘琳、刁忠民等点校：《宋会要辑稿》食货三四，第6750页。

⑤ 包伟民、郑嘉励编：《武义南宋徐谓礼文书·录文·录白印纸第十二卷》，中华书局2012年版，第266页。

⑥ 〔元〕脱脱等：《宋史》卷一八五《食货志下七》，第4523页。

间起置有东保银坑，但该银坑在淳祐年间被废罢。[①]从《武义南宋徐谓礼文书》来看，淳祐十一年的贵溪知县李显午，系衔中就没有了主管矿场。

盐场及酒曲、商税。榷盐收入是宋朝财政的重要支柱之一，北宋盐利占财政总收入的18.3%以上，南宋更高达48.4% ~54.2%[②]。与之相适应，宋廷在主要的盐产地置监、场等官办盐场。神宗时，仅杭、秀、温、台、明五州就置有监六、场十四。[③]正所谓“盐监统县”[④]，盐监、盐场在任命专官管理的同时，其所在县的知县、县令亦兼领场务[⑤]，以兼监、主管盐监、盐场诸名目来系衔。北宋时，以杭州盐官县为例：该县元祐九年（1094）县令郑乂以“兼监盐事”系衔，政和二年县令欧阳珣以“兼监盐监”系衔[⑥]，宣和二年知县王昞以“兼买纳盐场”系衔[⑦]。南宋时，平江府嘉定县：该县绍定二年知县沈璞以“兼盐场”系衔[⑧]，淳祐十一年知县林应炎以“兼主管盐场”系衔[⑨]。庆元府慈溪县：该县宝祐六年（1258）知县周栋、咸淳年间知县金昌年[⑩]，皆以“兼主管鸣鹤盐场”系衔。以兼监、主管盐监、盐场等系衔的知县，宋代称之为“监盐知县”或“知县兼盐”。

与盐场类似的，还有酒曲、茶、商税等，部分县令将它们与盐场并列入衔：开宝八年（975）白水县令勒惟一以“兼监盐曲商税务”系衔[⑪]，至道二年（996）常

---

① 王菱菱：《宋代矿冶业研究》，第452页。

② 漆侠：《宋代经济史》，《漆侠全集》，河北大学出版社2009年版，第837页。

③ 〔元〕脱脱等：《宋史》卷一八二《食货志下四》，第4436页。

④ 〔宋〕杨潜修，朱端常、林至、胡林卿纂：《云间志》卷上《场务》，中华书局1990年版，第11页。

⑤ 郭正忠：《宋代盐业经济史》，人民出版社1990年版，第177～185页。

⑥ 〔宋〕陈逸：《杭州盐官县社坛之碑》，《嘉禾宋文钞》，第83页。

⑦ 〔宋〕陈昱：《杭州盐官县重建县厅记》，《嘉禾宋文钞》，第122页。

⑧ 〔清〕陆增祥：《八琼室金石补正》卷一一九《嘉定县学记（绍定二年中秋）》，第840页。

⑨ 〔清〕陆增祥：《八琼室金石补正》卷一一九《嘉定县修学记（淳祐十一年夏五）》，第846页。

⑩ 《宋孙孝子祠记（咸淳初）》，《宁波历代碑碣墓志汇编》（唐五代宋元卷），第308页。

⑪ 〔清〕陆增祥：《八琼室金石补正》卷八四《修仓颉祠颂碑并阴（开宝八年十二月十日）》，第590页。

熟知县裴署以“监酒税茶盐”系衔[1]，天圣九年（1031）翼城知县文彦博以“兼盐税务”系衔，元丰年间奉化知县成公佐以“兼监盐酒商税务”系衔[2]，大观四年崇德县令石景初以“监衡州都盐税务”系衔[3]。

市舶。宋代设有市舶司的县，必驻京朝官，知县且以“兼监市舶司”系衔。熙宁五年明州鄞县知县黄颂以“兼监市舶司”系衔[4]，说明该县其时置有市舶司。明州定海县亦曾设市舶司，故虽户口不多，至神宗朝方为上县，然自端拱元年（988）始以京朝官知县“盖本县置市舶司故也”[5]，其知县当以“兼监市舶司”入衔无疑。

3. 水利、宫观、保甲。

水利。宋朝重视水利与运河兴修，这在县令系衔中有明显的反映。至庆历年间，相关区域县令“结衔兼堤堰沟洫，习以为常”[6]。北宋时，比较典型的是常熟县。根据《琴川志·宋县令题名记》：该县庆历六年（1046）之后的知县，多以“管县界塘岸公事”“管勾塘岸公事”“管河塘沟洫公事”“管县界河塘沟洫事”来系衔。[7]考虑到该题名记是《琴川志》的作者由金石、文献当中辑录而成，绝大多数并非全衔，我们有理由相信：至迟从庆历年间开始，常熟知县应当皆以“管勾县界河塘沟洫公事”系衔。南宋时，相关区域县令多以“主管堰事”“运河堤岸”“主管圩田”“点检围田”等来系衔。例如，绍熙四年（1193）秀州华亭知县

---

① 〔宋〕孙应时纂修，〔宋〕鲍廉增补，〔元〕卢镇续修：《琴川志》卷三《叙官·宋县令题名》，第1181页。

② 《明州奉化县西山护国院记（宋代重立）》，《宁波历代碑碣墓志汇编》（唐五代宋元卷），第328页。

③ 《宋方府君（淇）并夫人钱氏合葬墓志铭（大观四年四月）》，《宁波历代碑碣墓志汇编》（唐五代宋元卷），第118页。

④ 《宋故陈府君（辅）并俞氏夫人墓志铭并序（熙宁五年三月）》，《宁波历代碑碣墓志汇编》（唐五代宋元卷），第78页。

⑤ 〔宋〕胡榘修，方万里、罗濬纂：《宝庆四明志》卷一八《定海县志卷一·县令》，第5226页。

⑥ 〔宋〕宋祁：《景文集》卷二八《乞修复陂塘古迹札子》，《文渊阁四库全书》本。

⑦ 〔宋〕孙应时纂修，〔宋〕鲍廉增补，〔元〕卢镇续修：《琴川志》卷三《叙官·宋县令题名》，第1182～1183页。

杨潜以“主管堰事”系衔[①]，淳祐十一年平江府嘉定知县林应炎以“兼主管运河堤岸”系衔[②]，淳祐十二年平江府昆山知县项公泽以“兼主管运河堤岸”“专一点检围田事”系衔[③]，咸淳九年（1273）建康府溧水知县卢国庆以“兼主管圩田”系衔。[④]

宫观。宋代宫观之职，作为面向中高级官员和宗室贵戚“养老优贤”实际赋闲请禄的“祠禄官”的一种，并不限于道教等宫观，但作为县令兼衔的宫观，应该还是仅限于对本县宗教事务的实际管理。开宝五年（972）宋廷诏令：“五岳、四渎及东海等庙，并以本县令尉兼庙令、丞，掌祀事，常加案视，务在蠲洁，仍籍其庙宇祭器之数，受代日，交以相付。本州长吏，每月一谒庙检举焉。”[⑤]嘉祐五年（1060）河南府登封知县燕若拙以“兼管勾崇福宫事”系衔。[⑥]其他五岳、四渎所在县之县令当亦如是。宋廷尊崇道教，哲宗、徽宗宠信茅山上清道士，频令地方官府为其修建道观。与之相应，江宁府句容知县如绍圣三年（1096）的杜绍[⑦]、崇宁五年的鲍慎辞皆以“兼管勾茅山崇禧观”系衔[⑧]。宋廷于广东祭祀海神，广州番禺知县如熙宁七年（1074）的黎献臣即以“兼管勾南海神庙事”系衔[⑨]。

保甲。徽宗朝复行教阅保甲，河北、河东等地区知县遂多以“教阅保甲”系

① 〔宋〕杨潜修，朱端常、林至、胡林卿纂：《云间志·序》，第5页。

② 〔清〕陆增祥：《八琼室金石补正》卷一一九《嘉定县修学记（淳祐十一年夏五）》，第846页。

③ 〔宋〕项公泽修，凌万顷、边实纂：《淳祐玉峰志·序》，中华书局1990年版，第1051页。

④ 缪荃孙：民国《江苏省通志稿·艺文志三·金石十八》，《寻仙观三清殿记（咸淳九年）》，《宋代石刻文献全编》（第2册），第415页。

⑤ 〔宋〕李焘：《续资治通鉴长编》卷一三，第285页。

⑥ 〔清〕王昶：《金石萃编》卷一三四《文潞公宿少林寺诗（嘉祐五年）》，《宋代石刻文献全编》（第3册），第252页。

⑦ 〔清〕杨世沅：《句容金石记》卷五《崇禧观碑（绍圣三年）》，《宋代石刻文献全编》（第2册），第158页。绍圣三年，误作“绍兴三年”。

⑧ 〔清〕杨世沅：《句容金石记》卷四《元符观碑（崇宁五年）》，《宋代石刻文献全编》（第2册），第150页。

⑨ 〔清〕陆耀遹：《金石续编》卷一六《程师孟祠南海神记（熙宁七年）》，《宋代石刻文献全编》（第3册），第653页。

衔。政和元年真定府元氏知县李景[①]、政和七年(1117)解州闻喜知县任谏[②]、政和八年(1118)河中府龙门知县谢穆皆以“教阅保甲”系衔[③];宣和五年忻州定襄知县郭某更以“专切管勾教阅保甲”系衔[④]。

县令得以入衔的区域性事务,还有“搜捉铜钱下海出界”。端平元年宋廷下令:“禁毁铜钱作器用并贸易下海。”[⑤]淳祐五年(1245)、淳祐六年(1246)嘉兴府华亭知县施退翁[⑥],淳祐十一年平江府嘉定知县林应炎[⑦],淳祐十二年平江府昆山知县项公泽[⑧],这三位知县即以“搜捉铜钱下海出界”或“搜捉铜钱出海”系衔。可以推知,当时其他海港所在县的知县、县令,也都要以“搜捉铜钱下海出界”来系衔。

宁宗、理宗两朝之际,宋廷开始令相关区域的县令兼带总领所、沿海制置司的职衔。嘉定十四年招信军天长、真州六合两县知县即得“各带兼淮东总领所受给钱粮职事,入衔”,嘉定十五年(1222)德安府应城,枣阳军应山,兴国军永兴、大冶,黄州黄陂、麻城六县知县皆以兼湖广总领所“签厅职事,入衔”[⑨]。淳祐十一年,宋廷又令庆元府象山知县“兼沿海制司干官,系衔”[⑩]。

宋代县令本不得兼管本县仓库,淳化三年(992)太宗专门诏令:“县令之任,风化所由,宜躬抚字,县令不许监莞仓库。”理由是:“凡为县者,固不当以货

---

① 〔清〕沈涛:《常山贞石志》卷一二《元氏县社坛图并省牒(政和元年)》,《宋代石刻文献全编》(第4册),第108页。

② 〔清〕胡聘之:《山右石刻丛编》卷一七《修武安王庙记(政和七年)》,《宋代石刻文献全编》(第1册),第750页。

③ 〔清〕胡聘之:《山右石刻丛编》卷一七《河中龙门县札(政和八年)》,《宋代石刻文献全编》(第1册),第754页。

④ 〔清〕胡聘之:《山右石刻丛编》卷一八《灵显王庙记(宣和五年)》,《宋代石刻文献全编》(第1册),第767页。

⑤ 〔元〕脱脱等:《宋史》卷四一《理宗本纪一》,第802页。

⑥ 〔宋〕杨潜修,朱端常、林至、胡林卿纂:《续·增修华亭县学记》,《云间志》,第71页。

⑦ 〔清〕陆增祥:《八琼室金石补正》卷一一九《嘉定县修学记(淳祐十一年夏五)》,第846页。

⑧ 〔宋〕项公泽修,凌万顷、边实纂:《淳祐玉峰志·序》,第1051页。

⑨ 〔宋〕佚名编撰,刘笃才点校:《吏部条法·印纸门·印纸》,第235页。

⑩ 〔宋〕佚名编撰,刘笃才点校:《吏部条法·差注门二·县令县丞》,第79页。

财为累。”[①]但至理宗朝，是制亦开始有所突破。绍定元年（1228）宋廷即令潭州湘潭、浏阳等十县之县令、佐兼管本县惠民仓，并皆以“主管惠民仓”来系衔。[②]

4. 兵马都监或兵马监押。这是知县区域特殊性兼衔当中出现较早和特别重要的一个。宋代驻有禁军等朝廷屯戍兵马的县，知县兼兵马都监或兵马监押。兵马都监和监押，皆为职司统兵的地方兵马司“兵官”，原本皆由武官出任。所以系此兼衔的知县，宋代称之为兼兵知县或知县兼兵。《武义南宋徐谓礼文书》所记载的信州六县当中，铅山、贵溪知县为兼兵知县，其余四县则否。是制的渊源，最早或当肇始于真宗咸平年间的武臣以兵官而兼知县，《琴川志》有云：“宋朝县各置令。县大各有兵马者，以京朝官或三班知县事。咸平中，诏令兼兵者，升朝为都监，余为监押。庆历以后，始用文臣以知县兼兵事。”[③]《淳熙三山志》亦言：“咸平初，以使臣为兵马监折（押）兼知县事，庆历后用文臣以知县兼兵符。”[④]以文臣知县“兼兵符”即兼兵马都监或监押，或者还要迟至庆历以后。

宋代畿县知县兼兵，不用兵马都监或监押，而是以“签书兵马司公事”来系衔[⑤]，又有同签书、管勾之别。元丰五年（1082）开封府陈留知县盛次仲以“同签书兵马司公事”系衔[⑥]，崇宁二年（1103）京兆府武功知县赵茂曾以“兼管勾兵马司公事”系衔[⑦]。武功为次畿县，故系以“兵马司公事”。值得注意的是，在畿县之外，宋廷曾令部分县比照畿县也以“兵马司公事”来系衔。《淳熙三山志》记载：绍圣三年福州福清知县“依蔡州新息县体例，于衔许令带兵马司公事”[⑧]。与福清

① 〔宋〕孙应时纂修，〔宋〕鲍廉增补，〔元〕卢镇续修：《琴川志》卷一《叙县・仓库》，第1160页。

② 〔宋〕佚名编撰，刘笃才点校：《吏部条法・印纸门・印纸》，第236～237页。

③ 〔宋〕孙应时纂修，〔宋〕鲍廉增补，〔元〕卢镇续修：《琴川志》卷三《叙官・县令》，第1181页。

④ 〔宋〕梁克家纂修：《淳熙三山志》卷二四《秩官类五・县官》，第7994页。

⑤ 〔清〕徐松辑，刘琳、刁忠民等点校：《宋会要辑稿》职官四九，第4403页。

⑥ 〔清〕杨泰亨等：光绪《慈溪县志》卷五〇《金石上・真应大师赐号碑（元丰五年）》，《宋代石刻文献全编》（第4册），第557页。

⑦ 〔清〕王昶：《金石萃编》卷一四三《武功县学碑（崇宁二年）》，《宋代石刻文献全编》（第3册），第385页。

⑧ 〔宋〕梁克家纂修：《淳熙三山志》卷二四《秩官类五・县官》，第7994页。

县情况相同的还有古田县，大观二年古田知县林肤“衔带权知县管勾劝农兵马司公事”[①]。所谓“蔡州新息县体例”，新息县实为中县，当即非畿县而以“兵马司公事”入衔的先例。金石材料对此有反映：宣和五年明州奉化知县庄必疆以“兼兵马司公事”系衔[②]，宣和六年（1124）常州江阴知县余恂以“兼管勾兵马司公事”系衔[③]。奉化、江阴皆望县而非畿县。这说明：比照畿县以“兵马司公事”或曾以“兵马司公事”系衔的非畿县，不会是很小的数目，仅笔者已知的就有蔡州新息、福州古田、福州福清、明州奉化、常州江阴五县。也有的县的知县在兼兵马都监或监押之外，还要再加系“提举兵士巡检”衔，已知的是福州长溪县。[④]

至于武臣知县，阁门祗候以上兼兵马都监，三班使臣兼兵马监押。不论是兼兵马都监还是监押，武臣知县“悉充在城巡检”系衔[⑤]。至道三年（997）京兆府武功知县李崇系衔为“殿直知县事兼兵马监押巡检”[⑥]，巡检即在城巡检的简称。咸平四年（1001）解州闻喜知县慈释回的系衔，就是“右班殿直知县事兼兵马监押在城巡检”[⑦]。充在城巡检，这是文官知县系衔中所没有的。

南宋在禁军之外，又组建了三衙和江上、四川诸军各都统司下辖的内外诸军，俗称“大军”。大军是南宋最为支柱性的正规军，禁军无论是系将还是不系将，都下降为次要性的武装力量。由大军前往屯戍的县，宋廷同样授权知县参与对大军的节制，称之为“弹压”。例如：真州六合县为步军司诸军出戍防区，嘉定七年（1214）宋廷“令真州守臣节制，知县弹压”[⑧]，“专听真州守臣节制，知县弹压”[⑨]。

---

① 〔宋〕梁克家纂修：《淳熙三山志》卷二四《秩官类五·县官》，第7995页。

② 《宋徐氏夫人墓志铭（宣和五年十二月）》，《宁波历代碑碣墓志汇编》（唐五代宋元卷），第131页。

③ 〔清〕陆增祥：《八琼室金石补正》卷一一一《寿圣院泛海观音记赞（宣和六年二月二十五日）》，第786页。记中明言时在“宣和甲辰”，当为“宣和六年”，陆增祥误断为“宣和五年”。

④ 〔宋〕梁克家纂修：《淳熙三山志》卷二四《秩官类五·县官》，第7994页。

⑤ 〔清〕徐松辑，刘琳、刁忠民等点校：《宋会要辑稿》职官四九，第4403页。

⑥ 〔清〕陆增祥：《八琼室金石补正》卷八六《宝意寺修弥勒阁记（至道三年九月十五日）》，第606页。

⑦ 〔清〕胡聘之：《山右石刻丛编》卷一三《闻喜县夫子庙碑（皇祐五年）》，《宋代石刻文献全编》（第1册），第656页。

⑧ 〔清〕徐松辑，刘琳、刁忠民等点校：《宋会要辑稿》兵六，第8721页。

⑨ 〔清〕徐松辑，刘琳、刁忠民等点校：《宋会要辑稿》兵六，第8721页。

盱眙军天长县为殿前司诸军出戍防区，嘉定十三年（1220）宋廷令在该县屯戍的殿前司诸军五千余众“听天长知县弹压”[①]。尽管皆未提及是否将“弹压”入衔，但考虑到宋廷在嘉定十年（1217）驻有前来戍守大军的州军，知州军“兼带‘弹压屯戍军马’，系衔”[②]的诏令，知县既然和知州军同样有“弹压”大军之权，此后显然也应大致同步将“弹压屯戍军马”系衔。无为军巢县，一直是三衙、江上数个都统司大军戍守的重点防区，南宋末叶巢县知县朱鉴即兼“总辖屯戍兵马”[③]。

知县所兼的兵马都监或监押，名号虽然有异，但事权是完全相同的。之所以要在系衔上加以区别，仅仅是为了标明任职者的官阶高低上下。武官知县，阁门祗候及以上以“兼兵马都监”，三班使臣则以“兼兵马监押”系衔。文官知县，《宋史·职官志》言其制云：知县“有戍兵，则兼兵马都监或监押。宣教郎以下带监押”[④]。《宋会要辑稿》更详述：知县“系升朝官即带兵马都监，若宣教郎以下即带兵马监押”[⑤]，“选人承直郎以上、京官宣教郎以下，并兼兵马监押；通直郎以上，兼兵马都监。系衔”[⑥]。

总之，知县官阶为“京官”者，也就是寄禄官第二十六至第三十阶之宣教郎、宣义郎、承事郎、承奉郎、承务郎五阶，皆以“兼兵马监押”系衔。《武义南宋徐谓礼文书》当中兼兵马监押的铅山、贵溪知县，两者的官阶即一为宣义郎，一为宣教郎。知县官阶为通直郎及以上者，皆以“兼兵马都监”入衔。通直郎为寄禄官之第二十五阶，是宋代“朝官”（升朝官）的起始阶，故曰“朝官为都监”[⑦]。崇宁元年齐州临邑知县孟斯年[⑧]、大观二年京兆府兴平知县陈亦[⑨]、淳祐六年

---

① 〔清〕徐松辑，刘琳、刁忠民等点校：《宋会要辑稿》兵六，第8722页。

② 〔清〕徐松辑，刘琳、刁忠民等点校：《宋会要辑稿》职官四七，第4296页。

③ 〔宋〕陈元靓：《岁时广记·序》，《文渊阁四库全书》本。

④ 〔元〕脱脱等：《宋史》卷一六七《职官志七》，第3977页。

⑤ 〔清〕徐松辑，刘琳、刁忠民等点校：《宋会要辑稿》职官四八，第4334页。

⑥ 〔清〕徐松辑，刘琳、刁忠民等点校：《宋会要辑稿》职官四八，第4349页。

⑦ 〔清〕徐松辑，刘琳、刁忠民等点校：《宋会要辑稿》职官四九，第4403页。

⑧ 〔清〕沈淮：道光《临邑县志》卷一四《金石志中·临邑县新学记（崇宁元年）》，《宋代石刻文献全编》（第4册），第747页。

⑨ 〔清〕王昶：《金石萃编》卷一四六《大观圣作碑四种（大观二年）》，《宋代石刻文献全编》（第3册），第433页。

嘉兴府华亭知县施退翁[①]，皆以通直郎“兼兵马都监”。制度规定虽如此，实际执行当中也会有变通。乾道五年（1169）宋廷就特命临安府盐官知县“带兼兵马都监事”，理由是“如有盗贼，庶有统辖，可以擒制”[②]。也就是说，盐官知县不论官阶是否为通直郎及以上，皆得兼兵马都监系衔。

前引《宋史·职官志》有云：知县“有戍兵，则兼兵马都监或监押”。所谓“有戍兵”，指该县驻有前来更戍的禁军等戍兵。宋代除畿县、边境及个别县，县通常不驻扎禁军。要地、盗匪出没或有战事之县，由禁军等前往戍守。宋廷之所以要知县以“兼兵马都监”或监押来系衔，目的就是赋予其节制本县戍兵的必要权力。如若该县没有戍兵，知县当然不必兼兵马都监或监押。但也并不尽然，嘉定十三年宋廷专门诏令赣州瑞金、南安军南康和南安、建昌军广昌四个县，“知县并以‘兼兵马监押’系衔”[③]，并明令“永为定制”。后又补充规定：此四县知县官阶为通直郎及以上者得兼兵马都监。这四个县，当时皆无禁军戍守，只是因为它们“当林峒之冲”，而且私盐贩子众多，导致当地治安形势十分严峻，宋廷遂破格以此四县知县为兼兵知县。县令本无兼兵官的资格，但也不是绝对的。嘉定九年（1216）宋廷就采纳广西经略安抚司奏请，令静江府古县令“于衔上带兼兵马监押”。这是因为古县属贫瘠穷县，该县县令之阙“素来无赏，无官愿就”[④]。

三、兼衔的意义：权责、课绩、地位与待遇

知县、县令，皆为一县之长、百里公侯。在差遣（职事官）的同时，宋代重视以加系兼衔的形式，赋予或是突出知县、县令的部分具体权责：系主管“学事”，就意味着县令要具体负责县学“措置钱粮、修饬学舍、振举法令、招集生徒之类”[⑤]事务。系主管“劝农”，就意味着县令必须要于每年初春的“二月十五

---

① 〔宋〕杨潜修，朱端常、林至、胡林卿纂：《续·增修华亭县学记》，《云间志》，第71页。

② 〔清〕徐松辑，刘琳、刁忠民等点校：《宋会要辑稿》职官四八，第4337页。

③ 〔清〕徐松辑，刘琳、刁忠民等点校：《宋会要辑稿》职官四八，第4348页。

④ 〔清〕徐松辑，刘琳、刁忠民等点校：《宋会要辑稿》职官四八，第4347页。

⑤ 〔宋〕韩元吉：《南涧甲乙稿》卷九《看详学事申状》，《文渊阁四库全书》本。

日”[①]，亲自下乡“亲勉乡老，服田力穑”，“县令于境内亲诣田畴，劝谕勤惰，以为力田之倡。述职承宣，虔奉明诏，即出乡就见父老，播告国家务农重谷、恻怛爱民之意”[②]，撰写并发布《劝农文》一类文告。系以“兼弓手寨兵军正”，就是将寨兵、弓手的指挥权由巡检、县尉转移到知县、县令，明确并突出知县、县令为“一县之将”[③]，统揽本县全部武装力量指挥权的地位。

普遍性兼衔是如此，区域特殊性兼衔尤其是如此。其针对性和地方色彩，要较普遍性兼衔更为突出。营田、矿场、盐场及酒曲商税、市舶、水利、“搜捉铜钱下海出界”等区域特殊性兼衔，都是赋予知县、县令很具体的经济事务的统管或兼管权；兵马都监或监押及弹压、总辖屯戍兵马等，则是赋予知县对本县戍兵的节制之权。

正如宋人所言：“拜敕结衔，正在督课。”[④]宋廷对知县、县令的考课，在通用的地方官“四善四最”课绩条目之外[⑤]，兼衔显然也都与考课直接挂钩。譬如知县兼盐，元祐元年（1086）宋廷就明令：“巡检、知县兼盐仓场赏罚，并依正监官法。”[⑥]知县衔兼主管坑冶矿场等，即“责令同监场官协力收趁岁额。如弛慢之人，从本司按劾取旨，重行停降”[⑦]。商税兼衔亦然，宋廷“以场务之寄，责之长贰、县令”，专门颁诏：“天下州县课利场务，十分亏五厘以下，知州、通判、县令罚俸一月；一分以下，两月；二分降差遣。增二分，升陟差遣。”[⑧]再如营田，诚如洪适于知荆门军任上所言：“前此邑官，缘以‘营田’结衔，既上司督责，即指荒闲田土称为官庄。”[⑨]县令既然以营田系衔，上官就要以此为据督责以官庄之事，有的县令遂作弊以求免责。市舶、水利、“搜捉铜钱下海出界”等，更一望可知，

① 〔宋〕谢深甫编撰，戴建国点校：《庆元条法事类》卷九《迎送宴会》，第163页。

② 〔清〕徐松辑，刘琳、刁忠民等点校：《宋会要辑稿》职官四八，第4329页。

③ 〔宋〕司马光撰，李之亮笺注：《司马温公集编年笺注》卷五二《乞罢将官札子》，第291页。

④ 〔宋〕李焘：《续资治通鉴长编》卷一六六，第3998～3999页。

⑤ 〔宋〕谢深甫编撰，戴建国点校：《庆元条法事类》卷五《考课·考课令》，第69～70页。

⑥ 〔清〕徐松辑，刘琳、刁忠民等点校：《宋会要辑稿》职官四八，第4328页。

⑦ 〔清〕徐松辑，刘琳、刁忠民等点校：《宋会要辑稿》食货三四，第6750页。

⑧ 〔宋〕王栐撰，诚刚点校：《燕翼诒谋录》卷五，第47页。

⑨ 〔宋〕洪适：《盘洲文集》卷四九《荆门军奏便民五事状》，《文渊阁四库全书》本。

可以断言：兼衔不仅要纳入课绩，而且是宋廷、州府考课县令极其重要的具体内容。

因此，知县、县令兼衔的增减，往往就反映出宋廷地方治理重心和治国大政方针的变化。与北宋新旧党争直接关联的“教阅保甲”自不待言，典型的例证，还有学事的两度入衔与取消：崇宁年间以学事入衔，是由蔡京主持的，主要是为了粉饰太平。高宗朝予以恢复，则是由秦桧推动的，建议者不过是“佞悦秦桧，谓和议既成，儒风复振，欲令知通、令佐依旧带提举或主管学事结衔，以示圣朝偃武修文之意。遂复从之”[①]。秦桧的用意，不仅仅在于粉饰太平，更是试图以学事入衔，既宣扬其对金乞和的成功，又强调其“偃武修文”因循苟且的主政方针。反过来，淳熙年间取消了学事入衔，正体现孝宗君臣在一定程度上对秦桧及其对金乞和方针的批判。一入一废，皆并非无意之举。

对知县、县令而言，除了明晰权责，兼衔的意义是多方面的：一是其个人地位得以提高。正如阎步克教授所指出的：“拥有众多的头衔，在中国古代，也是被视为能力、地位与成功的标志的”，“一个人拥有数个甚至十数个头衔，并不说明这时的官儿特别能干，一个人能顶几个人、十几个人用。罗列的衔号，不过表明此人有权有势，足以霸占一堆官职而已。与今同理，地位越高就兼职越多，兼职越多就意味着地位越高”[②]。兼衔当然具有此一层面的作用。比较典型的是兼兵马都监或监押，有此兼衔者，时称“兼兵知县”或“知县兼兵”；再就是监盐监、盐场，有此兼衔者，时称“兼盐知县”或“知县兼盐”。兼兵知县、兼盐知县的地位、待遇，就都要比普通知县为高。《吏部条法》就将知县兼兵、知县兼盐予以单列，选任的资历要求高于一般知县，任职后的迁转也优于一般知县。二是待遇得以增加。知县兼兵，则可在正常俸禄之外，另外再享受每月三贯的“添给食钱”[③]。“管勾学事”亦然，北宋时县令加此兼衔之后，有的即可按月“于学事司钱内支食钱三贯”[④]。其他兼衔也应程度不等具有类似的加俸作用。

洪迈曾慨叹道：“国朝官制，沿晚唐、五代余习，故阶衔失之冗赘，予固已

---

① 〔宋〕韩元吉：《南涧甲乙稿》卷九《看详学事申状》，《文渊阁四库全书》本。

② 阎步克：《中国古代官阶制度引论》，第327～328、330页。

③ 〔清〕徐松辑，刘琳、刁忠民等点校：《宋会要辑稿》职官四八，第4331页。

④ 〔清〕徐松辑，刘琳、刁忠民等点校：《宋会要辑稿》崇儒二，第2772页。

数书之。比得皇祐中李端愿所书‘雪窦山’三大字，其左云：‘镇潼军节度观察留后、金紫光禄大夫、检校刑部尚书、使持节华州诸军事、华州刺史兼御史大夫、上柱国。’凡四十一字。自元丰以后，更使名，罢文散阶、检校官、持节、宪衔、勋官，只云‘镇潼军承宣使’六字，比旧省去三十五，可谓简要。”[①]就县令层面而言，元丰以后系衔“可谓简要”，主要体现在官阶部分以相对简短的寄禄官取代繁冗的文散官与本官阶，以及勋级的被取消上。但与此同时，劝农、学事与“兼弓手寨兵军正”先后得以普遍入衔，与兼兵、兼盐等众多区域特殊性兼衔相结合，导致县令系衔在整体上却有不减反增之势。政和七年解州闻喜知县任谏系衔就是“宣义郎知解州闻喜县管勾劝农公事兼兵马监押专管勾河渠堤堰等事专切管勾学事教阅保甲”[②]，竟有39字之多；淳祐六年嘉兴府华亭知县施退翁系衔为“通直郎特差知嘉兴府华亭县主管劝农公事兼兵马都监兼监盐场主管堰事搜捉铜钱下海出界专一点检围田事兼弓手寨兵军正借绯”[③]，更要长达55字！尽管这些兼衔都有这样那样的具体意义，然区区县令系衔字数已如此之多，“失之冗赘”真可谓有宋一代官员系衔不易之定评。

原载《中国史研究》2018年第3期

① 〔宋〕洪迈撰，孔凡礼点校：《容斋随笔·容斋三笔》卷四《旧官衔冗赘》，第470页。

② 〔清〕胡聘之：《山右石刻丛编》卷一七《修武安王庙记（政和七年）》，《宋代石刻文献全编》（第1册），第750页。

③ 〔宋〕杨潜修，朱端常、林至、胡林卿纂：《续·增修华亭县学记》，《云间志》，第71页。

王安石自作《讨交趾敕榜》说质疑

宋神宗熙宁八年（1075）十一月，交趾大举进攻北宋。十二月，宋朝调兵南下反击，同时颁布《讨交趾敕榜》以明交趾之罪。榜文曰：

> 敕交州管内峒军民官吏等：眷惟安南，世受王爵，抚纳之厚，实自先朝；函容厥愆，以至今日。而乃攻犯城邑，杀伤吏民，干国之纪，刑必无赦，致天之讨，师则有名。已差吏部员外郎、天章阁待制赵卨充安南道行营马步军都总管、经略招讨兼广南西路安抚使，昭宣使、嘉州防御使、入内侍省都押班李宪充副使，龙（神）卫四厢都指挥使、忠州刺史燕达充马步军副都总管，顺时兴师，水陆兼进。天示助顺，已兆布新之祥；人知悔亡，咸怀敌忾之气。然王师所至，弗迓克奔，咨尔士庶，久沦涂炭。如能谕王内附，率众自归，执虏献功，拔身效顺，爵禄赏锡，当倍常科，旧恶宿负，一皆原涤。乾德幼稚，政非己出，造廷之日，待遇如初。朕言不渝，众听毋惑。比闻编户，极困诛求，已戒使人，具宣恩指。暴征横赋，到即蠲除。冀我一方，永为乐土。[1]

① 佚名撰，司义祖整理：《宋大诏令集》卷二三八《讨交趾敕榜》，第932页。《宋会要辑稿》蕃夷四收录熙宁十年（1077）二月赐李乾德诏，但未收录此榜。

此为《宋大诏令集》所记，《涑水记闻》《续资治通鉴长编》《皇朝编年纲目备要》《安南志略》等也都有收录，文字几尽相同。这道著名的榜文，向来被认定出自时任首相(同平章事、昭文馆大学士)王安石的手笔，乃王安石亲笔“自作”。李焘《续资治通鉴长编》即记载：

> 王安石之辞也。时交趾所破城邑，即为露布揭之衢路，言所部之民亡叛入中国者，官吏容受庇匿，我遣使诉于桂管，不报，又遣使泛海诉于广州，亦不报，故我帅兵追捕亡叛者。又言桂管点阅峒丁，明言欲见讨伐。又言中国作青苗、助役之法，穷困生民。我今出兵欲相拯济。安石怒，故自草此诏。安石最不信《洪范》灾变之说，于彗星乃推之交趾云。①

李焘在注中还强调说：“王安石亲作敕榜，当时因露布言及苗、役故也。”②理宗朝陈均《皇朝编年纲目备要》及《宋史全文》《安南志略》《宋史·王安石传》等皆祖述此说。宋高宗绍兴十年(1140)詹大和编刊《临川文集》，即将此榜以《敕牓交趾》为题收入。《临川文集》之后各个版本的今传王安石文集，包括“杭本”《临川先生文集》、“龙舒本”《王文公文集》、今人所编《全宋文·王安石》《王安石全集》等，也都以此题予以收录。宋光宗绍熙元年(1190)刊刻的魏齐贤等编《五百家播芳大全文粹》，则以王介甫《敕榜交趾文》为题收入；南宋末黄震《黄氏日抄》还对《敕牓交趾》一篇进行了专门的评述。清代学者顾栋高《王荆国文公年谱》、蔡上翔《王荆公年谱考略》，也都加以承袭。显而易见，古今学者从未有对王安石自作《讨交趾敕榜》之说提出异议者。但在笔者看来，王安石自作《讨交趾敕榜》之说其实难以成立，存在着诸多值得重新加以审视的问题。

其一，王安石自作《讨交趾敕榜》说的史源，存在着明显的问题。李焘《续资治通鉴长编》关于王安石自作敕榜的相关叙述，根据李焘在注文中所云：“此据司马光《记闻》并鲜于绰《传信录》。”③其史料的来源仅有两种：司马光

---

① 〔宋〕李焘：《续资治通鉴长编》卷二七一，第6650～6651页。

② 〔宋〕李焘：《续资治通鉴长编》卷二七一，第6651页。

③ 〔宋〕李焘：《续资治通鉴长编》卷二七一，第6651页。

的《涑水记闻》和鲜于绰的《传信录》。正文中“安石怒，故自草此诏”，以及注中的“王安石亲作敕榜，当时因露布言及苗、役故也”诸语，皆来自《涑水记闻》。[①]“安石最不信《洪范》灾变之说，于彗星乃推之交趾”云云，则来自《传信录》。显而易见，《传信录》不仅成书要晚于《涑水记闻》[②]，其有关敕榜的内容，也只是在《涑水记闻》的基础之上，再进一步地渲染而已。

也就是说，王安石自作《讨交趾敕榜》之说，最早其实也是唯一的史源，就是司马光《涑水记闻》。根据司马光本人的说法，他的有关记述又是得自于“王正甫云”。[③]王正甫，字茂直，王拱辰之子，熙宁年间任职监西京粮料院，遂得以与在西京（洛阳）居住的司马光、邵雍等人多有往还。[④]

司马光作为旧党当仁不让的领袖人物，其坚定反对王安石的政治立场自不待言，王正甫、鲜于绰两人也都名列“元祐党籍”文臣“余官”之中[⑤]，他们同属于旧党一派是毋庸置疑的。换言之，王安石自作《讨交趾敕榜》说皆是来自与王安石相敌对的旧党人物的一面之词。反过来，新党人物蔡京之子蔡絛所撰《铁围山丛谈》亦记宋朝与交趾之役，就仅言“交趾无故犯鄙，遂并陷钦、廉、邕三郡，多杀人民，系虏其子女。朝廷为赫怒，出大师行讨之。时将遣内侍李宪行，王舒公介甫力争其不可乃止，而介甫亦罢矣”[⑥]，而没有谈及王安石自作《讨交趾敕榜》之事。[⑦]

政敌之语，未必全然非事实，但大多数还是不足信凭。诚如陈垣先生所言：

---

① 《涑水记闻》卷一三：“……又言：‘中国作青苗、助役之法，穷困生民，我今出师，欲相拯济。’故介甫自作此榜以报覆之。”

② 鲜于绰，仁宗庆历年间进士，撰《传信录》十卷。晁公武《郡斋读书志》卷六曰：“《传信录》。右皇朝鲜于绰大受撰。记国朝杂事，多言元丰后朝廷政事得失、人物贤否也。”可见，《传信录》成书当在哲宗朝或再略晚一些的北宋末年。

③ 〔宋〕司马光撰，邓广铭等点校：《涑水记闻》卷一三，第251页。

④ 〔宋〕邵伯温撰，李剑雄等点校：《邵氏闻见录》卷一九，第209页。

⑤ 〔元〕佚名撰，汪圣铎点校：《宋史全文》卷一四《宋徽宗》，中华书局2016年版，第931页。

⑥ 〔宋〕蔡絛撰，冯惠民等点校：《铁围山丛谈》卷二，第35页。

⑦ 王安石所撰《日录》今已失传，熙宁八年十月至熙宁九年正月部分，更是完全散佚，但其中丝毫未言及自作《讨交趾敕榜》之事。参见〔宋〕王安石著，孔学辑校：《王安石日录辑校》，四川大学出版社2015年版，第382～383页。

“考寻史源，有二句金言：毋信人之言，人实诳汝。”[①]特别是当史源竟然完全是出于王安石的政敌们之手时，对其说的真实性、可靠性与否，就必须要引起足够的警觉。毕竟，出于政治斗争的需要，政治斗争的双方通过杜撰、捏造来对政敌予以丑化，都是最为司空见惯的事情。司马光的《涑水记闻》当然也不会例外。邓广铭先生就曾明确地指出：“在《记闻》的全书之中，司马光在政治方面的保守意见到处可见，有时且竟不惜把变法派的人物加以丑化，这就会使《记闻》的说服力要大受损害了。”[②]

值得特别予以注意的是，王正甫当时仅是任职于西京（洛阳）的中下级官员，远离朝廷，其父王拱辰在熙宁八年（1075）刚刚入朝返回京师开封，但仅得一区区“中太一宫使”而已。[③]王正甫对涉及当时首相和军政机务的朝政内幕的叙述，必定大多来自捕风捉影，其权威性和可靠度究竟能够有多少呢？恐怕是不言而喻的。至于《续资治通鉴长编》的作者李焘，向以“耻读王氏书”、著书“仿司马光《资治通鉴》例”[④]来自我标榜，他对王安石和司马光有如此鲜明的倾向性立场，必然就会严重影响他对相关史料的判断和取舍。

其二，王安石自作《讨交趾敕榜》之说，与宋代的草诏制度不合。草拟帝王诏书“代王言”，由两制词臣即翰林学士和知制诰（元丰改制后为中书舍人）负责，“非宰相之事”，这是宋代的政治常识。尤其是大诏令，即所谓的“内制”，更专委翰林学士（或直学士院）。翰林学士由此得以参赞机务，在一定程度上对宰相形成了制衡，因之在当时被称为“内相”（内翰）。《讨交趾敕榜》属于“内制”的范围，自然当由翰林学士（或直学士院）来草拟，王安石其时身为首相（同平章事、昭文馆大学士），怎么可能会屈尊来越俎代庖？何况，他若如此无视和突破体制成例之举，皇帝与其他宰执及翰林学士等，恐也难以同意，起码不可能毫无异议。司马光、王正甫都是官场中人，当然懂得诏书草拟这个起码的规范和程序。所以，他们一定要附加上王安石因交趾非议青苗法、助役法（募役法）而恼羞成怒

---

① 陈垣：《史源学实习课程说明》，《史源学实习及清代史学考证法》，商务印书馆2014年版，第1～2页。

② 邓广铭：《略论有关〈涑水记闻〉的几个问题》，《邓广铭治史丛稿》，第311页。

③ 〔元〕脱脱等：《宋史》卷三一八《王拱辰传》，第10361页。

④ 〔元〕脱脱等：《宋史》卷三八八《李焘传》，第11914页。

的说辞，以之为理由，来对此不合理加以解释。问题在于，这个理由貌似合乎逻辑，但是不值一驳。

原因很简单。王安石即使果真意欲在言语上报复交趾，以逞口舌之快，他只需要对草诏之词臣略加授意即可，而不必非得赤膊上阵来自作。宰相通过私下授意来影响词臣草诏，或者对词臣所作制诏进行一定的修改，皆属于打制度规定的“擦边球”，宋代此类情况还是有的。[①]再者，《涑水记闻》所言“以报覆之”，所指的是敕榜中“比闻编户，极困诛求，已戒使人，具宣恩旨。暴征横赋，到即蠲除”数句，而这几句内容其实十分空洞，既谈不上什么报复，更与青苗法、助役法没有任何直接的关系。正如蔡上翔所言：“夫中国行新法数年，只闻臣僚交攻于朝，而闾阎未有揭竿者。即外夷假异说为兵端，亦断断不及此。榜文真王者之师，仁人之言，与所谓大怒以诋，何大不相肖也？造谤者于荆公无之而不毁，而正史采之，抑何不近人情至此耶！”[②]榜文全篇，不过仅仅是抨击敌国的陈词滥调罢了。以王安石之文才，若此榜果为王安石大怒愤激之作，内容肯定要“可观”得太多。其实，交趾是否当真在文告当中攻击了青苗法、助役法，这本身就是个问题，其出于旧党编造的可能性很大，起码也不能完全予以排除。

其三，榜文以彗星天变来诅咒交趾的核心内容，不仅与王安石“天变不足畏”的素来主张、“最不信《洪范》灾变之说”等一以贯之的思想势若冰炭；特别是与其在当年十月末答宋神宗手诏札子当中，王安石具体所论的该次彗星等天变“不足信”完全抵牾。这也是王安石自作《讨交趾敕榜》说最为显著的问题。

榜文当中的“天示助顺，已兆布新之祥；人知侮亡，咸怀敌忾之气”两句，指的是将熙宁八年十月初七（乙未）至十九日（丁未）持续十二天之久的“彗星出轸”天变，作为交趾必然败亡的天降预兆。因为，交趾恰巧在彗星出现后不久的十一月出师攻宋。其理论根据则是“天之有彗，以除秽也”，视彗星出现为“除旧布新之象”。此即极其典型的天人感应、阴阳灾异之说。问题在于，王安石素以主张“天变不足畏”而著称，“最不信《洪范》灾变之说”，他反对阴阳灾异之说的思想立场，始终是一以贯之。对此，王安石本人从不讳言，包括他的政敌也都是

① 参见杨芹：《宋代制诰文书研究》，上海古籍出版社2014年版，第174～181页。

② 〔清〕蔡上翔撰，裴汝诚点校：《王荆公年谱考略》卷一九，《王安石年谱三种》，中华书局1994年版，第502页。

承认的。榜文与王安石素来主张和思想之间的矛盾一目了然，真可谓是势若冰炭。

最早注意到这一点的，应该是鲜于绰，他却将这个矛盾作为攻击王安石的口实："安石最不信《洪范》灾变之说，于彗星乃推之交趾云"。李焘、陈均等人也是同样处理，宋理宗朝的吕中还做了进一步发挥："以妖星合灭契丹，此司天之谀也。普力言之，得大臣格君之道矣。王安石最不信《洪范》灾异之说，乃推彗星于交趾，贤如赵普，诈如安石，其议论邪正，何啻天渊之远哉"，"安石知上之不可惑，故令州县不得奏灾伤以蔽聪明。而旱暵、彗星又不可掩，故七年之旱，安石以常数对而上不之信。此安石常数之论不敢发也，遂托言交趾以解之，虽不明言天命不足畏，而微意可观矣。自绍圣至政、宣，奸臣误国之论，尽出于安石，而天命不足畏之说，流祸尤酷"[①]。他们如此解释，显然或是出于攻讦王安石的政治需要，或是流于先入为主的人云亦云，其实都是站不住脚的。

更为重要的是，王安石在上宋神宗答手诏札子当中，专门论及了此次彗星及其他天变"不足信"，榜文内容却与之完全抵牾。在此次彗星出现之后，宋神宗立即避殿减膳，于十月十二日下达手诏让王安石等宰执、中外臣僚"并许直言朝政阙失"，同时大赦天下。神宗给予王安石等的手诏有云："朕以寡薄，猥承先帝末命，获奉宗庙。顾德弗类，不足仰当天心。比年已来，灾异数见，山崩地震，旱暵相仍。今彗出东方，变尤大者。内惟浅昧，敢不惧焉！已避正殿，减常膳，虑未足以祇天戒。应中外臣僚，并许直言朝政阙失，朕将虚心以改，庶以消天之变焉。"并再三强调说："敢不惧焉"，"朕将虚心以改"[②]。借此良机，一干旧党众臣乘机向新法再度发难。王安石于是在十二日之后不久，正式向宋神宗上札子，进行了专门的答复，他说：

臣等伏观晋武帝五年，彗实出轸，十年，轸又出孛，而其在位二十八年，与《乙巳占》所期不合。盖天道远，先王虽有官占，而所信者人事而已。天文之变无穷，人事之变无已，上下傅会，或远或近，岂无偶合？此其所以不足信也。周公、召公，岂欺成王哉？其言中宗所以享国日久，则曰

① 〔宋〕吕中：《宋大事记讲义》卷四《太宗皇帝·灾异》、卷一七《神宗皇帝·安石托交趾以文天变》，《文渊阁四库全书》本。

② 〔宋〕富弼：《上神宗答诏论彗星》，《宋朝诸臣奏议》卷四二，第437页。

“严恭寅畏天命，自度，治民不敢荒宁”。其言夏、商所以多历年所，亦曰德而已。裨灶言火而验，及欲禳之，国侨不听，则曰不用吾言，郑又将火。侨终不听，郑亦不火。有如裨灶未免妄诞，况今星工岂足道哉？所传占书，又世所禁，誊写讹误，尤不可知。伏惟陛下，盛德至善，非特贤于中宗：周、召所言，则既阅而尽之矣。岂须愚瞽复有所陈？然窃闻两宫以此为忧，臣等所以彷徨不能自已，伏望陛下以臣等所陈开慰太皇太后、皇太后，臣等无任兢惶恳激之至。[①]

“不足信也”，“岂足道哉”，寥寥数语，掷地有声，王安石不信灾异的立场，真可谓旗帜鲜明、坚定不移。对此，邓广铭先生精辟地指出：“这样，王安石就又一次把政敌们的恶意攻击压制下去。”[②]难以想象的是：十月末王安石于皇帝面前信誓旦旦天变“不足信也”之言犹在耳，十二月他就在本人亲笔所草的诏书中，改而大谈“天示助顺，已兆布新之祥；人知侮亡，咸怀敌忾之气”。要知道，宋神宗一直并不赞成王安石“天变不足畏”之说，不但熙宁八年手诏当中敬畏灾异的倾向极其明显，元丰三年（1080）七月他因彗出西方，“避正殿，减常膳，中外臣僚并许直言朝政阙失”手诏亦然，“敢不惧焉”“朕甚惧焉”“朕将虚心以改”之类的词句频繁出现。而且，直至元丰五年（1082），宋神宗还对章惇、王安礼言及：“事之将兆，天常见象，但人不能知。彗、孛示人事甚直，犹如语言，顾今无深晓天道之人耳。”[③]此时仍念念不忘地对上述王安石答手诏札子中灾异“不足信”之语专门进行了反驳，“熙宁八年十月，彗见轸，轸长沙星，朕以安南为忧，王安石以为不足虞，不阅月，安南叛”[④]。试想一下，王安石如果自相矛盾，果真亲笔作有此文，他为此遭到宋神宗更为严厉的批评，恐怕无论如何也是难以避免的。

也许并非偶然，真正在所上答神宗手诏札子当中征引阴阳灾异之说，侈谈“臣闻晏子曰：‘天之有彗，以除秽也。’考之传记，皆为除旧布新之象。皇天动

① 〔宋〕李焘：《续资治通鉴长编》卷二六九，第6597～6598页。

② 邓广铭：《北宋政治改革家王安石》，河北教育出版社2000年版，第123页。

③ 〔宋〕李焘：《续资治通鉴长编》卷三二七，第7882页。

④ 〔宋〕李焘：《续资治通鉴长编》卷三二七，第7882页。

威，固不虚发”[①]，以此来恐吓宋神宗并猛烈攻击新法的，恰恰就是旧党的核心人物吕公著，此外还有富弼、张方平。于情于理，王安石都绝不会在自己所草诏书中，似旧党一流来如此用笔，既“打自己嘴巴”又授人以柄，这应当可以断言。

至于《临川文集》卷四七《内制·诏书》当中以《敕牓交趾》为题收录了《讨交趾敕榜》，也不难予以解释。诚如《临川文集》四库馆臣之总目提要所言：王安石文集“本出门弟子排比，非所自定，故当时已议其舛错”[②]。王安石逝世于旧党执政的元祐元年（1086），其生前既未曾也无意于手订文集，身后家人及门生也未能及时纂集，甚至于在旧党的政治压力之下，一度“人人讳道是门生”[③]。宋徽宗政和年间，宋廷才开始结集王安石的诗文。中经两宋之际的残酷战乱，至宋高宗绍兴十年（1140），才最早由知抚州詹大和加以校定重刻《临川文集》。绍兴二十一年（1151），王安石曾孙王珏于临安刊刻《临川先生文集》，其时于龙舒亦刊有《王文公文集》，但其中的误收、遗漏等错误依然很多。魏了翁即有云：其时的王安石文集“今世俗传抄，已非当时善本，故其后先舛差、简帙间脱，亦有他人之文淆乱其间”[④]。

《敕牓交趾》（《讨交趾敕榜》），应该就属于魏了翁所言“他人之文淆乱其间”者。在《临川文集》得以编订成书的南宋初年，由于宋高宗等将北宋灭亡的责任无理地推给王安石，王安石再次遭到严厉的否定和批判[⑤]，司马光却多受推崇。司马光《涑水记闻》、鲜于绰《传信录》丑化王安石的“自作《讨交趾敕榜》说”当已成主流，詹大和等受其影响并不难理解。再者，他人尤其是后人编订名家文集，第一要务总是力求收齐收全，往往宁信其有不信其无。既然有司马光等此诏乃王安石“自作”说作为依据，詹大和等纷纷将其收入所编王安石文集，是最正常不过的事情。

综上所述，笔者认为：王安石自作《讨交趾敕榜》之说，当是司马光、王正甫和鲜于绰等旧党人物以讹传讹甚至捏造的，并非真为事实。他们之所以热衷于

---

① 〔宋〕吕公著：《上神宗答诏论彗星》，《宋朝诸臣奏议》卷四二，第438页。

② 〔宋〕王安石：《临川文集·总目》，《文渊阁四库全书》本。

③ 〔宋〕张舜民：《画墁集》卷四《哀王荆公》，《文渊阁四库全书》本。

④ 〔宋〕魏了翁：《鹤山集》卷五一《临川诗注序》，《文渊阁四库全书》本。

⑤ 李华瑞：《王安石变法研究史》，人民出版社2004年版，第3～5页。

传布此说，其目的昭然若揭：一是以交趾入寇为口实，来继续攻击青苗法、募役法等新法，二是以榜文征引天变灾异之说为口实，将王安石丑化为气急败坏、朝三暮四、言行不一的奸臣小人。

以此方式来攻击、丑化王安石，旧党还曾经做过类似的事情。熙宁三年（1070）的《范镇户部侍郎致仕制》实由时任直舍人院的王益柔草制，王安石仅是加以“窜改其辞”[①]，但在旧党邵伯温的笔下，罔顾本来明明白白的事实，根本不提真正的草制者王益柔，却夸大成了王安石“不快之，自草制，极于丑诋”[②]。《宋史·范镇传》也照录了王安石“自草制极诋之”的谬说，实则王安石与范镇互相敌视不假，但王安石“自草制”属邵伯温的肆意夸大。毕竟，“自草制”和“窜改其辞”还是有着质的不同。因此，尽管《宋大诏令集》当中收录有《范镇户部侍郎致仕制》的全文[③]，《邵氏闻见录》亦刊行于绍兴四年（1134），然而《临川文集》《王文公文集》都未将该制收入，这一处理方式无疑是正确的。今人编纂的《全宋文·王安石》虽然以《范镇落翰林学士依前户部侍郎致仕制》为题加以收录此文，但也仅仅是从《续资治通鉴长编》当中，收录了李焘指明为王安石所改动的一部分内容[④]，而未全文照录《宋大诏令集》中的《范镇户部侍郎致仕制》。显而易见，《讨交趾敕榜》（《敕牓交趾》）也应当从王安石文集当中予以删除。

那么，《讨交趾敕榜》榜文的真正作者，究竟又是谁呢？笔者判断：应该就是宋神宗本人授意词臣所作。内制，本来就是“代王言”，词臣终究须秉承帝王意志用笔。既然神宗颇笃信灾异之说，当时就在手诏中公开言道：“彗出东方，变尤大者。内惟浅昧，敢不惧焉。”后来他本人又忆及：熙宁八年之时“彗见轸，轸长沙星”，“朕以安南为忧”，并以之为自己的先见之明。他在词臣草拟榜文之际，命以彗星为据来诅咒交趾，是最为顺理成章之举。

熙宁八年十二月之时，翰林学士为元绛、杨绘，直学士院为章惇、邓绾，资

① 〔宋〕李焘：《续资治通鉴长编》卷二一六，第5265页。

② 〔宋〕邵伯温撰，李剑雄等点校：《邵氏闻见录》卷一二，第129页。

③ 佚名撰，司义祖整理：《宋大诏令集》卷二〇五《范镇户部侍郎致仕制》，第768页。

④ 曾枣庄、刘琳主编：《全宋文》卷一三七三《王安石一一》，第229页。

深知制诰为邓润甫、许将、陈绎等。[①] 根据《宋大诏令集》，敕榜颁布于十二月壬子（二十五日）[②]，而翰林学士元绛于当月壬寅（十五日）即敕榜颁布的前十天，刚晋升为参知政事。[③]考虑到壬子（二十五日）只是榜文正式公布的日期，而诏书草拟与审定都需要一定的时间，笔者判断：《讨交趾敕榜》具体的草诏者，仍很有可能是元绛。他得以由翰林学士晋升参知政事，或许就有起草此榜令神宗满意的因素在内。当然，草诏者也可能是杨绘、章惇、邓绾三人中的一位；或者是邓润甫、许将、陈绎中之一人。但不论是谁，此榜文的作者，绝不会是首相王安石。

邓广铭先生指出：司马光为首的旧党通过"以莫须有的罪状来丑化王安石的种种谤言谤语，虚枉记载"，给王安石身上倒了许多"污泥浊水"[④]。邓先生还具体指明：以丑化王安石而著名的苏洵《辨奸论》，实则出自邵伯温的伪作[⑤]，南宋绍兴年间方收入《嘉祐新集》。邓小南教授也指出：收入司马光《司马文正公传家集》当中的《奏弹王安石表》（熙宁三年）并非司马光所作，"实际上是熙宁三年之后，社会上一些反对王安石变法的保守派人物，以司马光的名义，伪造出来并加以扩散的"。南宋孝宗淳熙年间，"受当时贬抑王安石及其新法、崇褒司马光等守旧势力的政治形势影响"，此表遂被司马光的从曾孙司马伋误收进《传家集》。[⑥]王安石自作《讨交趾敕榜》之说，应该是旧党"丑化王安石的种种谤言谤语"又一个典型的例证。

原载《史学集刊》2017年第3期

① 〔宋〕李焘：《续资治通鉴长编》卷二五三，第6198页；卷二五五，第6237～6238页。

② 《续资治通鉴长编》卷二七一"熙宁八年十二月癸丑"条系此诏于癸丑，然李焘于注中有云"按敕榜以八年十二月二十五日下"。该月戊子朔，癸丑当为二十六日，晚二十五日（壬子）一天，此从《宋大诏令集》。

③ 〔宋〕徐自明撰，王瑞来校补：《宋宰辅编年录校补》卷八《熙宁八年》，第460页。

④ 邓广铭：《北宋政治改革家王安石·序言》，第8页。

⑤ 邓广铭：《〈辨奸论〉真伪问题的重提与再判》，《邓广铭治史丛稿》，第316～346页。

⑥ 邓小南：《司马光〈奏弹王安石表〉辨伪》，《北京大学学报（哲学社会科学版）》1980年第4期。

岳飞绍兴七年奏请建储说辨析

绍兴十一年(1141)八月，岳飞被罢枢密副使之职，秦桧党羽殿中侍御史罗汝楫所上弹章有言：“伏见枢密副使岳飞不避嫌疑，而妄贪非常之功；不量彼己，而几败国之大事。”①“非常之功”，这里特指奏请建储。与之相对应，绍兴三十二年(1162)十月，宋孝宗颁诏平反岳飞冤案，“事上以忠，至无嫌于辰告”②，无疑是昭雪诏书当中分量最重的一句。辰告者，“谓岳尝上疏请建储云”③。在帝制时代，皇太子为“国本”；臣僚奏请建储、拥戴定策，则为“定国本”。此即古代臣子最为艳羡的“非常之功”。在南宋初诸大将之中，唯岳飞有此“非常之功”：“十年北征，首抗建储之议，援古今，陈利害，虽犯权臣之忌而不顾，天下闻而壮之。”④绍兴十年(1140)五六月，时任湖北、京西宣抚使的岳飞向高宗亲笔密奏“今日欲图恢复，必先正国本，以安人心。然后陛下不常厥居，以示不忘复仇之意”⑤，高宗

---

① 〔宋〕岳珂编，王曾瑜校注：《吁天辨诬》卷一《建储辨》，《鄂国金佗稡编续编校注》，中华书局1989年版，第1029页。

② 〔宋〕岳珂编，王曾瑜校注：《天定别录》卷一《追复少保两镇告》，第1314页；〔宋〕周必大：《文忠集》卷九五，《文渊阁四库全书》本。

③ 〔宋〕周密撰，张茂鹏点校：《齐东野语》卷二〇《岳武穆御军》，第365页。

④ 〔宋〕岳珂编，王曾瑜校注：《经进鄂王行实编年》卷六《遗事》，第741页。

⑤ 〔宋〕李心传撰，徐规点校：《建炎以来朝野杂记·乙集》卷一《上德一·壬午内禅志》，第501页。

六月御札答以“览卿亲书奏，深用嘉叹，非忱诚忠说，则言不及此”[①]，是为南宋朝野所公认之事实。王曾瑜先生更明确指出：北伐大军出征之前，岳飞亲笔上奏“请求宋高宗及时设立皇储。他认为在举行军事攻击的同时，更须预防金朝利用宋钦宗，进行政治讹诈”[②]。

但是，在绍兴七年（1137），岳飞是否已经曾有建储之奏请，却是争讼不已的问题。肯定说，始自绍兴十四年（1144）薛弼之口。影响较大的相关记载，主要是张戒《默记》、薛季宣《笺先大夫行状》、熊克《中兴小历》三家。然此三家所记，其实皆来自薛弼一人之口述。赵鼎《忠正德文集·辩诬笔录》亦可印证《默记》等所记薛弼之说，其在宋代却没有多大影响力。朱熹对肯定说，也有信从和传播之举。否定说，始自岳珂于宁宗嘉泰三年（1203）刊修完成、嘉泰四年（1204）缴进宋廷之《建储辨》《行实编年》等。赞成岳珂之说的，则有章颖《四将传》、刘时举《续宋中兴编年资治通鉴》，以及宋元官修的《中兴四朝国史》《宋史》之《岳飞传》。李心传《建炎以来朝野杂记·乙集》之《壬午内禅志》持否定说，《建炎以来系年要录》则取肯定说。然而，《建炎以来朝野杂记·乙集》成书于《建炎以来系年要录》之后十余年，这说明李心传已经修正了他此前在《建炎以来系年要录》当中对此事的看法，改取赞同岳珂的否定说。当代研究者，自邓广铭先生发掘赵鼎《忠正德文集·辩诬笔录》的相关记载，在20世纪80年代初新版的《岳飞传》增订本中专立绍兴七年“岳飞奏请把赵伯琮正式立为皇子”一节以来[③]，肯定说遂几近成为定论。

笔者近期将张戒《默记》、薛季宣《笺先大夫行状》对读，诧异于来自同一史源的两者，却在对同一事件的叙述中矛盾、抵牾甚夥，其主旨也大相径庭。此当即杜维运先生所指出的：史源相同，同为一事，详略不同，所表现的主要意义不同，甚至于完全歧异，绝对抵牾，那么此等史料，显然有极严重的问题存在，不能不令人怀疑叙述的真实性。在发现李心传对此事取舍和记叙的前后转变之后，更加印证了笔者的判断。待细绎叶适所撰且为薛弼后人所首肯的薛弼墓志铭，笔

---

① 〔宋〕岳珂编，王曾瑜校注：《高宗皇帝宸翰》卷中《绍兴十年》，第28页。

② 王曾瑜：《尽忠报国：岳飞新传》，第294～295页。

③ 邓广铭：《岳飞传》（增订本），人民出版社1983年版，第222～225页；邓广铭：《岳飞传》，生活·读书·新知三联书店2007年版，第235～239页。

者又发现墓志铭竟全然改变了《笺先大夫行状》大肆渲染的绍兴七年岳飞奏请建储之事的写法，已不再提此事。可见，作为最重要的当事者，薛弼之后人业已变相承认了此事的不存在。至于赵鼎《辩诬笔录》，本就存在重大破绽。有鉴于此，笔者对宋代两说的争议情况进行了重新梳理，进而着重剖析肯定说的史源及其本身所存在的诸多问题，认为：肯定说皆来自主和派即岳飞的政敌，或者为秦桧之党，或者与岳家有私怨，而且破绽太多，皆难以成立。岳飞绍兴七年奏请建储之事，其实并不存在。

一、“肯定说”与“否定说”

为了更好地讨论问题，我们不妨先梳理清楚绍兴十年岳飞奏请建储的基本情况。绍兴八年（1138）九月，岳飞、张俊、韩世忠三大将先后被召入朝觐见，就宋金和议专门进行表态。在此期间，宋高宗曾特命岳飞入宫，至资善堂谒见时为建国公的宋孝宗。两人会面之后，岳飞对孝宗印象极佳。在绍兴九年（1139）、十年期间，岳飞遂再三请求入朝觐见，目的之一就是当面向高宗奏请立储，然其入朝请求皆未被批准。直至绍兴十年北伐前的五月末或六月初，高宗派遣李若虚至岳飞军中，岳飞遂亲笔书写请求建储的密奏。此一密奏，当是委托李若虚呈送高宗。高宗览奏之后，专门赐以御札，褒扬岳飞的忠忱。

这其中存在着一个极其关键的细节：岳飞至宫廷资善堂谒见孝宗的准确时间，是在绍兴八年九月。对此，岳珂于所编岳飞《行实编年》言道：“初，八年秋，先臣因召对，议讲和事，得诣资善堂，见孝宗皇帝英明雄伟，退而叹喜曰：‘中兴基本，其在是乎！’家人问其所以喜，先臣曰：‘获见圣子，社稷得人矣！’”[①]章颖《四将传》所记亦然。《宋史·岳飞传》更言曰：绍兴八年“秋，召赴行在，命诣资善堂见皇太子”[②]。在笔者看来，岳飞之奏请建储，是在他于资善堂谒见孝宗本人，认定其人“英明雄伟”、足以有为之后，方才专门密奏建议的，是为“社稷得人”“中兴基本”的极其严肃的大公之举，而不是政治投机或者在他人授意下的

① 〔宋〕岳珂编，王曾瑜校注：《经进鄂王行实编年》卷五《绍兴十年》，第504～505页。
② 〔元〕脱脱等：《宋史》卷三六五《岳飞传》，第11388页。

迎合。而且，岳飞得以至资善堂专门谒见孝宗，唯有此一次。因为资善堂建于宫门内的皇宫之中[①]，孝宗的身份又极其敏感，没有高宗的特别旨意，岳飞身为统军大将，绝对是不可能擅自谒见孝宗的。岳飞在此前的绍兴七年，既然并未得与孝宗谋面，奏请建储之举又从何而来呢？这是一个极其重要的前提。

岳飞绍兴七年奏请建储，肯定确有其事的"肯定说"，主要有如下之数家：

> 薛弼以甲子正月，道由建昌，谓戒曰："弼之免于祸，天也。往者丁巳岁，被旨从鹏入觐，与鹏遇于九江之舟中。鹏说曰：'某此行将陈大计。'弼请之，鹏云：'近谍报虏酋以丙午元子入京阙。为朝廷计，莫若正资宗之名，则虏（敌）谋沮矣。'弼不敢应。抵建康，与弼同日对。鹏第一班，弼次之。鹏下殿，面如死灰。弼造膝，上曰：'飞适来奏，乞正资宗之名。朕喻以卿虽忠，然握重兵于外，此事非卿所当与也。'弼曰：'臣虽在其幕中，然初不与闻。昨到九江，但见飞习小楷，凡密奏皆飞自书耳。'上曰：'飞意似不悦，卿自以（此）意开喻之。'弼受旨而退。"嗟夫！鹏为大将，而越职及此，取死宜哉。弼又云："不知若个书生教之耳！"[②]

此出张戒《默记》。其中"嗟夫！鹏为大将，而越职及此，取死宜哉"一句，乃张戒之语，其余皆为记录薛弼口述。张戒《默记》早已散佚，此为熊克《中兴小历》（清人避乾隆讳改称《中兴小纪》）之征引。张戒自绍兴十二年（1142）停官，始居住江西之建昌军。文中所言"甲子"指绍兴十四年，"丁巳"指绍兴七年。薛弼为温州人，绍兴十四年由温州赴知虔州任，路过建昌军时与张戒相见言谈，讲到了上述一段话，张氏遂将所闻薛弼之语加以笔录。"鹏"指岳飞，"资宗"指后来的宋孝宗。张戒《默记》此条记事，岳珂《建储辨》、李心传《建炎以来系年要录》亦皆有征引，内容与《中兴小历》尽皆相同。"虏酋以丙午元子入京阙"，点校本《中兴小纪》作"金人以储贰大事入京阙"，显为清人所臆改，现径据《建储辨》《建炎以来系年要录》所引加以改正。"丙午元子"，指为金朝所俘

① 〔元〕脱脱等：《宋史》卷一六二《职官志二》，第3825页。

② 〔宋〕岳珂编，王曾瑜校注：《吁天辨诬》卷一《建储辨》引《默记》，第1030页。

虏的宋钦宗之长子。

> 岳侯丁母忧去……会先君遗书请岳，岳不自安，乃起。岳之诣阙，已具衣冠入对。伯父疏一机事，教岳敷奏。岳意未之。伯父曰：“姑持以行，不问则已。”及见，不暇它语，上先及之。它日，请与伯父偕入奏事，岳出手疏，以储贰为言，冲风吹纸动摇，岳声战掉，读不能句。上视伯父色动。岳退，伯父进曰：“臣来在道，常怪岳飞习写细书，穷诘端倪，乃作此奏，虽其子弟无知者。臣尝规以大将不当预国家事，飞谓臣子一体，不当形迹之顾，欲臣同对，明臣独与之闻之。”上色定，曰：“朕固疑飞之欲引卿对也，微卿之言，将不之察。”①

此出薛季宣《浪语集·笺先大夫行状》。薛季宣为薛弼之侄，六岁起被薛弼收养，跟随薛弼生活多年。薛弼卒于绍兴二十年（1150）九月，其《行状》本为时人张阐所撰，薛季宣嫌“其文多阙略”，遂于孝宗隆兴元年（1163）在《笺先大夫行状》当中对薛弼的生平事迹专门加以笺补。②按：先大夫，指薛弼之弟、薛季宣之父薛徽言。“伯父”，指薛弼。《笺先大夫行状》尊称岳飞为“岳侯”，可知其中所云岳飞奏建储之事，绝对不可能出自绍兴二十年的张阐原本，而皆应为薛季宣所自行补撰，当得自于薛弼之口。

> 某丁巳秋再相，适岳飞入朝奏事。翌日，上曰：“飞昨日奏，乞立皇子。此事非飞所宜与。”某奏曰：“飞不循分守，乃至于此。”退召飞随军运使薛弼谕之曰：“大将总兵在外，岂可干与朝廷大事，宁不避嫌。飞武人不知为此，殆幕中村秀才教之。公归语幕中，毋令作此态，非保全功名终始之理。”

---

① 〔宋〕薛季宣撰，张良权点校：《薛季宣集》卷三三《笺先大夫行状》，上海社会科学院出版社2003年版，第504页。

② 《笺先大夫行状》未曾言明具体的撰著时间，然《书先右史遗编》中载：薛季宣“收拾遗书，裨补《行状》”，可见笺补《行状》与编纂《遗编》大致是同时进行。《书先右史遗编》文末所附撰写时间为隆兴元年正月甲子，故知《笺先大夫行状》亦当撰于隆兴元年。

弼深以然，曰："当子细谕飞，且语幕中诸人也。"[1]

此出赵鼎《忠正德文集·辩诬笔录》最末一条"资善堂汲引亲党"的末尾部分。"丁巳"，为绍兴七年。绍兴十四年，赵鼎因詹大方弹其受贿而被移吉阳军安置，《辩诬笔录》中对受贿之事详加辩驳，可知必作于是年移吉阳军之后。考虑到赵鼎卒于绍兴十七年（1147）之八月，《辩诬笔录》或即其于临终前夕所作。前文已经谈及岳飞绍兴七年奏请建储说的出台，最早出自绍兴十四年的薛弼之口。赵鼎《辩诬笔录》此条之说，要晚于薛弼三年。必须加以说明的是，宋人在论辩有无岳飞绍兴七年奏请建储之事时，对赵鼎《辩诬笔录》的此条记载，并未有加以征引者。对此极其耐人寻味的反常现象，笔者推断：这是因为其破绽过于明显，本不足取信于世人，甚至是出于秦桧党羽的造伪。

宋孝宗淳熙末年，熊克撰成颇有影响的《中兴小历》，于绍兴七年四月丁未岳飞"弃军而去"条照录了《默记》《笺先大夫行状》两家之说。李心传据之指出熊克系其事于"四月丁未"，然细绎其书，熊氏实据薛季宣《笺先大夫行状》系其事于岳飞弃军离职上庐山后的入觐之时，即六月。

否定说，始出自岳飞之孙岳珂。岳珂专门撰写了《建储辨》，力辨岳飞并无绍兴七年奏请建储之事。他主要是以宋高宗御札等为依据，驳斥薛弼、张戒与熊克三家之说："至于张戒之《默记》，荒谬不根，颠倒错乱，尤为昭昭"；"是先臣尝密疏言于绍兴十年之后，而未尝面对言于七年之前；是先臣因兴师，请觐不获，而后抗疏，未尝因谍报而欲立此，以沮虏谋也。况谍报之事，其为不根，臣之辨尤明，则弼所谓玉音有'非卿所当与'之说，'卿自以意开谕'之说，先臣有冲风吹纸之事，怪其习小楷之事，讵有一实哉！年月先后之不同，面奏疏闻之有异，弼真果于诞者！"[2]《建储辨》作为《吁天辨诬》的开篇，于宁宗嘉泰四年正式缴进宋廷。

在同时缴进的岳飞《行实编年》中，岳珂具体贯彻了他在《建储辨》中的相关主张。嘉定七年（1214），岳珂于《愧郯录》中再作《绍兴储议》条加以补充，

---

① 〔宋〕赵鼎：《忠正德文集》卷九《辩诬笔录》，《文渊阁四库全书》本。

② 〔宋〕岳珂编，王曾瑜校注：《吁天辨诬》卷一《建储辨》，第1033、1035～1036页。

他再三强调说："大父鄂王飞，绍兴十年出师北征，密疏建储议。高宗赐御札有曰：'览卿亲书奏，深用叹嘉，非忱诚忠说，则言不及此。'今宸章藏于家，可考而见。一时，张戒作《默记》，误载于七年，而有冲风吹纸之谤。珂所上《吁天辨诬》一书，固首辨之矣。"[①]见到儒宗朱熹信从肯定说的《储议帖》手迹之后，岳珂在将其编入所纂《宝真斋法书赞》的同时，把《建储辨》作为跋语附入，也就是委婉地予以驳斥。

肯定说，尤其是张戒的《默记》，一度在宋代流传很广。除熊克《中兴小历》予以采信以外，朱熹也多次提及张戒其人其说，其手书《储议帖》专门抄录《默记》此条。光宗绍熙五年（1194）闰十月，朱熹入史院兼实录院同修撰，曾寻此事于奏札：孝宗正储位"又闻故将岳飞亦尝有请，故殿中侍御史张戒私记其事"[②]。对《笺先大夫行状》当中的薛氏之说，他也有所涉猎，《储议帖》言及"又得薛公《行状》，亦记此事，偶寻未见，恐永嘉士人家必有本可寻访"[③]。朱熹还曾对两家之说加以糅合述传。[④]理宗时，李幼武续补朱熹之《皇朝名臣言行录》，其《别集》卷八《岳飞》仍然是照录《默记》之说。

不过，自宁宗嘉泰三年岳珂《建储辨》《行实编年》等得以刊修完成、嘉泰四年缴进宋廷之后，否定说的影响力迅速提高，并压倒了肯定说。当年六月，中书、门下后省对岳珂缴进所撰的评价极高："委是采摭精详，用志可嘉，能摽表其先烈，宜备太史抽绎……其《辨诬》内并理雪飞之子云与其部曲张宪之冤，亦是明白。"三省遂同奉圣旨，下令："依看详到事理，宣付史馆。"[⑤]开禧三年（1207）章颖《四将传·岳飞传》、理宗末刘时举《续宋中兴编年资治通鉴》及元代官修的《宋史·岳飞传》，对于岳飞奏请建储之事，皆记于绍兴十年，却不取绍兴七年，也就是都赞成了岳珂的否定说。一般说来，《宋史》乃脱胎自宋代官修之《国史》，

---

① 〔宋〕岳珂：《愧郯录》卷一三《绍兴储议》，《文渊阁四库全书》本。

② 〔宋〕朱熹撰，朱杰人等主编：《晦庵先生朱文公文集》卷二一《史馆拟上政府札子》，《朱子全书》，上海古籍出版社、安徽教育出版社2002年版，第968页。

③ 〔宋〕岳珂：《宝真斋法书赞》卷二七《朱文公储议帖》，《文渊阁四库全书》本。

④ 〔宋〕黎靖德编，王星贤点校：《朱子语类》卷一二七《本朝一·高宗朝》，第3055～3056页。

⑤ 〔宋〕岳珂编，王曾瑜校注：《天定录》卷中《后省看详宣付史馆指挥》，第1110页。

《宋史·岳飞传》应该是从《中兴四朝国史·岳飞传》转录而来。由此可知：南宋后期成书、作为宋廷最终定论、对后世影响极大的南宋官修高宗、孝宗、光宗、宁宗《中兴四朝国史》，其《岳飞传》同样当如此行文。

南宋史学家李心传对此重大问题的态度，则有一个明显的前后转变的过程。在其所撰《建炎以来朝野杂记·乙集》卷一《壬午内禅志》当中，李心传取岳珂之否定说，将岳飞奏请建储事仅系之于绍兴十年五月，并曰："张戒《默记》以飞请建储为绍兴七年事，而飞孙监镇江府大军库珂作飞《行实》系之此年（绍兴十年），且辨《默记》之误甚悉。今移附此，更须详考也。"[①]然在此前其所撰、影响更大的《建炎以来系年要录》当中，李心传毕竟还是取熊克、张戒、薛季宣三家之说以肯定其事。《建炎以来系年要录》卷一〇九"绍兴七年二月庚子"条记事有云：

> 起复湖北京西宣抚副使岳飞以亲兵赴行在。翌日，内殿引对。飞密奏，请正建国公皇子之位。人无知者，及对，风动纸摇，飞声战不能句。上谕曰："卿言虽忠，然握重兵于外，此事非卿所当预也。"飞色落而退。参谋官薛弼继进，上语之故，且曰："飞意似不悦，卿自以意开谕之。"[②]

这里，李心传只是依据《高宗日历》的记载，对绍兴七年岳飞、薛弼内殿引对的时间在何月、何日上进行了考证，改系其事于二月庚子而已。对事件本身的叙述，仍还是取熊克、张戒、薛季宣三家之说。他在注中亦明言："此以熊克《小历》、张戒《默记》及薛季宣所录参修。"

显而易见，李心传在此问题上不仅是自相矛盾的，而且，在《建炎以来系年要录》中的相关叙事逻辑是先认定确有其事，然后再根据《高宗日历》来探寻岳飞绍兴七年内殿引对的具体时间，由此否定了《中兴小历》的四月说（实则《中兴小历》与《笺先大夫行状》皆持六月说），最终定于二月庚子。问题在于：《高宗日历》中本绝无岳飞于绍兴七年奏请建储的丝毫记载。对此，李心传在注中明

① 〔宋〕李心传撰，徐规点校：《建炎以来朝野杂记·乙集》卷一《上德一·壬午内禅志》，第501页。

② 〔宋〕李心传编撰，胡坤点校：《建炎以来系年要录》卷一〇九，第2040页。

确说明：该条叙事的史源，只是熊克、张戒与薛季宣三家之说。换言之，如若三家之说本身不能成立，《建炎以来系年要录》“绍兴七年二月庚子”条的记事，自然也就随之不能成立了。

更为重要的是，《建炎以来系年要录》《建炎以来朝野杂记》既然取舍相左，那么，究竟何者在后，何者更能代表李心传的最终意见？笔者注意到：《建炎以来系年要录》最早成书于开禧元年（1205）秋冬之际①，此时岳珂的《行实编年》《建储辨》等刚刚于嘉泰三年完成撰写、嘉泰四年（1204）始缴进宋廷，很显然李心传当时尚未有阅读的机会，遑论在《建炎以来系年要录》中据之加以辨析，此时他取赞成说并不奇怪。《建炎以来朝野杂记·乙集》成书于嘉定九年（1216）七月②，李心传在《乙集·壬午内禅志》中不仅充分征引了岳珂《行实编年》《建储辨》的说法，据之加以叙事，还言及岳珂“辨《默记》之误甚悉。今移附此，更须详考也”。这说明，李心传此时不仅读过岳珂的著作，而且已改而倾向于赞同岳珂之否定说。相比于《建炎以来系年要录》的相关记事，李心传显然已经进行了重大的自我修正。也就是说，否定说，应当是李心传的最终意见。

还必须重点加以辨明的是，今传本《增入名儒讲义皇宋中兴两朝圣政》卷二一“绍兴七年二月”记事有云：

> 河南京西宣抚副使岳飞赴行在。翌日，内殿引对。飞密奏，请正建国公皇子之位。上谕曰：“卿言虽忠，然握重兵于外，此事非卿所当预也。”飞色落而退。

宋末元初人所编《宋史全文》，同样一字不差地照录了此条。③中兴两朝《圣政》分别指南宋国史院官修之《高宗圣政》（《光尧寿圣太上皇帝圣政》）和《孝

① 胡坤：《点校说明》，《建炎以来系年要录》，第2页；孔学：《〈建炎以来系年要录〉著述时间考》，《河南大学学报（社会科学版）》1996年第1期。《建炎以来系年要录》成书时间，还有嘉定元年、嘉定三年四年之间诸说。本文从胡坤、孔学之说，即使是最迟的嘉定四年，也要远在《建炎以来朝野杂记·乙集》成书之前。

② 〔宋〕李心传撰，徐规点校：《建炎以来朝野杂记·乙集·序》，第481页。

③ 〔元〕佚名撰，汪圣铎点校：《宋史全文》卷二〇上《宋高宗十》，第1489～1490页。

宗圣政》(《至尊寿王圣帝圣政》)。但是，正如梁太济先生所指出的：今本《增入名儒讲义中兴两朝圣政》的高宗部分，绝非孝宗乾道二年(1166)国史实录院所编纂的官修《高宗圣政》之旧。该书高宗一朝大部分的内容，其实都是南宋末年书坊“选中在高宗朝编年体史书中后来居上的《要录》用作替换对象”[①]。具体到绍兴七年二月岳飞奏请建储条记事，只要与上段笔者所征引的《建炎以来系年要录》略做对照，就不难发现《增入名儒讲义皇宋中兴两朝圣政》只是将湖北误为“河南”、漏抄系日“庚子”，以及略去了“风动纸摇，飞声战不能句”等细节，其余部分与《建炎以来系年要录》竟然一字都不差，显然是自《建炎以来系年要录》节录而来，也就是梁太济先生所说的，此条记事定是南宋末年书坊用《建炎以来系年要录》所记，替换了原本的《高宗圣政》。

再从逻辑上来分析。如若原本《高宗圣政》果然对岳飞绍兴七年奏请建储有如此详细的记载，其官史的权威性可谓势若千钧，岳珂论辩、批判的对象，就绝不仅是熊克、张戒和薛弼，他首先必须要驳斥《高宗圣政》，甚至干脆就辨无可辨了。而且，李心传又何必根据熊克、张戒、薛季宣三家之说，先认为确有其事，然后再遍检《高宗日历》找寻岳飞、薛弼内殿引对的记载，然后才将时间断定在二月庚子，改为直接征引权威的《高宗圣政》此条记载，岂不更加准确、简捷？答案当然都是不言而喻的。还有朱熹在光宗绍熙五年所撰《史馆拟上政府札子》中建议命地方官抄录张戒之作，送实录院做参照，如若孝宗乾道二年成书的《高宗圣政》果已早有此记载，他岂非多此一举？总之，原本《高宗圣政》绍兴七年二月记事并无岳飞奏请建储的记载可以断定。

二、对“肯定说”史源的分析

肯定说的史源，主要来自薛弼、张戒、熊克和赵鼎的记载。赵鼎，绍兴八年十月因秦桧排挤而罢相，绍兴十七年更被秦桧迫害致死，因之有“中兴贤相”之盛誉。在和战大计问题上，赵鼎为主守派，素来主“守”以自保，实际是主和派

---

① 梁太济：《〈圣政〉今本非原本之旧详辨》，《中国学术》第3辑，商务印书馆2000年版，第195页。

当中的一个变种。在绍兴七年九月至绍兴八年十月复相期间的赵鼎，更正如王曾瑜先生等所指出的："其实仍倾向于降金。赵鼎的政治倾向大致是出自害怕战争，希图苟安的心理。"[①]朱熹对此已经说得很明白：当时赵鼎"亦自主和议，但争河北数州，及不肯屈膝数项礼数尔"，"赵元镇亦只欲和。但秦桧既担当了，元镇却落得美名"[②]。赵鼎与秦桧尽管存在某些具体的细节分歧，但绝无实质性的差异是无疑的，他同样是积极主张对金乞和。秦桧本人也承认赵鼎"为首相，于议和通使，未尝不佥同议论"[③]，甚至在群臣激愤蜂起反对和议之时，赵鼎还请间密启于高宗献策，"以梓宫及母兄之故，不得已而为之"[④]来压制异议。高宗予以采纳。

相比于主战的张浚，秦桧更加忌惮赵鼎的东山再起，甚至必欲先将之置于死地，最根本的原因也就在于赵鼎同样主和，"在宋高宗主和，并已明确表示不再起用张浚的情势下，主和的赵鼎反而对秦桧的相权威胁更大"[⑤]。赵鼎既然主和，他与岳飞之间的政见矛盾，必然就难以避免。譬如：绍兴八年二月，在赵鼎主持之下，行在由建康迁回了临安，图苟安而已，而岳飞素来主张皇帝应"不常厥居，以示不忘复仇之意"。同月，岳飞"乞增兵"，就被宋廷断然拒绝，"不许"[⑥]。九月，岳飞入朝对向金乞和进行表态，就对高宗直言不讳地说："夷狄不可信，和好不可恃，相臣谋国不臧，恐贻后世讥议。"[⑦]其所言误国之"相臣"，首先当指首相赵鼎，次相秦桧恐怕还倒在其次。也就是说，在岳飞被害之后，赵鼎因某种原因，在一定程度上或主动或被动地卷入诬蔑、丑化岳飞的"大合唱"，也并不难以理解。

薛弼，字直老，温州人。他在岳飞幕府中一度地位较高，时间也较久。绍兴五年（1135），薛弼任湖南转运判官，得与率军平定杨么的岳飞相识。绍兴六年（1136）六月至绍兴八年三月，薛弼遂由知荆南府担任湖北、京西宣抚司参谋官之

---

① 王曾瑜：《尽忠报国：岳飞新传》，第270页。

② 〔宋〕黎靖德编，王星贤点校：《朱子语类》卷一三一《本朝五·中兴至今日人物上》，第3143页。

③ 〔宋〕李心传编撰，胡坤点校：《建炎以来系年要录》卷一二四，第2330页。

④ 〔宋〕李心传编撰，胡坤点校：《建炎以来系年要录》卷一二〇，第2244页。

⑤ 王曾瑜：《岳飞和南宋前期政治与军事研究》，第518页。

⑥ 〔元〕脱脱等：《宋史》卷二九《高宗本纪六》，第535页。

⑦ 〔宋〕岳珂编，王曾瑜校注：《经进鄂王行实编年》卷四《绍兴八年》，第466页。

职。绍兴八年三月，他升直龙图阁、再知荆南府。薛弼是岳飞幕府中唯一未受岳飞冤案牵连者，当时很多人就怀疑他与秦桧的关系，以及他在岳家军中所扮演的真正角色究竟是什么。岳珂就揭露说："按弼之在先臣幕为最久，及先臣得罪，僚佐皆下吏远徙，独弼不与，偃然如故。公议皆谓弼旧居永嘉，秦桧方罢相里居，弼足恭奴事，以徼后福。及在先臣幕，知桧恶先臣，观望风旨，动息辄报，以是获免于戾。天下固知之矣。"[①]岳珂视薛弼为秦桧在岳飞身边的"内线"耳目。这一极其严厉的指控，绝非空穴来风：

其一，薛弼与秦桧深交在先，出任岳飞湖北、京西宣抚司参谋之职在后。秦桧自绍兴二年（1132）罢职至绍兴六年任知绍兴府，以提举太平宫闲居于温州数年，绍兴五年方得任知温州。薛弼作为温州人，游其门，"足恭奴事"，当是在此期间与颇为落魄的秦桧交往甚密，双方遂结下了深厚的交谊。

其二，薛弼在湖北任职期间，与秦桧的死党、迫害岳飞的"头号打手"万俟卨为莫逆之交，"弼在湖北除盗，归功于万俟卨"[②]。此正所谓"人以类聚，物以群分"。

其三，薛弼在绍兴十年本已被罢为提举洪州玉隆观（一言"云台观"），实际上是返回家乡温州闲居。直至绍兴十三年（1143）八月，方重新得以知虔州。也就是说，在岳飞冤案当中，他不仅仅是"偃然如故"，未受到任何的牵连，反而还得以复职。

其四，绍兴十四年，在知虔州的任上，薛弼上报宋廷"言木内有文曰'天下太平年'"。这是第一个被高宗"诏付史馆"借以粉饰太平的祥瑞。从此之后，宋高宗、秦桧"于是修饰弥文，以粉饰治具"，"为苟安余杭之计，自此不复巡幸江上，而祥瑞之奏日闻矣"[③]。薛氏此举，必出于秦桧的授意或主动迎合无疑，他也因之升任福建帅臣，得为知福州、福建安抚使。

其五，绍兴十九年（1149），秦桧又以薛弼为广东帅臣，出任知广州、广东经略安抚使要职，"经略广东也，秦相语执政曰：'薛直老治福建，水陆以清，广东盗贼未平，更付此者。'韩京戍循、梅州，弹压盗贼。秦相意京难制，檄伯父取

① 〔宋〕岳珂编，王曾瑜校注：《吁天辨诬》卷一《建储辨》，第1036页。

② 〔元〕脱脱等：《宋史》卷三八〇《薛弼传》，第11722页。

③ 〔元〕脱脱等：《宋史》卷四七三《奸臣·秦桧传》，第13759页。

之"[①]。薛弼遂再次秉承秦桧本人的直接授意，解除了广东摧锋军统制韩京的军职，并以此寻升敷文阁待制，得以跻身侍从官之列。

综上可见，薛弼与秦桧之间的关系，绝非仅限于在温州时有往还旧谊那么简单。他多次充当秦桧的打手，应该是无可辩驳的事实，献祥瑞、罢韩京等只不过是冰山之一角罢了。元代官修《宋史》将薛弼与王次翁、罗汝楫、杨愿、楼炤、勾龙如渊等秦桧的死党、打手们同传，斥之以"数人者，附丽秦桧，斥逐忠良，以饕富贵"[②]，并在薛氏本传末总结曰：

> 初，秦桧居永嘉，弼游其门。弼在湖北除盗，归功于万俟卨。桧诬岳飞下吏，卨以中司鞫狱，飞父子及宪皆死。朱芾、李若虚亦坐尝为飞谋议，夺职，惟弼得免，且为桧用，屡更事任，通籍从官，世以此少之。[③]

此可谓是一锤定音。相反，叶适在嘉定九年十二月为薛弼所写的墓志铭中辩解道："则公之为桧用，自其资所喜，而非利之也。公既为岳飞参谋，飞与其徒妄臣反，冤气贯日月。独公幸免，其子弟或以咎公。呜呼！巨浸大疫，杀人成丘，死者之家不怨免者，知不以己之所遭同于人也。桧果于杀飞而不忍害公，天诱之也，岳氏何尤焉！"[④]此语却是极其苍白无力、根本不值一驳，难免流于叶适自己所言的"佞碣谀碑"。在岳飞冤案当中，薛弼充当了现在已不为人所知的极其不光彩角色，应无疑义。否则，他即使能侥幸免祸，也绝对不会不断得到升迁。

或者并非偶然，自孝宗隆兴二年（1164）秋之后，薛家在家乡温州就一直遭到所谓"巫鬼"的困扰，"家既遭九圣之异，其后称神物降其居者尚连年不绝"。薛季宣本人，"乾道癸巳岁，自吴兴守解印归永嘉，得痔疾，为庸医以毒药攻之，遂熏烝至毙"[⑤]，仅得寿四十。在时人眼里，他似乎也是遭到了恶报。此事当时流传

---

① 〔宋〕薛季宣撰，张良权点校：《薛季宣集》卷三三《笺先大夫行状》，第507页。

② 〔元〕脱脱等：《宋史》卷三八〇，第11727页。

③ 〔元〕脱脱等：《宋史》卷三八〇《薛弼传》，第11722～11723页。

④ 〔宋〕叶适撰，刘公纯等点校：《叶适集·水心文集》卷二二《故知广州敷文阁待制薛公墓志铭》，第427页。

⑤ 〔宋〕洪迈撰，何卓点校：《夷坚志·夷坚丁志》卷一二《薛士隆》，第641页。

甚广，洪迈将之收入了著名的《夷坚志》。巫鬼、报应之说，自然纯属无稽，然而“杀人误国无所不至，而踪迹诡秘如某人者”当指秦桧，薛弼、岳飞等都于其中扑朔迷离地出现[①]，却很值得探讨：一方面，这应当是当时社会舆论对薛弼不光彩评价的委婉反映；另一方面，则确凿说明了薛家心中有亏，疑神疑鬼自然在所难免。

张戒，为赵鼎一手提拔起来的亲信。他在赵鼎复相期间十分活跃，绍兴八年三月起担任监察御史、殿中侍御史要职，曾于七月上奏言十二事质疑秦桧的对金乞和，由此得罪了秦桧。赵鼎罢相，张戒随之于绍兴八年十一月外任地方官。绍兴十二年十一月，他遭到罗汝楫的弹劾，“坐党赵鼎、岳飞”[②]被勒停，此后即一直在江西之建昌军（今江西南城）居住。[③]绍兴十四年正月，薛弼由温州至虔州上任，路经建昌军，得以与张戒谋面并与之交谈。

根据绍兴十二年（1142）罗汝楫的弹章所云：“鼎罢相，陛下灼见其奸，亟行罢黜，遂往依岳飞于江夏，则其趋操可知。”[④]再考虑到其时张戒仅有“左承事郎”的官阶而并无职事官，可以断定：张戒外任地方官不久当继续遭到弹劾，在被解除职务之后，他曾短期到鄂州（江夏）依附过岳飞，时间当在绍兴九年与十年之间。这当是张戒与岳飞之间唯一的交集。

张戒尽管与岳飞有此交集，但他与岳飞素无渊源，更绝非同路之人：在和战大计上，张戒作为赵鼎一派的干将，对和议并不实质反对，至多质疑和议的方式和效果而已。对岳飞所坚持的北伐中原，则是信心全无，自然持不支持甚至反对的立场。他们再三倡导的只是保江淮以自“守”。张戒就曾经上奏“论备边当以和为表，以备为里，以战为不得已”。此正如李心传所评论的那样：“盖戒本鼎客，故主守。”[⑤]不仅于此，张戒极力主张削夺大将兵权，他在入对时专门向高宗面奏，“言诸将权太重”[⑥]，并具体献策，“但当擢偏裨耳”[⑦]。削夺大将兵权，其矛头所指，

---

① 〔宋〕洪迈撰，何卓点校：《夷坚志·夷坚丙志》卷一《九圣奇鬼》，第365、368页。

② 〔元〕脱脱等：《宋史》卷三〇《高宗本纪七》，第557页。

③ 〔宋〕朱熹撰，朱杰人等主编：《晦庵先生朱文公文集》卷二一《史馆拟上政府札子》，《朱子全书》，第968页。

④ 〔宋〕李心传编撰，胡坤点校：《建炎以来系年要录》卷一四七，第2784～2785页。

⑤ 〔宋〕李心传编撰，胡坤点校：《建炎以来系年要录》卷一二二，第2274页。

⑥ 〔宋〕李心传编撰，胡坤点校：《建炎以来系年要录》卷一一九，第2218页。

⑦ 〔宋〕李心传编撰，胡坤点校：《建炎以来系年要录》卷一一八，第2208页。

当然是包括岳飞在内的。

显而易见，张戒前去依附岳飞，只是在官场失意之后的政治投机罢了。而且，张戒既然能在赵鼎倒台之后，改向岳飞进行投机，那么在岳飞被害之后，他转向秦桧及其党羽进行投机，并不令人意外。事实上，张戒也正是这么做的。朱熹就曾批评他：

> 因论张戒定夫，其初名节好。后来亦以书与诸公，论当时某不是全不主和议，但谓和时要如何。后来多有如某之料，其意欲进甚锐。太上终是嫌破和议底人。秦桧死，亟下诏守和议不变，用沈该、万俟卨、陈诚之辈。故张戒自秦桧死后，数年终不用。而张自躁如此，盖是学无本原故耳。张学《老子》之类。[①]

“欲进甚锐”“自躁如此”，可谓抓住了张戒的要害。朱熹此言，仅仅是具体揭露了当秦桧死后，张戒遂以表白自己当年实际赞同和议，来向高宗和“诸公”即秦桧余党进行政治投机。在笔者看来，绍兴十四年，张戒既然曾经“依附岳飞”，却将薛弼谩骂岳飞身为大将“而越职及此，取死宜哉”形诸笔墨加以传布，早已是在向秦桧进行政治投机了。

熊克《中兴小历》成书于淳熙末年，此时岳飞的冤案早已平反多时。但是，熊克与岳飞“有子孙一时之憾”，他与岳家之间存在着个人恩怨：熊克在知台州之时，被岳云之子时任浙东路提举常平的岳甫按发罢官。他由此对岳甫十分仇视，所撰《中兴小历》就因个人恩怨“专欲归罪”岳云，对岳飞自然难免肆意予以丑化。[②]其实，熊克还不仅仅与岳家有私人恩怨，在和战问题上熊克明显也是偏向于主和的，所以《中兴小历》之中充斥着美化秦桧的众多内容，所谓“其书多避就之辞”[③]。陈振孙就直截了当地批评说：“克之为书，往往疏略多抵牾，不称良

---

① 〔宋〕黎靖德编，王星贤点校：《朱子语类》卷一三二《本朝六·中兴至今日人物下》，第3174页。

② 〔宋〕岳珂编，王曾瑜校注：《天定录》卷中《乞付史馆堂札》，第1108页。

③ 佚名编，汝企和点校：《续编两朝纲目备要》卷七，第126页。

史。”[①]清代学者廖廷相亦评论道：《中兴小历》“傅会和议，是非已谬于当时。君臣谀颂之辞，琐屑必录，而韩、岳战功反略；武穆之冤，未能表白”[②]。

总之，肯定说完全是出自主和派，也就是完全出自岳飞的政敌。政敌之语，未必全非事实，但相当多数还是不足为凭的。此正如陈垣先生所言：“考寻史源，有二句金言：毋信人之言，人实诳汝。”[③]岳飞绍兴七年奏请建储说史源，既然完全是出自与岳飞政见相敌对的主和派之手，特别是其最主要的史源，出自秦桧的旧交兼党羽薛弼，以及对秦桧进行政治投机的张戒、与岳家有公私恩怨的熊克，对其说的真实性、可靠性，就必须引起足够的警觉。毕竟，出于政治斗争的需要，政治斗争的双方通过杜撰、捏造来对政敌进行丑化，都是最为司空见惯的事情。岳飞与秦桧等主和派之间的矛盾，是水火不容的。岳飞于绍兴十一年被害之后，秦桧及其党羽依然以各种各样的方式对岳飞继续加以诬蔑和“泼脏水”，这是路人皆知的事实。绍兴七年岳飞奏请建储之说当中“冲风吹纸”“声战不能句”“面如死灰”之类，应当就是一个具体事例。

三、“肯定说”的诸多问题

先看赵鼎《忠正德文集·辩诬笔录》“资善堂汲引亲党”条，相关内容在《辩诬笔录》全文之最末，劈头就是一句“某丁巳秋再相，适岳飞入朝奏事”云云。众所周知，赵鼎复相是在“丁巳秋”，也就是在绍兴七年（丁巳）的九月，具体是在九月十七日（丙子）。问题在于，九月末岳飞本人仍远在襄阳前线督师，离行在建康府路途十分遥远，何来九月（或九月十月间）“适岳飞入朝奏事”之说呢？而且，自绍兴七年六月以后，岳飞在绍兴七年当年再未有入朝之举。这真正是一个过于明显的重大破绽。为了说明问题，我们不妨先把绍兴七年岳飞的入朝及相关情况，进行如下梳理：

① 〔宋〕陈振孙撰，徐小蛮等点校：《直斋书录解题》卷四《编年类》，上海古籍出版社1987年版，第119页。

② 〔宋〕熊克著，顾吉辰等点校：《中兴小纪·点校说明》，第2页。

③ 陈垣：《史源学实习课程说明》，《史源学实习及清代史学考证法》，商务印书馆2014年版，第1～2页。

二月，岳飞入朝行在平江府。庚子（八日）“内殿引对”，然后一路护卫宋高宗至行在建康府，三月乙亥（十三日）方朝辞。此次入朝，岳飞在行在平江府、建康府等逗留了一个多月的时间。六月辛卯（初一），岳飞再次入朝；丁酉（七日）“引过自劾”，丙辰（二十六日）方得以复职。此次入朝行在建康府，岳飞又逗留了近一个月时间。此次入朝之后，岳飞于该年度未再入朝，只是在七月派属官王敏求入朝奏事。王敏求奉岳飞之命，还专门晋见了宰相张浚。[①]岳飞下次入朝的时间，是在绍兴八年的九月，入朝行在临安府。

这并不难理解，军中不可一日无帅，而岳飞此年前后两番入朝，逗留行在的时间，合计就接近二个月。鄂州与江州，皆离行在建康府路途遥远，往返一次所需至少三四十天；再加上四五月他弃军擅自上庐山的时间，岳飞该年度离开所部大军，前后至少也得有五个月之久！

事实上，岳飞自六月末由建康返回鄂州大营之后，八九月间都在积极筹划北伐。八月，淮西兵变爆发。八月二十一日，宋廷令岳飞调派水军三五千人加强蕲阳、江州的防御。岳飞闻知兵变之后，于九月初上《乞进屯淮甸札子》，建议由他率本部全军东移淮西。岳飞此札，宋廷于九月十四日收到，并随即颁诏奖谕[②]，但并未同意，只是再次令其分兵防守江、池州。九月中下旬，岳飞本人遂率部进驻襄阳一带的前线寻机北伐。宋高宗御札即有言：“卿盛秋之际，提兵按边，风霜已寒，征驭良苦。如是别有事宜，可密奏来。”[③]时任江西安抚制置大使的李纲在给宋廷的两道上奏当中，更明确地记载：

> 臣近据岳飞公文，今月（指九月）十九日，部率军马前去襄汉。臣契勘淮西兵将新叛之后，藩篱疏缺，并无控扼。朝廷近降指挥，令飞分兵屯驻江、池等州，事理正宜如此。今乃前去襄汉，上流空虚，缓急何以应援？伏望圣慈详酌，特降睿旨，令飞屯兵照应江、池及淮西一带，候过防冬，措置襄汉

① 〔宋〕李心传编撰，胡坤点校：《建炎以来系年要录》卷一一二，第2095页。

② 〔宋〕岳珂编，王曾瑜校注：《经进鄂王家集》卷三《乞进屯淮甸札子》，第861页。

③ 〔宋〕岳珂编，王曾瑜校注：《高宗皇帝宸翰》卷中《绍兴七年·行边一诏》，第20页。

未晚。[①]

> 九月二十四日……近据岳飞奏，缘淮甸即日别无探报，如稍有警急，当量其贼势轻重，即时调发军马前去蕲阳或江州照应，札本司照会……欲望朝廷特赐详酌行下湖北、京西宣抚使司，先次遣发军马前来江州一带屯驻，预行措置控扼防托，庶免临时误事。[②]

李纲此两奏所言，根据是“岳飞公文”等，其权威性是毋庸置疑的。据之显而易见，九月十九日是岳飞本人督师出发前往或进抵襄阳的具体时间。九月二十四日即九月末，岳飞本人及其所部大军仍在襄阳地区活动，尚未分兵江州。一直延至十一月，他才率部退驻江州“防冬”，以策应因“淮西兵变”而形势吃紧的两淮与屏障江西。此后至绍兴八年二月，待形势稳定之后，岳飞方得以率部由江州回返鄂州。[③]

综上所述，绍兴七年七月至绍兴八年二月之间，岳飞先是积极筹划北伐，九月末仍在襄阳前线督师，后又部署江州等地“防冬”，显然难以离开所部大军，更不可能前往当时的行在建康府。《辩诬笔录》这个过于明显的重大破绽，当代研究者可能也已经发现了，但他们的解决办法，是以《辩诬笔录》为依据，认定岳飞在绍兴七年九十月间曾经再次入朝，只是史书未能予以记载而已。如此判断，当然有其逻辑上的合理成分与可能性，但更大的可能性，是错上加错。除了上文对绍兴七年九十月间岳飞正远在襄阳前线寻机北伐的考证，还有如下一个不可忽视的重要理由：

岳飞身为统军大将，绍兴七年二月晋升武阶之首的太尉，同时由宣抚副使升

---

① 〔宋〕李纲著，王瑞明点校：《李纲全集》卷一〇〇《奏议·奏陈利害札子》，第958页。按：此札言道：“臣窃见都进奏院报，张浚罢相。”张浚罢相在九月初，《李纲全集》附录一《李纲年谱》亦将此札系于九月，故知“今月十九日”之“今月”当为九月。

② 〔宋〕李纲著，王瑞明点校：《李纲全集》卷一〇〇《奏议·乞令湖北京西宣抚司差兵控扼江州奏状》，第961～962页。

③ 〔宋〕徐梦莘：《三朝北盟会编》卷一八〇，第1305页；〔宋〕岳珂编，王曾瑜校注：《经进鄂王行实编年》卷四《绍兴八年》，第456页。

宣抚使之职。宣抚使，这是宋代与三省、枢密院二府执政同级的最高级差遣。他离军入朝行在，必然要有皇帝、三省枢密院的命令，或者是皇帝、朝廷直接下令召见，或者是岳飞本人提出入朝请求，皇帝、朝廷予以批准。入朝之后，觐见皇帝、上殿奏事、朝辞及至三省、枢密院、都督府与宰执议事等，都有一系列严格的程序、规范和礼仪。三省、枢密院及相关官司，随之就会有省札等一系列的文书、档案产生，《起居注》《时政记》《日历》等官史也都要予以记载。也就是说，岳飞入朝必然都是有据可查的。况且，岳飞这一级别的大将入朝，还要带相当数量的亲兵卫队，即使是奉召秘密入朝，要做到完全悄无声息，也不大可能。既然宋代史籍当中，皆未有岳飞九十月间得以入朝的相关记载，我们还是应该断定：岳飞自二月、六月两次入朝之后，他在绍兴七年当年再未有第三次入朝之举。

的确，绍兴八年九月，岳飞与韩世忠、张俊三大将先后奉召入朝之事，《宋史·高宗本纪》《建炎以来系年要录》皆失载。但正如王曾瑜先生所指出的：因秦桧父子篡改历史，《高宗日历》及后来的《要录》不载三大将此次朝见。宋廷此次令三大将入朝，是为了就对金乞和进行表态，秦桧、秦熺父子对此加以削去，是为了掩盖岳飞、韩世忠对乞和的激烈反对。[①]而且，即使是秦熺编纂《高宗日历》时将其事削去，但《三朝北盟会编》等照样予以准确记录，“(绍兴八年)九月，韩世忠、张俊、岳飞来朝”[②]；《四将传》《宋史》之《岳飞传》也都有相关的准确记载；岳珂更是查找到了就此次入朝，岳飞与宋廷之间往来的原始档案文书，即如下四份省札：

绍兴八年八月二十二日《乞致仕不允仍令前来行在奏事省札》：湖北、京西路宣抚使岳飞奏：“臣今月初八日，准御前金字牌递到枢密院札子：‘奉圣旨，令韩世忠、张俊、岳飞如别无警急事宜，各量带亲兵，暂赴行在奏事。’……臣已择今月十二日起发，于江、池州以来，听候指挥。”绍兴八年九月二日《辞免赴行在奏事不允省札》：“……右三省、枢密院同奉圣旨，依已降诏旨不允，不得再有陈请。仍依已降指挥，疾速兼程前来，赴行在奏事。今札送湖北、京西宣抚使岳太尉疾速施行。”另有九月四日《辞免赴行在奏事不允第二札》、九月六日《再乞

① 王曾瑜：《荒淫无道宋高宗》，河北人民出版社1999年版，第160页。

② 〔宋〕徐梦莘：《三朝北盟会编》卷一八四，第1332页。

致仕不允省札》。[①]

以上四道省札，不仅仅是使绍兴八年九月岳飞入朝之事铁证如山，更能证明只要岳飞有入朝之举，必然也要有与四份省札相类似的文书、档案存在，要彻底地予以抹煞，几乎不大可能。何况，绍兴七年九十月之间，并无类似于对金乞和、与岳飞直接相关、必须要岳飞入朝表态的大事件，即使岳飞真有入朝之举，也不过是寻常军务，秦桧父子又有何必要加以削去呢？如果说，《起居注》当中果真有岳飞于九十月入朝期间奏请建储之事，高宗对岳飞既当场亲口严厉训诫，又于翌日将训诫之语正式转告宰相，宰相随即专门召见岳飞之僚佐予以严正警告，《时政记》随之予以记录，那么，正可进一步坐实罗汝楫弹劾岳飞奏章中的诛心之论，对秦桧迫害岳飞只有莫大益处而没有丝毫坏处，秦桧父子在编纂《高宗日历》之时，就更没有加以削去的必要了。其实可以想见，正是因为绍兴七年岳飞奏请建储之说，在《起居注》《时政记》等当中并没有任何相关记载可为依据，实在无法过于硬性地塞入《高宗日历》，秦桧等才不得不退而求其次，由旧交兼同党薛弼出面来制造流言蜚语。

赵鼎《辩诬笔录》为何会有如此过于明显的破绽？原因或者是出于赵鼎纯粹的误记，或者是迫于秦桧淫威的言不由衷，自然也不能完全排除这样的两种可能：一种可能，是赵鼎心存幻想，试图通过诬蔑已经被害死的岳飞，与行事毒辣的秦桧进行某种政治交易，以之来改善家人的处境。赵鼎对其子赵汾所言“桧必欲杀我。我死，汝曹无患；不尔，祸及一家矣”[②]，或许即因为有此一桩政治交易的存在。或者是赵鼎为了表明其纯属迫于无奈的臆说，才故意在时间上预留破绽，以向后人明示其伪。另外一种可能，则是此一部分的内容，并非出自赵鼎之手，本来就是秦桧或其党羽所篡改的，甚至干脆就是他们掺在《辩诬笔录》之中的假货。相关内容位于《辩诬笔录》最后一条“资善堂汲引亲党”的最末尾位置，恐怕并非偶然。通过做如此的手脚，不仅能借赵鼎之口更加坐实岳飞“不循分守”的罪名，也可以与绍兴十四年薛弼之口述相互配合。除了高宗、岳飞，赵鼎《辩诬笔录》当中关于岳飞奏请建储唯一的当事人（见证人），就是薛弼；而在薛弼之说

① 〔宋〕岳珂编，王曾瑜校注：《丝纶传信录》卷八《绍兴八年》，第1258～1261页。

② 〔元〕脱脱等：《宋史》卷三六〇《赵鼎传》，第11294页。

中，却毫无赵鼎之踪影。其出于薛弼口述出台之后的进一步造伪，可能性是非常之大的。当然，这些原因的判断，皆属于逻辑分析，但不管真正的原因究竟是哪一个，由于绍兴七年六月之后，岳飞在当年再未入朝，赵鼎《辩诬笔录》“资善堂汲引亲党”条所谓绍兴七年秋“岳飞入朝奏事”“乞立皇子”诸说，都是不足取信的。

值得注意的是，赵鼎之孙赵谧刊刻《忠正德文集》，周必大所撰之序的时间落款为“嘉泰元年腊日”[①]。由此可见，早在宁宗嘉泰元年（1201），《忠正德文集》已经得以流布。赵希弁《读书附志》、陈振孙《直斋书录解题》等都加以收录。岳珂于所撰《宝真斋法书赞》抄录了赵鼎的三首诗作，并言道：“今见《忠正德文集》中。”[②]理宗绍定元年（1228），岳珂汇编他人关于岳飞的相关记载为《百氏昭忠录》，该书卷一三所收录的就是赵鼎的十道奏札，并附有岳珂抄自赵鼎日记的《日记杂录》[③]，而其中的绝大部分都出自《忠正德文集》。这说明，岳珂曾极其细致地读过《忠正德文集》，当无疑问。

问题随之而来，岳珂前前后后、反反复复地考辨岳飞绍兴七年奏请建储问题，为何皆丝毫未提到《忠正德文集·辩诬笔录》“资善堂汲引亲党”条的内容？如果说岳珂还有可能是出于避忌对己说不利的证据而有意不提，那么，李心传《建炎以来系年要录》是赞成岳飞于绍兴七年奏请立储之说的，为何在进行相关考索之时，李心传也未征引赵鼎此条材料以资印证、辨析？赵鼎可是顶着“中兴贤相”之首的耀眼光环。合乎逻辑的解释，或者是《忠正德文集》当时本无此篇，或者虽有此篇但在“资善堂汲引亲党”条中，并无岳飞奏请建储的内容；或者是时人皆认为其破绽过于明显，甚至出于秦桧的造伪，而不值得一提。笔者倾向于认为是后者，但前一种可能性，也不能完全予以排除。

再看《默记》与《笺先大夫行状》。两者都认定薛弼随岳飞入朝并入对奏事，“抵建康”。也就是说，事件发生地是在行在建康府。但是，绍兴七年，薛弼得以内殿引对并向高宗奏请“乞为靖康以来死节之臣立庙”，唯有二月庚子（八日）这

① 〔宋〕周必大：《文忠集》卷五四《〈忠正德文集〉序》，《文渊阁四库全书》本。

② 〔宋〕岳珂：《宝真斋法书赞》卷二三《范元长观梅诗帖》，《文渊阁四库全书》本。

③ 〔宋〕岳珂编，王曾瑜校注：《百氏昭忠录》卷一三《赵忠简公鼎奏札一卷》，第1625～1638页。

一次。对此，李心传以《高宗日历》为依据，进行了精密的考证："《日历》二月庚子，'勘会岳飞已到行在，奉圣旨，令入内内侍省引对'。自后更无对班。而当月二十八日乙卯，降出弼札子《乞为靖康以来死节之臣立庙》，故知弼与飞继对在此日也。"[①]问题由之产生：二月庚子（八日）之时，行在仍然是在平江府，而绝非薛弼所言的建康府。二月己未（二十七日），高宗在岳飞护卫下离开平江府，三月辛未（九日）才抵达建康府。

《笺先大夫行状》则将薛弼随岳飞入朝并入对奏事的时间，系于岳飞自请解职、自行离军的庐山风波平息之后，也就是在六月。六月，岳飞的确曾经入朝建康府。众所周知，岳飞愤于宰相张浚破坏了由他并统淮西刘光世军的既成计划，高宗也出尔反尔，于是岳飞至少三次奏请辞去军职，并在由建康返回鄂州的途中，于四月在江州自行离军，上庐山为母守孝。此事激起了轩然大波。直至六月，岳飞方在高宗的严令之下再次入朝。问题是，岳飞六月入朝乃"待罪"之行，他先是面见宰相张浚进行解释。随后在张浚的要求下，专门向高宗请罪，其辞曰："臣妄有奏陈乞骸之罪，明正典刑，以示天下，臣待罪。"[②]高宗虽然"诏放罪"并予以慰勉，随后恢复了岳飞的军职，但也公开说出了"犯吾法者，惟有剑耳"的狠话。[③]正如王曾瑜先生指出的："几个月前，岳飞一度是宋高宗最赏识的大将，如今却成为皇帝最猜忌的武人。宋高宗的话中隐隐地透露出杀机。"[④]岳飞以"待罪"的身份，在已经自请"明正典刑"的情况下，竟然还敢于此时奏请建储，那才真正是太过于不可思议的事情。

其实，岳飞于六月入朝是肯定的，但薛弼是否随之入朝，薛弼是否果有内殿引对、上殿奏事的机会，都没有任何史料依据可资佐证，至少李心传是不予采信的。按照南宋制度，内殿引对"则可以少延时刻，亦或赐坐，亦或免穿执也"[⑤]。薛弼当时尚属于侍从以下在外任职的"庶官"，像他这个级别和职位的官员，内殿

---

① 〔宋〕李心传编撰，胡坤点校：《建炎以来系年要录》卷一〇九，第2040页。

② 〔宋〕岳珂编，王曾瑜校注：《丝纶传信录》卷二《绍兴七年·上章乞骸有旨不允继赴行在入见待罪降诏慰谕（六月）》，第1186页。

③ 〔宋〕李心传编撰，胡坤点校：《建炎以来系年要录》卷一一二，第2096页。

④ 王曾瑜：《尽忠报国：岳飞新传》，第257页。

⑤ 〔宋〕赵升编，王瑞来点校：《朝野类要》卷一《内引》，第23页。

引对包括上殿奏事的机会，显然都不会很多。此外，《默记》言岳飞奏请建储的动因，是为了防范金朝立钦宗之子为傀儡，而绍兴七年六月刘豫仍然在位。对此，岳珂《建储辨》早已进行了充分的辩驳。

《默记》《笺先大夫行状》还不仅仅是破绽甚多的问题，我们知道，两者所记为同一件事，而且都是出自薛弼一人之口，史源也是完全相同的。但是，只要将二者对照起来考察，抵牾之处一目了然，主旨也大相径庭。

《默记》言之凿凿：岳飞、薛弼两人是分班奏事，岳飞为第一班，薛弼为第二班。《笺先大夫行状》却大书特书：薛弼是与岳飞"偕入奏事"，即两人共同上殿奏事。而且，此举是岳飞特意为之，专门请示高宗才得以与薛弼同对。岳飞之目的，是以薛弼为见证人，向高宗证明自己奏请建储之意未向他人泄露过，故文末结以高宗之语："朕固疑飞之欲引卿对也，微卿之言，将不之察。"显而易见，如果是分班奏事，薛弼只能是在殿外等候，自然只能见到下殿时的岳飞，故《默记》仅记"下殿，面如死灰"。只有同时进奏，薛弼才能见闻岳飞读奏章时的声音和动作，故《笺先大夫行状》绘声绘色地描述了"冲风吹纸动摇""岳声战掉，读不能句"等岳飞言行举止的细节。但是，这两者显然是绝对矛盾和冲突的：若是分班，自然就不能是偕入；若是偕入，肯定就不可能是分班。此其一。

《默记》明确记载，"卿虽忠，然握重兵于外，此事非卿所当与也"，乃高宗亲口对岳飞所言，高宗并当面转告了薛弼。《笺先大夫行状》却不记高宗曾有此语，与之意思相类似的"大将不当预国家事"一句，也是出自薛弼，是薛弼向高宗转述他此前劝诫岳飞之语。毫无疑义，"此事非卿所当与也""大将不当预国家事"之语重逾千钧，偏偏一云出自高宗，一云出自薛弼本人。此其二。

《默记》有云，高宗命令薛弼"卿自以(此)意开喻之"。《笺先大夫行状》却记高宗闻听薛弼为岳飞开脱的一番解释之后，当即得以释然，"上色定"，并曰："微卿之言，将不之察。"事情随即到此为止，未再有高宗令薛弼"开喻"岳飞之事，更遑论事后宰相召见薛弼。此其三。

《默记》的主旨是岳飞"取死宜哉"，薛弼"之免于祸，天也"。《笺先大夫行状》的主旨却是岳飞"不当形迹之顾"，薛弼处处维护岳飞，明其对君主之忠忱。此其四。

记述同一件事情、出自同一人之口、史源相同的两条记载，竟然存在着如此众多的矛盾。合乎逻辑的解释，不外乎以下三种可能性：一是事件本身并不存在，出自薛弼的造伪。薛弼既然加以造伪，难免在张戒面前如此说辞，在薛季宣等家人面前又是另外一套说辞。两说自相矛盾，不仅十分正常，而且恰恰暴露出他造伪的底细来。二是薛季宣所记为实，张戒所记有误。三是张戒所记为实，薛季宣加以改动。先看第三种可能性。薛季宣自幼就是岳飞、韩世忠的崇拜者，“有当世志而乐道其人”[①]，他于隆兴元年作《笺先大夫行状》之时，岳飞冤案已经得以初步昭雪，其在行文时对薛弼之言略做些许改动，可能性是比较大的。在笔者看来，除了尊称岳飞为“岳侯”，薛季宣最可能的改动之处，应是粉饰自己的叔父，力图把薛弼打扮成岳飞的维护者，有意无意地暗示若无薛弼之开脱、维护，岳飞得祸很可能要更早。至于其他的主体内容，皆当为薛弼本人所言无疑。至于第二种可能性，可以说基本不存在，因为张戒记载得本来就比较简略，内容大多也可以得到《笺先大夫行状》的印证。在排除了第二、三两种可能性之后，第一种可能性即薛弼本人在造伪，显然应当最接近于事实的真相。

在上述逻辑分析与推断之外，笔者注意到：嘉定九年十二月，永嘉名流叶适应薛弼之孙薛师旦、师石之请，为薛弼撰写墓志铭。在墓志铭当中，叶适尽管或明或暗回应岳珂的诸多指责，对薛弼党附秦桧的行为极力地加以辩解，甚至于明言“桧果于杀飞而不忍害公，天诱之也，岳氏何尤焉”，但他并没有像薛季宣《笺先大夫行状》那样，再将绍兴七年岳飞奏请建储之事写入其中，请他写墓志铭的薛弼家人对此也无异议。也就是说，作为最重要当事者薛弼的家人和叶适在事实上都已经承认了此事的不存在。

薛弼为何要编造出并不存在的岳飞绍兴七年奏请建储之事来呢？笔者认为，在前文理清薛弼乃秦桧之党的真面目之后，就很容易理解了。其具体原因，至少有四：一是继续攻讦岳飞，以岳飞多次奏请建储，特别是以高宗“卿虽忠，然握重兵于外，此事非卿所当与也”之语，来坐实罗汝楫绍兴十一年八月九日对岳飞的弹章，所谓“不避嫌疑，而妄贪非常之功”。二是为薛弼自己辩解，之所以岳飞

---

① 〔宋〕陈傅良著，周梦江点校：《陈傅良先生文集》卷五一《右奉议郎新权发遣常州借紫薛公行状》，第633页。

幕府中人除他之外无一幸免，是薛弼未曾参与到岳飞奏请建储事中，而其他人皆牵涉其中，自然就在劫难逃，甚至是罪有应得，这就是“弼之免于祸，天也”一语的真正用意所在。三是丑化岳飞，通过“冲风吹纸”“读不能句”之类的描写，把岳飞丑化成一位患得患失的懦夫形象。四是极力夸大高宗与岳飞之间的冲突。薛弼其人秦党的真实面目，由此可谓大白于天下。至于薛弼为何要借张戒之笔，主要是因为张戒被公认为赵鼎之党，与秦桧曾有过公开的冲突，也曾经短期入岳飞之幕府，其说比较容易取信于世人罢了。

张戒为何要加以唱和并在薛弼面前说出“鹏为大将，而越职及此，取死宜哉”？正如龚延明先生指出的：“这是张戒为奉迎高宗、秦桧杀害岳飞制造舆论。”[①]具体说来，他大致应出于如下两个缘由：一是通过诬蔑岳飞自有取死之道，掩盖高宗、秦桧害死岳飞的罪行，试图以之为投名状，向高宗、秦桧进行政治投机；二是以此和岳飞划清界限，向秦党开脱他此前曾短期依附于岳飞的投机行为。

四、结论

总之，笔者认为：绍兴七年岳飞奏请建储说，来自薛弼等秦桧之党的造伪，其实并不存在。造伪最主要的目的，不过是以之证明岳飞“不循分守”，妄贪“非常之功”，以之来开脱宋高宗、秦桧特别是秦桧的罪责。岳珂作为岳飞之孙，在宁宗时期，皇位于孝宗一系传承已历三代，承认此事对岳家还是特别有利的。朱熹等当时人言及此事，也大多是以之来表彰岳飞对君王的忠忱，“如飞武人，能虑及此，亦大故是有见识”[②]。岳珂能够撰文对此加以否定，说明他对自己先祖历史的尊重和实事求是的治史态度，还是值得肯定的。

原载《中国史研究》2019年第4期

---

① 龚延明：《岳飞研究》，人民出版社2008年版，第133页。

② 〔宋〕黎靖德编，王星贤点校：《朱子语类》卷一二七《本朝一・高宗朝》，第3056页。

金朝内迁女真人猛安数量考辨

猛安谋克，既是金代女真人的社会组织单位，又是金朝军队的编制单位。内迁猛安谋克，是指在海陵王贞元元年（1153）迁都燕京（中都）前后的天德、贞元、正隆年间（1149—1160），将部分军政合一之下的主要作为女真人社会组织的猛安谋克内迁至中原地区。对于金代政治史而言，内迁猛安谋克无疑是一件大事，被古今史家公认为解读金朝兴衰成败的一大关键所在。但是，由于《金史》等史籍记载的阙如，研究者迄今仍难以得出金朝内迁女真猛安谋克之准确数量，从而不可避免地影响到对众多相关问题的准确把握。

金代猛安谋克皆以所住的某某路加猛安名号的形式来冠名，如“山东西路把鲁古猛安”“河北西路山春猛安”等[①]。日本学者三上次男曾汇总《金史》等史籍中出现的、住于华北地区的女真人猛安名号：

> 住在华北的猛安部，其冠称见于史册的有西京路九、中都路八、河北东路二、河北西路四、山东东路五、山东西路七、大名府路二、南京路一等，

---

① 〔元〕脱脱等：《金史》卷八五《世宗诸子·永功传》，第1904页；金光平、金启孮：《女真语言文字研究》附录《〈女真进士题名碑〉译释》，文物出版社1980年版，第317页。

计达三十八处之多。[①]

其中，西京路九猛安不在当时中原地区的范围内，山东西路七猛安当中的遥落河、移马河二猛安则为契丹人猛安，去除之后，三上次男估算的内迁中原女真人猛安数实际为27个。在三上次男之后，李薇、张博泉、胡顺利、李昌宪等虽未对内迁猛安进行专门研究，也未对内迁猛安的数量做出明确判断[②]，但都依据文献与正大元年（1224）宴台《女真进士题名碑》等新出石刻史料，对三上次男汇总的包括中原地区在内的猛安谋克名号做了较大订补，李昌宪更集其成[③]。笔者对其统计加以辨析、增删之后，已知住于中原地区的女真人猛安名号总数，由此升至40个。[④]

---

① [日]三上次男著，金启孮译：《金代女真研究》，黑龙江人民出版社1984年版，第163、459～463页。

② 李薇：《关于金代猛安谋克的分布和名称问题——对三上次男先生考证的补订》，《黑龙江文物丛刊》1984年第2期；张博泉等：《金史论稿》第一卷，吉林文史出版社1986年版，第318～329页；胡顺利：《金代猛安谋克名称与分布考订的商榷》，《北方文物》1987年第3期；李昌宪：《金代行政区划史》，上海古籍出版社2015年版，第435～438页。

③ 李昌宪所列中原地区42个猛安名号如下：中都路，胡土靄哥蛮猛安、和鲁忽土猛安、胡鲁土猛安、浑特山猛安、昏得浑山猛安、浑特浑猛安、火鲁虎必剌猛安、不扎土河猛安、徒门必剌（徒门必罕）猛安、梅坚（梅圣）猛安、迭鲁都猛安；河北东路，算术海猛安、洮委必剌猛安、内吉河猛安、讹都厄猛安、舍厄猛安；河北西路，爱也窟河猛安、山春猛安、吾直克猛安、都忒甲猛安、忽口猛安；大名府路，怕鲁欢猛安、纳邻必剌猛安、和卓吉□鲁猛安、□欢猛安、海古忽申猛安；山东东路，把鲁古必剌猛安、忒黑河猛安、因闵斡鲁浑猛安、移里闵斡鲁浑猛安、胡剌温猛安、合里哥阿邻（旧皇城）猛安；山东西路，把鲁古猛安、盆买必剌猛安、按必出虎必剌猛安、偎春（偎蠢）猛安、失秃猛安、蒲底山猛安、徒毋坚猛安、三屯猛安、三土猛安；陕西，庆原路曷懒兀主猛安。参见李昌宪：《金代行政区划史》，第435～438页。

④ 除庆原路曷懒兀主猛安实为上京路猛安（详见下文），李昌宪还列有陕西华州蒲城猛安，然其实为镇防猛安。雄州路梅坚、徒门必剌两猛安，出自宴台《女真进士题名碑》，然据《金史》卷二四《地理志》北京路之兴州条“承安五年升为兴州，置节度，军名宁朔，改利民寨为利民县，拨梅坚河徒门必罕、宁江、速马剌三猛安隶焉”，可知梅坚、徒门必剌两猛安，当是章宗承安五年（1200）自上京曷懒路移北京路之兴州，宣宗贞祐二年（1214）北京路大部失守之后，方南逃至中都路的。此两猛安不属于本文讨论的范围。另外，宴台《女真进士题名碑》中尚有“东平府路石□猛安”，张博泉、李昌宪皆失列。除庆原路曷懒兀主猛安、雄州路梅坚猛安、徒门必剌猛安，加上东平府路石□猛安，则为40猛安名号。参见金光平、金启孮：《女真语言文字研究》，第318页。

自三上次男开始采用的这个研究方法，既有难以完全查考的问题，又有因一名多译等而导致的重复统计问题①，精确度很可能不是太高，但在目前史料较少的条件之下，这种方法相对较为稳妥，得出的数字也足资参考。值得注意的是，对于金朝内迁女真人猛安的数量，另有内迁“130余猛安”之说。此说在学术界具有较大的影响力，但反证甚多，若运用史源法加以考察，更可以发现其说来自对《大金国志》《金虏图经》相关记载的误读，是将130余屯田军千户误释为名同实异的内迁猛安。笔者详据史籍、方志及石刻史料，在对其说进行必要辨析的同时，断定金朝实内迁女真人约40猛安。不当之处，敬祈赐正。

一、金朝内迁130余猛安说质疑

金朝内迁130余猛安之说，最早是在1985年由乔幼梅教授提出的，并被《辽夏金经济史》《辽金西夏史》《中国人口史》《中国移民史》等征引和沿用，在学界产生了很大的影响力。②该说认为：金朝向中原地区内迁了多达130余女真人猛安，近四百万口，以《大金国志》卷三六屯田条所记之金末大名府、河北诸路共有猛安130余个来看，则可以推知，全部202个猛安中约有64％迁到了中原。如果按照这个比例推算，则大定二十三年在中原的猛安谋克约有户39.4万，口396.9万。这个判断存在的问题相当明显。我们先来看如下两个反证：

---

① 周峰即指出：上京路之活活土猛安、和团两猛安，实为“一音之转”，皆指和团猛安。（参见周峰：《“活活土猛安”与“背也山谋克”小考》，《阴山学刊》2001年第3期。）内迁猛安名号当亦存在此类现象，如《金史》卷八九《移剌慥传》所言之“酬斡、青狗儿”两猛安，笔者认为实即遥落河、移马河二猛安之俗称。又如山东东路移里闵斡鲁浑猛安（《金史》卷四四《兵志》）与因闵斡鲁浑猛安（《金史》卷九三《宗浩传》），“因闵”显即“移里闵”（女真语“混同江”）的一名多译，两者当为同一猛安。中都路昏特浑山猛安、浑特浑猛安、浑特山猛安，笔者认为这三者也很可能为浑特山猛安的同名异译。

② 乔幼梅：《猛安谋克在中原的土地占有制与红袄军起义》，《中国农民战争史研究集刊》第4辑，上海人民出版社1985年版；乔幼梅：《猛安谋克土地占有制的蜕变与女真族的封建化》，《宋辽夏金经济史研究》，齐鲁书社1995年版，第52页；漆侠、乔幼梅：《辽夏金经济史》，河北大学出版社1994年版，第293页；李锡厚、白滨：《辽金西夏史》，上海人民出版社2003年版，第330页；吴松弟：《中国人口史》第三卷，复旦大学出版社2000年版，第378页；吴松弟：《中国移民史》第四卷，福建人民出版社1997年版，第143页。

首先，金章宗明昌四年（1193）十月尚书省奏言：“今上京、蒲与、速频、曷懒、胡里改等路，猛安谋克民户计一十七万六千有余。”[①]按大定十五年（1175）“再定猛安谋克户”所规定的“每谋克户不过三百，七谋克至十谋克置一猛安”[②]，即以一谋克300户，7～10谋克一猛安来计算，上京路的猛安总数当在58～83个。根据相关研究，上京仅隆州路目前已经确知的猛安数就达18个[③]，考虑到金上京下辖一府三州五路，58～83猛安这个数字很可能偏低。金朝猛安总数为202，如果果真内迁了130余猛安，再加以上京路的58～83个猛安，即使以最低的58猛安来计算，也就意味着中原、上京路之外的地区，总共只有14个猛安。这显然是不可能的。

在上京路、中原地区之外，咸平路、东京路、婆速府路、北京路、临潢府路、西京路等，也都是古今史家公认的猛安谋克聚居区。咸平路“多世袭猛安、谋克居焉”[④]。东京等路亦然，仅据《金史》之《地理志》《食货志》的不完全记载：东京之婆速府路，“此路皆猛安户”[⑤]。金世宗大定十七年尚书省奏，“东京三路十二猛安尤阙食者，已赈之矣”[⑥]，说明东京路至少也有12猛安。再如北京路，仅全州就有烈虎5猛安；临潢府路，仅兴州就有3猛安；西京路，仅抚州就有4猛安[⑦]，合计已有24猛安之多。何况，根据三上次男、张博泉、李昌宪等汇总，咸平路、东京路等这些地区已知的确切猛安名号，至少有56个。[⑧]56与14之间悬殊的差距，已足以说明内迁130余猛安之说是错误的，更何况若按以上京路最高值83猛安来计算，其他地区的猛安就成了负数。

其次，根据元好问的记载，贞祐三年山东、河北等地之内迁女真人猛安谋

① 〔元〕脱脱等：《金史》卷五〇《食货志五》，第1121页。

② 〔元〕脱脱等：《金史》卷四四《兵志》，第994页。

③ 姜维东、黄为放：《金代黄龙府猛安谋克考》，《东北史地》2014年第1期；周峰：《金代黄斡窝鲁不墓志考释》，《辽金历史与考古》第十一辑。

④ 〔金〕刘祁撰，崔文印点校：《归潜志》卷八，中华书局1983年版，第82页。

⑤ 〔元〕脱脱等：《金史》卷二四《地理志上》，第557页。

⑥ 〔元〕脱脱等：《金史》卷五〇《食货志五》，第1118页。

⑦ 〔元〕脱脱等：《金史》卷二四《地理志上》，第561、562、566页。

⑧ 李昌宪：《金代行政区划史》，第429～439页。

克随宣宗南迁河南，约为“六十余万口”[①]。如果世宗大定二十三年内迁女真人果有130猛安、近400万之众，按研究者得出的猛安谋克年0.9%的人口增长率来计算[②]，至贞祐三年的三十二年间，人口数当接近540余万。也就是说，内迁猛安谋克急剧损失了高达近90%的人口，这明显不符合逻辑和历史事实。因为在大安三年（1211）至贞祐二年期间，金朝固然在蒙古大军猛烈攻击之下丧师失地，宣宗弃中都而南逃开封，山东也爆发了大规模的红袄军反金起事，但金政权远未到崩溃的程度：中都、真定、大名、东平包括益都在内[③]，这几个内迁猛安谋克聚居地区的中心城市一直在金朝控制之下；山东红袄军也很快被金军击溃。金朝“由是尽起诸路军户南来，共图保守”[④]，大部分的内迁猛安谋克女真人得以撤至河南，当无太大疑问。这一时期内迁猛安谋克的人口损失，相当部分来自奴婢口的趁乱逃亡。以山东东路为例，贞祐二年潞国大长公主与驸马乌古论所在的莱州某猛安就是“奴婢溃散”[⑤]。其他内迁猛安谋克的情况，应该也大致类似。

以上两个反证已经足够说明内迁130余猛安之说存在着难以解决的问题。如果再运用史源学的方法加以考察，不难发现此说其实来自对《大金国志》如下一段史料的误读：

> 屯田之制出自上古，金国行之，比上古之制尤简。废刘豫后，虑中州怀二三之意，始置屯田军，非止女真，契丹、奚家亦有之。自本部族徙居中土，与百姓杂处，计其户口给以官田，使自播种，以充口食。春秋量给衣服。若

---

① 〔金〕元好问撰，狄宝心校注：《元好问文编年校注》卷五《内翰冯公神道碑铭》，中华书局2012年版，第560页。《金史》卷四七《食货志二》记贞祐三年十月高汝砺言：“河北军户徙居河南者几百万口。”又记贞祐四年宰臣曰：“今军户当给粮者四十四万八千余口。”高汝砺所言是个约数，宰臣所言仅限于当给粮者，应该偏低。此三组数字相比较，元好问所言之六十余万应是比较可靠的。

② ［美］何炳棣著，葛剑雄译：《明初以降人口及其相关问题：1368—1953》附录5《宋金时中国人口总数的估计》，中华书局2017年版，第369页。

③ 〔元〕脱脱等：《金史》卷一四《宣宗纪上》，第304页。

④ 〔元〕脱脱等：《金史》卷四七《食货志二》，第1052页。

⑤ 〔元〕王瑞：《清虚纯德辅教真人祠堂记》，《金元全真教石刻新编》，北京大学出版社2005年版，第40页。

遇出军之际，始月给钱米，米不过十斗，钱不过数千。老幼在家依旧耕耨，亦无不足之叹。今屯田之处，大名府、山东、河北、关西（陕西）诸路皆有之，约一百三十余千户，每千户止三四百人。所居止处皆不在州县，筑寨处村落间，千户百户虽设官府，亦在其内。[①]

可见，研究者之所以会有金朝内迁130余猛安之说，是将《大金国志》130余千户"屯田军"与内迁猛安谋克之间简单画上了等号。问题是，此段史料所讲的是"屯田军"，而非内迁的猛安谋克，并已明确言道：屯田军"每千户止三四百人"。作为金代军政合一下社会组织的猛安谋克，以300户为一谋克，7～10谋克为一猛安。根据世宗大定二十三年的准确数据，其时共计202猛安，615624户，6158636口，女真口（正口）4812669，奴婢口1345967。[②]可见，每一猛安平均也在3000户、30000口以上，即使去除奴婢人口，女真人之正口也要在24000人左右。不论每猛安是30000人还是24000人，都与屯田军"每千户止三四百人"相差太大。根据两者下辖人数这一极其明显的不同，笔者断定：此段所言之每千户三四百人的"一百三十余千户"屯田军，不可能是指内迁之猛安谋克。

为了更好地说明问题，我们不妨先理清《大金国志》此段叙述的史源。根据学者研究，《大金国志》作者虽署名南宋理宗朝之宇文懋昭，其实该书"基本是征引前人已有成书的文字组织成篇"[③]，甚至可能是由元人抄撮宋人诸书而成。[④]具体到130余千户"屯田军"这段叙述，明显是抄录自张棣所撰之《金虏图经》。张棣，孝宗淳熙末年自金朝归南宋，其所撰《金虏图经》记事上起金熙宗下迄金世宗大定二十七年之后[⑤]，是很重要的金史资料。对于《金虏图经》此段叙述，李心传《建炎以来系年要录》卷一三八有一个很简短的节录，并加了一句"多至五六万

① 〔宋〕宇文懋昭撰，崔文印校证：《大金国志校证》卷三六《屯田》，中华书局1986年版，第520页。

② 〔元〕脱脱等：《金史》卷四六《食货志一》，第1034页。

③ 〔宋〕宇文懋昭撰，崔文印校证：《大金国志校证·重印弁言》，第1页。

④ 刘浦江：《再论〈大金国志〉的真伪——兼评〈大金国志〉校证》，《辽金史论》，辽宁大学出版社1999年版，第354页。

⑤ 刘浦江：《范成大〈揽辔录〉佚文真伪辨析》，《辽金史论》，第413页。

人”[①]；徐梦莘《三朝北盟会编》卷二四四则照录有《金虏图经》，其关于“屯田军”的叙述如下：

屯田之制，本出上古，虏人非能遵而行之，偶尔符合，比上古之制犹简。废伪齐豫后，虑中州怀二三之意，始治均田。屯田军非女真，契丹、奚家亦有之，自本部族徙居中土，与百姓杂处，计其户口，给官田，使自播种，以充口食，春秋量给衣马，殊不多，余并无支给。若遇出军之际，始月给钱米，不过数千。老幼在家，依旧耕耨，亦无不足之叹。今日屯田之处，大名府路、山东东西路、河北东西路、南京路、关西路，四路皆有之，约一百三十余千户，每千户止三四百人，多不过五百。所居止处，皆不在州县，筑寨处村落间。千户百户虽设官府，亦在其内。[②]

对照可见，《大金国志》基本上亦照录自《金虏图经》“屯田”部分，只是漏掉了“南京路”，并将山东东西、河北东西简称为山东、河北。值得注意的是，《三朝北盟会编》卷二四五还录有《族帐部曲录》，也提及金朝的“屯田军”。经三上次男和刘浦江教授研究，业已确认该书《族帐部曲录》本乃张棣《金虏图经》之组成部分。[③]也就是说，在讨论金朝130余屯田军的性质之时，必须将《金虏图经》与《族帐部曲录》结合起来考察。笔者注意到，《族帐部曲录》的“主兵官”部分，记载了四位“兼管屯田军”的军官，他们是：

赤盏顺忠，女真人，为开州世袭千户，兼管屯田军；温迪罕察剌，女真人，任东平府世袭千户，兼管屯田军；完颜狗粪，元幼年世袭，止以小名授

① 〔宋〕李心传编撰，胡坤点校：《建炎以来系年要录》卷一三八，第2606～2607页。李心传略掉“约一百三十余千户”一句，但“多至五六万人”这个数字，显然还是用130余千户乘以每千户四五百人得来的。

② 〔宋〕徐梦莘：《三朝北盟会编》卷二四四，第1754页。“始治均田”或当为“始治屯田”。

③ [日]三上次男著，曾贻芬译：《张棣的〈金国志〉就是金图经——〈大金国志〉与〈金志〉的关系》，《史学史研究》1983年第1期。

官，因而名焉，见任大名府世袭千户，兼管屯田军；蒲察门三，小名三门，自幼袭封，因而名焉，任明威将军，见任益都府千户，兼管屯田军。①

以《大金国志》及《三朝北盟会编》所录《金虏图经》《族帐部曲录》为依据，并结合其他相关记载加以分析，笔者认为：《金虏图经》《大金国志》所载130余屯田军，显然并非指内迁之诸猛安谋克，除了前文提及的两者下辖人数差距明显，至少还有如下四条证据。

两者隶属关系有异。“主兵官”，指枢密院、殿前都点检司、元帅府、招讨司、统军司等内外军职。金朝内迁的猛安谋克由于官授土地，的确有时被泛称为“屯田”“屯田猛安”，但是，尽管金代内迁猛安谋克兵农、军政合一，但它们作为女真人的社会组织，皆受总管府路、节镇州管辖，提刑按察司廉察。②直至金朝末年，内迁猛安谋克纷纷南逃河南，金朝也是在河南设置各行总管府路，分别对其加以管理。所以，内迁猛安谋克之名号皆要冠以总管府路，如河北东路算术海猛安、大名府路海谷忽申猛安、山东西路（东平府路）蒲底山猛安等。“兼管屯田军”的四人既然属于“主兵官”系列，可知屯田军非确指内迁之猛安谋克。此其一。

两者兵民待遇有别。内迁猛安谋克均要在农隙组织讲武，进行军事训练，其所有成丁男子，皆有当兵打仗的义务。从军政合一这个意义上而言，内迁猛安谋克下的女真人的确也有“军户”“屯田军户”“屯田猛安谋克”③之称，但在被征发签入军籍成为军人之前，他们都属于女真民户，而不是严格意义上的军人，因此更多地被称为“猛安谋克部女直户”“猛安谋克户”“猛安户”“人户”“民户”“南路女直户”等。金廷下拨土地、耕牛、农具给他们，并不是无偿和免税的，他们除了要按家产多少承担相应的物力钱，还必须向朝廷上交“牛头税”。史籍记载：徒单公弼知大名府，“时军兴，有司督逋租及牛头税甚急。公弼奏民皆疲弊，宜缓征以纾民，从之”。逋租，乃汉人民户承担的两

---

① 〔宋〕徐梦莘：《三朝北盟会编》卷二四五引《族帐部曲录》，第1763页。

② 余蔚：《中国行政区划通史·辽金卷》，复旦大学出版社2012年版，第578页。

③ 〔元〕脱脱等：《金史》卷二七《河渠志》，第675、677页；卷四七《食货志二》，第1050页。

税；牛头税，是只有猛安谋克女真人承担的专门税种；将两者并列，称“民皆疲弊”，这是女真猛安谋克户与普通汉户同为民户的确证。内迁猛安谋克户若要租种官地，同样必须上交夏秋两税。[①]像《金虏图经》《大金国志》所言官府每年“春秋量给衣马（衣服）”“月给钱米”予屯田军，对于内迁猛安谋克而言，这是基本没有可能性的。

只有服兵役被签入军籍之后，猛安谋克下的女真人才能成为军人，享受军人月给钱米和免税拨地的待遇。金世宗曾下诏：“南路女直户颇有贫者，汉户租佃田土，所得无几，费用不给，不习骑射，不任军旅。凡成丁者签入军籍，月给钱米，山东路沿边安置。”[②]显然，签入军籍“山东路沿边安置”，即成为屯田军，是对“南路女直户”即内迁女真人猛安谋克贫户的一种优待。值得注意的是，金世宗以来，内迁猛安谋克愈来愈多地被官方称为“屯田户”。譬如当时的租赋制度即规定：“屯田户佃官地者，有司移猛安谋克督之。”[③]既曰“移猛安谋克”督促“屯田户”纳租税，可知屯田户当即指内迁猛安谋克之女真民户。“屯田户”之称，应是为了在法律意义上明确将其与军人屯田的“屯田军”相区别，类似于其他王朝的军屯与民屯之别。此其二。

两者管理层级不同。金代作为社会组织的诸猛安谋克，其职级皆为从四品的州级，彼此之间始终是地位相当、互不统辖的关系。《金虏图经》这段记载既然明言世宗以赤盏顺忠等四人分管“屯田军”，可知屯田军绝非指内迁之猛安谋克，因为金朝绝不可能也从未仅以四人来统管130余猛安。[④]

军政合一之下作为社会组织的猛安谋克，其猛安、谋克的地位很高。猛安的职品为从四品，不仅与防御州之长官防御使同级，而且皆是世袭的女真显贵勋臣。谋克的职品也为从五品，略低于正五品刺史州的长官刺史。世宗还多以皇子出任内迁猛安谋克之猛安，如大定十一年“赵王永中、曹王永功俱授猛安”，大定十七

---

① 〔元〕脱脱等：《金史》卷四七《食货志二》，第1055页。

② 〔元〕脱脱等：《金史》卷八八《唐括安礼传》，第1963页。

③ 〔元〕脱脱等：《金史》卷四七《食货志二》，第1047、1055页；卷九《章宗纪一》，第219页；卷二七《河渠志》，第684页。

④ 如果考虑到《金虏图经》有漏载的可能，四人仅为山东统军司分管“屯田军”者，那么，山东、河南、陕西统军司合计也不过12人。

年豫王永成“授世袭山东东路把鲁古猛安”，等等。①赤盏顺忠等四人的身份皆为世袭猛安，所领品阶不算高，也就是正五品下的武阶明威将军，还要略低于猛安的职品。他们以地位相当的世袭猛安身份及不高的品阶，要各自去管辖30余内迁之猛安谋克，不合情理。可知他们分管的130余千户之屯田军，显非内迁之猛安谋克。此其三。

两者分布区域不同。金朝是否曾经将个别女真人猛安谋克内迁陕西仍存在争议，笔者倾向于否定。内迁河南（南京路）的按出虎八猛安，也于《金虏图经》成书之前的大定十九年北迁大名府路、山东西路，然而《金虏图经》将河南（南京路）、陕西，《大金国志》将关西（陕西）列为“屯田军”的主要分布区域，可知“屯田军”当非内迁之猛安谋克。此其四。

综上所述，金朝内迁130余猛安说既存在难以解决的两个反证，又显系对《金虏图经》《大金国志》的误读，而从下辖人数、隶属关系、兵民待遇、管理层级、分布区域等层面来考察，皆可以证明《金虏图经》《大金国志》所载之屯田军“一百三十余千户”，并非指内迁中原之女真人猛安谋克。作为军队编制单位的屯田军千户，与作为女真人社会组织单位的内迁猛安，两者名同实异。

二、屯田军千户非内迁猛安

行文至此，《大金国志》《金虏图经》所记130余千户之屯田军，其性质究竟应如何理解是一个必须解决的问题。笔者认为：这130余千户的屯田军确为内迁之女真人，他们的编制单位也确为猛安（千户），但他们都是为金朝戍边防御南宋的正规女真军人，属于金朝的镇防军系列。《金史·兵志》曰：“所谓镇防军，则诸军中取以更代戍边者也。”他们或为“正军”，或为“阿里喜”，合称为“镇防甲军”②，主要是由诸猛安谋克征发或招募而来。由于镇防军皆驻扎在州县城池之外第一线的乡野镇寨，金朝在发放军俸的同时，也在驻扎地附近向他们无偿下拨一定数量的土地，任由士兵及其家属耕种，实际上大多出租给驻地的农民，以收获

① 〔元〕脱脱等：《金史》卷五七《百官志三》，第1329页；卷六《世宗纪上》，第150～151页；卷八五《世宗诸子·永成传》，第1906页。

② 〔元〕脱脱等：《金史》卷四四《兵志》，第997、1008页。

或地租来保障士兵随营家属的生活费用。镇防军当因此又被金代朝野俗称为“屯田军”。

与内迁猛安谋克下的女真人为民户不同，屯田军的身份都是“官军”即正规军人，他们都被签入军籍，他们所受之土地的性质，是金朝政府用来充抵部分养兵费用的，因此皆“拨地而不输税”，无须交纳包括“牛头税”在内的任何税赋。当屯田军士兵死亡，而家属又不能再出子弟以补军籍之阙，官府就要把这些土地收回或追缴相应的税赋，“镇防军拨地而不输税，官军死或罢补，税应入官，有司多不知。至是积征，谓之歇役税”。哀宗正大八年，金廷就开征歇役税“积数十万石”。[①]

130余千户的“千户”，指的是屯田军之猛安（千户），为金代军政合一猛安谋克制之下的军事编制单位，全称当为“猛安千户镇防军寨”，或简称“镇防营”等。镇防猛安一猛安（千户）编制至多500人，而主要作为女真人社会组织单位的内迁猛安，则如前文所述至少在3000户、3万人左右；镇防猛安的长官亦使用猛安（千户）、谋克名号，却是没有职品的纯粹的边防下级军职，直到年老退役之后，才能以“劳效”的名目被授予中下级武阶：“千户四十年以上拟从七品，三十年千户、四十年以上之谋克从八品，二十年以上千户、三十年以上谋克从九品，二十年以上谋克与正班、与差使。”[②]其最高的不过是区区从七品，还需要服兵役整整40年才能得到。服兵役20年的镇防猛安，仅能获得最低一级的从九品武阶。作为边防下级军官的镇防猛安（千户）、谋克，与皆为世袭显贵的内迁猛安谋克的猛安（职品从四品）、谋克（职品从五品）相比，地位天地之差。

另外，中原地区的镇防猛安千户，分别直接隶属于山东、河南、陕西三大统军司，而不是像内迁猛安谋克那样隶属于总管府路、节镇州（节度使）。山东统军司，驻节于益都府，辖山东东西路与大名府路；河南统军司，驻节于南京（开封府），辖南京路（河南地区）；陕西统军司，驻节于京兆府，辖陕西地区。显而易见，镇防猛安千户的这些特征，都与《金虏图经》《大金国志》的叙述完全契合。至于“130余”这个数字，笔者勾勒《类编长安志》《齐乘》等为以往研究者较少

---

① 〔元〕王鹗：《汝南遗事》卷三，《文渊阁四库全书》本。

② 〔元〕脱脱等：《金史》卷五二《选举志二》，第1167页。

措意的史籍，注意到：金朝在陕西地区，置有54镇防猛安千户寨，“金初，陕西东路立五十四猛安千户镇防军寨，以镇西川五十四州。每一寨前，必立真武或天王殿，以壮军威”；“又置镇防猛安千户五十四寨，以镇西川五十四州。京兆府尹兼统军”。如在京兆府咸宁县之鸣犊镇，就置有二镇防猛安寨。[①]凤翔路的虢县，爱申“本虢县镇防军，累功迁军中总领”[②]。在河南地区，则置有“河南镇防二十余军”[③]。目前已经可以确知驻地的包括：宿州有“镇防千户高腊哥”[④]；方城有“镇防千户葛宜翁”；陈州有“镇防军段仲连”；亳州有“镇防军崔复哥”；长垣有“县民佃镇防军田”[⑤]；唐州有“镇防军冯总领、甄改住”[⑥]；邓州有“镇防营偏校王立”。

在山东地区，尚未查找到镇防猛安的总数，但笔者发现，金朝在如下三地皆置有镇防猛安：牢山（崂山）之北矶城，元代知胶州董某之曾祖“在金时尝为镇防军将，戍牢山，建北矶城，海境赖之以安”；寿光县东北三十里之女直营，“金人屯兵之所”；滨州西二十五里之大营城，“金人屯兵所筑，故丁河口，金号铁门关”[⑦]。正如金章宗所言：“自国家观之，虽山东之地重于河南。”[⑧]山东，始终是金朝赖以维持统治的核心地区。考虑到金朝大定年间后，在陕西、河南、山东并置三大统军司，山东尤其是金朝防范南宋的重点，陆路、海路都有较重的防务，加以隶属于山东统军司辖区的大名府路，亦属反金起事此起彼伏的地区，其所置镇防猛安的数量不会少于陕西，大致在50个以上，这是可以肯定的。

也就是说，陕西、河南、山东地区的镇防猛安千户的总数，与《金虏图经》《大金国志》所言一致，为130个左右。这也是笔者将屯田军千户断定为镇防猛安

① 〔元〕骆元骧撰，黄永年点校：《类编长安志》卷八《辨惑·百家神》引《新说》，三秦出版社2006年版，第251页；卷一《管治郡县·金》引《新说》，第19页。

② 〔元〕脱脱等：《金史》卷一二三《忠义·爱申传》，第2691页。

③ 〔元〕脱脱等：《金史》卷一〇六《术虎高琪传》，第2341页。

④ 〔元〕脱脱等：《金史》卷一七《哀宗纪上》，第388页。

⑤ 〔金〕元好问撰，狄宝心校注：《元好问文编年校注》卷五《顺安县令赵公墓碑》，第820页。

⑥ 〔元〕脱脱等：《金史》卷一二三《忠义·乌古论黑汉传》，第2686页。

⑦ 〔宋〕于钦撰，刘敦愿等校释：《齐乘校释》卷四《古迹》，第302、376页。

⑧ 〔元〕脱脱等：《金史》卷二七《河渠志》，第678页。

千户寨的一个重要证据。

值得重点予以探讨的是,《金虏图经》《大金国志》所载“屯田军”的分布地区,陕西(关西)、河南(南京路)都包括在内。卫绍王大安三年,金朝还曾“征陕西屯田军卫中都……至潞州,放还屯田军”[①]。如果将屯田军理解为内迁之猛安谋克,矛盾就将不可避免地随之产生:关于河南,金朝在大定十九年,已经将内迁河南之按出虎八猛安全部北迁大名府路、山东西路,河南境内就此不再有内迁的猛安谋克。关于陕西,三上次男就认为,内迁中原猛安谋克的范围仅限于中都路、河北东西路、大名府路、山东东西路[②],陕西并不在其列;李薇、张博泉、胡顺利等所列女真人猛安谋克所内迁的中原地区,同样不包括陕西在内[③]。李昌宪亦指出:现在存世的文献中也难以找到某猛安、谋克屯住这两路(指陕西、河南)的史料。[④]这些判断都是十分正确的。笔者倾向于认为金朝从未将女真人猛安谋克远迁至此。

不过,也有研究者认为陕西存在内迁的猛安谋克,其史料依据是元人撰奥屯世英神道碑铭和《金史·颜盏门都传》。奥屯世英神道碑铭所言之“公讳世英,字伯豪,小字大哥。其先居上京胡里改路。金人破辽东,最后得关中,相地列营,分军镇守,公之祖得蒲城,子孙因而家焉”[⑤],金得关中之后“相地列营,分军镇守”,显然是指《类编长安志》所言的于陕西置54镇防猛安千户寨,而不是内迁猛安谋克至陕西。至于《金史·颜盏门都传》所言之“颜盏门都,隆州帕里干山人也。……(大定)五年,改庆阳尹,兼本路兵马都总管,卒于官。十九年,录功,以子六哥世袭本路曷懒兀主猛安敌骨论窟申谋克”[⑥],其中的第二个“本路”,当指颜盏六哥之祖籍即其父颜盏门都出生之上京路,而非颜盏门都任职之庆原路,隆州、曷懒路(合懒)皆隶上京路就是明证。再者,如若曷懒兀主猛安果真内迁庆原

① 〔元〕脱脱等:《金史》卷九二《卢庸传》,第2041页。

② [日]三上次男著,金启孮译:《金代女真研究》,第163页。

③ 张博泉等:《金史论稿》第一卷,第315页。

④ 李昌宪:《金代行政区划史》,第124页。

⑤ 〔元〕李庭:《大元故宣差万户奥屯(世英)公神道碑铭》,《全元文》卷五六,江苏古籍出版社1999年版,第174页。

⑥ 〔元〕脱脱等:《金史》卷八二《颜盏门都传》,第1843~1844页。

路，其名号就当更为“庆原路兀主猛安”，而不应仍号“曷懒兀主猛安”。最为关键的是，1957年于吉林省长春市郊出土了“合懒乌主猛安印”，印侧刻款“贞祐二年十二月”。[①]“合懒乌主猛安”，显即“曷懒兀主猛安”。此方猛安官印可以确凿地证明：直至宣宗贞祐二年，该猛安依旧在东北之上京曷懒路，未曾内迁至陕西庆原路。总之，奥屯世英神道碑铭、《金史·颜盏门都传》这两条材料，还不能够证明陕西有内迁猛安谋克的存在。

还有两个可资参考的佐证是：其一，正隆四年（1159），完颜亮尽征女真猛安谋克兵南下攻宋，正如三上次男、李昌宪所指出的，其所征籍猛安谋克丁壮的内地各路，换言之，就是分布有内迁猛安谋克的内地各路有河北东西路、山东东西路、大名府路、中都路、南京路。[②]陕西并不包括在内。其二，金末宴台《女真进士题名碑》所列内迁猛安谋克所驻的地区是中都路（雄州路）、山东西路（东平府路）、河北东西路、大名府路。[③]河南、陕西皆不在其内。

反过来，绝非偶然的是，陕西、河南的确与山东一样，都是金朝镇防军分布的重点地区，金朝于陕西置54镇防猛安千户寨、于河南置镇防20军即20千户。由此不难判定，《金虏图经》《大金国志》所言河南、陕西、山东等路的屯田军130余千户，显然指的是镇防军千户而非内迁之猛安谋克。

三、金朝实内迁40女真人猛安

综上所述，已经足以确定，《金虏图经》《大金国志》中所言之130余屯田军千户，并非指军政合一、主要作为女真人社会组织单位的内迁之猛安谋克，而是指镇防军130余千户。根据《金虏图经》《大金国志》，有学者认为金朝内迁高达130余猛安谋克、近400万口的看法，自然也就难以成立了。

那么，金朝内迁女真人猛安谋克的数量，究竟该怎样估计？笔者认为：根据《金史》明确记载，作为女真人社会组织的猛安谋克大规模地向中原地区内迁，始

---

① 林文：《从出土官印看金朝疆界》，《北方文物》1995年第4期。景爱编《金代官印集》卷七“猛安谋克印”收有两方合懒乌主猛安印，皆出土于吉林，一方侧刻“贞祐二年十二月造”，足证金宣宗时合懒乌主（曷懒兀主）猛安仍在上京路。

② 李昌宪：《金代行政区划史》，第123页。

③ 金光平、金启孮：《女真语言文字研究》附录《〈女真进士题名碑〉译释》，第317～319页。

于金熙宗以后[①]，天德元年（1149）“按出虎八猛安徙居南京”[②]；内迁集中在海陵王贞元、正隆期间：贞元初年“起上京诸猛安于中都、山东等路安置”[③]，“贞元迁都，遂徙上京路太祖、辽王宗幹、秦王宗翰之猛安，并为合扎猛安，及右谏议乌里补猛安，太师勗、宗正宗敏之族，处之中都。斡论、和尚、胡剌三国公，太保昂，詹事乌里野，辅国勃鲁骨，定远许烈，故杲国公勃迭八猛安处之山东。阿鲁之族处之北京。按达族属处之河间”[④]。正隆二年，金廷升大名府为总管府，“附近十二猛安皆隶焉”[⑤]。

据之可见，内迁女真人猛安谋克的情况是：8猛安河南（南京路），7猛安中都[⑥]，8猛安山东，1猛安河间（河北东路），12猛安大名府路，合计为36猛安。可以肯定，36猛安还不是全部，根据撰于大定二十四年的《乌古论窝论墓志铭》记载：“正隆之初，起十二贵族猛安以控制山东。”[⑦]可知内迁至山东的，实际是12猛安，而不是8猛安。笔者认为：《金史》所记36猛安，再加上《乌古论窝论墓志铭》所记山东多出的4猛安，40猛安应该就是天德至正隆年间内迁女真人猛安谋克的大致数字。

金世宗即位之后，大幅度调整了内迁女真人猛安谋克的驻地：大定十二年至大定十六年，山东胡剌温猛安移河北东路；十九年，河南按出虎八猛安北迁东平府（山东西路）、大名府路，山东西路、大名府路各四猛安[⑧]，河南遂不再有内迁之猛安谋克；二十年，河北东路（河间）契丹遥落河、移马河两猛安迁大名、东平等路；山东东路八谋克则移往河北东路（河间），同路三谋克移其故地[⑨]。在此前后，

① 蔡美彪：《金朝史概述》，《辽金元史考索》，中华书局2012年版，第161页。

② 〔元〕脱脱等：《金史》卷九二《曹望之传》，第2035页。

③ 〔元〕脱脱等：《金史》卷八三《纳合椿年传》，第1872页。

④ 〔元〕脱脱等：《金史》卷四四《兵志》，第993页。

⑤ 〔元〕脱脱等：《金史》卷二六《地理志下》，第627页。

⑥ 内迁之合扎猛安实为四猛安。《金史》卷四四《兵志》“侍卫亲军四猛安”条注曰：“旧止曰太祖、辽王、秦王猛安凡三，今曰四猛安，未详，岂太祖两猛安耶？”三上次男认为：“可能在‘太祖’和‘辽王宗幹’之间脱漏了‘太宗’二字。”其说可从。

⑦ 王新英辑校：《全金石刻文辑校》，吉林文史出版社2012年版，第270页。

⑧ 〔元〕脱脱等：《金史》卷八九《移剌慥传》，第1987页；卷四七《食货志二》，第1048页。

⑨ 〔元〕脱脱等：《金史》卷七《世宗纪中》，第175页；卷八九《移剌慥传》，第1987页；卷四四《兵志》，第996页。

世宗还曾将部分内迁女真人猛安谋克移至中都近郊。经过调整之后，内迁猛安谋克主要分布于中都路、河北东西路、大名府路、山东东西路。

需要注意的是，不管金世宗如何调整内迁女真人猛安谋克的驻地，但其未再继续内迁女真人之猛安谋克，这当是因为金世宗视内迁猛安为海陵王之荒谬弊政，他曾经对宰臣言道："海陵自以失道，恐上京宗室起而图之，故不问疏近，并徙之南。岂非以汉光武、宋康王之疏庶得继大统，故有是心。过虑若此，何其谬也。"又曾慨叹："女直人户自乡土三四千里移来。"[①]因此即使是与契丹叛乱有牵连的辽东猛安谋克，朝议"欲徙之内地"[②]，世宗也并未予以批准。

世宗之后的情况，据哀宗正大元年宴台《女真进士题名碑》的记载加以统计，内迁猛安谋克分布的情况仍然是中都路（雄州路）2猛安，河北东路3猛安，河北西路3猛安，山东西路（东平府路）3猛安，大名府路2猛安。[③]这个记载虽不完全，仍可以据之断定：世宗之后同样未再内迁猛安谋克，尽管内迁猛安谋克的具体驻地可能会略有变动，如河北西路在章宗时增至16谋克即2猛安[④]，后当又有所增加，但整体上仍不出中都路、河北东西路、大名府路、山东东西路这个范围。换言之，内迁女真人40猛安这个数字，终金一代当未有较大的变化。

也许并非偶然，40猛安这个数字与《金史》、石刻资料之中汇总的中原地区女真猛安名号的数字，基本上还是一致的。这个数字与上京路的58～83猛安、其他地区不完全的56猛安名号相加，总数为154～179猛安。40猛安占金朝全部202猛安的不到20%，按照这个比例来推算，内迁中原的猛安谋克口数，约为120万，其中女真人正口约96万。贞祐三年因战乱下降为60万口，考虑到此前人口增长的因素，人口的损失比例在50%上下，亦属正常范围之内。内迁130余猛安说的两个反证，使得40猛安说的问题都能得到解决。

原载《历史研究》2019年第5期

---

① 〔元〕脱脱等：《金史》卷八《世宗纪下》，第185页；卷四七《食货志二》，第1045页。

② 〔元〕脱脱等：《金史》卷八八《完颜守道传》，第1956～1957页。

③ 金光平、金启孮：《女真语言文字研究》附录《〈女真进士题名碑〉译释》，第317～319页。

④ 〔元〕脱脱等：《金史》卷一〇《章宗纪二》，第231页；卷二三《五行志》，第539页。

宋代文献整理的典范佳作

——王瑞来先生点校《续宋中兴编年资治通鉴》读后

正如陈寅恪先生的名言所云："故天水一朝之文化，竟为我民族遗留之瑰宝。"[1]近年以来，作为宋代文化最重要的载体，宋代文献整理的重要意义和价值愈来愈得到广泛的重视，优秀的整理成果不断涌现。南宋史家刘时举撰、王瑞来先生点校，由中华书局2014年5月出版的点校本《续宋中兴编年资治通鉴》，就是一部最新的宋代文献整理的典范佳作，该书被列入2013年度国家古籍整理出版专项经费资助项目，为中华书局"中国史学基本典籍丛刊"之一种。

"宋历三百二十年"，其中南宋所占的一百五十余年，堪称中国历史上第二次"三国"鼎立或第二次"南北朝"对峙的时期。歌舞升平与战火纷飞，繁荣与危机，壮烈与怯懦，英雄与国贼，牺牲与叛卖，多条对立矛盾线索的共存，将百五十余年波澜壮阔的历史装点得更加多姿多彩。南宋史家刘时举所撰的《续宋中兴编年资治通鉴》，就是记载这一时期历史的最为重要的编年体史书之一。

刘时举，南宋爱国史家，主要活动于宋理宗时期，仕至通直郎、户部架阁、国史实录院检讨兼编修官。《续宋中兴编年资治通鉴》，十五卷，诚如元代书坊撰

① 陈寅恪：《赠蒋秉南序》，《寒柳堂集》，上海古籍出版社1980年版，第162页。

此书《牌记》所曰："是编系年有考据，载事有本末，增入诸儒集议，三复校正，一新刊行。宋朝中兴，自高宗至于宁宗，四朝政治之得失，国势之安危，一开卷间，了然在目矣。幸鉴。"[①]此书是一部极富价值的编年体的南宋高、孝、光、宁四朝史。

陈寅恪先生曾言道："有清一代经学号称极盛，而史学则远不逮宋人。"[②]按笔者的个人理解，宋人的史学成就"写史"与"考史"兼备，其中最突出的体现就是当时人写当代史的本朝史，特别是编年体本朝史的编纂，的确是主要侧重于"考史"的清代史学所不能比拟的。在《续资治通鉴长编》《三朝北盟会编》《建炎以来系年要录》等编年体本朝史名著之后，南宋中后期史学又兴起了重视简约化与普及化的学术潮流。《续宋中兴编年资治通鉴》就是这一潮流最早也是最为成功的代表性著作之一，它主要是在《续编两朝纲目备要》等纲目体本朝史即变通的编年体史书的基础之上，最先开创了可以称为"简明编年体本朝史"的新体裁[③]，或称为"提纲挈领的索引式的简明四朝编年史"[④]。

《续宋中兴编年资治通鉴》最主要的鲜明特点：一是简明扼要，删繁就简；二是夹述夹议，以史评入史。将吕中所撰《类编皇朝中兴大事记讲义》等史评包括作者本人的评议，散于记事之末。读者一册在手，不难尽览南宋百余年的时代大风云，能够较好满足当时随着科举、教育与文化的不断发展，读书人、书商等多个社会阶层不同层面的读者对史籍的需求，从而在宋元之际得到了广泛流传，产生了相当重大的社会影响。

《续宋中兴编年资治通鉴》作为当时人写的当时史，其史料价值无疑是十分突出的。其一，它完整地记载了高宗、孝宗、光宗、宁宗四朝南宋百余年的历史，占南宋三分之二的时间，与佚名元人编撰的记载宋理宗、度宗及三少帝五朝史实的编年体史书《宋季三朝政要》互相衔接，使得南宋一代九朝的编年史得以完备。值得一提的是，在宋人所撰记载宋孝宗一朝历史的史籍当中，只有此书

---

① 〔宋〕刘时举撰，王瑞来点校：《续宋中兴编年资治通鉴·前言》，第14页。

② 陈寅恪：《陈垣元西域人华化考序》，《金明馆丛稿二编》，生活·读书·新知三联书店2011年版，第269页。

③ 参见燕永成：《南宋纲目体本朝史的编修及其流变》，《文史哲》2014年第6期。

④ 〔宋〕刘时举撰，王瑞来点校：《续宋中兴编年资治通鉴·前言》，第26页。

“这一部首尾俱全，弥足珍贵”[①]。二是取材广泛，刘时举担任过史官，此书遂得以详据南宋《实录》《国史》《会要》等官修史书。在此基础之上，其高、孝两朝记事，又广采《建炎以来系年要录》《皇宋中兴两朝圣政》及传世稀少的《中兴两朝编年纲目》等史籍；光、宁两朝记事，则还主要取材自《续编两朝纲目备要》等；史评则以吕中《类编皇朝中兴大事记讲义》为主。《续宋中兴编年资治通鉴》不仅可以校订以上各书的文字错讹，而且在史实上多有不可替代的增补之处。三是详载了南宋一朝以太学生为主的爱国学生运动，将高宗以来士人、学生的重要论事行动进行了“浓墨重彩的书写”。

刘时举结撰之《续宋中兴编年资治通鉴》，始终洋溢着强烈的爱国情怀和沉郁的忧患意识，始终情系“国势之安危”，以史家的眼光回望“四朝政治之得失”，试图通过对相关历史经验教训的总结，为南宋摆脱危在旦夕的局面，寻找必要的历史借鉴。因此，此书在大力表彰民族英雄岳飞、抗金名臣虞允文等的同时，特别注重揭露自宋高宗以来以秦桧为代表的南宋主和派卖国、误国等罪行，警醒时人勿重蹈覆辙。在该书卷五“绍兴十一年十一月”记岳飞被害事，刘时举就首以“魏良臣偕虏使来议和”“何铸使虏，充报谢使，许割唐、邓二州，余以淮水中流为界”开端，然后大书特书“兀术以书抵秦桧曰：‘尔朝夕以和请，而岳飞方以河北为图，必杀飞，而后可和。’于是，桧与俊谋”[②]，彻彻底底地揭露了秦桧、张俊等勾结金帅兀术制造岳飞冤狱的可怕真相，将秦桧、张俊、万俟卨等小丑永远钉在历史的耻辱柱上。在卷六“绍兴二十五年十月”记秦桧之死条，再专门痛斥秦桧误国之罪：“罢兵讲和，而使高宗不能成中兴之业者，桧之罪，可胜言哉！”[③]当然，宋高宗尽管躲在幕后，但正所谓“不容青史尽成灰”，在刘时举的笔下，其屈膝降敌的本来面目同样是昭然若揭。

对宋宁宗朝开禧北伐的失败和韩侂胄之死，刘时举也不是像《续编两朝纲目备要》等通行史书那样，按照史弥远所确立的基调，书以“韩侂胄伏诛”，而是在卷一三“开禧三年十一月”使用了“夏震殛死韩侂胄于玉津园”这一大致中性的

---

① 〔宋〕刘时举撰，王瑞来点校：《续宋中兴编年资治通鉴·前言》，第19页。

② 〔宋〕刘时举撰，王瑞来点校：《续宋中兴编年资治通鉴》，第111～112页。

③ 〔宋〕刘时举撰，王瑞来点校：《续宋中兴编年资治通鉴》，第134页。

话语，并客观地记载韩侂胄用事十四年“不能无过恶，而用兵实出于无谋”[①]，这是公道之论。值得一提的是，刘氏还专门指出：韩氏被杀政变的直接诱因为“先是，侂胄欲用兵，金人惮之，有缚送首议用兵贼臣之请。时朝廷幸安，皆以用兵为非”[②]。其中“朝廷幸安”一句，真是重逾千钧，将发动政变的史弥远等主和派畏敌如虎的本来面目揭露无遗。最为点睛之笔是在卷一三“开禧元年三月”记韩侂胄欲用兵恢复中原事末，刘氏评论道：“时军政修明，人心大喜，以为恢复之期可必。惜朝臣议论不一，不能成功，天也。”[③]所谓“朝臣议论不一”就是明确点明了史弥远等主和派为了一己之私利，不惜对北伐故意加以破坏的误国事实。

“书生报国无长物，唯有手中笔如刀。”刘时举的上述见解，在主张自强抗金的有识之士多被蛮横地扣上“喜战厌和”帽子的南宋，是极为难得和需要勇气的。就笔者浅见，南宋其他史家实多未能有此论。清代学者张海鹏氏对《续宋中兴编年资治通鉴》有高度评价，“盖其于南宋兴亡之故，了如指掌，故所载皆资法戒”，“洵南宋一朝良史也”，真可谓实事求是。如此才识兼备的优秀史籍，虽元、明、清多有刊刻，但由于“记事简略，又有相关的史籍存世，因而此书一直不大为研究者所重视”[④]，当代更长期未能有点校整理本问世，不可避免地影响到该书的研究和使用，影响到南宋史相关研究的深入。王瑞来先生对其进行了专门的点校整理，全国古籍整理出版规划领导小组将其列入2013年度国家古籍整理出版专项经费资助项目，中华书局于2014年加以出版，皆可谓慧眼如炬。

在研究层面，作为全书前言的《〈续宋中兴编年资治通鉴〉考述》长达数万言，是迄今为止对刘时举和《续宋中兴编年资治通鉴》最为全面系统、最高水准的研究之作。其中对刘时举生平和该书成书年代的考证，就极其精彩。刘时举是历史上惊鸿一瞥式的人物，除了淳祐四年（1244）以临安府学生的身份参加驱逐史嵩之和《续宋中兴编年资治通鉴》元刊本书首有其“通直郎、户部架阁、国史实录院检讨兼编修官”的结衔，其人其书皆未再能留下其他更多的记载。饶是素以博学自傲如四库馆臣者，也只能徒唤奈何，在《四库提要》里只好聊胜于无地

① 〔宋〕刘时举撰，王瑞来点校：《续宋中兴编年资治通鉴》，第318页。

② 〔宋〕刘时举撰，王瑞来点校：《续宋中兴编年资治通鉴》，第317页。

③ 〔宋〕刘时举撰，王瑞来点校：《续宋中兴编年资治通鉴》，第302页。

④ 〔宋〕刘时举撰，王瑞来点校：《续宋中兴编年资治通鉴·前言》，第1页。

含糊言道：刘氏其人“其始末则未之详也”，其书“当成于理宗之世”。王瑞来先生却独辟蹊径，从看似无任何文章可作的刘氏之结衔入手，先紧扣“通直郎”这一宋代文官官阶，依据其对宋代选人“改官”制度的独到研究，指出：宋代文官三十七级官阶，由高到低分为朝官、京官和选人三大组成部分。通直郎，元丰改制前为太子中允、左右赞善大夫、太子中舍、太子洗马，虽为看起来似乎不大起眼的正八品文阶，却属于“朝官”二十五阶的最末一阶，在“京官”五阶之上，更远在“选人”七阶之上。而宋代通过科举、学校等各种途径入仕后的士人，往往要多由下层的七阶“选人”一步一步地向上磨勘升迁，最起码要经过“三任六考”加五举主的艰难努力，才可能从“选海”中挣扎而出得改秩为京朝官，从而进入中级官僚的阶层，踏入仕宦的坦途。

也就是说，刘氏从临安府学学生起步，不论经由何种途径入仕，由“选人”到“改官”为通直郎，也要经过十年左右的时间，也就是要在1254年前后。然后又考察了其担任“户部架阁”之职，指出：“户部架阁”之全称为“主管尚书省户部架阁文字官”，是一个负责掌管户部档案文书的职务。不过，南宋朝廷其实是将是职作为“储材擢用”之地来使用，作为给予重用提拔的过渡，所以多以“作县有声”者担任。南宋“初改官人必作县”[①]，选人在得改京秩之后例任知县，时称之为“须入”。这都说明刘氏在改秩之后，很可能又担任过至少一届（三年）的知县等地方之职，并取得不错的政绩。刘氏本“拥有时望”，又有地方治绩，宋廷遂把他调回临安，放在“户部架阁”的位置上留待重用，时间就应该在1257年前后。王瑞来先生进而探讨刘氏“国史实录院检讨兼编修官”的史官之职，指出：南宋负责具体编纂《国史》《实录》等的检讨、编修官，皆为“临时抽调的差事”即兼职，而宋理宗、度宗两朝国史完成编修上书朝廷的，主要有景定二年（1261）、景定四年（1263）和咸淳四年（1268）三次，开馆进行编修则当分别在各自之前的二至三年。由此断定：刘氏由户部架阁兼职史官，从而进入史馆，在编纂之余得以同时进行《续宋中兴编年资治通鉴》的撰著，完成编修上书朝廷就当以景定二年可能性为最大。也就是说，成书的下限当在景定二年，此时距宋理宗朝结束不过三年，遂断言“《四库提要》认为此书‘当成于理宗之世’，固无大

① 〔元〕脱脱等：《宋史》卷一六七《职官志七》，第3977页。

误，然过于笼统。准确地说，《续宋通鉴》一书，当成书于理宗朝行将结束的末期”①。

笔者之所以颇费笔墨对此详加介绍，一是此考据令人眼花缭乱，却又丝丝入扣，如层层剥笋，原本是一笔糊涂账的刘时举生平和成书年代就此呈现在读者眼前，确实堪称“考索之功”与“独断之学”兼备，令人拍案叫绝。如此绵密、细致的考证，王先生驾轻就熟，似信手拈来，然非文史兼治，非特别精通向以复杂难治而著称的宋代官制者，必不能为也。更为重要的是，存在着与刘时举和《续宋中兴编年资治通鉴》相类似问题的宋代文献为数甚夥，王先生此一考证的思路和具体方法，就为同类问题的解决，树立起了一个科学的范例，值得引起宋代文献整理者们的高度重视和借鉴运用。

与此同时，对《续宋中兴编年资治通鉴》的书名，对该书史源的考察，以及对其史料价值的判定等一系列相关重要问题，王先生亦是新论迭出。如他认为“续宋”二字为入元后书坊所加入，非刘时举自题，尤其是辨析了四库馆臣对《续宋中兴编年资治通鉴》“其中纪载，惟以简约为主，或首尾未具，于事迹间有脱遗”的偏见，指出：一部史书的价值，并不能简单地由“详”“略”或由“繁”“简”来论上下高低，“以多寡论价值”，孰“详”孰“略”的取舍，其实是史家撰著思想的体现。《续宋中兴编年资治通鉴》“篇幅虽小，所载事项则往往详于他书”②。应该说，这也是一个很有普遍意义和启发价值的卓识。

在整理层面，点校本《续宋中兴编年资治通鉴》使用全式标点，标点准确、精细、拿捏到位，几近于完整无缺。校勘更是可圈可点，点校者比对了三种现存元刊本，即北京国家图书馆等处所藏之陈氏余庆堂刊本，以及日本公文书馆所藏之云衢张氏集义书堂刊本和日本静嘉堂文库所藏之朱氏与耕堂刻本，断定三种元刊本“一脉相承，正误相仍”，遂取现存最早最全的元刊陈氏余庆堂本为工作底本，校以《四库全书》本、罗振玉排印之明抄本和校订《学津讨原》而成的《丛书集成》本，全面吸收了这些版本中的校勘成果，并广泛使用《建炎以来系年要录》、《皇宋中兴两朝圣政》、《续编两朝纲目备要》、《宋史全文》、《宋史》本纪、

---

① 〔宋〕刘时举撰，王瑞来点校：《续宋中兴编年资治通鉴·前言》，第12页。

② 〔宋〕刘时举撰，王瑞来点校：《续宋中兴编年资治通鉴·前言》，第47页。

《宋会要辑稿》等大量的史籍进行他校，校勘质量堪称精审。这里仅以卷九“乾道五年正月”所载“中书舍人汪滔言”条的校勘记[①]为例，诸本皆作“汪滔”，然点校者发现《皇宋中兴两朝圣政》《宋史全文》却作“汪涓”，《建炎以来朝野杂记》则作“中书舍人汪养源言”，遂根据周必大《文忠集》所载“汪公涓，字养源”及元人富大用《古今事文类聚》“汪涓，字养源”，断言：汪氏名涓，字养源，诸本作“汪滔”皆误，并顺势考证出：汪氏奏此事乃在乾道五年二月，刘时举系其时于“乾道五年正月”是不准确的。其结论，真似泰山之不可移。

需要强调的是，王先生所撰之《四库馆臣擅改文献举隅——以〈续宋中兴编年资治通鉴〉为个案》《〈四库全书〉本“违碍”文字改动举例——以〈续宋中兴编年资治通鉴〉为中心》，以及《四库本专有名词改动对照表》，作为《附录》收入了书末。此三篇大作，不仅是校勘《续宋中兴编年资治通鉴》的重要成果，更“着重指出了《四库全书》本所存在的严重缺陷与《四库》馆臣出于各种目的的改动”[②]，对在史学研究和文献整理当中更好地科学使用《四库全书》，也都有极大的典范和指导意义。书末还附有“人名索引”，极便于读者查考。

总之，点校本《续宋中兴编年资治通鉴》是一部选题独到、研究水准高、标点校勘精审，既“沉潜”又“高明”，整理质量极高的宋代文献整理的典范佳作。需要拾遗补阙之处甚尠，仅如卷一一“绍熙五年七月甲子”，“杲与步帅王仲先分兵卫南北内”[③]。步帅“王仲先”，根据《宋会要辑稿》《宋宰辅编年录》《宋史全文》《宋史》赵汝愚本传等，实为“阎仲”之误，此误当延自《续编两朝纲目备要》，准确应是“杲与步帅阎仲先分兵卫南北内”；又如卷十三“开禧二年十一月庚辰”，“以主管殿前司公事郭杲领兵驻真州”[④]，然郭杲此前早已病卒达五六年之久，根据《宋会要辑稿》兵九之二五、卫泾《后乐集》可知时任主管殿前公事、领兵驻防真州者实乃郭果，“郭杲”乃“郭果”之误无疑，此误亦延自《续编两朝纲目备要》，《宋史》甚至《宋会要辑稿》当中也有类似的错误。当然，此两处讹误，皆为底本如此，本无足深论，点校本也以“简单的点校方式”为体例规范，

① 〔宋〕刘时举撰，王瑞来点校：《续宋中兴编年资治通鉴》，第218页。

② 〔宋〕刘时举撰，王瑞来点校：《续宋中兴编年资治通鉴·前言》，第47页。

③ 〔宋〕刘时举撰，王瑞来点校：《续宋中兴编年资治通鉴》，第251～252页。

④ 〔宋〕刘时举撰，王瑞来点校：《续宋中兴编年资治通鉴》，第310页。

不进行“详细的校注”，然还是似应出“校勘记”予以必要的说明。

再者，《续宋中兴编年资治通鉴》存在着多处纪年比较模糊甚至错讹的问题，点校本多数已经解决，但偶有脱漏之处。例如卷一三“嘉泰二年十一月庚子”，“陈自强知枢密院事”[①]。然该月无“庚子”，据《宋史·宁宗纪》“庚子”实为“庚戌”之误。另外，参考文献列顾吉辰、郭群一点校本熊克《中兴小历》，然点校本实名《中兴小纪》。

元仁宗皇庆元年（1312）前后，福建建安书坊陈氏余庆堂最早将《续宋中兴编年资治通鉴》与元人编撰的《宋季三朝政要》刊刻，近人罗振玉也先后刊印了两书，并做了初步的校订工作，如今中华书局陆续出版王瑞来先生经过精心整理的点校本《宋季三朝政要笺证》与《续宋中兴编年资治通鉴》，南宋一代九朝的编年史遂得以成为完璧。

原载《书品》2015年第2期

---

① 〔宋〕刘时举撰，王瑞来点校：《续宋中兴编年资治通鉴》，第293页。

祖籍变迁与赵氏家族的发展

——宋太祖赵匡胤连载之一

从认祖归宗的角度说，天下所有的赵姓都来自甘肃天水，天水是赵姓公认的郡望。正因为如此，后来赵匡胤开创的宋朝一经建立，就与“天水”联系在了一起，被称作“天水朝”。当代史学大师陈寅恪对宋朝的一句最著名的评价就是：“天水一朝之文化，竟为我民族遗留之瑰宝。”[①]而赵匡胤的家族世系也被“天水一朝”的某些臣民，如著名的“唐宋八大家”之一的苏辙，上推到春秋之前。林駉《古今源流至论》后集卷七也说：“国朝世系，实出于伯益，吾得之李攸、苏辙，夫何疑哉！”然而，从伯益到赵匡胤，这支赵氏家族是怎样由天水向外一步步迁徙的？这实在没有任何人可以说得明白。宋神宗时吴处厚依据《史记·赵世家》上书神宗，把赵宋皇室上推至春秋末晋国著名的“赵氏孤儿”赵武，并请封保护“赵氏孤儿”的程婴和公孙杵臼，宋神宗遂封二人为成信侯和忠智侯，在绛州为二人立庙[②]。但除了双方都姓赵，事实上也不可能拿出赵氏皇族可以与春秋晋国大夫赵武相联系的证据。

所以，苏辙等人的推断在“天水一朝”并无多大反响。相比之下，关于此支

---

① 陈寅恪：《赠蒋秉南序》，《寒柳堂集》，第162页。

② 〔宋〕吴处厚撰，李裕民点校：《青箱杂记》卷九，第97页。

赵氏家族的另一种说法倒是得到了广泛的认可。这种说法与苏辙等人的推断并无矛盾，但更为实际一些：认为“本朝，广汉之后也”，即只是把此支赵氏家族的远祖上溯到西汉的名臣赵广汉。宋代官修的《会要》和《国史》中都记载并认可了这种说法。据说，在宋代臣民的奏章中，也是不允许直接提“赵广汉”之名的[①]。

赵广汉与赵匡胤家族的关系之所以能被宋廷和宋人广泛认可，倒也并不是有多少史实为证，这其中可能的原因只有一个，即赵广汉是西汉涿郡人，而赵匡胤家族也曾数代居住涿郡，彼此之间有一种地缘上的关联[②]。涿郡，是西汉初年设郡时的名称，唐代曾改称范阳，唐中期又称涿州。就目前所能查到的史料看，赵匡胤家族的历史是从其高祖赵朓才开始有较确切记载的，即赵朓—赵珽—赵敬—赵弘殷。北宋建国后，分别追封他们为僖祖、顺祖、翼祖和宣祖。

赵匡胤高祖赵朓的记载颇有几处，但大都是重复性记载。从这些记载中可以知道，赵朓曾娶崔姓女子为妻，担任过唐朝的永清、文安、幽都县令。赵匡胤建宋后，他被追封为“文献皇帝”，庙号为“僖祖”等。另外，还有个别文献记载赵朓“生于燕蓟”。范镇《东斋记事》卷一还记载了这样一个小故事：“太祖一日御后殿虑囚，内有一囚告：‘念臣是官家邻人。’太祖以为燕蓟邻人，遣问之。乃云：‘臣住东华门外。’太祖笑而宥之。”可见赵匡胤本人是以燕蓟为故乡的，又说他“以儒学显”[③]，其祭日为“十二月七日”[④]。

这三点虽然很少为人们所注意，但无疑为我们提供了赵家的一些具体的情况。“生于燕蓟”，说明赵家至少在赵朓之前已定居于河北；“以儒学显”，意味着赵家的文化素养不会太低，大致可以断定赵朓是一个读书人；“十二月七日”的祭日，同样可以折射出赵家的文化背景和传统。按彭百川《太平治迹统类》卷一引《圣宋仙源积庆符瑞》的记载，不仅赵朓“以儒学为业”，赵珽“亦儒学世其业”。《隆平集》卷一《圣绪》、《东都事略》卷一《太祖本纪》等多种史书则载宋太祖

---

① 〔宋〕邵博撰，李剑雄等点校：《邵氏闻见后录》卷七，第55页。

② 参见《汉书》卷七六《赵广汉传》、《宋会要辑稿》帝系一、彭百川《太平治迹统类》卷一引《圣宋仙源积庆符瑞》、《隆平集》卷一《圣绪》。

③ 参见《隆平集》卷一《圣绪》、《太平宝训政事纪年》卷一《太祖皇帝》、彭百川《太平治迹统类》卷一引《圣宋仙源积庆符瑞》。

④ 参见李攸《宋朝事实》卷一《祖宗世次》、王明清《挥麈录·前录》卷一。

的父亲赵弘殷“雅尚儒素”。所谓“业儒”“尚儒”之说，或有宋臣缘饰的成分，但赵氏有重视文化的传统是无疑的。宋太祖、太宗兄弟及有宋历代皇帝皆酷嗜读书，以“惟学读书最为好事”[①]，可谓门风有自。否则，这一具体的祭日是很难下传四代却仍能被子孙准确获知的。

赵匡胤的曾祖为赵珽，娶桑氏女子为妻，史书中对他仕宦生涯的记载极为简略，只有“历藩府从事兼御史中丞”一句。不少学者曾据此推断赵珽是“朝廷高级监察官员”，赵氏家族此时的发展已经迈出了关键的一步。不过，唐末、五代官制混乱，藩镇的一般幕僚，甚至于军队中的小头目，都可以兼领御史中丞、御史大夫之名。洪迈《容斋续笔》卷五《银青阶》:“唐自肃、代以后，赏人以官爵，久而浸滥，下至州郡胥吏、军班校伍，一命便带银青光禄大夫阶，殆与无官者等”，“冯拯之父俊，当周太祖时补安远镇将，以银青光禄检校太子宾客兼御史大夫”。赵珽的“历藩府从事兼御史中丞”，也很可能是属于后一种情况。

涿州赵氏传到赵匡胤的祖父赵敬时，有关记载相对丰富起来。赵敬历任营州、蓟州、涿州三州刺史，属于高级地方行政官员。赵敬娶平州刺史兼幽蓟垦田使者刘昌之女为妻。刘氏家族是河北保州保塞的官宦人家[②]，在宋朝建立后，长期享受皇室宗亲待遇。从赵、刘两家的联姻中可以看出，涿州赵氏应该是当地民间较有声望的家族。赵敬这一代，也应是涿州赵氏在河北最兴旺的时期。史书中多称赵敬“少有大志”“慷慨有大志”[③]，当是赵氏这种地位的反映。

但这时是中国尤其是河北地区最动乱的时期，乱世中的兴旺是没有多少保障的。

动乱始于唐朝的安史之乱，而涿州赵氏所在的河北地区，又恰是其发源地和重灾区。安史之乱时期，唐朝军队大多调集到内地平叛，边防空虚，因此唐朝在民族斗争中不得不由进攻转为退守，西域、河陇地区相继被吐蕃占领，南方也受到南诏的骚扰。由于河北是安史之乱的策源地，所以唐朝对河北以北的整个东

---

① 〔清〕徐松辑，刘琳、刁忠民等点校:《宋会要辑稿》帝系四，第99页。

② 〔宋〕苏舜钦:《苏学士集》卷一四《内园使连州刺史知代州刘公墓志》,《文渊阁四库全书》本。

③ 参见《隆平集》卷一《圣绪》、《东都事略》卷一《太祖本纪》、《太平治迹统类》卷一引《圣宋仙源积庆符瑞》。

北边疆的少数民族更是完全失去了控制。后来，赵匡胤建立的北宋王朝长期与辽（东北地区）、西夏（西北河陇地区）、大理（南诏地区）等少数民族政权并存，这种格局也是起始于安史之乱。安史之乱以后，内地各个节度使的势力也在“平叛”的过程中急剧膨胀，他们各自控制和划定了不同的势力范围，成为割据一方的大小藩镇（又称方镇）。此后，藩镇与中央之间，藩镇与藩镇之间，以及藩镇内部，战乱频起，天下兵连祸结，陷入了长达百余年的战乱时期。从时间上推算，涿州赵氏家族有文字记载的历史也正是在这样一个战乱的时期开始的。

安史之乱被平定后，安史余部还保持着相当大的势力。作为一种妥协，安史余部表面上服从唐朝的统治，而唐朝则“瓜分河北地，付授叛将”①，由安史余部瓜分和控制了河北地区，形成了一批几乎完全独立于唐中央政府之外的藩镇。这其中最为桀骜不驯、为祸最烈的就是成德、魏博、卢龙三大藩镇，史称“河朔三镇”。陈寅恪《唐代政治史述论稿》上篇《统治阶级之氏族及其升降》曾有总结性的描述：

> 唐代中国疆土之内，自安史乱后，除拥护李氏皇室之区域，即以东南财富及汉化文化维持长安为中心之集团外，尚别有一河北藩镇独立之团体，其政治、军事、财政等与长安中央政府实际上固无隶属之关系，其民间社会亦未深受汉族文化之影响，即不以长安、洛阳之周礼名教及科举仕进为其安身立命之归宿。②

涿州赵氏的家乡涿州，属于河朔三镇中的卢龙镇，与卢龙节度使的驻地幽州毗邻。从时间上推断，赵匡胤的高祖赵朓在家乡一带为官时，正是河朔三镇初起之时。据记载，河朔三镇初起之时，都曾大规模撤换清洗所属州县官吏③。赵家从赵朓开始，中经赵珽，传至赵敬，祖孙三代都能安保其位，“累代仕宦”，赵朓甚至能在卢龙节度使的驻地幽州出任“幽都令”，表明赵家与卢龙藩镇的关系是十

---

① 〔宋〕欧阳修、宋祁：《新唐书》卷二一〇《藩镇魏博传》，第5921页。

② 陈寅恪：《唐代政治史述论稿》上篇《统治阶级之氏族及其升降》，生活·读书·新知三联书店2001年版，第209～210页。

③ 〔后晋〕刘昫等：《旧唐书》卷一六一《乌重胤传》，第4223页。

分紧密的，甚至可以说是卢龙节度使的嫡系或亲信。涿州赵氏百余年间走的正是一条紧密攀附军阀藩镇，而“不以长安、洛阳之周礼名教及科举仕进为其安身立命之归宿”的道路，赵氏数代虽有“以儒学为业”“儒学世其业”之称，然皆未有科举仕进的记载，正与陈寅恪所言相符合。从赵敬至赵匡胤的父亲赵弘殷，已经是以“少骁勇，善骑射”而闻名，连五代最著名的马上皇帝后唐庄宗李存勗也“嘉其勇敢”[①]，这意味着涿州赵氏已经变成了一个纯粹的军人世家。《太平治迹统类》《隆平集》等宋代史书在提到赵敬时仅称其“慷慨有大志”，而不再言及其是否绍赵朓“以儒学为业”、赵珽“亦儒学世其业”，可见赵氏向“燕蓟之俗尚武”转化应该是在赵敬时期开始的。而五代两宋刺史皆为武职，《续资治通鉴长编》卷六云：“五代以来，领节旄为郡守者，大抵武夫悍卒，皆不知书。”赵敬历任三州刺史，或其人即为“武夫悍卒”也。

这对后来的赵匡胤也有影响，他称帝祭祖时曾一度把反映周礼名教的祭器俎豆之类废掉，“上入太庙，见其所陈笾豆簠簋，问曰：‘此何等物也？’左右以礼器对。上曰：‘吾祖宗宁识此？’亟命撤去，进常膳如平生”[②]。“此何等物也”，“吾祖宗宁识此”，画龙点睛般地勾勒出早年赵家的门风。

然而，无论如何在乱世中周旋，乱世的祸患还是落到了赵家头上。在赵敬任“营、蓟、涿三州刺史”期间（或前后），又连连发生了更大的动荡——875至885年，黄巢领导的六十余万人的暴动席卷了大半个中国。在黄巢军的冲击下，唐朝元气尽丧，“王室日卑，号令不出国门”，只剩下一个空壳。与此同时，遍布全国的大大小小的旧藩镇也受到黄巢军的猛烈打击，“所在雄藩，望风瓦解”。著名的“河朔三镇”中，只有赵敬所在的卢龙镇尚称强藩。

与旧藩镇的瓦解相反，在平定黄巢暴动中又崛起了一批新的藩镇军阀，其中势力最强大的就是控制河南地区的宣武节度使朱温和控制山西一带的河东节度使李克用。此后的二十余年中，北方就成了朱、李两家的天下，其余藩镇，包括“河朔三镇”，只能依违于朱、李之间，饥附饱飏，趋势扬利。而朱、李双方为了扩充地盘和制服对方，更是连年征战，制造了更大的战祸。907年，朱温废掉了唐

① 〔宋〕王称：《东都事略》卷一《太祖本纪》，《文渊阁四库全书》本。

② 〔宋〕李焘：《续资治通鉴长编》卷九，第211页。

朝最后的一个皇帝，自立为帝，建国号为梁，史称“后梁”。自此，中国历史进入了五代十国时期。

涿州赵氏在这剧烈的政局动乱中经受着煎熬和磨难。这一时期，涿州赵氏还是卢龙节度使刘仁恭的属下。刘仁恭出身于河北一个著名的武将世家。他的父亲刘晟本为卢龙节度使李可举的部下。到刘仁恭时，却暗中与李克用联络，在李克用的支持下，夺取了卢龙节度使一职。不久，朱温、李克用交战，刘仁恭乘机反攻李克用，占领了沧、景、德三州，强立长子刘守文为横海节度使，遂跃居“河朔三镇”之冠，成为北方仅次于朱、李的第三大强藩。此后不久，刘氏内讧，刘仁恭次子刘守光囚父杀兄，自任卢龙节度使，并于911年自立为大燕皇帝，但皇位尚未坐热，就被李克用之子李存勗大军击败。913年，刘氏家族结束了在卢龙镇的统治。

赵敬“事刘仁恭父子”[①]，在刘氏父子时出任过数州刺史，显然是刘氏的亲信。还有一件事实可以说明刘、赵两家的关系：刘仁恭的曾孙刘廷让是赵匡胤的“义社十兄弟”之一，在太祖、太宗两朝，他始终是最受重用的将领之一，曾任侍卫亲军马军都指挥使、伐蜀归州路都部署、雄州兵马都部署等重要的职务，刘廷让的九个儿子则全部在宫廷任皇帝的贴身近卫。据《宋史》卷二五九《刘廷让传》，刘廷让建隆二年（961）出任侍卫马军都指挥使，任此要职直至开宝六年（973），前后近十余年之久，这种情况在宋代三衙管军武将中是十分少见的。在宋太祖“杯酒释兵权”解除石守信、王审琦等人的兵权之后，其“义社十兄弟”当中执掌禁军大权的唯刘廷让一人，皆可见宋太祖对刘廷让的特别信任和双方之间的特殊亲近关系。这应该说是刘、赵两家早年交情的延续。

刘、赵两家的关系既然如此密切，赵家也就不能不因刘氏家族的败亡而遭受劫难。《资治通鉴》记载，李存勗消灭刘守光后，派大将周德威镇守卢龙镇，于是刘氏旧臣尽遭排斥，甚至“幽州旧将有名者，往往杀之”[②]。在这样一种血腥的氛围中，赵氏家族的劫难不但是难以避免的，甚至多少还有一些覆巢之卵的危险。

赵家是如何逃脱劫难、摆脱险境的，史书中没有留下正面的记载。但有一个似乎还没有引起当代史家注意的细节，却透露出值得重视的信息，这就是赵家由世代居住的涿州，迁到了千里之外的保州保塞县丰归乡东安村。这一次迁徙应该

① 《东都事略》《宋史》等仅称其历数州刺史，未明言及其事刘氏父子。

② 〔宋〕司马光：《资治通鉴》卷二六九，第8814页。

是在赵敬时发生的，因为他的儿子赵弘殷就是在这里出生和长大的[①]。看来，赵家是采取了古代最常见的“避难他乡”的方式摆脱了险境。至于为何选择保州保塞县避难，最可能的原因就是赵敬的夫人刘氏是保州保塞县人[②]。

至此，赵家结束了在涿州的历史，转而开始定居于保州了。但赵家在保州的情况和在涿州一样，也没有留下多少文献记载。综合现存所有可以收集到的宋人记载，可以知道的也只有这样几点：

第一，保州保塞县丰归乡东安村，是“宣祖之旧里”“皇家之故乡”。宣祖，是赵匡胤做了皇帝后对父亲赵弘殷的追封。

第二，赵家在保州的后裔不仅仅有赵敬—赵弘殷这一支，还有赵敬的其他子孙，一直留居保州保塞县，直到宋朝建立三十多年后，真宗皇帝才想到这支宗亲，曾特别下诏旨，对这支“久安地著”的“天潢宗室”加以优待，称“保州宗室”，真宗后至南宋一直享受宗室待遇[③]。

第三，赵弘殷后来由保州南下，死在河南，葬在开封，这有明文记载，但他的父亲赵敬的葬地没有明确记载，许多人推测赵敬应葬在保州。史载：“上（真宗）即位，有言顺祖、翼祖葬保州者。”2001年河北省保定市北市区留守坟村出土了石像武士、石龟、石碑座等，当地有学者以此为主要证据，提出了“保州是赵匡胤的祖籍，‘留守坟’村为赵匡胤祖陵所在地”的观点；但否定意见认为：“保定市北市区的留守坟是金朝末年金中都留守苗道润的坟墓，而不是赵匡胤祖陵所在地”[④]。2003年河北保定清苑县东安村陆续出土地石虎、石象和三尊石人等文物，

---

① 参见《续资治通鉴长编》卷四七、苏舜钦《苏学士集》卷一四《内园使连州刺史知代州刘公墓志》、吴处厚《青箱杂记》卷九、赵令畤《侯鲭录》卷三。

② 参见《宋史》卷三二四《刘文质传》、苏舜钦《苏学士集》卷一四《内园使连州刺史知代州刘公墓志》。

③ 参见《续资治通鉴长编》卷五二、赵令畤《侯鲭录》卷三、《文献通考》卷二五九《帝系考十·皇族》、《宋会要辑稿》帝系六、李心传《建炎以来朝野杂记》甲集卷一。又，美学者贾志扬《天潢贵胄：宋代宗室史》引赵锡年《赵氏族谱》明确地说：“赵朓有四个儿子，赵珽有两个，赵敬有三个。”此类家谱的材料自然难以完全信凭，但其说明赵敬在赵弘殷、赵匡胤之外还有其他子孙是无疑的。

④ 丁建军、韩毅：《“宋太祖赵匡胤祖籍问题学术研讨会”综述》，《宋史研究论丛》第5辑，河北大学出版社2003年版，第392页。

据称河北省、保定市和清苑县的文物部门认为："东安石像生和宋宣祖永安陵石虎的雕刻技法及形态的年代大体接近，应属五代至北宋时期的雕刻，又因石虎、石象、石人均东西相向，相距7～8米（左右），当为陵寝神道两侧的石雕。"但对"石兽守护的是不是'宋三陵'"，仍"尚有待于专家们进一步的发掘和考证"[①]。

但也有记载说落叶当归根，赵敬的陵墓应在涿州赵氏的老家涿州、幽州一带。赵氏后代居然对此也并不清楚，宋真宗即位之初，虽曾专门派人实地"询访"，但最终也无法得出明确的结论。《宋会要辑稿》帝系一引宋廷官修的《国朝会要》曰：僖、顺、翼三祖陵墓皆"在幽州"；《宋史》卷一二二《礼二五·山陵》亦曰："顺祖、翼祖皆葬幽州。"《宋朝事实》卷一《祖宗世次》注引景德元年真宗手诏以《太祖实录》否定了顺祖、翼祖葬在保州的说法。故《续资治通鉴长编》卷五六记事曰："初，钦、康、定三陵尚未修奉，上即位，有言顺祖、翼祖葬保州者。诏内侍与长吏询访，又令中书门下定议。遂迎奉至京，奉安于佛寺，将卜改葬。上因览《太祖实录》，康、定二陵皆在幽州，颇疑其事。即手诏宰相与枢密院详定，咸请停改葬之礼，量加营奉，务从省约，徐俟辩明，别申迁卜。遂以一品礼葬于河南县。"并且点明《太祖实录》所记康、定二陵和钦陵一样皆在幽州。

从这三点，尤其是第二点、第三点可以看出，经历了一次较大的变难和迁徙之后，赵家在保州时已是穷困潦倒，家道中落，完全沦为一般的民庶之家，"与乱世相浮沉，姓字且不闻于人间"[②]。

由涿州至保州，这一关键性环节得以厘清之后，赵氏家族早期发展相关研究中的一些问题便不难订正。如在欧美学术界影响颇大的日本学者竺沙雅章的《宋太祖与宋太宗》一书中所说："涿州赵氏世代都没有离开本乡，并一直担任涿州这一带的地方官，是这一地区很有名望的家族。"[③]此观点就完全不能成立了，因为涿州赵氏既有过迁徙，也有过沦落。

正如前文所充分引述的，在宋人和宋代史籍当中，同时保存有大量赵宋皇族祖籍在涿州（幽州）和保州两种原始记载，迄今为止的研究者多肯定其中的一种记

---

① 魏隽如、王少堂：《赵匡胤祖籍和祖陵在保州（清苑）辨析》，《宋史研究论丛》第6辑，河北大学出版社2005年版，第399页。

② 〔清〕王夫之著，舒士彦点校：《宋论》卷一《太祖》，第1页。

③ ［日］竺沙雅章著，方建新译：《宋太祖与宋太宗》，三秦出版社1988年版，第25页。

载，而否定另一类记载的真实性，进而在赵宋皇族祖籍问题上形成了“涿州说”和“保州说”两种对立的见解。2003年以来，以河北地方学者为主、结合清苑县东安村的相关考古发现，对赵匡胤的祖籍问题进行了探讨。2003年4月又由河北大学宋史研究中心主办了“宋太祖赵匡胤祖籍问题学术研讨会”，争论的基本状况仍是“涿州”“保州”二说聚讼纷纭，莫衷一是。①

其实，若是放弃“赵氏世代都没有离开本乡”这一本来就不能成立的前提，便不难发现这些大量的原始宋人记载，都是有各自依据的，也并不矛盾，只不过“涿州说”是赵朓—赵珽—赵敬三代的情况，而“保州说”是赵敬—赵弘殷两代的情况。事实上，涿州、保州两种记载的同时存在，恰恰是赵宋皇族发展史当中经历过一个由涿州至保州迁徙过程的最好证据。

在古史研究当中，史料的歧义、矛盾往往十分常见，这些歧义和矛盾，甚至其中大多数属于真伪之争。辨别真伪问题，去伪存真，极其必要。但也不能否认，确实存在着像上述赵宋皇族祖籍问题那样，彼此皆属可信度很强的原始记载，其矛盾不能简单地归之于真伪之争的现象。对此，显然应该更加谨慎，不轻易否定相关原始史料的真实性，着重解释不同记载之间产生歧义、矛盾的原因及其背后所透露出来的时代信息，这是一个值得引起注意的方法问题。

原载《文史知识》2010年第6期

① 丁建军、韩毅：《“宋太祖赵匡胤祖籍问题学术研讨会”综述》，《宋史研究论丛》第5辑，河北大学出版社2003年版。

宋太祖父母结缘传奇的考实与解读
——宋太祖赵匡胤连载之二

赵匡胤的父亲赵弘殷是在保州保塞东安村长大的。史书中没有记载他出生的时间，只说他少年时为人“勤谨”，即勤劳谨慎，据说相貌也很英伟。生年的失载，说明了赵家的败落潦倒，而勤劳谨慎也正是这种家境中的子弟们常见的性格。

一场风雪中的婚姻奇遇，给赵弘殷勤谨平淡的一生抹上了几缕亮色；也正是这场风雪中的姻缘，为他的家族带来了“天潢”之尊的荣耀。

那是中国北方尤其寒冷和多雪的一段时期，翻开当时的历史记载，不经意间就会发现，几乎每年有“大风雪”“平地雪深五尺”“冻死者相望于道”的记载。而赵家所在的河朔地区，每年一入冬，更是一派朔风劲吹、“雪降长空”的北国风光。就是此时此地的某一个冬日，赵弘殷冒雪南行，来到保州邻近的定州安喜。雪愈下愈大，愈下愈急，赶路已经是不可能的了。透过弥漫的风雪，不远处的一座庄院引起了他的注意。他踏着积雪，深一脚浅一脚地来到庄院的门檐下，一桩婚姻奇遇由此发生了：

宣祖初自河朔南来，至杜家庄院，雪甚，避于门下，久之，看庄院人私窃饭之。数日，见其状貌奇伟兼勤谨，乃白主人，主人出见，而亦爱之，遂留于庄院。累月，家人商议，欲以为四娘子舍居之婿。四娘子，即昭宪皇太后也，其后生两天子，为天下之母。定宗庙大计，其兆盖发于避雪之时。圣人之生，必有其符，信哉！

这是北宋中期的名臣范镇在《东斋记事》卷一中的记载。据范镇记载，这则轶事得自“刘尚书涣”之口。刘涣何许人也，范镇未做详细交代，但从苏舜钦《苏学士集》卷一四《内园使连州刺史知代州刘公墓志》《宋史》卷三二四《刘文质传》《刘涣传》和《续资治通鉴长编》等有关记载中可以找到很重要的线索。刘文质的祖姑母正是赵弘殷的母亲，因为这层姻亲关系，入宋后刘文质曾随母亲在皇宫中长大，颇为宋太宗所关爱。刘家还藏有赵弘殷和赵匡胤的五函书信，后被刘文质献给了宋真宗，而“刘尚书涣”，则是刘文质的长子，因为他以工部尚书致仕。另据《续资治通鉴长编》卷一七八“至和二年二月乙卯”条的记载，范镇在知谏院的任上，曾上书推荐过时任恩州刺史的刘涣，称其“有材勇智虑”，可见范镇与刘涣两人的关系也是密切的。将这些情况综合起来就可以肯定，范镇得自于“刘尚书涣”之口的这桩婚姻轶事，就是宋朝宗亲内部口耳相传的一段私秘，其真实性是可以得到保证的。

除《东斋记事》外，南宋史学家王称的《东都事略》、元代徐大焯的《烬余录》对此事也都有大同小异的记载。《烬余录》中还具体点明，赵弘殷避雪的庄院为“杜家庄”，庄前有一湾水塘，人称“双龙潭”，恰好与杜家的女儿后来所生的宋太祖、宋太宗相“验合”。

与赵弘殷成亲的杜家“四娘子”，其实是长女，只是按当时兄弟姐妹可以一并排行的称谓习惯，生在三位哥哥之后的她，才被称为“四娘子”。这位后来生育过宋太祖、太宗两位天子，成为宋朝开国母后的四娘子，在历史上的口碑一直很好。《宋史》卷二四二《后妃上》称赞她“治家严毅有礼法”；大史学家司马光则推崇她为人“聪明有智度”[①]。宋太祖称帝前许多政治活动的安排，包括“陈桥兵变”，她都参与过策划；宋朝建立后的第二年她就去世了，但临死之前主持制定的“金匮之盟”，对宋初皇位的继承和整个两宋的政治走向都产生了深远的影响。所以范镇的《东斋记事》在叙述风雪杜家庄的那段姻缘时，特别加注了这样几句话：

---

① 〔宋〕司马光撰，邓广铭等点校：《涑水记闻》卷一，第9页。

“定宗庙大计，其兆盖发于避雪之时。圣人之生，必有其符，信哉！”

杜家当时的家境显然要大大强于赵家。一个很有意味的细节是：在宋人的记载中查不到赵弘殷的生年，但其妻子杜氏的生年，甚至于杜氏五位兄弟的生年都历历有载。《宋大诏令集》中称杜家“汉晋后族，唐梁相门”[①]大概是一种文字上的夸耀，因为在史料中找不到杜家早年出将入相，甚至贵为皇后的具体记载。《宋史》卷四六三《杜审琦传》称杜家“世居常山，以积善闻”，这种乐善好施的地方望族的形象，可能比较接近于真实。

风雪杜家庄的这桩并非门当户对的姻缘，对赵、杜两家来说，当然都有些偶然，但在当时也算不上特别的奇缘。因为五代十国时期，正是门阀门第观念最为淡薄的时期，表现在婚姻上，就是打破了魏晋隋唐以来“家之婚姻必由于谱系”的重门第传统，转变为“自五季以来，取士不问家世，婚姻不问阀阅”[②]。女家和女方在择婿的时候，更多考虑的是男子个人的能力、前途，“凡议婚姻……勿苟慕其富贵、婿苟贤矣。今虽贫贱，安知异时不富贵乎？苟为不肖，今虽富盛，安知异时不贫贱乎？”，“男女议亲，不可贪其阀阅之高、资产之厚”[③]，开始成为新的社会观念。再加上无休止的战乱，一方面的确给社会各阶层带来了灾难，但另一方面，“乱世英雄”的道路，又会不按常规地造就出许许多多平民跃居显位的真实故事，同时也会相应产生若干“慧眼识英雄”的婚姻传奇。当时许多的知名人物，如后汉开国皇帝刘知远、大将史弘肇、后周开国皇帝郭威等，都在仆仆风尘中获得了传奇般的美满婚姻。《龙川别志》卷上曰：“周高祖柴后，魏成安人，父曰柴三礼，本后唐庄宗之嫔御也。庄宗没，明宗遣归其家，行至河上，父母迓之。会大风雨，止于逆旅数日。有一丈夫冒雨走过其门，衣弊破裂，不能自庇。后见之，惊曰：‘此何人耶？’逆旅主人曰：‘此马铺卒吏郭雀儿者也。’后召与语，异之，谓父母曰：‘此贵人，我当嫁之。’父母恚曰：‘汝帝左右人，归当嫁节度使，奈何嫁此乞人？’后曰：‘我久在宫中，颇识贵人，此人贵不可言，不可失也。囊中装分半与父母，我取其半。’父母知不可夺，遂成婚于逆旅中。所谓郭雀儿，则周祖也。”甚至赵匡胤本人，在宋元人创作的“传奇小说”中，也差点在流浪的途

---

① 佚名撰，司义祖整理：《宋大诏令集》卷一六《皇太后四》，第79页。

② 〔宋〕郑樵撰，王树民点校：《通志二十略》，中华书局1995年版，第1页。

③ 〔宋〕袁采：《袁氏世范》卷上《睦亲》，《文渊阁四库全书》本。

中成就一段浪漫的姻缘。

应该说，五代十国时期，除了战乱和灾难以外，也是一个可以给人们提供许多机遇的时代。凭借机遇，有些人成就了婚姻，有些人成就了事业。赵弘殷的风雪杜家庄是如此，后来他儿子的“发迹变泰”也同样是如此。这是同一历史场景中的两幕活剧。

《东斋记事》中的刘涣所言还揭橥出一个细节，那就是赵弘殷实为杜氏“舍居之婿”。“舍居之婿”，是宋代的法律和社会习语，也就是汉唐的“赘婿”，即俗称的“上门女婿”，如北宋人任广所撰《书叙指南》卷三即曰：“舍居婿曰赘。”按当时的习俗，上门女婿分为“入舍婿”和“舍居婿”两种，前一种本人和子女都要改从女姓，后一种则不必改姓，唯需以一子继嗣女方，赵弘殷当属于后一种情况。不论“入舍婿”，还是“舍居婿”，都要在女家居住，承担赡养女方父母的义务，社会地位也都是比较低的。这一细节，以往史家多未加措意，但值得引起高度重视，其一则可以对赵家的沦落程度，亦即赵匡胤“起家之低微”，有着极为直观的揭示；二则对赵匡胤之母杜氏在赵宋皇室中的地位及其在宋初政治当中的特殊重要地位，也可以提供一个颇合乎逻辑的解释角度。

赵、杜成亲的具体时间已无文献可查，估计应在917年至921年之间。成亲后，依据赵弘殷为杜氏“舍居之婿”的身份，他应该在杜家庄居住，而杜家庄在定州安喜县，当时属定州节度使王处直管辖。但赵弘殷并没有在定州久留，而是继续南下镇州，在被封为赵王的镇州节度使王镕的部下效力。然后由镇州投当时的河东节度使、后来的后唐庄宗李存勗的麾下。这一段经历，《宋史》记载：“宣祖少骁勇，善骑射，事赵王王镕，为镕将五百骑援唐庄宗于河上，有功。庄宗爱其勇，留典禁军。”[①]《东都事略》记载：“时梁、晋争天下，晋求援于镕，镕命宣祖以五百骑赴之，庄宗嘉其勇敢，因留之，命掌禁军，为飞捷指挥使。”[②]

“梁、晋”，指的是后梁朱氏和占据山西的李克用、李存勗父子，他们争夺天下的战争前后进行了二十余年，夹河苦战。决定双方命运的战略决战发生在918年至923年之间。918年，李存勗曾有一次惨败，损失了近三分之二的兵员，不得不

① 〔元〕脱脱等：《宋史》卷一《太祖本纪一》，第1页。

② 〔宋〕王称：《东都事略》卷一《太祖本纪》，《文渊阁四库全书》本。

多次征调各镇的兵力补充。赵弘殷受王镕之命率五百骑增援，估计就发生在918年至921年（王镕死在该年）之间。

赵弘殷上述辗转经历，史书记载得十分简略，对赵家来说，却具有决定性的意义。众所周知，安史乱后称雄一时的幽、定、镇、魏博等河朔军阀，在进入五代之后却愈来愈被边缘化，真正有能力决定全国政局走向的，是以开封为中心的朱氏集团和以太原为中心的河东沙陀集团两大新兴军阀势力，河朔诸方镇只能是周旋于开封和河东两大集团之间，仅仅自保而已，都不可能有大的作为。特别是到李存勗执掌河东大权之后，河东集团的势力更加突飞猛进。至918年，幽州刘氏已经被其彻底消灭，定、镇、魏博等其他河朔方镇也都实际上沦为了河东的附庸，同时河东集团也取得了对开封朱氏集团的战略优势。从此以后，河东集团几乎成为五代政局唯一的主宰力量，后唐、后晋、后汉、后周及北汉等政权，无一例外都是由河东集团建立的。赵弘殷在此时由家乡幽州南下定州、镇州，进而由镇州进入李存勗的军中，脱离河朔军阀转投河东集团，可谓是适逢其时。

923年，李存勗的军队终于取得了决定性的胜利，一举灭亡了后梁王朝，建立了五代时期第二个王朝后唐。同年十二月，后唐庄宗李存勗迁都洛阳，赵弘殷所在的部队也被调往洛阳驻防。赵弘殷还把分别多年的妻子杜氏从定州安喜接到了洛阳，从此，赵氏全家就在洛阳城东的夹马营定居下来，直至后晋天福三年（938）重新迁都开封，他们在洛阳生活了十余年。在这十余年中，赵弘殷的官职始终未变，一直担任着“飞捷指挥使”，属于禁军中的中下层军官。明清之际的著名学者王夫之在《宋论》卷一中对赵氏父子的评价是：“赵氏起家什伍，两世为裨将，与乱世相浮沉，姓字且不闻于人间。”如果将其用在此时的赵弘殷身上，是非常恰切的。仕途不得志的同时，赵弘殷的家庭生活也并非如意，他和妻子杜氏养育的长子和长女都不幸夭折了。

但在洛阳的这十余年中，他们也有一个最大的收获，那就是在夹马营中生下了“香孩儿”——后来给他们带来无限荣耀的宋太祖赵匡胤。

原载《文史知识》2010年第7期

宋太祖出生传言未揭之底蕴

——宋太祖赵匡胤连载之三

后唐明宗天成二年（927）二月十六日夜，宋太祖赵匡胤出生在洛阳城东北的夹马营。夹马营，位于河南洛阳东北，因宋太祖的缘故又被称为“香孩儿营”。宋真宗即位后，为了纪念宋太祖赵匡胤，把原为传舍的夹马营改建为应天寺，旋更名为发祥寺[①]。明代改称“火烧街”。清代学者钱大昕有诗曰：“香孩营里气葱茏，宅汴何如卜洛雄。”而在以宋人为主的多种史籍当中，也广泛记载有“香孩儿”等有关宋太祖的出生传言，主要有以下十条：

1. 宋太宗、真宗时名臣杨亿《杨文公谈苑》：“太祖生洛阳夹马营。生之夕，光照一室，胞衣如菡萏，营前三日香。至今人呼应天禅院为香孩儿营。”

2.《太平宝训政事纪年》卷一曰：“后唐明宗即位，改元天成，每夕烧香祷天，愿早生圣人为中国主。二年二月十八日，帝生于洛阳，神光满室。”

3. 范仲淹《范文正集》卷九《答赵元昊书》亦曰：“后唐显宗祈于上天曰：‘愿早生圣人，以救天下。’是年，我太祖皇帝应祈而生。”司马光《资治通鉴》卷二七八胡注引范仲淹语为：“我太祖皇帝应期而生。”

4. 宋神宗朝孔平仲《孔氏谈苑》卷一：“艺祖载诞，营中三日香，人莫不惊

① 〔宋〕王辟之撰，吕友仁点校：《渑水燕谈录》卷一《帝德》，第1页。

异，至今洛中人呼应天禅院为香孩儿营。”

5. 南宋初王称《东都事略》卷一《太祖本纪》：“后唐天成二年二月十六日，生于洛阳夹马营，母昭宪皇后尝梦日入怀而娠，生之夕，光照室中，胞衣如菡萏，体被金色，三日不变。”

6. 南宋李焘《续资治通鉴长编》卷一注引《龟鉴》：“我太祖之生，盖天成二年丁亥岁也。祥光瑞采，流为精英。异芳幽馥，郁为神气。”康熙《御定月令辑要》“香孩儿营”条亦有：“唐明宗丁亥二月十六日，宋太祖生于洛阳夹马营，是夕，神光照室，胞如菡萏，异香馥郁，人因号其地为香孩儿营。”并明确言此条记载出自《续资治通鉴长编》，然今本《续资治通鉴长编》无此条记事。

7. 南宋释志磐《佛祖统纪》卷四三引《皇朝景命录》：“后唐明宗于禁中焚香祷天曰：‘臣本夷狄，不足以王中原，愿早生圣人，以安天下。’天成二年二月十六日，上降生于洛阳太内甲马营。神光满室，异香不散，体被金色，三日而变，人知其为应明宗祷云。”

8. 南宋佚名撰《锦绣万花谷·后集》卷七：“后唐明宗每焚香祝天曰：‘某胡人，因乱为众所推，愿天早生圣人。’是岁太祖皇帝生于洛阳，母昭宪皇后梦日入怀而孕，生之夕，光照室中，胞如菡萏，体被金色，三日不变。”

9. 明陈耀文《天中记》卷一二、康熙《御制渊鉴类函》引《宋受命录》：“太祖生于洛阳夹马营。初，太祖母杜氏梦日入怀而孕，生之夕，神光照室，胞如菡萏，体被金色（一作“体被五色”），三日不变，异香馥郁，经月不散，人因号其地为香孩儿营。”

10.《宋史》卷一《太祖本纪》：“后唐天成二年，生于洛阳夹马营，赤光绕室，异香经宿不散，体有金色，三日不变。”

断定上述记载的真伪是很容易的，甚至推断出作伪的轨迹也不是太难——“香孩儿”开始不过是一个小男孩的普通乳名或绰号，后来男孩成了宋朝的一代开国皇帝，于是才有了记载中“异香经宿不散”之类的美化性的附会，以符合所谓“凡帝王之兴也，天必见祥于下民”的规律。在中国历史上，围绕着每一位帝王的诞生，大都有诸如此类的编造性记载。有关“香孩儿”的种种传说，也不过是重复了千百遍后的再版而已。所以，这种编造性的记载往往为现代史家所不屑，倒也在情理之中。但是，细绎之下，有关“香孩儿”的这样一种编造，似乎还有一些待揭之底蕴。

底蕴之一，有关“香孩儿”的传说当然是一种“美化”，但也仅仅是“美化”而已，而不是“神化”，或者说，“神化”的色彩不重。“香孩儿”再“香”，也还是人间的娃娃，而不是像汉、唐时期的那些皇帝，直是以“龙”的模样诞临人间。相对于那些“颜貌似龙，长颈而高鼻”“头上角起，遍体生鳞”之类的“编造”而言，有关“香孩儿”的种种“编造”，显然更为接近人间的真实，更人性、更理性一些。其实，“香孩儿”做皇帝后，言谈话语中也总以为自己是“人间皇帝”，而不是“真龙天子”。而“香孩儿”的传说，透露出来的也是“人间皇帝”的气息。

底蕴之二，在历史上，有些编造性的记载也还是很有些价值的。例如上述一类的“神化”或“美化”性的编造附会，往往可以折射出那一个时代的一些特征。周天子之母“践巨人之迹而孕”、清爱新觉罗氏祖先“感朱果而孕”等传说式的编造，正反映了上古母系氏族社会的某些特征；而刘邦之母与蛟龙交合而孕的“编造”，既是上古原始蒙昧观念的一种延续，又与西汉那种粗陋直观的天人感应学说有关，带有明显的时代底色；东汉刘秀的“大口，隆准，日角”，也自有谶纬流行的“东汉特色”；还有一些未必全属虚构的“编造”，如成吉思汗出世时，“手握凝血如赤石”，更是那个血腥征战岁月的象征。宋太祖“香孩儿”的出生传言，同样折射出了宋初开国的许多时代特征，但它不是一个狞厉的象征，也没有多少威严，也不勇武，倒真像个宁馨儿一般温和、宁静，带着几缕淡淡的清香，与宋初“市不易肆”“一旦云开复见天”“复观太平天子仪卫”的开国气象，与他所开创的那个“百年无事”、“百年无内乱”、经济文化极度繁荣却又文弱的宋王朝，与他开始的那个和平、安定的时代，甚至与宋代皇权的特点，以及宋代政治的特征等，都有几分相合。无疑，这也是一种象征，一个新时代的象征。

底蕴之三，“香孩儿”的出生传言，也是政教关系经历一百多年持续紧张之后，在宋初趋向和谐、双方良性关系得以实现的象征。在某种程度上，也可以说是关键性的契机。“香孩儿”“赤光绕室”“胞衣如菡萏”“体被金色”等传言本来就具有相当浓厚的宗教色彩，都与佛教有关，具有佛教的意味和指向。菡萏，即莲花，是最典型的佛教圣物之一。“赤光绕室”“异香”“体被金色”，则是佛教用来描绘神佛降生的常用词语。五代两宋佛教僧侣、典籍鉴于周世宗灭佛的“显德法难”，更是积极地把太祖出生传言向神佛降生方向解释、引申，甚至明确称宋太祖是“定光佛”转世，是“见在佛”。如欧阳修《归田录》卷一：“太祖皇帝初幸相国寺，至佛像前烧香，问当拜与不拜，僧录赞宁奏曰：‘不拜。’问其何故，对曰：‘见在佛不拜过去佛。’赞宁者，颇知书，有口辩，其语虽类俳优，然适会上意，故微笑而颔之，遂以为定制。至今行幸焚香，皆不拜也。议者以为得礼。”朱弁《曲洧旧闻》卷一“定光佛出世得太平”条曰：“五代割据，干戈相寻，不胜其苦。有一僧虽佯狂，而言多奇中。尝谓人曰：‘汝等望太平甚切，若要太平，须待定光佛出世始得。’至太祖一天下，皆以为定光佛后身者，盖用此僧之语也。”释志磐《佛祖统纪》卷四三亦赞宋太祖曰：“神光、金体，佛、大士之瑞相也。开嘉运于五季久厄之年，践大位于四海望治之日，而又知兴教护法，慈临民物，以为社稷灵长之福，非佛、大士之示生，其孰能与于此哉！”如此种种，诚如佛教史相关研究者所做的分析：“虽然显德法难并未对佛教作毁灭性的打击，而只是一种严格的限制和整顿，但因其事就发生在数年之前，法难的创伤虽不如会昌那次惨烈，但伤口却是新的，疼痛尚在时时发作。所以，当赵宋新政权的旭日从陈桥驿冉冉升起，在僧侣们的眼中，这轮旭日就不仅止于改朝换代的含义，而别具另一番意味，即他们看到了一次可能通过良性政教关系的重建以疗创伤的机会。他们在宋太祖受禅后杜撰所谓谶言，并给予太祖以佛的神格，则正是为重建良性政教关系而作的尝试。”①

其目的性是十分明确的。

对佛教的这种积极靠拢，宋太祖和北宋朝廷没有公开地表示接受，然前揭《归田录》记太祖对僧人当面称其为“见在佛”时唯“微笑而颔之”，态度令人玩味。又，建隆元年二月十六日宋太祖开国后的第一个长春节（诞节），宰相范质领衔所上的《长春节圣斋疏》即曰：“素虹纪瑞，表觉帝之下生；绀马效灵，应轮王之出世。非夫威震四天，则不足感自然之宝；非夫位尊三界，则孰能致希有之祥。寿命同百亿须弥，德泽被三千世界。恒沙可算，天禄难穷；墨海虽干，皇图益固。”即完全以神佛降生来比附宋太祖的诞辰。可见，宋太祖和北宋朝廷也并不排斥佛教的做法，采取的应该是默许的态度。

如此一来，北宋朝廷与佛教政教两方，就在宋太祖为神佛转世这一点上形成了默契。而这一点默契，对政教关系得以发展的推动作用，是显而易见的。对宋

①刘长东：《宋代佛教政策论稿》，巴蜀书社2005年版，第53～54页。

太祖而言，既然对佛教奉上的“定光佛”桂冠半推半就（唐宋皇帝当中享有这一佛教“殊荣”的只有武则天和宋太祖两位），那么“兴教护法”，改变周世宗“灭佛”的政策，也就是顺理成章的了。对佛教而言，既然尊崇皇帝宋太祖为“见在佛”，那么改变“沙门不拜王者”的传统，向宋朝皇帝称臣，同样也就是水到渠成，如赞宁本人在上书时就向皇帝自称“臣僧”，此后宋代寺院也都要首先祝“皇帝万岁，臣统千秋，天下太平”，并在皇帝诞辰祈祷“圣寿无穷”，以报答“王臣荷戴之恩”。佛教终于放弃了最为历代帝王所忌讳、将教权独立于皇权之外的努力。开宝四年，宋太祖拨巨资重修为周世宗所熔毁的镇州龙兴寺铜佛像完工，通常被佛教史研究者视为宋代良性化政教关系得以实现的标志性事件。

对佛教来说，与政权良性关系的确立，终于结束了“三武一宗”法难的噩梦。从宋初开始，像“三武一宗”那样大规模的“法难”一去不复返了，佛教由此赢得了宽松、平稳的发展空间。在宋代，禅宗沩仰、临济、曹洞、云门、法眼“五家”和宋代僧人新创的“黄龙派”“杨岐派”并驾齐驱，合称为禅宗史上著名的“五家七宗”，还出现了“文字禅”等新的时代趋势。天台、华严、净土、唯识等佛教传统流派也都有了新的发展。

对赵宋政权来说，获得佛教的拥戴和支持，其意义更是多方面的：一是以宋太祖乃“定光佛”出世“普度众生”，在一定程度上弥补了陈桥兵变“惭负天地”的合法性缺憾；二是解决了唐武宗“灭佛”以来长达一百余年政教关系持续紧张的局面。按照佛教史籍的说法，制造“法难”的“三武一宗”皆不得善终，“魏太武毁寺，焚经像，坑沙门，故父子不得其死。周武帝毁佛寺，籍僧归民，未五年遽萦风疹，北伐，年三十六崩于乘舆，国亦寻灭。唐武宗毁天下佛寺，在位六年，年三十二，神器再传，而黄巢群盗并起”。此类因果报应之说当然无稽，但它也确实说明了“毁佛法非国家之福”，政教关系的紧张对国家政权和社会的负面作用不可低估。道理其实也很简单，正如当时“民间佛经，多于六经数十百倍”“佛，日也；道，月也；儒，五星也”等说法，魏晋隋唐时期，佛教经过多年的传播，已经成为一股植根于大众、不可轻侮的社会力量。直至宋初，仍有“僧三十九万七千六百一十五人，尼六万一千二百三十九人”，合计四十五万余人，加上信教的民众，这是一个何等庞大的社会力量！僧尼不仅是数量众多，而且人才辈出，如宋人《扪虱新话》即记王安石与张方平两人的对话说：“世传王荆公尝问张文定公曰：‘孔子去世百年生孟子，亚圣后绝无人，何也？’文定公曰：‘岂无又有过孔子上者。’公曰：‘谁？’文定曰：‘江西马大师、汾阳无业禅师、雪峰岩头、丹霞云门是也。’公暂闻，意不甚解，乃问曰：‘何谓也？’文定公曰：‘儒门淡薄，收拾不住，皆归释氏耳。’荆公欣然叹服。”与如此一支社会力量长期处于紧张状态，显然是不可取的，也是不可能持久的。反过来，在良性的政教关系之下，这支力量就能为政权所用，成为政权和社会稳定的支柱之一，宋代的历史就是如此。

宋太祖和北宋朝廷基本放弃以政治强权蛮横压制佛教的做法，对北宋文化的发展也带有影响重大的指向性意义。从此之后，尽管士大夫们抑佛、排佛的呼声仍然是此起彼伏，但即使是最激烈的石介等人也只能做到“奋笔如挥戈”，即用“笔”与佛学进行学术竞赛。像唐代“人其人，火其书，庐其居”一类乞于政治强权干预的主张，已经不再为宋代朝廷和社会所接受。承认和正视佛教哲理思辨的学术优势，“援佛道入儒”，反思和改造传统儒学的以“理学”为中心的新“宋学”遂合乎逻辑地破土而出。正是建立在政教关系良性互动基础之上的儒、佛、道和谐共存，以及在大致平等的学术、文化平台上，三者互相切磋，又互相融合，儒、释、道“三教合流”的趋势也历史性地愈来愈成为文化的主流。

“宋代学术之复兴，或新宋学之建立是已。华夏民族之文化，历数千载之演进，造极于赵宋之世”[①]，“中国自秦以后，迄于今日，其思想之演变历程，至繁至久。要之，只为一大事因缘，即新儒学之产生，及其传衍而已。……凡新儒家之学说，几无不有道教，或与道教有关之佛教为之先导”[②]，这是陈寅恪对宋代文化的著名论述。“宋儒门庭径路，半出佛老，观朱子注书，多引佛经”，“周程张朱，皆出于禅……宋儒渊源佛学，第一皆有语录，第二皆主于静，第三同于造语精微”[③]，这是陈登原对宋儒与佛道学术关系的论述。可以说，陈寅恪和陈登原两位先生的论述，十分精到地将宋太祖和宋初所确立的良性政教关系，对宋代文化发展乃至中国传统文化发展的重要意义凸显了出来。

原载《文史知识》2010年第8期

① 陈寅恪：《邓广铭宋史职官志考证序》，《金明馆丛稿二编》，第277页。

② 陈寅恪：《冯友兰中国哲学史下册审查报告》，《金明馆丛稿二编》，第282～284页。

③ 陈登原：《国史旧闻》（第二分册），第369～370页。

洛阳少年

——宋太祖赵匡胤连载之四

赵匡胤十二岁之前，是在洛阳度过的。洛阳在唐朝为陪都，是仅次于首都长安的一个全国性的政治、文化中心。“安史之乱”时，洛阳遭受过兵火的洗劫。大诗人李白曾描写过当时洛阳城郊“茫茫走胡兵”“流血涂野草”的惨烈景象，但相对于后来长安城所遭受的毁灭性破坏而言，洛阳则又幸运得多。

那是赵匡胤出生的二十四年前，宣武节度使朱温（即朱全忠）给长安城中的“皇上”唐昭宗下了一道必须迁都的死命令：不仅皇帝和百官要迁，而且长安城中的士民百姓都在迁徙之列。于是，本已饱受战火蹂躏的长安城被全部拆毁，遂为丘墟，拆下来的材木等全部由水路搬运到洛阳。朱温要在洛阳缮治新的首都。当时，有数万名工匠被征集到洛阳，南方各方镇也大都进输财货以相资助。借此机缘，洛阳城得到了一次大的修治[①]。后来朱温的后梁虽然又由洛阳迁都开封，但洛阳的帝都规模并不在开封之下。到923年，后梁被后唐所灭，后唐建都洛阳，洛阳再度成为政治中心。

赵匡胤就是在后唐建都洛阳后的第四年出生的。这时的洛阳，经过后梁、后唐近三十年的整治，已初见承平时节的繁华景象。更幸运的是，此时洛阳皇宫中

---

① 参见史念海：《中国古都和文化》，中华书局1998年版，第540页。

的后唐明宗李嗣源，又是五代时期很有见识的一位政治家。这是一位年近六十高龄才登基的老皇帝，政治经验丰富，头脑冷静，心态淡泊，所以他在位的天成、长兴年间，基本上是以“休兵息民”为国策，从而出现了五代时期罕见的“小康”局面：

> 天成、长兴间，比岁丰登，中原无事，言于五代，粗为小康。[①]
>
> 年谷屡丰，兵革罕用，校于五代，粗为小康。[②]

赵匡胤就是在天成二年（927）出生的，在“粗为小康”的环境中长到了读书的年龄。

父母是孩子的第一任老师。由于这是一段“兵革罕用”的和平时期，赵弘殷也就有了足够的时间教育和培养孩子。史书记载说赵弘殷“好儒事”[③]，有访求书籍的习惯[④]，又有“文武为立身之本”的认识。这些都会在对儿子的培养中发挥作用。母亲杜氏也有一定的文化修养，如后来宋朝开国时，她就对儿子讲过：“吾闻为君难，天子置身兆庶之上，若治得其道，则此位可尊；苟或失驭，求为匹夫不可得。”[⑤]说明她对前代的治乱兴衰有相当的了解。她对孩子的生活要求也很严格，以至于在儿子成了皇帝后，对当年洛阳夹马营中的俭朴生活仍有很深的记忆[⑥]。

夹马营在洛阳城的东郊。“洛阳城东桃李花，飞来飞去落谁家”，唐人刘希夷的这首名诗，不知儿时的赵匡胤是否学过。不过，这并不是最重要的，重要的是洛阳的文化氛围对赵家和他的影响。

洛阳不单单是一个政治性的都城。从文化的角度看，洛阳曾长期处于中华文化的核心地带。这一核心地带就是黄河中下游最大支流渭河东西铺开的河谷一带，

---

① 〔宋〕薛居正等：《旧五代史》卷四四《明宗纪》，第610页。

② 〔宋〕司马光：《资治通鉴》卷二七八，第9095页。

③ 参见《太平宝训政事纪年》卷一。

④ 参见《宋史》卷四《太宗纪一》《东都事略》卷三《本纪三》。

⑤ 〔元〕脱脱等：《宋史》卷二四二《后妃传上》，第8607页。

⑥ 〔宋〕邵伯温撰，李剑雄等点校：《邵氏闻见录》卷七，第66页。

洛阳、长安、开封就东西走向分布在一条线上[①]。“洛阳自为都，二千有余年。举步图籍中，开目今古间”，两千多年的文明积淀，使洛阳形成了深厚的文化底蕴，成为中国传统衣冠礼仪的根基和历劫不灭的文化魂魄。有一个很著名的例子——南北朝时期，在所谓“五胡乱华”的兵燹逼迫下，中原士人大量南迁，江南人文盛极一时。然而，当南朝大臣陈庆之出使洛阳后，竟发出了这样的慨叹：

> 自（东）晋、（刘）宋以来，号洛阳为荒土，此中谓长江以北，尽是夷狄。昨至洛阳，始知衣冠士族，并在中原。礼仪富盛，人物殷阜，目所不识，口不能传。所谓帝京翼翼，四方之则。始登泰山者卑培塿，涉江海者小湘沅。[②]

这就是洛阳的文化底气。这种底气可以山水不显地融入和平的环境中，也可以野火春风般的韧性，在战乱和兵燹中滋生文化的绿洲。南北朝时的洛阳是如此，五代时的洛阳也是如此。

稍加注意就会发现五代时期的洛阳在文化氛围上的优势。著名词人和凝家居山东，因天下扰攘，戎马生郊，故其蕴藉婉媚的词作在山东和其他地方少有反响，但能独独“布于汴洛”。以洛阳为首都的后唐朝，其最高统治者都是沙陀族的胡人，惯以弓马征战相矜耀，然而在入洛建国后，也不能不为洛阳衣冠礼乐所感染，“耳里频闻”，“论说经义”，不再专以弯弓盘马为荣耀了。如那位把赵弘殷和他的五百名骑兵带进洛阳的李存勗，本是素不习文的赳赳武夫，做了后唐的开国皇帝后，最喜欢吹嘘的两件事是“对勋臣夸‘手抄《春秋》’，又竖指云：我于指头上得天下”。他在位三年，但已染就衣冠士人的诗书风雅，喜作诗词。继李存勗继位的明宗李嗣源，原是一个连姓名都没有的沙陀族流浪儿，十余岁从军，没有受过一点文化教育，但在入洛后，也开始请人讲史诵诗。有一次，宰相冯道言及民间疾苦，以聂夷中的诗“二月卖新丝，五月粜新谷，医得眼前疮，剜却心头肉”为例，明宗听了很受感动，“命左右录其诗，常讽诵之”。他曾深有感触地对儿子说：“吾少钟丧乱，马上取功名，不暇留心经籍。在藩邸时，见判官论说经义，虽不深

---

① 冯天瑜、何晓明、周积明：《中华文化史》，上海人民出版社2005年版，第711页。

② 〔北魏〕杨衒之著，杨勇校笺：《洛阳伽蓝记校笺》卷二《城东》，中华书局2006年版，第114页。

达其旨，大约令人开悟……吾见先皇（指李存勖）在藩时，爱自作歌诗。将家子文非素习，未能尽妙，讽于人口，恐被诸儒窃笑，吾老矣，不能勉强于此，唯书义尚欲耳里频闻。"

夹马营中的赵家是随着后唐的建都而入洛的。赵匡胤的诞生，据说又是李嗣源夜中焚香祈祷的结果。这两桩事情之间自然不会有因果关系。但由此不难想象，洛阳的文化氛围既然对李存勖、李嗣源之辈都产生了如此的影响，那么对"有儿初长成"的赵家又该会有着怎样的作用了。

夹马营的门口就有一所读书的学馆。学馆的主人姓陈，人称陈学究。"学究"是唐代科举取士的科目之一。唐代科举，"有秀才，有明经，有俊士，有进士，有明法，有明字"[①]等科，其中最重要的是两科，即"明经"科和"进士"科。唐代明经科取士，每年约百名，而"进士"科每年不足三十名，所以从政府的重视程度和科举做官的角度看，"明经"科要优于"进士"科。"明经"科和"进士"科在考试的内容和方法上有很大的不同，"明经"科是客观性的试题，主要测验考生对十多部儒学经书死记硬背的功夫，不涉及对精神义理的理解和发挥；而"进士"科则以主观性的考试为主，测试考生对时局的看法（"时务策五条"）与吟诗作赋的才气和灵气，所以"进士"一科更为士人所推重。"明经"科考的是"学究一经"的硬功夫，所以"明经"科在社会上就被简称为"学究"。再进一步，凡是只会死记硬背、读书迂腐浅陋的书呆子，也被讥讽为"村学究""学究气"。

那么，夹马营前开学馆的这位"陈学究"是一位有科举功名的"学究"，还是一位有着"学究气"的陈先生呢？史书中没有明确的记载，但从情理上推断，"陈学究"是唐末、五代人们当面对他的尊称，当不会含有讥讽的意味。另外，"村学究""学究气"也是后世逐渐形成的贬义，未必已有此类贬称。

这位陈学究做了赵匡胤的老师，关于此事只有《孙公谈圃》中有一段记载，此记载虽然简略，但不乏曲折引人之处：

> 艺祖生西京夹马营，营前陈学究聚生徒为学，宣祖遣艺祖从之。上微时，尤嫉恶，不容人过，陈时时开谕。后得赵学究，即馆于汴第。杜（太）

① 〔宋〕欧阳修、宋祁：《新唐书》卷四四《选举志上》，第1159页。

后录陈之旧，召至门下，与赵俱为门客，然艺祖独与赵计事，陈不与也。其后，艺祖践祚而陈居陈州村舍，聚生徒如故。逮太宗判南衙，使人召之。居无何，有言开封之政皆出于陈。艺祖怒，问状。太宗惧，遂遣之，且以白金赠行。①

这是一条多少有些令人沮丧的记载，在宋朝这个极其尊师重教的国度中，开国皇帝与他的启蒙老师之间却如此这般的“冤家路窄”。但就是这样的记载，可能更多地反映出某种历史的真实。

看来，他们师生之间的冲突，一是由于学生的个性太强；另外的一层原因，可能与“学究”出身的老师讲授的内容和方式有关。“学究”靠的是对儒家十余部经典死记硬背的功夫起家的，但若将这种死记硬背的方式用在教学上，可以肯定地讲，是会遭到学童厌恶的。但如果是学生资质一般，或性情随和，或许不至于因此引起师生之间的冲突，可赵匡胤显然不是这样的孩子，因此师生之间的冲突和对立就是难以避免的了。

好在洛阳是个人文荟萃之地，开馆授学的秀才、学究比比皆是。赵家在陈学究之外，还为赵匡胤聘请了一位“赵学究”为师。这也是在《孙公谈圃》中提到的。这个赵学究与学生的关系就很融洽，在赵匡胤成为后周大将时，还经常与之计谋。

史书中记载的赵匡胤的第三位老师是辛文悦，是三位当中唯一在正史中有传的老师。《宋史》卷四三一《辛文悦传》记载：

辛文悦者，不知何许人。以《五经》教授，太祖幼时从其肄业。周显德中，太祖历禁卫为殿前都点检，节制方面。文悦久不获接见，一日，梦邀车驾请见，既拜，乃太祖也。太祖亦梦其来谒，因令左右寻访，文悦果自至，太祖异之。及登位，召见，授太子中允，判太府事。开宝三年，出知房州。时（后）周郑王出居是州，上以文悦长者，故命焉。文悦后累迁至员外郎。

---

① 〔宋〕孙升口述，〔宋〕刘延世笔录，杨倩描、徐立群点校：《孙公谈圃》卷上《陈学究与赵学究》，中华书局2012年版，第101页。

宋代中叶著名僧人文莹的《玉壶清话》卷三对辛文悦则有更为传奇的一段记载：在赵匡胤发动陈桥兵变、黄袍加身的前夜，“久不相见”的师生二人突然在梦中相会，辛文悦在梦中看到自己的学生已经乘上了皇帝的銮舆。关于辛文悦的学问，《玉壶清话》记载为“后周通经史里儒”，看来，他确是一位饱学的宿儒。

陈学究、赵学究都是“明经”科班出身，有对儒家经典背诵如流的功底；辛文悦也是“通经史里儒”，他们带给少年赵匡胤的正是一种比较纯粹、正统的儒家教育。至于赵匡胤到底学得如何，已无法查考，但从他成年以后能够阅读诸如《尧典》等较深奥的儒家经典来看，这种功底应该是在他少年读书时，甚至也可以说是在“学究”的严格督促下打好的基础。在他当了皇帝之后，还曾对皇子的老师讲过这样的话：

帝王之子，当务读经书，知治乱之大体，不必学作文章，无所用也。[①]

重经书而轻文章，这是典型“学究”教育对他的影响；但学习儒家经书的目的是“知治乱之大体”，这与“学究”教育中的死记硬背又有明显不同，是赵匡胤作为一个政治家对儒家要义的阐发。

在中国历史上，宋代是儒家文化全面复兴和发展的一个时期，儒家经典受到空前的重视，儒学的精华义理也得以空前的自由阐发，并因此而形成了影响深远的宋代新儒学——理学。这样一个空前的文化潮流，当然不可能发源于某一个具体的年代，更不可能肇始于某一个具体的人物，或某一个具体的事件。我们不妨以尽量开阔的目光，将有可能成为这一潮流源头的所有涓涓细流皆纳入视野。由此说来，赵匡胤少年读书时的种种情况，似乎都不可淡然视之，因为这其中的确蕴含了些许后来儒学复兴的契机，具有相当的象征意义。

与此相表里的另一层重要关联是，赵匡胤少年时所受的儒家教育对宋代政治，尤其是对宋初政治的影响。南宋理学大师朱熹在谈到宋初政治时有一句名言：

国初人便已崇礼义，尊经术，欲复二帝三代，已自胜如唐人。[②]

---

① 〔宋〕司马光撰，邓广铭等点校：《涑水记闻》卷一，第20页。

② 〔宋〕黎靖德编，王星贤点校：《朱子语类》卷一二九《本朝三》，第3085页。

这句名言也是宋代士人很普遍的一种认识，包括范仲淹、“二程”、张载、苏轼、司马光、王安石等人在内，大多数文化名人讲过类似的话。至于国初之所以如此，宋人也有解释：

太祖皇帝抱帝王雄伟之姿，殆出于生知天纵，其所注措，初不与“六经”谋而自然相合。[①]

太祖皇帝自然不会是“生知天纵”，真正的原因只能是他少年时对“六经”的接触及日后的勤学深思。在这一点上，“臣民”对“皇上”的了解，是很难透彻入里的。

洛阳读书生涯对赵匡胤的成长来说，还有一层特殊的意义。赵家本来是世居河朔的武将世家。河朔与洛阳是文化气质上大不相同的两个区域。河朔地区正如陈寅恪先生所言：自安史之乱后，“其政治、军事、财政等与长安中央政府实际上固无隶属之关系，其民间社会亦未深受汉族文化之影响，即不以长安、洛阳之周孔名教及科举仕进为安身立命之归宿”[②]。从前面的叙述中我们已经知道，赵家在河朔的历史至少有百年，赵匡胤的四世祖赵朓之前，赵家尚有“尚儒学”的记载，自赵朓以后，赵珽、赵敬已经成为地道的武将。自入洛后，受“洛阳之周孔名教”的熏陶，赵家门风开始改变：赵弘殷“好儒事”，好书籍；赵匡胤更是受到了正规的儒学教育。从某种意义上说，河朔文化和洛阳之周孔名教的交汇，正是赵家的一个优势，这对下一代的成长应当是非常有利的。

毕竟是来自河朔的武将世家，再加上战乱频繁、干戈攘扰的社会现实，马背上获取功名要比周孔名教下的科举仕途更为现实和更具有吸引力。所以在读书的同时，赵家对儿子的习武抓得更紧，而少年时的赵匡胤对习武也有着更浓厚的兴趣。同父亲的“少骁勇，善骑射”一样，赵匡胤在习武方面也表现出天赋，“学骑射，辄出人上”，几年下来，已是一个弓马娴熟的骑手了。《宋史》中就记载过他制服恶马的一次冒险经历：

---

① 〔宋〕朱弁撰，孔凡礼点校：《曲洧旧闻》卷一《晁以道赞太祖圣断》，中华书局2002年版，第83页。

② 陈寅恪：《唐代政治史述论稿》，第25页。

尝试恶马，不施衔勒，马逸上城斜道，额触门楣坠地，人以为首必碎，太祖徐起，更追马腾上，一无所伤。[①]

血的代价没有白费，赵匡胤成年后在战斗中常常能手抱马头冲入敌阵，直取敌将于千军万马之中，都赖于他从少年时代练就的过硬的骑射功夫。

骑射以外，赵匡胤还练就了在马上熟练使用宝剑的本事。不过，他最喜欢的还是一条纯铁打就的铁杆棒。杆棒，是“十八般兵器”（“十八般武艺”）中的一种。在十八般兵器中，刀、枪、剑、戟等都流行得较早，而棍（木制）、棒（金属制）流行使用得较晚。唐末、五代时期，是“棒”的流行时期。流行的程度，反映在宋代的话本小说当中，除了有“烟粉”“灵怪”“公案”“说经”“讲史”等类别外，竟然还有专门的“杆棒”类。划归在杆棒类中的流行故事有十几个，故事中的主人公都是使用杆棒做兵器的。其中叫《赵太祖飞龙记》的，写的是赵匡胤青少年时的故事；还有一个“杆棒”类的故事叫《史弘肇龙虎君臣会》，写的是后汉名将史弘肇发迹变泰的故事。

杆棒在唐末、五代的流行，明显带有当时时代的某些特点，因为刀、剑等兵器不仅是高贵身份的象征，并且价格亦颇不菲，如《建炎以来朝野杂记》记载，当时一把战刀的造价是铜钱三千三百文。相比之下，棍棒是最朴实、最廉价的兵器，处处随手可得。而五代豪杰，大多是出身贫贱的社会下层，多数曾有过浪迹天涯的落魄经历，要他们去置办刀、剑，恐怕不是很容易的事情。何况，棍棒既能卫身，又可在风尘仆仆的旅途中充当挑担、拐杖，以及过河探水等的工具，自然是五代好汉们的首选武器。

赵匡胤少年习武时的杆棒是纯铁打制的，是他最喜欢使用的兵器。无论是在漫游天下还是军中征战的岁月，这条铁棒始终陪伴着他。明代的话本小说中描写青年赵匡胤行路时，是“绰了浑铁齐眉短棒，往前先走”；描写他使用铁棒时则说，“抡起浑铁齐眉棒，横着身子，向那殿上朱红槅子，打个东倒西歪”；路遇匪徒时，先大喝一声“强贼看棒”，然后“举棒望脑后劈下，打做个肉饼”。《警世通言》载：

① 〔元〕脱脱等：《宋史》卷一《太祖本纪一》，第2页。

说时义气凌千古，话到英风透九霄。八百军州真帝主，一条杆棒显雄豪！[①]

这些并非全为小说家言。据宋人的史书记载，赵匡胤为皇帝后，他使用的铁棒就被供奉起来，此后每代皇帝都像对待神物一样，把这根铁棒作为镇国的法器。北宋末年，一位姓蔡的大臣目睹了这根铁棒后，留下了这样的记载：

铁棒者，乃艺祖仄微时以至受命后，所持铁杆棒也。棒纯铁尔，生平持握既久，而爪痕宛然。恭惟神武，得之艰难，一至斯乎？[②]

舞枪弄棒之外，少年时的赵匡胤也初步学习了一点兵法。据史料记载：每天放学的时候，他往往把小伙伴们按照战阵的模式编制成整齐的队伍，进行操演，赵匡胤自己则像个威风凛凛的大将军，在队伍的后部压阵。这虽然只是儿童们的游戏，但由于少年赵匡胤指挥有方，倒颇有几分样子，连大人们遇到这支童子军时，都要赶紧给他们让路，而赵匡胤和小伙伴们就更加精神抖擞了……[③]

在这群少年伙伴中，赵匡胤同邻家的孩子李谦升关系最好。他们两家同住在夹马营中，李家特别喜欢赵匡胤，给他很多关照。据史书记载，赵匡胤做皇帝后，多次接李氏之母入宫，“使左右掖之，不令拜。命坐饮食，话及旧故，赐赉优厚”[④]。李谦升的哥哥李谦溥，后来成为宋初的名将。

比赵匡胤大四岁的韩令坤，也是他少年时相交莫逆、“情好亲密”[⑤]的朋友。韩令坤的父亲和赵匡胤的父亲赵弘殷一样，也曾经是赵王王镕的部下，两家人早有通家之好。韩令坤日后虽然没有像赵匡胤那样飞黄腾达，却也非等闲之辈，在后周及北宋初年都是手握重兵的著名大将，在禁军中的地位和威信不在赵匡胤之下。二人自幼结下的友谊，在“陈桥兵变”中发挥过关键性的作用。

少年时的赵匡胤也有军营子弟的那些通病，一是聚赌，二是强横霸道。在赌

---

① 〔明〕冯梦龙：《警世通言》卷二一《赵太祖千里送京娘》，《续修四库全书》本。

② 〔宋〕蔡絛撰，冯惠民等点校：《铁围山丛谈》卷一，第3页。

③ 〔宋〕王称：《东都事略》卷一《太祖本纪》，《文渊阁四库全书》本。

④ 〔元〕脱脱等：《宋史》卷二七三《李谦溥传》，第9339页。

⑤ 〔元〕脱脱等：《宋史》卷二五一《韩令坤传》，第8833页。

博方面，赵匡胤是个中高手。有一次，他和好友韩令坤又耐不住手痒，两人偷偷地躲藏进一间摇摇欲坠的破房中，聚精会神地开起赌来。其实兄弟二人皆钱囊羞涩，这也不过是解解赌瘾而已。正当两人“大战”之际，屋外飞来两群麻雀，叽叽喳喳地叫个不停，二人毕竟是少年心性，遂出门“掩雀”，结果刚出门，房子就轰然一声倒塌了。少年好玩的天性挽救了两个小“赌徒”的生命。

除了赌博，那时赵匡胤的性子也很暴烈强横，“尤嫉恶，不容人过”，惹过不少麻烦。在后世的戏曲话本中，青少年时代的赵匡胤基本是一个“撞祸的太岁”、“惹事的祖宗”、强横无赖又好打抱不平的形象。这一方面固然是因为说书唱戏者喜欢夸大类似情节，以强化演出效果；另一方面，戏曲话本中的形象与少年赵匡胤的真实形象之间也还是有些吻合的。可以这样说，少年赵匡胤尽管受到相当严格的儒学教育，在习文练武方面也有过人的天赋，却不是一个安分守己、唯唯诺诺的孩子。他争强，好胜，喜斗，甚至还沾染了不少毛病。不过，有些毛病，如好赌，也多少练就了他捕捉时机的眼光和敢于冒险与决断的胆识；性格刚烈强横，与侠肝义胆的气质相通，两者相结合，又适逢五代乱世，多少成就了后来这位“时势英雄”的领袖魅力。

洛阳的少年时光，是赵匡胤一生的一个关键时期，也是他印象最深、最为留恋的一段时光。开宝九年（976）初春三月，在开封做了十六年皇帝的赵匡胤前往洛阳祭祖，故地重游，引起他无限的感慨。年近五十的他，居然清晰地记得儿时与伙伴们偷埋石马的地点，侍卫们按照他的指点，果然挖出了一匹栩栩如生的小石马。在洛阳，他还选好了自己的墓址，就在这年的十月，他离开了人间。当在洛阳下葬时，人们又发现了他儿时偷埋的那匹小石马，那是七个月前他选好墓址后又亲手埋下的……

原载《文史知识》2010年第9期

如今天子上担挑

——宋太祖赵匡胤连载之五

十二岁那年，赵匡胤跟随父母由洛阳迁居开封。在此之前的两年，即936年，建都洛阳的后唐朝已被石敬瑭推翻，历史由此进入了五代第三个王朝——石敬瑭的后晋时期。从907年朱温废唐建梁，到现在的后晋，短短二三十年间，北方中原地区已经历了三个王朝七位皇帝，若再加上南方出现的吴国(南唐)、前蜀、后蜀、闽、楚、吴越、南汉及东北地区的辽国，为帝王者不下数十人，正是一个"天下之称帝称王者如春雨之蒸菌，不择地而发"的年代。

据传此时赵家也有了某种"帝王"的征兆。

第一则传说与赵弘殷的"弘"字有关。

原来从唐代的"安史之乱"到朱温废唐建梁，从后唐又到此时后晋，天下分裂动乱的时期长达一百余年之久。在这一期间，军阀混战，武人称雄，自立为帝为王者的确如雨后春笋。于是社会上便流传开了许多描述这种现象的民谣，其中就有"闭口张弓左右边，子子孙孙万万年"，大意是说只有靠武力才能保证子孙的富贵长远。不知什么原因，这两句民谣在流传的过程当中，却渐渐地被当成了预示未来吉凶的谶语，特别是"闭口张弓"四字，被认为是暗含了一个"弘"字，预示着名"弘"的统治者可以长久。所以当时南唐的皇帝李璟就给自己的儿子起名为"弘冀"，吴越国王也将所有儿子的名字都加上一个"弘"字。自然，这些人都是枉费了心思，记载这则传说的《杨文公谈苑》最后明确点明，这首民谣不过是赵家龙飞九五的预兆。

第二则传说则起因于赵匡胤和他的弟弟赵光义。

赵家迁居开封后生下了赵光义。光义与哥哥匡胤正好相差十二岁，都是亥年出生，都属猪。据传，弟弟诞生时，也像哥哥十二年前那一刻相似，“赤光上腾如火，闾巷闻有异香”[①]。还有更奇的传说，据说一日发生兵士哗变，母亲杜氏用一担箩筐挑着赵匡胤、赵光义兄弟两个外出避乱，路上遇到高道陈抟。陈抟一见这箩筐中的兄弟俩，就随口吟出两句歌谣：

莫道当今无天子，都将天子上担挑。

其实，这两则传说都是因后来赵宋王朝的建立，赵匡胤、赵光义先后做了皇帝后的附会。不过，民间流行的这些歌谣倒是那个时代的真实写照。当时的确是一个“闭口张弓”、武人横行的时代，更是一个“天子”多如牛毛、车载担挑的时代。

十二岁的赵匡胤在洛阳时就已经目睹过一幕幕骄兵悍将哗变、变易天子如同儿戏的闹剧：李嗣源（后唐明宗）死于兵变之中，靠兵变上台的李从厚（后唐闵帝）又被自己的手下出卖；收买禁军的李从珂（后唐末帝）入主洛阳后，因无法兑现给将士们的许诺，于是放任士兵洗劫市民，甚至连皇后的耳环、首饰都要捐出来慰劳军队。这样的政权又怎么可能长久呢？果然，两年之后，李从珂在乱兵中自焚而死。政局的混乱及骄兵悍将的丑恶，都给少年赵匡胤留下了很深的印象。但对他触动最大的，是迁居开封前后发生的一系列更为严重的变乱。

936年，后唐河东节度使、李从珂的姑父石敬瑭在契丹铁骑的支援下，从山西太原起兵南进，杨光远、安审琦、赵德钧、范延光等后唐禁军将领纷纷带兵投降，真是叛将如潮，叛兵如毛。结果，石敬瑭轻而易举地推翻了已经成为孤家寡人的唐末帝，堂而皇之地于洛阳登上帝位，建立了后晋政权。天福三年（938），后晋迁都开封。不过，石敬瑭的皇帝宝座是用拜契丹主为父（其实石敬瑭的年龄比契

---

① 〔元〕脱脱等：《宋史》卷四《太宗本纪一》，第53页。

丹主耶律德光大）、每年交纳岁币三十万和割让“燕云十六州”之地同契丹换来的，这样的皇帝做起来实在不易：

> 帝事契丹甚谨，奉表称臣，谓契丹主为“父皇帝”；每契丹使至，帝于别殿拜受诏敕。岁输金帛三十万之外，吉凶庆吊，岁时赠遗，玩好珍异，相继于道。乃至应天太后、元帅太子、伟王、南北二王、韩延徽、赵延寿等诸大臣皆有赂遗。小不如意，辄来责让，帝常卑辞谢之。晋使者至契丹，契丹骄倨，多不逊语。使者还，以闻，朝野咸以为耻，而帝事之曾无倦意。①

这种卑躬屈膝的奴颜媚态，当时就遭到了许多人的嘲笑和反对，像成德节度使安重荣就频繁地发布表章，“大抵指斥高祖称臣奉表，罄中国珍异，贡献契丹，凌虐汉人，竟无厌足”②。即使是石敬瑭的亲信刘知远也认为：“称臣可矣，以父事之太过。厚以金帛赂之，自足致其兵，不必许以土田，恐异日大为中国之患，悔之无及。”③

确实，燕云十六州的割让，不仅使中原王朝丧失了十六州的土地和人民，更重要的是使中原失去了险要的长城关隘。因为“燕云十六州”幽、蓟、瀛、莫、涿、檀、顺、新、妫、儒、武、云、应、寰、朔、蔚，正是长城从今天北京至山西一线的所在地，“关山险峻，川泽流通，据天下之脊”。将这一战略要地割让给契丹，使广大中原地区无险可恃；而契丹则可以居高临下，俯视华北，从而给中原王朝带来无穷的祸患。北宋张洎就曾指出：“自飞狐以东，重关复岭，塞垣巨险，皆为契丹所有。燕蓟以南，平壤千里，无名山大川之阻，蕃汉共之。此所以失地利，而困中国也。”④

对赵家来说，燕云十六州的割让，还有更深一层的伤害：故乡涿州沦入契丹人之手，从此再也踏不上回乡之路了。赵匡胤虽然生在洛阳，但他同样视原籍幽、蓟人为同乡，如《东斋记事》卷一说：“太祖一日御后殿虑囚，内有一囚告：‘念

① 〔宋〕司马光：《资治通鉴》卷二八一，第9188～9189页。

② 〔宋〕薛居正等：《旧五代史》卷九八《安重荣传》，第1303页。

③ 〔宋〕司马光：《资治通鉴》卷二八〇，第9146页。

④ 〔宋〕李焘撰：《续资治通鉴长编》卷三〇，第667页。

臣是官家邻人。'太祖以为燕蓟邻人，遣问之。"故乡，那是有着祖宗陵墓的地方，故乡的沦丧对任何家族来说，都不能不说是一种痛彻入骨的精神灾难。

好在赵家此时在洛阳的生活比原先有了起色。虽然父亲赵弘殷的官位还在原地不动，但家中是人丁兴旺，在后晋的这十几年中，儿子赵光义、赵廷美和一个女儿相继出生，给他带来了不少喜悦。更令人欣慰的是，赵匡胤这时也长大成人了。后晋开运元年（944），赵匡胤十八岁，他和父亲在禁军中的老战友贺景思的长女贺氏结了婚。贺氏性格温柔，孝顺公婆，体贴丈夫，夫妻二人感情深厚。贺氏先后育有二女（秦国、晋国二公主）、一子（魏王德昭）。但可惜的是，她在后周显德五年（958），即赵匡胤当皇帝的前两年，就因病去世。赵匡胤登基后，于建隆三年（962）正式追封贺氏为皇后，并在诏书中称赞她是"流芳闺壶，逮事舅姑"①。

然而，身逢乱世，干戈不休，即便是温馨平静的家庭生活，也不过是风雨飘摇中一只侥幸幸存的小舟而已。此时的中原大地，兵连祸结，生灵涂炭，一件对青年赵匡胤心灵造成极大震撼的更大祸事发生了。

石敬瑭在位七年，死后他的侄子继位为少帝。少帝对契丹只称孙而不肯称臣，并宣称"孙儿有十万口横磨剑，足以相待"。于是，契丹与后晋这一对"爷孙"之间开始了连绵三年的残酷战争，因为战争是在开运元年（944）至开运三年（946），故史称"开运之祸"。

"开运之祸"的酷烈为五代之最，兵锋所及，"千里之间，暴骨如莽，村落殆尽"②。契丹攻陷相州后，"悉杀城中男子，驱其妇女而北，胡人掷婴孩于空中，举刃接之以为乐。留高唐英守相州。唐英阅城中，遗民男女得七百余人。其后节度使王继弘敛城中髑髅瘗之，凡得十余万"③。战争的结果直接导致了后晋政权的灭亡——后晋开运三年（946）十二月，杜重威、李守贞等后晋高级将领，在黄袍加身的诱惑下，未经激烈的战斗，就率禁军主力十余万人在栾城投降契丹，躲在开封城里的晋少帝转眼间成为"光杆司令"，灭亡的命运不可避免地降临。紧接着，降将张彦泽更是狐假虎威大发国难财，他打着一面不伦不类的"赤心为主"的旗

① 佚名撰，司义祖整理：《宋大诏令集》卷二〇《皇后下》，第96页。

② 〔宋〕司马光：《资治通鉴》卷二八四，第9292页。

③ 〔宋〕司马光：《资治通鉴》卷二八六，第9351页。

子，率二千骑兵抢先进入已经成为空城的开封，囚禁了旧主晋少帝，然后大肆抢劫，“彦泽纵兵大掠，贫民乘之，亦争入富室，杀人取其货，二日方止，都城为之一空”[①]。次年正月，耶律德光率契丹军队攻占开封，把后晋皇室、宫女、宦官、财宝及方技、百工、图籍、历象、太常乐谱等悉数运往北方。三月，耶律德光穿着汉族皇帝的服装，接受百官的朝贺，堂而皇之地做起了中原皇帝，“晋之藩镇争上表称臣，被召者无不奔驰而至”。

但是，正如耶律德光自己后来所承认的，“我有三失，宜天下之叛我也！诸道括钱，一失也；令上国人打草谷（辽兵进入中原后，将领们常以牧马为名，纵兵四出劫掠，夺取财物，俘虏奴隶，叫作“打草谷”），二失也；不早遣诸节度使还镇，三失也”[②]。被胜利冲昏头脑的他没有能够处理好错综复杂的民族关系和经济问题，终于陷入各地军民反抗蜂起的窘境。时任河东节度使、中书令、北平王的刘知远乘机在太原称帝起兵，各处藩镇纷纷响应。耶律德光在开封无法立足，不得不于当年三月即仓皇北归，于途中病故在栾城杀胡林。

赵匡胤是“开运之祸”的亲历者，幸运的是，由于父亲赵弘殷是禁军护圣营中的中级军官，又跟随杜重威等归顺契丹，因而在张彦泽洗劫开封和契丹统治期间，赵家都侥幸没有受到太大的冲击。但是，契丹铁骑的凶残，骄兵悍将的趁火打劫，成千上万的汉民惨遭掳掠、妻离子散、家破人亡的惨象，都深深地刺激了年轻的赵匡胤。开宝八年（975），当宋、辽正式建立外交关系、互通使节时，已年近半百的赵匡胤追忆往事，感慨地说：

> 自五代以来，北敌强盛，盖由中原衰弱，遂至晋帝蒙尘，亦否之极也。今景慕而至，乃时运使然，非凉德能致。[③]

对被掳去的同胞，赵匡胤也始终牵挂在心，念念不忘，“帝痛恨开运之祸，华人百万，皆没于契丹。自即位，专务节俭，乘舆服用，一皆简素，别作私藏，以贮供御羡余之物。谓左右曰：俟及三百万贯，我当移书契丹，用赎晋朝陷没百

① 〔宋〕司马光：《资治通鉴》卷二八五，第9322页。

② 〔宋〕司马光：《资治通鉴》卷二八六，第9354页。

③ 〔宋〕李焘：《续资治通鉴长编》卷一六，第337页。

姓”[1]。可以说，后晋时期的“开运之祸”是青年赵匡胤印象最深刻的事件之一。经过这一灾难性的变故，他变得真正成熟起来，开始对社会问题的解决予以深刻关注。

“开运之祸”结束了，开封城在一年之中又迎来了它的第三位主人——五代第四个王朝的开创者、后汉太祖刘知远。刘知远于称帝后的第二年就死去，其子隐帝继承了帝位。真是“皇帝轮流做，明年到我家”，谁道当今无天子呢？

经过“开运之祸”，赵匡胤是成熟了，但也更为困惑和苦恼了——社会如此混乱，自己的前途又在哪里呢？

原载《文史知识》2010年第10期

---

① 〔宋〕李攸：《宋朝事实》卷二〇《经略幽燕》，《文渊阁四库全书》本。

千里送京娘

——宋太祖赵匡胤连载之六

据明代一篇著名话本小说的描述，赵匡胤是被一件突发事件逼出开封，并开始了三年浪迹天涯的生活。正是在这三年的流浪中，他选定了自己的奋斗目标。这篇叫作《赵太祖千里送京娘》的小说在《警世通言》中是这样开讲的：

> 当初，未曾发迹变泰的时节，因他父亲赵弘殷，曾仕汉为岳州防御使，人都称匡胤为赵公子，又称为赵大郎。生得面如噀血，目若曙星，力敌万人，气吞四海。专好结交天下豪杰，任侠任气，路见不平，拔刀相助，是个管闲事的祖宗，撞没头祸的太岁。先在汴京城打了御勾栏，闹了御花园，触犯了汉末帝，逃难天涯。

这是小说家言，又是明代人的作品，自然不可全作信史看待。但是，明代人的许多小说本来就是直接取材于宋人话本和宋人记载，多少存留了一些我们今天已经看不到了的宋代史料的痕迹，所以不但有相当的参考价值，有时候甚至可以“成为研究宋史的重要史料”[①]。具体到本篇小说，很可能就是综合了宋人笔记和宋

① 漆侠：《知困集》，第282页。

元时期《赵太祖飞龙记》一类的话本小说敷演而成的，其中闹御花园的情节反映出宋太祖性格上的刚烈，这与宋人笔记中“尤嫉恶，不容人过”的记载倒是相符的。另外，历史上的赵匡胤流浪时，曾屡遭冷遇，甚至于连父亲的故旧战友也不愿收留他，这背后的隐情与小说中的闹御花园似乎也有所关联。

赵匡胤离家出走，漫游四方，也可能有更深层的动机，在几本著名的宋太祖传记中，大都有类似的提法：为了更好地寻求政治上的出路。或许，在他看来，走遍天涯海角，总有一天是能够找到“风云际会”的立足点。

离开东京开封府，赵匡胤一路南下，到达“南京”(今河南商丘)时，他走进城内的高辛庙，忐忑不安地为自己吉凶未卜的前程占了一卦。他先是祈祷，此次外出是否可以谋取一个军队中的小校，然后又祈祷做节度使，结果都应验，这使他兴致陡增，自言自语道：难道能成天子不成？说着，将手中占卜用的竹杯筊一掷，眼见着竹杯筊“一俯一仰”，竟然得了个上上大吉的“圣筊”，宋人把此事视为“天命岂不素定矣哉”的大吉之兆。北宋大文学家晏殊在担任南京留守时，还曾专门在庙中题词“庚庚大横兆，謦欬如有闻”来予以纪念。祷告出现这样一个“大吉”之象，赵匡胤并不觉得唐突和惊慌，因为，他毕竟是生活在一个“称帝称王者如春雨之蒸菌”的时代，生活在一个“都将天子上担挑”的时代，生活在一个“皇帝轮流做，明年到我家”的时代。生于五代乱世中的他已耳闻目睹了太多的改朝换代，他人可为，自己为何就不可为呢？不管怎么说，在个人前途迷惘之际得到的这个吉兆，对赵匡胤都是一种激励，冥冥之中，一个光明灿烂的前程似乎已经在向他招手了。

然而现实并不像掷竹筊那样简单。赵匡胤此行的第一个目标，本是汉水流域的复州(今湖北天门)。复州防御使王彦超是父亲赵弘殷的老战友，在后晋末年担任护圣左厢都指挥使、领岳州防御使。后汉开国后，他被解除了禁军军职，到偏远的复州担任防御使。对此耿耿于怀的王彦超对后汉想必是有些离心离德，再加上复州又地处南方，天高皇帝远，倒是一个既可避难、又可发展的理想去处。

然而，当赵匡胤跋山涉水地来到了复州时，王彦超可能是担心受到牵连的缘故，并不想收留这位故人之子，他“慷慨”地拿出十贯钱来，客客气气地打发赵匡胤上路了。十余年后，已经登上帝位的赵匡胤和群臣们宴饮：

酒酣，顾前凤翔节度使、兼中书令临清王彦超曰："卿曩在复州，朕往依卿，卿何不纳我？"彦超降阶顿首曰："当时臣一刺史耳，勺水岂可容神龙乎？使臣纳陛下，陛下安有今日！"[①]

王彦超的回答很是巧妙，引得皇上"大笑而罢"，不再追究往日的不快。实际上王彦超的回答也属实情，因为赵匡胤如果长期僻处南边，脱离当时以开封为中心的政治主舞台，要有一番大作为恐怕就没有那么容易。况且，王彦超只是一个小小的防御使，即使到后周时也只是升到节度使的位子，赵匡胤如若跟随他，虽然不难谋得一官半职，但要跃居最高位，几乎是不可能的，这真是"塞翁失马，焉知非福"。

被王彦超礼送出复州后，赵匡胤想起自己来时曾经路过随州（今湖北随州），当地的刺史是涿州范阳人董宗本，和自己有同乡情谊，于是转道前往随州。董宗本，善骑射，本是契丹大将，后因政治变故而"举族南奔"，投奔后汉皇帝刘知远。但刘知远也不是很信任他，只是让他到随州担任刺史。董宗本来到人地生疏的南方，生活很不习惯，时常想念北方的家乡，因而对家乡人赵匡胤的前来投奔，董宗本表现得相当热情，让他在自己的衙署中住了下来。董宗本的儿子董遵诲与赵匡胤同岁，也喜欢舞枪弄棒。史书中对他的评价是"遵诲不知书，豁达无崖岸，多方略，能挽强命中，武艺皆绝人"[②]，其脾气与赵匡胤倒也相投。两人经常在一起切磋武艺，相处得还算融洽。但公子哥出身的董遵诲，那时已经拥有了"随州牙校"的官衔，少年得志加上父亲在当地的权势，养成了盛气凌人的毛病。在穷乡亲赵匡胤面前，他时时摆出阔少架子。一次，董遵诲神气地问赵匡胤："每见城上紫云如盖，又梦登高台，遇黑蛇约长百尺余，俄化龙飞腾东北去，雷电随之，是何祥也？"[③]他当然是希望赵匡胤借此吹捧他几句，但赵匡胤不知如何回答这类问题，对此不置可否，令董遵诲十分扫兴。又一次，两个青年人因为兵略见解不同而争得面红耳赤，董遵诲毕竟读书少，见识要逊赵匡胤一筹，因而被驳得无话可说，恼羞成怒的他竟拂袖而去，把赵匡胤一个人怔怔地晾在那儿。

① 〔宋〕李焘：《续资治通鉴长编》卷二，第42页。

② 〔元〕脱脱等：《宋史》卷二七三《董遵诲传》，第9343页。

③ 〔元〕脱脱等：《宋史》卷二七三《董遵诲传》，第9342页。

随州也呆不下去了。

连续两次不愉快的经历，并没有使赵匡胤感到灰心和意志消沉，只是让他明白了机遇是需要耐心去等待的。生活的历练，使这个性格急躁的年轻人变得从容和安定了。离随州城西北不远，是著名的重镇襄阳（今湖北襄阳）。襄阳，为东汉、三国时的荆州首府，夹汉江而建，“西、南皆山，东、北皆水”①，地势险要，而且扼南北战略要冲，是自古以来南北交战的必争之地。三国时，这里曾经是魏、蜀、吴全力争夺的地方，刘备三顾隆中茅庐寻访隐士诸葛亮，关羽水淹七军、威震华夏的大战，都发生在襄阳附近。东晋时，襄阳更是屏障荆州和进取中原的要塞，始终驻有重兵。

离开随州后，赵匡胤来到襄阳。这座壮丽的雄关，想必引起了他的万千感慨，他多么希望自己能够像关羽一样在战场上叱咤风云，建立名垂青史的显赫功业！晚上，赵匡胤借宿于襄阳的一座寺院中，寺院中一位擅长“术数”的老僧接待了他。

“术数”是传统社会中流行的一种预测术。天文、地理、人生命运，乃至国家的前途、天下的变化等，都是“术数”预测的内容。这种预测术有时可以表现出惊人的智慧和准确，但往往以神秘、迷信的面目出现，具有“拟似科学”或“准科学”的性质。在中国历史上，精通“术数”者在各阶层中都不乏其人，但以老僧和高道居多。这一则是因为老僧和高道往往比一般人寿命长，历经沧桑，阅人知世颇深；另一方面则是因为僧、道与尘世保持着一定的距离，因而对尘世中的成败得失、穷达存亡等有着一种旁观者的清醒，所以他们对问题的分析和预测要更为准确和透彻，有时确有指点迷津的作用。

襄阳寺院中这位擅长“术数”的老僧，大概就是这类人物。他指点赵匡胤说：“吾厚赆汝，北往则有遇矣。”②

估计这位老僧是向赵匡胤分析了南北不同的局势：南方一则都是一些小国，不会有很大的发展前途；二则南方各小国的内部政局稳定，不会给像赵匡胤这样的外来者提供太多的机遇。而北方则是一个政局动荡的乱世，乱世出英雄，所以

---

① 〔明〕王士性撰，吕景琳点校：《广志绎》卷四《江南诸省》，中华书局1981年版，第90页。

② 〔元〕脱脱等：《宋史》卷一《太祖本纪一》，第2页。

应该北上寻求发展机遇。也可能老僧根本没有做任何的分析，他只是高深莫测地讲了“北往则有遇”这一句话，至于是“北”至何处？会有何等的机遇？就只能任赵匡胤领悟和琢磨了。在这段漫游生活中，赵匡胤曾不止一次地得到寺院僧人物质上的帮助，使他摆脱了困厄。此次，他在得到指点的同时，也照例得到了老僧“厚赠”的一笔路费。揣上路费，按照老僧的指点，赵匡胤结束了在湖北一带的漫游，踏上了北返的路程。

北上途中，他不断遇见南下逃难的百姓，急忙询问，方得知北方又爆发了大战。

原来，在后汉乾祐元年（948）三月，由于朝廷处置失当，永兴节度使赵赞的牙将赵思绾首先在长安发动兵变，凤翔节度使王景崇也起兵响应，并共同推举后晋宿将、时任河中节度使的李守贞为主。三镇同时反叛，又北通契丹辽国，南联四川的后蜀，一时间声势浩大，关中震动。后汉派去征讨的诸将们却各怀鬼胎、坐观成败，形成了旷日持久、师劳兵疲的局面。

万般无奈之下，当年七月，后汉的顾命大臣、枢密使郭威出任西面军前招慰安抚使，全权节制西征各军，但战争依然持续了将近两年，直至乾祐二年（949）底，三镇叛军才被平定。残酷的攻防战造成了重大的伤亡。战后的次年正月，后汉“分命使臣赴永兴、凤翔、河中，收葬用兵已来所在骸骨，时已有僧聚髑髅二十万矣”①；长安城战前有“丁口仅十余万”，战后，“惟余万人而已，其饿殍之数可知矣”②。

赵匡胤是在战争快要结束时抵达前线的，因为当时郭威和他的外甥柴荣都在前线，他们舅甥二人后来又先后做了后周的皇帝，所以当赵匡胤到达时，后人就传说当时阵地上“有三天子气，谓郭祖、柴世宗、太祖也”③。

其实，此番赵匡胤可能并没有与郭威、柴荣正式接触，也没有应募参军，投靠郭威。《宋史》卷一《太祖本纪》云：“会周祖以枢密使征李守真（贞），应募居（郭威）帐下。”认为赵匡胤此时已经投奔郭威。但《东都事略》卷一《太祖本纪》则曰：“（赵匡胤）尝游复州，干王彦超，不为所礼，去依随州董宗本，郁郁不得

① 〔宋〕薛居正等：《旧五代史》卷一〇三《后汉隐帝纪下》，第1365～1366页。

② 〔宋〕薛居正等：《旧五代史》卷一〇九《赵思绾传》，第1444页。

③ 〔宋〕张舜民：《画墁录》，《文渊阁四库全书》本。

志，又舍去。乃从周太祖于邺。”认为赵匡胤是在郭威守邺都时投奔入伍的。二者记载不一。在这一问题上，张家驹先生在《赵匡胤传》中的考证是正确的：赵匡胤投郭威，《宋史·太祖纪》以为在征李守贞时期，但一方面又说匡胤汉初漫游无所遇，而宋人笔记记载匡胤漫游的佚事颇多，其中虽有许多不足置信的地方，却足以说明匡胤漫游确实经过相当一段时期。郭威讨李守贞，在乾祐元年，离汉初只有一年。今从《东都事略》。[①]另外，还可以补充一条极为关键的史料：《宋大诏令集》卷二二五记载赵匡胤在建隆元年（960）正月的《赐江南国主书》中说：“辅翊前朝，惟坚金石之心，用保山河之誓。历事三主，于兹十年。”说明他是在乾祐三年（950）投奔郭威的，这正好和《东都事略》的记载相符合，因为郭威就是当年五月正式抵达邺都的。大概因为父亲赵弘殷在此次跟随郭威出征的战争中左眼负伤，他得到消息后，临时改道探视，见父亲并无大碍，就又继续北上。

“北往则有遇”，襄阳老僧的指点迷津，促使赵匡胤一路往北，直至后汉国土的最北端——河东，即今天的山西省[②]。山西自古就有“尧都平阳”“舜都蒲坂”“禹都安邑”的传说，是一片神奇和神圣的土地。尤其是山西的太原，更是一座军事、政治重镇，素有“龙城”之称。北齐的高欢、唐代的李渊都是从太原起兵而夺取天下，成为“真龙天子”的。唐、五代时期，太原加号为“北京”，成为京城之一。五代时期，北方五个王朝中竟有后唐、后晋、后汉三个王朝由太原起家而称帝北方。所以当时就有一种说法：太原城北边的系舟山为“龙角”，西南方一线排开的天龙山和龙山为“龙尾”，太原正当蟠龙之中，故常有“真龙天子”出现。正是因为这个传说，后来宋太宗在攻下太原后，决定切断龙脉，防止再有“真龙天子”出现，于是将太原城从原来的所在地晋阳，移至今天的太原，然后放火焚毁了原太原城，次年又引汾水、晋水灌浇太原旧城废墟，彻底摧毁了太原古城。

此时的赵匡胤当然不可能完全知道上述太原的历史，但李存勗、石敬瑭、刘知远三人连续从太原起兵，建立起后唐、后晋、后汉政权，却正是他耳闻目睹

---

① 张家驹：《赵匡胤传》，江苏人民出版社1959年版，第6页。

② 山西在秦汉时曾设河东郡。唐、五代时期，河东一名最盛。顾炎武《日知录》卷三一云：“河东、山西，一地也。唐之京师在关中，而其东则河，故谓之河东；元之京师在蓟门，而其西则山，故谓之山西。”

的；有关“龙城”出“真龙天子”的传说，也是他能够知悉的。对他来说，当时已有“北京”之称的太原（后汉时，太原为北京，开封为东京，洛阳为西京），正是一个充满发展机遇的地方，偏偏这个地方又是位居国土的最北端。“北往则有遇”——年轻的赵匡胤在太原停下了漫游的脚步，开始了他的一段至今尚无人注意到的军队生涯。他在山西的这段军队生活，记载在北宋著名学者陈师道的《后山谈丛》中：

> 太祖为太原镇将，舍县人李媪家，媪事之谨。他日访其家，媪则死矣，得其子，以为御厨使。久之不迁，求去。太祖曰：“以尔才地，御厨使其可得邪？爵禄以待贤能，而私故人，使我愧见士大夫，而尔意犹不满邪？”①

镇将，是唐末、五代藩镇割据时常见的一种官职，“节度使补署亲随为镇将，与县令抗礼，凡公事专达于州”②，甚至直接行使县令的职权。镇将只对节度使负责（而不是像县令那样对朝廷负责），其实就是节度使派往各县的特使，是节度使割据专权的基本力量。当时在太原任职的节度使是后汉宗室刘崇。他以河东节度使兼北京留守的身份控制着太原周围十一州，是当时势力最大的地方藩镇。刘崇与郭威素来不睦，积怨甚深。郭威在后汉中央掌握实权后，刘崇忧惧交加，不能自安，于是从乾祐元年（948）开始，在太原“选募勇士，招纳亡命，缮甲兵，实府库，罢上供财赋，皆以备契丹为名；朝廷诏令，多不禀承”③，赵匡胤此时仍在流浪途中，正好被“招纳亡命”的刘崇收留为镇将，倒也是恰逢其时。

十分巧合，而且也可与上述记载稍做互证的是，前面提到过的那篇著名的《赵太祖千里送京娘》的故事，也正是发生在山西太原。

按故事里的说法，赵匡胤在开封闯祸后，一路风尘，来到山西太原。他的叔叔赵景清在太原的清油观当道士，于是赵匡胤就在那里住了下来。一天，他偶然发现观中一座紧闭的殿房里关着一位美丽的姑娘，打听之下，得知这位叫京娘的少女是蒲州（今山西永济）人，被强盗抢到了这里。年轻的赵匡胤顿生“英雄救

---

① 〔宋〕陈师道撰，李伟国点校：《后山谈丛》卷五，第65页。

② 〔宋〕李焘撰：《续资治通鉴长编》卷三，第76页。

③ 〔宋〕司马光：《资治通鉴》卷二八八，第9395～9396页。

美”之心，杀退一个个前来追袭的强盗，将京娘安然送回蒲州家乡。京娘的父母感激之余，要将女儿嫁给她。但赵匡胤怎能挟恩苟且呢？他的严词拒绝使姑娘的父母十分尴尬：一对青年男女伴行千里，怎会没有亲密的关系？如若最终不成夫妇，女儿的清白和贞节怎么办？父母的怀疑和盘问使京娘感到绝望和悲愤，最终的结局是一个令人震惊的悲剧：京娘悬梁自缢而死，用死抗议父母对她和赵公子的胡乱猜疑。赵匡胤称帝以后，追封她为贞义夫人，还在当地立祠纪念。

这篇故事的主旨是为说明宋代开国皇帝赵匡胤的不贪女色，以反衬汉唐诸帝在男女问题上的混乱——“脏唐臭汉”。至于千里送京娘的故事在历史上是否确有其事，就不可考究了，但其描写赵匡胤的山西太原之行，倒是可与陈师道《后山谈丛》中有关赵匡胤做过太原镇将的记载稍成互证，这似乎是迄今为止尚未为研究者所注意的一个细节。另外，故事中提到京娘的家乡——山西蒲州，也有一段尚未为人所注意到的史料：

> 内中酒，盖用蒲中酒法也，太祖微时，喜饮之。即位后，令蒲中进其方，至今用而不改。[①]

青年时代的这段漫游生活，是赵匡胤一生中非常重要的一段经历。人情世故的历练、风土山川的了解、眼界胸襟的开阔等，大多与赵匡胤这段经历有一定关系。他后来的南征北战，也在一定程度上受益于漫游中对山川形胜的熟知，但这毕竟是他发迹之前的经历，所以当宋人记载“太祖皇帝践祚前之行迹”时，记载中的歧义、矛盾乃至时空的错置等也就不足为奇了。综合各种记载，现在基本可以肯定的是，湖北汉水一带的复州、随州、襄阳等地，是他的第一个漫游区；由襄阳北上后，他途经河中到达山西太原、蒲州一带，即“千里送京娘”之地，可能是他的第二个漫游区了。

但赵匡胤显然没有在山西待下去，原因可能与他在太原军队中未受重用有关；也可能是经过实地考察，他对河东政治前途并不十分看好。尽管“北往则有遇”，但这“北”，倒也并不一定是指“北京”（太原）。离开山西，赵匡胤踏上了他的

① 〔宋〕朱弁撰，孔凡礼点校：《曲洧旧闻》卷一《太祖令蒲中进内中酒方》，第87页。

第三个漫游区——三秦（关中）大地。在这一地区，他的足迹最西北到达原州（今甘肃镇原）、潘原（今甘肃平凉）一带，并在这些地方留下了一些真假参半的传闻：

太祖微时，往凤翔谒节度使王彦才（超），得钱数千。遂过原州，卧于田间，而树阴覆之不移，至今犹存，谓之"龙潜木"。至潘原，与市人博，大胜。邑人欺其客也，殴而夺之。及即位亡几，欲迁废此县，故以"赖"为耻。[①]

在泾州，他曾经寄宿在长武的一座寺庙中。庙中的守严和尚对这位青年流浪汉的气质十分欣赏："常周之，往来无倦。阴异其骨气，使工人貌之。"[②]据说，宋朝建立后，庙中和尚就把当年画匠画下的这幅画像挂在大殿上，供过往路人参拜。画中的赵匡胤穿褐衫，戴青巾，正盘坐在地上赌博。

另外，像长安、凤翔等著名的州府，华山等名山大川，都曾留下赵匡胤漫游的足迹。据传，西安的名吃羊肉泡馍就是由赵匡胤漫游长安时首创的。这一时期，赵匡胤的生活来源，除了别人资助外，恐怕主要来自赌博，故史料中才有这样的记载：

太祖微时，多游关中，虽甚窘乏，未尝干投。人或周之，必择而后纳。有伯（佰）钱之余，必有与人，人颇异之。[③]

看来，他虽然精于赌术，常有胜局，但并无一般赌徒的贪婪，钱财只是他身外之物而已。

宋代人邵伯温的《邵氏闻见录》曾记载了赵匡胤在三秦漫游的大致路线："游渭州潘原县，过泾州长武镇……自长武至凤翔……不留，复入洛（洛阳）。"赵匡胤自己则曾经回忆说："微时自秦中归，道华山下。"看来，他是从凤翔经华山

---

① 〔宋〕庄绰撰，萧鲁阳点校：《鸡肋编》卷上《天下方俗所讳》，中华书局1983年版，第13页。

② 〔宋〕张舜民：《画墁录》，《文渊阁四库全书》本。

③ 〔宋〕张舜民：《画墁录》，《文渊阁四库全书》本。

回到洛阳的。

在华山的山道间，归心似箭的他曾醉倒在路边。在醉梦中醒来，已是夜幕将退、东方欲晓之时，但见一轮红日正冉冉升起，曾在夜幕中骄傲地闪烁过的月亮和星星都在朝阳光辉的照耀下黯然失色，天地间所有的黑暗更在刹那间便被一扫而空。如此壮观的景象，令赵匡胤激动不已，诗兴大发，他不禁脱口吟出了四句诗：

欲出未出光辣达，千山万山如火发。
须臾走向天上来，赶却流星赶却月。

后人曾盛赞这首诗“有帝王气度”“有包举天下之意”，这是因人设论。不过，这首诗虽然文字不太工雅，但从意境气魄上看，当是上乘之作，多少反映出青年赵匡胤的胸襟和气度。宋朝中叶，文化昌盛，在官修国史时，有好事的文臣感到太祖此诗江湖味太浓，与汉、唐以来的“帝王气度”不符，于是代为捉刀，将后两句修改为“未离海底千山黑，才到天中万国明”。但更多的人认为，如此改动纯属画蛇添足，“文气卑弱”，反而使原作气魄尽失。

大约就是赵匡胤风尘仆仆于华山道上的时候，后汉的政局又再度动荡起来，改朝换代的风云已成山雨欲来之势。此时，后汉枢密使郭威经过两三年的努力，尤其是一举平定了河中、凤翔、永兴三大藩镇的联兵叛乱后，威望大增，其个人的军事势力已达到了无人可以控制的地步。乾祐三年（950），他以朝廷枢密使的头衔进驻河北邺都，任天雄军节度使兼邺都留守，河北全境“兵甲钱谷，但见郭威文书立皆禀应”①，完全具备了控制朝廷并取而代之的力量。

赵匡胤由秦中回到洛阳后，敏锐地捕捉到了其中的信息和机遇。据说，当时他借居在洛阳城内的长寿寺中，大白天躺在寺内大佛殿的柱子下，头枕着柱础，闭目思忖如何前往邺都。此时，又是一位老僧看出了赵匡胤不同凡俗的异相，慷慨地拿出一笔路费，资助这位青年人上路了。

与其他几次僧人的资助、指点稍有不同的是，此次老僧不但提供了路费，而

---

① 〔宋〕司马光：《资治通鉴》卷二八九，第9422页。

且还特意把自己的一头小毛驴送给了赵匡胤。按宋代文人邵伯温在笔记中记载，赵匡胤就是骑着这头小毛驴，投奔了郭威和他的侄子柴荣。

这也是一个颇具意味的场景：英雄落难，难免气短，卖刀当马，倒亦不失本色，但谁曾见过“路长人困蹇驴嘶”的从军英雄?

可当时的景象就是如此：一头小毛驴而不是一匹高头骏马，驮着一位“漫游无所遇”的流浪汉，流浪汉佩带的既非“五陵少年三尺剑”，又非“黄金错玉八宝刀”，而是“十八般兵器”中最简陋的黑铁棒——这就是赵匡胤，这就是那个时代最具典型意义的表征，也就是以这种不经意间集合而成的诸多典型表征，赵匡胤开始了由士兵而将军而天子的军中生涯，踏上了那个时代无数平民“发迹变泰”的共同道路。

原载《文史知识》2010年第12期

后 记

范学辉教授，山东栖霞人，生于1970年9月。1988年考入山东大学历史系，先后于1992年、1995年获得历史学学士、硕士学位，随后入原山东工业大学社科系工作。2001年在山东大学历史文化学院获得历史学博士学位，旋即留院任教，历任讲师、副教授，2007年获聘教授，2019年获聘山东大学杰出中青年学者，兼任《文史哲》杂志特邀编审，并任中国宋史研究会理事。2019年11月13日，不幸因病英年早逝，享年50岁。

范学辉教授长期从事中国古代史的教学与研究，主要研究方向为宋史，兼及秦汉史、金元史和中国思想文化史，尤其在宋代军事制度研究方面有突出贡献。生前出版有《宋代三衙管军制度研究》《宋太宗皇帝实录校注》《宋朝开国六十年》等多种著作，发表论文近百篇。身后留下大量未刊文稿，包括长篇讲义4种、短篇讲义5种、完稿著作1部、完稿论文9篇、未完稿论文3篇等，总字数在110万字以上。

范学辉教授为人真诚和善，深受师生爱戴，治学朴实严谨，广为学界称赞，为山东大学中国古代史学科的发展做出了重要贡献。为更好反映和纪念范学辉教授的学术成就，2020年上半年，学院决定为其编集出版论文集。这项工作得到历史文化学院，尤其是院长方辉教授的大力支持，被列为“山东大学考古与历史学一流学科建设资助”项目，由我总其责。现呈现给读者的，是范学辉教授生前公开发表的宋史研究领域的论文汇编，适当附入3篇宋代军事史未刊遗稿，即《两宋三衙诸军更戍地方考——以防地为中心》《南宋三衙诸军与宋金开禧战事》《宋太祖朝“宿卫诸将”研究》。范学辉教授在其他领域的研究论文和遗稿，我们以后会再找机会编集起来。

本集所收文章原来的格式和体例不一，而且绝大多数都没有底本，需要先从PDF文件转换，再对注释、引文等进行统改，校对任务繁重。前期文字转换和校对得到门绪峰、陈锴、毛俊鑫、李志宏、王新成、张瑞、他维宏等诸位硕博研究生热心帮助，二校得到门绪峰和张瑞帮助，在此向他们表示感谢。论集根据文章内容做了简单编排，军事史文章在前，其他方面文章在后，论题相近的尽量按发表先后顺序归并在一起，全书根据体量分成上下两册。凡已公开发表的文章均在文末注明出处，三篇遗稿在文末注明范学辉教授最后修订的日期。需要说明的是，遗稿之一《宋太祖朝“宿卫诸将”研究》近10万字，虽然部分内容曾分散发表过，但考虑到范学辉教授对这一学术问题研究的完整性，特将其收入本集。

论文集的编集工作得到《文史哲》编辑部孙齐副研究员大力协助，得到齐鲁书社大力支持，责编王江源先生付出了辛勤劳动，在此一并致谢！本书由“山东大学考古与历史学一流学科建设资助”经费出版。限于我们的水平，编集工作中的不足之处在所难免，还请读者批评指正。

韩吉绍于山东大学中心校区

2022年1月16日